J. von Staudingers
Kommentar zum Bürgerlichen Gesetzbuch
mit Einführungsgesetz und Nebengesetzen
Fünftes Buch. Erbrecht
Einleitung; §§ 1922–1966

Kommentatorinnen und Kommentatoren

Dr. Karl-Dieter Albrecht
Vorsitzender Richter am Bayerischen Verwaltungsgerichtshof, München

Dr. Hermann Amann
Notar in Berchtesgaden

Dr. Christian Armbrüster
Wiss. Assistent an der Freien Universität Berlin

Dr. Martin Avenarius
Wiss. Assistent an der Universität Göttingen

Dr. Wolfgang Baumann
Notar in Wuppertal

Dr. Roland Michael Beckmann
Privatdozent an der Universität des Saarlandes, Saarbrücken

Dr. Okko Behrends
Professor an der Universität Göttingen

Dr. Detlev W. Belling, M.C.L.
Professor an der Universität Potsdam

Dr. Werner Bienwald
Professor an der Evangelischen Fachhochschule Hannover

Dr. Claudia Bittner, LL.M.
Privatdozentin an der Universität Freiburg i. Br.

Dr. Andreas Blaschczok
Professor an der Universität Leipzig

Dr. Dieter Blumenwitz
Professor an der Universität Würzburg

Dr. Reinhard Bork
Professor an der Universität Hamburg, Richter am Hanseatischen Oberlandesgericht zu Hamburg

Dr. Wolf-Rüdiger Bub
Rechtsanwalt in München, Lehrbeauftragter an der Universität Potsdam

Dr. Elmar Bund
Professor an der Universität Freiburg i. Br.

Dr. Jan Busche
Privatdozent an der Freien Universität Berlin

Dr. Michael Coester, LL.M.
Professor an der Universität München

Dr. Dagmar Coester-Waltjen, LL.M.
Professorin an der Universität München

Dr. Matthias Cremer
Notar in Dresden

Dr. Heinrich Dörner
Professor an der Universität Münster

Dr. Christina Eberl-Borges
Privatdozentin an der Universität Potsdam

Dr. Werner F. Ebke, LL.M.
Professor an der Universität Konstanz

Dr. Jörn Eckert
Professor an der Universität Kiel, Richter am Schleswig-Holsteinischen Oberlandesgericht in Schleswig

Dr. Volker Emmerich
Professor an der Universität Bayreuth, Richter am Oberlandesgericht Nürnberg

Dipl.-Kfm. Dr. Norbert Engel
Leitender Ministerialrat im Bayerischen Senat, München

Dr. Helmut Engler
Professor an der Universität Freiburg i. Br., Minister in Baden-Württemberg a. D.

Dr. Karl-Heinz Fezer
Professor an der Universität Konstanz, Honorarprofessor an der Universität Leipzig, Richter am Oberlandesgericht Stuttgart

Dr. Johann Frank
Notar in Amberg

Dr. Rainer Frank
Professor an der Universität Freiburg i. Br.

Dr. Bernhard Großfeld, LL.M.
Professor an der Universität Münster

Dr. Karl-Heinz Gursky
Professor an der Universität Osnabrück

Dr. Ulrich Haas
Professor an der Universität Halle-Wittenberg

Norbert Habermann
Richter am Amtsgericht Offenbach

Dr. Johannes Hager
Professor an der Humboldt-Universität zu Berlin

Dr. Rainer Hausmann
Professor an der Universität Konstanz

Dr. Dott. h. c. Dieter Henrich
Professor an der Universität Regensburg

Dr. Reinhard Hepting
Professor an der Universität Mainz

Joseph Hönle
Notar in Tittmoning

Dr. Bernd von Hoffmann
Professor an der Universität Trier

Dr. Heinrich Honsell
Professor an der Universität Zürich, Honorarprofessor an der Universität Salzburg

Dr. Dr. Dres. h. c. Klaus J. Hopt, M.C.J.
Professor, Direktor des Max-Planck-Instituts für Ausländisches und Internationales Privatrecht, Hamburg

Dr. Norbert Horn
Professor an der Universität zu Köln

Dr. Heinz Hübner
Professor an der Universität zu Köln

Dr. Rainer Jagmann
Vorsitzender Richter am Landgericht Freiburg i. Br.

Dr. Ulrich von Jeinsen
Rechtsanwalt und Notar in Hannover

Dr. Joachim Jickeli
Professor an der Universität Kiel

Dr. Dagmar Kaiser
Privatdozentin an der Universität Freiburg i. Br.

Dr. Rainer Kanzleiter
Notar in Neu-Ulm, Professor an der Universität Augsburg

Dr. Ralf Katschinski
Notar in Hamburg

Dr. Benno Keim
Notar in München

Dr. Sibylle Kessal-Wulf
Richterin am Schleswig-Holsteinischen Oberlandesgericht in Schleswig

Dr. Hans-Georg Knothe
Professor an der Universität Greifswald

Dr. Helmut Köhler
Professor an der Universität München, Richter am Oberlandesgericht München

Dr. Jürgen Kohler
Professor an der Universität Greifswald

Dr. Heinrich Kreuzer
Notar in München

Dr. Jan Kropholler
Professor an der Universität Hamburg, Wiss. Referent am Max-Planck-Institut für Ausländisches und Internationales Privatrecht, Hamburg

Dr. Hans-Dieter Kutter
Notar in Schweinfurt

Dr. Gerd-Hinrich Langhein
Notar in Hamburg

Dr. Dr. h. c. Manfred Löwisch
Professor an der Universität Freiburg i. Br., vorm. Richter am Oberlandesgericht Karlsruhe

Dr. Dr. h. c. Werner Lorenz
Professor an der Universität München

Dr. Peter Mader
Ao. Professor an der Universität Salzburg

Dr. Ulrich Magnus
Professor an der Universität Hamburg, Richter am Hanseatischen Oberlandesgericht zu Hamburg

Dr. Peter Mankowski
Wiss. Assistent an der Universität Osnabrück

Dr. Heinz-Peter Mansel
Professor an der Universität zu Köln

Dr. Peter Marburger
Professor an der Universität Trier

Dr. Wolfgang Marotzke
Professor an der Universität Tübingen

Dr. Dr. Michael Martinek, M.C.J.
Professor an der Universität des Saarlandes, Saarbrücken

Dr. Annemarie Matusche-Beckmann
Privatdozentin an der Universität Köln

Dr. Jörg Mayer
Notar in Pottenstein

Dr. Dr. Detlef Merten
Professor an der Deutschen Hochschule für Verwaltungswissenschaften Speyer

Dr. Peter O. Mülbert
Professor an der Universität Mainz

Dr. Dirk Neumann
Vizepräsident des Bundesarbeitsgerichts a. D., Kassel, Präsident des Landesarbeitsgerichts Chemnitz a. D.

Dr. Ulrich Noack
Professor an der Universität Düsseldorf

Dr. Hans-Heinrich Nöll
Rechtsanwalt in Hamburg

Dr. Jürgen Oechsler
Professor an der Universität Potsdam

Dr. Hartmut Oetker
Professor an der Universität Jena, Richter am Thüringer Oberlandesgericht Jena

Wolfgang Olshausen
Notar in Rain am Lech

Dr. Dirk Olzen
Professor an der Universität Düsseldorf

Dr. Gerhard Otte
Professor an der Universität Bielefeld

Dr. Hansjörg Otto
Professor an der Universität Göttingen

Dr. Frank Peters
Professor an der Universität Hamburg, Richter am Hanseatischen Oberlandesgericht zu Hamburg

Dr. Axel Pfeifer
Notar in Hamburg

Dr. Jörg Pirrung
Ministerialrat im Bundesministerium der Justiz, Bonn, Richter am Gericht erster Instanz der Europäischen Gemeinschaften, Luxemburg

Dr. Ulrich Preis
Professor an der Fern-Universität Hagen und an der Universität Düsseldorf

Dr. Manfred Rapp
Notar in Landsberg a. L.

Dr. Thomas Rauscher
Professor an der Universität Leipzig, Dipl. Math.

Dr. Peter Rawert, LL.M.
Notar in Hamburg, Professor an der Universität Kiel

Eckhard Rehme
Vorsitzender Richter am Oberlandesgericht Oldenburg

Dr. Wolfgang Reimann
Notar in Passau, Professor an der Universität Regensburg

Dr. Tilman Repgen
Wiss. Assistent an der Universität zu Köln

Dr. Dieter Reuter
Professor an der Universität Kiel, Richter am Schleswig-Holsteinischen Oberlandesgericht in Schleswig

Dr. Reinhard Richardi
Professor an der Universität Regensburg

Dr. Volker Rieble
Professor an der Universität Mannheim

Dr. Anne Röthel
Wiss. Mitarbeiterin an der Universität Erlangen-Nürnberg

Dr. Herbert Roth
Professor an der Universität Heidelberg

Dr. Rolf Sack
Professor an der Universität Mannheim

Dr. Ludwig Salgo
Professor an der Fachhochschule Frankfurt a. M., Apl. Professor an der Universität Frankfurt a. M.

Dr. Gottfried Schiemann
Professor an der Universität Tübingen

Dr. Eberhard Schilken
Professor an der Universität Bonn

Dr. Peter Schlosser
Professor an der Universität München

Dr. Jürgen Schmidt
Professor an der Universität Münster

Dr. Karsten Schmidt
Professor an der Universität Bonn

Dr. Günther Schotten
Notar in Köln, Professor an der Universität Bielefeld

Dr. Hans Schulte-Nölke
Wiss. Assistent an der Universität Münster

Dr. Hans Hermann Seiler
Professor an der Universität Hamburg

Dr. Reinhard Singer
Professor an der Universität Rostock, Richter am Oberlandesgericht Rostock

Dr. Jürgen Sonnenschein
Professor an der Universität Kiel

Dr. Ulrich Spellenberg
Professor an der Universität Bayreuth

Dr. Sebastian Spiegelberger
Notar in Rosenheim

Dr. Hans-Wolfgang Strätz
Professor an der Universität Konstanz

Dr. Dr. h. c. Fritz Sturm
Professor an der Universität Lausanne

Dr. Gudrun Sturm
Assessorin, Wiss. Mitarbeiterin an der Universität Lausanne

Dr. Uwe Theobald
Notarassessor in Saarbrücken

Burkhard Thiele
Ministerialdirigent im Ministerium für Justiz und Angelegenheiten der Europäischen Union des Landes Mecklenburg-Vorpommern, Schwerin

Dr. Bea Verschraegen, LL.M.
Professorin an der Universität Wien

Dr. Klaus Vieweg
Professor an der Universität Erlangen-Nürnberg

Dr. Reinhard Voppel
Rechtsanwalt in Köln

Dr. Günter Weick
Professor an der Universität Gießen

Gerd Weinreich
Richter am Oberlandesgericht Oldenburg

Dr. Birgit Weitemeyer
Wiss. Assistentin an der Universität Kiel

Dr. Joachim Wenzel
Vorsitzender Richter am Bundesgerichtshof, Karlsruhe

Dr. Olaf Werner
Professor an der Universität Jena, Richter am Thüringer Oberlandesgericht Jena

Dr. Wolfgang Wiegand
Professor an der Universität Bern

Dr. Peter Winkler von Mohrenfels
Professor an der Universität Rostock, Richter am Oberlandesgericht Rostock

Dr. Hans Wolfsteiner
Notar in München

Dr. Eduard Wufka
Notar in Starnberg

Dr. Michael Wurm
Richter am Bundesgerichtshof, Karlsruhe

Redaktorinnen und Redaktoren

Dr. Christian von Bar
Dr. Wolf-Rüdiger Bub
Dr. Heinrich Dörner
Dr. Helmut Engler
Dr. Karl-Heinz Gursky
Norbert Habermann
Dr. Dott. h. c. Dieter Henrich
Dr. Norbert Horn
Dr. Heinz Hübner
Dr. Jan Kropholler

Dr. Dr. h. c. Manfred Löwisch
Dr. Ulrich Magnus
Dr. Dr. Michael Martinek, M.C.J.
Dr. Gerhard Otte
Dr. Lore Maria Peschel-Gutzeit
Dr. Peter Rawert, LL.M.
Dr. Dieter Reuter
Dr. Herbert Roth
Dr. Hans-Wolfgang Strätz
Dr. Wolfgang Wiegand

J. von Staudingers
Kommentar zum Bürgerlichen Gesetzbuch mit Einführungsgesetz und Nebengesetzen

Fünftes Buch
Erbrecht
Einleitung; §§ 1922–1966

Neubearbeitung 2000
von
Wolfgang Marotzke
Gerhard Otte
Olaf Werner

Redaktor
Gerhard Otte

Sellier – de Gruyter · Berlin

Die Kommentatorinnen und Kommentatoren

Neubearbeitung 2000
Einleitung: GERHARD OTTE
§ 1922: WOLFGANG MAROTZKE
§ 1923: GERHARD OTTE
§§ 1924–1936: OLAF WERNER
§§ 1937–1957: GERHARD OTTE
§§ 1958–1966: WOLFGANG MAROTZKE

Dreizehnte Bearbeitung 1994
Einleitung: GERHARD OTTE
§ 1922: WOLFGANG MAROTZKE
§ 1923: GERHARD OTTE
§§ 1924–1936: OLAF WERNER
§§ 1937–1957: GERHARD OTTE
§§ 1958–1966: WOLFGANG MAROTZKE

12. Auflage
Einleitung: GERHARD OTTE (1988)
§ 1922: WOLFGANG MAROTZKE (1988)
§ 1923: GERHARD OTTE (1988)
§§ 1924–1936: OLAF WERNER (1978)
§§ 1937–1941: GERHARD OTTE (1978)
§§ 1942–1966: GERHARD OTTE/WOLFGANG MAROTZKE (1978)

11. Auflage
Einleitung: Professor Dr. GUSTAV BOEHMER (1954)
§ 1922: Professor Dr. GUSTAV BOEHMER (1954)
§§ 1923–1966: Professor Dr. HEINRICH LEHMANN (1954)

Sachregister

Rechtsanwalt Dr. Dr. VOLKER KLUGE, Berlin

Zitierweise

STAUDINGER/OTTE (2000) Einl 1 zu §§ 1922 ff
STAUDINGER/OTTE (2000) Vorbem 1 zu §§ 1937 ff
STAUDINGER/MAROTZKE (2000) § 1922 Rn 1

Zitiert wird nur nach Paragraph bzw Artikel und Randnummer.

Hinweise

Das **vorläufige Abkürzungsverzeichnis** für das Gesamtwerk STAUDINGER befindet sich in einer Broschüre, die zusammen mit dem Band §§ 985–1011 (1993) geliefert worden ist.

Der **Stand der Bearbeitung** ist jeweils mit Monat und Jahr auf den linken Seiten unten angegeben.

Am Ende des Bandes befindet sich eine Übersicht über den aktuellen **Stand des Gesamtwerks** STAUDINGER zum Zeitpunkt des Erscheinens dieses Bandes.

Die Deutsche Bibliothek – CIP-Einheitsaufnahme

J. von Staudingers Kommentar zum Bürgerlichen Gesetzbuch : mit Einführungsgesetz und Nebengesetzen / [Kommentatoren Karl-Dieter Albrecht ...]. – Berlin : Sellier de Gruyter
Teilw. hrsg. von Günther Beitzke ... – Teilw. im Verl. Schweitzer, Berlin. – Teilw. im Verl. Schweitzer de Gruyter, Berlin. – Teilw. u. d. T.: J. v. Staudingers Kommentar zum Bürgerlichen Gesetzbuch
ISBN 3-8059-0784-2

Buch 5. Erbrecht
Einleitung; §§ 1922–1966. – Neubearb. / von Wolfgang Marotzke ...
Red. Gerhard Otte. – 2000
ISBN 3-8059-0926-8

© Copyright 2000 by Dr. Arthur L. Sellier & Co. – Walter de Gruyter GmbH & Co. KG, Berlin. – Printed in Germany.

Dieses Werk einschließlich aller seiner Teile ist urheberrechtlich geschützt. Jede Verwertung außerhalb der engen Grenzen des Urheberrechtsgesetzes ist ohne Zustimmung des Verlages unzulässig und strafbar. Das gilt insbesondere für Vervielfältigungen, Übersetzungen, Mikroverfilmungen und die Einspeicherung und Verarbeitung in elektronischen Systemen.

Satz: Typosatz Ullrich, Nördlingen.

Druck: Sebald Sachsendruck, Plauen.

Bindearbeiten: Lüderitz und Bauer, Buchgewerbe GmbH, Berlin.

Umschlaggestaltung: Bib Wies, München.

⊚ Gedruckt auf säurefreiem Papier, das die DIN ISO 9706 Norm über Haltbarkeit erfüllt.

Inhaltsübersicht

	Seite*
Vorwort	IX
Fünftes Buch. Erbrecht	
Einleitung zu §§ 1922 ff	1
Erster Abschnitt. Erbfolge	57
Zweiter Abschnitt. Rechtliche Stellung des Erben	416
Erster Titel. Annahme und Ausschlagung der Erbschaft. Fürsorge des Nachlaßgerichts	418
Sachregister	559

---

* Zitiert wird nicht nach Seiten, sondern nach Paragraph bzw Artikel und Randnummer; siehe dazu auch S VI.

Vorwort

Die 13. Bearbeitung der Kommentierung der §§ 1922–1966 BGB erschien im Jahre 1994. Seitdem haben die gesetzlichen Grundlagen der Erbfolge an zwei Stellen gewichtige Änderungen erfahren, die die Erforderlichkeit einer Neukommentierung begründen: Das Erbrechtsgleichstellungsgesetz hat die §§ 1934 a–e BGB aufgehoben, und die HGB-Novelle hat durch Neufassung des § 131 HGB eine veränderte Betrachtung der Gesellschaftererbfolge bei der OHG und der KG notwendig gemacht. Beidem trägt die hiermit vorgelegte Neubearbeitung Rechnung. Im Hinblick auf nicht abgewickelte Erbfälle aus der Zeit vor dem 1. 4. 1998 konnte allerdings noch nicht auf die Erläuterung des bisherigen Nichtehelichenerbrechts verzichtet werden; die Darstellung gilt daher jetzt dem alten **und** dem neuen Rechtszustand, berücksichtigt aber, daß die verfassungsrechtliche und rechtspolitische Problematik eines besonderen Nichtehelichenerbrechts in den Hintergrund getreten ist. Auch im Gesellschaftserbrecht muß die Darstellung nunmehr „zweispurig" sein, da die Rechtslage bei der Gesellschaft bürgerlichen Rechts unverändert geblieben ist.

Im übrigen enthält die Neubearbeitung Hinweise auf die Änderungen im Erbschaftsteuerrecht und bei der Vergütung des Nachlaßpflegers. Die Abschnitte über testamentarische Schiedsgerichte, über den postmortalen Zugang von Willenserklärungen und über die Ausschlagung durch Erbeserben sind neu geschrieben. Rechtsprechung und Literatur seit 1994 sind durchgängig eingearbeitet; dabei zeigte sich, daß Schwerpunkte der aktuellen Diskussion bei Fragen liegen, die durch § 14 HeimG, durch das „Behindertentestament" und durch die Kollision von Erbrecht und Restitutionsrecht aufgeworfen werden.

Bielefeld, im Januar 2000　　　　　　　　　　　　　　　　　　　　　Gerhard Otte

Fünftes Buch
Erbrecht

Einleitung zu §§ 1922 ff

Schrifttum

I. Kommentare

1. ältere

FISCHER/HENLE/TITZE, Bürgerliches Gesetzbuch (32. Aufl 1932), Erbrecht bearb v HENLE
FROMMHOLD, Das Erbrecht des Bürgerlichen Gesetzbuchs (1900)
KUHLENBECK, Das Bürgerliche Gesetzbuch für das Deutsche Reich, 3. Bd (2. Aufl 1904)
F LEONHARD, Erbrecht (2. Aufl 1912)
LOEWENWARTER, Lehrkommentar zum Bürgerlichen Gesetzbuch, 6. Bd (1930)
PLANCK, Kommentar zum Bürgerlichen Gesetzbuch, V. Bd (4. Aufl 1930), bearb v EBBECKE, FLAD, GREIFF und STRECKER.

2. aktuelle

Alternativkommentar zum Bürgerlichen Gesetzbuch, Bd 6 (1990), bearb v BUCHHOLZ, DÄUBLER, DERLEDER, DUBISCHAR, FINGER, F PARDEY, K-D PARDEY, SCHAPER, TEUBNER und WENDT
Das Bürgerliche Gesetzbuch mit besonderer Berücksichtigung der Rechtsprechung des Reichsgerichts und des Bundesgerichtshofes, Kommentar hrsg v Mitgliedern des Bundesgerichtshofes, Bd V (12. Aufl 1974 f), bearb v JOHANNSEN und KREGEL
ERMAN, Handkommentar zum Bürgerlichen Gesetzbuch, 2. Bd (9. Aufl 1993), Erbrecht bearb v SCHLÜTER u M SCHMIDT

JAUERNIG, Bürgerliches Gesetzbuch mit Erläuterungen (8. Aufl 1997), Erbrecht bearb v STÜRNER
Münchener Kommentar zum Bürgerlichen Gesetzbuch, Bd 6 (3. Aufl 1997), bearb v BRANDNER, BURKART, DÜTZ, FRANK, GRUNSKY, LEIPOLD, MUSIELAK, PROMBERGER, SCHLICHTING, SIEGMANN und STROBEL
PALANDT, Bürgerliches Gesetzbuch (58. Aufl 1999), Erbrecht bearb v EDENHOFER
SOERGEL, Bürgerliches Gesetzbuch, Bd 7 (12. Aufl 1992), bearb v DAMRAU, DIECKMANN, HARDER, LORITZ, STEIN und WOLF.

II. Lehrbücher

1. ältere

BINDER, Erbrecht (2. Aufl 1930)
BLEIER, Das deutsche Erbrecht (1949)
vBLUME, Recht des Bürgerlichen Gesetzbuches, 5. Buch, Erbrecht, I. u II. Abt (1913)
BOEHM, Das Erbrecht des Bürgerlichen Gesetzbuchs (2. Aufl 1900)
BORCHERDT, Das Erbrecht und die Nachlaßbehandlung nach den vom 1. Januar 1900 an geltenden Reichs- und Landesgesetzen (1901)
COSACK, Lehrbuch des Bürgerlichen Rechts, 2. Bd 2. Abt (7./8. Aufl 1924) §§ 112 ff
CROME, System des Deutschen Bürgerlichen Rechts, 5. Bd (1912)
DERNBURG, Das bürgerliche Recht des Deutschen Reichs und Preußens, 5. Bd (3. Aufl 1911), bearb v ENGELMANN

Einl zu §§ 1922 ff

Dietz, Erbrecht (1949)
Endemann, Lehrbuch des Bürgerlichen Rechts, 3. Bd (8./9. Aufl 1919 f)
ders, Erbrecht des Bürgerlichen Gesetzbuches (1923)
Isele, Familie und Familienerbe (1938)
Kipp, Erbrecht (8. Aufl 1930)
Kretzschmar, Das Erbrecht des Deutschen Bürgerlichen Gesetzbuchs (2. Aufl 1913)
Krückmann, Institutionen des Bürgerlichen Gesetzbuchs (5. Aufl 1929) §§ 129 ff
Kuhlenbeck, Von den Pandekten zum Bürgerlichen Gesetzbuch, 3. Theil (1901) V. Buch
Landsberg, Das Recht des Bürgerlichen Gesetzbuchs (1904) §§ 266 ff
Leopold, Testamentsrecht (1939)
vLübtow, Erbrecht (1971)
P Meyer, Das Erbrecht des Bürgerlichen Gesetzbuchs für das Deutsche Reich (1.–7. Lief 1904–1921)
Otte, Erbrecht (1974)
R Schmidt, Bürgerliches Recht, 5. Bd (2. Aufl 1955)
Siber, Erbrecht (1928)
Strohal, Das deutsche Erbrecht, 2 Bde (3. Aufl 1903 f)
ders, Grundriß des deutschen Erbrechts (1914)
Windscheid/Kipp, Lehrbuch des Pandektenrechts, III. Bd (9. Aufl 1906).

2. aktuelle

Brox, Erbrecht (17. Aufl 1998)
Ebenroth, Erbrecht (1992)
Friedrich, Testament und Erbrecht (18. Aufl 1998)
Gursky, Erbrecht (2. Aufl 1993)
Harder, Grundzüge des Erbrechts (4. Aufl 1997)
John, Grundzüge des Erbrechts (2. Aufl 1984)
Kipp/Coing, Erbrecht (14. Aufl 1990)
Lange/Kuchinke, Lehrbuch des Erbrechts (4. Aufl 1995)
Leipold, Erbrecht (12. Aufl 1998)
Schlüter, Erbrecht (13. Aufl 1996), bis zur 11. Aufl (1980) Bartholomeyczik/Schlüter.

III. Sonstige Studienliteratur

Heldrich, Fälle und Lösungen nach höchstrichterlichen Entscheidungen, BGB Erbrecht (3. Aufl 1989)
Krug, Erbrecht – Examenskurs für Rechtsreferendare (2. Aufl 1998)
Roth, Familien- und Erbrecht mit ausgewählten Verfahrensfragen (1997)
Schlüter, Prüfe Dein Wissen, BGB Erbrecht (8. Aufl 1994)
Simon/Werner, 21 Probleme aus dem Familien- und Erbrecht (2. Aufl 1991)
Werner, Fälle zum Erbrecht (2. Aufl 1995).

IV. Rechtsprechungsberichte

Andrae, Zur Rechtsprechung in deutsch-deutschen Erbrechtsfällen, NJ 1998, 113, 175
Janke, Die Anwendung des Zivilgesetzbuchs der DDR in der Rechtsprechung seit der deutschen Einheit, NJ 1994, 436, 440; 1996, 343, 346
Johannsen, Die Rechtsprechung des Bundesgerichtshofs auf dem Gebiete des Erbrechts, WM 1969, 1222, 1314, 1402; 1970, 2, 110, 234, 573, 738; 1971, 402, 918; 1972, 62, 642, 866, 914, 1046; 1973, 530
ders, Erbrecht in der Rechtsprechung des Bundesgerichtshofs, WM 1977, 270, 302; 1979, 598, 630; 1982, Beil 2; 1985, Beil 2
ders, Das Familien- und Erbrecht in der Rechtsprechung des Bundesgerichtshofs, in: 25 Jahre Bundesgerichtshof (1975) 47
Kessler, Rechtsprechung des Bundesgerichtshofs zum Erbrecht seit 1964, DRiZ 1966, 395
ders, Rechtsprechung des Bundesgerichtshofs zum Erbrecht, DRiZ 1969, 278
Leipold, Erbrecht 1995, JZ 1996, 287
ders, Erbrecht 1996 und 1997, JZ 1998, 660, 708, 884
Mattern, Erbrechtliche Fragen in der Rechtsprechung des BGH, BWNotZ 1961, 277
Schmidt-Kessel, Erbrecht in der Rechtsprechung des Bundesgerichtshofes 1985 bis 1987, WM 1988, Beil 8
Siber, Auslegung und Anfechtung der Verfügungen von Todes wegen, in: Die Reichsgerichtspraxis im deutschen Rechtsleben III (1929) 350.

V. Monographien und Sammelwerke

Binder, Die Rechtsstellung des Erben nach dem deutschen BGB I–III (1901–1905)
Boehmer, Erbfolge und Erbhaftung (1927)

Erbrecht

ders, Zur Entwicklung und Reform des deutschen Familien- und Erbrechts, Ausgewählte Schriften (1970)
BOSCH, Gesammelte Abhandlungen zum Familien- und Erbrecht (1991)
HOLZHAUER, Erbrechtliche Untersuchungen (1973)
KRESS, Die Erbengemeinschaft nach dem bürgerlichen Gesetzbuche für das Deutsche Reich (1903)
F LEONHARD, Testamentserrichtung und Erbrecht (1914)
vLÜBTOW, Probleme des Erbrechts (1967)
MEINCKE, Das Recht der Nachlaßbewertung im BGB (1973)
MEISCHEIDER, Die letztwilligen Verfügungen nach dem BGB (1900)
WINDEL, Über die Modi der Nachfolge in das Vermögen einer natürlichen Person beim Todesfall (1998).

VI. Zur erbrechtlichen Praxis (Nachlaßgericht, Notariat, Rechtsberatung, Vermögensverwaltung)
ARNOLD/HARDRAHT/PRAUSNITZ, Formular-Kommentar Bd 6: Bürgerliches Recht III, Erbrecht (22. Aufl 1986)
BAUMGÄRTEL/LAUMEN, Handbuch der Beweislast im Privatrecht, Bd 2 (2. Aufl 1999), darin §§ 1922 ff bearb v SCHMITZ
BENGEL/REIMANN, Erbrecht, in: Beck'sches Notarhandbuch, hrsg v BRAMBRING u JERSCHKE (2. Aufl 1997)
CREZELIUS, Unternehmenserbrecht (1998)
DITTMANN/REIMANN/BENGEL, Testament und Erbvertrag (2. Aufl 1986)
ESCH/BAUMANN/SCHULZE ZUR WIESCHE, Handbuch der Vermögensnachfolge (5. Aufl 1997)
FASSELT, Nachfolge in Familienunternehmen (1992)
FIRSCHING/GRAF, Nachlaßrecht (7. Aufl 1994)
FLICK, Rechtzeitige Erbfolgeplanung (4. Aufl 1992)
FRIESER, Die anwaltliche Praxis in Erbschaftssachen (1995)
FRITZ/BÜNGER, Praxishandbuch Erbrecht (Loseblatt-Sammlung Stand 1996)

Einl zu §§ 1922 ff

HEROLD/LINDE, Vorteilhafte Testamentsgestaltung (6. Aufl 1993)
HOFFMANN-BECKING/SCHIPPEL, Beck'sches Formularbuch zum Bürgerlichen, Handels- und Wirtschaftsrecht (7. Aufl 1998)
KAPP/EBELING/GRUNE/GECK, Handbuch der Erbengemeinschaft und Erbauseinandersetzung im Zivil- und Steuerrecht (Loseblatt-Sammlung 5. Aufl Stand 1996)
KERSCHER/TANCK/KRUG, Das erbrechtliche Mandat (1998)
KERSTEN/BUEHLING/APPELL/KANZLEITER, Formularbuch und Praxis der Freiwilligen Gerichtsbarkeit (21. Aufl 1999)
KÖSSINGER, Das Testament Alleinstehender (2. Aufl 1997)
LANGENFELD, Testamentsgestaltung (2. Aufl 1998)
LANGENFELD/GAIL/SCHUBERT, Handbuch der Familienunternehmen (8. Aufl Loseblatt-Sammlung Stand 1998)
MÖHRING/BEISSWINGERT/KLINGELHÖFFER, Vermögensverwaltung in Vormundschafts- und Nachlaßsachen (7. Aufl 1992)
Münchener Vertragshandbuch, Bd 4, 2. Hbd, hrsg v LANGENFELD (4. Aufl 1998)
NIEDER, Handbuch der Testamentsgestaltung (1992)
ROHLFING, Erbrecht in der anwaltlichen Praxis (2. Aufl 1997)
SPIEGELBERGER, Vermögensnachfolge (1994)
SUDHOFF, Handbuch der Unternehmensnachfolge (3. Aufl 1984)
WEGMANN, Ehegattentestament und Erbvertrag (2. Aufl 1997)
WEIRICH, Erben und Vererben (4. Aufl 1998)
WURM/ALBRECHT, Das Rechtsformularbuch (14. Aufl 1998).

VII. Landwirtschaftserbrecht
BARNSTEDT/BECKER/BENDEL, Das nordwestdeutsche Höferecht (1976)
BENDEL, Landwirtschaftliches Sondererbrecht in den fünf neuen Bundesländern, AgrarR 1991, 2
FASSBENDER, Zur vertragsbrechenden Hoferklärung, AgrarR 1987, 295 u 1988, 125
FASSBENDER/HÖTZEL/vJEINSEN/PIKALO, Höfeordnung (3. Aufl 1994)

HARTWIG, Die Berücksichtigung der Nachlaßverbindlichkeiten bei der Abfindung und Ergänzungsabfindung weichender Erben (1997)
J-U LANGE, Auswirkungen der Hofaufhebung auf die Bindung des Hofeigentümers durch Erb- oder Übergabevertrag (1997)
LANGE/WULFF/LÜDTKE-HANDJERY, Höfeordnung (9. Aufl 1991)
MIDDENDORF, Übergabevertrag und landwirtschaftliches Erbrecht (Diss Bielefeld 1991)
OTTE, Aufhebung der Hofeigenschaft trotz bindender Bestimmung eines Hofnachfolgers, NJW 1988, 672
ders, Höferecht und eheliches Güterrecht, AgrarR 1989, 232
SCHAPP, Der Schutz des Unternehmens in der Vererbung im Landwirtschaftsrecht und im Personengesellschaftsrecht (1975)
STEFFEN, Höfeordnung und Höfeverfahrensordnung (1977)
WÖHRMANN/STÖCKER, Landwirtschaftserbrecht (6. Aufl 1995)
weitere Lit, auch zu den landesrechtlichen Anerbengesetzen, s STAUDINGER/MAYER (1998) Art 64 EGBGB vor Rn 1, zum GrundstücksverkehrsG dort Rn 122.

VIII. Geschichte des Erbrechts

vAMIRA, Erbenfolge und Verwandtschaftsgliederung nach den altniederdeutschen Rechten (1874)
BAUER-GERLAND, Das Erbrecht der Lex Romana Burgundionum (1995)
BECKHAUS, Grundzüge des gemeinen Erbrechts (1860)
BEUTGEN, Die Geschichte der Form des eigenhändigen Testaments (1992)
BRUCK, Kirchenväter und soziales Erbrecht (1956)
COING, Europäisches Privatrecht I (1985) §§ 117 ff, II (1989) §§ 122 ff
ECKERT, Der Kampf um die Familienfideikommisse in Deutschland (1992)
FÄRBER, Das gemeinschaftliche Testament in der höchstrichterlichen Rechtsprechung zum Allgemeinen Preußischen Landrecht und zum BGB (1997)
GANS, Das Erbrecht in weltgeschichtlicher Entwicklung, 4 Bde (1824–55)

HATTENHAUER, Zur Dogmengeschichte des Erbrechts, Jura 1983, 9 ff, 68 ff
HESSE, Der Einfluß des wirtschaftlichen Fortschritts auf die Entwicklung der Testierfreiheit (Diss Bonn 1980)
HOLTHÖFER, Fortschritte in der Erbrechtsgesetzgebung seit der französischen Revolution, in: MOHNHAUPT (Hrsg), Zur Geschichte des Familien- und Erbrechts (1987) 121
KLIPPEL, Familie versus Eigentum, SZGA 101, 118
KOEPPEN, Lehrbuch des heutigen römischen Erbrechts (1895)
KRAGLUND, Familien- und Erbrecht, Materielles Recht und Methoden der Rechtsanwendung in der Rechtsprechung des Oberappellationsgerichts der vier Freien Städte Deutschlands zu Lübeck (1991)
KRENZ, Modelle der Nachlaßteilung (1994)
LANDAU, Hegel und das preußische Obertribunal, Ein Beitrag zur preußischen Rechtsgeschichte und der Geschichte des Pflichtteilsrechts, in: FS Gagnér (1991) 177
ders, Die Testierfreiheit in der Geschichte des deutschen Rechts im späten Mittelalter und in der frühen Neuzeit, SZGA 114, 56
LASSALLE, Das System der erworbenen Rechte, Bd II: Das Wesen des Römischen und Germanischen Erbrechts in historisch-philosophischer Entwicklung (1861)
vLÜBTOW, Erbrecht I (1971) 1–16
MEINCKE, Erbschaftsteuer und Zivilrecht in Rom, StuW 1978, 1
MERTENS, Die Entstehung der Vorschriften des BGB über die gesetzliche Erbfolge und das Pflichtteilsrecht (1970)
OLZEN, Vorweggenommene Erbfolge in historischer Sicht (1988)
PAULUS, Die Idee der postmortalen Persönlichkeit im römischen Testamentsrecht (1992)
SCHRÖDER, Abschaffung oder Reform des Erbrechts (1981)
SCHULTZE, Augustin und der Seelteil des germanischen Erbrechts (1928)
SIEGEL, Das deutsche Erbrecht nach den Rechtsquellen des Mittelalters in seinem inneren Zusammenhange dargestellt (1853)
STAUDINGER/BOEHMER[11] Einl §§ 1, 5–7, 12, 14, 19

Erbrecht

STOBBE, Handbuch des deutschen Privatrechts, Bd V (2. Aufl 1885)
vSYDOW, Darstellung des Erbrechts nach den Grundsätzen des Sachsenspiegels (1828)
TSCHÄPPELER, Die Testierfreiheit zwischen Freiheit des Erblassers und Gleichheit der Nachkommen (1983)
WEGMANN, Die Begründung des Erbrechts im 19. Jahrhundert (Diss Münster 1969)
WESENER, Zur Erbenhaftung in historischer Sicht, in: FS vLübtow (1991) 113
WLASSAK, Studien zum altrömischen Erb- und Vermächtnisrecht I (1933).
Weitere Lit zur Geschichte des Erbrechts vor Rn 28 (zur Entstehung des BGB) u Rn 113 unter b) (NS-Zeit).

IX. Rechtsvergleichung

EBENROTH, Erbrecht (1992) § 1 VI
FERID/FIRSCHING/LICHTENBERGER, Internationales Erbrecht, Loseblatt-Sammlung (4. Aufl Stand Juni 1998)
NEUMAYER, Einheit in der Vielfalt – Bewegung und Bewahrung im Erbrecht der Nationen, in: FS Ferid (1978) 659
RHEINSTEIN/KNAPP/SUNDBERG/BROMLEY/ RIEG/REICHERT-FACILIDES, Das Erbrecht der Familienangehörigen in positiv-rechtlicher und rechtspolitischer Sicht (1971)
STAUDINGER/BOEHMER[11] Einl §§ 2, 8, 15. Weitere Lit zur Erbrechtsvergleichung bei STAUDINGER/DÖRNER (1995) Vorbem zu Art 25 EGBGB, zum Erbrecht der DDR und zum Überleitungsrecht vor Rn 109 und zum IPR vor Rn 142.

Schrifttumsangaben zur Erbschaftsteuer Rn 16, zur Bedeutung des Grundgesetzes für das Erbrecht vor Rn 60, zum Nichtehelichenerbrecht in Rn 94 und zur Erbrechtsreform vor Rn 113.

Systematische Übersicht

I. **Erbrecht im objektiven Sinn**
1. Der Gegenstand des Erbrechts ___ 1
2. Die Gliederung des 5. Buches des BGB ___ 5
3. Erbrechtliche Vorschriften außerhalb des 5. Buches des BGB ___ 9
a) Bundesrecht ___ 9
b) Landesrecht ___ 24

II. **Grundlagen und Entwicklung des geltenden Erbrechts**
1. Zur Entstehungsgeschichte des 5. Buches des BGB ___ 28
2. Gesetzesänderungen im Erbrecht ___ 31
3. Prinzipien des Erbrechts ___ 50
4. Erbrecht und Verfassung ___ 60
a) Erbrechtsgarantie ___ 60
b) Eigentumsgarantie ___ 78
c) Gleichheitsgrundsatz ___ 81
d) Schutz von Ehe und Familie ___ 91
e) Gleichstellung nichtehelicher Kinder 93
f) Allgemeines Persönlichkeitsrecht ___ 101
5. Erbrecht und internationale Menschenrechtsabkommen ___ 104
6. Das Erbrecht der DDR ___ 109
7. Erbrechtsreform ___ 113
a) Deutsches Reich ___ 113
b) Bundesrepublik Deutschland ___ 117
8. Zur Auslegung erbrechtlicher Normen ___ 135

III. **Zeitliche und räumliche Geltung des Erbrechts**
1. Zeitlicher Geltungsbereich ___ 139
2. Internationales Erbrecht ___ 142

Alphabetische Übersicht

Abfindung weichender Erben ___ 83
Abzugseinrede ___ 30
Adoptionsgesetz ___ 46, 141
Akademie für Deutsches Recht ___ 115 f
Allgemeines Persönlichkeitsrecht ___ 102 f
Anerbenrecht ___ 25, 29, 67
Anfallprinzip ___ 59
Anfechtung ___ 53, 56

Einl zu §§ 1922 ff

Ausgleichspflicht unter Abkömmlingen — 41, 48, 53
Aushöhlungsnichtigkeit — 137
Ausländer — 26
Auslegung — 135 ff
Auslegungsregeln — 53
Autonomie des hohen Adels — 25

Beamtenrecht — 4
Beerbung bei lebendigem Leibe — 80
Betreuungsgesetz — 48
Bewegliches System und Erbrecht — 136
Beurkundung der Verfügungen von Todes wegen — 17 f, 27, 42, 130
Beurkundungsgesetz — 17, 42, 141

Dauerschuldverhältnisse — 19
DDR, Erbrecht — 109 ff, 139
Diskriminierungsverbot s Gleichheitsgrundsatz

Ehe und Familie, Schutz durch GG — 91 f
Ehegattenerbrecht — 39, 41, 48d, 51, 60, 71b f, 116 f, 120 f
Ehegattenerbvertrag — 53
Ehegattenhof — 67, 80
Ehescheidungsrecht — 34, 37, 45, 117
Eheschließungsrechtsgesetz — 48d
Ehewohnung — 121
Eidesstattliche Versicherung — 17, 43
Eigenhändiges Testament — 30 f, 48, 114 f, 129 f
Eigentumsgarantie — 61 ff, 78 ff
Entschädigung — 10
Entstehungsgeschichte — 6, 28 ff, 70
Erbauseinandersetzung — 84 f, 116, 126
Erbausgleich, vorzeitiger — 80, 94
Erbenhaftung — 21 f, 103, 116, 125
Erbersatzanspruch — 48c, 93
Erbhofrecht — 114
Erbpachtrecht — 25
Erbrecht im objektiven Sinn — 1
Erbrechtsgarantie — 60 ff, 110
Erbrechtsgleichstellungsgesetz — 48c, 94 f, 104, 123, 141
Erbschaftsteuer — 16, 52, 73 ff, 86, 113, 124
Erbunwürdigkeit — 58
Ertragswert von Landgütern — 26, 84 f
Europäische Menschenrechtskonvention — 104

Familienbindung des Vermögens — 50 ff, 60, 68 ff, 91, 116
Familienfideikommisse — 25, 29
Familienrechtsänderungsgesetz — 40
FGG — 22
Formlose Erb- und Übergabeverträge — 82, 137
Funktionswandel des Erbrechts — 119
Gemeinschaftliches Testament — 30, 53, 86, 130 f
Generalklauseln — 137
Gesamtnachfolge — 50, 59, 76
Gesetzeseinheitsgesetz — 38, 141
Gesetzliche Erbfolge — 51, 56, 70, 109, 116 f, 120, 122
Gleichberechtigungsgesetz — 31, 39, 88, 117, 141
Gleichheitsgrundsatz — 81 ff
Gliederung des Erbrechts — 6 ff
Grundgesetz — 48, 60 ff
Grundstücksverkehrsgesetz — 20, 22
Güterrecht, eheliches — 11, 39, 41, 69, 88, 120

Heimgesetz — 66
Heimstättenrecht — 3, 13
Höchstpersönlichkeit — 58
Höfeordnung — 13, 22, 67, 80, 82 f, 89
Hoferbfolge — 3, 67, 89

Individualrechte, Garantie — 60, 77
Insolvenzordnung — 48a
Institutsgarantie — 60
Internationales Erbrecht — 142
Intertemporales Erbrecht — 139 ff

Juden, Diskriminierung — 108, 114
Juristische Personen
– erbrechtlicher Erwerb durch — 26
– des öffentlichen Rechts als gesetzliche Erben — 26

Kindschaftsrechtsreformgesetz — 48b
Konkurrierende Gesetzgebung — 24
Konsulargesetz — 17

Landesrecht — 24 ff, 29, 67
Landpachtverkehrsgesetz — 47
Landwirtschaftsgericht — 22
Lastenausgleich — 10
Lehen — 25

Mätressentestament	124, 136 f
Mannesvorrang im Höferecht	89
Minderjährigenhaftungsbeschränkungsgesetz	103
Nachlaßgericht	22, 26, 116, 119
Nationalsozialistische Gesetzgebung	49, 114
Nichteheliche Lebensgemeinschaft	86, 124, 131
Nichteheliche	31, 41, 48b f, 49, 92 ff, 104, 109, 112, 117, 123, 141
Öffentliches Recht	2 f
Ordensmitglieder	27
Pandektensystem	5
Personengesellschaften, Vererbung von Anteilen an	3, 13, 133
Pflichtteilsbeschränkung	53
Pflichtteilsentziehung	71, 87
Pflichtteilsergänzung	82a, 92, 138
Pflichtteilsrecht	29, 41, 52 f, 60, 69, 71 ff, 84, 115, 117, 121, 134
Postmortale Zeugung	71a
Privaterbrecht	61
Prozeßrecht	22
Rassendiskriminierung	90, 108, 114
Rechtsgeschäfte unter Lebenden	132
Reform des Erbrechts	113 ff
Rentengüter	25
Rückerstattung	10
Schenkungen von Todes wegen	3, 14, 132
Schiffsrechtegesetz	36
Schlußerben, Pflichtteil der	72, 130
Sicherungsmaßnahmen des Nachlaßgerichts	26
Sittenwidrige Freiheitsbeschränkung	101
– Ungleichbehandlung	90
Sondererbfolge	3, 13
Sondernachfolge	3, 14
Sozialer Wandel	119, 138
Sozialpflichtigkeit	64a, 73
Sozialversicherung	4
Staatserbrecht	29, 70, 113, 116, 122
Stammgüter	25
Stiftung	11
Teilentwurf des Erbrechts	28
Testamentsgesetz	31, 35, 114, 141
Testierfähigkeit	65a, 128
Testierfreiheit	29, 50, 54 ff, 60, 63 ff, 75, 78, 90, 114, 116
Übereinkommen über die Rechte des Kindes	104
Übereinkommen zur Beseitigung der Rassendiskriminierung	108
Uneheliche Kinder s a Nichtehelichengesetz	116
Vererblichkeit	1, 9, 61 f
Vergleichsverfahren	32
Verjährung	19
Vermächtnis	127
Vermögensgesetz	10
Verträge zugunsten Dritter auf den Todesfall	14, 132
Verwandtenerbrecht	28, 51, 60, 69 f, 72, 113, 116, 122
Vindikationslegat	127
Volksgesetzbuch	115
Voraus	39, 51, 121
Währungsreform	10
Wiederverheiratungsklauseln	123
Wohnraummiete	3, 121
Zeitlicher Anwendungsbereich der Erbrechtsnormen	139 ff
Zivilpakt	104
Zugewinnausgleich	12, 39, 70, 81 f, 88, 120
Zuständigkeit in Nachlaßsachen	22, 26 f

I. Erbrecht im objektiven Sinn

1. Der Gegenstand des Erbrechts kann nicht treffender umschrieben werden als mit den Worten WINDSCHEIDS, die den Erbrechtsband seines Pandektenlehrbuchs einleiten:

Gerhard Otte

„Durch den Tod des Menschen gehen seine Familienverhältnisse unter, und mit denselben erlöschen die auf ihnen beruhenden Rechte und Verbindlichkeiten. Dagegen erlöschen durch den Tod des Menschen die vermögensrechtlichen Rechtsverhältnisse, in welchen er als Berechtigter oder Verpflichteter stand, abgesehen von Ausnahmen, nicht; sie gehen vielmehr auf eine andere Person oder auf eine Mehrheit anderer Personen über. Die Rechtsregeln, nach welchen dieser Übergang erfolgt, bilden das Erbrecht." (WINDSCHEID/KIPP III § 527)

2 Nicht nur **privatrechtliche**, sondern auch **öffentlich-rechtliche** Rechte und Pflichten können vererblich sein. Bei ihnen ist Vererblichkeit, anders als im Privatrecht, allerdings nicht die Regel. Ob sie beim Tod ihres Inhabers erlöschen oder im Wege der Gesamtnachfolge auf seine(n) Erben oder im Wege einer Einzelnachfolge auf einen anderen übergehen, muß der jeweiligen öffentlich-rechtlichen Regelung entnommen werden (BVerwGE 16, 68 f; 21, 203 f; 25, 26; 30, 124; ferner STAUDINGER/MAROTZKE § 1922 Rn 351 f; SOERGEL/STEIN § 1922 Rn 96 ff). Von dieser nach öffentlichem Recht zu beurteilenden Frage ist die andere zu unterscheiden, *wie* sich die Gesamtnachfolge ggf vollzieht. Hier von einer nur analogen Anwendbarkeit des BGB-Erbrechts zu sprechen (so das BVerwG in neueren Entscheidungen: BVerwGE 52, 20; 64, 108; ferner MünchKomm/LEIPOLD Einl Rn 86, 92; LANGE/KUCHINKE § 5 III 3 b γ; weitere Nachweise bei STAUDINGER/MAROTZKE § 1922 Rn 351), besteht kein Anlaß, da der Vermögensbegriff des § 1922 nicht auf privatrechtliche Positionen beschränkt ist (BVerwGE 15, 238; 30, 124; **aA** o Begr MünchKomm/LEIPOLD Einl 1).

3 Zweifelhaft kann die Einordnung solcher Rechtsübergänge erscheinen, die nicht im Rahmen der für das Erbrecht des BGB wesentlichen Gesamtnachfolge (hierzu STAUDINGER/MAROTZKE § 1922 Rn 44 ff) vor sich gehen, sondern **Sonderrechtsnachfolgen** sind. Wenn ihre Voraussetzungen oder Wirkungen wenigstens teilweise durch das 5. Buch des BGB bestimmt werden, kann man, wie bei der *Hoferbfolge*, der *Heimstättenerbfolge* nach dem bis zum 30. 9. 1993 geltenden RHeimstG und der *Vererbung von Personengesellschaftsanteilen,* von Sonder*erb*folgen sprechen (Überblick bei STAUDINGER/MAROTZKE § 1922 Rn 62, 168 ff, 224 ff, 227; ferner STAUDINGER/WERNER [1996] Vorbem 20 ff zu §§ 2032 ff mwN). Sonder*nach*folgen, die beim Tode des Rechtsinhabers eintreten, aber von der Erbfolge unabhängig sind und weder auf einer Verfügung von Todes wegen beruhen noch Wirkungen einer letztwilligen Zuwendung (zum Begriff s STAUDINGER/OTTE [1996] Vorbem 187 ff zu §§ 2064 ff) besitzen, gehören hingegen nicht zum Erbrecht. Solche Sonder(rechts)nachfolgen sind die lebzeitig vollzogenen *Schenkungen auf den Todesfall,* der Übergang von *Wohnraummietverhältnissen* und der Übergang einiger *öffentlich-rechtlicher Ansprüche auf Angehörige* des Verstorbenen (Näheres bei STAUDINGER/MAROTZKE § 1922 Rn 54 ff u 351 ff, jeweils mwN).

4 Der Tod eines Menschen löst auch vermögensrechtliche Folgen aus, die *nicht als Übergang* von Rechten oder Pflichten des Verstorbenen zu verstehen sind und auch nicht an einen solchen Übergang anknüpfen. Sie gehören nicht zum Erbrecht. Dies gilt beispielsweise für die *Versorgungsansprüche der Hinterbliebenen* aus der Sozialversicherung und dem Beamtenrecht (hierzu STAUDINGER/MAROTZKE § 1922 Rn 359 u 366). Sie sind zwar aus dem Versicherungs- bzw Beamtenverhältnis des Verstorbenen abgeleitet, gehen aber nicht von diesem auf die Hinterbliebenen über, sondern entstehen in deren Person neu.

2. Die Gliederung des 5. Buches des BGB

Das **Pandektensystem**, das dem Aufbau des BGB zugrundeliegt, faßt die erbrechtlichen Normen, von Ausnahmen abgesehen (hierzu Rn 9 ff), in einem besonderen Buch zusammen, äußerlich getrennt sowohl vom allgemeinen Vermögensrecht (Sachen- und Schuldrecht) als auch vom Familienrecht (hierzu STAUDINGER/BOEHMER[11] Einl § 1 mit Schrifttum in § 3). 5

Innerhalb dieses 5. Buches ist der Stoff auf eine Weise geordnet, die nicht unbedingt einleuchtet und das Auffinden von Regelungen für den im Erbrecht weniger Bewanderten unverhältnismäßig schwierig macht. Im wesentlichen geht die Gliederung des Erbrechts auf die 2. Kommission zurück. Hatte die 1. Kommission die *gewillkürte Erbfolge* vor der *gesetzlichen* und erst im Anschluß an beide die *Rechtsstellung des Erben* behandelt, so glaubte die 2. Kommission unter dem Eindruck der Kritiken am E I (Zusammenstellung der gutachtlichen Äußerungen zu dem Entwurfe eines BGB V 2 ff; weitere Hinweise bei STAUDINGER/BOEHMER[11] Einl § 17 Rn 2, § 28 Rn 2), der Bedeutung der gesetzlichen Erbfolge trotz ihrer Subsidiarität nur dadurch gerecht werden zu können, daß sie sie an den Anfang stellte (Prot V 1). Zugleich wurden die Vorschriften über die gewillkürte Erbfolge, abgesehen von fünf grundlegenden Bestimmungen (jetzt §§ 1937–1941), hinter die Hauptmasse der Vorschriften über die Rechtsstellung des Erben (jetzt §§ 1942–2063) gesetzt, obwohl diese für beide Arten der Erbfolge in gleicher Weise gelten und daher besser nicht zwischen, sondern nach ihnen behandelt worden wären. Das im E I noch bei der gesetzlichen Erbfolge stehende Pflichtteilsrecht erhielt aus Gründen innerer Folgerichtigkeit seinen Platz hinter der gewillkürten Erbfolge, was als eine „seiner zentralen Bedeutung nicht würdige Stelle" bezeichnet worden ist (STAUDINGER/BOEHMER[11] Einl § 28 Rn 10). Daraus ergibt sich nun folgende Anordnung des Stoffes in den neun Abschnitten des 5. Buches: 6

Der 1. mit „**Erbfolge**" überschriebene Abschnitt beginnt mit zwei Vorschriften (§§ 1922 f), die erbrechtliche Grundbegriffe definieren und das Prinzip der Universalsukzession (Gesamtnachfolge) sowie die Regelung der Erbfähigkeit enthalten; darauf folgen die Bestimmungen über die gesetzliche Erbfolge (§§ 1924–1936) und schließlich allgemeine Vorschriften über Verfügungen von Todes wegen (§§ 1937–1941). 7

Der 2. Abschnitt „**Rechtliche Stellung des Erben**" enthält in vier Titeln die Vorschriften über *Annahme und Ausschlagung der Erbschaft sowie die Fürsorge des Nachlaßgerichts* (§§ 1942–1966), über die *Erbenhaftung* (§§ 1967–2017), den *Erbschaftsanspruch* (§§ 2018–2031) und die *Erbengemeinschaft* (§§ 2032–2063).

Im 3. Abschnitt „**Testament**" (§§ 2064–2273) sind die Inhalte und Formen letztwilliger Verfügungen im einzelnen geregelt. Er enthält nach *Allgemeinen Vorschriften* (§§ 2064–2086) die Bestimmungen über die *Erbeinsetzung* (§§ 2087–2099), die *Einsetzung eines Nacherben* (§§ 2100–2146), das *Vermächtnis* (§§ 2147–2191), die *Auflage* (§§ 2192–2196), den *Testamentsvollstrecker* (§§ 2197–2228), die *Errichtung und Aufhebung eines Testaments* (§§ 2229–2264) und das *Gemeinschaftliche Testament* (§§ 2265–2273).

Es folgen der 4. Abschnitt über den „**Erbvertrag**" (§§ 2272–2302), der 5. Abschnitt

„Pflichtteil" (§§ 2303–2338), der 6. Abschnitt „**Erbunwürdigkeit**" (§§ 2339–2345), der 7. Abschnitt „**Erbverzicht**" (§§ 2346–2352), der 8. Abschnitt „**Erbschein**" (§§ 2353–2370) und zuletzt der 9. Abschnitt „**Erbschaftskauf**" (§§ 2371–2385).

8 Unter Beibehaltung des Beginns mit der gesetzlichen Erbfolge, im übrigen aber in weitgehender Anlehnung an den E I wäre eine Anordnung des Stoffes möglich, die weder die positiven Voraussetzungen des Erbewerdens (gesetzliche Erbfolge, Testament, Erbvertrag) noch die „Durchkreuzungen" der Erbfolge (Erbverzicht, Ausschlagung, Erbunwürdigkeit) noch die Wirkungen der Erbfolge (Pflichtteilsrecht, Erbanfall, Haftung, Geltendmachung des Erbrechts, Erbengemeinschaft) mehr als unbedingt nötig auseinanderzieht und so aussehen könnte:

1. Abschnitt „Allgemeine Vorschriften" (§§ 1922 f),
2. Abschnitt „Gesetzliche Erbfolge",
3. Abschnitt „Verfügungen von Todes wegen" (§§ 1937–1941, 2064–2302),
4. Abschnitt „Pflichtteil",
5. Abschnitt „Erbverzicht",
6. Abschnitt „Rechtsstellung des Erben",
1. Titel „Annahme und Ausschlagung der Erbschaft, Fürsorge des Nachlaßgerichts",
2. Titel „Erbunwürdigkeit",
3. Titel „Haftung des Erben für die Nachlaßverbindlichkeiten",
4. Titel „Erbschaftsanspruch",
5. Titel „Erbschein",
6. Titel „Erbschaftskauf",
7. Titel „Erbengemeinschaft"
(dieser Titel könnte auch zwischen der Erbenhaftung und dem Erbschaftsanspruch stehen).

Eine etwas andere Gliederung schlägt vLÜBTOW I 37 vor.

3. Erbrechtliche Vorschriften außerhalb des 5. Buches des BGB

a) Bundesrecht

9 Zahlreiche Vorschriften außerhalb des 5. Buches regeln (positiv oder negativ) die *Vererblichkeit von Rechten, Pflichten oder sonstigen rechtlich relevanten Positionen.* Hierher gehören im BGB §§ 38 S 1, 81 Abs 2 S 3, 130 Abs 2, 153, 185 Abs 2, 221, 514, 530 Abs 2, 613, 672 f, 791, 794 Abs 2, 857, 858 Abs 2 S 2, 1061 S 1, 1090 Abs 2, 1378 Abs 3 S 1, 1482, 1586, 1586 b, 1587 e Abs 2 und 4, 1587 k Abs 2, 1587 m, 1615, 1615 n, im HGB §§ 22, 52 Abs 3, 131 Abs 2 Nr 1 und 139, ferner § 1 Abs 1 ErbbauVO, § 33 Abs 1 S 1 WEG, § 15 Abs 1 GmbHG, § 77 GenG, Art 33 ScheckG, § 28 UrhG, § 3 GeschmMG, § 15 Abs 1 S 1 PatG, § 22 Abs 1 S 1 GebrMG, § 27 MarkenG, § 145 InsO, § 11 Abs 1 AnfG, § 86 ZPO, § 46 Abs 2 GewO, § 10 GaststG, § 13 Abs 1 ApothG, § 4 HdwO, § 19 GüKG.

10 Große Bedeutung besaßen in der Nachkriegszeit erbrechtliche Vorschriften in der Gesetzgebung zum *Lastenausgleich*, zur *Rückerstattung*, zur *Entschädigung* und zur *Währungsreform*; inzwischen hat sich dies durch Erfüllung oder Verjährung der Ansprüche oder den Ablauf von Ausschlußfristen weitestgehend erledigt, so daß wegen der Einzelheiten auf ältere Kommentierungen verwiesen werden kann (vgl vor allem

BGB-RGRK/Kregel Einl 4, 10 f). Nunmehr hat das **VermG** v 23. 9. 1990 (letzte Fassung vom 4. 8 1997, BGBl I 1974), indem es in § 2 Abs 1 S 1 als Inhaber des Restitutionsanspruchs auch den Rechtsnachfolger des von Maßnahmen nach § 1 des Gesetzes Betroffenen bezeichnet, eine Reihe von vergleichbaren Fragen aufgeworfen, insbes die nach der *Nachlaßzugehörigkeit* des Anspruchs (hierzu Staudinger/Marotzke § 1922 Rn 377), der *Aktivlegitimation* im Falle der Erbenmehrheit (hierzu Säcker/Hummert VermG § 2 Rn 30 ff) und der *Pflichtteilsrelevanz* (hierzu Staudinger/Haas [1998] § 2313 Rn 20 ff); außerdem stellt sich für DDR-Erbfälle in der Zeit vom 1. 1. 1976 bis zum 2. 10. 1990 im Hinblick auf § 25 Abs 2 RAG (DDR) die Frage, ob der Restitutionsanspruch wegen eines Grundstücks zum unbeweglichen Vermögen gehört und daher eine *Nachlaßspaltung* begründen kann (hierzu Staudinger/Rauscher [1996] Art 235 § 1 EGBGB Rn 19 ff). Ferner hat das VermG wegen § 1 Abs 2 Bedeutung für bebaute Grundstücke und Gebäude, die auf Grund einer *Erbausschlagung* wegen nicht kostendeckender Mieten in Volkseigentum übernommen wurden (hierzu § 1953 Rn 5 f). Weitere Detailfragen im Zusammenhang mit *Erbengemeinschaften* regelt § 2 a VermG.

Für die **Erbfähigkeit einer Stiftung** ist § 84 zu beachten. **11**

Durch den erbrechtlichen **Zugewinnausgleich** (§ 1371) ist das gesetzliche Erbrecht **12** und Pflichtteilsrecht des im gesetzlichen Güterstand lebenden Ehegatten erweitert. Bei der **fortgesetzten Gütergemeinschaft** treten hinsichtlich des Anteils des zuerst versterbenden Ehegatten am Gesamtgut die §§ 1483–1518 (s hierzu die Erl von Staudinger/Thiele [1994]) an die Stelle der erbrechtlichen Vorschriften.

Eine **Sondererbfolge** sieht die *HöfeO* vor (hierzu Staudinger/Mayer [1998] Art 64 Rn 86 ff; **13** ferner Staudinger/Werner Vorbem 4 ff u 43 zu §§ 1924 ff; Staudinger/Werner [1996] Vorbem 20 ff zu §§ 2032 ff u § 2046 Rn 19; Staudinger/Marotzke [1996] § 2058 Rn 45 u § 2059 Rn 16; Staudinger/Haas [1998] Vorbem 20 zu §§ 2303 ff sowie § 2312 Rn 4, 12, 19, 21). Eine Sondererbfolge kannte auch das *Heimstättenrecht* gemäß § 24 RHeimstG mit AusfVO v 19. 7. 1940 (hierzu Staudinger/Werner [1996] Vorbem 23 zu §§ 2032 ff), das durch G v 17. 6.1993 mit Wirkung vom 1. 10. 1993 aufgehoben worden ist. Von der Rspr entwickelt worden ist auch eine Sondererbfolge in *Anteile an Personengesellschaften* (hierzu vor allem Staudinger/Marotzke § 1922 Rn 176 ff; ferner Staudinger/Werner [1996] Vorbem 24 ff zu §§ 2032 ff und Staudinger/Haas [1998] Vorbem 20 zu §§ 2303 ff sowie § 2111 Rn 87 ff).

Sonderrechtsnachfolgen und sonstigen *vom Verstorbenen abgeleiteten* **Rechtserwerb 14 außerhalb des Erbrechts** regeln §§ 331 (hierher gehört auch § 167 Abs 2 VVG), 569 a, b, 736 sowie §§ 22 S 3 u 4, 23 Abs 2 KunstUrhG. Darüber hinaus eröffnen §§ 158 ff generell die Möglichkeit, im Rahmen der Privatautonomie die Wirkung von Rechtsgeschäften vom Todeszeitpunkt einer Person oder von der Bedingung des Überlebens einer Person abhängig zu machen. Die Abgrenzung solcher Vorgänge, insbesondere der Verträge zugunsten Dritter auf den Todesfall und der Schenkungen von Todes wegen, vom Erbrecht bereitet uU dogmatische und praktische Schwierigkeiten (s u Rn 132 sowie Staudinger/Jagmann [1995] Vorbem 53 zu §§ 328 ff, § 330 Rn 20 ff; Staudinger/Cremer [1995] § 516 Rn 33 ff; Staudinger/Kanzleiter [1998] Erl zu 2301; ferner M Reinicke, Die unmittelbaren Schenkungen von Todes wegen [Diss Münster 1979]; Langen, Anwendungsbereich und Rechtsfolgen des § 2301 I 1 BGB [Diss Köln 1984]; Olzen, Die vorweggenommene Erbfolge [1984] m Bespr Otte AcP 186, 313; Reischl, Zur Schenkung von Todes wegen [1996]; weitere Lit bei Staudinger/Kanzleiter [1998] zu § 2301).

15 Sondervorschriften für *Rechtsgeschäfte und Verwaltungshandlungen bzgl eines erbrechtlichen Erwerbs* enthalten das BGB in §§ 312, 1089, 1374 Abs 2, 1418 Abs 2 Nr 2, 1432, 1455 Nr 1–3, 1472 Abs 4 S 1, 1477 Abs 2 S 2, 1478 Abs 2 Nr 2 u 3, 1638 ff, 1643, 1698 b, 1803, 1822 Nr 1 u 2, 1908 i Abs 1 S 1, 1909 Abs 1 S 2 und § 18 Abs 3 S 2 GmbHG. In diesen Zusammenhang gehören auch §§ 35 ff, 40, 51 f, 82 ff GBO und § 3 a AnfG.

16 Das **ErbStG** (letzte Änderung durch das Jahressteuergesetz 1997 vom 20. 12. 1996) unterwirft den erbrechtlichen Erwerb einer besonderen Steuer.* Zu den verfassungsrechtlichen Fragen der Erbschaftsteuer s u Rn 73 ff.

17 Die **Beurkundung** von Testamenten und Erbverträgen richtet sich nach den Vorschriften des Ersten und Zweiten Abschnitts des *BeurkG* mit nur für Verfügungen von Todes wegen geltenden Besonderheiten in §§ 27–35 (für die Beurkundung anderer erbrechtlich relevanter Erklärungen [§§ 2033 Abs 1, 2282 Abs 3, 2290, 2296, 2348 mit 2351 f, 2371] gelten §§ 27–35 BeurkG nicht). Wegen der Beurkundung entsprechender Erklärungen durch *Konsularbeamte* vgl §§ 10 f KonsularG (s STAUDINGER/BAUMANN [1996] Vorbem 43 ff zu §§ 2229 ff). Bei der Aufnahme eines *Nachlaßinventars* (§ 2003) oder *Nachlaßverzeichnisses* (§§ 2121 Abs 3, 2215 Abs 4, 2314) durch den Notar sind §§ 36 f BeurkG, bei der *Entgegennahme einer eidesstattlichen Versicherung* gemäß § 2356 Abs 2 durch den Notar § 38 BeurkG, bei *Beglaubigungen* erbrechtlich relevanter Erklärungen (§§ 1945, 1955, 2120, 2121 Abs 1, 2198, 2215 Abs 2) §§ 39 f BeurkG zu beachten.

18 Für einige *Rechtsgeschäfte*, deren *Inhalt nicht erbrechtlicher Natur* ist, wird die *Form einer Verfügung von Todes wegen* verlangt oder zugelassen (die Vorschriften sind in Vorbem 13 zu §§ 1937 ff genannt).

19 Die *Umgestaltung von Dauerschuldverhältnissen* durch den Tod (Kündbarkeit, Auflösung, Aufhebbarkeit) regeln BGB §§ 569, 594 d, 605 Nr 3, 727, 750 und HGB §§ 131 Nr 4, 137, 139; eine ähnliche Funktion haben § 34 Abs 1 u 2 VerlG. Nach § 207 hemmt der Erbfall den Ablauf der *Verjährung*.

20 Sonderregelungen für die *Auseinandersetzung* einer auf gesetzlicher Erbfolge beru-

---

* **Schrifttum zur Erbschaftsteuer**: CREZELIUS, Erbschaft- und Schenkungsteuer in zivilrechtlicher Sicht (1979); CHRISTOFFEL/GECKLE/PAHLKE, Erbschaft- und Schenkungsteuergesetz mit Grundstücksbewertung (1997); HANDZIK, Die neue Erbschafts- und Schenkungsteuer (1998); HÖRGER/STEPHAN, Die Vermögensnachfolge im Erbschaft- und Ertragsteuerrecht (1998); HÜBNER, Die Unternehmensnachfolge im Erbschaft- und Schenkungsteuerrecht (1998); KAPP/EBELING, Erbschaftsteuer- und Schenkungsteuergesetz (12. Aufl 1998); MEINCKE, Erbschaftsteuer- und Schenkungsteuergesetz, Kommentar (11. Aufl 1997); SÖFFING/VÖLKERS/WEINMANN, Erbschaft- und Schenkungsteuerrecht (1999); TROLL/GEBEL/JÜLICHER, Erbschaftsteuer- und Schenkungsteuergesetz, Loseblatt-Kommentar (7. Aufl, Stand Juli 1998); WACHENHAUSEN, Das neue Erbschaft- und Schenkungsteuerrecht in der Beratungspraxis (1997); WEINMANN, Das neue Erbschaftsteuerrecht (1997); aus steuerrechtlichen Lehrbüchern außerdem: BIRK, Steuerrecht (1998) § 8; TIPKE/LANG, Steuerrecht (16. Aufl 1998) § 13 C; ferner die Kurzdarstellungen in den Erbrechtslehrbüchern und Kommentaren: BROX Rn 34 ff; LEIPOLD Rn 55 ff; MünchKomm/LEIPOLD Einl 213a ff; PALANDT/EDENHOFER Einl 13 ff.

henden Miterbengemeinschaft bzgl eines *landwirtschaftlichen Betriebes* außerhalb des Anwendungsbereichs des Anerbenrechts enthalten §§ 13–17 GrdstVG (Näheres s STAUDINGER/MAYER [1998] Art 64 EGBGB Rn 122 ff).

Für die *Haftung des Erben* sind von Bedeutung §§ 884, 1439, 1461, § 27 HGB, §§ 305, 780–785 ZPO (Haftungsbeschränkung), §§ 989–1000 ZPO (Aufgebot der Nachlaßgläubiger), §§ 175–179 ZVG und §§ 315–331 InsO (Nachlaßinsolvenz). **21**

Auswirkungen des Erbfalls auf das *Erkenntnis-* und das *Vollstreckungsverfahren* ergeben sich aus ZPO §§ 239, 242 f, 246, 325–327, 619 einerseits, §§ 727 f, 747–749, 778–785 andererseits. Die Zuständigkeit und das Verfahren des **Nachlaßgerichts**, das in zahlreichen erbrechtlichen Angelegenheiten (§§ 83, 1507, 1953 Abs 3, 1957 Abs 2, 1960 f, 1964 f, 1981 ff, 1993 ff, 2081, 2146 Abs 2, 2198 Abs 2, 2200, 2202 Abs 3, 2216 Abs 2, 2224 Abs 1 S 2, 2227 f, 2248, 2258 a ff, 2260 ff, 2273, 2281, 2300 f, 2331 a, 2353 ff, 2368 f, 2384 Abs 2 sowie §§ 86 ff FGG u § 83 GBO) Aufgaben zu erfüllen hat, richten sich, soweit das BGB keine Regelungen trifft, nach den Allgemeinen Vorschriften (§§ 1–34) und den Vorschriften des Fünften Abschnitts (§§ 72 ff) des **FGG**; hilfsweise ergibt sich die Zuständigkeit aus § 7 Zuständigkeitsergänzungsgesetz v 7. 8. 1952 (BGBl I 407). In *Landwirtschaftssachen* tritt gemäß § 18 HöfeO für Anträge und Streitigkeiten, die sich aus der HöfeO ergeben, das **Landwirtschaftsgericht** an die Stelle des Nachlaßgerichts, aber auch des Prozeßgerichts (vgl auch § 1 Nr 5, 6 LwVG). Insbesondere gilt das für die Erteilung von *Erbscheinen* und *Hoffolgezeugnissen* (hierzu STAUDINGER/SCHILKEN [1997] Vorbem 15 ff zu §§ 2353 ff) und für *Feststellungsverfahren* bzgl der Hoferbfolge nach § 11 Abs 1 g HöfeVfO (hierzu STAUDINGER/SCHILKEN [1997] Vorbem 32 f zu §§ 2353 ff). Das Landwirtschaftsgericht ist gemäß § 1 Nr 2 LwVG auch zuständig für die *gerichtliche Zuweisung eines landwirtschaftlichen Betriebes* nach §§ 13 ff GrdstVG (s o Rn 20). Das Verfahren des Landwirtschaftsgerichts richtet sich nach **LwVG** und **HöfeVfO** (vgl auch STAUDINGER/MAYER [1998] Art 64 EGBGB Rn 98, 126 f) und ergänzend nach FGG (§ 9 LwVG). **22**

Ganz außerhalb des Erbrechts stehen Vorschriften, in denen der *Tod* einer Person *Tatbestandsmerkmal*, die Rechtsfolge aber weder ein Übergang von Rechten des Verstorbenen noch ein an Rechte des Verstorbenen anknüpfender Rechtserwerb ist. Hierher gehören §§ 844, 1680, 1753, 1764 Abs 1 S 2, § 7 ProdHaftG, § 12 UmweltHG und die auf den Tod bezüglichen Bestimmungen des *PStG*, ferner das Recht der *Totenfürsorge*, insbesondere das Bestattungsrecht (hierzu STAUDINGER/MAROTZKE § 1922 Rn 117 ff). **23**

b) Landesrecht
Als Teil des bürgerlichen Rechts unterliegt das Erbrecht der *konkurrierenden Gesetzgebung* (Art 74 Nr 1 GG). Als grundsätzlich abschließende Regelung (vgl Art 55 EGBGB) räumt das gemäß Art 125 GG als Bundesrecht fortgeltende Erbrecht des BGB der Landesgesetzgebung nur geringen Spielraum ein, nämlich nur dort, wo Landesrecht durch das BGB oder das EGBGB ausdrücklich zugelassen ist (Art 1 Abs 2 EGBGB). Das BGB selbst macht im Bereich des Erbrechts keinen Vorbehalt zugunsten von Landesrecht. Anders das EGBGB, doch ist die Relevanz der dortigen Vorbehalte rückläufig. **24**

25 Das EGBGB enthielt ursprünglich mehrere *allgemeine landesrechtliche Vorbehalte* (zum Begriff STAUDINGER/MERTEN [1998] Vorbem 26 zu Art 55 EGBGB) mit erbrechtlicher Bedeutung. Von ihnen sind außer Kraft Art 57 f betr die *Autonomie des hohen Adels*, Art 59 betr *Familienfideikommisse, Lehen* und *Stammgüter* (hierzu STAUDINGER/MAYER [1998] Erl zu Art 59 EGBGB), Art 62 betr *Rentengüter* (hierzu STAUDINGER/ALBRECHT [1998] Art 62 Rn 4) und Art 63 betr das *Erbpachtrecht* (aufgehoben durch Art III Nr 2 KRG Nr 45). In Geltung ist nur noch Art 64. Diese Vorschrift, die das **Anerbenrecht** der Landesgesetzgebung überläßt, ist in ihrem Anwendungsbereich jedoch – nach vorübergehender fast vollständiger Verdrängung durch das Reichserbhofgesetz – durch die zum Bundesrecht gehörende (Art 125 Nr 1 GG) HöfeO erheblich eingeschränkt (Näheres zum Anerbenrecht nach HöfeO und Landesrecht bei STAUDINGER/MAYER [1998] Art 64 EGBGB Rn 86 ff; zum Landwirtschaftserbrecht in der DDR vor und unter der Geltung des ZGB dort Rn 121 sowie STAUDINGER/WERNER Vorbem 4 zu §§ 1924 ff).

26 *Besondere* landesrechtliche Vorbehalte (Begriff s STAUDINGER/MERTEN [1998] Vorbem 26 zu Art 55 EGBGB) in bezug auf das Erbrecht enthalten Art 86, der den *Rechtserwerb, auch von Todes wegen, durch juristische Personen* betrifft – die Vorschrift gilt heute nur noch für *ausländische* juristische Personen mit Ausnahme der in einem EG-Staat ansässigen Gesellschaften (hierzu STAUDINGER/MERTEN [1998] Art 86 EGBGB Rn 4 ff) und stellt in S 2 für die nach Landesrecht etwa erforderliche Genehmigung eine Rückwirkungsfiktion auf (hierzu § 1942 Rn 6, § 1944 Rn 16, ferner STAUDINGER/OTTE [1996] § 2176 Rn 1 ff und STAUDINGER/MERTEN [1998] Art 86 EGBGB Rn 24 ff); Art 88 betr den *Grundstückserwerb durch Ausländer* – nicht mehr anwendbar auf Staatsangehörige und Gesellschaften der EG-Staaten sowie auf heimatlose Ausländer (vgl STAUDINGER/MERTEN [1998] Art 88 EGBGB Rn 4 f); Art 137 betr die für die Erbauseinandersetzung (§ 2049) und die Berechnung des Pflichtteilsanspruchs (§ 2312) relevante Aufstellung von Grundsätzen für die *Ermittlung des Ertragswerts von Landgütern* (hierzu STAUDINGER/MAYER [1998] Erl zu Art 137 EGBGB) – die Vorschrift ermächtigt den Landesgesetzgeber nicht, den *Ertragswert* vom *steuerlichen Einheitswert* abzuleiten (BVerfGE 78, 132 zum insoweit gegen Art 72 GG, Art 137 EGBGB, § 2049 Abs 2 verstoßenden § 23 SchlHAGBGB; STAUDINGER/MAYER aaO Rn 8); Art 138 betr das *gesetzliche Erbrecht* einer juristischen Person des öffentlichen Rechts *an Stelle des Fiskus* (§ 1936; zur Frage ob geltendes Landesrecht noch von diesem Vorbehalt Gebrauch macht, s STAUDINGER/MAYER [1998] Art 138 EGBGB Rn 9 ff); Art 139 betr das *Erbrecht* oder *erbrechtliche Ansprüche* des Fiskus oder einer juristischen Person *wegen Verpflegung oder Unterstützung des Erblassers* (zum einschlägigen Landesrecht vgl STAUDINGER/MAYER [1998] Art 139 EGBGB Rn 10 ff); Art 140 betr *nachlaßgerichtliche Sicherungsmaßnahmen* außerhalb der Voraussetzungen des § 1960 Abs 1 (Nachweise zum Landesrecht bei STAUDINGER/MAYER [1998] Art 140 EGBGB Rn 7 f); Art 147 betr die *Zuständigkeit von Behörden* in Nachlaßsachen (hierzu STAUDINGER/MAYER [1998] Erl zu Art 147 EGBGB); schließlich Art 148 betr den Ausschluß der Zuständigkeit des Nachlaßgerichts zur Inventaraufnahme (hierzu STAUDINGER/MAYER [1998] Erl zu Art 148 EGBGB).

27 *Aufgehoben* sind die besonderen Vorbehalte der Art 87 (Rechtserwerb durch Mitglieder von *religiösen Orden* und *ordensähnlichen Kongregationen*), Art 141 (*Zuständigkeit* der Gerichte oder Notare *für Beurkundungen*) sowie Art 149–151 (betr *Einzelheiten der Beurkundung* von Verfügungen von Todes wegen).

II. Grundlagen und Entwicklung des geltenden Erbrechts

1. Zur Entstehungsgeschichte des 5. Buches des BGB*

In der Reihe der von JAKOBS und SCHUBERT herausgegebenen Materialien zur Entstehungsgeschichte des BGB (Die Beratung des Bürgerlichen Gesetzbuchs in systematischer Zusammenstellung der unveröffentlichten Quellen, 1978 ff) fehlt leider immer noch der das Erbrecht betreffende Band. Die Beratungen der **1. Kommission** über das Erbrecht können daher außer aus den nicht allgemein zugänglichen metallographierten Protokollen nur aus den gedruckten Motiven (Bd V, auch in MUGDAN Bd V) erschlossen werden. Diese sind bekanntlich nicht authentisch, geben aber (entgegen dem strengen Urteil von SCHUBERT, Materialien zur Entstehungsgeschichte des BGB [1978] 50: „nicht geeignet, die Entstehung des 1. Entwurfs ... zu erhellen, und insoweit als Quellenwerk unbrauchbar") die wesentlichen Gründe für die Beschlüsse der Kommission hinreichend verläßlich wieder. Die Beratungen der 1. Kommission über das Erbrecht erfolgten auf der Grundlage des von GOTTFRIED vSCHMITT 1878 fertiggestellten **Teilentwurfs**. vSCHMITT war bayerischer Richter und Ministerialbeamter, zuletzt Präsident des Bayerischen Obersten Landesgerichts (zur Person JAHNEL, in: SCHUBERT 85 f; MERTENS 7 ff; SCHRÖDER 7 ff; SCHUBERT, in: Die Vorlagen der Redaktoren XV ff). An der Ausarbeitung der Reichscivilprozeßordnung von 1877 hatte er maßgeblichen Anteil. Sein Erbrechtsentwurf, der sich durch begriffliche Klarheit und praktikable Lösungen auszeichnet, hat Form und Inhalt des 5. Buches des BGB entscheidend geprägt. Dieser durchdachten Leistung verdankt der 1. Entwurf des Erbrechts die überwiegend günstige Aufnahme durch die Kritik; stellvertretend für viele:

„Das fünfte, vom Erbrecht handelnde Buch (ist) der durchsichtigste und auch in der

---

* **Materialien**: Motive zu dem Entwurfe eines bürgerlichen Gesetzbuches für das Deutsche Reich, Bd V (1888); MUGDAN, Die gesammten Materialien zum Bürgerlichen Gesetzbuch für das Deutsche Reich, Bd V (1899); Protokolle der Kommission für die zweite Lesung des Entwurfs des Bürgerlichen Gesetzbuchs, Bd V (1899); SCHUBERT (Hrsg), Die Vorlagen der Redaktoren für die erste Kommission zur Ausarbeitung des Entwurfs eines Bürgerlichen Gesetzbuches: Erbrecht, Teil 1 und 2 (1984), Entwürfe eines bürgerlichen Gesetzbuchs (1986) 505, 1171; Zusammenstellung der gutachtlichen Aeußerungen zu dem Entwurf eines Bürgerlichen Gesetzbuchs gefertigt im Reichsjustizamt, Bd V: Äußerungen zum Erbrecht (1890), Bd VI: Nachträge (1891) 647.
Stellungnahmen und Gegenentwürfe: BÄHR, Zum Erbrecht des bürgerlichen Gesetzbuchs, ArchBürgR 3, 141; ders, Gegenentwurf zu dem Entwurfe eines bürgerlichen Gesetzbuches für das Deutsche Reich, 5. H (1892); BARON, Das Erbrecht in dem Entwurf eines bürgerlichen Gesetzbuches für das Deutsche Reich, AcP 75, 177; BRUNS, Ob und in wie weit die Testierfreiheit mit Rücksicht auf eine Pflichttheilsberechtigung eingeschränkt werden soll? Verh d 14. DJT (1878) I 1. H, 72; ECK, Die Behandlung des Erbrechts im Entwurf eines bürgerlichen Gesetzbuches für das Deutsche Reich, 30. Jahresbericht über die Wirksamkeit der juristischen Gesellschaft zu Berlin (1889); ders, Die Stellung des Erben, dessen Rechte und Verpflichtungen in dem Entwurfe eines Bürgerlichen Gesetzbuches für das Deutsche Reich (1890); GIERKE, Der Entwurf eines bürgerlichen Gesetzbuches und das deutsche Recht, 8. Abschn: Das Erbrecht des Entwurfes, SchmollersJb 13, 865; ders, Die Stellung des künftigen bürgerlichen Gesetzbuchs zum Erbrecht in ländlichen Grundbesitz, SchmollersJb 12, 401; KLÖPPEL, Das Familien- und Erbrecht des Entwurfs zum bürgerlichen Gesetzbuch, Gruchot 33, 338; KÜHNAST, Das Erbrecht des Entwurfs eines bürgerlichen

Fassung einer der bestgelungenen Theile des Entwurfs." (KLÖPPEL, Der Entwurf eines Deutschen Bürgerlichen Gesetzbuchs, in: Gutachten aus dem Anwaltstande [1890] 1486)

29 Bereits der Teilentwurf enthielt die inhaltlichen Festlegungen auf *Anerkennung der Testierfreiheit, Beibehaltung des Pflichtteilsrechts* und *Ablehnung einer Beschränkung des Verwandtenerbrechts zugunsten des Staates,* die in den Beratungen der 1. Kommission dann nicht mehr problematisiert wurden (vgl Mot V 7, 366 f, 382).

Man wird kaum sagen können, daß vSCHMITT insoweit reformerische Tendenzen „abgeblockt" habe (so aber SCHRÖDER passim): Erstens konnte es nicht Aufgabe der 1. Kommission sein, andere als parlamentarisch mehrheitsfähige Vorschläge zu machen; zweitens sollte man die Überzeugungskraft der These, Beschränkungen des Privaterbrechts zugunsten des Staates oder der Testierfreiheit zugunsten der Familie kämen als Mittel zur Lösung der sozialen Frage in Betracht, nicht überschätzen; drittens wurde die seinerzeit rechtspolitisch wichtigste erbrechtliche Frage, nämlich die nach der *weiteren Zulassung gebundener Güter* (Fideikommisse, Anerbenrecht), in den Entwürfen zum BGB gerade nicht in der einen oder anderen Weise beantwortet, sondern der Landesgesetzgebung überlassen (Art 59, 64 EGBGB). Bezeichnenderweise richtete MENGER (220 ff) seine Kritik am Erbrecht des BGB vor allem dagegen, daß insoweit Vorbehalte zugunsten des Landesrechts gemacht, die Prinzipien des Entwurfs also nicht ausnahmslos durchgeführt werden sollten; wegen dieser Prinzipien, nämlich der Testierfreiheit mit der in ihr enthaltenen Befugnis, das Vermögen unter Miterben zu verteilen, sowie der Anerkennung des Pflichtteilsrechts, meinte MENGER (218 f): *„Während sie (die Verfasser des Entwurfs) sonst die gesetzgeberischen Gedanken, welche den besitzlosen Volksklassen nachteilig sind, überall bis zur äußersten Schärfe und Schroffheit gesteigert haben, ist auf dem Gebiete des Erbrechts eher eine Milderung und Abschwächung wahrzunehmen."*

Gesetzbuchs für das Deutsche Reich (1888); MENGER, Das bürgerliche Recht und die besitzlosen Volksklassen (4. Aufl 1908) 214; MEYERSBURG, Ob und in wie weit die Testierfreiheit mit Rücksicht auf eine Pflichttheilsberechtigung eingeschränkt werden soll? Verh d 14. DJT (1878) I 1. H 50; MOMMSEN, Entwurf eines Deutschen Reichsgesetzes über das Erbrecht nebst Motiven (1876); PETERSEN, Die Berufung zur Erbschaft und die letztwilligen Verfügungen überhaupt nach dem Entwurfe eines Bürgerlichen Gesetzbuches für das Deutsche Reich (1889); PROBST, Die amtliche Einflußnahme des Nachlaßgerichts auf die Abhandlung der Verlassenschaften nach dem Entwurf eines bürgerlichen Gesetzbuches für das Deutsche Reich, AcP 75, 1; SCHULTZENSTEIN, Über die Beibehaltung und Gestaltung des Pflichttheilsrechts, Gruchot 23, 661; STEIN, Errichtung letztwilliger Verfügungen und Verfügungen von Todes wegen durch Vertrag, Gutachten aus dem Anwaltstande (1890) 470; STROHAL, Die Anfechtung letztwilliger Verfügungen im deutschen Entwurf (1892); VOLLERT, Das Weimarische Erbgesetz und der Entwurf des bürgerlichen Gesetzbuchs, ThürBl 36, 193, 289; WILKE, Gesetzliche Erbfolge und Pflichttheil, Gutachten aus dem Anwaltstande (1890) 975.

Neueres Schrifttum: ANDRES, Der Erbrechtsentwurf von Friedrich Mommsen (1996); HENNIG, Die lex Falcidia und das Erbrecht des BGB (1999); KLIPPEL, Familie versus Eigentum, SZGA 101, 118; MERTENS, Die Entstehung der Vorschriften des BGB über die gesetzliche Erbfolge und das Pflichtteilsrecht (1970); ders, Die Beratung des Pflichtteilsentzuges bei der Abfassung des BGB, in: FS Gmür (1983) 191; SCHRÖDER, Abschaffung oder Reform des Erbrechts (1981); WEGMANN, Die Begründung des Erbrechts im 19. Jahrhundert (Diss Münster 1969).

Wichtige Änderungen erfuhr der 1. Entwurf (abgesehen von der in Rn 6 erwähnten Umstellung der Gliederung) in der 2. **Kommission** durch die *Zulassung des gemeinschaftlichen Testaments* (E II §§ 2132 ff; Prot V 423 ff gegenüber E I § 1913; Mot V 253 ff) und die *Beseitigung der Abzugseinrede* (E I § 2133 ff) als eines Mittels der Haftungsbeschränkung für Nachlaßverbindlichkeiten (Prot V 759 ff). Die bemerkensweteste Modifikation des Entwurfs durch den **Reichstag** bestand in der *Zulassung des* von der 1. und 2. Kommission (Mot V 257 f; Prot V 326 ff) abgelehnten *eigenhändigen Testaments* (KommBer 318 ff; StenBer 726 ff).

2. Gesetzesänderungen im Erbrecht

Substantielle Änderungen hat das Erbrecht des BGB seit seinem Inkrafttreten in dreifacher Hinsicht erfahren: Das Testamentsgesetz hat *die überzogene Formstrenge bei der Testamentserrichtung abgebaut* (von Bedeutung vor allem für das eigenhändige Testament), das Gleichberechtigungsgesetz hat das *Ehegattenerbrecht* stark modifiziert, und das Erbrechtsgleichstellungsgesetz hat – nach dem Interim des Nichtehelichengesetzes – das volle *gesetzliche Erbrecht des nichtehelichen Kindes* nach seinem Vater eingeführt.

Insgesamt sind, in chronologischer Reihenfolge, die nachstehenden Änderungen von Vorschriften des 5. Buches erfolgt:

a) Durch G v 25. 3. 1930 (RGBl I 93) wurde § 1980 Abs 1 dahingehend erweitert, daß die Beantragung des *Vergleichsverfahrens über den Nachlaß* als Alternative zur Beantragung des Nachlaßkonkurses zugelassen wurde; redaktionell geändert durch § 125 Nr 3 VerglO.

b) Eine NotVO v 18. 3. 1933 (RGBl I 109) erweiterte in § 2116 den Kreis der *hinterlegungsfähigen Kreditinstitute* (vgl STAUDINGER/BEHRENDS/AVENARIUS [1996] § 2116 Rn 6).

c) §§ 27 f der 1. DVO zum EheG 1938 (RGBl I 923) paßten §§ 1933, 2077 der *Änderung des Scheidungsrechts* an (hierzu STAUDINGER/OTTE [1996] § 2077 Rn 1 ff); diese Neufassungen sind inzwischen durch das 1. EheRG überholt.

d) § 50 Abs 3 Nr 1 **TestG** v 31. 7. 1938 hob die §§ 2064, 2229–2267, 2272–2277, 2300 auf; ihr Inhalt wurde, unter teilweiser Neuregelung, in das TestG übernommen (Einzelheiten bei STAUDINGER/BAUMANN [1996] Vorbem 14 ff zu §§ 2229 ff). Das GesEinhG hat die Ausgliederung dieser Materie (Errichtung von Testamenten und Erbverträgen) aus dem BGB wieder rückgängig gemacht (s STAUDINGER/BAUMANN [1996] Vorbem 23 ff zu §§ 2229 ff).

e) Die DVO vom 21. 12. 1940 zum *SchiffsRG* (RGBl I 1609) stellte in §§ 2113 Abs 1, 2114, 2135 eingetragene Schiffe, Schiffsbauwerke und Schiffshypotheken den Grundstücksrechten gleich und erweiterte in entsprechender Weise den Anwendungsbereich der §§ 2165–2167 durch Einfügung des § 2168 a.*

---

* Zu weiterer nationalsozialistischer Gesetzgebung im Bereich des Erbrechts, die formell nicht in das 5. Buch des BGB eingegriffen hat und durch die Kontrollratsgesetzgebung wieder aufgehoben worden ist, vgl MünchKomm/LEIPOLD Einl 25, 31 ff; AK-BGB/DÄUBLER Einl 28; LANGE/KUCHINKE § 2 II, III; HÜTTE 246 ff; RETHMEIER 361 ff.

37 f) § 23 der VO des Zentral-Justizamts für die Britische Zone v 12. 7. 1948 (VOBlBrZ 210) holte die bei Erlaß der EheG 1938 und 1946 vergessene *Anpassung des § 2335 an die Änderung des Scheidungsrechts* für das Gebiet der BrZ nach (nicht erwähnt bei STAUDINGER/OLSHAUSEN [1998] § 2335 Rn 1 ff); für das übrige Bundesgebiet erfolgte die Anpassung erst durch das FamRÄndG (STAUDINGER/OLSHAUSEN [1998] § 2335 Rn 5).

38 g) Das **GesEinhG** v 5. 3. 1953 brachte außer der Wiedereingliederung des Rechts der Errichtung von Testamenten und Erbverträgen in das BGB (STAUDINGER/BAUMANN [1996] Vorbem 23 ff zu §§ 2229 ff) Änderungen in §§ 2031, 2370, welche die Feststellung der Todeszeit eines angeblich Verstorbenen nach §§ 39 ff VerschG berücksichtigen (hierzu STAUDINGER/GURSKY [1996] § 2031 Rn 1 und STAUDINGER/SCHILKEN [1997] § 2370 Rn 1).

39 h) Durch das **GleichberG** v 18. 6. 1957 wurde das Ehegattenerbrecht wesentlich verändert, und zwar durch Erhöhung des gesetzlichen Erbteils des im Güterstand der Zugewinngemeinschaft lebenden Ehegatten um ein Viertel des Nachlasses (§§ 1371 Abs 1, 1931 Abs 3), den sog „*erbrechtlichen Zugewinnausgleich*", mit teilweise komplizierten Auswirkungen auf das Pflichtteilsrecht (§§ 1371 Abs 2 u 3, 2303 Abs 2 S 2). Der Voraus des Ehegatten wurde ausgebaut (§§ 1932, 2311). Weitere Ausstrahlungen der Neugestaltung des Ehegüterrechts zeigen sich in §§ 2008, 2054, 2331 u 2356. Wegen der Einzelheiten ist auf die Erläuterung der genannten Vorschriften zu verweisen.

40 i) Das *FamRÄndG* v 11. 8. 1961 nahm außer der überfälligen Anpassung des § 2335 (s o Rn 37) eine verbale Änderung in § 1963 („angemessen" statt „standesgemäß") vor.

41 k) Das **NichtehelG** v 19. 8. 1969 hat in den §§ 1934 a-e (mit Auswirkungen auf §§ 1930, 2043 Abs 2 u 2338 a) versucht, dem Verfassungsauftrag zur Schaffung gleicher Bedingungen für die unehelichen Kinder (Art 6 Abs 5 GG) durch Sonderregelungen gerecht zu werden (hierzu – auch kritisch – Voraufl Rn 93 ff sowie STAUDINGER/WERNER Vorbem 34 ff zu §§ 1924 u § 1934 a Rn 39 ff). Außerdem hat es eine Reihe von Neuerungen gebracht, die mit der Nichtehelichenproblematik unmittelbar nichts zu tun haben: *Erhöhung des Ehegattenerbteils bei Gütertrennung* (§ 1931 Abs 4, vgl dort STAUDINGER/WERNER Rn 43 ff), *Ausgleichspflicht unter Miterben wegen Mitarbeit oder Pflegetätigkeit* (§§ 2057 a, 2316 Abs 1 S 1), *Stundung des Pflichtteilsanspruchs* gegen einen selbst pflichtteilsberechtigten Erben (§ 2331 a).

42 l) Das **BeurkG** v 28. 8. 1969 hat in §§ 2033, 2231, 2249, 2250, 2252, 2256, 2258 a, 2276, 2282, 2291, 2296, 2346 u 2371 die gerichtliche Zuständigkeit zur Beurkundung (bzw ihre Erwähnung) beseitigt. Außerdem hat es die verfahrensrechtlichen Bestimmungen für die Errichtung ordentlicher öffentlicher Testamente aus dem BGB herausgenommen (Änderung der §§ 2232 f und Aufhebung der §§ 2234–2246). Diese Regelungen sind jetzt Inhalt des BeurkG, speziell der §§ 27–35 (Einzelheiten bei STAUDINGER/BAUMANN [1996] Vorbem 26 ff zu §§ 2229 ff, § 2232 Rn 1 ff und §§ 2234–2246). Schließlich hat das BeurkG in § 2247 Abs 1 die Worte „in ordentlicher Form" als überflüssig gestrichen.

m) Das G v 27. 6. 1970 (BGBl I 911) hat den „*Offenbarungseid*" (§§ 2006, 2028, 43 2057) durch die „*eidesstattliche Versicherung*" ersetzt.

n) Das *EGStGB* v 2. 3. 1974 ersetzte in §§ 2025, 2339 den Begriff der „strafbaren 44 Handlung" durch „Straftat".

o) Das *1. EheRG* v 14. 6. 1976 brachte im Rahmen der Scheidungsrechtsreform 45 Änderungen der §§ 1933, 2077, 2268, 2331 a und 2335 (Einzelheiten, auch zur zeitlichen Geltung der Neufassungen, bei STAUDINGER/WERNER § 1933 Rn 1 ff; STAUDINGER/OTTE [1996] § 2077 Rn 2 f; STAUDINGER/KANZLEITER [1998] § 2268 Rn 2; STAUDINGER/OLSHAUSEN [1998] § 2331 a Rn 1 u § 2335 Rn 6 f).

p) Durch das **AdoptG** v 2. 7. 1976 wurden im Rahmen der Neugestaltung des 46 Adoptionsrechts die §§ 1925, 1926, 2043 geändert (vgl STAUDINGER/WERNER Vorbem 46 ff zu §§ 1924 ff, § 1925 Rn 7 ff, § 1926 Rn 1, 7 ff u STAUDINGER/WERNER [1996] § 2043 Rn 1). Außerdem wurden in § 2253 die Worte „oder Rauschgiftsucht" eingefügt.

q) Das G zur *Neuordnung des landwirtschaftlichen Pachtrechts* v 8. 11. 1985 (BGBl 47 I 2065) hat in § 2130 die Verweisung auf §§ 592, 593 durch die auf die neugefaßten §§ 596 a, 596 b ersetzt.

r) Das **Betreuungsgesetz** (BtG) v 12. 9. 1990 hat die Vormundschaft über Volljäh- 48 rige und die Gebrechlichkeitspflegschaft durch die Betreuung ersetzt; dies berücksichtigen die Einfügung der §§ 1999 S 2 und 2347 Abs 1 S 2 sowie die Änderung der §§ 2201, 2290 Abs 3 S 1, 2351. Außerdem hat es die Entmündigung abgeschafft; infolgedessen wurden §§ 2229 Abs 3, 2230, 2253 Abs 2 gestrichen und § 2229 Abs 2 geändert (zu den genannten Änderungen vgl STAUDINGER/BAUMANN [1996] Vorbem 33 zu §§ 2229 ff, § 2229 Rn 7 f, 16, 31 f, 39, vor § 2230 aF, § 2253 Rn 12 ff).

s) Das Einführungsgesetz zur **Insolvenzordnung** (EGInsO) v 5. 10. 1994 hat mit 48 a Wirkung vom 1. 1. 1999 in § 1968 die Erwähnung der „Standesmäßigkeit" der Beerdigung gestrichen und die §§ 1971, 1974–78, 1980, 1988–91, 2000, 2060, 2115 der Ersetzung des Nachlaßkonkurses durch das Nachlaßinsolvenzverfahren angepaßt.

t) Das Kindschaftsrechtsreformgesetz (KindRG) v 16. 12. 1997 hat in § 2043 48 b Abs 2 die Erwähnung der *Ehelicherklärung* gestrichen.

u) Das Erbrechtsgleichstellungsgesetz (**ErbGleichG**) v 16. 12. 1997 hat mit Wir- 48 c kung vom 1. 4. 1998 die Sonderregelungen für das gesetzliche Erb- und das Pflichtteilsrecht eines *nichtehelichen* Kindes (§§ 1934 a-e, 2338 a) aufgehoben (hierzu STAUDINGER/WERNER Vorbem 45a ff zu §§ 1924 ff, § 1934 a Rn 1, 41; STAUDINGER/HAAS [1998] Vorbem 11 zu §§ 2303 ff, § 2303 Rn 4 ff, STAUDINGER/OLSHAUSEN § 2338 a Rn 1; RAUSCHER ZEV 1998, 41).

v) Das Gesetz zur Neuordnung des Eheschließungsrechts (EheschlRG) v 48 d 4. 5. 1998 hat die §§ 1934, 2077 der Ersetzung der *Eheaufhebungsklage* durch den Antrag auf Aufhebung der Ehe angepaßt.

Wie die Übersicht zeigt, waren die Novellierungen, abgesehen von den Erleichte- 49 rungen der Testamentsform und der Ausweitung der Ausgleichspflicht, im wesentlichen Ausstrahlungen von Reformen an anderen Stellen des Rechtssystems, vor allem im Familienrecht. Drei besonders wichtige familienrechtliche Reformgesetze, das GleichberG, das NichtehelG und das ErbGleichG, dienten der Erfüllung der Verfassungsaufträge in Art 3 Abs 2, 117 bzw Art 6 Abs 5 GG (hierzu Rn 88 f, 93 ff).

3. Prinzipien des Erbrechts

50 Grundgedanken des BGB-Erbrechts sind die **Testierfreiheit** und die **Familiengebundenheit des Vermögens** (Familienerbrecht) sowie – in konstruktiver Hinsicht – die ipso jure eintretende **Gesamtnachfolge** (zu diesen Prinzipien außer den Erbrechtslehrbüchern und -kommentaren auch BYDLINSKI, System und Prinzipien des Privatrechts [1996] 402 ff).

51 Zwar ist nicht die Familie als solche Rechtssubjekt, sondern nur das einzelne Familienmitglied; der Erwerb und die Erhaltung von Vermögensrechten werden aber in hohem Maße durch Rücksichten auf Angehörige motiviert sowie durch ideelle oder wirtschaftliche Beiträge von Angehörigen (Erziehung, finanzielle Unterstützung, Mitarbeit, Konsumverhalten) ermöglicht, und die Nutzung von Vermögensrechten erfolgt weithin im Familienverband. Mithin hat das Erbrecht die Aufgabe, die Fortsetzung des ideellen und wirtschaftlichen **Zusammenhangs von Vermögen und Familie** über den Tod des Vermögensinhabers hinaus zu ermöglichen.

52 Dem dienen in erster Linie das gesetzliche Erbrecht und das Pflichtteilsrecht. Bei *gesetzlicher Erbfolge* sind zunächst die Abkömmlinge und der Ehegatte des Erblassers zur Nachfolge in sein Vermögen berufen (§§ 1924, 1931), wobei die Stellung des Ehegatten noch durch den Anspruch auf den Voraus (§ 1932) verbessert ist; Verwandte in aufsteigender Linie und in der Seitenlinie sind beim Fehlen von Abkömmlingen zur Erbfolge berufen, soweit sie nicht durch das Erbrecht des Ehegatten ausgeschlossen werden (§§ 1925 ff). Das *Pflichtteilsrecht* gewährt nächsten Angehörigen (nämlich den Kindern und dem Ehegatten, uU auch entfernteren Abkömmlingen und den Eltern), wenn der Erblasser sie bei der rechtsgeschäftlichen Regelung der Erbfolge übergangen hat, einen Anspruch auf den Wert ihres halben gesetzlichen Erbteils (§§ 2303 ff) und bindet auf diese Weise das Vermögen des Erblassers wenigstens teilweise innerhalb der Familie. Indirekt wirkt auch das *Erbschaftsteuerrecht* in diesem Sinne, indem es den Erwerb durch entferntere Angehörige und Familienfremde höheren Steuersätzen unterwirft als den Erwerb durch die nächsten Angehörigen (§§ 15, 19 ErbStG) und letzteren wesentlich größere Freibeträge zubilligt (§§ 16 f ErbStG).

53 Die Familiengebundenheit des Vermögens berücksichtigt das BGB ferner dadurch, daß es die *Testamentsanfechtung wegen irrtümlicher Übergehung von Pflichtteilsberechtigten* in § 2079 unter geringeren Voraussetzungen zuläßt als die Anfechtung wegen Motivirrtums, sowie dadurch, daß es Ehegatten die Möglichkeit eröffnet, aufeinander abgestimmte und in ihrer Wirksamkeit miteinander verknüpfte Verfügungen von Todes wegen (*gemeinschaftliches Testament*, §§ 2265 ff; *Ehegattenerbvertrag*, § 2280) zu treffen. Schließlich kommt der Gedanke der Familiengebundenheit des Vermögens auch in einigen *Auslegungsregeln* (insbesondere in § 2069) sowie in den Vorschriften über die *Ausgleichung unter Abkömmlingen* (§§ 2050 ff, 2316), über die *Pflichtteilsbeschränkung in guter Absicht* (§ 2338) und über den *Dreißigsten* (§ 1969) zum Ausdruck.

Die **Testierfreiheit** gibt dem Erblasser die Möglichkeit, über das Schicksal seines **54** Vermögens ohne Bindung an die gesetzliche Erbfolge zu verfügen. Er ist dabei selbstverständlich an die Grenzen gebunden, die für die rechtsgeschäftliche Freiheit überhaupt gelten (§§ 134, 138; hierzu STAUDINGER/OTTE [1996] Vorbem 141 ff zu §§ 2064 ff), zusätzlich aber auch einem erbrechtlichen *Typenzwang* (s Vorbem 14 f zu §§ 1937 ff), einem entsprechenden *Formzwang* (s u Rn 57) und dem Gebot der *Höchstpersönlichkeit* (Rn 58) unterworfen. Die Testierfreiheit ist kein pflichtgebundenes Recht, das nur zum Wohle der Familie ausgeübt werden dürfte, sondern (entgegen STAUDINGER/BOEHMER[11] Einl § 17 Rn 1) ein individuelles Freiheitsrecht, das der Verwirklichung der Privatautonomie auf dem Gebiete des Erbrechts dient.

Die Testierfreiheit darf nicht als Gegenpol zum Familienerbrecht verstanden werden; **55** sie ist nämlich auch und gerade notwendig, um bei der Weitergabe des Vermögens in der Familie von der gesetzlichen Erbfolge, deren Schematismus den persönlichen und wirtschaftlichen Gegebenheiten oft nicht voll gerecht wird, abzuweichen und so das Vermögen den Angehörigen überhaupt erst oder leichter zu erhalten (ebenso PAPANTONIOU AcP 173, 393 ff). Allerdings schließt die Testierfreiheit auch die Befugnis ein, das Vermögen teilweise oder – soweit dem im wirtschaftlichen Ergebnis nicht das Pflichtteilsrecht entgegensteht – in vollem Umfang familienfremden Personen zuzuwenden. Eine Begründung für die Übergehung aller gesetzlichen Erben braucht der Erblasser ebensowenig zu geben wie für eine von der gesetzlichen Erbfolge abweichende Vermögensverteilung unter seinen Angehörigen.

Die Testierfreiheit äußert sich im *Vorrang der gewillkürten vor der gesetzlichen* **56** *Erbfolge*. Die ihr zu Gebote stehenden Mittel sind in *inhaltlicher* Hinsicht folgende Anordnungen: Einsetzung eines oder mehrerer Erben (§ 1937), Ausschluß von der gesetzlichen Erbfolge (§ 1938), Vermächtnis (§ 1939), Auflage (§ 1940), Anordnungen bzgl der Auseinandersetzung einer Erbengemeinschaft (§§ 2044, 2048 f), Anordnung der Testamentsvollstreckung (insbesondere Ernennung des Testamentsvollstreckers, § 2197, sowie Festlegung seiner Befugnisse, §§ 2207–2209, 2222 f, und seiner Vergütung, § 2221), Anordnungen bzgl der Pflichtteilslast (§ 2324), Entziehung oder Beschränkung des Pflichtteilsrechts (§§ 2333 ff), Einsetzung eines Schiedsgerichts (§ 1066 ZPO, hierzu Vorbem 6 ff zu §§ 1937 ff), Wahl des deutschen Rechts für im Inland belegenes unbewegliches Vermögen (Art 25 Abs 2 EGBGB). Die Anordnungen können mit Bedingungen oder Zeitbestimmungen verbunden werden. In engen Grenzen kann der Erblasser die Befugnis, Anordnungen zu treffen, auch Dritten übertragen (vgl STAUDINGER/OTTE [1996] § 2065 Rn 4–7). Durch Kombination zulässiger Anordnungen ergibt sich ein außerordentlich weiter Gestaltungsspielraum.

In *formeller* Hinsicht stehen für die Ausübung der Testierfreiheit verschiedene Ge- **57** schäftsformen zur Verfügung: Das widerrufliche Testament, das eigenhändig (§ 2247) oder zur Niederschrift eines Notars (§ 2232), in Notfällen auch vor anderen Personen (§§ 2249 ff) errichtet werden kann, sowie der bindende, dh nicht widerrufliche, Erbvertrag (§ 2276). Die Formvorschriften für Verfügungen von Todes wegen bezwecken den Schutz des Erblasserwillens (vor Übereilung, Verfälschung und Unterdrückung) und stehen daher im Dienste der Testierfreiheit (vgl STAUDINGER/OTTE [1996] Vorbem 38 f zu §§ 2064 ff).

58 Abgesichert wird die Testierfreiheit in spezifisch erbrechtlicher Weise durch die Gebote der *Höchstpersönlichkeit* der Verfügungen von Todes wegen (§§ 2064 f, 2274 sowie Verweisung in § 2279 Abs 1 auf § 2065) und das Verbot schuldrechtlicher Verpflichtungen zur Errichtung oder Aufhebung einer Verfügung (§ 2302), ferner durch die Anfechtbarkeit von Verfügungen wegen Irrtums und widerrechtlicher Drohung (§§ 2078, 2281) sowie durch die Vorschriften über Erbunwürdigkeit (vgl die Erbunwürdigkeitsgründe in § 2339).

59 Nur rechtstechnische Bedeutung hat das Prinzip der **Gesamtnachfolge** oder *Universalsukzession* (s STAUDINGER/MAROTZKE § 1922 Rn 44 ff); gleiches gilt von dem mit ihm verbundenen „Automatismus" des Vermögensübergangs *(Vonselbsterwerb* oder *Anfallprinzip,* s § 1942 Rn 2 ff).

4. Erbrecht und Verfassung*

a) Erbrechtsgarantie

60 Das Erbrecht ist durch Art 14 Abs 1 S 1 GG ausdrücklich gewährleistet. Diese Gewährleistung bindet, anders als Art 154 WRV, die staatliche Gewalt als unmittelbar geltendes Recht (Art 1 Abs 3 GG). Sie wirkt sich als **Institutsgarantie** und als **Garantie von Individualrechten** aus. Die Garantie des Erbrechts als Rechtsinstitut umfaßt das Erbrecht nicht in seiner konkreten Ausgestaltung durch das 5. Buch des BGB, sondern seine konstituierenden Prinzipien oder, in Abwandlung eines Wortes von MARTIN WOLFF, der den Gedanken der Institutsgarantie für das Eigentum entwickelt hat (in: FG W Kahl [1923] IV 6), einen Bestand von Normen, *der den Namen Erbrecht verdient.* Als garantiert anzusehen sind die das deutsche Erbrecht seit der Rezeption des römischen Rechts prägenden materiellen Grundsätze (s o Rn 50 ff) der **Testierfrei-**

---

* **Schrifttum**: BARNSTEDT, Das Höferecht und die Erbrechtsgarantie des Art 14 des Grundgesetzes, DNotZ 1969, 14; BOEHMER, Erbrecht, in: NEUMANN/NIPPERDEY/SCHEUNER, Die Grundrechte II (1954) 401; BOWITZ, Zur Verfassungsmäßigkeit der Bestimmungen über die Pflichtteilsentziehung, JZ 1980, 304; HETMEIER, Grundlagen der Privaterbfolge in der Bundesrepublik Deutschland und in der DDR (1990); JAYME, Europäische Menschenrechtskonvention und deutsches Nichtehelichenrecht, NJW 1979, 2425; LEIPOLD, Wandlungen in den Grundlagen des Erbrechts, AcP 180, 160; LEISNER, Grundrechte und Privatrecht (1960); ders, Verfassungsrechtliche Grenzen der Erbschaftsbesteuerung (1970); ders, Erbrecht, in: ISENSEE/KIRCHHOF, Handbuch des Staatsrechts VI (1989) § 150; LORITZ, Das Grundgesetz und die Grenzen der Besteuerung, NJW 1986, 1; MIKAT, Gleichheitsgrundsatz und Testierfreiheit, in: FS Nipperdey (1965) I 581; MUSSGNUG, Verfassungsrechtlicher und gesetzlicher Schutz vor konfiskatorischen Steuern, JZ 1991, 993; NOHL, Vermögensredistribution durch die Besteuerung von Erbschaften und die Erbrechts- und Eigentumsgarantie in Artikel 14 des Grundgesetzes (Diss Marburg 1979); OTTE, Die Nichtigkeit letztwilliger Verfügungen wegen Gesetzes- oder Sittenwidrigkeit, JA 1985, 192; ders, Ist § 2325 III 2. Halbsatz BGB wirklich verfassungswidrig?, in: FS vLübtow (1991) 305; PENTZ, Pflichtteil bei Grundeigentum im Ausland – Ein Fall des ordre public, ZEV 1998, 449; PIEROTH, Grundgesetzliche Testierfreiheit, sozialhilferechtliches Nachrangprinzip und das sogenannte Behindertentestament, NJW 1993, 173; QUEBE, Die Erbrechtsgarantie, Inhalt und Schranken (Diss Bielefeld 1993); STÖCKER, Das Grundrecht zu erben, WM 1979, 214; ders, Die einkommensteuerliche Behandlung der Unternehmensvererbung – Eingriff in die Erbrechtsgarantie, WM 1981, 570; THIELMANN, Sittenwidrige Verfügungen von Todes wegen (1973); ferner die Kommentare zum GG, insbesondere zu Art 14.

heit einerseits und (nicht unstr, s u Rn 68 ff) der **Familiengebundenheit des Vermögens** andererseits, letztere in Gestalt des gesetzlichen Erbrechts des Ehegatten und der Verwandten sowie des Pflichtteilsrechts der nächsten Angehörigen. Grundlegend hierfür sind immer noch die Ausführungen von GUSTAV BOEHMER (in: NIPPERDEY, Die Grundrechte und Grundpflichten der Reichsverfassung, Kommentar zum zweiten Teil der Reichsverfassung, 3. Bd [1930] 253 ff), der die Lehre WOLFFS von der Institutsgarantie auf die Gewährleistung des Erbrechts in Art 154 WRV angewandt hat.

Vielfach wird zum Inhalt der Erbrechtsgarantie auch das Prinzip des **Privaterbrechts** 61 gezählt (vgl nur MünchKomm/LEIPOLD Einl 17a). Privaterbrecht ist jedoch kein mit anderen auf gleicher Stufe stehender Grundsatz des Erbrechts, sondern (was die Gegenansicht, zB PAPANTONIOU AcP 173, 386, verkennt) das Erbrecht selbst, denn eine Rechtsordnung, die das Vermögen eines Menschen bei seinem Tod grundsätzlich und nicht nur in besonderen Fällen auf den Staat übergehen ließe, würde das Erbrecht nicht modifizieren, sondern abschaffen (und zugleich innerhalb einer Generation im wesentlichen auch das Privateigentum, soweit es nicht durch lebzeitige Übertragung der Nachlaßkonfiskation entzogen wird, was eine solche Rechtsordnung konsequenterweise zu verhindern suchen müßte). Privaterbrecht kann als Negation des Staatserbrechts auch keinen außerhalb der Prinzipien der Testierfreiheit und der Familiengebundenheit des Vermögens liegenden Inhalt haben (ebenso SOERGEL/STEIN Einl 6 Fn 8). Daher erübrigt es sich, vom Privaterbrecht als einem besonderen Inhalt der Erbrechtsgarantie zu sprechen (wie hier auch BYDLINSKI, System und Prinzipien des Privatrechts [1996] 408 f).

Die **Vererblichkeit** des Vermögens natürlicher Personen schließt nicht die Vererblich- 62 keit *aller* Vermögensrechte ein. Was vererblich ist und was nicht, kann die Gesetzgebung, selbstverständlich unter Beachtung der Eigentumsgarantie des Art 14 Abs 1 S 1 GG, regeln. Beispiele aus der Rspr des BVerfG: Verfassungsrechtlich unbedenklich sind das Erlöschen einer Apothekenkonzession mit dem Tod ihres Inhabers (BVerfGE 17, 249) und die Unvererblichkeit von Ansprüchen aus der gesetzlichen Rentenversicherung, die der Versicherte zu seinen Lebzeiten nicht geltend gemacht hatte (BVerfGE 19, 202 ff).

Die Garantie der **Testierfreiheit** würde sich nach richtiger Ansicht auch ohne aus- 63 drückliche Erwähnung des Erbrechts in Art 14 Abs 1 S 1 GG aus dieser Vorschrift herleiten lassen, nämlich aus der Garantie des *Eigentums*. Denn Eigentum im Sinne des Art 14 GG schließt nicht nur die Befugnis zur Nutzung von Vermögensrechten, sondern grundsätzlich auch die Befugnis zu ihrer Übertragung, und zwar mit dauernder Wirkung, ein (BVerfGE 67, 341: „Die Testierfreiheit ... ist als Verfügungsbefugnis des Eigentümers über den Tod hinaus eng mit der Garantie des Eigentums verknüpft"; auch der EuGMR hat im Fall „Marckx" [EuGRZ 1979, 454, 460 = NJW 1979, 2449] die Testierfreiheit als Ausfluß des durch Art 1 des 1. Zusatzprotokolls zur EMRK geschützten Rechts auf Achtung des Eigentums angesehen). Die Aufhebung der Befugnis, von Todes wegen über Vermögensrechte zu verfügen, käme bei Beibehaltung der Familiengebundenheit des Vermögens durch gesetzliche Erbfolge einer Umwandlung des Individualeigentums in Familieneigentum gleich; bei gleichzeitiger Abschaffung der gesetzlichen Familienerbfolge bliebe vom Eigentum nur noch ein zeitlich begrenztes Nutzungsrecht übrig. In beiden Fällen läge ein unzulässiger (Art 19 Abs 2 GG) *Eingriff in den Wesensgehalt* des Eigentums vor. Schon deswegen muß der Gesetzgeber rechtsgeschäftliche Anordnungen über die Vermögensverteilung im Todesfalle anerkennen. (Wie hier sehen den Zusammenhang zwischen Erbrechts- und Eigentumsgarantie BOEHMER, in: NEUMANN/NIPPERDEY/SCHEUNER II 407; SCHLÜTER § 2 II; BYDLINSKI, System und Prinzipien des Privatrechts [1996] 407 f; PAPIER, in: MAUNZ/ DÜRIG GG Art 14 Rn 288; ferner, allerdings ausdrücklich auf „Privaterbrecht" und nicht auf den Grundsatz der Testierfreiheit bezogen, BonnKomm/KIMMINICH GG Art 14 Rn 128; BRYDE, in: vMÜNCH/KUNIG GG⁴ Art 14 Rn 45; aM SOERGEl/STEIN Einl 4, wonach sogar eine Beseitigung des Privaterbrechts – also nicht bloß der Testierfreiheit – das Eigentum nicht in seinem Wesensgehalt treffen soll.)

64 Daß die Testierfreiheit schon von der Eigentumsgarantie gedeckt ist, nötigt indessen nicht zu der Annahme, die Garantie des Erbrechts in Art 14 Abs 1 S 2 GG bezöge sich nicht auch auf sie. Nur eine Mindermeinung sieht die Garantie der Testierfreiheit nicht als Teil der Erbrechtsgarantie an, sondern will sie ausschließlich auf andere Grundrechtsbestimmungen stützen.

STÖCKER (WM 1979, 217 ff) klammert die Testierfreiheit ganz aus der Erbrechtsgarantie aus und weist sie der Eigentumsgarantie zu, weil er die Erbrechtsgarantie als Gewährleistung eines am Gleichheitsgrundsatz orientierten „Grundrechts zu erben" versteht. Ähnlich sieht BRINKMANN (GG Art 14 Anm I 1 b) das „Erbrecht" in Art 14 GG als Anrecht des Erben auf Gesamtnachfolge, während die Testierfreiheit nur durch Art 2 Abs 1 GG gewährleistet sei (was zur Folge hätte, daß sie durch jedes zur „verfassungsmäßigen Ordnung", die ja als Gesamtheit der verfassungsmäßigen Rechtsnormen verstanden wird [BVerfGE 6, 32, 38; 72, 200, 245], gehörende Gesetz eingeschränkt werden könnte). Solche Deutungen des verfassungsrechtlichen Begriffs des Erbrechts widersprechen jedoch der grammatischen, historischen und systematischen Interpretation und sind daher abzulehnen.

64 a Kontrovers wird beurteilt, ob aus dem Zusammenhang von Erbrechts- und Eigentumsgarantie auch die Unterwerfung des erbrechtlichen Vermögensübergangs unter die Sozialpflichtigkeit des Eigentums (Art 14 Abs 2 GG) gefolgert werden darf (s hierzu Rn 73).

65 Die Gesetzgebung kann (nicht beliebig, wohl aber) zur Herstellung praktischer Konkordanz zwischen Testierfreiheit und anderen Rechtsgütern *Inhalt und Schranken der Testierfreiheit* bestimmen (Art 14 Abs 1 S 2 GG). Verfassungsrechtlich unbedenklich sind daher der Form- und der Typenzwang für Verfügungen von Todes wegen, aber auch die zeitliche Begrenzung der Wirkungsdauer bestimmter Verfügungen (§§ 2044 Abs 2, 2109, 2162 f, 2210).

65 a Gegen die Garantie der Testierfreiheit verstoßen §§ 2232, 2233 iVm § 31 BeurkG, insofern diese Vorschriften *Personen, die weder schreiben noch sprechen können*, die Errichtung eines Testaments ausnahmslos verwehren. Im Einzelfall können solche Personen durchaus voll geschäftsfähig und in der Lage sein, ihren Willen auf andere Weise als durch geschriebene oder gesprochene Worte zu äußern. Daher eröffnet ihnen § 24 BeurkG auch einen Weg, Rechtsgeschäfte unter Lebenden beurkunden zu lassen. Dann stellt aber der Ausschluß von der Möglichkeit, ein Testament zu errichten, eine unverhältnismäßige Beschränkung der Testierfreiheit dar (so jetzt BVerfGE 99, 341 = ZEV 1999, 147; zuvor bereits ROSSAK MittBayNot 1991, 193 u ZEV 1995, 236; ERTL MittBayNot 1991, 196; P BAUMANN FamRZ 1994, 994; ERMAN/SCHMIDT § 2229 Rn 8;

STAUDINGER/BAUMANN [1996] § 2233 Rn 20; **aA** OLG Hamm FamRZ 1994, 993; zweifelnd MünchKomm/LEIPOLD Einl 18e), der nicht durch verfassungskonforme Auslegung der genannten Vorschriften – für die es zumindest bei § 31 BeurkG keinen Ansatzpunkt geben kann – abzuhelfen, sondern nur durch die Feststellung der Verfassungswidrigkeit der Gesetzeslage und der Verpflichtung des Gesetzgebers zur Abhilfe zu begegnen ist. Bis zur gesetzlichen Neuregelung können schreibunfähige Stumme Verfügungen von Todes wegen in notarieller Form nach den für die Beurkundung von Rechtsgeschäften unter Lebenden geltenden Vorschriften der §§ 22–26 BeurkG unter Berücksichtigung der (für Verfügungen von Todes wegen geltenden) §§ 27–29, 34 f BeurkG errichten (BVerfG ZEV 1999, 150).

Keine unzulässige Beschränkung der Testierfreiheit stellt das in § 14 Abs 1 u 5 **HeimG** 66 enthaltene Verbot für Heimträger sowie Leiter, Beschäftigte und sonstige Mitarbeiter eines Heimes dar, sich über das nach § 4 HeimG vereinbarte Entgelt hinaus von oder zugunsten von Bewohnern Geld oder geldwerte Leistungen versprechen oder gewähren zu lassen (BVerfG ZEV 1998, 312; BGH ZEV 1996, 145; BayObLG NJW 1992, 56; ROSSAK ZEV 1996, 146; NIEMANN ZEV 1998, 420; **aA** BISCHOFF DÖV 1978, 203 f; KORBMACHER, Grundfragen des öffentlichen Heimrechts [Diss FU Berlin 1989] 161 ff; JACOBI ZfSH/SGB 1994, 633; BROX Rn 256; ders, in: FS Benda [1995] 17 ff; MÜNZEL NJW 1997, 112). Die Vorschrift will verhindern, daß die abhängige Lage von Heimbewohnern finanziell ausgenutzt wird, Heimbewohner sich durch Inaussichtstellen finanzieller Zuwendungen Sonderleistungen erkaufen und ihre Testierfreiheit durch Ausübung offenen oder versteckten Drucks beeinträchtigt wird. Nach richtiger Auslegung steht sie nicht der Gültigkeit von Erbeinsetzungen entgegen, die ohne Kenntnis des Bedachten und daher nicht im Einvernehmen mit ihm vorgenommen werden und von denen er zu Lebzeiten des Heimbewohners keine Kenntnis erlangt (Näheres hierzu STAUDINGER/OTTE [1996] Vorbem 144 f zu §§ 2064 ff mwN; ferner MünchKomm/LEIPOLD § 1943 Rn 12; LEIPOLD JZ 1998, 665; KUNZ/RUF/WIEDEMANN[7] § 14 HeimG Rn 3, 7, 24); außerdem gilt das Verbot des § 14 HeimG nicht schlechthin, sondern steht unter Erlaubnisvorbehalt (Abs 1 S 2 aF, Abs 6 nF). Daher liegt angesichts des legitimen Schutzzwecks der Norm keine unangemessene Beschränkung der Testierfreiheit vor (BVerfG ZEV 1998, 312 f). Für die Anwendbarkeit der Vorschrift kann es nicht darauf ankommen, ob das Betreiben des Heimes tatsächlich erlaubt ist, sondern nur darauf, ob es erlaubnispflichtig ist (BVerfG ZEV 1998, 313). Auf Heime im Ausland und deren Personal ist die Vorschrift nicht anzuwenden (STAUDINGER/DÖRNER [1995] Art 25 EGBGB Rn 127; OLG Oldenburg FGPrax 1999, 111; **aA** MünchKomm/BIRK Art 25 EGBGB Rn 208).

Im **Landwirtschaftserbrecht** stellt das Gebot der geschlossenen Vererbung, wonach 67 zum Hoferben immer nur *eine* Person berufen werden kann (§ 16 Abs 1 S 1 iVm § 4 S 1 HöfeO), ebenfalls nur eine zulässige Schrankenbestimmung der Testierfreiheit dar. Verfassungsrechtliche Bedenken bestehen jedenfalls seit der Einführung des fakultativen Höferechts (§ 1 Abs 4 HöfeO) durch die Novelle v 29. 3. 1976 nicht mehr (wie hier STAUDINGER/MAYER [1998] Art 64 EGBGB Rn 132; WÖHRMANN/STÖCKER § 1 HöfeO Rn 5; LANGE/WULFF/LÜDTKE-HANDJERY § 16 HöfeO Rn 3; **aA** KROESCHELL AgrarR 1974, 86 u 1982, 265 f). Aus den gleichen Erwägungen ist auch die Einschränkung des Rechts zur freien Bestimmung des Hoferben durch § 7 Abs 2 HöfeO als zulässig anzusehen (**aA** KROESCHELL AgrarR 1974, 86). Landesrechtliche Anerbengesetze können wegen Art 64 Abs 2 EGBGB die Testierfreiheit nicht beschränken (hierzu STAUDINGER/MAYER [1998] Art 64 EGBGB Rn 38 ff, 113, 128 ff mwN, auch zur umstr Frage der Geltung von Art 6 des württ G

Einl zu §§ 1922 ff
68, 69

über das Anerbenrecht v 14. 2. 1930; ferner BOEHMER, in: NEUMANN/NIPPERDEY/SCHEUNER II 419 f, der aber übersieht, daß die HöfeO wegen Art 125 Nr 1 GG nicht Landesrecht ist). Fraglich ist, ob § 8 Abs 2 HöfeO in verfassungsrechtlich zulässiger Weise Verfügungen eines Ehegatten über seinen Anteil am Ehegattenhof ausschließt (hierzu WÖHRMANN/STÖCKER § 8 HöfeO Rn 15 f).

68 Der Grundsatz der **Familiengebundenheit des Vermögens** wird nach ganz überwiegender Ansicht ebenfalls von der Erbrechtsgarantie umfaßt (BOEHMER, in: NEUMANN/NIPPERDEY/SCHEUNER II, 416 f; vLÜBTOW I, 20 f; MünchKomm/LEIPOLD Einl 18; JAUERNIG/STÜRNER Vor § 1922 Rn 1; EBENROTH Rn 60; vMANGOLDT/KLEIN GG Art 14 Anm III 2; PAPIER, in: MAUNZ/DÜRIG GG Art 14 Rn 293 ff; BRYDE, in: vMÜNCH/KUNIG GG[4] Art 14 Rn 48; AK-GG/RITTSTIEG Art 14 Rn 134; BGHZ 98, 226, 233 [für das Pflichtteilsrecht]; iE auch STÖCKER WM 1979, 219 ff). Nach anderer Ansicht ist er ausschließlich aus Art 6 Abs 1 GG abzuleiten (SOERGEL/STEIN Einl 7; LANGE/KUCHINKE § 2 IV 2 b; BVerfGE 67, 329, 341 u 91, 346, 359 hat die Frage ausdrücklich offen gelassen; nach BGB-RGRK/KREGEL Einl 4, der allerdings auf Art 6 GG nicht eingeht, soll überhaupt nur die Testierfreiheit Verfassungsschutz genießen).

69 Eigener Standpunkt: Die Auffassung, nur die Testierfreiheit sei verfassungsrechtlich geschützt, ist aus mehreren Gründen nicht vertretbar: Zunächst wäre schon die besondere Erwähnung des Erbrechts in Art 14 GG überflüssig, weil die Garantie der Testierfreiheit bereits aus der Eigentumsgarantie gefolgert werden kann. Außerdem würde die Abschaffung der gesetzlichen Erbfolge der Verwandten und des Ehegatten einen derart radikalen Bruch mit der Rechtstradition darstellen, daß die Bezeichnung des Gegenstandes der Verfassungsgarantie als „Erbrecht" (und nicht als „Testierfreiheit") unverständlich bliebe, wenn dem Gesetzgeber eine so weitreichende Dispositionsbefugnis hätte eingeräumt werden sollen. – Für die Herleitung des Schutzes der Familiengebundenheit des Vermögens (nur) aus Art 6 Abs 1 GG besteht die Schwierigkeit, daß diese Vorschrift keinen Ansatzpunkt für eine unterschiedliche rechtliche Behandlung von Vermögensübertragungen unter Lebenden einerseits und erbrechtlichem Erwerb andererseits bietet. Unter Lebenden ist der Gedanke der Familiengebundenheit des Vermögens im geltenden Recht nur schwach entwickelt, nämlich in den Verfügungsbeschränkungen der §§ 1365, 1369, im Wahlgüterstand der Gütergemeinschaft und in einer gewissen Vorzugstellung von Unterhaltsansprüchen im Zwangsvollstreckungs- und Insolvenzrecht (§§ 850 c, d ZPO [vgl auch § 811 ZPO, insbes Nr 1–6], §§ 100, 209 Abs 1 Nr 3 InsO). Will man diesen Rechtszustand nicht als verfassungswidrig bezeichnen, weil er dem Auftrag zum Schutz von Ehe und Familie nicht genüge (was, soweit ersichtlich, von keiner Seite geschieht), kann man eine *erbrechtliche* Gebundenheit des Vermögens kaum auf Art 6 Abs 1 GG stützen. Die praktische Relevanz des Meinungsstreits liegt darin (vgl SOERGEL/STEIN Einl 7 f), daß eine (nur) durch Art 6 Abs 1 GG gewährleistete Familiengebundenheit des Vermögens lediglich den persönlichen Schutzbereich dieser Vorschrift hätte, der nur Ehe und Kleinfamilie umfaßt (vgl statt aller GERNHUBER/COESTER-WALTJEN, Lehrbuch des Familienrechts[4] § 5 I 1), und daß Art 6 Abs 1 GG einer Ersetzung des Familienerbrechts durch alternative staatliche Maßnahmen zur wirtschaftlichen Sicherstellung der Familienangehörigen nicht entgegenstände. Damit wären das gesetzliche Erbrecht nicht nur aller Seitenverwandten, sondern auch zwischen Eltern und ihren volljährigen, wirtschaftlich selbständigen Abkömmlingen und darüber hinaus das gesamte Pflichtteilsrecht zur Disposition des Gesetzgebers gestellt. Die hier vertretene Ansicht, Art 14 Abs 1 S 1 GG schütze *beide* materiellen

Prinzipien des Erbrechts, vermeidet dieses Ergebnis und macht zugleich deutlich, daß das *Spannungsverhältnis zwischen Testierfreiheit und Familiengebundenheit* selbst unter die Verfassungsgarantie fällt und nicht vom Gesetzgeber nach der einen oder der anderen Seite gänzlich zum Verschwinden gebracht werden darf. Damit gewinnt die Erwähnung des Erbrechts *neben* dem Eigentum erst ihren eigentlichen Sinn, denn die Eigentumsgarantie selbst enthält keine Bindung zugunsten der Familie. Dieses Spannungsverhältnis ist im geltenden Recht so ausgestaltet, daß die Familienerbfolge als gesetzliche gegenüber der gewillkürten Erbfolge subsidiär ist, also in Ausübung der Testierfreiheit verdrängt werden kann, den Angehörigen des Erblassers aber durch das Pflichtteilsrecht grundsätzlich die Hälfte des Nachlaßwertes gesichert bleibt.

Die *gesetzliche Erbfolge der Verwandten* ist nach einhelliger Auffassung nicht in der konkreten Ausgestaltung durch das BGB, das in § 1929 auch die entferntesten Verwandten noch zu den gesetzlichen Erben zählt, verfassungsrechtlich geschützt (statt aller STAUDINGER/WERNER Vorbem 58 zu §§ 1924 ff). Über den Umfang der zulässigen Einschränkung besteht jedoch keine Einigkeit. In historischer und rechtsvergleichender Hinsicht ist zu bemerken, daß in den Beratungen zum BGB die Grenze des gesetzlichen Erbrechts nach der 4. Parentel gezogen wurde (Prot V 469 ff); erst die Reichstagskommission (KommBer 305 f) kehrte zum unbegrenzten Verwandtenerbrecht des E I § 1969 (hierzu Mot V 366 f) zurück, obwohl dieses schon die Mehrzahl der Kritiker gegen sich gehabt hatte (Belege bei STAUDINGER/BOEHMER[11] Einl § 7 Rn 10). Regierungsvorlagen eines Gesetzes „Über das Erbrecht des Staates" von 1908 und 1913, die im Reichstag scheiterten, sahen sogar nur noch für die 2. Parentel und die Großeltern ein gesetzliches Erbrecht vor (hierzu STAUDINGER/BOEHMER[11] Einl § 7 Rn 11). Die ausländische Gesetzgebung kennt neben der Anerkennung einer unbeschränkten Verwandtenerbfolge auch Beispiele von Beschränkungen auf die 4. oder 3. Parentel, bei Gradualsystemen auf den 4. Grad der Seitenverwandtschaft (Großonkel, -tante; Vetter, Cousine; Großneffe, -nichte). In sozialistischen Rechtsordnungen kamen sogar Beschränkungen auf die 1. Parentel und die Eltern vor (Einzelheiten bei STAUDINGER/BOEHMER[11] Einl § 8). Vor diesem Hintergrund kann nicht von einer Bestandsgarantie des Erbrechts der entfernteren Ordnungen ausgegangen werden. Anderseits würde man den geschützten Personenkreis in ungerechtfertigter Weise einengen, wenn man nur den Pflichtteilsberechtigten ein garantiertes gesetzliches Erbrecht zuerkennen will (so aber STAUDINGER/BOEHMER[11] Einl § 7 Rn 24 und § 23 Rn 16 sowie in NEUMANN/NIPPERDEY/SCHEUNER II 411 f, 417; ihm folgend PAPIER, in: MAUNZ/DÜRIG GG Art 14 Rn 294; BRYDE, in: vMÜNCH/KUNIG GG[4] Art 14 Rn 48; SOERGEL/STEIN Einl 8 unter Berufung auf den Schutzbereich des Art 6 GG; ähnlich BROX Rn 24 „Ehegatten und Kinder"; zurückhaltend auch MünchKomm/LEIPOLD Einl 18 „Ehegatten und engere Familie"; weitergehend, aber unscharf LANGE/KUCHINKE § 2 IV 3 c „Ehegatten und nahe Verwandte"). Dies dürfte am Beispiel folgender Fallgestaltung leicht erkennbar sein: Eltern haben ihr ältestes Kind zum Alleinerben eingesetzt; sie und kurz danach auch dieses Kind kommen ums Leben. Nach der hier abgelehnten Ansicht wäre es zulässig, die überlebenden Geschwister von Gesetzes wegen auf gegen den Staat als Erben geltend zu machende Pflichtteilsansprüche nach ihren Eltern zu beschränken und im Falle eines Pflichtteilsverzichts sogar völlig leer ausgehen zu lassen. Dabei würde aber verkannt, daß die Vorstellung, derzufolge kinderlose, unverheiratete Personen nach Vorversterben der Eltern bei gesetzlicher Erbfolge von ihren Geschwistern oder deren Abkömmlingen beerbt werden, mit der Idee der Familiengebundenheit des Vermögens fest verbunden war und noch immer ist.

Das gesetzliche Erbrecht nicht nur der Verwandten gerader Linie, sondern auch der Seitenverwandten in der 2. Ordnung muß daher wohl als verfassungsrechtlich garantiert angesehen werden. Der „Erbonkel" gehört also zum unantastbaren Bestand, anders als die „Erbvettern" oder „Erbneffen", die der Sprachgebrauch ja auch nicht kennt (so schon die amtliche Begründung zu den Regierungsentwürfen von 1908 und 1913, vgl STAUDINGER/BOEHMER[11] Einl § 7 Rn 22).

71 Der fast allgemein bejahte verfassungsrechtliche Schutz des *Pflichtteilsrechts* der Abkömmlinge und des Ehegatten (BGHZ 98, 233; BOEHMER, in: NEUMANN/NIPPERDEY/ SCHEUNER II 417; vLÜBTOW I 21; BROX Rn 24; LANGE/KUCHINKE § 2 IV 3 c; MünchKomm/LEIPOLD Einl 18; PAPIER, in: MAUNZ/DÜRIG GG Art 14 Rn 288, 293 f; BRYDE, in: vMÜNCH/KUNIG GG[4] Art 14 Rn 48; SACHS/WENDT GG[2] Art 14 Rn 200; PENTZ ZEV 1998, 451; offengelassen von BVerfGE 91, 346, 359; STAUDINGER/HAAS [1998] Vorbem 12 ff zu §§ 2303 ff; zweifelnd SOERGEL/STEIN Einl 7 f; aA – ohne Auseinandersetzung mit der Entstehung der Erbrechtsgarantie und zT ohne jede Begründung – BGB-RGRK/KREGEL Einl 4 [unter verfehlter Berufung auf STAUDINGER/BOEHMER[11] Einl § 23 Rn 18, vgl dort Rn 16]; DREIER/WIELAND GG Art 14 Rn 57 ff; PETRI ZRP 1992, 206, der das Pflichtteilsrecht sogar für verfassungs*widrig* hält) bedeutet, daß die Familiengebundenheit des Vermögens nicht nur gegenüber staatlichem Zugriff, sondern wirtschaftlich in erheblichem Umfang auch gegen eine familienfremde Ausübung der Testierfreiheit gesichert ist. Der BGH (BGHZ 109, 306, 313) hält daher bei der Pflichtteilsentziehung wegen körperlicher Mißhandlung (§ 2333 Nr 2) mit Rücksicht auf das verfassungsrechtliche Übermaßverbot eine konkrete Abwägung der Vorwürfe gegen den Abkömmling mit dem Gewicht der „Pflichtteilsentziehung" für geboten (kritisch hierzu LEIPOLD JZ 1990, 700; STAUDINGER/OLSHAUSEN [1998] § 2333 Rn 7).

71 a Zur Frage, ob es verfassungsrechtlich geboten ist, auch *postmortal gezeugten* Kindern eines Samenspenders und Kindern aus einer nach dem Tod des Samenspenders erfolgten Implantation einer *in vitro* befruchteten Eizelle ein gesetzliches Erbrecht oder Pflichtteilsrecht nach ihrem Vater zuzubilligen, s § 1923 Rn 28 f.

71 b Daß nach § 1933 S 1 das Ehegattenerbrecht (und nach § 2077 Abs 1 S 2 grundsätzlich auch die Wirksamkeit einer Zuwendung an den Ehegatten) nicht erst mit Rechtskraft des Scheidungsurteils entfällt, sondern schon dann, wenn der *Erblasser* einen begründeten Scheidungsantrag stellt oder dem begründeten Scheidungsantrag des anderen Ehegatten zustimmt, ist verfassungsrechtlich unbedenklich (BVerfG FamRZ 1995, 536; unstr). Wenn aber der *andere* Ehegatte den Antrag stellt und der Erblasser ihm nicht zustimmt, bleibt dem Antragsteller bis zur Rechtskraft des Scheidungsurteils sein Erbrecht erhalten. Diese nur einseitige Wirkung der 1. Alt des § 1933 S 1 (und entsprechend des § 2077 Abs 1 S 2) begegnet starken verfassungsrechtlichen Bedenken, vor allem im Hinblick auf den Gleichheitsgrundsatz (BGHZ 111, 329, 333 f; BENGEL ZEV 1994, 360 f; ZOPFS ZEV 1995, 311 f).

72 *Art und Umfang der Nachlaßbeteiligung der Angehörigen* kann die Gesetzgebung gemäß Art 14 Abs 1 S 2 GG abweichend vom derzeitigen Recht regeln. In Betracht kommen beispielsweise (nur unter dem Gesichtspunkt verfassungsrechtlicher Zulässigkeit betrachtet): Ausgestaltung der Ehegattenbeteiligung bei bekinderter Ehe als bloße Vorerbschaft oder Nießbrauchsvermächtnis (der auf dem GleichberG beruhende Erbteil aus § 1371 Abs 1 müßte aber, weil er nur formal aus dem Vermögen des Erblassers stammt, materiell hingegen pauschalierter Zugewinnausgleich, also selbstverdient ist, anders behandelt werden, dh für den Ehegatten frei verfügbar bleiben oder durch den schuldrechtlichen Zugewinnausgleich ersetzt werden); Abschwächung des Erbrechts der Abkömmlinge zur Nacherbfolge nach dem überlebenden Ehegatten, uU mit Erhöhung der auf die Kinder entfallenden Quote; Verteilung unter entfernteren Abkömmlingen, Aszendenten und Seitenverwandten gleichen Grades nicht nach Stämmen und Linien, sondern nach Köpfen; Ersetzung des Parentelsystems von der 2. Ordnung an durch das Gradualsystem; Verstärkung des Pflichtteilsrechts zu einem materiellen Noterbrecht (vgl STAUDINGER/HAAS [1998] Vorbem 16 zu §§ 2303 ff), aber auch wohl Beschränkung des Pflichtteilsrechts der Verwandten auf den Fall der Bedürftigkeit (aM PENTZ aaO); Einbeziehung der Geschwister in den Kreis der Pflichtteilsberechtigten. – Unzulässig wäre der Ausschluß jeglicher Nachlaßbeteiligung des Ehegatten zugunsten der Abkömmlinge oder der Abkömmlinge zugunsten des Ehegatten. Verfassungsrechtlich nicht haltbar wäre es daher, den im „Berliner Testament" (§ 2269) als Schlußerben eingesetzten oder ganz übergangenen Abkömmlingen den Pflichtteilsanspruch nach dem erstversterbenden Ehegatten zu nehmen (so der Vorschlag von BUCHHOLZ FamRZ 1985, 883). – Zur Frage nach der Bedeutung des allgemeinen Gleichheitsgrundsatzes (Art 3 Abs 1 GG) für die Behandlung der Nachlaßbeteiligung gleich naher Angehöriger (insbesondere Kinder) s u Rn 81 ff.

Fraglich ist angesichts der Erbrechtsgarantie die Grenze verfassungsrechtlich zulässiger Besteuerung erbrechtlichen Erwerbs. Die Zulässigkeit der **Erbschaftsteuer** an sich geht aus Art 106 Abs 2 Nr 2 GG hervor. Durch hohe Erbschaftsteuern können jedoch Testierfreiheit, gesetzliches Erbrecht und Pflichtteilsrecht, ohne sie formell abzuschaffen, materiell weitgehend entleert werden. Dabei ist zu beachten, daß die Sozialpflichtigkeit aus Art 14 Abs 2 GG sich nicht auf das Erbrecht, sondern nur auf das Eigentum bezieht. Vermögen ist demnach zwar in der Hand des Erben ebenso wie in der des Erblassers sozialpflichtig, der Übergang auf den Erben begründet aber als solcher keine zusätzliche oder gesteigerte Sozialbindung (ebenso MünchKom/LEIPOLD Einl 16a; vMANGOLDT/KLEIN[2] Art 14 GG Anm IV 1 b; NOHL 124; aA BRYDE, in: vMÜNCH/KUNIG[4] Art 14 GG Rn 45; BROX Rn 24). Im übrigen ist es der „Gebrauch" des Eigentums, der „zugleich dem Wohle der Allgemeinheit dienen" soll; das läßt sich nicht im Wege der Konfiskation verwirklichen. Erbrechtlicher Erwerb kann daher zwar zur Dekkung des staatlichen Finanzbedarfs besteuert werden, ist jedoch kein gerechtfertigter Anlaß zur Umverteilung (bedenklich, gegenüber dem ErbStG als Bundesrecht allerdings auch bedeutungslos Art 123 Abs 3 BayVerf). Wenn die Steuer das zu vererbende (Schutz der Testierfreiheit!) bzw ererbte (Schutz der Nachlaßbeteiligung der Familienangehörigen!) Vermögen vernichtet, überschreitet sie die Grenze des verfassungsrechtlich Zulässigen. Problematisch in diesem Zusammenhang sind alle für den Erblasser und den steuerpflichtigen Nachlaßbeteiligten unabwendbaren *Eingriffe in die Substanz des Nachlasses* (zu dieser Grenze der Besteuerung LEISNER, Verfassungsrechtliche Grenzen der Erbschaftsbesteuerung, 35 ff, 59 f, 89 ff; FRIAUF DÖV 1980, 484 ff; LORITZ NJW 1986, 9 f; MUSSGNUG JZ 1991, 993 ff). Das BVerfG hat aber bislang steuerliche Eingriffe in die Substanz nicht schlechthin verworfen, sondern nur eine „übermäßige Belastung" des Steuerpflichtigen und eine „grundlegende Beeinträchtigung seiner Vermögensverhältnisse" für unzulässig erklärt (BVerfGE 14, 241; 19, 128 f; 27, 131; 63, 327; 93, 172). Ein Steuersatz von 90% wäre sicherlich verfassungswidrig (soweit ersichtlich, ist das nur von NOHL 207 bestritten worden). Daß die Grenze in einem konkreten Fall bei einem Steuersatz von 62% noch eingehalten sei, weil dem Steuerpflichtigen nach Abzug der Steuer immerhin noch Werte in Höhe von gut 6 Mio DM verblieben

(BVerfG NJW 1990, 1593), vermag nicht zu überzeugen. Die Sätze des § 19 ErbStG 1974 wurden teils als verfassungsrechtlich bedenklich (LEIPOLD AcP 180, 170 f; MünchKomm/ LEIPOLD Einl Rn 167; TROLL ErbStG[5] § 19 Rn 2; MEINCKE ErbStG[9] Einf 5), teils als noch zulässig (PAPIER, in: MAUNZ/DÜRIG GG Art 14 Rn 297; MUSSGNUG JZ 1991, 998) angesehen (SOERGEL/ STEIN Einl 6 schien noch einen Spielraum für die Erhöhung der Steuer anzunehmen). Des öfteren wurde eine Grenze bei 50% angenommen (LEISNER 58 f, 82 u Hdb d Staatsrechts VI § 150 Rn 27; TROLL aaO; MünchKomm/LEIPOLD Einl 167), was dem vom BVerfG im Beschluß zur Vermögensteuer (BVerfGE 93, 121, 138) angedeuteten Grundsatz einer „hälftigen Teilung zwischen privater und öffentlicher Hand" als Grenze der Besteuerung entspräche.

74 Nunmehr hat das BVerfG (BVerfGE 93, 165 ff) sich zu einer gewissen Präzisierung seiner Position bezüglich der Grenze einer zulässigen Besteuerung erbrechtlichen Erwerbs durchgerungen, indem es zwar dem Gesetzgeber ausdrücklich die Möglichkeit zubilligt, den Vermögens*übergang* weitergehenden Beschränkungen zu unterwerfen als das Eigentum (174), aber verlangt, daß in der (damaligen) Steuerklasse I den Steuerpflichtigen der Nachlaß „zumindest zum deutlich überwiegenden Teil oder, bei kleineren Vermögen, völlig steuerfrei zugute kommt", wobei die Erbschaft für den Ehegatten noch Ergebnis der ehelichen Erwerbsgemeinschaft bleiben müsse und den Kindern die im Erbrecht angelegte Mitberechtigung am Familiengut nicht verlorengehen dürfe (175), und weiter fordert, daß die Fortführung mittelständischer Unternehmen, unabhängig von der verwandtschaftlichen Nähe des Nachfolgers zum Erblasser, nicht durch die Erbschaftsteuer gefährdet werden dürfe (175 f), und schließlich für eine im Prinzip zulässige gesonderte Bewertung von Nachlaßgegenständen das Gebot einer in ihrer Relation realitätsgerechten Wertermittlung aufstellt, dem der bisherige § 12 Abs 1 u 2 ErbStG iVm dem BewG nicht genüge (176 f).

75 Die Entscheidung des BVerfG war für den Gesetzgeber Anlaß, durch das JahressteuerG 1997 erhebliche Änderungen im Erbschaftsteuerrecht vorzunehmen: Die Steuerklassen wurden auf drei beschränkt und neu geordnet (§ 15 ErbStG nF) und die Spitzensteuersätze gesenkt, so daß sie die 50%-Grenze nur noch in der Steuerklasse III erreichen (früher schon in der Klasse II) und in keiner mehr überschreiten (früher in den Klassen III und IV, in dieser schon bei einem steuerpflichtigen Erwerb von mehr als 2 Mio DM). Damit wurde den verfassungsrechtlichen Bedenken gegen die Höhe der Steuersätze zwar nicht jede Berechtigung, aber doch viel von ihrem Gewicht genommen. Zugleich wurden die Freibeträge, vor allem in der Steuerklasse I, deutlich erhöht (§§ 16 f ErbStG nF), was der Betonung des Gedankens eines Familienerbrechts durch das BVerfG gerecht werden dürfte. Der Forderung nach einer in der Relation realitätsnahen Bewertung der Nachlaßgegenstände hat der Gesetzgeber durch die Änderung der die steuerliche Bewertung von Grundbesitz regelnden §§ 137 ff BewG, die der Verweisung im nunmehrigen § 12 Abs 3 ErbStG einen neuen Inhalt gibt, entsprechen wollen; ob ihm das hinreichend und vor allem auf Dauer gelungen ist oder doch noch der auf Art 3 Abs 1 GG zu stützende Vorwurf einer Verletzung des Grundsatzes gleichmäßiger Besteuerung zu erheben ist, kann bezweifelt werden. Ungleichheiten bestehen auch noch bei der Bewertung von Gesellschaftsanteilen, nämlich von Personengesellschaften einerseits, vgl § 12 Abs 5 ErbStG nF, und Kapitalgesellschaften andererseits, vgl § 12 Abs 2 S 1 ErbStG nF iVm § 11 Abs 2 BewG (hierzu MEINCKE ErbStG[11] § 12 Rn 4, 11, 39, 144). Eine neue Ungleichheit hat sodann § 19 a ErbStG nF eingeführt; diese Vorschrift bezweckt, daß von Betriebsvermögen als Bestandteil eines nach der Steuerklasse II oder III zu versteuernden erbrechtlichen Erwerbs letztlich nur die in der Klasse I zu erhebende Steuer anfällt, womit dem Postulat des BVerfG entsprochen werden soll, daß die Erbschaftsteuer nicht die Fortführung des Unternehmens gefährden dürfe.

Angesichts der vorstehend erwähnten Erleichterungen für den Steuerpflichtigen darf aber keinesfalls übersehen werden, daß das neue Erbschaftsteuerrecht *auch* von der Zielsetzung bestimmt ist, den durch die Abschaffung der privaten Vermögensteuer bedingten Einnahmeausfall des Fiskus zu kompensieren (s BT-Drucks 13/4839 S 65), was – außer durch die neue Art der Grundstücksbewertung – vor allem durch die Reduzierung der Steuerstufen auf 7 (statt bisher 25) und die zT kräftige Anhebung der Steuersätze in den unteren und mittleren Steuerstufen (§ 19 Abs 1 ErbStG nF im Vergleich zur aF) erreicht werden soll und wohl auch wird. Daher kann angesichts nicht verstummender politischer Forderungen nach einer (was regelmäßig verschwiegen wird, weiteren) Erhöhung der Erbschaftsteuer, möglicherweise sogar in Verbindung mit der Wiedereinführung einer Vermögensteuer, nicht davon ausgegangen werden, daß das Erbrecht vor der Aushöhlung durch die Steuergesetzgebung wirklich sicher ist. **75 a**

Die **Gesamtnachfolge**, obwohl nur rechtstechnisches Prinzip des Erbrechts, wird von einigen Autoren (LEISNER, Hdb d StaatsR VI § 150 Rn 21 u Verfassungsrechtliche Grenzen der Erbschaftsbesteuerung 51 ff; BonnKomm/KIMMINICH Art 14 GG Rn 94; vLÜBTOW I 21) zu Unrecht in den Schutzbereich der Erbrechtsgarantie einbezogen. Sondererbfolgen für bestimmte Gegenstände oder Sachgesamtheiten sind mit Sicherheit verfassungskonform und könnten über das geltende Recht hinaus in weiteren Fällen eingeführt werden (MünchKomm/LEIPOLD Einl 18g; AK-GG/RITTSTIEG Art 14 Rn 150; BSG NJW 1974, 1579 ff betr § 65 Abs 1 AVG). **76**

Soweit die Institutsgarantie des Erbrechts reicht, gewährt Art 14 Abs 1 S 1 GG auch **subjektive Rechte** auf Freiheit von staatlichen Eingriffen, nämlich des Erblassers bzgl der Testierfreiheit und der nächsten Angehörigen bzgl der Aussicht auf Teilhabe am Nachlaß (unstr; die gelegentlich für die gegenteilige Auffassung zitierte Entscheidung BSG NJW 1974, 1579 ff sieht das nicht anders). **77**

b) Eigentumsgarantie

Mit dem Erbfall erworbene Vermögensrechte, insbesondere angefallene Erbschaften und Vermächtnisse, Pflichtteilsansprüche sowie das Anwartschaftsrecht des Nacherben, und *vor dem Erbfall* bereits die Erwerbsaussicht des vertragsmäßig Bedachten würden, wenn man sie nicht der *Erbrechts*garantie als der spezielleren Regelung unterstellt (so BVerfGE 91, 346, 360 hinsichtlich angefallener Erbschaften), selbstverständlich unter den Schutz des *Eigentums* fallen, so daß es insoweit auf die Erbrechtsgarantie letztlich nicht ankommt. Der Eigentumsschutz besteht unabhängig davon, ob der Erwerber naher Angehöriger des Erblassers ist. Auch die Möglichkeit der Nachlaßgläubiger, sich aus dem Aktivnachlaß zu befriedigen, fällt unter den Eigentumsschutz. **78**

Die in der Lit (VAN DE LOO NJW 1990, 2856) vorgeschlagene Überleitung des Ausschlagungsrechts auf den Sozialhilfeträger nach § 90 Abs 1 S 1 BSHG, die diesem ermöglichen soll, im Fall des § 2306 Abs 1 S 2 auf den Pflichtteilsanspruch des Sozialhilfe- **79** empfängers zuzugreifen, soll nach PIEROTH (NJW 1993, 177) ein Eingriff in den Wesensgehalt des Erbrechts sein, weil mit der Ausübung des Ausschlagungsrechts an die Stelle des (einer Beschränkung oder Beschwerung unterworfenen) Erbteils das qualitativ schwächere Pflichtteilsrecht tritt. Abgesehen davon, daß das Ausschlagungsrecht nicht übergeleitet werden kann und auch nicht als Annex eines überleitbaren Pflichtteilsanspruchs auf den Sozialhilfeträger übergeht (§ 1942 Rn 16), würde es sich, wie auch sonst bei der Beurteilung der Verfassungsmäßigkeit der Überleitung von Vermögensrechten, um die Frage handeln, ob der Eingriff in das Eigentum iS von Art 14 GG zulässig ist. Die Verfassungsmäßigkeit von § 90 Abs 1 BSHG dürfte aber unproblematisch sein, auch wenn der Nachrangigkeit der Sozialhilfe selbst kein Verfassungsrang zukommt (so PIEROTH 175 f).

80 Mit der Eigentumsgarantie unvereinbar sind Gesetze, die die Erbfolge auf das Vermögen oder Teile des Vermögens *eines noch lebenden Dritten* erstrecken. Verfassungswidrig war daher die „Beerbung bei lebendigem Leibe" nach § 8 Abs 1 HöfeO in der Fassung vor dem 1. 7. 1976, derzufolge bei einem Ehegattenhof auch der Anteil des überlebenden Ehegatten von der Erbfolge nach dem Verstorbenen ergriffen werden konnte (PIKALO DNotZ 1965, 649 ff, 709 ff). Streitig ist, ob eine solche Beerbung nach § 8 Abs 2 HöfeO nF dann zulässig ist, wenn sie auf gemeinsamer Bestimmung der Ehegatten beruht (s BGHZ 98, 1, 4 f [verneinend] sowie LANGE/WULFF/LÜDTKE-HANDJERY § 8 HöfeO Rn 34 und WÖHRMANN/STÖCKER § 8 HöfeO Rn 25 ff [bejahend], jeweils mwN). Verfassungsrechtliche Bedenken bestehen insoweit nicht. Unhaltbar, auch wegen Eingriffs in das Eigentum, ist die Auffassung des OLG Hamm (Beschluß v 16. 10. 1986 – 10 WLw 18/86 – als Vorinstanz von BGH NJW 1988, 710), daß die Vereinbarung der Gütergemeinschaft durch einen Hofeigentümer bei vorherigem Abschluß eines Erbvertrages mit dem Erbfall insoweit unwirksam werden soll, als sie die Erbenstellung des Vertragserben beeinträchtigt; denn nach dieser Ansicht verlöre der überlebende Ehegatte mit dem Erbfall ohne sein Zutun seine Mitberechtigung an dem bis dahin zum Gesamtgut gehörenden Hof (hierzu auch OTTE NJW 1988, 675). Der *vorzeitige Erbausgleich* (§§ 1934 d, e) stellte keine „Beerbung bei lebendigem Leibe" dar, da er nur formal dem Erbrecht angehörte, inhaltlich aber eine Ausstattung, also familienrechtlicher Natur war (STAUDINGER/WERNER § 1934 d Rn 2; BGH NJW 1980, 937).

c) Gleichheitsgrundsatz

81 Der *allgemeine* Gleichheitsgrundsatz des Art 3 Abs 1 GG kann – unabhängig von der Frage nach einer etwaigen Drittwirkung der Grundrechte – für den *Inhalt der Verfügungen von Todes wegen* keine Bedeutung haben, weil die verfassungsmäßig geschützte Testierfreiheit gerade die Befugnis des Erblassers einschließt, sein Vermögen frei, also ohne Bindung an bestimmte Verteilungsgrundsätze, zuzuwenden, wem er will.

82 Hingegen dürfen die *gesetzlichen* Regelungen der Nachlaßbeteiligung Personen in gleicher Lage nicht ohne sachlich gerechtfertigten Grund unterschiedlich behandeln (zur Problematik des nur einseitigen Erbrechtsausschlusses in § 1933 S 1, 1. Alt, s o Rn 71 b). Dasselbe gilt für die *Rechtsprechung*: Verfassungsrechtlich höchst bedenklich ist daher das Festhalten des BGH an einem *auf den räumlichen und sachlichen Geltungsbereich der HöfeO beschränkten* formlosen Hoferb- bzw Hofübergabevertrag (BGHZ 73, 329; 87, 237), ganz abgesehen davon, daß diese Rspr, zumindest nach der Regelung der Thematik durch die Neufassung von §§ 6 Abs 1, 7 Abs 2 HöfeO, auch den Primat der Gesetzgebung verletzt (hierzu OTTE, in: FS Kroeschell [1997] 915, 931 f).

Eine *verfassungswidrige Ungleichbehandlung der Abkömmlinge im Recht der Pflicht-* **82 a**
teilsergänzung liegt in dem vom BGH zu § 2325 aufgestellten Leitsatz, daß anspruchsberechtigt nur sein könne, wer schon zur Zeit der Schenkung pflichtteilsberechtigt war (BGH LM § 2325 Nr 29 = NJW 1997, 2676 m Anm OTTE ZEV 1997, 375). Nachdem BGHZ 59, 210 (zu dieser Entsch auch u Rn 138) die Pflichtteilsergänzung noch davon abhängen lassen wollte, daß die Ehe, aus der das pflichtteilsberechtigte Kind stammt, bereits zur Zeit der Schenkung bestand, und so zu einer Gleichbehandlung der Kinder aus derselben Ehe, allerdings auch zu einer wegen Art 6 Abs 5 GG zweifellos verfassungswidrigen Ungleichbehandlung von nichtehelichen im Vergleich zu ehelichen Kindern gelangte (wie hier REINICKE NJW 1973, 600; KÜHNE JR 1973, 290), soll nunmehr generell das zeitliche Verhältnis von Schenkung und Entstehung der Pflichtteilsberechtigung (dh Zeugung, vgl § 1923 Abs 2) entscheidend sein. Damit verengt der BGH nicht nur das Ziel der Pflichtteilsergänzung auf eine Art von Bestandswahrung, was sowohl dem Normtext als auch dem klaren Willen des Gesetzgebers widerspricht (vgl Prot V 586 f), sondern führt auch ein für die Teilhabe der Abkömmlinge am Nachlaß *sachwidriges* Kriterium ein, denn Bestandsschutz ist nur als Vertrauensschutz gerechtfertigt, Vertrauen in elterliche Vermögensverhältnisse aber kein sachgemäßer Anknüpfungspunkt für die gesetzliche Nachlaßbeteiligung der Kinder. Daß wegen derselben Schenkung ein jüngeres Kind des Erblassers nicht ergänzungsberechtigt sein soll, obwohl ein älteres den Anspruch aus § 2325 hat, widerspricht dem auch für das Pflichtteilsrecht geltenden Grundsatz der Gleichheit unter den Kindern (§ 1924 Abs 4) und stellt eine sachlich nicht zu rechtfertigende Ungleichbehandlung gleichliegender Fälle dar, verstößt also gegen Art 3 Abs 1 GG (für Verfassungswidrigkeit auch REIMANN MittBayNot 1997, 299; STAUDINGER/OLSHAUSEN [1998] § 2325 Rn 66). Im Ergebnis hat die BGH-Entscheidung allerdings, weil sie den Ergänzungsanspruch des überlebenden *Ehegatten* betraf, keine Verfassungsnorm, sondern nur einfaches Gesetzesrecht verletzt; anders jedoch das unter Berufung auf die Begründung des BGH den Ergänzungsanspruch eines *Abkömmlings* verneinende Urteil des LG Dortmund (ZEV 1999, 30 m Anm OTTE).

Die *Zurücksetzung weichender Erben* durch die „schwache" Ausgestaltung ihrer **83** Abfindungs- und Ausgleichsansprüche gemäß §§ 12 f HöfeO aF hat BVerfGE 67, 329, 345 ff unter dem Aspekt der Gleichbehandlung geprüft und für (noch) verfassungsgemäß erklärt. Seit dem 2. G zur Änderung der HöfeO v 29. 3. 1976 (BGBl I 881) gelten die §§ 12 f HöfeO in einer den weichenden Erben günstigeren Fassung, gegen deren Verfassungsmäßigkeit keine Bedenken bestehen dürften (LANGE/WULFF/ LÜDTKE-HANDJERY § 12 HöfeO Rn 136). Auch die zeitliche Staffelung der Nachabfindung und die Begrenzung der Nachabfindung auf die Veräußerung des Hofes innerhalb von 20 Jahren nach dem Erbfall gemäß § 13 Abs 5 S 5 u Abs 1 S 1 HöfeO nF sind verfassungsrechtlich nicht zu beanstanden (BVerfG AgrarR 1987, 222).

Eine Zurücksetzung von Nachlaßbeteiligten kann auch darin gesehen werden, daß **84** ein *Landgut* bei der *Erbauseinandersetzung* (§ 2049 Abs 1) und bei der Berechnung des *Pflichtteilsanspruchs* (§ 2312) uU nur mit dem *Ertragswert* und nicht mit dem meist erheblich höheren Verkehrswert zu veranschlagen ist (Grundsätze für die *Ermittlung* des Ertragswerts kann der *Landesgesetzgeber* aufstellen [s o Rn 26]). Das BVerfG (BVerfGE 67, 348) hat § 1376 Abs 4, die entsprechende Vorschrift für den Zugewinnausgleich, insoweit für unvereinbar mit Art 3 Abs 1 iVm Art 6 Abs 1 GG erklärt, als der Ertragswert ausnahmslos den Bewertungsmaßstab bilden soll;

eine Ausnahme sei geboten, wenn im Entstehungszeitpunkt des Anspruchs nicht mehr mit der Bewirtschaftung der Grundstücke *als Hof* gerechnet werden könne. Dasselbe soll gelten, wenn der Hof zwar fortgeführt wird, aber nicht durch den Eigentümer oder einen Abkömmling (BVerfGE 80, 170 = FamRZ 1989, 939). Der BGH hat diesen für den Zugewinnausgleichsanspruch entwickelten Gedanken auf den Pflichtteilsanspruch (§ 2312) angewandt (BGHZ 98, 375, 379 f u 382, 388; zur Begr s u Rn 85 aE).

85 Auf die Erbauseinandersetzung kann dies nicht ohne weiteres übertragen werden, da ein wesentlicher Unterschied gegenüber dem Zugewinnausgleich besteht (ebenso BVerfG AgrarR 1987, 222; BVerfGE 91, 346, 364 f; STAUDINGER/MAYER [1998] Art 64 EGBGB Rn 135 f): Die den Zugewinnausgleich regelnden Vorschriften konkretisieren das Verfassungsgebot, Eheleute auch in vermögensrechtlicher Hinsicht als gleichberechtigt zu behandeln (Art 3 Abs 2, 117 Abs 1 GG). Die Verdichtung dieses Gebots zum Anspruch des ausgleichsberechtigten Ehegatten auf Beteiligung am Zugewinn des anderen stellt kein „Geschenk" dar, sondern ist nach der pauschalierenden Betrachtungsweise, die der gesetzlichen Konzeption des Zugewinnausgleichs zugrundeliegt, „verdient". Anspruchsmindernde Eingriffe in den Zugewinnausgleich bedürfen daher einer besonderen Rechtfertigung. Diese kann für die Anwendung eines dem Inhaber eines landwirtschaftlichen Betriebes besonders günstigen Bewertungsmaßstabes im öffentlichen Interesse an der Erhaltung leistungsfähiger Höfe in der Hand besonders begünstigter Personen gefunden werden. Die Rechtfertigung entfällt, wenn ein bäuerlicher Betrieb nicht mehr geführt wird, etwa weil die Flächen verpachtet oder Bauland geworden sind, aber auch wenn der günstige Bewertungsmaßstab einer familienfremden Person zugute käme (BVerfGE 67, 348; 80, 170 = FamRZ 1989, 939; BGHZ aaO). Bei der Erbauseinandersetzung beruht hingegen die Begünstigung des Übernehmers eines Landguts auf dem zu vermutenden *Erblasserwillen* und entzieht sich daher einer Überprüfung anhand des Gleichheitsgrundsatzes. Da der Erblasser die Erbteile der Miterben unterschiedlich bemessen kann, kann es nicht grundgesetzwidrig sein, wenn ihm das Gesetz in § 2049 einen zweiten Weg eröffnet, auf dem er ohne Veränderung der Erbquoten eine Veränderung der wirtschaftlichen Teilhabe am Nachlaß erreichen kann (der erste besteht in der Anordnung eines *Vorausvermächtnisses* mit dem Inhalt, daß der bedachte Miterbe das Landgut *unter* dem Verkehrswert übernehmen kann [hierzu STAUDINGER/OTTE [1996] § 2150 Rn 11 f]). Freilich spricht die Einstellung des landwirtschaftlichen Betriebes gegen die Annahme, der Erblasser habe den Erben, der den Grundbesitz übernehmen soll, durch die Anrechnung nach dem Ertragswert begünstigen wollen, so daß § 2049 Abs 1 aus diesem Grunde nicht anzuwenden sein dürfte. Die im Ergebnis überzeugenden Entscheidungen des BGH zu § 2312 (o Rn 84 aE) wären daher besser auf Überlegungen zur Testamentsauslegung anstatt auf solche zur Verfassungsmäßigkeit gestützt worden. Daß das Landgut nur als Nebenerwerbsstelle geführt wird, hat nicht die Unanwendbarkeit der §§ 2049, 2312 zur Folge (BGH NJW 1988, 710, 712).

85 a Aus den gleichen Erwägungen wie zu § 2049 Abs 1 muß auch die *Zuweisung eines Landguts* an einen der Miterben gemäß § 13 Abs 1 GrdstVG und die dadurch bedingte vermögensmäßige Schlechterstellung der übrigen Erben als verfassungsrechtlich zulässig angesehen werden (BVerfGE 91, 346, 360 ff; ausführlich hierzu STAUDINGER/ MAYER [1998] Art 64 EGBGB Rn 137 ff).

Die Ungleichbehandlung von *Eheleuten* und *Partnern einer nichtehelichen Lebens-* **86** *gemeinschaft*, die darin liegt, daß letztere kein gemeinschaftliches Testament errichten können (§ 2265), hat das BVerfG (NJW 1989, 1986) mit Recht als verfassungsrechtlich unbedenklich erklärt, zumal der Gesetzgeber, indem er Eheleuten diese besondere Form der letztwilligen Verfügung eröffnet, nur dem Wesen der durch Art 6 Abs 1 GG geschützten ehelichen Lebensgemeinschaft Rechnung trägt. – Auch eine Verpflichtung des Gesetzgebers, Partner einer nichtehelichen Lebensgemeinschaft im *Erbschaftsteuerrecht* Eheleuten gleichzustellen, hat das BVerfG (NJW 1990, 1593) im Hinblick darauf, daß die formwirksam geschlossene Ehe vielfältige, bei der nichtehelichen Lebensgemeinschaft fehlende Rechte und Pflichten begründet, zu Recht verneint.

Die *fehlende Korrespondenz der Pflichtteilsentziehungsgründe* (Abkömmlingen kann **87** der Pflichtteil wegen Mißhandlungen des Erblassers und seiner Angehörigen sowie wegen ehrlosen und unsittlichen Lebenswandels entzogen werden, § 2333 Nr 2 u 5, Eltern hingegen nicht, § 2334, dem Ehegatten wohl wegen Mißhandlungen, aber nicht wegen des Lebenswandels) verstößt (entgegen BOWITZ JZ 1980, 304 ff) nicht gegen Art 3 Abs 1 GG; die Differenzierungen beruhen auf sachlichen Erwägungen (vgl STAUDINGER/OLSHAUSEN [1998] § 2334 Rn 1).

Die Herstellung der **Gleichberechtigung von Mann und Frau** (Art 3 Abs 2 GG) hatte **88** für das Erbrecht des BGB keine unmittelbare Bedeutung, da die Vorschriften des 5. Buches ausnahmslos geschlechtsneutral formuliert waren. Indessen hat die *Änderung des ehelichen Güterrechts* durch das GleichberG (s o Rn 39) erhebliche Auswirkungen auf das Erbrecht gehabt, da der Gesetzgeber für die verfassungsrechtlich gebotene Beteiligung des nicht erwerbstätigen oder schlechter verdienenden Ehegatten am Vermögenszuwachs des anderen das Modell der Zugewinngemeinschaft mit pauschalem Zugewinnausgleich durch Erhöhung des gesetzlichen Erbteils (§ 1371 Abs 1) gewählt hat. Diese Form des Zugewinnausgleichs ist nur eine unter mehreren denkbaren und daher als solche nicht verfassungsrechtlich geboten; jedoch stände Art 3 Abs 2 GG einer ersatzlosen Aufhebung des § 1371 entgegen.

Unvereinbar mit Art 3 Abs 2 GG war der **Vorrang des männlichen Geschlechts** bei der **89** *gesetzlichen* Erbfolge nach § 6 Abs 1 S 3 HöfeO (BVerfGE 15, 337), den schließlich das G vom 24. 8. 1964 (BGBl I 693) beseitigt hat. Unvereinbar mit Art 3 Abs 2 GG ist auch der Mannesvorrang nach Art 8 Abs 1 S 3 des württ G über das Anerbenrecht idF des 2. AusfG des Landes Württemberg-Hohenzollern zum KRG Nr 45 (BGHZ 125, 41 = ZEV 1994, 238 m Anm SICK).

Verfügungen von Todes wegen, die Angehörige auf Grund ihres Geschlechts unter- **90** schiedlich behandeln, stellen hingegen keine Grundrechtsverletzung dar; denn die Garantie der Testierfreiheit verbietet es, selbst wenn man die Möglichkeit der Drittwirkung von Grundrechten bejahen würde, den Inhalt des Erblasserwillens dem Maßstab des Art 3 Abs 2, 3 GG zu unterwerfen (vgl STAUDINGER/OTTE [1996] Vorbem 147, 154 ff zu §§ 2064 ff). Aus dem gleichen Grunde verstoßen auch Verfügungen, die nach *Abstammung, Rasse, Sprache, Heimat, Herkunft, Glauben oder religiöser oder politischer Anschauung* differenzieren, nicht gegen Art 3 Abs 3 GG; sie können aber gegen die *guten Sitten* verstoßen und sind dann nach § 138 nichtig (beides nicht unstr; Näheres bei STAUDINGER/OTTE [1996] Vorbem 147, 154 ff zu §§ 2064 ff; ferner OTTE JA 1985, 192 ff).

d) Schutz von Ehe und Familie

91 Nach der hier (Rn 69) vertretenen Auffassung ist die Gewährleistung der Familiengebundenheit des Vermögens Inhalt der Erbrechtsgarantie des Art 14 Abs 1 S 1 GG. Das Gebot des Art 6 Abs 1 GG, Ehe und Familie zu schützen, hat insoweit keine unmittelbare Bedeutung, zumal aus ihm die charakteristischen Einzelheiten der erbrechtlichen Familiengebundenheit nicht abgeleitet werden können. Die verfassungsrechtliche Wertung des Art 6 Abs 1 GG kann aber auch insoweit auf den Inhalt der „guten Sitten" (§ 138 Abs 1) ausstrahlen, insbesondere im Hinblick auf den Schutz der Eheschließungsfreiheit gegen den Druck, der von testamentarischen *Zölibats–, Wiederverheiratungs–* und ähnlichen auf die *Eingehung oder Scheidung einer Ehe* abstellenden Klauseln ausgehen kann (vgl hierzu STAUDINGER/OTTE [1996] § 2074 Rn 41 ff; aus der jüngsten Rspr sind einschlägig BayObLGZ 96, 204 [„Leiningen"] m Anm OTTE ZEV 1997, 123 u GÖBEL FamRZ 1997, 656 sowie OLG Stuttgart ZEV 1998, 185 m Anm OTTE u BGH ZEV 1999, 59 m Anm MUSCHELER ZEV 1999, 151 [beide zu „Hohenzollern"]).

92 Eine verschiedentlich geäußerte Ansicht (SCHELTER DNotZ 1969 [Sonderheft] 75 ff; K PETERS FamRZ 1973, 169 ff; LG Wiesbaden FamRZ 1975, 654 f; LG Mönchengladbach FamRZ 1985, 428 f; LG Braunschweig NJW 1988, 1857) hält den 2. HS von § 2325 Abs 3, wonach die *Zehnjahresfrist* für die Berücksichtigung von *Schenkungen unter Ehegatten* bei der *Pflichtteilsergänzung* erst mit Auflösung der Ehe beginnt, für unvereinbar mit Art 6 Abs 1 GG. Diese Ansicht überzeugt nicht. Sie kann nicht auf die Gründe gestützt werden, die zur Feststellung der Verfassungswidrigkeit von § 45 KO geführt haben (vgl BVerfGE 24, 104; so aber SCHELTER aaO; dagegen mit Recht PETERS aaO); der wesentliche Unterschied gegenüber § 45 KO besteht darin, daß der durch § 2325 Abs 3 HS 2 Begünstigte ein Pflichtteilsberechtigter, also kein Außenstehender, sondern ein naher Angehöriger des Erblassers ist. Art 6 Abs 1 GG bietet aber keine Handhabe, die gesetzliche Zubilligung von *Ansprüchen zwischen Familienmitgliedern* zu korrigieren. Soweit der Pflichtteilsergänzungsanspruch sich gegen einen nicht pflichtteilsberechtigten Erben richtet, kommt eine Verletzung von Art 6 Abs 1 GG ohnehin nicht in Betracht (iE auch OLG Celle FamRZ 1989, 1012 f; SANDWEG NJW 1989, 1972 f; AK-BGB/DÄUBLER § 2325 Rn 31). Diskutabel kann daher nur sein, ob die Sonderregelung für Ehegattenschenkungen gegen Art 3 Abs 1 GG verstößt (so SCHELTER und PETERS aaO). Die Differenzierung zwischen Ehegattenschenkungen und Schenkungen an andere Personen ist jedoch nicht willkürlich, sondern knüpft daran an, daß der Erblasser bei einer Ehegattenschenkung kein echtes Vermögensopfer bringt und daß hier die Besorgnis besonders naheliegt, daß Pflichtteilsansprüche verkürzt werden sollten (Prot V 588). Sie beruht somit nicht auf einer sachfremden Überlegung, so daß kein Verstoß gegen den Gleichheitsgrundsatz vorliegt (ebenso BVerfG v 12. 9. 1980 – 1 BvR 1145/75; BVerfG NJW 1991, 217; OLG Celle FamRZ 1989, 1012 f; BGB-RGRK/JOHANNSEN § 2325 Rn 25; PALANDT/EDENHOFER § 2325 Rn 23; ausführlich OTTE, in: FS vLübtow [1991] 305 ff).

Die Ansicht, die Regelung in § 2325 Abs 3, 2. HS, verstoße gegen Art 6 Abs 5 GG (LG Braunschweig NJW 1988, 1859), ist abwegig, denn die Norm differenziert nicht nach dem Status des durch die Schenkung beeinträchtigten pflichtteilsberechtigten Kindes, sondern nach dem Verhältnis des Beschenkten zum Erblasser, benachteiligt also nicht nichteheliche im Vergleich zu ehelichen Kindern (vgl OTTE, in: FS vLübtow [1991] 312).

e) Gleichstellung nichtehelicher Kinder

Den Verfassungsauftrag des Art 6 Abs 5 GG hat der Gesetzgeber nach der dringenden Mahnung durch BVerfGE 25, 167 mit dem NEhelG einzulösen gesucht. Kernstück dieses Gesetzes war die Aufhebung von § 1589 Abs 2. Dadurch wurden alle Personen, deren Verwandtschaft mit dem Erblasser auf *nichtehelicher Vaterschaft* beruht, insbesondere die nichtehelichen Kinder eines männlichen Erblassers, für Erbfälle nach dem Inkrafttreten des NEhelG (1. 7. 1970) in den Kreis der gesetzlichen Erben einbezogen (nichteheliche Abstammung *mütterlicherseits* vermittelte nach dem BGB schon immer ein gesetzliches Erbrecht, ohne Unterschied zur ehelichen Abstammung). Jedoch wurde diese Gleichstellung für viele Nichteheliche durch die Einführung eines Erbersatzanspruchs gemäß §§ 1934 a ff an Stelle des gesetzlichen Erbrechts wieder abgeschwächt.

Nunmehr hat das ErbGleichG (s o Rn 48c) die §§ 1934 a,b,d und e mit Wirkung vom 1. 4. 1998 aufgehoben (§ 1934 c war schon durch das BVerfG [BGBl 1987 I 757 = BVerfGE 74, 33] für nichtig erklärt worden; vgl STAUDINGER/WERNER § 1934 c Rn 1). Die Vorschriften haben nur noch für die Abwicklung von vor dem 1. 4. 1998 eingetretenen Erbfällen und, auch bei späteren Erbfällen, wegen der Wirkung eines vor dem 1. 4. 1998 vereinbarten oder rechtskräftig zuerkannten vorzeitigen Erbausgleichs Bedeutung. Daher kann bezüglich ihrer verfassungsrechtlichen Problematik auf STAUDINGER/OTTE (1994) Rn 94 ff und das unten angegebene neuere Schrifttum* verwiesen werden.

Vor dem 1. 7. 1949 geborene Nichteheliche waren durch Art 12 § 10 Abs 2 NEhelG (Wortlaut s STAUDINGER/WERNER Vorbem 35 zu §§ 1924 ff) aus dem Anwendungsbereich der erbrechtlichen Neuregelung des NEhelG ausgenommen, hatten also nach wie vor kein gesetzliches Erb- und Pflichtteilsrecht nach der väterlichen Seite (verfassungsgemäß lt BVerfGE 44, 1), es sei denn, daß sie über Art 235 § 1 Abs 2 EGBGB als Kind eines zZ der Wiedervereinigung im Beitrittsgebiet lebenden Vaters (zum Geltungsbereich der Vorschrift vgl STAUDINGER/RAUSCHER [1996] Art 235 § 1 EGBGB Rn 112 ff) bereits in den Genuß der Anwendbarkeit des nach der damaligen Fassung des BGB an sich nur für eheliche Kinder geltenden Erbrechts gekommen waren. An der aus Art 12 § 10

---

* **Neueres Schrifttum zum Nichtehelichenerbrecht**: BARTH/WAGENITZ, Bewegung im Nichtehelichenerbrecht?, ZfJ 1994, 61; dies, Der Entwurf eines Gesetzes zur erbrechtlichen Gleichstellung nichtehelicher Kinder, ZEV 1994, 79; BÖHM, Notwendigkeit der erbrechtlichen Gleichstellung nichtehelicher Kinder, ZRP 1994, 292; BOSCH, Noch einmal zum Thema „Erbrecht nichtehelicher Kinder", ZfJ 1994, 224; ders, Die erbrechtliche Stellung des nichtehelichen Kindes beim Tod seines Vaters – de lege lata et de lege ferenda –, FamRZ 1996, 1; FROHN, Abschied vom Erbersatzanspruch?, Rpfleger 1994, 152; HESS, Bemerkungen zur geplanten Übergangsregelung des Erbrechtsgleichstellungsgesetzes, FamRZ 1996, 781; MACK/OLBING, Das nichteheliche Kind im Erbrecht und Erbschaftsteuerrecht, ZEV 1994, 280; RADZIWILL/STEIGER, Erbrechtliche Gleichstellung der vor dem 1. 7. 1949 geborenen nichtehelichen Kinder – Steht der Gesetzgeber in Pflicht?, FamRZ 1997, 268; RAUSCHER, Die erbrechtliche Stellung nicht in einer Ehe geborener Kinder nach Erbrechtsgleichstellungsgesetz und Kindschaftsrechtsreformgesetz, ZEV 1998, 41; SCHLÜTER/FEGELER, Die erbrechtliche Stellung der nichtehelichen Kinder und ihrer Väter nach Inkrafttreten des Erbrechtsgleichstellungsgesetzes, FamRZ 1998, 1337; STINTZING, Erbersatzanspruch und vorzeitiger Erbausgleich nichtehelicher Kinder gem. §§ 1934 a-e im Lichte des Art 6 Abs. 5 GG, FuR 1994, 73.

Abs 2 NEhelG resultierenden erbrechtlichen Schlechterstellung der nicht unter Art 235 § 1 Abs 2 EGBGB fallenden vor dem 1. 7. 1949 geborenen Nichtehelichen hat auch das ErbGleichG nichts geändert (STAUDINGER/WERNER Vorbem 45c zu §§ 1924 ff).

Rn 96–100 entfallen.

f) Allgemeines Persönlichkeitsrecht

101 Die Wertungen, die dem Schutz der freien Entfaltung der Persönlichkeit durch das GG zugrunde liegen, haben im Rahmen des § 138 Abs 1 Bedeutung gegenüber freiheitsbeschränkenden Testamentsklauseln, namentlich Verwirkungsklauseln; dasselbe gilt hinsichtlich des Schutzes spezieller Freiheiten wie der Glaubens-, Gewissens- und Bekenntnisfreiheit, der Vereinigungsfreiheit, der Freizügigkeit oder der Berufsfreiheit (Näheres bei STAUDINGER/OTTE [1996] § 2074 Rn 30 ff, 49 ff).

102 Eine Verletzung des allgemeinen Persönlichkeitsrechts (Art 2 Abs 1 GG) durch Verkündung nicht abtrennbarer Verfügungen des überlebenden Ehegatten im gemeinschaftlichen Testament (§ 2273 Abs 1) ist nicht anzunehmen (BVerfG NJW 1994, 2535). Streitig ist, ob das ebenso für die Bestimmung gilt, daß ein Erbvertrag auch nach seiner Aufhebung durch die Vertragspartner in notarieller Verwahrung bleiben muß (§ 25 Abs 2 BNotO aF, jetzt §§ 34 Abs 3 S 1, 45 BeurkG; hierzu [bejahend] BVerfG MittRhNotK 1989, 146; OLG Köln DNotZ 1989, 643; STAUDINGER/KANZLEITER [1998] Vorbem 33 zu §§ 2265 ff; aA FASSBENDER MittRhNotK 1989, 125).

103 Auswirkungen auf das Erbrecht hatte die Entscheidung BVerfGE 72, 155, die es für unvereinbar mit dem allgemeinen Persönlichkeitsrecht Minderjähriger (Art 2 Abs 1 iVm Art 1 GG) erklärte, *daß Eltern ihre Kinder kraft der elterlichen Vertretungsmacht (§ 1629 BGB) bei Fortführung eines ererbten Handelsgeschäftes in ungeteilter Erbengemeinschaft unbegrenzt verpflichten können.* Dem hat das Minderjährigenhaftungsbeschränkungsgesetz (MHbeG) vom 25. 8. 1998 (BGBl I 2487) Rechnung getragen, indem es durch den neu eingeführten § 1629 a die Haftung des Minderjährigen aus Rechtsgeschäften, die seine Eltern als gesetzliche Vertreter oder die er selbst mit der nach §§ 107 ff erforderlichen Zustimmung seiner Eltern abgeschlossen hat, *sowie die Haftung auf Grund eines während der Minderjährigkeit erfolgten Erwerbs von Todes wegen* auf den Bestand des bei Eintritt der Volljährigkeit vorhandenen Vermögens beschränkt, Überschuldung also insoweit ausschließt (Einzelheiten zum MHbeG bei PALANDT/DIEDERICHSEN Erl zu § 1629 a; Hinweise zu anderen denkbaren gesetzgeberischen Lösungen bei STAUDINGER/OTTE [1994] Rn 103).

5. Erbrecht und internationale Menschenrechtsabkommen

104 Ausstrahlungen der Art 8 und 14 der *EMRK* auf das deutsche Erbrecht wurden im Anschluß an die Entscheidung des Europäischen Gerichtshofs für Menschenrechte im Fall „Marckx" (EuGRZ 1979, 454, 460 = NJW 1979, 2449) diskutiert, weil das NEhelG die erbrechtliche Gleichstellung der Nichtehelichen nicht voll verwirklicht hatte. Dasselbe gilt hinsichtlich der Diskriminierungsverbote in Art 26 *Zivilpakt* (Internationaler Pakt über bürgerliche und politische Rechte v 19. 12. 1966, BGBl 1973 II 1533 ff mit ZustimmungsG v 15. 11. 1973) und Art 2 des *UN-Übereinkommens über die Rechte des Kindes* v 20. 11. 1989 (BGBl 1992 II 121 ff mit ZustimmungsG v 17. 2. 1992). Nachdem das ErbGleichG die besonderen Vorschriften für das Erbrecht Nichtehelicher aufgehoben hat (s o Rn 94), ist diese Diskussion gegenstandslos geworden, so daß auf die Ausführungen bei STAUDINGER/OTTE (1994) Rn 104 ff verwiesen werden kann.

Rn 105–107 entfallen.

Das *Internationale Übereinkommen zur Beseitigung jeder Form von Rassendiskriminierung* v 7. 3. 1966 (BGBl 1969 II 961 mit ZustimmungsG v 9. 5. 1969) verbietet in Art 5 lit d VI jegliche Rassendiskriminierung in Bezug auf das „Recht zu erben". Solche Diskriminierungen enthielten zB das G über erbrechtliche Beschränkungen wegen gemeinschaftswidrigen Verhaltens v 5. 11. 1937 (RGBl I 1161) und die 11. DVO zum Reichsbürgergesetz v 25. 11. 1941 (RGBl I 722), der im Sinne der „Radbruchschen Formel" überhaupt die Rechtsgeltung abzusprechen ist (BVerfGE 23, 98, 106). Da aber schon Art 3 Abs 3 GG die Rassendiskriminierung verbietet, hat das Übereinkommen keine aktuelle innerstaatliche Auswirkung.

108

6. Das Erbrecht der DDR*

In der DDR führte zunächst das **EGFGB** vom 20. 12. 1965 (GBl I 1966, 19 ff) gewisse Abweichungen vom Erbrecht des BGB ein, nämlich in § 9 ein beschränktes gesetzliches Erbrecht des nichtehelichen Kindes nach seinem Vater (also, was oft übersehen wird, noch keine *volle* erbrechtliche Gleichstellung der Nichtehelichen!) und in § 10 die Einreihung des überlebenden Ehegatten in die 1. Ordnung der gesetzlichen Erbfolge (Näheres hierzu bei BOSCH FamRZ 1992, 878 f; SCHOTTEN/JOHNEN DtZ 1991, 225 f).

109

Mit Wirkung vom 1. 1. 1976 wurde dann das BGB durch das **ZGB** abgelöst. Es regelte

110

---

* **Schrifttum** (seit 1994, auch zum Übergangsrecht; älteres Schrifttum s STAUDINGER/OTTE [1994] vor Rn 109): ANDRAE, Zur Rechtsprechung in deutsch-deutschen Erbrechtsfällen, NJ 1998, 113 u 175; BADER, Anwendbares Erbrecht bei Restitutionsansprüchen auf Grundbesitz in der früheren DDR, DtZ 1994, 22; BESTELMEYER, Testamentsanfechtung nach vollzogener Wiedervereinigung bei deutsch-deutschen Erbfällen, FamRZ 1994, 1444; ders, Zum gespaltenen Anfechtungsstatut bei der Anfechtung von Testamenten und Ausschlagungserklärungen im Anwendungsbereich des DDR-ZGB, DtZ 1994, 99; BRAKEBUSCH, Heilung formunwirksamer Ausschlagungserklärungen, Rpfleger 1994, 234; DÖRNER, Interlokales Erbrecht nach der Wiedervereinigung – ein schwacher Schlußstrich, IPRax 1995, 89; FASSBENDER, Das Pflichtteilsrecht nach der Vereinigung, DNotZ 1994, 359; FELDMANN, Der Anwendungsbereich des Art 235 § 1 Abs. 2 EGBGB (1995); GRÜN, Das Vermögensgesetz – Bleibt der sozialverträgliche Interessenausgleich eine Illusion?, VIZ 1996, 681; dies, Die Geltung des Erbrechts beim Neubauerneigentum in der SBZ/DDR – verkannte Rechtslage mit schweren Folgen, VIZ 1998, 537; JANKE, Die Anwendung des Zivilgesetzbuchs der DDR in der Rechtsprechung seit der deutschen Einheit, NJ 1994, 440 u 1996, 345; KUMMER, Pflichtteilsergänzung in DDR-Erbfällen, ZEV 1995, 319; DELEVE, Nochmals: Erbrechtliche Fragen nach dem Einigungsvertrag, Rpfleger 1994, 233; ders, Deutsch-deutsches Erbrecht nach dem Einigungsvertrag (1995); LIMMER, Die Zugehörigkeit von Restitutionsansprüchen zum Nachlaß, ZEV 1994, 31; ders, Die Bindungswirkung von in der DDR errichteten gemeinschaftlichen Testamenten, ZEV 1994, 290; LINGELBACH, Zum Erbrecht im ZGB, in: Das Zivilgesetzbuch der DDR vom 19. Juni 1975, hrsg v ECKERT u HATTENHAUER (1995) 160; LÜCK, Kollisionsrecht oder Auslegung?, JR 1994, 45; MÄRKER, Das Erbrecht in den neuen Bundesländern, ZEV 1999, 245; MEYER, Testamentsanfechtung und Anfechtung der Erbschaftsausschlagung wegen Irrtums über die

das Erbrecht in 66 Paragraphen (§§ 362–427). Systematik und Terminologie waren vom BGB abgeleitet. Die außerordentliche Knappheit der Regelung spiegelte in erster Linie die geringe Bedeutung wieder, die das Eigentum natürlicher Personen in der DDR besaß. Volle Anerkennung genoß es gemäß Art 11 Abs 1 DDR-Verf v 1968/74 („*Das persönliche Eigentum der Bürger und das Erbrecht sind gewährleistet*") und §§ 1 Abs 2 S 3, 3 S 2, 4 S 1, 6 Abs 2, 22 ZGB nur noch als Eigentum an Arbeitseinkünften, Ersparnissen, Ausstattung von Wohnung und Haushalt, Gegenständen des persönlichen Bedarfs, für die Berufsausbildung, Weiterbildung und Freizeitgestaltung erworbenen Sachen, zur Befriedigung der Wohn- und Erholungsbedürfnisse des Bürgers und seiner Familie dienenden Grundstücken und Gebäuden sowie dem Wesen des persönlichen Eigentums entsprechenden Rechten einschließlich der vermögensrechtlichen Ansprüche aus Urheber-, Neuerer- und Erfinderrechten (§ 23 Abs 1 ZGB). Eigentum natürlicher Personen an Produktionsmitteln („*Privateigentum*") war weitgehend beseitigt oder wurde faktisch nicht mehr beachtet. Soweit es noch bestand, wurde es nur als „*überwiegend auf persönlicher Arbeit beruhendes Eigentum der Handwerker und Gewerbetreibenden*" dem persönlichen Eigentum gleichgestellt (Art 14 Abs 2 DDR-Verf v 1974, § 23 Abs 2 ZGB), im übrigen aber bloß rechtstechnisch wie sonstiges Eigentum behandelt (§ 3 EGZGB). Es war kein verfassungsrechtlich garantiertes Recht, was sich vor allem bei Mietshäusern und landwirtschaftlichen Grundstücken auswirkte. Entsprechend der weitgehenden Beseitigung des Privateigentums an Produktionsmitteln kannte das Erbrecht des ZGB einige Rechtsinstitute, deren wirtschaftliche Bedeutung in erster Linie im Zusammenhang mit Produktivvermögen zu sehen ist, nicht mehr (Verwaltungstestamentsvollstreckung, Vor- und Nacherbschaft, Erbvertrag, Erbverzicht); bei ihrer Abschaffung spielte auch der Gedanke eine Rolle, die Auferlegung weitreichender Bindungen dürfe nicht privatautonomer Gestaltung überlassen werden. Ein zusätzlicher Grund für den geringen Umfang der erbrechtlichen Regelungen des ZGB lag im Streben nach Vereinfachung. Ihm fielen allerdings nicht nur Vorschriften zum Opfer, die als entbehrlich gelten konnten, sondern es entstanden auch Lücken infolge des Desinteresses des Gesetzgebers, dem Bürger ausreichende Grundlagen für eine vom gesetzlichen Erbrecht abweichende, den Bedürfnissen des Einzelfalls gerecht werdende Vermögensverteilung zur Verfügung zu stellen.

111 Das ZGB ist durch den **Einigungsvertrag** mit Wirkung vom 3. 10. 1990 grundsätzlich außer Kraft gesetzt worden. An seine Stelle trat wieder das BGB (Art 8 EinigsV,

politischen Verhältnisse in der ehemaligen DDR, ZEV 1994, 12; vMORGEN/GÖTTING, „Gespaltene" Testamentsvollstreckung bei gesamtdeutschen Nachlässen, DtZ 1994, 199; MünchKomm/LEIPOLD Einl 214 ff; SCHLICHTING, Sind Vermächtnisansprüche eines Westdeutschen aus der Zeit vor der Einigung auf ein in der ehemaligen DDR gelegenes Grundstück jetzt durchsetzbar?, ZEV 1994, 229; H SCHRÖDER, Zur historischen Bestimmung des Erbrechts im ZGB der DDR, in: Das Zivilgesetzbuch der DDR vom 19. Juni 1975, hrsg v ECKERT u HATTENHAUER (1995) 174 (dazu OTTE SZGA 115, 899); SCHUBEL/WIEDENMANN, Das Pflichtteilsergänzungsrecht und die Regelungen des Einigungsvertrages, JZ 1995, 858; SOLOMON, Nachlaßspaltung, Qualifikation, Pflichtteil und der Rückübertragungsanspruch nach dem Vermögensgesetz, IPRax 1995, 24; STAUDINGER/ RAUSCHER (1996) Art 235 § 1 EGBGB Rn 1 ff; STÜBE, Die gesetzliche Erbfolge nach BGB und ZGB (1994); TRILSCH-ECKARDT, Sonderfall zur Bindungswirkung von in der DDR errichteten gemeinschaftlichen Testamenten, ZEV 1995, 217.

Art 230 Abs 2 EGBGB). Wegen der Einzelheiten des Erbrechts des ZGB wird daher auf STAUDINGER/OTTE[12] Einl 116 ff und die dortigen Angaben verwiesen. Soweit erbrechtliche Vorschriften des ZGB heute noch praktische Bedeutung haben, nämlich für die Abwicklung von Erbfällen *vor* dem 3. 10. 1990 (Art 235 § 1 Abs 1 EGBGB) sowie bei *späteren* Erbfällen für die *vor* diesem Termin erfolgte Errichtung oder Aufhebung einer Verfügung von Todes wegen und die Bindungswirkung eines *vor* diesem Termin errichteten gemeinschaftlichen Testaments (Art 235 § 2 EGBGB), wird darauf auch in der vorliegenden Bearbeitung bei der Kommentierung der entsprechenden Vorschriften des BGB eingegangen.

Die Reformbedürftigkeit des *Nichtehelichenerbrechts* der §§ 1934 a ff war schon zZ **112** der Wiedervereinigung anerkannt. Diese Vorschriften des BGB sollten solchen Nichtehelichen, die vor dem 3. 10. 1990 geboren sind und für die daher schon eine Erbaussicht nach ZGB begründet war, nicht mehr aufgezwungen werden. Daher bestimmt Art 235 § 1 Abs 2 EGBGB, daß sich ihr gesetzliches Erbrecht und Pflichtteilsrecht (nicht etwa nach dem ZGB, sondern) nach den Vorschriften des BGB über das Erb- und Pflichtteilsrecht der *ehelichen* Kinder richtet (zum Anwendungsbereich der Vorschrift s STAUDINGER/RAUSCHER [1996] Art 235 § 1 EGBGB Rn 112 ff; umfassend FELDMANN [s Schrifttum zu Rn 109]; zur Frage, ob auch außerhalb des Nichtehelichenrechts Gedanken des ZGB-Erbrechts für die Erbrechtsreform Bedeutung haben, s die Nachweise in Rn 125, 134).

7. Erbrechtsreform*

a) Deutsches Reich

Ungeachtet der grundsätzlich positiven Aufnahme, die das Erbrecht des BGB durch **113**

---

* **Schrifttum**: Einschlägige Werke aus der Zeit **vor 1900** bei R SCHRÖDER, Abschaffung oder Reform des Erbrechts (1981) 519 ff sowie STAUDINGER/BOEHMER[11] Einl § 11 I.

a) 1900–1933: ANTWEILER, Erbschaftssteuer und soziale Reform (Diss Köln 1933); BAMBERGER, Vom Recht der lachenden Erben, DJZ 1907, 632; ders, Erbrechtsreform (1908); ders, Vom Erbrecht des Reichs, DJZ 1910, 69; ders, Für das Erbrecht des Reichs (1912); ders, Erbrecht des Reichs und Reichserbschaftsteuer (1917); vBERNHARDI, Deutschland und der nächste Krieg (4. Aufl 1912) 308; vBLUME, Umbau und Ausbau des deutschen Erbrechts (1913); ders (anonym), Die Revolution des Erbrechts (1919); BOEHMER, Erbfolge und Erbenhaftung (1927); HERMES, Der Gesetzentwurf über das Erbrecht des Staates (1913); KUCZINSKI-MANSFELD, Der Pflichtteil des Reichs (1917); LANGE, Die Verwirklichung des wahren letzten Willens des Erblassers, JherJb 82, 1; OELENHEINZ, Abschaffung des Erbrechts (1919); STILLICH, Die Lösung der sozialen Frage durch die Reform des Erbrechts (1924).

b) 1933–1945, aa) Materialien: Akademie für Deutsches Recht, Protokolle der Ausschüsse, hrsg v W SCHUBERT, Erbrechtsausschuß (1996); H LANGE, Das Recht des Testaments, 1. Denkschr d ErbrA d AkDR (1937); ders, Die Ordnung der gesetzlichen Erbfolge, 2. Denkschr d ErbrA d AkDR (1938); ders, Die Regelung der Erbenhaftung, 3. Denkschr d ErbrA d AkDR (1939); ders, Erwerb, Sicherung und Abwicklung der Erbschaft, 4. Denkschr d ErbrA d AkDR, bearb v BARTHOLOMEYCZIK, KAEMPF, LANGE, OHR, REIF (1940); ders, Erbeinsetzung, andere Zuwendungen und Erbschein, 5. Denkschr d ErbrA d AkDR, bearb v BARTHOLOMEYCZIK (1942); SCHUBERT, Das Familien- und Erbrecht unter dem Nationalsozialismus: ausgewählte Quellen zu den wichtigsten Gesetzen und Projekten aus den Ministerialakten (1993).

bb) BARTHOLOMEYCZIK, Zur Auseinandersetzung der Miterbengemeinschaft im neuen Erbrecht, ZAkDR 1938, 626; BAUMECKER, Handbuch des Großdeutschen Erbhofrechts (4. Aufl 1940); BINDER, Das Recht des Testaments,

die Kritik erfuhr, begann schon im ersten Jahrzehnt seiner Geltung eine intensive Reformdiskussion. Ihr Schwerpunkt lag zunächst bei der *staatlichen Nachlaßbeteiligung*. Aus sozialpolitischen und fiskalischen Erwägungen (nicht zuletzt ging es um die Kosten der Rüstung), die auf wenig realistischer Einschätzung der finanziellen Er-

---

DRWiss 1938, 246; ders, Zur Erbrechtsreform, DR 1939, 107; ders, Zur Reform des Erbrechts, DR 1939, 566; BODE, Rechtserneuerung im Erbrecht, DJ 1935, 1408; BOEHMER, Anregungen zur Änderung der gesetzlichen Erbfolgeordnung, in: FG für Jung (1937) 45; ders, Zur erbrechtlichen Stellung des unehelichen Kindes, JbAkDR 1937, 80; ders, Vorschläge zur Neuordnung der gesetzlichen Erbfolge (1938); ders, Zur Reform des Pflichtteilsrechts, AcP 144, 249; ders, Privattestamente mit vorgedruckter Ortsangabe, ZAkDR 1938, 264; ders, Die Bedeutung des § 48 Abs 2 des Testamentsgesetzes für einfache und gemeinschaftliche Testamente, ZAkDR 1939, 413; ders, Schenkungen von Todes wegen und Schenkungen unter Lebenden, ZAkDR 1939, 610; ders, Das Recht des Testaments, KritV 66, 221, 383; ders, Die Vermögensverfassung des deutschen „Hauses" (1943); BOSCH, Gedanken zur Rechtserneuerung im Erbrecht, DJ 1935, 782; DANIELCIK, Neues Rechtsdenken im Erbrecht, DR 1936, 291; DÖLLE, Lehrbuch des Reichserbhofrechts (2. Aufl 1939); EICHLER, Vom alten zum neuen Erbrecht, DR 1936, 270; GENRICH, Rechtserneuerung im Erbrecht, DJ 1936, 1410; GREISER, Das Gesetz über erbrechtliche Beschränkungen wegen gemeinschaftswidrigen Verhaltens, DFG 1938, 31; ders, § 48 Abs 2 des Testamentsgesetzes, DFG 1939, 52; GUGGUMOS, Altes und neues Erbrecht, DFG 1943, 61; HAWLITZKY, Das eigenhändige Testament, DNotZ 1935, 715; HAUPT, Anm zu GUGGUMOS, Altes und neues Erbrecht, DFG 1943, 63; HERSCHEL, Familienhabe und Erbrecht, DGWR 1936, 161; HESSE, Die Erbregelungsverordnung vom 4. Oktober 1944, DJ 1944, 296; F vHIPPEL, Formalismus und Rechtsdogmatik (1935); ders, Rechtsform und Rechtsformalismus, JW 1938, 625; HÖVER, Aufgaben der freiwilligen Gerichtsbarkeit im Erbrecht, DFG 1936, 112; HOPP, Gesetzliche Erbfolge in besonderen Fällen, Zur Erbregelungsverordnung vom 4. Oktober 1944, DR 1944, 890; KLAUS, Rechtserneuerung im Erbrecht, DJ 1935, 1412; ders, Ein Vorschlag über die Behandlung des „Voraus" nach § 1932 BGB, DGWR 1937, 294; KÜBLER, Erbrechtliche Betrachtungen, ZAkDR 1936, 89; LANGE, Gemeinschaftsgebundenes Erbrecht, JbAkDR 1935, 6; ders, Grundfragen der Erneuerung des Erbrechts, ZAkDR 1935, 357; ders, Bericht über die zweite Arbeitstagung des Erbrechtsausschusses, ZAkDR 1935, 883; ders, Zur Frage des handgeschriebenen Testaments, JbAkDR 1936, 129; ders, Pflichtteilsanspruch oder Noterbrecht, DR 1936, 398; ders, Rasse und Erbe, DJ 1936, 802 und DR 1936, 230; ders, Bespr v F vHippel, Formalismus und Rechtsdogmatik, AcP 143, 99; ders, Zur Reform des Pflichtteilsrechts, AcP 144, 188; ders, Das Gesetz über die Errichtung von Testamenten und Erbverträgen, ZAkDR 1938, 577, 634; ders, Die Neugestaltung des deutschen Erbrechts, DR 1942, 1713; LEHMANN, Zum eigenhändigen Testament, DGWR 1935, 84; PALANDT, Das deutsche Erbrecht und seine Entwicklungstendenzen, DGWR 1935, 33, 49; ROTH, Rechtsform und Rechtsformalismus, DNotZ 1938, 281; ders, Zum § 48 Absatz 2 des Testamentsgesetzes, DR 1941, 166; SAURE, Erbhofrecht und Bevölkerungspolitik, JbAkDR 1935, 23; SCHMIDT-KLEVENOW, Kann ein Jude einen Deutschen beerben? DR 1940, 1354; SCHMITZ, Das Problem der Beschränkung der Testierfreiheit (1936); SIBER, Haftung für Nachlaßschulden nach geltendem und künftigem Recht (1937); SINGER, Abschaffung des eigenhändigen Testaments, DNotZ 1934, 482; STEINHAUS, Änderung des ehelichen Güterrechts und Erbrechts tut not! ZAkDR 1936, 319; STRUNCK, Der Gedanke der Erbrechtsreform seit dem 18. Jahrhundert (Diss Leipzig 1935); SÜSS, Die Ehefrau im Erbrecht, DR 1936, 286; VOGELS, Inwieweit sind die Testamentsformen des Bürgerlichen Gesetzbuchs erneuerungsbedürftig?, ZAkDR 1935, 635; ders, Erbrechtliche Beschränkungen wegen gemeinschaftswidrigen Verhaltens, DJ 1937, 1802; ders, Reichserbhofgesetz (4. Aufl 1937); ders, Der Stand der Vor-

giebigkeit staatlicher Eingriffe in das Erbrecht beruhten, wurde eine Begrenzung des Verwandtenerbrechts auf die ersten drei Ordnungen gefordert (zu den im Reichstag gescheiterten Entwürfen von 1908 und 1913 über das Staatserbrecht vgl STAUDINGER/BOEHMER[11]

arbeiten zur Erneuerung des deutschen Erbrechts, ZAkDR 1937,743; ders, Das neue Testamentsrecht, DJ 1938, 1269; ders, Das eigenhändige Testament nach dem Gesetz vom 31. Juli 1938, JW 1938, 2161; ders, Gesetz über die Errichtung von Testamenten und Erbverträgen (3. Aufl bearb v SEYBOLD 1943); WEYER, Das eigenhändige Testament, DNotZ 1935, 348; WIEACKER, Arbeit am „Bürgerlichen Recht", I. Das Recht des Testaments, DR 1938, 67. Aus der neueren Lit über Erbrecht und Erbrechtsdiskussion in der Zeit des Nationalsozialismus vgl vor allem GRUCHMANN, Die Entstehung des Testamentsgesetzes vom 31. Juli 1938, ZNR 1985, 53; GRUNDMANN, Agrarpolitik im „Dritten Reich": Anspruch und Wirklichkeit des Reichserbhofgesetzes (1979); HÜTTE, Der Gemeinschaftsgedanke in den Erbrechtsreformen des Dritten Reichs (1988), dazu R SCHRÖDER ZNR 1989, 250 u KIEFNER JusCommune 19 (1992) 448; KÖNIG, Die Stellung der Frau im Recht des Nationalsozialismus (1988); RETHMEIER, „Nürnberger Rassegesetze" (1995) 361; SCHLIEPKORTE, Entwicklungen des Erbrechts zwischen 1933 und 1953 (Diss Bochum 1989); WACKER, Der Erbrechtsausschuß der Akademie für Deutsches Recht und dessen Entwurf eines Erbgesetzes (1997); WOLF, Vom alten zum neuen Privatrecht (1998) 176 (zu Heinrich Lange).
c) seit 1945: BATTES, Gemeinschaftliches Testament und Ehegattenerbvertrag als Gestaltungsmittel für die Vermögensordnung der Familie (1974); ders, Die Änderung erbrechtlicher Vorschriften im Zusammenhang mit der Reform des Scheidungsrechts, FamRZ 1977, 433; BERGER/MARKO/ORTH, Modernes Erbrecht in einem vereinigten Deutschland, NJ 1990, 384; BOEHMER, Zur Entwicklung und Reform des deutschen Familien- und Erbrechts, Ausgewählte Schriften (1970); BOSCH, Aktuelle Probleme des Familien- und Erbrechts, FamRZ 1970, 497; ders, Empfiehlt es sich, das gesetzliche Erbrecht und Pflichtteilsrecht neu zu regeln?, FamRZ 1972, 417; ders, Rückblick und Ausblick, FamRZ 1980, 739, 854; ders, Ist das geltende Ehegatten-Erbrecht bei kinderloser Ehe reformbedürftig?, FamRZ 1983, 227; ders, Familien- und Erbrecht als Themen der Rechtsangleichung nach dem Beitritt der DDR zur Bundesrepublik Deutschland, § 7 IV, FamRZ 1992, 996; BUCHHOLZ, Berliner Testament (§ 2269 BGB) und Pflichtteilsrecht der Abkömmlinge – Überlegungen zum Ehegattenerbrecht, FamRZ 1985, 872; ders, Gestaltungsprobleme des Ehegattenerbrechts: Teilungsprinzip oder Nutzungsprinzip, MDR 1990, 375; BÜHLER, Zur Reform des gesetzlichen Erbrechts des Ehegatten neben Abkömmlingen, DNotZ 1975, 5; BURKART, Das eigenhändige Testament nach § 2247 BGB – Seine Problematik und seine Zukunft, in: FS vLübtow (1991) 253; COING, Empfiehlt es sich, das gesetzliche Erbrecht und Pflichtteilsrecht neu zu regeln?, Verh d 49. DJT (1972) Bd I Teil A 11; DÄUBLER, Abschaffung des Erbrechts?, RuG 1974, 43; ders, Entwicklungstendenzen im Erbrecht, ZRP 1975, 136; DETHLOFF, Reform des Kindschaftsrechts, NJW 1992, 2200; DIECKMANN, Empfiehlt es sich, das gesetzliche Erbrecht und Pflichtteilsrecht neu zu regeln?, Verh d 49. DJT (1972) Bd II Teil K 8; DUMOULIN, Gesetzliches Erbrecht und Pflichtteilsrecht, Änderungsvorschläge aus der Sicht eines Notars, DNotZ 1973, Sonderheft, 84; EHRENKÖNIG, Die Erbenhaftung – Ein Vorschlag zur Neuregelung (1991); FIRSCHING, Zur Reform des deutschen Erbrechts, JZ 1972, 449; FREYTAG, Neuordnung des gesetzlichen Erbrechts, ZRP 1991, 106; ders, Das Pflichtteilsrecht nach dem BGB und ZGB im Vergleich, ZRP 1991, 304; GERKEN, Pflichtteilsrecht zwischen Testierfreiheit und Familienerbfolge, Rpfleger 1989, 45; ders, Zur Familien- und Lebenssituation der Menschen – Wandel in den Grundlagen des Erbrechts, ZRP 1991, 426; GÖRGENS, Die Bindung des Richters an das Gesetz und die Formerfordernisse des eigenhändigen Testaments. Zugleich ein Beitrag zur Reform des § 2247 BGB (Diss Bochum 1977); ders, Überlegungen zur Weiterentwicklung des § 2247 BGB,

Einl § 6 Rn 1, § 7 Rn 11 ff). Über die Einführung einer reichsrechtlichen Erbschaftsteuer im Jahre 1906 gelangten diese Bestrebungen indessen nicht hinaus.

114 In der Zeit des *Nationalsozialismus* kam es zunächst zur stark ideologisch („Blut und Boden") geprägten **Erbhofgesetzgebung** (hierzu STAUDINGER/MAYER [1998] Art 64 EGBGB Rn 67 ff; umfassend GRUNDMANN; zur auffällig frauenfeindlichen Tendenz des REG, die unter dem Druck der Verhältnisse durch VOen von 1936 und 1943 abgemildert wurde, KÖNIG 137 ff). Das **TestG** (abgedruckt in STAUDINGER/BGB-Synopse 1896–2000, Anhang S 1801), das im Zuge der nach dem Anschluß Österreichs in Angriff genommenen Privatrechtsvereinheitlichung erlassen wurde (hierzu GRUCHMANN ZNR 1985, 53), beseitigte die übertriebene Formstrenge beim eigenhändigen Testament (§ 2247 aF), die in der Lit heftig bekämpft worden war (maßgeblich vHIPPEL, Formalismus und Rechtsdogmatik) und in der Rspr zu problematischen Abgrenzungen und Zufallsentscheidungen geführt hatte (vgl STAUDINGER/FIRSCHING[12] § 2247 Rn 1 ff, 22 ff, 41 ff, 61 ff). Gleichzeitig schuf es in der Generalklausel des § 48 Abs 2 TestG (Wortlaut s STAUDINGER/FIRSCHING[12] Vorbem 39 zu § 2229; STAUDINGER/BGB-Synopse 1896–2000, Anhang S 1807) eine über § 138 Abs 1 hinausgehende Möglichkeit der Inhaltskontrolle von Verfügungen, die zum Einfallstor nationalsozialistischen und insbesondere antisemitischen Gedankenguts in die erb-

JR 1979, 357; GOETZ, Erbrechtliche Ansprüche außerhalb des Familienerbrechts, FamRZ 1985, 987; HAEGELE, Zur Weiterentwicklung der Güterstände der Zugewinngemeinschaft und der Gütertrennung mit Ausblick auf eine künftige Erbrechtsgestaltung, Rpfleger 1976, 274, 343; HILLERMEIER, Überlegungen über eine Neuordnung der Registrierung von Testamenten, StAZ 1979, 137; JUNG, Reformbestrebungen im Erbrecht, FamRZ 1976, 134; KICK, Ist das Pflichtteilsrecht noch zeitgemäß?, in: Jahrbuch Junger Zivilrechtswissenschaftler (1996) 167; KÜHNE, Zur Reform des gesetzlichen Erb- und Pflichtteilsrechts, JR 1972, 221; LEIPOLD, Wandlungen in den Grundlagen des Erbrechts?, AcP 180, 160; LÖVENICH, Zur Neugestaltung des gesetzlichen Erbrechts, insbesondere des Ehegattenerbrechts (Diss Köln 1979); MAYER-MALY, Die Unentbehrlichkeit des Erbrechts, RuG 1974, 40; OTTE, Erbrecht, in: LÖWISCH/GRIMM/OTTE (Hrsg), Funk-Kolleg Recht Bd 3 (1985) 178; ders, Um die Zukunft des Pflichtteilsrechts, ZEV 1994, 193; PAPANTONIOU, Die soziale Funktion des Erbrechts, AcP 173, 385; PETRI, Die Pflicht zum Pflichtteil, ZRP 1993, 205; RAUSCHER, Neuordnung des gesetzlichen Erbrechts, ZRP 1992, 272; ders, Reformfragen des gesetzlichen Erb- und Pflichtteilsrechts, Bde II 1 u 2 (1993); REICHERT-FACILIDES, Empfiehlt es sich, das gesetzliche Erbrecht und Pflichtteilsrecht neu zu regeln?, Verh d 49. DJT (1972) Bd I Teil A 58; RHEINSTEIN ua, Das Erbrecht von Familienangehörigen in positivrechtlicher und rechtspolitischer Sicht (1971); RUTHE, Erbrechts-Reform?, FamRZ 1972, 626; SCHIEMANN, Die Renaissance des Erbrechts, ZEV 1995, 197; SCHILCHER, Erbrecht und bewegliches System, JBl 1977, 57; R SCHRÖDER, Der Funktionsverlust des bürgerlichen Erbrechts, in: MOHNHAUPT (Hrsg), Zur Geschichte des Familien- und Erbrechts (1987) 281; SCHWENZER, Empfiehlt es sich, das Kindschaftsrecht neu zu regeln?, Verh d 59. DJT (1992) Bd I A 5, 100, 112; STEFFEN, Empfiehlt es sich, das gesetzliche Erb- und Pflichtteilsrecht neu zu regeln?, DRiZ 1972, 263; STÖCKER, Der Ausbau des Ehegattenerbrechts, FamRZ 1969, 444; ders, Grenzen der Erbrechtsreform, WM 1969, 774; ders, Die Neuordnung der gesetzlichen Erbfolge im Spiegel des mutmaßlichen Erblasserwillens, FamRZ 1971, 609; ders, Ist unser Erbrecht sozial?, JZ 1973, 15; ders, „Beerbung bei lebendigem Leibe", Stand und Perspektiven der Diskussion um den vorzeitigen Erbausgleich, JZ 1979, 87; ders, Das Grundrecht zu erben, WM 1979, 214; TRITTEL, Deutsch-Deutsches Erbrecht nach dem Einigungsvertrag, DNotZ 1991, 237; ZAWAR, Notarielle Rechtsgestaltung: Das Erbrecht im sozialen Wandel, DNotZ 1989 (Sonderheft) 116.

rechtliche Rspr werden sollte (hierzu HÜTTE 185 ff, 256 ff; einen aktuellen Fall, für dessen zutr Lösung es auf die Frage nach der Geltung des § 48 Abs 2 TestG ankam, behandelt BayObLG ZEV 1999, 314 m Anm OTTE). Umgekehrt eröffnete die **ErbregelungsVO** vom 4. 10. 1944 (RGBl I 242) die Möglichkeit, aus Gründen des „gesunden Volksempfindens" von der gesetzlichen Erbfolge in Richtung auf den Inhalt eines nicht gültig geäußerten Erblasserwillens abzuweichen (hierzu HÜTTE 246 ff). Die schon mit § 13 REG einsetzende *Diskriminierung der Juden* durch erbrechtliche Gesetzgebung steigerte sich in §§ 1 f des *Gesetzes über erbrechtliche Beschränkungen wegen gemeinschaftswidrigen Verhaltens* v 5. 11. 1937 (RGBl I 1161) sowie in der 11. und der 13. DVO zum **Reichsbürgergesetz** (RGBl 1941 I 722 und 1943 I 372) bis zur Aberkennung der Erbfähigkeit von Juden und zur Konfiskation jüdischer Nachlässe (hierzu HÜTTE 255 ff; RETHMEIER 362 ff; zur Aufhebung dieser Gesetzgebung durch den Kontrollrat MünchKomm/LEIPOLD Einl 34 ff).

Die **Reformdiskussion** erstreckte sich über diese von der Gesetzgebung aufgegriffenen Themen hinaus auf das gesamte Erbrecht. Anfangs stand dabei der Gedanke im Vordergrund, eine „Erneuerung" des Erbrechts unter weitestgehender Loslösung von Grundgedanken des BGB sei angezeigt. So wurde etwa die *Abschaffung des* (nunmehr als „heimliches" Testament diskreditierten) *eigenhändigen Testaments* oder die Umgestaltung des Pflichtteilsrechts in ein *materielles Noterbrecht* gefordert. Im Laufe der Jahre wich der Reformeifer jedoch einer nüchternen Betrachtung der Leistung des BGB-Gesetzgebers. Der unter der Leitung von HEINRICH LANGE (zu ihm jetzt ausführlich WOLF [s Schrifttum vor Rn 113]) stehende Erbrechtsausschuß der **Akademie für Deutsches Recht**, der von 1937 bis 1942 fünf Denkschriften zur Erbrechtsreform und einen (bislang noch unveröffentlichten) vollständigen Entwurf des Erbrechts als Teil eines nationalsozialistischen **Volksgesetzbuches** ausarbeitete (zum Volksgesetzbuch HATTENHAUER, in: FS Gmür [1983] 225); BRÜGGEMEIER JZ 1990, 24; WACKER [s Schrifttum vor Rn 113]), machte zwar eine Fülle von Änderungsvorschlägen, konnte aber letztlich kein neues, sondern nur ein etwas modifiziertes BGB-Erbrecht vorlegen.

Die wichtigsten Änderungsvorschläge, die weithin auf Gedanken aus der Zeit vor 1933, teilweise sogar aus der Zeit der Entstehung des BGB zurückgreifen, betrafen die *Begrenzung des gesetzlichen Erbrechts der Verwandten* auf die ersten drei Parentelen, die *Erhöhung des Ehegattenerbteils* neben Abkömmlingen auf die Hälfte des Nachlasses (allerdings nur als Vorerbschaft), eine gewisse Besserstellung (nicht Gleichstellung) *unehelicher Kinder* beim Tode des Vaters, eine *Erweiterung der Befugnisse des Nachlaßgerichts* bei der Erbauseinandersetzung (Näheres zu den Vorschlägen bei HÜTTE 24 ff, 197 ff) sowie Modifikationen der *Haftungsbeschränkung des Erben* (hierzu STAUDINGER/MAROTZKE [1996] Vorbem 46 ff zu § 1967). Nur zum kleinsten Teil waren die Reformvorschläge der AkDR typisch nationalsozialistisch. Zwar war die Diktion weitgehend der damaligen Zeit verhaftet, doch verdienen die Inhalte auch heute noch Aufmerksamkeit. Sie wurden denn auch nach 1945 wieder aufgegriffen, begünstigt freilich durch die personelle Kontinuität (in erster Linie ist hier GUSTAV BOEHMER zu nennen, der schon vor 1945, damals in vielfach kontroverser Diskussion mit HEINRICH LANGE, zu den angesehensten Erbrechtslehrern gehörte und in den 50er Jahren nahezu unangefochtene Autorität erlangte). In der gegenwärtigen und künftigen Reformdiskussion sollte allerdings bedacht werden, daß die von der AkDR entwickelten Vorstellungen, auch soweit sie nicht typisch nationalsozialistisch sind, von einer ausgeprägt freiheitsbeschränkenden Tendenz bestimmt waren (stärkere

Bindung des Erblassers und des Ehegatten als Erben zugunsten der Abkömmlinge, Beschränkung des Verwandtenerbrechts zugunsten des Staates, stärkere richterliche Kontrolle des Erblasserwillens und der Erbauseinandersetzung), was in der Summierung der einzeln betrachtet kaum auffälligen Punkte schließlich ein Gesamtbild ergab, das nur in dieser Epoche zustandekommen konnte.

b) Bundesrepublik Deutschland

117 Nach dem Inkrafttreten des GG standen standen die **Gleichberechtigung von Mann und Frau** sowie die **Gleichstellung nichtehelicher Kinder** als Reformaufgaben an. Ihre (im Fall der Nichtehelichen zunächst nur halbherzige) Erledigung durch GleichberG und NichtehelG (s o Rn 39, 41, 88, 93) ließ indessen den Ruf nach einer umfassenden Erbrechtsreform nicht verstummen. Der Bundestag ersuchte am 14. 5. 1969 die Bundesregierung, in der folgenden Legislaturperiode (dh bis 1973) einen Entwurf für die Reform des Erbrechts, insbesondere des gesetzlichen Erbrechts der Ehegatten und Kinder vorzulegen. Der 49. DJT (1972) befaßte sich mit dem Thema „Empfiehlt es sich, das gesetzliche Erbrecht und Pflichtteilsrecht neu zu regeln?" Jedoch gelangten die Reformüberlegungen trotz der lebhaften Debatte zu Beginn der 70er Jahre zu keinem greifbaren Resultat, und später kam auch die Diskussion selbst nahezu zum Erliegen. Dies hatte zwei Gründe: Einmal bestanden bzgl des Ehegattenerbrechts, das den Angelpunkt der Erbrechtsreform hätte bilden sollen, schon 1969 keine klaren Vorstellungen über Gründe und Richtung einer etwaigen Reform, und diese Unsicherheit besteht drei Jahrzehnte später angesichts der (durch die Scheidungsrechtsreform noch sichtbarer gewordenen) Krise des Eherechts verstärkt (hierzu auch LEIPOLD AcP 180, 177 ff). Zum anderen hatten die sonstigen Reformpunkte weder das Gewicht noch die Dringlichkeit, eine Gesamtreform initiieren zu können. So gewann ein (mE wohlbegründeter) Reformskeptizismus die Oberhand; vgl etwa BOSCH (FamRZ 1983, 239): *„Eine große Erbrechtsreform sollte nicht weiter in Betracht gezogen werden".*

118 Daß die Erbrechtsreform in den letzten Jahren dennoch wieder häufiger thematisiert wurde – ohne daß grundsätzlich neue Argumente aufgetaucht wären –, ist als Ausstrahlung der Diskussion um die *Reform des Kindschaftsrechts* (dazu zuletzt SCHWENZER Verh d 59. DJT Bd I A 9 ff mwN) und vor allem als Ergebnis des *deutschen Einigungsprozesses* zu verstehen, der von mehreren Autoren (BERGER/MARKO/ORTH NJ 1990, 384; BOSCH FamRZ 1992, 996; FREYTAG ZRP 1991, 106 u 304; TRITTEL DNotZ 1991, 246) zum Anlaß genommen worden ist, Elemente des ZGB-Erbrechts daraufhin zu überprüfen, ob sich ihre Aufnahme in das BGB empfiehlt.

119 Eine Wiederbelebung der Debatte wird man nicht von rechtssoziologischen Überlegungen und von der Rechtstatsachenforschung erwarten dürfen (so aber SOERGEL/STEIN Einl 71 ff; auch MünchKomm/LEIPOLD Einl 19 f). Denn das Erbrecht des BGB hat sich, wie ein Jahrhundert nach seiner Abfassung unbedenklich festgestellt werden kann, als gesellschaftspolitisch neutrales Recht erwiesen. Seine Normen erhalten Sinn und Berechtigung nicht von einer bestimmten Konzeption von Gesellschaft und auch nicht von der größeren oder geringeren statistischen Häufigkeit bestimmter Lebenssachverhalte. Der in jüngster Zeit öfter angesprochene *„Funktionswandel"* im Erbrecht (Nachweise bei LEIPOLD AcP 180, 161 f; R SCHRÖDER spricht sogar von einem *„Funktionsverlust")* kann die Erforderlichkeit einer umfassenden Erbrechtsreform jedenfalls nicht begründen. Wandlungen im Gegenstandsbereich erbrechtlicher Regelungen in den letzten hundert Jahren sind allerdings nicht zu leugnen. Zu nennen sind hier ein überproportionales Anwachsen des dem Erbgang nicht unterworfenen Vermögens juristischer Personen im Verhältnis zum Vermögen natürlicher Personen, ferner Veränderungen in Struktur und Funktion der Familie (hierzu LEIPOLD AcP 180, 173 ff), vor allem infolge höherer Lebenserwartung, Rückgang der Kinderzahl, geringerer Stabilität der Ehen und Rückläufigkeit häuslicher Produktion, und nicht zuletzt die abnehmende Bedeutung vererblicher Vermögensrechte für die wirtschaftliche und gesellschaftliche Stellung des Einzelnen bei gleichzeitiger Zunahme der Bedeutung von Ausbildung und Arbeitsplatz, wobei aber gerade in jüngster Zeit sichtbar geworden ist, daß die Wichtigkeit des Erbrechts für die Hinterbliebenenversorgung nicht ab-, sondern zunimmt, weil die Leistungsfähigkeit des Sozialstaats nicht weiter steigerungsfähig ist (hierzu auch FUCHS, Zivilrecht und Sozialrecht [1992] 329 ff; SCHIEMANN ZEV 1995, 199). Die Feststellung derartiger Veränderungen macht indessen noch keinen Reformvorschlag schlüssig.

Zu einzelnen Reformvorschlägen: **120**

Für einen **Ausbau des Ehegattenerbrechts** (befürwortend STÖCKER FamRZ 1970, 444 ff; 1971, 609 ff; JZ 1973, 15 ff; COING Verh d 49. DJT I A 42 f, 73 f; DIECKMANN Verh d 49. DJT II K 14 ff, 33; KÜHNE JR 1972, 221 f; STEFFEN DRiZ 1972, 263 f; BOSCH FamRZ 1972, 418; 1983, 232 ff; FIRSCHING JZ 1972, 455; DUMOULIN DNotZ 1973 [Sonderheft] 84 ff; BÜHLER DNotZ 1975, 8 f; SOERGEL/STEIN Einl 68) wird vor allem angeführt, wegen der gestiegenen Lebenserwartung kämen Kinder heute durchschnittlich erst im fünften Lebensjahrzehnt und über 15 Jahre später als gegen Ende des 19. Jahrhunderts zur Erbfolge nach ihren Eltern; dann bedürften sie einer Starthilfe für die Erlangung wirtschaftlicher Selbständigkeit nicht mehr; dem gesetzlichen Erbrecht komme daher primär die Aufgabe zu, den Lebensstandard des überlebenden Ehegatten zu sichern. Zu bedenken bleibt freilich, daß der Ausbau der Hinterbliebenenversorgung, vor allem durch das Sozialversicherungsrecht, der zu den bedeutendsten Rechtsreformen der Neuzeit zählt, das Erbrecht von dieser Aufgabe in erheblichem Umfang entlastet hat. Außerdem wird der Umstand, daß Kinder, die erst im mittleren Lebensalter zur Erbfolge gelangen, den erbrechtlichen Erwerb nicht als Starthilfe für sich selbst benötigen, häufig durch deren zusätzlichen finanziellen Bedarf wegen der Ausbildung und Ausstattung eigener Kinder aufgewogen (ähnlich DIECKMANN 20; DÄUBLER ZRP 1975, 141). Jede Erhöhung des Ehegattenerbteils schmälert zudem die Erbaussichten derjenigen Kinder des Erblassers, die nicht zugleich Kinder seines Ehegatten sind, und die der gemeinsamen Kinder jedenfalls bei Wiederheirat des überlebenden Ehegatten (das sieht auch SOERGEL/STEIN Einl 69, ohne Lösungen anzubieten). Auch die Verknüpfung zwischen gesetzlichem Erbteil und Pflichtteil sollte bedacht werden: Eine Erhöhung des Ehegattenerbteils zu Lasten der Verwandten würde die Testierfreiheit zumindest des kinderlosen Erblassers einengen. Letztlich droht auch die Gefahr, daß ein erweitertes Ehegattenerbrecht zum Motiv für die Scheidung getrenntlebender Eheleute oder für die Aufrechterhaltung gescheiterter Ehen wird. Eine alleiniges Erbrecht des Ehegatten ist daher abzulehnen, auch wenn es (nach dem Vorbild des ZGB, das den Ehegatten in § 365 Abs 1 zu den Erben der 1. Ordnung zählte) nur beim Fehlen von Abkömmlingen des Erblassers vorgesehen würde (ebenso BOSCH FamRZ 1992, 998; BUCHHOLZ MDR 1990, 378; FREYTAG ZRP 1991, 107 f; RAUSCHER ZRP 1992, 272). Auch als bloße Vorerbschaft kann es, schon wegen der Beschränkungen der §§ 2113 ff, nicht wünschenswert erscheinen (BUCHHOLZ 378; FREYTAG 106 f). – Vielfach wird eine *güterstands-*

unabhängige Erhöhung des Erbteils aus § 1931 Abs 1 gefordert. Problematisch ist dann allerdings, ob im gesetzlichen Güterstand beim Tode eines Ehegatten der Zugewinnausgleich *schuldrechtlich* und ggf auch *zu Lasten* des erbenden Ehegatten durchgeführt werden soll (dafür AK-BGB/Däubler Einl 57; Bedenken hiergegen äußert Rauscher aaO; gegen den Zugewinnausgleich in beiden Richtungen Freytag 109; beide bezeichnen die Zugewinngemeinschaft als nicht mehr zeitgemäß). Eine Staffelung des Ehegattenerbteils nach der Ehedauer (nach dem Vorgang von Coing, Verh d 49. DJT A 43 ff, erneut zur Diskussion gestellt von Bosch FamRZ 1992, 996) erscheint angesichts der Verschiedenartigkeit der Lebenssachverhalte (kurze, aber bekinderte Ehe; Versorgungsehe; lange Doppelverdienerehe usw) kaum als interessengerechte Lösung und sollte auch wegen der zusätzlichen Verunsicherung, die sie für die Erbaussichten der Abkömmlinge bedeuten würde (man denke nur an die Schwierigkeit, den wirtschaftlichen Wert eines Erbverzichts und damit zugleich die Angemessenheit einer Abfindung zu bestimmen), nicht in Erwägung gezogen werden.

121 Des öfteren wird vorgeschlagen, den **Voraus** (§ 1932) auf die *Ehewohnung* zu erstrecken (Bosch FamRZ 1983, 235; Soergel/Stein Einl 70; AK-BGB/Däubler Einl 56). Notwendigkeit und Auswirkungen einer solchen Regelung werden aber wohl falsch eingeschätzt. Wo Grundvermögen vorhanden ist, kann testamentarische Vorsorge erwartet werden (daher zutr gegen einen gesetzgeberischen Handlungsbedarf Zawar DNotZ 1989, Sonderheft 127). Ein gesetzlicher Anspruch auf ein lebenslanges Wohnrecht würde vielfach zur Zementierung unvernünftiger Verteilung von Wohnraum führen (wenn zB der verwitwete Ehegatte allein in dem auf eine kinderreiche Familie zugeschnittenen Haus bleibt). Auf jeden Fall verschöbe sich angesichts von § 2311 Abs 1 S 2 die Nachlaßverteilung zu Lasten pflichtteilsberechtigter Abkömmlinge. Der Hinweis auf den für Mietwohnungen geltenden § 569 a verfängt nicht: Erforderlichkeit und Folgen dieser Regelung sind ganz anders zu beurteilen als eine Ausweitung des § 1932, denn weder ist die Mieterposition als solche von Todes wegen disponibel, noch wird durch ihre Zuweisung an den überlebenden Ehegatten den übrigen Nachlaßbeteiligten ein verwertbarer Gegenstand entzogen.

122 Die Forderung nach **Beschränkung des gesetzlichen Erbrechts der Seitenverwandten** auf die 3. Parentel (Nachweise bei Staudinger/Werner Vorbem 57 zu §§ 1924 ff) verbindet sich heute meist nicht mehr mit übertriebenen Erwartungen hinsichtlich der finanziellen Ertragskraft eines erweiterten Staatserbrechts (schon Staudinger/Boehmer[11] Einl § 7 Rn 21: „keine Finanz- oder Verwaltungsfrage, sondern eine Grundfrage staatspolitischer Weltanschauung und sozialer Gerechtigkeit"; MünchKomm/Leipold Einl 19; AK-BGB/Däubler Einl 70; Soergel/Stein Einl 72; anders wohl noch Bosch FamRZ 1992, 997). Für die Beschränkung spricht, daß die entfernte Blutsverwandtschaft mit dem Erblasser kein hinreichender Grund für eine (vom Erblasser nicht angeordnete) Nachlaßbeteiligung ist. Jedoch bestehen mE auch ernstliche Zweifel am Sinn des Staatserbrechts (Rauscher ZRP 1992, 272 vermißt sogar „jede rechtspolitisch *positive* Begründung"): Bei *geringfügigen* Nachlässen, um die es sich meist handeln wird, weil bei mittleren und größeren Vermögen der Erblasser, der keine nahen Angehörigen hat, Vorsorge gegen den Eintritt der gesetzlichen Erbfolge treffen wird, steht der Aufwand einer den haushaltsrechtlichen Vorschriften genügenden Erfassung und Verwaltung des Nachlasses in keinem vernünftigen Verhältnis zum Ertrag und liegt sicherlich deutlich höher als die immer wieder angeführten Kosten der Ermittlung der Erben. Der Anfall *größerer* Nachlässe wirft die Frage nach der wirtschaftspolitischen Erwünschtheit eines zufallsbedingten punktuellen staatlichen Eindringens in den privatwirtschaftlichen Sektor auf.

123 Ein Hauptanliegen der Reformbestrebungen war im letzten Jahrzehnt die Herbeiführung der vollen erbrechtlichen Gleichstellung der auf nichtehelicher Abstammung beruhenden Verwandtschaftsbeziehungen mit denen aus ehelicher Abstammung. Sie ist nunmehr mit Wirkung vom 1. 4. 1998 durch das ErbGleichG (Rn 48c) verwirklicht worden (hierzu STAUDINGER/WERNER Vorbem 45a zu §§ 1924 ff u § 1934 a Rn 39 ff).

124 Vorgeschlagen werden auch ein gesetzliches Erbrecht der Partner einer **nichtehelichen Lebensgemeinschaft** (SOERGEL/STEIN § 1931 Rn 16; dagegen BOSCH FamRZ 1983, 238; BATTES Nichteheliches Zusammenleben im Zivilrecht [1983] 155; LIEB Verh d 57. DJT[1988] Bd I A 113) oder eine andere gesetzliche oder vom Richter festzusetzende Nachlaßbeteiligung (STÖCKER FamRZ 1971, 616 f; DÄUBLER ZRP 1975, 142 f; LEIPOLD AcP 180, 180 f; GOETZ FamRZ 1985, 990 f). Teilweise wird hierfür auf ausländische Gesetzgebung als Vorbild verwiesen (GOETZ, Erbrechtliche Ansprüche außerhalb des Familienrechts [1985]: England; SCHATTE FamRZ 1987, 21: Australien; SOERGEL/STEIN aaO: Israel; MANNHEIMER/SCHEUER FamRZ 1996, 466: Brasilien). Gegen ein gesetzliches Erbrecht sprechen aber erhebliche und von den Befürwortern meist bagatellisierte Abgrenzungsschwierigkeiten; außerdem müßte die verfassungsrechtliche Frage geklärt werden, ob der Gesetzgeber eine Nachlaßbeteiligung des Partners einer nichtehelichen Lebensgemeinschaft bei noch bestehender Ehe des Erblassers anordnen darf (mE stände Art 6 Abs 1 GG entgegen). Die Problematik, die sich aus der Bedürftigkeit des Partners einer langjährigen Beziehung oder auch aus einer längeren finanziell nicht abgegoltenen Pflege des Erblassers ergeben kann, ist freilich unübersehbar. Ihre Lösung sollte jedoch nicht von der erbrechtlichen Gesetzgebung erwartet werden, zumal auch eine Unterhaltspflicht für den Fall der Trennung der Partner nicht zur Diskussion steht. Unter Lebenden wie von Todes wegen sind rechtsgeschäftliche Lösungen zwar lange durch die Rspr zum „Mätressentestament" (hierzu STAUDINGER/OTTE [1996] Vorbem 164 ff zu §§ 2064 ff) verbaut gewesen, heute aber sicherlich möglich. Allenfalls bezüglich des Hausrats wäre eine an den Ehegattenvoraus (§ 1932) angelehnte Regelung in Betracht zu ziehen (dafür auch SCHWENZER JZ 1988, 786 ff; Beschlüsse des 57. DJT, NJW 1988, 2998). Ein weitergehender Reformbedarf besteht nicht, nach Beseitigung der Steuerklasse IV durch das Jahressteuergesetz 1997 wohl auch nicht mehr im Erbschaftsteuerrecht.

125 Für die **Erbenhaftung** wird (im Anschluß an SIBER [1937], die 3. Denkschr d ErbrA d AkDR und §§ 409 ff ZGB der DDR) der Grundsatz der *von vornherein auf den Nachlaß beschränkten Haftung* diskutiert (hierzu STAUDINGER/MAROTZKE [1996] Vorbem 46 ff zu §§ 1967 ff u Vorbem 12 zu §§ 2058 ff mit Weiterverweisungen, vor allem auf § 2060 Rn 6; SOERGEL/STEIN Vorbem 30 zu § 1967; TRITTEL DNotZ 1991, 246).

126 Für die **Erbauseinandersetzung** wird auf Vorschläge der AkDR zur Erweiterung der Befugnisse des Nachlaßgerichts zurückgegriffen (STAUDINGER/WERNER [1996] Vorbem 18 zu §§ 2032 ff und § 2042 Rn 21; auch BOSCH FamRZ 1992, 997). Zu bedenken ist jedoch, daß die Rechtsprechung keine Gewähr für die wirtschaftliche Vernunft einer von den Teilungsregeln des BGB abweichenden Auseinandersetzung des Nachlasses übernehmen kann, was allein die Durchsetzung einer solchen Aufteilung gegen den Willen der Erben rechtfertigen könnte.

127 Im Vermächtnisrecht wurde die Frage nach der Zulassung eines **Vindikationslegats** (dinglichen Vermächtnisses) aufgeworfen (zuletzt von STAUDINGER/BOEHMER[11] § 1922 Rn 240; hierzu STAUDINGER/OTTE [1996] § 2174 Rn 4 ff u OTTE NJW 1987, 3165; zu weiteren Vorschlägen im Vermächtnisrecht STAUDINGER/OTTE [1996] Vorbem 14 f zu § 2147 u § 2174 Rn 8 f).

128 Nach *Herabsetzung des Volljährigkeitsalters* auf die Vollendung des 18. Lebensjahres durch G v 31. 7. 1974 erscheint eine besondere, nur noch zwei Lebensjahre umfassende Altersstufe, in der trotzBeschränkung der Geschäftsfähigkeit bereits **Testierfähigkeit** besteht, entbehrlich (SOERGEL/STEIN Einl 51; GÖRGENS JR 1979, 363). § 2229 könnte daher geändert werden. – Zur verfassungsrechtlich begründeten Notwendigkeit, die *Testierfähigkeit Taubblinder* grundsätzlich anzuerkennen, vgl Rn 65a.

129 Problematisch ist der Vorschlag, beim **privatschriftlichen Testament** auf die Eigenhändigkeit der Niederschrift zu verzichten (GÖRGENS JR 1979, 360 ff; BURKART, in: FS vLübtow [1991] 262 f, der eine dem § 2249 Abs 6 entspr Regelung in § 2247 vorschlägt). Die Gefahr, daß dem Erblasser Texte zur Unterschrift vorgelegt werden, deren Wortlaut er nicht kennt oder nicht versteht, ist zu groß. Besonders bedenklich erscheint die Zulassung nicht-eigenhändiger Zusätze und von Bezugnahmen auf nicht der Testamentsform genügende Texte, selbst wenn sie vom Erblasser unterschrieben sind (dafür aber BURKART 262). Ob bei Selbstbenennung im Text der Niederschrift und anderweitig zu gewinnender Klarheit darüber, daß die Erklärung abgeschlossen ist, auf das Erfordernis der Unterschrift verzichtet werden kann (GÖRGENS u BURKART aaO), ist eine andere Frage. Zu bedenken bleibt, daß die Gültigkeitsvoraussetzungen des § 2247 Abs 1 klar formuliert sind und jede Aufweichung gerade Rechtsunkundige zu neuen Zweifeln veranlassen würde. Deshalb ist auch dem Vorschlag, das Dreizeugentestament als ordentliche Testamentsform zuzulassen (BURKART aaO) nicht zu folgen. Einen Gesetzgebungsbedarf im Bereich des § 2247 verneint GRUNDMANN (AcP 187, 475 f).

130 Dem **gemeinschaftlichen Testament** wird vielfach die Existenzberechtigung abgesprochen. Es sei neben dem Ehegattenerbvertrag überflüssig, seine Rechtsfolgen seien zu kompliziert und (daher auch) zu unbekannt, und es erlaube dem zielbewußten Ehegatten, seinen eigenen Willen dem anderen als gemeinsamen aufzunötigen (STAUDINGER/KANZLEITER [1998] Vorbem 54 zu §§ 2265 ff; LANGE/KUCHINKE § 24 I 1 B; BROX Rn 177; KIPP/COING § 32 III 2). Unbestreitbar erfreut sich aber gerade das eigenhändige gemeinschaftliche Testament so weiter Verbreitung, daß seine Beseitigung in der Bevölkerung auf Unverständnis stoßen müßte. Die Komplikationen, die es mit sich bringen kann, beruhen auch zum großen Teil nicht auf der gesetzlichen Regelung, sondern auf den von der Kautelarjurisprudenz entwickelten Klauseln, insbesondere den Wiederverheiratungsklauseln (dazu STAUDINGER/KANZLEITER [1998] § 2269 Rn 39 ff, aber auch STAUDINGER/OTTE [1996] § 2074 Rn 42 ff; BUCHHOLZ, Erbfolge und Wiederverheiratung [1986] m Bspr von OTTE AcP 1987, 603, ZAWAR NJW 1988, 16 u LEIPOLD FamRZ 1988, 352) und Pflichtteils(straf)klauseln (dazu STAUDINGER/KANZLEITER [1998] § 2269 Rn 54 ff, aber auch STAUDINGER/OTTE [1996] § 2074 Rn 64; BUCHHOLZ FamRZ 1985, 872). Bedenkenswert bleibt aber der Vorschlag von KANZLEITER (STAUDINGER/KANZLEITER [1998] Vorbem 54 zu §§ 2265 ff), zum Schutz des Rechtsunkundigen die Bindungswirkung des gemeinschaftlichen Testaments nur bei notarieller Beurkundung eintreten zu lassen. – An der Gesetzesfassung zu bemängeln ist, daß sie *keine Definition* des gemeinschaftlichen Testaments enthält (zu den hieraus folgenden Zweifelsfragen bzgl des Vorliegens eines gemeinschaftlichen Testaments STAUDINGER/KANZLEITER [1998] Vorbem 14 ff zu § 2265) und daß sie die Anfechtung einer bindenden Verfügung durch den Erblasser sowie die Folgen beeinträchtigender lebzeitiger Geschäfte nicht regelt, so daß mit analoger Anwendung der §§ 2281 ff, 2287 f geholfen werden muß. Um die im Falle des § 2269 beabsichtigte Vermögensteilung nicht durch die Geltendmachung von Pflichtteilsansprüchen nach dem Erstverstorbenen mehr als unumgänglich zu gefährden, sollte die Einsetzung als Schlußerbe der Nacherbeinsetzung in § 2306 Abs 2 gleichgestellt werden (zum Vorschlag von BUCHHOLZ FamRZ 1985, 883, das Pflichtteilsrecht der als Schlußerben eingesetzten Abkömmlinge nach dem Erstverstorbenen zu beseitigen, s o Rn 72 aE). – Im Gegensatz zu den Kritikern des Rechtsinstituts plädiert BATTES (Gemeinschaftliches Testament und Ehegattenerbvertrag 303 f, 374 f) für einen Ausbau des gemeinschaftlichen Testaments zum Instrument der materiellen Sicherstellung der Familie, insbesondere des überlebenden Ehegatten (hierzu die kritische Bespr von FINGER JZ 1975, 334 f), und schlägt zu diesem Zweck gewisse Gesetzesänderungen vor, die eine Annäherung an den Erbvertrag bedeuten würden.

Ein Bedürfnis, nicht miteinander verheirateten Personen die Möglichkeit der Errichtung eines gemeinschaftlichen Testaments zu eröffnen (dafür wohl SOERGEL/STEIN Einl 74), ist nicht zu erkennen, da der Erbvertrag als Rechtsform zur Verfügung steht und notarielle Beratung noch eher als bei Eheleuten angezeigt erscheint, weil Unverheiratete sich mit wechselseitiger Bedenkung viel weiter von der gesetzlichen Erbfolge entfernen als Eheleute.

Änderungsbedürftig erscheint die **Abgrenzung zwischen Rechtsgeschäften unter Lebenden und Verfügungen von Todes wegen** (ebenso MünchKomm/LEIPOLD Einl 19). Zwar ist es gewiß möglich, auf der Grundlage der jetzigen Gesetzesformulierungen (§§ 2301, 331) zu stringenten Lösungen zu gelangen, die eine Umgehung erbrechtlicher Form- und Bindungsvorschriften und eine Benachteiligung der Nachlaßgläubiger verhindern. Angesichts der gefestigten Rspr zum Verhältnis von § 331 zu § 2301, zur Unzulässigkeit des Verfügungsvertrages zugunsten Dritter und zur Unanwendbarkeit des § 2301 auf befristete Schenkungen sowie angesichts des Meinungsstreits über die Kriterien des Schenkungsvollzuges im Sinne des § 2301 Abs 2 (zu diesen Problemen STAUDINGER/JAGMANN [1995] Vorbem 82 ff zu §§ 328 ff, § 328 Rn 7 ff, § 331 Rn 16 ff; STAUDINGER/KANZLEITER [1998] § 2301 Rn 10 ff, 18 ff, jeweils mwN) erscheint aber die Erzielung von Konsens über die richtigen Lösungen in absehbarer Zeit wenig wahrscheinlich. Die gegenwärtige Handhabung ist die, daß der Erblasser durch Vertrag mit seinem Schuldner einem Dritten zwar nicht eine bereits bestehende, wohl aber eine neu zu begründende Forderung zuwenden kann, wobei dann weder für die Leistungspflicht des Schuldners noch für den Rechtsgrund der Zuwendung im Verhältnis zwischen dem Erblasser bzw seinem Erben und dem Dritten die Wahrung einer Form erforderlich sein soll, auch wenn die Zuwendung nur für den Fall des Überlebens des Dritten gemacht wird; andererseits soll der Erblasser im Zweipersonenverhältnis dem Vertragspartner für den Fall seines Überlebens einen Anspruch auf eine unentgeltliche Zuwendung (auch einer bestehenden oder erst zu begründenden Forderung) nur unter Wahrung der Erbvertragsform verschaffen können, sofern nicht gewisse zusätzliche Bedingungen, über die im einzelnen Streit herrscht (Stichwort „lebzeitiger Vollzug"), erfüllt sind; auf die Erbvertragsform soll es jedoch wiederum nicht ankommen, wenn es dem Erblasser auch recht ist, daß im Falle des Vorversterbens des Vertragspartners dessen Erben Zuwendungsempfänger sind. Eine derart unterschiedliche Behandlung vergleichbarer Interessenlagen ist nicht durchdacht, und ihre Ergebnisse sind auf keine Gerechtigkeitserwägungen zurückzuführen.

133 Klare gesetzliche Grundlagen müßten auch für den im Grenzbereich zwischen Erbrecht und Gesellschaftsrecht liegenden Problemkreis der **Nachfolge in Anteile an Personengesellschaften** (hierzu STAUDINGER/MAROTZKE § 1922 Rn 168 ff) geschaffen werden (ebenso MünchKomm/LEIPOLD Einl 19). Die Neufassung des § 131 HGB hat hier die Probleme nicht beseitigt, sondern eher dupliziert, weil nunmehr für die Gesellschaft bürgerlichen Rechts und für die handelsrechtlichen Personengesellschaften jeweils von unterschiedlichen normativen Voraussetzungen auszugehen ist.

134 Das **Pflichtteilsrecht**, vom liberalen Standpunkt aus schon immer als unbequeme Schranke der Testierfreiheit abgelehnt, aus konservativer Sicht hingegen als Ausdruck der Familiengebundenheit des Vermögens verteidigt, wird neuerdings unter Berufung auf das ZGB der DDR in seinen Grundzügen zur Disposition gestellt. Der Anspruch der Abkömmlinge solle künftig von wirtschaftlicher Bedürftigkeit abhängig sein und eine Art von Unterhaltsersatz darstellen (KICK 178 ff; hierzu auch STAUDINGER/HAAS [1998] Vorbem 25 zu §§ 2303 ff), der Pflichtteil des Ehegatten hingegen erhöht werden (BERGER/MARKO/ORTH NJ 1990, 385; TRITTEL DNotZ 1991, 246; BOSCH FamRZ 1992, 999 f; entschieden dagegen FREYTAG ZRP 1991, 306 f). In solchen Vorschlägen drückt sich (eher unreflektiert) die Krise aus, in welche die Familie als Institution geraten ist (zur Infragestellung des Pflichtteilsrechts durch Reformvorstellungen im Bereich des Familienrechts vgl OTTE Verh d 59. DJT [1992] II M 222 ff). In der Diskussion sollte auch beachtet werden, daß der Sinn aller familienbezogenen Komponenten der Subventionierung von Vermögensbildung untergraben wird, wenn das Bürgerliche Recht den Gedanken der Familiengebundenheit des Vermögens fallen läßt (OTTE ZEV 1994, 196; zu weiteren, auch Details betreffenden Reformvorstellungen im Bereich des Pflichtteilsrechts vgl STAUDINGER/FERID/CIESLAR[12] Einl 25 ff zu § 2303 mwN).

8. Zur Auslegung erbrechtlicher Normen

135 Das Erbrecht ist in besonderem Maße durch Unterscheidungen von erheblicher rechtlicher (und oft auch wirtschaftlicher) Tragweite geprägt: gewillkürte/gesetzliche Erbfolge, widerrufliche/bindende Verfügungen, Rechtsgeschäfte unter Lebenden/Verfügungen von Todes wegen, Erbenstellung/Anspruch gegen den Nachlaß. Auch die Formbedürftigkeit der Verfügungen von Todes wegen und die meist „aufs Ganze gehenden" Rechtsfolgen von Ausschlagung, Anfechtung, Erbunwürdigkeit und Verzicht tragen zum „dichotomischen" Charakter dieses Rechtsgebietes bei. Solche auf klassifikatorischer Begriffsbildung beruhende Normierung kann schon bei geringfügigen Veränderungen auf der Sachverhalts- oder der Bewertungsebene zu gravierenden Änderungen der Rechtsfolgen führen. Daher fühlt sich die Rechtsanwendung immer wieder herausgefordert, nach Möglichkeiten zu suchen, wie die Auswirkung von Veränderungen des Sachverhalts auf die Rechtsfolgen abgemildert und vor allem die Alternative „alles oder nichts" vermieden werden kann.

136 Gewöhnlich ist diese Suche nicht von einem methodischen Konzept geleitet. Daher haftet ihren Resultaten oft Zufallscharakter an. SCHILCHER (Erbrecht und bewegliches System, JBl 1977, 57) hat demgegenüber vorgeschlagen, eine methodisch angeleitete Überwindung des dichotomischen Denkens im Erbrecht (konkret geht es ihm um die

Grenzziehung zwischen gewillkürter und gesetzlicher Erbfolge in Fällen der Testamentsnichtigkeit wegen Sittenwidrigkeit oder Formmangels nach österreichischem Recht, aber mit Ausblicken auf die deutsche Rspr zur Teilnichtigkeit beim „Mätressentestament" – hierzu STAUDINGER/OTTE [1996] Vorbem 184 f zu §§ 2064 ff) anhand der von WILBURG entwickelten *Lehre vom beweglichen System* zu wagen (in der deutschen erbrechtlichen Lit wurde diese Anregung, soweit ersichtlich, bisher nur aufgegriffen von KEYMER, Die Anfechtung nach § 2078 Abs 2 BGB und die Lehre von der Geschäftsgrundlage [1984] 182, 204 f). Hierzu ist zu bemerken: Die Lehre vom beweglichen System (grundsätzlich: WILBURG, Die Elemente des Schadensrechts [1941]; ders, Entwicklung eines beweglichen Systems im bürgerlichen Recht [1950]; ders, Zusammenspiel der Kräfte im Aufbau des Schuldrechts, AcP 163, 346; OTTE, Komparative Sätze im Recht – zur Logik eines beweglichen Systems, Jb f Rechtssoziologie u Rechtstheorie 2, 301; BYDLINSKI, Juristische Methodenlehre und Rechtsbegriff [2. Aufl 1991] 529; ders, Bewegliches System und Methodenlehre, in: Das Bewegliche System im geltenden und künftigen Recht [1986] 21; OTTE, Zur Anwendung komparativer Sätze im Recht, ebenda 271) ist notwendig, um Rechtsnormen als Ausdruck wertender Berücksichtigung bestimmter (nicht etwa beliebiger!) Faktoren zu verstehen. Insoweit hat sie für jedes Rechtsgebiet und sicher auch für das Erbrecht Gültigkeit. Ein derartiges Normverständnis kann auf die Rechtsanwendung durchschlagen in Gestalt von ausdehnender oder einschränkender Anwendung, Analogie oder teleologischer Reduktion. Das bedeutet Kompensation der Erfüllung oder Nichterfüllung eines Tatbestandsmerkmals, auf das es bei wörtlicher bzw unmittelbarer Anwendung der Norm ankäme, durch einen besonderen Grad der Ausprägung eines oder mehrerer anderer Faktoren, auf deren Bewertung die Norm beruht (Beispiel von SCHILCHER 58, 68 f nach STEINWENTER Zentralbl f d jur Prax 1937, 1: Unerheblichkeit des Formmangels wegen zweifelsfrei feststehenden Testierwillens und sittlicher Pflicht entsprechenden Testamentsinhalts [Erbeinsetzung als Dank für Rettung der wirtschaftlichen Existenz]). Man darf jedoch solche Kompensationen auch nach der Lehre vom beweglichen System nicht als stets und überall geboten ansehen, denn die Fassung der Norm hat immer auch die Funktion, die Frage nach der Relevanz von Faktoren bzw deren Ausprägungsgraden, die im Normtext nicht angesprochen sind, abzuschneiden. Es ist daher jeweils sorgfältig zu prüfen, ob die Wahrung dieser Funktion nicht den Vorzug vor der Berücksichtigung weiterer Umstände haben muß. Die Rechtssicherheit, die vor dem Erbfall möglichste Klarheit über die dem Erblasser zur Verfügung stehenden Gestaltungsmöglichkeiten und nach dem Erbfall möglichst feststehende, unberechenbarer richterlicher Wertung nicht unterworfene Rechtsverhältnisse verlangt, dürfte im Erbrecht sehr stark (und anders als im Schuldrecht) gegen ein Durchschlagen der Lehre vom beweglichen System auf die Rechtsanwendung sprechen. Das wird schon an SCHILCHERS Beispiel deutlich: Wenn der Erblasser später das formungültig errichtete Testament inhaltlich nicht mehr bejaht, könnte er nicht wissen, ob er es widerrufen muß, und wenn er stirbt, ohne widerrufen zu haben, müßte im Streitfall gerichtlich entschieden werden, wie zweifelsfrei seine Sinnesänderung gewesen sein muß, um beachtlich zu sein; die strenge Anwendung der Formvorschriften vermeidet diese Unsicherheiten und verdient daher den Vorzug.

Im Rahmen der auch im Erbrecht anwendbaren *Generalklauseln* der §§ 138, 242 ist **137** selbstverständlich die Berücksichtigung aller werthaltigen Faktoren und ihrer Ausprägungsgrade und damit auch kompensierendes Abwägen im Sinne der Lehre vom beweglichen System erforderlich. Gefahr droht für die Rechtssicherheit und für die Praktikabilität der Handhabung erbrechtlicher Normen aber von unbedachter Ausdehnung des Geltungsbereichs der Generalklauseln. Das hat die (überwundene) Rspr zur „Aushöhlungsnichtigkeit" gezeigt (hierzu STAUDINGER/KANZLEITER [1998] § 2286 Rn 13 ff) und zeigt noch die Rspr zu den formlosen (Hof-)Erb- und Übergabeverträgen (hierzu STAUDINGER/KANZLEITER[12] § 2276 Rn 14 ff; zuletzt OTTE, in: FS Kroeschel [1997] 915). Auch die frühere überzogene Rspr zum Mätressentestament (vgl STAUDINGER/OTTE [1996] Vorbem 164 ff zu §§ 2064 ff) wäre hier zu nennen.

138 Versuche, größeren Spielraum für die Interpretation erbrechtlicher Normen zu gewinnen, bedienen sich gelegentlich der *Berufung auf sozialen Wandel* (Beispiele s STAUDINGER/OTTE[12] Rn 110). Es ist zwar richtig, daß die Neuinterpretation einer Norm angezeigt ist, wenn die Verhältnisse, die zu ihrer Setzung geführt haben, nicht mehr bestehen. Zu beachten ist jedoch, daß erbrechtliche Normen primär die Regelung privater Interessenkonflikte bezwecken und nur sekundär und keineswegs in jedem Falle auch gesellschaftliche Steuerung. Die für den Erlaß erbrechtlicher Normen *maßgeblichen* Verhältnisse sind also (anders als etwa bei polizei- und ordnungsrechtlichen Normen) nicht in erster Linie durch die absolute oder relative Häufigkeit bestimmter Sachverhalte gekennzeichnet, sondern durch die Qualität der konfligierenden Interessen. Diese bleibt von statistisch erfaßbaren Veränderungen weitgehend unberührt. Treffend hat das vLÜBTOW (in: FS Bosch [1976] 573 ff) in seiner Kritik an der Entscheidung BGHZ 59, 210 gezeigt. Der BGH hatte dort – in Abweichung von der bisherigen Rspr und gegen die einhellige Meinung in der Lit – dem Ehegatten den Pflichtteilsergänzungsanspruch wegen Schenkungen aus der Zeit *vor* der Eheschließung mit der Begründung versagt, die sozialen Verhältnisse hätten sich, insbesondere bezüglich der Zusammensetzung vererblichen Vermögens, seit dem Ausgang des 19. Jahrhunderts wesentlich verändert. Dabei blieb aber – ganz abgesehen davon, daß Wortlaut und Entstehungsgeschichte der §§ 2325 ff eindeutig gegen die neue Auslegung sprechen (vgl vLÜBTOW 584 ff) – „völlig rätselhaft" (vLÜBTOW 599), was die Absicherung des Ehegattenpflichtteils gegen beeinträchtigende Schenkungen mit den sozialen Verhältnissen im allgemeinen und der Struktur vererblichen Vermögens im besonderen zu tun haben soll. Die Herstellung eines Zusammenhangs mit der in § 2325 entschiedenen Frage, ob die Pflichtteilsberechtigung im Zeitpunkt der Schenkung oder im Zeitpunkt des Erbfalles bestehen muß, ist willkürlich. Da der Gesetzgeber mit der Norm einen schon damals vorkommenden Interessenkonflikt geregelt hat, dessen Bedeutung für die Beteiligten sich in den zurückliegenden fast 100 Jahren nicht geändert hat, ist ein Anlaß zur Uminterpretation des Gesetzes wegen sozialen Wandels nicht ersichtlich (zur verfassungsrechtlichen Problematik dieser Rspr, auch in ihrer neuerlichen Zuspitzung durch BGH NJW 1997, 2676, s Rn 82a u STAUDINGER/HAAS [1998] § 2325 Rn 65 f mwN).

III. Zeitliche und räumliche Geltung des Erbrechts

1. Zeitlicher Geltungsbereich

139 Das Erbrecht des BGB gilt für Erbfälle seit dem 1. 1. 1900 (Art 213 EGBGB). Die vor dem 1. 1. 1900 erfolgte Errichtung oder Aufhebung einer Verfügung von Todes wegen, desgleichen die Bindungswirkung einer vor dem 1. 1. 1900 errichteten Verfügung werden jedoch auch bei späteren Erbfällen nach dem älteren Recht beurteilt, Art 214 EGBGB. Dasselbe gilt für die Errichtung und die Wirkungen eines vor dem 1. 1. 1900 geschlossenen Erbverzichts sowie eines auf die Aufhebung eines Erbverzichts gerichteten Vertrages, Art 217 EGBGB (wegen der Einzelheiten vgl STAUDINGER/ MAYER [1998] Vorbem zu Art 213 ff EGBGB und Erl zu Art 213 f, 217 EGBGB). Im Beitrittsgebiet galt vom 1. 1. 1976 bis zum 2. 10. 1990 das ZGB (s o Rn 110). Der EinigsV hat dort das Erbrecht des BGB nach Maßgabe des Art 235 EGBGB wieder in Kraft gesetzt. Bzgl der vor dem 3. 10. 1990 erfolgten Errichtung oder Aufhebung einer Verfügung von Todes wegen sowie der Bindungswirkung eines gemeinschaftlichen Testaments enthält Art 235 § 2 EGBGB eine dem Art 214 EGBGB entsprechende Regelung.

Die Auslegung einer *vor* dem 1. 1. 1900 errichteten Verfügung unterliegt, falls der **140** Erbfall *nach* diesem Zeitpunkt eingetreten ist, den Vorschriften des BGB. Jedoch können altrechtliche Vorstellungen den Erblasserwillen geprägt und daher für Inhalt der Verfügung Bedeutung behalten haben (vgl STAUDINGER/MAYER [1998] Art 214 EGBGB Rn 36 f). Altrechtliche Verhältnisse können auch noch für die Ermittlung des Erblasserwillens bei Testamentserrichtung *nach* Inkrafttreten des neuen Rechts heranzuziehen sein (vgl STAUDINGER/OTTE [1996] Vorbem 62 u 75 zu §§ 2064 ff).

Bzgl des Inkrafttretens und der Übergangsregelungen von Gesetzesänderungen im **141** Erbrecht (so Rn 31 ff) wird auf die Erläuterungen zu den betreffenden Vorschriften verwiesen. Für das *gesetzliche Erbrecht* sind vor allem von Bedeutung das GleichberG (hierzu STAUDINGER/THIELE [1994] Einl 39 zu § 1363), das NichtehelG (STAUDINGER/ WERNER Vorbem 34a ff zu §§ 1924 ff), das AdoptG (STAUDINGER/WERNER Vorbem 46 ff zu §§ 1924 ff) und das ErbGleichG (STAUDINGER/WERNER Vorbem 34 u 45a ff zu §§ 1924 ff), für die Errichtung von Verfügungen von Todes wegen das TestG (hierzu STAUDINGER/BAUMANN [1996] Vorbem 4 ff zu §§ 2229 ff), das GesEinG (STAUDINGER/BAUMANN [1996] Vorbem 23 ff zu §§ 2229 ff) und das BeurkG (STAUDINGER/BAUMANN [1996] Vorbem 26 ff zu §§ 2229 ff). Alle Änderungen in der gesetzlichen Erbfolge können von Bedeutung *für die Auslegung von Verfügungen von Todes wegen* sein, und zwar unabhängig davon, ob diese *vor* oder *nach* dem Inkrafttreten der betreffenden Änderung errichtet worden sind (vgl hierzu STAUDINGER/OTTE [1996] § 2066 Rn 7 ff, § 2068 Rn 4 u 7 f, § 2069 Rn 3 u 19).

2. Internationales Erbrecht*

Das IPRG v 25. 7. 1986 (BGBl I 1142) hat auch das internationale Erbrecht neu ge- **142** regelt (zum zeitlichen Anwendungsbereich dieser Neuregelung vgl Art 220 Abs 1 EGBGB; STAUDINGER/DÖRNER [1998] Art 220 EGBGB Rn 53 ff u STAUDINGER/DÖRNER [1995] Art 25 EGBGB Rn 7 ff). An die Stelle der Art 24–26 EGBGB aF sind die Art 25, 26 nF getreten. Das Erbstatut richtet sich jetzt grundsätzlich nach dem Recht des Heimatstaates (Art 25 Abs 1). Die Ausnahmen, die Art 24 Abs 1, 25 S 2 aF von diesem Grundsatz machten, gelten nicht mehr. Ein Ausländer kann jedoch für sein im Inland

---

* **Schrifttum**: vBAR, Internationales Privatrecht II (1991) § 3; EBENROTH § 18; FERID, Internationales Privatrecht (3. Aufl 1986) § 9; FERID/ FIRSCHING/LICHTENBERGER, Internationales Erbrecht, Loseblatt-Sammlung (4. Aufl Stand Juni 1998); FIRSCHING/vHOFFMANN, Internationales Privatrecht (5. Aufl 1997) § 23 ff; FLICK/ PILTZ, Der internationale Erbfall (1999); KEGEL, Internationales Privatrecht (7. Aufl 1995) § 21; KROPHOLLER, Internationales Privatrecht (3. Aufl 1997) § 51; LÜDERITZ, Internationales Privatrecht (2. Aufl 1992) 206; SCHOTTEN, Das internationale Privatrecht in der notariellen Praxis (1995) § 7; SIEHR, Das internationale Erbrecht nach dem Gesetz zur Neuregelung des IPR, IPRax 1987, 4.

belegenes unbewegliches Vermögen die Geltung deutschen Erbrechts wählen (Art 25 Abs 2 nF). Die Form letztwilliger Verfügungen richtet sich nicht mehr nach Art 11 aF, sondern nach Art 26 Abs 1–3 nF. Diese Formvorschriften entsprechen (mit Ausnahme von Art 26 Abs 1 Nr 5) den Art 1 Abs 1 u 3, 2, 4 und 5 des Haager Übereinkommens über das Internationale Privatrecht der Form testamentarischer Verfügungen v 5. 10. 1961. Insoweit kann auf die Erl dieses Übereinkommens (STAUDINGER/DÖRNER [1995] Vorbem 37 ff zu Art 25 f EGBGB) verwiesen werden. Die Regelung gilt gem Art 26 Abs 4 auch für Erbverträge. Die Gültigkeit einer Verfügung von Todes wegen und ihre Bindungswirkung bestimmen sich nach dem Recht, das im Zeitpunkt der Verfügung für die Erbfolge maßgebend wäre (Art 26 Abs 5 S 1). Einmal erlangte Testierfreiheit wird durch eine Änderung der Staatsangehörigkeit nicht berührt (Art 26 Abs 5 S 2).

Erster Abschnitt
Erbfolge

§ 1922

[1] **Mit dem Tode einer Person (Erbfall) geht deren Vermögen (Erbschaft) als Ganzes auf eine oder mehrere andere Personen (Erben) über.**

[2] **Auf den Anteil eines Miterben (Erbteil) finden die sich auf die Erbschaft beziehenden Vorschriften Anwendung.**

Materialien: E I §§ 1749, 1750; II § 1799 rev § 1900; III § 1898; Mot V 1–3; Prot V 1–3; STAUDINGER/BGB-Synopse 1896–2000 § 1922.

Schrifttum

A BENDER, Das postmortale Einsichtsrecht in Krankenunterlagen – ein zivilrechtliches Spannungsverhältnis zwischen ärztlicher Dokumentation und Schweigepflicht (1998)
DAUNER-LIEB, Unternehmen in Sondervermögen (1998)
DIETZEL, Untergang statt Fortbestand – Zur Abgrenzung der unvererblichen Rechtsbeziehungen im Schuldrecht (1991)
DÖRNER, Das Erbrecht als subjektives Recht, in: FS Ferid (1988) 57
ESCHER, Die Vererbung von Eigenheimen auf ehemals volkseigenen Grundstücken (1997)
MUSCHELER, Die erbrechtliche Universalsukzession, Jura 1999, 234 ff, 289 ff
SCHACK, Weiterleben nach dem Tode – juristisch betrachtet, JZ 1989, 609

WINDEL, Über die Modi der Nachfolge in das Vermögen einer natürlichen Person beim Todesfall (1998).
Vgl ferner die unten im Textzusammenhang angegebenen Beiträge, das bei STAUDINGER/ BOEHMER[11] als Fußnote zu § 1922 abgedruckte Verzeichnis älteren Schrifttums (unterteilt in solches zum „bürgerlichen Tod" und zur Todeserklärung [dazu unten Rn 4, 7 f] und solches zu den Begriffen „Vermögen" und „Gesamtrechtsnachfolge" [dazu unten Rn 41 ff, 64 ff, 113 ff]) sowie als weitere Fundstelle einiger der unten zitierten Abhandlungen von GUSTAV BOEHMER: BOEHMER, Zur Entwicklung und Reform des deutschen Familien- und Erbrechts, ausgewählte Schriften, herausgegeben von KARL F KREUZER (1970).

Systematische Übersicht

A. Der Erbfall

I. Tod einer Person — 1

II. Begriff und Zeitpunkt des Todes — 4

III. Beweis des Todes
1. Im Allgemeinen — 6
2. Bei Verschollenheit — 7

IV. Die Rechtslage vor dem Erbfall
1. Allgemeines — 9
2. Die sog „vorweggenommene Erbfolge" — 10
3. Die Rechtsstellung des künftigen Erben — 11
4. Sicherungsgeschäfte zugunsten des künftigen Erben — 16
5. Feststellungsklagen zu Lebzeiten des Erblassers — 19
   a) Prozesse ohne Beteiligung des Erblassers — 20
   b) Prozesse gegen den Erblasser — 23
   c) Der Erblasser als Kläger — 26

B. Der Erblasser — 27

C. Der Erbe

I. Begriff — 29

II. Erbfähigkeit — 31

III. Berufung zum Erben — 33

IV. Zeitpunkt des „Erbe-Werdens" — 34

V. Nachträgliche Dispositionen über die Erbenstellung — 36

VI. Prozessuale Durchsetzung des Erbrechts — 40

D. Der Vermögensübergang auf den oder die Erben

I. Übergang statt Untergang — 41

II. Vonselbsterwerb mit Ausschlagungsmöglichkeit (Anfallprinzip) — 42

III. Grundsatz der Gesamtrechtsnachfolge (Universalsukzession)
1. Fortsetzung der Rechts- und Pflichtstellung des Erblassers — 44
2. Übergang des Vermögens „als Ganzes" — 46
   a) Allgemeines — 46
   b) Keine Sonderguts- oder Einzelrechtsnachfolge / kein dingliches Vermächtnis — 47
   c) Keine Erbeinsetzung auf einzelne Nachlaßgegenstände — 51
   d) Einheitliche Form — 52

IV. Ausnahmen von der Gesamtrechtsnachfolge
1. Unvererbliche Rechtspositionen — 53
2. Sukzessionen „am Erbrecht vorbei" — 54
   a) Kraft Gesetzes — 54
   b) Kraft Rechtsgeschäfts — 55
3. Sondererbfolgen — 62

V. Rechtspolitische Würdigung der Gesamtsrechtsnachfolge — 63

E. Die Rechtslage nach dem Übergang der Erbschaft

I. Übergang auf mehrere Erben
1. Der Nachlaß als „gemeinschaftliches Vermögen" iSd § 2032 Abs 1 — 64
   a) Grundsatz — 64
   b) Ausnahmen — 66
2. Der „Anteil eines Miterben (Erbteil)" gem § 1922 Abs 2 — 67
   a) Begriff — 67
   b) Anwendbare Vorschriften — 69

1. Abschnitt. Erbfolge

3.	Keine Verfügungen über die Erbschaft im Ganzen	71
II.	**Übergang auf einen Alleinerben**	
1.	Verschmelzung von Erbschaft und bisherigem Vermögen des Erben	72
2.	Konsequenzen	73
3.	Ausnahmen	78
a)	Bei Übergang auf Miterben	78
b)	Bei Übergang auf einen Vorerben	79
c)	Bei Testamentsvollstreckung	80
4.	Nachträgliche Trennung des Nachlasses vom Eigenvermögen des Erben	81
a)	Bei Ausschlagung der Erbschaft bzw Anfechtung der Annahme	81
b)	Sonstige rückwirkende Dispositionen	82
c)	Eintritt der Nacherbfolge	83
d)	Haftungs- und gläubigerbezogene Vermögenstrennung durch Nachlaßverwaltung, Nachlaßinsolvenzverfahren etc	84
e)	Vermögenstrennung durch Erbschaftskauf, Erbvergleich oder unberechtigten Erbschaftsbesitz?	85
5.	Der Nachlaß als Sondervermögen	88
a)	Der rechtlich isolierte Nachlaß	88
b)	Der mit dem Vermögen des Erben verschmolzene Nachlaß	89
6.	Keine Verfügungen über die Erbschaft im Ganzen	96
a)	Grundsatz	96
b)	Ausnahmen	97
III.	**Begriffe**	
1.	„Erbschaft" und „Erbteil"	101
2.	„Erbschaft" und „Nachlaß"	102
3.	„Erbschaft (Nachlaß)" / „Eigenvermögen (Privatvermögen)" / „Gesamtvermögen"	104
4.	Zusammenfassung	108
5.	Stellenwert der Begriffe	112
F.	**Die vererblichen Rechtsstellungen im einzelnen**	
I.	**Allgemeine Umschreibung**	
1.	Nicht nur „Vermögen" iSd § 1922 Abs 1	113

2.	Verbindlichkeiten	114
3.	Kriterien zur Grenzziehung zwischen Vererblichkeit und Unvererblichkeit	115
II.	**Körper und Persönlichkeitsrechte des Erblassers**	
1.	Der Körper des Erblassers	117
2.	Persönlichkeitsrechte	131
3.	Ansprüche aus vor dem Erbfall erfolgten Körper- oder Persönlichkeitsrechtsverletzungen	132
4.	Selbständige Entschädigungsansprüche Hinterbliebener	134
III.	**Familienrechtliche Positionen**	
1.	Personenrechtliche	135
2.	Vermögensrechtliche	147
IV.	**Amtsrechte, gesetzliche Vertretungsverhältnisse**	156
V.	**Rechtsgeschäftlich begründete Vertretungsmacht, Verfügungsmacht, Treuhand**	159
VI.	**Mitgliedschaftsrechte**	161
1.	Erben- und sonstige Rechtsgemeinschaften	162
2.	Eheliche und fortgesetzte Gütergemeinschaft	163
3.	Verein und Genossenschaft	164
a)	Rechtsfähiger Verein	164
b)	Nicht-rechtsfähiger Verein	165
c)	Versicherungsverein auf Gegenseitigkeit (VVaG)	166
d)	Genossenschaft	167
4.	Personengesellschaft	168
a)	Gesellschaft des bürgerlichen Rechts	168
b)	Offene Handelsgesellschaft (OHG)	169
aa)	Vererblichkeit der Mitgliedschaft	169
α)	Die Rechtslage vor dem 1. 7. 1998	169
β)	Die Rechtslage seit dem 1. 7. 1998	172
γ)	Kritik des neuen Rechts	173
bb)	Grenzen der Vererblichkeit; Besonderheiten des § 139 HGB	174
cc)	Nachfolgeregelungen „am Erbrecht vorbei"	175
dd)	Anteilsvererbung auf (einzelne oder mehrere) Miterben	176

α)	Liquidationsgesellschaft	177		bb)	Sekundärrechte und -pflichten	244
β)	Werbende Gesellschaft	178		b)	Zwischen Mitberechtigten	245
ee)	Vor- und Nacherben	185		c)	Zwischen dinglich Berechtigtem und Dritten	246
ff)	Nachlaßzugehörigkeit ererbter OHG-Anteile	186		aa)	Primäre Unterlassungs-, Beseitigungs- und Herausgabeansprüche	246
gg)	Testamentsvollstreckung	190		bb)	Sekundäre Ersatzansprüche	247
hh)	Zweigliedrige Gesellschaft	191				
ii)	Sonstiges	192		**XII.**	**Besitz**	
c)	Kommanditgesellschaft (KG)	193		1.	Geschichtliches und Rechtsvergleichendes	248
aa)	Tod eines Komplementärs	193		2.	Vererblichkeit gem § 857	249
bb)	Tod eines Kommanditisten	194		a)	Vererblichkeit des „Besitzes"	249
cc)	GmbH & Co KG	199		b)	Unvererblichkeiten von „Gewahrsam" und „Besitzdienerschaft"	250
dd)	Kommanditgesellschaft auf Aktien (KGaA)	200		3.	Arten des Erbenbesitzes	251
d)	Partnerschaftsgesellschaft	201		4.	Gut- oder bösgläubige Besitzinnehabung	253
e)	Europäische wirtschaftliche Interessenvereinigung (EWIV)	202		5.	Bedeutung des ererbten Besitzes	257
f)	Stille Gesellschaft	203				
aa)	Tod des Geschäftsinhabers	203		**XIII.**	**Sonstige Rechtsscheinstellungen**	263
bb)	Tod des „Stillen"	204				
g)	Partenreederei	207		**XIV.**	**Immaterialgüterrechte**	267
5.	Kapitalgesellschaft	208				
a)	GmbH	208		**XV.**	**Wettbewerbsbezogene Abwehrrechte**	
b)	Aktiengesellschaft	214		1.	Gesetzliche	271
6.	Stiftung	217		2.	Vertragliche	272
VII.	**Handelsgeschäft und Unternehmen**	218		**XVI.**	**Schadens-, Delikts- und Bereicherungsrecht**	273
VIII.	**Landgüter und Höfe**	224				
				XVII.	**Vertragliche Schuldverhältnisse**	
IX.	**Heimstätten**	227		1.	Nichtvermögensrechtliche	275
				2.	Verträge über Werk-, Dienst-, Geschäftsbesorgungs- und sonstige Arbeitsleistungen	276
X.	**Erbrechtliche Stellungen**			a)	Tod des „Arbeitspflichtigen"	276
1.	Allgemeines	228		b)	Tod des Auftraggebers, Dienstherrn, Arbeitgebers etc	278
2.	Dingliche Nachlaßbeteiligungen	229		3.	Mäklervertrag	281
3.	Schuldrechtliche Nachlaßbeteiligungen	234		4.	Gebrauchs- und Nutzungsverhältnisse	282
XI.	**Sachenrechtliche Positionen**			5.	Dauerschuldverhältnisse	284
1.	Grundsätzliches zur Vererblichkeit	236		a)	Vererblichkeit, Auflösbarkeit	284
2.	Subjektiv-dingliche Rechte	237		b)	Übergang der Rechte und Pflichten in das „Rechtsleben" des Erben	285
3.	Höchstpersönliche Rechte	238		6.	Versicherungen, Bankkonten, Wertpapiere, Bausparverträge	286
4.	„Unfertige" dingliche Rechtsstellungen	239				
5.	Schuldverhältnisse aus dinglichem Recht	241				
a)	Zwischen Eigentümer und beschränkt dinglich Berechtigtem	241				
aa)	Primärrechte und -pflichten	242				

1. Abschnitt. Erbfolge

7.	Vorverträge über Darlehen, Leihe, Verwahrung usw	288
8.	Schenkungs- und Mitgiftverträge	289
9.	Sonstiges	290

XVIII. Sicherungs-, Hilfs- und Nebenrechte ___ 293

XIX. Gestaltungsrechte und Ähnliches ___ 299

XX. Vertraglicher Ausschluß der Vererblichkeit ___ 302

XXI. Schwebelagen aus angebahntem Rechtsverkehr
1. Überblick ___ 303
2. Eingrenzung des Themas ___ 305
3. Durch Tod unterbrochene Vertragsanbahnungen ___ 306
   a) Allgemeines ___ 306
   b) Dingliche Verträge ___ 308
   c) Mangelnde Geschäftsfähigkeit, Verfügungs-, Verpflichtungs- oder Vertretungsmacht ___ 310
   aa) Auf seiten des Erblassers ___ 310
   bb) Auf seiten des Erben ___ 317
   d) Sonderfälle (§§ 791, 794 Abs 2, 657, 873 Abs 2, 875 Abs 2, 313, 518, 766) ___ 318
   e) Vollmachtlose Vertretung ___ 319
   f) Vom Erblasser erteilte Vollmachten ___ 320
   g) Sonstige vom Erblasser erteilte Einwilligungen (insbes Verfügungsermächtigungen) ___ 324

XXII. Prozeßlagen ___ 329
1. Zivilprozessuale Rechtslagen ___ 330
   a) Bedeutung des Streitgegenstandes ___ 330
   b) Eintritt bzw Einbeziehung des Erben in das Verfahren ___ 332
      aa) Erkenntnisverfahren ___ 332
      bb) Zwangsvollstreckung ___ 337
      cc) Prozeßkosten ___ 338
   c) Prozeßverträge ___ 339
2. Freiwillige Gerichtsbarkeit ___ 340
3. Verwaltungsverfahren, Verwaltungsgerichtsprozeß ___ 342
4. Strafprozeß ___ 343

G. Nachfolge von Todes wegen im öffentlichen Recht

I. Anwendbarkeit der §§ 1922, 1967 BGB auch im öffentlichen Recht? ___ 351

II. Sondernachfolgen außerhalb des allgemeinen Erbrechts ___ 353

III. Sozialrecht
1. Ansprüche auf Sozialleistungen ___ 354
2. Hinterbliebenenversorgung aus der gesetzlichen Sozialversicherung ___ 359
3. Rückerstattung von Sozialversicherungsbeiträgen ___ 360
4. Rückerstattung von Sozialleistungen ___ 362
5. Ersatzpflichten des Erben ___ 364

IV. Beamtenrecht ___ 365

V. Gewerbeberechtigungen ___ 369

VI. Steuerrecht ___ 370

VII. Sonstiges ___ 372

H. Recht der ehemaligen DDR ___ 380

Alphabetische Übersicht

Abfindungsansprüche
– aus Sozialplänen ___ 277
– gesellschaftsrechtliche ___ 57, 173 ff, 175
– weichender Erben ___ 57, 175, 183 f, 188, 235
Abschreibung, steuerliche ___ 371
Abtretung ___ 45, 186 f
Abwehrrechte, wettbewerbsbezogene ___ 271 f
– gesetzliche ___ 271
– vertragliche ___ 272
Adelstitel ___ 146
Adoption ___ 144 f
Aktiengesellschaft ___ 58, 214 ff
Alleinerbe ___ 72
Altenheim ___ 280, 298

Altenpflegevertrag — 280
Altenteil — 115, 234, 238
Altershilfe für Landwirte — 354
Amtsstellungen — 156 ff, 233, 275, 365 ff
Aneignungsrechte — 236
Anerbenrecht, höferechtliches — 224, 237, 242
Anfallprinzip — 42, 72
Anfechtungsrecht
- bzgl Adoptionsvertrag — 145, 322
- bzgl Vaterschaft — 141
- nach BGB — 299
- nach AnfG oder InsO — 294, 299
Ankaufsrecht — 290
Annahme
- als Kind vgl „Adoption"
- der Erbschaft — 69, 72, 76, 81, 230
- eines Vertragsangebots — 306 ff
Anteil vgl „Erbteil", „Mitgliedschaftsrechte"
Anwachsungsklausel, gesellschaftsvertragliche — 57, 172, 175
Anwartschaftsrecht
- allgemein — 23, 26, 230, 239 f
- auf Fruchterwerb — 259 ff
- aus begonnenem Rechtsverkehr — 308 f, 318
- bei Eigentumsvorbehalt — 240
- bei Ersitzung — 253 ff
- bei Hypothekenerwerb — 240
- des künftigen Erben — 11 ff, 23, 26, 228 ff
- des Nacherben — 15, 38, 62, 71, 97, 228, 231
- des Pflichtteilsberechtigten — 24 f, 228
- des Vermächtnisbedachten — 228
- Vererblichkeit — 228, 239 f
Anweisung — 222, 318
Anzeigepflicht des Erben — 307
Apotheke — 192, 369
Arbeitsförderung — 354
Arbeitsverhältnis — 276 ff
Architekt — 294
Arzt — 220, 280, 296 ff
Auflage — 234, 294
Auflösung
- von Dauerschuldverhältnissen — 284
- von Gesellschaften — 169 ff, 177, 188, 194 ff, 199, 202 ff, 207 f
- vgl auch „Fortsetzungsklausel"
Aufrechnung — 77 f, 84
Auftrag — 278, 324
Ausbildungsförderung — 354
Auseinandersetzungsguthaben — 186 f

- vgl auch „Erbauseinandersetzung"
Ausgleichsanspruch vgl „Abfindungsanspruch", „Versorgungsausgleich", „Zugewinnausgleich"
Auskunft — 149, 156, 198, 276, 287, 294 ff
Auslandsberührung — 7, 28, 31 f
Auslobung — 318
Ausschlagung der Erbschaft — 36, 42, 69, 72, 75, 81, 100, 229, 299
Ausschlußklausel
- gesellschaftsvertragliche — 57 f, 174 f, 208
- gesetzliche (für OHG) — 172 ff
Aussteueranspruch — 289
Automatenaufstellungsvertrag — 284

Bankgeheimnis — 287, 296 ff
Bankguthaben — 287
Bankkonto — 287
Bankvollmacht — 287, 322 f
Baugenehmigung — 372
Bauherrenprivileg — 375
Baurecht — 342, 372
Bausparvertrag — 287 f, 371
Beamte — 365 ff
Beerbung bei lebendigem Leib — 2, 4
Beerdigung vgl „Bestattung"
Beihilfeansprüche des Beamten — 367, 368
Beitragserstattungsansprüche — 360 f
Beitrittsgebiet vgl „DDR"
Bereicherung vgl „ungerechtfertigte Bereicherung"
Berichtigung des Grundbuchs — 266
Berufsstellungen — 223
Berufung zum Erben — 33
Beschlagnahme — 344 f
Beseitigungsansprüche des Erblassers — 269 f
- gegen unlauteren Wettbewerb — 271
Besitz — 157, 248 ff
- deliktischer — 252, 260, 274
- Eigen-/Fremd- — 252
- mittelbarer/unmittelbarer — 251
Besitzaufgabe, Recht zur — 295
Besitzdienerschaft — 250
Besitzer, gut- oder bösgläubiger — 253 ff
Besitzschutz des Erben — 257 f
Bestattung — 118 ff
- Feuer- — 119 ff, 128
- Kosten — 118, 130, 150, 238
Beweislast — 329

1. Abschnitt. Erbfolge

Betreuung — 118, 156 ff, 296
Bezugsrechte — 209, 215
Bierlieferungsvertrag — 284
Bild, Recht am eigenen — 268
Bodenreform — 54, 224, 236
Bonifatius-Fall — 251, 308
Bürgschaft — 222, 288, 293

confusio bonorum vgl „Vermögensverschmelzung"

Darlehen — 288
Datenschutz — 131
Dauerschuldverhältnis — 284 f
Dauerwohnrecht — 54, 236
DDR 7, 47, 54, 119, 132, 224, 236, 342, 346, 379
Delikt vgl „unerlaubte Handlung", „Haftung"
Dienstbarkeit — 238, 291
Dienstbezüge des Beamten — 366
– Rückzahlung — 368
Dienstvertrag — 276 ff
Dingliche Rechte — 236 ff
Dingliches Vermächtnis — 47 ff, 237
„Dreißigster" — 234

Ehe — 136 ff, 163, 316 f
Eidesstattliche Versicherung — 276, 294
Eigengläubiger vgl „Gläubiger"
Eigentum/Miteigentum des Erblassers 236, 262
Eigentumsvermutung — 262
Eigentumswohnung — 162, 302
Eigenverbindlichkeit — 108 f
Eigenvermögen — 104 ff, 108 ff
Einbenennung — 146
Einlage in Gesellschaft — 174, 195 f, 203
Eintrittsklausel — 57, 175
Einwilligung
– des Erblassers — 324 ff
– unwiderrufliche — 326
– Verpflichtung des Erben zur — 325
Einzelrechtsnachfolge vgl „Sonderrechtsnachfolge"
Einziehung
– von Forderungen (Ermächtigung hierzu) — 159, 324
– von Gesellschaftsanteilen — 58, 208, 214
– von Vermögen des Straftäters — 345
Elterliche Sorge — 138 ff, 341

Entmündigungsverfahren, Tod eines Beteiligten — 330
Entschädigungsansprüche
– des Erblassers — 269 f
– Hinterbliebener — 134
– öffentlich-rechtliche — 377
Entziehung des Sorgerechts — 341
Erbanwartschaft — 11 ff, 229 ff
Erbauseinandersetzung — 47 ff, 105 f, 341
Erbausgleich, vorzeitiger — 25 f, 234
Erbbaurecht — 236
Erbe — 29 ff, 103
– Berufung zum — 33
– Haftung vgl „Haftung des Erben"
– Verfügungsbefugnis über Nachlaß — 75 ff, 78 ff
– Zeitpunkt des „Erbe-Werdens" — 34
Erbengemeinschaft — 64 f, 162
Erbenhaftung vgl „Haftung"
Erbenstellung
– potentielle/künftige Erben — 11 ff
– Disposition über — 36 ff
– nach Übergang der Erbschaft — 64 ff
Erbersatzanspruch — 29, 234
Erbeserbe — 229 f
Erbfähigkeit — 31 f
Erbfall — 1 ff
– vgl auch „Tod"
Erbfolge
– gesetzliche und gewillkürte — 13 f, 33
– vorweggenommene — 10, 17
– vor dem Erbfall — 9
Erblasser — 27 f
Erbrechtliche Positionen, Weitervererblichkeit — 228 ff
Erbschaft — 101 ff
– Anfall — 42
– Anfechtung — 36, 81
– Annahme — 42, 230
– Ausschlagung — 36, 42, 81, 100
– Übergang — 41
– Verfügung über — 71 ff, 96 ff
– vgl auch „Nachlaß"
Erbschaftsanspruch — 94, 97 ff
Erbschaftsbesitz, unberechtigter — 85, 87, 98
Erbschaftskauf — 85, 96 f
Erbschaftsteuer — 182
Erbstatut — 25 f
Erbteil — 67 ff, 101, 111
Erbunwürdigkeit — 36, 82, 229

Erbvergleich — 38, 85 f
Erbvertrag — 14, 16, 23
Erbverzicht — 25 f, 38, 234
Erfindung — 268 ff, 277
Erinnerungsstücke — 47
Erkenntnisverfahren, Eintritt des Erben — 332 ff
Ermächtigungen — 159, 324
Ersatz des immateriellen Schadens, Anspruch auf — 269
Ersatzpflichten der Erben eines Sozialhilfeempfängers — 364
Ersitzung — 240, 253 ff, 258 f
Erstattungsanspruch — 360 f
Erstattungspflicht — 357, 362 f, 368
Erwerbsaussicht des Erben — 11 ff, 228, 239
– bei gesetzlicher Erbfolge — 13
– bei Verfügung von Todes wegen — 14
– Sicherung — 16
Erwerbsaussicht des Nacherben — 15
Erziehungsgeld — 354
Europäische wirtschaftliche Interessenvereinigung — 57, 202
Exhumierung — 124 ff, 130

Fahrlehrer — 369
Fahrzeughalter — 261
falsus procurator, Erblasser als — 313 f
Familienerinnerungsstücke — 47
Familienname — 146, 267
Familienrechtliche Positionen — 135 ff
Familienrechtsprozeß, Tod einer Partei — 330
Fehlbelegungsverbot — 376
Feststellungsklage
– des Erblassers — 26
– des potentiellen Erben — 19 ff
– sonstiger potentieller Nachlaßbeteiligter — 19 ff
Feuerbestattung — 119 ff
Finder — 240
Firma — 218 f, 267
Fischereirechte — 236 f
Formvorschriften — 52, 318
Fortgesetzte Gütergemeinschaft — 60, 148, 163
Fortsetzungsklausel, gesellschaftsvertragliche — 57 f, 171 ff, 178 f, 211
– vgl auch „Nachfolgeklausel"
Freiwillige Gerichtsbarkeit, Verfahren bei Tod eines Beteiligten — 340 f
Fruchterwerb — 240, 253 ff, 258 ff

Gaststätte — 369
Gebäudeeinsturz — 261
Gebrauchserlaubnis, öffentlich-rechtliche — 374
Gebrauchsmuster — 268
Gebrauchsüberlassungsverträge — 282 f
Gefahrenquelle, Haftung für — 261
Gegendarstellungsanspruch — 131
Geldstrafen — 343
Genossenschaft — 58, 167
Gerichtsstandsvereinbarung — 222, 339
Gesamtgutsanteil — 136, 148, 163
Gesamthänderische Bindung — 64 ff, 102, 106 ff, 176 ff
Gesamtrechtsnachfolge — 44 ff, 49
– Ausnahmen — 53 ff
Gesamtvermögen des Erben — 104, 111
Geschäftsanteil an GmbH — 58, 208 ff, 302
Geschäftsbesorgungsvertrag — 276 ff
Geschäftsfähigkeit
– des Erblassers — 310 ff
– des Erben — 317
Geschäftsgrundlage — 235, 299
Geschäftsvermögen/-schulden vgl „Handelsgeschäft"
Gesellschaftsanteil — 57 f, 62, 74, 80, 102 ff, 168 ff, 284, 302
– AG — 58, 214 f
– BGB-Gesellschaft — 57, 168 ff (bes 172)
– Europäische wirtschaftliche Interessenvereinigung — 57, 202
– GmbH — 58, 208 ff, 302
– GmbH & Co KG — 199
– KG — 57, 193 ff
– KGaA — 200
– OHG — 57, 169 ff
– Partnerschaftsgesellschaft — 57, 201
– stille Gesellschaft — 203 ff
Gesellschaftsrechtliche Verwaltungs- und Mitwirkungsrechte — 174, 195, 209
Gesellschaftsverhältnis — 284, 285
Gestaltungsrechte — 155, 299 ff
Gewässerbenutzung, Erlaubnis/Bewilligung — 373
Gewahrsam — 250
Gewerbeberechtigungen — 369
Gewinnansprüche, gesellschaftsrechtliche — 186 f
Gewinnchancen — 240
Girovertrag — 285, 287, 362

1. Abschnitt. Erbfolge

Gläubiger
- Eigengläubiger —————— 76 ff, 84, 288
- Nachlaßgläubiger — 65, 76 ff, 84, 92, 106, 114
- Privatgläubiger vgl „Eigengläubiger"
- vgl auch „Nachlaßerbenschuld"
Goodwill ——————————————— 219
Grabpflege ————————————— 238, 284
Grabstelle ———————————————— 374
- vgl auch „Bestattung"
Grundbuch ————— 43, 263 ff, 309, 318, 328
Grunddienstbarkeit ————————————— 237
Grundschuld ————————————— 236, 293
- vgl auch „Hypothek"
Grundstück ————————— 47, 236 ff, 308 f
- vgl auch „Grundbuch"
Gütergemeinschaft —————— 60, 136, 148, 163
- fortgesetzte ————————— 60, 148, 163

Haftung des Erben —————————— 114, 174, 196, 218, 261, 274, 284 f, 313 ff, 357, 362 ff, 370, 376
- vgl auch „Gläubiger", „Nachlaßverbindlichkeit"
Handelsgeschäft/Unternehmen ——————
——————————————— 103 f, 218 ff, 224 ff
Handelsrechtsreform 1998 ————————— 172 ff
Handelsregister ——————————————— 264
Handelsvertreter —————————————— 277
Handwerk ————————————————— 369
Hausrat ————————————————— 47, 286
- vgl auch „Voraus"
Heimpflegevertrag ———————————— 280, 298
Heimstätte ———————————— 62, 107, 227
Herausgabeanspruch ———— 157, 246, 257, 273 f
- vgl auch „Erbschaftsanspruch"
Hilfsrechte ————————————————— 293 ff
Hinterbliebenenversorgung ————————— 359
Hinterlegung, Recht zur ———————————— 295
Höchstpersönliche Rechte ————————
115, 131 ff, 135 ff, 142 ff, 209, 217, 238, 267, 275 f, 280, 282, 288 f, 298 f, 302, 326, 343, 374
Höfe- und Landgüterrecht ————————
— 2, 10, 51, 62, 107, 224 ff, 235, 237, 242, 341
Holzeinschlagsrecht ————————————— 115, 234
Hypothek —————— 16, 236, 240, 242, 246, 265, 293

Immaterialgüterrechte ————————— 267 ff, 302
Inhaberschuldverschreibung ————————— 318
Insolvenzgeld ————————————————— 277
Internationales Erbrecht ——————— 7, 28, 31 f

Jagdpacht(gesellschaft) ———————— 168, 282
Jagdrecht ————————————————— 236 f
Jugendhilfe ————————————————— 354
Juristische Person ——————— 3, 27, 32, 238
Kapitalanteil ———————————————— 174
Kapitalgesellschaft ————————— 58, 208 ff
Kapitalisierte Ansprüche —————————— 277
Kaufmannseigenschaft ———————— 222, 264
Kind ——————————————————— 138 ff
Kindergeld ————————————————— 354
Klageerzwingungsrecht nach StPO ————— 350
Klagezustellung nach Tod des
- Klägers ———————————————— 335
- Beklagten ——————————————— 336
Klostertod ——————————————————— 4
Körper des Erblassers ———————————— 117 ff
Körperteile ————————————————— 117
Kommanditgesellschaft ———————— 174, 193 ff
- auf Aktien —————————————— 200
Konfusion infolge Erbfalls ———————— 73, 84
Konkursausfallgeld vgl „Insolvenzgeld"
Konsolidation infolge Erbfalls —————— 74, 84
Kontovollmacht —————————————— 323
Konzessionen ——————————————— 369
Kosten vgl „Bestattung", „Prozeßkosten", „Sozialhilfe"
Kraftfahrzeug vgl „Gefahrenquelle"
Krankenversicherung ——————————— 354
Kredit vgl „Darlehen"
Kreditwesengesetz ————————————— 369
Kriegsopferfürsorge ———————————— 355
Kündigungsrechte ———————— 279, 282 ff, 299
Künstler —————————————————— 268

Landgut ————————————————— 106, 224 ff
Lastenausgleich —————————————— 377
Leasing —————————————————— 282
Lebensversicherung ————————— 287, 294
Leibgeding ————————————————— 238
Leibrente ————————————————— 238
Leichnam ————————————————— 117 ff
Leihvertrag ——————————————— 282 f, 288
Leistungsbescheid gegen Erben —————— 362, 368
Leistungsbestimmungsrecht (§§ 315, 316) — 299
Liquidationsgesellschaft vgl „Auflösung"
Literarischer Nachlaß ——————————— 267 ff
Lizenz ——————————————————— 302
- vgl auch „Immaterialgüterrechte"

Los	240
Lotterie	240
Mäklervertrag	281
Mängelrüge	222
Marke (Warenzeichen)	219, 267 ff
Mietvertrag	238, 282 ff
Miteigentum	74, 162, 245
Miterbe	30, 64 ff, 78, 176 ff, 210 ff
Mitgift	289
Mitgliedschaftsrechte	161 ff
Mündel	149
Nacherbe	15, 34, 37 f, 42, 74, 79, 83, 185, 228 ff, 325
– und Gesellschaftsanteil	185
Nacherbenanwartschaft	15, 38, 62, 71, 97, 228, 231
Nachfolgeklausel, gesellschaftsvertragliche	169 ff, 179 ff, 197, 211
– einfache	179, 211
– qualifizierte	180 ff, 211
– vgl auch „Fortsetzungsklausel"	
Nachlaß	
– Begriff	102 ff
– bei mehreren Erben	64 ff, 101 ff
– bei Sondererbfolge	102, 107, 110, 112, 186 ff
– als Sondervermögen?	88 ff
– vgl auch „Erbschaft"	
Nachlaßbeteiligung	
– dingliche	229 ff
– schuldrechtliche	234 f
Nachlaßerbenschuld	285, 307
Nachlaßgläubiger vgl „Gläubiger"	
Nachlaßinsolvenzverfahren	70, 84, 92, 99, 102, 186 ff, 251
Nachlaßpflegschaft	69 f, 156, 251, 341
Nachlaßverbindlichkeit	65, 83 ff, 104, 114, 252, 260, 274, 285, 307, 315, 357, 362, 364, 370, 378
– vgl auch „Gläubiger", „Haftung"	
Nachlaßverwaltung	70, 84, 92, 156, 186 f, 251, 288
Nachlaßzugehörigkeit vgl „Nachlaß"	
Name	146, 267
– des Erfinders	269
– vgl auch „Firma"	
Nebenrechte	293 ff
Nießbrauch	74, 238, 291
Notar	18, 25, 192, 296 ff

– vgl auch „Schweigepflicht"	
Nutzungsersatz	244
Nutzungsrechte	282 f, 372 ff
Öffentlich-rechtliche Positionen	351 ff
Öffentlicher Glaube	
– des Grundbuches	263
– des Handelsregisters	264
– des Schiffsregisters	264
Offene Handelsgesellschaft vgl „Gesellschaftsanteil"	
Pachtvertrag	282 f
Patent	268 ff
Partenreederei	207
Partnerschaftsgesellschaft	57, 201
Partnerschaftsvermittlungsvertrag	280
Person	
– juristische	3, 27, 32, 238
– natürliche	1 ff
Personenbeförderung	369
Personengesellschaft vgl „Gesellschaftsanteil"	
Persönliche Gebrauchsgegenstände	47
Persönlichkeitsfortsetzungstheorie	46
Persönlichkeitsrecht	131, 268
Pfandrecht	16, 74, 236, 242, 244, 293
Pflegschaft	156
Pflichtteil	16, 24 ff, 29, 56, 228, 234, 299
Pflichtteilsentziehung	299
Praxis, freiberufliche	220, 223
– vgl auch „Partnerschaftsgesellschaft"	
Privatgläubiger vgl „Gläubiger"	
Privatvermögen vgl „Eigenvermögen"	
Prokura vgl „Vollmacht"	
Prorogation	222, 339
Prozeßführungsermächtigung	159
Prozeßkosten	332 f, 338, 343, 345
Prozeßkostenhilfe nach Tod einer Partei	338
Prozeßlagen, Eintritt des Erben	329 ff
Prozeßstandschaft	159
Prozeßvertrag	339
Prozeßvollmacht bei Tod des Vollmachtgebers	321, 323, 333
Reallast	237 f, 243
Rechenschaftslegung vgl „Auskunft"	
Rechtsänderung, Anspruch auf	240
Rechtsanwalt	18, 192, 277, 296 ff

1. Abschnitt. Erbfolge

- vgl auch „Partnerschaftsgesellschaft",
  „Schweigepflicht"
Rechtsgemeinschaft, Mitgliedschaft in — 162 ff
Rechtsnachfolge vgl „Gesamtrechtsnachfolge",
  „Sonderrechtsnachfolge"
Rechtsschein _____ 45, 262 ff
Rechtsverkehrslagen, Eintritt des Erben _ 303 ff
Reederei _____ 207
Reisevertrag _____ 280
Rente
- kapitalisierte _____ 277
- zuviel gezahlte _____ 362 f
Rentenschuld _____ 236
Rentenversicherung _____ 354
Rohrleitungsanlage _____ 373
Rückerstattung
- von Dienstbezügen _____ 368
- von Rentenzahlungen _____ 362 f
- von Sozialleistungen _____ 362 f
- von Versorgungsbezügen _____ 368
- vgl auch „ungerechtfertigte Bereicherung"
Rückforderungsrecht des Schenkers _____ 300
Rücktrittsrecht _____ 299
Rügepflicht _____ 222
Ruhegehalt _____ 277, 366 ff

Sachen, Rechte an _____ 236 ff
Schadensersatzanspruch
- aus Bereicherungsrecht _____ 273 f
- aus Delikt _____ 132 ff, 273
- aus Vertrag _____ 273
- gegen bösgläubigen Buchbesitzer _____ 266
- gegen Patentinhaber/-sucher _____ 269
Schadensersatzanspruch des verhinderten
  Erben _____ 18
Schatzfund _____ 240
Schenkung _____ 289, 300 f
Schiffspart _____ 207
Schiffsregister _____ 264
Schmerzensgeld _____ 132, 134, 298
Schornsteinfeger _____ 369
Schuld vgl „Haftung", „Verbindlichkeit"
Schuldanerkenntnis/-versprechen ___ 222, 293
Schuldverschreibung _____ 318
Schwebelagen _____ 239 f, 303 ff, 329 ff
Schweigepflicht des Arztes, Notars etc __
  _____ 277, 296 ff
Schwerbehinderter _____ 354

§ 1922

Sekundärpflichten/-rechte aus dinglichen
  Schuldverhältnissen _____ 244 ff
Sicherung
- erbrechtlicher Erwerbsaussichten _____ 16
- künftiger Pflichtteils- und Vermächtnisansprüche _____ 16
- von Sekundäransprüchen bei vertraglicher
  Verpflichtung des späteren Erblassers __ 17
Sicherungsrechte _____ 293 ff
Siechentod _____ 4
Siedlungseigentum _____ 54, 224
Sonderabschreibung, Recht zur _____ 371
Sonderrechtsnachfolge
- außerhalb des Erbrechts _____
  10, 47 ff, 54 ff, 175, 189, 302, 331, 353, 356 ff
- Sondererbfolge _____
  _ 47 ff, 62, 66, 102, 107, 177, 179 ff, 197, 206,
  210 f, 214, 224, 227, 290, 298 f, 302, 353, 375
Sondervermögenscharakter des Nachlasses _____ 88 ff
Sorgerechtsentziehung _____ 341
Sozialhilfe _____ 342, 354 f, 364
Sozialleistungen
- Ansprüche auf _____ 354 ff
- Rückerstattungsansprüche _____ 342, 362 ff
Sozialrechtlicher Anspruch auf Dienst-/
  Sachleistungen _____ 355
Sozialversicherungsbeiträge _____ 360 f
Sparguthaben vgl „Bankguthaben"
Staatsangehörigkeit _____ 28
Sterbebuch _____ 6, 8
Sterbegeld _____ 366
Sterbeurkunde _____ 6
Steuerberater vgl „Schweigepflicht"
Steuerbescheid, Zustellung nach Tod _____ 370
Steuerschuldverhältnis _____
  _____ 179, 182 f, 285, 287, 370 ff
Steuervergünstigungen _____ 371
Stiftung _____ 217, 300
Stille Gesellschaft _____ 203 ff
Strafantragsrecht _____ 349
Strafprozeß gegen Erblasser _____ 343 ff
Straftod _____ 4
Subjektiv-dingliche Rechte _____ 48, 237
Sukzession vgl „Rechtsnachfolge"
Sukzessivlieferungsvertrag _____ 284
Surrogation _____ 93

Teilungsanordnung _____ 50 f

Wolfgang Marotzke

§ 1922

5. Buch

Testamentsvollstreckung — 156 ff, 233, 251, 320
- und Gesellschaftsanteil
    ———— 74, 80, 112, 174, 187, 190, 198, 213
- und Handelsgeschäft ———————— 218
- und postmortale Vollmacht ———— 305, 322
- und Vermögensverschmelzung — 74, 80, 251
Tierhalter ——————————————— 261
Tod
- Begriff ——————————————————— 4
- Beweis/Feststellung ———————————— 6 ff
- „bürgerlicher" ————————————————— 4
- Zeitpunkt ——————————————————— 5
Todeserklärung ———————————————— 7 f
Totenfürsorge ——————————————— 118 ff
Treuhandvermögen —————————————— 160
Trust-Guthaben ————————————————— 287

Umbettung einer Leiche ——————— 124 ff
Umlegungsverfahren ————————————— 342
Unerlaubte Handlung, Ansprüche aus —
    ——————————————————— 132 ff, 273
Unfallversicherung des Erblassers ———— 287
Unfertige Rechte ——————————————— 239 f
- vgl auch „Anwartschaftsrecht"
Ungerechtfertigte Bereicherung, Ansprüche
    aus ——————————————— 273 f, 362 f
- vgl auch „Rückerstattung"
Universalsukzession vgl „Gesamtrechtsnachfolge"
Unlauterer Wettbewerb ———————————— 271 f
Unterbeteiligung ——————————————— 174
Unterhaltsanspruch
- aus Verwandtschaft ——————————— 150
- des geschiedenen Ehegatten ——————— 152
- des nichtehelichen Kindes ——————— 151
Unterhaltsbeiträge ——————————————— 366
Unterlassungsanspruch —————————— 269 ff, 292
Unternehmen ———————————— 103 f, 218 ff
- landwirtschaftliches —————————— 224 ff
Unternehmensname ————————————— 146
- vgl auch „Firma"
Unübertragbare Rechte ——————————— 115
Unvererbliche Rechte ————————— 113 ff, 302
- Anspruch auf Einräumung solcher — 115, 291
- vgl auch „höchstpersönliche Rechte"
Urheberrecht ——————————————— 267 ff
Urheberpersönlichkeitsrecht ———————— 268
Urlaubsanspruch/-geld ——————— 115, 277
Urne ———————————————————— 128

- vgl auch „Feuerbestattung"

Vaterschaftsanerkennung ———————— 141 f
Vaterschaftsanfechtung ————————— 141
Vaterschaftsfeststellung ————————— 142
Veranlagung, steuerliche ————————— 371
Verbindlichkeiten des Erblassers ——— 114, 307
- nach SGB ——————————————— 357, 262 f
- öffentlich-rechtliche ———————————— 379
- vgl auch „Eigenverbindlichkeit", „Nachlaßverbindlichkeit", „Nachlaßerbenschuld"
Verein, Mitgliedschaft —————————— 164 ff
Vereinbarung der „fortgesetzten Gütergemeinschaft" ——————————————— 60
Vererblichkeit ————————————————— 113 ff
- Ausschluß der ——————————————— 302
Vererblichstellung
- von Gesellschaftsanteilen
    ————————————— 169 ff, 172, 182, 194, 204
- von Vereinsmitgliedschaften —————— 164 ff
- Unvererblichstellung — 61, 166, 208 f, 215, 302
Verfahrenslagen, Eintritt des Erben ——— 329 ff
Verfügung
- über Erbschaft (Nachlaß) ————— 64 ff, 72 ff
- „im Ganzen" ————————————————— 71, 96 ff
- unter Lebenden auf den Todesfall ———— 56
- von Todes wegen — 9, 13 f, 20, 23 ff, 33, 55, 82
Verfügungsermächtigung ————————— 159, 324
Vergleich (§ 779) ——————————————— 299
Vergleichsverfahren bzgl Erbteil ———————— 70
Verlagsrecht ———————————————— 268 f
Verlustabzug nach § 10 EStG ———————— 371
Vermächtnis — 16, 29, 47 ff, 228, 234, 237, 242 ff
Vermögen
- „als Ganzes" ——————————————— 46 ff
- Begriff ————————————————————— 113 ff
- des Erblassers vgl „Erbschaft", „Nachlaß"
- des Erben ———————————————— 104 ff
- vgl auch „Beschlagnahme"
VermögensG —————————————— 342, 377
Vermögensübernahme unter Lebenden — 9
Vermögensverschmelzung beim Alleinerben ———————————————————— 72 ff
Vermutung des Todes ——————————— 7
Verschollenheit ——————————————— 7 f
Verschwiegenheit, Anspruch auf ———— 297 f
Versicherungen ————————————— 166, 286 f
Versicherungsverein ——————————— 166
Versorgungsansprüche

September 1999

1. Abschnitt. Erbfolge

– beamtenrechtliche — 366
– von Hinterbliebenen — 359
– wegen Gesundheitsschäden — 354
Versorgungsausgleich — 153
Vertrag
– dinglicher — 308 f
– zugunsten Dritter auf Todesfall — 17, 59
Vertragsabschlußlagen — 306 ff
Vertragsstrafe — 222
Vertretbare Leistungen — 275 f
Vertretungsmacht — 156 ff
Vervielfältigungs-/Verwertungsrecht bzgl Bildnis — 268 ff
Verwahrung — 288
Verwaltungsgerichtsprozeß, Eintritt des Erben — 342
Verwaltungsrechte, familienrechtliche — 148
Verwaltungsverfahren, Eintritt des Erben — 342
Verwendungsersatz — 244
Vindikationslegat — 49
Vinkulierungsklauseln — 212, 214
Vollmachten — 159, 320 ff, 332 ff
„Voraus" des Ehegatten — 47, 234
Vorauszession — 45, 186 f
Vorerbe — 37, 79, 83, 185, 232
– vgl auch „Nacherbe"
Vorerbschaft — 232
Vorkaufsrecht
– dingliches — 290
– schuldrechtliches — 16, 290
– subjektiv-dingliches — 62, 237
Vormerkung — 16, 62, 74, 240, 302
Vormund — 139 f, 149, 156 ff, 327
Vorruhestandsleistungen — 354
Vorweggenommene Erbfolge — 10, 17
Vorverträge über Darlehen, Leihe, Verwahrung — 288
Wahlgrab — 374
Wahlrechte, steuerliche — 371
Wahlschuld — 299
Waisengeld — 366
Warenzeichen
– vgl „Marke"
Warterecht — 228
– vgl auch „Anwartschaftsrecht"

Wasserbenutzung — 373
Werklieferungsvertrag — 276 ff
Werkvertrag — 276 ff
Wertausgleich vgl „Abfindungsanspruch"
Wertpapiere — 286 f
Wertpapierdepots — 287
Widerrufsrechte — 288, 300 ff, 306, 322, 324
Wiederaufnahme eines Strafverfahrens nach Tod des Beschuldigten — 346
Wiedergutmachung — 377
Wiederkaufsrecht — 290
Willenserklärungen
– des Erblassers — 306 f
– im dinglichen Vertrag — 308
Wissenschaftlicher Nachlaß eines Professors — 268, 365
Witwengeld — 366
Wohnberechtigungsbescheinigung — 375
Wohnbesitzwohnung — 54
Wohngeld — 354 f, 363
Wohnraumfehlbelegung — 376
Wohnraummiete — 54
Wohnungseigentum — 162, 302
Wohnungsleihe von Todes wegen — 283

Zession — 45, 186 f
Zeugnisverweigerungsrechte — 329, 343
Zinsen — 222
Zivilprozessuale Rechtslagen, Eintritt des Erben — 137 f, 159, 330 ff
Zugewinnausgleich — 136, 154
Zurückbehaltungsrecht — 157
Zusammenveranlagung von Ehegatten — 371
Zuschlag, Anspruch auf — 240, 378
Zustellung nach Tod vgl „Klage", „Steuerbescheid"
Zustimmungsrecht des Kindes bzgl Vaterschaftsanerkennung — 142
Zuweisung eines landwirtschaftlichen Betriebes — 106, 226, 235
Zuwendungen „am Erbrecht vorbei" — 10, 54 ff, 175, 287, 302
Zwangseinziehung von Aktien — 214
Zwangsgeld — 370
Zwangsvollstreckung — 68, 76, 84, 240, 337, 370, 378

A. Der Erbfall

I. Tod einer Person

1 Wie die **Rechtsfähigkeit** eines Menschen bei Vollendung seiner Geburt beginnt (§ 1), so **erlischt** sie bei seinem Tod (zu den verbleibenden Möglichkeiten des – juristischen – Weiterlebens vgl SCHACK JZ 1989, 609; AG Hersbruck NJW 1992, 3245 = FamRZ 1992, 1471 m Anm D SCHWAB = MedR 1993, 111 m Anm KERN; A BENDER 225 ff; MÜLLER, Postmortaler Rechtsschutz – Überlegungen zur Rechtssubjektivität Verstorbener [1996]). In bezug auf die Rechte und Pflichten des Verstorbenen bedeutet dies den Wegfall ihres Zuordnungssubjekts (Trägers). Die sich hieraus ergebenden Probleme hinsichtlich des Fortbestands und gegebenenfalls der (Neu-)Zuordnung der Rechte und Pflichten des Verstorbenen zu lösen (vgl Rn 41), ist Aufgabe des Erbrechts; Abs 1 bezeichnet den diese Probleme erzeugenden Sachverhalt „Tod einer Person" als „Erbfall".

2 Aus der Definition des Erbfalls als „Tod" einer Person folgt im Umkehrschluß, daß eine **„Beerbung bei lebendigem Leibe"** nicht möglich ist (LANGE/KUCHINKE § 4 II 1). Seit dem 1. 7. 1976 gilt das auch im Bereich des alten § 8 Abs 1 HöfeO (BGHZ 98, 1, 3 ff = NJW 1986, 2434). Vgl ergänzend Rn 10 und STAUDINGER/OTTE Einl 80 zu §§ 1922 ff.

3 **Juristische Personen** können zwar nicht wie ein Mensch leben und sterben und auch keine „Verwandten" oder „Ehegatten" iSd §§ 1924 ff haben; ihre Rechtsfähigkeit können sie aber gleichwohl verlieren (vgl zB §§ 42 ff, 86 S 1; teilw kritisch K SCHMIDT KTS 1984, 345, 368 f). Letzteres ist jedoch kein Fall für das Erbrecht (also kein „Erbfall"), sondern vom Gesetzgeber an anderen, manchmal allerdings auf einzelne erbrechtliche Bestimmungen verweisenden Stellen geregelt worden (vgl zB §§ 46 S 1, 88 S 2) und deshalb *dort* zu kommentieren. Verwiesen sei ferner auf die gehaltvolle Darstellung von STAUDINGER/BOEHMER[11] Rn 8 ff, 41 ff mit Ausführungen ua zu folgenden Gesichtspunkten: Liquidation (Rn 42), Vermögensübergang auf den Fiskus (Rn 43), Vermögensübernahme durch andere juristische Personen (echte und unechte Umwandlung, Verstaatlichung, Verschmelzung [Fusion], Gesamtrechtsnachfolge bei öffentlichen Verbänden: Rn 44 ff), Staatensukzession (Rn 56 ff; vgl hierzu EBENROTH/WILKEN RIW 1991, 885 ff). Zur Frage einer analogen Anwendung erbrechtlicher Haftungsnormen im Falle des Erlöschens einer Personengesellschaft infolge Vereinigung aller Anteile in einer Hand s MAROTZKE ZHR 156 (1992) 17, 29 ff.

II. Begriff und Zeitpunkt des Todes

4 Mit „Tod einer Person" meint Abs 1 also nicht auch das Ende einer juristischen, sondern nur den Tod einer natürlichen Person: den Tod eines Menschen. Auch der **Todesbegriff** ist in seinem Kern (vgl aber Rn 5) ein natürlicher: Erbfall ist nur der *körperliche* Tod eines Menschen. Nicht hierher gehören die von STAUDINGER/BOEHMER[11] Rn 7, 13 ff ausführlich behandelten Fälle des sog „bürgerlichen" Todes (Siechentod, Straftod, Klostertod), in denen es letztlich darum ging, eine unserem heutigen Recht fremde (Rn 2) „Beerbung bei lebendigem Leibe" herbeizuführen. Gleichwohl sind die Ausführungen BOEHMERS in rechtshistorischer und rechtsvergleichender Hinsicht von bleibendem Wert. Vgl auch Mot V 3; STAUDINGER/DÖRNER (1995) EGBGB Art 25 Rn 72.

1. Abschnitt. Erbfolge

Der **Zeitpunkt** des Todes kann in erbrechtlicher Hinsicht von größter Bedeutung sein **5**
(zB im Rahmen der §§ 1923 ff). Seine genaue Feststellung setzt in Grenzfällen eine
Präzisierung des bei Rn 4 erwähnten „natürlichen" Todesbegriffs voraus, wobei uU
sogar die vorsichtige Hereinnahme „normativer" – hier: erbrechtsbezogener – Elemente in Betracht kommen kann (vgl AK/DERLEDER Rn 2; krit A BENDER 19 ff; weitere
Einzelheiten zum Todesbegriff bei STAUDINGER/WEICK/HABERMANN [1995] Vorbem 3 ff zu § 1
VerschG; PALANDT/EDENHOFER Rn 2; SOERGEL/STEIN Rn 3; MünchKomm/LEIPOLD Rn 12 f; LEIPOLD, Erbrechtliche Aspekte der künstlichen Befruchtung und der künstlichen Verlängerung des
Lebens, in: FS Kralik [1986] 467, 478 ff; NAGEL, Das Versterben unter erbberechtigten Personen
aufgrund derselben Ursache [Diss Göttingen 1982] 80 ff; JOERDEN, Tod schon bei „alsbaldigem"
Eintritt des Hirntodes?, NStZ 1993, 268 ff). Das OLG Köln (FamRZ 1992, 860, 862 = NJW-
RR 1992, 1480, 1481) bezeichnet als „Todeszeitpunkt iS der §§ 1922, 1923" den Zeitpunkt des Eintritts des Hirntodes „iS eines irreversiblen Funktionsverlustes des
Gehirns, so daß dauerhaft keine Gehirnkurven mehr mitgeschrieben werden können
und eine Reanimation ausgeschlossen ist" (ähnlich BayObLG NJW-RR 1999, 1309, 1311;
OLG Frankfurt aM NJW 1997, 3099 f = ZEV 1997, 426, 428 = FamRZ 1998, 190 ff; dazu LEIPOLD JZ
1998, 660 f). Das deckt sich iE mit dem Todesbegriff, den § 3 Abs 2 Nr 2 TPG als eine
der Voraussetzungen für die Zulässigkeit von Organentnahmen definiert („der endgültige, nicht behebbare Ausfall der Gesamtfunktion des Großhirns, des Kleinhirns
und des Hirnstamms"). Wenn mehrere Personen aufgrund gemeinsamer Ursache
gestorben sind, ist erbrechtlich von Gleichzeitigkeit auszugehen, falls statt der genauen Todeszeitpunkte nur einander überlappende Zeiträume feststellbar sind (vgl
OLG Köln aaO; ebenso für das personenstandsrechtliche Berichtigungsverfahren BayObLG NJW-
RR 1999, 1309, 1310 rSp).

III. Beweis des Todes

1. Im Allgemeinen

Der Beweis des Todes und des Todeszeitpunktes kann durch das vom Standesbe- **6**
amten geführte Sterbebuch sowie die Sterbeurkunde erbracht werden (vgl STAUDINGER/WEICK/HABERMANN [1995] Vorbem 9 ff zu § 1 VerschG).

2. Bei Verschollenheit

„**Verschollen**" ist gem § 1 Abs 1 VerschG, „wessen Aufenthalt während längerer Zeit **7**
unbekannt ist, ohne daß Nachrichten darüber vorliegen, ob er in dieser Zeit noch
gelebt hat oder gestorben ist, sofern nach den Umständen hierdurch ernstliche Zweifel an seinem Fortleben begründet werden". Solch eine Person kann unter den Voraussetzungen der §§ 3–7 VerschG **für tot erklärt** werden (bei Auslandsberührung vgl
STAUDINGER/DÖRNER [1995] EGBGB Art 25 Rn 74 f). Gem § 9 Abs 1 VerschG begründet
diese Todeserklärung die widerlegliche (§ 292 S 1 ZPO) Vermutung, daß der Verschollene in dem im Beschluß festgestellten Zeitpunkt gestorben ist. Diese Vermutung ist auch für das Erbrecht von Bedeutung (vgl STAUDINGER/WEICK/HABERMANN [1995]
§ 9 VerschG Rn 33, 38 sowie erg Vorbem 19 ff zu § 1 VerschG [auch zum Recht der ehemaligen DDR
und zu ausländischen Rechten] sowie bei rechtshistorischem, rechtsvergleichendem oder rechtspolitischem Interesse STAUDINGER/BOEHMER[11] § 1922 Rn 26 ff).

Nicht verschollen ist nach § 1 Abs 2 VerschG, „wessen Tod nach den Umständen nicht **8**

zweifelhaft ist". In diesem Falle ist eine Todeserklärung unzulässig. Jedoch kann, wenn eine Eintragung in das Sterbebuch nicht erfolgt ist, nach § 39 VerschG beantragt werden, „den Tod und den **Zeitpunkt des Todes** durch gerichtliche Entscheidung festzustellen". Wird der Antrag von dem Ehegatten des Verstorbenen gestellt, so entfällt das Erfordernis fehlender Eintragung im Sterbebuch (§ 39 S 2 VerschG). Der den Todeszeitpunkt feststellende Beschluß begründet nach § 44 Abs 2 VerschG die Vermutung, daß der Tod in dem darin festgestellten Zeitpunkt eingetreten ist. Auch diese Vermutung ist gem § 292 S 1 ZPO widerleglich. Vgl erg STAUDINGER/WEICK/ HABERMANN (1995) Vorbem 16 ff zu §§ 13–45 VerschG; STAUDINGER/OTTE § 1923 Rn 7.

IV. Die Rechtslage vor dem Erbfall

1. Allgemeines

9 Vor dem Erbfall ist für eine *erbrechtliche* Nachfolge in das Vermögen des (späteren!) Erblassers kein Raum; dementspr ist auch noch niemand „Erbe" (vgl Rn 34 f). Möglich ist allerdings eine vertragliche Vermögensübernahme *unter Lebenden* (vgl STAUDINGER/DILCHER [1995] Vorbem 20 ff zu §§ 90 ff; STAUDINGER/BOEHMER[11] § 1922 Rn 63, 87 ff und speziell zum Wegfall des § 419 STAUDINGER/MAROTZKE [1996] Vorbem 5, 7 zu §§ 1967 ff). Für das Kausalgeschäft gilt die Formvorschrift des § 311. Ein Vertrag, durch den sich der eine Teil verpflichtet, sein *künftiges* Vermögen oder einen Bruchteil desselben zu übertragen oder mit einem Nießbrauch zu belasten, ist nach § 310 nichtig. Entsprechendes gilt gem § 312 für Verträge über den Nachlaß eines noch lebenden Dritten mit Ausnahme notariell beurkundeter Verträge, die unter künftigen gesetzlichen Erben über den gesetzlichen Erbteil oder den Pflichtteil eines von ihnen geschlossen werden. Über seinen *eigenen* Nachlaß kann hingegen jeder selbst disponieren: Durch sog „Verfügung von Todes wegen" (§ 1937) kann er ua seinen – künftigen! – Erben bestimmen (vgl STAUDINGER/OTTE Einl 54 ff zu § 1922).

2. Die sog „vorweggenommene Erbfolge"

10 **Sie ist in Wirklichkeit keine Erbfolge** (s Rn 9), sondern meist – zumindest nach den Intentionen der Beteiligten – **eine „Nachfolge am Erbrecht vorbei"** (vgl OLZEN, Die vorweggenommene Erbfolge [1984] 21 ff, 46 ff, 110 ff, 281 ff, 287 ff, 307; dens Jura 1987, 16 ff, 116 ff; OTTE AcP 186 [1986] 313 ff; BGH NJW 1991, 1345; über geeignete Techniken s unten Rn 54 ff; zum Thema „**Störungen** bei vorweggenommener Erbfolge" s H P WESTERMANN, in: FS Kellermann [1991] 505 ff; **einkommensteuerrechtliche** Aspekte der vorweggenommenen Erbfolge erörtert MEINCKE NJW 1991, 198 ff; „Aktuelle Fragen..." behandelt KOLLHOSSER AcP 194 [1994] 231 ff).

Ist Gegenstand der vorweggenommenen Erbfolge **ein Hof** iSd § 1 HöfeO, so kommt es uU zu einer *fiktiven* Vorverlegung des Erbfalls: Übergibt der Eigentümer den Hof im Wege der vorweggenommenen Erbfolge an einen hoferbenberechtigten Abkömmling, dann „gilt zugunsten der anderen Abkömmlinge der Erbfall hinsichtlich des Hofes mit dem Zeitpunkt der Übertragung als eingetreten". Zur Bedeutung dieser auf § **17 Abs 2 HöfeO** beruhenden Fiktion vgl WÖHRMANN/STÖCKER[6], HöfeO § 17 Rn 60 ff.

1. Abschnitt. Erbfolge

3. Die Rechtsstellung des künftigen Erben

Die Person, die Erbe werden wird, hat vor dem Erbfall (Rn 9) meist nur eine mehr **11**
oder weniger **unsichere Erwerbsaussicht** (BGH NJW 1996, 1062, 1063 ad II 2):

– **Ein erster Unsicherheitsfaktor** ergibt sich **aus § 1923**, wonach Erbe grundsätzlich **12**
(aber: §§ 2101, 2108) nur werden kann, wer zur Zeit des Erbfalls lebt (oder wenigstens schon gezeugt ist und später lebend geboren wird): Stirbt eine als Erbe in Betracht kommende Person vor dem Erblasser oder gleichzeitig mit ihm (vgl zB § 11 VerschG), so scheidet sie als Erbe aus. Ihre Erbaussicht erlischt, ist also nicht etwa ihrerseits vererblich (vgl i übr STAUDINGER/OTTE § 1923 Rn 3 f).

– **Weitere Unsicherheitsfaktoren** ergeben sich **bei der „gesetzlichen" Erbfolge** (Rn 33) **13**
daraus, daß die Person des Erben und der Umfang seines Erbrechts gem §§ 1924 ff davon abhängen, ob der Ehegatte und bestimmte Verwandte des Erblassers zZ des Erbfalls (noch) leben und falls ja, ob sie dann erbberechtigt sein werden und falls ja, ob sie die Erbschaft annehmen oder ausschlagen werden. Hinzu kommt die weitere Ungewißheit, ob der (spätere) Erblasser nicht doch noch von seinem Recht Gebrauch machen wird, die gesetzliche Erbfolge durch Errichtung einer „Verfügung von Todes wegen" (§ 1937) auszuschließen.

– Auch wer in einer formgültigen „**Verfügung von Todes wegen**" unbedingt als Erbe **14**
benannt ist (zur bedingten Erbeinsetzung vgl §§ 2074 ff), hat zu Lebzeiten des Erblassers noch keine sichere Erwerbsaussicht: Zum einen trifft auch ihn das bei Rn 12 angesprochene Vorversterbensrisiko, und zum anderen ist seine Chance, Erbe zu werden, mit dem Risiko behaftet, daß der Erblasser seine die Erbeinsetzung enthaltende Verfügung widerruft oder ändert (vgl §§ 2253 ff, 2271, 2272, 2289 ff). Das letztgenannte Risiko ist freilich geringer, wenn die Erbeinsetzung nicht auf einseitigem (§§ 2229 ff), sondern auf einem gemeinschaftlichen (§§ 2265 ff) Testament oder sogar auf einem **Erbvertrag** (§§ 2274 ff) beruht. Problematisch ist, ob und gegebenenfalls unter welchen Voraussetzungen in den beiden letzteren Fällen von einem „Anwartschaftsrecht" die Rede sein kann (vgl BGHZ 37, 319, 321 ff [dazu auch Rn 15]; BGH NJW-RR 1990, 662, 663; STAUDINGER/KANZLEITER [1998] § 2269 Rn 14, 20 f; Vorbem 5, 10 zu §§ 2274 ff; § 2286 Rn 6; § 2290 Rn 8).

Das bei Rn 11 ff Ausgeführte gilt bis zum Erbfall auch für die **Erwerbsaussicht des** **15**
Nacherben. Relativ sicher, meist sogar vererblich (§ 2108 Abs 2 S 1) und nach ganz hM auch übertragbar (Rn 38) wird diese erst mit Eintritt des – vom Nacherbfall zu unterscheidenden – Erbfalls (vgl STAUDINGER/BEHRENDS/AVENARIUS [1996] § 2100 Rn 53 ff, § 2108 Rn 7 ff). Weder vererblich (sondern: § 2069) noch übertragbar ist die Erwerbsaussicht eines durch Berliner Testament (§ 2269) oder Ehegattenerbvertrag (§ 2280) bezeichneten **Schlußerben** (vgl BGHZ 37, 319, 323, wo „die Frage, ob der Schlußerbe nach dem Tod des erstversterbenden Ehegatten ein Anwartschaftsrecht besitzt", offen gelassen wird, weil „dieses etwaige Anwartschaftsrecht ... jedenfalls kein übertragbares Recht" sei; hiergegen wendet sich KUCHINKE JZ 1990, 601 f unter 5.).

4. Sicherungsgeschäfte zugunsten des künftigen Erben

16 Sie sind vor dem Erbfall **nur in Grenzen möglich** (vgl STROBEL, Mittelbare Sicherung erbrechtlicher Erwerbsaussichten [1982]). Die Erwerbsaussicht des potentiellen künftigen Erben ist selbst dann nicht völlig sicher, wenn sie auf einem gemeinschaftlichen Testament oder gar auf einem Erbvertrag beruht (vgl Rn 14). Ein Vertrag, durch den sich der künftige Erblasser verpflichtet, eine derartige oder eine andere Verfügung von Todes wegen zu errichten oder nicht zu errichten, aufzuheben oder nicht aufzuheben, ist nach § 2302 nichtig. Entsprechendes gilt gem § 312 für einen Vertrag über den Nachlaß eines noch lebenden Dritten (vgl aber die Ausnahmen in § 312 Abs 2). Da das Erbrecht einer Person weder vor noch nach dem Erbfall ein (künftiger oder gegenwärtiger) „Anspruch" ist, kann es auch nicht durch Pfandrecht (§§ 1204 ff, 1273 ff), Vormerkung (§§ 883 ff) oder Hypothek (§§ 1113 ff) gesichert werden (vgl OLG Kassel OLGE 14, 97 f; KGJ 40 A 258, 260; KG OLGE 43, 12 f; STAUDINGER/GURSKY [1996] § 883 Rn 33; STAUDINGER/WOLFSTEINER [1996] § 1113 Rn 13). Entsprechend beurteilt die hM aus etwas anderen Gründen die Sicherbarkeit künftiger Pflichtteils- und Vermächtnisansprüche für die Zeit bis zum Erbfall (vgl STAUDINGER/GURSKY [1996] § 883 Rn 50 ff; STAUDINGER/OTTE [1996] § 2174 Rn 21; STAUDINGER/KANZLEITER [1998] Vorbem 10 zu §§ 2274 ff, § 2286 Rn 7, § 2287 Rn 18, § 2288 Rn 3; D ASSMANN, Die Vormerkung [1998] 54 ff [bedenklich allerdings die zu § 2169 Abs 1 führende dortige Fn 321 und die große Strenge, mit der aaO 68 ff auch im Verhältnis Erblasser/Erbe an dem im übrigen wohlbegründeten Prinzip festgehalten wird, daß persönlicher Schuldner des vormerkungsbewehrten Anspruchs und Inhaber des vorgemerkten Rechts dieselbe Person sein müssen]; mißverständlich OLG Kassel OLGE 14, 98). Rechtlich möglich und durch Vormerkung sicherbar ist jedoch die Vereinbarung eines schuldrechtlichen Vorkaufsrechts für den wahrscheinlichen künftigen Erben. Daß der Vorkaufsberechtigte Alleinerbe wird, läßt die Wirkung der Vormerkung gegenüber einer Zwischenverfügung des Erblassers nicht entfallen (OLG Schleswig NJW-RR 1999, 1528 ff [aufgehoben durch BGH-Urt v 3. 12. 1999, V ZR 329/98]; vgl auch STAUDINGER/MAROTZKE [1996] § 1976 Rn 4).

17 Versuche, den späteren Erblasser zu bewegen, sich der Verfügungsmacht über sein Vermögen ganz oder teilweise schon zu Lebzeiten zu entäußern, müßten an § 137 S 1 scheitern. Möglich, wenn auch letztlich am Erbrecht vorbeiführend, ist dagegen eine sog „vorweggenommene Erbfolge" (Rn 10) durch Verfügungen unter Lebenden, insbes durch „Verfügungen unter Lebenden auf den Todesfall" (dazu auch Rn 55 f und Erl zu § 2301; zu dem für ähnliche Zwecke verwendbaren Instrument des „Vertrages zugunsten Dritter auf den Todesfall" vgl Rn 59; STAUDINGER/JAGMANN [1995] Vorbem 53 zu §§ 328 ff, § 328 Rn 56, 100, § 330 Rn 13 ff, 21 ff, § 331 Rn 1 ff; STAUDINGER/CREMER [1995] § 516 Rn 91 ff; STAUDINGER/KANZLEITER [1998] § 2301 Rn 42 ff; STAUDINGER/OLSHAUSEN [1998] § 2325 Rn 36 ff). Möglich ist wegen § 137 S 2 ferner, daß sich der spätere Erblasser durch Vertrag verpflichtet, bestimmte dem späteren Erben nachteilige Verfügungen (nicht jedoch solche „von Todes wegen"; s Rn 16) zu unterlassen (STAUDINGER/GURSKY [1996] § 883 Rn 50 [im zweiten Absatz]; STAUDINGER/OTTE [1996] § 2174 Rn 21; STAUDINGER/KANZLEITER [1998] § 2286 Rn 16 f); die aus einer etwaigen Verletzung solcher Unterlassungspflichten resultierenden Sekundäransprüche können schon vorab dinglich gesichert werden (vgl STAUDINGER/KOHLER [1996] § 137 Rn 38; STAUDINGER/KANZLEITER [1998] § 2286 Rn 17; D ASSMANN, Die Vormerkung [1998] 57 ff).

18 **Ist die Einräumung einer Erbenstellung aufgrund eines schuldhaften Verhaltens des Rechtsberaters des Erblassers unterblieben,** kommt ein – uU schon vor dem Erbfall gerichtlich feststellbarer (vgl das allerdings einen mißglückten *Erbverzicht* betreffende Urteil BGH NJW 1996, 1062 f [zit auch bei Rn 25]) – Schadensersatzanspruch des verhinderten Erben in Betracht (BGH NJW 1997, 2327 ff; BGH ZEV 1999, 357; vgl auch Rn 192; STAUDINGER/ JAGMANN [1995] Vorbem 98 zu §§ 328 ff und § 328 Rn 69). Allerdings muß dieser sich ein Mitverschulden des Erblassers anrechnen lassen (BGH NJW 1997, 2327 ff).

5. Feststellungsklagen zu Lebzeiten des Erblassers

Umstritten ist, **ob schon zu Lebzeiten des Erblassers auf positive oder negative Feststellung (künftiger!) Erbberechtigungen und sonstiger Nachlaßbeteiligungen geklagt werden kann** (vgl MOSER, Die Zulässigkeitsvoraussetzungen der Feststellungsklage unter besonderer Berücksichtigung erbrechtlicher Streitigkeiten zu Lebzeiten des Erblassers [Diss Erlangen-Nürnberg 1981] 195–422; KUCHINKE, in: FS Henckel [1995] 475 ff; HOHMANN ZEV 1994, 133 ff; J SCHNEIDER ZEV 1996, 56 f; D ASSMANN, Erbrechtliche Prozesse zu Lebzeiten, ZZP 111 [1998] 357 ff). Die Frage wird verneinen, wer der hM folgt, daß *künftige* Rechtsbeziehungen oder rechtliche *Vorfragen* keine „Rechtsverhältnisse" iSd § 256 Abs 1 ZPO seien (so zB RGZ 49, 270, 272; BGHZ 37, 137, 144 f m Anm JOHANNSEN LM ZPO § 256 Nr 74; MünchKomm/LEIPOLD Rn 79; SOERGEL/STEIN Einl 2 und § 1922 Rn 7). Da diese hM nicht unbestritten ist (vgl JOHANNSEN Bl 2 Mitte; TRZASKALIK, Die Rechtsschutzzone der Feststellungsklage im Zivil- und Verwaltungsprozeß [1978] 72 ff, 127 f; MOSER 110 ff) und im übrigen auch an eine *analoge* Anwendung des § 256 ZPO gedacht werden könnte, empfiehlt es sich, die Basis der Argumentation zu verbreitern. In Rechnung zu stellen ist vor allem, „daß das Interesse des Erblassers an einer Klärung der Grenzen seiner alsbald wahrzunehmenden Testierfreiheit im allgemeinen geringeren Aufschub verträgt als das Interesse von ungeduldigen Angehörigen an der Feststellung einer Rechtsstellung, die für sie erst nach dem Erbfall fühlbare rechtliche Folgen haben kann" (BGHZ 109, 306, 309 = JZ 1990, 697, 698 m Anm LEIPOLD). **Folgende Fallkonstellationen sind zu unterscheiden:**

a) Prozesse ohne Beteiligung des Erblassers
Ein Kriterium zur Beurteilung der Zulässigkeitsfrage ergibt sich hier aus § 312 Abs 1: Wenn nach dieser Vorschrift ein **Vertrag** über den Nachlaß eines noch lebenden Dritten oder über den Pflichtteil oder ein Vermächtnis *aus* dem Nachlaß eines noch lebenden Dritten nichtig ist, dann muß Entsprechendes hinsichtlich der sogar zu einem **Rechtsstreit** über den Nachlaß eines noch lebenden Dritten und die diesbezüglichen Erbberechtigungen, Pflichtteile (dazu auch Rn 21, 24 ff) oder Vermächtnisse führenden **Klage** gelten: Analog § 312 Abs 1 ist solch eine Klage (natürlich nicht „nichtig", sondern:) unzulässig. Vgl auch STAUDINGER/WUFKA (1995) § 312 Rn 8; KUCHINKE, in: FS Henckel (1995) 475, 486; BGHZ 37, 137, 145 m Anm JOHANNSEN LM ZPO § 256 Nr 74 (Unzulässigkeit von Feststellungsklagen über das Erbrecht nach noch lebenden dritten Personen) und – allerdings ohne Rückgriff auf § 312 – OLG Köln JW 1930, 2064 Nr 5 m Anm HERZFELDER (Unzulässigkeit einer Feststellungsklage über die Gültigkeit des Testaments eines noch lebenden Dritten); RG JW 1911, 186 Nr 16 (Unzulässigkeit der Klage eines möglichen künftigen Erben auf Feststellung der Unwirksamkeit eines zwischen dem Beklagten und dem späteren Erblasser geschlossenen Vertrages [mE zutreffend, weil der Rechtsgedanke des § 312 Abs 1 eine gerichtliche Prüfung der künftigen Erbenstellung des Klägers auch insoweit ausschließt, als dessen Erbaussicht als Grundlage des für § 256 Abs 1 ZPO erforderlichen Feststellungsinteresses in Betracht kommt]); OLG Celle MDR 1954, 547 (Unzulässigkeit der Klage eines möglichen künftigen pflichtteilsberechtig-

ten [dazu noch Rn 21, 24] Erben oder Nacherben gegen einen möglichen künftigen Miterben auf Feststellung, daß ein Grundstück, das der künftige Erblasser dem letzteren übereignet hatte, wegen Nichtigkeit dieser Übereignung im Vermögen des noch lebenden Erblassers verblieben sei [eigene Stellungnahme: wie vor]). Unvereinbar mit dem Rechtsgedanken des § 312 Abs 1 ist die (aus anderen Gründen auch von STAUDINGER/KANZLEITER [1998] § 2269 Rn 15 kritisierte) Entscheidung des RG in HRR 1928 Nr 843.

21 Nach § 312 Abs 2 finden die Bestimmungen des § 312 Abs 1 keine Anwendung auf „einen Vertrag, der **unter künftigen gesetzlichen Erben** über den gesetzlichen Erbteil oder den Pflichtteil eines von ihnen geschlossen wird". Entsprechend ihrem Zweck, eine vorausschauende *einvernehmliche* Regelung unter künftigen gesetzlichen Erben zu ermöglichen (vgl STAUDINGER/WUFKA [1995] § 312 Rn 19), erweitert diese Ausnahmevorschrift nicht auch die Zulässigkeit von *Rechtsstreitigkeiten*, die unter künftigen gesetzlichen Erben über den gesetzlichen Erbteil oder den Pflichtteil eines von ihnen anhängig gemacht werden (**aM** wohl BGB-RGRK/KREGEL Rn 5 und, unter Berufung auch auf nationalsozialistische Rechtsanschauungen und den damaligen § 48 Abs 2 TestG: RGZ 169, 98, 99 f [dort hatte allerdings *die Erblasserin* geklagt; vgl dazu unten Rn 26]); insoweit bleibt es bei der zur Unzulässigkeit führenden (Rn 20) Analogie zu § 312 Abs 1. Für dieses Ergebnis läßt sich unterstützend anführen, daß § 312 Abs 2 „eng auszulegen" ist und nur „schuldrechtliche" Dispositionen, nicht aber solche mit „erbrechtlich-dinglicher" Wirkung gestattet (vgl BGHZ 37, 319, 325 mwN): Feststellungsklagen über künftige Erbberechtigungen werden idR auf „erbrechtlich-dingliche" Feststellungen abzielen.

22 Eine **Klage auf Feststellung der Wirksamkeit oder Unwirksamkeit eines unter § 312 Abs 1 oder 2 fallenden Vertrages** ist selbstverständlich auch schon vor dem Erbfall zulässig, wenn das in § 256 Abs 1 ZPO vorausgesetzte Rechtsschutzinteresse besteht. Umstritten ist, ob der Vertragserbe nach einer beeinträchtigenden Schenkung des Erblassers das Recht hat, bereits vor dem Erbfall gegen den Beschenkten Klage auf **Feststellung des – künftigen – Herausgabeanspruchs aus § 2287** zu erheben (vgl STAUDINGER/KANZLEITER [1998] § 2269 Rn 15, § 2287 Rn 18 mwN).

b) Prozesse gegen den Erblasser

23 Aus der Unzulässigkeit von Prozessen über den Nachlaß eines noch lebenden *Dritten* (Rn 20, 21) ergibt sich a fortiori (erst recht) die Unzulässigkeit derartiger Prozesse gegen den künftigen *Erblasser*. Das würde selbst dann gelten, wenn man die Stellung des wahrscheinlichen künftigen Erben nicht als eine mehr oder weniger unsichere Erwerbsaussicht (vgl Rn 11), sondern (mit vLÜBTOW II, 619 f) als eine als *gegenwärtiges* Rechtsverhältnis iSd § 256 Abs 1 ZPO zu behandelnde „Rechtsanwartschaft" ansähe. Denn auch die Konstruktion einer „Rechtsanwartschaft" (dazu in anderem Zusammenhang kritisch MAROTZKE, Das Anwartschaftsrecht – ein Beispiel sinnvoller Rechtsfortbildung? [1977]) vermag nichts daran zu ändern, daß das in der Testierfreiheit (bes §§ 1937 ff, 2253 ff), in §§ 2232 S 2, 2247 f (Zulassung „heimlicher" Testamente) und wohl auch in § 312 Abs 1 anerkannte Interesse des Erblassers, nicht schon zu Lebzeiten über das Schicksal seines späteren Nachlasses Rechenschaft geben und sich von seinen potentiellen Erben nicht „zu Tode prozessieren" lassen zu müssen (wie zB die Mutter des Kl in BGH FamRZ 1993, 689 = NJW-RR 1993, 391), idR – und zwar *ganz besonders* in möglichen Fällen der §§ 2333 ff, 2339 (über deren Vorliegen der *Erblasser* nicht sollte streiten müssen [**aM** LANGE NJW 1963, 1571, 1574; MOSER 407 f; D ASSMANN

ZZP 111 (1998) 357, 371 f; MünchKomm/LEIPOLD Rn 80 mit Fn 246]; vgl auch §§ 2336 Abs 1 und 3, 2340 Abs 2, 2341) – *höher* zu bewerten sein wird als ein wie immer auch geartetes Feststellungsinteresse (§ 256 Abs 1 ZPO) der potentiellen künftigen Nachlaßbeteiligten (zust OLG Frankfurt aM NJW-RR 1997, 581, 582; im Ansatz ähnlich LANGE NJW 1963, 1571, 1573 f; MOSER 305 ff; RECKER MittRhNotK 1978, 125, 126; TRZASKALIK aaO [oben Rn 19] 75 f; vgl auch BGHZ 109, 306, 309 = JZ 1990, 697, 698 m Anm LEIPOLD; der dort behandelte Rechtsstreit fand seine Fortsetzung in BGH FamRZ 1993, 689 = NJW-RR 1993, 391). Etwas anderes kann nur gelten, wenn und soweit sich der künftige Erblasser bereits gebunden hat. Als schon vor dem Erbfall einklagbares Rechtsverhältnis ist aber auch in diesem Fall nicht die (nach wie vor ungewisse; s Rn 12, 14!) künftige Erbenstellung, sondern die von dem Erblasser eingegangene rechtliche Bindung anzusehen (iE ebenso MünchKomm/LEIPOLD Rn 80; HOHMANN ZEV 1994, 133 ff; OLG Düsseldorf ZEV 1994, 171 f = NJW-RR 1995, 141 f): also die Bindung an einen Erbvertrag und, wenn man von der (aber wohl unzutreffenden) hM ausgeht, daß das Klagerecht gegen den Erblasser nicht auf die „Parteien" des die Bindung erzeugenden Rechtsgeschäfts beschränkt sei: gegebenenfalls die mit dem Tod des Ehegatten und dem Ablauf der Ausschlagungsfrist (§ 2271 Abs 2) einsetzende Bindung an wechselbezügliche Verfügungen eines „gemeinschaftlichen" Testaments (alles sehr str; vgl STAUDINGER/KANZLEITER [1998] Vorbem 10 zu §§ 2274 ff, § 2269 Rn 15, § 2271 Rn 32, 74, § 2281 Rn 39; KUCHINKE, in: FS Henckel [1995] 475, 478 ff; D ASSMANN ZZP 111 [1998] 357, 370 Fn 54). Wenn und soweit eine Bindung des künftigen Erblassers nicht besteht (etwa beim „normalen" Testament), ist eine auf Feststellung der Wirksamkeit seiner Verfügung von Todes wegen gerichtete Klage gegen ihn nicht zulässig.

Das **Pflichtteilsrecht** beschränkt zwar teils unmittelbar (§ 2306 Abs 1 S 1), teils mittelbar die Gestaltungsmöglichkeiten des Erblassers; es „verpflichtet" jedoch letztlich nicht ihn, sondern je nach Inhalt seiner Verfügung von Todes wegen erst die Erben (vgl §§ 1967 Abs 2, 2303 Abs 1 S 1, 2305 etc). Sowohl aus diesem als auch aus dem weiteren Grunde, daß der Erblasser zu Lebzeiten (vgl § 2263) niemandem Rechenschaft über die erfolgte oder nicht erfolgte Errichtung pflichtteilsrelevanter Verfügungen von Todes wegen schuldet und derartige Verfügungen zudem meist „heimlich" und frei widerrufen kann (vgl §§ 2253 ff, 2336), sollte man das Pflichtteilsrecht betreffende Feststellungsklagen *gegen den Erblasser* nicht zulassen (vgl auch MünchKomm/LEIPOLD Rn 80; MOSER 404 ff [die aber jeweils Ausnahmen anerkennen wollen]; wohl schon im Grundsätzlichen aM OLG Saarbrücken NJW 1986, 1182; vgl auch BGH NJW 1974, 1084, 1085 im ersten Abs von 1 [obiter dictum]; sehr nachdenklich jedoch nunmehr BGHZ 109, 306, 309 = JZ 1990, 697, 698 [in derselben Sache erneut BGH FamRZ 1993, 689 = NJW-RR 1993, 391!] m Anm LEIPOLD [der zu Recht die wenig überzeugende Begründung kritisiert, mit der der BGH die Klage „jedenfalls im vorliegenden Fall" zuließ]; STAUDINGER/HAAS [1998] Vorbem 49 zu §§ 2303 ff; zu den Sonderfällen der §§ 2333 ff vgl soeben Rn 23). Für entspr Klagen potentieller Pflichtteilsberechtigter *gegen die (wahrscheinlichen) künftigen Erben* gilt wegen der in Rn 20, 21 befürworteten Analogie zu § 312 Abs 1 iE nichts anderes. Zum *Klagerecht des Erblassers* vgl Rn 26. (Weitere Ausführungen und Nachweise zu diesem Problemkreis finden sich bei STAUDINGER/HAAS [1998] Vorbem 49 zu §§ 2303 ff; § 2317 Rn 2; STAUDINGER/OLSHAUSEN [1998] Vorbem 20 zu §§ 2325 ff und Vorbem 19, 41 zu §§ 2333 ff.)

Ein **Erb- oder Pflichtteilsverzicht** ist gem §§ 2346 Abs 1 S 1, 2347 Abs 2 ein Vertrag zwischen dem Verzichtenden und dem Erblasser. Dessen Nichtvorliegen bzw Unwirksamkeit kann derjenige, der nach den Behauptungen des Erblassers verzichtet haben soll, analog dem bei Rn 22 Gesagten auch durch *Klage gegen den Erblasser* gerichtlich feststellen lassen (MATTERN BWNotZ 1962, 229, 240; vgl auch BGH NJW 1996, 1062 f zur Zulässigkeit einer bereits zu Lebzeiten des Erblassers erhobenen Schadensersatzklage *gegen den Notar* wegen Unwirksamkeit eines von diesem beurkundeten Erbverzichts sowie erg Rn 18). Entsprechendes gilt im Hinblick auf die übergangsrechtlich (Art 227 Abs 1 EGBGB) noch zu beachtenden früheren §§ 1934 d Abs 4, 1934 e für die Feststellung der Unwirksamkeit einer – seit dem 1. 4. 1998 ohnehin nicht mehr möglichen (vgl Art 227 Abs 1 Nr 2 EGBGB und STAUDINGER/WERNER § 1934 d Rn 1) – **Vereinbarung über einen vorzeitigen Erbausgleich.** Zum Klagerecht *des Erblassers* vgl Rn 26 aE.

c) Der Erblasser als Kläger

26 Klagt der Erblasser auf Feststellung des Bestehens oder Nichtbestehens eines für die spätere Zuordnung seines Nachlasses relevanten Rechtsverhältnisses, so begibt er sich selbst des ihm idR zustehenden (vgl Rn 23) Schutzes vor derartigen Prozessen. Dies rechtfertigt es, Klagen *des* Erblassers in weiterem Umfang zuzulassen als Klagen *gegen* ihn (vgl auch LANGE NJW 1963, 1571, 1573; MOSER 282, 307, 410; KUCHINKE, in: FS Henckel [1995] 475, 482 f; D ASSMANN ZZP 111 [1998] 357, 372 sowie die in Rn 19 wiedergegebene Bemerkung in BGHZ 109, 306, 309; skeptisch MünchKomm/LEIPOLD Rn 79 Fn 230, Rn 80 Fn 246 und OLG Saarbrücken NJW 1986, 1182, das freilich schon Klagen *gegen* den Erblasser recht großzügig zuläßt; s oben Rn 24). Ein Interesse an „alsbaldigen" (§ 256 Abs 1 ZPO) gerichtlichen Feststellungen wird der Erblasser insbes dann haben, wenn ihm bestimmte erbrechtliche Gestaltungsmöglichkeiten, die er zu haben glaubt und von denen er natürlich nur *vor* seinem Tod Gebrauch machen könnte, streitig gemacht werden (vgl auch BGHZ 37, 137, 144; BGH NJW 1974, 1084 f ad 1; BVerfG ZIP 1997, 125, 126; MOSER 255 ff, 265 ff, 409 f; KUCHINKE aaO; D ASSMANN ZZP 111 [1998] 357, 372). Zu denken ist zB an gerichtliche Feststellungen des Inhalts, daß der Beklagte im Fall des Vorversterbens des klagenden Erblassers nicht zu den Pflichtteilsberechtigten gehöre (vgl RGZ 92, 1, 3 f; **aM** MünchKomm/LEIPOLD Rn 80), daß der klagende Erblasser berechtigt sei, dem Beklagten den Pflichtteil gem §§ 2333 ff zu entziehen (RGZ 92, 1, 4 ff; BGH NJW 1974, 1084 f; LEIPOLD aaO; MATTERN BWNotZ 1962, 229, 240; STAUDINGER/OLSHAUSEN [1998] Vorbem 19 zu §§ 2333 ff; vgl auch BGHZ 37, 137, 144 und das die Zulässigkeit solcher Klagen ausdrücklich offenlassende Urteil des BGH in NJW-RR 1990, 130) oder ihn unter Belassung eines etwaigen Pflichtteils zu enterben (auch das Recht zur Enterbung kann nämlich fraglich sein; vgl STAUDINGER/OTTE [1996] Vorbem 141 ff zu §§ 2064–2086 [zu etwaigen sich aus §§ 134, 138 ergebenden Nichtigkeitsgründen]; RGZ 169, 98, 99 f [noch unter dem Eindruck nationalsozialistischer Rechtsanschauungen und des damaligen § 48 Abs 2 TestG] und Fall 3 bei D ASSMANN ZZP 111 [1998] 357). Unzulässig ist hingegen eine Klage des Erblassers auf Feststellung, daß eine bestimmte Person nicht zu seinen gesetzlichen Erben gehöre (MATTERN aaO; MünchKomm/LEIPOLD Rn 79; **aM** das RG aaO und infolge seines bei Rn 23 kritisierten „Anwartschaftsdenkens" auch vLÜBTOW II 619 f): Wer eine sich als seinen gesetzlichen Erben bezeichnende Person nicht zum Zuge kommen lassen will, kann sie „sicherheitshalber" gem §§ 1937 ff enterben und sollte eine Feststellungsklage nur dann erheben dürfen, wenn ihm, etwa unter Berufung auf § 138, auch das Recht der Enterbung streitig gemacht wird. Anders jedoch im Falle des (wirklichen oder behaupteten) Erbverzichts: *Dessen* Wirksamkeit muß der Erblasser in seiner Eigenschaft als Vertragspartei (§§ 2346 Abs 1 S 1, 2347 Abs 2) auch selbst – dh schon vor dem Erbfall – durch Klage gegen den Verzichtenden gerichtlich feststellen lassen können (ebenso MATTERN aaO). Entsprechendes gilt für die Feststellung der Wirksamkeit einer Vereinbarung

1. Abschnitt. Erbfolge

über den vorzeitigen Erbausgleich (vgl erg Rn 25 und die den Erb- bzw Pflichtteilsverzicht betreffenden Andeutungen in RGZ 92, 1, 3; 169, 98, 99).

B. Der Erblasser

Als „Erblasser" bezeichnet das BGB (zB §§ 1924 ff) **den Verstorbenen:** Dieser hat sein **27** Vermögen, das in Abs 1 als „Erbschaft" bezeichnet wird, bei seinem Tode „hinterlassen". Entspr dem in Rn 1, 3 Ausgeführten kommen als Erblasser nicht juristische, sondern nur natürliche Personen (also Menschen) in Betracht.

Die Erblassereigenschaft setzt weder eine bestimmte Mindestgröße des hinterlasse- **28** nen Vermögens (vgl Mot V 3) noch bestimmte Eigenschaften des Verstorbenen wie zB Geschäftsfähigkeit voraus. Auch von der **Staatsangehörigkeit** ist die Erblassereigenschaft des Verstorbenen unabhängig. Jedoch ist die Staatsangehörigkeit wichtig für die Frage, ob der Verstorbene nach deutschem oder nach ausländischem Recht beerbt wird (Art 25 f EGBGB).

C. Der Erbe

I. Begriff

Als „Erben" bezeichnet Abs 1 die Person(en), auf die das Vermögen des Verstorbenen **29** **(Erblassers) gem §§ 1922, 1942 übergeht.** Nicht unter diesen Begriff fallen Pflichtteilsberechtigte (§§ 2303 ff), Erbersatzberechtigte (§§ 1934 a ff [inzwischen aufgehoben; vgl STAUDINGER/OTTE Einl 48 c zu §§ 1922 ff und STAUDINGER/WERNER § 1934 a Rn 41]) und Vermächtnisnehmer (§§ 1939, 2147 ff). Diese Personen werden beim Erbfall nicht automatisch (Mit-)Träger des Nachlasses, sondern bloß Inhaber von *gegen* den Nachlaß gerichteten Ansprüchen, für die ihnen die „wirklichen" Erben nach §§ 1967 ff, 2058 ff haften (vgl ferner §§ 2147, 2186 ff, wonach mit einem Vermächtnis statt des Nachlasses bzw des Erben auch ein Vermächtnisnehmer beschwert werden kann).

Von **Miterben** spricht das Gesetz (Abs 2, §§ 2032 ff), wenn der Verstorbene *mehrere* **30** Erben hinterläßt (vgl Rn 64 ff, 78, 101 ff und §§ 2032 ff). Zu **Vor- und Nacherben** vgl Rn 34, 37, 38, 42, 79, 83 und §§ 2100 ff; zu **Erbeserben** s Rn 229 f.

II. Erbfähigkeit

Erbfähig ist grundsätzlich jede „andere", dh vom Erblasser verschiedene (vgl BGHZ 98, 1, 5 **31** = NJW 1986, 2434, 2435) **Person** (vgl aber §§ 2339 ff und bei Auslandsberührung STAUDINGER/ DÖRNER [1995] EGBGB Art 25 Rn 76 ff, 116 ff).

Juristische Personen können zwar nicht Erblasser sein (Rn 3, 27); erben können aber **32** auch sie (arg §§ 1936, 2044 Abs 2 S 3, 2101 Abs 2, 2105 Abs 2, 2106 Abs 2 S 2, 2109 Abs 2, 2163 Abs 2, EGBGB Art 86 S 2). Vgl STAUDINGER/OTTE § 1923 Rn 30 ff und bei Auslandsberührung STAUDINGER/DÖRNER (1995) EGBGB Art 25 Rn 82 f.

III. Berufung zum Erben

33 **Wer Erbe wird, richtet sich in erster Linie nach dem Willen des Erblassers.** Denn dem Erblasser wird in §§ 1937 ff, 2064 ff, 2229 ff das Recht zugestanden, durch eine sog „Verfügung von Todes wegen" (Testament oder Erbvertrag) die Person des Erben zu bestimmen. Nur für den Fall, daß der Erblasser von dieser sog „**Testierfreiheit**" (vgl STAUDINGER/OTTE Einl 54 ff zu § 1922 und Vorbem 14 zu § 1937) keinen Gebrauch macht, regelt das BGB in §§ 1924 ff die „**gesetzliche**" **Erbfolge.** Weitere Berufungsgründe gibt es nicht; insbes kann eine Erbenstellung nicht allein nach Treu und Glauben entstehen oder verloren gehen (BayObLGZ 1965, 86, 90; vgl auch BGH NJW 1967, 1126 ff).

IV. Zeitpunkt des „Erbe-Werdens"

34 Der vom Erblasser oder kraft Gesetzes Berufene (Rn 33) erwirbt die ihm zukommende Erbenstellung **erst beim Erbfall**, der Nacherbe erlangt sie erst beim Nacherbfall (§§ 2100, 2139). Dementspr kann Erbe (Nacherbe) nur werden, wer zZ des Erbfalls (Nacherbfalls) lebt oder wenigstens schon gezeugt war (und später lebend geboren wird); vgl §§ 1923, 2101, 2108.

35 **Vor dem Erbfall gibt es keinen Erben**, sondern höchstens Erb*aussichten* (Rn 11 ff; zur vorweggenommenen Erbfolge s Rn 10).

V. Nachträgliche Dispositionen über die Erbenstellung

36 Wer bereits Erbe *ist*, kann sich dieser Rechtsstellung *rückwirkend* entledigen, indem er die Erbschaft form- und fristgemäß ausschlägt (§§ 1942 ff, 2142, 2306). Wegen § 1942 Abs 2 gilt das aber nicht für den Fiskus, falls er kraft Gesetzes (§ 1936) Erbe geworden ist.

Ebenfalls mit Rückwirkung verliert seine Erbenstellung, wer für erbunwürdig erklärt (§ 2344) oder wessen Erbeinsetzung wirksam angefochten worden ist (§§ 142 Abs 1, 2078 ff).

37 Wer vom Erblasser unter einer auflösenden Bedingung oder Befristung zum Erben bestimmt worden ist (also wer Vorerbe ist; vgl STAUDINGER/BEHRENDS/AVENARIUS [1996] § 2100 Rn 25 und, unter besonderer Berücksichtigung der diesen Zusammenhang mitunter leugnenden Rspr zur sog Wiederverheiratungsklausel: OTTE AcP 187 [1987] 603, 605; ZAWAR NJW 1988, 16 ff; WILHELM NJW 1990, 2857, 2860 ff), verliert seine Erbenstellung **ohne Rückwirkung** bei Eintritt der Bedingung bzw bei Fristablauf. Vgl § 2139: „Mit dem Eintritte des Falles der Nacherbfolge hört der Vorerbe auf, Erbe zu sein, und fällt die Erbschaft dem Nacherben an." Handelt es sich bei der die Nacherbfolge auslösenden Bedingung um ein Ereignis, dessen Eintritt von dem Willen des Vorerben (vgl § 2075), des Nacherben oder eines Dritten abhängt, so ergibt sich hieraus eine zusätzliche Dispositionsmöglichkeit über eine bereits erworbene (Vor-)Erbenstellung; die Grenze liegt insoweit bei § 2065 (vgl STAUDINGER/OTTE [1996] § 2065 Rn 13 ff).

38 **Im übrigen unterliegt eine bereits entstandene Erbenstellung nicht der Disposition des Erben oder dritter Personen** (DÖRNER, in: FS Ferid [1988] 57, 68 ff; zu gegenläufigen Tendenzen im Bereich des Erbschaftsteuerrechts vgl SOERGEL/STEIN Rn 6; CREZELIUS, Erbschaft- und Schenkungsteuer in zivilrechtlicher Sicht [1979] 43 ff, 191 f). Nicht einmal ein notariell beurkundeter (vgl BGH JR 1986, 373 ff m Anm DAMRAU = BGH DNotZ 1987, 109 ff m Anm CIESLAR) Vergleichs- oder sonstiger Vertrag zwischen allen als Erben in Betracht kommenden Personen vermag an der bereits eingetretenen Erbfolge etwas zu ändern (BayObLGZ 1918/19, 343, 346; 1920, 210, 214; 1966, 233, 236; 1997, 217, 221 f [= NJW-RR 1997, 1368 ff = ZEV 1997, 461 ff m Anm OTT – Vergleichsschluß im Erbscheinsverfahren –]; LG Freiburg BWNotZ 1979, 67; vgl auch BGH JR 1986, 373, 374 f; LG Aachen NJW-RR 1988, 263 [betr Anerkenntnis im Erbunwürdigkeitsverfahren]; JOHANNSEN WM 1977, 270 [unter Hinweis auf ein nicht veröffentlichtes Urteil des BGH vom 22. 9. 1976 – IV ZR 177/74]; WEISS, Wirkungen erbrechtlicher Auslegungsverträge, in: Gedächtnisschr Küchenhoff [1987] 389 ff; SOERGEL/DAMRAU § 2358 Rn 11; STAUDINGER/ SCHILKEN [1997] § 2359 Rn 6). IdR wird sich aus solch einem Vertrag jedoch eine schuldrechtliche Verpflichtung der Parteien ergeben, einander so zu stellen, als seien die in ihm enthaltenen Feststellungen zutreffend (BGH JR 1986, 375). Mit Hilfe entsprechender Erbteilsübertragungen kann die Stellung der Beteiligten der vereinbarten Rechtslage „auch dinglich angenähert werden" (BGH aaO). Mehr als solch eine „Annäherung" läßt sich jedoch auch durch **Erbteilsübertragungen** nicht erreichen (mißverständlich JOHANNSEN aaO); denn solche Übertragungen erfassen zwar die Beteiligung an dem geerbten Vermögen, nicht aber die Erbenstellung als solche (vgl BGHZ 121, 47, 50; STAUDINGER/WERNER [1996] § 2033 Rn 23 f; STAUDINGER/OLSHAUSEN [1997] Einl 17 f zu § 2371 und hinsichtlich der *Vererblichkeit* von Erbenstellungen unten Rn 229). Entsprechendes gilt nach wohl hM für den Fall, daß eine zur Nacherbfolge berufene Person ihre zwischen Erb- und Nacherbfall bestehende sog **Nacherbenanwartschaft** veräußert (vgl OLG Düsseldorf OLGZ 1991, 134 ff = NJW-RR 1991, 332; vLÜBTOW II 633, 880; hinsichtl des Einflusses auf die Rechtsstellung des Veräußerers teilw aM STAUDINGER/AVENARIUS [1996] § 2100 Rn 66, 68, § 2142 Rn 14; STAUDINGER/OLSHAUSEN [1997] Einl 17, 29 zu § 2371; vgl auch STAUDINGER/ WERNER [1996] § 2033 Rn 11). Ein **Erbverzicht** kann nach dem Tod des Verzichtenden nicht mehr aufgehoben werden (s hierzu und zur Frage einer Anfechtung nach §§ 119 ff unten Rn 234 aE).

Ähnlich wie ein Feststellungs*vertrag* (s Rn 38) wirkt auch die **Führung eines** auf Feststellung gerichteten **Prozesses**. So wirkt die *Rechtskraft* eines Gerichtsurteils, das das Bestehen oder Nichtbestehen einer Erbenstellung feststellt, grundsätzlich nur zwischen den Parteien und ihren Rechtsnachfolgern (vgl § 325 ZPO; STAUDINGER/GURSKY [1996] Vorbem 21 zu §§ 2018–2031; aber auch STAUDINGER/MAROTZKE § 1965 Rn 15 ff; STAUDINGER/ SCHILKEN [1997] § 2360 Rn 9 ff). Dogmatische Probleme bereitet in diesem Zusammenhang das im Fall einer Erbunwürdigkeitsklage anzuwendende Verfahren (vgl KG NJW-RR 1989, 455 f; STAUDINGER/OLSHAUSEN [1997] § 2342 Rn 6). Eine nach §§ 1964, 1965 getroffene *Feststellung des Nachlaßgerichts*, daß ein anderer Erbe als der Fiskus nicht vorhanden sei, wirkt zwar für und gegen jedermann; dies jedoch nicht iS einer unangreifbaren Feststellung, sondern nur iS einer „Vermutung" des Inhalts, „daß der Fiskus gesetzlicher Erbe sei" (§ 1964 Abs 2). Entspr verhält es sich hinsichtlich der *Richtigkeitsvermutung eines Erbscheins* (§ 2365). Beide Vermutungen sind gem § 292 ZPO widerlegbar. 39

VI. Prozessuale Durchsetzung des Erbrechts

Vgl soeben Rn 39; STAUDINGER/GURSKY (1996) Vorbem 2 ff zu §§ 2018–2031 und für die Zeit vor dem Erbfall oben Rn 19 ff. 40

D. Der Vermögensübergang auf den oder die Erben

I. Übergang statt Untergang

41 Seiner bei Rn 1 beschriebenen Aufgabe, die sich beim Erbfall ergebenden Probleme hinsichtlich des Fortbestands und gegebenenfalls der (Neu-)Zuordnung der Rechte und Pflichten des Verstorbenen zu lösen, kommt das Erbrecht gem §§ 1922, 1967, 2032, 2058 in der Weise nach, daß es die ihres bisherigen Zuordnungssubjekts beraubten Rechte und Pflichten grundsätzlich (vgl aber Rn 113–116; STAUDINGER/MAROTZKE [1996] § 1967 Rn 8) nicht *unter-*, sondern auf eine oder mehrere andere Personen (Erben) *über*gehen läßt. Zur näheren Ausgestaltung dieses Lösungsansatzes vgl Rn 42 ff sowie den rechtsgeschichtlichen Überblick bei STAUDINGER/BOEHMER[11] Rn 98–120. Zu beachten ist auch die bei STAUDINGER/OTTE Einl 60 ff zu §§ 1922 ff dargestellte **verfassungsrechtliche** Dimension.

II. Vonselbsterwerb mit Ausschlagungsmöglichkeit (Anfallprinzip)

42 Nach Abs 1 geht das Vermögen des Erblassers (die Erbschaft) beim Erbfall *ohne weiteres* auf den oder die Erben über. § 1942 Abs 1 bezeichnet diesen sog Vonselbsterwerb (hierzu STAUDINGER/OTTE § 1942 Rn 1 ff) treffend als **Anfall der Erbschaft** und erkennt dem Erben zugleich das Recht zu, diesen Vorgang durch **Ausschlagung** wieder rückgängig zu machen. Nur der *Fiskus* kann die ihm als gesetzlichem Erben angefallene Erbschaft nicht ausschlagen (§ 1942 Abs 2).

Dem **Nacherben** fällt die Erbschaft abweichend von Abs 1 nicht schon beim Erbfall, sondern erst beim Nacherbfall an (§ 2139).

43 Der bei Rn 42 beschriebene „Anfall" der Erbschaft bewirkt den **automatischen und einheitlichen Übergang aller vererblichen Rechtspositionen**. Etwaige für die Einzelübertragung unter Lebenden maßgebliche Formvorschriften, die je nach der rechtlichen oder wirtschaftlichen Eigenart des Gegenstandes verschieden sein können, gelten für die Vererbung nicht. Insbes vollzieht sich der erbrechtliche Übergang von Grundstücksrechten ohne Eintragung im Grundbuch, von Fahrnisrechten ohne Übergabe. Wird der der Verlautbarung der Rechtsänderung dienende Formalakt nach dem Erbfall vorgenommen, so bestätigt er nur die bereits eingetretene Rechtsänderung, hat also im Grundbuch nur die Funktion einer Berichtigung nach § 894. Die GBO sorgt in §§ 82, 82 a, 83 dafür, daß diese Berichtigungen in einem von Amts wegen zu betreibenden Verfahren stattfinden.

III. Grundsatz der Gesamtrechtsnachfolge (Universalsukzession)*

1. Fortsetzung der Rechts- und Pflichtstellung des Erblassers

44 Der Erbe wird nicht nur Inhaber des „Vermögens" des Erblassers (dazu Rn 113 ff),

---

* **Schrifttum**: BOEHMER, Der Übergang des Pflichtlebens des Erblassers auf den Erben, RG-FS III (1929) 216; ders, Eintritt des Erben in pflichtbelastete Rechtslagen des Erblassers, JW 1938, 2364; STAUDINGER/BOEHMER[11] § 1922 Rn 64 ff (Der rechtliche Begriff des „Vermögens" iSd § 1922), 98 ff (Der Begriff der Gesamtrechtsnachfolge), 233 ff (Kritische Wertung

1. Abschnitt. Erbfolge

§ 1922

sondern er setzt in bezug auf dieses auch die Rechts- und Pflichtstellung des Erblassers fort (vgl erg Rn 46 sowie die von RUPPE in DStJG 10 [1987] 45, 47 ff wiedergegebenen und kritisierten Äußerungen des BFH). ZB wird er gem § 1967 bzw § 2058 *persönlicher Schuldner* (s Vorbem 7 zu §§ 1967–2017) aller nicht an den individuellen Pflichtträger geknüpften Verbindlichkeiten des Erblassers; auch tritt er in eine Reihe sonstiger Rechts- und Bindungslagen des Erblassers aus rechtsgeschäftlichem Verkehr, verfahrensrechtlichen Situationen und haftungsbegründenden Verhältnissen ein, und zwar unabhängig von Bestand und Wert der aktiven Nachlaßgüter. Vgl Rn 248 ff, 273 f, 275 ff, 303 ff und STAUDINGER/MAROTZKE (1996) § 1967 Rn 19 ff.

Der Erbe setzt die Rechts- und Pflichtverhältnisse des Erblassers grundsätzlich mit demselben rechtlichen Inhalt und in demselben Entwicklungszustand fort, wie sie beim Erbfall gegeben waren; er erbt das hinterlassene Vermögen „wie es steht und liegt" (OLG Hamm OLGZ 1979, 44, 45; vgl auch BFH bei RUPPE aaO sowie speziell zur **Bindung an eine Vorausabtretung** BGH NJW 1997, 3370 f und unten Rn 186; kritisch NÖRR/SCHEYHING/PÖGGELER, Sukzessionen [2. Aufl 1999] 120 f). Etwaige der Rechtsstellung des Erblassers **anhaftende Mängel** (zB aus §§ 817 S 2 [s unten Rn 274], 858 Abs 2 S 2, 992 [s unten Rn 252, 260, 274]) wirken folglich auch gegen den Erben (nach STAUDINGER/BOEHMER[11] Rn 123 jedoch nur, „soweit sie nicht in höchstpersönlichen tatsächlichen oder rechtlichen Lagen, wie zB Beschränkung der Geschäftsfähigkeit oder der ehelichen Verfügungsmacht... oder in seelischen Zuständen des Erblassers, wie zB gutem oder bösem Glauben..., ihren Ursprung haben" [dazu unten Rn 252, 253 ff, 260, 274, 310 ff, 320]). Die Rechtsstellung des Erben ist im wesentlichen eine abgeleitete. Sie beruht nach Rechtsgrund und -inhalt wie im römischen Recht (dazu STAUDINGER/BOEHMER[11] Rn 99 ff) auf der rechtlichen Stellung des Erblassers und stellt nicht wie im alten deutschen Recht (dazu STAUDINGER/BOEHMER[11] Rn 109 ff [bes Rn 112]) ein selbständiges Recht des Erben dar. Nur ausnahmsweise treten gewisse inhaltliche Änderungen ein, sei es kraft Gesetzes (zB gem §§ 81 Abs 2 S 3, 530 Abs 2, 532 S 2 [vgl auch Rn 300 und Abs 2 des inzwischen aufgehobenen – dazu BGHZ 87, 145, 147 ff – § 73 EheG], 1586 b Abs 1 S 2 und 3 [dazu DIECKMANN FamRZ 1977, 161, 168 ff; STAUDINGER/BAUMANN[12] [1999] § 1586 b Rn 2 ff, 26 ff, 39]; § 727 Abs 1 BGB [dazu unten Rn 168 ff]), sei es kraft Wahl- oder Gestaltungsrechts des Erben (vgl § 139 HGB [dazu Rn 174, 196] und Abs 2 des inzwischen durch § 1586 b BGB ersetzten [dazu DIECKMANN aaO] § 70 EheG). Auch ein **Schutz des guten Glaubens** des Erben an die Rechtsscheintatsachen des Rechtsverkehrs unter *Lebenden* findet beim erbrechtlichen Erwerb von *Todes* wegen nicht statt; der Erbe setzt nur die Rechtsscheinstellung des Erblassers aus §§ 891 ff, 932 ff, 1006 usw fort (s Rn 262 ff).

45

---

der erbrechtlichen Gesamtrechtsnachfolge); LEIPOLD, Wandlungen in den Grundlagen des Erbrechts?, AcP 180 (1980) 160, 204 ff; MUSCHELER, Die erbrechtliche Universalsukzession, Jura 1999, 234 ff, 289 ff; OTTE, Läßt das Erbrecht des BGB eine Erbeinsetzung auf einzelne Gegenstände zu?, NJW 1987, 3164; RUPPE, Einkommensteuerrechtliche Positionen bei Rechtsnachfolge, DStJG 10 (1987) 45, 47 ff; SCHRADER, Erb- und Nacherbeneinsetzung auf einzelne Nachlaßgegenstände, NJW 1987, 117 (direkt dazu OTTE aaO); SCHWIND, Grenzen der Universalsukzession, in: FS Kralik (1986) 515; WACKE, Der Tote erbt den Lebendigen (Le mort saisit le vif), JA 1982, 242; WESENER, Sondervermögen und Sondererbfolge im nachklassischen römischen Recht, in: FS Kaser (1986) 331; WINDEL, Über die Modi der Nachfolge in das Vermögen einer natürlichen Person beim Todesfall (1998) 1 ff. Weitere ältere Nachweise bei STAUDINGER/BOEHMER[11] unter Abschnitt II. der dortigen Fn zu § 1922.

2. Übergang des Vermögens „als Ganzes"

a) Allgemeines

46 Mit der Formulierung, daß beim Tod einer Person deren **Vermögen (Erbschaft) als Ganzes**" auf den oder die Erben übergehe, gibt Abs 1 „der Idee des Erbganges einen plastischen Ausdruck" (vgl Prot V 2). Andeutungsweise nimmt diese Formulierung auch den von einigen Mitgliedern der II. Komm (vgl Prot V 2) angesprochenen Gedanken auf, daß sich die gesamte Rechts- und Pflichtstellung des Erblassers in der Person des Erben fortsetze (dazu schon Rn 44 f und Vorbem 7 zu §§ 1967–2017). Keinen Anlaß gibt die Fassung des Gesetzes zu den von STAUDINGER/BOEHMER[11] Rn 101 f, 246 kritisierten mystischen Übersteigerungen des Fortsetzungsgedankens (weniger gut auch RFHE 45, 346, 348 [die Erben setzten „die Persönlichkeit" des Erblassers fort] und BFHE 139, 265, 268 [der Gesamtrechtsnachfolger setze „die Person" seines Rechtsvorgängers fort]; sehr kritisch zur „Fortsetzungsthese" des BFH RUPPE DStJG 10 [1987] 45, 47 ff, 53 ff; vgl auch WINDEL 195 ff).

Durch die Worte „als Ganzes" macht Abs 1 zweierlei deutlich: zum einen, daß der Begriff des „Vermögens", auf den sie sich beziehen, in einem möglichst weiten, „umfassenden" Sinne zu verstehen ist (vgl Rn 53, 115 f und MünchKomm/LEIPOLD Rn 15), und zum anderen, daß das Vermögen des Verstorbenen „insgesamt" und „ungeteilt" auf den oder die Erben übergeht (dazu Rn 47 ff, 64 ff).

b) Keine Sonderguts- oder Einzelrechtsnachfolge / kein dingliches Vermächtnis

47 „Als Ganzes" geht das vererbliche Vermögen auf den **Alleinerben** als *Allein*träger, auf **Miterben**, gleichgültig ob sie durch Gesetz oder durch Verfügung von Todes wegen berufen sind, als gemeinschaftliche *Mit*träger (§ 2032 Abs 1) über. **Eine sachliche Aufteilung des Nachlasses in einzelne Vermögensmassen** mit getrennter Erbfolgeordnung oder sonstiger rechtlicher Selbständigkeit, insbes in der Schuldenhaftung, **ist dem BGB fremd** (wegen einiger weniger *Ausnahmen* s Rn 54 ff). Liegenschaften und Fahrnis, Handelsvermögen und Privatvermögen, Mannesgut und Frauengut, Vatergut und Muttergut, sachliche und persönliche Gebrauchsgegenstände, Hausrat und Familienerinnerungsstücke: sie alle unterliegen heute grundsätzlich gleichen Erbregeln (über *Ausnahmen* s Rn 54, 60, 62 ff). Das war nicht immer so (vgl STAUDINGER/BOEHMER[11] Rn 108 ff, 233 ff; STAUDINGER/WERNER § 1932 Rn 2). Wo ausnahmsweise auch heute noch Sonderrechte auf wirtschaftlich zweckgebundene Nachlaßgegenstände anerkannt werden, wie beim **Voraus** des Ehegatten (§ 1932), versagt das Gesetz dem Berechtigten idR den unmittelbaren dinglichen Erwerb (anders jedoch § 365 Abs 1 S 3 ZGB der ehemaligen DDR: s HALGASCH NJ 1977, 137 f; STAUDINGER/WERNER § 1932 Rn 32) und verweist ihn auf einen vermächtnisartigen Anspruch gegen den Erben, der seinerseits zunächst diese Gegenstände als Bestandteile des „als Ganzes" auf ihn übergehenden Nachlasses erwirbt. Die gesonderte Vererbung *einzelner* Nachlaßgegenstände und Sonderrechtsnachfolgen „am Erbrecht vorbei" sind nach heutigem Recht nur in engen Grenzen möglich (dazu Rn 54 ff, 62 ff).

48 Selbst durch Verfügung von Todes wegen kann der Erblasser eine unmittelbare Nachlaßaufteilung in unterschiedlich zugeordnete Gütermassen oder Einzelgüter nicht mit „dinglicher" Wirkung herbeiführen (vgl auch den bei Rn 55 erwähnten und von der II. Komm als „selbstverständlich" gestrichenen E I § 1749 Abs 2). Stets werden die Erben zunächst nach § 1922 Abs 1 alleinige Rechtsträger *aller*, auch der sonderzugeteilten Nachlaßgüter und alleinige Pflichtträger aller, auch der auf diese sich beziehenden Nachlaßverbind-

lichkeiten. Jedoch sind sie aufgrund der Anordnung des Erblassers *verpflichtet*, diese Gegenstände auf die Bedachten zu übertragen, und berechtigt, von ihnen die Erfüllung der diese Gegenstände betreffenden Verbindlichkeiten zu verlangen (s bes §§ 2166 f). Nur soweit solche Verbindlichkeiten als subjektiv-dingliche Verpflichtungen (Belastungen) dem *jeweiligen* Eigentümer, dinglich Berechtigten oder Besitzer auferlegt sind, gehen sie mit der Überführung des Eigentums, dinglichen Rechts oder Besitzes ohne weiteres auf den Bedachten über (s Rn 237, 242 f, 246 f).

Beherrscht vom Grundsatz der Universalsukzession hat das BGB **dingliche Vermächtnisse** grundsätzlich abgelehnt (dazu STAUDINGER/OTTE [1996] § 2174 Rn 1 ff). Dadurch unterscheidet es sich von den meisten früheren und ausländischen Rechtsordnungen, die das sog **Vindikationslegat** aufrechterhalten haben (sehr kritisch denn auch STAUDINGER/ BOEHMER[11] Rn 105, 240 ff; zurückhaltender STAUDINGER/OTTE [1996] § 2174 Rn 4). Das Vermächtnis eines in Deutschland belegenen Grundstücks begründet hier auch dann nur einen schuldrechtlichen Anspruch, wenn als Erbstatut ausländisches Recht berufen ist und dieses einem Vermächtnis beim Erbfall unmittelbar dingliche Wirkung beilegt (BGH WM 1994, 2124, 2126 = JZ 1996, 1028 ff m Anm GRÖSCHLER). 49

Wenn *mehrere* Personen erbberechtigt sind, wird der Nachlaß zunächst „als Ganzes" (§ 1922 Abs 1) „gemeinschaftliches Vermögen" (§ 2032 Abs 1) aller Erben; etwaige **Teilungsanordnungen** des Erblassers (§ 2048) bewirken nur, daß die Miterben einander schuldrechtlich verpflichtet sind, durch rechtsgeschäftliche Einzelakte unter Lebenden die Gegenstände auf die Bedachten zu übertragen. 50

c)   Keine Erbeinsetzung auf einzelne Nachlaßgegenstände
Unvereinbar mit dem in Abs 1 verankerten Grundsatz, daß das Vermögen des Erblassers „als Ganzes" auf den oder die Erben übergeht, wäre ein Versuch des Erblassers, jemanden nur hinsichtlich *einzelner* Nachlaßgegenstände zum Erben zu berufen. Eine dahin gehende Verfügung von Todes wegen kann also (vorbehaltlich der von STAUDINGER/OTTE [1996] § 2087 Rn 20 ff behandelten Auslegungsmöglichkeiten) nicht „dinglich" als Erbeinsetzung (richtig STAUDINGER/OTTE [1996] § 2087 Rn 4), sondern allenfalls „schuldrechtlich" als Vermächtnis, als Teilungsanordnung oder – seltener – als Auflage wirken (s Rn 48 ff). Über mögliche Ausnahmen im Bereich des Höferechts s §§ 4 ff, 7, 11, 15 Abs 1 HöfeO (und STAUDINGER/OTTE § 1951 Rn 4; STAUDINGER/WERNER [1996] Vorbem 22 aE zu §§ 2032–2057 a; STAUDINGER/MAROTZKE [1996] § 2058 Rn 45). 51

d)   Einheitliche Form
Da das Vermögen des Verstorbenen „als Ganzes" auf den oder die Erben übergeht, ist auch die Form des erbrechtlichen Übergangs für alle Rechtspositionen gleich (vgl STAUDINGER/BOEHMER[11] Rn 108 [speziell zum römischen Recht], 131): Sie alle fallen dem Erben **formlos und ohne** dessen **eigenes Zutun** von selbst an (dazu schon Rn 42 f). 52

IV.   Ausnahmen von der Gesamtrechtsnachfolge

1.   Unvererbliche Rechtspositionen

„Als Ganzes" (Abs 1) kann das Vermögen des Verstorbenen natürlich nur insoweit vererbt werden, als es *überhaupt* vererblich ist. Streng genommen beschränkt sich die Gesamtrechtsnachfolge also auf die vererblichen *Teile* des hinterlassenen Vermö- 53

§ 1922
54

gens, während die unvererblichen Rechtspositionen beim Tode ihres bisherigen Inhabers erlöschen (vgl Rn 116 für die Aktiva und § 1967 Rn 8 ff, 18 für die Passiva). Jedoch läßt sich aus der Verwendung der Worte „Vermögen ... als Ganzes" schließen, daß das BGB die Vererblichkeit als Regel und die Unvererblichkeit als (begründungsbedürftige) Ausnahme verstanden wissen will. Näheres bei Rn 115 ff, 302.

2. Sukzessionen „am Erbrecht vorbei"

a) Kraft Gesetzes

54 Ausnahmen vom Grundsatz der Gesamtrechtsnachfolge statuieren auch diejenigen gesetzlichen Bestimmungen, die bestimmte Personen selbst dann, wenn sie *nicht* erbberechtigt sein sollten, „am Erbrecht vorbei" in bestimmte Rechtspositionen des Erblassers einrücken lassen. Beispiele sind der Übergang eines **Wohnraum-Mietverhältnisses** auf den Ehegatten oder andere Familienangehörige des Erblassers gem §§ 569 a, 569 b (vgl STAUDINGER/SONNENSCHEIN [1997] § 569 a Rn 13, 36, 41 ff, § 569 b Rn 1, 10 ff; STAUDINGER/MAROTZKE [1996] § 1967 Rn 24, § 1969 Rn 10 und erg WoBindG § 4 Abs 7 [dazu unten Rn 375]), der entsprechende Übergang des **Dauerwohnrechts an einer Wohnbesitzwohnung** bis zur Abschaffung dieses Rechtsinstituts (vgl die durch Art 1 Ziff 23 des G v 11. 7. 1985 [BGBl I, 1277] bereits wieder aufgehobenen §§ 62 a Abs 4, 62 d Abs 2 ff des Zweiten WohnungsbauG idF v 1. 9. 1976 [BGBl I, 2673] und dazu PICK NJW 1976, 1049, 1052; SOERGEL/STEIN § 1922 Rn 74) sowie der Übergang **sozialrechtlicher Geldansprüche und Verbindlichkeiten** auf Angehörige des Erblassers nach §§ 56 ff SGB I (vgl BochKomm/HEINZE SGB-AT § 56 Rn 5 ff, 29 ff, § 57 Rn 17 und unten Rn 356 ff). Weitere Beispiele bei STAUDINGER/OTTE Einl 14 zu §§ 1922 ff. Vererblich war trotz § 5 Abs 2 des DDR-Nutzungsrechtsgesetzes das Eigentum an **Eigenheimen auf ehemals volkseigenen Grundstücken**. Auch das Nutzungsrecht selbst ging – zumindest als vorläufiges – auf den oder die Erben über; eine Sonderrechtsnachfolge „am Erbrecht vorbei" oder eine Sonder*erb*folge der bei Rn 62 bezeichneten Art fanden nicht statt (vgl ESCHER, Die Vererbung von Eigenheimen auf ehemals volkseigenen Grundstücken [1997] 123 ff, 214, 305). Hinsichtlich der Rechtsstellung der sog Neubauern, denen im Zuge der **Bodenreform** auf dem Gebiet der SBZ und späteren DDR Grundstücke zur Bewirtschaftung zugewiesen wurden, war klärungsbedürftig, ob es sich um eine vererbliche Rechtsposition handelte oder ob bei Tod des Neubauern das Grundstück in den staatlichen Bodenfonds zurückfiel. Der BGH hat sich mit Urt v 17. 12. 1998 der erstgenannten Auffassung angeschlossen (BGHZ 140, 223, 226 ff = NJW 1999, 1470 ff = FamRZ 1999, 717 ff = ZEV 1999, 275 ff m Anm GRÜN = LM H 4/1999 Art 233 EGBGB 1986 Nr 36 m Anm WEBER = EWiR Art 233 § 11 EGBGB 1/1999, 213 f [KOHLER]; vgl auch schon BT-Drucks 12/2480, 83; BezG Dresden ZIP 1992, 866, 871 ff [das von „Siedlungseigentum" spricht]; GRÜN VIZ 1998, 537 ff, 551 ff; BGH ZEV 1998, 271 f = FamRZ 1998, 910 f; **anders** noch BGHZ 132, 71, 73 mwN). Das kraft erbrechtlicher Nachfolge erworbene Eigentum an Bodenreformland war öffentlichrechtlich überlagert (BGHZ 140, 223, 228 ff = NJW 1999, 1470 ff). Die Überlagerung entfiel mit der Aufhebung der Besitzwechselverordnung durch das G über die Rechte der Eigentümer von Grundstücken aus der Bodenreform vom 6. 3. 1990. Die hierdurch entstandene Regelungslücke ist durch Art 233 §§ 11 ff EGBGB geschlossen worden (vgl BGHZ 140, 223, 234 ff = NJW 1999, 1470, 1473 f). Soweit Art 233 § 11 EGBGB das Eigentum an Bodenreformgrundstücken bestimmten Personen gesetzlich zuweist, hat sich auch der Streit um die frühere Vererblichkeit von Bodenreformland weitgehend erledigt (vgl LG Neubrandenburg MDR 1992, 1056; BGH ZEV 1998, 271 f = FamRZ 1998, 910 f und die umfassende Darstellung bei STAUDINGER/RAUSCHER

[1996] Vorbem 3 ff zu Art 233 §§ 11–16 EGBGB und aaO § 11 Rn 20 ff, § 12 Rn 49 ff). Die früheren öffentlichrechtlichen „Überlagerungen" (s oben) werden nunmehr in Art 233 § 11 Abs 3 EGBGB privatrechtlich „nachgezeichnet" (BGHZ 140, 223, 234 ff = NJW 1999, 1470, 1473 f; BGH ZEV 1999, 497 f; STAUDINGER/RAUSCHER [1996] Vorbem 14 ff zu Art 233 §§ 11–16 EGBGB und aaO § 12 Rn 1 ff).

b) Kraft Rechtsgeschäfts
§ 1749 Abs 2 des E I bestimmte: „Der Übergang des Vermögens als eines Ganzen (Erbfolge) kann von dem Erblasser nicht ausgeschlossen werden." Die II. Komm entschied sich für die Streichung dieses Satzes; aber nicht weil er falsch, sondern weil er selbstverständlich sei (vgl Prot V 2 und STAUDINGER/BOEHMER[11] Rn 1 f). Dennoch ist heute unbestritten, daß der Erblasser den Übergang seines Vermögens „als eines Ganzen" wenn schon **nicht durch Verfügung von Todes wegen** (nur auf diese schon bei Rn 48 ff erörterte Möglichkeit bezog sich wohl der gestrichene E I § 1749 Abs 2), so doch immerhin **durch Verfügung unter Lebenden** verhindern bzw beschränken kann (dazu sehr ausführlich und kritisch STAUDINGER/BOEHMER[11] Einl 24 ff vor § 1922; § 1922 Rn 205, 217): Er braucht nur durch geeignete Rechtsgeschäfte dafür zu sorgen, daß diejenigen Rechtspositionen, deren Vererbung er verhindern will, spätestens beim Erbfall aus *seinem* Vermögen – denn nur dieses kann er ja vererben – ausscheiden, daß sie also spätestens beim Erbfall entweder erlöschen oder in das Vermögen einer *anderen* Person übergehen (dazu Rn 56 ff, 302; vgl auch ENDEMANN III 1, 210 f, 214 ff [dem freilich nicht in jeder Hinsicht zuzustimmen ist; s unten Rn 321 ff]).

Als Instrument, bestimmte Gegenstände in dem für § 1922 Abs 1 entscheidenden Zeitpunkt des Erbfalls aus dem Vermögen des Erblassers „entweichen" zu lassen und sie so der *erb*rechtlichen Sukzession zu entziehen, eignet sich die sog **Verfügung unter Lebenden auf den Todesfall**: Der spätere Erblasser veräußert bestimmte Gegenstände nach den für *lebzeitige* Verfügungen geltenden Vorschriften an Dritte mit der (bei Grundstücken jedoch wegen § 925 Abs 2 [vgl erg Rn 302] nicht in Betracht kommenden) Maßgabe, daß diese Verfügungen erst beim Erbfall (*Befristung* gem § 163) und evtl auch dann nur unter der zusätzlichen Voraussetzung (*Bedingung* iSd § 158 Abs 1) wirksam werden sollen, daß der Verfügungsempfänger zu diesem Zeitpunkt noch lebt. Möglich ist sogar, daß sich der Erblasser das Recht vorbehält, solch eine Verfügung bis zu seinem Tod frei zu widerrufen. Soweit bestimmte Gegenstände durch derartige Verfügungen der Vererbung entzogen werden, stellt sich die schwierige Frage, ob der Verfügungsempfänger das auf diese Weise Erlangte *endgültig* behalten darf oder ob er dem oder den Erben oder, wenn er selbst zu den Erben gehört, seinen Miterben zur Herausgabe (§ 812) bzw zur Ausgleichung (§§ 2050 ff) verpflichtet ist (vgl insoweit die Kommentare zu §§ 2050 ff, zu § 2301 [zB STAUDINGER/KANZLEITER [1998] 4 ff, 10 ff, 21 f] und – mit gesellschaftsrechtlichen Bezügen – MAROTZKE AcP 184 [1984] 541, 560 ff, 582 f). Nicht weniger schwierig gestaltet sich die Rechtslage in bezug auf die Interessen der Pflichtteilsberechtigten (vgl STAUDINGER/HAAS [1998] § 2311 Rn 20, 94; STAUDINGER/OLSHAUSEN [1998] § 2325 Rn 1 ff, 4, 54 ff) und der sonstigen Nachlaßgläubiger (vgl zu *beiden* Gesichtspunkten MAROTZKE aaO; die dort 569 f, 580, 582 f kritisierte Auslegung des § 2325 Abs 3 HS 1 in BGH NJW 1970, 1638 wurde inzwischen korrigiert durch BGHZ 98, 226 ff = NJW 1987, 122 ff = DNotZ 1987, 315 ff m Anm NIEDER = JR 1987, 240 ff m Anm FRANK = JZ 1987, 150 ff m Anm PAULUS; dazu auch STAUDINGER/OLSHAUSEN [1998] § 2325 Rn 54).

Bei **Personengesellschaftsanteilen** kann die Vererbung – sofern eine solche heute überhaupt noch als gesetzlicher Regelfall in Betracht kommt (s dazu Rn 168 ff, 172 f, 193 ff, 200 ff) – sowohl auf dem bei Rn 56 erwähnten Weg (der wegen §§ 717 S 1, 719 Abs 1 BGB, 105 Abs 3, 161 Abs 2 HGB die Zustimmung aller Mitgesellschafter voraussetzt) als auch dadurch verhindert werden, daß in den Gesellschaftsvertrag eine Bestimmung des Inhalts aufgenommen wird, daß die Gesellschaft beim Tod eines Gesellschafters unter den übrigen Gesellschaftern fortbestehen soll. Aufgrund solch einer sog „**Fortsetzungs-**" oder – aus Sicht der Erben – „**Ausschlußklausel**" (zur Terminologie vgl Rn 174 f) scheidet der betreffende Gesellschafter beim Erbfall mit Wirkung für und gegen seine Erben aus der Gesellschaft aus. Das folgt für die BGB-Gesellschaft aus § 736. Die Vorschrift findet gem §§ 105 Abs 3, 161 Abs 2 HGB entsprechende Anwendung beim Tod eines Kommanditisten im Fall einer von § 177 HGB abweichenden Ausschlußklausel, während für den Tod eines Komplementärs, den Tod eines OHG-Gesellschafters, den Tod des Mitglieds einer Partnerschaftsgesellschaft und den Tod des Mitglieds einer EWIV im Zweifel **bereits kraft Gesetzes** vom Ausscheiden des Erblassers auszugehen ist (vgl § 131 Abs 3 S 1 Nr 1 HGB, § 161 Abs 2 HGB, § 9 Abs 1 PartGG, Art 28 Abs 1 S 1 EWIV-VO). Scheidet der Verstorbene mit Wirkung für und gegen seine Erben aus, so wächst sein Anteil am Gesellschaftsvermögen nach § 738 Abs 1 S 1 (ggf iVm § 1 Abs 4 PartGG, §§ 105 Abs 3, 161 Abs 2 HGB) den übrigen Gesellschaftern zu *und wird auf diese Weise den Erben vorenthalten* (vgl auch STAUDINGER/KESSLER[12] § 727 Rn 13; STAUDINGER/HAAS [1998] § 2311 Rn 87, 94). Allerdings sind die übrigen Gesellschafter den Erben dann nach § 738 Abs 1 S 2 (ggf iVm §§ 105 Abs 3, 161 Abs 2 HGB, § 1 Abs 4 PartGG [jedoch Sonderregelung in Art 33 EWIV-VO]) verpflichtet; ua haben sie ihnen also den Geldbetrag zu zahlen, den letztere bei der Auseinandersetzung erhalten würden, wenn die Gesellschaft beim Erbfall aufgelöst worden wäre. Auch dieser sog „Abfindungsanspruch" der Erben kann – außer bei der EWIV (s Art 33 S 2 EWIV-VO und unten Rn 202) – durch den Gesellschaftsvertrag ausgeschlossen werden (BGHZ 22, 186, 194 f; 98, 48, 56; K SCHMIDT, Gesellschaftsrecht [3. Aufl 1997] § 45 V 2; zu den sich hieraus ergebenden erbrechtlichen Folgeproblemen vgl OLG Köln ZEV 1997, 210, 212; STAUDINGER/KANZLEITER [1998] § 2301 Rn 51; STAUDINGER/HAAS [1998] § 2311 Rn 87 ff, 95 ff; STAUDINGER/OLSHAUSEN [1998] § 2325 Rn 31 ff; MAROTZKE AcP 184 [1984] 541, 572 ff [unter besonderer Berücksichtigung der sog „Eintrittsklausel"]; dens ZHR 156 [1992] 17, 38 ff; KUTTLER, Vermögensrechtliche Auswirkungen nachfolgesteuernder Klauseln bei OHG und GmbH für die ausgeschlossenen Erben [1997] 31 ff).

58 Ein **GmbH-Anteil** kann zwar nicht durch eine „Fortsetzungsklausel" der bei Rn 57 erwähnten Art, wohl aber durch eine „**Einziehungsklausel**" der Vererbung entzogen werden: durch eine gesellschaftsvertragliche Bestimmung des Inhalts, daß der betreffende Geschäftsanteil *mit erst beim Erbfall einsetzender Wirkung* eingezogen (§ 34 GmbHG) sein soll. Die Möglichkeit solch einer **automatischen** Einziehung ist zwar umstritten (**dafür** NIEMEIER, Rechtstatsachen und Rechtsfragen der Einziehung von GmbH-Anteilen [1982] 333 ff; SCHULER GmbH-Rdsch 1962, 114 ff; DÄUBLER, Die Vererbung des Geschäftsanteils bei der GmbH [1965] 117 ff; HECKELMANN ZZP 92 [1979] 28, 55 f; FINGER GmbH-Rdsch 1975, 97, 98 f, 101; LANDMANN, Zur Regelung der Gesellschafternachfolge in der Satzung einer GmbH [Diss Bonn 1968] 30 ff; SCHEFER GmbH-Rdsch 1961, 57; mit Einschränkungen auch NAGLER, Die zweckmäßige Nachfolgeregelung im GmbH-Vertrag [1998] 60 ff; **dagegen** STAUDINGER/HAAS [1998] § 2311 Rn 108; BARELLA GmbH-Rdsch 1959, 45; BAUMBACH/HUECK[16], GmbHG § 34 Rn 13; WIEDEMANN, Die Übertragung und Vererbung von Mitgliedschaftsrechten bei Handelsgesellschaften [1965] 78 ff; KÄPPLER ZGR 1978, 542, 569 ff; KOCH, Die Zuordnung des vererbten GmbH-Geschäftsanteils [Diss Heidelberg 1981] 201 ff; LESSMANN GmbH-Rdsch 1986, 409, 410 f; KESSELMEIER, Ausschließungs- und Nachfolgeregelung in der GmbH-Satzung [1989] 216 ff, 242 f, 252 f [die 226 f, 255 f aber immerhin eine statutarische „Kaduzierung" als möglich erachtet]; **unentschieden** PETZOLDT GmbH-Rdsch 1977, 25, 29; SCHOLZ/H P WESTERMANN, GmbHG § 34 Rn 46, 47; BUCHHOLZ MittRhNotK 1991, 1, 41 f). Sie ist aber jedenfalls dann zu bejahen, wenn die gesetzlichen Einziehungsvoraussetzungen, nämlich volle Einlageleistung (arg § 19 Abs 2 S 1 GmbHG) und Möglichkeit der Zahlung eines etwa vereinbarten Entgelts ohne Beeinträchtigung des Stammkapitals (§ 30 Abs 1 GmbHG), beim Erbfall noch – oder wieder – erfüllt sind (vgl auch HECKELMANN aaO 56; NAGLER aaO 62 f; GRUNEWALD, Der Ausschluß aus Gesellschaft und Verein [1987] 201 ff [die sich 203, 213 gegen Übertragbarkeit dieser Lösung auf die **AG** und die **Genossenschaft** ausspricht]; selbst für diesen Fall **aM** KÄPPLER 571 [mit im übrigen sehr beachtlichen Ausführungen zur erbrechtlichen Problematik einer statutarischen „Ermächtigung" zur *unentgeltlichen* Einziehung; dazu auch HABERSACK ZIP 1990, 625 ff; KUTTLER – vgl soeben Rn 57 aE – 132 ff; STAUDINGER/HAAS [1998] § 2311 Rn 109]). Soweit sich aus dem Gesellschaftsvertrag nichts anderes ergibt (vgl § 15 Abs 5 GmbHG), kommt selbstverständlich auch der bei Rn 56 erwähnte Weg der Verfügung unter Lebenden auf den Todesfall in Betracht (NAGLER aaO 169 ff; STAUDINGER/HAAS [1998] § 2311 Rn 108; **aM** STAUDINGER/FERID/CIESLAR[12] § 2311 Rn 61). Vgl erg Rn 208 ff, 302.

Auch durch einen **Vertrag zugunsten Dritter auf den Todesfall** – der nach st Rspr 59 allerdings nur mit *schuldrechtlichen* Wirkungen möglich sein soll (BGHZ 68, 225, 231; 41, 95 f mwN; kritisch STAUDINGER/JAGMANN [1995] Vorbem 82 ff zu §§ 328 ff und § 328 Rn 7 ff) – kann der Erblasser erreichen, daß sich sein Vermögen in dem für § 1922 Abs 1 maßgeblichen Zeitpunkt des Erbfalls vermindert (vgl schon Rn 17 mwN). Dies führt zu der Frage, ob und gegebenenfalls wie sich die Nachlaßbeteiligten die ihnen vorenthaltenen Vermögenswerte ganz oder teilweise „zurückholen" können (vgl STAUDINGER/CREMER [1995] § 516 Rn 91 ff; STAUDINGER/KANZLEITER [1998] § 2301 Rn 42 ff; STAUDINGER/HAAS [1998] § 2311 Rn 20; STAUDINGER/OLSHAUSEN [1998] § 2325 Rn 36 ff und – unter besonderer Berücksichtigung gesellschaftsrechtlicher Bezüge – MAROTZKE AcP 184 [1984] 541, 557 ff, 574 ff).

Ehegatten können durch **Vereinbarung der „fortgesetzten Gütergemeinschaft"** verhin- 60 dern, daß der Gesamtgutsanteil des Erstversterbenden sofort beim Erbfall auf die „erbrechtliche Bahn" gerät (vgl § 1483 Abs 1 S 3; aber andererseits auch §§ 1483 Abs 2 [iVm § 1485 Abs 1], 1484 Abs 3, 1482 S 1 sowie die schon von STAUDINGER/BOEHMER[11] Einl 20 zu § 28 hervorgehobenen Analogien zum Erbrecht in §§ 1484 Abs 2, 1489 Abs 2, 1503 ff).

UU besteht die Möglichkeit, **durch Vertrag zu bestimmen, daß ein an sich vererbliches** 61 **Recht beim Erbfall erlischt**, und das Recht auf diese Weise *dem Werte nach* am Erbrecht vorbei dem Verpflichteten zuzuwenden (vgl unten Rn 302).

3. Sondererbfolgen

Sondererbfolgen nennt man diejenigen Ausnahmen vom Grundsatz der Universal- 62 sukzession, die sich nicht wie die bei Rn 54 ff behandelten Sukzessionen „am Erbrecht vorbei", sondern *innerhalb* des Erbrechts vollziehen, wobei das Besondere dieser Erbfolgen darin besteht, daß die von ihnen betroffenen Gegenstände durch erbrechtliche Sondervorschriften in *andere* Bahnen gelenkt werden als der den *allgemeinen* Regeln folgende übrige Nachlaß. Trotz dieser Besonderheit erwirbt der Empfänger die sondervererbten Gegenstände *als Erbe* (so schon STAUDINGER/BOEHMER[11]

Rn 148; unrichtig ist in diesem Punkt die oben Rn 54 erwähnte Darstellung von ESCHER, Die Vererbung von Eigenheimen auf ehemals volkseigenen Grundstücken [1997] 124 f). Derartige Sondererbfolgen finden sich im Bereich des Höferechts (Rn 224 mwN), bis zum 30. 9. 1993 auch im Bereich des Heimstättenrechts (s Rn 227) und nach st Rspr ferner bei der Vererbung von Personengesellschaftsanteilen (Rn 176 ff, 187 f, 197, 206, 210 f). Diese Aufzählung ist abschließend; weitere Anwendungsbereiche für Sondererbfolgen können auch durch Rechtsgeschäft nicht begründet werden. ZB kann ein subjektiv-dingliches Vorkaufsrecht nicht in der Weise bestellt werden, daß die Vererblichkeit auf die *Abkömmlinge* des Berechtigten selbst für den Fall beschränkt sein soll, daß neben ihnen noch andere Personen zur Erbfolge berufen sind (vgl die sogar noch etwas strenger formulierende Entscheidung LG Stuttgart BWNotZ 1974, 85 und die einen vormerkungsbewehrten Rückübereignungsanspruch betreffenden Ausführungen von AMANN MittBayNot 1990, 225, 229 mit Fn 29 [Rezensionsabhandlung zu BayObLG MittBayNot 1990, 243 = NJW-RR 1990, 662] und BayObLG FGPrax 1995, 96 f [geht zutr nicht von Sondererbfolge, sondern von antizipierter Abtretung für den Todesfall aus]). Die Vererblichkeit einer Nacherbenanwartschaft kann für den Fall des Vorhandenseins *mehrerer* Erben nicht in der Weise beschränkt werden, daß einer der Miterben die Anwartschaft analog den bei Rn 181 dargestellten Grundsätzen „unmittelbar im Ganzen" erhält (vgl LG Stuttgart aaO in Abgrenzung zu den zumindest unklaren Ausführungen in BGH NJW 1963, 1150 r Sp). Gleiches gilt in bezug auf GmbH-Anteile (s Rn 211).

V. Rechtspolitische Würdigung der Gesamtrechtsnachfolge

63 Eine rechtspolitische Würdigung des Grundsatzes der Gesamtrechtsnachfolge (und seiner Ausnahmen!) müßte weiter ausholen, als dies im Rahmen einer *Kommentierung* des § 1922 BGB vertretbar erscheint. Anstelle eigener Ausführungen sei deshalb verwiesen auf die umfangreiche und gehaltvolle Darstellung von STAUDINGER/BOEHMER[11] 98 ff (geschichtlicher Rückblick), 233 ff (kritische Würdigung; zu einem Teilaspekt hieraus STAUDINGER/OTTE [1996] § 2174 Rn 4 ff) sowie auf LEIPOLD AcP 180 (1980) 160, 204 ff; MEINCKE DStJG 10 (1987) 19, 29 ff; WINDEL, Über die Modi der Nachfolge in das Vermögen einer natürlichen Person beim Todesfall (1998) 10 ff, 96 ff.

E. Die Rechtslage nach dem Übergang der Erbschaft

I. Übergang auf mehrere Erben

1. Der Nachlaß als „gemeinschaftliches Vermögen" iSd § 2032 Abs 1

a) Grundsatz

64 „Als Ganzes" geht die Erbschaft nach Abs 1 auch dann über, wenn der Verstorbene *mehrere* Erben hinterläßt. In diesem Falle wird der Nachlaß gem § 2032 Abs 1 „gemeinschaftliches" Vermögen aller Miterben. Wie sich aus den §§ 2033 ff ergibt, handelt es sich nicht um eine einfache Bruchteilsgemeinschaft, sondern um eine **gesamthänderische Bindung**.

65 Allen Miterben „gemeinschaftlich" sind idR auch die Nachlaß*verbindlichkeiten* (Ausnahmen bei STAUDINGER/MAROTZKE [1996] § 2058 Rn 12 ff); gem § 2058 haften die Miterben insoweit als Gesamtschuldner. Wird der Nachlaß geteilt, so verwandelt sich die ge-

1. Abschnitt. Erbfolge

samtschuldnerische Haftung der Miterben uU (vgl §§ 2060, 2061) in eine teilschuldnerische.

b) Ausnahmen
Kennzeichnendes Merkmal der bei Rn 62 erwähnten **Sondererbfolgen** ist, daß die 66 ihnen unterliegenden Gegenstände entgegen § 2032 Abs 1 an der Gesamthand der Erbengemeinschaft vorbeivererbt werden, daß sie also beim Erbfall sofort und unmittelbar demjenigen Erben zufallen, für den sie letztlich bestimmt sind (vgl STAUDINGER/WERNER [1996] Vorbem 20 ff zu §§ 2032–2057 a). Daraus folgt aber nicht, daß die sondervererbten Gegenstände nicht zum „Nachlaß" des Verstorbenen gehören würden (vgl Rn 102, 107).

2. Der „Anteil eines Miterben (Erbteil)" gem § 1922 Abs 2

a) Begriff
Der „Anteil eines Miterben", in Abs 2 auch als „Erbteil" bezeichnet, ist der Anteil 67 eines Miterben am gesamthänderisch gebundenen (Rn 64) Nachlaß. Dieser Anteil besteht in einer ideellen Quote (einem Bruchteil) des Nachlasses, deren Höhe sich aus der Verfügung von Todes wegen bzw beim Fehlen einer solchen aus dem Gesetz ergibt. Ist die testamentarische oder erbvertragliche Zuwendung von Einzelgegenständen entgegen der Auslegungsregel des § 2087 Abs 2 als Erbeinsetzung (auf den *Gesamt*nachlaß oder eine Quote hiervon! s Rn 51) anzusehen, so sind die Erbquoten nach den bei STAUDINGER/OTTE (1996) § 2087 Rn 28 ff dargestellten Grundsätzen zu ermitteln.

Als Anteil am *Gesamt*nachlaß ist der Erbteil zu unterscheiden von den Anteilen 68 jedes Miterben an den *einzelnen* Nachlaßgegenständen. Ein Miterbe kann zwar über „seinen Anteil an dem Nachlasse" (§ 2033 Abs 1), nicht aber über „seinen Anteil an den einzelnen Nachlaßgegenständen" – dessen Existenz zudem umstritten ist (vgl STAUDINGER/WERNER [1996] § 2032 Rn 6 ff) – verfügen (§ 2033 Abs 2). Über die Nachlaßgegenstände können die Miterben zwar verfügen, jedoch wegen §§ 2032 Abs 1, 2040 Abs 1 nur „gemeinschaftlich". Entsprechendes gilt für die Zwangsvollstreckung: Der Pfändung unterworfen ist gem §§ 859 Abs 2, 859 Abs 1 S 1 ZPO zwar „der Anteil eines Miterben an dem Nachlaß", nicht aber der Anteil eines Miterben „an den einzelnen Nachlaßgegenständen" (vgl §§ 859 Abs 2, 859 Abs 1 S 2 ZPO und STAUDINGER/WERNER [1996] § 2033 Rn 33 ff). Die einzelnen Nachlaßgegenstände sind zwar pfändbar, jedoch bedarf es dazu bis zur Teilung des Nachlasses eines Titels gegen *sämtliche* Erben (§ 747 ZPO; vgl auch STAUDINGER/WERNER [1996] § 2040 Rn 23; STAUDINGER/MAROTZKE [1996] § 2058 Rn 16, 28).

b) Anwendbare Vorschriften
Grundsätzlich finden auf den Anteil eines Miterben (Erbteil) **die sich auf die Erbschaft** 69 **beziehenden Vorschriften** Anwendung (Abs 2). Wie der Alleinerbe die Erbschaft, so kann der Miterbe den ihm angefallenen *Erbteil* nach §§ 1942 ff annehmen oder ausschlagen (vgl auch §§ 1951, 1952 Abs 3); während der Schwebezeit kann für ihn uU ein „Nachlaßpfleger" bestellt werden (dazu § 1960 Rn 15, 28). Der Verkauf eines Erbteils richtet sich nach denselben Vorschriften wie der Verkauf der ganzen Erbschaft (Näheres bei STAUDINGER/OLSHAUSEN [1997] Einl 20 ff, 77 zu §§ 2371 ff). Auch auf den *Erbteil*

anwendbar sind ferner zB die §§ 1089, 1432, 1439, 1455 Nrn 1 und 3, 1461, 1822 Nrn 1 und 2 (MünchKomm/LEIPOLD Rn 71).

70 **Ausnahmen** von der in Abs 2 vorgeschriebenen Anwendung der sich auf die Erbschaft beziehenden Vorschriften ergeben sich **im Bereich der Haftungsverwirklichung und -beschränkung**: So kann zwar über einen „Nachlaß" (§§ 315 ff InsO), nicht aber über einen „Erbteil" ein besonderes *Insolvenzverfahren* durchgeführt werden (§ 316 Abs 3 InsO). Entsprechendes gilt für die *Nachlaßverwaltung* (vgl STAUDINGER/MAROTZKE [1996] § 2062 Rn 4; zur Nachlaßpflegschaft s dagegen oben Rn 69). Im jeweiligen Sachzusammenhang zu beantworten ist die Frage, ob der Anteil eines Miterben *im Rahmen der §§ 1975, 1984, 1990 BGB, 784 ZPO* als „Nachlaß" anzusehen ist (vgl STAUDINGER/MAROTZKE [1996] § 1984 Rn 9, 32, § 1990 Rn 45 und § 2058 Rn 5 ff).

3. Keine Verfügungen über die Erbschaft im Ganzen

71 Daß jeder Miterbe über seinen *Erbteil* selbständig verfügen kann (Rn 68), bedeutet nicht, daß auch die ganze *Erbschaft* Gegenstand einer einheitlichen Verfügung sein könnte: Eine Verfügung der Miterbengemeinschaft über die Erbschaft im Ganzen ist nach dem BGB nicht bzw nur durch gleichgerichtete Verfügungen aller Miterben über sämtliche Erb*teile* möglich (vgl STAUDINGER/WERNER [1996] § 2040 Rn 12). Ferner ist an die in § 2040 Abs 1 vorausgesetzte, aber sehr umständliche Möglichkeit zu denken, über jeden einzelnen Nachlaßgegenstand nach den für diesen geltenden Bestimmungen *gesondert* zu verfügen. Ein *Allein*erbe hat idR nur diese Möglichkeit (vgl Rn 96 ff).

II. Übergang auf einen Alleinerben

1. Verschmelzung von Erbschaft und bisherigem Vermögen des Erben

72 Fällt das Vermögen des Verstorbenen, das im folgenden als „Erbschaft" oder „Nachlaß" bezeichnet wird (Rn 102 f), einem *Alleinerben* an, so vereinigt es sich dort mit dessen bisherigem Vermögen (dem sog Eigenvermögen) zu einem Gesamtvermögen (anders beim Übergang auf *mehrere* Erben, weil der Nachlaß dann „gemeinschaftliches" Vermögen wird; s Rn 64, 78). Da diese „confusio bonorum" (zu ihr unter rechtshistorischen und -vergleichenden Gesichtspunkten STAUDINGER/BOEHMER[11] Rn 107, 115 ff, 133) eine *rechtliche* ist, tritt sie auch dann ein, wenn der Erbe Nachlaß und Eigenvermögen getrennt aufbewahrt und verwaltet (ausführlicher STAUDINGER/BOEHMER[11] Rn 132 [unter f], 133, 136) oder wenn sich der Nachlaß nicht im Gewahrsam des Erben, sondern in der Hand eines Erbschaftsbesitzers befindet (dazu auch Rn 87, 98). Die Frage, ob die Vereinigung des Nachlasses mit dem Eigenvermögen des Erben *schon mit dem Anfall oder erst mit der Annahme* der Erbschaft eintritt, ist wegen der §§ 1958 ff, 1995 Abs 2, 207 BGB, 239 Abs 5, 778, 779 ZPO und wegen der der Ausschlagung durch § 1953 beigelegten Rückwirkung eher akademischer Natur. Wegen des Anfallprinzips (Rn 42) erscheint es folgerichtig, auf den Zeitpunkt des Erb*anfalls* abzustellen (**aM** STAUDINGER/BOEHMER[11] Rn 132, 142); davon gehen wohl auch die §§ 1976, 1991 Abs 2, 2143, 2175, 2377 („infolge des Erbfalls") aus (vgl auch Rn 81 f).

2. Konsequenzen

Die bei Rn 72 beschriebene Vermögensverschmelzung hat folgende Konsequenzen: 73

Schuldrechtliche Beziehungen zwischen dem Erblasser und seinem Alleinerben erlöschen, soweit sich Recht und Verbindlichkeit infolge des Erbfalls in der Person des Erben vereinigen **(Konfusion)** und stärkere Rechte Dritter nicht entgegenstehen (vgl zB BGH NJW 1995, 2287, 2288 für das bei Rn 301 angesprochene Überleitungsrecht aus § 90 BSHG). Das Erlöschen ist in den *Ausnahme*bestimmungen der §§ 1976, 1991 Abs 2, 2143, 2175, 2377 als *Regel*fall vorausgesetzt (vgl hierzu und zum Schicksal akzessorischer Sicherungsrechte STAUDINGER/MAROTZKE [1996] § 1967 Rn 13, § 1976 Rn 4).

Soweit es infolge des Erbfalls zu einer **Vereinigung von Rechten und auf ihnen ruhenden** 74 **Belastungen (Konsolidation)** kommt, führt dies meist zum Erlöschen der Belastung (vgl aber auch insoweit die bei Rn 73 angesprochenen Ausnahmen). Das gilt idR für Nießbräuche *des Erben* (solche *des Erblassers* erlöschen schon nach § 1061 S 1!) an beweglichen Sachen (§ 1063) oder an Rechten (§ 1068) des Erblassers und für Pfandrechte des Erben *oder des Erblassers* an beweglichen Sachen (§ 1256) oder an Rechten (§ 1273) des jeweils anderen, **nicht** aber für auf *Grundstücken* ruhende Belastungen (§ 889; zum Schicksal einer *Vormerkung* vgl STAUDINGER/GURSKY [1996] § 886 Rn 11 f, § 889 Rn 3; STAUDINGER/MAROTZKE [1996] § 1976 Rn 4; OLG Schleswig NJW-RR 1999, 1528 ff [aufgehoben durch BGH-Urt v 3. 12. 1999, V ZR 329/98]). Vgl ferner STAUDINGER/MAROTZKE (1996) § 1976 Rn 8 zur (Rückgängigmachung der) durch Erbgang bewirkten Vereinigung mehrerer *Miteigentumsanteile*. Gegenstand lebhafter Diskussion sind die Rechtsfolgen einer durch Erbgang bewirkten Vereinigung aller *Gesellschaftsanteile* in der Hand des Gesellschaftererben sowie die Frage, ob diese Vereinigung durch Einsetzung eines Nacherben oder Anordnung einer Testamentsvollstreckung verhindert oder durch Anordnung einer Nachlaßverwaltung rückgängig gemacht werden kann (vgl BGHZ 98, 48, 57 f; 108, 187, 199; ULMER JuS 1986, 856 f; ders NJW 1990, 73, 76 f; REIMANN MittBayNotV 1986, 232, 234; MAROTZKE AcP 187 [1987] 223, 240 ff; FLUME, in: FS Der Betrieb [1988] 181, 188 ff; GÖTTE DNotZ 1988, 603, 611 f und – betr Nachlaßverwaltung und Nachlaßinsolvenzverfahren – MAROTZKE ZHR 156 [1992] 17, 30 ff).

Der Erbe kann über die Nachlaßgegenstände in gleicher Weise **verfügen** wie über sein 75 Eigenvermögen (zu dem Sonderfall, daß er die Erbschaft später ausschlägt, vgl § 1959 Rn 8 ff). Verfügungen, die der Erbe *vor* dem Erbfall als Nichtberechtigter getroffen hat, werden deshalb beim Erbfall gem § 185 Abs 2 S 1 Fall 2 wirksam, wenn die betroffenen Gegenstände zur Erbschaft gehören (vgl erg STAUDINGER/MAROTZKE [1996] § 1976 Rn 10, § 1978 Rn 6). Entsprechendes gilt gem § 185 Abs 2 S 1 Fall 3 für nichtberechtigte Verfügungen des Erblassers über Gegenstände aus dem Eigenvermögen des Erben, falls und sobald dieser für die Nachlaßverbindlichkeiten unbeschränkt – also auch mit den von der Verfügung des Erblassers betroffenen Gegenständen – haftet (vgl STAUDINGER/GURSKY [1995] § 185 Rn 74 ff; STAUDINGER/MAROTZKE [1996] § 1976 Rn 10 und § 2063 Rn 14).

Vollstreckungsrechtlich wirkt sich die Verschmelzung des Nachlasses mit dem Eigen- 76 vermögen des Erben in der Weise aus, daß, sobald die Verschmelzung durch Annahme der Erbschaft verfestigt worden ist (arg § 778 ZPO), die Eigengläubiger des Erben auch in den Nachlaß (vgl MAROTZKE JR 1988, 184, 185 f; zumindest mißverständlich die dort [sowie außerdem von ULMER JZ 1987, 881 ff; FLUME NJW 1988, 161 ff und GÖTTE DNotZ 1988,

603 ff] kritisierte Entscheidung des II. Zivilsenats des BGH) und die Nachlaßgläubiger auch in das Eigenvermögen des Erben vollstrecken können (wobei sich hier wie dort geringfügige und zudem nur vorübergehende Behinderungen über §§ 782, 783 ZPO ergeben können; dazu STAUDINGER/MAROTZKE [1996] § 2014 Rn 13). Allerdings gibt es Mittel und Wege, diese erweiterten Zugriffsmöglichkeiten der beiden Gläubigergruppen nachträglich wieder derart zu beschränken, daß die Nachlaßgläubiger nur noch in den Nachlaß und die Eigengläubiger nur noch in das Eigenvermögen des Erben vollstrecken können (vgl Rn 84).

77 Durch die Vereinigung von Nachlaß und Eigenvermögen des Erben können sich für den Erben, seine Eigengläubiger und die Nachlaßgläubiger **Aufrechnungsmöglichkeiten** ergeben, die vorher mangels „Gegenseitigkeit" der Forderungen nicht bestanden (vgl STAUDINGER/MAROTZKE [1996] § 1977 Rn 1 ff und § 2014 Rn 11).

3. Ausnahmen

a) Bei Übergang auf Miterben

78 Die bei Rn 72 ff beschriebene Verschmelzung des Nachlasses mit dem Eigenvermögen tritt nicht ein, wenn der Verstorbene *mehrere* Erben hat und der Nachlaß deshalb gem § 2032 Abs 1 „gemeinschaftliches" Vermögen aller Erben wird (vgl STAUDINGER/WERNER [1996] Vorbem 13 ff zu §§ 2032–2057 a). Nur in engen Grenzen können die *Nachlaß*gläubiger auf das *Eigen*vermögen eines Miterben (vgl § 2059 Abs 1 S 2) und die *Eigen*gläubiger der Erben auf den gesamthänderisch gebundenen *Nachlaß* (vgl STAUDINGER/MAROTZKE [1996] § 2058 Rn 11) übergreifen (wegen „übergreifender" *Aufrechnungsmöglichkeiten* vgl STAUDINGER/WERNER [1996] § 2040 Rn 10, 27).

Anders verhält es sich hinsichtlich der Erb*teile*: diese fallen den Miterben *einzeln* zu und können ohne weiteres auch von einem *Eigen*gläubiger ihres jeweiligen Inhabers gepfändet werden (vgl § 859 Abs 2 ZPO und STAUDINGER/MAROTZKE [1996] § 2058 Rn 7).

b) Bei Übergang auf einen Vorerben

79 **Der Vorerbe ist,** wie sich aus §§ 2100, 2139 ergibt, **idR nur „Erbe auf Zeit"** (i Zw allerdings auf Lebenszeit: § 2106 Abs 1). Wegen dieser Besonderheit ist die Verschmelzung des Nachlasses mit dem Eigenvermögen des Vorerben von geringerer Intensität als die Verschmelzung des Nachlasses mit dem Eigenvermögen eines unbeschränkten Alleinerben (vgl §§ 2111 ff, 2129, 2143; oben Rn 74 aE; unten Rn 83; Näheres bei STAUDINGER/BEHRENDS/AVENARIUS [1996] § 2100 Rn 40 ff, § 2111 Rn 1, § 2139 Rn 1 ff, § 2143 Rn 1 ff; vgl bei weitergehendem Interesse auch STAUDINGER/BOEHMER[11] § 1922 Rn 138, 144).

c) Bei Testamentsvollstreckung

80 Die Verschmelzung des Nachlasses mit dem Eigenvermögen des Erben ist im Vergleich zu dem zuvor Ausgeführten (Rn 72 ff) weniger intensiv, wenn und soweit der Verstorbene den Nachlaß der Verwaltung eines Testamentsvollstreckers unterstellt hat. Vgl zB §§ 2205 ff, 2211 ff, 2214, 2218 f (bei weitergehendem Interesse: STAUDINGER/BOEHMER[11] § 1922 Rn 138, 143; MUSCHELER, Die Haftungsordnung der Testamentsvollstreckung [1994] 274 ff [mit von der hM abweichenden Thesen zum Erlöschen von Rechtsverhältnissen durch Konfusion oder Konsolidation]; BGHZ 98, 48 ff [Anfall eines Personengesellschaftsanteils an den einzigen Mitgesellschafter des Erblassers bei bestehender Testamentsvollstreckung; s auch BGHZ 108, 187, 199; ULMER JuS 1986, 856 ff und NJW 1990, 73, 76 f; REIMANN MittBayNotV 1986, 232, 234;

MAROTZKE AcP 187 (1987) 223, 237 ff; FLUME, in: FS Der Betrieb (1988) 181, 188 ff; SCHMITZ ZGR 1988, 140, 156 ff und unten Rn 190, 199]).

4. Nachträgliche Trennung des Nachlasses vom Eigenvermögen des Erben

a) Bei Ausschlagung der Erbschaft bzw Anfechtung der Annahme

Schlägt der Erbe die ihm angefallene Erbschaft aus oder ficht er, was gem § 1957 Abs 1 gleichsteht, die bereits erfolgte Annahme der Erbschaft an, so macht er die (nach der hier Rn 72 vertretenen Ansicht bereits zZ des Anfalls eintretende) Verschmelzung des Nachlasses mit seinem Eigenvermögen rückwirkend (§ 1953 Abs 1) ungeschehen. Gem § 1953 Abs 2 fällt die Erbschaft demjenigen an, welcher berufen sein würde, wenn der Ausschlagende zZ des Erbfalls nicht gelebt hätte; dieser Anfall gilt als mit dem Erbfall erfolgt. „Als mit dem Erbfall erfolgt" gilt deshalb auch die Vereinigung des Nachlasses mit dem Eigenvermögen derjenigen Person, die anstelle des Ausschlagenden Erbe wird; dem steht nicht entgegen, daß sich der Nachlaß vielleicht noch im Gewahrsam des Ausschlagenden befindet (vgl Rn 72).

b) Sonstige rückwirkende Dispositionen

Das bei Rn 81 Ausgeführte gilt entsprechend, wenn die Person, der die Erbschaft zuerst angefallen ist, für **erbunwürdig** erklärt wird (vgl § 2344) oder wenn die ihre Erbeinsetzung enthaltende **Verfügung von Todes wegen angefochten** wird (vgl §§ 142 Abs 1, 2078 ff).

c) Eintritt der Nacherbfolge

Die Vereinigung des Nachlasses mit dem Eigenvermögen eines *Vor*erben (vgl schon Rn 79) endet mit dem Eintritt des *Nach*erbfalls. Dann „hört der Vorerbe auf, Erbe zu sein, und fällt die Erbschaft dem Nacherben an" (§ 2139), wo sie mit *dessen* Eigenvermögen zu einem Gesamtvermögen verschmilzt (mit allen in Rn 73 ff erwähnten Konsequenzen). Dementspr ist der Vorerbe dem Nacherben nun gem §§ 2130 ff zur Herausgabe des Nachlasses verpflichtet; zudem stellt § 2143 klar, daß die infolge des Erbfalls durch Vereinigung von Recht und Verbindlichkeit oder von Recht und Belastung erloschenen Rechtsverhältnisse (vgl Rn 73 f) von nun an „als nicht erloschen" gelten. Zur Haftung für die Nachlaßverbindlichkeiten vgl § 2144 ff.

d) Haftungs- und gläubigerbezogene Vermögenstrennung durch Nachlaßverwaltung, Nachlaßinsolvenzverfahren etc

Der Wegfall bzw die Lockerung einer bereits eingetretenen rechtlichen Verschmelzung von Nachlaß und Eigenvermögen des Erben muß nicht wie in den bei Rn 81–83 genannten Fällen auf einem Wechsel in der Person des Erben beruhen: **Auch ohne einen völligen Wechsel des Zuordnungssubjekts können bestimmte Wirkungen der Vermögensverschmelzung wieder rückgängig gemacht werden.** So zB die durch die Vermögensverschmelzung eröffneten (Rn 76) vollstreckungsrechtlichen Zugriffsmöglichkeiten der *Nachlaß*gläubiger auf das *Eigen*vermögen des Erben (vgl zB § 1975 und ZPO § 784 Abs 1), die entsprechenden (Rn 76) Übergriffsmöglichkeiten der *Eigen*gläubiger des Erben auf den *Nachlaß* (vgl zB § 1984 Abs 2 und ZPO § 784 Abs 2), die Wirkungen entsprechender „Übergriffe" durch Aufrechnung (vgl Rn 77 und § 1977), ferner die dem Erben hinsichtlich des Nachlasses zugewachsene Verfügungsmacht (vgl Rn 75; § 1984 Abs 1 BGB, §§ 80 ff, 315 ff InsO [vormals §§ 6 ff, 214 ff KO]) sowie das infolge des Erbfalls eingetretene Erlöschen bestimmter Rechtsverhältnisse durch

Konfusion oder Konsolidation (s Rn 73 f und §§ 1976, 1991 Abs 2). Instrumente, die eine derartige Lockerung der bereits eingetretenen Verschmelzung von Nachlaß und Eigenvermögen des Erben mehr oder weniger weitgehend ermöglichen, sind die **Nachlaßverwaltung** (§ 1975 ff), das **Nachlaßinsolvenzverfahren** (§§ 1975 ff BGB, §§ 315 ff InsO [vormals §§ 214 ff KO / § 113 VerglO]) und die **Einreden des Erben aus §§ 1973, 1974, 1989 ff, 2014 f** (vgl dortige Erl und erg STAUDINGER/MAROTZKE [1996] Vorbem 10 ff, 40, 46 ff zu §§ 1967–2017; Vorbem 3 ff zu §§ 1975–1992; § 1975 Rn 1 ff und bei weitergehendem Interesse STAUDINGER/BOEHMER[11] § 1922 Rn 107 [römisches Recht], 117 ff [Rezeption und Neuzeit, ausländische Rechte], 126 ff, 139, 141, 147, 244 ff).

e) **Vermögenstrennung durch Erbschaftskauf, Erbvergleich oder unberechtigten Erbschaftsbesitz?**

85 Der **Verkauf der Erbschaft** (§§ 2371 ff) ist ein *schuldrechtliches* Geschäft. Er führt deshalb trotz § 2377 (s STAUDINGER/OLSHAUSEN [1997] § 2377 Rn 4 ff) und § 2382 nicht mit unmittelbarer „dinglicher" Wirkung zu einer echten Verselbständigung des Nachlasses gegenüber dem Eigenvermögen des Erben (ausführlicher STAUDINGER/BOEHMER[11] Rn 136 in Auseinandersetzung mit ENDEMANN § 4 IV, § 9 IV und V, § 10 IV und V, § 67 II und III, § 108). Über die rein internen Beziehungen zwischen Käufer und Verkäufer hinaus wirkt der Erbschaftskauf nur durch die schon mit Abschluß des Kaufvertrages eintretende kumulative Schuldenhaftung des Käufers, die aber erbmäßig beschränkbar und deshalb, solange der Käufer nichts vom Nachlaß erhalten hat, praktisch nahezu bedeutungslos ist. Insbes führt sie nicht zu einer Sonderung des Nachlasses vom Erbenvermögen, vielmehr läßt sie die Rechts- und Pflichtstellung des *Erben* unberührt (§ 2382). Auch hinsichtlich der *Aktiva* tritt die rechtliche Zweiung von Nachlaß und Eigenvermögen des Erben nicht schon bei Abschluß des schuldrechtlichen Kaufvertrages, sondern erst mit der „dinglichen", durch gewöhnliche Einzelakte zu vollziehenden (s Rn 94, 96) Übertragung der Nachlaßgegenstände auf den Käufer ein. Weitere Einzelheiten zur dogmatischen Einordnung des Erbschaftskaufs bei STAUDINGER/BOEHMER[11] Rn 91, 136 („ein wenig folgerechtes Kompromißgebilde aus Verkauf einer Sachgesamtheit und Verkauf einer Rechtsstellung") und bei STAUDINGER/OLSHAUSEN (1997) Einl 16 ff zu §§ 2371 f.

86 Die Ansicht, daß auch ein **Erbvergleich** (vgl Rn 38) unmittelbar zu einer „dinglichen" Abtrennung des Nachlasses vom Eigenvermögen des Erben führe, kann heute als widerlegt gelten (ausführlicher STAUDINGER/BOEHMER[11] Rn 136).

87 Daß jemand „auf Grund eines ihm in Wirklichkeit nicht zustehenden Erbrechts etwas aus der Erbschaft erlangt hat" und somit **Erbschaftsbesitzer** iSd § 2018 ist, ändert nichts oder nur wenig (im letzteren Sinne STAUDINGER/BOEHMER[11] Rn 140, 145 ff) an der Verschmelzung des Nachlasses mit dem Vermögen des *Erben* (vgl schon Rn 72 und unten Rn 98).

5. **Der Nachlaß als Sondervermögen**

a) **Der rechtlich isolierte Nachlaß**

88 Wenn und soweit die rechtliche Verschmelzung des Nachlasses mit dem Eigenvermögen des Erben noch nicht eingetreten (s Rn 76, 78 ff) oder nachträglich wieder aufgehoben oder gelockert worden ist (s Rn 81 ff), bildet der Nachlaß ein sog „Sondervermögen". Das ist kaum zu bestreiten.

b) Der mit dem Vermögen des Erben verschmolzene Nachlaß

Umstritten und Gegenstand ausgedehnter Erörterungen ist hingegen die Frage, ob der Nachlaß auch dann ein „Sondervermögen" darstellt, wenn er sich in der Hand eines unbeschränkten Alleinerben mit dessen Eigenvermögen zu einem Gesamtvermögen vereinigt hat (vgl STAUDINGER/BOEHMER[11] Rn 132 ff, 177). Die Beantwortung dieser Frage setzt voraus, daß man sich darüber verständigt, welche Vorstellungen man mit dem Begriff „Sondervermögen" verbindet: 89

Läßt man für die Annahme eines Sondervermögens genügen, daß für das betreffende Vermögen **„besondere"**, dh nicht auch auf das „übrige" Vermögen des Inhabers anwendbare **Vorschriften** existieren, dann ist der Nachlaß schon wegen der bloßen *Existenz* der §§ 1975 ff (*Möglichkeit* der Haftungsbeschränkung und Nachlaßabsonderung durch Nachlaßverwaltung etc), 1993 ff (*Recht* bzw *Pflicht* zur Errichtung eines Nachlaßinventars), 2371 ff (*Möglichkeit* des Erbschaftskaufs) als „Sondervermögen" anzusehen (so anscheinend STAUDINGER/DILCHER [1995] Vorbem 22 zu § 90). 90

Anders verhält es sich hingegen, wenn man das kennzeichnende Merkmal eines Sondervermögens darin erblickt, daß das mit diesem Begriff umschriebene Vermögen seinem Inhaber im Gegensatz zu seinem übrigen Vermögen nur mit gewissen „**dinglichen**" **Beschränkungen**, die idR Ausdruck einer besonderen **Zweckbindung** sein werden, zugeordnet ist (so zB STAUDINGER/KADUK[12] § 419 [inzwischen aufgehoben] Rn 40; vgl auch die Darstellung der verschiedenen Theorien bei DAUNER-LIEB, Unternehmen in Sondervermögen [1998] 37 ff): Dann wäre der auf einen unbeschränkten Alleinerben übergegangene Nachlaß normalerweise (dh nach Annahme der Erbschaft und vor Anordnung einer Nachlaßverwaltung bzw Eröffnung eines Nachlaßinsolvenzverfahrens) *nicht* als Sondervermögen anzusehen (in diesem Sinne STAUDINGER/BOEHMER[11] § 1922 Rn 132 ff mit Nachweisen auch zur Gegenansicht; vgl ferner RGZ 101, 185, 189). 91

Die praktischen Konsequenzen den Sondervermögenscharakter verneinenden (Rn 91) **Betrachtungsweise** sollen nach BOEHMER (aaO) zum einen in den bereits bei Rn 73 ff erwähnten Rechtsfolgen (die sich in Wirklichkeit aber schon aus dem *Gesetz* ergeben) und außerdem **in folgendem bestehen**: 92

Für die **Verwaltung des Nachlasses** sei der Erbe den Nachlaßgläubigern nicht in höherem Maße verantwortlich als jeder Schuldner seinen Gläubigern (STAUDINGER/BOEHMER[11] Rn 132 unter e). Das ist zwar richtig, bedarf aber der Ergänzung. Denn die Nachlaßgläubiger haben das Recht, den Erben durch Herbeiführung einer Nachlaßverwaltung oder eines Nachlaßinsolvenzverfahrens für die Verwaltung des Nachlasses in gesteigertem Maße (und sogar rückwirkend; vgl § 1978 Abs 1!) verantwortlich zu *machen* (§§ 1978 ff, 1981 Abs 2 BGB, §§ 317 ff InsO [vormals §§ 217 ff KO]). Wenn man diese Rechtslage mit dem Begriff des Sondervermögens kennzeichnen will, so sollte man dies zweckmäßigerweise in der Weise tun, daß man den Nachlaß auch schon *vor* Anordnung einer Nachlaßverwaltung bzw Eröffnung eines Nachlaßinsolvenzverfahrens als ein (zumindest potentielles) Sondervermögen anerkennt, dessen sorgfältige Verwaltung für den Erben – schon jetzt! – ratsam ist (dagegen legte STAUDINGER/BOEHMER[11] Rn 135 mehr Wert auf die [natürlich ebenfalls zutreffende] Feststellung, daß die Verantwortlichkeit des Erben für die Verwaltung des Nachlasses gem § 1978 Abs 1 nur „als *Reaktions*wirkung" eintrete, „wenn nachher durch Nachlaßverwaltung oder -konkurs eine wirkliche *Nachlaßabsonderung* erfolgt").

93 Veräußert der Erbe Nachlaßgegenstände oder zieht er Nachlaßforderungen ein oder erwirbt er sonstwie „mit Mitteln des Nachlasses" Vermögenswerte, so sollen diese nach STAUDINGER/BOEHMER[11] Rn 132 (unter c) zwar Bestandteile seines „Gesamtvermögens", nicht aber auch solche des „Nachlasses" werden; eine **dingliche Surrogation** finde insoweit nicht statt (anders jedoch im Fall anschließender wirksamer Erbschaftsausschlagung: hier gelte § 2019 analog; vgl STAUDINGER/BOEHMER[11] Rn 142). Diese Ansicht ist aber wohl unzutreffend; zumindest läßt sie sich nicht allein mit dem Argument begründen, daß der Nachlaß kein Sondervermögen sei (ausführlicher STAUDINGER/MAROTZKE [1996] § 1978 Rn 15, 17; vgl auch dort § 1991 Rn 4).

94 BOEHMER hat es als „ein schiefes, die wahre Rechtslage verzeichnendes Bild" bezeichnet, die Rechtsstellung des Erben in bezug auf den Nachlaß „nach dem Muster eines eigentumsähnlichen Herrschaftsrechts" zu konstruieren, als dessen Gegenstand der Nachlaß als die „vermögensrechtliche Einheit einer Gesamtsache" fungiere (STAUDINGER/BOEHMER[11] Rn 132 [unter g], 137 in Auseinandersetzung mit den rechts*politisch* gemeinten Ausführungen von O GIERKE, Personengemeinschaften und Vermögensinbegriffe [1889] 112 ff; zu diesem Fragenkreis auch DÖRNER, Das Erbrecht als subjektives Recht, in: FS Ferid [1988] 57). **Der Erbe habe kein eigentumsähnliches subjektives Herrschaftsrecht am Nachlaßganzen.** Seine erbrechtliche Stellung sei nur der einheitliche gemeinsame „Rechtsgrund", auf dem seine Eigenschaft als Rechts- und Pflichtsubjekt der zum Nachlaß gehörenden *einzelnen Gegenstände* und Verbindlichkeiten beruhe.

Diese (bei STAUDINGER/BOEHMER[11] Rn 137, 177 noch weiter ausgeführte) Feststellung ist zutreffend (vgl unten Rn 96 ff; MUSCHELER Jura 1999, 234, 243 ff; STAUDINGER/DILCHER [1995] Vorbem 21 zu § 90 sowie speziell im Zusammenhang mit dem von STAUDINGER/BOEHMER[11] Rn 137 unter b thematisierten **Erbschaftsanspruch aus § 2018** unten Rn 98 und STAUDINGER/GURSKY [1996] Vorbem 10 ff zu §§ 2018–2031). Sie setzt jedoch nicht voraus, daß man die Sondervermögensqualität des Nachlasses verneint, sondern gilt zB auch dann, wenn es infolge einer Nachlaßverwaltung oder eines Nachlaßinsolvenzverfahrens zu einer Absonderung des Nachlasses vom Eigenvermögen des Erben kommt (s Rn 99).

95 Zusammenfassend sei nochmals hervorgehoben, daß der bei Rn 89 ff beschriebene Streit um die Sondervermögensqualität des in der Hand eines unbeschränkten Alleinerben befindlichen Nachlasses wenig fruchtbar ist, solange man sich nicht auf eine einheitliche Definition des Begriffs „Sondervermögen" einigt (vgl Rn 89 ff; ein „Theoriedefizit" konstatiert auch DAUNER-LIEB, Unternehmen in Sondervermögen [1998] 37 ff). Aber selbst wenn dies gelänge, bliebe zweifelhaft, ob mit einer den Sondervermögenscharakter bejahenden oder ihn verneinenden Antwort zugleich ein Patentrezept zur Entscheidung praktisch bedeutsamer Zweifelsfragen gewonnen wäre (vgl auch MARTIN AcP 102 [1907] 444, 453 ff). Unter diesen beiden Vorbehalten dürfte die Streitfrage dahin zu entscheiden sein, daß der Nachlaß selbst dann, wenn er sich in der Hand eines unbeschränkten Alleinerben befindet (andernfalls s Rn 88), ein *zumindest potentielles* Sondervermögen ist (vgl auch SOBICH, Erbengemeinschaft und Handelsgeschäft [Diss Kiel 1974] 15, 21, 89, 125; DAUNER-LIEB 58 ff, 62 f, 79 f, 460, 505, 516; MünchKomm/SIEGMANN § 1967 Rn 23; STAUDINGER/DILCHER [1995] Vorbem 22 zu § 90 und unten Rn 102 ff [bes Rn 104, 106]). **Konsequenzen (wenn überhaupt):** STAUDINGER/MAROTZKE (1996) §§ 1978 Rn 17, 1991 Rn 4, 2060 Rn 13, 16, 17.

1. Abschnitt. Erbfolge

6. Keine Verfügungen über die Erbschaft im Ganzen

a) Grundsatz

Der Erbe kann die ihm angefallene Erbschaft durch notariell beurkundeten Vertrag 96
(§ 2371) **verkaufen**. Gleichwohl kann die Erbschaft als Ganzes grundsätzlich nicht Gegenstand einer einheitlichen **Verfügung** sein (vgl aber Rn 97 ff); die *Erfüllung* des schuldrechtlichen Erbschafts(ver)kaufvertrages erfolgt also nicht durch *einen* einheitlichen Übertragungsakt, sondern dadurch, daß der Verkäufer dem Käufer alle Nachlaßgegenstände nach den für sie maßgeblichen Rechtsvorschriften einzeln überträgt (vgl Prot V 837 f; STAUDINGER/DILCHER [1995] Vorbem 20–22 zu § 90; STAUDINGER/WERNER [1996] § 2033 Rn 3; STAUDINGER/OLSHAUSEN [1997] Einl 51 ff zu § 2371 und zu den sich beim Vorhandensein *mehrerer* Erben ergebenden Besonderheiten oben Rn 71).

b) Ausnahmen

Eine Ausnahme gilt jedoch hinsichtlich des **Nacherben** und seiner zwischen Erb- und 97
Nacherbfall bestehenden **Anwartschaft**: Über sie kann ihr Inhaber in gleicher Weise einheitlich verfügen wie ein **Miterbe** über seinen **Erbteil** (vgl STAUDINGER/WERNER [1996] § 2033 Rn 11; STAUDINGER/BEHRENDS/AVENARIUS [1996] § 2100 Rn 59 und oben Rn 38).

Befindet sich der Nachlaß in der Hand eines Erbschaftsbesitzers (vgl Rn 87 und § 2018), so 98
soll der Erbe nach STAUDINGER/BOEHMER[11] (Rn 146) in der Lage sein, „den *Gesamtnachlaß* jedenfalls mittelbar ohne die Formen des Einzelrechtsverkehrs unter Lebenden, ja sogar, was sehr bedenklich (sei), ohne jede Rechtsform, durch *bloße Abtretung des Erbschaftsanspruchs* nach § 413 in das Vermögen eines anderen zu überführen"; in diesem Sonderfall sei „also in der Tat eine *dinglich wirkende Verfügung über den Gesamtnachlaß als geschlossenes Sondervermögen* möglich...", während eine solche sonst nur dem *Mit*erben über seinen *Nachlaßanteil*, aber in gerichtlicher oder notarieller Form", zustehe. Diese Ausführungen sind zumindest mißverständlich. Denn eine Übertragung des Erbschafts*anspruchs* ist noch keine „dinglich wirkende Verfügung über den Gesamtnachlaß" selbst, sondern allenfalls eine Verfügung über den gegen den Erbschaftsbesitzer gerichteten *Anspruch* auf Herausgabe der Erbschaft *bzw des aus ihr Erlangten* (vgl § 2018). *Eigentümer* der von dem Erbschaftsbesitzer herauszugebenden Nachlaßgegenstände wird der Zessionar also weder durch die Zession des Herausgabeanspruchs noch durch die spätere Erfüllung des zedierten Anspruchs (zumal der Schuldner als bloßer Erbschafts*besitzer* ja auch selbst nicht Eigentümer ist!), sondern nur, wenn und soweit der *Erbe* ihm das Eigentum durch entsprechende *Einzel*verfügungen (bei beweglichen Sachen zB nach § 931) überträgt.

Das Vorstehende gilt entspr, wenn sich der **Nachlaß in den Händen eines Nachlaßpfle-** 99
gers, Nachlaßverwalters oder Testamentsvollstreckers befindet und der gegen *diesen* gerichtete Herausgabeanspruch (dazu § 1960 Rn 59; STAUDINGER/MAROTZKE [1996] § 1986 Rn 2 ff; STAUDINGER/REIMANN [1996] § 2218 Rn 25 ff) abgetreten wird. Zu weit geht die These von GARLICHS (MittBayNot 1998, 149 ff), daß auch eine *Alleinerbschaft* (s Rn 96) dann, wenn sie unter Testamentsvollstreckung stehe, wie ein Erbteil oder eine Nacherbenanwartschaft (s Rn 97) durch notariell beurkundeten Vertrag analog § 2033 Abs 1 BGB *als ganze* übertragen werden könne. Auch hier genügt mE vollauf die Abtretbarkeit des gegen den Testamentsvollstrecker gerichteten Herausgabeanspruchs.

100 Solange der Erbe die Erbschaft nicht angenommen hat, kann er gem §§ 1942, 1944 ff durch **Ausschlagung der Erbschaft** über den Nachlaß im Ganzen verfügen; gem § 1953 wirkt diese Verfügung auf den Zeitpunkt des Erbfalls zurück. Vgl erg Rn 36, 81.

III. Begriffe

1. „Erbschaft" und „Erbteil"

101 Das auf den oder die Erben übergehende „Vermögen" (Rn 113 ff) des Erblassers wird in **Abs 1** als *Erbschaft*, der an einer solchen bestehende „Anteil eines Miterben" (Rn 67 ff) in **Abs 2** als Erb*teil* bezeichnet.

2. „Erbschaft" und „Nachlaß"

102 Umstritten ist, in welchem Verhältnis die Begriffe „Erbschaft" und „Nachlaß" **zueinander stehen.** Ausgangspunkt dieses Meinungsstreits ist meist § 2032 Abs 1: Nach dieser Bestimmung wird, wenn der Erblasser mehrere Erben hinterläßt, der „Nachlaß" *gemeinschaftliches* Vermögen der Erben. In Rspr und Schrifttum ist die Ansicht geäußert worden, daß bestimmte Gegenstände (Personengesellschaftsanteile), die solch einer gesamthänderischen Bindung nicht zugänglich seien und deshalb kraft Sondererbrechts (Rn 62) an einer etwaigen Erben*gemeinschaft* „vorbeivererbt" würden, trotz unbestrittener Zugehörigkeit zur „Erbschaft" (§ 1922 Abs 1) nicht zum „Nachlaß" des Verstorbenen, sondern zum „Eigen-" bzw „Privatvermögen" (vgl Rn 104 ff) des sie empfangenden einzelnen Erben – selbst wenn dieser *keine* Miterben hat! – gehören würden (in diesem Sinne zB der **II. Zivilsenat des BGH** in BGHZ 91, 132, 135 ff sowie in BGH JZ 1987, 880 m Anm ULMER = NJW-RR 1987, 989 m Stellungnahme FLUME NJW 1988, 161 ff = JR 1988, 205 ff m Stellungnahme MAROTZKE JR 1988, 184 ff).* Diese These ist von Bedeutung ua für die Zugriffsmöglichkeiten der verschiedenen Gläubigergruppen (Nachlaß- und Eigengläubiger; s oben Rn 76, 78, 84) und für den (grundsätzlich auf den „Nachlaß" beschränkten) Machtbereich eines etwaigen Nachlaßinsolvenzverwalters oder Testamentsvollstreckers. Gerade hier erweisen sich jedoch auch die Schwächen dieser Betrachtungsweise.** Es ist deshalb zu begrüßen, daß sich der für das Erbrecht zuständige **IV a. Zivilsenat des BGH*** in seinem Grundsatzurteil vom 14. 5. 1986** gegen sie ausgesprochen und die Nachlaßzugehörigkeit ererbter Personengesellschaftsanteile trotz der insoweit stattfindenden Sondererbfolge ausdrücklich *bejaht* hat (BGHZ 98, 48, 50 ff; **insoweit zustimmend** BFH FamRZ 1991, 937 f; BayObLG MittRhNotK 1988, 22, 23 [zu

---

* Weitere Vertreter dieser Ansicht sind oder waren KOCH NJW 1983, 1762 ff; ders BB 1987, 2106 ff; ULMER NJW 1984, 1496, 1497 f (aufgegeben in ZHR 160 [1996] 413, 415); OLG Frankfurt/Main NJW 1983, 1806; BayObLG DNotZ 1986, 549, 550; wohl auch HÜFFER ZHR 151 (1987) 396, 403.

** Das haben im einzelnen nachgewiesen BROX JZ 1984, 892 f; BRÜGGEHAGEN, Der Konkurs über den Nachlaß eines Gesellschafters einer Personenhandelsgesellschaft (Diss Göttingen 1985) 97 ff (zum Thema dieser Diss auch unten Rn 188); DAMRAU NJW 1984, 2785, 2786 f; ESCH NJW 1984, 339 ff; K MÜLLER JR 1986, 507 ff; MAROTZKE JZ 1986, 457, 458 ff; ders AcP 187 (1987) 223 ff; ders JR 1988, 184 ff; FLUME ZHR 155 (1991) 501, 504 ff.

*** Gem Beschluß des Präsidiums des BGH v 29. 3. 1989 (NJW 1989, 1474) führt der bisherige IV a. Zivilsenat des BGH ab 1. 1. 1990 die Bezeichnung „IV. Zivilsenat".

§ 107 Abs 2 S 1 KostO]; K Müller JR 1986, 507 f; Reimann MittBayNotV 1986, 232, 233; Marotzke AcP 187 [1987] 223 ff, 227; Schmitz ZGR 1988, 140, 149 f; Flume NJW 1988, 161 ff; Windel 131; **vgl auch** die nicht unproblematische Folgeentscheidung desselben BGH-Senats in BGHZ 109, 214 ff [dazu Martinek ZGR 1991, 74 ff]; BGH NJW 1996, 1284, 1286 [s hierzu auch Rn 190] und D Weber, in: FS Stiefel [1987] 829, 834 [zu weiteren Thesen dieses Autors s unten Rn 190 und Rn 198]; **kritisch bis ablehnend** dagegen Ulmer JuS 1986, 856, 859 ff [aber nicht mehr Ulmer/Schäfer ZHR 160 [1996] 413, 415]; Koch BB 1987, 2106 ff; Langner, Vor- und Nacherbschaft an Personengesellschaftsanteilen [1999] 164 ff, 370 f). Der für das *Gesellschaftsrecht* zuständige **II. Zivilsenat des BGH** hat seine die Nachlaßzugehörigkeit ererbter Personengesellschaftsanteile leugnende Ansicht inzwischen neu überdacht (vgl BGHZ 108, 187, 192 ff; besprochen ua von Ulmer NJW 1990, 73; Mayer ZIP 1990, 976; Brandner, in: FS Kellermann [1991] 37 mwN in Fn 3, 5) und schließlich sogar aufgegeben (BGH ZIP 1998, 383 = JZ 1998, 468 m Anm Ulmer). Diese Entwicklung ist zu begrüßen (Stodolkowitz, in: FS Kellermann [1991] 439 ff; Raddatz, Die Nachlaßzugehörigkeit vererbter Personengesellschaftsanteile [1991] 141, 179; zum letztgenannten Buch s auch Kick ZHR 156 [1992] 77 ff).

Die Begriffe „Nachlaß" und „Erbschaft" sind vollkommen identisch. Beide meinen übereinstimmend das *gesamte* „nachgelassene" und sodann auf *erbrechtliche* Bahnen geratene (also nicht „am Erbrecht vorbei" vergebene; s oben Rn 54 ff) Vermögen des Verstorbenen. Bestätigt wird diese Definition durch die Motive (vgl Esch NJW 1984, 331, 340). Diese weisen ausdrücklich darauf hin, daß die im BGB verwendeten Begriffe „Erbschaft" und „Nachlaß" keinen Gegensatz ausdrücken sollen, sondern daß das BGB das Wort „Nachlaß" verwende, „um die Gesamtheit der einzelnen Stücke oder Bestandteile des Vermögens des Erblassers (bona defuncti), sowohl der aktiven als der passiven, zu bezeichnen", während das Wort „Erbschaft" gebraucht werde „von dem nachgelassenen (!) Vermögen einer Person, wenn dieses zugleich als mit einem bestimmten neuen Subjekte (Erbe), auf welches das Vermögen übergeht (Erbfolge), in Beziehung stehend bezeichnet werden soll" (Mot V 603). Nicht einmal diese Unterscheidung, die letztlich nur zwei verschiedene Aspekte desselben Gegenstandes betrifft, ist vom BGB konsequent durchgeführt worden (vgl MünchKomm/Leipold Rn 16). **103**

Daß dem BGB auch *inhaltlich* kein einheitlicher Nachlaßbegriff zugrundeliege (so Dauner-Lieb 63 f, 345, 411, 445, 451 ff, 511 in bezug auf §§ 2032 ff einerseits und §§ 2058 ff andererseits), ist zwar nicht völlig auszuschließen, sollte aber im Interesse der praktischen Handhabbarkeit des zentralen Ordnungsbegriffs „Nachlaß" grundsätzlich nur dort angenommen werden, wo **normzweckspezifische Unterschiede** keine andere Wahl lassen. Bedenklich erscheint auch aus diesem Grunde die bei § 1978 Rn 17 kritisierte These einer „relativ unwirksamen Nachlaßsurrogation". Dieser Aspekt kann bei der Fortführung eines ererbten Unternehmens erhebliche praktische Bedeutung erlangen (vgl auch Rn 104).

3. „Erbschaft (Nachlaß)" / „Eigenvermögen (Privatvermögen)" / „Gesamtvermögen"

Auch wenn die Erbschaft (der Nachlaß) einem unbeschränkten **Alleinerben** angefallen ist und sich deshalb, wie bei Rn 72 ff ausgeführt, mit dessen bisherigem Vermögen (dem sog „Eigen-" oder „Privatvermögen") vereinigt hat, ist sie von diesem begrifflich streng zu unterscheiden: Der „Nachlaß" wird nicht *Bestandteil* des „Eigenver- **104** mögens" des Erben (terminologisch fragwürdig deshalb BGHZ 98, 48, 53 [„Privatvermögen"], 54 [„Eigenvermögen"]; dazu MAROTZKE AcP 187 [1987] 223, 229 f), sondern er vereinigt sich mit diesem zu einem sog „Gesamtvermögen" (vgl STAUDINGER/BOEHMER[11] Rn 97, 132). Diese schon bei Rn 72 ff beschriebene Vermögensverschmelzung ändert nichts daran, daß das Gesetz das geerbte Vermögen weiterhin als „Nachlaß" ansieht und dem Erben zB das Recht zugesteht, seine Haftung für die Nachlaß*verbindlichkeiten* gem §§ 1975 ff auf eben diesen „Nachlaß" zu beschränken (vgl erg Rn 106 aE). **Die Nachlaßzugehörigkeit ererbter Vermögensgegenstände endet erst, wenn** diese Gegenstände auch im Vermögen des *Erben* nicht mehr vorhanden sind, etwa weil dieser sie wirksam an Dritte veräußert hat (zur Nachlaßzugehörigkeit etwaiger Ersatzansprüche oder Surrogate vgl §§ 2019 Abs 1, 2041, 2111 und STAUDINGER/MAROTZKE [1996] § 1978 Rn 15 ff, 36). In sein *eigenes* privates Vermögen kann der Erbe einen ererbten Gegenstand nicht in der Weise übernehmen, daß damit die Zugehörigkeit zum Nachlaß mit dinglicher Wirkung endet (vgl JAEGER/WEBER[8], KO § 214 Rn 26 aE [mwN]; DAUNER-LIEB 101 und zu einigen besonders gelagerten Fällen STAUDINGER/MAROTZKE [1996] § 1973 Rn 26, § 1992 Rn 11 f). Das gilt unabhängig von einer etwaigen Kundbarmachung der Übernahmeaktion (vgl das Beispiel bei JAEGER/WEBER aaO). Im Falle einer die *Identität* oder die *rechtliche Selbständigkeit* eines ererbten Gegenstandes aufhebenden Verbindung, Vermischung, Verarbeitung oder Umbildung kann sich jedoch ein Ende der Nachlaßzugehörigkeit aus *§§ 946 ff* ergeben; diese Vorschriften sind mE auch im Verhältnis zwischen Nachlaß und Erbeneigenvermögen anwendbar. Mit Argumenten, die zT wie ein Plädoyer für eine *analoge* Anwendung der – letztlich jedoch unerwähnt bleibenden – §§ 950, 951 auf die **Fortführung eines ererbten Unternehmens** klingen (vgl etwa REUTER ZHR 135 [1971] 511, 515 ff), ist in Rspr und Schrifttum vorgeschlagen worden, das Unternehmen früher oder später gegen Wertausgleich vom Nachlaß in das Eigenvermögen des Erben hinüberwechseln zu lassen (vgl für Unternehmen *und Personengesellschaftsanteile* ASTRID ERNST, Haftung des Erben für neue Geschäftsverbindlichkeiten [1994] 77 ff, 99 ff, 113 ff, 130 ff, 136 ff; nur für ererbte *Unternehmen* OLG Braunschweig OLGE 19 [1909] 231, 232; REUTER aaO und – mit vielen wN – DAUNER-LIEB 29, 101, 155 ff, 167 f, 172 ff [bes 203 ff, 209 ff], 499 f, 506 ff, 510 ff, 518 f, 558 ff; zu zwei Spezialproblemen aus diesem Bereich s oben Rn 103 aE und STAUDINGER/ MAROTZKE [1996] § 2059 Rn 22). Diese Vorschläge sind in erster Linie haftungsrechtlich motiviert und in einigen Spielarten zweifellos bereits de lege lata diskutabel. Jedoch lassen sich angemessene Ergebnisse auch auf andere Weise erzielen (vgl DAUNER-LIEB 221 ff, 505 ff, 513 ff, 518 f; MAROTZKE AcP 199 [1999] 615, 622 ff). Auf die zugrundeliegenden haftungsrechtlichen Fragen wird im Rahmen der anstehenden Neukommentierung der §§ 1967 ff, 2058 ff ausführlicher einzugehen sein (voraussichtlich bei § 1967 Rn 41 ff, 49, 57 ff, bei § 1981 Rn 22 [Stellungnahme zu WINDEL 88] und vor allem im Zusammenhang mit § 1978, der auf die Fortführung eines ererbten Unternehmens – wenn überhaupt – nur Anwendung finden kann, solange das Unternehmen noch Bestandteil des Nachlasses ist).

105 Komplizierter als beim Alleinerben ist die Struktur der Vermögenszuordnung, wenn der Verstorbene **mehrere Erben** hat. Der in § 1922 Abs 1 vorgesehene Übergang der Erbschaft „als Ganzes" bedeutet hier, daß der Nachlaß (die Erbschaft) zunächst einmal „gemeinschaftliches Vermögen" aller Erben wird (vgl § 2032 Abs 1 und oben Rn 64 ff, 78). Erst wenn diese sich auseinandergesetzt und den Nachlaß untereinander aufgeteilt haben, vereinigen sich die jedem einzelnen Miterben zugeteilten Gegenstände mit dessen übrigem Vermögen. Gehören sie dann noch zum „Nachlaß"?

106 Die Frage wäre zu verneinen, wenn als „Nachlaß" nur das *gesamthänderisch gebundene* Vermögen in Betracht käme. Das ist jedoch nicht der Fall (vgl schon Rn 102). Denn sonst könnte es entgegen dem bei Rn 104 Ausgeführten auch dann keinen „Nachlaß" geben, wenn nur *ein* Erbe vorhanden wäre. Zum „Nachlaß" gehört also auch bei Vererbung an *mehrere* Personen nicht nur das gesamthänderisch gebundene, sondern auch dasjenige Vermögen, das bereits zugunsten einzelner Miterben aus der gesamthänderischen Bindung entlassen wurde (vgl BGHZ 98, 48, 53 f [unter ausdrücklicher Einbeziehung des Falles der gerichtlichen **Zuweisung eines landwirtschaftlichen Betriebes** an einen von mehreren Miterben gem §§ 13 ff GrdstVG] und STAUDINGER/MAROTZKE [1996] §§ 1990 Rn 45, 2058 Rn 4, 2059 Rn 14). Das setzt auch das Gesetz voraus, indem es anerkennt, daß Miterben den Nachlaßgläubigern in bestimmten Fällen (vgl STAUDINGER/MAROTZKE [1996] §§ 1990 Rn 45, 2060 Rn 1) selbst nach bereits abgeschlossener Erbauseinandersetzung nur mit dem „Nachlaß" haften, und indem es in § 316 Abs 2 InsO (vormals § 216 Abs 2 KO) bestimmt, daß selbst über einen vollständig auseinandergesetzten Nachlaß noch ein besonderes Insolvenzverfahren eröffnet werden kann (vgl BGHZ 98, 48, 53 f; MAROTZKE JZ 1986, 457, 459 [zu denkbaren Gegenargumenten dort Fn 34]; DAUNER-LIEB 447). Die Nachlaßzugehörigkeit von Gegenständen, die an *mehrere* Personen vererbt worden sind, endet also nicht schon mit der Überführung aus der Gesamthand der Erbengemeinschaft in das Einzelvermögen eines der Erben, sondern erst, wenn sie auch aus dem Vermögen des betr einzelnen Miterben ausgeschieden sind (vgl erg Rn 104).

107 Das Vorstehende gilt entsprechend für Gegenstände, die der **Sondererbfolge** (Rn 62, 66) unterliegen: Erkennt man an, daß der „Nachlaß" in Fällen, in denen *mehrere* Erben zum Zuge kommen, sowohl aus dem noch der Erbengemeinschaft zugeordneten Vermögen als auch aus solchem Vermögen bestehen kann, das bereits auf *einzelne* Miterben weiterübertragen worden ist (Rn 106), so gibt es keinen Grund für die im übrigen schon bei Rn 102 kritisierte Annahme, daß Vermögensgegenstände, die unter Umgehung einer etwaigen Erben*gemeinschaft* kraft „Sondererbrechts" unmittelbar an den ausersehenen Nachfolger-Erben gelangen, nicht zum „Nachlaß" gehören würden: Diese Gegenstände gehören – jedenfalls bis auf weiteres (s Rn 104, 106) – sehr wohl zum „Nachlaß" (vgl für **Heimstätten** §§ 25 ff der – inzwischen zusammen mit dem RHeimstG aufgehobenen [Rn 227] – AVO zum RHeimstG vom 19. 7. 1940 [RGBl I 1030] und BGHZ 98, 48, 54 sowie für vererbte **Personengesellschaftsanteile** die Nachweise bei Rn 102), nur eben nicht zu dem *gesamthänderisch gebundenen Teil* desselben. Für den gesetzlich besonders geregelten Fall der Sondererbfolge in einen **Hof** wird die Erbschaftszugehörigkeit (= Nachlaßzugehörigkeit; vgl Rn 102 f) durch § 4 HöfeO* ausdrücklich bestätigt (BGH aaO; vgl auch DAMRAU NJW 1984, 2785, 2787; kritisch KOCH BB 1987, 2106, 2110 f).

4. Zusammenfassung

108 Zusammenfassend ist festzustellen, daß die Begriffe „Erbschaft" (zB § 1922 Abs 1) und „Nachlaß" (zB § 2032 Abs 1) gleichermaßen das *gesamte* vererbte Vermögen meinen (Rn 103) und daß dieses selbst in der Hand eines *unbeschränkten Allein*erben nicht *Bestandteil* des sog „Privat-" oder (gleichbedeutend) „Eigenvermögens" wird, sondern mit diesem zu einem „Gesamtvermögen" verschmilzt (Rn 104). Ebenso wie

---

* „Der Hof fällt *als Teil der Erbschaft* kraft Gesetzes nur einem der Erben (dem Hoferben) zu. An seine Stelle tritt *im Verhältnis der Miterben untereinander* der Hofeswert."

man (vgl § 778 Abs 2 ZPO und STAUDINGER/MAROTZKE [1996] BGB § 1967 Rn 4 ff) als Privat- oder Eigen*verbindlichkeiten* des Erben nur solche Verbindlichkeiten bezeichnet, die *nicht* zugleich Nachlaßverbindlichkeiten iS der §§ 1967 ff sind (obwohl der Erbe „persönlicher Schuldner" auch der letzteren ist; vgl STAUDINGER/MAROTZKE [1996] Vorbem 7 zu §§ 1967–2017), sollte man als Privat- oder Eigen*vermögen* nur dasjenige Vermögen des Erben bezeichnen, das nicht zugleich Nachlaßvermögen ist (terminologisch anders wohl BGHZ 98, 48, 53 [„Privatvermögen"], 54 [„Eigenvermögen"]; dazu MAROTZKE AcP 187 [1987] 223, 229 f). **Diese einheitliche Terminologie führt zu folgender Unterscheidung:**

109 **Eigenvermögen (= Privatvermögen)** ist dasjenige Vermögen des Erben, das nicht zum Nachlaß gehört (*negative* Umschreibung in Anlehnung an die das *Passivvermögen* – also die Verbindlichkeiten – betreffenden §§ 1977 Abs 2, 1984 Abs 2, 2214 BGB, 783, 784 Abs 2 ZPO).

110 **Nachlaß (= Erbschaft)** ist dasjenige Vermögen, das der Erbe auf *erbrechtlichem* Wege erlangt hat (*positive* Umschreibung analog dem den *Passivnachlaß* definierenden § 1967).

Sind *mehrere* Erben vorhanden, dann gehören zum „Nachlaß" (zur „Erbschaft") nicht nur diejenigen Gegenstände, die einer gesamthänderischen Bindung an die Erbengemeinschaft unterliegen, sondern auch diejenigen Gegenstände, die zugunsten einzelner Miterben aus dieser Bindung entlassen worden sind (Rn 105 f) oder die von vornherein kraft „Sondererbrechts" an der Miterbengemeinschaft vorbeivererbt wurden (Rn 102, 107).

111 Zum **Gesamtvermögen** des Erben gehören *sowohl* dessen Eigenvermögen (Privatvermögen) *als auch* der Nachlaß (die Erbschaft): eben das „gesamte" Vermögen des Erben. Die begriffliche Zusammenfassung von Nachlaß (bei Miterben: Erbteil) und Eigenvermögen des Erben ändert nichts an der Nachlaßzugehörigkeit derjenigen Gegenstände, die der Vermögensträger unmittelbar kraft „allgemeinen" (Rn 104) oder „besonderen" (Rn 107) *Erbrechts* erlangt hat oder die bei Vorhandensein von Miterben aus dem dann zunächst gesamthänderisch gebundenen Nachlaß in sein Einzelvermögen überführt worden sind (Rn 105 f). Eine nicht ganz leicht zu definierende Sonderstellung kommt allerdings dem *Erbteil* zu (vgl Rn 101 und STAUDINGER/ MAROTZKE [1996] § 1984 Rn 9, 32, § 1990 Rn 45, § 2058 Rn 5–7).

5. Stellenwert der Begriffe

112 Abschließend ist vor einer Überschätzung des begrifflichen Instrumentariums zu warnen: So wichtig es einerseits ist, einer drohenden Verwirrung der Begriffe (Rn 102) durch exakte Definitionen entgegenzutreten (anders wohl HÜFFER ZHR 151 [1987] 396, 403, der davor warnt, „durch Überlegungen zum Nachlaßbegriff neue Schwierigkeiten zu schaffen"), so gefährlich wäre andererseits der Glaube, daß die Richtigkeit bestimmter Problemlösungen schon dadurch garantiert werden könne, daß man sich der richtigen Begriffe bediene. Die Verwendung der richtigen Begriffe kann die Lösung rechtlicher Probleme zwar *fördern* und die Gefahr des „Aneinandervorbeiredens" verringern; sie kann aber niemals eine wertende Kontrolle der prima facie gefundenen Ergebnisse ersetzen (insoweit vorbildlich die vom Verf in AcP 187 [1987] 223 ff besprochene Entscheidung BGHZ 98, 48, 50 ff, die zwar die „Nachlaßzugehörigkeit" eererbter Personengesellschaftsanteile bejaht, deren Verwaltung durch einen Testamentsvollstrecker aber gleichwohl nur in engen Grenzen zuläßt; vgl jetzt auch BGHZ 108, 187, 192 ff; BGH ZIP 1998, 383 = JZ 1998, 468 m Anm ULMER und die ergänzenden Nachweise bei Rn 190).

F. Die vererblichen Rechtsstellungen im einzelnen*

I. Allgemeine Umschreibung

1. Nicht nur „Vermögen" iSd § 1922 Abs 1

Gegenstand der Vererbung ist nach § 1922 Abs 1 das „Vermögen" des Erblassers **113** (ausführl A BENDER, Das postmortale Einsichtsrecht in Krankenunterlagen [1998] 158 ff; dazu unten Rn 298). Gleichwohl hat die **Unterscheidung zwischen vermögenswerten** („wirtschaftlichen", „materiellen", „geldwerten") **und nicht-vermögenswerten** (sondern „ideellen", „immateriellen") **Lebensgütern** im Rahmen des § 1922 nicht dieselbe große Bedeutung wie etwa im Rahmen des § 253 (zur Abgrenzung vgl STAUDINGER/SCHIEMANN [1998] § 253 Rn 14 ff; STAUDINGER/BOEHMER[11] § 1922 Rn 64–66; zum „Vermögen" im allgemeinen auch STAUDINGER/DILCHER [1995] Vorbem 21 zu § 90). Denn § 1922 Abs 1 wird ergänzt und zT auch abgewandelt durch zahlreiche **Sondervorschriften** (s STAUDINGER/OTTE Einl 9 ff zu §§ 1922 ff), die den Umfang des vererblichen „Vermögens" näher präzisieren oder sogar abweichend von dem *allgemeinen* Vermögensbegriff dahingehend regeln, daß sie bestimmte Rechtspositionen, die durchaus einen Vermögenswert haben, von der Vererbung ausschließen (vgl zB § 1061 S 1 für den Nießbrauch), und bestimmte andere Rechtspositionen, deren vermögensrechtliche Natur vielleicht zweifelhaft ist, als vererblich ausgestalten. Diese mit dem allgemeinen Vermögensbegriff nicht immer deckungsgleichen Grenzen des vererblichen „Vermögens" sind bei Rn 115 ff näher umschrieben; bei besonderem Interesse an einer zusammenfassenden Darstellung speziell der *Divergenzfälle* vgl STAUDINGER/BOEHMER[11] Einl § 28 Rn 21 ff (bes 26–28) und § 1922 Rn 197 (dazu unten Rn 275); DIETZEL 18; WINDEL 105 ff (dazu unten Rn 298).

2. Verbindlichkeiten

Gegenstand umfangreicher wissenschaftlicher Erörterungen ist die Streitfrage, ob **114** auch „die **Verbindlichkeiten** einer Person zu ihrem Vermögen gehören und ob, wenn eine allgemeine Lösung dieser Frage möglich sein sollte, sie für den Vermögensbegriff des § 1922 maßgebend ist" (vgl STAUDINGER/BOEHMER[11] Rn 69). Diese in der 11. Aufl dieses Kommentars (STAUDINGER/BOEHMER[11] Rn 69–97 und Einl § 28 Rn 26) ausführlich behandelte Frage braucht im Zusammenhang mit § 1922 nicht entschieden zu werden, da sich die Haftung des Erben für die Nachlaßverbindlichkeiten auf jeden Fall – zumindest auch – aus § 1967 ergibt (ebenso übrigens STAUDINGER/BOEHMER[11] Rn 71, der jedoch der erwähnten Streitfrage im Schlußsatz seiner Rn 71 eine „entscheidende Bedeutung" zuschreibt „für den *Rechtsbegriff des Vermögens* und für die Einsicht, daß mit dem *Vermögensüber-*

---

* **Schrifttum**: DIETZEL, Untergang statt Fortbestand – Zur Abgrenzung der unvererblichen Rechtsbeziehungen im Schuldrecht (1991).

gange des § 1922 die Wirkungen der Erbfolge durchaus *nicht erschöpft* sind"; Stellungnahme hierzu bei STAUDINGER/MAROTZKE [1996] Vorbem 5 f zu §§ 1967–2017).

3. Kriterien zur Grenzziehung zwischen Vererblichkeit und Unvererblichkeit

115 Ob eine Rechtsposition vererblich ist, richtet sich in erster Linie nach den für sie maßgeblichen Sondervorschriften (Rn 113). Soweit diese die Vererblichkeit nicht oder nicht eindeutig regeln, muß die Antwort durch Auslegung gesucht werden (vgl zB BGHZ 70, 227, 230 betr Unvererblichkeit des sich aus § 56 Abs 1 des II. WoBauG ergebenden Anspruchs eines „geeigneten" Erwerbers auf Abschluß eines Veräußerungsvertrages über ein Kaufeigenheim). Gegen die Vererblichkeit selbst *vermögenswerter* Rechtspositionen kann sprechen, daß das betr Recht *höchstpersönlichen Zwecken oder individuellen Bedürfnissen gerade des Erblassers* dient oder aus sonstigen Gründen untrennbar mit seiner Person verknüpft ist (vgl zB OLG Hamm RdL 1963, 70 f für Altenteilsrechte [dort: ein der Witwe des Hofeigentümers von diesem zur Sicherung ihrer Altersversorgung vermachtes „Holzeinschlagrecht"] und BAG NJW 1987, 461, 462/63 für den Urlaubsanspruch des Arbeitnehmers [dazu noch unten Rn 277]). Daß die *Übertragung* eines Rechts gesetzlich ausgeschlossen ist, kann ein Indiz gegen die Vererblichkeit sein; ein *zwingender* Zusammenhang besteht indes nicht (vgl MünchKomm/LEIPOLD Rn 17 und unten Rn 169, 208, 276, 277 [im ersten Absatz], 279, 282, 302). Denn die Alternative „Übergang oder Untergang" stellt sich nicht im Zusammenhang mit der Übertragbarkeit, sondern nur im Zusammenhang mit der Vererblichkeit: Bei der Auslegung ist zu berücksichtigen, daß die Rechtssicherheit und der Rechtsverkehr eine gewisse Kontinuität, dh im Zweifel eher einen Übergang als einen Untergang bestehender Rechtsverhältnisse verlangen (DIETZEL 25). Nicht einmal der Umstand, daß ein vertraglicher Anspruch auf Bestellung eines *un*vererblichen Rechts gerichtet ist, soll nach BGHZ 28, 99, 102 f (besonders gelagerter Fall!) zwingend gegen die Vererblichkeit *des Anspruchs* sprechen (vgl auch Rn 291). Führt die Auslegung des Gesetzes oder – innerhalb der Grenzen der Privatautonomie – eines bestehenden Vertrages zu keinem eindeutigen Ergebnis, wird man wegen § 1922 Abs 1 darauf abstellen müssen, ob die betreffende Rechtsposition im weitesten Sinne als Bestandteil des „Vermögens" angesehen werden kann: Soweit das Gesetz bzw ein der Rechtsposition zugrundeliegender Vertrag nichts anderes bestimmt, entscheidet letztlich das *Kriterium des Vermögenswertes* über die Vererblichkeit (iE ebenso DIETZEL 17 ff; vgl auch STAUDINGER/BOEHMER[11] Rn 149; nur scheinbar anders wohl die dortige Rn 197), wobei man den Vermögens*begriff* (s oben Rn 113) großzügig auslegen, also im Zweifel die Vererblichkeit bejahen sollte (vgl schon Rn 46, 53; gegen enge Auslegung des Vermögensbegriffs auch OLG Hamm OLGZ 1979, 44 ff). Auch *nichtvermögensrechtliche* Ansprüche sind uU vererblich, wenn sie einen „bestimmungsgemäß vermögensrechtlichen Bezug" aufweisen (vgl A BENDER, Das postmortale Einsichtsrecht in Krankenunterlagen [1998] 193 ff, 456 f und – zT restriktiver – unten Rn 298 aE).

116 Unvererbliche Rechte und Pflichten *erlöschen* beim Tod des Inhabers (zu Ausnahmen vgl Rn 118, 131, 298 und – unter mehr terminologischen Gesichtspunkten – DIETZEL 8 f).

II. Körper- und Persönlichkeitsrechte des Erblassers

1. Der Körper des Erblassers*

Gegenstand der Vererbung ist nach § 1922 Abs 1 nicht der Erblasser selbst, sondern sein „Vermögen". **Das rechtliche Schicksal des Körpers des Erblassers richtet sich nicht nach Erbrecht**, sondern nach anderen Regeln (vgl STAUDINGER/DILCHER [1995] § 90 Rn 14 ff, 19 ff, 24 ff und Vorbem 39 zu §§ 90 ff). Die Vererbung abgetrennter natürlicher (zB Haare) und abtrennbarer künstlicher **Körperteile** ist zwar denkbar, aber nur mit Vorsicht anzunehmen (Einzelheiten bei MünchKomm/LEIPOLD Rn 52; PALANDT/EDENHOFER Rn 44 ff; STAUDINGER/DILCHER [1995] § 90 Rn 27 ff). Mit Verwendungsmöglichkeiten für den Körper des Erblassers befaßt sich MAIER, Der Verkauf von Körperorganen (1991) 34 ff, 59 ff, 62 ff, der zutreffend das Selbstbestimmungsrecht des Verstorbenen betont. 117

Die Bestattung der Leiche ist grundsätzlich nicht Sache des Erben als solchem (zu einer Ausnahme vgl Rn 123), dem durch § 1968 nur die *Kosten* auferlegt werden, sondern als Bestandteil der **Totenfürsorge** gewohnheitsrechtlich (GAEDKE 117 f) den nächsten Familienangehörigen des Verstorbenen anvertraut. Beerdigungsvorbereitungen gehören nicht zu den Aufgaben eines für den Erblasser bestellten Betreuers (LG Frankenthal JurBüro 1995, 602; vgl erg Rn 122, 158). Als Ausfluß familienrechtlicher Rechte und Pflichten hat die Totenfürsorge privatrechtlichen Charakter; öffentlich-rechtlicher Natur sind hingegen die sich aus den landesrechtlichen Bestattungsgesetzen (Rn 119) ergebenden Bestattungs*pflichten* (vgl schon Mot V 535; Näheres bei GAEDKE 113 ff). 118

Rechtsgrundlagen des Bestattungswesens sind das teilweise als Landesrecht fortgeltende **FeuerbestattungsG** vom 15. 5. 1934 (RGBl I 380; dazu Massfeller DJ 1934, 766 ff; RGZ 154, 269 ff) nebst DVO v 10. 8. 1938 (RGBl I 1000) und **eigenständige Bestattungsgesetze einiger Bundesländer** wie zB in *Baden-Württemberg* das G v 21. 7. 1970 (GBl 395), in *Bayern* das G v 24. 9. 1970 (GVBl 417), in *Berlin* das G v 2. 11. 1973 (GVBl 1830), in *Brandenburg, Mecklenburg-Vorpommern, Sachsen-Anhalt* und *Thüringen* die VO v 17. 4. 1980 (GBl II DDR 159), in *Bremen* das G v 16. 10. 1990 (GBl 303), in *Hamburg* das G v 14. 9. 1988 (GVBl 167), in *Hessen* das G v 17. 12. 1964 (GVBl 225) idF v 29. 10. 1969, 5. 10. 1970, 31. 1. 1978 und 4. 11. 1987 (GVBl 199, 598, 109 und 193), in *Niedersachsen* das G v 29. 3. 1963 (GVBl 142) idF v 24. 6. 1970, 2. 2. 1974 und 5. 12. 1983 (GVBl 237, 535 und 281); in *Rheinland-Pfalz* das G v 4. 3. 1983 (GVBl 69) und in *Sachsen* das G v 8. 7. 1994 (GVBl 1321). Diese und andere einschlägige Vorschriften sind auch abgedruckt bei GAEDKE 285 ff (staatliches Recht, kirchliches Recht, Musterfriedhofssatzungen). **Die folgende Darstellung beruht auf der Geltung des FeuerbestattungsG**, dessen (keineswegs nur für die *Feuer*bestattung einschlägigen!) Grundsätze im wesentlichen auch in solchen Bundesländern erhalten geblieben 119

---

* **Schrifttum:** GAEDKE, Handbuch des Friedhofs- und Bestattungsrechts (7. Aufl 1997); KIESSLING, Verfügungen über den Leichnam oder Totensorge?, NJW 1969, 533; KLINGSHIRN, Bestattungsrecht in Bayern (1995); MAIER, Der Verkauf von Körperorganen (1991) 34 ff, 59 ff; WIDMANN, Die Durchsetzung von Bestattungsanordnungen des Verstorbenen im Rahmen der familienrechtlichen Totenfürsorge, FamRZ 1992, 759; vgl ferner die Angaben bei STAUDINGER/DILCHER (1995) § 90 Rn 14, 19; STAUDINGER/SCHÄFER[12] § 823 Rn 107 f und STAUDINGER/HAGER (1999) § 823 Rn C 44. Weitere, ältere Nachweise bei STAUDINGER/BOEHMER[11] § 1922 Rn 150 und bei STAUDINGER/MAROTZKE (1996) Schrifttumsangaben zu § 1968.

sind, die eigene Bestattungsgesetze in Kraft gesetzt haben. In Zweifelsfällen vgl die eingehende Darstellung von GAEDKE.

120 **Die Art und Weise der Bestattung richtet sich** gem § 2 Abs 1 des soeben erwähnten FeuerbestattungsG in erster Linie **nach dem Willen des Verstorbenen** (einschränkend AG Opladen FamRZ 1968, 205 LS 1: der Mann könne auch gegen den Willen seiner verstorbenen Ehefrau verlangen, daß auf deren Grabstein der gemeinsame Familienname angeführt werde; zur Verbindlichkeit des Willens des Verstorbenen vgl MAIER 37 ff, 59 ff, 62 ff [unter besonderer Berücksichtigung der Problematik vorheriger Organentnahmen und dergl]). War dieser zZ seines Todes noch nicht 16 Jahre alt oder war er geschäftsunfähig, so entscheidet nach § 5 FeuerbestattungsG derjenige, dem die Sorge für die Person des Verstorbenen oblag.

121 Soweit es auf den Willen des Verstorbenen ankommt, ist eine besondere **Form der Willensäußerung** nur für die (nach § 3 FeuerbestattungsG zudem noch einer staatlichen Genehmigung bedürfende) *Feuer*bestattung vorgeschrieben: Der Nachweis, daß *sie* dem Willen des Verstorbenen entspricht, kann gem § 4 FeuerbestattungsG erbracht werden „1. durch eine von dem Verstorbenen getroffene Verfügung von Todes wegen; 2. durch eine von dem Verstorbenen abgegebene mündliche Erklärung, die von einer zur Führung eines öffentlichen Siegels berechtigten Person als in ihrer Gegenwart abgegeben beurkundet ist; 3. durch eine unter Angabe des Ortes und Tages eigenhändig geschriebene und unterschriebene Erklärung des Verstorbenen". Im übrigen – also hinsichtlich *anderer* Bestattungsarten – entscheidet der Wille des Erblassers unabhängig von der Form, in der er geäußert wurde: Nach RGZ 154, 269, 270 „genügen auch Tatsachen und Umstände, aus denen ein bestimmter Wille des Verstorbenen hinsichtlich seiner Bestattung mit Sicherheit gefolgert werden kann" (iE übereinstimmend BGH FamRZ 1978, 15, 16 und die schon vor Inkrafttreten des FeuerbestattungsG ergangenen Entscheidungen RGZ 100, 171, 173; 108, 217, 220; zur Feststellung des maßgeblichen Erblasserwillens vgl auch OLG Oldenburg OLGZ 1991, 96, 98 = FamRZ 1990, 1273, 1274 = NJW-RR 1990, 1416, 1417; BGH FamRZ 1992, 657 ff = NJW-RR 1992, 834 f). Nicht selten wird der Erblasser seine die Bestattungsart betreffenden Anordnungen in eine Verfügung von Todes wegen aufnehmen (vgl RG WarnR 1912 Nr 219 [= JW 1912, 540 f]; 1925 Nr 203; OLG Frankfurt aM NJW-RR 1989, 1159 f und speziell zu der Möglichkeit diesbezüglicher Auflagen RGZ 100, 171, 172; 154, 269, 271; STAUDINGER/MAROTZKE [1996] § 1968 Rn 11).

Der Erblasser braucht die Art der Bestattung nicht selbst zu regeln, sondern kann damit eine andere Person betrauen. Das Recht, die Totenfürsorge wahrzunehmen, insbes den Ort der Bestattung zu bestimmen oder für die Bestattung an dem vom Verstorbenen bestimmten Ort zu sorgen und den Leichnam erforderlichenfalls dorthin umzubetten, steht in erster Linie demjenigen zu, den der Verstorbene mit der Wahrnehmung dieser Belange betraut hat, auch wenn er nicht zum Kreis der sonst berufenen Angehörigen zählt (BGH FamRZ 1992, 657 = NJW-RR 1992, 834).

122 **Fehlt es an einer Willensbekundung des Verstorbenen**, so ist die Bestattungsart gem § 2 Abs 2 FeuerbestattungsG von den dort näher definierten „Angehörigen" des Verstorbenen zu bestimmen, wobei der Wille des Ehegatten demjenigen der Verwandten (AG Frankfurt aM FamRZ 1997, 1505 [anonyme Bestattung]; AG Grevenbroich NJW 1998, 2063 [Schnittblumen]), der Wille der Kinder oder ihrer Ehegatten dem der übrigen Verwandten, der Wille näherer Verwandter dem der entfernteren Verwandten oder des Verlobten vorgeht (§ 2 Abs 3 FeuerbestattungsG; zu dem Recht des Verstorbenen, einzelne Angehörige von ihrem etwaigen Bestimmungsrecht auszuschließen, vgl RGZ 154, 269, 272 f und GAEDKE 118, der zutreffend darauf hinweist, daß uU auch die Enterbung eines Familienangehörigen dahin verstanden werden kann, daß dem Enterbten „zugleich auch das Verfügungsrecht über die Bestattung entzogen" sein solle). War einer der Angehörigen oder ein Dritter zum Pfleger (jetzt: Betreuer) des Erblassers bestellt, so steht ihm das Recht der Totenfürsorge vorrangig zu (LG Bonn FamRZ 1993, 1121 f = NJW-RR 1994, 522 [aber nicht in seiner Eigenschaft als Pfleger/Betreuer; s Rn 118!]). Das dem Ehegatten zustehende Recht zur Totenfürsorge umfaßt nicht die Befugnis, ohne entsprechenden Willen des Verstorbenen eine **anonyme Beerdigung** unter Ausschluß der anderen nächsten Angehörigen anzuordnen (AG Frankfurt/Main FamRZ 1997, 1505 f). Wird bei Meinungsverschiedenheiten unter Angehörigen gleichen Grades (hierzu GAEDKE 123 f; BAUMANN FamRZ 1958, 281 f) die für eine **Feuerbestattung** erforderliche polizeiliche Genehmigung beantragt, so hat die Polizeibehörde, bei der der Antrag gestellt worden ist, ihre Entscheidung gem § 2 Abs 4 FeuerbestattungsG „unter Berücksichtigung der Umstände des Falles" zu treffen (zur Auslegung dieser nicht unproblematischen Bestimmung vgl ebenfalls GAEDKE 124). Wer nicht „Angehöriger" des Verstorbenen ist, kann die Feuerbestattung gem § 2 Abs 5 FeuerbestattungsG nur beantragen, wenn der Verstorbene sie gewollt hat. § 22 Abs 4 des Hamburgischen G v 14. 9. 1988 (GVBl 167) idF v 7. 6. 1994 (GVBl 175) zählt zu den bestimmungsberechtigten Personen auch den Lebensgefährten.

123 Der in älteren Gerichtsentscheidungen erwogene Gedanke, daß wegen seiner Verpflichtung zur Tragung der Bestattungskosten (§ 1968) evtl auch **der Erbe als solcher** über Art und Ort der Bestattung entscheiden könne, wenn es an einer diesbezüglichen Willensäußerung des Erblassers fehle (OLG Hamburg OLGE 16, 262; KG OLGE 22, 180; RG WarnR 1912 Nr 219; RGZ 108, 217, 220), kann seit Inkrafttreten des FeuerbestattungsG (Rn 119) nur noch dann Bedeutung erlangen, wenn bestimmungsberechtigte „Angehörige" iSd § 2 Abs 2 FeuerbestattungsG nicht vorhanden sind (ebenso schon STAUDINGER/BOEHMER[11] § 1922 Rn 150, STAUDINGER/LEHMANN[11] § 1968 Rn 11 und GAEDKE 124, vgl auch BGB-RGRK/KREGEL Rn 10; mißverständlich LG Detmold FamRZ 1958, 280 f; LG Köln NJW 1991, 2974; nicht gesehen wurde dieser Sonderfall in RGZ 154, 269, 271). Besonderheiten gelten jedoch in Rheinland-Pfalz, dessen BestattungsG in § 9 die Verantwortung für die Bestattung in erster Linie dem Erben auferlegt. Eine letztwillige Verfügung, mit der zum Erben diejenige Person eingesetzt wird, die den Erblasser einäschern läßt, kann leicht an § 2065 scheitern (vgl LG Frankfurt aM MDR 1987, 762; OLG Frankfurt aM OLGZ 1992, 271 f = MDR 1992, 162).

124 Mitunter wird von Angehörigen eine **Umbettung** der bereits bestatteten Leiche gewünscht (dazu ausführlich GAEDKE 218 ff; vgl auch WIDMANN FamRZ 1992, 759 f). Dieser Wunsch kann unter den Angehörigen und/oder den Erben des Verstorbenen zu **Streitigkeiten** führen. Für deren Entscheidung sind die ordentlichen Gerichte zuständig (vgl RGZ 100, 171, 172 f; 108, 217, 219; KG FamRZ 1969, 414, 415; LG München I FamRZ 1982, 849; BGH FamRZ 1992, 657 = NJW-RR 1992, 834 und für Prozesse gegen den Friedhofsträger OLG Hamburg OLGE 16, 262 f; RGZ 71, 20 ff; RG WarnR 1912 Nr 219; 1913 Nr 303; RG Recht 1926 Nr 461; VG Arnsberg FamRZ 1969, 416 f [je nach Streitgegenstand Zivilrechtsweg oder Verwaltungsrechtsweg]). Ein feststellbarer Wille des Verstorbenen, den Beteiligten einen Rechtsstreit über den Bestattungsort zu verwehren, ist zu respektieren (s Rn 125 aE).

125 Da sich die Bestattungsart in erster Linie nach dem Willen des Verstorbenen richtet

(Rn 120), kann eine „Umbettung" grundsätzlich nicht verlangt werden, *wenn der Verstorbene in der von ihm gewünschten Weise bestattet worden ist* (KG FamRZ 1969, 414; OLG Frankfurt/Main NJW-RR 1989, 1159, 1160). Etwas anderes kann in diesem Fall nur dann gelten, wenn der Verstorbene auch seine spätere *Umbettung* gewollt hat (zB weil er den Eintritt bestimmter für sie sprechender Ereignisse vorhergesehen und deshalb vielleicht sogar, wie im Fall RG WarnR 1912 Nr 219, „eventuell provisorische Beisetzung" angeordnet hat) oder wenn sich nachträglich Umstände solchen Gewichts ergeben, daß anzunehmen ist, daß der Verstorbene, hätte er sie bedacht, für den Fall ihres Eintritts seiner Umbettung zugestimmt *hätte* (wobei hinsichtlich der Feststellung solch eines hypothetischen Willens Zurückhaltung geboten ist). Das Recht, die Umbettung zu *verlangen*, wird man nur denjenigen Personen zugestehen dürfen, die zur Entscheidung über Art und Ort der ursprünglichen Bestattung berufen wären, wenn diese Entscheidung *jetzt* zu treffen wäre. Auch diese Personen können jedoch von demjenigen, der die Bestattung veranlaßt hat, keine Zustimmung zur Umbettung verlangen, wenn der Wille des Verstorbenen dahin ging, den Beteiligten einen Rechtsstreit über den Bestattungsort zu verwehren (LG Gießen NJW-RR 1995, 264 f = FamRZ 1995, 295 f = MDR 1994, 1126).

126 *Ist der Verstorbene in einer Weise bestattet worden, die* zwar nicht er selbst, wohl aber mangels einer von ihm ausgehenden Willensäußerung *ein dazu berufener Angehöriger* (Rn 122) *bestimmt hat*, so kann auch eine „Umbettung" nur von diesem Angehörigen (nach seinem Tod von dem Nächstberufenen iSd § 2 Abs 3 FeuerbestattungsG) verlangt werden (ebenso wohl RGZ 154, 269, 273; LG München I FamRZ 1982, 849, 850). Dieser kann die Umbettung nicht nach seinem freien Belieben, sondern nur bei Vorliegen eines die beabsichtigte Störung der Totenruhe rechtfertigenden wichtigen Grundes verlangen (OLG Zweibrücken NJW-RR 1993, 1482); dies gilt auch dann, wenn die Bestattung an einem von diesem Angehörigen *nicht* gewollten Ort erfolgte (vgl RGZ 154, 269, 275), und (nach LG Kiel FamRZ 1986, 56 ff) auch für einen Anspruch auf *Rück*umbettung in dem Fall, daß die *erste* Umbettung des Leichnams oder der Aschenreste einen vorsätzlichen und rechtswidrigen Eingriff in das durch § 823 Abs 1 geschützte Totenfürsorgerecht des Bestimmungsberechtigten darstellte (vgl zu letzterer Entscheidung noch Rn 128). Als einen die Umbettung rechtfertigenden Grund hat man zB den Wunsch der Witwe angesehen, mit ihrem verstorbenen Mann dieselbe Grabstätte zu teilen, sofern dieser Wunsch nicht auf andere Weise erfüllt werden kann (vgl OLG Hamburg OLGE 16, 262, 263 f [zu dieser Entscheidung auch Rn 127]; RGZ 71, 20, 22 [wohl in derselben Sache]; 108, 217, 220; LG München I FamRZ 1982, 849, 850). Ob *allein schon eine vertragliche Übereinkunft* aller Angehörigen die Umbettung rechtfertigen kann (in diesem Sinne wohl RG DJZ 1904, 265; OLG Posen SeuffA 67 Nr 172), erscheint zweifelhaft.

127 *Stehen Art oder Ort der erfolgten Bestattung in Widerspruch zu dem maßgeblichen* (Rn 120 f) *Willen des Verstorbenen*, so kann dies eine Umbettung rechtfertigen (BGH FamRZ 1978, 15; OLG Oldenburg OLGZ 1991, 96, 98 = FamRZ 1990, 1273, 1274 = NJW-RR 1990, 1416, 1417). Ein *zwingender* Zusammenhang besteht indes nicht. Es kann durchaus sein, daß der hypothetische Wille des Verstorbenen dahin geht, lieber an falscher Stelle „in Ruhe gelassen" als an richtiger Stelle zum zweiten (oder dritten!) Mal beerdigt zu werden. Im Zweifel sollte man die Entscheidung der Person überlassen, die nach § 2 Abs 2, 3 FeuerbestattungsG über die Bestattungsart zu entscheiden hat, wenn es an einer diesbezüglichen Willensbekundung des Verstorbenen fehlt. Hat sich diese Person jedoch durch die Wahl des Ortes der ursprünglichen Bestattung *bewußt* über den Willen des Verstorbenen hinweggesetzt, so ist „ihre Reue darüber" für sich allein kein ausreichender Grund für eine Exhumierung (OLG Hamburg OLGE 16, 262, 263; vgl auch RG WarnR 1925 Nr 203 S 272; BGH FamRZ 1978, 15, 16); *diese* Person sollte die Exhumierung schon wegen ihres vorangegangenen Tuns nicht verlangen können (aM das OLG Hamburg OLGE 16, 262, 263 f im Hinblick auf den Wunsch der betr Person [Witwe], mit ihrem verstorbenen Mann später dieselbe Grabstätte zu teilen), sondern ihr Bestimmungsrecht an die nächstberufenen (vgl § 2 Abs 3 FeuerbestattungsG) Angehörigen verlieren, die dann ihrerseits gehalten sind, die für die Exhumierung vorgebrachten Argumente aus der Sicht des *Verstorbenen* (vgl RG DJZ 1904, 265 Nr 19; RGZ 100, 171, 173) zu würdigen.

Spätestens seit Inkrafttreten des FeuerbestattungsG genießen die in einer Urnenhalle, in einem Urnenhain oder in einem Grab beigesetzten **Aschenreste des Verstorbenen** den gleichen Anspruch auf pietätvolle Behandlung und auf Wahrung der Totenruhe wie ein in der Erde bestatteter Leichnam (RGZ 154, 269 [LS 3], 273 ff; OLG Karlsruhe MDR 1990, 443 f). Der Grundsatz, daß die Umbettung der einmal beigesetzten Leiche nur aus ganz besonderen Gründen verlangt werden kann (Rn 125 ff), ist auch auf derart beigesetzte Aschenurnen anzuwenden (RGZ 154, 274 f; OLG Karlsruhe aaO; LG Gießen NJW-RR 1995, 264 f = FamRZ 1995, 295 f = MDR 1994, 1126; LG Kiel FamRZ 1986, 56, 58 [Klage auf *Rück*-Umbettung!]; zT weniger streng die das erwähnte Urteil des LG Kiel aufhebende Entscheidung OLG Schleswig NJW-RR 1987, 72 f [die wegen der Besonderheiten des konkreten Falles Zustimmung verdient] und die schon *vor* Inkrafttreten des FeuerbestattungsG ergangenen Entscheidungen RG DJZ 1904, 265 Nr 19; RG WarnR 1912 Nr 219; 1925 Nr 203; RG Recht 1926 Nr 461). Nicht unvereinbar mit dieser prinzipiellen Gleichbehandlung ist eine Berücksichtigung der naheliegenden Annahme, daß ein die „Umbettung" rechtfertigendes (Rn 125) Einverständnis des Verstorbenen in Fällen, in denen er **in einer Urne** (und vielleicht sogar *oberirdisch*, vgl RG WarnR 1925 Nr 203 S 271 f) beigesetzt werden möchte, wahrscheinlicher ist als sonst. **128**

Vereinbarungen der bestattungsberechtigten Hinterbliebenen über die Art der Bestattung sind mit und ohne Beteiligung der Erben zulässig (vgl RG DJZ 1904, 265; OLG Posen SeuffA 67 Nr 172 [zu beiden Entscheidungen auch Rn 126 aE]; KG OLGE 22, 180), soweit ihr Inhalt nicht dem nach § 2 Abs 1 FeuerbestattungsG maßgeblichen Willen des Verstorbenen zuwiderläuft. Zu Vereinbarungen mit Beteiligung der Erben vgl STAUDINGER/MAROTZKE (1996) § 1968 Rn 12. **129**

Eine *umfassendere Darstellung des Bestattungsrechts*, als sie hier gegeben werden kann, findet sich in dem bei Rn 117 angeführten Handbuch von GAEDKE. Rechtsfragen zum Thema „Friedhof und Bestattung" erörtert auch ZIMMERMANN ZEV 1997, 440 ff. Wegen der Haftung des Erben für die **Kosten** der Bestattung vgl die Erl zu § 1968. Weitere Einzelheiten zur „Rechtslage des Leichnams" sind dargestellt bei STAUDINGER/DILCHER (1995) § 90 Rn 19 ff; STAUDINGER/SCHÄFER[12] § 823 Rn 107 ff und STAUDINGER/HAGER (1999) § 823 Rn C 44. Die Frage, wann die Leiche eines im Krankenhaus Verstorbenen in den „Gewahrsam" (§ 168 StGB) der totensorgeberechtigten Angehörigen gelangt, wird erörtert in OLG Zweibrücken MDR 1992, 503 f. Zur Zulässigkeit von **Sektionen** vgl LG Köln NJW 1991, 2974 f; BVerfG NJW 1994, 783 ff; A BENDER, Das postmortale Einsichtsrecht in Krankenunterlagen (1998) 132 ff; zur rechtlichen Behandlung vorformulierter Einwilligungserklärungen in Krankenhausaufnahmeverträgen BGH JZ 1990, 923 m Anm ACKMANN = NJW **130**

1990, 2313 m Anm DEUTSCH; zur Zulässigkeit einer Exhumierung auf Betreiben einer Lebensversicherungsgesellschaft BGH NJW-RR 1991, 982 f (verlangt zu Recht die Zustimmung der Totensorgeberechtigten); 1992, 853 und 982 f (betr Auswirkungen der Zustimmungsverweigerung auf Leistungspflicht des Versicherers).

2. Persönlichkeitsrechte*

131 Ebensowenig wie der Körper (Rn 117) sind auch die sog „Persönlichkeitsrechte" des Verstorbenen Gegenstand der Vererbung (Ausnahme: das bei Rn 268 behandelte *Urheber*persönlichkeitsrecht). Soweit sie den Erbfall „überleben" (vgl BGHZ 107, 384, 389 ff [Emil Nolde]; BGH NJW-RR 1994, 925 f [„Schreckliches Mädchen"]; OLG Köln NJW 1999, 1969 [Konrad Adenauer]), obliegt ihre Wahrnehmung nicht den Erben als solchen, sondern ähnlich wie die Totenfürsorge (Rn 118) den nächsten Angehörigen des Erblassers. Für diese handelt es sich nicht um eigene Rechte (zutr BGH NJW-RR 1994, 925 f ad 6.), sondern um solche des Verstorbenen, die ihnen – strenggenommen subjektlos (vgl A BENDER, Das postmortale Einsichtsrecht in Krankenunterlagen [1998] 249 ff) – zur treuhänderischen Wahrnehmung zugeordnet sind. Vgl zu diesen Fragen auch die in der Fn Genannten sowie die rechtspolitisch und -historisch interessante Darstellung bei STAUDINGER/BOEHMER[11] § 1922 Rn 151.

3. Ansprüche aus vor dem Erbfall erfolgten Körper- oder Persönlichkeitsverletzungen

132 Hatte die Körper- oder Persönlichkeitsverletzung schon zu Lebzeiten des Erblassers in seiner Person (dazu STAUDINGER/SCHIEMANN [1998] Vorbem 53 f zu § 249; BGH LM Nr 5 zu § 1922 = MDR 1962, 392 f) zu einem Schadensersatzanspruch geführt, so geht dieser als Anspruch auf Wiederherstellung oder Geldersatz auf die Erben über. Hinsichtlich der nach § 847 zu ersetzenden *immateriellen* Schäden galt dies bis zur Aufhebung des § 847 Abs 1 S 2 nur, wenn der Anspruch „durch Vertrag anerkannt oder ... rechtshängig geworden" war. Entsprechende Vererblichkeitsbeschränkungen existierten für Ansprüche aus §§ 34 Abs 1 Nr 2 Satz 2 BundesgrenzschutzG, 29 Abs 2 AtomG, 53 Abs 3 LuftVG (nicht jedoch für den Anspruch aus § 97 Abs 2 UrhG; s Rn 269). Seit der zum 1. 7. 1990 erfolgten Streichung dieser gesetzlichen Vererblichkeitsbeschränkungen durch G v 14. 3. 1990 (BGBl I 478) setzt die Vererblichkeit von Schmerzens-

---

* **Rspr und Schrifttum**: Vgl außer den im nachfolgenden Text Zitierten auch STAUDINGER/ HABERMANN/WEICK (1995) Vorbem 29 zu § 1 und § 12 Rn 281; STAUDINGER/HAGER (1999) § 823 Rn C 34 ff; OLG Bremen AfP 1994, 145 ff m Anm LADEUR (Wilhelm Kaisen); OLG Hamburg AfP 1994, 322 (kein presserechtlicher Gegendarstellungsanspruch eines Verstorbenen [Franz Josef Strauß]); BGH NJW 1996, 593 ff („Abschiedsmedaille" mit Bildnis Willy Brandts); OLG Köln und LG Köln NJW 1999, 1969 ff (Wahlwerbung mit dem Namen Konrad Adenauers); BGH-Urteile v 1. 12. 1999 (I ZR 49/97 u I ZR 226/97 [„Marlene Dietrich"]; s ZIP-aktuell 1999 A 97 Nr 267); RÜTHERS/BERGHAUS, Der ungerechte Zorn des Dichters ... (Zur Veröffentlichung ehrverletzender Falschbehauptungen in Schriftstellerbriefen), JZ 1987, 1093; STEIN, Der Schutz von Ansehen und Geheimsphäre Verstorbener, FamRZ 1986, 7 ff; BIZER, Postmortaler Persönlichkeitsschutz? – Rechtsgrund und Länge der Schutzfristen für personenbezogene Daten Verstorbener nach den Archivgesetzen des Bundes und der Länder, NVwZ 1993, 653 ff; SEIFERT, Postmortaler Schutz des Persönlichkeitsrechts und Schadensersatz, NJW 1999, 1889 ff.

geldansprüchen aus § 847 keine zu Lebzeiten geäußerte Willensbekundung des Verletzten mehr voraus (BGH NJW 1995, 783 f). Jedoch kann ein Anspruch auf Schmerzensgeld zu verneinen sein, wenn die Körperverletzung gegenüber dem alsbald eingetretenen Tod keine abgrenzbare immaterielle Beeinträchtigung darstellt, die einen Ausgleich in Geld erfordert (BGHZ 138, 388, 393 f = NJW 1998, 2741 ff = ZIP 1998, 1272 ff). Im übrigen ist die Tatsache, daß ein nach § 847 BGB geschuldetes Schmerzensgeld nach dem Tod des Verletzten dem Erben zugute kommt, für die Bemessung bedeutungslos, auch wenn der Anspruch nicht schon vom Erblasser, sondern erstmals vom Erben geltend gemacht worden ist (OLG Köln NJW-RR 1992, 221). Bei verspäteter Auszahlung des Schmerzensgeldes an den Erben kann dieser auch Verzugszinsen geltend machen (OLG Köln NJW 1997, 3099). Noch nicht abschließend geklärt ist die Vererblichkeit der Chance, einen Anspruch auf soziale Ausgleichsleistungen wegen in der ehemaligen DDR erlittenen Freiheitsentzugs zuerkannt zu erhalten (vgl LG Berlin NJ 1992, 127 f und – in derselben Sache – KG JR 1993, 81 f unter 2.; dazu auch Rn 346).

Wenn eine gegen den Erblasser begangene Körper- oder Persönlichkeitsrechtsverletzung zu einem Anspruch auf Ersatz eines *Vermögens*schadens geführt hat, ist die Vererblichkeit des Anspruchs beschränkt, soweit dieser im Hinblick auf eine Beeinträchtigung der Erwerbsfähigkeit oder eine Vermehrung der Bedürfnisse die Entrichtung einer *Geldrente* beinhaltet (vgl §§ 842, 843 Abs 2 S 1, 760 Abs 3). **133**

4. Selbständige Entschädigungsansprüche Hinterbliebener

Zwar Rechtsfolgen des Todes, aber nicht *vererbte* Ansprüche sind im Falle der von einem anderen zu verantwortenden **Tötung** des Erblassers die Entschädigungsansprüche derjenigen Personen, denen dieser als Verwandter oder Ehegatte gesetzlich **unterhaltspflichtig** war oder werden konnte (§ 844 Abs 2) oder als Kind (vgl STAUDINGER/SCHÄFER[12] § 845 Rn 1 Abs 2) kraft Gesetzes (§ 1619) dienstleistungspflichtig war (§ 845), sowie der Ersatzanspruch desjenigen, der gesetzlich die **Beerdigungskosten** zu tragen hat (§ 844 Abs 1), dh des Erben (§ 1968) oder uU einer sich aus § 1615 m ergebenden Person (zum Kreis möglicher Ersatzberechtigter vgl ergänzend STAUDINGER/SCHÄFER[12] § 844 Rn 35 ff). Diese Ansprüche sind selbständige Ersatzforderungen wegen der **eigenen** Schäden, die diese Personen durch den Fortfall der Unterhalts- oder Dienstpflicht des Getöteten oder durch die Beerdigungskostenlast erleiden. Die Frage, ob der Reformgesetzgeber den Angehörigen des Getöteten unabhängig von der Erbenstellung auch **Schmerzensgeldansprüche** zugestehen sollte, wird untersucht von GONTARD DAR 1990, 375. Nach Ansicht des BGH (NJW 1989, 2317 f) können Trauer und Schmerz der Angehörigen des Getöteten nur dann zu eigenen Ansprüchen aus § 823 Abs 1 führen, wenn diese Beeinträchtigungen pathologisch faßbar sind. **134**

III. Familienrechtliche Positionen

1. Personenrechtliche

Ähnlich wie Persönlichkeitsrechte (Rn 131) sind auch familienrechtliche Positionen **unvererblich, soweit sie Ausdruck höchstpersönlicher Beziehungen sind.** **135**

Das zeigt sich besonders bei der **Ehe**, die wegen der höchstpersönlichen Natur der durch sie begründeten Verpflichtung zur ehelichen Lebensgemeinschaft nur „auf **136**

Lebenszeit" geschlossen (§ 1353 Abs 1), durch den Tod eines Ehegatten folglich „aufgelöst" wird (vgl zB §§ 1482 S 1, 1593 S 1) und trotzdem in *vermögens*mäßiger Hinsicht zu mancherlei *vererblichen* Rechtspositionen führen kann (zB zu einer – durch § 1371 modifizierten – Vererbung der Zugewinnausgleichspflicht [dazu BFH NJW 1993, 2461 f] oder im Fall der Gütergemeinschaft zur Vererbung des Gesamtgutsanteils gem § 1482 S 1 [vgl aber auch § 1483 Abs 1 S 3]).

137 Da die Ehe durch den Tod aufgelöst wird (Rn 136), erlischt auch ein etwaiges **Recht des Erblassers auf Scheidung oder Aufhebung seiner Ehe**. Ein zwischen den Ehegatten anhängiges Verfahren auf Scheidung oder Aufhebung der Ehe ist gem § 619 ZPO „in der Hauptsache als erledigt anzusehen", falls einer der Ehegatten vor rechtskräftigem Abschluß des Verfahrens stirbt; in diesem Fall kann das Verfahren nur noch wegen der *Kosten* (BAUMBACH/ALBERS, ZPO § 619 Rn 2; vgl auch unten Rn 330), nicht auch wegen der materiellrechtlichen Auswirkungen des Prozesses auf etwaige letztwillige Verfügungen des Verstorbenen (vgl §§ 2077 Abs 1 S 2 und 3, 2268 Abs 2, 2279 Abs 2) fortgesetzt werden; in letzterer Hinsicht bedarf es einer eigenständigen Klage (ALBERS aaO; mißverständlich STAUDINGER/BOEHMER[11] Rn 155), über die im gewöhnlichen Verfahren zu entscheiden ist (STEIN/JONAS/SCHLOSSER, ZPO § 619 Rn 1).

138 Unvererblich ist auch die **elterliche Sorge** (OLG München JFG 14, 37, 38; STAUDINGER/ PESCHEL-GUTZEIT[12] § 1626 Rn 42, 51), die als „die Pflicht und das Recht, für das minderjährige Kind zu sorgen", durch § 1626 Abs 1 S 1 den Eltern als solchen zugewiesen wird (bei *nichtehelich* geborenen Kindern vgl §§ 1626 a ff).

139 Ist ein Elternteil gestorben, steht die elterliche Sorge grundsätzlich „dem überlebenden Elternteil" zu (§ 1680 f). Stirbt auch dieser, erhält das Kind einen Vormund (§ 1773 Abs 1), dessen Amt ebensowenig vererblich ist wie zuvor die *elterliche* Sorge (vgl auch Rn 156). Den Tod des Vormunds hat dessen Erbe dem Vormundschaftsgericht unverzüglich anzuzeigen (§ 1894 Abs 1).

140 Die elterliche Sorge endet beim Tod des *Kindes* (STAUDINGER/PESCHEL-GUTZEIT[12] § 1626 Rn 38); in diesem Fall haben die Eltern die Geschäfte, die nicht ohne Gefahr aufgeschoben werden können, zu besorgen, bis der Erbe anderweitig Fürsorge treffen kann (§ 1698 b). Entsprechendes gilt gem §§ 1882 (vgl STAUDINGER/ENGLER [1999] § 1882 Rn 7), 1884 Abs 2, 1893 Abs 1 für den Vormund beim Tod des Mündels; die Ansprüche aus § 1890 stehen in diesem Fall dem Erben zu (vgl OLG Hamm Betrieb 1976, 1228).

141 **Ebenfalls unvererblich ist das Recht des Mannes, eine nach § 1592 Nr 1 oder § 1593 bestehende Vaterschaft** in bezug auf ein von seiner Ehefrau/Witwe geborenes Kind **oder eine auf Anerkenntnis (§ 1592 Nr 2) beruhende Vaterschaft gem §§ 1600 ff anzufechten**. Abgeschafft wurde durch das KindRG v 16. 12. 1997 (BGBl I 2846) der Übergang des Anfechtungsrechts auf die Eltern des Mannes nach dessen Tod (§§ 1595 a, 1600 g Abs 2, 1600 h Abs 1, 3 aF), da dem BGB eine solche „Beerbung" in familienrechtlichen Gestaltungsmöglichkeiten fremd sei (vgl VorbemRegE BT-Drucks 13/4899 S 57 und zur früheren Rechtslage STAUDINGER/MAROTZKE [1994] § 1922 Rn 141). Aus demselben Grund erlöschen auch die Anfechtungsrechte der Mutter und des Kindes aus § 1600 mit deren Tod. Für bereits schwebende Verfahren gilt § 640 g ZPO. Die *Verfahrenseinleitung* erfolgt zu Lebzeiten des Gegners durch Klage (§ 1600 e Abs 1; weitere Einzelheiten in §§ 640 ff ZPO). Ist die Person, gegen die die „Klage" zu richten wäre

(also der Mann oder das Kind) verstorben, so entscheidet das Familiengericht auf „Antrag" über die Anfechtung (§ 1600 e Abs 2); dieses Verfahren richtet sich nach dem FGG (vgl § 621 a Abs 1 ZPO).

Unvererblich sind ferner das nunmehr in §§ 1592 Nr 2, 1594 ff geregelte Recht des **142** nichtehelichen Vaters zur **Anerkennung der Vaterschaft** (vgl KG JFG 22, 227 ff; der gegenteilige Standpunkt von STAUDINGER/BOEHMER[11] § 1922 Rn 154 Abs 2 beruhte auf dem inzwischen aufgehobenen § 1589 Abs 2) und das Recht der Mutter (§ 1595 Abs 1) wie auch ggfls (§ 1595 Abs 2) des Kindes zur Erteilung oder Verweigerung der nach § 1595 erforderlichen Zustimmung (vgl in bezug auf § 1600 c aF STAUDINGER/GÖPPINGER[12] §§ 1600 a Rn 43, 1600 c Rn 11 f, 1600 d Rn 2, § 1722 Rn 4; STAUDINGER/RAUSCHER [1997] § 1600 c Rn 11, § 1600 d Rn 1). Nach dem Tod des Mannes ist die Vaterschaft auf Antrag der Mutter oder des Kindes vom Familiengericht festzustellen (§ 1600 e Abs 2; vgl auch § 621 a Abs 1 ZPO).

Die Erben eines als Vater eines nichtehelichen Kindes festgestellten Mannes können **143** nicht die **Restitutionsklage nach § 641 i ZPO** erheben (OLG Stuttgart FamRZ 1982, 193; vgl auch Rn 330).

Der vormundschaftsgerichtliche (§ 1752 Abs 1) Ausspruch der **Annahme als Kind** ist **144** nach dem Tod des Annehmenden nur zulässig, wenn der Annehmende den – für den Erben nicht zurücknehmbaren (Rn 145) – Antrag beim Vormundschaftsgericht eingereicht oder bei oder nach der notariellen Beurkundung des Antrags den Notar mit der Einreichung des Antrags betraut hat (§§ 1753 Abs 2, 1767 Abs 2). In keinem Fall kann der Ausspruch der Annahme noch nach dem Tod des Kindes erfolgen (§§ 1753 Abs 1, 1767 Abs 2).

Unvererblich sind das Recht zur **Rücknahme eines Adoptionsantrags** (BayObLGZ 1995, **145** 245 ff = NJW-RR 1996, 1092), das Recht, gem § 1760 die **Aufhebung** des Annahmeverhältnisses zu beantragen (vgl BT-Drucks 13/4899 S 57 und erg STAUDINGER/FRANK[12] § 1764 Rn 5 f), sowie das Recht, einen **Adoptionsvertrag** gem § 119 Abs 2 **anzufechten** (BGH FamRZ 1969, 479 [dazu auch Rn 322]).

Unvererblich sind der **Familienname** – nicht hingegen der *Unternehmensname* (s STAU- **146** DINGER/WEICK/HABERMANN [1995] § 12 Rn 56 und unten Rn 218 f, 267) – und die sich auf ihn beziehenden Rechte (Ausnahmen jedoch in §§ 22 Abs 1, 24 Abs 2 HGB; vgl BGH ZIP 1989, 368 ff) und Pflichten (vgl auch STAUDINGER/WEICK/HABERMANN [1995] § 12 Rn 280 f und STAUDINGER/BOEHMER[11] § 1922 Rn 156 [dessen Beispiele heute weitgehend überholt sind]; s ferner BGHZ 107, 384, 389 f zu der Streitfrage, ob die unvererblichen Ausprägungen des Namensrechts beim Erbfall ausnahmslos erlöschen oder ob einige von ihnen das bei Rn 131 beschriebene Schicksal von Persönlichkeitsrechten teilen). Das gilt heute auch für ein etwaiges *Adelsprädikat (Graf, Fürst usw)*, obwohl man manchmal noch von „erblichem Adel" zu sprechen pflegt (s § 5 preuß G v 23. 7. 1847): Der Name, auch der dem bürgerlichen seit Art 109 Abs 3 S 2 WRV gleichgestellte adelige (dazu STAUDINGER/WEICK/HABERMANN [1995] § 12 Rn 4 ff), wird nicht erst „derivativ" aus Anlaß eines Erbfalls, sondern aufgrund *eigener* Familienzugehörigkeit idR schon mit der Geburt erworben (vgl §§ 1616, 1617 und STAUDINGER/WEICK/HABERMANN [1995] zu § 12). Der **Einbenennung eines Kindes** nach § 1618 steht der Tod des „anderen Elternteils" nicht entgegen; erforderlich ist in solchen Fällen allerdings die familiengerichtliche Ersetzung der Einwilligung des Verstorbenen (OLG Zweibrücken FGPrax 1999, 106 f = FamRZ 1999, 1372 ff; letzteres str).

2. Vermögensrechtliche

147 Dem Familienrecht können auch *vermögensbezogene* Rechte und Pflichten entspringen (vgl schon Rn 136). Jedoch ergibt sich insoweit nicht selten aus dem Gesetz oder aus einer höchstpersönlichen Zweckbestimmung, daß die betr Rechtsposition beim Tod des Inhabers erlischt.

148 Letzteres gilt zB für **familienrechtliche Verwaltungs-, Verwendungs- und Nutznießungsrechte**, die idR höchstpersönlicher Natur sind (vgl für § 1649 Abs 2 die dortige Rn 13 bei SOERGEL/STRÄTZ[12] sowie STAUDINGER/ENGLER[12] § 1649 Rn 26) und deshalb nicht auf den Erben übergehen (vgl auch STAUDINGER/BOEHMER[11] Rn 160 für das inzwischen abgeschaffte [vgl STAUDINGER/THIELE <1994> Einl 12 ff zu §§ 1363 ff] Verwaltungs- und Nutznießungsrecht des Ehemanns am Vermögen der Frau und für das inzwischen ebenfalls entfallene [vgl STAUDINGER/ENGLER[12] § 1649 Rn 1 ff] Nutznießungsrecht des Vaters am Vermögen des Kindes). Gehört beim Tod eines in **Gütergemeinschaft** lebenden Ehegatten dessen Gesamtgutsanteil zum Nachlaß (dazu § 1482 S 1 einerseits, § 1483 Abs 1 S 3 andererseits und unten Rn 163), so steht dem Erben die Verwaltung des Gesamtguts wegen §§ 1471, 1472 auch dann, wenn diese bis zum Erbfall dem verstorbenen Ehegatten *allein* oblag (§ 1422), nur *gemeinschaftlich* mit dem überlebenden Ehegatten zu (vgl STAUDINGER/THIELE [1994] § 1472 Rn 2; über abweichende Dispositionsmöglichkeiten dort Rn 18). Entsprechendes gilt bei fortgesetzter Gütergemeinschaft (§ 1483) für den Erben des letztversterbenden Ehegatten; vgl §§ 1494 (und STAUDINGER/THIELE [1994] § 1494 Rn 12, 13), 1497, 1472. Der Gesamtgutsanteil eines an einer fortgesetzten Gütergemeinschaft beteiligten *Abkömmlings* gehört beim Tod des letzteren *nicht* zum Nachlaß (§ 1490). Unvererblich ist auch das Recht eines in fortgesetzter Gütergemeinschaft lebenden (also verwitweten) Ehegatten, das Gesamtgut oder einzelne dazu gehörende Gegenstände gegen Wertersatz zu übernehmen (§ 1502 Abs 1 S 2). Vererblich sind dagegen das unter den Voraussetzungen des § 1502 Abs 2 S 2 gegebene Übernahmerecht der *Abkömmlinge* (vgl STAUDINGER/THIELE [1994] § 1502 Rn 16) und die bei „normaler" Beendigung der Gütergemeinschaft bestehenden Übernahmerechte der Ehegatten aus § 1477 Abs 2 (vgl STAUDINGER/THIELE [1994] § 1477 Rn 14, 25).

149 Vererblich ist ferner der gegen den **Vormund** gerichtete Anspruch des Mündels auf Herausgabe und Rechenschaftslegung nach § 1890 (vgl OLG Hamm Betrieb 1976, 1228).

150 Der **Unterhaltsanspruch aus Verwandtschaft** erlischt gem § 1615 Abs 1 mit dem Tod des Berechtigten oder des Verpflichteten, soweit er nicht auf Erfüllung oder Schadensersatz wegen Nichterfüllung für die Vergangenheit oder auf solche im voraus zu bewirkende Leistungen gerichtet ist, die zZ des Todes des Berechtigten oder des Verpflichteten fällig sind. Jedoch hat der Verpflichtete beim Tod des Berechtigten nach § 1615 Abs 2 die Beerdigungskosten zu tragen, soweit ihre Bezahlung nicht von dem Erben (§ 1968) zu erlangen ist.

151 Beide Absätze des § 1615 gelten heute auch für den Unterhaltsanspruch des **nichtehelichen Kindes**. Vgl § 1615 a, aber auch §§ 1615 l–n (Unterhaltsanspruch zwischen den *Eltern* aus Anlaß der Geburt; Tod der Mutter, des Vaters, des Kindes).

Der Unterhaltsanspruch eines geschiedenen Ehegatten (§§ 1569 ff) erlischt beim Tod **152**
des letzteren (§ 1586 Abs 1); vererblich sind nur etwaige Ansprüche auf Erfüllung
oder Schadensersatz wegen Nichterfüllung für die Vergangenheit und der Anspruch
auf den zZ des Erbfalls fälligen Monatsbetrag (§ 1586 Abs 2). Beim Tod des *Verpflichteten* geht die Unterhaltspflicht nach Maßgabe des § 1586 b auf den Erben über
(vgl STAUDINGER/BAUMANN¹² [1999] § 1586 b Rn 1 ff; STAUDINGER/MAROTZKE [1996] § 1967 Rn 9).
Entsprechendes gilt gem § 1933 S 3, wenn der überlebende Ehegatte wegen § 1933
S 1 oder 2 (Ehescheidungs- oder Eheaufhebungsgrund) nicht erb-, sondern nur unterhaltsberechtigt ist.

Der Anspruch des geschiedenen Ehegatten auf „dinglichen" **Versorgungsausgleich 153**
(§§ 1587, 1587 b) erlischt gem § 1587 e beim Tod des Berechtigten (Abs 2), nicht
aber beim Tod des Verpflichteten (Abs 4; STAUDINGER/MAROTZKE [1996] § 1967 Rn 9 mwN;
zur Frage einer Anwendbarkeit des § 1587 c vgl OLG Frankfurt aM FamRZ 1995, 299). Nicht nur
beim Tod des Berechtigten (vgl insoweit §§ 1587 k Abs 2, 1587 m), sondern auch
beim Tod des Verpflichteten erlischt nach hM ein Anspruch auf „schuldrechtlichen"
Versorgungsausgleich (vgl STAUDINGER/EICHENHOFER [1998] § 1587 k Rn 8, § 1587 m Rn 6;
DIETZEL 179 ff, 192; BGH FamRZ 1989, 950 f = NJW-RR 1989, 963 f; DÖRR NJW 1990, 2721,
2730 f [die beiden letztgenannten mit beachtenswerten Ausführungen zur Vererblichkeit von sich
auf die Vergangenheit und auf den Sterbemonat beziehenden Versorgungsausgleichspflichten]).
Jedoch gewährt der am 1. 1. 1987 in Kraft getretene § 3 a des G zur Regelung von
Härten im Versorgungsausgleich (vgl BGBl I 1986, 2317) im letztgenannten Fall einen
Direktanspruch gegen den Versorgungsträger (zur Begründung vgl S 10 f der BT-Drucks 10/
5447 v 7. 6. 1986).

Ansprüche aus §§ 4–8 des G zur Regelung von **Härten** im Versorgungsausgleich v
21. 2. 1983 (BGBl I 105) sind nach dessen § 9 Abs 3 vererblich, wenn bereits der Erblasser den Antrag auf Härtekorrektur gestellt hatte (vgl STAUDINGER/REHME [1998] VAHRG
§ 9 Rn 10). Das in § 10 a dieses Gesetzes geregelte Verfahren zur Abänderung rechtskräftiger Versorgungsausgleichsentscheidungen endet mit dem Tod des antragstellenden Ehegatten, wenn nicht ein Antragsberechtigter binnen drei Monaten gegenüber
dem Familiengericht erklärt, das Verfahren fortsetzen zu wollen; nach dem Tod des
Antraggegners wird das Verfahren gegen dessen Erben fortgesetzt (§ 10 a Abs 10
VAHRG; dazu BGH FamRZ 1990, 1339, 1340; STAUDINGER/REHME [1998] VAHRG § 10 a Rn 98 f).

Lebte der Erblasser mit seinem Ehegatten im gesetzlichen Güterstand der **Zugewinn- 154
gemeinschaft** (§ 1363) und endete dieser Güterstand „auf andere Weise als durch den
Tod" (§ 1372), so ist ein dem Erblasser zustehender Anspruch auf Ausgleich des
Zugewinns „von diesem Zeitpunkt an vererblich" (§ 1378 Abs 3 S 1). Gleiches gilt
für die Rechte aus § 1379 (vgl STAUDINGER/THIELE [1994] § 1379 Rn 5, 8) und, obwohl im
Gesetz nicht ausdrücklich hervorgehoben (vgl aber immerhin § 1371 Abs 2, 3), für
eine etwaige Zugewinnausgleichs*pflicht* (vgl SOERGEL/LANGE¹² § 1378 Rn 18; STAUDINGER/
THIELE [1994] § 1371 Rn 69). Anders geregelt ist hingegen der Fall, daß der gesetzliche
Güterstand durch den *Tod* eines oder beider Ehegatten beendet wird (vgl § 1371 und
STAUDINGER/THIELE [1994] Vorbem 14 zu § 1371, § 1371 Rn 59, § 1378 Rn 13, § 1384 Rn 7; BFH
NJW 1993, 2461 f). Eine vererbliche Forderung auf Zugewinnausgleich entsteht nicht,
wenn der Erblasser eine solche zwar im Scheidungsrechtsstreit rechtshängig gemacht
hat, aber vor Scheidung der Ehe verstorben ist (BGH MDR 1995, 500).

155 Wurde die Ehe des Erblassers nicht geschieden, sondern **aufgehoben**, so gilt das Vorstehende (Rn 152 ff) nur nach Maßgabe des an die Stelle der §§ 26, 37 EheG getretenen § 1318 BGB (zum bisherigen Recht vgl STAUDINGER/MAROTZKE [1994] § 1922 Rn 155).

IV. Amtsrechte, gesetzliche Vertretungsverhältnisse

156 Wie die elterliche Sorge (Rn 139) ist auch das **Amt des Vormunds** unvererblich. Entsprechendes gilt für das Amt des **Betreuers** (STAUDINGER/BIENWALD [1999] § 1902 Rn 49, 54) und überhaupt für alle sonstigen privaten (und erst recht für alle öffentlichen) Amtsstellungen wie etwa diejenige eines **Pflegers, Nachlaßpflegers oder -verwalters, Insolvenz- oder Zwangsverwalters, Testamentsvollstreckers, Vorstands einer juristischen Person**: Diese Rechtsstellungen erlöschen beim Tod ihrer Inhaber. Das gilt jedoch nicht für aus der Führung solcher Ämter entstandene, vermögensbezogene Ansprüche (zB auf rückständige Vergütungen oder Schadensersatz) und Verpflichtungen (zB zur Herausgabe [vgl STAUDINGER/ENGLER <1999> § 1890 Rn 6], Rechnungslegung [dazu STAUDINGER/ENGLER aaO; KUHN/UHLENBRUCK[11], KO § 86 Rn 2; unrichtig WINKLER vMOHRENFELS an der aE von Rn 276 zitierten Stelle], Leistung von Schadensersatz); diese gehen nach §§ 1922, 1967 auf den Erben über (zur Zulässigkeit einer erst nach dem Tod des Pfleglings erfolgenden Festsetzung einer Pflegervergütung vgl BayObLG FamRZ 1989, 1119 ff). Auch können den Erben nach dem Vorbild des § 673 S 2 Anzeige- und Besorgungspflichten treffen (vgl § 2218 Abs 1 für den Erben eines *Testamentsvollstreckers* und *im übrigen* STAUDINGER/BOEHMER[11] § 1922 Rn 161; SOERGEL/STEIN Rn 32). Der Erbe eines *Vormunds* hat dessen Tod unverzüglich dem Vormundschaftsgericht anzuzeigen (§ 1894 Abs 1).

157 Obwohl die Amtsstellung als solche unvererblich ist (Rn 156), geht der auf ihrer Grundlage erlangte **Besitz** nach § 857 auf den Erben über (SOERGEL/STEIN Rn 32; ERMAN/SCHLÜTER Rn 43; vgl auch STAUDINGER/BUND [1995] § 857 Rn 9; Prot V 652; differenzierend die 4. Denkschr d ErbRA d AkDR 103 f; BINDER I 54 ff; speziell zum Besitz des *Insolvenzverwalters* JAEGER/WEBER[8], KO § 117 Rn 7 ff; HESS, InsO § 148 Rn 28 f). Gleiches gilt für eine etwaige Verpflichtung des Verstorbenen zur *Herausgabe* dieses Besitzes wie auch umgekehrt für ein etwaiges *Zurückbehaltungsrecht*, auf Grund dessen der Erblasser die Herausgabe von der Zahlung des ihm zustehenden Aufwendungsersatzes und dergl abhängig machen konnte (vgl auch Prot V 652).

158 Anders als der Tod des Amts*inhabers* führt der Tod der Person, für und gegen die jener kraft seines Amtes handelt, nicht in allen Fällen zum Erlöschen des Amtes. So endet das Amt des Testamentsvollstreckers idR nicht beim Tod des Erben (STAUDINGER/REIMANN [1996] § 2225 Rn 5) und das Amt des Insolvenzverwalters nicht beim Tod des Schuldners (vgl JAEGER/WEBER[8], KO § 214 Rn 21 ff). Anders verhält es sich mit der Vormundschaft: diese betrifft den Mündel nicht nur um seines Vermögens, sondern in erster Linie um seiner Person willen und endet deshalb bei deren Tod (s Rn 140). Aus demselben Grund endet eine Betreuung mit dem Tod des Betreuten (STAUDINGER/BIENWALD [1999] § 1902 Rn 49; LG Koblenz FamRZ 1995, 1376 f = JurBüro 1995, 601 f; LG Frankenthal JurBüro 1995, 602 [dazu auch Rn 118]; zum Vergütungsanspruch s STAUDINGER/MAROTZKE [1996] § 1967 Rn 9). Dies schließt jedoch Herausgabe- und Abwicklungspflichten gegenüber dem Erben nicht aus (s Rn 140 für den Vormund und OLG Stuttgart NJW 1999, 1564, 1566 für den Betreuer). Hinsichtlich der Abwesenheitspflegschaft vgl § 1921.

V. Rechtsgeschäftlich begründete Vertretungsmacht, Verfügungsmacht, Treuhand

Zur Vererblichkeit einer Vollmacht – also einer durch *Rechtsgeschäft* erlangten Vertretungsmacht – vgl STAUDINGER/SCHILKEN (1995) § 168 Rn 19; BGHZ 61, 84 ff; BGH MDR 1982, 487 f (beide zur Prozeßvollmacht). Davon zu unterscheiden ist die Frage nach dem Fortbestand der Vollmacht beim Tod des Vollmacht*gebers* und den Rechtsfolgen einer erst nach diesem Tod erfolgten Vollmachtsbetätigung (dazu unten Rn 320 ff; BayObLG FamRZ 1990, 98 f; WINDEL 244 ff, 250 ff, 259 ff; STAUDINGER/SCHILKEN [1995] § 168 Rn 26–35; STAUDINGER/MAROTZKE [1996] § 1967 Rn 28, 29; § 1984 Rn 4; § 1985 Rn 24; STAUDINGER/WERNER [1996] § 2038 Rn 5; STAUDINGER/BEHRENDS/AVENARIUS [1996] § 2112 Rn 30, 33 f; STAUDINGER/REIMANN [1996] Vorbem 53 ff zu §§ 2197 ff; SIEGHÖRTNER, Trans- und postmortale Vollmachten im deutsch-schweizerischen [Grundbuch-] Rechtsverkehr, ZEV 1999, 461 ff). Ob man die zur aktiven und zur passiven Vererblichkeit der Vollmacht entwickelten Grundsätze auf eine rechtsgeschäftlich erteilte **Verfügungsmacht** oder **Einziehungsbefugnis** entsprechend anwenden kann, ist zweifelhaft (vgl MünchKomm/LEIPOLD Rn 28; unten Rn 324 und STAUDINGER/GURSKY [1995] § 183 Rn 18 ff). Unvererblich ist idR die dem Erblasser erteilte Ermächtigung, in gewillkürter **Prozeßstandschaft** ein fremdes Recht im eigenen Namen geltend zu machen (BGHZ 123, 132, 135 = ZIP 1993, 1412 f = ZZP 107 [1994] 524 ff m Anm SCHILKEN). **159**

Treuhandvermögen geht mit dem Tod des Treuhänders zwar auf dessen Erben über (s aber Rn 293 aE), jedoch unterliegt es dort denselben Bindungen wie zuvor beim Erblasser (vgl auch § 1967 und KG HRR 1931 Nr 1866 [ua zur Herausgabepflicht der Erben]). Zur Beerbung des Treu*gebers* vgl BGH Betrieb 1976, 2295 f und BGH NJW-RR 1995, 130 f unter 3 a cc. **160**

VI. Mitgliedschaftsrechte

Den Familien-, Amts- und Vertretungsrechten (Rn 135 ff) ähneln die sog „Mitgliedschaftsrechte" insofern, als auch sie meist einen mehr oder weniger starken *persönlichen* Charakter haben. Das gilt jedoch nicht für alle Mitgliedschaftsrechte gleichermaßen: **161**

1. Erben- und sonstige Rechtsgemeinschaften

Nicht personengebunden, sondern ohne weiteres vererblich ist die Mitgliedschaft in einer Erbengemeinschaft (Näheres in Rn 229) oder in einer sonstigen Rechtsgemeinschaft iSd §§ 741 ff. Das ergibt sich a fortiori aus §§ 747 S 1, 2033 Abs 1, wonach jeder Teilhaber bzw Miterbe selbständig über seinen Anteil an dem gemeinschaftlichen Recht bzw an dem (Gesamt-)Nachlaß verfügen kann. Auf den Erben eines **Wohnungseigentümers** gehen sowohl das Sondereigentum an der Wohnung als auch der mit diesem verbundene (§ 1 Abs 2 WEG) Miteigentumsanteil an dem gemeinschaftlichen Eigentum über (STAUDINGER/BUB[12] WEG § 28 Rn 174). Diese Nachfolge in die „Gemeinschaft der Wohnungseigentümer" (§§ 10 ff WEG) führt zu einer Haftung des Erben auch für das *nach* dem Erbfall fällig werdende Wohngeld (ausführl OLG Hamburg NJW-RR 1986, 177 f, das dem Erben auch insoweit ein Haftungsbeschränkungsrecht zugesteht [ebenso OLG Köln NJW-RR 1992, 460, 461; BayObLGZ 1999 Nr 68 = NZM 2000, 41 = ZEV 2000, ... m Anm MAROTZKE; vgl auch STAUDINGER/BUB aaO; LANGE/KUCHINKE § 47 II 1 f α = S 1132] und damit wohl *nicht* richtig liegt; wie hier aber wohl SOERGEL/STEIN § 1967 Rn 4 iVm **162**

Vorbem 3 zu §§ 1967 ff; s zu vergleichbaren Fällen unten Rn 243 und STAUDINGER/MAROTZKE [1996] § 1967 Rn 36, 4 ff).

2. Eheliche und fortgesetzte Gütergemeinschaft

163 *Im Gegensatz zur Ehe selbst*, die wegen ihres höchstpersönlichen Charakters „aufgelöst" wird, sobald einer der Ehegatten stirbt, geht beim Tod eines in Gütergemeinschaft (§§ 1415 ff) lebenden Ehegatten dessen *Anteil am ehelichen Gesamtgut* nach § 1482 auf den oder die Erben über (vgl auch Rn 136, 148). Die Ehegatten können das jedoch verhindern (Rn 60), indem sie durch Ehevertrag vereinbaren, daß die Gütergemeinschaft nach dem Tod eines Ehegatten zwischen dem überlebenden Ehegatten und den gemeinschaftlichen Abkömmlingen fortgesetzt wird (vgl § 1483 Abs 1 S 3, aber auch §§ 1483 Abs 2 [iVm § 1485 Abs 1], 1484 Abs 3, 1482 S 1). Kommt es zu solch einer „fortgesetzten" Gütergemeinschaft (streng zu unterscheiden von einer bloßen *Erben*gemeinschaft; vgl soeben Rn 162!), so ist die diesbezügliche Mitgliedschaft eines anteilsberechtigten *Abkömmlings* nicht vererblich (§ 1490 S 1). Beim Tod des *überlebenden Ehegatten* geht dessen Gesamtgutsanteil bei gleichzeitiger Beendigung der fortgesetzten Gütergemeinschaft (§§ 1494, 1497 ff) auf den oder die Erben über (vgl STAUDINGER/THIELE [1994] § 1494 Rn 12, 13).

Zu erbfallbedingten Veränderungen in der *Verwaltung* des Gesamtguts s oben Rn 148.

3. Verein und Genossenschaft*

a) Rechtsfähiger Verein

164 Soweit die Vereinssatzung nichts anderes bestimmt (§ 40), ist die Mitgliedschaft in einem rechtsfähigen (§§ 21, 22, 54 S 1) Verein „nicht übertragbar und **nicht vererblich**" (§ 38 S 1). Der Grundsatz der Unvererblichkeit gilt jedoch, soweit überhaupt (dazu SERNETZ 152 ff, 218 f), nur für die Mitgliedschaft als solche, nicht auch für schon vor dem Erbfall entstandene vermögensrechtliche Ansprüche (STAUDINGER/WEICK [1995] § 38 Rn 3) und Pflichten wie zB solcher auf Rück- bzw *Be*zahlung von Beiträgen oder Gewinnanteilen oder, bes bei Kartellen, auf Vertragsstrafen oder auf Schadensersatz wegen Nichtbeachtung mitgliedschaftlicher Pflichten (vgl auch RGZ 92, 341, 343 [betr BGB-Gesellschaft]; STAUDINGER/BOEHMER[11] Rn 162 [S 261]; OERTMANN § 38 Anm 5 d).

b) Nicht-rechtsfähiger Verein

165 Auf nicht-rechtsfähige Vereine finden gem § 54 S 1 die Vorschriften über die Gesellschaft Anwendung. Nähme man diese Bestimmung beim Wort, wäre die Mitgliedschaft in einem nicht-rechtsfähigen Verein im Gegensatz zu der Mitgliedschaft in einem rechtsfähigen Verein (Rn 164) nicht „im Zweifel *un*vererblich", sondern „im Zweifel vererblich bei – soweit nicht abbedungen – gleichzeitiger Auflösung des Vereins" (vgl §§ 54 S 1, 727 und unten Rn 168 ff, 172 aE). Man ist sich jedoch darin einig, daß der letztere, dem Gesellschaftsrecht entnommene Grundsatz im Vereinsrecht nicht paßt (vgl STAUDINGER/WEICK [1995] § 54 Rn 2 ff, 83), so daß sich die Vererblichkeit der Mitgliedschaft beim nicht-rechtsfähigen Verein iE nach denselben Regeln richtet wie beim rechtsfähigen Verein (MünchKomm/LEIPOLD Rn 31; differenzierend LANGE/KUCHINKE § 5 VI B 3).

---

* **Schrifttum**: KÖBLER, Erbrecht und Gesellschaft (1974) 8 ff; SERNETZ, Die Rechtsnachfolge in die Verbandsmitgliedschaft insbes beim Unternehmerwechsel (1973) 51 f, 152 ff, 218 f.

c) Versicherungsverein auf Gegenseitigkeit (VVaG)

Auf die Mitgliedschaft in einem VVaG (geregelt in §§ 15 ff VAG) finden die §§ 38, 40 **166** (dazu soeben Rn 164) nur insoweit Anwendung, als sich aus dem Versicherungsverhältnis nichts anderes ergibt. Selbst wenn es an einer satzungsmäßigen „Vererblichstellung" fehlt, geht die Mitgliedschaft auf den Erben über, wenn dieser *den versicherten Gegenstand* erbt und die Satzung für diesen Fall nicht das Erlöschen der Versicherung vorschreibt (vgl Kisch, Das Recht des Versicherungsvereins auf Gegenseitigkeit [1951] 126 f; Goldberg/Müller, VAG § 20 Rn 4 [mit Meinungsunterschieden hinsichtlich der Frage, ob dies auch gilt, wenn der Erbe nach Wohnort, Alter, Beruf etc nicht die satzungsmäßigen Voraussetzungen für eine Aufnahme als Mitglied erfüllt]). Denn es ist anerkannt, daß die *Veräußerung* des versicherten Gegenstandes wegen § 69 VVG auch dann zum Übergang der Mitgliedschaft auf den Erwerber führt, wenn diese Folge satzungsmäßig nicht vorgesehen ist (vgl Kisch und Goldberg/Müller [jeweils aaO und wiederum mit Meinungsverschiedenheiten hinsichtlich der bereits erwähnten Spezialfrage]); auch kann diese Folge des § 69 VVG nicht durch die Satzung ausgeschlossen werden (arg § 72 VVG; vgl auch Kisch aaO mit Fn 8 [ausführlich]; Goldberg/Müller aaO; **aM** OLG Hamburg APV 1928 Bd 27 S 10 Nr 1798 und, beschränkt auf den Fall der *erb*rechtlichen Nachfolge, Prölss, VAG § 20 Rn 17). Dies muß für die *Vererbung*, obwohl in § 69 VVG nicht ausdrücklich erwähnt, *erst recht* gelten.

d) Genossenschaft*

Die Mitgliedschaft in einer **Genossenschaft** geht mit dem Tod ihres Inhabers auf den **167** Erben über; sie endet jedoch mit dem Schluß des Geschäftsjahres, in dem der Erbfall eingetreten ist. Wegen weiterer Einzelheiten, insbes der Möglichkeit abweichender statutarischer Bestimmungen, vgl die detaillierten Regelungen des § 77 GenG (und erg die diesbezügliche Schrift von Schaffland, die vom selben Autor besorgte Kommentierung des § 77 GenG in Lang/Weidmüller, GenG [33. Aufl 1997] sowie Grunewald, Der Ausschluß aus Gesellschaft und Verein [1987] 213 f). Ohne weiteres vererblich sind rein *vermögens*rechtliche Ansprüche des Erblassers „aus" der Mitgliedschaft (vgl OLG Schleswig SCHlHA 1961, 196 f für einen durch satzungsgemäße Zuweisung erworbenen Anspruch auf Übereignung eines genossenschaftlichen Hausgrundstücks [dazu auch Dockhorn MDR 1959, 623 ff; Oschmann MDR 1960, 196 f]). Zur Rechtslage bei Beerbung des Mitglieds einer nach dem Recht der ehemaligen **DDR** errichteten **LPG** vgl BGHZ 120, 352, 356 = NJW 1993, 857 (LS 4), 858 = ZIP 1993, 300 (LS 4), 301; BGHZ 120, 357, 360 = NJW 1993, 860, 861 = ZIP 1993, 302 (LS 2), 303; BGHZ 124, 210 ff = ZEV 1994, 178 ff; BGH ZIP 1993, 871 f; BGH FamRZ 1998, 1104 f = ZIP 1998, 1241 f; BGH ZIP 1999, 23 (u a zum Beschlußanfechtungsrecht); BGHZ 139, 394 ff = FamRZ 1999, 377 ff; M Siegmann, Die Ansprüche der Erben ausgeschiedener LPG-Mitglieder nach §§ 44, 51 a LwAnpG, ZEV 1994, 142 ff.

---

* **Schrifttum:** Bartholomeyczik, Welchen Einfluß hat der Tod des Mitgliedes einer eingetragenen Genossenschaft auf die Mitgliedschaft?, AcP 163 (= 1964, also *vor* der 1973 erfolgten Neufassung des § 77 GenG) 97; Hornung, Die Fortsetzung der Mitgliedschaft des verstorbenen Genossen durch dessen Erben (§ 77 GenG nF) Rpfleger 1976, 37; Köbler, Erbrecht und Gesellschaft (1974) 10; Schaffland, Die Vererbung der Mitgliedschaft nach § 77 GenG (1982); M Siegmann, Die Ansprüche der Erben ausgeschiedener LPG-Mitglieder nach §§ 44, 51 a LwAnpG, ZEV 1994, 142; Schnorr v Carolsfeld, Zur Frage des statutarisch geordneten Übergangs von Mitgliedschaftrechten eines Genossen einer eingetragenen Genossenschaft auf seine Erben, ZgesGenW 29 (1979) 333.

4. Personengesellschaft*

a) Gesellschaft des bürgerlichen Rechts

168 Die Mitgliedschaft in einer Gesellschaft des *bürgerlichen* Rechts (§§ 705 ff BGB)

---

* **Schrifttum zu 4. a)-c)**: Besonders hinzuweisen ist auf die Schrifttumsangaben zu Rn 172 (**Handelsrechtsreform 1998**). Außerdem sind zu nennen BARZ, Gestaltungen in der erbrechtlichen Praxis heute, Deutscher Notartag 1965, 52; BEHRENS, OHG und erbrechtliche Nachfolge. Eine rechtsvergleichende Untersuchung (1969); BLETZ, Die Mitglieder der Erbengemeinschaft in der OHG (Diss Marburg 1983); BOMMERT, Neue Entwicklungen zur Frage der Testamentsvollstreckung in Personengesellschaften, BB 1984, 178; BÖRNER, Die Erbengemeinschaft als Gesellschafterin einer offenen Handelsgesellschaft, AcP 166 (1966) 426; BORRMANN, Pflichtteilsrecht und gesellschaftsvertragliche Fortsetzungsvereinbarungen (1972); BRANDNER, Die Testamentsvollstreckung an Kommanditanteilen ist zulässig (zu BGHZ 108, 187), in: FS Kellermann (1991) 37; BROX, Zweckmäßige Gestaltung der Erbfolge im Unternehmen, JA 1980, 561; ders, Anm zu BGH JZ 1984, 890; BRÜGGEHAGEN, Der Konkurs über den Nachlaß eines Gesellschafters einer Personenhandelsgesellschaft (Diss Göttingen 1985); BRUNSTÄDT, Die Beerbung eines Kommanditisten durch mehrere Erben (1939); BUCHWALD, Das Verhältnis von Erbrecht und Gesellschaftsvertrag, JR 1955, 173; ders, Gesellschaftsanteil und Erbrecht, AcP 154 (1955) 22; BUSCHMANN, Die Testamentsvollstreckung im Gesellschaftsrecht (1982); BUSS, Die Rechte des Testamentsvollstreckers in der werbenden OHG (Diss Münster 1971); DAMRAU, Zur Testamentsvollstreckung am Kommanditanteil, NJW 1984, 2785; ders, Kann ein Testamentsvollstrecker einen Kommanditanteil erwerben?, DNotZ 1984, 660; ders, Anm zu OLG Frankfurt aM JR 1983, 330; DECKERT, Vererbung von Anteilen an Personengesellschaften, NZG 1998, 43; DEMELIUS, Zum Grenzstreit zwischen Gesellschaftsrecht und Nachlaßverteilung, Gedenkschr Franz Gschnitzer (1969) 117; DIETRICH, Die materiellrechtliche Bedeutung der Rechtsnachfolge beim Kommanditistenwechsel, DRW 1943, 1201; DÖRRIE, Die Testamentsvollstreckung im Recht der Personenhandelsgesellschaften und der GmbH (1994); DONNER, Der Testamentsvollstrecker des eingetragenen Einzelkaufmanns, des offenen Handelsgesellschafters, des Komplementärs und des Kommanditisten, DNotZ 1944, 143; ders, Mehrheit von Erben eines Kommanditisten im Falle des § 177 HGB, DRWiss 1943, 1205; DURCHLAUB, Fortsetzung der Kommanditgesellschaft auf Aktien mit den Erben des Komplementärs, BB 1977, 875; ders, Die Ausübung von Gesellschaftsrechten in Personengesellschaften durch Testamentsvollstrecker, Betrieb 1977, 1399; DÜTTMANN, Erbe und Testamentsvollstrecker des Gesellschafters einer offenen Handelsgesellschaft im Falle des § 139 HGB (Diss Bochum 1956); EBEL, Nachfolge von Todes wegen in die Personengesellschaft – ein „Jahrhundertproblem"?, Jura 1980, 367; EBERT, Die rechtsfunktionelle Kompetenzabgrenzung von Gesellschaftsrecht und Erbrecht (1972); EINMAHL, Die Ausübung der Verwaltungsrechte des Gesellschaftererben durch den Testamentsvollstrecker, AcP 160 (1961) 29; EISELT, Die Vererbung der Beteiligung an einer OHG, AcP 158 (1959/1960) 319; EISENHARDT, Sondererbfolge in einen Gesellschaftsanteil bei der Personalgesellschaft, MDR 1969, 521; ders, Die Stellung des Gesellschaftererben am Beispiel der kapitalistisch organisierten Kommanditgesellschaft, JuS 1975, 413; EMMERICH, Die Testamentsvollstreckung an Gesellschaftsanteilen, ZHR 132 (1969) 297; ders, Die Haftung des Gesellschaftererben nach § 139 HGB, ZHR 150 (1986) 193; ASTRID ERNST, Haftung des Erben für neue Geschäftsverbindlichkeiten (1994); ESCH, Die Nachlaßzugehörigkeit vererbter Personengesellschaftsbeteiligungen, NJW 1984, 339; ESCH/SCHULZE ZUR WIESCHE, Handbuch der Vermögensnachfolge (5. Aufl 1997) 1. Buch Rn 250 ff; FABIAN, Gesellschaftsverträge und letztwillige Verfügungen der einzelnen Gesellschafter (Diss Heidelberg 1934); FEDDERSEN, Die Behandlung der Abkömmlinge bei der

folgt beim Tod ihres Inhabers weitgehend den Regeln, die vor dem 1. 7. 1998 auch beim Tod des Mitglieds einer offenen *Handels*gesellschaft galten (dazu sogleich Rn 169 ff). Dies ergibt sich aus der Parallele zwischen den §§ 727, 736 BGB (vgl dortige Erl) und den zum 1. 7. 1998 außer Kraft getretenen (vgl Rn 172 ff) §§ 131 Abs 1 Nr 4 aF,

Erbfolge in Gesellschaftsanteile unter vorrangiger Erhaltung der Kontinuität des Unternehmens und unter Beachtung des Primats der Unternehmensnachfolge, in: FS Stiefel (1987) 197; FERID, Zur Behandlung von Anteilen an Personalgesellschaften beim zwischenstaatlichen Erbgang, in: FS Alfred Hueck (1959) 343; FINGER, Die Nachfolge in einer offenen Handelsgesellschaft beim Tod eines Gesellschafters (1974); ders, Die Vererbung von Anteilen einer Personengesellschaft, JR 1969, 409; ders, Der Ausschluß von Abfindungsansprüchen bei der Nachfolge in Personengesellschaften beim Tod eines Gesellschafters, Betrieb 1974, 27; R FISCHER, Die Stellung des vermeintlichen Erben in der OHG, in: FS 150 Jahre Carl Heymanns Verlag (1965) 271; ders, Die Geschäftsführungs- und Vertretungsbefugnis eines Erben in einer Personengesellschaft des Handelsrechts, BB 1956, 839; ders, Anm zu BGH LM HGB § 139 Nr 1; FLUME, Die Nachfolge in die Mitgliedschaft in einer Personengesellschaft beim Tode eines Gesellschafters, in: FS Schilling (1973) 23; ders, Allgemeiner Teil des Bürgerlichen Rechts Bd I 1, Die Personengesellschaft (1977) § 18; ders, Die Abfindung nach der Buchwertklausel für den Gesellschafter minderen Rechts einer Personengesellschaft, NJW 1979, 902; ders, Teilungsanordnung und Erbschaftsteuer (mit 4: Die Erbschaftsbesteuerung bei der qualifizierten Nachfolgeklausel in die Beteiligung an einer Personengesellschaft), Betrieb 1983, 2271, 2272; ders, Die Erben-Nachfolge in die Beteiligung an einer Personengesellschaft und die sonstige Erbfolge in Hinsicht auf die Problematik von Nachlaßverwaltung, Nachlaßkonkurs und Testamentsvollstreckung, in: FS Müller-Freienfels (1986) 113; ders, Die Erbennachfolge in den Anteil an einer Personengesellschaft und die Zugehörigkeit des Anteils zum Nachlaß, NJW 1988, 161; ders, Erbrecht und Gesellschaftsrecht als die beiden Momente der Erbennachfolge in die Beteiligung an einer Personengesellschaft, in: FS Der Betrieb (1988) 181; ders, Die Nachlaßzugehörigkeit der Beteiligung an einer Personengesellschaft in ihrer Bedeutung für Testamentsvollstreckung, Nachlaßverwaltung und Nachlaßkonkurs und Surrogatserwerb, ZHR 155 (1991) 501; FRENZ, Rechtsnachfolge in Kommanditanteile, MittRhNotK 1988, 1, 10; FREY, Tod des einzigen Komplementärs (zu BGHZ 101, 123), ZGR 1988, 281; FRIEDRICH, Die Testamentsvollstreckung an Kommanditanteilen (1988) 51 ff; FUNKE/KAISER, Die Stellung des Testamentsvollstreckers in der offenen Handelsgesellschaft (Diss Köln 1956); GLASER, Haftungsfragen bei einer mit Erben fortgesetzten offenen Handelsgesellschaft, Betrieb 1956, 933; GÖBEL, Gestaltung der Gesellschafternachfolge für den Todesfall, DNotZ 1979, 133; GÖTTE, Die Gewinn- und Auseinandersetzungsansprüche bei einer Gesellschafternachfolge aufgrund rechtsgeschäftlichen Eintrittsrechtes, DNotZ 1988, 603; GRUNEWALD, Gesellschaftsrecht (3. Aufl 1999) 1 A Rn 149 ff, 1 B Rn 66 ff, 1 C Rn 58 ff; HABERSTROH, Die Nachfolge einer Erbenmehrheit in die Mitgliedschaft eines Handelsgesellschafters (Diss Frankfurt aM 1976); HAEGELE, Zu den Beziehungen zwischen Gesellschafts- und testamentarischem Erbrecht, JurBüro 1968, 670; ders, Gesellschafts- und Erbrecht in ihren Beziehungen zueinander, BWNotZ 1973, 76; HAEGELE/LITFIN, Handbuch der Familienunternehmen (1979) Teil V; HAMANN, Die Rechtsmacht des Testamentsvollstreckers und ihre Grenzen nach Handelsrecht (1963); HECKELMANN, Abfindungsklauseln in Gesellschaftsverträgen (1973) 199; ders, Materielle und vollstreckungsrechtliche Folgeprobleme der Entscheidung des BGH für die Sondernachfolge in den Gesellschaftsanteil an der OHG bei sog qualifizierter Nachfolgeklausel, in: De justitia et jure, in: FS vLübtow (1980) 619; HEHEMANN, Testamensvollstreckung bei Vererbung von Anteilen an Personengesellschaften, BB 1995, 1301; HENRICH, Die Vererbung von Gesellschaftsanteilen bei OHG und KG, JA 1971, 755; HEYDN, Die erbrechtliche Nachfolge

§ 1922

137 Abs 1, 138 HGB, aus der Nichtaufnahme einer dem neuen § 131 Abs 3 S 1 Nr 1 HGB entsprechenden Vorschrift in das BGB (s Rn 171 aE) und aus der Verweisung des § 105 Abs 3 (vormals Abs 2) HGB auf „die Vorschriften des *Bürgerlichen Gesetzbuchs über die Gesellschaft*" (zu immanenten Grenzen dieser Argumentation M SIEGMANN 180

in Anteile an Partnerschaftsgesellschaften (1999); dieselbe mit identischem Titel in ZEV 1998, 161; HINKE, Der Pflichtteil beim Tod des Gesellschafters einer offenen Handelsgesellschaft (Diss Bonn 1966); HOLZHAUER, Erbrechtliche Untersuchungen/Einschränkungen der Verwaltungstestamentsvollstreckung im Handelsrecht (1973) 1; HOMANN, Die angemessene Berücksichtigung der weichenden Erben bei der Vererbung von Gesellschaftsanteilen einer Personengesellschaft (Diss Bielefeld 1985); U HUBER, Vermögensanteil, Kapitalanteil und Gesellschaftsanteil an Personalgesellschaften des Handelsrechts (1970) 419; A HUECK, Das Recht der offenen Handelsgesellschaft (4. Aufl 1971) §§ 23–29; ders, Der gemeinschaftliche Vertreter mehrerer Erben in einer Kommanditgesellschaft, ZHR 125 (1963) 1; ders, Gesellschaftsvertrag und Erbrecht, DNotZ 1952, 550; HÜFFER, 100 Bände BGHZ: Personengesellschaftsrecht, ZHR 151 (1987) 396, 401 ff; HÜFNER, Testamentsvollstreckung an Personengesellschaftsanteilen (1990); HURST, Die Vertreterklausel bei der offenen Handelsgesellschaft, DNotZ 1967, 6; JAHRMARKT, Vorteilhafte Unternehmensnachfolge (2. Aufl 1977); JOHANNSEN, Die Rechtsprechung des Bundesgerichtshofs auf dem Gebiete des Erbrechts, WM 1972, 914, 915; ders, Erbrecht in der Rechtsprechung des Bundesgerichtshofes 1977 und 1978, WM 1979, 630, 637; ders, Die Nachfolge in kaufmännische Unternehmen und Beteiligungen an Personengesellschaften beim Tode ihres Inhabers, FamRZ 1980, 1074; ders, Erbrecht in der Rechtsprechung des Bundesgerichtshofs 1982 bis 1984, WM Sonderteil 1/1985, 34 ff; KAPP/EBELING/GRUNE, Handbuch der Erbengemeinschaft (4. Aufl Stand 1992) III Rn 147; KAUFMANN, Zur Zulässigkeit der gesellschaftsvertraglichen Vermögensbildung, JZ 1959, 522; KICK, Die Haftung des Erben eines Personenhandelsgesellschafters (1997); KIESERLING, Die erbrechtliche Haftung des Miterben-Gesellschafters einer Personengesellschaft bis zur Nachlaßteilung (Diss Münster 1972); KNIEPER/FROMM, Erbrecht und Gesellschaftsrecht bei der Gesellschafternachfolge, NJW 1980, 2677; KNÖCHLEIN, Abfindungsvereinbarungen bei Personalhandelsgesellschaften, DNotZ 1960, 452, 457; KÖBLER, Erbrecht und Gesellschaft (1974); ders, Die Erbengemeinschaft als Kommanditistin, Betrieb 1972, 2241; KOCH, Kommanditanteil und Testamentsvollstreckung, NJW 1983, 1762; ders, Streit der BGH-Senate um die Nachlaßzugehörigkeit des vererbten Gesellschaftsanteils, BB 1987, 2106; KOHL, Ausschluß und Beschränkung von Abfindungsansprüchen nach dem Tod eines Personengesellschafters gegen Pflichtteilsrecht und Zugewinnausgleich, MDR 1995, 865; KONZEN, Der vermeintliche Erbe in der OHG, ZHR 145 (1981) 29; KRETZSCHMAR, Die Gestaltung der Haftung des Erben, wenn der Erblasser Einzelkaufmann war oder einer offenen Handelsgesellschaft oder einer Kommanditgesellschaft als Teilhaber angehörte, ZBlFG 17, 1; KRUSE, Die Vererbung des Mitgliedschaftsrechts an der offenen Handelsgesellschaft im Falle der Nachfolgeklausel, Ius et commercium, in: FS Laufke (1971) 179; E KÜSTER, Gesellschafternachfolge und Erbengemeinschaft bei OHG und KG (1970); W KÜSTER, Zur Frage der Gestaltbarkeit der Rechtsnachfolge für den Todesfall bei der OHG, DNotZ 1956, 460; KUSSMAUL, Unternehmerkinder. Ihre zivil- und steuerrechtliche Berücksichtigung in personenbezogenen, mittelständischen Familienunternehmen (1983); KUTTLER, Vermögensrechtliche Auswirkungen nachfolgesteuernder Klauseln bei OHG und GmbH für die ausgeschlossenen Erben (1997); LAMERS, Die Kommanditeinlage der Miterbengesellschafter, MDR 1960, 888; LANGNER, Vor- und Nacherbschaft an Personengesellschaftsanteilen (1999); LIEBISCH, Über die Rechtsstellung der Erben eines offenen Handelsgesellschafters, ZHR 116 (1954) 128; LORZ, Fragen der Testamentsvollstreckung am Kommanditanteil beim zwischenstaatlichen Erbgang, in: FS Europäi-

1. Abschnitt. Erbfolge

Fn 109). Allerdings hat der Erbe des Mitglieds einer BGB-Gesellschaft nicht das Wahlrecht aus § 139 HGB (eine bedenkenswerte Teilanalogie wird jedoch vorgeschlagen von HÜFNER, Testamentsvollstreckung an Personengesellschaftsanteilen [1990] 156 f). Kann nach dem Tod eines BGB-Gesellschafters der Gesellschaftsvertrag nicht vorgelegt werden, so

sche Integration und globaler Wettbewerb (1993) 489; LUTTER, Zur Beschränkung des Vorerben im Gesellschaftsrecht, ZGR 1982, 108; MAIBERG, Nachfolgeprobleme bei Vertretungsgeschäften in Familien-Kommanditgesellschaften mit nur einem Komplementär, Betrieb 1979, 2021; MAROTZKE, „Höferechtliche Tendenzen" und dogmatische Lösungen bei der Beerbung des Mitglieds einer offenen Handelsgesellschaft, AcP 184 (1984) 541; ders, Die Mitgliedschaft in einer offenen Handelsgesellschaft als Gegenstand der Testamentsvollstreckung, JZ 1986, 457; ders, Die Nachlaßzugehörigkeit erbter Personengesellschaftsanteile und der Machtbereich des Testamentsvollstreckers nach dem Urteil des BGH vom 14. Mai 1986 (BGHZ 98, 48), AcP 187 (1987) 223; ders, Drei Ziele unter einem Hut? Neue Hinweise des BGH zur Gestaltung der Gesellschafter-Nachfolge, JR 1988, 184 (ausführlichere Darlegung der aaO 188 bei Fn 46 angedeuteten These zur „Zwangsvollstreckung in Gesellschaftsanteile nach Abspaltung der Vermögensansprüche" nunmehr in ZIP 1988, 1509); ders, Haftungsverhältnisse und Probleme der Nachlaßverwaltung bei der Beerbung des einzigen Komplementärs durch den einzigen Kommanditisten (zu BGHZ 113, 132), ZHR 156 (1992) 17; MARTINEK, Der Kommanditanteil als Nachlaßsurrogat – ein neuer Konflikt zwischen Erb- und Gesellschaftsrecht?, ZGR 1991, 74; MÄRKLE, Der Erbfall und die Erbauseinandersetzung im Ertragsteuerrecht, BWNotZ 1984, 73, 80 ff; MÄRKLE/FRANZ, Die Erbauseinandersetzung eines Nachlasses mit Gesellschaftsanteilen, BB 1991, 2494; MERKEL, Die Rechtsnachfolge beim Tode eines Gesellschafters einer offenen Handelsgesellschaft, BB 1956, 835; ders, Übergang der Geschäftsführungs- und Vertretungsbefugnis eines persönlich haftenden Gesellschafters auf seine Erben, MDR 1963, 102; MICHALSKI, Gesellschaftsrechtliche Gestaltungsmöglichkeiten zur Perpetuierung von Unternehmen (1980); ders, Nachfolgeregelungen in Personengesellschaften, Betrieb 1980 Beil Nr 5;

ders, Die Vor- und Nacherbschaft in einen OHG (KG)- und GmbH-Anteil, Betrieb 1987 Beil Nr 16; MILEWSKI, Der Erwerb eines Gesellschaftsanteils auf Grund Gesellschaftsvertrages zu Gunsten Dritter auf den Todesfall... (Diss Köln 1950) 7; MODEL, Letztwillige Verfügung und Gesellschaftsvertrag, GmbHRdsch 1959, 6; MÜLLER, Die Vererbung des OHG-Anteils, in: FS Wahl (1973) 369; MÜLLER-GRAFF, Ein vorsorgender Familienvater, JuS 1977, 323; MÜMMLER, Kommanditeinlage als Nachlaßbestandteil (unter kostenrechtlichen Aspekten), JurBüro 1986, 1464; MUSCHELER, Die Haftungsordnung der Testamentsvollstreckung (1994) 431 ff; NEUFANG, Die Erbfolge bei Anteilen an Personengesellschaften, INF 1986, 442; vOERTZEN, Personengesellschaftsanteile im Internationalen Erbrecht, IPRax 1994, 73; ders, Pflichtteilsrecht bei Vererbung von deutschen Personengesellschaftsanteilen und ausländischem Erbstatut, RIW 1994, 818; PARDEY, Gesetzlich Vertretene als Erben eines Kaufmannes oder Komplementärs (Verfahrensprobleme für Register- und Vormundschaftsgerichte), FamRZ 1988, 460; PASCHKE, Nacherbenschutz in der Vorerben-Personengesellschaft, ZIP 1985, 129; PATZSCHKE, Probleme in bezug auf das Weiterbestehen der offenen Handelsgesellschaft mit den Erben eines Gesellschafters, ZHR 113 (1950) 1; PETERSEN, Zum Verhältnis von Gesellschaftsvertrag und Erbrecht bei der Nachfolge von Erben in eine Personalgesellschaft, JZ 1960, 211; ders, Zur Gestaltung von gesellschaftsvertraglicher Nachfolgeklausel und letztwilliger Verfügung bei der Nachfolge von Erben in eine offene Handelsgesellschaft, BB 1963, 331; PETZOLDT, Gesellschaftsvertrag und Erbrecht bei der GmbH und der GmbH & Co KG, GmbHRdsch 1977, 25, 32; PRASCH, Die unmittelbare Nachfolge der Erben in die Mitgliedschaft eines offenen Handelsgesellschafters (Diss München 1961); PRIESTER, Anmerkung zu BGH DNotZ 1977, 550, DNotZ 1977, 558; QUACK, Die Testamentsvollstreckung an Komist – mE jedoch nur bis zur Entscheidungsreife der hieraus resultierenden Zweifelsfragen (s Rn 169 ff, 175) – die Person des Rechtsnachfolgers in die Gesellschafterstellung „ungewiß" iSd § 1913 (LG Kaiserslautern FamRZ 1995, 1382 f; zur Bedeutung des Gesellschaftsvertrages in Grundbuchberichtigungsverfahren vgl OLG Zweibrücken FGPrax 1995, 93 f m

manditanteilen, BB 1989, 2271; RADDATZ, Die Nachlaßzugehörigkeit vererbter Personengesellschaftsanteile (1991); RAUCH, Parteiwille und Nachfolge in die Personengesellschaft, Betrieb 1969, 1277; ders, Die erbrechtliche Rechtsnachfolge eines Miterben in die Mitgliedschaft eines Personalgesellschafters, DNotZ 1970, 78; ders, Grundsätzliche Rechtsfragen zur Nachfolge von Todes wegen in die Apothekengesellschaft, in: FS G Küchenhoff (1972) Bd I 301; REHMANN, Testamentsvollstreckung an Gesellschaftsanteilen, BB 1985, 297; REIMANN, Gesellschaftsvertragliche Abfindung und erbrechtlicher Ausgleich, ZEV 1994, 7; ders, Testamentsvollstreckung an Gesellschaftsanteilen jetzt möglich?, MittBayNotV 1986, 232; REIMANN/SPIEGELBERGER, Aktuelle Fragen der Unternehmensnachfolge, RWS-Skript Nr 163 (1986); G und D REINICKE, Zur Kollision von Gesellschaftsrecht und Erbrecht, NJW 1957, 561; REITHMANN, Testamentsvollstreckung und postmortale Vollmacht als Instrumente der Kautelarjurisprudenz, BB 1984, 1394; RENZ, Zur Frage des Wechsels der Gesellschafter bei offenen Handelsgesellschaften und Kommanditgesellschaften (Diss Tübingen 1937) 32 ff; REUTER, Gesellschaftsvertragliche Nachfolgeregelung und Pflichtteilsrecht (zu BGH NJW 1970, 1638), JuS 1971, 289; ders, Privatrechtliche Schranken der Perpetuierung von Unternehmen (1973) 319; ders, Die Bestandssicherung von Unternehmen, AcP 181 (1981) 1; ders, Probleme der Unternehmensnachfolge, ZGR 1991, 467; RICHARDI, Das Verwaltungsrecht des Testamentsvollstreckers an der Mitgliedschaft in einer Personenhandelsgesellschaft (1961); RIESENFELD, Die Erbenhaftung I (1916) 117, 239: Haftung wegen Geschäftsschulden gem § 139 HGB; ROKAS, Die Teilhaberschaft an der OHG und ihre Vererbung (1965); RÖMER, Nachfolge und Bestandssicherung der Personalgesellschaften des Handelsrechts im Erbfall (1963); ROTH, Die Erbfolge des nichtehelichen Kindes in OHG- und KG-Anteile, BB 1972, 1340; ROWEDDER, Die Zulässigkeit der Testamentsvollstreckung bei Kommanditbeteiligungen, in: FS Goerdeler (1987) 445; RÜTHERS, Die privatautonome Gestaltung der Vererbung des Anteils an einer Offenen Handelsgesellschaft durch eine beschränkte Nachfolgeklausel, AcP 168 (1968) 263; SÄCKER, Gesellschaftsvertragliche und erbrechtliche Nachfolge in Gesamthandsmitgliedschaften (1970); ders, Anm zu KG JR 1971, 421, 423; SCHAPP, Der Schutz des Unternehmens in der Vererbung im Landwirtschaftsrecht und im Personengesellschaftsrecht (1975); SCHAUB, Die Rechtsnachfolge von Todes wegen im Handelsregister bei Einzelunternehmen und Personenhandelsgesellschaften, ZEV 1994, 71; SCHIEMANN, Der Testamentsvollstrecker als Unternehmer, in: FS Medicus (1999) 513; SCHLICHT, Zugehörigkeit des Gesellschaftsanteils zum Nachlaß bei Fortsetzungsklausel (§ 139 HGB)?, NJW 1954, 984; SCHMELLENKAMP, Die Testamentsvollstreckung an Gesellschaftsanteilen, insbes Kommanditanteilen und Ersatzlösungen, MittRhNotK 1986, 181; K SCHMIDT, Gesellschaftsrecht (3. Aufl 1997) 1327 ff, 1505 ff, 1576 ff, 1745, 1761; ders, Zur kombinierten Nachfolge- und Umwandlungsklausel bei OHG- oder Komplementäranteilen, BB 1989, 1702; E SCHMITZ, Testamentsvollstreckung an Personengesellschaftsanteilen (Folgerungen für die Praxis aus BGHZ 98, 48), ZGR 1988, 140; SCHMITZ/HERSCHEIDT, Die Unternehmernachfolge in der OHG von Todes wegen (1969); ders, Die Mitgliedschaft in der OHG als Gegenstand der Erbfolge, WM 1971, 1110; U H SCHNEIDER, Anm zu BGH JR 1983, 502, 504; SCHNEIDER/MARTIN, Familienunternehmen und Unternehmertestament (4. Aufl 1963) 427; SCHOPP, Letztwillige Bestimmungen über die Unternehmensfortführung durch Dritte, Rpfleger 1978, 77; JAN SCHRÖDER, Stimmrechtskonsortien unter Aktionären: Gesellschafts- und erbrechtliche Probleme, ZGR 1978, 578; SCHULZE ZUR WIESCHE, Die GmbH & Co KG (1985) 111, 115; ders, Erbausein-

Anm Demharter). Zur Rechtslage nach dem Tod des Mitglieds einer *Jagdpachtgesellschaft* vgl OLG Karlsruhe AgrarR 1982, 75 f (s auch Rn 282 aE).

andersetzung und Gesellschaftsanteil im Ertragsteuerrecht, BB 1987, 2419; Sethe, Die Wirkung und dogmatische Einordnung von Fortsetzungs- und Nachfolgeklauseln im Lichte der HGB-Reform, JZ 1997, 989; Siebert, Die Nachfolge von Todes wegen in die Mitgliedschaft des Gesellschafters einer offenen Handelsgesellschaft, NJW 1955, 809; ders, Die Rechtsnachfolge beim Tode eines Gesellschafters einer offenen Handelsgesellschaft, BB 1956, 837; ders, Nachfolge eines Miterben in die Gesellschafterstellung bei der offenen Handelsgesellschaft, BB 1957, 18; ders, Gesellschaftsvertrag und Erbrecht bei der Offenen Handelsgesellschaft (3. Aufl 1958); ders, Gesellschaftsvertragliche Abfindungsklauseln und Pflichtteilsrecht, NJW 1960, 1033; M Siegmann, Personengesellschaftsanteil und Erbrecht (1992); ders, Zur Fortbildung des Rechts der Anteilsvererbung, NJW 1995, 481; Sommer, Rechtliche Wege zur Bestands- und Nachfolgesicherung von Familiengesellschaften (Diss Hamburg 1967) 198; Spiritus, Haftungsbeeinflussende Nachlaßteilung zugleich mit erbrechtlicher Nachfolge in eine Personalhandelsgesellschaft? (1974); Stauder/Westerhoff, Die Auswirkungen des Erbrechts des nichtehelichen Kindes auf den Unternehmensbereich, FamRZ 1972, 601; Stimpel, Testamentsvollstreckung über den Anteil an einer Gesellschaft bürgerlichen Rechts, in: FS Brandner (1996) 779; Stöber, Der minderjährige Gesellschafter einer offenen Handelsgesellschaft oder Kommanditgesellschaft, Rpfleger 1968, 2, 9; Stodolkowitz, Nachlaßzugehörigkeit von Personengesellschaftsanteilen, in: FS Kellermann (1991) 439; Stötter, Die Nachfolge in Anteile an Personengesellschaften auf Grund Gesellschaftsvertrages oder Erbrechts, Betrieb 1970, 525, 573; Sudhoff, Handbuch der Unternehmensnachfolge (3. Aufl 1984) 105 ff; ders, Der Gesellschaftsvertrag der GmbH & Co (4. Aufl 1979) §§ 98–107; Tiedau, Gesellschaftsrecht und Erbrecht, MDR 1978, 353; ders, Die Abfin-

dungs- und Ausgleichsansprüche der von der gesellschaftlichen Nachfolge ausgeschlossenen Erben, NJW 1980, 2446; Tiefenbacher, Die Personengesellschaft und das neue eheliche Güterrecht, BB 1958, 565; P Ulmer, Gesellschafternachfolge und Erbrecht, ZGR 1972, 195, 212, 332; ders, in: GroßKomm HGB (3. Aufl 1973) § 139; ders, Die Sonderzuordnung des vererbten OHG-Anteils, in: FS Schilling (1973) 79; ders, Zur Gesellschafternachfolge im Todesfall, BB 1977, 805; ders, Nachlaßzugehörigkeit vererbter Personengesellschaftsbeteiligungen?, NJW 1984, 1496; ders, Richterrechtliche Entwicklungen im Gesellschaftsrecht 1971–1985 (1986) 22 ff; ders, Probleme der Vererbung von Personengesellschaftsanteilen (zu BGHZ 98, 48 = NJW 1986, 2431), JuS 1986, 856; Anm zu BGH JZ 1987, 880, 881; ders, Testamentsvollstreckung am Kommanditanteil – Voraussetzungen und Rechtsfolgen, NJW 1990, 73; Ulmer/Schäfer, Die Zugriffsmöglichkeiten der Nachlaß- und Privatgläubiger auf den durch Sondervererbung übergegangenen Anteil an einer Personengesellschaft, ZHR 160 (1996) 413; Dolf Weber, Testamentsvollstreckung an Kommanditanteilen?, in: FS Stiefel (1987) 829; Weidlich, Die Testamentsvollstreckung im Recht der Personengesellschaften (1993) 9 ff; ders, Die Testamentsvollstreckung an Beteiligungen einer werbenden OHG bzw Kommanditgesellschaft, ZEV 1994, 205; ders, Beteiligung des Testamentsvollstreckers und des Erben bei der formwechselnden Umwandlung von Personenhandelsgesellschaften und Gesellschaften mit beschränkter Haftung, MittBayNot 1996, 1; ders, Befugnisse des Testamentsvollstreckers bei der Verwaltung von Beteiligungen einer werbenden BGB-Gesellschaft, ZEV 1998, 339; Weiler, Die Rechtsstellung des Testamentsvollstreckers gegenüber den Erben hinsichtlich einer personengesellschaftlichen Beteiligung des Erblassers, DNotZ 1952, 283; Weipert, Anm zu BGH JR 1954, 59, 60; Wendelstein, Die Unterbeteiligung als zweckmäßige Erbfolgerege-

b) Offene Handelsgesellschaft (OHG)
aa) Vererblichkeit der Mitgliedschaft
α) Die Rechtslage vor dem 1. 7. 1998**

169 Nach einer weit verbreiteten Meinung, die bereits vor dem 1. 7. 1998 „herrschend" war und der sich der BGH schon damals angeschlossen hatte (BGHZ 22, 186, 191; vgl auch BGH NJW 1983, 2376, 2377 ad 3; aM mglw BGHZ 98, 48, 50 f m zust Anm MAROTZKE AcP 187 [1987] 223, 226 f), **soll die Mitgliedschaft in einer offenen Handelsgesellschaft (OHG) grundsätzlich nicht vererblich sein** (so auch STAUDINGER/BOEHMER[11] § 1922 Rn 162 und Einl § 28 Rn 23). Das überrascht, wenn man bedenkt, daß § 1922 Abs 1 von der grundsätzlichen Identität der „Erbschaft" mit dem „Vermögen" des Verstorbenen ausgeht (über Ausnahmen s Rn 113, 115) und daß zum Vermögen selbstverständlich auch die Beteiligung an einer OHG gehört. Konsequenz der Vermögenszugehörigkeit ist zB, daß auf solche Beteiligungen im Wege der Anteilspfändung zugegriffen werden kann (vgl §§ 859 Abs 1 S 1 ZPO, 725 BGB, 105 Abs 2 [jetzt Abs 3] HGB; nicht entgegenstehend § 135 HGB [vgl BGH WM 1972, 81 f]). Zwar ist der Anteil an einer OHG grundsätzlich nicht übertragbar (§§ 717, 719 Abs 1 BGB, 105 Abs 2 [jetzt Abs 3] HGB). Daraus kann aber schon deshalb nicht auf die Unvererblichkeit geschlossen werden (vgl auch Rn 115, 208, 276), weil sich der zur *erb*rechtlichen Nachfolge führende Tod eines Gesellschafters im Gegensatz zu einer Verfügung unter Lebenden normalerweise nicht als Willkürakt gegenüber den übrigen Gesellschaftern begreifen läßt (vgl in etwas anderem Zusammenhang BGH NJW-RR 1991, 75, 76). Gegen das Unvererblichkeitsdogma sprach auch der (zum 1. 7. 1998 aufgehobene) § 131 Abs 1 Nr 4 aF HGB. Aufgrund dieser Vorschrift, der für die **BGB-Gesellschaft** der (nicht aufgehobene) § 727 Abs 1 BGB entspricht, war von Gesetzes wegen dafür gesorgt, daß die OHG beim Tod eines Gesellschafters mangels abweichender gesellschaftsvertraglicher Bestimmung „aufgelöst" wurde, so daß sich die werbende Gesellschaft in eine Liquidationsgesellschaft verwandelte mit entsprechend beschränkten Befugnissen des den übrigen Gesellschaftern aufgedrängten neuen Gesellschafters (des Erben). Die Dinge liegen hier (bei der **BGB-Gesellschaft** sogar über den 30. 6. 1998 hinaus) völlig anders als zB beim rechtsfähigen Verein (Rn 164), wo *das Gesetz selbst* neben der Übertragung ausdrücklich (!) auch die Vererbung der Mitgliedschaft ausschließt (§ 38 S 1 BGB), soweit satzungsmäßig nichts anderes bestimmt ist (§ 40 BGB). Dennoch wollte der BGH schon *vor* der zum 1. 7. 1998 erfolgten Aufhebung des § 131 Abs 1 Nr 4 aF HGB und der gleichzeitigen Einfügung des § 131 Abs 3 S 1 Nr 1 HGB (s dazu Rn 172 ff) die Vererblichkeit

---

lung, BB 1970, 735; WESTERMANN, Handbuch der Personengesellschaften (4. Aufl Stand Juni 1998) §§ 36 ff (nachfolgend zitiert als „WESTERMANN Hdb" und, soweit sich dort alte und neue Rnrn überschneiden, nach *alter* Rn-Zählung); H P WESTERMANN, Haftung für Nachlaßschulden bei Beerbung eines Personengesellschafters durch eine Erbengemeinschaft, AcP 173 (1973) 24; ders, Die höchstrichterliche Regelung der Erbfolge in Beteiligungen an Personengesellschaften, JuS 1979, 761; WIEDEMANN, Die Übertragung und Vererbung von Mitgliedschaftsrechten bei Handelsgesellschaften (1965); ders, Anm zu BGH JZ 1977, 685, 689;

WITTHOFF, Die Vererbung von Anteilen deutscher Personengesellschaften im Internationalen Erbrecht (1993); H WOLF, Fragen um die Rechtsnachfolge des verstorbenen „offenen" Gesellschafters, NJW 1954, 1549; ZIMMERMANN, Nachfolge in Anteile von Personalgesellschaften auf Grund Gesellschaftsvertrages oder Erbrechts, Arbeiten zur Rechtsvergleichung Bd 46 (1970) 49; ZUNFT, Unklarheiten zu § 139 HGB, NJW 1957, 1129.

Vgl auch die Schrifttumshinweise zu Rn 172, bei § 727 und bei Vorbem 24 zu §§ 2032 ff.

** Zur Bedeutung dieses Datums s Rn 172 ff.

1. Abschnitt. Erbfolge

von *OHG-Anteilen* nur anerkennen, „**wenn und soweit sie in dem Gesellschaftsvertrag vorgesehen und zugelassen ist**" (BGHZ 22, 186, 191; vgl auch BGHZ 68, 225, 229; BGH NJW 1983, 2376 f ad 3; BGH NJW-RR 1986, 28, 30; BayObLGZ 1997, 307, 309 = NJW-RR 1998, 592, 593 [**BGB-Gesellschaft**]; BROX Rn 756, 762; MünchKomm/ULMER[3] § 727 Rn 21 mit Fn 29; WESTERMANN Hdb Rn I 471; HÜFFER ZHR 151 [1987] 396, 401 Fn 35; GroßKommHGB/SCHILLING[4] § 173 Rn 10, § 177 Rn 25; KICK 26 f, 56 f; noch restriktiver HÜFNER 93 ff, 158 ff, nach dessen Ansicht Gegenstand der Vererbung niemals der Gesellschaftsanteil als solcher, sondern allenfalls ein Optionsrecht sein soll; kritisch zu den Thesen des letztgenannten Autors MAROTZKE ZHR 155 [1991], 81 ff; M SIEGMANN 91 ff; WEIDLICH 12 f). In der Sache hatten der BGH und das ihm folgende Schrifttum die Vererbung des Anteils an einer werbenden OHG mit dieser Formulierung von einer sog (s BGHZ 68, 225, 229) „**Vererblichstellung**" abhängig gemacht.

Die **Begründungen**, die für das Erfordernis einer „Vererblichstellung" angeführt werden, vermögen jedoch für vor dem 1. 7. 1998 eingetretene Erbfälle nicht zu überzeugen (zum *neuen* Rechtszustand s unten Rn 172 ff). Der im Schrifttum angeführte Hinweis auf die „insoweit klaren Regelungen der §§ **138, 139 HGB**" (MünchKomm/ULMER[3] BGB § 727 Rn 21 Fn 29) erwies sich bei näherem Hinsehen als unschlüssig (vgl STAUDINGER/MAROTZKE [1994] § 1922 Rn 172 f). Das Urteil BGHZ 22, 186, 191 berief sich denn auch nicht auf § 138 (inzwischen aufgehoben) und § 139 HGB, sondern auf einen im Jahre 1954 gehaltenen Vortrag von SIEBERT, der sich seinerseits auf § **131 Abs 1 Nr 4 aF HGB** stützte (SIEBERT, Gesellschaftsvertrag und Erbrecht bei der Offenen Handelsgesellschaft [3. Aufl 1958] 9; vgl auch BGB-RGRK/KREGEL Rn 11, 14; RÜTHERS AcP 168 [1968] 263, 265 f, 276; WESTERMANN Hdb I Rn 474 [im vorletzten Absatz]; H P WESTERMANN JuS 1979, 761 [ad I 2], 766 [ad II 2 b]; GroßKommHGB/SCHILLING[4] § 173 Rn 10; MICHALSKI, Gesellschaftsrechtliche Gestaltungsmöglichkeiten zur Perpetuierung von Unternehmen [1980] 150 mwN). Wie im Prinzip auch SIEBERT (aaO) erkannte, folgte aus § 131 Abs 1 Nr 4 aF HGB aber nicht, daß ein OHG-Anteil grundsätzlich unvererblich ist, sondern nur, daß sich die OHG beim Tod eines Gesellschafters von einer „werbenden" in eine „Liquidationsgesellschaft" verwandelt, falls der Gesellschaftsvertrag diese Umwandlung nicht ausschließt. Dementsprechend ging selbst SIEBERT (aaO) davon aus, daß die Erben als solche „Mitglieder der Liquidationsgesellschaft" würden und „in ihr sowohl Verwaltungs- wie Vermögensrechte" hätten, so daß man „insoweit" durchaus von einer Fortsetzung der Mitgliedschaft des Erblassers durch dessen Erben sprechen könne (im gleichen Sinne äußern sich WESTERMANN, Hdb Rn I 453, 669; H P WESTERMANN JuS 1979, 761 ad I 2; BROX Rn 746; MünchKomm[3] § 727 Rn 9 [ULMER], § 1922 Rn 32 [LEIPOLD]; HINKE [vgl Schrifttum vor Rn 168] 13; vgl auch BGH NJW-RR 1986, 256). Allerdings machte SIEBERT sodann die Einschränkung, daß diese „Fortsetzung" der Mitgliedschaft wegen der mit ihr verbundenen Liquidation der Gesellschaft keine „echte" sei (SIEBERT aaO 9; vgl auch HEYDN 23 ff), und gelangte so letztendlich doch (SIEBERT aaO 19 f, 25; vgl auch BROX Rn 756, 762; H P WESTERMANN JuS aaO ad II 2 b; KICK 26 f; WINDEL 150 f) zu der auch vom BGH (s Rn 169) vertretenen These, daß die „Vererbung" eines OHG-Anteils nur möglich sei, wenn und soweit sie im Gesellschaftsvertrag besonders vorgesehen und zugelassen sei.

Für Erbfälle vor dem 1. 7. 1998 (s oben) ist diese These nur dann zutreffend, wenn man sie **auf diejenigen gesellschaftsrechtlichen Befugnisse beschränkt, die eine „werbende" Gesellschaft voraussetzen** und deshalb bei „Auflösung" der letzteren entfallen. Nur insoweit ergaben sich die grundsätzliche Unvererblichkeit wie auch die Möglichkeit der „Vererblichstellung" aus § 131 Abs 1 Nr 4 aF HGB. Im übrigen, also **hinsichtlich des Gesellschaftsanteils als solchem**, war die These, daß es einer „Vererblichstellung" bedürfe, vor dem 1. 7. 1998 evident unrichtig (vgl HAMANN 175 ff; MÜLLER, in: FS Wahl [1973] 369 ff; MAROTZKE AcP 184 [1984] 541, 543 ff, 555 f; der dort geäußerten Kritik stimmen zu FLUME, in: FS Der Betrieb [1988] 181, 183 f; FRIEDRICH 52 ff; MünchHdbKG/KLEIN § 43 Rn 1, § 44 Rn 26 Fn 83; K SCHMIDT, Gesellschaftsrecht, 1101, 1104; ders, in: SCHLEGELBERGER⁵, HGB § 131 Rn 24, § 139 Rn 16; SOERGEL/STEIN Rn 54 Fn 108; M SIEGMANN 33 ff, 266; ders NJW 1995, 481, 484; MUSCHELER 433; zumindest konkludent wurde das Erfordernis einer Vererblichstellung wohl auch verneint von AK-BGB/DERLEDER Rn 24; ERMAN/SCHLÜTER Rn 26; REIMANN, in: DITTMANN/REIMANN/BENGEL, Testament und Erbvertrag [2. Aufl 1986] Systematischer Teil A, S 15 Rn 42 aE [anders aber dortige Rn 45 ff] und wohl auch vom IV a. Zivilsenat des BGH in BGHZ 98, 48, 50 f [dazu MAROTZKE AcP 187 (1987) 223, 226 f mit Fn 22]; für unergiebig hält den gesamten Meinungsstreit SETHE JZ 1997, 989, 991 f, 995; vgl auch KICK 26 f). Insoweit **beruhte sie auf einer gedanklichen Ungenauigkeit** (aM WINDEL 150 f; HEYDN 23 ff). Diese besteht darin, daß die beiden Fragen, ob der *Gesellschaftsanteil* des Erblassers auf den oder die Erben übergeht und falls ja, ob das *Substrat* dieses Anteils eine werbende OHG bleibt oder sich in eine Liquidationsgesellschaft verwandelt, nicht auseinandergehalten wurden. Nach § 131 Abs 1 Nr 4 aF HGB bedurfte nicht schon die „Vererbung" des OHG-Anteils, sondern erst das über einen bloßen Anteilserwerb hinausgehende Recht des Erben, die Gesellschaft mit den übrigen Gesellschaftern iSd § 139 Abs 1 HGB als *werbende* OHG „fortzusetzen" (statt sich nur als Mitglied einer *Liquidations*gesellschaft zu betätigen), einer besonderen Grundlage im Gesellschaftsvertrag (zu der Möglichkeit, diesen notfalls durch *Auslegung* zu „ergänzen", vgl BGH NJW-RR 1986, 256). In Fällen, in denen dieses Erfordernis nicht erfüllt war, nicht nur die „Fortsetzung" der Gesellschaft als „werbende", sondern auch die „Vererbung" der von dem verstorbenen Gesellschafter hinterlassenen Beteiligung scheitern zu lassen (was iE wohl *niemand* will; s Rn 170!), war gerade *wegen* des sich aus § 131 Abs 1 Nr 4 aF HGB ergebenden Schutzes der übrigen Gesellschafter vor gesellschaftsvertraglich nicht vorgesehenen Fortsetzungswünschen des ihnen durch das Erbrecht aufgedrängten neuen Gesellschafters nicht geboten (zu dem umgekehrten Fall, in dem die „Fortsetzung" einer nach § 131 Abs 1 Nr 4 aF HGB „aufgelösten" OHG nicht von dem Erben, sondern *gegen* dessen Willen von den *übrigen* Gesellschaftern gewünscht wurde, vgl BGH NJW-RR 1986, 256). Ebensowenig bestand Grund, die Anteilsvererbung von einer positiven „Vererblichstellung" abhängig zu machen, wenn die Gesellschafter vor dem Erbfall auf den Schutz des § 131 Abs 1 Nr 4 aF HGB verzichteten, indem sie vereinbarten, daß die Gesellschaft beim Tod eines Gesellschafters entgegen § 131 Abs 1 Nr 4 aF HGB *nicht* aufgelöst werden solle (anders die Vertreter der hM [vgl statt aller WESTERMANN, Hdb Rn I 471; SCHAPP 142/143], obwohl der von ihnen – zu Unrecht – herangezogene § 131 Abs 1 Nr 4 aF HGB in diesen Fällen doch gerade *abbedungen* sein sollte!). Denn wer auf einen ihm nach dem Gesetz zustehenden Schutz (§ 131 Abs 1 Nr 4 aF HGB) freiwillig verzichtet, hat seine daraus resultierende Schutz*losigkeit* (gegenüber dem nach § 1922 in die Mitgliedschaft des Erblassers einrückenden Erben) selbst zu verantworten. **Für die BGB-Gesellschaft behalten diese Ausführungen Gültigkeit über den 30. 6. 1998 hinaus** (Rn 168). Denn im Gegensatz zu § 131 Abs 1 Nr 4 aF HGB wurde der diesem entsprechende *§ 727 Abs 1 BGB* nicht zum 1. 7. 1998 aufgehoben, auch wurde eine dem neuen § 131 Abs 3 S 1 Nr 1 HGB (s Rn 172 ff) entsprechende Vorschrift in das *BGB* nicht aufgenommen.

β) Die Rechtslage seit dem 1. 7. 1998*

Am 1. 7. 1998 traten die hier interessierenden Teile des **HRefG v 22. 6. 1998** in Kraft (BGBl I 1474). Soweit nicht aufgrund der **Übergangsvorschrift** des Art 41 EGHGB die Fortgeltung des bisherigen Rechts gewählt wird, gilt nunmehr folgendes:

Die Bestimmung des bisherigen § 131 Abs 1 Nr 4 HGB, daß die OHG beim Tod eines Gesellschafters mangels anderweitiger gesellschaftsvertraglicher Bestimmung „aufgelöst" wird, ist entfallen (Art 3 Nr 29 lit b HRefG). Unberührt bleibt jedoch der dem bisherigen § 131 Abs 1 Nr 4 HGB entsprechende § 727 Abs 1 BGB (Konsequenzen: oben Rn 168 ff) sowie das Recht der OHG-Gesellschafter, für den Fall des Todes eines Mitglieds *im Gesellschaftsvertrag* die Auflösung der Gesellschaft vorzusehen (vgl Begründung des RegE HRefG in BT-Drucks 13/8444 S 67 [„Zur Aufhebung des § 137 HGB"], 93 [sogar für den Tod eines Kommanditisten]). Ergänzend zur Streichung des damaligen § 131 Abs 1 Nr 4 HGB wurden auch die §§ 136–138 HGB aufgehoben und dem § 131 HGB ein Abs 2 angefügt (Art 3 Nrn 30 und 29 lit d HRefG, der am 1. 1. 1999 infolge der Einfügung eines neuen Abs 2 zu Abs 3 wurde (Art 40 Nr 6 EGInsO). Nach dem nunmehrigen § 131 Abs 3 S 1 Nr 1 HGB führt der Tod eines Gesellschafters – aber auch der Tod des einzigen Komplementärgesellschafters einer KG (dazu Frey/vBredow ZIP 1998, 1621 ff)? – mangels abweichender vertraglicher Bestimmung zum sofortigen (arg § 131 Abs 3 S 2 HGB) Ausscheiden des Verstorbenen. Gemeint ist ein Ausscheiden *mit Wirkung gegen die Erben* (s Rn 173). Die bei Rn 169 ff kritisierte hM, daß die Vererbung von **OHG**-Anteilen nur im Fall vorheriger vertraglicher Zulassung („**Vererblichstellung**") möglich sei, ist also seit dem 1. 7. 1998 geltendes Recht (vgl auch Sethe JZ 1997, 989, 992 ff). Für die **BGB**-Gesellschaft bleibt es aber beim bisherigen Rechtszustand (s Rn 168 ff, 171 aE).

γ) Kritik des neuen Rechts

Mit der bei Rn 172 beschriebenen Gesetzesänderung wollte man erreichen, daß die OHG beim Tod eines Mitglieds im Zweifel nicht aufgelöst (deshalb die Streichung des bisherigen § 131 Abs 1 Nr 4 aF HGB), sondern unter den übrigen Gesellschaftern – unter Ausschluß der Erben (deshalb die Einfügung des § 131 Abs 3 S 1 Nr 1 HGB) – fortgesetzt wird. Ziel dieser grundlegenden Umgestaltung der gesetzlichen Rahmenbedingungen war es, weitestmöglich den Fortbestand von mittelständischen Unternehmen zu sichern, die in der Rechtsform der OHG betrieben werden. Die Begr des RegE führt dazu aus (vgl BR-Drucks 340/97 S 42 = BT-Drucks 13/8444 S 42):

---

* **Schrifttum:** Frey/vBredow, Der Wegfall des einzigen Komplementärs nach der HGB-Reform, ZIP 1998, 1621; Gustavus, Die Neuregelungen im Gesellschaftsrecht nach dem Regierungsentwurf eines Handelsrechtsreformgesetzes, GmbH-Rdsch 1998, 17; Lamprecht, Fortsetzung der OHG bei Ausscheiden eines Gesellschafters? Zu den Auswirkungen der geplanten HGB-Reform auf Abfindungsansprüche wegen Kündigung, Tod oder Konkurs eines Gesellschafters, ZIP 1997, 919; Marotzke, Weitestmögliche Sicherung des Fortbestands von Unternehmen? Ein Zwischenruf zum geplanten § 131 Abs 2 Satz 1 Nr 1 HGB, ZEV 1997, 389; K Schmidt, HGB-Reform und gesellschaftsrechtliche Gestaltungspraxis, Betrieb 1998, 61; ders, Das Handelsrechtsreformgesetz, NJW 1998, 2161; Sethe, Die Wirkung und dogmatische Einordnung von Fortsetzungs- und Nachfolgeklauseln im Lichte der HGB-Reform, JZ 1997, 989; Zöller, Nachfolge von Todes wegen bei Beteiligungen an Personengesellschaften, MittRhNotK 1999, 121.

§ 1922
173 a, 173 b   5. Buch

"Der Bundesverband Deutscher Banken schätzt, daß ca 10% der Konkursanträge deutscher Unternehmen auf fehlende oder mangelhafte Nachfolgeregelungen zurückzuführen sind. In diesen Fällen wird durch die gesetzliche Novellierung der Auflösungs- und Ausscheidensgründe weitestmöglich der Bestand des Unternehmens gesichert, ohne daß dieser vom einstimmigen Fortsetzungsbeschluß abhängig ist, der aus vielfältigen Gründen, ua aufgrund divergierender Interessen der Gesellschafter, oft nicht erreicht werden kann. Aber auch bei einem Fortsetzungswillen sämtlicher Gesellschafter bleibt ihnen vor allem erspart, zur Fortführung der Gesellschaft eine neue Gesellschaft zu gründen und auf diese die aufgelösten Aktiva übertragen zu müssen, falls der Fortsetzung der Gesellschaft durch Beschluß Hindernisse entgegenstehen (...). Außerdem ist eine Anpassung des Handelsrechts in diesem Bereich rechtssoziologisch geboten. Es macht keinen Sinn, eine gesetzliche Regelung aufrechtzuerhalten, die durch die Kautelarpraxis in ihr Gegenteil verkehrt worden ist. Mit einer Anpassung an die Rechtswirklichkeit tritt zudem für die künftige Vertragsgestaltung eine Verringerung des vertraglichen Regelungsbedarfs ein. Der neue Rechtsgrundsatz wird schließlich auch als gesetzgeberischer Wertmaßstab auf das Gesellschaftsrecht ausstrahlen und als Auslegungshilfe dienen."

173 a **ME ist die neue gesetzliche Regelung**, die mit dieser Argumentation vorgeschlagen und zum 1. 7. 1998 in Kraft gesetzt wurde, **wenig zweckdienlich**. Für das Schicksal der Gesellschaft und des von dieser betriebenen Unternehmens sind die neuen Vorschriften nicht weniger gefährlich als die in der Begr des RegE (Rn 173) erwähnten kautelarjuristischen Unterlassungssünden, die nach Schätzung des Bundesverbandes Deutscher Banken angeblich für ca 10% der Insolvenzanträge verantwortlich sind. Es ist zwar richtig, daß die in § 131 Abs 1 Nr 4 aF HGB vorgesehene Auflösung der OHG bei Tod eines Gesellschafters tunlichst vermieden werden sollte. Verfehlt ist es jedoch, dies ausgerechnet in der Weise zu bewerkstelligen, daß man den überlebenden Gesellschaftern von Gesetzes wegen eine Regelung aufdrängt, die zwar *beim Erbfall* die Auflösung der Gesellschaft vermeidet, aber *nach dem Erbfall* in vielen Fällen dennoch zum Ausbluten der Gesellschaft und damit letztlich zur Vernichtung wirtschaftlicher Werte und zur Zerschlagung von Arbeitsplätzen führt. Genau das geschieht jedoch nach der ab 1. 7. 1998 maßgeblichen Gesetzeslage. Indem der neue § 131 Abs 3 S 1 Nr 1 HGB den Gesellschaftern, die selbst nicht daran gedacht haben, Nachfolgeregelungen für den Erbfall zu vereinbaren, einen *Ausschluß der Erben* von Gesetzes wegen aufdrängt, so mutet er den überlebenden Gesellschaftern zugleich völlig ohne ihr Zutun Abfindungsansprüche (Rn 57) der Erben zu, die bei einer sinnvollen – weil im Kapitalerhaltungsinteresse auch die Abfindungsansprüche thematisierenden – *gesellschaftsvertraglichen* Regelungen des Erbenausschlusses nicht oder jedenfalls nicht in dieser Höhe (s Rn 57 aE) entstanden wären. Es ist deshalb falsch, wenn im vorletzten Satz der bei Rn 173 wiedergegebenen Passage der Begr des RegE behauptet wird, die vorgenommene Änderung des § 131 HGB passe das Gesetz an die kautelarjuristische Rechtswirklichkeit an und führe zu einer „Verringerung des vertraglichen Regelungsbedarfs". Bei Licht besehen ist die am 1. 7. 1998 in Kraft getretene Einfügung des § 131 Abs 3 S 1 Nr 1 HGB wegen der durch sie heraufbeschworenen Abfindungsansprüche der von der Nachfolge in den Gesellschaftsanteil ausgeschlossenen Erben **keine sinnvolle Vertragshilfe, sondern ein gefährlicher Fallstrick**, vor dem es zu warnen gilt (vgl auch WEBER/JACOB ZRP 1997, 152, 155 f; LAMPRECHT ZIP 1997, 919 ff; MAROTZKE ZEV 1997, 389 ff; GUSTAVUS GmbH-Rdsch 1998, 17, 20 f; K SCHMIDT BB 1998, 61, 63 ff; dens NJW 1998, 2161, 2166; HÜFFER, Gesellschaftsrecht [5. Aufl 1998] 198 f; ZÖLLER MitRhNotK 1999, 121, 144 f).

173 b **Vorzuziehen wäre eine Regelung folgenden Inhalts gewesen** (vgl MAROTZKE ZEV 1997, 389,

1. Abschnitt. Erbfolge

§ 1922
173 c

390 f): im Zweifel zwar „Fortsetzung" der Gesellschaft, aber nicht unter *Ausschluß* der Erben, sondern *mit* den Erben und deshalb (s Rn 169 ff, 194 f) bei gleichzeitiger automatischer Umwandlung der Mitgliedschaft des Erblassers in eine Kommanditbeteiligung. Dieser Lösungsweg ist der Kautelarjurisprudenz wohlbekannt (s STAUDINGER/MAROTZKE [1996] § 1967 Rn 69 ff). Er paßt auch gut zu § 177 HGB, der die Gesellschaft bei Vererbung eines *Kommandit*anteils selbst dann *als werbende* fortbestehen läßt, wenn dies nicht ausdrücklich vereinbart wurde. Noch wichtiger jedoch ist, daß die hier vorgeschlagene Lösung auch bei der *zweigliedrigen* OHG funktioniert und daß sie tödliche Abfindungsansprüche aus § 738 BGB iVm § 105 Abs 3 HGB selbst dann vermeidet, wenn der Gesellschaftsvertrag zum Thema „Abfindung" schweigt.

Gesetzestechnisch wäre folgendes zu veranlassen (vgl schon MAROTZKE ZEV 1997, 389, 390 f [dort mit näheren Erl]): Streichung des am 1. 7. 1998 in Kraft getretenen § 131 Abs 3 S 1 Nr 1 HGB, Wiedereinfügung der sich auf den Tod eines Gesellschafters beziehenden Elemente des zum 1. 7. 1998 gestrichenen § 138 HGB (jedoch nicht der ebenfalls gestrichenen Nr 4 aF des § 131 Abs 1 HGB) und Einfügung eines § 139 a HGB folgenden Inhalts: **173 c**

(1) Ist im Gesellschaftsvertrag nicht bestimmt, ob im Falle des Todes eines Gesellschafters die Gesellschaft fortgesetzt oder aufgelöst werden soll, so wird die Gesellschaft mit dem Erben fortgesetzt. Der Erbe erwirbt die Stellung eines Kommanditisten mit dem Gewinnanteil und der Einlage des Erblassers. Sind mehrere Erben vorhanden, entfallen im Zweifel auf jeden Erben ein seiner Erbquote entsprechender Teil des Gewinnanteils und ein entsprechender Teil der Einlage.

(2) Die übrigen Gesellschafter können jedem Erben aufgrund eines von ihnen gefaßten Beschlusses erklären, daß die Gesellschaft ohne ihn fortbestehen solle. In diesem Fall scheidet der Erbe aus der Gesellschaft aus.

(3) Die übrigen Gesellschafter können das in Absatz 2 bezeichnete Recht nur innerhalb einer Frist von drei Monaten nach dem Zeitpunkt geltend machen, in welchem sie von der Person des Erben und der Annahme der Erbschaft Kenntnis erlangt haben. Haben sie diese Kenntnis zu verschiedenen Zeitpunkten erlangt, so ist für den Fristbeginn der letzte dieser Zeitpunkte maßgeblich. Gegenüber einem Erben, der aufgrund des Absatzes 1 als Kommanditist in das Handelsregister eingetragen worden ist, kann die Erklärung nach Absatz 2 nicht mehr abgegeben werden.

(4) In den Fällen des Absatzes 1 haftet der Erbe für die bis zur Erbschaftsannahme entstandenen Gesellschaftsschulden nur nach Maßgabe der die Haftung des Erben für die Nachlaßverbindlichkeiten betreffenden Vorschriften des bürgerlichen Rechts. Scheidet der Erbe nach Absatz 2 aus der Gesellschaft aus, so haftet er auch für die bis zu seinem Ausscheiden entstandenen Gesellschaftsschulden nur mit dieser Maßgabe.

Solange eine derartige gesetzliche Regelung nicht existiert, müßte ihr hier vorgeschlagener Inhalt – sofern gewünscht – ausdrücklich in den Gesellschaftsvertrag aufgenommen werden. Abs 1 S 1 müßte zu diesem Zweck wie folgt umformuliert werden: „Im Falle des Todes eines Gesellschafters wird die Gesellschaft mit dem Erben fortgesetzt." Abs 2 sollte im Kapitalerhaltungsinteresse um eine angemessene Beschränkung des Abfindungsanspruchs (s Rn 57, 173a) ergänzt werden. Abs 4 betrifft die Haftung gegenüber Dritten und kann deshalb nicht durch Gesellschaftsvertrag, sondern nur durch Ge-

§ 1922
174

setz verwirklicht werden. Er entspricht aber ohnehin weitgehend dem geltenden Recht (vgl STAUDINGER/MAROTZKE [1996] § 1967 Rn 65, 69 ff).

bb) Grenzen der Vererblichkeit; Besonderheiten des § 139 HGB
174 Die hier vertretene Ansicht, daß ein **OHG**-Anteil vor dem 1. 7. 1998 auch dann vererblich war, wenn der Gesellschaftsvertrag insoweit schwieg (s Rn 169 ff), und daß für den Anteil an einer **BGB**-Gesellschaft Entsprechendes auch noch *nach* dem 30. 6. 1998 anzunehmen ist (s Rn 168, 171 f), gilt nur für den Gesellschaftsanteil als solchen und für die sich auf ihn gründenden Vermögensansprüche. Hingegen war das Recht des Erben, die Gesellschaft mit den überlebenden Gesellschaftern als *werbende* „fortzusetzen" (statt sie als *Liquidations*gesellschaft „abzuwickeln"), nach der insoweit in der Tat „klaren" (vgl Rn 170) Gesetzeslage auch schon vor dem 1. 7. 1998 nur gegeben, wenn es im Gesellschaftsvertrag besonders vorgesehen war (vgl Rn 170 f). Enthält der Gesellschaftsvertrag solch eine „Fortsetzungsklausel" (in der bei STAUDINGER/MAROTZKE [1994] Rn 172 abgelehnten, für Erbfälle nach dem 30. 6. 1998 aber schon eher passenden üblichen Terminologie: eine „erbrechtliche *Nachfolge*klausel"), so hat der Erbe in der nach Maßgabe des § 139 Abs 1 HGB „fortzusetzenden" OHG grundsätzlich die gleichen Rechte (auch Verwaltungsrechte) und Pflichten wie zuvor der Erblasser (vgl FRIEDRICH 62 ff; zu eng ERMAN/SCHLÜTER Rn 32). Abweichende Bestimmungen sind jedoch möglich (BGH LM Nr 2 zu § 139 HGB; WESTERMANN Hdb Rn I 474 ff; FRIEDRICH 65 ff) und bei auf die Persönlichkeit des Erblassers „maßgeschneiderten" Sonderrechten naheliegend (Frage der Vertragsauslegung). Über Hinauskündigungsklauseln und Ausschließungsrechte vgl BGHZ 105, 213 ff und – zugleich als Beispiel für Anwaltshaftung (s Rn 192) – BGH NJW 1995, 2551 ff. Eine *gesetzliche* Besonderheit ergibt sich aus § 139 HGB. Nach dieser Bestimmung kann jeder Erbe sein Verbleiben in der Gesellschaft davon abhängig machen, daß ihm unter Belassung des bisherigen Gewinnanteils (abdingbar nach Abs 5!) die Stellung eines Kommanditisten eingeräumt und der auf ihn fallende Teil der Einlage des Erblassers als seine Kommanditeinlage anerkannt wird. Zur Auslegung dieser auch für die *Schuldenhaftung* wichtigen Vorschrift vgl die handelsrechtlichen Spezialkommentare sowie oben Rn 167 (analoge Anwendung auf BGB-Gesellschaft?); STAUDINGER/MAROTZKE (1996) § 1967 Rn 61 ff; STAUDINGER/ENGLER (1999) § 1822 Rn 62 f (Minderjährigenschutz; dazu auch STAUDINGER/MAROTZKE [1996] Vorbem 3 zu §§ 1967 ff und die durch BVerfGE 72, 155, 167 ff veranlaßten Bestimmungen des am 1. 1. 1999 in Kraft getretenen MHbeG v 25. 8. 1998 [BGBl I 2487; RegE und Begr hierzu in BT-Drucks 13/5624] betr Einfügung eines § 1629a BGB und Änderung bzw Ergänzung von §§ 723, 1793 [Anfügung des Abs 2], 1915 [Anfügung des Abs 3] BGB und § 786 ZPO sowie Erlaß von Übergangsvorschriften zu § 780 Abs 1 ZPO und § 24 Abs 1 Handelsregisterverfügung); SASSENRATH, Die Umwandlung von Komplementär- in Kommanditbeteiligungen (1988) 156 ff und im Zusammenhang mit den bei Rn 190 angedeuteten Fragen bei angeordneter Testamentsvollstreckung MAROTZKE JZ 1986, 457, 461 ff.

Dem Erwerb des Gesellschaftsanteils im Wege der Erbfolge steht nicht entgegen, daß der Erbe bis zum Tod des Gesellschafters eine Unterbeteiligung innehatte oder der Kapitalanteil des Erblassers zZ des Erbfalls negativ ist (BGHZ 101, 123, 125 = NJW 1987, 3184, 3185 [an letzterer Stelle auch die in BGHZ nicht mit abgedruckten Ausführungen zur Unterbeteiligung] m Bespr Frey ZGR 1988, 281, 288; BUCHNER DNotZ 1988, 467; BLAUROCK/SUTTMEYER JuS 1989, 96).

cc) Nachfolgeregelungen „am Erbrecht vorbei"

Die *erbrechtliche* Nachfolge ist nicht der einzige Weg, um den Gesellschaftsanteil **175** beim Tod seines Inhabers auf eine andere Person übergehen zu lassen. Sie erweist sich sogar als untauglich, wenn der ausersehene Nachfolger nicht Erbe des bisherigen Anteilsinhabers wird (zu Umdeutungsmöglichkeiten vgl STAUDINGER/KESSLER[12] § 727 Rn 26; BGH NJW 1978, 264 ff = LM Nr 9 zu § 139 HGB; OLG Frankfurt aM NJW-RR 1988, 1251 = Betrieb 1988, 104). Aber selbst wenn abzusehen ist, daß die zur Nachfolge in den Gesellschaftsanteil vorgesehene Person den betreffenden Gesellschafter beerben wird, kann es im „Kapitalerhaltungsinteresse" zweckmäßig sein, den Gesellschaftsanteil am Erbrecht vorbeizusteuern. Geht man davon aus, daß die *Vererbung* von OHGAnteilen nicht voraussetzt, daß sie im Gesellschaftsvertrag besonders vorgesehen und zugelassen ist (was nur noch für die Zeit vor dem 1. 7. 1998 zutrifft, s oben Rn 169 ff, 172), so können die Gesellschafter die Anteilsvererbung *nicht schon durch bloßes Stillschweigen* verhindern, sondern nur, indem sie *aktiv* etwas dafür tun, daß die betreffenden Anteile spätestens beim Erbfall aus dem „Vermögen" des Erblassers ausscheiden (vgl § 1922 Abs 1; oben Rn 55 ff und zu den Möglichkeiten der „ergänzenden" Auslegung von Gesellschaftsvertrag und Testament BGH JZ 1987, 880 ff m Anm ULMER = NJW-RR 1987, 989 m Aufsatz FLUME NJW 1988, 161 ff = JR 1988, 205 ff m Aufsatz MAROTZKE JR 1988, 184 ff).

Die hier in Betracht kommenden Möglichkeiten

– **Verfügung unter Lebenden (insbes solche „auf den Todesfall")**
(Wenn es die Vorsorge für die Zukunft des Gesellschaftsunternehmens erfordert, kann der Gesellschafter einer OHG aus dem Gesichtspunkt der gesellschaftlichen Treuepflicht uU gehalten sein, dem Verlangen eines Mitgesellschafters zuzustimmen, daß dieser seine Stellung als persönlich haftender Gesellschafter *schon zu Lebzeiten* auf seinen zur Nachfolge berufenen Erben überträgt; BGH NJW 1987, 952 ff = JZ 1987, 95 ff m Anm H P WESTERMANN.)

– **„Fortsetzungsklausel" iSd § 138 HGB**
(Diese schon bei Rn 57 näher umschriebene Klausel ist für die **BGB**-Gesellschaft in § 736 Abs 1 BGB anerkannt. Der diesem entsprechende § 138 HGB wurde zum 1. 7. 1998 gestrichen und durch § 131 Abs 3 S 1 Nr 1 HGB ersetzt. Nach § 131 Abs 3 S 1 Nr 1 HGB führt mangels abweichender vertraglicher Bestimmung nun sogar schon das *Gesetz* zum Ausscheiden des Erblassers und zur Fortsetzung der Gesellschaft unter den übrigen Mitgliedern [s Rn 172]. Bei der BGB-Gesellschaft, wo es weiterhin einer besonderen Vereinbarung bedarf, sollte man eine solche besser nicht als Fortsetzungsklausel, sondern als Anwachsungsklausel oder, aus der Sicht des Erben, als Ausschlußklausel bezeichnen [im letzteren Sinne K SCHMIDT, Gesellschaftsrecht <3. Aufl 1997> 1330, 1332, 1337; allgemein zur Terminologie STAUDINGER/MAROTZKE <1994> § 1922 Rn 172].)

– **„Eintrittsklausel"**

und ihre Auswirkungen auf weichende Erben, Pflichtteilsberechtigte und Nachlaßgläubiger habe ich bereits beschrieben in AcP 184 (1984) 541, 546, 552 ff (ausführlich) und in JR 1988, 184 ff (diesen JR-Beitrag ergänzend MAROTZKE ZIP 1988, 1509). Vgl ferner Rn 56 (**Verfügung unter Lebenden auf den Todesfall**), 57 (**Fortsetzungsklausel**), Rn 168 aE („Ungewißheit" des Rechtsnachfolgers bei Nichtvorlage des Gesellschaftsvertrages); STAUDINGER/KESSLER[12] § 727 Rn 13–17, 23; STAUDINGER/KANZLEITER (1998) § 2301 Rn 51; STAUDINGER/HAAS (1998) § 2311 Rn 87 ff; STAUDINGER/OLSHAUSEN

(1998) § 2325 Rn 31 ff sowie die ausführlichen Darstellungen bei MünchHdbKG/ KLEIN §§ 45, 46 und KUTTLER 28 ff.

dd) Anteilsvererbung auf (einzelne oder mehrere) Miterben

176 Wenn der verstorbene Gesellschafter von mehreren Personen beerbt wird, stellt sich **die Frage, ob eine Erbengemeinschaft (vgl § 2032 Abs 1) Mitglied einer OHG sein kann.** Bei der Lösung ist zu unterscheiden:

α) Liquidationsgesellschaft

177 Nach hM ist die Frage (Rn 176) zu *bejahen,* wenn die Gesellschaft spätestens durch den Tod des Erblassers „aufgelöst" wurde (GroßKommHGB/ULMER § 131 Rn 93 f mwN auch zur Gegenansicht). In diesem – nach der Streichung des § 131 Abs 1 Nr 4 aF HGB (s Rn 172) bei der OHG seltenen, bei der BGB-Gesellschaft aber nach wie vor gesetzlichen Regel (§ 727 Abs 1 BGB) entsprechenden – Fall, für den der eine Vererbung grundsätzlich verhindernde neue § 131 Abs 3 S 1 Nr 1 HGB (s Rn 172) wohl nicht gedacht ist, wird der hinterlassene Gesellschaftsanteil gem § 2032 „gemeinschaftliches" Vermögen aller Miterben (vgl OLG Düsseldorf ZIP 1987, 227, 229 = NJW-RR 1987, 732/33 und für die **BGB**-Gesellschaft BGH LM Nr 21 [Bl 3] zu § 1353 = NJW 1982, 170, 171; **aM** BGB-RGRK/vGAMM § 727 Rn 5; HÜFNER 158 ff und anscheinend auch BGHZ 1, 324, 327; gegen *jede* Form der Nachlaßzugehörigkeit zu Unrecht BRÜGGEHAGEN 1). Das wird anscheinend auch in § 146 Abs 1 HGB vorausgesetzt, der die Liquidation der aufgelösten Gesellschaft zu einer Angelegenheit sämtlicher Gesellschafter erklärt und dann hinzufügt: Mehrere *Erben* eines Gesellschafters haben einen gemeinsamen Vertreter zu bestellen. Eine *Sondererbfolge* der bei Rn 179 ff beschriebenen Art ist hinsichtl der Mitgliedschaft in einer „aufgelösten" OHG nicht möglich (OLG Düsseldorf aaO); Entsprechendes gilt für die BGB-Gesellschaft.

β) Werbende Gesellschaft

178 **Anders ist die Rechtslage, wenn der Gesellschaftsvertrag bestimmt, daß die Gesellschaft beim Tod eines Gesellschafters mit dessen Erben** – also nicht nur unter den übrigen Gesellschaftern (Abweichung vom rechtspolitisch fragwürdigen [Rn 172 ff] § 131 Abs 3 S 1 Nr 1 HGB!) – **fortgesetzt werden soll: In diesem Fall verwandelt sich die Gesellschaft beim Erbfall nicht in eine Liquidationsgesellschaft, sondern sie bleibt eine „werbende"** (für die BGB-Gesellschaft folgt dies aus dem vertraglichen Ausschluß des § 727 Abs 1 BGB, für die OHG folgt es seit dem 1. 7. 1998 [Streichung des § 131 Abs 1 Nr 4 aF HGB] aus der Nichtexistenz einer dem § 727 Abs 1 BGB entspr Vorschrift des HGB). **Dies hat nach hM** (BGHZ 22, 186, 192 mwN; 68, 225, 237; BGH NJW 1981, 749 f ad 4 a [betr BGB-Gesellschaft]; 1983, 2376 f ad 3) **zur Folge, daß die Erbengemeinschaft als solche nicht Mitglied werden kann.** Letzteres wird vom BGH damit begründet, daß die werbende OHG „in der Regel eine persönlichkeitsbezogene Arbeitsgemeinschaft und stets eine persönlichkeitsbezogene Haftungsgemeinschaft" sei (BGHZ 22, 186, 192), in der „Rechte und Pflichten in der Regel sachgerecht nur von voll verantwortlichen und selbst handlungsfähigen Personen wahrgenommen werden" könnten (BGH NJW 1981, 749 f ad 4 a [betr BGB-Gesellschaft]; 1983, 2376 f ad 3). Obwohl diese Ansicht nicht unbestritten ist (ablehnend die in BGHZ 68, 225, 237 genannten Autoren [mit zT sehr beachtlicher Argumentation] sowie aus neuerer Zeit noch BLETZ, Die Mitgliedschaft der Erbengemeinschaft in der OHG [Diss Marburg 1983]; GRUNEWALD 1 A Rn 151, 1 C Rn 58; LANGE/KUCHINKE § 5 VI B 2 Fn 330 [nur für die BGB-Gesellschaft]; JAN SCHRÖDER ZGR 1978, 578, 600 ff [BGB-Gesellschaft]; KNIEPER/FROMM NJW 1980, 2677, 2680 f [BGB-Gesellschaft] und BROX Rn 757

[der jedoch der hM, daß bei einer Nachfolgeklausel zugunsten der Miterben „Einzelnachfolge" eintrete, eine „gewohnheitsrechtliche Geltung" zugesteht]) und auch in einem gewissen Spannungsverhältnis zu der in BGHZ 92, 259, 262 ff (s Rn 218) bejahten Möglichkeit steht, ein ererbtes *einzelkaufmännisches* Handelsgeschäft in ungeteilter Erbengemeinschaft fortzuführen, haben sowohl der für das Gesellschaftsrecht zuständige II. als auch der für das Erbrecht zuständige damalige IV a. Zivilsenat des BGH deutlich gemacht, daß sie „im Hinblick auf die notwendige Kontinuität einer revisionsgerichtlichen Rechtsprechung" nicht gewillt sind, diesen Standpunkt noch einmal in Frage zu stellen (so der II. Zivilsenat in BGHZ 68, 225, 229 ff und fast wortgleich der damalige IV a. Zivilsenat in NJW 1983, 2376 f ad 3; vgl auch STODOLKOWITZ, in: FS Kellermann [1991] 439, 442 f).

Aus seiner Grundthese, daß eine Erbengemeinschaft nicht Mitglied einer werbenden OHG sein könne (Rn 178), **hat der BGH zwei gewichtige Konsequenzen abgeleitet**: 179

Die erste betrifft den Fall, daß die im Gesellschaftsvertrag enthaltene Vorschrift über die Fortsetzung der Gesellschaft mit den Erben (§ 139 Abs 1 HGB) es vermeidet, den Teil des Gesellschaftsanteils, der jedem einzelnen Miterben im Endergebnis zukommen soll, in einer Weise zu definieren, die von der quotenmäßigen Beteiligung am übrigen Nachlaß abweicht. Enthält der Gesellschaftsvertrag eine solche Abweichungen vermeidende sog „**einfache**" **Nachfolgeklausel** (treffender wäre bei der BGB-Gesellschaft und bis zum 30. 6. 1998 [s oben Rn 172] auch bei der OHG die Bezeichnung „einfache *Fortsetzungsklausel*" gewesen; s HAMANN 179; STAUDINGER/MAROTZKE [1994] Rn 172), dann soll der Gesellschaftsanteil des Verstorbenen nach st Rspr des BGH trotz § 2032 Abs 1 BGB „nicht gemeinschaftliches Vermögen der mehreren Nachfolger-Erben" werden, sondern „im Wege der **Sondererbfolge** unmittelbar und geteilt" entsprechend der jeweiligen Erbquote (BGHZ 22, 186, 193; BGH NJW 1983, 2376 f [aE von 3.]) „ohne weiteres Dazutun an die einzelnen Nachfolger" gelangen (BGH NJW 1983, 2376 LS 1; iE übereinstimmend schon BGHZ 22, 186, 192 f; 68, 225, 237 und für die *BGB*-Gesellschaft BGH NJW 1981, 749 f [ad 4 a]; BayObLGZ 1986, 34, 37 = NJW-RR 1986, 629, 630). Mit dieser Rspr hat der BGH den erbrechtlichen Grundsatz der Universalsukzession für die Vererbung von Personengesellschaftsanteilen erheblich modifiziert (vgl schon Rn 62). Das Schrifttum hat sich weitgehend angeschlossen (s STAUDINGER/KESSLER[12] § 727 Rn 18 ff; WINDEL 133 ff; kritischer STAUDINGER/WERNER [1996] Vorbem 24 zu §§ 2032–2057 a und die oben bei Rn 178 genannten Autoren sowie HÜFNER, Testamentsvollstreckung an Personengesellschaftsanteilen [1990] 104 f, 106, 113 f). Mit **einkommensteuerrechtlichen Folgen** dieser Rechtsfortbildung befassen sich schon mehrere Urteile des BFH (BFHE 163, 186 ff = BStBl II 1992, 510 ff; BFHE 166, 431 ff = BStBl II 1992, 512 ff; vgl auch das bei Rn 183 erwähnte BFH-Urteil und M SIEGMANN NJW 1995, 481, 485 f).

Die zweite Konsequenz, die der BGH aus seiner zu Beginn der Rn 179 erwähnten 180 These zog, betrifft die sog „**qualifizierte**" **Nachfolgeklausel** (vgl BGHZ 68, 225, 237; BGH NJW 1983, 2376 f ad 3). Man versteht hierunter eine gesellschaftsvertragliche Bestimmung, die zur Fortsetzung der Gesellschaft mit den überlebenden Gesellschaftern nur *bestimmte* erbberechtigte Personen zuläßt (zB nur „Abkömmlinge") oder aus welchen Gründen auch immer eine *von den Erbquoten abweichende* Zuweisung des hinterlassenen Gesellschaftsanteils vorsieht. Oft besagen solche Klauseln, daß die Gesellschaft nur mit *einem* der mehreren möglichen Erben fortgesetzt werden soll.

Dogmatische Einordnung: Geht man entsprechend dem bei Rn 169 ff Ausgeführten 181 für die BGB-Gesellschaft und für die Zeit vor Inkrafttreten des HRefG (s Rn 172) auch für die OHG davon aus, daß die Mitgliedschaft ohne weiteres vererblich ist und die in § 139 Abs 1 HGB vorausgesetzte gesellschaftsvertragliche Bestimmung, daß die Gesellschaft beim Tod eines Gesellschafters mit dessen Erben fortgesetzt werden solle, lediglich die Funktion hat, die gesetzlich (vgl § 727 Abs 1 BGB und bis zum 30. 6. 1998 auch § 131 Abs 1 Nr 4 HGB) vorgesehene Umwandlung der werbenden Gesellschaft in eine Liquidationsgesellschaft zu vermeiden, **so liegt es nahe**, auch einer „qualifizierten Nachfolgeklausel" (s Rn 180) einen Einfluß nicht schon auf die „Vererbung" des Gesellschaftsanteils, sondern nur auf das Schicksal der Gesellschaft als solcher und auf das Verhältnis der Erben zu den übrigen Gesellschaftern einzuräumen: auf das Schicksal der Gesellschaft insofern, als diese beim Erbfall entgegen § 727 Abs 1 BGB (noch immer in Kraft) bzw § 131 Abs 1 Nr 4 aF HGB (inzwischen aufgehoben) nicht aufgelöst wird, und auf das Verhältnis der Erben zu den übrigen Gesellschaftern insofern, als sie diesen (und vielleicht auch dem vorgesehenen Alleinnachfolger) aufgrund ihrer erbrechtlichen Nachfolge in den Gesellschaftsvertrag zur *Erfüllung* der darin enthaltenen Bestimmung, daß letztlich nur einer von ihnen anstelle des Erblassers in der Gesellschaft bleiben soll, verpflichtet sind und sie somit ihre geerbten Anteile auf diesen einen übertragen müssen. **Möglich wäre aber auch,** die „qualifizierte Nachfolgeklausel" nicht nur als eine Abdingung der – heute nur noch für die BGB-Gesellschaft gesetzlich vorgesehenen (s Rn 172) – Auflösung der Gesellschaft, sondern zugleich als eine einen *Erbenausschluß* mit einer *Erbenzulassung* kombinierende Vereinbarung des Inhalts anzusehen, daß der Erblasser bei seinem Tod mit *den* Teilen seines Gesellschaftsanteils, die auf die von der Nachfolge *ausgeschlossenen* Erben entfallen würden, zu Lasten *dieser* Erben aus der Gesellschaft ausscheidet (vgl § 736 Abs 1 BGB bzw § 138 HGB bzw den am 1. 7. 1998 an dessen Stelle getretenen § 131 Abs 3 S 1 Nr 1 HGB) und hinsichtlich des dem Erblasser verbleibenden *Restanteils* eine auf den zum Alleinnachfolger ausersehenen Miterben beschränkte erbrechtliche Sukzession (bei der OHG mit den Rechtsfolgen des § 139 Abs 1 HGB) stattfindet, wobei ergänzend hierzu den übrigen Gesellschaftern noch die Verpflichtung auferlegt werden könnte, den auf den Alleinnachfolger übergegangenen Restanteil durch Rechtsgeschäft unter Lebenden wieder bis zur Größe des Anteils des Verstorbenen aufzufüllen (zur rechtstechnischen Durchführung dieser „Auffüllung" vgl die interessanten Ausführungen von HUBER 468 ff). **Ganz ähnlich** – jedoch ausgehend von seiner damals noch unzutreffenden These, daß die Vererbung eines OHG-Anteils nur in Betracht komme, „wenn und soweit sie in dem Gesellschaftsvertrag vorgesehen und zugelassen" sei (s Rn 169 ff, 172) – hat der für das Gesellschaftsrecht zuständige II. Zivilsenat des **BGH** in einer **im Jahre 1956** ergangenen Entscheidung angenommen, daß der Gesellschaftsanteil des Verstorbenen dann, wenn nach dem Gesellschaftsvertrag bloß *einer* von mehreren Miterben als Nachfolger zugelassen sei, *nur in Höhe der Erbquote* auf diesen einen übergehe, während der Rest zunächst den übrigen Gesellschaftern anwachse (vgl § 738 Abs 1 BGB iVm § 105 Abs 3 [damals noch Abs 2] HGB), die uU im Gegenzuge schuldrechtlich verpflichtet seien, dem im Gesellschaftsvertrag bezeichneten Nachfolger durch Vertrag unter Lebenden einen Gesellschaftsanteil in dem Umfang einzuräumen, wie ihn der Verstorbene bei seinem Tode hatte (BGHZ 22, 186 f [Leitsätze 2, 3], 193 ff). **Im Jahre 1977** hat derselbe Senat des **BGH** diese Ansicht zugunsten einer direkteren Lösung revidiert, die den Umweg über das Privatvermögen der übrigen Gesellschafter vermeidet. **Der insoweit maßgebliche neue Leitsatz lautet** (BGHZ 68, 225): „**Läßt der Gesellschaftsvertrag die Nachfolge in den Anteil eines Gesellschafters nur für einen von** mehreren Miterben zu, so erwirbt dieser den Anteil beim Tode des Gesellschafters, wenn die erbrechtlichen Voraussetzungen gegeben sind, unmittelbar im Ganzen (Weiterführung von BGHZ 22, 186, 195)."

Stellungnahme: Von den erbrechtlichen Grundsätzen des BGB weicht diese vom BGH nunmehr ständig vertretene Ansicht nicht nur dadurch ab, daß sie bei Gesellschaftsanteilen eine Sondererbfolge anerkennt, sondern auch dadurch, daß sie es bei einer entsprechenden gesellschaftsvertraglichen Vereinbarung für möglich hält, daß einem Miterben von dem hinterlassenen Gesellschaftsanteil kraft seines Erbrechts (!) mehr zufällt, als sich aus dem Zuweisungsgehalt seiner Erb*quote* ergibt. **Zuweisung einer nur „symbolischen" Erbquote müßte demnach genügen!** Letzteres ist eine Konsequenz, die einerseits höchst interessante Gestaltungsmöglichkeiten eröffnet (vgl MAROTZKE JR 1988, 184, 186 I Sp), andererseits aber zu der grundsätzlichen Frage führt, welchen Sinn dann überhaupt noch die vom BGH behauptete Abhängigkeit der geschilderten *Sonder-*(allein-)erbfolge von einer hinsichtlich des *übrigen* Nachlasses bestehenden (Mit-)Erbenstellung des Bedachten haben kann. Letztlich geht es bei diesem Junktim wohl darum, den der Sondervererbung unterliegenden Gesellschaftsanteil nur an eine Person gelangen zu lassen, die auch – ua mit diesem Anteil! – für die Nachlaßverbindlichkeiten haftet: zur Erreichung *dieses* Ziels genügt wegen §§ 2058, 421 in der Tat die Zuweisung einer *sehr geringen* Erbquote.

Von seinem – allerdings erst seit dem 1. 7. 1998 zutreffenden (s Rn 172) – Ausgangspunkt, daß OHG-Anteile grundsätzlich unvererblich seien, die Vererbung aber durch entsprechende gesellschaftsvertragliche Vereinbarungen dennoch ermöglicht werden könne (s Rn 169 ff), liegt die seit 1977 vertretene Ansicht des BGH (s Rn 181 aE) keineswegs fern: Wenn OHG-Anteile eigentlich unvererblich sind, der Gesellschaftsvertrag das aber ohne weiteres ändern kann – weshalb soll der Gesellschaftsvertrag die Vererbung dann nicht auch in der Weise eröffnen können, daß der zur *alleinigen* Fortsetzung der Mitgliedschaft ausersehene einzelne Miterbe den Anteil beim Tode des bisherigen Inhabers sofort „unmittelbar im Ganzen" erbt (in diesem Sinne SCHAPP 180 f und – wenn auch nicht ganz ohne „Skrupel" – H P WESTERMANN JuS 1979, 761, 766 f; vgl auch RÜTHERS AcP 168 [1968] 263, 276 ff sowie zu den immanenten *Schwächen* des angedeuteten Gedankenganges LG Stuttgart BWNotZ 1974, 85 [bereits erwähnt bei Rn 62 aE] und WINDEL 125 ad b)? Es sei einmal dahingestellt, was aus dieser Gedankenkette werden soll, wenn Fallkonstellationen zur Entscheidung anstehen, in denen schon ihr erstes Glied nicht haltbar ist (zB wenn der Erbfall vor dem 1. 7. 1998 stattfand oder wenn der Erblasser nicht Mitglied einer OHG oder nicht Komplementärgesellschafter einer KG, sondern Kommanditist oder Mitglied einer BGB-Gesellschaft war; s Rn 168 ff, 172, 194, 197). Denn das **Ergebnis** beeindruckt durch seine „Griffigkeit" auch den, der eine tragfähige Begründung noch vermißt (den Gefahren, die sich im Falle einer Anwendung des § 2306 Abs 1 S 1 ergeben könnten, ist die Rspr bisher geschickt ausgewichen; vgl OLG Hamm NJW-RR 1991, 837, 839; MAROTZKE EWiR § 2306 BGB 1/1991, 977 f). Im Interesse der Rechtssicherheit sollte man es trotz bleibender dogmatischer Bedenken als ein **entwicklungsfähiges Produkt höchstrichterlicher Rechtsfortbildung** akzeptieren (vgl auch STAUDINGER/KESSLER[12] § 727 Rn 18, 24; MUSCHELER 457 f; zurückhaltender STAUDINGER/WERNER [1996] Vorbem 24, 27 zu §§ 2032–2057 a; LANGE/KUCHINKE § 5 VI A 4, 6 c; völlig ablehnend BLETZ [s oben Rn 178] 174 ff, 207 ff; zu den **steuerrechtlichen** Konsequenzen dieser Rechtsfortbildung FLUME Betrieb 1983, 2271, 2272; SCHULZE ZUR WIESCHE BB 1987, 2419 ff; MÄRKLE/FRANZ BB 1991, 2494 ff; M

SIEGMANN NJW 1995, 481, 485 f; MünchHdbKG/TÖBEN § 47; BFHE 166, 431 ff = BStBl II 1992, 512, 514 ff).

183 Folgt man der Ansicht des BGH, so stellt sich die Frage, ob und ggfls auf welcher Grundlage der durch eine „qualifizierte Nachfolgeklausel" *begünstigte* Erbe seinen durch dieselbe Klausel *benachteiligten* Miterben zum **Wertausgleich** verpflichtet ist (was voraussetzt, daß die Klausel nicht nur den Gesellschaftsanteil als solchen, sondern auch dessen Wert an der Erbengemeinschaft vorbeisteuert; s zu dieser von M SIEGMANN NJW 1995, 481, 485 zutreffend hervorgehobenen – aber anders als im vorliegenden Kommentar gelösten – Vorfrage unten Rn 187). BGHZ 68, 225, 238 f hat dazu festgestellt, daß im Endergebnis „auch der Gesellschafter-Erbe nicht mehr erhalten bzw behalten (dürfe), als ihm aufgrund Erbrechts" zustehe. Wenn auch die Erbquote, die sein Recht umreiße, „keine *gegenständliche* Begrenzung seines Erwerbs in dem Sinne (sei), daß er keinen über diese Quote hinausgehenden Teil des Gesellschaftsanteils erwerben könnte" (vgl Rn 180 ff), so bestimme sie doch „zwingend den Anteil am *Wert* des Gesamtnachlasses, der ihm im Endergebnis zufließen" dürfe und solle: Auch im Fall erbrechtlicher *Voll*nachfolge eines *einzelnen* Miterben in den *gesamten* Gesellschaftsanteil des Erblassers behalte die Erbquote „die volle ihr nach Erbrecht zukommende Bedeutung für die Ansprüche der Miterben untereinander – einschließlich des Gesellschafter-Erben – auf Wertausgleich". Dem ist im Grundsatz zuzustimmen (weitere Einzelheiten und Nachweise bei BFH NJW 1994, 3311 f = BStBl II 1994, 625 [zur **einkommensteuerrechtlichen** Behandlung der Wertausgleichspflicht; dazu auch BMF-Schreiben NJW 1994, 3727 f = BStBl I 1994, 603]; MAROTZKE AcP 184 [1984] 541, 552–556; unten Rn 188 sowie STAUDINGER/MAROTZKE [1996] § 1978 Rn 39; für den an letzterer Stelle vorgeschlagenen **bereicherungsrechtlichen** Ansatz nun auch KUTTLER 85 ff [der außerdem eine Analogie zu § 430 in Betracht zieht]; nicht jedoch HEYDN 141; zu den **gegen** den bereicherungsrechtlichen Ansatz gerichteten Einwänden von HOMANN vgl STAUDINGER/MAROTZKE [1994] § 1922 Rn 183 aE). Hinsichtl Entstehungszeitpunkt und Geltendmachung des Wertausgleichsanspruchs gilt mE das in BGH NJW-RR 1992, 771 f Ausgeführte analog (dieses Urteil betrifft den Fall einer nicht durch Sondererbfolge, sondern *durch Rechtsgeschäft* bewirkten „Teilauseinandersetzung").

184 Überhaupt keine „gesetzliche" Möglichkeit einer Ausgleichspflicht sieht ZUNFT NJW 1957, 1129, 1132 f (obwohl auch er den Gesellschaftsanteil zum „Nachlaß" rechnet). Selbst wenn dieser Befund richtig wäre, würde dies jedoch nicht im Gegenschluß zur Ablehnung einer Wertausgleichspflicht zwingen. Denn man kann nicht erwarten, daß das Gesetz ausgerechnet die Folgen seiner späteren *Durchbrechung* (!) ausdrücklich und erschöpfend regelt. Notfalls könnte man die Ausgleichspflicht des durch eine „qualifizierte Nachfolgeklausel" begünstigten Erben auch *ohne* gesetzlich normierte Anspruchsgrundlage bejahen (vgl auch HECKELMANN, in: FS v Lübtow [1980] 619, 624; WIEDEMANN JZ 1977, 689, 691; KICK 130 ff; WINDEL 273; HEYDN 139, 147): nämlich als eine in BGHZ 68, 225 ff selbst formulierte (s Rn 183!) und in diesem Sinne durchaus „immanente" Schranke der in demselben Grundsatzurteil vorgenommenen „rechtsfortbildenden" Durchbrechung sowohl des § 2032 Abs 1 als auch des Zuweisungsgehalts von Erbquoten.

ee) Vor- und Nacherben

185 Vgl STAUDINGER/BEHRENDS/AVENARIUS (1996) § 2100 Rn 52, § 2112 Rn 23, § 2113 Rn 14, § 2130 Rn 10 sowie BGHZ 69, 47 ff (bes 49 f); 78, 177 ff; 98, 48, 57 f; 109, 214; KG OLGZ 1991, 261 ff; JOHANNSEN WM-Sonderbeilage Nr 2/1982 (zu Heft 16) 22 ff;

PICOT, Vor- und Nacherbschaft an der Gesellschafterstellung in einer Personenhandelsgesellschaft (Diss Münster 1966); BANCK, Vor- und Nacherbfolge im Gesellschaftsrecht (Diss Kiel 1983); LANGNER, Vor- und Nacherbschaft an Personengesellschaftsanteilen (1999); MICHALSKI Betrieb 1987 Beilage Nr 16 (zu Heft 35); SCHLEGELBERGER/K SCHMIDT, HGB § 139 Rn 34 ff; FLUME, in: FS Der Betrieb (1988) 181, 188 ff; MARTINEK, Der Kommanditanteil als Nachlaßsurrogat – ein neuer Konflikt zwischen Erb- und Gesellschaftsrecht?, ZGR 1991, 74 (zu BGHZ 109, 214). Weitere Nachweise oben Rn 74 aE.

ff) Nachlaßzugehörigkeit ererbter OHG-Anteile
Die Streitfrage, ob **vererbte OHG-Anteile** auch dann zum „Nachlaß" gehören, wenn die Gesellschaft durch den Erbfall nicht aufgelöst (vgl Rn 172, 177) wurde, ist mit der Grundsatzentscheidung des IV a. Zivilsenats des BGH vom 14. 5. 1986 (BGHZ 98, 48, 51 ff), der sich der II. Zivilsenat inzwischen angeschlossen hat (BGH ZIP 1998, 383 = JZ 1998, 468 m Anm ULMER), zu bejahen (ausführlich und mwN oben Rn 102 ff; speziell zur *Dauer* der Nachlaßzugehörigkeit vgl den Hinweis aE von Rn 104). Entsprechendes gilt für den (künftigen) Anspruch auf das **Auseinandersetzungsguthaben**, sofern dessen Vererbung nicht an einer noch vom Erblasser vorgenommenen Vorausabtretung scheitert (vgl BGH NJW 1997, 3370 f = ZIP 1997, 1589 ff = ZEV 1997, 416 f m Anm KUMMER [s auch Rn 45, 187 aE]), und – mE mit demselben Vorbehalt – für vor oder nach dem Erbfall entstandene **Gewinnansprüche** (BGHZ 98, 48, 56 mwN). Zu berücksichtigen ist jedoch, daß „es sich bei einer Personenhandelsgesellschaft um ein lebendes Unternehmen handelt, dessen Gewinne und dessen Wert im Laufe der Zeit zum Teil auch auf der verantwortlichen Mitwirkung des Gesellschafter-Erben beruhen" (BGHZ 98, 48, 56). Der BGH (BGHZ 98, 48, 57) bezeichnet es deshalb als „naheliegend, die laufenden Gewinne und jedenfalls nach längerer Zeit erfolgreichen Einsatzes für das Unternehmen auch den Wert nicht völlig dem Nachlaß, sondern zu einem angemessenen Anteil ausschließlich dem Gesellschafter-Erben zuzuordnen". Evtl wäre es jedoch besser, die „laufenden Gewinne" und den „Wert" des Gesellschaftsanteils auch in diesen Fällen *vollständig* dem Nachlaß zuzuordnen (vgl K MÜLLER JR 1986, 507, 509; MAROTZKE AcP 187 [1987] 223, 233 f; WEIDLICH 102 f; LANGNER 152 ff, 170 f, 371) und dem vom BGH mit Recht zur Sprache gebrachten Umstand, daß diese Werte uU „auch auf der verantwortlichen Mitwirkung des Gesellschafter-Erben beruhen", im Fall der Nachlaßverwaltung oder eines Nachlaßinsolvenzverfahrens durch Zuerkennung angemessener Aufwendungsersatzansprüche nach § 1978 Abs 3 Rechnung zu tragen (MAROTZKE aaO; insoweit zustimmend M SIEGMANN 201 ff; ders NJW 1995, 481, 485; HEYDN 208; skeptisch hingegen WEIDLICH 103 Fn 343; vgl auch ULMER/SCHÄFER ZHR 160 [1996] 413, 434 ff, 441). Zu denken ist in diesem Zusammenhang an eine analoge Anwendung des § 1835 Abs 3 BGB (dazu MAROTZKE aaO Fn 46 und demnächst auch bei § 1978 Rn 26).

Keine eindeutige Stellungnahme enthält das erwähnte Urteil des BGH (BGHZ 98, 48 ff) zu der sich beim Vorhandensein mehrerer Erben ergebenden Frage, **ob die nach dem Erbfall entstehenden Gewinnansprüche** (soweit sie nach dem bei Rn 186 Gesagten zum Nachlaß gehören) **und der künftige Anspruch auf das Auseinandersetzungsguthaben der gesamthänderischen Bindung an die Erbengemeinschaft unterliegen** oder ob sie ebenso wie der Gesellschaftsanteil, dem sie entspringen, zu dem solch einer Bindung *nicht* unterliegenden Teil des Nachlasses gehören. ME ist die Frage im letzteren Sinne zu beantworten. Anderer Ansicht ist der für das Gesellschaftsrecht zuständige II. Zivilsenat des BGH, der in einer Entscheidung vom 30. 4. 1984 gemeint hat, es gebe

§ 1922
188

„keinen Grund anzunehmen, daß die Sondervererbung des Gesellschaftsanteils auch aus ihm abzuleitende übertragbare Vermögensrechte umfassen müßte" (BGHZ 91, 132, 136), und der wenig später in einer Entscheidung vom 25. 2. 1985 ausgesprochen hat, daß zu dem „gesamthänderisch gebundenen Nachlaß" unbeschadet der Sondernachfolge, die hinsichtlich des Gesellschaftsanteils (dort: Kommanditanteils) stattfinde, „der Anspruch auf das Auseinandersetzungsguthaben" gehöre (BGH NJW 1985, 1953, 1954). Gegen diesen Standpunkt des II. Zivilsenats ist jedoch mit FLUME (in: FS Müller-Freienfels [1986] 113, 114) einzuwenden, daß keine Notwendigkeit besteht, die künftigen Gewinnansprüche und den künftigen Anspruch auf das Auseinandersetzungsguthaben beim Erbfall von dem Gesellschaftsanteil – dem gemeinsamen „Stammrecht" – abzulösen. Der II. Zivilsenat des BGH sah sich zu solch einer Abtrennung offenbar gezwungen, weil er davon ausging, daß nur sie es ermögliche, die aus der höchstpersönlichen Gesellschafterstellung fließenden Vermögensansprüche dem Recht eines Nachlaßverwalters (vgl BGHZ 47, 293, 296; 91, 132, 136 f), Nachlaßinsolvenzverwalters (vgl BGHZ 91, 132, 136 f) oder Testamentsvollstreckers (vgl BGH NJW 1985, 1953, 1954) zu unterstellen. Dieser Grund fällt jedoch weg, wenn man mit den bei Rn 186 erwähnten Entscheidungen des BGH anerkennt, daß der Gesellschaftsanteil als solcher trotz des Umstandes, daß er an der Erben*gemeinschaft* vorbeivererbt wurde, zum *Nachlaß* gehört (vgl erg Rn 188 zu der schwierigen Frage, ob das Nachlaß*insolvenz*verfahren Ausscheidensgrund, Auflösungsgrund oder keines von beidem ist). Folgt man dem, so ist der Weg frei zu einem „glatten Schnitt": **Wenn man es schon für möglich hält, daß der Gesellschaftsanteil als Bestandteil des Nachlasses an der Erbengemeinschaft vorbeivererbt wird** (Rn 178 ff), **dann sollte man nicht auf halbem Wege stehen bleiben, sondern diese Sondererbfolge auch auf die aus dem Gesellschaftsanteil fließenden künftigen Vermögensansprüche erstrecken und** auf diese Weise **eine die Rechtslage unnötig verkomplizierende Aufspaltung bisher einheitlicher Rechts- und Verwaltungszuständigkeiten vermeiden** (iE ebenso FLUME aaO 119 ff; HECKELMANN, in: FS vLübtow [1980] 619, 634 f; WIEDEMANN JZ 1977, 689, 691 f; JOHANNSEN FamRZ 1980, 1074, 1082; KIESERLING, Die erbrechtliche Haftung des Miterben-Gesellschafters einer Personengesellschaft bis zur Nachlaßteilung [Diss Münster 1972] 26 ff; STODOLKOWITZ, in: FS Kellermann [1991] 439, 443 ff; MünchHdbKG/KLEIN § 43 Rn 21; WEIDLICH 30; KICK 63 f; LORZ ZEV 1996, 113 [ad 7.]; WINDEL 131; ULMER/SCHÄFER ZHR 160 [1996] 413, 415, 420, 434, 440 [unter Aufgabe der von ULMER früher vertretenen Gegenansicht]; aM der II. Zivilsenat des BGH in BGHZ 91, 132, 136; 108, 187, 192; BGH NJW 1985, 1953, 1954; BGH JZ 1987, 880 m krit Anm ULMER [zu diesem Urteil auch FLUME NJW 1988, 161 ff; GÖTTE DNotZ 1988, 603 ff; RADDATZ 135 ff; MAROTZKE JR 1988, 184 ff]; KOCH BB 1987, 2106, 2110 f; SPIRITUS, Haftungsbeeinflussende Nachlaßteilung zugleich mit erbrechtlicher Nachfolge in eine Personalhandelsgesellschaft? [1974] 195, 211 ff; EMMERICH ZHR 150 [1986] 193, 205; M SIEGMANN 185–206, 218, 222, 267; ders NJW 1995, 481, 484 f; KUTTLER 91 ff; LANGNER 152 ff, 170 f, 370 f). **Ausgenommen von der Sondererbfolge sollten mE nur diejenigen Vermögensansprüche (Gewinnansprüche) bleiben, deren Entwicklung zur Zeit des Erbfalls bereits völlig abgeschlossen war** (auch insoweit für Sondererbfolge jedoch SOERGEL/STEIN Rn 57). Eine rechtlich nicht haltbare (vgl ULMER JZ 1987, 881 ff; FLUME NJW 1988, 161, 164; GÖTTE DNotZ 1988, 603 ff; RADDATZ 135 ff) Sonderbehandlung wird den Vermögensansprüchen zuteil in BGH JZ 1987, 880 f = JR 1988, 205 ff (dazu MAROTZKE JR 1988, 184 ff und – über die Kritik von ULMER, FLUME und GÖTTE noch hinausgehend – ders ZIP 1988, 1509 ff; hierzu wiederum RADDATZ 113 ff; ARMBRÜSTER NJW 1991, 606 ff; LANGNER 113 ff; SIEVERT, Das Dogma vom Vorrang der Stammrechtsverfügung im Personengesellschaftsrecht [1998]; NÖRR/SCHEYHING/PÖGGELER, Sukzessionen [2. Aufl 1999] 121 f).

188 Ist schon der *Gesellschaftsanteil* Bestandteil des Nachlasses (s Rn 186), so können nicht auch noch die bei Rn 183 f behandelten **Ausgleichsansprüche der durch eine „qualifizierte Nachfolgeklausel" verdrängten Miterben** des Gesellschafter-Erben dem Nachlaß zugerechnet werden (und zwar weder dem gesamthänderisch gebundenen – so aber mglw SOERGEL/M WOLF § 2032 Rn 22; richtig hingegen STODOLKOWITZ, in: FS Kellermann [1991] 439, 456 f; KICK 133 ff – noch dem solch einer Bindung *nicht* unterliegenden Teil des Nachlasses). Denn sonst wäre der *(Gesamt-)Nachlaß* größer als das „hinterlassene" Vermögen des Verstorbenen; das kann nicht sein. Aus Sicht des Nachlasses stellen sich die Ausgleichsansprüche der weichenden Erben ohnehin nicht als Aktiva, sondern als Passiva dar. Ebenso wie Pflichtteils- und Erbersatzansprüche (s jedoch Rn 29) sind nämlich auch die Ausgleichsansprüche der weichenden Gesellschaftererben als Nachlaß*verbindlichkeiten* iSd § 1967 Abs 2 anzusehen (in diesem Sinne schon HECKELMANN, in: FS vLübtow [1980] 619, 628; vgl auch KICK 133; WINDEL 294 ff; aM HOMANN 79 f, dessen Argument, daß die Ausgleichspflicht des Nachfolgers „schon aufgrund der Erbenstellung der Ausgleichsempfänger" nicht als Nachlaßverbindlichkeit qualifiziert werden könne, durch die §§ 2305, 2316 Abs 2 [jeweils iVm § 1967 Abs 2] entkräftet wird; mE handelt es sich um „Erbteilsverbindlichkeiten" iS des bei STAUDINGER/MAROTZKE [1996] § 2058 Rn 12 ff Ausgeführten; hierzu auch KICK 138 vor 6.; WINDEL 296). **Im Nachlaßinsolvenzverfahren sind derartige Ausgleichsansprüche** wie Pflichtteilsansprüche – dies sind nach der Aufhebung der §§ 1934 a, b BGB die einzigen noch verbliebenen gesetzlichen Ausgleichsansprüche mit Erbersatzfunktion – **an vorletzter Stelle zu berücksichtigen** (Analogie zu § 226 Abs 2 Nr 5 KO / § 327 Abs 1 Nr 1 InsO; für *letzte* Rangstelle noch STAUDINGER/MAROTZKE [1994] § 1922 Rn 188; SOERGEL/STEIN § 1975 Rn 9; KICK 132 ff; wohl auch HECKELMANN aaO [jeweils *vor* dem Wegfall der §§ 226 Abs 1 Nr 6 KO, 327 Abs 1 Nr 3 InsO, die damals in erster Linie als Analogiebasis in Betracht kamen, aber rechtspolitisch verfehlt waren; vgl HeidelbergerKomm/MAROTZKE, InsO § 327 Rn 10]). Die Anmeldung solcher – nachrangiger – Ausgleichsansprüche ist auch dann nicht ausgeschlossen, wenn der Gesellschaftsvertrag für den Fall des Nachlaßinsolvenzverfahrens die Auflösung der Gesellschaft vorsieht (zu der Frage, ob das Nachlaßinsolvenzverfahren *gesetzlicher* Auflösungsgrund ist, vgl die Kommentare zu § 728 BGB und – allerdings in erster Linie zu dem inzwischen aufgehobenen und durch die gesetzliche *Ausscheidensregel* des § 131 Abs 3 S 1 Nr 2 HGB ersetzten früheren § 131 Abs 1 Nr 5 HGB – BGHZ 91, 132, 135 ff; MAROTZKE AcP 187 [1987] 223, 234 f mit Fn 59; RADDATZ 144 ff; ULMER/SCHÄFER ZHR 160 [1996] 413, 438; weitere Nachweise bei STAUDINGER/MAROTZKE [1994] § 1922 Rn 188). Denn solch eine erst *nach* dem Erbfall erfolgte Auflösung der Gesellschaft würde am Fortbestand der *bereits eingetretenen* Sondererbfolge und deshalb auch am Fortbestand der durch sie bedingten Wertausgleichsansprüche nichts ändern (vgl aber MünchKomm/ULMER³ § 727 Rn 10, 16 aE zu dem umgekehrten Fall, daß die Gesellschaft *schon beim Erbfall* nach § 727 Abs 1 BGB oder § 131 Abs 1 Nr 4 aF HGB [s oben Rn 172!] aufgelöst wurde, der Anteil des Verstorbenen deshalb [s Rn 177] nach *allgemeinem* Erbrecht an eine Erben*gemeinschaft* gelangt ist und dann die Rückverwandlung der aufgelösten Gesellschaft in eine werbende Gesellschaft beschlossen wird).

Selbstverständlich gehört der Gesellschaftsanteil dann *nicht* zum Nachlaß, wenn er auf einem der bei Rn 55 ff, 175 erwähnten Wege **„am Erbrecht vorbeigesteuert"** wurde (dazu ausführlich MAROTZKE AcP 184 [1984] 541, 556 ff und aus gegebenem Anlaß nochmals in JR 1988, 184, 186 ff [zu dem an letztgenannter Stelle besprochenen Urteil des BGH vgl auch Rn 187 aE]). Bei der OHG ist dies seit dem 1. 7. 1998 sogar gesetzlicher Regelfall gem § 131 Abs 3 S 1 Nr 1 HGB (s Rn 172 f).

§ 1922
190–192

gg) Testamentsvollstreckung

190 In seinem schon bei Rn 186 erwähnten Grundsatzurteil vom 14. 5. 1986 (BGHZ 98, 48, 55 ff, 57 f) hat **der Erbschaftssenat des BGH** entgegen der bis dahin herrschenden Meinung (vgl STAUDINGER/REIMANN [1996] § 2205 Rn 107 ff) anerkannt, daß es in noch näher zu ermittelnden Grenzen möglich sei, einen OHG-Anteil auch dann der Verwaltung eines Testamentsvollstreckers zu unterstellen, wenn die Gesellschaft beim Erbfall *nicht* aufgelöst wird* (ebenso für die BGB-Gesellschaft derselbe Senat des BGH in NJW 1996, 1284 ff = ZIP 1996, 327 ff = GmbH-Rdsch 1996, 362 f = ZEV 1996, 110 ff m Anm LORZ = MittBayNot 1996, 118 ff m Anm WEIDLICH = DStR 1996, 929 ff m Anm GOETTE; dazu auch MAROTZKE EWiR § 2205 BGB 1/1996, 261 f). **Der für das Gesellschaftsrecht zuständige II. Zivilsenat des BGH** ging zunächst davon aus, daß „ein Testamentsvollstrecker den Anteil eines persönlich haftenden Gesellschafters nicht verwalten" könne (BGHZ 108, 187, 195). Wesentlich großzügiger MAROTZKE an den in der Fn genannten Stellen und in JZ 1986, 457 ff; WEIDLICH, Die Testamentvollstreckung im Recht der Personengesellschaften (1993) 31 ff, 133 ff; ders ZEV 1998, 339 ff; MUSCHELER, Die Haftungsordnung der Testamentsvollstreckung (1994) 460 ff, 549 ff und nunmehr auch der II. Zivilsenat des BGH in BGH ZIP 1998, 383 f = JZ 1998, 468 m Anm ULMER.

hh) Zweigliedrige Gesellschaft

191 Vgl FREY/vBREDOW, Der Wegfall des einzigen Komplementärs **nach der HGB-Reform**, ZIP 1998, 1621 ff; oben Rn 173b und aus der Zeit **vor** der HGB-Reform STAUDINGER/KESSLER[12] § 727 Rn 16; § 736 Rn 1, 7 ff; Vorbem 9 (e) zu §§ 736–740; BGH NJW 1981, 1956 ff; BGH LM Nr 2 zu § 138 HGB = BB 1957, 345; BGHZ 98, 48, 57 f; 113, 132 ff sowie das in der Fn zu Rn 193 genannte Schrifttum.

ii) Sonstiges

192 Wegen weiterer Einzelheiten wird auf die Kommentare und Lehrbücher zum **Gesellschaftsrecht** sowie auf das bei Rn 168 und 172 angegebene Schrifttum verwiesen. Mit der Nachfolge in **Apothekengesellschaften** befaßt sich RAUCH, in: FS Küchenhoff Bd I (1972) 301 ff. **Ein Rechtsanwalt haftet** den Erben uU für eine Beratung bei der Testamentserrichtung, die zum Verlust von Gesellschaftsanteilen des Erblassers führt (BGH NJW 1995, 2551 ff = ZEV 1995, 340 f = MittBayNot 1995, 397 ff m Anm WEIDLICH; zu diesem Urteil auch BORGMANN EWiR § 675 BGB/8/1995, 1181 f; vgl erg oben Rn 18).

---

* **Im wesentlichen zustimmend** K MÜLLER JR 1986, 507, 508 f; REIMANN MittBayNotV 1986, 232 ff; MAROTZKE AcP 187 (1987) 223, 234 ff; ders JR 1988, 184 ff; SCHMITZ ZGR 1988, 140, 148 ff; vgl auch STAUDINGER/REIMANN (1996) § 2205 Rn 113 ff; SCHLEGELBERGER/K SCHMIDT HGB § 139 Rn 45 ff, 51 und – trotz seiner bei Rn 169 angedeuteten anderen Ansicht zur Vererblichkeit von Personengesellschaftsanteilen – HÜFNER 114 ff; SCHIEMANN, in: FS Medicus (1999) 513, 523 ff; **kritisch bis ablehnend** hingegen FLUME, in: FS Der Betrieb (1988) 181, 188 ff, 191 f; ULMER JuS 1986, 856 ff (zT aufgegeben in ZHR 160 [1996] 413, 439 f, 441); KOCH EWiR 1986, 1117 f; ders BB 1987, 2106 ff und D WEBER, in: FS Stiefel (1987) 829, 832 f, 840 f, 845 (der sich aaO 838 f, 843 mit meinen in JZ 1986, 457 ff unterbreiteten Vorschlägen für eine „echte" Testamentsvollstreckung befaßt und insoweit Einwände erhebt, die er, wären sie berechtigt, eigentlich auch gegen die seinerseits empfohlene „Vollmachtslösung" [dazu STAUDINGER/REIMANN <1996> § 2205 Rn 109] gelten lassen müßte; vgl STAUDINGER/MAROTZKE [1994] § 1922 Rn 190).

c) Kommanditgesellschaft (KG)*
aa) Tod eines Komplementärs

Beim Tod eines Komplementärs (eines „persönlich haftenden Gesellschafters" iSd **193**
§ 161 Abs 1 HGB) gilt wegen § 161 Abs 2 HGB das für die OHG Ausgeführte
(Rn 169 ff). Starb der Komplementär vor dem 1. 7. 1998 (s Rn 172), so wurde die Gesellschaft aufgelöst, falls sich aus dem Gesellschaftsvertrag nichts Gegenteiliges ergab
(§§ 131 Abs 1 Nr 4 aF, 161 Abs 2 HGB). Stirbt der Komplementär nach dem
30. 6. 1998, so gilt über § 161 Abs 2 HGB das bei Rn 172 Ausgeführte. Die Gesellschaft wird also (Streichung des § 131 Abs 1 Nr 4 aF HGB!) im Zweifel nicht aufgelöst, sondern besteht als werbende fort. Der Erbe rückt mangels abweichender
vertraglicher Bestimmung („Vererblichstellung") nicht in die Gesellschafterstellung
des Erblassers ein (arg §§ 161 Abs 2, 131 Abs 3 S 1 Nr 1 HGB), sondern erwirbt nur
einen – weitgehend abdingbaren – Abfindungsanspruch (s Rn 57, 173 ff). Entsprechendes gilt beim Tod des Komplementärgesellschafters einer KGaA (s Rn 200).

bb) Tod eines Kommanditisten

Beim Tod eines Kommanditisten (eines beschränkt haftenden Gesellschafters iS der **194**
§§ 161 Abs 1, 171 ff HGB) wird die Gesellschaft mangels abweichender vertraglicher
Bestimmung mit den Erben fortgesetzt (so die seit 1. 7. 1998 maßgebliche Fassung
des § 177 HGB; im Ergebnis nicht anders aber auch die vorherige Fassung der Vorschrift [vgl STAUDINGER/MAROTZKE <1994> Rn 194 ff]). Anders als Komplementäranteile
(s Rn 193) sind Kommanditanteile also schon *kraft Gesetzes* uneingeschränkt „vererblich gestellt". Von dieser gesetzlichen Regelung kann jedoch vertraglich abgewichen
werden (vgl zum folgenden Rechtsausschuß BT-Drucks 13/8444 S 93). So kann für den Fall des
Todes eines Kommanditisten die Auflösung der Gesellschaft vorgesehen werden (vgl
Rn 172) oder ein Ausschluß des Erbeneintritts nach dem Vorbild des an sich durch
§ 177 HGB verdrängten § 131 Abs 3 S 1 Nr 1 HGB. Ebenso ist eine qualifizierte
Nachfolgeklausel denkbar, in der das Nachrücken nur eines oder einiger von mehreren Erben bestimmt wird (Rechtsausschuß aaO; vgl erg Rn 180 ff, 197).

Die in § 177 HGB statuierte Ausnahme von dem Grundsatz des § 131 Abs 3 S 1 Nr 1 HGB **195**
ist rechtspolitisch sinnvoll, da bei einem Kommanditisten die *Einlage des Kapitals* die
Hauptrolle spielt, während die persönliche Seite nach der gesetzlichen Regel weniger
stark ausgeprägt ist (vgl GroßKommHGB/SCHILLING³ § 177 Rn 1). ZB ist der Kommanditist
idR von der Geschäftsführung ausgeschlossen (§§ 163, 164 HGB) und zur Vertretung
der Gesellschaft nicht ermächtigt (§ 170 HGB). Sollten die Gesellschafter das im
Einzelfall anders geregelt haben, wird sorgfältig zu prüfen sein, ob die gesellschaftsinterne (also nicht die haftungsmäßige) Stellung des betreffenden Kommanditisten

---

* **Schrifttum:** wie bei Rn 168 und 172; vgl ferner BLAUROCK/SUTTMEYER, Kommanditeinlage und negatives Kapitalkonto (BGHZ 101, 123) JuS 1989, 96; BUCHNER, Die Kommanditistenhaftung bei Rechtsnachfolge in Gesellschaftsanteile (BGHZ 101, 123) DNotZ 1988, 467; FREY, Tod des einzigen Komplementärs (zu BGHZ 101, 123) ZGR 1988, 281; FREY/vBREDOW, Der Wegfall des einzigen Komplementärs nach der HGB-Reform, ZIP 1998, 1621; LIEB, Haftungsprobleme beim Übergang des Gesellschaftsvermögens auf einen Kommanditisten (zu BGHZ 113, 132) ZGR 191, 572; MAROTZKE, Haftungsverhältnisse und Probleme der Nachlaßverwaltung bei der Beerbung des einzigen Komplementärs durch den einzigen Kommanditisten (zu BGHZ 113, 132) ZHR 156 (1992) 17; KARSTEN SCHMIDT, Anm zu BGHZ 113, 132, JZ 1991, 731 ff.

derjenigen eines *Komplementär*gesellschafters so weit angeglichen wurde, daß man den § 177 HGB zugunsten des an sich durch ihn verdrängten § 131 Abs 3 S 1 Nr 1 HGB als abbedungen ansehen muß (allgemein zur Abdingbarkeit soeben Rn 194 und für die *vor* dem 1. 7. 1998 maßgebliche Gesetzesfassung auch GroßKommHGB/SCHILLING[3] § 177 Rn 20; SCHLEGELBERGER/K SCHMIDT[5], HGB § 177 Rn 8, 10). Führt diese Prüfung zu einem negativen Ergebnis, bleibt es also bei der Anwendung des § 177 HGB und damit bei der Fortsetzung der Gesellschaft mit dem Erben, so wird man die insoweit verdrängte Wertung des § 131 Abs 3 S 1 Nr 1 HGB gleichwohl nicht völlig vernachlässigen dürfen, sondern *analog* § 131 Abs 3 S 1 Nr 1 HGB annehmen müssen, daß *dann wenigstens das dem Kommanditisten entgegen der gesetzlichen Regel eingeräumte Geschäftsführungs- und/oder Vertretungsrecht mangels abweichender vertraglicher Bestimmung vom Übergang auf den Erben ausgenommen bleibt* (iE ähnlich [jedoch zur Rechtslage *vor* dem 1. 7. 1998] GroßKommHGB/SCHILLING[3] § 177 Rn 11 mwN auch zu abweichenden Ansichten). Vgl zu diesen Fragen auch SOERGEL/STEIN Rn 61 (auf der Grundlage der *vor* dem 1. 7. 1998 maßgeblichen gesetzlichen Regelungen).

196 Wird die KG beim Tod eines Kommanditisten mit dem oder den Erben „fortgesetzt" (§ 177 HGB), so stellt sich die Frage, ob dem Erben des Kommanditisten in diesem Fall über § 161 Abs 2 HGB auch das **Wahlrecht aus § 139 HGB** zusteht. Trotz § 161 Abs 2 HGB wird diese Frage meist verneint (vgl KGJ 44 A 132, 134 = RJA 12, 229, 230; GroßKommHGB/SCHILLING[3] § 177 Rn 36 Abs 1; HEYMANN/EMMERICH HGB § 139 Rn 38 [mit einer Ausnahme bei Rn 37]; KNIEPER/FROMM NJW 1980, 2677, 2681; KÖBLER Betrieb 1972, 2241, 2243 und – jedoch unter Darlegung von Zweifeln bzgl des Falles, daß die Kommanditistenstellung des Erblassers nicht im Handelsregister eingetragen war – SCHLEGELBERGER/K SCHMIDT[5], HGB § 139 Rn 64). Das ist sicher richtig, wenn der Erblasser seine Kommanditeinlage bereits vollständig erbracht hat. Denn in diesem Fall ist der Erbe in die Rechtsstellung, von deren Einräumung er sein Verbleiben in der Gesellschaft nach §§ 139 Abs 1, 161 Abs 2 HGB abhängig machen könnte, ja *schon kraft Erbrechts* eingerückt. Anders verhält es sich jedoch, wenn der Erblasser seine Einlage noch nicht vollständig erbracht hat und man unter der „Einlage des Erblassers", von deren Anerkennung als „seine" *Kommandit*einlage der Erbe eines *OHG*-Mitglieds oder eines *Komplementärs* sein Verbleiben in der Gesellschaft gem §§ 139 Abs 1, 161 Abs 2 HGB abhängig machen kann, mit der wohl hM (ausführl HUBER 423 ff mwN) nicht dasjenige versteht, was der Erblasser einzulegen *verpflichtet* war, sondern dasjenige, was er bis zum Erbfall *tatsächlich eingelegt (und nicht wieder zurückempfangen) hat*: Wenn man diese „Wohltat" dem Erben eines *un*beschränkt haftenden Gesellschafters zu gewähren bereit ist (der durch ihre Inanspruchnahme entweder *ohne* Zwang zu weiteren Einlageleistungen Kommanditist würde oder aus der Gesellschaft ausschiede), wird man sie auch dem Erben eines *Kommanditisten* nicht vorenthalten dürfen (ebenso KICK 168 ff, 172; WINDEL 141 ff; vgl auch HEYMANN/HORN, HGB § 173 Rn 8; kritisch SOERGEL/STEIN Rn 61; SIEGMANN 75 Fn 20; vgl auch WESTERMANN, Hdb Rn I 932 [richtiger mE ders bei Rn I 493]). Andernfalls könnte die Ansicht, daß der in die Kommanditbeteiligung des Erblassers einrückende Erbe für die noch nicht gezahlte Haftungssumme des Erblassers *ohne erbrechtliche Beschränkungsmöglichkeit* aufkommen müsse (OLG Hamburg ZIP 1994, 297, 299 [aufgehoben durch BGH NJW 1995, 3314 f = ZIP 1995, 1752 = GmbH-Rdsch 1996, 55 f = MittBayNot 1996, 47 f; dazu REIMANN EWiR § 173 HGB 1/1996, 127 f]; mit guten Gründen **aM** MUSCHELER 494 f, 503, 537 f; vgl auch WINDEL 135 f), zu erheblichen Härten führen. Vgl ergänzend STAUDINGER/MAROTZKE (1996) § 1967 Rn 68 ff, bes Rn 69 aE.

1. Abschnitt. Erbfolge

§ 1922
197–199

Hinterläßt der Kommanditist **mehrere Erben**, so stellt sich die Frage, ob sein Kom- 197
manditanteil nach § 2032 Abs 1 „gemeinschaftliches Vermögen" aller Erben werden
kann. Die Rspr verneint dies ebenso wie bei OHG- und Komplementäranteilen für
den – die *Regel* darstellenden (Rn 193 f) – Fall, daß die Gesellschaft infolge des Erbfalls nicht „aufgelöst" wurde (vgl für OHG-Anteile Rn 176–178 und für Kommanditanteile
RGZ 171, 328 ff = DR 1943, 1228; BGHZ 58, 316, 317 [II. Zivilsenat]; BGH WM 1976, 738, 739 [II.
Zivilsenat]; 1983, 672, 673 = NJW 1983, 2376, 2377 [IV a. Zivilsenat]; BayObLG Betrieb 1979, 86;
BayObLG WM 1983, 1092; OLG Hamburg ZIP 1984, 1226, 1227; *anders* noch KGJ 44 A 132 ff = RJA
12, 229 ff; RGZ 123, 366, 369 f), und bringt sodann ihre für *OHG*-Anteile entwickelten
und hier bei Rn 179 ff dargestellten Regeln der **Sondererbfolge** zur Anwendung (vgl
BGH NJW 1983, 2376, 2377 ad 3 [IV a. Zivilsenat] und BGHZ 101, 123, 126 = NJW 1987, 3184 f [II.
Zivilsenat; dort war die Beteiligung eines Komplementärs bei gleichzeitiger Umwandlung in mehrere
Kommanditanteile vererbt worden]). Von Teilen des Schrifttums wird demgegenüber noch
immer geltend gemacht, daß diese Durchbrechung des § 2032 Abs 1 BGB beim
*Kommandit*anteil nicht erforderlich sei (Brox Rn 762; Köbler Betrieb 1972, 2241 ff; Knie-
per/Fromm NJW 1980, 2677, 2681; Soergel/Stein Rn 61 Fn 141; Grunewald 1 C Rn 58; vgl auch
Damrau NJW 1984, 2785, 2787; der Rspr *zustimmend* hingegen Schlegelberger/Martens HGB
§ 161 Rn 34; Stodolkowitz, in: FS Kellermann [1991] 439, 448 f; M Siegmann 77 ff; Windel 139 ff).
Da die von der Rspr gewählte Lösung vertretbar erscheint und die Praxis sich auf sie
eingestellt hat, sollte man sie „im Hinblick auf die notwendige Kontinuität ... nicht
mehr in Frage ... stellen" (vgl BGH NJW 1983, 2376, 2377; Rechtsausschuß BT-Drucks 13/8444
S 93 [s Rn 194]).

Hinsichtlich der **Nachlaßzugehörigkeit** ererbter Kommanditanteile gilt das bei 198
Rn 186 ff Ausgeführte entsprechend. Mit **Auskunftsansprüchen** des Erben eines Kommanditisten befaßt sich ausführl OLG Hamm NJW-RR 1994, 933. **Testamentsvollstreckung** ist in bezug auf Kommanditanteile in noch größerem Umfang möglich als
hinsichtlich des Anteils eines unbeschränkt haftenden Gesellschafters (vgl BGHZ 108,
187, 189 ff; KG OLGZ 1991, 261 ff; LG Mannheim ZEV 1999, 443 ff m Anm Wenninger; Weidlich
114 ff; Schiemann, in: FS Medicus [1999] 513, 521 ff; Staudinger/Reimann [1996] § 2197 Rn 29,
§ 2205 Rn 124 ff sowie für OHG-Anteile oben Rn 190). Ausnahmslos verneint wird ihre
Zulässigkeit jedoch hier wie dort (und zwar sogar in bezug auf Anteile an *aufgelösten*
Gesellschaften!) von D Weber, in: FS Stiefel (1987) 829, 832, 837 ff (vgl Fn zu oben
Rn 190). – **Im übrigen** richtet sich die erbrechtliche Behandlung einer Kommanditistenstellung weitgehend nach denselben Regeln wie die des Mitglieds einer OHG
(vgl auch § 161 Abs 2 HGB und in Zweifelsfällen die Kommentare zu § 177 HGB sowie das
oben bei Rn 168, 193 angeführte Schrifttum).

cc) GmbH & Co KG*
Bei der GmbH & Co KG (= KG mit einer GmbH als Komplementär) richtet sich die 199
Nachfolge nach den für die Gesellschafterstellung des jeweils Verstorbenen maßgeb-
lichen Regeln (dazu Knieper/Fromm NJW 1980, 2677, 2679 [II 7]; Schulze zur Wiesche 111 ff).
Vgl für den Tod eines Kommanditisten soeben Rn 194 ff und für den Tod eines
Mitglieds der GmbH unten Rn 208 ff.

---

* **Schrifttum**: vgl die Angaben bei Rn 168, 172
und 208.

dd) Kommanditgesellschaft auf Aktien (KGaA)*

200 Gem § 289 Abs 1 AktG richten sich die Gründe für die **Auflösung** der KGaA und das **Ausscheiden** eines von mehreren persönlich haftenden Gesellschaftern vorbehaltlich etwaiger sich aus Abs 2–6 ergebender Abweichungen nach den Vorschriften des HGB über die KG. In Verbindung mit § 177 HGB folgt daraus, daß der **Tod eines Kommanditaktionärs** die Gesellschaft mangels abweichender statutarischer Regelung nicht auflöst (s Rn 194 f). Die *Vererbung* der Rechtsstellung eines Kommanditaktionärs richtet sich nach aktienrechtlichen Grundsätzen (dazu Rn 214 f).

200 a Für den **Tod eines Komplementärs** war vor dem 1. 7. 1998 klar, daß die KGaA mangels abweichender Satzungsbestimmung aufgelöst wurde (§§ 289 Abs 1 AktG, 131 Abs 1 Nr 4 aF, 161 Abs 2 HGB) und ein zu Lasten der Erben wirkendes Ausscheiden aus der Gesellschaft nur auf satzungsmäßiger Grundlage in Betracht kam (vgl § 289 Abs 1 und 5 AktG sowie §§ 138, 161 Abs 2 HGB). Nachdem jedoch mit Wirkung ab 1. 7. 1998 die §§ 131 Abs 1 Nr 4 aF, 138 HGB gestrichen wurden und in S 1 Nr 1 des bei dieser Gelegenheit neu eingefügten § 131 Abs 3 HGB für den Fall des Todes eines OHG-Mitglieds oder eines Komplementärgesellschafters einer KG (§ 161 Abs 2 HGB) mangels abweichender vertraglicher Bestimmung dessen Ausscheiden aus der Gesellschaft vorgesehen ist (s Rn 172), muß die Rechtslage auch bei der KGaA neu überdacht werden. Ausgangspunkt ist hier die in § 289 Abs 1 AktG angesprochene Regel, daß sich die Gründe für die *Auflösung* der KGaA und das *Ausscheiden* eines von mehreren persönlich haftenden Gesellschaftern nach den Vorschriften des HGB über die KG richten. § 289 Abs 1 AktG versieht diese Verweisung auf das HGB jedoch mit der Einschränkung, „soweit in den Absätzen 2 bis 6 nichts anderes bestimmt ist". Danach scheint also die in § 289 Abs 5 AktG enthaltene Bestimmung, daß persönlich haftende Gesellschafter außer durch Ausschließung nur dann ausscheiden können, wenn es die Satzung für zulässig erklärt, einen Rückgriff auf den auch *ohne* besondere Vereinbarung zum Erbenausschluß führenden § 131 Abs 3 S 1 Nr 1 HGB zu verbieten. Dieses auf den ersten Blick naheliegende Ergebnis ist jedoch nicht sachgerecht. Denn gleichzeitig mit der zum 1. 7. 1998 erfolgten Einfügung des § 131 Abs 3 S 1 Nr 1 HGB wurde der § 131 Abs 1 Nr 4 aF HGB gestrichen. Da folglich (§§ 289 Abs 1 AktG, 161 Abs 2 HGB) seit dem 1. 7. 1998 auch die KGaA durch den Tod eines Komplementärs nicht aufgelöst wird, falls die Satzung nichts Abweichendes bestimmt, muß für den Fall des Fehlens einer den früheren § 131 Abs 1 Nr 4 HGB (Auflösung der Gesellschaft) wiederholenden Satzungsbestimmung sichergestellt werden, daß der Anteil des verstorbenen KGaA-Komplementärs nur dann auf den oder die Erben übergeht, wenn die Satzung der KGaA das ausdrücklich zuläßt (vgl zu diesem gedanklichen Zusammenhang oben Rn 171). Um dieses Ziel zu erreichen, muß man beim Tod eines KGaA-Komplementärs über §§ 289 Abs 1 AktG, 161 Abs 2 HGB auch § 131 Abs 3 S 1 Nr 1 HGB anwenden und den scheinbar entgegenstehenden § 289 Abs 5 HGB teleologisch dahin reduzieren, daß nur das *lebzeitige* Ausscheiden der satzungsmäßigen Zulassung bedarf (außer im Fall der Ausschließung). Die **Vererbung** der Rechtsstellung des Komplementärgesellschafters einer KGaA folgt also auch nach dem 1. 7. 1998 denselben Grundsätzen wie diejenige eines „offenen" Handelsgesellschafters (dazu

---

* **Schrifttum**: DURCHLAUB, Fortsetzung der KG auf Aktien mit den Erben des Komplementärs, BB 1977, 875.

oben Rn 172 ff, 193 sowie wegen einiger den § 139 HGB betreffender Besonderheiten GroßKomm-AktG/BARZ § 289 Anm 9).

d) **Partnerschaftsgesellschaft***
Die Beteiligung an einer Partnerschaft ist nicht vererblich (§ 9 Abs 4 S 1 PartGG). **201**
Vertragliche Vererblichstellung ist jedoch möglich nach Maßgabe des § 9 Abs 4 S 2 PartGG. Die §§ 131 ff HGB in der bei Rn 172 ff dargestellten neuen Fassung sind entsprechend anzuwenden (§ 9 Abs 1 PartGG). § 139 HGB ist jedoch nur insoweit anzuwenden, als der Erbe der Beteiligung befugt ist, seinen Austritt aus der Partnerschaft zu erklären (§ 9 Abs 4 S 3 PartGG). Weitere Einzelheiten bei Rn 57; Münch-Komm/LEIPOLD Rn 42 b; STAUDINGER/REIMANN (1996) § 2205 Rn 139 und in den Kommentaren zum PartGG (zB MICHALSKI/RÖMERMANN, PartGG [2. Aufl 1999] § 9 Rn 24 ff; MEILICKE/GRAF V WESTPHALEN/HOFFMANN/LENZ; MünchKomm/ULMER³ Bd 5 [§§ 705 ff BGB, PartGG, ProdHaftG] PartGG § 9 Rn 1 ff). Vgl auch das in der Fn angegebene Schrifttum.

e) **Europäische wirtschaftliche Interessenvereinigung (EWIV)****
Beim Tod einer natürlichen Person, die Mitglied einer EWIV ist, scheidet diese mit **202**
Wirkung für und gegen den Erben aus der Vereinigung aus (Art 28 Abs 1 S 1 EWIV-VO); es „kann niemand ihre Nachfolge in der Vereinigung antreten, es sei denn nach Maßgabe des Gründungsvertrags oder, wenn dieser hierüber nichts enthält, mit einstimmiger Zustimmung der verbleibenden Mitglieder" (Art 28 Abs 2 EWIV-VO). Die Rechtslage ähnelt also der seit 1. 7. 1998 maßgeblichen rechtlichen Situation beim Tod eines OHG-Mitglieds (s Rn 172 f). Kommt es mangels Vererblichstellung nicht zur Anteilsvererbung, so haben die Erben Anspruch auf das Auseinandersetzungsguthaben. Ein Unterschied zur OHG besteht insofern, als der Wert der Ansprüche und Verbindlichkeiten des ausscheidenden Mitglieds bzw seiner Erben „nicht im voraus pauschal bestimmt" werden darf (vgl Art 33 S 2 EWIV-VO und SELBHERR/MANZ, Kommentar zur EWIV, EWIV-VO Art 28 Rn 9 [S 168], Art 33 Rn 11 f [S 192 f]). Wie eine OHG besteht auch eine EWIV bei Ausscheiden eines Mitglieds fort (Art 30 EWIV-VO). Ergänzend ist auf eine EWIV mit Sitz in der Bundesrepublik Deutschland das Recht der OHG anzuwenden (vgl § 1 EWIV-AusfG iVm Art 2 Abs 1 EWIV-VO; zur Zulässigkeit einer Testamentsvollstreckung STAUDINGER/REIMANN [1996] § 2205 Rn 138).

---

* **Schrifttum**: HEYDN, Die erbrechtliche Nachfolge in Anteile an Partnerschaftsgesellschaften (1999); dieselbe mit identischem Titel in ZEV 1998, 161; HORNUNG, Partnerschaftsgesellschaft für Freiberufler (Teil 2), Rpfleger 1996, 1, 4 ff; MAYR, Rechtsnachfolge in Freiberufler-Gesellschaften, ZEV 1996, 321, 324 f; K SCHMIDT, Die Freiberufliche Partnerschaft – Zum neuen Gesetz zur Schaffung von Partnerschaftsgesellschaften, NJW 1995, 1, 4 f; SEIBERT, Die Partnerschaft – eine neue Gesellschaftsform für die Freien Berufe, Text/Einführung/Materialien (1994) 48.

** **Schrifttum**: FRITZ, Die Europäische wirtschaftliche Interessenvereinigung, Praxiskommentar (1997); HATZIG, Die europäische wirtschaftliche Interessenvereinigung (1990) 41; JAHN, Die gemeinschaftlich handelnden Mitglieder einer deutschen Europäischen wirtschaftlichen Interessenvereinigung (1996) 74 ff; LENTNER, Das Gesellschaftsrecht der Europäischen wirtschaftlichen Interessenvereinigung (1994) 132 f; SELBHERR/MANZ (Hrsg), Kommentar zur Europäischen wirtschaftlichen Interessenvereinigung (1995).

f) Stille Gesellschaft
aa) Tod des Geschäftsinhabers

203 Der Tod des Geschäftsinhabers (also der Person, an deren Handelsgewerbe der stille Gesellschafter iSd § 230 HGB „mit einer Vermögenseinlage beteiligt" ist) löst die stille Gesellschaft nach der gesetzlichen Regel des § 727 Abs 1 BGB auf, „sofern nicht aus dem Gesellschaftsvertrage sich ein anderes ergibt". Wegen weiterer Einzelheiten vgl SCHLEGELBERGER/K SCHMIDT[5], HGB § 234 Rn 22 ff.

bb) Tod des „Stillen"

204 Für das Funktionieren der stillen Gesellschaft kommt es auf die Person des „Stillen" noch weniger an als bei der KG (s Rn 195) auf diejenige des Kommanditisten. Deshalb setzt die **Vererbung** der „stillen" Beteiligung trotz des Umstands, daß der Tod des „Stillen" die Gesellschaft nach der gesetzlichen Regel des § 234 Abs 2 HGB nicht auflöst, eine vertragliche „Vererblichstellung" nicht voraus. Die Rechtslage entspricht insoweit trotz anderer Formulierung des jeweils maßgeblichen Gesetzes (§ 234 Abs 2 HGB einerseits/§ 177 nF HGB andererseits) der Situation beim Tod eines Kommanditisten (s Rn 194). Ebenso wie § 177 HGB (s Rn 194) ist auch § 234 Abs 2 HGB abdingbar (SCHLEGELBERGER/K SCHMIDT[5] HGB § 234 Rn 8).

205 Hinterläßt der stille Gesellschafter **mehrere Erben**, so wird seine Beteiligung gem § 2032 Abs 1 BGB „gemeinschaftliches Vermögen" aller Miterben (vgl RGZ 126, 386, 390 ff); eine *Sondererbfolge* wie beim Kommanditanteil (Rn 197) findet hier also nicht statt (vgl SCHLEGELBERGER/K SCHMIDT[5], HGB § 234 Rn 5).

206 Eine Ausnahme sollte man auch hinsichtlich der Mitgliedschaft eines *atypischen* stillen Gesellschafters nicht zulassen; und zwar selbst dann nicht, wenn diese sowohl vermögensrechtlich als auch organisatorisch wie die eines Kommanditisten gestaltet ist (aM wohl SCHLEGELBERGER/K SCHMIDT[5], HGB § 234 Rn 6). Denn schon beim *Kommanditanteil* war die von der Rspr praktizierte Durchbrechung des § 2032 Abs 1 BGB keineswegs so dringend geboten (s oben Rn 197), daß man sie nun auch noch auf bestimmte Beteiligungsformen eines *stillen* Gesellschafters erweitern sollte. Zudem dürfte das Kriterium, ob die Mitgliedschaft des stillen Gesellschafters nach den im konkreten Falle getroffenen Vereinbarungen vermögensrechtlich und organisatorisch „wie" eine Kommanditistenstellung gestaltet ist, wegen der Vielfalt der möglichen Abstufungen kaum geeignet sein, mit der im Interesse der Rechtssicherheit notwendigen Zuverlässigkeit die Grenze zwischen „normalem" und „besonderem" Erbrecht zu markieren.

g) Partenreederei

207 Der Tod eines Mitreeders löst die Reederei nicht auf (§ 505 Abs 2 HGB). Die Schiffspart ist vererblich und wird bei Miterben deren „gemeinschaftliches" Vermögen nach § 2032 Abs 1. Weitere Einzelheiten bei RUHWEDEL, Die Partenreederei (1973) 395–399; SCHAPS/ABRAHAM, Das Seerecht in der Bundesrepublik Deutschland (4. Aufl 1978) Teil 1 HGB § 505 Rn 2.

5. Kapitalgesellschaft

a) GmbH*

Daß die **GmbH** durch den Tod eines Gesellschafters aufgelöst wird, ist gesetzlich **208** nicht vorgesehen und nur dann anzunehmen, wenn dies im Gesellschaftsvertrag besonders bestimmt ist (SCHEFER 111 f). Unabhängig von der erfolgten oder nicht erfolgten Auflösung der Gesellschaft (SCHEFER 111 f) ist der **Geschäftsanteil** des Verstorbenen gem § 15 Abs 1 GmbHG **ohne weiteres vererblich** (zu den *haftungsmäßigen* Folgen der Vererbung WIEDEMANN 234 ff; DÄUBLER 12 f, 20 ff; KOCH 102 ff). Die Bestimmung des § 15 Abs 5 GmbHG, nach der der Gesellschaftsvertrag die (in Abs 1 ebenfalls für zulässig erklärte) *Abtretung* der Geschäftsanteile „an weitere Voraussetzungen" knüpfen, insbes sie „von der Genehmigung der Gesellschaft abhängig" machen kann, ist auf die *Vererbung* weder unmittelbar noch analog anwendbar (str; wie hier ERMAN/SCHLÜTER Rn 21; MICHALSKI 258; SOERGEL/STEIN Rn 65; vgl auch BGHZ 92, 386, 390 [Vererbung], 393 [anschließende Verfügung über Miterbenanteil]; MünchKomm/LEIPOLD Rn 31 a; PETZOLDT GmbH-Rdsch 1977, 25, 28 f; PRIESTER GmbH-Rdsch 1981, 206, 208; aM STAUDINGER/BOEHMER[11] Rn 163; mit Einschränkungen auch RGZ 80, 175, 179; die Frage letztlich offenlassend BGH WM 1977, 192; vgl auch die ähnliche Problematik bei Rn 169). Die Gesellschafter einer GmbH können die Vererbung ihrer Geschäftsanteile nur dadurch verhindern, daß sie diese durch geeignete (s Rn 55 ff), evtl aufschiebend bedingte, Rechtsgeschäfte unter Lebenden rechtzeitig zum Erbfall aus dem „Vermögen" des Erblassers ausscheiden (ebenso KÄPPLER ZGR 1978, 542, 569 f; ERMAN/SCHLÜTER Rn 21 und letztlich wohl auch SCHEFER 12 ff; KESSELMEIER 241 ff [die beiden Letztgenannten trotz ihrer radikal abweichenden Ausgangsthese, daß § 15 Abs 1 GmbHG insgesamt, also auch hinsichtlich der „Vererblichkeit", abdingbar sei]; aM STAUDINGER/BOEHMER[11] Rn 163; vielleicht auch RGZ 80, 175, 179 [löst den konkreten Fall aber schließlich mit – kaum haltbaren – Ausführungen zum Vertrag zugunsten Dritter auf den Todesfall]; unentschieden BGH WM 1977, 192). Nach § 140 BGB besteht jedoch uU die Möglichkeit, eine an sich nichtige „Unvererblichstellung" in ein derartiges Rechtsgeschäft oder hilfsweise in die gesellschaftsvertraglich mögliche Bestimmung umzudeuten, daß der GmbH-Anteil beim Erbfall zwar zunächst nach § 1922 Abs 1 BGB auf die Erben übergehen, er dann aber an die Gesellschaft oder an Dritte abgetreten (dazu OLG Koblenz GmbH-Rdsch 1995, 586 m Kurzkommentar KIRBERGER EWiR § 15 GmbHG 1/1995, 783; BGH NJW-RR 1996, 1377 [dieselbe Sache]; vgl auch BGHZ 92, 386, 390 ff) oder den Erben gem § 34 GmbHG entzogen werden soll (vgl PRIESTER aaO; SOERGEL/STEIN Rn 65 mwN). Mit Satzungsbestimmungen über den *nachträglichen* Ausschluß des Erben befassen sich BGHZ 105, 213 ff und GRUNEWALD, Der Ausschluß aus Gesellschaft und Verein (1987), 211 ff. Die Möglichkeit einer *automatischen* Einziehung des Geschäftsanteils ist bei Rn 58 thematisiert. Zu den Auswirkungen all dieser Vereinbarungen auf das Pflichtteilsrecht s STAUDINGER/HAAS (1998) § 2311 Rn 20, 109 ff und die weiteren Nachweise oben bei Rn 56 ff.

Daß die Vererbung des *Geschäftsanteils* außer durch rechtzeitige Ausscheidung des- **209**

---

* **Schrifttum:** BARELLA, Erbfolge bei GmbH-Gesellschaftern, GmbH-Rdsch 1959, 45; BECKER, Tod des Gesellschafters der GmbH, GmbH-Rdsch 1937, 215; ders, Einziehung zwecks Ausschluß der Vererbung an Geschäftsanteilen, GmbH-Rdsch 1941, 243; BORRMANN, Pflichtteilsrecht und gesellschaftsvertragliche Fortsetzungsvereinbarungen (1972); vBURCHARD, Die Befugnisse eines Testamentsvollstreckers in einer GmbH, GmbH-Rdsch 1954, 150; BUCHHOLZ, Rechtsnachfolge in GmbH-Geschäftsanteile, MittRhNotK 1991, 1, 37, 40 ff; COHN, Der

§ 1922
209

selben aus dem „Vermögen" des Erblassers nicht verhindert werden kann (s Rn 208), bedeutet nicht, daß Gleiches auch für die gesellschaftsvertraglichen **Verwaltungs- und Mitwirkungsrechte** des Erblassers gelten muß. Soweit diese nach Gesellschaftsrecht abdingbar sind, können sie durch den Gesellschaftsvertrag auch „unvererblich ge-

---

Ausschluß der Vererblichkeit bei den Geschäftsanteilen der GmbH (Diss Greifswald 1919); DÄUBLER, Die Vererbung des Geschäftsanteils bei der GmbH (1965); ders, Der Scheinerbe im Recht der GmbH, GmbH-Rdsch 1963, 181; DILTHEY, Die unentgeltliche Einziehung von GmbH-Anteilen (Diss Bonn 1937); DÖRRIE Erbrecht und Gesellschaftsrecht bei Verschmelzung, Spaltung und Formwechsel, GmbHR 1996, 245; FABIAN, Gesellschaftsverträge und letztwillige Verfügungen der einzelnen Gesellschafter (Diss Heidelberg 1934) 12, 21; FELLER, Zur Vorerbschaft an GmbH-Geschäftsanteilen (Diss Mainz 1974); P FINGER, Einziehung des Geschäftsanteils beim Tode eines Gesellschafters und Nachfolgeregelung, GmbH-Rdsch 1975, 97; GEBEL, Die Bedeutung erbfallbezogener Klauseln in GmbH-Satzungen für die Erbschaftssteuer, DStR 1993, 282, 325; GOTTSCHLING, Schutz der GmbH vor Überfremdung, GmbH-Rdsch 1953, 20; GROSS, Stimmrecht und Stimmrechtsausschluß bei der Testamentsvollstreckung am GmbH-Anteil, GmbH-Rdsch 1994, 596; HABERSACK, Die unentgeltliche Einziehung des Geschäftsanteils beim Tod des GmbH-Gesellschafters, ZIP 1990, 625; HADDING, Zur Rechtsstellung des Vorerben von GmbH-Geschäftsanteilen, in: FS Bartholomeyczik (1973) 75; HAEGELE, Vererbung von GmbH-Geschäftsanteilen, Rpfleger 1969, 186; ders, Rechtsbeziehungen und Wechselwirkungen zwischen GmbH-Satzung und Gesellschaftertestament, GmbH-Rdsch 1972, 219; ders, Erbrechtsfragen zur GmbH, BWNotZ 1976, 53; HEFERMEHL, Satzung und Erbrecht bei der GmbH unter Berücksichtigung der Zugewinngemeinschaft (Korreferat f d GmbH-Sachverständigenausschuß beim BJM vom 6. 1. 1962); HILGER, Zur Anwendbarkeit statutarischer Vinkulierungsklauseln bei der Übertragung von GmbH-Geschäftsanteilen in Ausführung letztwilliger Verfügungen, in: FS Quack (1991) 259; G HUBER, Das Testament des Gesellschafter-Geschäftsführers der GmbH (1985); A HUECK,

Gesellschaftsvertrag und Erbrecht, DNotZ 1952, 550; ders, Der Geschäftsanteil der GmbH als Gegenstand eines Vermächtnisses, Betrieb 1956, 735; KÄPPLER, Die Steuerung der Gesellschaftererbfolge in der Satzung einer GmbH, ZGR 1978, 542; KESSELMEIER, Ausschließungs- und Nachfolgeregelung in der GmbH-Satzung (1989) 239 ff; U KOCH, Die Zuordnung des vererbten GmbH-Geschäftsanteils (Diss Heidelberg 1981); KRAKER, Übertragung und Vererbung von GmbH- und Kommanditanteilen, BWNotZ 1961, 2; KNUR, Die Familiengesellschaft (1941) 107; KREMER/LAUX, Die Rechtsstellung des vermeintlichen Erben in der GmbH, BB 1992, 159; KUSSMAUL, Unternehmerkinder. Ihre zivil- und steuerrechtliche Berücksichtigung in personenbezogenen, mittelständischen Familienunternehmen (1983); KUTTLER, Vermögensrechtliche Auswirkungen nachfolgesteuernder Klauseln bei OHG und GmbH für die ausgeschlossenen Erben (1997); LANDMANN, Zur Regelung der Gesellschafternachfolge in der Satzung einer GmbH (Diss Bonn 1968); LANGENFELD, Das Testament des Gesellschafter-Geschäftsführers einer GmbH und GmbH & Co (1980); LESSMANN, Vinkulierungsklauseln bei der Vererbung von GmbH-Geschäftsanteilen, GmbH-Rdsch 1986, 409; MICHALSKI, Gesellschaftsrechtliche Gestaltungsmöglichkeiten zur Perpetuierung von Unternehmen (1980) 212 ff, 258 f, 300 ff; ders, Die Vor- und Nacherbschaft in einen OHG (KG)- und GmbH-Anteil, Betrieb 1987 Beil Nr 16 (zu Heft 35); MILEWSKI, Der Erwerb eines Gesellschaftsanteils auf Grund Gesellschaftsvertrages zu Gunsten Dritter auf den Todesfall... (Diss Köln 1950) 47; MODEL, Letztwillige Verfügungen und Gesellschaftsvertrag, GmbH-Rdsch 1959, 6; NAGLER, Die zweckmäßige Nachfolgeregelung im GmbH-Vertrag (1998); NEUKIRCHEN, Zuwendungen für die Zeit nach dem Tode in Gesellschaftsverträgen (Diss Köln 1939); NIEMEIER, Rechtsatsachen und Rechtsfragen der Einziehung von GmbH-Anteilen (1982); PETZOLD,

stellt" (vgl Koch 70 ff; Schefer 112 ff; Buchholz MittRhNotK 1991, 1, 41 f und die oben Rn 174, 195 dargestellte Rechtslage bei der Personengesellschaft) oder zum „Ruhen" gebracht werden (vgl LG Berlin BB 1985, 1752 f = NJW-RR 1986, 195). Nicht vererblich sind Rechte, die dem Erblasser nur *höchstpersönlich* zustanden, wie iZw ein ihm aus persönlichen Gründen eingeräumtes Mehrstimmrecht oder eine Geschäftsführungsbefugnis (Däubler

Gesellschaftsvertrag und Erbrecht bei der GmbH und der GmbH & Co KG, GmbH-Rdsch 1977, 25; Pinkernelle, Gesellschaft mit beschränkter Haftung und Erbrecht (Diss Bonn 1960); Priester, Nachfolgeklauseln im GmbH-Vertrag, GmbH-Rdsch 1981, 206; ders, Der vermeintliche Erbe als GmbH-Gesellschafter, GmbH-Rdsch 1984, 193; ders, Testamentsvollstreckung am GmbH-Anteil, in: FS Stimpel (1985) 463; Promberger, Auslegung unvollständiger Nachfolgeklauseln in der Satzung der GmbH, ZHR 150 (1986) 585; Reimann/Spiegelberger, Aktuelle Rechtsfragen der Unternehmensnachfolge, RWS-Skript Nr 163 (1986); Reuter, Privatrechtliche Schranken der Perpetuierung von Unternehmen (1973) 409 ff; ders, Die Bestandssicherung von Unternehmen, AcP 181 (1981) 1; Rowedder, Die Zulässigkeit der Testamentsvollstreckung..., in: FS Goerdeler (1987) 445, 454 ff, 465; Saenger, Beschränkungen hinsichtlich Veräußerung und Vererbung von Geschäftsanteilen einer GmbH, RG-FS IV (1929) 17; Schefer, In welcher Weise kann die Satzung einer GmbH den Erwerb von Geschäftsanteilen durch Erbgang ausschließen oder beschränken? (Diss Mainz 1960); ders, Sondererbfolge in den GmbH-Geschäftsanteil?, GmbH-Rdsch 1960, 203; ders, Wie kann die Satzung einer GmbH die Vererbung von Geschäftsanteilen ausschließen?, Betrieb 1961, 57; Schilling, GmbH-Recht und Erbrecht unter Berücksichtigung der Zugewinngemeinschaft (Referat f d Sachverständigenausschuß beim BJM, 1961); ders, Die Regelung der Gesellschafternachfolge in der Satzung der GmbH, GmbH-Rdsch 1962, 205; Schneider, Der GmbH-Anteil bei der Auseinandersetzung eines Gesamthandsvermögens, insbesondere der Erbengemeinschaft, GmbH-Rdsch 1964, 157; Scholz, Der Tod des Gesellschafters einer GmbH, Centrale Rundschreiben (Centrale für GmbH) 1948, 48; ders, Die Vererbung des GmbH-Anteils, JR 1955, 331; Schuler, Einziehung von GmbH-Anteilen kraft Satzung, GmbH-Rdsch 1962, 114; Schulze zur Wiesche, Der Nießbrauch am GmbH-Anteil in steuerlicher Sicht, GmbH-Rdsch 1977, 153, 183; ders, GmbH & Co KG (1985) 111; Siebern, Über die Bestimmung des Gesellschaftsvertrags einer Gesellschaft mit beschränkter Haftung, daß ein Geschäftsanteil nach dem Tode eines Gesellschafters einem Dritten zufallen solle (Diss Greifswald 1916); Siegelmann, Die Erbfolge bei dem Einmann-Gesellschafter einer GmbH, GmbH-Rdsch 1956, 118; ders, Die Erbfolge in den Nachlaß des verstorbenen Einmann-Gesellschafters einer GmbH, Betrieb 1964, 397; Sommer, Rechtliche Wege zur Bestands- und Nachfolgeregelung von Familiengesellschaften (Diss Hamburg 1967) 232; Soufleros, Ausschließung und Abfindung eines GmbH-Gesellschafters (1983); Strickrodt, Die Zukunftssicherung des Unternehmens im Rahmen der GmbH, GmbH-Rdsch 1955, 157; Sudhoff, Der Gesellschaftsvertrag der GmbH (8. Aufl 1992) 513; ders, Die Vererbung von GmbH-Anteilen, Betrieb 1963, 1109; Töteberg, Die Erbfolge in Geschäftsanteil und Mitgliedschaft bei der GmbH (Diss Göttingen 1955); Vins, Kann im Gründungsvertrag einer GmbH unter Zustimmung aller Gesellschafter rechtswirksam vereinbart werden, daß der Geschäftsanteil eines Gesellschafters mit dessen Tode nicht seinen Erben, sondern Dritten zustehen soll?, ZHR 86 (1923) 325; Vogel, Zur Vererbung eines Geschäftsanteils, GmbH-Rdsch 1971, 132; H P Westermann, Zum Anwendungsbereich von Vinkulierungsklauseln bei der Vererbung von GmbH-Geschäftsanteilen, ZIP 1985, 1249; Wiedemann, Die Übertragung und Vererbung von Mitgliedschaftsrechten bei Handelsgesellschaften (1965) 92 ff, 234 ff; ders, GmbH-Anteile in der Erbengemeinschaft, GmbH-Rdsch 1969, 247; Wittek, Die gesellschaftsrechtliche Behandlung der Familien-GmbH (Diss Erlangen-Nürnberg 1969) 92; Wolany, Rechte und

9 f; PETZOLDT GmbH-Rdsch 1977, 25 ad II 1 a). Wegen etwaiger **Bezugsrechte** s Rn 215 und, unabhängig von der Vererbungsfrage, PRIESTER Betrieb 1980, 1925 ff.

210 Hinterläßt ein Gesellschafter **mehrere Erben**, so wird sein Geschäftsanteil gem § 2032 Abs 1 BGB „gemeinschaftliches Vermögen" aller Miterben (zur späteren Einbringung in eine Miterben-OHG vgl OLG Karlsruhe GmbH-Rdsch 1995, 824 ff = NJW-RR 1995, 1189 f = ZEV 1995, 379 ff [dort berichtet und besprochen von GOETTE]). § 18 GmbHG geht wie selbstverständlich davon aus, daß ein GmbH-Anteil „mehreren Mitberechtigten ungeteilt" zustehen kann (Abs 1) und daß als „Mitberechtigte" in diesem Sinne gegebenenfalls auch Mit*erben* anzusehen sind (Abs 3 S 2). Zudem ergibt sich aus § 17 GmbHG, daß „die Teilung von Geschäftsanteilen verstorbener Gesellschafter unter deren Erben" (Abs 3) nur mit Genehmigung der Gesellschaft (Abs 1) oder bei Vorliegen einer dieses Genehmigungserfordernis abdingenden Bestimmung des Gesellschaftsvertrages möglich ist (Abs 3) und daß die Teilung im Gesellschaftsvertrag sogar für den Fall der Vererbung generell *ausgeschlossen* werden kann (Abs 6). Aus alldem folgt, daß eine **Sondererbfolge** der bei Rn 178 ff, 197 beschriebenen Art, die ja zu einer automatischen Zersplitterung des sondervererbten Gegenstandes führen würde, bei GmbH-Anteilen **jedenfalls nicht schon kraft Gesetzes** stattfindet (vgl auch BGHZ 92, 386, 390 ff; KOCH 58–187; STAUDINGER/WERNER [1996] § 2032 Rn 23).

211 Auch durch entsprechende „Nachfolgeklauseln" läßt sich eine Sondererbfolge in GmbH-Anteile nicht herbeiführen (ganz hM; vgl zB BAUMBACH/HUECK[16], GmbHG § 15 Rn 9; DÄUBLER 105 f; HECKELMANN, in: FS vLübtow [1980] 619, 638 ff; LANDMANN 139 ff; KOCH 91 ff, 188; MICHALSKI 225–228; **aM** wohl nur SCHEFER, FINGER und KÄPPLER [dazu sogleich]). Für sog „**einfache**" **Nachfolgeklauseln** des Inhalts, daß der zu vererbende Gesellschaftsanteil entgegen § 2032 Abs 1 BGB nicht „gemeinschaftliches" Vermögen aller Miterben werden, sondern im Wege der Sondererbfolge unmittelbar und den Erbquoten entsprechend *geteilt* an die einzelnen Miterben gelangen solle (s Rn 179), folgt das schon daraus, daß § 17 Abs 6 S 1 GmbHG eine *Teilung* von GmbH-Geschäftsanteilen nur im Fall der „Veräußerung" und der „Vererbung" zuläßt und unter Teilung im Fall der „Vererbung" ersichtlich (vgl §§ 18 Abs 1, Abs 3 S 2, 17 Abs 3 und 4, 5 Abs 1 und 3 GmbHG) nicht eine der einfachen Nachfolgeklausel entsprechende *automatische* Teilung, sondern nur eine *rechtsgeschäftliche* Teilung im Wege der Erbauseinandersetzung versteht (SCHEFER 64 ff; ders GmbH-Rdsch 1960, 203, 204 f; ders Betrieb 1961, 57, 60; vgl auch KESSELMEIER 260; bejaht wird die Möglichkeit, durch „einfache Nachfolgeklausel" eine „aufgeteilte Nachfolge aller Erben" herbeizuführen, wohl nur von FINGER GmbH-Rdsch 1975, 97, 102 mit Fn 72 [„aber lediglich bei Beachtung von §§ 5 Abs 1 und 3, 17 GmbHG"]). Dieses Gegenargument entfällt allerdings bei der sog „**qualifizierten**" **Nachfolgeklausel** (s Rn 180 ff), wenn diese bestimmt, daß der Geschäftsanteil beim Erbfall *ungeteilt* auf *einen* der mehreren Erben übergehen solle. Gleichwohl kann auch eine Sondererbfolge *dieser* Art beim GmbH-Anteil nicht zugelassen werden (hM; **anders** wohl nur SCHEFER 69 ff; ders Betrieb 1961, 57, 59 f; FINGER GmbH-Rdsch 1975, 97, 102 f; EDER in GmbH-Hdb I Rn 334.12 [Stand 1982; auf dem Boden der hM nunmehr Rn 1066 der 1998 erschienenen Neubearbeitung durch KALLMEYER]; KESSELMEIER 261 ff, 269, 296; „zumindest" für die personalistisch strukturierte GmbH wohl auch KÄPPLER ZGR 1978, 542, 575). Das ergibt sich zum einen aus der Unabdingbarkeit der §§ 15 Abs 1 GmbHG, 2032

Pflichten des Gesellschafters einer GmbH (1964) 83, 128; ZEILINGER, Die Anwendbarkeit des § 16 GmbHG auf den fehlerhaften Übergang von GmbH-Geschäftsanteilen im Wege der Veräußerung oder Vererbung (Diss Mainz 1995).

Abs 1 BGB (vgl oben Rn 208) und zum anderen aus dem Fehlen eines die Einführung solch einer Sondererbfolge rechtfertigenden praktischen Bedürfnisses: Wenn die Gesellschafter wollen, daß ihre GmbH-Anteile unter Umgehung einer etwaigen Erbengemeinschaft sofort an den oder die ausersehenen Nachfolger gelangen, können sie den Gesellschaftsanteil auf einem der bei Rn 55 ff genannten Wege „am Erbrecht vorbeisteuern". Dabei muß es auch bei der personalistisch strukturierten GmbH bleiben (überzeugend HECKELMANN, in: FS vLübtow [1980] 619, 640 f; vgl auch KOCH 144–187 sowie die aE der Rn 206 behandelte vergleichbare Problematik).

212 Steht ein GmbH-Anteil mehreren Miterben gemeinschaftlich zu, so kann jeder von ihnen ohne Mitwirkung der anderen **Anfechtungsklage** gegen einen Gesellschafterbeschluß erheben (so BGHZ 108, 21, 30 f wegen § 2038 Abs 1 S 2 HS 2). Zur Bedeutung von **Vinkulierungsklauseln** für die Vererbung von GmbH-Geschäftsanteilen und für die Erbauseinandersetzung vgl LESSMANN GmbH-Rdsch 1986, 409 ff; HILGER, in: FS Quack (1991) 259 ff; OLG Düsseldorf NJW-RR 1991, 1056 ff.

213 Zur **Testamentsvollstreckung** s STAUDINGER/REIMANN (1996) § 2205 Rn 140 ff; zur **GmbH & Co KG** oben Rn 199.

b) Aktiengesellschaft*

214 Wie GmbH-Anteile (Rn 208) sind auch Aktien *ohne weiteres vererblich*; das gilt selbst für vinkulierte Namensaktien und kann durch Satzung nicht ausgeschlossen werden (vgl statt aller GroßKommAktG/BARZ § 68 Anm 8 und zu den haftungsrechtlichen Folgen der vom Erben veranlaßten Eintragung ins Aktienbuch WIEDEMANN 234 ff; KölnerKomm/LUTTER, AktG § 67 Rn 20 f). Hinterläßt ein Aktionär *mehrere* Erben, wird die Aktie gem § 2032 Abs 1 „gemeinschaftliches" Vermögen aller Miterben; eine „Sondererbfolge" ist hier ebensowenig möglich wie beim GmbH-Anteil. Jedoch kann die Satzung für den Fall des Todes die Zwangseinziehung nach § 237 AktG zulassen (vgl BARZ aaO; WIEDEMANN 86 f; REUTER 438 f).

215 Mit der Aktie gehen auch die mit ihr verbundenen **Nebenrechte** auf den Erben über, soweit sie nicht ausnahmsweise höchstpersönlicher Natur sind. **Bezugsrechte** sind vererblich, wenn sie dem Aktionär als solchem zugewiesen sind (vgl RG JW 1901, 484 f Nr 7; RGZ 65, 21 ff). Unvererblich sind sie jedoch dann, wenn sie „vertragsmäßig auf die Person des ursprünglich Berechtigten beschränkt" sind (RGZ 65, 21, 22), was notfalls durch Auslegung zu klären ist (instruktiv RGZ 97, 239, 241).

---

* **Schrifttum:** BARTHOLOMEYCZIK, Das Aktienpaket der Miterbengemeinschaft, in: FS Lange (1970) 343; KNUR, Die Familiengesellschaft (1941) 120; KÖBLER, Erbrecht und Gesellschaft (1974) 15 ff; MICHALSKI, Gesellschaftsrechtliche Gestaltungsmöglichkeiten zur Perpetuierung von Unternehmen (1980) 239 ff; MONTEIL, Zum Erwerb vinkulierter Namensaktien im Erbgang (betr schweizerisches Recht), in: FS Obrecht (1961) 406; REUTER, Privatrechtliche Schranken der Perpetuierung von Unternehmen (1973) 243, 438 f; ders, Die Bestandssicherung von Unternehmen, AcP 181 (1981) 1; ROWEDDER, Die Zulässigkeit der Testamentsvollstreckung ..., in: FS Goerdeler (1987) 445, 454 ff, 465; SCHRÖDER, Stimmrechtskonsortien unter Aktionären: Gesellschafts- und erbrechtliche Probleme, ZGR 1978, 578, 594 ff; SOMMER, Rechtliche Wege zur Bestands- und Nachfolgesicherung von Familiengesellschaften (Diss Hamburg 1967) 245; WIEDEMANN, Die Übertragung und Vererbung von Mitgliedschaftsrechten bei Handelsgesellschaften (1965).

216 Zur **Kommanditgesellschaft auf Aktien** s oben Rn 200.

6. Stiftung*

217 Im Gegensatz zu Vereinen, Genossenschaften und Gesellschaften hat die Stiftung keine Mitglieder (s BGHZ 99, 344, 349 f; STAUDINGER/RAWERT [1995] Vorbem 4 zu § 80; § 85 Rn 8), so daß sich bei ihr die Frage der Vererblichkeit einer „Mitgliedschaft" nicht stellt. Grundsätzlich *un*vererblich ist die Rechtsstellung der Stiftungs*organe* (zB des Vorstands); s oben Rn 156. Auch die – nicht notwendig einen klagbaren Anspruch enthaltende – Rechtsstellung eines „Destinatärs" (dazu BGHZ 99, 344, 350 ff; STAUDINGER/RAWERT [1995] Vorbem 4, 62, 124, 134 zu §§ 80 ff; § 85 Rn 10 ff; BLYDT-HANSEN, Die Rechtsstellung der Destinatäre der rechtsfähigen Stiftung Bürgerlichen Rechts [1998]) wird meist höchstpersönlicher Natur und somit unvererblich sein (Auslegung der Satzung!). Mit dem Erlöschen der Stiftung fällt das Vermögen an die in der Verfassung bestimmten Personen (§ 88 Abs 1). Der Fall, daß diese dann schon nicht mehr leben, wird erörtert bei SOERGEL/NEUHOFF § 88 Rn 7.

VII. Handelsgeschäft und Unternehmen**

218 Von der Vererbung der mitgliedschaftlichen Beteiligung an einer Handelsgesellschaft

---

* **Schrifttum:** FLÄMIG, Unternehmensnachfolge mittels stiftungshafter Gebilde, Betrieb 1978 Beil 22 (zu Heft 45); KUCHINKE, Probleme bei letztwilligen Zuwendungen für Stiftungszwecke, in: FS Neumayer (1986) 389; LEHLEITER, Die Familienstiftung als Instrument zur Sicherung der Unternehmenskontinuität bei Familienunternehmen (1996); Oliver SCHMIDT, Die Errichtung von Unternehmensträgerstiftungen durch Verfügung von Todes wegen (1997).

** **Schrifttum:** AICHER/OSTHEIM, OHG und Erbengemeinschaft, ÖJZ 1981, 253; ARMBRUSTER, Die Erbengemeinschaft als Rechtsform zum Betriebe eines vollkaufmännischen Handelsgeschäfts (Diss Tübingen 1965); BARELLA, Möglichkeit der Haftungsbeschränkung beim Übergang eines Einzelhandelsgeschäftes auf den Erben, Betrieb 1951, 676; BARTHOLOMEYCZIK, Die Haftung des Erben für die neuen Geschäftsverbindlichkeiten, DGWR 1938, 321; F BAUR, Der Testamentsvollstrecker als Unternehmer, in: FS Dölle (1963), 249; BEUTHIEN, Die Miterbenprokura, in: FS Fischer (1979), 1 (dazu STAUDINGER/MAROTZKE [1996] § 1967 Rn 28 f); BINDER, Die Rechtsstellung des Erben I (1901) 31; BOLTE, Der § 27 des neuen HGB, ZHR 51 (1902) 413; BRANDNER, Das einzelkaufmännische Unternehmen unter Testamentsvollstreckung, in: FS Stimpel (1985), 991; BUCHWALD, Der Betrieb eines Handelsgewerbes in Erben- oder Gütergemeinschaft, BB 1962, 1405; COHN, Die Tätigkeit des Registerrichters bei der Firmenfortführung eines von Todes wegen erworbenen Handelsgeschäfts, JW 1926, 481; CREZELIUS, Unternehmenserbrecht (1998); DAMRAU, Die Fortführung des von einem Minderjährigen ererbten Handelsgeschäfts, NJW 1985, 2236; DAUNER-LIEB, Unternehmen in Sondervermögen (1998); DONNER, Der Testamentsvollstrecker des eingetragenen Einzelkaufmanns, des offenen Handelsgesellschafters, des Komplementärs und des Kommanditisten, DNotZ 1944, 143; FELIX, Steuerberatung und Unternehmernachfolge, DStR 1987, 145; ders, Testament und Erbvertrag (ua zur „vorzeitigen Erbfall-Gesellschaft"), DStR 1987, 599; ders, Testamentarische Gestaltungsempfehlungen aus der Sicht der Steuerberatung (ua ebenfalls zur „vorzeitigen Erbfall-Gesellschaft"), Stbg 1988, 117; FISCHER, Fortführung eines Handelsgeschäfts durch eine Erbengemeinschaft?, ZHR 144 (1980) 1; FLÄMING, Unternehmensnachfolge mittels stiftungshafter Gebilde, Betrieb 1978 Beil 22 (zu Heft 45); FROHWEIN, Erbengemeinschaft und offene Handelsgesellschaft, DFG 1940, 103; FROMM, Unternehmensnachfolge (1986);

1. Abschnitt. Erbfolge

(Rn 169 ff) ist zu unterscheiden die Vererbung eines Handelsgeschäfts oder eines sonstigen, zB nichtkaufmännischen Unternehmens. Eine solche setzt voraus, daß das Handelsgeschäft bzw Unternehmen dem Erblasser *nicht nur mittelbar* über eine Beteiligung an einer es betreibenden Gesellschaft, *sondern unmittelbar* gehörte

GANSSMÜLLER, Identitätswahrende Umwandlung der Erbengemeinschaft in eine Personalgesellschaft?, DNotZ 1955, 172 (m Erwiderung von FISCHER DNotZ 1955, 182); GAYK, Die Sicherung qualifizierter Unternehmensleitung beim einzelkaufmännischen Unternehmen über den Tod hinaus (1998); GOLDSTEIN, Die Miterbengemeinschaft als Organisationsform zur Fortführung des ererbten Handelsunternehmens eines Einzelkaufmanns (Diss Köln 1972); GOLDMANN, Inwieweit haftet der Erbe, wenn derselbe ein zu einem Nachlasse gehörendes Handelsgeschäft fortführt, für die früheren Geschäftsverbindlichkeiten?, in: FS Richard Wilke (1900) 117; GRUSS, Die Fortführung eines Handelsgeschäfts durch eine Erbengemeinschaft, Betrieb 1955, 573; HAEGELE, Zur Regelung der Nachfolge in der Leitung eines Familienunternehmens, BWNotZ 1968, 133; HARTMANN/ASCHFALK, Testamentsvollstreckung, Nießbrauch und Vorerbschaft zur Sicherung der Nachfolge des Einzelunternehmens im Zivil- und Steuerrecht (2. Aufl 1984); HEINEN, Die Fortführung des Handelsgeschäfts eines Einzelkaufmanns durch eine Erbengemeinschaft, RhNotK 1962, 108; HEINTZENBERG, Die Einzelunternehmung im Erbgang (1957); HILDEBRANDT, Das Handelsgeschäft als Nachlaßgegenstand, DFG 1937, 153; ders, Die handelsrechtliche Erbenhaftung, DFG 1938, 48; HUECK, Schuldenhaftung bei Vererbung eines Handelsgeschäfts, ZHR 108 (1941) 1; HOLZHAUER, Erbrechtliche Untersuchungen/Einschränkung der Verwaltungstestamentsvollstreckung im Handelsrecht (1973) 1; HÜFFER, Das Namensrecht des ausscheidenden Gesellschafters als Grenze zulässiger Firmenfortführung (zu BGHZ 92, 79 [vgl jetzt auch BGHZ 100, 75]) ZGR 1986, 137; ders, Die Fortführung des Handelsgeschäfts in ungeteilter Erbengemeinschaft und das Problem des Minderjährigenschutzes (zu BGHZ 92, 259 und BVerfGE 72, 155) ZGR 1986, 603; JOHANNSEN, Die Rechtsprechung des Bundesgerichtshofs auf dem Gebiete des Erbrechts,

WM 1972, 914; ders, Die Nachfolge in kaufmännische Unternehmen und Beteiligungen an Personengesellschaften beim Tode ihres Inhabers, FamRZ 1980, 1074; JOHN, Testamentsvollstreckung über ein einzelkaufmännisches Unternehmen, BB 1980, 757; ders, Anm zu BGHZ 92, 259, JZ 1985, 246; KAPP/EBELING/GRUNE, Handbuch der Erbengemeinschaft Rn I 336 ff; KRABBENHÖFT, Übergang von Geschäftsverbindlichkeiten und Geschäftsforderungen beim Erwerb eines Handelsgeschäfts und beim Eintritt eines Gesellschafters in das Geschäft eines Einzelkaufmanns, Rpfleger 1957, 158, 161; KRETZSCHMAR, Die Gestaltung der Haftung des Erben, wenn der Erblasser Einzelkaufmann war oder einer offenen Handelsgesellschaft oder einer Kommanditgesellschaft als Teilhaber angehörte, ZBlFG 17 (1917) 1; KUCHINKE, Die Firma in der Erbfolge, ZIP 1987, 681; KUSSMAUL, Unternehmerkinder. Ihre zivil- und steuerrechtliche Berücksichtigung in personenbezogenen, mittelständischen Familienunternehmen (1983); LION, Der Übergang des einzelkaufmännischen Geschäfts auf mehrere Erben, LZ 1925, 842; LÖHR/RICHTER, Fortführung einer freiberuflichen Praxis bei fehlender beruflicher Qualifikation des Erben: Freiberufliche oder gewerbliche Einkünfte?, BB 1980, 673; MÄRKLE, Der Erbfall und die Erbauseinandersetzung im Ertragsteuerrecht, BWNotZ 1984, 73; MORMANN, Die Rechtsprechung des BGH zur Haftung aus § 419 BGB und § 25 HGB, WM 1965, 634, 641; NELSON, Die Haftung des Erben eines Handelsgeschäfts für die früheren Geschäftsverbindlichkeiten (Diss Berlin 1906); NOLTE, Zur Frage der Zulässigkeit der Testamentsvollstreckung nach Handelsrecht, in: FS Nipperdey Bd I (1965) 667; PARDEY, Gesetzlich Vertretene als Erben eines Kaufmannes oder Komplementärs (Verfahrensprobleme für Register- und Vormundschaftsgerichte), FamRZ 1988, 460; PFEIFFER, Die Fortführung eines Handelsgeschäfts eines Einzelkaufmanns durch eine Mehrheit von Erben (Diss Tübingen 1961);

§ 1922

(im ersten Fall wird – wenn überhaupt [s Rn 57 f, 169 ff, 172, 175, 193 f] – nur der Gesellschaftsanteil als solcher vererbt). Gehörte das Handelsgeschäft dem Erblasser unmittelbar, so geht es bei seinem Tod als Bestandteil des Nachlasses (vgl § 27 Abs 1 HGB) auf den Erben über (Erwerb „von Todes wegen" iSd § 22 Abs 1 HGB). Mit dem **Handelsgeschäft** erwirbt der Erbe das Recht zur Führung der **Firma** des Erblassers, auch wenn sie dessen Namen enthält (vgl die ab 1. 7. 1998 gültige Fassung des § 22 Abs 1 HGB und im übrigen KUCHINKE ZIP 1987, 681 ff). Das Ausmaß der Haftung für

PISKO, Das kaufmännische Unternehmen, Ehrenbergs Handbuch des gesamten Handelsrechts Bd II 1 (1914) § 26.2: Die Vererbung des Unternehmens; REIMANN/SPIEGELBERGER, Aktuelle Rechtsfragen der Unternehmensnachfolge, RWS-Skript Nr 163 (1986); RENKERT, Die Schuldenhaftung des Erben eines Handelsgeschäfts, (Diss Heidelberg, veröffentlicht Cottbus 1911); REUSCH, Die Bewertung und Verwertung des Fabrikgeschäfts im Nachlaß hinsichtlich des Verhältnisses mehrerer Erben zueinander (Münster 1920); REUTER, Die handelsrechtliche Erbenhaftung (§ 27 HGB), ZHR 135 (1971) 511; ders, Probleme der Unternehmensnachfolge, ZGR 1991, 467; RIESENFELD, Die Erbenhaftung I (1916) 18, 112, 237: Haftung wegen Geschäftsschulden (§ 27 HGB); SÄCKER, Die handelsrechtliche Haftung für Altschulden bei Übertragung und Vererbung von Handelsgeschäften, ZGR 1973, 261; SCHAUB, Die Rechtsnachfolge von Todes wegen im Handelsregister bei Einzelunternehmen und Personenhandelsgesellschaften, ZEV 1994, 71; SCHIEMANN, Der Testamentsvollstrecker als Unternehmer, in: FS Medicus (1999) 513; U SCHLÜTER, Die Schuldenhaftung bei Geschäftsübernahme (Diss München 1971) 55; W SCHLÜTER, Anm zu BGHZ 92, 79, JZ 1986, 151; K SCHMIDT, Anm zu BGHZ 92, 259, NJW 1985, 138; ders, Die Erbengemeinschaft nach einem Einzelkaufmann (Verfassung, Haftung, Umwandlung und Minderjährigenschutz), NJW 1985, 2785; ders, Gesetzliche Vertretung und Minderjährigenschutz im Unternehmensprivatrecht (zu BVerfGE 72, 155), BB 1986, 1238; SCHMITZ, Steuerrechtliche Behandlung von gewerblichen Gewinnen nach einem Erbfall: Verstoß gegen das steuerliche Rückwirkungsverbot?, BB 1985, 585; SCHREIBER, Das Verpachtungsrecht der Apotheker-Erben, MittBayNot 1983, 107; SCHULTESS, Die Schuldenhaftung des Erben nach § 27 HGB (Diss Leipzig 1903); SCHULZ/SCHAEFFER, Witwenprivileg und Stellvertretungserlaubnis nach § 46 GewO, MDR 1961, 379; SCHULZE ZUR WIESCHE, Die freiberufliche Praxis im Erbfall, BB 1984, 1612; SEEMÜLLER, Die fortgesetzte Erbengemeinschaft (Diss Hamburg 1976) 134; SOBICH, Erbengemeinschaft und Handelsgeschäft – zur Zulässigkeit der Geschäftsfortführung (Diss Kiel 1975); STEGEMANN, Die Vererbung eines Handelsgeschäfts, Rostocker Rechtswissenschaftliche Studien Bd I Heft 3 (1903); STÖCKER, Die einkommensteuerliche Behandung der Unternehmensvererbung – Eingriff in die Erbrechtsgarantie, WM 1981, 570; STROTHMANN, Die letztwillige Gesellschaftsgründungsklausel (1983); ders, Einzelkaufmännisches Unternehmen und Erbenmehrheit im Spannungsfeld von Handels-, Gesellschafts-, Familien- und Erbrecht (zu BGHZ 92, 259), ZIP 1985, 969; STÜRNER, Die Unternehmensnachfolge (Vertragsentwürfe in juristischen Übungsarbeiten) JuS 1972, 653; SUDHOFF, Handbuch der Unternehmensnachfolge (3. Aufl 1984); TRÖSTER, Miterbengemeinschaft und Handelsgeschäft, Betrieb 1961, 765; VOIGTEL, Aus dem kaufmännischen Erbrechte, BuschsArch 10 (1867) 67; WALKER, Der Vollzug der Arbeitgebererbfolge mit einem vermeintlichen Erben (1985; dazu MAROTZKE AcP 186 [1986] 316); WERTHER, Der Ausschluß der handelsrechtlichen Erbenhaftung nach Fortführung des ererbten Handelsgeschäfts unter der bisherigen Firma (Diss Köln 1968); M WOLF, Die Fortführung eines Handelsgeschäfts durch die Erbengemeinschaft, AcP 181 (1981) 480; ders, Vermögensschutz für Minderjährige und handelsrechtliche Haftungsgrundsätze, AcP 187 (1987) 319. **Vgl auch die Schrifttumsangaben bei Rn 217,** STAUDINGER/DILCHER (1995) Vorbem 23 zu § 90 und STAUDINGER/BOEHMER[11] § 1922 Rn 167.

1. Abschnitt. Erbfolge

die vom Erblasser begründeten Geschäftsverbindlichkeiten hängt ua davon ab, ob und ggfls unter welcher Firma der Erbe das Handelsgeschäft fortführt (vgl § 27 HGB; STAUDINGER/MAROTZKE [1996] § 1967 Rn 57 ff und zu Fragen des Minderjährigenschutzes die durch BVerfGE 72, 155, 167 ff veranlaßten und schon bei Rn 174 erwähnten Bestimmungen des MHbeG v 25. 8. 1998). Zur Geschäftsfortführung durch *mehrere* Erben und der sich hier stellenden Frage des Entstehens einer OHG vgl § 1967 Rn 49, 60, § 2059 Rn 22; STAUDINGER/WERNER (1996) § 2032 Rn 18 ff, § 2038 Rn 4, 9 f, 16 sowie das og Schrifttum (zB DAUNER-LIEB 464 ff, 506 ff, 513 ff, 516 ff) und aus der neueren Rspr die vergleichsweise schon bei Rn 178 herangezogene Entscheidung BGHZ 92, 259, 262 ff (aus Gründen des Minderjährigenschutzes aufgehoben durch BVerfGE 72, 155 ff; sodann gem BGH NJW-RR 1987, 450 Aussetzung des Verfahrens bis zur – inzwischen erfolgten [s oben] – gesetzlichen Neuregelung; vgl. dazu CHRISTMANN ZEV 1999, 416 ff; 2000, 45 ff) sowie BFH NJW 1988, 1343. **Testamentsvollstreckung**: vgl STAUDINGER/REIMANN (1996) § 2197 Rn 28, § 2205 Rn 89 ff; D WEBER, in: FS Stiefel (1987) 829, 841 ff (schon erwähnt bei Rn 190, 198); MUSCHELER, Die Haftungsordnung der Testamentsvollstreckung (1994) 389 ff; DAUNER-LIEB 270 ff (dazu MAROTZKE AcP 199 [1999] 615, 620 ff); SCHIEMANN, in: FS Medicus (1999) 513, 526 ff und das in der Fn sonst noch angeführte Schrifttum.

Der Vererbung unterliegt grundsätzlich **das gesamte Geschäfts- und Betriebsvermögen** 219 einschließlich Firma (ausführl KUCHINKE aaO), Marke (Rn 267, 269 f), immaterieller Güter- und gewerblicher Schutzrechte (Näheres in Rn 267 ff, 271 f). Vererblich ist auch die rechtliche (s Rn 236) Zuordnung bzw der nur potentielle rechtliche Gehalt (s zB §§ 17–20 UWG) zunächst rein tatsächlicher Beziehungen, die in dem Tätigkeitsbereich des Unternehmens entstehen, wie zB der Geschäftserfahrungen, der Fabrikationsgeheimnisse, der Kenntnisse von Bezugs- und Absatzquellen, der Verbindungen mit der Kundschaft, der inneren Ordnung des Betriebes und der Organisationspläne, und letztlich des gesamten „goodwill" (vgl BGH LM § 1922 Nr 7 Bl 1 R und zur Wertermittlung STAUDINGER/HAAS [1998] § 2311 Rn 80 ff; MEINCKE, Das Recht der Nachlaßbewertung im BGB [1973] 198 f). Gegen die zT abweichenden Thesen von BINDER ausführlich STAUDINGER/BOEHMER[11] Rn 167.

Vererblich ist auch ein vom Erblasser betriebenes **nichtkaufmännisches Unternehmen** 220 (BGH NJW 1951, 229 f = LM § 1922 Nr 1 m Anm ASCHER; BGH LM § 1922 Nr 7; zur Erblichkeit des Unternehmens*namens* s Rn 267). Anders nur, wenn das Unternehmen seiner Art nach so eng mit der Person des Erblassers verbunden war, daß es weder von dem Erben (RGZ 144, 1, 4 [Arztpraxis]; BGH LM § 1922 Nr 7) noch von einer anderen Person (so richtig JOHANNSEN WM 1972, 914) fortgesetzt werden kann und deshalb den Wegfall des Inhabers nicht überlebt. In diesem Fall erwirbt der Erbe statt des Unternehmens nur dessen einzelne erbliche Bestandteile (vgl für Arztpraxen RGZ 144, 1, 2/3).

Die Zugehörigkeit eines Handelsgeschäfts oder sonstigen Unternehmens **zum vererb-** 221 **lichen Nachlaß** ist wichtig für die Rechtsstellung der Nachlaßgläubiger, der Pflichtteilsberechtigten (STAUDINGER/HAAS [1998] § 2311 Rn 80 ff), der sonstigen Nachlaßbeteiligten und auch für die Frage, wem die Erträgnisse gebühren, wenn das Unternehmen nach dem Erbfall von einem der Miterben weitergeführt wird (vgl zu letzterer Frage BGH LM § 1922 Nr 7; JOHANNSEN WM 1972, 914; DAUNER-LIEB 451 ff). Gehört zum Nachlaß ein gewerbliches Unternehmen, so behandelt das Steuerrecht die Erben vom Erbfall an als „**Unternehmer**" (vgl BFHE 166, 149 ff = BStBl II 1992, 392, 393 ff). Ob ein vererbtes

Unternehmen „auf ewig" Nachlaßbestandteil bleibt, ist eine schwer zu entscheidende Frage (vgl Rn 104).

222 Die **Kaufmannseigenschaft** ist nicht erblich, sondern wird bei Fortführung des hinterlassenen Betriebes „originär" erworben. Jedoch müssen die Erben *bereits gegen den Erblasser eingetretene Rechtsfolgen* seiner Kaufmannseigenschaft nach Maßgabe der §§ 1922, 1967 ff auch dann gegen sich gelten lassen, wenn *ihnen* die Kaufmannseigenschaft fehlt. So zB die Wirkungen einer mündlichen Bürgschaft oder eines mündlichen Schuldanerkenntnisses oder -versprechens nach § 350 HGB, die Nichtherabsetzbarkeit einer Vertragsstrafe nach § 348 HGB, die höhere oder früher fällige Zinspflicht nach §§ 352, 353 HGB, die Haftung für die Sorgfalt eines ordentlichen Kaufmanns nach § 347 HGB, die Verpflichtung aus kaufmännischer Anweisung (§ 363 HGB), die Pflicht zur Mängelrüge (§ 377 HGB), die Bindung an eine nach § 38 Abs 1 ZPO wirksame Gerichtsstandsvereinbarung (letzteres str; s unten Rn 339).

223 Sonstige mit Einkünften verknüpfte **Berufsstellungen** sind einer Vererbung ebensowenig zugänglich wie die Kaufmannseigenschaft; auch sie können nur „originär" erworben werden (iE ebenso STAUDINGER/BOEHMER[11] im 2. Abs der Rn 167). Zu den Möglichkeiten einer zumindest vorübergehenden **Fortführung einer freiberuflichen Praxis bei fehlender Qualifikation des Erben** vgl LÖHR/RICHTER BB 1980, 673 f (unter besonderer Berücksichtigung steuerrechtlicher Aspekte) und BFHE 133, 396 ff = BStBl II 1981, 665 ff. Zur Vererblichkeit öffentlich-rechtlicher **Konzessionen und dergl** s Rn 369.

VIII. Landgüter und Höfe*

224 Für die Vererbung *landwirtschaftlicher* Unternehmen gilt das allgemeine Erbrecht nur, soweit sich aus den in manchen Bundesländern geltenden Höfeordnungen, Anerbenrechtsgesetzen und dergl nichts anderes ergibt. Nicht selten kommt es hinsichtlich des „Hofes" zu einer **Sondererbfolge** iS des bei Rn 62 Gesagten. Eine Zusammenstellung der einschlägigen bundes- und landesrechtlichen Vorschriften findet sich an anderer Stelle dieses Kommentars (STAUDINGER/MAYER [1998] EGBGB Art 64 Rn 80 ff; vgl auch STAUDINGER/WERNER Vorbem 4 zu §§ 1924 ff). Wegen der Einzelheiten wird auf das dort angegebene Schrifttum verwiesen (vgl ferner STAUDINGER/OTTE Einl 22, 25, 67, 80, 82, 89 zu §§ 1922 ff; STAUDINGER/WERNER Vorbem 4 ff, 43 zu §§ 1924 ff, STAUDINGER/WERNER [1996] Vorbem 20 ff zu §§ 2032 ff, § 2046 Rn 19; STAUDINGER/MAROTZKE [1996] § 2058 Rn 45, § 2059 Rn 16 und unten Rn 237, 242). Zur Vererblichkeit des im Zuge der **Bodenreform** auf dem Gebiet der SBZ und späteren DDR geschaffenen sog Siedlungseigentums vgl oben Rn 54.

225 Soweit das BGB zur Anwendung kommt, sind in bezug auf Landgüter die **Bewer-**

---

* **Schrifttum:** STAUDINGER/BOEHMER[11] Einl § 19 Rn 9 ff und § 28 Rn 18 f; FASSBENDER, Zur vertragsbrechenden Hoferklärung, AgrarR 1987, 295; 1988, 125; FASSBENDER/HÖTZEL/JEINSEN/PIKALO, Höfeordnung, Höfeverfahrensordnung und Überleitungsvorschriften. Kommentar (3. Aufl 1994); KREUZER/HORNSTEIN, Vererbung landwirtschaftlicher Betriebe in Baden-Württemberg – eine rechtstatsächliche Untersuchung (1985); LANGE/WULFF/LÜDTKE-HANDJERY, Höfeordnung (9. Aufl 1991); OTTE, Aufhebung der Hofeigenschaft trotz bindender Bestimmung eines Hofnachfolgers (zu BGH NJW 1988, 710) NJW 1988, 672; ders, Die Rechtsprechung des BGH zur formlosen Hoferbenbestimmung als Fortsetzung erbhofrecht-

tungsvorschriften der §§ 2049, 2312 BGB, 16 Abs 1 S 2 GrdstVG zu beachten (dazu unter verfassungsrechtlichen Gesichtspunkten BGHZ 98, 375; 98, 382 = NJW 1987, 951; 1987, 1260). Vgl auch STAUDINGER/OTTE Einl 84 f zu §§ 1922 ff; STAUDINGER/HAAS (1998) § 2312 Rn 4; STAUDINGER/OLSHAUSEN (1998) § 2325 Rn 90.

Über die **gerichtliche Zuweisung eines landwirtschaftlichen Betriebes** an einen von 226 mehreren Erben und die hieraus resultierenden Ausgleichsansprüche vgl §§ 13 ff GrdstVG und STAUDINGER/WERNER (1996) § 2042 Rn 20, § 2049 Rn 6. Das BVerfG (NJW-RR 1992, 898 r Sp) hat eingeräumt, daß insoweit „noch nicht geklärte Fragen zum Inhalt der Erbrechtsgarantie sowie zur Vereinbarkeit der Vorschriften über die Zuweisung landwirtschaftlicher Betriebe an einen Miterben mit dem Gleichheitssatz" bestehen.

IX. Heimstätten**

Eine dem höferechtlichen Anerbenrecht (Rn 224) vergleichbare **Sondererbfolge** war 227 bis zur Aufhebung des RHeimstG durch das am 1. 10. 1993 in Kraft getretene G v 17. 6. 1993 (BGBl I 912) auch in bezug auf „Heimstätten" vorgesehen (Näheres bei STAUDINGER/WERNER [1996] Vorbem 23 zu §§ 2032 ff).

X. Erbrechtliche Stellungen

1. Allgemeines

Der früheste Zeitpunkt, von dem an eine Aussicht auf erbrechtlichen Erwerb eine ihre 228 **eigene (Weiter-)Vererbung ermöglichende rechtliche Stabilität erlangen kann, ist** nach heutigem Recht **der Tod des ersten Erblassers.** Die noch ziemlich unsichere (Rn 11 ff) Erwerbsaussicht, die der gesetzlich, testamentarisch oder erbvertraglich vorgesehene künftige Erbe oder Vermächtnisnehmer *vor* dem Erbfall hat, ist keine vererbliche Rechtsposition; ein schon zu Lebzeiten des Erblassers bestehendes „Warterecht" nach deutschrechtlichem Muster ist dem BGB fremd (ausführlicher STAUDINGER/BOEHMER[11] Einl § 19 Rn 3 und § 1922 Rn 170 unter VIII 1 a). Soweit der Rechtsschutz der *Pflichtteilsberechtigten* in §§ 2325 ff, der *erbvertraglich* Bedachten in §§ 2287–2289 und der in einem *gemeinschaftlichen Testament* bedachten Dritten nach Annahme des Zugewendeten durch den überlebenden Ehegatten wegen § 2271 Abs 2 „in das Leben des Erblassers zurückreicht" (STAUDINGER/BOEHMER[11] Rn 170), kann man zwar von einer *sachlich* schon vor dem Erbfall bestehenden rechtlichen Sicherung des künftigen Erberwerbes sprechen; aber *persönlich* ist auch dann nur eine „nuda spes" vorhan-

lichen Denkens, in: FS Kroeschell (1997) 915; SCHAPP, Der Schutz des Unternehmens in der Vererbung im Landwirtschaftsrecht und im Personengesellschaftsrecht (1975); VIDAL, Unternehmensnachfolge in der Landwirtschaft. Möglichkeiten ihrer rechtlichen Ausgestaltung und deren Verbreitung im altbayerischen Raum (Diss Freiburg 1980); ders, Die Praxis der Hofnachfolge im altbayerischen Raum, AgrarR 1980, 3; WÖHRMANN/STÖCKER, Das Landwirtschaftserbrecht/Kommentar zur HöfeO (6. Aufl 1995); **vgl ferner die Nachweise bei** STAUDINGER/MAYR (1998) Art 64 EGBGB.

** **Schrifttum:** Vgl die Angaben bei STAUDINGER/WERNER (1996) Vorbem 23 zu §§ 2032 ff sowie ergänzend STAUDINGER/BOEHMER[11] Einl § 19 Rn 10, § 28 Rn 18, 19; SEYBOLD, Die Erbfolge im neuen Reichsheimstättengesetz, WürttZ 1941, 57; WESTPHAL, Probleme zum Heimstättenerbrecht, Rpfleger 1981, 129.

den: Erleben der gesetzlich, testamentarisch oder erbvertraglich mit einer Erbschaft, Nacherbschaft oder mit einem Vermächtnis Bedachte den Erbfall nicht, so sind auch ihre Erwerbsaussichten hinfällig, sie gehen nicht auf die Erben der primär Bedachten über. Das bestimmen die §§ 1923, 2108 Abs 1, 2160 ausdrücklich (anderes gilt jedoch, wenn eine als Nacherbe eingesetzte Person *zwischen Erbfall und Nacherbfall* stirbt; vgl STAUDINGER/ BEHRENDS/AVENARIUS [1996] § 2108 Rn 7 ff). Die §§ 2074, 2108 Abs 2 S 2 ergänzen dies dahin, daß *aufschiebend bedingte Zuwendungen*, auch wenn der Bedachte den Erbfall oder Nacherbfall erlebt, im Zweifel unwirksam sind und keine vererbliche Anwartschaft begründen, wenn der Bedachte bei Bedingungseintritt nicht mehr lebt. Zu der Frage, ob und ggfls inwieweit diese Zweifelsregel auch für aufschiebend bedingte oder befristete *Vermächtnisse* gilt, vgl STAUDINGER/BOEHMER[11] Rn 170 (aE von VIII 1 a) einerseits und STAUDINGER/OTTE (1996) § 2179 Rn 8 andererseits.

2. Dingliche Nachlaßbeteiligungen

229 **War einem Erblasser vor seinem Tode auch selbst eine Erbschaft (oder ein Erbteil) angefallen**, so wird diese(r) als Bestandteil *seines* Nachlasses weitervererbt (vgl Mot V 492, 612 f). Ob entsprechend auch *die Erbenstellung als solche* weitervererbt wird (so wohl STAUDINGER/BOEHMER[11] Rn 174 aE [wo von einem Übergang der „Miterbenstellung" die Rede ist]; verneinend MünchKomm/LEIPOLD Rn 55; unklar BGHZ 121, 47, 48; für Vererblichkeit des „subjektiven Erbrechts" DÖRNER, in: FS Ferid [1988] 57, 69), mag zweifelhaft sein, da der Erbeserbe ja nicht *unmittelbarer* Rechtsnachfolger des ersten Erblassers wird (vgl auch Rn 38 für die Erbteilsübertragung unter Lebenden). Vererblich sind aber jedenfalls die sich auf die eigene Erbenstellung des Verstorbenen beziehenden wie auch die *aus* ihr fließenden Rechte, Pflichten (s OLG München MDR 1987, 416) und Bindungen. So zB das Ausschlagungsrecht (§ 1952 Abs 1 mit Modifizierungen in Abs 2 und 3), das Recht zur Beantragung eines Erbscheins (dazu STAUDINGER/SCHILKEN [1997] § 2353 Rn 42), etwaige Ausgleichungsansprüche bzw -pflichten aus §§ 2050 ff (vgl STAUDINGER/WERNER [1996] § 2050 Rn 15), das Vorkaufsrecht aus § 2034 (vgl BGHZ 121, 47, 48; STAUDINGER/WERNER [1996] § 2034 Rn 11), das Recht, die Haftung für die Schulden des ersten Erblassers auf *dessen* Nachlaß zu beschränken, und dementsprechend auch die diesem Recht korrespondierende sog „Inventarpflicht" (vgl STAUDINGER/MAROTZKE [1996] § 1995 Rn 3 und § 1998). Weitere Beispiele bei DÖRNER aaO. Auch etwaige der Erbenstellung des Erblassers anhaftende *Mängel* muß der Erbeserbe gegen sich gelten lassen; so etwa den der Erbunwürdigkeit des ursprünglichen Erben, selbst wenn gegen diesen eine Anfechtungsklage noch nicht erhoben war (vgl BOEHMER in STAUDINGER[11] Rn 176 und in RG-FS III [1929] 216, 268 zu dem von SORGENFREY in DJZ 1908, 1339 mitgeteilten Fall, in dem die anfechtungsberechtigten Geschwister des erbunwürdigen Erben gemeinsam mit der Mutter *dessen* Erben wurden und sie diese Erbschaft wegen der Unzulässigkeit von Insichprozessen ausschlagen mußten, um sodann gegen die an ihrer Stelle berufenen Erbeserben Anfechtungsklage erheben zu können).

Der **Nacherbe** ist als solcher nicht Erbe des Vorerben, sondern gem §§ 2100, 2139 Erbe des ursprünglichen Erblassers.

230 **Hatte der Erblasser die ihm selbst angefallene Erbschaft bereits angenommen**, so soll nach STAUDINGER/BOEHMER[11] Rn 170 ein „Endpunkt" erreicht sein, von dem an „von einer selbständigen erbrechtlichen Stellung, die einer Vererbung fähig ist", nicht mehr die Rede sein könne, da die betreffenden Gegenstände jetzt „gewöhnliche

Bestandteile" des Erblasservermögens seien und „nicht mehr einer erbrechtlichen Sonderbehandlung" unterlägen. Dem kann nur zum Teil zugestimmt werden. Richtig ist zwar, daß die endgültig erworbene (also nicht mehr ausschlagbare) Erbschaft nach dem Tod des Erben als „normaler" Bestandteil *seines* Nachlasses auf den nächsten Erben – den Erbeserben – übergeht (s Rn 229) und der Erbeserbe sich einer bereits für seinen Rechtsvorgänger (§§ 1952 Abs 1) unausschlagbar gewordenen Erbschaft nur noch dadurch entledigen kann, daß er den sie mitumfassenden Nachlaß „seines" Erblassers *insgesamt* ausschlägt (§ 1950). Daraus folgt jedoch nicht, daß der Nachlaß des *ersten* Erblassers in diesem Fall „nicht mehr einer erbrechtlichen Sonderbehandlung" unterliegen würde: Der Nachlaß des *ersten* Erblassers unterliegt auch in der Hand des *Erbes*erben allen erbrechtlichen Bindungen (zB zugunsten der Gläubiger des ersten Erblassers; vgl §§ 1984, 1985 Abs 1, 1998 BGB, 784 Abs 2 ZPO, 321, 325 InsO), denen er auch schon in der Hand des *ersten* Erben unterlag. Vor diesem Hintergrund **erscheint es weder möglich noch sinnvoll, hinsichtlich der Anerkennung vererblicher „selbständiger erbrechtlicher Stellungen" einen zeitlichen „Endpunkt" zu definieren** (auch der in § 1981 Abs 2 S 2 BGB und § 319 InsO bezeichnete Zeitpunkt setzt keine absolute Zäsur, da er das Antragsrecht des *Erben* unberührt läßt). Die diesbezüglichen Versuche von BOEHMER (in: STAUDINGER[11] Rn 170–177) beruhen teils (zB Rn 170 aE, 177) auf den oben Rn 90 ff kritisierten Thesen zum „Sondervermögenscharakter" des Nachlasses, teils auf der unten Rn 239 kritisierten Überbewertung der Rechtsfigur des „Anwartschaftsrechts" (vgl STAUDINGER/BOEHMER[11] Rn 170 vor a; richtig dagegen SOERGEL/STEIN Rn 31).

Das Vorstehende gilt auch für die Weitervererbung einer dem Erblasser bereits zu **231** Lebzeiten angefallenen **Nacherbschaft** (§§ 2100, 2139). Zur Vererblichkeit der zwischen Erb- und Nacherbfall bestehenden **Nacherbenanwartschaft** vgl STAUDINGER/ BEHRENDS/AVENARIUS (1996) § 2108 Rn 7 ff. Unvererblich ist die Erwerbsaussicht des als **Schlußerbe** Eingesetzten (vgl Rn 15 aE).

Eine dem Erblasser angefallene Vorerbschaft kann nur dann auf seine Erben übergehen **232** (zu denen der *Nach*erbe als solcher wegen §§ 2100, 2139 nicht gehört), wenn als das die Nacherbfolge auslösende Ereignis nicht der Tod des Vorerben, sondern ein anderer, etwa in der Person des Nacherben liegender Umstand wie zB Heirat oder Erreichung eines bestimmten Lebensalters, bestimmt war: Stirbt der Vorerbe vor Eintritt dieses Ereignisses, dann geht die (Vor-)Erbschaft als Bestandteil *seines* Nachlasses (s Rn 229) auf *seine* Erben über. Dem *Nach*erben fällt sie erst bei Eintritt des zum Nacherbfall bestimmten Ereignisses an, und zwar in seiner Eigenschaft als Erbe des *ursprünglichen* Erblassers (vgl §§ 2100, 2139).

Steht ein Nachlaß unter **Testamentsvollstreckung**, so endet diese idR nicht beim Tod **233** des Erben (vgl STAUDINGER/REIMANN [1996] § 2225 Rn 5). Für die Weitervererbung des von ihr erfaßten (ersten) Nachlasses gilt das bei Rn 229 f Ausgeführte. *Un*vererblich ist jedoch das Amt des Testamentsvollstreckers (was natürlich erst bei *dessen* Tod praktisch wird, s Rn 156).

3. Schuldrechtliche Nachlaßbeteiligungen

Vererblich sind auch die meisten *schuldrechtlichen* Nachlaßbeteiligungen wie zB **234 Pflichtteilsansprüche** (§ 2317 Abs 2), **Erbersatzansprüche** (§§ 1934 b Abs 2, 2317

§ 1922

Abs 2 [insoweit kommen nach Aufhebung der §§ 1934 a-e nur noch „altrechtliche Restbestände" nach Maßgabe des Art 227 Abs 1 EGBGB in Betracht]), Ansprüche aus **Vermächtnissen** (vgl Rn 228) und das Recht, sie auszuschlagen (§§ 2180 Abs 3, 1952 Abs 1, 3). Unvererblich sind dagegen wegen ihrer höchstpersönlichen Natur bzw Zweckbestimmung der Anspruch auf den „**Dreißigsten**" gem § 1969 (ERMAN/SCHLÜTER Rn 44; SOERGEL/STEIN Rn 31), der Anspruch auf ein vermachtes „**Altenteil**" (OLG Hamm RdL 1963, 70 f [speziell zu einem der Witwe des Hofeigentümers von diesem vermachten „Holzeinschlagrecht"]), nicht aber der „**Voraus**" **des Ehegatten** aus § 1932 (s dortige Rn 22 bei STAUDINGER/WERNER). Zur Vererblichkeit des – übergangsrechtlich noch denkbaren (s Art 227 Abs 1 EGBGB) – Anspruchs auf **vorzeitigen Erbausgleich** vgl STAUDINGER/WERNER Rn 40 ff zu dem inzwischen aufgehobenen § 1934 d. Bei einer **Auflage** (§§ 2192 ff) kommt auf der Aktivseite als Gegenstand einer Weitervererbung nicht ein Anwartschaftsrecht des Begünstigten (vgl STAUDINGER/OTTE [1996] § 2192 Rn 12; aM STAUDINGER/BOEHMER[11] § 1922 Rn 171), sondern nur die Vollziehungsberechtigung in Betracht (vgl insoweit STAUDINGER/OTTE [1996] § 2194 Rn 7). Die **Verpflichtung** eines Erbanwärters gegenüber dem Erblasser **zum Abschluß eines Erbverzichtsvertrags** endet, sollte sie überhaupt rechtlich möglich sein, mit dem Tod des Erblassers (BGHZ 37, 319, 329 f). Ein bereits geschlossener Erbverzichtsvertrag kann nach dem Tod des Verzichtenden nicht mehr aufgehoben werden (BGHZ 139, 116, 119 ff = LM H 11/1998 § 2351 BGB Nr 2 [m Anm HARDER] = NJW 1998, 3117 ff = FamRZ 1998, 1293 ff = JZ 1999, 146 ff [m Anm PENTZ] = ZEV 1998, 304 ff [zust M SIEGMANN ZEV 1998, 383; krit MUSCHELER ZEV 1999, 49 ff]; vgl auch GERNHUBER EWiR § 2351 BGB 1/1998, 739 f; STAUDINGER/SCHOTTEN [1997] § 2346 Rn 96). Ausgeschlossen ist nach dem Tod des Erblassers auch eine auf §§ 119 ff gestützte Anfechtung durch den Verzichtenden (STAUDINGER/SCHOTTEN [1997] § 2346 Rn 106; vgl auch OLG Schleswig NJW-RR 1997, 1092 f ad 2 a bb [wo dies auf die Frage der Anfechtbarkeit von Verträgen über vorzeitigen Erbausgleich nach dem – inzwischen aufgehobenen – § 1934 d übertragen wird]). Ebensowenig kann einem Erb- oder Zuwendungsverzicht nach dem Erbfall noch das Fehlen der Geschäftsgrundlage oder der Nichteintritt eines bezweckten Erfolgs entgegengehalten werden (BGH NJW 1999, 789 f = FamRZ 1999, 375 f mit dem zutr Hinweis, daß etwas anderes jedoch insoweit zu gelten habe, wie es nicht um die Erbfolge selbst gehe, sondern „um den etwa als Rechtsgrund... geschlossenen Abfindungsvertrag").

235 Vererblich sind die **Abfindungsansprüche** der „weichenden" Erben **gegen den Hoferben**. Vgl § 13 Abs 9 S 1 HöfeO (ähnlich § 17 Abs 2 S 1 GrdstVG); LANGE/WULFF/LÜDTKE-HANDJERY, HöfeO (9. Aufl 1991) § 12 Rn 101, § 13 Rn 79 sowie ergänzend STAUDINGER/BOEHMER[11] Rn 172 (mit vergleichender Heranziehung auch des alten [s STAUDINGER/PROMBERGER/SCHREIBER[12] Rn 91 zu Art 64 EGBGB] REG und unter Einbeziehung sonstiger im Zusammenhang mit der Hoferbfolge stehender Ansprüche). Gleichermaßen vererblich wie derartige Abfindungs*ansprüche* ist die ihr korrespondierende Abfindungs*pflicht* des Hoferben. Vgl auch § 13 Abs 7 HöfeO (ähnlich § 17 Abs 1 S 2 GrdstVG), der im Rahmen seines Anwendungsbereichs den Rückgriff auf die älteren Entscheidungen in BGHZ 31, 151 und BGH NJW 1965, 819 verbietet (gegen diese Rspr schon damals LUKANOW RdL 1964, 194; RÖTELMANN DNotZ 1964, 609; ders NJW 1965, 819 und aufgrund der neuen Gesetzeslage LANGE/WULFF/LÜDTKE-HANDJERY, HöfeO § 13 Rn 69 ff; WÖHRMANN/STÖCKER, Das Landwirtschaftserbrecht [6. Aufl 1995] HöfeO § 13 Rn 19). Zur Vererblichkeit des auf einem Übergabevertrag beruhenden Anspruchs auf Übereignung des Hofes vgl SOERGEL/STEIN Rn 38; LANGE/WULFF/LÜDTKE-HANDJERY HöfeO § 17 Rn 122 (mwN); WÖHRMANN/STÖCKER, HöfeO § 17 Rn 165 f; BGH RdL 1968, 293 m Anm BARNSTEDT.

XI. Sachenrechtliche Positionen

1. Grundsätzliches zur Vererblichkeit

Nicht die dem Erblasser zustehenden Sachgüter als solche, sondern nur die sich auf sie 236
beziehenden persönlichen (schuldrechtlichen) oder dinglichen Rechte oder Besitzverhältnisse (§ 857) kommen für eine Vererbung in Betracht (vgl schon STAUDINGER/BOEHMER[11] § 1922 Rn 178 mwN und für den ähnlich liegenden Fall der *Verfügung* über eine „Sache" MAROTZKE AcP 186 [1986] 490, 496 Fn 30; WILHELM, Sachenrecht [1993] Rn 43 ff – jeweils mwN). Das zeigt sich vor allem bei herrenlosen Sachen und den sie betreffenden Aneignungsrechten wie Jagd- und Fischereirechten. Zum vererbbaren „Vermögen" einer Person gehören nicht diese (herrenlosen!) Sachen als solche, sondern nur die sich auf sie beziehenden **Aneignungsrechte**. Aber auch wenn eine Sache bereits im Eigentum des Erblassers steht, ist Gegenstand der Vererbung nicht die Sache selbst, sondern das sie betreffende Recht, also das **Eigentum** des Erblassers. Vererblich sind auch **Miteigentumsanteile** (Rn 162) und **andere dingliche Rechte**, soweit nicht ausnahmsweise Sonderregelungen entgegenstehen (dazu Rn 237 f). Vererblich sind zB Pfandrecht, Hypothek, Grundschuld und Rentenschuld (vgl erg Rn 293). Gleiches gilt unabdingbar (LANGE/KUCHINKE § 5 III 3 a Fn 46; wohl auch BGHZ 52, 269, 271) für Erbbaurecht (§ 1 Abs 1 ErbbauVO) und Dauerwohnrecht (§ 33 Abs 1 S 1 WEG); wegen § 1 Abs 4 S 1 ErbbauVO (s STAUDINGER/RING [1994] ErbbauVO § 1 Rn 28, 29, 31, 38) und § 33 Abs 1 S 2 WEG können diese Rechte nicht unter einer auflösenden Bedingung bestellt oder sonstwie auf die Lebenszeit des Berechtigten oder des Bestellers (vgl BGHZ 52, 269, 271 ff) beschränkt werden. Auch das Recht der ehem **DDR** kannte Eigentumsformen und Nutzungsrechte, die *vererblich* waren (vgl Rn 54, 224; STAUDINGER/RAUSCHER [1996] EGBGB Art 232 § 4 Rn 22, Art 233 § 4 Rn 22, § 11 Rn 20 ff, § 12 Rn 49 ff).

Die These, daß Eigentum und sonstige dingliche Rechte im allgemeinen die „**Hauptbestandteile**" **des vererblichen Vermögens** bilden (STAUDINGER/BOEHMER[11] Rn 178), trifft für die Gegenwart nicht mehr zu (vgl LEIPOLD AcP 180 [1980] 160, 204 ff).

2. Subjektiv-dingliche Rechte

Subjektiv-dingliche Rechte sind Rechte, die nicht einer *individuell* bestimmten Per- 237
son, sondern dem *jeweiligen* Eigentümer eines Grundstücks zustehen. Zu nennen sind die **Grunddienstbarkeit** (§ 1018), das **Jagdrecht** und in Eigenjagdbezirken idR auch das Jagdausübungsrecht (BJagdG v 29. 9. 1976 §§ 3 Abs 1, 7 Abs 4), die „unselbständigen" **Fischereirechte** (vgl zB §§ 7, 22 prFischG v 11. 5. 1916 [prGS 1916 Nr 14 S 55 ff]; §§ 4 Abs 1 S 1, 5 Abs 1 S 2, 6 FischG BW v 14. 11. 1979 [GBl 466]; § 4 FischG NRW v 11. 7. 1972 [GV 226]; § 5 FischG Rh-Pf v 9. 12. 1974 [GVBl 601 GS 793–1]), die **Reallasten** im Fall des § 1105 Abs 2 und das **Vorkaufsrecht** im Fall des § 1094 Abs 2. Diese Rechte sind, da sie nach § 96 als Bestandteile des Grundstücks gelten, nur zusammen mit dem Grundstückseigentum vererblich. Der Erbe erwirbt sie nicht kraft der *allgemeinen* vermögensübertragenden Funktion der Erbfolge, sondern weil er Eigentümer des *Grundstücks* wird. Praktisch zeigt sich dieser Unterschied vor allem im Bereich des höferechtlichen *Anerbenrechts* (s Rn 62, 224): Hier erwirbt die Realrechte der Anerbe, wenn sie mit dem Hof, die Erbengemeinschaft, wenn sie mit einem anerbenfreien Grundstück verknüpft sind (vgl zu einer ähnlichen Erscheinung unten Rn 242). Ferner beim *Vermächtnis*: Ist das Grundstück einem Vermächtnisneh-

mer zugedacht, so gehen bei der Übereignung (s oben Rn 48) auch die Realrechte auf *ihn* über, sie verbleiben nicht beim Erben.

3. Höchstpersönliche Rechte

238 Unvererblich sind Rechte, die so sehr persönlichen Unterhalts- oder Nutzungszwecken des Berechtigten dienen, daß sie mit dessen Tod ihre Daseinsberechtigung verlieren. Darunter kann eine **Reallast** fallen, wenn sie inhaltlich als ein auf die Lebenszeit des Berechtigten beschränktes Recht ausgestaltet ist (OLG Köln RPfl 1994, 292 f), insbes wenn die wiederkehrenden Leistungen aus dem Grundstück Inhalt eines **Altenteilsrechts** und damit nach Art 15 § 2 prAGBGB (s STAUDINGER/KRIEGBAUM[12] EGBGB Art 96 Rn 5) als Leibrente auf die Lebenszeit des Berechtigten beschränkt sind (§§ 759 Abs 1). Ist Gegenstand einer im Rahmen eines Leibgedings bestellten Reallast auch die Sicherung der Kosten der Beerdigung und der Grabpflege, so ist das Recht insoweit vererblich (BayObLGZ 1983, 113, 116 f; BayObLG NJW-RR 1988, 464 f). Unvererblich sind der **Nießbrauch** und **beschränkte persönliche Dienstbarkeiten**, die alle „mit dem Tode" des Berechtigten erlöschen (§§ 1061 S 1, 1090 Abs 2; vgl aber auch unten Rn 291 sowie die Sonderregelungen für juristische Personen und rechtsfähige Personengesellschaften in §§ 1061 S 2, 1059 a, 1092 Abs 2, 3). Etwaiger *Besitz* des Berechtigten geht gleichwohl gem § 857 auf den Erben über, und zwar aus demselben Grunde und in denselben Grenzen wie der aufgrund eines unvererblichen Amtes erlangte Besitz (hier wie dort [Rn 157] str). Hatte der Erblasser den Gegenstand seines Nießbrauchs **vermietet**, so endet beim Erbfall zwar der Nießbrauch, nicht aber der Mietvertrag; für die Erfüllung des letzteren haftet der Erbe nach § 1967 (BGHZ 109, 111 ff = NJW 1990, 443 ff; vgl auch Rn 283). Mit dem Erlöschen des Nießbrauchs entfallen auch die sich auf ihn gründenden Abwehrrechte nach öffentlichem Baurecht; dies gilt auch während eines bereits schwebenden verwaltungsgerichtlichen Verfahrens (OVG Münster NVwZ 1994, 696 f; vgl erg Rn 342). Zum dinglichen **Vorkaufsrecht** s unten Rn 290.

4. „Unfertige" dingliche Rechtsstellungen

239 Erst „**im Werden begriffene**" dingliche (oder schuldrechtliche: s Rn 281) **Rechtsstellungen** sind vererblich, wenn auch das „fertige" Recht vererblich wäre. Die Vererblichkeit solch einer unvollendeten Rechtsstellung setzt nicht voraus, daß sich die auf ihr beruhende Erwerbsaussicht des Erblassers bereits zu einem sog **Anwartschaftsrecht** verfestigt hat (im Ausgangspunkt ebenso OTTE, in: Festgabe Zivilrechtslehrer 1934/1935 [1999] 433, 439 f; **aM** STAUDINGER/BOEHMER[11] Rn 181 Satz 1). Selbst wenn der Begriff des Anwartschaftsrechts einen guten Sinn hätte (skeptisch MAROTZKE, Das Anwartschaftsrecht – ein Beispiel sinnvoller Rechtsfortbildung? [1977] 137 f), bestünde dieser jedenfalls nicht darin, die „unfertigen" Rechtspositionen des Erblassers je nach Höhe ihres Sicherheitsgrades in vererbliche und unvererbliche zu unterteilen. Denn es gibt keinen sachlichen Grund, der es gebieten würde, *nur wirklich sichere* – wie sichere? – Erwerbsaussichten unter den Vermögensbegriff des § 1922 Abs 1 zu subsumieren.

240 Vererblich sind zB die *Gewinnchance* aus einem Lotterielos, auch die auf einem vom Erblasser abgeschlossenen Gewinnsparvertrag beruhende *Chance auf Zuteilung eines Gewinnloses* gegen Abbuchung vom Erblasserkonto (jedoch darf diese Chance *pflichtteilsrechtlich* nicht mit dem Betrag des tatsächlich eingetretenen Gewinns bewertet werden; insoweit zutr AG Pirmasens NJW-RR 1998, 1463 f), schuldrechtliche *Ansprüche* auf dingliche

1. Abschnitt. Erbfolge

Rechtsänderungen und *mit* ihnen etwaige (!) ihrer Sicherung dienende *Vormerkungen* i S der §§ 883 ff (vgl aber Rn 302), auch wenn die „Sicherheit" der durch sie vermittelten Erwerbsaussicht wegen bestehender Rücktrittsrechte des Schuldners oder aus anderen Gründen gering ist (zu dem für die *Vormerkbarkeit* erforderlichen Sicherheitsgrad vgl STAUDINGER/GURSKY [1996] § 883 Rn 118 ff, 122 ff); *der öffentlich-rechtliche Anspruch des Meistbietenden (§ 81 ZVG) auf den Zuschlag* (s Rn 378), ferner die *Anwartschaft* dessen, dem eine bewegliche Sache unter Eigentumsvorbehalt (§§ 158 Abs 1, 455) übereignet wurde, die Anwartschaft des Grundstückseigentümers auf Erwerb der Hypothek als Eigentümerpfandrecht im Fall der Zahlung (§§ 1142, 1143, 1163 Abs 1 S 2), des persönlichen Schuldners auf Erwerb der Hypothek im Fall der Befriedigung des Gläubigers (§ 1164), des eingetragenen Gläubigers auf Erwerb der noch nicht valutierten Hypothek (§§ 1113 Abs 2, 1163; s dazu LENT ZAkDR 1937, 37 ff). Auch das *Recht des Finders* auf Erwerb des Eigentums an der Fundsache (§ 973) sowie des *Schatzentdeckers* auf Erwerb der Eigentumshälfte (§ 984) geht auf die Erben über. Die Anwartschaften gutgläubiger Besitzer auf Eigentumserwerb durch *Ersitzung* und auf *Fruchterwerb* werden bei der Vererbung des Besitzes (s unten Rn 253 ff, 258 ff), die *Anwartschaften aus begonnenem Rechtsverkehr* bei Rn 308 f (s auch Rn 318) behandelt. Einen Grenzfall, dessen erbrechtliche Einordnung schwierig ist (Rn 377), bilden Rechtspositionen aus „postmortaler Gesetzgebung" (OTTE [oben Rn 239] 439).

5. Schuldverhältnisse aus dinglichem Recht

a) Zwischen Eigentümer und beschränkt dinglich Berechtigtem
Den beschränkten dinglichen *Rechten* stehen auf seiten des Eigentümers der belasteten Sache idR eine Reihe von *Pflichten* gegenüber, denen meist Pflichten auf seiten des Berechtigten entsprechen. Die auf diesem sog **gesetzlichen Schuldverhältnis** beruhenden Rechte und Pflichten sind nicht an die individuelle Person des Gläubigers bzw Schuldners, sondern an die dingliche Rechtsstellung geknüpft, sofern sie sich nicht schon in Gestalt selbständiger Ansprüche von dieser gelöst haben. Dementsprechend ist für ihre Vererbung wie folgt zu unterscheiden:

aa) Primärrechte und -pflichten
Die den „eigentlichen" Inhalt dieser gesetzlichen Schuldverhältnisse bildenden primären Pflichten (zB aus §§ 1021–1023, 1036–1038, 1041–1047, 1098–1100, 1108, 1214 ff uam) und die ihnen entsprechenden primären Rechte der Gegenpartei sind „Akzessorien" der dinglichen Rechtsstellung (Ausnahmen bilden die §§ 1214 ff, soweit sie auf der Aktivseite nicht den Eigentümer als solchen, sondern den „Verpfänder" berechtigen) und gehen als solche auf denjenigen über, der in diese einrückt. Das ist zwar in der Regel der Erbe oder die Erbengemeinschaft. Aber die dingliche Bindung zeigt sich zB dann, wenn, wie im Anerbenrecht (s Rn 224), *getrennte* Erbfolge in den Hof einerseits und in das sonstige Vermögen andererseits stattfindet: Hier kommt es darauf an, zu welcher der beiden Vermögensmassen das dingliche Rechtsverhältnis gehört (vgl auch Rn 237 aE). Ferner dann, wenn die Sache Gegenstand eines *Vermächtnisses* (§§ 2147, 2174) ist: Hier gehen die primären dinglichen Pflichten des Eigentümers kraft Gesetzes mit der Sache zunächst auf den Erben und bei Erfüllung des Vermächtnisses durch diesen – also bei Übereignung der Sache – auf den Vermächtnisnehmer über (vgl schon Rn 48). Dies tritt besonders klar in Erscheinung, wenn der Vermächtnisgegenstand für eine Schuld des Erblassers *verpfändet* oder hypothekarisch belastet war. Die *dingliche Last* haftet dann auf dem Gegenstand und geht bei

dessen Übereignung mit ihm auf den *Vermächtnisnehmer* über, aber die *persönliche Schuld* bleibt als vom Erblasser herrührende Verbindlichkeit (§ 1967) beim *Erben*, bis der Vermächtnisnehmer der ihm nach § 2166 obliegenden Befreiungspflicht nachgekommen ist.

243 Gegenstück ist die Pflichtstellung des Eigentümers bei der **Reallast**: Hier ist auch die *persönliche* Haftung des Eigentümers für die während der Dauer seines Eigentums fällig werdenden Leistungen an seine *dingliche* Rechtsstellung gebunden (§ 1108 Abs 1). Ist also das belastete Grundstück einem Dritten *vermacht*, so haftet für die rückständigen Leistungen *aus der Lebenszeit des Erblassers* der Erbe gem § 1967, für die *vom Erbfall bis zur Übereignung* an den Vermächtnisnehmer fällig werdenden Leistungen der Erbe *in seiner Eigenschaft als Grundstückseigentümer* (und allenfalls *daneben* noch aus § 1967), also aus eigener Pflichtstellung und daher ohne Befugnis zur Haftungsbeschränkung, *und erst von da an treffen die künftigen Leistungspflichten den Vermächtnisnehmer*, der als Einzelnachfolger seinerseits nicht etwa in die rückständigen Pflichten seiner beiden Vorgänger eintritt, wenngleich er im Innenverhältnis zum Erben zur Schuldbefreiung verpflichtet sein kann. Vgl auch STAUDINGER/ AMANN (1994) § 1108 Rn 2 f.

bb) Sekundärrechte und -pflichten
244 Anders als die in Rn 242 f erwähnten *primären* sind etwaige *sekundäre* Rechte und Pflichten, die sich in Gestalt von **Schadens-, Nutzungs- oder Verwendungsersatzansprüchen** aus ihnen entwickelt haben, gegenüber ihrer dinglichen Grundlage derart verselbständigt, daß sie bei späterer Übereignung der Sache nicht auf den Erwerber übergehen (aber: Rn 247). War zB der Inhaber eines Pfandrechts durch Pflichtverletzung nach §§ 1214, 1215 schadensersatzpflichtig oder durch Verwendungen nach § 1216 ersatzberechtigt geworden, so gehen sowohl diese Pflichten wie diese Rechte *auf seinen Erben als solchen* über und bleiben dort, auch wenn er die durch das Pfandrecht gesicherte Forderung mit der sich aus § 1250 Abs 1 ergebenden Folge (Übergang auch des *Pfandrechts*) auf einen Vermächtnisnehmer überträgt (s zB STAUDINGER/WIEGAND [1997] § 1251 Rn 12). Auch im *Innenverhältnis* zwischen diesem und dem Erben hat das Gesetz eine Befreiungspflicht des Vermächtnisnehmers und einen Anspruch auf Abtretung der Ersatzforderung *nicht* geschaffen. Erst das *künftige* gesetzliche Schuldverhältnis besteht dann zwischen dem Vermächtnisnehmer und dem Verpfänder (genauer § 1251 Abs 2 und STAUDINGER/WIEGAND [1997] § 1251 Rn 7 ff).

b) Zwischen Mitberechtigten
245 Das Vorstehende gilt entsprechend bei Vererbung dinglicher Mitberechtigungen wie zB des **Miteigentums**. Das „gesetzliche Schuldverhältnis" ergibt sich hier aus §§ 741 ff, 1008 ff.

c) Zwischen dinglich Berechtigtem und Dritten
aa) Primäre Unterlassungs-, Beseitigungs- und Herausgabeansprüche
246 Das bei Rn 242 f Ausgeführte gilt entsprechend für die zum Schutz dinglicher Rechte gegen Dritte gewährten Unterlassungs-, Beseitigungs- und Herausgabeansprüche: zB für die Schutzansprüche aus §§ 899, 1004, 1027, 1090 Abs 2, 1051, 1065, 1134–1135, 1227 und die Ansprüche aus §§ 894, 985, 1065, 1227. Sie alle sind auf der *Aktiv*seite an das dingliche Recht gebunden (vgl zB STAUDINGER/GURSKY [1996] § 894 Rn 65; STAUDINGER/ GURSKY [1999] § 985 Rn 35; § 1004 Rn 89 ff, 191 f); einige von ihnen auch auf der *Passiv*seite

an das Eigentum oder den Besitz an einer zu beseitigenden Störungsquelle (vgl STAUDINGER/GURSKY [1999] § 1004 Rn 112, 117 ff, 129 ff, 192, 199; BGH NJW 1989, 2541, 2542), den Besitz an einer herauszugebenden Sache (vgl STAUDINGER/GURSKY [1999] § 985 Rn 15, 42 ff) oder den „Besitz" einer unrichtigen Grundbucheintragung (vgl STAUDINGER/GURSKY [1996] § 894 Rn 79, 87). Hat zB der Erblasser eine in seinem Besitz befindliche, wegen § 935 aber niemals in sein Eigentum gelangte Sache einem Dritten vermacht, so trifft die Pflicht zur Herausgabe aus § 985 oder § 1007 zwar zunächst den Erben, da er nach § 857 Besitzer wird, nach der Übergabe an den Vermächtnisnehmer aber diesen als nunmehrigen Besitzer (in Betracht kommt freilich noch eine *Schadensersatz*pflicht des *Erben* aus §§ 989 f). Das gleiche gilt, wenn eine an den Erblasser zurückgezahlte, aber noch nicht gelöschte Hypothek von ihm einem bösgläubigen Dritten vermacht ist: Bis zur „Übertragung" an diesen (§§ 2174, 1153 f) und der entsprechenden Eintragung ins Grundbuch (aber: § 1155) richtet sich der Berichtigungsanspruch (§§ 894, 899) des Grundeigentümers (§§ 1163 Abs 1 S 2) oder seines Erben gegen den Erben des früheren Hypothekengläubigers als neuen Inhaber des „Buchbesitzes" (vgl STAUDINGER/GURSKY [1996] § 894 Rn 79), nachher gegen den Vermächtnisnehmer. Vgl auch Rn 48.

bb) Sekundäre Ersatzansprüche

Dagegen gehen die schon in der Person des Erblassers entstandenen Sekundäransprüche auf **Schadens- und Nutzungsersatz**, insbes aus §§ 987 ff und § 992 iVm §§ 823 ff, § 1007 Abs 3 S 2, ohne weiteres auf den Erben als solchen über und bleiben dort auch dann, wenn der betreffende Gegenstand einer anderen Person vermacht und auf diese übertragen worden ist.

Eine **Ausnahme** statuiert das BGB **für** die **Verwendungsersatzansprüche** des Besitzers gegenüber dem Eigentümer und früheren Besitzer, indem es diese nach §§ 999 Abs 1 und Abs 2, 1007 Abs 3 S 2 aktiv und passiv nicht nur auf den Erben, sondern gegebenenfalls auch auf einen etwaigen *Einzel*nachfolger im Besitz bzw im Eigentum übergehen läßt: Die Sachgebundenheit der *versio in rem* macht den Anspruch wie die Pflicht auf Verwendungsersatz zum Annex der dinglichen Rechtsstellung (s zu diesen Fragen BOEHMER, Erbfolge und Erbhaftung [1927] 107 ff).

XII. Besitz*

1. Geschichtliches und Rechtsvergleichendes

Insoweit wird verwiesen auf STAUDINGER/BOEHMER[11] Rn 186 ff; STAUDINGER/BUND (1995) § 857 Rn 1.

---

* **Schrifttum**: Vgl die Angaben bei § 857; ferner CRULL, Der Besitz des Erben unter besonderer Berücksichtigung des Besitzbegriffs überhaupt nach dem BGB (1906); FINKENAUER, Gutgläubiger Erbe des bösgläubigen Erblassers – Das Bernsteinzimmer-Mosaik, NJW 1998, 960; GURSKY, Nachträglicher guter Glaube, JR 1986, 225; MICHEL, Probleme des Erbenbesitzes nach § 857 BGB (Diss Bochum 1990); WEIMAR, Rechtsfragen zur Vererblichkeit des Besitzes, JR 1978, 102.

2. Vererblichkeit gem § 857

a) Vererblichkeit des „Besitzes"

249 Der E I ging noch von der Unvererblichkeit des Besitzes aus (§§ 2052), machte von diesem Grundsatz aber so erhebliche Ausnahmen, daß letztlich nicht viel von ihm übrig blieb. So sollten nicht nur die schon für und gegen den Erblasser entstandenen „Rechte und Verbindlichkeiten aus verbotener Eigenmacht" auf den Erben übergehen (§ 2053), sondern auch dieser selbst sollte schon vor der Besitznahme wie ein Besitzer Schutz genießen (§ 2054). Ebenso sollte einerseits die Ersitzungszeit für den Erben durch den Tod nicht unterbrochen werden (§ 882 Abs 2), andererseits der Erbschaftsbesitzer dem Erben gegenüber nicht ersitzen können (§ 888). Die wissenschaftliche Kritik (s Zusammenstellung der gutachtlichen Äußerungen zu dem Entwurf eines Bürgerlichen Gesetzbuchs Bd V [Reichsjustizamt Berlin 1890] 148 ff) verlangte zT volle Vererblichkeit, zT Kompromißlösungen. In der II. Komm wurde der Antrag auf Einführung der Vererblichkeit fast einstimmig angenommen (E II § 779 a). Die Lösung des E I, die dem Erben fast alle Rechte des Besitzers zusprach, ihm aber die Pflichten der Verantwortlichkeit gegenüber dem Eigentümer ersparte, wurde mit Recht als einseitig und unbillig verworfen (Prot V 650 ff). So kam es zu § 857 BGB: „Der Besitz geht auf den Erben über."

b) Unvererblichkeit von „Gewahrsam" und „Besitzdienerschaft"

250 Hinsichtl der alten Streitfrage, ob der Besitz als *Tatbestand* der tatsächlichen Gewalt oder als Summe der an diese geknüpften *Rechtswirkungen* auf den Erben übergeht, sei verwiesen auf STAUDINGER/BUND (1995) § 857 Rn 3 ff. Mit STAUDINGER/BOEHMER[11] § 1922 Rn 188 ist anzunehmen, daß § 857 dem Erben vom Erbfall an, auch schon vor der tatsächlichen Besitzergreifung, grundsätzlich **die volle Rechts- und Pflichtstellung des Besitzers** zuweist, ohne jedoch damit zugleich die *Fiktion* einer „tatsächlichen Gewalt" zu verbinden (arg § 2025 S 2: „wenn der Erbe den Besitz der Sache bereits tatsächlich ergriffen hatte"). Zu dieser Betrachtungsweise paßt, daß § 857 sich weder auf die Stellung des Besitzdieners (arg § 855: „so ist *nur der andere* Besitzer"), obwohl dieser tatsächliche Gewalt ausübt, noch auf den Gewahrsam iS des Straf- und Prozeßrechts, der gleichfalls eine tatsächliche Innehabung ist, erstreckt. Im ersteren Fall hängt die Fortdauer der Besitzdienerschaft davon ab, ob die Erben des Besitzdieners die tatsächliche Gewalt weiter ausüben, sonst geht diese und mit ihr der Besitz des Besitzherrn nach § 856 unter. Im zweiten Fall hört der Gewahrsam mit dem Tode auf; er wird erst durch tatsächliches Verhalten des Erben oder eines Dritten wiederhergestellt. In der Zwischenzeit hat niemand Gewahrsam, was strafrechtlich dazu führt, daß widerrechtliche Aneignung solcher Nachlaßsachen nicht Diebstahl, sondern Unterschlagung ist (RGSt 58, 228 f).

3. Arten des Erbenbesitzes

251 Der Erbe erlangt dieselbe Form des Besitzes, die der Erblasser bei seinem Tode innehatte: **unmittelbarer** Besitz des Erblassers geht auf den Erben als unmittelbarer, **mittelbarer** Besitz als mittelbarer über (vgl STAUDINGER/BUND [1995] § 857 Rn 8 ff). Das gilt unabhängig von der Willensrichtung und den tatsächlichen Einwirkungsmöglichkeiten des Erben und setzt nicht voraus, daß der Erbe vom Erbfall und den zu diesem Zeitpunkt bestehenden Besitzverhältnissen weiß (vgl STAUDINGER/BUND [1995] § 857 Rn 11, 12). Mittelbarer Besitz des Erblassers erlischt jedoch, wenn der Erbe mit

dem bisherigen Besitzmittler identisch ist (zB wenn er die Sache von dem Erblasser geliehen, gemietet oder für den Erblasser in Verwahrung genommen hatte) und das Besitzmittlungsverhältnis weder der Verwaltung eines Testamentsvollstreckers unterliegt noch nach § 1976 wieder auflebt. Selbst bei angeordneter Testamentsvollstreckung (vgl STAUDINGER/REIMANN [1996] § 2205 Rn 29, mißverständl STAUDINGER/BOEHMER[11] § 1922 Rn 189) verwandelt sich im umgekehrten Fall, in dem der Erblasser unmittelbaren Besitz hatte und diesen aufgrund eines Besitzmittlungsverhältnisses für seinen späteren Erben ausübte, der zZ des Erbfalls vorhandene mittelbare Besitz des Erben in *un*mittelbaren. Gem § 857 erlangter unmittelbarer Besitz des Erben verwandelt sich jedoch nachträglich in mittelbaren, wenn die Sache von einem Nachlaßpfleger (§§ 1960, 1961), Nachlaß(insolvenz)verwalter (STAUDINGER/MAROTZKE [1996] § 1985 Rn 13) oder Testamentsvollstrecker (STAUDINGER/BUND [1995] § 857 Rn 29 f; STAUDINGER/ REIMANN [1996] § 2205 Rn 29) in Besitz genommen wird. Daß ein Besitzmittler des Erblassers zwar für diesen, nicht aber auch für den Erben besitzen will, ja daß er die betreffenden Gegenstände sogar vor dem Erben zu verheimlichen versucht, steht der Annahme, daß der Erbe (wenigstens zunächst) gem § 857 mittelbaren Besitz erlangt, nicht entgegen (vgl RGZ 83, 223, 228 f; MARTINEK/RÖHRBORN JuS 1994, 473, 476 [jeweils zum sog „Bonifatius-Fall"]). Zu dem von STAUDINGER/BOEHMER[11] Rn 189 ebenfalls genannten Fall der Besitzergreifung durch einen vorläufigen Erben vgl STAUDINGER/BUND (1995) § 857 Rn 22 ff; dens § 868 Rn 39 (iVm § 1959 Abs 1) und STAUDINGER/MAROTZKE § 1959 Rn 7, 14.

Eigenbesitz (§ 872) oder Fremdbesitz des Erblassers bleibt auch nach der Vererbung 252
Eigen- bzw Fremdbesitz, bis der Erbe durch eigene Willensbetätigung die „causa possessionis" ändert (vgl auch STAUDINGER/BUND [1995] § 857 Rn 13, § 872 Rn 11: danach soll diese Änderung erst nach Ergreifung der tatsächlichen Gewalt erheblich sein). Eine etwaige **Fehlerhaftigkeit** des Besitzes des Erblassers muß der Erbe nach § 858 Abs 2 gegen sich gelten lassen; dies setzt ihn dem Besitzschutzanspruch des § 861, die von ihm Erwerbenden dem Ausschluß des Gutglaubenschutzes aus (§§ 935, 1007 Abs 2). Auch die **verschärfte Haftung des sog Deliktsbesitzers** (§§ 992, 1007 Abs 3 S 2) trifft, falls der Erblasser den Besitz durch verbotene Eigenmacht oder strafbare Handlung erworben hatte, als *Nachlaß*verbindlichkeit (unklar STAUDINGER/BOEHMER[11] Rn 189 aE, 193 aE, 206 aE; BOEHMER, in: RG-FS III [1929] 216, 275) den Erben völlig unabhängig von dessen eigener Kenntnis (vgl auch Rn 260 aE, 274 aE).

4. Gut- oder bösgläubige Besitzinnehabung*

War der Erblasser gut- oder bösgläubiger Besitzer und hat der Erbe den *entgegengesetzten* 253
Glauben, dann kann die Frage praktisch werden, wie solch ein Erbe zu behandeln ist, solange er den nach § 857 auf ihn übergegangenen Besitz noch nicht tatsächlich ergriffen hat.

Hier kommt es darauf an, ob für die Rechtsstellung des Besitzers ausschließlich der

---

* **Schrifttum:** BOEHMER, Der Übergang des Pflichtlebens des Erblassers auf den Erben, in: RG-FS III (1929) 216, 274 ff (dazu auch Rn 285); FINKENAUER, Gutgläubiger Erbe des bösgläubigen Erblassers – Das Bernsteinzimmer-Mosaik, NJW 1998, 960; GURSKY, Nachträglicher guter Glaube, JR 1986, 225 ff; KNÜTEL, Bösgläubiger Erblasser – gutgläubiger Erbe, in: FS Lange (1992) 903; KRÄMER, Bernsteinzimmer-Mosaik: Ersitzung durch den gutgläubigen Erben des bösgläubigen Besitzers?, NJW 1997, 2580.

Glaube zZ des Besitz*erwerbs* entscheidend ist, wie zB in § 932 und § 1007 Abs 1 und 3: dann rückt der Erbe in die Rechtsposition des Erblassers unabhängig von seinem eigenen Glauben ein.

Sind dagegen nachträgliche *Änderungen* des Glaubens erheblich, wie zB für die Ersitzung (§ 937 Abs 2), das Fruchtziehungsrecht (§ 955 Abs 1 S 2) und die Verantwortlichkeit gegenüber dem Eigentümer oder früheren Besitzer (§§ 990 Abs 1 S 2, 1007 Abs 3 S 2), **so ist wie folgt zu differenzieren**:

254 **Einerseits** bestehen die an den guten oder bösen Glauben des Erblassers geknüpften rechtlichen Chancen und Risiken nur so lange fort, wie sich aus den rechtlich relevanten (dazu sogleich Rn 255 und STAUDINGER/GURSKY [1999] § 990 Rn 32 ff) Kenntnissen oder Verhaltensweisen (zB Sorgfaltspflichtverletzungen) *des Erben* nichts anderes ergibt. Das gilt auch, wenn der Erbe den ihm nach §§ 857, 1922, 1942 „angefallenen" Besitz noch nicht tatsächlich „ergriffen" hat. Die Gegenansicht würde zu dem zu Recht als „unsinnig" (STAUDINGER/BOEHMER[11] Rn 190) bezeichneten Ergebnis führen, daß der infolge eigener positiver Kenntnis *bösgläubige* Erbe eines gutgläubigen Besitzers weiter ersitzt, Früchte erwirbt und nur nach § 993 haftet, solange er sich nur einer tatsächlichen Besitzergreifung enthält (hiergegen auch STAUDINGER/GURSKY [1995] § 955 Rn 8), und daß umgekehrt der *gutgläubige* Erbe des bösgläubigen Erblassers vor tatsächlicher Ergreifung des Besitzes keine Ersitzung beginnen und keine Früchte erwerben kann (zur Verantwortlichkeit aus § 990 vgl STAUDINGER/GURSKY [1999] § 990 Rn 32 ff und GURSKY JR 1986, 225, 226 f).

255 **Andererseits** kann der Erbe eines *gutgläubigen* Besitzers bis zur tatsächlichen Besitzergreifung nur dann als *bösgläubig* betrachtet werden, wenn er die Nichtberechtigung des Erblassers *kennt* oder von ihr erfährt. Da er bis zur eigenen Besitzergreifung lediglich den Besitz des Erblassers fortsetzt, muß er zunächst ebenso behandelt werden wie der Erblasser. Für den *nachträglichen* bösen Glauben verlangen aber die §§ 937 Abs 2, 955 Abs 1 S 2 und 990 Abs 1 S 2 *positive Kenntnis*; grobfahrlässige Unkenntnis lassen sie, anders als beim *anfänglichen* bösen Glauben, nicht genügen. Es wäre wenig einleuchtend, dem Erben eine Prüfungspflicht aufzubürden, obwohl er von dem Besitzerwerb überhaupt keine Kenntnis zu haben braucht, nur um ihm den Vorwurf „grobfahrlässiger Unkenntnis" machen zu können (zutreffend STAUDINGER/BOEHMER[11] Rn 190 [mwN]; BOEHMER, in: RG-FS III [1929] 216, 276 ff; vgl ferner STAUDINGER/WIEGAND [1995] § 943 Rn 5 Abs 1 mwN auch zur Gegenansicht).

256 **Wenn der Erbe den ihm „angefallenen" Besitz tatsächlich „ergreift"**, ist zu unterscheiden: War der Erblasser *gutgläubig*, so kommt dies dem Erben als Rechtsnachfolger zustatten (für die Ersitzung aM KIPP/COING § 91 IV 10), so daß dieser gem §§ 937 Abs 2, 955 Abs 1 S 2, 990 Abs 1 S 2 nur durch eigene positive Kenntnis der Nichtberechtigung bösgläubig werden kann und es somit nicht schadet, daß er bei „Ergreifung" des Besitzes grob fahrlässig ist (aM STAUDINGER/GURSKY [1995] § 955 Rn 8; STAUDINGER/BOEHMER[11] § 1922 Rn 190 aE; BOEHMER, in: RG-FS aaO 277 f). War der Erblasser hingegen *bösgläubig*, so kann der Erbe vom Zeitpunkt der tatsächlichen Besitzergreifung an gleichwohl als *gut*gläubig anzusehen sein; es sei denn, daß er bei „Ergreifung" des Besitzes von der Nichtberechtigung weiß *oder infolge grober Fahrlässigkeit nicht weiß* (insoweit ebenso BOEHMER aaO; STAUDINGER/GURSKY [1995] § 955 Rn 8; STAUDINGER/WIEGAND [1995] § 943 Rn 5 Abs 2 [mwN auch zur Gegenansicht]; FINKENAUER NJW 1998, 960, 962 [„Bern-

steinzimmer-Mosaik"]; aM KNÜTEL, in: FS Lange [1992] 903, 930 ff und KRÄMER NJW 1997, 2580 f [„Bernsteinzimmer-Mosaik"], die beide meinen, daß der gutgläubige Erbe eines bösgläubigen Erblassers nur dann durch Ersitzung Eigentum erwerben könne, wenn ihm Umstände bekannt würden, deren Kenntnis auch dem Erblasser zur nachträglichen Gutgläubigkeit verholfen hätten). Diese Gutgläubigkeit des *Erben* schließt freilich nicht aus, eine wegen der Bösgläubigkeit des *Erblassers* entstandene Haftungsverschärfung (§ 990) zu Lasten des *Nachlasses* und des Erben „als solchen" (§ 1967) fortwirken zu lassen (vgl GURSKY JR 1986, 225, 226 f; STAUDINGER/GURSKY [1999] § 990 Rn 34; das bei STAUDINGER/MAROTZKE [1996] § 1967 Rn 53 S 1 Ausgeführte gilt in diesem Sonderfall – Bösgläubigkeit nur des *Erblassers* – nicht; vgl auch Rn 274).

5. Bedeutung des ererbten Besitzes

Der possessorische Schutz der §§ 859–869 steht, mit den Beschränkungen der §§ 861 Abs 2, 862 Abs 2 und 864 Abs 2, *jedem* (auch dem *nichtberechtigten, bösgläubigen* und *fehlerhaften*) Besitzer zu. Selbst wenn der Besitz des Erblassers Diebes- oder Hehlerbesitz war, hat der Erbe die *possessorischen* Besitzschutzmittel und den Abholungsanspruch (§ 867): als vom Erblasser ererbte Ansprüche, wenn schon vor dem Erbfall, als eigene (aber mE gleichwohl zum „Nachlaß" gehörende) Ansprüche, wenn erst nachher ein Dritter sich der Sache bemächtigt hat oder die Sache auf ein fremdes Grundstück gelangt ist. Eine Besitz*entziehung* begeht ein die Sache an sich nehmender unberechtigter Erbprätendent (Erbschaftsbesitzer) auch dann, wenn der Erbe nur Besitzer nach § 857 war. Wenn der Erbe ihn hierfür nicht bloß nach § 861 auf Herausgabe, sondern mit dem Erbschaftsanspruch der §§ 2018 ff (der sich auch auf Sachen erstreckt, die der Erblasser lediglich im *Besitz* hatte, was E I § 2081 Ziff 1 ausdrücklich aussprechen wollte, E II § 1892 aber als entbehrlich strich, s Mot V 580 ff, Prot V 701, Denkschr 727) nach § 2025 auf *Schadensersatz* in Anspruch nehmen will, kann er das gegen einen gutgläubigen Erbschaftsbesitzer nur unter der Voraussetzung tun, daß er seinerseits schon den Besitz „tatsächlich ergriffen" hatte (§ 2025 S 2). *Keine* verbotene Eigenmacht ist darin zu sehen, daß der vorläufige Erbe Nachlaßgegenstände in Besitz nimmt und die Erbschaft später ausschlägt (vgl STAUDINGER/MAROTZKE § 1959 Rn 7, 14; STAUDINGER/BOEHMER[11] § 1922 Rn 191; STAUDINGER/BUND [1995] § 857 Rn 22 ff).

Wenn eine nicht als Erbe berufene Person eine bewegliche Nachlaßsache gegen oder ohne den Willen des wahren Erben in Besitz nimmt, ist diese Sache mit dem **Makel des „Abhandengekommenseins"** behaftet und ein *gutgläubiger Erwerb* Dritter ausgeschlossen (vgl §§ 935, 1007 Abs 2 und zu einer die Besitzergreifung durch den „vorläufigen" Erben betreffenden Ausnahme STAUDINGER/MAROTZKE § 1959 Rn 14): ein für den Erben überaus wirksamer Schutz. Eine ähnliche Beschränkung des Gutglaubenschutzes im Interesse des wahren Erben ist der Ausschluß der *Ersitzung* und des *Fruchtgenusses* durch den gutgläubigen Erbschaftsbesitzer (§§ 2026, 2020).

Im Gegensatz zum possessorischen Schutz kommen die **Nutzungs- und Erwerbsfunktionen der §§ 955 und 937** nur dem *gutgläubigen* Besitzer zugute. Inwieweit hier der gute Glaube des *Erblassers* oder der des *Erben* entscheidend ist, wurde schon bei Rn 253 ff erörtert. UU besteht eine bereicherungsrechtliche Verpflichtung zur Herausgabe des durch Ersitzung oder Fruchterwerb Erlangten (vgl STAUDINGER/BOEHMER[11]

Rn 192; STAUDINGER/WIEGAND [1995] § 937 Rn 18 ff; STAUDINGER/GURSKY [1999] Vorbem 6 zu §§ 987–993, § 988 Rn 5 f).

260 Auch die Rechtsstellung des Besitzers als dem Eigentümer und früheren Besitzer nach §§ 987 ff, 1007 Abs 3 S 2 **verantwortlicher Sachverwalter** ist, sowohl was die **Haftung** für die Hauptsache und die Früchte, wie was die Verwaltungsentlohnung durch **Fruchtbezug** und **Verwendungsersatz** betrifft, sehr verschieden geregelt, je nachdem ob der Besitzer gut- oder bösgläubig ist (s § 993 gegen §§ 987, 990–992; §§ 994 Abs 1, 995, 996 gegen § 994 Abs 2). Da der gute Glaube auch hier ein *fortdauernder* sein muß (§ 990), kommen sowohl die Person des Erblassers wie die des *Erben* in Betracht (dazu schon Rn 253 ff). Für die Delikthaftung des Besitzers nach § 992 kommt es lediglich auf die Art des Besitz*erwerbs* an: Hatte der *Erblasser* sich den Besitz „durch verbotene Eigenmacht oder durch eine Straftat" verschafft, so trifft die durch § 992 verschärfte Haftung den Erben auch dann, wenn er insoweit gutgläubig ist (so schon STAUDINGER/BOEHMER[11] Rn 189, 193, 206 [jeweils aE]; BOEHMER, in: RG-FS III [1929] 216, 275). Allerdings trifft diese Haftung den Erben nicht als Eigen-, sondern nur als Nachlaßverbindlichkeit (vgl zu dem vergleichbaren Fall des § 990 STAUDINGER/GURSKY [1999] § 990 Rn 34; GURSKY JR 1986, 225, 227; oben Rn 256 aE sowie zu dem ebenfalls vergleichbaren Fall des § 819 Abs 1 unten Rn 274).

261 Auch in sonstige mit dem Besitz verknüpfte **verantwortungsbelastete Rechtslagen** tritt der Erbe ein. So wenn der Erblasser *Tierhalter* (§ 833) oder *Hausbesitzer* (§§ 836, 837) oder *Kraft- oder Luftfahrzeughalter* (§§ 7 ff StVG, 33 ff LuftVG) war: Stellungen, für die nicht Eigentum erforderlich ist, sondern Eigenbesitz (§ 836) oder Nutzbesitz (§§ 833, 837, § 7 StVG, § 33 LuftVG) genügt. Dazu ausführlich STAUDINGER/ MAROTZKE (1996) § 1967 Rn 23.

262 Die Eigentumsvermutung des § 1006 kommt dem Erben – auch wenn er verheiratet ist (BGH FamRZ 1993, 668, 669) – aufgrund des nach § 857 auf ihn übergegangenen Besitzes schon vor dessen tatsächlicher „Ergreifung" in gleicher Weise zugute wie zuvor dem Erblasser (beweisen muß der Erbe aber notfalls sein in § 857 vorausgesetztes Erbrecht). Dagegen kann die materiell-rechtliche Wirkung, die die §§ 932 ff, 1032 S 2, 1207, 851, 793 Abs 1 S 2 **zugunsten gutgläubiger Dritter** an den Besitz oder die Innehabung knüpfen, *vor* der tatsächlichen Besitznahme nur praktisch werden, soweit eine *tatsächliche* Sachübergabe oder -inhabung nicht erforderlich ist. Wo eine solche für das Funktionieren des Gutglaubensschutzes verlangt wird, wie normalerweise in den §§ 932, 933, 936 Abs 1 S 3, 1032 S 2, 1207 und 793 (vgl zu Ausnahmen STAUDINGER/WIEGAND [1995] § 932 Rn 20 ff, § 933 Rn 17 f, 23), kann der Erbe erst nach *tatsächlicher* Besitzergreifung das seinerseits Erforderliche beitragen.

XIII. Sonstige Rechtsscheinstellungen

263 Auch sonstige einen Rechtsschein erzeugende Positionen des Erblassers gehen auf den Erben über. Einige von ihnen sind dem Besitz verwandt und werden deshalb im Schrifttum als „Buchbesitz" oder „Tabularbesitz" bezeichnet. So etwa beim **Grundbuch** (vgl STAUDINGER/GURSKY [1996] § 891 Rn 23, § 892 Rn 36, § 894 Rn 79). War für den Erblasser ein Recht im Grundbuch eingetragen, so wirkt die Vermutung, daß ihm das Recht zustehe (§ 891), auch zugunsten seines Erben. Bei Unrichtigkeit der Eintragung können gutgläubige Dritte vom Erben in gleicher Weise nach §§ 892, 893 erwerben, wie sie vor dem Erbfall vom Erblasser hätten erwerben können. Gegenüber dem Grundbuchamt kann der Nachweis der Erbfolge aber gem § 35 GBO grundsätzlich nur durch einen Erbschein geführt werden. Hiervon hängt der gutgläubige Erwerb Dritter aber ebensowenig ab wie davon, daß der Erbe zunächst selbst im Grundbuch eingetragen wird: Auch soweit die formellen Vorschriften der GBO solch eine Voreintragung verlangen (vgl §§ 39 f), hängt die Wirkung des öffentlichen Glaubens des Grundbuchs nicht von ihr ab.

Entsprechendes gilt für den öffentlichen Glauben des **Schiffsregisters** nach §§ 15–17 **264** SchiffsG v 15. 11. 1940 und für den Rechtsschein des **Handelsregisters** nach § 15 und bes nach § 5 HGB: War der Erblasser „Kaufmann kraft Eintragung", so ist es auch der Erbe, wenn er bei fortbestehender Eintragung die gewerbliche Tätigkeit des Verstorbenen tatsächlich weiterführt. Vgl auch STAUDINGER/MAROTZKE (1996) § 1967 Rn 12, 70 f.

Andererseits verbindet sich mit der ererbten Rechtsscheinstellung uU die **Passivle- 265 gitimation** gegenüber Ansprüchen und Gestaltungsrechten Dritter. Solch eine Passivlegitimation kann sich ergeben aufgrund einer unwiderleglichen Fiktion, wie zB bei der **Kündigung und Rechtsverfolgung aus der Hypothek** (§§ 1141 Abs 1 S 2, 1148), oder als gewöhnliche, nach § 292 ZPO widerlegliche *Präsumtion*.

Ist der Erblasser zu Unrecht im Grundbuch eingetragen, so kann die Zustimmung zur **266 Berichtigung** nunmehr vom Erben verlangt werden (vgl schon Rn 246 aE und STAUDINGER/ GURSKY [1996] § 894 Rn 79). Nach hM sollen auf diesen Berichtigungsanspruch die **§§ 987 ff analog** anzuwenden sein. Folgt man dem (dazu STAUDINGER/GURSKY [1996] § 894 Rn 107 ff, 123), nimmt man also zB mit RGZ 121, 335 f an, daß der bösgläubige „Bucheigentümer" dem wahren Eigentümer analog §§ 989, 990 **Schadensersatz** zu leisten hat, wenn er über das Grundstück zugunsten eines gutgläubigen (§ 892) Dritten verfügt, so gilt Entsprechendes auch für den Erben: Verfügt *er* aufgrund der unrichtigen Eintragung des Erblassers, so haftet *er* dem wirklichen Eigentümer analog §§ 989, 990, wobei hinsichtlich der in § 990 vorausgesetzten Bösgläubigkeit das in Rn 253 ff Ausgeführte entsprechend gilt mit der Maßgabe, daß eine „tatsächliche Ergreifung" des ererbten (Buch-)Besitzes nicht erst dann vorliegt, wenn der Erbe anstelle des Erblassers sich selbst eintragen läßt, sondern schon dann, wenn er ohne eigene Voreintragung (§ 40 GBO) unter Ausnutzung der noch auf den *Erblasser* lautenden Eintragung verfügt (iE ebenso, wenn auch unter Fortschreibung der oben Rn 256 abgelehnten Beurteilung der Rechtsfolgen einer groben Fahrlässigkeit des Erben, STAUDINGER/ BOEHMER[11] Rn 196 aE).

XIV. Immaterialgüterrechte*

Den *Sachen*rechten (Rn 236 ff) ähneln trotz ihres andersartigen Gegenstandes die sog **267**

---

* **Schrifttum:** BARTENBACH, Die Rechtsstellung der Erben eines Arbeitnehmererfinders, Mitt d dt Patentanwälte 1982, 205; CLEMENT, Urheberrecht und Erbrecht (1993); FROMM, Die neue Erbrechtsregelung im Urheberrecht, NJW 1966, 1244; HÜFFER, Das Namensrecht des ausscheidenden Gesellschafters als Grenze zulässiger Firmenfortführung (zu BGHZ 92, 79 [vgl auch BGHZ 100, 75]), ZGR 1986, 137; HUNZIKER, Immaterialgüterrechte nach dem Tode des Schöpfers (1983); KLINGELHÖFFER, Urheberrecht und Erbrecht, ZEV 1999, 421; KUCHINKE,

*Immaterial*güterrechte, da auch sie bestimmte Rechtsgüter in eigentumsähnlicher Weise (STAUDINGER/WEICK/HABERMANN [1995] § 12 Rn 37) „dinglich" zuordnen (vgl zB § 12 BGB für den bürgerlichen Namen; § 37 HGB für die Firma; §§ 1, 14 ff MarkenG für Marken und geschäftliche Bezeichnungen; §§ 8 ff, 139 ff PatG für gewerblich anwendbare Erfindungen; §§ 11 ff, 96 ff UrhG für Urheber- und verwandte Schutzrechte an Werken der Literatur, Wissenschaft und Kunst; §§ 8, 9 VerlG für das sog „Verlagsrecht"; §§ 1 ff, 14 a GeschmMG für das Urheberrecht an Mustern und Modellen [„Geschmacksmustern"]; §§ 11, 24 GebrMG für Gebrauchsmuster). Auch sie sind **grundsätzlich vererblich**, wenn und soweit ihr Gegenstand nicht ausnahmsweise höchstpersönlicher Natur ist. Höchstpersönlich und damit unvererblich ist zB der *bürgerliche* Name (s Rn 146), dessen Eigenschaft als Immaterialgüterrecht denn auch umstritten ist (s STAUDINGER/WEICK/HABERMANN [1995] § 12 Rn 35 ff, 53 ff). Vererblich ist dagegen die **Firma** als der *Handels*name (§ 17 HGB) des Kaufmanns, jedoch nur gemeinschaftlich mit dem Handelsgeschäft (vgl § 22 Abs 1 HGB und für die Übertragung unter Lebenden § 23 HGB; ausführlich KUCHINKE, Die Firma in der Erbfolge, ZIP 1987, 681 ff; BGH ZIP 1989, 368 ff; zur Vererbung des *Handelsgeschäfts* oben Rn 218 ff). Entsprechendes gilt hinsichtlich des Namens eines nicht firmenpflichtigen Unternehmens (vgl STAUDINGER/WEICK/HABERMANN [1995] § 12 Rn 55 f). Schutzrechte für **Warenzeichen** (jetzt: **Marken**) können seit der Neufassung des § 8 Abs 1 WZG (dazu STAUDINGER/ WEICK/HABERMANN [1995] § 12 Rn 54) sogar ohne den Betrieb, zu dem sie gehören, übertragen und vererbt werden (iE ebenso nunmehr §§ 27 ff, 152 MarkenG). Ein Markenrecht kann folglich auch derjenige vererben, der es *ohne* den entsprechenden Geschäftsbetrieb durch Abtretung erworben oder durch Verfügung unter Lebenden auf den Todesfall (s Rn 56) zwar seinen Betrieb, nicht aber auch die zugehörige Marke am Erbrecht vorbeigeleitet hat (ein wegen § 27 Abs 2 MarkenG eher seltener Fall).

268 Vererblich sind ferner das Recht des Erfinders auf das **Patent**, der Anspruch auf Erteilung des Patents und das Recht aus dem Patent (§§ 6 S 1, 15 Abs 1 S 1 PatG); ebenso das Recht auf ein **Gebrauchsmuster**, der Anspruch auf seine Eintragung und das durch die Eintragung begründete Recht (§ 22 Abs 1 S 1 GebrMG), das **Urheberrecht** an Mustern und Modellen (§ 3 GeschmMG), das Urheberrecht an Werken der Literatur, Wissenschaft und Kunst (§§ 28 ff, 42 Abs 1 S 2, 64, 115–118 UrhG [über „Rechtsprobleme bei Nachlässen in Bibliotheken und Archiven" vgl die 1983 erschienene, gleichnamige Schrift von MÜLLER und BGH NJW 1988, 332 ff]) sowie das in §§ 8, 9 VerlG behandelte „Verlagsrecht" (zum Tod des *Verfassers* vgl § 34 Abs 1 und 2 VerlG). Das gilt auch hinsichtlich der Befugnis zur Ausübung der Urheber*persönlichkeitsrechte* (s etwa § 42 Abs 1 S 2 UrhG), selbst wenn die Erben nicht zu den nächsten Angehörigen des Verstorbenen gehören (SOERGEL/STEIN Rn 33; MünchKomm/LEIPOLD Rn 47; WINDEL 109 ff; REHBINDER, Urheberrecht [9. Aufl 1996] § 39; FROMM NJW 1966, 1244, 1245; HERTIN, in: FROMM/NORDEMANN, Urheberrecht [9. Aufl 1998] § 30 Rn 1; SCHACK, Urheber- und Urhebervertragsrecht [1997] Rn 575; einschränkend LANGE/KUCHINKE § 5 III 6 a). Hierin unterscheidet sich das *Urheber*persönlichkeitsrecht von anderen Persönlichkeitsrechten (HERTIN

Die Firma in der Erbfolge, ZIP 1987, 681; LÖSSL, Rechtsnachfolge in Verlagsverträgen (1997) 204, 348 (Tod des Verlegers), 330 (Tod des Verfassers); MÜLLER, Rechtsprobleme bei Nachlässen in Bibliotheken und Archiven (1983); SCHACK, Das Persönlichkeitsrecht der Urheber und ausübenden Künstler nach dem Tode, GRUR 1985, 352; W SCHLÜTER, Anm zu BGHZ 92, 79 (Thema wie HÜFFER aaO), JZ 1986, 151; WINDEL, Über die Modi der Nachfolge in das Vermögen einer natürlichen Person beim Todesfall (1998) 109 ff.

aaO und in Vorbem 9 f zu § 12 UrhG; vgl auch oben Rn 131). Zum Schutz des Urhebers *gegen seine Erben* s SCHACK GRUR 1985, 352, 356 ff (krit HERTIN aaO, UrhG § 30 Rn 1). Nicht auf die Erben als solche, sondern auf die Angehörigen gehen über das Recht des Abgebildeten „am eigenen Bilde" (§§ 22 S 3, 23 Abs 2 KunstUrhG) einschließlich etwaigem Übernahmerecht aus § 38 KunstUrhG (WINDEL 109), das Vervielfältigungs- und Verbreitungsrecht des Bestellers eines Bildnisses (§§ 60 Abs 2 UrhG) und das Recht des ausübenden Künstlers, bestimmte Entstellungen oder Beeinträchtigungen seiner Darbietung zu verbieten (§ 83 Abs 3 S 2 UrhG). Wenn und soweit die spezialgesetzliche Ausgestaltung des Urheberpersönlichkeitsrechts verfassungsrechtlichen Postulaten ausnahmsweise nicht genügen sollte, kommt ein Rückgriff auf das *allgemeine* Persönlichkeitsrecht in Betracht (SCHACK GRUR 1985, 352, 359 f, 361). Zum **wissenschaftlichen Nachlaß eines Hochschullehrers** vgl BGHZ 112, 243 (Vorinstanz: OLG Karlsruhe GRUR 1988, 536); GÜNTER Die Welt v 27. 5. 1986 S 26; WASSNER FAZ v 6. 4. 1988 S 29. Die Rechtsstellung des Erwerbers des literarischen Nachlasses des Erblassers untersucht BGH FamRZ 1997, 547 ff. Erbschaftsteuerliche Hinweise zum Thema „Kunst im Nachlaß" gibt v OERTZEN ZEV 1999, 422 ff.

Soweit die bei Rn 267 f genannten Rechte vererblich sind, gilt das auch für etwaige aus der *Verletzung* solcher Rechte entspringende **Entschädigungs-, Beseitigungs- und Unterlassungsansprüche** (vgl §§ 37 Abs 2 HGB, 14 ff MarkenG, 139 PatG, 97 ff UrhG, 9 Abs 2 VerlG, 14 a GeschmMG, 24 GebrMG und unten Rn 270). Vererblich ist auch der Anspruch auf Ersatz eines *immateriellen* Schadens nach § 97 Abs 2 UrhG (ebenso schon *vor* Aufhebung des die *Übertragbarkeit* des Anspruchs in einer dem früheren § 847 Abs 1 S 2 [s Rn 132] entsprechenden Weise einschränkenden § 97 Abs 2 S 2 UrhG: HERTIN, in: FROMM/NORDEMANN, Urheberrecht [8. Aufl 1994] § 30 Rn 6 mwN auch zur damaligen Gegenansicht). Jedoch begründet eine erst *nach* dem Erbfall erfolgte Verletzung der – nunmehr bereits vererbten – Urheberrechte *keinen* Anspruch auf Ersatz des immateriellen Schadens nach § 97 Abs 2 UrhG (OLG Hamburg NJW-RR 1995, 562 f). Hinsichtlich des in § 63 PatG verankerten *Anspruchs des Erfinders auf Namensnennung* ist zu beachten, daß das Patentamt diese gem § 63 Abs 1 S 1 PatG von Amts wegen vornehmen muß, sofern ihm der Erfinder bereits benannt worden ist (zur Benennungspflicht des Anmelders s § 37 PatG). Für eine Vererbung kommen aber in Betracht die Befugnis des Erfinders zur Beantragung der Nichtnennung (§ 63 Abs 1 S 3 PatG), der Anspruch auf Zustimmung zur Berichtigung einer unrichtigen oder zur Nachholung einer unterlassenen Benennung sowie ein etwaiger Schadensersatzanspruch gegen den zustimmungspflichtigen zu Unrecht Benannten, Patentsucher oder Patentinhaber (vgl schon STAUDINGER/BOEHMER[11] Rn 164 – auf älterer Gesetzesgrundlage).

Entschädigungsansprüche, die schon in der Person des Erblassers entstanden waren, gehen auch dann auf die Erben über, wenn das Recht, auf dessen Verletzung sie beruhen, erlöschen oder aufgegeben werden sollte. Denn als Wiedergutmachung in der Vergangenheit liegender Beeinträchtigungen sind solche Ansprüche von dem Fortbestehen des verletzten Rechts unabhängig. Demgegenüber setzt ein *Unterlassungs*anspruch, der sich in die Zukunft richtet, den Fortbestand des verletzten Rechts voraus (vgl schon Rn 246 f). Letzteres dürfte auch für einen etwaigen *Beseitigungs*anspruch anzunehmen sein (vgl in anderem Zusammenhang oben Rn 246 und STAUDINGER/GURSKY [1999] § 1004 Rn 89 f, 192; **aM** STAUDINGER/BOEHMER[11] § 1922 Rn 164).

XV. Wettbewerbsbezogene Abwehrrechte

1. Gesetzliche

271 Die durch das **UWG** gewährten Ansprüche auf Unterlassung unlauterer Wettbewerbshandlungen und die entsprechenden Beseitigungs- und Schadensersatzansprüche (§§ 1 ff, 13 ff UWG) sind nicht höchstpersönlicher Natur, sondern aktiv und passiv vererblich (heute unstr; zur Widerlegung der Gegenansicht vgl RGZ 86, 252 ff = JW 1915, 517 ff und SALINGER LZ 1919, 1153, 1214), die Unterlassungs- und Beseitigungsansprüche allerdings nur zusammen mit dem Geschäftsbetrieb, den gegen unlauteren Wettbewerb zu schützen ihre Aufgabe ist (vgl STAUDINGER/BOEHMER[11] Rn 166 [mit einer zu Unrecht auch die *Schadensersatz*ansprüche einbeziehenden Formulierung] und für Unterlassungsansprüche RGZ 86, 252, 254 = JW 1915, 517, 518; aM für Beseitigungsansprüche SALINGER LZ 1919, 1153, 1214/15); das bei Rn 246 Ausgeführte gilt insoweit entsprechend. Zur *passiven* Vererblichkeit von Verhaltenspflichten vgl STAUDINGER/MAROTZKE (1996) § 1967 Rn 10, 11.

2. Vertragliche

272 Bei *vertraglichen* Wettbewerbsverboten oder -beschränkungen ist zu prüfen, ob der Zweck nur Ausschaltung *persönlicher* Konkurrenz eines einzelnen ist, wie regelmäßig gegenüber Angestellten (§ 74 HGB), was sich auch aus der kurzen gesetzlichen Höchstfrist von 2 Jahren (§ 74 a Abs 1 S 3 HGB) und den mannigfachen sachlichen Schranken in §§ 74 Abs 2–75 d HGB ergibt, oder ob es sich um *sachliche* Wettbewerbsbehinderung anderer selbständiger Gewerbetreibender wie zB eines Verkäufers oder Käufers des Handelsgeschäfts oder, der praktische Hauptfall, eines Kartellgenossen handelt. Im *ersten* Falle sind nur solche Ansprüche vererblich, die dem Grunde nach schon vor dem Tod des Angestellten entstanden waren, seien es solche des Prinzipals auf Schadensersatz oder Vertragsstrafe nach § 75 c HGB oder solche des Angestellten auf Entschädigung nach §§ 74 Abs 2, 74 b und c HGB, nicht aber die Ansprüche auf *künftige* Unterlassung und Entschädigung; dagegen hat der Tod des *Prinzipals* keinen Einfluß auf das Fortbestehen der beiderseitigen Verpflichtungen. Anders im *zweiten* Falle: hier bezieht sich die Wettbewerbsregelung auf das *Unternehmen* und besteht deshalb im Falle ihrer Wirksamkeit (dazu §§ 1 ff GWB) mit diesem trotz Todes und Wechsels der Inhaber weiter (s auch STAUDINGER/MAROTZKE [1996] § 1967 Rn 10, 11).

XVI. Schadens-, Delikts- und Bereicherungsrecht

273 Auch die aus **unerlaubter Handlung** oder **ungerechtfertigter Bereicherung** entspringenden Unterlassungs-, Ersatz- und Herausgabeansprüche bzw -pflichten sind grundsätzlich vererblich (zu Ausnahmen s oben Rn 132 f). Wegen konkurrierender „dinglicher" Anspruchsgrundlagen s Rn 241–247, 252 ff. An anderer Stelle behandelt ist die **Vererbung „unfertiger" Schadensersatzansprüche** aus Vertrag oder Delikt (vgl STAUDINGER/SCHIEMANN [1998] Vorbem 53 f zu §§ 249 ff; MünchKomm/LEIPOLD Rn 22 und zur **passiven** Vererblichkeit STAUDINGER/MAROTZKE [1996] § 1967 Rn 19, 21 ff, 53 ff).

274 **Bei der ungerechtfertigten Bereicherung** stechen zwei Problemfelder besonders hervor: Soweit der *Erblasser* nach §§ 814, 815, 817 eines sonst gegebenen Herausgabean-

spruchs durch bestimmte innere oder äußere Tatsachen verlustig geht, die subjektiv in seiner Person begründet sind, wie Kenntnis der mangelnden Verpflichtung (§ 814) oder der Unmöglichkeit des Erfolgseintritts (§ 815 Fall 1) oder gegen Treu und Glauben verstoßende Erfolgsverhinderung (§ 815 Fall 2) oder Verletzung des Gesetzes oder der guten Sitten durch den Leistungszweck (§ 817 S 2), kann der *Erbe* selbst dann keinen Bereicherungsanspruch erhalten, wenn in *seiner* Person die anspruchsfeindlichen Umstände nicht vorliegen (s STAUDINGER/LORENZ [1994] § 817 Rn 16) – ja sogar dann, wenn der Sittenverstoß des Schenkers sich *gegen den Erben selbst* richtete (vgl den Fall RGZ 111, 151 ff und direkt dazu STAUDINGER/BOEHMER[11] Einl § 20 Bem 1, 2 [auch zu der Frage, ob hier mit § 826 zu helfen ist]). Auf der anderen Seite trifft, wenn bereits der ungerechtfertigt bereicherte Erblasser durch Kenntnis der Rechtsgrundlosigkeit verschärft nach § 819 haftete, auch den Erben die verstärkte Herausgabepflicht nach §§ 818 Abs 4 iVm §§ 291, 292, 987 ff. Ist der Erbe *gutgläubig*, so kann er diese verschärfte Haftung (abweichend von den für diesen Sonderfall nicht gedachten Ausführungen bei STAUDINGER/MAROTZKE [1996] § 1967 Rn 53) auch hinsichtlich der von ihm selbst „verschuldeten" (§ 989) Schäden nach §§ 1975 ff auf den Nachlaß beschränken (ebenso GURSKY JR 1986, 225, 226 f, während BOEHMER in STAUDINGER[11] Rn 206 und in RG-FS III [1929] 216, 278/279 für eine ex nunc eintretende Reduzierung des Haftungs*maßstabes* auf das in § 818 Abs 1, 2 und bes 3 vorgeschriebene Maß eintrat [hiergegen überzeugend GURSKY aaO]). Entsprechendes gilt, wenn die herauszugebende Bereicherung auf durch *verbotene Eigenmacht* oder *strafbare Handlung* erlangtem Besitz beruht: Zwar kann die bereits durch den Erblasser herbeigeführte strenge Haftung aus §§ 292, 992, 823 ff (bes § 848) nicht allein durch späteren guten Glauben des Erben abgeschwächt werden, da diese Art der Haftung lediglich auf der Art der Besitz*erlangung* beruht (ebenso STAUDINGER/BOEHMER[11] Rn 206 aE). Jedoch kann uU auch die „verschärfte" Haftung mit erbrechtlichen Mitteln auf den *Nachlaß* beschränkt werden (vgl schon Rn 260 aE; BALZER-WEHR, Bereicherungs- und Erstattungsansprüche gegen Erben [Diss Erlangen-Nürnberg 1998] 14 ff, 41 ff, 255 f).

XVII. Vertragliche Schuldverhältnisse*

1. Nichtvermögensrechtliche

Die aktive und passive Vererblichkeit eines Schuldverhältnisses hängt nicht mehr und nicht weniger von der Vermögensbezogenheit ab als die Vererblichkeit anderer Rechtspositionen. Vorrang hat deshalb (vgl Rn 113, 115) auch hier die Frage, „ob auf der einen Seite das wirtschaftliche oder kulturelle Bedürfnis, das zu befriedigen Aufgabe des Schuldverhältnisses ist, nach der Wirtschaftsstruktur und Sozialauffassung der jeweiligen Zeit oder der konkreten Fallage an die *individuelle Person* eines bestimmten Gläubigers gebunden ist oder mehr den *sachlichen* Zwecken des Lebensausschnittes dient, dem der Schulderfolg angehört, und ob auf der anderen Seite die zur Befriedigung dieses Bedürfnisses erforderliche Tätigkeit des Schuldners auf die Person *eines bestimmten* Pflichtträgers abgestellt ist oder auch von einem *anderen* vollzogen werden kann" (so schon STAUDINGER/BOEHMER[11] Rn 197 [kritisch A BENDER 166]; vgl auch die wertvollen Konkretisierungs- und Systematisierungsversuche von DIETZEL). In beiden Beziehungen können auch Bedürfnisse, die weder als solche der wirtschaftlichen

275

---

* **Schrifttum:** DIETZEL, Untergang statt Fortbestand – zur Abgrenzung der unvererblichen Rechtsbeziehungen im Schuldrecht (1991).

Sphäre angehören noch zu ihrer Befriedigung irgendwelcher Einwirkung auf die Vermögensgüter des Leistenden oder des Leistungsempfängers benötigen, personen-*un*gebunden sein: dann ist auch das ihnen dienende Schuldverhältnis nicht „höchstpersönlich" (dazu DIETZEL 9 ff), sondern aktiv bzw passiv vererblich (so STAUDINGER/ BOEHMER[11] Rn 197 unter Hinweis auf einige die *passive* Vererblichkeit betreffende „Beispiele" in dortiger Rn 81 [einige davon nunmehr bei STAUDINGER/MAROTZKE [1996] § 1967 Rn 10 und ein weiteres aaO § 1967 Rn 12], wozu freilich zu bemerken ist, daß die meisten der in BOEHMERS Rn 81 erwähnten Verbindlichkeiten keineswegs vermögens*neutral* sind). Auch „amtsrechtliche" Stellungen, die an sich beim Tod ihres Inhabers erlöschen, können uU einstweilen für und gegen den Erben weiterwirken und ihn zu Leistungen auch nichtvermögenswerter Art, wie zB Anzeige- und Besorgungstätigkeiten, verpflichten (Rn 156 aE). Ähnliches gilt für Verträge über Arbeitsleistungen und dergl (vgl Rn 276).

2. Verträge über Werk-, Dienst-, Geschäftsbesorgungs- und sonstige Arbeitsleistungen*

a) Tod des „Arbeitspflichtigen"

276 An die Person des Pflichtigen gebunden und deshalb unvererblich sind idR **Arbeitspflichten**, und zwar sowohl solche aus **Dienst**- oder **Arbeits**vertrag (§ 613 S 1; vgl STAUDINGER/RICHARDI [1999] § 613 Rn 12; STAUDINGER/NEUMANN [1995] Vorbem 15 f zu § 620) wie auch solche aus unentgeltlichem (§ 662) oder entgeltlichem (§ 675) **Geschäftsbesorgungs**vertrag (§§ 673, 675), uU auch solche aus **Werk**vertrag, nämlich sofern dieser zu Leistungen verpflichtet, bei denen es entscheidend auf die Geschicklichkeit, Fähigkeit, Sachkunde, künstlerische oder wissenschaftliche Eignung oder Vertrauenswürdigkeit einer *bestimmten* Person ankommt (vgl auch STAUDINGER/PETERS [1994] Vorbem 63 zu §§ 631 ff, der hier mit dem Unmöglichkeitsrecht helfen will). Erlischt ein Auftrag oder ein Geschäftsbesorgungsvertrag durch den Tod des „Beauftragten", so hat der Erbe des Beauftragten den Tod dem Auftraggeber unverzüglich anzuzeigen und, wenn mit dem Aufschub Gefahr verbunden ist, die Besorgung des übertragenen Geschäfts fortzusetzen, bis der Auftraggeber anderweit Fürsorge treffen kann; der Auftrag gilt insoweit als fortbestehend (§§ 673 S 2, 675). Derartige Anzeige- und vielleicht auch Fortsetzungspflichten lassen sich uU auch außerhalb des Auftrags- und Geschäftsbesorgungsrechts denken (s STAUDINGER/BOEHMER[11] Rn 161, 198 und für den Bereich der „Amtsrechte" oben Rn 156). Beachtung verdient ferner der Hinweis (vgl STAUDINGER/ BOEHMER[11] Rn 198), daß es sich bei der *Vererblichkeit* einer schuldrechtlichen Verpflichtung in doppelter Beziehung um eine andere Frage als bei der Übernahme *unter Lebenden* handelt: einmal insoweit, als im letzteren Fall eine höchstpersönliche Schuld nicht *erlischt* wie beim Tod des Schuldners, sondern bei dem bisherigen Schuldner *verbleibt;* ferner insoweit, als eine Übernahme hier *nie ohne den Willen* beider Parteien, sowohl *des Schuldners wie des Gläubigers*, möglich ist (§§ 414, 415), während bei der Vererbung der Erbe *kraft Gesetzes* an die Stelle des Erblassers treten würde. Man wird daher in jedem Einzelfall sorgfältig zu prüfen haben, ob der sachliche Zweck des Schuldverhältnisses eine (zumindest vorläufige) Fortsetzung der schuldnerischen Tätigkeit durch den Erben *möglich* erscheinen läßt und im Interesse des Schulderfolgs gebietet, oder ob die Leistung so eigenartig und „unvertretbar" (s ZPO §§ 888–890) ist, daß sie einen solchen Personenwechsel *unmöglich* oder doch

---

* **Schrifttum**: SCHÖNFELD, Todesfall und Arbeitsverhältnis (Diss Bielefeld 1994).

§ 1922

1. Abschnitt. Erbfolge

für den Erben des Schuldners oder den Gläubiger un*tragbar* macht (vgl auch DIETZEL 66 f, 69, 75 ff). Insbes bei Werk- und mehr noch bei Werk*lieferungs*verträgen kann sich zudem ergeben, daß die aus ihnen resultierenden Pflichten derart eng mit einem vom Erblasser betriebenen gewerblichen Unternehmen verknüpft sind, daß sie *nur zusammen mit diesem* vererbt werden können (BOEHMER aaO).

Der Umfang der auf den Erben des Beauftragten übergehenden (STAUDINGER/MAROTZKE [1996] § 1967 Rn 10) Pflicht zur **Auskunftserteilung, Rechenschaftslegung** (§ 259 Abs 1) und **eidesstattlichen Versicherung** (§ 259 Abs 2) kann im Einzelfall zweifelhaft sein (vgl DIETZEL 175 ff; BGHZ 104, 369 ff = EWiR § 259 BGB 1/1988, 687 [KELLER]). Die Ansicht, daß die Informationspflichten aus § 666 nur insoweit auf die Erben übergingen, als der Auftrag gem § 673 als fortbestehend gelte (so WINKLER VON MOHRENFELS, Abgeleitete Informationspflichten im deutschen Zivilrecht [1986] 167), ist unzutreffend (richtig insoweit BGHZ 104, 369, 372 f; STAUDINGER/WITTMANN [1995] § 673 Rn 7; DIETZEL 178). Denn § 673 entscheidet nur über das Recht und die Pflicht zur **Fortführung** des übernommenen Auftrags, nicht über die bereits eingetretenen sonstigen Rechtsfolgen desselben. Zudem gilt § 666 über § 681 S 2 sogar für die Geschäftsführung **ohne** Auftrag, und zwar wegen § 687 Abs 2 S 1 sogar für den (meist als „unechte GoA" bezeichneten) Fall der **auftragslosen Geschäftsanmaßung**.

Gegenansprüche des Leistungspflichtigen **auf Vergütung etc sind idR vererblich** (s auch STAUDINGER/NEUMANN [1995] Vorbem 15 zu § 620; zu diesbezügl Auskunftsansprüchen gegen Arbeitgeber vgl LAG Berlin NZA 1990, 482 und unten Rn 294; speziell zum Ausgleichsanspruch des *Handelsvertreters* aus § 89 b HGB s BGHZ 24, 214 ff, 223 ff; 73, 99 ff = NJW 1979, 651). Eine etwaige *Schweigepflicht* des ursprünglichen Anspruchsinhabers steht der freien Vererblichkeit auch dann nicht entgegen, wenn sie eine *Abtretung* des Vergütungsanspruchs zustimmungsbedürftig machen würde (LG Bautzen NJW-RR 1998, 872 betr Honorarforderung eines Rechtsanwalts [zur Abtretbarkeit jetzt § 49 b Abs 4 BRAO] oder Steuerberaters; s auch BERGER NJW 1995, 1584, 1589 [ärztliche Honorarforderung]; § 203 Abs 3 S 2 StGB und oben Rn 115, unten Rn 296 ff).

Eine **Ausnahme** vom Grundsatz der Vererblichkeit macht die Rspr für Ansprüche auf *Urlaubsabgeltung*: diese Ansprüche seien wegen ihres sich aus der Zweckbestimmung ergebenden höchstpersönlichen Charakters unvererblich (BAG AP Nr 7 zu § 611 Urlaubsrecht; vgl auch BAG NJW 1987, 461, 462/63 = BB 1986, 1916 ff m Anm STRUCK; BAG Betrieb 1990, 1925 f; BAG BB 1992, 1353; DIETZEL 140 ff, 156 ff; vgl auch STAUDINGER/RICHARDI [1999] § 613 Rn 14; aus guten Gründen **aM** COMPENSIS Betrieb 1992, 888, 891 f; SOERGEL/STEIN Rn 39). Jedoch haben die Tarifvertragsparteien im Rahmen ihrer Rechtssetzungsautonomie die Möglichkeit, zugunsten des Erben eines verstorbenen Arbeitnehmers anstelle der unerfüllt gebliebenen urlaubsrechtlichen Ansprüche eine andersartige tarifliche Leistung zu gewähren (vgl BAG NJW 1987, 461 ff; BAG Betrieb 1990, 1925 f; BAGE 68, 373, 375 f = NJW 1992, 3317 f = BB 1992, 1793 f; WINDEL 123 ff). Hat der Erblasser seinen früheren Arbeitgeber wegen eines Urlaubsabgeltungsanspruchs in Verzug gesetzt und tritt während des Verzugs Unmöglichkeit wegen des Todes des Erblassers ein, so fällt der – an der angeblichen Unvererblichkeit der Primärforderung nicht scheiternde? – Schadensersatzanspruch aus §§ 280 Abs 1, 284 Abs 1, 286 Abs 1, 287 S 2 in den Nachlaß (BAGE 84, 325, 330 = NJW 1997, 2343, 2344 = FamRZ 1997, 1472 [dort nur LS]; dazu LEIPOLD JZ 1998, 661: „dogmatisch nicht ganz stimmig..., aber iE immerhin einleuchtend").

Auch ein vertragliches *Ruhegehalt* ist nur für die Zeit *bis* zum Tod des Berechtigten geschuldet; vom Erben des Berechtigten kann es also nur beansprucht werden, soweit es sich um rückständige Leistungen für die Zeit *vor* dem Erbfall handelt (BGH WM 1983, 43). Wurde das Ruhegehalt auf Grundlage der mutmaßlichen Lebensdauer des Berechtigten kapitalisiert, so schuldet der Verpflichtete den *gesamten* Betrag natürlich auch, wenn der Berechtigte *vorzeitig* stirbt; der Anspruch geht dann ohne weiteres auf den Erben über (BGH aaO; einen Zweifelsfall behandelt OLG Stuttgart ZIP 1990, 402 ff m krit Anm SCHAUB EWiR § 69 KO 1/1990, 273 f).

Nur eingeschränkt vererblich ist nach hM das Recht des Arbeitnehmers, im Kündigungsschutzprozeß die *Auflösung des Arbeitsverhältnisses gegen Zahlung einer Abfindung zu verlangen* (vgl STAUDINGER/RICHARDI [1999] § 613 Rn 15). Der in einem Aufhebungsvertrag vereinbarte Anspruch auf eine Abfindung entsteht jedenfalls dann nicht bereits mit Abschluß des Vertrags, sondern erst zum vereinbarten Ausscheidenstermin, wenn es sich um eine Frühpensionierung handelt und im Aufhebungsvertrag kein früherer Entstehenszeitpunkt bestimmt ist. Endet das Arbeitsverhältnis vorzeitig, etwa durch den Tod des Arbeitnehmers, kann der Anspruch nicht entstehen und von den Erben durch Erbfolge erworben werden (BAG FamRZ 1998, 957 f).

In bezug auf *Konkursausfallgeld* – künftig: „Insolvenzgeld" – hat das BSG entschieden, daß es dem Erben eines vor dem Insolvenzereignis verstorbenen Arbeitnehmers nicht zustehe (BSG ZIP 1987, 795 f [= KTS 1987, 525 ff], 796 ff). Dazu kritisch DENCK, Konkursausfallgeld von Todes wegen – eine unzulässige Rechtsfortbildung? SGb 1987, 485 ff.

Abfindungsansprüche aus Sozialplänen sind idR vererblich (vgl DIETZEL 160 ff). Nach ihrem Sinn und Zweck setzen sie jedoch voraus, daß das Arbeitsverhältnis nicht durch den Tod des Arbeitnehmers, sondern durch eine ihm gegenüber ausgesprochene Kündigung beendet wird (STAUDINGER/RICHARDI [1999] § 613 Rn 15). Stirbt der Arbeitnehmer *vor* Erhalt der Kündigung, so kann ein Abfindungsanspruch auch in der Person des *Erben* nicht mehr entstehen (vgl auch WINDEL 118 ff). Ebenso wird iZw zu entscheiden sein, wenn der Tod zeitlich zwischen Zugang der Kündigung und Eintritt des Kündigungs*termins* fällt (str; vgl die einander insoweit widersprechenden Urteile des LAG Frankfurt aM in NZA 1985, 634 und dazu HANSEN NZA 1985, 609 ff; **wie hier** DIETZEL 165, 168 f; vgl auch BAGE 84, 159, 165 = NJW 1997, 2065, 2067 [Schlußsatz]; BAG NZA 1997, 386 ff [betr *tarifvertragliche* Abfindungsregelung]; **aM** COMPENSIS, Die Vererblichkeit von Sozialplanansprüchen und anderen Abfindungen, Betrieb 1992, 888, 892 f; vgl auch BAG Betrieb 1988, 864 = BB 1988, 1392 = NZA 1988, 466). Haben Arbeitgeber und Arbeitnehmer im Zuge einer geplanten Personalreduzierung einen Aufhebungsvertrag geschlossen und dabei auf Leistungen eines Sozialplans verwiesen, nach dem der Arbeitnehmer Anspruch auf Abfindung hat, so entsteht der Abfindungsanspruch gleichwohl nicht, wenn der Arbeitnehmer vor der vereinbarten Beendigung des Arbeitsverhältnisses stirbt (BAGE 84, 159, 165 f = NJW 1997, 2065 ff = NZA 1997, 163 ff = ZIP 1997, 46 ff; vgl auch WINDEL 119 f).

Sehr gewagt erscheint der Vorschlag von COMPENSIS (Betrieb 1992, 888, 893; krit WINDEL 121), auf Sozialplanansprüche, soweit sie laufende Geldleistungen zum Inhalt haben und beim Tod des Berechtigten nicht erlöschen, den zu einer Sonderrechtsnachfolge führenden § 56 SGB I analog anzuwenden (vgl zu § 56 SGB I unten Rn 356).

Zur *Rechtsstellung des Erben eines Arbeitnehmererfinders* vgl BARTENBACH Mitt d dt Patentanwälte 1982, 205 ff.

b) Tod des Auftraggebers, Dienstherrn, Arbeitgebers etc
Ein **Auftrag** oder ein entgeltlicher **Geschäftsbesorgungsvertrag** erlischt im Zweifel **278** nicht durch den Tod des Auftraggebers (§ 672 S 1; s erg unten Rn 324). Erlischt er ausnahmsweise doch (zu den hier in Betracht kommenden Fällen vgl Rn 280 und STAUDINGER/WITTMANN [1995] § 672 Rn 4, 14), so hat der Beauftragte, wenn mit dem Aufschub Gefahr verbunden ist, die Besorgung des übertragenen Geschäfts fortzusetzen, bis der Erbe anderweit Fürsorge treffen kann; der Auftrag gilt insoweit als fortbestehend (§ 672 S 2).

Auch **Werk-, Dienst-** und **Arbeitsverträge** erlöschen beim Tod des Bestellers, Dienst- **279** herrn bzw Arbeitgebers im Zweifel nicht (vgl STAUDINGER/PETERS [1994] Vorbem 62 zu §§ 631 ff; STAUDINGER/NEUMANN [1995] Vorbem 17 zu § 620; BAG 70, 104, 110; LAG Köln ZIP 1989, 1143 f [dazu LÜKE EWiR § 59 KO 2/1989, 913 f]; speziell zur Vererblichkeit der „Arbeitgeberstellung" das vom Verfasser in AcP 186 [1986] 316 ff besprochene Buch von WALKER, Der Vollzug der Arbeitgeberbfolge mit einem vermeintlichen Erben [1985] 20; alle mwN auch zu möglichen Ausnahmen [zu diesen sogleich Rn 380]). Daß ein Anspruch auf Leistung von „Diensten" wegen § 613 S 2 im Zweifel nicht *übertragbar* ist, rechtfertigt selbst im Bereich des *Dienst*vertragsrechts nicht den Schluß, daß Entsprechendes auch hinsichtlich der *Vererblichkeit* anzunehmen sei (STAUDINGER/RICHARDI [1999] § 613 Rn 17). Zudem wird die – auf Rechtsgeschäfte unter Lebenden beschränkte – Bedeutung des § 613 S 2 weitgehend aufgehoben durch den neuen § 613 a, der für den Fall, daß ein Betrieb oder Betriebsteil durch Rechtsgeschäft unter Lebenden übertragen wird, einen automatischen Eintritt des Erwerbers in die zZ des Betriebsübergangs bestehenden Arbeitsverhältnisse anordnet. Überholt ist deshalb die von STAUDINGER/BOEHMER[11] Rn 199 aE zitierte Entscheidung OLG Rostock OLGE 20, 157 f: Nach heutigem Recht hätte der dort betroffene Redakteur bei Unzumutbarkeit des Zusammenarbeitens mit dem die politische Richtung der Zeitschrift ändernden neuen Betriebsinhaber nicht Unabtretbarkeit des Arbeitsverhältnisses, sondern nur ein Recht zur fristlosen Kündigung „aus wichtigem Grund" nach § 626 einwenden können. Entsprechend wird nunmehr im Fall des *erb*rechtlichen Betriebsübergangs zu entscheiden sein (und zwar unabhängig von der bei STAUDINGER/RICHARDI/ANNUSS [1999] § 613a Rn 82 ff, 86 erörterten Frage einer entspr Anwendbarkeit des § 613a).

Besonderheiten ergeben sich, wenn der Auftrags-, Geschäftsbesorgungs-, Werk-, **280** Dienst- oder Arbeitsvertrag zu Leistungen verpflichtet, die untrennbar mit der Person des anspruchsberechtigten Erblassers verbunden sind (vgl auch Rn 279 aE; STAUDINGER/RICHARDI [1999] § 613 Rn 17; STAUDINGER/NEUMANN [1995] Vorbem 17 zu § 620; WALKER aaO und speziell zu **Auskunfts- und Schweigepflichten** eines Rechtsanwalts, Steuerberaters, Notars oder Arztes unten Rn 296 ff). So können etwa ärztliche und heilkundliche Beratung und Behandlung, insbes operative Eingriffe, körperliche oder geistige Ausbildung oder Unterweisung, Porträtierung oder Lichtbildaufnahme, meist auch Auskunftserteilung und Beratung geschäftlicher, beruflicher und wissenschaftlicher Art idR nur *bestimmten* Personen, nicht auch den Erben geleistet werden. In diesen Fällen wird ebenso wie bei Verpflichtungen zur Vorlegung und Einsichtgestattung von Urkunden, Briefen, Büchern, Sammlungen oft auch das Interesse des Verpflichteten an der Vertrauenswürdigkeit und Sachkunde des Berechtigten hinzukommen, um die –

häufig aber schon an dem eher „schuldrechtlichen" Gesichtspunkt des Anspruchuntergangs wegen Unmöglichwerdens scheiternde (vgl für den Anspruch auf ärztliche Behandlung A BENDER, Das postmortale Einsichtsrecht in Krankenunterlagen [1998] 169 ff) – Vererblichkeit des Anspruchs auszuschließen (so mit Recht ENDEMANN III 1, 55 gegen STROHAL I, 23 Anm 42). Ansprüche auf Dienst-, Werk- oder Geschäftsbesorgungsleistungen *dieser Art* erlöschen also mit dem Tod des Berechtigten (vgl AG Dortmund NJW-RR 1991, 689 betr Partnerschaftsvermittlungsvertrag; LAG Berlin Betrieb 1990, 1828 betr Arbeitsverhältnis einer Altenpflegerin [dieses sei „auf den Tod ihres Arbeitgebers zweckbefristet", ende jedoch erst nach einer „Auslauffrist von Länge der ordentlichen Kündigungsfrist ab ihrer Kenntnis vom Todesfall"]). Ob und inwieweit die Vergütungs- und Aufwendungsersatzpflicht für die Erben bestehen bleibt, zB nach dem **Tod des Patienten**, ist eine andere Frage: insbes ist fraglich, ob man hier mit den Regeln über Unmöglichkeit der Leistung (§ 323) oder über Annahmeverzug (§§ 324 Abs 2, 615, 642) oder mit analoger Anwendung der §§ 626, 627, 628 bzw §§ 645, 649 operieren kann (vgl zB STAUDINGER/OTTO [1995] § 324 Rn 35). Das LG Düsseldorf entschied sich bei einem **Heimpflegevertrag** für Anwendung des § 323 (NJW-RR 1991, 184, 185). Nach § 4 b Abs 8 S 1 HeimG endet das Vertragsverhältnis mit dem Eintritt des Todes. Vereinbarungen über eine Fortgeltung des Vertrages sind zulässig, soweit ein Zeitraum bis zum Ende des Monats, der auf den Sterbemonat folgt, nicht überschritten wird (§ 4 b Abs 8 S 2 HeimG). Eine Fortgeltungsklausel in einem Heimvertrag, die bestimmt, daß die Pflegekosten bis zu einem Monat nach dem Tod des Heiminsassen fortzuentrichten sind, ist rechtlich zulässig und verstößt nicht gegen § 9 AGBG (LG Hildesheim NJW-RR 1992, 1276 f). Jedoch muß sich der Heimträger die Ersparnis von Aufwendungen anrechnen lassen (AG Bad Homburg vdH NJW-RR 1996, 890 im Hinblick auf § 4 b Abs 8 S 3 und § 4 d HeimG; vgl auch KUNZ/RUF/WIEDEMANN, HeimG [8. Aufl 1998] § 4 b Rn 17; GAISER NJW 1999, 2311 f). Die Frage, welche Rechtsfolgen der Tod des Bestellers beim **Reisevertrag** auslöst, wird ausführlich erörtert von CLAUSSEN (NJW 1991, 2813; vgl auch LG Frankfurt aM NJW 1991, 498 f). Der in § 651 f Abs 2 begründete Anspruch des Reisenden auf Entschädigung wegen nutzlos aufgewendeter Urlaubszeit ist vererblich (ausführl DIETZEL 134 ff m Nw auch zur Gegenansicht).

3. Mäklervertrag

281 Ein Mäklervertrag endet idR zwar nicht beim Tod des Auftraggebers (STAUDINGER/REUTER [1995] §§ 652, 653 Rn 62), wohl aber nach hM beim Tod des Mäklers (kritisch STAUDINGER/REUTER [1995] §§ 652, 653 Rn 61). Zu Recht ist jedoch anerkannt, daß der Provisionsanspruch des Mäklers bzw seiner Erben nicht dadurch ausgeschlossen wird, daß der Mäkler, der eine für das Zustandekommen des provisionspflichtigen Geschäfts ursächliche Tätigkeit entfaltet hat, vor dem endgültigen Abschluß dieses Geschäfts stirbt (vgl BGH LM § 652 Nr 15 = NJW 1965, 964; bestätigend BGH WM 1976, 503, 505).

4. Gebrauchs- und Nutzungsverhältnisse

282 Auch Verträge über Gebrauchs- und Nutzungsüberlassung enthalten ein mehr oder weniger stark ausgeprägtes persönliches *Vertrauenselement*, bes von seiten des Vermieters, Verpächters und noch mehr des Verleihers. Daraus wird mit Recht die Folgerung gezogen, daß **Mieter, Pächter** und **Entleiher** ihre Rechte *unter Lebenden* nicht einseitig übertragen können. Soweit sie den Gebrauch oder die Nutzung einem anderen überlassen, *ohne* daß dieser auch in das Vertragsverhältnis eintritt, ist die Frage in den Vorschriften über Untermiete usw in §§ 549, 581 Abs 2, 596 Abs 3, 603 S 2, 605 Nr 2 ausdrücklich geregelt. Noch weniger dürfen sie ohne Zustimmung des anderen Teils einen neuen Gebrauchsberechtigten an ihrer Stelle in das ganze Vertragsverhältnis einsetzen: das ergibt sich schon aus §§ 414, 415. Anderes gilt beim *Tod* des Gebrauchsberechtigten. Hier tritt der Erbe in das Vertragsverhältnis ein (bei der *Wohnraum*miete jedoch uU erbrechtsunabhängige Sonderrechtsnachfolge gem §§ 569 a, 569 b; vgl erg § 569 Abs 2 und oben Rn 54). Aber bei der Leihe ist dem Verleiher ein sofortiges (§ 605 Nr 3), bei der Miete beiden Parteien (§ 569 mit einer die Sonderrechtsnachfolge in *Wohnraum*mietverhältnisse betreffenden Ausnahme in Abs 2) und bei der Pacht den Erben des Pächters (§ 584 Abs 2) ein befristetes **Kündigungsrecht** gegeben. Der Vermieter von **Wohnraum** kann gegenüber dem Erben auch im Fall des § 569 Abs 1 nur kündigen, wenn er ein berechtigtes Interesse an der Beendigung des Mietverhältnisses hat; § 564 b ist anwendbar (aM WINDEL 115 f). Nach Ansicht des BGH gilt dies selbst dann, wenn der Erbe überhaupt nicht in der Wohnung des verstorbenen Mieters gelebt hat (BGHZ 135, 86 ff = NJW 1997, 1695 ff = JZ 1997, 732 ff m krit Anm FOERSTE = ZIP 1997, 1505 ff m abl Anm CANARIS; krit auch EMMERICH JuS 1997, 940 f; LEIPOLD JZ 1998, 661; vgl erg STAUDINGER/SONNENSCHEIN [1997] § 569 Rn 17). Für die **Landpacht** sind in § 594 d Sonderregelungen geschaffen worden (dazu DIETZEL 83 f). Zu Besonderheiten des **Jagd**pachtrechts vgl OLG Düsseldorf MDR 1970, 140; OLG Karlsruhe AgrarR 1982, 75 f und BGH MDR 1987, 741 f.

Unwirksam ist nach OLG Düsseldorf NJW-RR 1990, 1469 eine in den AGB eines KFZ-Leasingvertrages enthaltene Bestimmung, nach der dem Leasinggeber bei Tod des Vertragspartners gegenüber dessen Rechtsnachfolger ein Recht zur fristlosen Kündigung zusteht, welches eine Schadensersatzpflicht des letzteren zur Folge hat.

Kein gesetzlicher **Kündigungsgrund** ist der Tod des *Vermieters, Verpächters* oder *Verleihers* (vgl erg STAUDINGER/REUTER [1996] § 605 Rn 6). Das gilt auch, wenn dem Erblasser an dem vermieteten Gegenstand nur ein Nießbrauch zustand; der Erbe kann den Mietvertrag in diesem Fall nicht analog § 1056 Abs 2 vorzeitig kündigen (BGHZ 109, 111, 113 ff, 117 f = NJW 1990, 443 ff; STAUDINGER/FRANK [1994] § 1056 Rn 22; aM STAUDINGER/ PROMBERGER[12] § 1056 Rn 25; vgl ergänzend oben Rn 238). Das Recht des Vermieters von Wohnraum zur Kündigung wegen Eigenbedarfs (§ 564 b Abs 2 Nr 2) oder wegen seines eigenen Wohnens im selben Ein- oder Zweifamilienhaus (§ 564 b Abs 4) richtet sich nach dem Tod des Vermieters nach den Verhältnissen des Erben (OLG Karlsruhe NJW-RR 1994, 80 f). Zur Wirksamkeit eines vom Erblasser formlos gegebenen „(Wohnungs-)Leihversprechens von Todes wegen" vgl LANGEN ZMR 1986, 150 ff; NEHLSEN-VON STRYK AcP 187 (1987) 552 ff, 596 ff und BGH NJW 1985, 1553 f = WM 1984, 1258 f. Bemerkenswert auch OLG Köln NJW-RR 1995, 751 f zur Frage des *konkludenten* Abschlusses eines *lebenslangen* Leihvertrages über ein Hausgrundstück. **283**

5. Dauerschuldverhältnisse

a) Vererblichkeit, Auflösbarkeit
Die Frage der Vererblichkeit und der Auflösbarkeit stellt sich auch in bezug auf sonstige Dauerschuldverhältnisse wie zB *Gesellschaftsverhältnisse* (s oben Rn 168 ff, 172, 177 ff, 193 ff, 203 f, 207, 208), langfristige *Grabpflegeverträge* (dazu LG München I **284**

§ 1922

NJW-RR 1989,197), langfristige *Automatenaufstellungsverträge* (dazu OLG Hamburg MDR 1976, 577 f [Tod des Inhabers der Gaststätte]) und *Sukzessivlieferungsverträge* (vgl für Bierlieferungsverträge OLG Nürnberg NJW 1965, 1919 ff [Tod des *Brauers*]). Ob und ggfls mit welcher Frist der Erbe und/oder der Vertragspartner des Erblassers einen Sukzessivlieferungsvertrag anläßlich des Erbfalls kündigen kann, ist mangels gesetzlicher oder vertraglicher Sonderregelungen je nach Lage des Falles unter Berücksichtigung aller Umstände zu beurteilen (vgl STAUDINGER/BOEHMER[11] Rn 200: „nach Art des Vertrages, insbes dem Gegenstand [Gas, Wasser, elektrische Kraft, Bier usw]"). Wegen weiterer Einzelheiten wird verwiesen auf die ausführliche, in erster Linie allerdings dem *österreichischen* Recht gewidmete Darstellung von FENYVES, Erbenhaftung und Dauerschuldverhältnis – Zur Auflösbarkeit von Dauerschuldverhältnissen anläßlich des Todes einer Vertragspartei (1982) 171–369 (bes zu Arbeits-, Miet-, Pacht-, Verwahrungs-, Leih- und Versicherungsverträgen) sowie auf die Rezension von LITTBARSKI AcP 183 (1983) 191 ff. Vgl auch OETTINGHAUS, Das rechtliche Schicksal von Dauerschuldverhältnissen beim Tod des Verpflichteten (1990); OETKER, Das Dauerschuldverhältnis und seine Beendigung (1994) 208 ff, 635 ff und DIETZEL 80 ff, 91 ff.

b) Übergang der Rechte und Pflichten in das „Rechtsleben" des Erben

285 Vor allem bei auf *lange* Dauer angelegten Schuldverhältnissen kann der Eintritt des Erben in die Rechte und Pflichten des Erblassers zu der Frage führen, bis wann diese Schuldverhältnisse noch als solche des ererbten fremden Rechtskreises aufgefaßt werden können, in dem die „tote Hand" des Erblassers noch maßgeblich nachwirkt (so sehr plastisch STAUDINGER/BÖHMER[11] Rn 213) und in dem der Erbe nur als „Liquidator des abgeschlossenen Rechtslebens" (BOEHMER) fungiert, und von welchem Zeitpunkt an sie endgültig in die *eigene* Lebenssphäre des Erben hineingezogen werden, so daß sie nunmehr als seine persönlichen Rechtsverhältnisse gelten. Die genaue Fixierung des „Schnittpunkts zwischen den beiden Rechtsleben" (BOEHMER) kann im Einzelfall sehr schwierig sein (vgl zB Rn 186 f für künftige Vermögensansprüche aus ererbten Gesellschafterstellungen, Rn 287 für Giroverhältnisse und Rn 304 mwN für sog „Rechtsverkehrslagen"). Zudem vollzieht sich der Übergang der mit einer Person verknüpften rechtlichen Beziehungen aus dem Bereich des bisherigen Rechtsträgers in den des Nachfolgers nicht überall in klaren und scharfen Konturen. Meist kommt es irgendwann zu einem schwer definierbaren *Zwischenzustand*, in dem die Rechtsverhältnisse „zwischen zwei Rechtsleben" schweben und „mit dem einen Fuße noch in der Rechtswelt des Verstorbenen, mit dem anderen schon in der des Lebenden stehen" (Formulierungen von BOEHMER aaO). Dazu mit Blick auf die *Pflichten*seite des Schuldverhältnisses STAUDINGER/BOEHMER[11] Rn 213 ff (**„Nachlaß-Erbenschuld"**); BOEHMER, Der Übergang des Pflichtlebens des Erblassers auf den Erben, RG-FS III (1929) 216, 261 ff sowie STAUDINGER/MAROTZKE, hier vorliegende Bearbeitung, § 1922 Rn 253 ff, 259 ff, 274, 303 ff (bes 306 ff); STAUDINGER/MAROTZKE (1996) § 1967 Rn 4 ff, 19 ff, 24 ff, 39 ff, 45 ff, 51 f, 53 ff, 57 ff. Speziell mit den **einkommensteuerrechtlichen** Aspekten befassen sich G und M SIEGMANN StVj 1993, 337, 344 ff.

6. Versicherungen, Bankkonten, Wertpapiere, Bausparverträge

286 **Sachversicherungen**, insbes **Hausratsversicherungen** (s BGH NJW-RR 1993, 1048 f = FamRZ 1993, 1060 f; OLG Frankfurt aM VersR 1984, 1059; OLG Hamm VersR 1986, 331 ff), gehen beim Tod des Versicherungsnehmers auf den Erben über. Für Hausratsversicherungen gilt dies auch, wenn der Erbe nicht schon bisher in der Wohnung des Erblassers mit

diesem zusammengelebt hatte. Daß die Wohnung für den Erben uU keine „ständig bewohnte Hauptwohnung" darstellt, ist eine Frage der Gefahrerhöhung, nicht eine solche des Interessewegfalls (ebenso die zitierten Gerichtsentscheidungen). Wiederbeschaffung von Hausrat mit der Folge der Entstehung des Anspruchs auf Neuwertentschädigung kann auch durch den *Erben* des nach Eintritt des Versicherungsfalls verstorbenen Versicherungsnehmers erfolgen (OLG Hamm aaO).

Zum vererblichen Nachlaß gehören grundsätzlich auch die **Rechte aus Bankguthaben,** **287** **Wertpapierdepots und Bausparverträgen** (zum *Darlehns*anspruch des Bausparers s Rn 288) sowie etwaige **anläßlich des Erbfalls fällig werdende Ansprüche aus Lebens- oder Unfallversicherungen** (vgl für Lebens- und Unfallversicherungen BGHZ 32, 44, 46 ff; BFHE 76, 509 = BStBl III 1983, 187 = NJW 1963, 1222 f [*aber:* BFHE 126, 316 = BStBl II 1979, 115 = NJW 1979, 944]; FG Bremen VersR 1977, 73 f; BFH NJW-RR 1994, 918 ff; vgl auch STAUDINGER/JAGMANN [1995] § 330 Rn 48). Oft wird deren Vererbung jedoch daran scheitern, daß der Erblasser diese Rechte auf einem der bei Rn 55 ff genannten Wege am Erbrecht vorbeisteuert (vgl dazu und zu den Folgeproblemen STAUDINGER/JAGMANN [1995] Vorbem 53 zu §§ 328 ff, § 328 Rn 8, 31, 52 ff, 81 ff, 162 f, § 330 Rn 9, 12 ff, 20 ff, § 331 Rn 3 ff; STAUDINGER/CREMER [1995] § 516 Rn 91 ff, § 518 Rn 24; STAUDINGER/KANZLEITER [1998] § 2301 Rn 25–49; STAUDINGER/HAAS [1998] § 2311 Rn 20, 22 ff; STAUDINGER/OLSHAUSEN [1998] § 2325 Rn 36 ff, 106 sowie die engagierte Darstellung der Problematik bei STAUDINGER/BOEHMER[11] Einl §§ 24 ff vor §§ 1922 ff und § 1922 Rn 205). Bei Vorversterben des gem § 331 Begünstigten steht das Recht auf die Leistung im Zweifel dem Versprechensempfänger zu oder fällt in dessen Nachlaß, soweit kein Ersatzbegünstigter benannt worden ist (BGH FamRZ 1993, 1059 f). Mit dem Versuch einer Erbin, eine vom Erblasser hinsichtlich seiner Lebensversicherung vorgenommene Bestimmung des Bezugsberechtigten nach Eintritt des Versicherungsfalles zu ändern, befaßt sich OLG Stuttgart NJW-RR 1990, 924 f. Der Nachlaßinsolvenzverwalter hat gegenüber der Lebensversicherungsgesellschaft uU Anspruch auf Auskunft über Bezugsrechte Dritter und bereits erfolgte Auszahlungen (vgl AG und LG Duisburg KTS 1992, 135 ff, 137 f = ZIP 1991, 1299 f). Tritt ein Versicherungsnehmer seine Ansprüche aus der Lebensversicherung als Sicherheit an einen Kreditgeber ab und widerruft er zu diesem Zweck ein widerruflich eingeräumtes Bezugsrecht, so gehört der Anspruch auf die Versicherungssumme beim Tod des Versicherungsnehmers in Höhe der gesicherten Schuld zum Nachlaß (BGH NJW 1996, 2230 f = MDR 1996, 818 f; OLG Düsseldorf FamRZ 1998, 121); im Nachlaßinsolvenzverfahren unterliegt der Anspruch deshalb insoweit (vgl BGHZ 109, 67, 69 ff, 72) dem Verwertungsrecht des Verwalters (vgl §§ 51 Nr 1, 166 Abs 2 InsO sowie zur *pflichtteilsrechtlichen* Berücksichtigung des Anspruchs BGH NJW 1996, 2230 f = MDR aaO). Nach BGHZ 107, 104, 109 ff (= NJW 1989, 1601 f = JR 1989, 421 ff m Anm E HERRMANN = JZ 1990, 650 ff m Anm KUCHINKE) hat der Erbe des Bankkunden uU einen an Pflichtteilsberechtigte abtretbaren Anspruch gegen die Bank auf Auskunftserteilung über das vererbbare Vermögen schmälernde Guthabenabtretungen und -auszahlungen an Dritte, auf namentliche Benennung der Empfänger sowie auf Auskunft darüber, ob die Bank Unterlagen über die Unentgeltlichkeit der Zuwendungen hat. Zu den prämien- und steuerrechtlichen Fragen nach dem Tode eines *Bau*sparers vgl JANSEN Betrieb 1971, 1342 und unten Rn 371. Zur Nachfolge in sonstige Bankkonten vgl CANARIS, Bankvertragsrecht I (3. Aufl 1988) Rn 204 ff; PALANDT/EDENHOFER Rn 30 f und, speziell zu „Anderkonten", SOERGEL/STEIN Rn 40 (je mwN). Führt der Erbe ein Girokonto des Erblassers wie ein eigenes – also nicht nur zur Abwicklung nachlaßbezogener Geschäfte – fort, so sind die mit dem Giroverhältnis verbundenen Rechte und Pflichten nicht mehr dem

Nachlaß, sondern „ausschließlich" dem Erben persönlich zugeordnet (BGHZ 131, 60, 64 f ad II 2 a = ZIP 1995, 1886 ff = NJW 1996, 190 f = ZEV 1996, 62, 63 m krit Anm KRAMPE; vgl auch BALZER-WEHR [unten Rn 362 Satz 1] 136 f). Zum *Post*girokonto s Postbank-AGB Ziff 10. Das dem Inhaber eines Sparkontos aufgrund des Bankvertrages zustehende *Auskunftsrecht* über Vorgänge auf dem Sparkonto geht auf die Erben über; das Bankgeheimnis steht nicht entgegen (OLG Frankfurt aM MDR 1966, 503; BGHZ 107, 104, 109 f = JR 1989, 421 ff; vgl auch Rn 296 ff). Den Erben können die entsprechenden Auskünfte nicht mit der Begründung verweigert werden, das Sparkonto sei aufgelöst und habe zZ des Erbfalls kein Guthaben mehr aufgewiesen, weil dieses außerhalb des Erbrechts auf einen Dritten übergegangen sei (OLG Frankfurt aM aaO). Ebensowenig hat der BGH den Einwand gelten lassen, daß die Vorgänge, über die jetzt vom Erben Auskunft begehrt werde, dem *Erblasser* bekannt gewesen seien (BGHZ 107, 104, 109 f; vgl auch E HERRMANN JR 1989, 424 r Sp; KUCHINKE JZ 1990, 653; anders jedoch LAG Berlin NZA 1990, 482 betr Auskunftsanspruch des Erben gegen Arbeitgeber des Erblassers wegen unerfüllter Vergütungsansprüche). Der der Bank obliegende Beweis, daß ein vom Erben ihres Kunden nach dessen Tod vorgelegtes unentwertetes Sparbuch aufgelöst ist und kein Guthaben mehr aufweist, kann uU auch durch gewichtige Indizien erbracht sein (KG NJW-RR 1992, 1195 f). Über bei ihr eingehende Anweisungen einer mit postmortaler Vollmacht des Erblassers ausgestatteten Person braucht die Bank den Erben idR nicht vor Auftragsausführung zu informieren (vgl BGHZ 127, 239, 243 ff und Rn 322 aE). Der BFH hat entschieden, daß die Finanzämter berechtigt sind, bei der Veranlagung zur Einkommensteuer Mitteilungen der Erbschaftsteuerstellen auszuwerten, zu denen diese aufgrund von Anzeigen über Bankguthaben des Erblassers, die die Kreditinstitute nach § 33 ErbStG machen mußten, imstande waren (BFH Betrieb 1992, 1459 f). Ob ein **Trust-Guthaben**, das ein deutscher Erblasser bei einer amerikanischen Bank unterhielt, zum Nachlaß gehört, bestimmt sich nach dortigem Recht (BGH BB 1969, 197; vgl auch OLG Frankfurt aM DNotZ 1972, 543 ff und speziell zur erbschaftsteuerrechtlichen Seite HAAS ZGR 1974, 461 ff).

7. Vorverträge über Darlehen, Leihe, Verwahrung usw

288 Die sog Vorverträge über **Gewährung eines Darlehens** sowie über **Verleihung** oder **Verwahrung** von Sachen (soweit sie überhaupt als *Vor*verträge vorkommen, s dazu ua STAUDINGER/RIEDEL[11] Vorbem 2, 3 zu § 607; STAUDINGER/HOPT/MÜLBERT[12] § 607 Rn 12 ff, 24 ff; STAUDINGER/REUTER [1996] Vorbem 4 zu §§ 598 ff; STAUDINGER/REUTER [1995] Vorbem 2 zu § 688; SIBER JherJb 70, 245 ff; BOEHMER ArchBürgR 38, 314 f) sind in der Regel auf persönliches Vertrauen in die Kreditwürdigkeit und Zuverlässigkeit des Partners abgestellt. Eine einseitige *Abtretung* des Anspruchs auf Vertragsabschluß ist rechtlich ausgeschlossen, weil sonst dem Versprechenden ohne oder gar gegen seinen Willen ein anderer Schuldner aufgedrängt werden könnte, was schon nach § 415 unzulässig ist (s STAUDINGER/KADUK[12] § 399 Rn 25 ff; STAUDINGER/HOPT/MÜLBERT[12] § 607 Rn 26 ff; PLANCK/SIBER Bem 1 c zu § 399). Die Antwort auf die Frage, ob ein etwaiger Anspruch auf *Auszahlung* der versprochenen Darlehenssumme abtretbar oder vererblich ist (dazu STAUDINGER/HOPT/MÜLBERT[12] § 607 Rn 29, 407), läßt sich nicht ohne weiteres übertragen auf die etwas anders lautende Frage nach der Übertragbarkeit und der Vererblichkeit eines noch unerfüllten Anspruchs auf *Abschluß des Hauptvertrages* (vgl auch STAUDINGER/KADUK[12] § 399 Rn 25 ff, 32). Ob eine Vererbung des Anspruchs auf Abschluß des Hauptvertrages möglich ist, ist eine Frage des Einzelfalles (zu bejahen etwa bei Darlehensansprüchen aus vererbten Bausparverträgen). UU greift auch

§ 610 ein, der dem ein **Darlehen** Versprechenden ein Widerrufsrecht gewährt, wenn die Vermögensverhältnisse des Erben wesentlich schlechter als die des Erblassers zZ des Erbfalls sind (zur Anwendbarkeit auf Darlehens*vor*verträge vgl STAUDINGER/HOPT/MÜLBERT[12] § 610 Rn 8). Denn obwohl der Erbe das die Kreditgrundlage bildende Vermögen übernimmt, besteht doch bei eigener schlechter Vermögenslage die Gefahr des Übergreifens von Erbengläubigern auf den Nachlaß, der durch Erwirkung der Nachlaßverwaltung nach §§ 1981 Abs 2, 1984 Abs 2 vorzubeugen dem Darlehensgeber nicht zugemutet werden kann. Auch sonst wird der Zweck des Darlehens oft an die Person des Empfängers gebunden sein, so daß die Gewährung an eine mehr oder weniger große Zahl dem Geber unbekannter Erben nicht dem Sinne des Vertrags entspricht: dann ist ohne Widerruf Unvererblichkeit anzunehmen. Gleiches wird für eine dem Erblasser als Hauptschuldner zugesagte **Bürgschaft** gelten (SOERGEL/STEIN Rn 38), nicht aber auch für die bereits *übernommene* Bürgschaft (vgl § 768 Abs 1 S 2). Auch bei **Leihe** und **Verwahrung** wollte STAUDINGER/BOEHMER[11] Rn 201 „zum mindesten dem Verleiher und dem Hinterleger, die im Hinblick auf die Vertrauenswürdigkeit des Gegners die Gebrauchsüberlassung zugesagt oder die Aufbewahrung sich haben zusagen lassen, ein Rücktrittsrecht gewähren..., wenn der Erbe des Entleihers oder Verwahrers dieses Vertrauen nicht verdient". Bei der Leihe komme hinzu, daß sie oft persönlichen Zwecken des Entleihers diene, so daß eine Erfüllung an den Erben sinnlos und bei Mehrheit von Erben undurchführbar wäre: dann sei „auch ohne Rücktritt mit dem Tode des Entleihers das Versprechen hinfällig (wird ausgeführt)". ME bedarf es dieser Annahme bei der *Leihe* nicht, da der Verleiher nach § 605 Nr 3 ohne weiteres kündigen kann, wenn der Entleiher stirbt (vgl schon Rn 282 und STAUDINGER/REUTER [1996] § 605 Rn 6 Satz 2).

8. Schenkungs- und Mitgiftverträge

Bei Schenkungsverträgen ist eine *Abtretbarkeit* des Anspruchs des Empfängers unter Lebenden gleichfalls in der Regel zu verneinen (vgl STAUDINGER/KADUK[12] § 399 Rn 35). *Stirbt* einer der Beteiligten, so ist der Zweck der Schenkung zu prüfen. War er höchstpersönlich, so erlischt das Versprechen mit dem Tod des Empfängers, nicht aber mit dem des Versprechenden. Bei wiederkehrenden Unterstützungsleistungen ergibt sich die aktive Unvererblichkeit aus unmittelbarer oder entsprechender Anwendung des § 759 Abs 1, die passive wird durch die Auslegungsregel des § 520 bestimmt. Auch bei Ansprüchen aus Mitgiftversprechen, über deren Abtretbarkeit Streit herrscht (s STAUDINGER/KADUK[12] § 399 Rn 55), wird auf die Lage des Falls abzustellen sein. Stirbt die Tochter, der es gegeben ist, *vor* der Ehe, so wird es hinfällig (ebenso STAUDINGER/BOEHMER[11] Rn 202 unter Hinweis auf das vergleichbare Schicksal des dort bei Rn 158 behandelten Aussteueranspruchs des inzwischen aufgehobenen § 1620). Stirbt sie *während* der Ehe unter Hinterlassung von Mann und Kindern, so geht ihr Anspruch auf diese als Erben über, da die Mitgift Beitrag zu den ehelichen Lasten sein sollte. Stirbt sie kinderlos, so soll nach STAUDINGER/BOEHMER[11] Rn 202 höchstens der Teil des Anspruchs vererblich sein, der dem Mann als Miterben zukomme, also meist die Hälfte (§ 1931). Diese Einschränkung erscheint nicht gerechtfertigt; konsequent zuendegedacht, liefe sie auf eine *Sonder*vererbung (vgl Rn 62) an den Mann hinaus. Vererblich ist auch die *Verpflichtung* zur Leistung des Geschenks oder der Mitgift: Stirbt der Versprechende (Vater, Mutter, sonstiger Verwandter oder Dritter), so geht seine Verpflichtung auf den Erben über (Ausnahme: § 520). Zur Vererblichkeit von *Widerrufs- und Rückforderungsrechten* des Schenkers s Rn 300.

9. Sonstiges

290 Das schuldrechtliche **Vorkaufsrecht** geht, sofern nichts anderes bestimmt ist (zur Unzulässigkeit von *Sonder*erbfolgebestimmungen s LG Stuttgart BWNotZ 1974, 85 und oben Rn 62), nicht auf den Erben des Berechtigten über (§ 514 S 1). Ist es jedoch auf eine bestimmte Zeit beschränkt, so ist es im Zweifel vererblich (§ 514 S 2). Beide Vorschriften des § 514 gelten über § 1098 Abs 1 S 1 auch für das *dingliche* Vorkaufsrecht (zum *subjektiv*-dinglichen Vorkaufsrecht s oben Rn 237). Das gesetzliche Vorkaufsrecht des Miterben ist gem § 2034 Abs 2 auf zwei Monate befristet (Satz 1) und ausdrücklich für vererblich erklärt (Satz 2). Unanwendbar ist § 514 auf **Ankaufs- und Wiederkaufsrechte**; diese sind im Zweifel vererblich (OGHBrZ DNotZ 1951, 124, 128; MünchKomm/ LEIPOLD Rn 18).

291 Daß ein vertraglicher **Anspruch auf Einräumung eines unvererblichen Rechts** gerichtet ist, soll nach BGHZ 28, 99, 102 f einer Vererbung *des Anspruchs* (dort: auf Bestellung einer beschränkten persönlichen Dienstbarkeit) nicht entgegenstehen. Der vom BGH entschiedene Fall wies die Besonderheit auf, daß „der schuldrechtliche Anspruch von vornherein eine andere Person als den ursprünglichen Gläubiger (Versprechensempfänger) begünstigen" sollte (BGHZ 28, 99, 102).

Nach LG Traunstein NJW 1962, 2207 kann sich der Grundstückseigentümer gegenüber einem **Nießbraucher** trotz der Unvererblichkeit des diesem zustehenden dinglichen Rechts (s Rn 238) wirksam verpflichten, nach dem Tod des Nießbrauchers für dessen Erben einen neuen Nießbrauch – mit neuem Rang im Grundbuch – zu bestellen; auch soll der aus einer derartigen Verpflichtung resultierende Anspruch Gegenstand einer Vormerkung sein können.

292 Zur Vererblichkeit vertraglicher **Unterlassungsansprüche** und -pflichten vgl Rn 272 und STAUDINGER/MAROTZKE (1996) § 1967 Rn 10 f, 22; zu entspr *gesetzlichen* Ansprüchen und Pflichten oben Rn 246, 269–271. Ansprüche des Erblassers auf *Verschwiegenheit* sind bei Rn 296 ff behandelt.

XVIII. Sicherungs-, Hilfs- und Nebenrechte*

293 Nicht selbständig, sondern nur zusammen mit dem Hauptanspruch vererblich sind die meisten sog „Hilfsrechte". So zB alle akzessorischen (ohne diese Einschränkung STAUDINGER/BOEHMER[11] Rn 203) **Sicherungsrechte** wie Bürgschaften, Pfandrechte, Hypotheken, deklaratorische Schuldanerkenntnisse. *Nichtakzessorische* Sicherungsrechte wie sicherungszedierte Forderungen oder sicherungsübertragenes Sacheigentum gehen selbst bei Unvererblichkeit der gesicherten Forderung auf den Erben des Sicherungsnehmers über (vgl auch Rn 160; **aM** STAUDINGER/BOEHMER[11] Rn 202); anders nur, wenn die Sicherungsübertragung unter der auflösenden Bedingung des Wegfalls der gesicherten Forderung vorgenommen wurde.

294 Die Vererbung eines (Haupt-)Anspruchs erstreckt sich idR auch auf etwaige ihn

---

* **Schrifttum**: Grundlegend A BENDER, Das postmortale Einsichtsrecht in Krankenunterlagen – ein zivilrechtliches Spannungsverhältnis zwischen ärztlicher Dokumentation und Schweigepflicht (1998).

vorbereitende oder begleitende oder seine Zwangsbeitreibung unterstützende (Hilfs-)Rechte wie zB Ansprüche auf **Auskunftserteilung** (vgl WINKLER V MOHRENFELS, Abgeleitete Informationsleistungspflichten im deutschen Zivilrecht [1986] 162 ff; OLG Hamburg MDR 1964, 672 f; OLG Frankfurt aM MDR 1966, 503; BGHZ 107, 104, 108 ff = NJW 1989, 1601 f = JR 1989, 421 ff m Anm E HERRMANN = JZ 1990, 650 ff m Anm KUCHINKE [vgl zu dem letztgenannten Urteil auch Rn 287]; OLG Frankfurt aM NJW-RR 1994, 405 f [Auskunftsanspruch der Architektenerbin gegen Bauherrn]; zur Vererbung von Auskunfts*pflichten* s oben Rn 156, 276 und STAUDINGER/MAROTZKE [1996] § 1967 Rn 10; DIETZEL 170 ff, 175 ff; BGHZ 104, 369 = EWiR § 259 BGB 1/1988, 867 m Kurzkommentar KELLER), Rechnungslegung, eidesstattliche Versicherung (früher: „**Offenbarungseid**") sowie das Recht zur **Anfechtung gläubigerbenachteiligender Rechtshandlungen** des Schuldners (zur *passiven* Vererblichkeit des Anfechtungsrechtsverhältnisses s § 15 Abs 1 AnfG, § 145 Abs 1 InsO und BGH NJW 1996, 3006 f [gegen den Erben finde die Anfechtung nicht wegen solcher anfechtbar begründeter Rechte statt, die beim Tod des ursprünglichen Anfechtungsgegners vollständig erlöschen]). Selbst in vermögensbezogenen Angelegenheiten kann jedoch zwischen dem Erblasser und dem ihm zur Auskunft Verpflichteten vereinbart werden, daß die Auskunftspflicht nur gegenüber dem Erblasser höchstpersönlich und folglich nicht auch gegenüber Erben oder Testamentsvollstreckern bestehen soll (so geschehen und als zulässig erachtet in BGH NJW-RR 1990, 131; vgl auch unten Rn 302; kritisch KUCHINKE JZ 1990, 653 r Sp; LANGE/KUCHINKE § 5 III 8 b ß [S 107 f]). Zur Frage eines Anspruchs des Nachlaßinsolvenzverwalters gegen die Lebensversicherungsgesellschaft über Bezugsrechte Dritter und bereits erfolgte Auszahlungen vgl LG Duisburg ZIP 1991, 1299 f. Gemeinsam mit der Rechtsstellung des Schenkers vererbt sich dessen Recht, gem § 525 die Vollziehung einer **Auflage** zu verlangen (vgl auch STAUDINGER/CREMER [1995] § 525 Rn 27 f; nicht auf Vererbung beruht die entspr Befugnis der „zuständigen Behörde" nach § 525 Abs 2).

Umgekehrt erstreckt sich die Vererbung einer *Verbindlichkeit* (§ 1967) auf die dem **295** Schuldner als solchem zustehenden Rechte wie zB das Recht zur **Besitzaufgabe** (§ 303) oder zur **Hinterlegung** (§§ 372 ff).

Die Erfüllung ererbter **Auskunftsansprüche** (Rn 294) und uU sogar Vergütungsansprü- **296** che (s Rn 277 im ersten Absatz) wird vom Gegner manchmal unter Hinweis auf dem Erblasser gegenüber bestehende **Verschwiegenheitspflichten** verweigert. In *vermögens*bezogenen Angelegenheiten ist solch eine Weigerung idR (vgl aber Rn 298) ungerechtfertigt, da der Erbe *insoweit* ja gerade in die Rechtsstellung des Erblassers einrückt und somit im Zweifel (dazu OLG Hamburg MDR 1964, 672 f) nicht zu den „Dritten" gehört, denen gegenüber dem Pflichtigen – das kann nach eigener Kenntniserlangung übrigens auch der Erbe selbst sein (vgl § 203 Abs 3 S 2 StGB)! – die Auskunftsgewährung untersagt ist. Vgl für die Verschwiegenheitspflicht eines mit der Verwaltung von Geldbeträgen beauftragten *Rechtsanwalts* OLG Hamburg aaO; für die Verschwiegenheitspflicht des *Notars* OLG Köln OLGZ 1982, 1, 3 (aber auch die bei Rn 297 erwähnte Entscheidung BGH NJW 1975, 930 f); für diejenige eines *Rechtsanwalts* OLG Köln OLGZ 1986, 59, 61 f (und sogleich Rn 297); für diejenige eines *Steuerberaters* OLG Stuttgart OLGZ 1983, 6, 8 f (und sogleich Rn 297); hinsichtlich des *Bank*geheimnisses OLG Frankfurt aM MDR 1966, 503; BGHZ 107, 104, 109 f = JR 1989, 421 ff (m Anm E HERRMANN) = JZ 1990, 650 ff (m Anm KUCHINKE) und die eine *Lebensversicherung* betreffenden Beschlüsse des AG Duisburg und des LG Duisburg in KTS 1992, 135 ff, 137 = ZIP 1991, 1299 f; hinsichtlich des *Steuer*geheimnisses Schreiben des BMF v 17. 3. 1981 – IV A 7 – S 0130 – 18/81 in BB 1981, 963. Auch ein Anspruch des Erben auf Gewährung von Einsicht in *Betreuungsakten* ist nicht prinzipiell ausgeschlossen (vgl OLG Köln NJW-RR 1998, 438 [betrifft jedoch den Sonderfall, daß der Betreuer nicht für den Erblasser, sondern für einen Miterben des Einsichtbegehrenden bestellt worden war], aber auch unten Rn 298).

297 Der dem Erblasser zustehende **Anspruch auf Verschwiegenheit** geht, soweit er vermögensbezogen ist und nicht „zumindest auch" dem Schutz höchstpersönlicher Belange des Erblassers dient (s Rn 298), auf die Erben über mit der Folge, daß diese den Anspruchsgegner **von** seiner **Schweigepflicht befreien** können (OLG Stuttgart aaO; SOERGEL/STEIN Rn 45; EDENFELD ZEV 1997, 391, 396; vgl auch die – allerdings die zweitgenannte Voraussetzung etwas vernachlässigenden – Bemerkungen bei LANGE/KUCHINKE § 5 III 8 b α [S 107 vor Fn 182 und in Fn 183], ß [S 108 oben]). Von der gegenüber dem Erblasser bestehenden Verschwiegenheitspflicht eines *Notars* kann zwar nach § 18 Abs 2 BNotO die Aufsichtsbehörde, nicht jedoch der Erbe oder ein sonstiger Angehöriger befreien (BGH NJW 1975, 930 f; unklar OLG Köln OLGZ 1982, 1, 3; gegen diese hM mit beachtlichen Gründen EDENFELD ZEV 1997, 391, 398 für den Fall des Nichtberührtseins höchstpersönlicher Belange). Unter die Schweigepflicht des Notars fallen solche Angelegenheiten nicht, die der Geheimnisgeschützte nicht geheimhalten wollte, deren Offenlegung vielmehr seinem wirklichen oder mutmaßlichen Willen entspricht (OLG Köln OLGZ 1982, 1 LS 3 [Notar]; OLGZ 1986, 59, 61 f [Rechtsanwalt]; BayObLG FamRZ 1991, 231, 232 f = NJW-RR 1991, 6, 7 f [Rechtsanwalt, Steuerberater]; BayObLG FamRZ 1991, 962, 963 f [Rechtsanwalt]; jeweils betr „Klarstellung des wirklichen Willens des Testators").

298 Dient die Verschwiegenheitspflicht dem Schutz höchstpersönlicher Belange des Erblassers, so gehen die korrespondierenden *Ansprüche* auf Verschwiegenheit selbst dann, wenn die geheimzuhaltenden Umstände auch *vermögensrelevant* sind (vgl für Beobachtungen des Steuerberaters, Rechtsanwalts oder Arztes zur Testierfähigkeit des Erblassers OLG Stuttgart OLGZ 1983, 6, 9; BayObLGZ 1966, 86, 90 ff; 1986, 332, 335; BayObLG NJW-RR 1991, 1287), nicht auf die Erben als solche über. Sie überdauern jedoch den Erbfall und bestehen als nachwirkende Elemente des Persönlichkeitsrechts des Verstorbenen subjektlos fort (A BENDER 249 ff). Befugt zur Geltendmachung des subjektlos gewordenen Anspruchs auf Verschwiegenheit sind nicht die Erben als solche, sondern – sofern der Erblasser nichts anderes bestimmt hat (dazu A BENDER 263 ff, 267 f) – zu treuen Händen die nächsten Angehörigen des Erblassers (A BENDER 266 f; vgl zu diesen sehr umstrittenen Fragen auch DIETZEL 110, 122, 126, 132 f; SOERGEL/STEIN Rn 46; LANGE/KUCHINKE § 5 III 8 b [S 107 ff]; KUCHINKE, Ärztliche Schweigepflicht, Zeugniszwang und Verpflichtung zur Auskunft nach dem Tod des Patienten, in: Gedächtnisschr Küchenhoff [1987] 371, 374 ff). Die ausübungsberechtigten Angehörigen können die Verschwiegenheitspflicht dann zwar mit rechtlichen Mitteln durchsetzen bzw auf etwaige Pflicht*widrig*keiten reagieren, nicht aber ohne weiteres von ihr befreien (vgl LG Koblenz AnwBl 1983, 328 f; GITTER, Gedächtnisschr Küchenhoff [1987] 323, 330; A BENDER 352 ff, 377 ff, 389 ff, 459 f) oder gar ohne weiteres selbst Mitteilung des Geheimnisses verlangen (BGH NJW 1983, 2627 f ad II 3 c [Einsicht in Krankenpapiere] = FamRZ 1983, 1098 f m krit Anm BOSCH = JZ 1984, 279 ff m krit Anm GIESEN; für strikte Unterscheidung „zwischen dem Recht auf *Mitteilung* des Geheimnisses und dem auf *Wahrung* des Geheimnisses" in etwas anderem Zusammenhang [s Rn 296] auch OLG Hamburg MDR 1964, 672, 673; tendenziell **aM** STAUDINGER/HAGER [1999] § 823 Rn C 49). Noch weniger hat dieses Recht in derartigen Fällen *der Erbe als solcher* (A BENDER 361 ff, 389 ff, 459; **aM** wohl LANGE/KUCHINKE § 5 III 8 b α [S 107 vor Fn 182 und in Fn 183], ß [S 107 f]), selbst wenn durch die Schweigepflicht ein ihm „an sich" zustehender Anspruch auf *Auskunft* undurchsetzbar (vgl zB BGH NJW 1983, 2627 ff ad II 2, 3 d und KUCHINKE 382 ff zu dem aE dieser Rn behandelten Fall, daß die Kenntnis eines *persönlichkeitsbezogenen* Geheimnisses Voraussetzung für die Geltendmachung *vermögenswerter* Schadensersatzansprüche [dort: gegen den Arzt] ist) oder die Verteidigung gegen eine angebliche Nachlaßverbindlichkeit (zB auf Vergütung aus Altenheimvertrag; vgl LG Düsseldorf NJW 1990, 2327) unmöglich wird (kritisch SOERGEL/ STEIN Rn 46). Denn die Geheimhaltung kann ja auch gegenüber den nächsten Angehörigen und/oder den Erben gewollt sein (BGH NJW 1983, 2627, 2628 f; GITTER aaO 330; EDENFELD ZEV 1997, 391, 395 f [mit der schönen Formulierung, daß der Erblasser bestimmte Geheimnisse vielleicht lieber „mit ins Grab" nehmen wollte]; SOERGEL/STEIN Rn 47; vgl auch LG Düsseldorf NJW 1990, 2327 betr Zeugnisverweigerungsrecht des Arztes im Prozeß des Altenheimbetreibers gegen den Geschäftsunfähigkeit des Erblassers bei Abschluß des Aufnahmevertrages behauptenden Erben; zu „offenbarungsfreudig" hingegen DIETZEL 107 f, 122 ff). UU wird allerdings ein die Beachtlichkeit dieses Erblasserwillens minderndes oder ausschließendes Offenbarungsinteresse der Angehörigen bestehen, soweit sonst ihre eigenen *persönlichkeitsbezogenen* Rechtsgüter gefährdet würden. So zB dann, wenn es um die Kenntnis eines Arztes über Erbkrankheiten des Verstorbenen geht, nicht dagegen schon dann, wenn die gesetzlichen Erben die Gültigkeit eines Testaments bezweifeln und von dem Arzt des Erblassers Aufschluß über dessen Testierfähigkeit zu erlangen hoffen (zutreffend SOERGEL/STEIN[11] Rn 37 [von STEIN aber aufgegeben in FamRZ 1986, 7, 14, 16 ff; SOERGEL/STEIN[12] Rn 47]). Auf eine unzulässige Bevormundung in persönlichen Angelegenheiten (Anspruch auf Wahrung des Arztgeheimnisses), die auch durch ihren auf dem Gebiete des Vermögensrechts (Erbrechts) liegenden *Zweck* nicht „geheiligt" wird, läuft die in BGHZ 91, 392, 400 (vgl auch OLG Düsseldorf NJW 1959, 821; LG Augsburg NJW 1964, 1186 ff; BayObLGZ 1986, 332, 336; BayObLG NJW-RR 1991, 1287; DIETZEL 130; HÜLSMANN/ BALDAMUS ZEV 1999, 91, 94) ausgesprochene Unterstellung hinaus, das das „wohlverstandene" Interesse und deshalb auch der mutmaßliche *Wille* selbst eines testier*un*fähigen Erblassers „im allgemeinen" dahin gehe, „aufkommende Zweifel über seine Testierfähigkeit nach Möglichkeit auszuräumen", und nicht etwa dahin, seine etwaige Testier*un*fähigkeit zu verbergen (was übrigens schon wegen der im Falle eines „non liquet" anzuwendenden Beweislastregel durchaus nicht so sicher ist, wie vom BGH angenommen wird). Gegen die hier kritisierte Ansicht wenden sich auch andere Autoren (LENCKNER NJW 1964, 1186 ff [zu dem an gleicher Stelle veröffentlichten Beschluß des LG Augsburg]; EDENFELD ZEV 1997, 391, 394; A BENDER 442 ff, 449; BayObLGZ 1966, 86, 91 f; OLG Stuttgart OLGZ 1983, 6, 10 f; vgl auch LG Düsseldorf NJW 1990, 2327; über den Standpunkt des BGH sogar noch hinausgehend aber KUCHINKE, in: Gedschr Küchenhoff [1987] 371, 384 ff; vgl auch LANGE/ KUCHINKE § 5 III 8 b γ [S 108 f]) unter Berufung auf §§ 11, 28 BeurkG, 10 Abs 3 KonsG, 2249 Abs 1 S 4, 2250 Abs 3 BGB (die jedoch nicht für den *Arzt*, sondern nur für die Urkundsperson gelten – und selbst das nur für den Fall, daß der Erblasser es nicht vorzieht, gem § 2247 „heimlich" zu testieren). Zu Recht verneint das BSG auch einen gegen die *Krankenkasse* des Erblassers gerichteten Anspruch des durch Testament zurückgesetzten Erben auf Auskunft über die dem Erblasser im Zeitraum der Testamentserrichtung verordneten Medikamente (BSGE 59, 76 ff = Betrieb 1986 Beil 12 S 20 Nr 71; vgl auch das denselben Streitfall betreffende Urteil BGH WM 1989, 548 f). **Sprechen konkrete Anhaltspunkte dafür, daß der Arzt den Erblasser falsch behandelt und dadurch den Tod (mit)verursacht hat**, so wird aber i Zw anzunehmen sein, daß der Erblasser eine Klärung dieser Frage durch seine nächsten Angehörigen (s BGH NJW 1983, 2627, 2629 ad III 3 e) nicht behindern, den Arzt für diesen Fall also nicht auch ihnen gegenüber zur Verschwiegenheit verpflichten wollte (vgl auch A BENDER 438 f; GITTER aaO; KUCHINKE, in: Gedschr Küchenhoff [1987] 371, 381–384; LANGE/KUCHINKE § 5 III 8 b ß [S 107 f]). Analog dem

§ 1922
299

zum Anspruch auf Verschwiegenheit Gesagten (vgl ganz zu Beginn dieser Rn 298) wird man davon auszugehen haben, daß der gegen den Arzt gerichtete Auskunftsanspruch des Erblassers in solchen Fällen nicht auf die Erben als solche, sondern – zumindest was die Ausübungszuständigkeit angeht – auf seine nächsten Angehörigen übergeht (aM A BENDER 202 f, 217 ff, 458) und es *diesen* überlassen bleibt, treuhänderisch für den Verstorbenen zu entscheiden, ob sie dessen Auskunftsanspruch geltend machen und ggfls die ihnen von dem Arzt gewährten Auskünfte trotz des persönlichkeitsbezogenen Inhalts an den (gem § 1922 Abs 1 nur zur Nachfolge in das *Vermögen* des Erblassers berufenen) Erben weitergeben wollen. Dies gilt wegen des Persönlichkeitsbezugs der in Frage stehenden Auskünfte selbst dann, wenn von ihnen die Durchsetzbarkeit von *vermögenswerten* und deshalb *vererblichen* Schadensersatzansprüchen (zB eines Schmerzensgeldanspruchs, s oben Rn 132) des Erblassers gegen den Arzt abhängt (aM DIETZEL 110; WINDEL 105 ff). Eine echte „Vererbung" auch des *Auskunfts*-anspruchs wird in diesen Fällen jedoch für möglich gehalten – unbeschadet einer etwaigen Schweigepflicht des Arztes – vom BGH (NJW 1983, 2627 ff ad II 2, 3 d) und von Teilen des Schrifttums (A BENDER 159 ff, 455 ff; KUCHINKE aaO 382 ff; LANGE/KUCHINKE § 5 III 8 b α [S 107] Fn 183; STEIN FamRZ 1986, 7, 12 ff, 18; SOERGEL/STEIN Rn 46; vgl auch GITTER aaO 330 f; DIETZEL 107 f; WINDEL 105 ff [der ebenso wie DIETZEL die mit dem Schutzzweck der ärztlichen Schweigepflicht unvereinbare Ansicht vertritt, daß eine Schweigepflicht gegenüber dem *Erben* des Patienten schon deshalb nicht bestehe, weil eine solche auch gegenüber einem Auskunftsbegehren des *Erblassers* nicht hätte eingewendet werden können]). A BENDER rechtfertigt diese These mittels der von ihm entwickelten Rechtsfigur des „nichtvermögensrechtlichen Rechts mit bestimmungsgemäß vermögensrechtlichem Bezug" (A BENDER 193 ff, 456 f). Ob diese Konstruktion ausreicht, um den hier vertretenen Vorrang der nächsten Angehörigen des Erblassers als unnötige Verkomplizierung entbehrlich erscheinen zu lassen, erscheint jedoch fraglich. Vielleicht erfahren die Angehörigen aufgrund der ihnen zu erteilenden Auskünfte völlig überraschend von Umständen, die bei ihnen deutlich „besser aufgehoben" sind als bei dem uU nur finanziell interessierten Erben.

XIX. Gestaltungsrechte und Ähnliches

299 Gestaltungsrechte gehen auf den Erben über, soweit sie nicht ausnahmsweise höchstpersönlicher Natur sind (was selbst für die **Anfechtungsrechte** aus §§ 119 ff grundsätzlich zu verneinen ist; vgl BGH NJW 1951, 308 [LS]; STAUDINGER/BOEHMER[11] Rn 203 und wegen einer sich aus dem Gegenstand des angefochtenen Vertrages [Adoption] ergebenden Ausnahme BGH FamRZ 1969, 479). Im allgemeinen sind sie nicht selbständig, sondern nur als Teil oder Annex des Rechtsverhältnisses vererblich, auf das sie sich beziehen (SOERGEL/STEIN Rn 50). Das gilt zB für das Recht zur **Anfechtung gläubigerbenachteiligender Rechtshandlungen** nach §§ 1 ff AnfG (auch wenn man dieses mit der hM nicht als Gestaltungsrecht qualifiziert), für **erbrechtliche Gestaltungsrechte** wie zB das Ausschlagungsrecht (s Rn 229) oder das Anfechtungsrecht aus §§ 2078 ff (vgl. STAUDINGER/OTTE [1996] § 2080 Rn 13; OLG Brandenburg FamRZ 1999, 1461, 1463), für **Widerrufs-, Rücktritts- und Kündigungsrechte** (s für das Widerrufsrecht aus § 130 Abs 1 S 2 unten Rn 306, 308 und für dasjenige aus § 178 SchlHOLG SchlHA 1965, 276 ff), für das Recht, das Fehlen oder den Wegfall der **Geschäftsgrundlage** geltend zu machen (vgl die den Sonderfall des § 779 Abs 1 betreffenden Ausführungen in BSGE 65, 165, 168) sowie für das Recht des Gläubigers oder des Schuldners zur **Leistungsbestimmung** (§§ 315, 316) oder zur **Wahlrechtsausübung** (§§ 262, 2151 ff). Ist hingegen ein *Dritter* zur Leistungsbestimmung oder Wahlerklärung berechtigt (§§ 317–319, 2151 ff), so beruht dies meist wie jede private

1. Abschnitt. Erbfolge

Schiedsrichterstellung auf persönlichem Vertrauen: Stirbt der Dritte, so wird man die Vorschrift des § 319 Abs 1 S 2 (Bestimmung durch richterliches Urteil) sinngemäß anzuwenden haben, beim Vermächtnis je nach dessen Inhalt entweder die des § 2151 Abs 3 (s STAUDINGER/OTTE [1996] § 2151 Rn 9) oder die des § 2154 Abs 2 S 1. Unvererblich ist ein vom Erblasser nicht ausgeübtes **Pflichtteilsentziehungsrecht** aus §§ 2333 ff (BGH NJW-RR 1990, 130). Zu **Vor-, An- und Wiederkaufsrechten** s Rn 290; zu Gestaltungsmöglichkeiten in bezug auf durch Tod unterbrochene **Vertragsanbahnungen** unten Rn 306 ff und SOERGEL/STEIN Rn 50.

Das Widerrufsrecht ist in zwei Fällen einer Sonderregelung unterworfen: Das **des** **300** **Schenkers wegen groben Undanks** bezweckt persönliche Genugtuung für diesen und persönliche Strafe für den Beschenkten, es erlischt deshalb beim Tod des *Beschenkten* (§ 532 S 2) und steht den Erben des *Schenkers* nur zu, wenn der Beschenkte vorsätzlich und widerrechtlich den Schenker getötet oder am Widerruf gehindert hat (§ 530 Abs 2). Ferner kann das dem **Stifter** nach § 81 Abs 2 S 1 bis zur Genehmigung der Stiftung zustehende Widerrufsrecht nur dann von dessen Erben ausgeübt werden, wenn der Stifter nicht schon bei Lebzeiten die entscheidenden Schritte zur Erlangung der Genehmigung der Stiftung getan hatte (§ 81 Abs 2 S 3; vgl zur Stiftung auch Rn 216 f).

Der Rückforderungsanspruch wegen **Notbedarfs des Schenkers** wird nicht dadurch **301** ausgeschlossen, daß der Notbedarf erst nach dem Tod des Beschenkten eintritt. Der Anspruch trifft dann als Nachlaßverbindlichkeit den Erben (BGH NJW 1991, 2558 f). *Stirbt der Schenker*, so soll der Anspruch nach hM erlöschen (OLG Düsseldorf FamRZ 1984, 887, 890; OLG Stuttgart BWNotZ 1985, 70 f; ZERANSKI, Der Rückforderungsanspruch des verarmten Schenkers [1998] 107 ff; zweifelnd BVerwG NJW 1990, 3288, 3289; analog § 1613 Abs 1 differenzierend wohl zu Recht VOLLKOMMER/SCHWAIGER JZ 1996, 633 ff; ZERANSKI 136). Nach der Rspr des BGH gilt dies jedoch nicht, soweit der Schenker Sozialhilfe in Anspruch genommen hat (BGH NJW 1995, 2287 f [dazu auch Rn 73 und ZERANSKI NJW 1998, 2574 ff] = LM H 11/1995 § 1922 Nr 18 = JZ 1996, 632 f m Anm VOLLKOMMER/SCHWAIGER = JR 1996, 194 ff m Anm PROBST = ZEV 1995, 378 f [m Aufsatz KOLLHOSSER ZEV 1995, 391 ff] = FamRZ 1995, 1123 f [dazu HAARMANN FamRZ 1996, 522 ff] = FuR 1995, 308 m Anm SCHELLHORN), und erst recht nicht dann, wenn der Träger der Sozialversicherung den Anspruch vor dem Erbfall durch Abtretung erlangt (BGHZ 127, 354 ff, 358 ad I 5 = NJW 1995, 323 f = LM H 4/1995 § 528 Nr 9 = ZEV 1995, 35 ff m Anm KOLLHOSSER) oder nach § 90 BSHG auf sich übergeleitet hat (BGHZ 96, 380 ff) oder soweit die öffentliche Hand oder Dritte zunächst für den hilfsbedürftigen Schenker sorgen mußten, weil der Beschenkte seiner Verpflichtung aus § 528 Abs 1 trotz Aufforderung nicht oder nur zögerlich nachgekommen ist (BGHZ 123, 264, 267 = ZEV 1994, 49 f m Anm KOLLHOSSER = NJW 1994, 256 f m Bespr LANGENFELD LM H 3/1994 § 528 Nr 7 und VOLLKOMMER EWiR § 528 BGB 1/1994, 235 f; vgl auch die noch weiter gehenden Formulierungen in LG Karlsruhe NJW 1994, 137 f; sehr skeptisch aus verfassungsrechtlichen Gründen OLG Frankfurt aM NJW 1994, 1805 f). Vgl erg STAUDINGER/CREMER (1995) § 528 Rn 8, 12.

XX. Vertraglicher Ausschluß der Vererblichkeit

Schließt das Gesetz die *Übertragung* eines Rechts aus, so spricht dies nicht zwingend **302** auch gegen die *Vererblichkeit* (vgl schon Rn 115, 169, 208, 276, 277 [im ersten Absatz], 279, 282). Dies gilt erst recht für *vertraglich vereinbarte* Ausschlüsse oder Beschränkungen der

Abtretbarkeit, wie sie in §§ 399 Fall 2, 413 BGB, 15 Abs 5 GmbHG (dazu schon Rn 208) ausdrücklich zugelassen sind. Zudem ermächtigen die genannten Vorschriften zwar abweichend von § 137 S 1 BGB (str; s STAUDINGER/KOHLER [1996] § 137 Rn 18) zum Ausschluß oder zur Beschränkung der *Abtretbarkeit*, nicht aber auch abweichend vom zwingenden (s Rn 55) § 1922 zum Ausschluß oder zur Beschränkung der *Vererblichkeit*. Gleichwohl ist es im Rahmen der allgemeinen Vertragsfreiheit – dh soweit nicht gesetzliche Sonderregelungen wie zB § 1 Abs 4 S 1 ErbbauVO (s STAUDINGER/RING [1994] ErbbauVO § 1 Rn 28, 29, 31, 38) und § 33 Abs 1 S 2 WEG oder Typenzwänge wie zB der numerus clausus der Sachenrechte entgegenstehen – möglich, auf *Rechtsgeschäft* beruhende Rechte in der Weise zu begründen, daß sie als höchstpersönliche (s Rn 174, 209, 215, 294) oder wegen einer beigefügten auflösenden Bedingung oder Befristung (§§ 158 Abs 2, 163) beim Tod ihres Inhabers erlöschen und dadurch aus dem der Vererbung unterliegenden Vermögen ausscheiden (vgl in bezug auf eine Eigentumsvormerkung BGHZ 117, 390 ff = NJW 1992, 1683 f; TIEDTKE DNotZ 1992, 539; in bezug auf einen vormerkungsbewehrten Rückübereignungsanspruch OLG Köln NJW-RR 1994, 1499 ff; in bezug auf Lizenzen HUBMANN/GÖTTING, Gewerblicher Rechtsschutz [6. Aufl 1998] § 22 III 3 und im übrigen MünchKomm/LEIPOLD Rn 20). Bei GmbH-Anteilen tritt an die Stelle dieser hier nicht möglichen (str; vgl dazu KESSELMEIER [Schrifttumsangaben bei Rn 208] 241 ff, 248 ff, 296 und oben Rn 208) Konstruktion die bei Rn 58 bejahte Möglichkeit der statutarischen Einziehung (aM KESSELMEIER aaO, die stattdessen statutarische *Kaduzierung* vorschlägt), bei Personengesellschaftsanteilen die bei Rn 57, 175 erwähnte „Fortsetzungsklausel". Zulässig ist im Rahmen der allgemeinen Vertragsfreiheit (s oben) ferner, die *Übertragung* eines vererblichen Rechts (Entsprechendes gilt für die Bestellung eines vererblichen Rechts *an* solch einem Recht) durch Beifügen einer auflösenden Bedingung oder Befristung so zu gestalten, daß der Veräußerer beim Tod des Erwerbers automatisch wieder (Voll-)Rechtsinhaber wird (Ausnahmen: § 925 Abs 2 BGB und die bereits erwähnten §§ 1 Abs 4 S 1 ErbbauVO, 33 Abs 1 S 2 WEG). Eine *unzulässige* Umgehung des § 1922 ist hierin nicht zu sehen (vgl zu einem ähnlichen Problem STAUDINGER/KOHLER [1996] § 137 Rn 22 ff). Über sonstige Möglichkeiten, an sich *vererbliche* Gegenstände der Vererbung zu entziehen, s oben Rn 55 ff. *Sonder*erbfolgen können durch Vertrag nicht beliebig ermöglicht werden (s Rn 62, 290). Noch nicht abschließend geklärt ist, ob und ggfls wie der Erblasser die Vererblichkeit des Rechts, eine dem Adressaten noch nicht „zugegangene" Willenserklärung (zB eine Schenkungsofferte) nach § 130 Abs 1 S 2 zu widerrufen, ausschließen kann (s BGH WM 1976, 1130, 1132; MUSCHELER WM 1994, 921, 934 ff).

XXI. Schwebelagen aus angebahntem Rechtsverkehr

1. Überblick

303 Der Tod unterbricht die rechtlichen Beziehungen des Menschen in dem Zustand, in dem sie sich zufällig gerade befinden. Es kann sich um bereits „fertige", abgeschlossene Rechtsverhältnisse handeln, aber auch um **„unfertige", erst „im Werden begriffene" Rechtsbeziehungen**, deren Entstehungstatbestand zwar begonnen hatte, aber noch nicht vollendet war (vgl schon Rn 239 f). Ihr *Entwicklungszustand* kann sehr verschieden sein. Von den ersten Anfängen eines **rechtsgeschäftlichen Verkehrs** oder sonstiger Rechtshandlungen oder Rechtslagen bis zu ihrer Vollendung ist oft ein weiter Weg, insbes bei sog „gestreckten" Rechtsgeschäften und Tatbeständen. So kann ein vom Erblasser beabsichtigter rechtsgeschäftlicher Verkehr beim Erbfall schon dadurch *vorbereitet* sein, daß der Erblasser einen anderen damit *beauftragt* (§ 672) oder *bevollmächtigt* (§ 168) oder zu dessen Verfügungsakt seine *Einwilligung* (§ 185 Abs 1) gegeben hatte. Oder es kann der vom Erblasser ausgehende oder an ihn gerichtete *Vertragsantrag* zwar schon abgefaßt, aber noch nicht abgesandt oder doch noch nicht angekommen sein, und in denselben Entwicklungsstadien kann sich die *Annahmeerklärung* des Gegners oder des Erblassers befinden (§§ 130 Abs 2 und 153, die aber nur Anträge *des Erblassers* betreffen). Der Vertragsabschluß kann als solcher schon vollendet sein, aber vielleicht fehlt noch zu seiner endgültigen Wirksamkeit der *Eintritt einer Bedingung* (§ 158 Abs 1), die *Genehmigung* eines Dritten (zB §§ 108, 177, 185 Abs 2, 1366 uam), die *Entstehung oder Abtrennung der verkauften Früchte oder Bestandteile* (§ 956) oder eine sonstige „Wirksamkeitsvoraussetzung" (s OERTMANN, Die Rechtsbedingung [Leipzig 1924, Neudruck Aalen 1968] 14). Ebenso können bei **sonstigen rechtlich erheblichen Handlungen** zwar diese selbst schon ganz oder zT vom Erblasser vorgenommen sein, aber der *Erfolg*, zB die Verletzung des fremden Rechtsguts (vgl §§ 823 ff und STAUDINGER/MAROTZKE [1996] § 1967 Rn 21 ff), die Verwirklichung der rechtsgrundlosen Vermögensverschiebung (vgl §§ 812 ff und STAUDINGER/ MAROTZKE [1996] § 1967 Rn 15, 52), der Eintritt der Verbindung, Vermischung, Verarbeitung (§§ 946–950), die Geburt des vom unverheirateten Erblasser erzeugten Kindes (§ 1615 n S 1) usw vollendet sich erst nach dem Erbfall.

In fast allen solchen Fällen gilt als **Grundsatz, daß die Erben in diese werdenden oder** **304** **schwebenden Rechtsbeziehungen**, soweit sie nicht *höchstpersönliche* Angelegenheiten des Erblassers betreffen, **eintreten** und daß die endgültigen Rechtswirkungen sich in *ihrer* Rechtssphäre vollenden (vgl auch MünchKomm/LEIPOLD Rn 20; LANGE/KUCHINKE § 5 III 3 c S 94 f). Die Annahme, daß der Erbe diese schwebenden Rechtsbeziehungen „als eigene" fortsetze (STAUDINGER/BOEHMER[11] Rn 216 aE, 221 [bes S 288 unten]), ist jedoch nur dann richtig, wenn man sie im Sinne einer Fortsetzung durch den Erben *„als solchen"* und nicht ohne weiteres (s Rn 285) auch im Sinne einer aktiven oder passiven (= haftungsmäßigen) Zugehörigkeit der betr Angelegenheit zum „Eigenvermögen" des Erben (statt zum „Nachlaß") oder gar im Sinne einer künftigen *alleinigen* Maßgeblichkeit von in der Person des Erben (statt des Erblassers) liegenden Umständen versteht. Vgl Rn 253 ff, 260, 274, 285, 310 ff (bes 316), 321 ff und STAUDINGER/MAROTZKE (1996) § 1967 Rn 19 ff, 28, 53 ff.

2. Eingrenzung des Themas

Für den rechtsgeschäftlichen Verkehr des Erblassers ist mit STAUDINGER/BOEHMER[11] **305** Einl §§ 24–27 (s bes § 26 Rn 18) **zu unterscheiden zwischen gewöhnlichen Verkehrsgeschäften unter Lebenden**, die *zufällig* durch den Tod unterbrochen werden, **und etwaigen Versuchen, Zuwendungen von Todes wegen**, dh solche, die erst *und nur* für den Fall des Todes des Zuwendenden und des Überlebens des Empfängers gewollt sind, **in die Form lebzeitiger Geschäfte zu kleiden**. Die letzteren sind bereits an anderen Stellen dieses Kommentars ausführlich behandelt (zB bei § 2301; vgl auch STAUDINGER/OTTE Vorbem 17 ff zu §§ 1937 ff; STAUDINGER/BOEHMER[11] Einl §§ 24 ff des Erbrechtsbandes) und deshalb hier nicht mehr zu erörtern (vgl aber die Nachweise bei Rn 10, 17, 55 ff, 286). Auszuscheiden sind ferner die – im Leben allerdings häufigen – Versuche, mittels einer **Generalvollmacht**, die über den Tod hinaus wirken oder gar erst mit dem Tod wirksam werden soll und daher meist „unwiderruflich" erteilt oder doch für die Erben unwiderruflich gemacht wird, die Verwaltung und Verfügung über den Nachlaß in die

Hände eines Bevollmächtigten zu legen und sie dadurch den Erben zu entziehen (s dazu STAUDINGER/BOEHMER[11] Einl § 26 Rn 17 f). Solche Handlungen des Erblassers verfolgen gleiche oder ähnliche Zwecke wie die Ernennung eines *Testamentsvollstreckers* und sind deshalb im Zusammenhang mit der Testamentsvollstreckung zu erörtern (STAUDINGER/REIMANN [1996] Vorbem 53 ff zu §§ 2197 ff; vgl auch STAUDINGER/SCHILKEN [1995] § 168 Rn 28 ff). **Die folgende Darstellung beschränkt sich weitgehend auf die Fälle „gewöhnlicher" geschäftlicher Maßnahmen, die noch zu Lebzeiten des Erblassers begonnen waren und (vielleicht) vollendet worden wären, wenn der Tod sie dem Erblasser nicht aus der Hand genommen hätte.**

3. Durch Tod unterbrochene Vertragsanbahnungen

a) Allgemeines

306 Stirbt der Erblasser vor Vollendung des rechtsgeschäftlichen „Errichtungstatbestandes", so ist zu unterscheiden, ob er die seinerseits erforderliche Willenserklärung bereits „abgegeben" hatte oder nicht (vgl STAUDINGER/DILCHER[12] § 130 Rn 2 ff, 67; STAUDINGER/BORK [1996] § 153 Rn 2 ff und – mit besonderer Berücksichtigung der „Rechtsgeschäfte unter Lebenden im Testament" – STAUDINGER/OTTE Vorbem 17 ff zu §§ 1937 ff). Nur im ersten Fall ist der Tod des Erblassers auf die Wirksamkeit seiner Willenserklärung „ohne Einfluß" (§ 130 Abs 2). Eine *empfangsbedürftige* und deshalb gem § 130 Abs 1 S 1 erst mit *Zugang* wirksam werdende Willenserklärung kann von dem *Erben* des Erklärenden grundsätzlich in gleicher Weise nach § 130 Abs 1 S 2 (also bis zum Zugang) widerrufen werden wie vom Erblasser, wenn er noch lebte (s STAUDINGER/KANZLEITER [1998] § 2301 Rn 43 f; aber auch oben Rn 302 aE).

Versäumt der Erbe diese Widerrufsmöglichkeit in bezug auf einen **Vertragsantrag des Erblassers** oder stirbt der Erblasser *nach* Zugang seines Vertragsantrags, aber vor Abgabe oder Eingang der Annahmeerklärung des gewünschten Vertragspartners (§ 153), so ist der Vertragsantrag grundsätzlich für die Erben bindend (§ 145), und der Vertrag kommt durch die ihnen gegenüber erklärte Annahme zustande – es sei denn, daß aus dem erkennbar gewordenen (str; wie hier STAUDINGER/BORK [1996] § 153 Rn 5) Willen des Verstorbenen oder dem Vertragszweck hervorgeht, daß er nur für sich selbst hat abschließen wollen (dazu im einzelnen STAUDINGER/DILCHER[12] § 130 Rn 64 f; STAUDINGER/BORK [1996] § 153 Rn 3 ff). Die umgekehrte Frage, welchen Einfluß der **Tod des Antragsgegners** vor oder nach dem Zugang des Antrags hat, insbes ob seine Erben berechtigt sind, *ihrerseits* durch Annahme des Antrags den Vertrag für sich zustande zu bringen, kann nur nach Art und Zweck des angestrebten Vertrages entschieden werden (s STAUDINGER/DILCHER[12] § 130 Rn 63; STAUDINGER/BORK [1996] § 153 Rn 9 ff).

307 Wenn infolge eines vom Erblasser ausgehenden Antrags der Vertrag für die Erben zustande kommt, haben die daraus für sie entstehenden Verbindlichkeiten den Charakter „vom Erblasser herrührender" **Nachlaßverbindlichkeiten** iS des § 1967 Abs 2 (zu dem Sonderfall, daß es sich um ein Dauerschuldverhältnis handelt und die Erben dieses über den ersten zulässigen Kündigungstermin hinaus fortsetzen, s STAUDINGER/BOEHMER[11] Rn 215, 219 einerseits und – die dort vertretene Ansicht nicht ganz teilend – STAUDINGER/MAROTZKE [1996] § 1967 Rn 24 andererseits). Wenn jedoch, was seltener ist, ein *an* den Erblasser gerichteter Vertragsantrag für die Erben ein Annahmerecht begründet und diese den Vertrag nicht nur in ihrer Eigenschaft „als Erben", sondern ohne diese Einschränkung „für sich" abschließen, dann müssen sie auch *persönlich* für die Erfüllung einstehen.

Gleichzeitig ist ihre Schuld *Nachlaß*verbindlichkeit, da der Vertragsgegner den Antrag noch an den *Erblasser* gerichtet und daher *dessen* Vermögen als Haftungsgrundlage angenommen hatte (also **Nachlaßerbenschuld** iS des bei STAUDINGER/MAROTZKE [1996] § 1967 Rn 5 ff Gesagten). Wenn der Antrag durch den Tod des Antragenden *erlischt*, sind die Erben aufgrund des vom Erblasser begonnenen rechtsgeschäftlichen Verkehrs verpflichtet, **dem Gegner unverzüglich Mitteilung von dem Tode zu machen**. Bei schuldhafter Verletzung dieser Anzeigepflicht haften sie aus cic auf Ersatz des Vertrauensschadens (entspr dem bei STAUDINGER/MAROTZKE [1996] § 1967 Rn 53 Ausgeführten ohne Haftungsbeschränkungsrecht). Die Auffassung, daß in analoger Anwendung des § 122 diese Ersatzpflicht auch ohne Verschulden eintrete, ist mit der hM abzulehnen (PLANCK/FLAD § 153 Anm 2; skeptisch auch STAUDINGER/BORK [1996] § 153 Rn 8).

b) Dingliche Verträge

Die Anwendung der §§ 130 Abs 2 iVm 145 und 153 ist auf Bedenken gestoßen, soweit **308** es sich um **dingliche Verfügungen des Fahrnisverkehrs** handelt. Während für den Grundstücksverkehr in §§ 873 Abs 2, 875 Abs 2 Sondervorschriften über den Zeitpunkt der Bindung der Parteien enthalten sind, die auch im Falle des Todes eines Beteiligten gelten (STAUDINGER/GURSKY [1995] § 873 Rn 79, 87, 164), ist die Frage der Bindung für die Übereignung **beweglicher** Sachen nach § 929 noch immer umstritten. Die §§ 130 Abs 2, 153 wollen dem Erben in bezug auf den Vertragsantrag des Erblassers keine stärkere Bindung auferlegen als diejenige, der zuvor der Erblasser unterlag. Konnte dieser sich noch von dem Antrag lösen, so kann es nunmehr sein Erbe. Für die dingliche Einigung des § 929 ist nun aber nicht nur die Bindung an den *Antrag*, sondern sogar diejenige an die „Einigung" insofern bestritten, als eine verbreitete Auffassung nur die *mit der Besitzübergabe verbundene* Einigung als bindend anerkennen will (dazu STAUDINGER/WIEGAND [1995] § 929 Rn 71 ff, 80 ff; ältere Nachweise bei STAUDINGER/BOEHMER[11] § 1922 Rn 220). Selbst wenn man dieser Ansicht folgte, müßte man jedenfalls einen *mit der Übergabe verbundenen* Einigungsantrag des Erblassers nach §§ 130 Abs 2, 145, 153 als bindend auch für den Erben betrachten und es diesem somit verwehren, sich den Wirkungen des erblasserischen Antrags dadurch zu entziehen, daß er diesen *nach* Zugang beim Empfänger widerruft (§ 130 Abs 1 S 2). Nicht mehr vertreten wird heutzutage die vom RG im „**Bonifatius-Fall**" (RGZ 83, 223, 229 f) zugrundegelegte Ansicht, daß die in § 929 vorausgesetzte „Einigung" nicht eine Übereinstimmung zweier Willens*erklärungen*, sondern eine solche zweier *innerer* Willen sei und daher Fortdauer des *subjektiven* Übereignungs*willens* des Erblassers auch bei den Erben bis zur Vollendung der Sachübergabe verlange – selbst wenn der Erblasser auch diese schon durch Absendung der Sache begonnen hatte: Nach heute hM (vgl STAUDINGER/WIEGAND [1995] § 929 Rn 8 ff) besteht die „Einigung" des § 929 aus zwei Willens*erklärungen;* deshalb ist wie der Veräußerer selbst auch dessen Erbe an die noch von jenem begonnene Übereignung *zumindest insofern* gebunden, als er den Einigungsantrag des Erblassers nicht allein schon durch seinen nicht geäußerten abweichenden eigenen Willen zu Fall bringen kann (vgl auch BOEHMER, in: STAUDINGER[11] Rn 220; dens RG-FS III [1929] 216, 306 ff mwN; dens, Grundlagen der bürg Rechtsordnung II 1 [1951] 84 f; OTTE JA 1993, 643, 645 ff; MARTINEK/RÖHRBORN JuS 1994, 473, 476 ff).

Ist zum Erwerb eines Grundstücksrechts nach § 873 die **Grundbucheintragung** erfor- **309** derlich und stirbt der Erwerber während des Eintragungsverfahrens, so hat die dennoch erfolgende Eintragung des Verstorbenen zugunsten des Erben dieselben Wirkungen wie eine *vor* dem Erbfall erfolgte Eintragung (vgl RG JW 1926, 1955 f m zust Anm

FISCHER). Zwar hätte das Grundbuchamt, wenn ihm der Tod bekannt gewesen wäre, den Verstorbenen nicht mehr als Berechtigten eintragen dürfen (KG Rpfleger 1965, 366 f ad 1a; differenzierend BayObLGZ 1995, 158 ff = FamRZ 1995, 119 ff = NJW-RR 1995, 272, 273 [dazu auch STAUDINGER/MAROTZKE <1996> § 1985 Rn 12]; unentschieden das RG aaO). Die gleichwohl vorgenommene Eintragung des Verstorbenen ist zwar (grundbuch-)ordnungswidrig, hat aber *materiellrechtlich* die gleichen Wirkungen wie eine Eintragung des *Erben* (vgl KG aaO; STAUDINGER/GURSKY [1995] § 873 Rn 87 mwN).

Stirbt der in einer Eintragungsbewilligung bezeichnete Berechtigte, so ist das Bewilligte auf Antrag zugunsten des *Erben* einzutragen, ohne daß es einer Ergänzung der Eintragungsbewilligung bedarf (LG Düsseldorf Rpfleger 1987, 14 f = MDR 1987, 153).

c) **Mangelnde Geschäftsfähigkeit, Verfügungs-, Verpflichtungs- oder Vertretungsmacht**
aa) **Auf seiten des Erblassers**

310 Spielt sich der Gesamtvorgang des Vertragsschlusses teils vor und teils nach dem Erbfall ab und fehlte auf seiten des *Erblassers* die erforderliche Geschäftsfähigkeit, Verfügungs-, Verpflichtungs- oder Vertretungsmacht, so fragt es sich, ob dieser Mangel durch den Eintritt eines voll geschäftsfähigen, verfügungs-, verpflichtungs- und vertretungsberechtigten *Erben* geheilt werden kann.

311 War der Erblasser geschäftsunfähig iSd § 104, so ist zu unterscheiden: Bestand dieser Mangel *schon bei Abgabe* der Willenserklärung des Erblassers, so ist die Willenserklärung unheilbar nichtig (§ 105) und deshalb auch für den Erben weder zu retten noch sonstwie bindend (die Frage, ob der Erbe nichtige Verfügungen des Erblassers in besonders gelagerten Fällen ausnahmsweise doch gegen sich gelten lassen muß, wird thematisiert in BGH NJW 1994, 1470 f). Umgekehrt ist es auf die Wirksamkeit einer Willenserklärung *ohne* Einfluß, „wenn der Erklärende *nach* der Abgabe stirbt oder geschäftsunfähig wird" (§ 130 Abs 2). Die Willenserklärung des *nach* der Abgabe geschäftsunfähig werdenden Erblassers wirkt also ohne weiteres für und gegen den Erben „als solchen" (vgl Rn 304), selbst wenn auch *ihm* die Geschäftsfähigkeit fehlt (so insbes für die *Vollmachterteilung* KISCH BayZ 1918, 1 f). Zur Annahmefähigkeit eines vor dem Verlust der Geschäftsfähigkeit oder dem Eintritt eines geschäftsunfähigen Erben abgegebenen Vertragsantrags vgl §§ 153, 131 und unten Rn 317.

312 War der Erblasser bei „Abgabe" seiner Willenserklärung (s Rn 311) **beschränkt geschäftsfähig iS der §§ 106 ff** und der Vertrag zZ des Erbfalls noch genehmigungsfähig iSd § 108, so kann nach dem Erbfall der geschäftsfähige *Erbe* (s STAUDINGER/DILCHER[12] § 108 Rn 3, 20) bzw für einen geschäftsunfähigen Erben *dessen* gesetzlicher Vertreter genehmigen (so schon STAUDINGER/BOEHMER[11] Rn 221 S 289 mwN – allerdings für den Fall, daß der Erbe *beschränkt geschäftsfähig* war). Voraussetzung hierfür soll aber (nach KG OLGE 4, 416, 417) sein, „daß der Vertragsgegner (des Mündels) den Vertrag nicht nur mit diesem, sondern uU auch mit dessen Erben abschließen will, und daß ... sich aus den Umständen nicht ergibt, daß der Antrag den Erben nicht gemacht sein würde, weil es ... auf die Person des Erblassers ankam (vgl § 153)".

313 Hatte **der beschränkt geschäftsfähige Erblasser als „falsus procurator"** ohne Zustimmung seines gesetzlichen Vertreters einen Vertrag geschlossen, so haftete er wegen seiner nur beschränkten Geschäftsfähigkeit nicht nach § 179 (vgl § 179 Abs 3 S 2).

Ebensowenig trifft diese Haftung in solch einem Fall den *Erben*, selbst wenn dieser voll geschäftsfähig ist und der vom Erblasser im fremden Namen gestellte Vertragsantrag (§§ 164, 130 Abs 2, 153) erst nach dem Erbfall *ihm (dem Erben) gegenüber* angenommen wird. Umgekehrt kann sich der Erbe nicht auf Mängel der eigenen Geschäftsfähigkeit berufen, wenn der *Erblasser* voll geschäftsfähig war und bereits durch *seine* Tätigkeit die Grundlage für die Haftung aus § 179 geschaffen hatte: in diese Haftung tritt der Erbe unabhängig von der eigenen Geschäftsfähigkeit „als solcher" (§ 1967 Abs 2) ein, wenn er bzw sein gesetzlicher Vertreter (vgl STAUDINGER/ OTTE § 1943 Rn 11 f, § 1944 Rn 14, 24 ff, § 1945 Rn 5 ff) die Erbschaft nicht rechtzeitig ausschlägt. Vgl auch STAUDINGER/BOEHMER[11] Rn 218, 221 (jeweils aE).

Hat der Erbe selbst die Vertretungsmacht, die dem Erblasser fehlte, oder ist gar er selbst 314 **der Vertretene**, so kann *er* den vom Erblasser als falsus procurator geschlossenen Vertrag gem § 177 genehmigen (vgl auch Rn 319). Da er in die Rechtsstellung des Erblassers nur in seiner Funktion „als Erbe" eintritt, behält er aber das von seiner Erbenstellung unabhängige Recht, die Genehmigung zu *verweigern*. Tut er dies, so haftet er dem Gegner uU gleichwohl nach dessen Wahl entweder auf Schadensersatz *oder auf Erfüllung* (§§ 179, 1967; vgl erg Rn 313 zu dem Sonderfall, daß der Erblasser nur beschränkt geschäftsfähig war).

Hatte der Erblasser als Nichtberechtigter verfügt und wird er dann vom verfügungsberechtigten Rechtsinhaber beerbt, so wird die Verfügung des Erblassers *automatisch* wirksam, wenn der ihn beerbende Rechtsinhaber „für die Nachlaßverbindlichkeiten unbeschränkt haftet" (§ 185 Abs 2 S 1 Fall 3; dazu STAUDINGER/GURSKY [1995] § 185 Rn 74 ff; STAUDINGER/MAROTZKE [1996] § 1976 Rn 10, § 2063 Rn 14). Haftet der verfügungsberechtigte Erbe nur beschränkt, so hängt die Wirksamkeit der Verfügung gem § 185 Abs 2 S 1 Fall 1 von seiner Genehmigung ab. 315

Bei sonstigen Verpflichtungs- und Verfügungsbeschränkungen des Erblassers ist jeweils 316 zu fragen, ob ihr Schutzzweck ein Fortwirken über den Zeitpunkt des Erbfalls hinaus erfordert oder nicht (im Ausgangspunkt anders STAUDINGER/BOEHMER[11] Rn 221 S 288 unten: diese Fragen könnten „rechtslogisch und rechtspolitisch befriedigend nur entschieden werden, wenn man darüber klar [sei], daß der Erbe zwar in die Rechts- und Pflichtlage des Erblassers ein[trete], diese nunmehr aber als *eigene*" fortsetze [dazu schon oben Rn 304]). Im *ersteren* Sinne wird diese Frage entschieden von STAUDINGER/THIELE (1994) § 1365 Rn 106 hinsichtlich der sich aus §§ 1365, 1366 ergebenden Beschränkungen der **Verpflichtungs- und Verfügungsmacht eines** im gesetzlichen Güterstand der Zugewinngemeinschaft lebenden **verheirateten Erblassers** (zum Tod des durch diese Beschränkungen geschützten *anderen* Ehegatten s STAUDINGER/THIELE [1994] § 1365 Rn 107). Anders dagegen STAUDINGER/BOEHMER[11] § 1922 Rn 221 für die weitergehenden Beschränkungen einer Ehefrau nach *damaligem* gesetzlichen Güterrecht (bis 31. 3. 1953). Vgl auch KÜNZL, Heilung schwebend unwirksamer Gesamtvermögensgeschäfte eines Ehegatten?, FamRZ 1988, 452 ff.

bb) Auf seiten des Erben
Fehlt die Fähigkeit zum Abschluß des noch vom Erblasser begonnenen Geschäfts 317 nicht auf seiten des Erblassers, sondern auf seiten des Erben, so ist zu beachten, daß es auf die Wirksamkeit einer Willenserklärung ohne Einfluß ist, wenn der Erklärende (Erblasser) „nach der Abgabe stirbt *oder geschäftsunfähig wird*" (§ 130 Abs 2), und

daß auch das Zustandekommen eines *Vertrages* im Zweifel nicht dadurch gehindert wird, „daß der Antragende vor der Annahme stirbt *oder geschäftsunfähig wird*" (§ 153). Umso weniger kann folglich eine etwaige Geschäftsunfähigkeit des *Erben* das Wirksamwerden der von einem geschäftsfähigen Erblasser abgegebenen Willenserklärung bzw die Annahmefähigkeit des erblasserischen Vertragsantrags hindern. Entsprechendes gilt für etwaige auf seiten des Erben bestehende *sonstige Beschränkungen der Verfügungs- oder Verpflichtungsmacht*, soweit es sich um solche handelt, auf die die §§ 130 Abs 2, 153 analog angewendet werden können (s dazu STAUDINGER/ DILCHER[12] § 130 Rn 66; STAUDINGER/BORK [1996] § 153 Rn 14 ff sowie zu den bis 31.3.1953 gültig gewesenen §§ 1395, 1399 Abs 2, 1412 STAUDINGER/BOEHMER[11] Rn 221 S 289; BOEHMER RG-FS III [1929] 216, 273 f). Fehlt dem Erben die *Geschäftsfähigkeit*, so kann ein Vertragsantrag des Erblassers gem § 131 idR nur noch gegenüber dem *gesetzlichen Vertreter* des Erben angenommen werden (ebenso STAUDINGER/BOEHMER[11] Rn 221 S 289). Hatte der Erblasser jedoch durch einen Bevollmächtigten gehandelt, so wird sein Vertragsantrag auch *diesem* gegenüber angenommen werden können (Fortbestand der Vollmacht vorausgesetzt; vgl dazu STAUDINGER/SCHILKEN [1995] § 168 Rn 26 ff). Zur Bindung geschäftsunfähiger oder beschränkt geschäftsfähiger Erben an Rechtsgeschäfte, die ein vom Erblasser Bevollmächtigter nach dem Erbfall tätigt, vgl unten Rn 321.

d) Sonderfälle (§§ 791, 794 Abs 2, 657; 873 Abs 2, 875 Abs 2; 313, 518, 766)

318 Die allgemeinen Vorschriften der §§ 130 Abs 2, 153 werden durch eine Reihe von Einzelbestimmungen ergänzt. So erstreckt § 791 die Wirksamkeit einer **Anweisung**, auch wenn sie noch nicht angenommen ist, auf die Erben der drei Beteiligten, vorbehaltlich des beim Tod des Anweisenden dem Erben nach § 790 zustehenden Widerrufsrechts. § 794 Abs 2 läßt die Verpflichtung aus einer vom Erblasser ausgestellten **Inhaberschuldverschreibung** auch dann für die Erben entstehen, wenn der Aussteller vor der Ausgabe gestorben ist. **Im Grundbuchverkehr** (dazu auch Rn 309, 328) treten die Erben in die durch formgerechte Einigung, insbes Aushändigung einer Eintragungsbewilligung, für die Beteiligten entstandene Bindungslage (s §§ 873 Abs 2, 875 Abs 2 und oben Rn 308) ein. Auch die durch eine **Auslobung** nach § 657 begründete Verpflichtungslage geht auf die Erben über, nur können sie wie der Erblasser die Auslobung vor Vornahme der Handlung in der Form des § 658 Abs 1 widerrufen, soweit dies nicht nach Abs 2 unzulässig ist. Ebenso ist die schwebende (Un-)Wirksamkeit gewisser der gesetzlichen Form ermangelnder **Verträge, bei denen der Formmangel durch Leistungsbewirkung geheilt werden kann** (vgl zB §§ 313 S 2, 518 Abs 2, 766 S 2), auch von den *Erben* beider Parteien hinzunehmen.

e) Vollmachtslose Vertretung

319 Der Abschluß eines vermögensbezogenen Vertrages durch einen vollmachtlosen Vertreter und dessen Selbstkontrahieren können nach dem Tod des Vertretenen von dessen Erben genehmigt werden (OLG Hamm OLGZ 1979, 44 ff; vgl auch Rn 314 und A BENDER, Das postmortale Einsichtsrecht in Krankenunterlagen [1998] 202).

f) Vom Erblasser erteilte Vollmachten

320 Die Frage, ob und unter welchen Voraussetzungen eine Vollmacht über den Tod des Vollmachtgebers hinaus wirksam bleibt, ist an den bei Rn 159 genannten Stellen behandelt (vgl bes STAUDINGER/SCHILKEN [1995] § 168 Rn 26 ff; STAUDINGER/REIMANN [1996] Vorbem 53 ff zu §§ 2197 ff; WINDEL 250 ff, 259 ff). **Die folgende Darstellung beschränkt sich**

1. Abschnitt. Erbfolge

auf Fälle, in denen die Vollmacht ihren Urheber „überlebt" (Beispiele: BayObLG FamRZ 1990, 98 f; LG Darmstadt NJW-RR 1997, 1337; BGHZ 127, 239 ff).

Wen vertritt der Bevollmächtigte nach dem Tod des Vollmachtgebers: den Toten oder dessen Erben? Die Frage ist streitig, die praktische Bedeutung des Streits jedoch gering:

Auch wer nach dem Erbfall nur noch eine Vertretung des *Erben* für möglich hält (so STAUDINGER/BOEHMER[11] Rn 218, 224 ff; BOEHMER RG-FS III [1929] 216, 309 f; BGH FamRZ 1969, 479 [dazu Rn 322]; OLG Köln NJW-RR 1992, 1357 [unter II 2 b]; EULE, Die über den Tod des Machtgebers erteilte Vollmacht [1933] 26 ff, 74; KLEINSCHMIDT, Die über den Tod hinaus erteilte Vollmacht [Diss Frankfurt aM 1928] 61 ff, 73 ff; OERTMANN Bankarchiv 13, 5; FINGER NJW 1969, 1624 f; FLUME, BGB AT II [4. Aufl 1992] § 51, 5 a Fn 10 [S 848]; MARTINEK/RÖHRBORN JuS 1994, 473, 479, 564, 570; SOERGEL/STEIN Rn 49; ders § 1967 Rn 5; vgl auch STAUDINGER/SCHILKEN [1995] § 168 Rn 31; STAUDINGER/REIMANN [1996] Vorbem 62 zu §§ 2197 ff; aM ENDEMANN III 1, 218 ff [richtiger „Vertretener" sei der *Verstorbene* in seiner Eigenschaft als Vollmachtgeber]; LEONHARD JherJb 86, 1, 28 ff; vgl auch KISCH BayZ 1918, 1, 3 f und für die *Prozeß*vertretung §§ 86, 246 ZPO sowie unten Rn 332 ff; STAUDINGER/MAROTZKE [1996] § 1967 Rn 20), wird anerkennen müssen, daß der vom *Erblasser* Bevollmächtigte den *Erben* nur „als solchen" vertreten kann (vgl KLEINSCHMIDT 87 ff und OERTMANN aaO) mit der Folge, daß der Erbe berechtigt ist, die Haftung für die in seinem Namen begründeten Verbindlichkeiten gem §§ 1975 ff auf den Nachlaß zu beschränken (vgl STAUDINGER/MAROTZKE [1996] § 1967 Rn 28 mwN; KLEINSCHMIDT 89 f; FLUME, BGB AT II [4. Aufl 1992] § 51, 5 a S 849; FREY, Rechtsnachfolge in Vollmachtnehmer- und Vollmachtgeberstellungen [1997] 162 ff, 220; WINDEL 256 ff; aM SOERGEL/STEIN § 1967 Rn 5). Dies gilt jedenfalls dann, wenn der Erbe von der Vollmacht nichts wußte und somit keine realistische Möglichkeit der Einflußnahme hatte (vgl FREY aaO 167 ff und demnächst STAUDINGER/MAROTZKE § 1967 Rn 28). Kontrahiert der vom Erblasser Bevollmächtigte ohne Hinweis auf die Herkunft der Vollmacht im Namen der zur Erbfolge gelangten Person, so geht er das Risiko ein, dem Vertragspartner gem § 179 den Ausfall ersetzen zu müssen, den dieser dadurch erleidet, daß der Erbe seine Haftung auf den Nachlaß beschränkt (vgl auch FREY aaO 169 ff).

Zudem wird auch derjenige, der „den Erben als solchen" als den richtigen „Vertretenen" ansieht, nicht umhin können, diesem die erst *nach* dem Erbfall im Namen des *Erblassers* getätigten Rechtsgeschäfte in gleicher Weise zuzurechnen wie wenn sie schon vor dem Erbfall getätigt worden wären (vgl zB KISCH BayZ 1918, 1, 3 f [für den Fall, daß der Vertreter in Unkenntnis des Erbfalls handelte] und zu Besonderheiten des Grundbuchverkehrs oben Rn 309). Dies gilt (entgegen STAUDINGER/BOEHMER[11] Rn 225) auch dann, wenn der vom Erblasser Bevollmächtigte ausdrücklich im Namen des *Erben* kontrahiert (für *Grundstücks*geschäfte s STAUDINGER/SCHILKEN [1995] § 168 Rn 31, 33; STAUDINGER/REIMANN [1996] Vorbem 62 f, 66 zu §§ 2197 ff; aM STAUDINGER/BOEHMER[11] § 1922 Rn 225) und dieser nur beschränkt oder gar nicht geschäftsfähig ist und deshalb *selbst* nur mit Zustimmung seines gesetzlichen Vertreters bzw nur „durch" diesen kontrahieren könnte (vgl auch STAUDINGER/SCHILKEN [1995] § 168 Rn 33; STAUDINGER/REIMANN [1996] Vorbem 66 zu §§ 2197 ff; KISCH BayZ 1918, 1 ff und ENDEMANN III 1, 222 unter 3; zu ähnlichen Fragen bei Vertretung durch einen Nachlaßpfleger, Nachlaßverwalter oder Testamentsvollstrecker vgl STAUDINGER/MAROTZKE [1996] § 1985 Rn 33; STAUDINGER/REIMANN [1996] § 2204 Rn 22 f; § 2205 Rn 76 ff; Vorbem 41 f zu §§ 2197 ff). Denn den *Erben* vertritt der vom Erblasser Bevollmächtigte nur „als solchen". Der nicht oder nur beschränkt geschäftsfähige Erbe wird schon dadurch genügend geschützt, daß er die (mit der Vertretungsmacht des Dritten „belastete") Erbschaft nur mit Einwilligung seines gesetzlichen Vertreters bzw „durch" diesen annehmen kann (s STAUDINGER/OTTE § 1943 Rn 11 f).

322 Umgekehrt werden auch diejenigen, die als Vertretenen *den verstorbenen Vollmachtgeber* ansehen (zB ENDEMANN und LEONHARD), zugeben müssen, daß dessen Recht zum **Widerruf der Vollmacht** nach Maßgabe des bereits an anderer Stelle Ausgeführten (vgl STAUDINGER/SCHILKEN [1995] § 168 Rn 34 f; STAUDINGER/REIMANN [1996] Vorbem 71 ff zu §§ 2197 ff) auf die Erben übergeht (so auch LEONHARD JherJb 86, 1, 31 f gegen ENDEMANN III 1, 119 f), daß der Erblasser einen Vermächtnisnehmer zur Auflassung des vermachten Grundstücks an sich selbst bevollmächtigen, ihn maW auch postmortal vom Verbot des **Selbstkontrahierens (§ 181)** befreien kann (nur iE ebenso OLG Köln NJW-RR 1992, 1357) und daß eine **postume Vertretung in der Ausübung von Gestaltungsrechten** nur möglich ist, wenn diese Befugnisse den Vollmachtgeber „überleben" (iE zutreffend deshalb die schon in Rn 299, 321 erwähnte Entscheidung BGH FamRZ 1969, 479 betr Anfechtung eines Adoptionsvertrages). Durch die Annahme einer postmortalen Vertretung des *Verstorbenen* nicht zu rechtfertigen ist die These, daß Gegenstände, über die zu verfügen der Erblasser einen Dritten für die Zeit nach dem Erbfall bevollmächtigt habe, auch *nach* dem Erbfall noch „seine eigenen" Rechte seien, über die „er" durch den Bevollmächtigten verfügen könne und die deshalb aufgrund der erteilten Vollmacht „von dem Nachlasse und der Erbfolge" ausgesondert seien (so aber ENDEMANN III 1, 220). Richtig ist zwar, daß der vom Erblasser Bevollmächtigte im Rahmen seiner Vollmacht **über Nachlaßgegenstände verfügen** und dadurch deren Nachlaßzugehörigkeit *beenden* kann (denn das könnte ja sogar der *Erbe!* s oben Rn 104 aE, 106 aE). Verfehlt wäre jedoch die Annahme, daß solch eine Verfügung (oder gar schon die *Bevollmächtigung* zu einer solchen) den betroffenen Gegenstand von der „*Erbfolge*" ausscheide (was eine *Rückwirkung* der Verfügung auf den Zeitpunkt des Erbfalls voraussetzen würde; s oben Rn 42, 55 ff!). Vgl auch KLEINSCHMIDT (oben Rn 321) 64 ff, FINGER NJW 1969, 1624 f und die noch etwas weiter gehende Kritik von STAUDINGER/BOEHMER[11] Rn 218 (dazu oben Rn 304) sowie das von mir in EWiR § 32 KO 1/1988, 911 kommentierte Urteil des OLG Köln (ZIP 1988, 1203), das eine auf § 32 Nr 1 KO gestützte Anfechtungsklage eines Nachlaßkonkursverwalters wegen gläubigerbenachteiligender Ausübung einer postmortalen Kontovollmacht betrifft. Auch für die Zuständigkeitsabgrenzung zwischen einem über den Tod hinaus Bevollmächtigten und einem **Testamentsvollstrecker** kommt es weniger auf die – hier wie dort problematische! – Bestimmung des „richtigen Vertretenen" (vgl jedoch ENDEMANN aaO) als vielmehr auf den *Willen* des Erblassers an (s STAUDINGER/REIMANN [1996] Vorbem 68 zu §§ 2197 ff; § 2211 Rn 12; Kisch BayZ 1918, 1, 3 [Fn 4]; RIEBEL, Freiheit und Bindung des Testamentsvollstreckers [Diss Tübingen 1999] 99 ff) und vielleicht auch auf die *Form*, in der er geäußert wurde (dazu STAUDINGER/REIMANN [1996] § 2211 Rn 12 aE; ders Vorbem 61 zu §§ 2197 ff [mwN]). Nicht nur als „Rückfall in die anfangs des Jahrhunderts... vertretene Lehre..., wonach der Bevollmächtigte bei der postmortalen Vollmacht den Erblasser vertrete" (vgl jedoch SCHULTZ NJW 1995, 3345, 3346 ad IV 1), sondern auch als Ergebnis einer zumindest vertretbaren Interessenabwägung kann man den **Standpunkt des BGH** verstehen, **daß die mit einer postmortalen Vollmacht konfrontierte Bank idR weder verpflichtet noch berechtigt sei, vor Ausführung der Weisungen des Bevollmächtigten die Zustimmung des Erben abzuwarten oder durch Zuwarten dem Erben den Vollmachtswiderruf zu ermöglichen** (vgl BGHZ 127, 239 ff = NJW 1995, 250 f = ZIP 1994, 1843 ff = LM H 3/1995 § 164 Nr 78 m zust Anm LANGENFELD; **kritisch** FLUME, BGB AT II [4. Aufl

1992] § 51, 5 b S 849 ff; MEDICUS, Bürgerliches Recht[18] Rn 399 und SCHULTZ NJW 1995, 3345 ff, die großzügiger als der BGH unter dem Gesichtspunkt des **Vollmachtsmißbrauchs** gegensteuern und dabei mehr auf die von denen des Erblassers verschiedenen Interessen des *Erben* abstellen möchten).

Leicht fällt den Vertretern der eine postume Vertretung *des verstorbenen Vollmachtgebers* für möglich haltenden Ansicht eine positive Stellungnahme zu der iE wohl richtigen (STAUDINGER/MAROTZKE [1996] § 1967 Rn 29; vgl auch FLUME, BGB AT II [4. Aufl 1992] § 51, 5 b S 851 f; OERTMANN Bankarchiv 13, 5, 7; KLEINSCHMIDT [oben Rn 321] 68 ff; LEONHARD JherJb 86, 1, 30 f; LG Darmstadt NJW-RR 1997, 1337; aM STAUDINGER/BOEHMER[11] Rn 225; EULE [oben Rn 321] 74 ff; BEUTHIEN, Die Miterbenprokura, in: FS Fischer [1979] 1, 6 f; vgl auch KGJ 43 A 157, 160 [besonders gelagerter Fall!]) These, daß eine vom Erblasser erteilte Vollmacht auch dann nicht zwangsläufig erlischt, **wenn der Bevollmächtigte Alleinerbe wird.** Daß aus diesem Grunde „nichts anderes" möglich sei „als die Auffassung, daß auch hier nicht der Erbe, sondern nur der Erblasser vertreten" werde (so LEONHARD aaO 31), ist aber wohl nur in dem Sinne richtig, daß zwischen einer Vertretung *des Erben „als solchem"* und einer postumen Vertretung *des Erblassers* letztlich kein Unterschied besteht (zu Besonderheiten der *Prozeß*vertretung s die Hinweise in Rn 321). **Macht der Erbe von einer ihm erteilten Vollmacht des Erblassers Gebrauch,** so wird bei einem Verpflichtungsgeschäft stets sorgfältig zu prüfen sein, ob nicht statt einer (reinen) Nachlaßverbindlichkeit eine (gemischte) Nachlaß*erben*schuld entsteht (allgemein zur Nachlaßerbenschuld STAUDINGER/MAROTZKE [1996] § 1967 Rn 5 ff). Letzteres wird idR dann anzunehmen sein, wenn der Erbe unter Gebrauch einer über den Tod des Erblassers hinausreichenden Kontovollmacht und unter Offenlegung des Todesfalls eine dem Erblasser eingeräumte **Kreditlinie** in Anspruch nimmt und dabei seinen etwaigen Willen, eine Mithaftung des Eigenvermögens auszuschließen, nicht so klar zum Ausdruck bringt, daß die Bank mit einem Widerruf der dem Erblasser eingeräumten Kreditlinie reagieren könnte (vgl auch das allerdings ganz anders begründete Urteil LG Darmstadt NJW-RR 1997, 1337 sowie zu den rechtlichen Grenzen einer vertraglichen Haftungsbeschränkung auf den Nachlaß MAROTZKE AcP 199 [1999] 615 ff und das dort besprochene Buch von DAUNER-LIEB). Zum **Schutz der Nachlaßaltgläubiger** vor den Gefahren *unangemessener* Vollmachtsausübung vgl § 1967 Rn 29 und – als allgemeine Darstellung der Rechtslage bei „mißbräuchlicher" Vollmachtsausübung – STAUDINGER/SCHILKEN (1995) § 167 Rn 91 ff.

g)   Sonstige vom Erblasser erteilte Einwilligungen und Ermächtigungen
Auch sonstige vom Erblasser erteilte Einwilligungen (zB Verfügungsermächtigungen iSd § 185 Abs 1; Empfangsermächtigungen iSd §§ 362 Abs 2, 185 Abs 1; Einziehungsermächtigungen iS der Ausführungen von STAUDINGER/SCHILKEN [1995] Vorbem 66 ff zu § 164) sind **gem § 183 S 1** bis zur Vornahme des zustimmungsbedürftigen Rechtsgeschäfts **widerruflich, „soweit nicht aus dem ihrer Erteilung zu Grunde liegenden Rechtsverhältnisse sich ein anderes ergibt".** Soweit hiernach ein Widerrufsrecht des Erblassers besteht, geht dieses bei seinem Tod auf den Erben über (über Ausnahmen s Rn 327). Daß sich das Erlöschen der Einwilligung analog dem für *Vollmachten* geltenden § 168 S 1 „nach dem ihrer Erteilung zu Grunde liegenden Rechtsverhältnisse" bestimme und es eines Widerrufs somit nur „bei dem *Fortbestehen* des Rechtsverhältnisses" bedürfe (§ 168 S 2), ist in § 183 nicht gesagt und wegen der abweichenden Gesetzesfassung auch nicht anzunehmen (wie hier STAUDINGER/BOEHMER[11] Rn 223; STAUDINGER/DILCHER[12] § 183 Rn 3; PLANCK/FLAD § 183 Anm 1; **aM** die bei PLANCK/FLAD aaO Zitierten; STAUDINGER/GURKSKY [1995] § 183 Rn 18 ff und wohl auch MünchKomm/LEIPOLD Rn 28; ERMAN/SCHLÜTER Rn 50). Da aber jeden-

falls die *Widerruflichkeit* der Einwilligung nach § 183 S 1 von „dem ihrer Erteilung zu Grunde liegenden Rechtsverhältnisse" abhängt (soweit sich aus diesem Anhaltspunkte *gegen* das in § 183 S 1 grundsätzlich bejahte Widerrufsrecht ergeben), muß von Fall zu Fall untersucht werden, welcher Art das Grundverhältnis ist und ob es auf den Erben übergeht. Nicht selten wird es sich um *Schenkung* oder *Auftrag* handeln. Versteckt sich hinter der Einwilligung eine *Schenkung von Todes wegen*, so kommt auf diese § 2301 Abs 1 oder – wenn es sich um eine schon *vollzogene* Schenkung handelt – § 2301 Abs 2 zur Anwendung (s STAUDINGER/KANZLEITER [1998] § 2301 Rn 3 ff, 18 ff). Ein *Auftrag* „überlebt" den Auftraggeber im Zweifel gem § 672 S 1 (s oben Rn 278); ebenso also auch ein etwaiger sich aus dem Auftragsverhältnis ergebender Ausschluß des Rechts zum Widerruf einer dem Beauftragten erteilten Verfügungsermächtigung. Selbst für diesen Fall ist jedoch nicht ohne weiteres anzunehmen, daß der Auftrag „und damit auch die Einwilligung im Zweifel für den Erben bindend" bleibe (so aber STAUDINGER/BOEHMER[11] Rn 223). Denn gem § 671 Abs 1 kann der Auftrag von dem Auftraggeber und deshalb auch von dessen Erben im Zweifel „jederzeit gekündigt werden".

325 **Gesetzlich geregelte Fälle einer Verpflichtung zur Einwilligung** sind die der §§ 2120, 2206 Abs 2: Einwilligung des Nacherben zu gewissen Verfügungen des Vorerben und des Erben zu gewissen Verpflichtungsgeschäften des Testamentsvollstreckers. Beide Einwilligungen binden selbst *vor* Abschluß des Hauptgeschäfts auch die *Erben* des Nacherben bzw des Erben.

326 **Unwiderruflich kraft Gesetzes** sind die Zustimmung des Inhabers eines Nießbrauchs oder Pfandrechts an einem Recht (§§ 1071, 1255 Abs 2, 1276), insbes an einem Grundstücksrecht, zu dessen Aufhebung, Inhalts- oder Rangänderung (§§ 876, 877, 880 Abs 3), die Zustimmung des Grundstückseigentümers zu Verfügungen über eine Hypothek oder Grundschuld, die den Rang (§ 880 Abs 2 S 2) oder das Bestehen (§ 1183) betreffen, die Zustimmung des gütergemeinschaftlichen Ehegatten zu gewissen Verfügungen des anderen oder eines Abkömmlings (§§ 1516, 1517), die Einwilligungen, die nach §§ 1746, 1747, 1749 bei einer Annahme als Kind erforderlich sind (so § 1750 Abs 2 S 2 mit Hinweis auf eine Ausnahme [§ 1746 Abs 2] in HS 2), die Zustimmung zur Aufhebung eines erbvertraglich bestimmten Vermächtnisses durch Testament seitens des anderen Vertragschließenden (§ 2291). In all diesen Fällen bindet die einmal erteilte Zustimmung oder Einwilligung auch die Erben, wenn der Zustimmende vor Vornahme des Hauptgeschäftes stirbt, sofern nicht überhaupt, wie in den Fällen der Kindesannahme, ein Übergang des Zustimmungsrechts auf die Erben nicht in Betracht kommt, da dieses höchstpersönlich ist.

327 **Wo die Einwilligung widerruflich ist**, was § 183 als Regel hinstellt, steht auch dem in die Rechtslage des Erblassers eintretenden Erben der Widerruf zu. Dies gilt natürlich nur, wenn die das Zustimmungs- bzw Widerrufsrecht gewährende Rechtsstellung auch selbst der Vererbung unterliegt, was in zahlreichen Fällen der familien- und vormundschaftsrechtlichen Zustimmung nicht der Fall ist. Hatte zB der Vormund eines Minderjährigen zu einem Geschäft des Mündels (§ 107) bereits die Einwilligung gegeben, so kann diese nach seinem Tod nur von dem neuen gesetzlichen Vertreter des Mündels, nicht etwa von den Erben des Vormunds widerrufen werden (vgl auch STAUDINGER/BOEHMER[11] Rn 223 aE mit weiteren Beispielen aus dem damaligen ehelichen Güterrecht [zum *neuen* Güterrecht s nunmehr STAUDINGER/W THIELE [1994] § 1365 Rn 107]).

Nach BGHZ 48, 351, 356 genügt die **Eintragungsbewilligung des Erblassers** zur Eigentumsumschreibung auf einen Grundstückserwerber auch dann, wenn inzwischen der *Erbe* als Berechtigter im Grundbuch eingetragen worden ist.

XXII. Prozeßlagen*

Da das Vermögen des Erblassers so auf den Erben übergeht, wie es beim Erbfall „steht und liegt" (Rn 45), muß der Erbe auch **Beweislastregeln** (BGH FamRZ 1993, 1311 = NJW-RR 1994, 323), schwebende **Prozeßrechtsverhältnisse** und sonstige Verfahrenslagen, in denen sich der Erblasser befand, für und gegen sich gelten lassen. Hieran ändert auch die öffentlich-rechtliche Natur des Prozeßrechtsverhältnisses nichts (s Rn 351 ff). Nur wenn Streit- bzw Verfahrensgegenstand eine *unvererbliche* Rechtsposition ist, bedarf die Vererblichkeit des Prozeßrechtsverhältnisses einer besonderen gesetzlichen oder aus dem Gesetz (zB § 239 ZPO; vgl sogleich Rn 330) ableitbaren Begründung. **Zeugnisverweigerungsrechte** sind meist personengebunden und dann nicht vererblich (vgl etwa LG Koblenz AnwBl 1983, 328). Der Anspruch auf **rechtliches Gehör** (Art 103 Abs 1 GG) erlischt mit dem Tod des Inhabers, kann also durch Nichtanhörung eines bereits Verstorbenen nicht mehr verletzt werden. Anspruch auf rechtliches Gehör haben die am Verfahren „jeweils" Beteiligten (so zutr BFHE 165, 330 [LS 4], 333 ff = BStBl II 1992, 9, 11 f im Zusammenhang mit der – iE bejahten – Frage, ob noch nach dem Tode des Steuerpflichtigen der objektive und der subjektive Tatbestand einer Steuerhinterziehung festgestellt werden darf).

1. Zivilprozessuale Rechtslagen

a) Bedeutung des Streitgegenstandes

Der Übergang zivilprozessualer Rechtsstellungen auf die Erben einer Prozeßpartei setzt nicht voraus, daß der Gegenstand des Rechtsstreits auch selbst vererblich ist (MünchKomm/Leipold Rn 81; Stein/Jonas/Roth[21], ZPO § 239 Rn 4). ZB werden auch die personenrechtlichen **Familienrechtsprozesse** des Ehe- und Kindschaftsrechts mit dem Tod einer Partei nicht völlig gegenstandslos; oft sind sie dann aber „in der Hauptsache erledigt" (§§ 619, 640 Abs 1, 640 g Abs 3 ZPO), so daß das Verfahren nur noch wegen der Kosten fortgesetzt wird (vgl Roth aaO; BGH FamRZ 1983, 683; 1986, 253, 254 [= NJW-RR 1986, 369]; OLG Bamberg FamRZ 1995, 1073 f [= NJW-RR 1995, 1289]; OLG Karlsruhe NJW-RR 1996, 773; auch oben Rn 137). Dagegen überdauerte das – durch Art 4 BetreuungsG v 12. 9. 1990 (BGBl I 2002) abgeschaffte – **Entmündigungsverfahren** weder den Tod des Antragstellers (Stein/Jonas/Schlosser[20], ZPO § 645 Rn 5) noch den des zu Entmündigenden, auch wenn dieser nach Ausspruch, aber vor Rechtskraft der Entmündigung, sei es vor Erhebung der Anfechtungsklage, sei es während des Anfechtungsprozesses, starb (Stein/Jonas/Schlosser[20], ZPO § 664 Rn 12 f); beim Tod des Antragstellers war ein neuer Antrag eines anderen Antragsberechtigten erforderlich, andernfalls das Verfahren einzustellen. Die Erben des als Vater eines nichtehelichen Kindes festgestell-

---

* **Schrifttum:** Dinstühler, Rechtsnachfolge und einstweiliger Rechtsschutz (1995) 229 ff; Fischer, Die Fortführung eines durch den Tod des Erblassers unterbrochenen Prozesses durch den mit Erbschein legitimierten Nichterben (Diss München 1953); Frank, Einfluß des Todes einer Partei auf das Feststellungsverfahren im ordentlichen Prozesse, ZZP 13 (1889) 184; Scherer, Die Fortführung des Zivilprozesses durch einen Scheinerben, JR 1994, 401; Sojka, Tod eines Prozeßbeteiligten, MDR 1982, 13. Vgl ferner die Angaben bei Rn 334, 336, 339.

ten Mannes sind nicht berechtigt, die Restitutionsklage nach § 641 i ZPO zu erheben (OLG Stuttgart FamRZ 1982, 193; vgl auch Rn 141 ff).

331 Geht das streitige Recht beim Erbfall nicht auf den Erben, sondern auf einen **Sonderrechtsnachfolger** über, so soll *nur dieser* als „Prozeßrechtsnachfolger" anzusehen und zur Aufnahme des unterbrochenen (s Rn 332) Verfahrens berechtigt sein (BGHZ 69, 395, 396 = JZ 1978, 110 = MDR 1978, 309 LS a [zu Art VI Nr 1 Abs 5 S 1 und Abs 6 BEG-SchlußG]; SOERGEL/STEIN Rn 106). Diese hM hebt die Unterscheidung zwischen Zulässigkeit und Begründetheit einer Klage teilweise wieder auf und steht auch in einem gewissen Spannungsverhältnis zu dem ersten Satz bei Rn 330. Sie ist jedoch sehr praktikabel, wenn die Sonderrechtsnachfolge *evident* erscheint.

b) Eintritt bzw Einbeziehung des Erben in das Verfahren
aa) Erkenntnisverfahren

332 Die prozessuale Rechtsstellung des Erblassers geht auf den Erben über (vgl BGHZ 104, 1, 4; STAUDINGER/MAROTZKE [1996] Vorbem 21 zu §§ 1967–2017). Zwar wird das Erkenntnisverfahren entweder automatisch nach § 239 Abs 1 ZPO „unterbrochen" (wenn der Erblasser nicht durch einen Prozeßbevollmächtigten vertreten war) oder auf Antrag seines Prozeßbevollmächtigten (zum Fortbestand der Vollmacht s Rn 333) oder des Gegners nach § 246 Abs 1 ZPO „ausgesetzt" (zur Frage einer analogen Anwendbarkeit auf das Verfahren auf Erlaß eines Arrestbefehls oder einer einstweiligen Verfügung vgl DINSTÜHLER, **Rechtsnachfolge und einstweiliger Rechtsschutz** [1995] 244 ff, 287 f). Jedoch ist diese Verfahrensunterbrechung oder -aussetzung meist nur eine vorübergehende (vgl ZPO §§ 239 Abs 2 ff [zu Abs 5 s STAUDINGER/MAROTZKE § 1958 Rn 8], 243, 246 Abs 2 und speziell zur Prozeßaufnahme bei bestehender Testamentsvollstreckung BGH NJW 1988, 1390 ff sowie zur Prozeßaufnahme durch Nachlaßpfleger BGH NJW 1995, 2171 f = FamRZ 1995, 926 f). War der Erblasser durch einen Prozeßbevollmächtigten vertreten und wird der nach § 246 Abs 1 HS 2 ZPO zulässige Antrag auf Aussetzung des Verfahrens nicht gestellt, so kann es wegen §§ 86 HS 1, 246 Abs 1 HS 1 ZPO auch noch *nach* dem Erbfall zu einem auf den *Erblasser* lautenden Urteil kommen (vgl RG WarnR 1911 Nr 295; OLG Celle NJW-RR 1988, 133 f [dazu demnächst auch Vorbem 21 zu §§ 1967 ff]; FRANK ZZP 13, 184, 209; HELLWIG, Lehrbuch des deutschen Zivilprozeßrechts II [Leipzig 1907, Neudruck Aalen 1968] 466). Zulässig ist aber auch ein auf die nicht namentlich bezeichneten *Erben* der verstorbenen Prozeßpartei lautendes Urteil (vgl FRANK aaO; SOERGEL/STEIN Rn 107; BGH LM ZPO § 325 Nr 10; OVG Münster OVGE 38, 128 f und für *Kosten*entscheidungen zu Lasten „der Erben" VGH Mannheim ESVGH 33, 150 ff = NJW 1984, 195 f). Beide Urteilsformen wirken in gleicher Weise (vgl auch Rn 321 ff, 323 aE) für oder gegen die *Erben* der verstorbenen Prozeßpartei (vgl für Urteile auf den Namen des *Erblassers* die vom VGH Mannheim aaO zustimmend zitierte Entscheidung RGZ 124, 146, 150 sowie ROSENBERG/SCHWAB/GOTTWALD, Zivilprozeßrecht [15. Aufl 1993] § 43 II 1 a β – letzterer allerdings mit irreführendem [s unten Rn 334] Hinweis auf § 579 Abs 1 Nr 4 ZPO). Jedoch wirken sie für oder gegen die *Erben* nur genauso wie ein noch *vor* dem Erbfall auf den Namen des *Erblassers* ergangenes Urteil. Das ist wichtig im Hinblick auf die Anwendbarkeit der §§ 750, 727 ff ZPO (s unten Rn 337 und speziell für Fälle der hier interessierenden Art VGH Mannheim aaO; unrichtig hingegen die in BAG AP 1974 Bl 266, 267 [= Nr 2 zu § 246 ZPO] erwähnte hM, daß das auf die verstorbene Partei lautende Rubrum des Urteils „von Amts wegen zu berichtigen" sei [s auch Rn 335]), des § 780 Abs 1 ZPO (s STAUDINGER/MAROTZKE [1996] § 1967 Rn 20 aE; Vorbem 21 zu §§ 1967–2017; OLG Celle aaO) und für die Frage, ob die Erben ihre Haftung für auferlegte Prozeßkosten auf den Nachlaß beschränken können (dazu STAUDINGER/MA-

ROTZKE [1996] § 1967 Rn 20 aE, 47; OLG Celle aaO; offen gelassen vom VGH Mannheim aaO). Zu einer vor Eintritt der Rechtskraft erfolgten Einbeziehung des Erben in einen nach Verurteilung des Erblassers ausgesetzten Rechtsstreit vgl OLG Düsseldorf NJW 1970, 1690 f.

Obwohl eine **Prozeßvollmacht** beim Tod des Vollmachtgebers nicht erlischt (§ 86 HS 1 **333** ZPO), legitimiert sie doch nur zur Prozeßführung im Namen des *Vollmachtgebers* oder – gleichbedeutend (s Rn 321 ff, 332) – seines Erben „als solchem" (unklar THOMAS/ PUTZO, ZPO § 50 Vorbem 16; gegen die in OLG Hamm SeuffA 78 Nr 155 [S 254] ausdrücklich bejahte Möglichkeit der Prozeßführung im Namen eines *Verstorbenen* wenden sich zu Unrecht BGH LM ZPO § 325 Nr 10 [hilft dann aber durch Annahme einer unschädlichen „falsa demonstratio"] und AG Wangen AnwBl 1976, 345 f [will die Anwendbarkeit des § 86 ZPO davon abhängig machen, „daß der Anwalt im Zeitpunkt des Todes des Auftraggebers bereits die Klage erhoben oder das Mahnverfahren eingeleitet, zumindest aber die Klagschrift oder den Zahlungsbefehlsantrag unterschrieben hat"]). Vgl auch den zu § 6 Abs 1 S 2 BRAGO ergangenen Beschluß OLG Düsseldorf Rpfleger 1989, 214 (**gegen** die dort vertretene Auslegung des § 6 Abs 1 S 2 BRAGO jedoch OLG Hamm JurBüro 1994, 730 f). Sobald der vom Erblasser Bevollmächtigte eine *bestimmte* Person als Erbe in den Prozeß einführt, handelt er aber nicht mehr nur im Namen „des Erben als solchem" (wer immer das sein mag), sondern im Namen der von ihm als Erbe bezeichneten *Person* (und zwar *weil* sie Erbe sei, nicht nur für den Fall, *daß* sie es wirklich ist [treffend HELLWIG 466]). Gem § 86 HS 2 ZPO hat er deshalb *deren* Vollmacht beizubringen (dazu HELLWIG 466 f; LG Berlin ZMR 1992, 25 f). Ihre Haftung für die durch die weitere Prozeßführung entstehenden und ihr auferlegten Prozeßkosten kann diese Person selbst dann nicht auf den Nachlaß beschränken, wenn sie die behauptete Erbenstellung wirklich innehat (s STAUDINGER/MAROTZKE [1996] § 1967 Rn 47). Fehlt ihr die Erbenstellung, so verliert sie zwar den Prozeß (wenn in diesem ein zum Nachlaß gehörendes Recht geltend gemacht wird); jedoch wirkt ihre Prozeßführung nicht zu Lasten des wahren Erben (vgl GRUNSKY AP 1974 Bl 269 f; dazu auch STAUDINGER/MAROTZKE § 1959 Rn 21 f; weitere Einzelheiten bei SCHERER JR 1994, 401 ff).

Der in ein Prozeßrechtsverhältnis einrückende **Erbe ist an den bisherigen Stand des 334 Verfahrens** und etwaige vor dem Erbfall ergangene rechtskräftige oder nicht rechtskräftige gerichtliche Entscheidungen in gleichem Maße **gebunden** wie zuvor der Erblasser (MünchKomm/LEIPOLD Rn 81). Das ergibt sich aus dem Wesen der Rechtsnachfolge und für **rechtskräftige Urteile** auch aus § 325 ZPO (zu den Grenzen dieser Rechtskrafterstreckung BGH LM Nr 6 zu § 325 ZPO).

Stirbt eine Partei vor Zustellung der Klagschrift oder vor Einlegung eines Rechts- **335** mittels, so ist zu unterscheiden: **Eine dem Beklagten nach dem Tod des Klägers zugestellte Klage ist nicht gegenstandslos** (so aber STAUDINGER/BOEHMER[11] Rn 229 im Anschluß an KISCH JW 1921, 41 zu Nr 4), sondern wirksam „erhoben" iSd §§ 253, 261 ZPO. Jedoch gilt solch eine Klage trotz ihrer letztlich die *Erben* treffenden „Wirkungen" nicht ohne weiteres als „im *Namen* der Erben" erhoben (so aber OLG Dresden JW 1919, 327 m zust Anm HEINSHEIMER; OLG Dresden SeuffA 75 Nr 173 = JW 1921, 41 Nr 4; BGH LM ZPO § 325 Nr 10; vgl auch OLG Saarbrücken NJW 1973, 854, 857 und HELLWIG [oben Rn 332] 300). ME ist das Verfahren wie ein nach § 239 ZPO durch Tod des Klägers (also des Erblassers, nicht der Erben!) „unterbrochenes" Verfahren zu behandeln oder, wenn der Erblasser durch einen Prozeßbevollmächtigten vertreten war (s Rn 333 zu der Frage, wen dieser *jetzt* vertritt), nach §§ 86, 246 ZPO abzuwickeln (iE ebenso HELLWIG aaO). Zutreffend hat das LG Frankfurt aM (NJW-RR 1991, 1470 f) entschieden, daß ein Urteil, welches zugunsten einer schon vor Eintritt der Rechtshängigkeit verstorbenen Person ergangen sei, *nicht im Wege der Berichtigung nach § 319 ZPO* auf den Erben umgeschrieben werden könne (vgl auch Rn 332). In dem entschiedenen Falle war nicht nur die *Zustellung* der Klageschrift, sondern auch die *Einreichung* (dort: des durch einen Prozeßbevollmächtigten gestellten Antrages auf Erlaß eines Mahnbescheids) erst nach dem Tode des „Klägers" erfolgt, und zwar erst *mehrere Monate* später!

Auch ein im Namen einer bereits verstorbenen Partei eingelegtes Rechtsmittel ist nicht unwirksam. Es gilt jedoch ebenfalls nicht ohne weiteres als für die *Erben* eingelegt (insoweit mißverständlich RGZ 68, 390, 391; OLG Naumburg JW 1936, 810); anzuwenden sind vielmehr – in der Rechtsmittelinstanz – die §§ 86, 246 ZPO (vgl RGZ 68, 390; für *§ 239 Abs 1* ZPO wird idR wegen Anwaltszwangs kein Raum sein). Zu den Voraussetzungen, unter denen bei Tod des Klägers (nach Klageerhebung) das Verfahren namens „der unbekannten Erben" fortgesetzt und in eine höhere Instanz gebracht werden kann, vgl OVG Münster OVGE 38, 128 f.

336 Das Vorstehende gilt entsprechend, wenn der **Beklagte** zZ der – zB an seinen Prozeßbevollmächtigten erfolgten – Zustellung nicht mehr lebte (aM STAUDINGER/BOEHMER[11] Rn 229 im Anschluß an WURZER JW 1922, 471 f und LZ 1924, 435, 436 mit Fn 1). Auch in solchen (seltenen) Fällen genügt zum Schutz der Erben eine Anwendung der §§ 239, 246 ZPO. Vgl auch HELLWIG (oben Rn 332) 301 (ausführlich). Zur Bedeutung des § 1958 in solchen Fällen vgl STAUDINGER/MAROTZKE § 1958 Rn 8.

bb) Zwangsvollstreckung

337 Die Zwangsvollstreckung aus einem zu Gunsten (zu Lasten) des Erblassers ergangenen Urteil ist auch für (gegen) den Erben möglich. Handelt es sich nicht um die „Fortsetzung" einer bereits für (gegen) den Erblasser begonnenen Zwangsvollstreckung, sondern um deren „Beginn", so bedarf es gem § 750 Abs 1 ZPO der vorherigen Titelumschreibung (§§ 727, 730 ff ZPO) für bzw gegen den Erben. Ist wegen Unbekanntseins des/der endgültigen Erben ein Nachlaßpfleger bestellt (vgl § 1960), so kann dieser aus einem zu Lebzeiten des Erblassers erwirkten Titel ohne vorherige Umschreibung vollstrecken; er muß aber seine Bestallungsurkunde vorlegen (AG Hamburg DGVZ 1992, 43 f). Beginnt der Erbe eines verstorbenen Gläubigers die Zwangsvollstreckung *ohne* vorherige Titelumschreibung und wird dieser Mangel während des Beschwerdeverfahrens durch Titelumschreibung und Zustellung behoben, so ist der Mangel auch im Hinblick auf die schon getroffene Vollstreckungsmaßnahme geheilt (LG Bielefeld DGVZ 1987, 9 f).

Eine bereits vom *Erblasser* begonnene Zwangsvollstreckung wird beim Erbfall nicht nach § 239 ZPO unterbrochen (BAUMBACH/HARTMANN, ZPO Übers Rn 5 vor § 239; vgl auch OLG Frankfurt aM Rpfleger 1975, 441; aM SOJKA MDR 1982, 13, 14 f), sondern ohne weiteres fortgesetzt. § 750 Abs 1 ZPO steht nicht entgegen, da er nur für den „Beginn" der Zwangsvollstreckung durch die Erben eine Titelumschreibung auf diese verlangt (vgl auch STAUDINGER/MAROTZKE [1996] § 1984 Rn 26–28). Befand sich der Erblasser in der Rolle des *Schuldners* und hatte die gegen ihn gerichtete Zwangsvollstreckung bereits vor dem Erbfall begonnen, so wird sie ebenfalls beim Erbfall nicht nach § 239 ZPO unterbrochen, sondern gem § 779 ZPO ohne weiteres „in seinen Nachlaß fortgesetzt"

1. Abschnitt. Erbfolge

(vgl erg §§ 778–785 ZPO; STAUDINGER/MAROTZKE § 1958 Rn 9; DINSTÜHLER, Rechtsnachfolge und einstweiliger Rechtsschutz [1995] 238 ff, 287).

cc) Prozeßkosten
Wegen der Haftung des Erben für Prozeßkosten vgl STAUDINGER/MAROTZKE (1996) **338**
§ 1967 Rn 20, 47, 56 und oben Rn 332 f. **Prozeßkostenhilfe** endet mit dem Tod der Partei, der sie bewilligt war (vgl OLG Frankfurt aM OLGZ 1985, 80 ff = NJW 1985, 751 f = MDR 1985, 238 f = Rpfleger 1985, 123 = JurBüro 1985, 605 f). Hinsichtlich der bereits erfüllten Kostentatbestände wirkt die Bewilligung jedoch weiter (vgl KG Rpfleger 1986, 281 f m Anm d Schriftleitung; LG Bielefeld Rpfleger 1989, 113 m Anm SOMMERFELD; aM wohl OLG Frankfurt aM NJW-RR 1996, 776 = JurBüro 1996, 141 f; zur ausnahmsweisen Zulässigkeit einer *nachträglichen* Bewilligung vgl BSG MDR 1988, 610 f). War dem Erblasser ratenfreie Prozeßkostenhilfe bewilligt worden und führen seine Erben den Rechtsstreit nicht fort, so können sie – unabhängig von ihren Vermögensverhältnissen – von der Landeskasse nicht wegen der durch die Prozeßführung des Erblassers verursachten Kosten in Anspruch genommen werden (OLG Düsseldorf NJW – RR 1999, 1086 f).

c) Prozeßverträge
Vereinbarungen über zivilprozessuale Rechtsfolgen (Prozeßverträge) wirken, soweit **339**
sie rechtlich möglich sind, idR auch für und gegen die *Erben* der Vertragspartner (MünchKomm/LEIPOLD Rn 82; SCHIEDERMAIR, Vereinbarungen im Zivilprozeß [1935] 159; SOEHRING, Die Nachfolge in Rechtslagen aus Prozeßverträgen [1968] 18). Das gilt zB für Schiedsverträge (BGHZ 68, 356, 359 = NJW 1977, 1397, 1398; BGH LM ZPO § 1025 Nr 34 = NJW 1979, 2567), beweisrechtliche Vereinbarungen, Vollstreckungsverträge und Prozeßvergleiche (vgl LEIPOLD aaO mwN und Einzelheiten). Eine nach § 38 ZPO wirksame Gerichtsstandsvereinbarung bindet den Erben auch dann, wenn er selbst nicht zu dem prorogationsfähigen Personenkreis gehört (MEYER-LINDEMANN JZ 1982, 592 ff; OLG Köln NJW-RR 1992, 571; SOERGEL/STEIN Rn 106; ZÖLLER/VOLLKOMMER, ZPO § 38 Rn 10; STEIN/JONAS/BORK, ZPO § 38 Rn 7 a; **aM** LG Trier NJW 1982, 286 f = ZIP 1982, 460 ff [m abl Anm ACKMANN]; MünchKomm ZPO/PATZINA § 38 Rn 19); vgl auch Rn 222.

2. Freiwillige Gerichtsbarkeit

Eine allgemeine Regelung wie in §§ 239 ff ZPO existiert für die freiwillige Gerichtsbarkeit **340**
nicht. Ein Grund dafür ist vielleicht die sehr uneinheitliche Struktur der Angelegenheiten, die der freiwilligen Gerichtsbarkeit zugewiesen sind. Zudem können Rechtsgrund und Art der Verfahrensbeteiligung in der freiwilligen Gerichtsbarkeit sehr unterschiedlich sein. Oft spielt der „Antragsteller" in dem materiellrechtlichen Verhältnis gar nicht die Rolle eines mitbeteiligten Subjekts. Dann ist er meist nur „Anreger" des Verfahrens. Da der „Antrag" hier nur die Funktion hat, ein Verfahren, das auch von Amts wegen stattfinden könnte, von außen her in Gang zu bringen, ist der Tod des „Antragstellers" für den Fortgang des Verfahrens ohne Bedeutung. Wo aber die Beteiligten Rechts- oder Pflichtsubjekte des *materiellen* Verhältnisses sind, hängt die Fortsetzung des Hauptsacheverfahrens von der Vererblichkeit des betr Rechtsverhältnisses ab (vgl KGJ 41 A 8, 9/10; BGHZ 66, 297, 299 f). In privatrechtlichen Streitsachen wird man eine **analoge Anwendung des § 239 ZPO** in Betracht ziehen müssen (vgl BREHM, Freiwillige Gerichtsbarkeit [2. Aufl 1993] Rn 368).

Beispiele: Von der Mutter gegen den Vater (oder umgekehrt) beantragtes Verfahren **341**

§ 1922

zur Entziehung des Sorgerechts nach §§ 1666, 1666 a BGB darf zwar beim Tod des Antragsgegners, nicht aber beim Tod der Antragstellerin für erledigt erklärt werden, da das Verfahren ohnehin keinen Antrag voraussetzt (anders jedoch das *Beschwerde*verfahren; vgl KGJ 41 A 8). Verfahren zur Regelung der elterlichen Sorge nach §§ 1671 f BGB, §§ 620 S 1 Nr 1, 621 a Abs 1 ZPO werden mit dem Tod des einen oder des anderen Ehegatten gegenstandslos. Dagegen läuft ein Erbauseinandersetzungsverfahren nach §§ 86 ff FGG beim Tod eines Miterben für und gegen dessen Erben weiter, da diese materiellrechtlich in seinen Erbteil einrücken (s Rn 229). Auch ein Verfahren nach § 1961 zur Bestellung eines Nachlaßpflegers wird durch den Tod des beantragenden Gläubigers nicht beendet, da dessen Gläubigerstellung auf seine Erben übergeht. In Fällen schließlich, in denen gesellschafts- und körperschaftsrechtliche, familienrechtliche oder erbrechtliche Streitverhältnisse der freiwilligen Gerichtsbarkeit anvertraut sind, hat der Tod eines Streitbeteiligten keine Unterbrechungswirkung wie in § 239 ZPO, sondern das Verfahren läuft weiter, zumal nach § 12 FGG die Tatsachenermittlung von Amts wegen zu erfolgen hat. Nur wenn der Tod das materielle Rechtsverhältnis beendet, wie zB in manchen Streitfällen des ehelichen Güterrechts, endet auch das Verfahren (vgl KGJ 41 A 8, 9/10). Sonst geht es weiter; zweckmäßigerweise kann es bis zur Feststellung der Erbeslegitimation *ausgesetzt* werden. Ein Verfahren nach §§ 90, 91 BRAO, in dem ein Beschluß der Rechtsanwaltskammerversammlung für nichtig erklärt werden soll, wird durch den Tod des antragstellenden Kammermitglieds in der Hauptsache erledigt (BGHZ 66, 297, 299 f – auch zur Kostenentscheidung). Vgl zu all diesen Fragen auch OLG Frankfurt aM FamRZ 1981, 474 ff; OLG Nürnberg NJW-RR 1996, 395 (jeweils in Verfahren über Versorgungsausgleich); BGH FamRZ 1995, 672 f (Tod des Hofeigentümers nach Eingang seiner negativen Hoferklärung beim Landwirtschaftsgericht); BREHM, Freiwillige Gerichtsbarkeit[2] (1993) Rn 368, 369; HABSCHEID, Freiwillige Gerichtsbarkeit[7] (1983) § 22 III 1; KAYSER, in: KEIDEL/KUNTZE/WINKLER[14], (1999) FGG § 12 Rn 79 ff.

3. Verwaltungsverfahren, Verwaltungsgerichtsprozeß

342 Im Verwaltungsgerichtsprozeß **gelten die §§ 239 ff ZPO entsprechend** (vgl BAUMBACH/ HARTMANN, ZPO § 239 Rn 23, § 246 Rn 7; KOPP/SCHENKE, VwGO [11. Aufl 1998] § 61 Rn 16 mwN sowie speziell zum Tod des *Beigeladenen* SOJKA MDR 1982, 13 f). Bei *höchstpersönlichen* Rechten oder Pflichten hat der Tod des Berechtigten bzw Verpflichteten auch hier (vgl im übrigen schon oben Rn 330) die Erledigung der Hauptsache zur Folge (KOPP aaO; OVG Münster NVwZ 1994, 696, 697 [vgl zu diesem Urteil auch Rn 238]; zur Zulässigkeit von Fortsetzungsfeststellungsklagen in solchen Fällen SOJKA MDR 1982, 13 ff ad 2 und 4). Entsprechendes gilt für das *außergerichtliche* Verwaltungsverfahren (vgl MünchKomm/LEIPOLD Einl 94 zu Bd 9 und KOPP, VwVfG [6. Aufl 1996] § 11 Rn 22, § 14 Rn 16 sowie speziell für das Widerspruchsverfahren OVG Bremen NVwZ 1985, 917 f). In ein Umlegungsverfahren (§§ 45 ff BauGB) tritt der Rechtsnachfolger eines Beteiligten – also auch der Erbe – gem § 49 BauGB ein. Einschränkungen bei der analogen Anwendung des § 239 ZPO macht FG Saarland EFG 1986, 193 f (will Abs 2 und 4 nicht anwenden). Ein gegen den Erblasser zu dessen Lebzeiten gem § 29 S 2 BSHG erlassener Leistungsbescheid entfaltet Rechtswirkungen auch gegenüber dem Erben und kann deshalb von diesem mit der Anfechtungsklage angegriffen werden (OVG Münster NJW 1989, 2834). Eine Enteignung auf besatzungsrechtlicher oder besatzungshoheitlicher Grundlage iSd § 1 Abs 8 lit a VermG kann uU auch dann anzunehmen sein, wenn sich die Maßnahme gegen einen bereits Verstorbenen richtete (BVerwGE 96, 253 ff = ZIP 1994, 1480 ff).

4. Strafprozeß*

War gegen den Erblasser ein Strafverfahren anhängig, so muß dieses wegen der höchstpersönlichen Natur der Strafe (hinsichtl auferlegter *Geld*strafen und Verfahrenskosten vgl STAUDINGER/MAROTZKE [1996] § 1967 Rn 18) **mit dem Erbfall jedenfalls insoweit ein Ende finden, als es die Verhängung einer Strafe zum Gegenstand hat.** Umstritten ist jedoch, ob das Strafverfahren mit dem Tod des Beschuldigten oder Angeklagten *automatisch* endet (so die ältere Rspr) oder ob es noch eines förmlichen Einstellungsbeschlusses bzw -urteils bedarf (so jetzt BGH NJW 1999, 3644 ff), ob noch eine *Kosten- und Auslagenentscheidung* möglich ist (bejahend BGH NJW 1999, 3644, 3646) und nach welcher Vorschrift sich diese ggf richtet, und schließlich, ob der vom Erblasser (Beschuldigten bzw Angeklagten) beauftragte Strafverteidiger noch in der Lage ist, aufgrund der ihm erteilten *Prozeßvollmacht* die Überbürdung der Auslagen des Verstorbenen auf die Staatskasse zu beantragen sowie gegen eine abschlägige Entscheidung des Gerichts Beschwerde einzulegen (vgl zu all diesen Fragen die – nunmehr aber durch BGH NJW 1999, 3644 ff weitgehend überholten – Entscheidungen BGH NStZ 1983, 179 m Anm SCHÄTZLER und BGHSt 34, 184 ff = JR 1987, 346 ff m Anm BLOY = NStZ 1987, 336 ff [der Tod des Angeklagten beende das Verfahren ohne weiteres von selbst; keine förmliche Einstellung des Verfahrens; ebensowenig ein Recht der Angehörigen, das Verfahren zwecks Rehabilitierung des vor Rechtskraft seiner Verurteilung gestorbenen Angeklagten fortzusetzen; Unzulässigkeit der Überbürdung der notwendigen Auslagen des Angeklagten auf die Staatskasse; kritisch dazu KÜHL NStZ 1987, 338 ff; LAUBENTHAL/MITSCH NStZ 1988, 108 ff; PFLÜGER NJW 1988, 675 ff; ders, GA 1992, 20 ff]; BFH NJW 1990, 2492, 2494 [steuerrechtliche Behandlung angefallener Strafverteidigungskosten]; OLG Schleswig NJW 1978, 1016 [Rücknahme einer in Unkenntnis des Todes des Angeklagten ergangenen Sachentscheidung]; OLG Düsseldorf MDR 1993, 162 l Sp = NJW 1993, 546 [der Tod des Angeklagten beende auch die Vollmacht des Strafverteidigers]; OLG Düsseldorf MDR 1993, 162 r Sp [die Vollmacht des Verteidigers wirke „zumindest dann" über den Tod des Angeklagten hinaus, wenn in eine noch zu dessen Lebzeiten entstandene verfahrensrechtliche Position nachträglich eingegriffen werde]). Beteiligungsrechte von Angehörigen eines während des Strafverfahrens verstorbenen Mitbeschuldigten erörtert SCHLÜCHTER in JZ 1990, 585 ff. Das *Zeugnisverweigerungsrecht*, das dem Angehörigen eines Beschuldigten im Verfahren gegen den Mitbeschuldigten zusteht, erlischt mit dem Tod des angehörigen Mitbeschuldigten (so BGH NJW 1992, 1118 f [dazu HASSEMER JuS 1992, 706 f] gegen die bisherige Rspr).

Maßnahmen der **Vermögensbeschlagnahme**, die zur Sicherung der Strafverfolgung gegen den Beschuldigten erfolgt sind (zB im Verfahren gegen Abwesende nach § 290 StPO oder im Verfahren nach § 443 StPO), sind beim Tod des Beschuldigten aufzuheben (vgl §§ 293, 443 Abs 3 StPO); das beschlagnahmte Vermögen ist dem *Erben* herauszugeben.

---

* **Schrifttum:** LAUBENTHAL, Wiederaufnahme des Verfahrens zugunsten eines vor Rechtskraft des verkündeten Urteils verstorbenen Angeklagten? GA 1989, 20; LAUBENTHAL/MITSCH, Rechtsfolgen nach dem Tod des Angeklagten im Strafverfahren, NStZ 1988, 108; PFLÜGER, Der Tod des Beschuldigten im Strafverfahren (Diss Tübingen 1987); ders, Der Abschluß des Strafverfahrens beim Tod des Angeklagten, NJW 1988, 675; ders, Entschädigung für Strafverfolgungsmaßnahmen zugunsten des verstorbenen Angeklagten, GA 1992, 20; SCHLÜCHTER, Beteiligung der Angehörigen eines verstorbenen Mitbeschuldigten im Strafverfahren, JZ 1990, 585.

345 Anders verhält es sich mit Vermögensgegenständen des Straftäters, die dem **Verfall** oder der **Einziehung** unterliegen (§§ 73 ff StGB, §§ 430 ff, 442 StPO): Wird ein Gegenstand eingezogen oder sein Verfall angeordnet, so geht das Eigentum an der Sache oder das eingezogene bzw verfallene Recht gem §§ 73 e Abs 1 S 1, 74 e Abs 1 StGB „mit der Rechtskraft der Entscheidung auf den Staat über"; hieran ändert der spätere Tod des Täters nichts (LÖWE/ROSENBERG/WENDISCH [24. Aufl 1989] StPO § 459 g Rn 14 [zur Anordnung der „Unbrauchbarmachung" einer Sache aaO Rn 15]; vgl aber auch LÖWE/ROSENBERG/GÖSSEL [24. Aufl 1989] §§ 433 Rn 29 ff, 440 Rn 7 für den Fall, daß der Täter oder ein anderer Einziehungs- oder Verfallbeteiligter *vor* Eintritt der Rechtskraft stirbt). Entsprechendes galt für die in nationalsozialistischer Zeit praktizierte **Vermögenseinziehung** (hierzu STAUDINGER/BOEHMER[11] Rn 17, 227). Ein anderes Thema ist die Vererblichkeit von **Geldstrafen**, Geldbußen und strafprozessualen Kostentragungspflichten (vgl STAUDINGER/MAROTZKE [1996] § 1967 Rn 18).

346 **Die Wiederaufnahme eines** rechtskräftig abgeschlossenen **Strafverfahrens** ist zugunsten des Verurteilten uU (§ 359 StPO) auch noch nach seinem Tod möglich (vgl §§ 361, 371 Abs 1 StPO). Antragsberechtigt sind nicht die Erben als solche, sondern gem § 361 Abs 2 StPO der Ehegatte, die Verwandten auf- und absteigender Linie sowie die Geschwister des Verstorbenen. Umstritten ist, ob eine Wiederaufnahme des Verfahrens auch dann zulässig sein kann, wenn der Verurteilte *vor* Eintritt der Rechtskraft gestorben ist (dazu LAUBENTHAL GA 1989, 20 ff).

Das bis zum 31. 12. 1999 ausübbare Recht der in § 7 Abs 1 Nr 2 StRehaG bezeichneten Angehörigen einer von einem Strafgericht der ehemaligen **DDR** verurteilten Person, nach § 1 StRehaG deren **Rehabilitierung** zu beantragen, begründet keinen eigenen Anspruch auf Zuerkennung sozialer Ausgleichsleistungen (vgl LG Berlin NJ 1992, 127 f und – in derselben Sache – KG JR 1993, 81 f). Die Vererblichkeit solcher Ansprüche ist noch ungeklärt (gegen Vererblichkeit das LG Berlin aaO; offen gelassen wurde die Frage vom KG aaO unter 2.; weitere Hinweise zur Stellung des Erben im StRehaG bei BRUNS/SCHRÖDER/TAPPERT, StRehaG [1993] § 6 Rn 12 ff, § 7 Rn 12, 22, § 11 Rn 25, § 17 Rn 29 ff, 37 und Rn 19 f vor § 16).

347 **Der Tod eines Privatklägers** hat gem § 393 Abs 1 StPO die Einstellung des Verfahrens zur Folge; jedoch kann die Privatklage gem § 393 Abs 2 StPO nach dem Tod des Klägers von den nach § 374 Abs 2 StPO zur Erhebung der Privatklage Berechtigten (nicht von den Erben als solchen) fortgesetzt werden. Vgl erg §§ 374 Abs 3, 394 StPO.

348 **Der Tod eines Nebenklägers** hat gem § 402 StPO die Unwirksamkeit seines nach §§ 395, 396 StPO erklärten Anschlusses an die öffentliche Klage zur Folge (dazu OLG Nürnberg NJW 1978, 1017; OLG Düsseldorf GA 1985, 570 f; GERAUER NJW 1986, 3126 f). Stirbt das Opfer einer Körperverletzung, so geht seine Nebenklagebefugnis weder auf seine Erben noch auf seine in § 77 Abs 2 StGB bezeichneten Angehörigen über (BGHSt 44, 97 = NJW 1998, 3069).

349 Unvererblich ist das Recht des durch eine Straftat Verletzten, nach §§ 77 ff StGB **Strafantrag** zu stellen; das gilt auch bei Vermögensdelikten (OLG Hamm NJW 1977, 64 mwN). Stirbt der Verletzte, so geht sein Antragsrecht „in den Fällen, die das Gesetz bestimmt", auf den Ehegatten und die Kinder, hilfsweise evtl auf andere Angehörige über (§ 77 Abs 2 StGB; vgl auch § 77 d Abs 2 StGB). Dieser Übergang findet nicht

1. Abschnitt. Erbfolge

statt, wenn die Strafverfolgung dem erklärten Willen des Verletzten widerspricht (§ 77 Abs 2 S 4 StGB). Ein Übergang auf den *Erben* ist für einige wenige Ausnahmefälle nur in § 205 Abs 2 S 2 und 3 StGB vorgesehen.

Ebenfalls unvererblich ist das Recht des durch eine Straftat Verletzten, nach § 172 StPO das **Klageerzwingungsverfahren** zu betreiben (OLG Düsseldorf NJW 1992, 2370 f); das gilt auch bei Vermögensdelikten (letzteres str; wie hier OLG Karlsruhe Justiz 1985, 361; OLG Stuttgart NJW 1986, 3153; OLG Düsseldorf wistra 1994, 155; LÖWE/ROSENBERG/MEYER-GOSSNER, StPO § 172 Rn 50 mit Fn 4). 350

G. Nachfolge von Todes wegen im öffentlichen Recht*

I. Anwendbarkeit der §§ 1922, 1967 BGB auch im öffentlichen Recht?

Entsprechend ihrer systematischen Stellung im *Bürgerlichen* Gesetzbuch gelten die Bestimmungen des fünften Buches „Erbrecht" in erster Linie für die Vererbung *privat*rechtlicher Positionen. Jedoch gelten sie keineswegs *nur* für diese (so aber PEINE DVBl 1980, 941, 946). Vielmehr können auch *öffentlich*-rechtliche Positionen nach §§ 1922, 1967 vererbt werden, wenn sie sich als aktive oder passive (§ 1967) Bestand- 351

---

* **Schrifttum**: APP, Die Dürftigkeitseinrede des Erben bei Steuerschulden, DSTR 1985, 31; ders, Beschränkung der Geschäftsführerhaftung nach dem Tod des Geschäftsführers, DStR 1987, 152; BETTERMANN, Anm zu BSG DVBl 1961, 919, 921; BEYER, Rechtsnachfolge bei Wahlgräbern, NJW 1958, 1813; BRUNN, Zur Vererblichkeit der Entschädigungsansprüche, NJW 1957, 297; BÜLTMANN, Rechtsnachfolge in sozialrechtliche Ansprüche (1971); COMPTER, Nochmals zur Frage der freien Vererblichkeit von Beitragserstattungen in den gesetzlichen Rentenversicherungen, BB 1964, 930; DÖRR, Rückforderung nach Rentenüberzahlung „von Todes wegen", NZS 1993, 150; ERICHSEN, Allgemeines Verwaltungsrecht (11. Aufl 1998) § 11 III 6 Rn 48 ff, § 29 III 2 Rn 30; FINGER, Zur Vererblichkeit der in § 157 BBG genannten Ansprüche, ZBR 1969, 40; FORSTHOFF, Lehrbuch des Verwaltungsrechts I (10. Aufl 1973) § 10, 4; FUCHS, Zivilrecht und Sozialrecht (1992) 319 ff, 324 ff; GEILERT, Erbfolge in Einkommensteuervergünstigungen? (Diss Münster 1966); GILOY, Steuerrechtliche Fragen beim Tod des Arbeitnehmers, BB 1979, 624; GITTER, Bundessozialgericht und Zivilrecht, NJW 1979, 1024, 1030; HÄNLEIN, Wohngeld für den Erben? Zur Rückforderung nach dem Tode weitergezahlter Sozialleistungen (BVerwGE 84, 274), JUS 1992, 559; HANISCH, Die Rückforderung zu Unrecht erbrachter Leistungen im Bereich des § 51 Abs 1 SGG [Diss Würzburg 1973] 418 ff; HAUEISEN, Die Einbeziehung Dritter in öffentlich-rechtliche Unterordnungsverhältnisse, DVBl 1962, 547; HEITMANN, Die Rechtsnachfolge in verwaltungsrechtlichen Berechtigungen und Verpflichtungen einer Zivilperson von Todes wegen (Diss Münster 1970); HURST, Probleme der Zustandshaftung nach dem Polizei- und Ordnungsrecht im Falle der Rechtsnachfolge, DVBl 1963, 804; HÜTTENHAIN, Sachbezogene Regelungen und Rechtsnachfolge im Verwaltungsrecht (Diss Bonn 1973); IHMELS, Sind vor dem Tode des Hilfsempfängers entstandene und nicht erfüllte Sozialhilfeansprüche vererblich?, DVBl 1979, 579; ders, Anm zu BVerwG DVBl 1980, 370 ff (zum gleichen Thema); W JELLINEK, Verwaltungsrecht (3. Aufl 1931, Neudruck 1948) § 9 II 2, IV 6; JORDAN, Wiedergutmachung und Erbrecht, JZ 1951, 166; KNÖPFLE, Die Nachfolge in verwaltungsrechtliche Rechts- und Pflichtenstellungen, in: FS Maunz (1971) 225; KRÖN, Zum Problem des Todes des Sonderrechtsnachfolgers vor Erfüllung des Anspruchs – zugleich ein Beitrag zur Frage der Beendigung des Sozialleistungscharakters von Ansprüchen, NZS 1995,

teile des „Vermögens" (§ 1922 Abs 1) begreifen lassen (was aber keine *zwingende* Voraussetzung ist [s Rn 113, 115 sowie speziell für öffentlich-rechtliche Positionen Otto 61 f]) und ihre Vererbung nicht aus besonderen Gründen ausgeschlossen ist. Mit diesem Vorbehalt läßt sich durchaus die Ansicht vertreten, daß die §§ 1922, 1967 auf die

124; Märker, Restituierte Erbfälle bei Rückübertragung von enteigneten Vermögen?, VIZ 1992, 174; Martens, Zur Rechtsnachfolge in sozialversicherungs- und versorgungsrechtliche Ansprüche, Wege zur Sozialversicherung 1968, 170; vMaydell, Die Regelung der Rechtsnachfolge im Allgemeinen Teil des Sozialgesetzbuches, BlStSozArbR 1975, 371; vMutius, Zur Pflichtnachfolge „kraft Dinglichkeit", VerwArch 63 (1972) 87; ders, Verwaltungsvollstreckung gegen den Rechtsnachfolger?, VerwArch 71 (1980) 93; Oldiges, Rechtsnachfolge im Polizei- und Ordnungsrecht, JA 1978, 541; Ortloff, Baurechtliche Abrißverfügung und Rechtsnachfolge, JuS 1981, 574; Ossenbühl, Die Rechtsnachfolge des Erben in die Polizei- und Ordnungspflicht, NJW 1968, 1992; ders, Zur Haftung des Gesamtrechtsnachfolgers für Altlasten (1995); Otto, Die Nachfolge in öffentlich-rechtliche Positionen des Bürgers (1971); Pahlke, Die Rechtsstellung der Erbeserben nach BEG, RzW 1958, 123; Peine, Rechtsnachfolge in öffentlich-rechtliche Rechte und Pflichten, DVBl 1980, 941; Rathmann, Sonderrechtsnachfolge und Vererbung im Recht der sozialen Entschädigung, ZfS 1979, 138; Rauch, Grundsätzliche Rechtsfragen zur Nachfolge von Todes wegen in die Apothekengesellschaft, in: FS Küchenhoff I (1972) 301; Reichel, Zur Sonderrechtsnachfolge von Todes wegen in den §§ 56 ff SGB I [Diss Bayreuth 1987]; Riedl, Die Rechts- und Pflichtennachfolge im Verwaltungsrecht: Grundlagen und Zulässigkeit der Rechts- und Pflichtennachfolge auf seiten des Privatrechtssubjekts (1998); Rimann, Zur Rechtsnachfolge im öffentlichen Recht, DVBl 1962, 553; Rumpf, Die Rechtsnachfolge im öffentlichen Recht, dargestellt am Beispiel des Baurechts, des Polizeirechts und des Organisationsrechts, VerwArch 78 (1987) 269; Tegtmeyer, Erbfolge und Sonderrechtsnachfolge im Sozialversicherungsrecht (Diss Göttingen 1974); Schenke, Rechtsnachfolge in polizeiliche Pflichten?, GewArch 1976; Schlabach/Simon, Die Rechtsnachfolge beim Verhaltensstörer, NVwZ 1992, 143, 145; Schmeling, Die Sondererbrechtsvorschriften der §§ 56–59 des Sozialgesetzbuches (SGB), MDR 1976, 807; Schnorr vCarolsfeld, Zur Rechtsnachfolge in Rentenberechtigungen der Sozialversicherung, in: FS Rudolf Schmidt (1966) 279; Schoch, Rechtsnachfolge in die bauordnungsrechtliche Beseitigungsverfügung, BauR 1983, 532; Schreiber, Das Verpachtungsrecht der Apotheker-Erben, MittBayNot 1983, 107; Schulze/Osterloh (Hrsg), Rechtsnachfolge im Steuerrecht, DStJG 10 (1987), darin Beiträge von Kruse (Die Ansprüche aus dem Steuerschuldverhältnis bei Gesamt- und Einzelrechtsnachfolge), Meincke (Die Auswirkungen der Rechtsnachfolge auf das Steuerrechtsverhältnis), Ruppe (Einkommensteuerrechtliche Positionen bei Rechtsnachfolge), Heinicke (Der Rechtsnachfolger im Sinn des § 24 EStG), Groh (Die steuerlichen Folgen der Erbauseinandersetzung) und Schulze/Osterloh (Resümee); Schulz/Schaeffer, Witwenprivileg und Stellvertretungserlaubnis nach § 46 GewO, MDR 1961, 379; Schüssler, Freie Vererblichkeit der Beitragserstattungen aus der gesetzlichen Rentenversicherung, BB 1963, 982 (dazu Compter aaO); Sieg, Die Vererblichkeit von sozialversicherungsrechtlichen Ansprüchen, in: FS Hirsch (1968) 187; G und M Siegmann, Einkommensteuerschuld und Erbenhaftung, StVj 1993, 337; Speich, Der Rechtsnachfolger im Besteuerungsverfahren, NWB 1979 II, 3461; Stadie, Rechtsnachfolge im Verwaltungsrecht, DVBl 1990, 501; Stober, Anm zu VGH Kassel NJW 1976, 1910 in: NJW 1977, 123; Stöcker, Die einkommensteuerliche Behandlung der Unternehmensvererbung – Eingriff in die Erbrechtsgarantie, WM 1981, 570; Strnad, Zur Vererbung des Verlustabzuges – § 10 d EStG 1997 (1998); Trzaskalik, Personalgebundene Einkommensteuerpflicht und Gesamtrechtsnachfolge, StuW 1979, 97; Wallerath, Die Rechtsnachfolge im Verwaltungs- und Verwaltungsprozeßrecht (zu

1. Abschnitt. Erbfolge

§ 1922

352

Vererbung öffentlich-rechtlicher Positionen nicht nur analog, sondern **unmittelbar** anwendbar sind (überzeugend STADIE DVBl 1990, 501 ff; ebenfalls für unmittelbare Anwendung STAUDINGER/OTTE Einl 2 zu §§ 1922 ff und wohl auch PrOVGE 53, 108, 110 [für § 1967]; BVerwGE 15, 234, 238 = NJW 1963, 1075, 1076 [auch für § 1922 und §§ 1975 ff, 1990]; BSGE 15, 157, 158 [zu § 1922]; BSG NJW 1967, 126, 127 [für Vererbung „nach den Vorschriften des bürgerlichen Rechts"]; OVG Bremen NVwZ 1985, 917; HAUEISEN DVBl 1962, 547, 548 [gegen seine Begründung WILLEMER 6 f]; HURST DVBl 1963, 804, 806; vielleicht auch STAUDINGER/BOEHMER[11] § 1922 Rn 207 ff [trotz dortiger Einl § 1 Rn 3]; s ferner STAUDINGER/MAROTZKE [1996] § 1967 Rn 14 ff). Nach hM soll freilich nur eine **analoge** Anwendung in Betracht kommen (BETTERMANN DVBl 1961, 921; ERICHSEN[11] § 11 Rn 51, § 29 Rn 30; HANISCH 430 ff; HEITMANN 48 ff, 51 ff, 62 ff, 176 f; OTTO 60 ff; TEGTMEYER 79 ff; WILLEMER 6 ff; WOLFF/BACHOF/STÖBER[10] § 42 Rn 60, § 43 Rn 85 f; BSGE 24, 190, 193; BVerwGE 21, 302, 303; 64, 105, 108 f mwN; BVerwG NJW 1987, 3212 l Sp; OVG Münster NJW 1989, 2834; VGH Kassel NVwZ-RR 1989, 517; MünchKomm/LEIPOLD Einl 92 f zu Bd 9) mit der Folge, daß die in §§ 1922, 1967 zum Ausdruck gebrachten Rechtssätze im Rahmen dieser Analogie zu solchen des *öffentlichen* Rechts (BETTERMANN DVBl 1961, 921; HANISCH 442 f; HEITMANN 56 ff; TEGTMEYER 82 ff; BVerwGE 64, 105, 108; vgl auch BSGE 24, 190, 193), im Falle der Anwendung auf *landes*rechtlich begründete Positionen sogar zu solchen des öffentlichen *Landes*rechts würden (vgl HEITMANN 59 Fn 30, nach dessen Ansicht eine „direkte" Anwendung des *bundes*rechtlichen § 1922 auf *landes*rechtlich begründete Positionen verfassungswidrig wäre). Dieser „Metamorphose" bedarf es jedoch zumindest in bezug auf diejenigen öffentlich-rechtlichen Positionen nicht, die der Gesetzgebungskompetenz des *Bundes* unterliegen: Auch wenn sich die Vererbung solcher Positionen unmittelbar nach §§ 1922, 1967 und folglich nach *Privat*recht vollzöge, hätte das nicht die von einigen Vertretern der „Analogielösung" befürchtete (vgl BETTERMANN 922 f; HEITMANN 58 ff; TEGTMEYER 83 f; BSGE 24, 190, 193) Konsequenz, daß der privatrechtliche Charakter der §§ 1922, 1967 auf die zu vererbende Rechtsposition „abfärben" könnte und sie in der Hand des Erben zu einer *privat*rechtlichen werden ließe. Richtig ist vielmehr, daß selbst eine *un*mittelbare Anwendung *privat*rechtlicher Sukzessionsvorschriften auf öffentlich-rechtliche Positionen deren Zugehörigkeit zum *öffentlichen* Recht ebensowenig beenden würde wie umgekehrt eine kraft *öffentlichen* Rechts (zB gem § 90 BSHG) erfolgte Überleitung *privat*rechtlicher Positionen deren Zugehörigkeit zum *Privat*recht aufheben könnte (was mitunter selbst von Befürwortern einer *un*mittelbaren Anwendung der §§ 1922, 1967 verkannt wird: zB von BSGE 15, 14, 16/17 = DVBl 1961, 919, 920 [m Anm BETTERMANN]; BSG MDR 1967, 436 f [dazu HEITMANN 58 f]; HAUEISEN DVBl 1962, 547, 551 [ad II 3]; *nicht* aber zB von BVerwGE 15, 234, 238 [bejaht den Übergang einer *öffentlich* -rechtlichen Leistungspflicht nach den Erbrechtsvorschriften „des *bürgerlichen* Rechts"], 237, 239 [bejaht auch für diesen Fall die grundsätzliche Zulässigkeit eines „Leistungsbescheids" gegen den Erben]; BGH NJW 1978, 1385; BGHZ 72, 56, 58 = BGH NJW 1978, 2091 f).

Sollte manchen Vertretern einer *nur analogen* Anwendung der §§ 1922, 1967 daran gelegen sein, die Vererbung als eine dem öffentlichen Recht grundsätzlich wesensfremde Ausnahme hinzustellen (genau das Gegenteil will aber zB OTTO 61 f), so wäre dem zumindest (weitergehend OTTO aaO) für „**vermögensbezogene**" Rechtspositionen zu wi- 352

BayVGH BayVBl 1970, 328) JuS 1971, 460; WEBER, Der Erstattungsanspruch – Die ungerechtfertigte Bereicherung im öffentlichen Recht (1970) 87; WEISSSTEIN, Beschränkt-vererbliche und unvererbliche Entschädigungsan-

sprüche, JR 1954, 96; WILLEMER, Rechts- und Pflichtennachfolge im Verwaltungsrecht (Diss Hamburg 1972); WOLFF/BACHOF/STOBER, Verwaltungsrecht I (10. Aufl 1994) § 42 Rn 53 ff, § 43 Rn 85 f.

dersprechen: Diese **sind** hier wie auch sonst (s Rn 46, 53, 115) **im Zweifel vererblich** (ebenso wohl BVerwGE 21, 302, 303; VGH Kassel NVwZ-RR 1989, 517 [beide zugleich mit Ausführungen zur Vererblichkeit von Ansprüchen auf Ermessensentscheidung über die Gewährung vermögenswerter Leistungen; s auch Rn 366!]; BVerwGE 30, 123, 124; 64, 105, 108 ff; BVerwG NJW 1987, 3212 l Sp; OVG Bremen NVwZ 1985, 917; BFHE 96, 19, 21 = BStBl II 1969, 520, 521; BFHE 109, 123, 126 = BStBl II 1973, 544, 545; für grundsätzliche *Un*vererblichkeit jedoch OVG Hamburg DVBl 1957, 548 f [dazu unten Rn 374]). Wie sonst (Rn 113, 115) steht die Vererblichkeit aber auch hier unter dem Vorbehalt, daß sich aus dem Gesetz, dem Inhalt oder dem Zweck der in Frage stehenden Rechtsposition nichts anderes ergibt (vgl auch die erwähnten Gerichtsentscheidungen). Daß dieser Vorbehalt bei öffentlich-rechtlichen Positionen zu einer Ergebniskontrolle anhand *öffentlich*-rechtlicher Wertungen führt, gilt unabhängig davon, ob man die unter diesem Vorbehalt stehende Anwendbarkeit der §§ 1922, 1967 für eine unmittelbare oder nur für eine analoge hält. Auch darf der Umstand, daß dieser Vorbehalt bei öffentlich-rechtlichen Positionen *häufiger* eingreifen wird als sonst (aber keineswegs häufiger als zB im Familienrecht! s oben Rn 135 ff), nicht dazu verleiten, die angebliche *Un*vererblichkeit einer bestimmten Position allein mit ihrer etwaigen Zugehörigkeit zum *öffentlichen* Recht zu begründen (zumal sich über diese „Vorfrage" oft trefflich streiten läßt! vgl WOLFF/BACHOF/ STÖBER[10], Verwaltungsrecht I § 22): Vorrang gegenüber dem eher sach*fernen* Kriterium der Zugehörigkeit zu einem bestimmten Rechts*gebiet* haben hier wie auch sonst (vgl zB Rn 135 ff für familienrechtliche Positionen) die oben Rn 113–115 genannten sach*näheren* Kriterien und ihre – zumindest analoge – Anwendung auf die für die Vererbung in Frage stehende konkrete Rechts*position* (vgl auch MünchKomm/LEIPOLD Einl 87 ff zu Bd 9; methodisch fragwürdig dagegen OVG Hamburg DVBl 1957, 548 f betr Vererblichkeit öffentlich-rechtlicher Gebrauchserlaubnisse [s dazu Rn 374]).

II. Sondernachfolgen außerhalb des allgemeinen Erbrechts

353 Wie im Privatrecht (Rn 54 ff, 62) ist auch im öffentlichen Recht zu unterscheiden zwischen der Frage, ob eine bestimmte Rechtsposition einer Rechtsnachfolge von Todes wegen *überhaupt* zugänglich ist, und der weiteren Frage, ob sich diese Rechtsnachfolge gegebenenfalls nach *normalem* Erbrecht, nach *Sonder*erbrecht oder völlig *außerhalb* des Erbrechts vollzieht. Letzteres ist zB der Fall bei bestimmten sozialrechtlichen Geldansprüchen (s Rn 356 ff).

III. Sozialrecht

1. Ansprüche auf Sozialleistungen

354 Zu den „Sozialleistungen" gehören gem §§ 18 ff des am 1. 1. 1976 in Kraft getretenen SGB I vor allem bestimmte Leistungen der Ausbildungsförderung, der Arbeitsförderung, Vorruhestandsleistungen, zusätzliche Leistungen für Schwerbehinderte, Leistungen der gesetzlichen Kranken- und Unfallversicherung, der sozialen Pflegeversicherung, der gesetzlichen Rentenversicherung (einschließlich der Altershilfe für Landwirte), Versorgungsleistungen bei Gesundheitsschäden, Kinder- und Erziehungsgeld, Wohngeld, Leistungen der Kinder- und Jugend- sowie der Sozialhilfe, Leistungen zur Eingliederung Behinderter. **Mit dem Tod des Anspruchsberechtigten befassen sich die §§ 56–59 SGB I** (wörtlich wiedergegeben bei STAUDINGER/DÖRNER [1995] EGBGB Art 25 Rn 68; vgl im übrigen die SGBKommentare wie zB BochKomm/HEINZE; Kasseler

Komm/SEEWALD; SGB-SozVers-GesKomm/SCHROETER; GIESE; BURDENSKI/vMAYDELL/SCHELLHORN; HAUCK/HAINES; PETERS/HOMMEL; WANNAGAT/THIEME). Die genannten Vorschriften stehen unter dem sich aus § 37 SGB I ergebenden **Vorbehalt abweichender Sonderregelungen** (vgl zB für Leistungen nach dem *BSHG* die in Rn 355 erwähnten Entscheidungen des BVerwG und des OVG Münster). Zudem gelten sie nur für den Fall, daß der Berechtigte nach dem 1. 1. 1976 gestorben ist (SGB Art II §§ 19, 23); dies ist bei der Auswertung der älteren Titel des vor Rn 351 angegebenen Schrifttums zu beachten.

Sozialrechtliche Ansprüche auf Dienst- oder Sachleistungen erlöschen mit dem Tod des 355 Berechtigten (§ 59 S 1 SGB I). Für Ansprüche auf **Geldleistungen** gilt dies nur, wenn sie im Zeitpunkt des Todes des Berechtigten weder festgestellt sind noch ein Verwaltungsverfahren über sie anhängig ist (§ 59 S 2 SGB I); andernfalls „überleben" sie ihren Inhaber, soweit sie bei dessen Tod schon fällig (dazu § 41 SGB I und BSGE 55, 250, 253) waren (arg §§ 56 Abs 1, 58 S 1 SGB I; vgl auch die Sonderregelungen in § 102 V SGB VI [Rente bis zum Ende des Sterbemonats; s erg Rn 359] und § 30 Abs 3 WoGG). Zur Übertragbarkeit dieser Regelung auf zZ des Erbfalls zwar schon anhängig gemachte, aber noch nicht zuerkannte **Sozialhilfeansprüche nach dem BSHG** vgl BVerwGE 96, 18 ff = NJW 1994, 2842 ff. Nach diesem Urteil des BVerwG sind Sozialhilfeansprüche nach Maßgabe der §§ 58, 59 SGB I vererblich, wenn der Hilfebedürftige zu Lebzeiten seinen Bedarf mit Hilfe eines im Vertrauen auf die spätere Bewilligung von Sozialhilfe vorleistenden *Dritten* gedeckt hat, weil der Träger der Sozialhilfe nicht rechtzeitig geholfen oder Hilfe abgelehnt hat (zugleich verneint das Gericht hier die Möglichkeit einer *Sonder*rechtsnachfolge nach § 56 Abs 1 S 1 SGB I). Habe dagegen der Hilfesuchende den Bedarf aus *eigenem* Einkommen oder Vermögen gedeckt, zu deren Einsatz er sozialhilferechtlich nicht verpflichtet war, so komme „ein Anspruchsübergang nicht in Betracht" (BVerwG aaO LS 2; Übertragung dieser Grundsätze auf **Kriegsopferfürsorge** in BVerwGE FamRZ 1995, 872 f = BayVBl 1995, 251 f = NVwZ-RR 1995, 676 f). – Bereits *vor* Schaffung des SGB hat BVerfGE 19, 202 ff entschieden, daß es nicht gegen Art 14 Abs 1 GG verstoße, die Vererblichkeit von Ansprüchen aus Rentenversicherungen davon abhängig zu machen, daß der Erblasser diese Ansprüche schon selbst geltend gemacht habe. Setzt der Erbe (Rn 358) oder ein Sonderrechtsnachfolger (Rn 356 f, 331) einen **schwebenden Rechtsstreit** über nachfolgefähige Ansprüche auf Sozialversicherungsleistungen fort, so ist er in diesem Rahmen auch zur Fortsetzung eines etwaigen Streits über für den geltend gemachten Anspruch vorgreifliche *un*vererbliche Rechtsverhältnisse wie zB Beginn und Modalitäten der Mitgliedschaft des Erblassers berechtigt (BSG NJW 1967, 126).

Soweit fällige Geldansprüche sich auf „laufende" Leistungen richten und beim Tod 356 des Berechtigten nicht erlöschen (s Rn 355), gehen sie idR (aber: Rn 358) nicht auf den Erben als solchen, sondern gem § 56 SGB I auf den Ehegatten, hilfsweise auf die Kinder, hilfsweise auf die Eltern, hilfsweise auf den Haushaltsführer über, wenn diese mit dem Berechtigten zZ seines Todes in einem gemeinsamen Haushalt gelebt haben oder von ihm wesentlich unterhalten worden sind. Dabei handelt es sich um eine **Sonderrechtsnachfolge** (so ausdrücklich §§ 57, 58 SGB I), die sich hier sogar *außerhalb* des Erbrechts vollzieht (MünchKomm/LEIPOLD Einl 99 zu Bd 9) und deshalb keinesfalls als „Sonder*erb*folge" bezeichnet werden sollte (so aber SCHMELING MDR 1976, 807 ff; FUCHS, Zivilrecht und Sozialrecht [1992] 334; vgl auch SOERGEL/STEIN Rn 99 [„Sozialrechtserbfolge"]; zur Terminologie s oben Rn 54, 62). Beachtliche **Kritik** an der gesetzlichen Regelung übt FUCHS 335 ff.

357 Soweit Ansprüche auf einen „Sonderrechtsnachfolger" übergegangen sind, trifft *ihn* die Haftung für die nach dem SGB bestehenden **Verbindlichkeiten des Verstorbenen** (zB für eine sich aus § 50 SGB X ergebende Verpflichtung zur Erstattung rechtsgrundlos erlangter Sozialleistungen) gegenüber dem für die Ansprüche zuständigen Leistungsträger; eine Haftung des *Erben* „entfällt" insoweit (§ 57 Abs 2 SGB I; dazu BALZER-WEHR, Bereicherungs- und Erstattungsansprüche gegen Erben [Diss Erlangen-Nürnberg 1998] 239 ff). **Gem § 57 Abs 1 SGB I kann der Sonderrechtsnachfolger auf seinen Erwerb** innerhalb von sechs Wochen nach Kenntniserlangung durch schriftliche Erklärung gegenüber dem Leistungsträger **verzichten** mit der Folge, daß die Ansprüche als auf ihn nicht übergegangen gelten und den Personen zustehen, die ohne ihn nach § 56 SGB I berechtigt wären. Fraglich ist, an wen der Sozialleistungsträger zu leisten hat, wenn der Sonderrechtsnachfolger vor Empfang der ihm zustehenden Leistung stirbt (vgl KRÖN NZS 1995, 124 ff).

358 Soweit fällige Ansprüche auf Geldleistungen den Berechtigten nach § 59 S 2 SGB I „überleben" (dazu Rn 355) und dann trotzdem nicht oder nicht endgültig an einen Sonderrechtsnachfolger gelangen (zB weil sie sich nicht, wie in § 56 Abs 1 SGB I vorausgesetzt, auf *laufende* Geldleistungen richten oder weil alle in Betracht kommenden Sonderrechtsnachfolger nach § 57 Abs 1 SGB I verzichtet haben), **werden sie nach den Vorschriften des BGB vererbt (§ 58 S 1 SGB I)**. Der Fiskus als gesetzlicher (§ 1936) Erbe kann diese Ansprüche jedoch nicht geltend machen (§ 58 S 2 SGB I).

2. Hinterbliebenenversorgung aus der gesetzlichen Sozialversicherung

359 Versorgungsansprüche der Hinterbliebenen, also „Renten wegen Todes" (§ 33 Abs 4 SGB VI) aus der gesetzlichen Rentenversicherung und „Hinterbliebenenrenten" aus der gesetzlichen Unfallversicherung (§§ 63 Abs 1 Nr 3, 65 ff SGB VII), sind keine „ererbten" Ansprüche, sondern stehen den Berechtigten **unabhängig von** ihrer etwaigen **Erbenstellung** zu. Ansprüche auf rückständige Versorgungsbeträge erlöschen beim Tod des berechtigten Hinterbliebenen, wenn sie zu diesem Zeitpunkt weder festgestellt sind noch ein Verwaltungsverfahren über sie anhängig ist (§ 59 S 2 SGB I). Soweit Hinterbliebenenrenten hiernach *nicht* erlöschen, werden sie gleichwohl nur für die Zeit bis zum Ende des Sterbemonats gezahlt (§ 102 Abs 5 SGB VI). Anspruchsberechtigt sind insoweit nicht in erster Linie die *Erben* des Hinterbliebenen, sondern vorrangig die in § 56 SGB I genannten „Sonderrechtsnachfolger" (s Rn 356 ff).

3. Rückerstattung von Sozialversicherungsbeiträgen

360 Das Gesetz unterscheidet zwischen der Erstattung von *rechtmäßig* (§ 210 SGB VI) und der von *zu Unrecht* (§§ 351 SGB III [zuvor § 185 a AFG], 26 SGB IV, 211 SGB VI) entrichteten Beiträgen zur gesetzlichen Sozialversicherung. Im Rahmen der erstgenannten Fallgruppe, die bis zum 31. 12. 1991 in § 1303 RVO und § 82 AVG geregelt war, zählten die damaligen §§ 1235 Nr 4 RVO, 12 Nr 4 AVG auch die Beitrags*erstattung* zu den „Leistungen aus der Versicherung" (vgl auch vMAYDELL in GK-SGB IV § 26 Rn 7). Heute findet sich eine entsprechende Regelung in § 23 Abs 1 Nr 1 d SGB I. Der Erstattungsanspruch unterliegt deshalb (vgl die schon vor Schaffung des SGB ergangene Entscheidung BSGE 24, 126, 127/128) den für „Sozialleistungen" maßgeblichen Vererbungsregeln. Anwendbar ist zB der bei Rn 355 erwähnte § 59 S 2 SGB I (vgl EI-

1. Abschnitt. Erbfolge

§ 1922
361, 362

CHER/HAASE/RAUSCHENBACH, Die Rentenversicherung der Arbeiter und Angestellten [Stand Nov 1992] RVO § 1303 [AVG § 82] Anm 5), nicht aber die *Sonder*rechtsnachfolgeregelung der §§ 56 ff SGB I, da Beitragserstattungen nicht „laufende", sondern „einmalige" Geldleistungen darstellen (vgl MünchKomm/LEIPOLD Einl 100 zu Bd 9; EICHER/HAASE/RAUSCHENBACH RVO § 1303 [AVG § 82] Anm 14 [„einmalige" Leistungen], 15 [bei Todesfällen vor dem 1. 1. 1976 noch Sonderrechtsnachfolge nach § 1288 RVO bzw § 65 AVG]).

Nicht zu den Ansprüchen auf „Sozialleistungen" gehören trotz § 23 Abs 1 Nr 1 d SGB I etwaige Ansprüche auf **Erstattung zu Unrecht entrichteter Sozialversicherungsbeiträge** aus § 26 SGB IV, 211 SGB VI und § 351 SGB III (vgl vMAYDELL, in: GK-SGB IV § 26 Rn 7, 8 und schon vor Schaffung des SGB BSGE 24, 126, 128 [mit einer auf § 26 SGB IV nicht in vollem Umfange übertragbaren Argumentation]). Ihre Vererblichkeit richtet sich deshalb nicht nach § 59 S 2 SGB I, sondern nach allgemeinen Grundsätzen. Da die betr Ansprüche rein vermögensrechtlicher Natur sind und keinem höchstpersönlichen Zweck dienen, sind sie uneingeschränkt vererblich (vgl GRÜNER/DALICHAU, SGB IV 1/3 § 26 Rn 3.4; SCHWERDTFEGER, in: SGB-SozVers-GesKomm I SGB IV § 26 Anm 17 c; HAUCK/HAINES/GLEITZE, SGB IV 1, K § 26 Rn 16 und die schon vor Schaffung des SGB ergangene Entscheidung BSGE 24, 126 ff = NJW 1966, 1045 ff). Zu der Frage, ob die Erben Nachentrichtungsbeiträge des Erblassers, aus denen keine Rentenansprüche entstanden sind, zurückverlangen können, vgl BSG DAngVers 1978, 118 ff m Anm WÜNNEMANN.

361

4. Rückerstattung von Sozialleistungen

Die seit dem 1. 1. 1981 in **§ 50 SGB X** geregelte Verpflichtung zur Erstattung rechtsgrundlos erlangter Sozialleistungen ist, außer vielleicht in den seltenen und möglicherweise allein nach § 812 BGB zu beurteilenden Fällen der versehentlichen Überweisung an eine falsche Person, **öffentlich-rechtlicher Natur** (vgl BSGE 24, 190 ff; 55, 250 ff; VGH Mannheim NJW 1986, 272 f; BGHZ 71, 180, 182 mwN; BGH NVwZ 1988, 92 f; BALZER-WEHR, Bereicherungs- und Erstattungsansprüche gegen Erben [Diss Erlangen-Nürnberg 1998] 197 ff sowie speziell zu der erwähnten möglichen **Ausnahme** die zT recht kontroversen Stellungnahmen in BGHZ 71, 180, 183 ff; 73, 202, 203 f; OLG Frankfurt aM NVwZ 1989, 797; AG Kassel NJW-RR 1992, 585 f [*privat*rechtliche Verbindlichkeit aus § 812 BGB]; OLG Hamm NJW 1986, 2760 [dem BGH unter Berufung auf § 50 Abs 2 SGB X widersprechend]; BSGE 61, 11 ff = NVwZ 1988, 95 f [dem BGH trotz § 50 Abs 2 SGB X zustimmend; ebenso BVerwGE 84, 274, 276 f = JZ 1990, 862 f m krit Anm MAURER und – zugleich dem OLG Hamm widersprechend – OLG Karlsruhe NJW 1988, 1920 f]; BETHGE NJW 1978, 1801 f). Gleichwohl ist sie wegen ihres rein vermögensrechtlichen Charakters **ohne weiteres vererblich** nach § 1967 BGB (s STAUDINGER/MAROTZKE [1996] § 1967 Rn 14 f); uU kommt es allerdings gem § 57 Abs 2 SGB I zu einer **Sonderpflichtnachfolge** außerhalb des Erbrechts (s oben Rn 357). Der Übergang auf den Erben (oder auf einen Sonderrechtsnachfolger gem § 57 Abs 2 SGB I) setzt nicht voraus, daß die betr Erstattungspflicht bereits zZ des Erbfalls durch Leistungsbescheid oder Urteil festgestellt war (s Rn 363). Da die Vererbung an dem öffentlich-rechtlichen Charakter der Erstattungspflicht nichts ändert (Rn 351), fällt die Verpflichtung auch nach dem Übergang auf den Erben in die **Zuständigkeit der Sozialgerichte** (BGHZ 71, 180, 182) **bzw der allgemeinen Verwaltungsgerichte** (vgl BGH NVwZ 1988, 92 f und speziell zur Kompetenzabgrenzung zwischen Sozial- und Verwaltungsgerichtsbarkeit FREISCHMIDT, in: HAUCK/HAINES, Stand 1. 10. 1998, SGB X/1, 2 K § 50 Rn 23, § 62 Rn 6, 7) und kann die Behörde ihren Anspruch gegenüber dem Erben in gleicher Weise geltend machen, wie ihr das zu Lebzeiten des Erblassers *diesem* gegenüber möglich gewesen wäre, also zB durch **Erlaß eines Lei-

362

§ 1922
362

stungsbescheides (BSGE 24, 190, 192 f; BALZER-WEHR aaO 236 ff; zur Geltendmachung des Haftungsbeschränkungsrechts in solchen Fällen vgl BVerwGE 15, 234 ff; BVerwG BayVBl 1977, 740; VGH Mannheim NJW 1986, 272 f). **Dies gilt auch, wenn der Erstattungsanspruch erst im Zeitpunkt des Erbfalls entsteht** (zB in bezug auf Vorauszahlungen, denen durch den späteren Tod des Empfängers ganz oder teilweise der Rechtsgrund entzogen wird*) und *nur aus diesem Grunde* nicht schon gegenüber dem Erblasser verfolgt werden konnte (iE ebenso BETTERMANN DVBl 1961, 921, 922 f [ad 5.]; BIRK SGb 1979, 302 ff; BALZER-WEHR aaO 214 ff; vgl auch BVerwGE 37, 314, 316 ff [Rückforderung beamtenrechtlichen Ruhegehalts, das sich infolge Todes des Empfängers als zuviel gezahlt erwies]; **aM** BSGE 15, 14, 16 f = DVBl 1961, 919, 920 [dazu kritisch BETTERMANN aaO und – die Frage letztlich offen lassend – BSGE 24, 190, 191/192; BGHZ 71, 180, 182]). **Nicht anders sollte man schließlich auch den Fall behandeln, daß der zurückzuzahlende Betrag erst nach dem Tod des Erblassers auf dessen Konto überwiesen wurde**, wenn das Konto zu diesem Zeitpunkt (noch) Bestandteil des „Nachlasses" war (nicht hierher gehört der in BSGE 32, 145 ff entschiedene Fall, in dem das Geld nicht überwiesen, sondern bar ausgezahlt worden war [an eine *erbberechtigte* Person? dazu BSGE 55, 250, 252]; vgl auch LG Karlsruhe NJW-RR 1988, 818 f zur Haftung *der kontoführenden Bank* wegen Weiterbuchung von Rentenzahlungen auf dem nach dem Tode des Rentenberechtigten *auf dessen Ehefrau umgeschriebenen* Girokonto; vgl des weiteren BGHZ 131, 60, 62 ff = NJW 1996, 190 f = ZEV 1996, 62 f [m Anm KRAMPE] und BALZER-WEHR aaO 136 f zu der Frage, welche Umstände die Nachlaßzugehörigkeit des Erblasserkontos beenden). **Hier ist die Verpflichtung zur Rückgewähr des eingegangenen Betrages eine „den Erben als solchen" treffende Nachlaßverbindlichkeit** (s STAUDINGER/MAROTZKE [1996] § 1967 Rn 52 und § 2058 Rn 21; **aM** [Eigenverbindlichkeit des Erben] SOERGEL/STEIN § 1967 Rn 13), **für die der Erbe ebenso wie für „vom Erblasser herrührende" Schulden (§ 1967 Abs 2) nicht als „Dritter"** iS des in einigen Gerichtsentscheidungen (BGHZ 73, 202, 203 f; BSGE 32, 145 ff; 61, 11 ff; OLG Karlsruhe NJW 1988, 1920; OLG Frankfurt aM NVwZ 1989, 797; VGH München NJW 1990, 933, 934) Ausgeführten, **sondern in seiner Eigenschaft als Rechtsnachfolger in den Nachlaß dessen haftet, für den die Überweisung eigentlich bestimmt war****. **Zumindest in diesem Fall** (ohne diese Beschränkung BSGE 55, 250, 252 f; OLG Hamm NJW 1986, 2769 [jeweils mit zweifelhafter – s BSGE 61, 11 ff – Berufung auf § 50 Abs 2 SGB X]; BETHGE NJW 1978, 1801 f; BIRK SGb 1979, 302, 304; SCHNORR V CAROLSFELD, in: FS BSG [1979] 765, 775; MünchKomm/LEIPOLD Bd 9 Einl 93 Fn 24) **ist der Erstattungsanspruch des Leistungsträgers öffentlich-rechtlicher Natur** (ebenso die Vorgenannten und MAURER JZ 1990, 863 ff; HÄNLEIN JuS 1992, 559, 562 f; BALZER-WEHR aaO 214 ff; **aM** BGHZ 73, 202, 203 f; OLG Karlsruhe NJW 1988, 1920 f; OLG Frankfurt aM NVwZ 1989, 797; BVerwGE 84, 274, 275 ff = JZ 1990, 862 f = NJW 1990, 2482; AG Kassel NJW-RR 1992, 585 f; SOERGEL/STEIN § 1967 Rn 13 sowie die im Schlußsatz von STAUDINGER/MAROTZKE [1996] § 1967 Rn 15 und bei STAUDINGER/MAROTZKE [1996] § 2058 Rn 21 zitierten Entscheidungen des BGH und des LG Krefeld sowie das die Rückforderung einer beamtenrechtlichen Beihilfe [dazu Rn 367 f] betreffende Urteil VGH München NJW 1990, 933 f) **und kann in gleicher Weise durch Lei-**

---

* Hier besteht uU sogar eine Rücküberweisungspflicht des Geldinstituts nach § 118 Abs 3 SGB VI bzw § 620 Abs 4 RVO! Vgl LSG Stuttgart WM 1995, 1876, 1878 f; DÖRR NZS 1993, 150, 151.

** Ob diese Haftung uU nach 57 Abs 2 SGB I (dazu oben Rn 357) statt des Erben einen Sonderrechtsnachfolger treffen kann, ist zweifelhaft, da § 57 Abs 2 SGB I nur von Verbindlichkeiten „des Verstorbenen" spricht und somit enger gefaßt ist als § 1967 Abs 2, der den „vom Erblasser herrührenden" Schulden ausdrücklich die „den Erben als solchen treffenden Verbindlichkeiten" gleichstellt. Für *weite* Auslegung des § 57 Abs 2 SGB I plädiert BALZER-WEHR, Bereicherungs- und Erstattungsansprüche gegen Erben [Diss Erlangen-Nürnberg 1998] 248 ff.

stungsbescheid verfolgt werden wie die Erstattung einer vor dem Erbfall bewirkten Leistung (vgl BSGE 55, 250 ff; HÄNLEIN aaO; BALZER-WEHR aaO 214 ff, 236 ff und schon *vor* Inkrafttreten des § 50 SGB X BIRK SGb 1979, 302, 305; BGH DVBl 1961, 333 m abl Anm HAUEISEN DVBl 1961, 452 [zur Rückforderung von Entschädigungsleistungen nach dem BEG]; für den vergleichbaren Fall der Rückforderung beamtenrechtlicher Dienst- oder Versorgungsbezüge ebenso SCHWEGMANN/ SUMMER, Stand 1. 11. 1998, BBesG Bd I § 12 Rn 14 ad a; nicht aber zB OVG Münster NJW 1985, 2438; VGH Mannheim NVwZ 1989, 892 ff; WEIDES JuS 1992, 52, 56 ff; SOERGEL/STEIN § 1967 Rn 13). Zu der Frage, ob sich der Erbe durch die Entgegennahme von Rentenüberzahlungen **strafbar** macht, vgl MÖHLENBRUCH NJW 1988, 1894 f.

Der Anspruch auf Erstattung von aufgrund **Verwaltungsakts** erbrachten Leistungen entsteht grundsätzlich erst mit der **Rücknahme** des den Rechtsgrund dieser Leistungen darstellenden Verwaltungsaktes (vgl BVerwGE 78, 165, 169, 171 und § 50 Abs 1 S 1, Abs 3 S 2 SGB X; **aber** auch den Schlußsatz dieser Rn). Ist die Rücknahme zZ des Erbfalls noch nicht erfolgt, so kann sie nunmehr gegenüber dem Erben (im Falle des § 57 Abs 2 SGB I [dazu Rn 357] gegenüber dem an dessen Stelle haftbaren Sonderrechtsnachfolger) geschehen. Sind *mehrere* Erben vorhanden, haften sie für die Rückerstattung als Gesamtschuldner (§ 2058), so daß die Behörde gem § 421 S 1 berechtigt ist, einen beliebigen einzelnen Miterben auf Erfüllung des *gesamten* Erstattungsanspruchs in Anspruch zu nehmen. Jedoch soll nach Ansicht des VGH München (NJW 1985, 2439; vgl auch BVerwG NJW 1988, 1927 betr Rückforderung beamtenrechtlicher Versorgungsbezüge) die *Entstehung* solch eines Erstattungsanspruchs in Fällen, in denen der den Rechtsgrund der zurückverlangten (Sozialhilfe-)Leistungen bildende Verwaltungsakt noch in Kraft ist, voraussetzen, daß dieser Verwaltungsakt gegenüber *allen* Miterben zurückgenommen wird (mE zweifelhaft; s zum Vergleich VGH Mannheim NJW 1986, 272 f [mit insoweit nicht ganz eindeutiger Sachverhaltsschilderung] und STAUDINGER/WERNER [1996] § 2040 Rn 24 aE [Kündigung einer Grundschuld]). Nach Ansicht des BVerwG sind **Wohngeldzahlungen**, die nach dem Tod des Berechtigten über den im WoGG für diesen Fall vorgesehenen Zeitraum hinaus erbracht werden, vom Bewilligungsbescheid nicht gedeckt; einer Aufhebung des Bewilligungsbescheids soll es insoweit nicht bedürfen (BVerwGE 84, 274, 277 f = NJW 1990, 2482 = JZ 1990, 862, 863 m Anm MAURER und Aufsatz HÄNLEIN JuS 1992, 559 ff; ebenso **auch für andere Sozialleistungen** DÖRR NZS 1993, 150, 152; BALZER-WEHR 186, 197 f).

5. Ersatzpflichten des Erben

Gem § 92 c Abs 1 S 1 des BSHG idF vom 23. 3. 1994 (BGBl I 646) ist der Erbe des Sozialhilfeempfängers oder seines Ehegatten, falls dieser vor dem Hilfeempfänger stirbt, zum Ersatz der Kosten der Sozialhilfe mit Ausnahme etwaiger vor dem 1. 1. 1987 entstandener Kosten der Tuberkulosehilfe verpflichtet (vgl aber die sich aus §§ 92 Abs 2, 92 c Abs 1 S 2–4 BSHG ergebenden Beschränkungen und Ausnahmen sowie BVerwGE 78, 165 ff, wonach der die Ersatzpflicht des Erben begründende § 92 c Abs 1 S 1 BSHG voraussetzt, daß die Hilfegewährung **rechtmäßig** war). Diese Verpflichtung trifft den Erben unabhängig von der Existenz einer schon gegenüber dem *Erblasser* begründet gewesenen Ersatz- oder Rückerstattungspflicht (zu *deren* Vererblichkeit vgl den folgenden Text und oben Rn 362 f). Als eine „den Erben als solchen" treffende Verbindlichkeit gehört sie aber zu den Nachlaßverbindlichkeiten (vgl § 1967 Abs 2 und dort Rn 31). Das wird in § 92 c Abs 2 BSHG ausdrücklich bestätigt und zugleich dahin abgewandelt, daß der Erbe *von vornherein* nur „mit dem Wert des im Zeitpunkt des Erbfalles vorhandenen Nachlasses" haftet (nicht einmal einen „haftungserweiternden Rückgriff auf § 1978

§ 1922
365, 366
5. Buch

BGB" will hier zulassen BVerwG NJW 1993, 1089 f = FamRZ 1993, 186 [ergangen aufgrund einer etwas anders formulierten früheren Fassung des § 92 c Abs 2 S 2 BSHG]). Nach § 92 c Abs 3 BSHG soll der Anspruch in bestimmten Fällen (geringer Nachlaß, besondere Härte) nicht geltend gemacht werden. Der Anspruch erlischt in 3 Jahren nach dem Tod des Hilfeempfängers oder seines Ehegatten (§ 92 c Abs 4 BSHG). Entsprechende Beschränkungen gelten für die gem § 92 a Abs 2 BSHG auf den Erben übergehende Kostenersatzpflicht dessen, der nach Vollendung des 18. Lebensjahres die Voraussetzungen für die Gewährung der Sozialhilfe an sich selbst oder an seine unterhaltsberechtigten Angehörigen durch vorsätzliches oder grobfahrlässiges Verhalten herbeigeführt hat; auch für diese Ersatzpflicht haftet der Erbe von vornherein nur „mit dem Wert des im Zeitpunkt des Erbfalles vorhandenen Nachlasses", § 92 a Abs 2 S 2 BSHG. Unanwendbar sind die §§ 92 a Abs 2, 92 c Abs 2 BSHG auf die ebenfalls vererbliche (BGH JR 1971, 391 = MDR 1971, 553; BVerwGE 52, 16, 20 ff; 78, 165, 171 f; OVG Münster NJW 1989, 2834; **aM** OVG Münster ZfSozH 1977, 178) Aufwendungsersatzpflicht des Empfängers „erweiterter" Sozialhilfe nach § 29 S 2 BSHG; insoweit richtet sich die Haftungsbeschränkung des Erben ausschließlich nach BGB (BVerwGE 52, 16, 22 ff [auch zur Dürftigkeitseinrede nach § 1990]; 78, 165, 171 f). Ein gegen den Erblasser zu dessen Lebzeiten gem § 29 S 2 BSHG erlassener Leistungsbescheid wirkt auch gegenüber dem Erben und kann deshalb von diesem mit der Anfechtungsklage angegriffen werden (OVG Münster NJW 1989, 2834).

IV. Beamtenrecht

365 Das **Beamtenverhältnis** endet beim Tod des Beamten (vgl § 21 Abs 1 BRRG). Nach § 6 Abs 3 BBG (ähnlich § 39 Abs 1 LBG-BW, Art 38 Abs 1 BayBG, § 63 Abs 1 LBG-Bln, § 34 Abs 1 LBG-Bremen, § 32 Abs 1 LBG-Hbg, § 38 Abs 1 HessBG, § 35 Abs 1 NdsBG, § 30 Abs 1 LBG-NW, § 37 Abs 1 LBG-RhPf, § 43 Abs 1 SaarlBG, § 39 Abs 1 LBG-SchlH, § 92 Abs 1 LBG-Brandenburg, § 33 Abs 1 LBG M-V [Meckl.-Vorp.], § 38 Abs 1 SächsBG, § 27 a Abs 1 BGLSA [SachsAnh], § 5 Abs 2 ThürBG) sind seine „Hinterbliebenen" (s § 18 BeamtVG) und seine „Erben" auf Verlangen des letzten Dienstvorgesetzten des Erblassers verpflichtet, **amtliche Schriftstücke**, Zeichnungen, bildliche Darstellungen sowie **Aufzeichnungen jeder Art** über dienstliche Vorgänge, auch soweit es sich um Wiedergaben handelt, herauszugeben. Zu den Rechtsverhältnissen hinsichtlich des **wissenschaftlichen Nachlasses eines Universitätsprofessors** vgl die aE von Rn 268 Genannten sowie die – vor allem die soeben erwähnten Herausgabeansprüche betreffenden – Ausführungen in BGHZ 112, 243, 251 f (dazu LIPPERT NJW 1993, 769 ff).

366 **Vermögensrechtliche Ansprüche**, die schon zu Lebzeiten des Beamten entstanden waren, sind grundsätzlich vererblich (vgl Rn 352). Das gilt zB für Ansprüche auf **rückständige Dienst- und Versorgungsbezüge** und uU sogar für etwaige Ansprüche auf *Ermessensentscheidung* über die Gewährung beamtenrechtlicher Versorgung (vgl BVerwGE 21, 302 ff; VGH Kassel NVwZ-RR 1989, 517 f). Gem § 17 Abs 1 BeamtVG verbleiben dem Erben eines Beamten, Ruhestandsbeamten oder entlassenen Beamten *auch für den Sterbemonat* die Bezüge des Verstorbenen und eine für den Sterbemonat gewährte Aufwandsentschädigung. Jedoch können die an den Verstorbenen noch nicht gezahlten Teile der Bezüge für den Sterbemonat gem § 17 Abs 2 BeamtVG statt an die Erben an die in § 18 Abs 1 BeamtVG bezeichneten „Hinterbliebenen" gezahlt werden. Sie sind dann Bestandteil der in §§ 16–28 BeamtVG geregelten

"**Hinterbliebenenversorgung**" (Bezüge für den Sterbemonat im Falle des § 17 Abs 2, Sterbegeld, Witwengeld, Witwenabfindung, Waisengeld, Unterhaltsbeiträge, Witwerversorgung), die den „Hinterbliebenen" auch dann gewährt wird, wenn sie nicht als Erben berufen sind (vgl zB für Witwengeld OLG München NJW-RR 1988, 576). Ansprüche auf Hinterbliebenenversorgung gehören also nicht zum „Nachlaß" iS der erbrechtlichen Vorschriften. Jedoch können sie beim Tod des *Hinterbliebenen* uU weitervererbt werden (vgl für den Anspruch auf Sterbegeld FINGER ZBR 1969, 40, 41 f [im Rahmen einer Abhandlung „zur Vererblichkeit der in § 157 BBG genannten Ansprüche"]; FÜRST/ARNDT/FINGER/MÜHL/NIEDERMAIER, Beamtenrecht des Bundes und der Länder [Stand 1/1999] Bd 1 Teil 3 a, O § 18 BeamtVG Rn 6; MünchKomm/LEIPOLD Bd 9 Einl 103). Unvererblich ist ein dem geschiedenen Ehegatten eines verstorbenen Beamten nach dem BeamtVG zustehender Anspruch auf **Unterhaltsbeitrag** (VGH Kassel NVwZ-RR 1989, 517).

367 **Beihilfeansprüche** erlöschen beim Tod des berechtigten Beamten (BVerwGE 16, 68 ff; 50, 292, 296 ff; BVerwG NVwZ 1983, 225 f = ZBR 1983, 106 f; OVG Münster DÖD 1982, 181; BAG DÖD 1976, 163 f; BVerwG NVwZ 1991, 168 f [dazu auch Rn 368]). Eine billigenswerte Ausnahme macht das BVerwG (NVwZ 1991, 169 f) jedoch für den Fall, daß die Beihilfe bereits zu Lebzeiten des Berechtigten durch Bescheid festgesetzt und zur Auszahlung angewiesen wurde. Vererblich ist der Beihilfeanspruch nach OVG Münster NVwZ 1992, 86 auch schon dann, wenn der vom Erblasser beantragte Beihilfebescheid zZ des Erfalls zwar „erlassen", aber noch nicht „bekanntgemacht" war (einen weiteren Grenzfall betrifft das bereits bei Rn 362 erwähnte Urteil VGH München NJW 1990, 933 f). Zudem gewährt § 16 der Beihilfevorschriften v 19. 4. 1985 (Gemeinsames Ministerialblatt 290) den Hinterbliebenen (nicht: den Erben) eigene Beihilfeansprüche, die sich auch auf beihilfefähige Aufwendungen des Verstorbenen beziehen. Vgl für das Land NW auch BVerwG NVwZ 1991, 168 f.

368 Die Verpflichtung des Beamten zur **Rückzahlung zuviel empfangener Dienst- oder Versorgungsbezüge** (vgl §§ 12 Abs 2 BBesG, 52 Abs 2 BeamtVG, 53 Abs 2 BRRG) ist rein vermögensrechtlicher Natur und deshalb trotz ihres öffentlich-rechtlichen Charakters ohne weiteres vererblich nach § 1967. Analog dem bei Rn 362 f Ausgeführten (außer Betracht bleiben natürlich die dort genannten Bestimmungen des SGB) ändert der Erbfall an dem öffentlich-rechtlichen Charakter dieser Verpflichtung nichts; auch hinsichtlich der Zulässigkeit einer **Heranziehung** der Erben **durch Leistungsbescheid** kann auf das dort Ausgeführte verwiesen werden (vgl die schon dort zitierte Entscheidung BVerwGE 37, 314 ff; HessVGH ZBR 1968, 410 f; zu Unrecht für Notwendigkeit einer [verwaltungsgerichtlichen] Leistungs*klage* BayVGH ZBR 1968, 324 ff; einen besonders liegenden Sachverhalt betrifft das solch einer Leistungsklage stattgebende Urteil BVerwG DVBl 1990, 870 f = NVwZ 1991, 168 f: dort hatte das klagende Land die Beihilfe in Kenntnis des Erbfalls auf das Konto der Erblasserin überwiesen und sich zugleich gegenüber dem Erben die Rückforderung vorbehalten).

V. Gewerbeberechtigungen

369 Die zur Ausübung mancher Gewerbe erforderlichen öffentlich-rechtlichen Konzessionen, Erlaubnisse, Gestattungen oder Bewilligungen (zB gem §§ 30 ff GewO, §§ 1 Abs 1, 6 ff HandwO, §§ 2 ff GaststättenG, §§ 1 ff FahrlehrerG, §§ 3 ff SchornsteinfegerG, §§ 1 ff ApothekenG, §§ 32 ff KWG, §§ 2 ff PBefG, §§ 8 ff GüKG; weitere Nachweise bei SCHIEDERMAIR, Die apothekenrechtliche Zuverlässigkeit, in: Gedächtnisschr Küchen-

§ 1922

hoff [1987] 301 ff) werden meist im Hinblick auf bestimmte vom Gesetz geforderte *persönliche* Eigenschaften wie zB Sachkunde und Zuverlässigkeit des Antragstellers erteilt und sind deshalb grundsätzlich unvererblich (vgl zB § 3 Nr 1 ApothekenG, § 8 Nr 5 SchornsteinfegerG). Zahlreiche Sondervorschriften gestatten es jedoch den *Erben* oder bestimmten *Angehörigen* des Erblassers, ein genehmigtes bzw erlaubtes gewerbliches Unternehmen (zur Vererblichkeit des letzteren s Rn 218 ff) zumindest vorübergehend – evtl durch geeignete Stellvertreter (§ 45 GewO) – fortzuführen (vgl zB § 46 GewO [dazu SCHULZ-SCHAEFFER MDR 1961, 379 f], §§ 4, 22 Abs 4 HandwO, § 10 GaststättenG, § 15 FahrlehrerG, § 21 SchornsteinfegerG, §§ 13, 9 Abs 1 Nrn 2, 3 und Abs 1a ApothekenG [zur früheren Rechtslage s STAUDINGER/BOEHMER[11] Rn 169], § 34 Abs 2 KWG, § 19 PBefG, § 19 GüKG). Wegen weiterer Einzelheiten muß auf die Spezialkommentare verwiesen werden (zB LANDMANN/ROHMER [GewO]; EYERMANN/FRÖHLER [HandwO]; ECKHARDT [FahrlehrerG]; MUSIELAK/CORDT/MANKE [SchornsteinfegerG]; MICHEL/ KIENZLE [GaststättenG]; SCHIEDERMAIR/PIECK [ApothekenG]). Zum Verpachtungsrecht der Apotheker-Erben vgl SCHREIBER MittBayNot 1983, 107; BVerwG NJW 1994, 2430 ff. „Grundsätzliche Rechtsfragen zur Nachfolge von Todes wegen in die Apothekengesellschaft" behandelt RAUCH, in: FS Küchenhoff Bd I (1972) 301 ff.

VI. Steuerrecht*

370 Gem § 45 Abs 1 AO gehen „die Forderungen und Schulden aus dem Steuerschuldverhältnis" mit Ausnahme etwaiger Zwangsgelder **auf den oder die Erben über**. Diese haben gem § 45 Abs 2 S 1 AO „für die aus dem Nachlaß zu entrichtenden Schulden nach den Vorschriften des bürgerlichen Rechts über die Haftung des Erben für Nachlaßverbindlichkeiten einzustehen" (hierzu und zu dem sich aus § 45 Abs 2 S 2 AO ergebenden Vorbehalt zugunsten der „Vorschriften, durch die eine steuerrechtliche Haftung der Erben begründet wird", vgl STAUDINGER/MAROTZKE [1996] § 1967 Rn 16, 33 ff). Für die **Vollstreckung gegen Erben** schreibt § 265 AO die entsprechende Anwendung der §§ 1958, 1960 Abs 3, 1961 BGB und der §§ 747, 748, 778, 779, 781–784 ZPO vor (eine *un*mittelbare Anwendung würde daran scheitern, daß es hier um eine Vollstreckung „im *Verwaltungsweg*" geht [vgl § 249 Abs 1 S 1 AO]). Nicht vorgesehen ist dagegen eine entsprechende Anwendung des § 780 ZPO (vgl BFHE 133, 494 ff = BStBl II 1981, 729 f und zu den sonstigen Aspekten einer erbrechtlichen Haftungsbeschränkung MÜLLER-EISELT, in: HÜBSCHMANN/HEPP/SPITALER, AO § 265 Rn 21 ff). Soweit die Steuerschuld auf einer unternehmerischen Tätigkeit des Erblassers beruht, kann eine **Außenprüfung** nach § 193 Abs 1 AO auch gegenüber dem Erben angeordnet werden (BFHE 158, 114, 116 ff = BStBl II 1990, 2 ff). Eine unanfechtbare **Steuerfestsetzung** wirkt auch gegenüber dem Erben des Steuerschuldners (vgl § 166 AO). Zur Bindung des Erben an einen gegenüber dem Erblasser ergangenen Feststellungsbescheid über einen Einheitswert, an einen Grundsteuermeßbescheid oder an einen Zerlegungs- oder Zuteilungsbescheid über einen Grundsteuermeßbetrag vgl §§ 182 Abs 2, 184 Abs 1 S 4, 185, 190, 353 AO. **Hinterziehungszinsen** gem § 235 AO können auch noch nach dem Tod des Steuerpflichtigen, der den Tatbestand der Steuerhinterziehung verwirklicht hat, festgesetzt werden (BFHE 165, 330 ff = BStBl II 1992, 9 ff), und zwar gegenüber dem Erben (STAHL

---

* **Schrifttum**: STAHL, Die Hypothek des steuerunehrlichen Erblassers für die Erben, ZEV 1999, 221; ders, Urteilsanm zum selben Problemkreis, ZEV 1999, 288; TROLL, Nachlaß und Erbe im Steuerrecht (2. Aufl 1978). Vgl ferner die steuerrechtlichen Titel des bei Rn 351 angeführten Schrifttums.

ZEV 1999, 221, 222). Gibt der überlebende Ehegatte nach dem Tod des mit ihm zusammenveranlagten Erblassers eine **strafbefreiende Erklärung nach § 1 Abs 1 S 1 StrbEG** ab, so führt dies grundsätzlich (über Ausnahmen s BFH ZEV 1999, 36 f) nicht zum Absehen von einer Steuerfestsetzung iSd § 2 Abs 1 S 1 StrbEG gegenüber den Erben. Nimmt das Finanzamt einen von mehreren Miterben durch Einzelsteuerbescheid als Gesamtschuldner für die Steuerschuld des Erblassers in Anspruch, so gehört die Erwähnung der übrigen Miterben nicht zu dem nach § 157 Abs 1 AO notwendigen Inhalt des Steuerbescheids (BFHE 141, 641 ff = BStBl II 1984, 784 f; zur Zustellung an Eheleute nach Tod des Ehemannes vgl BFH NVwZ 1987, 926 f). Nach BFHE 156, 8, 10 = BStBl II 1990, 360 können Miterben einen **Anspruch auf Erlaß (§ 227 AO) von Säumniszuschlägen (§ 240 AO)** aus sachlichen in der Person des Erblassers liegenden Billigkeitsgründen *einzeln* geltend machen. Nach Ansicht des BFH folgt dies aus § 2039. Das erscheint zweifelhaft. Unabhängig von § 2039 ist dem BFH aber schon deshalb zuzustimmen, weil *der Anspruch auf Erlaß* ein Verteidigungsmittel gegenüber der *Haftung* für die Säumniszuschläge darstellt und die Haftung von Miterben *jeden einzelnen* als Gesamtschuldner trifft (vgl §§ 2058, 421 BGB iVm § 45 Abs 2 S 1 AO). Ganz ähnlich argumentiert in anderem Zusammenhang BFHE 153, 504, 506 = BStBl II 1988, 946, 947 betr trotz bestehender Testamentsvollstreckung erhobene Klage mehrerer Erben des ursprünglichen Steuerschuldners gegen an sie selbst gerichteten Steuerbescheid.

Über den Wortlaut des § 45 Abs 1 AO hinaus tritt der Erbe nicht nur in die steuerrechtlichen „Forderungen und Schulden", sondern **in das Steuerschuldverhältnis als solches ein** mit der Folge, daß er auch die auf diesem beruhenden sonstigen Rechte des Erblassers erwirbt, soweit diese nicht trotz ihrer steuer- und damit *vermögens*rechtlichen Natur ausnahmsweise (s Rn 352) auf die Lebenszeit des Erblassers beschränkt sind (gegen solch ein Regel-Ausnahme-Verhältnis offenbar RUPPE, Einkommensteuerrechtliche Positionen bei Rechtsnachfolge, DStJG 10 [1987] 45, 53 ff [bes 56], während die von ihm 47 ff referierten Stellungnahmen des BFH eher auf der Linie der *hier* vertretenen Ansicht liegen). Vererblich sind zB das Recht zur Sonderabschreibung nach dem (seit 1. 1. 1987 nur noch auf Altfälle anwendbaren) § 7 b EStG (BFHE 66, 181 = BStBl III 1958, 72; BFHE 162, 404 [auch zu Fragen des „Objektverbrauchs"]); die Abzugsberechtigung nach dem am 1. 1. 1987 an dessen Stelle getretenen – und inzwischen auch seinerseits nur noch übergangsrechtlich bedeutsamen – § 10 e EStG (Einzelheiten bei SCHMIDT/DRENSECK[18] [1999] EStG § 10 e Rn 1 ff [zur Geltungsdauer], 29 ff [zur Gesamtrechtsnachfolge]); das Recht zum Verlustabzug nach § 10 d EStG (BFHE 75, 328 = BStBl III 1962, 386; BFHE 105, 483 = BStBl II 1972, 621; BFHE 129, 262 = BStBl II 1980, 188 = NJW 1980, 1184; aM STRNAD, Zur Vererbung des Verlustabzuges [1998] 197 ff), soweit die Verluste den Erben auch wirtschaftlich belasten (BFH ZEV 1999, 452 ff); das Wahlrecht zwischen Zusammen- und getrennter Veranlagung (BFHE 81, 236 = BStBl III 1965, 86; BFHE 129, 262 = BStBl II 1980, 188 f = NJW 1980, 1184; BFH NVwZ 1987, 926, 927) und viele andere Steuervergünstigungen (vgl GEILERT, Erbfolge in Einkommensteuervergünstigungen? [Diss Münster 1966]). Nach Ansicht des BFH kann der Erbe ihm nach § 1586 b obliegende Unterhaltsleistungen an den geschiedenen Ehegatten des Erblassers nicht gem § 10 Abs 1 Nr 1 EStG als Sonderausgaben abziehen (BFH Betrieb 1998, 552 f; vgl auch STAUDINGER/BAUMANN[12] [1999] § 1586 b Rn 49). Vererblich ist die steuer- und prämienrechtliche Stellung des Bausparers (BFHE 110, 30 = BStBl II 1973, 737 = WM 1973, 1276; BFHE 111, 218 = BStBl II 1974, 229 = WM 1974, 580; JANSEN Betrieb 1971, 1342). Geht ein verpachteter Betrieb unter Fortbestand des Pachtvertrages auf einen Erben des Verpächters über, so tritt dieser hinsichtlich des Rechts, die Betriebsaufgabe zu erklären, in die Rechtsstellung des Erblassers ein (BFHE 166, 149, 153 = BStBl II 1992, 392, 394). Nach BFHE 167, 58 ff (= BStBl II 1992, 550 ff) sind Sonderausgaben, die im Falle beschränkter Steuerpflicht nicht abzugsfähig sind, auch dann nicht abzugsfähig, wenn sie von einem beschränkt steuerpflichtigen Erben eines unbeschränkt Steuerpflichtigen geleistet werden und vor dem Erbfall liegende Zeiträume betreffen. Wegen weiterer Einzelheiten der Rechtsnachfolge im Steuerrecht muß auf Spezialschrifttum verwiesen werden (zB Ruppe DStJG 10 [1987] 45 ff; Meincke DStJG 10 [1987] 19, 23 ff, 29 ff, 34 ff; G und M Siegmann StVj 1993, 337 ff; Stöcker WM 1981, 570 ff und die übrigen steuerrechtlichen Titel des vor Rn 351 abgedruckten Schrifttumsverzeichnisses). Vgl ferner MünchKomm/Leipold Einl 106 zu Bd 9; MünchKomm/Siegmann § 1967 Vorbem 5 ff und Stahl, Die Hypothek des steuerunehrlichen Erblassers für die Erben, ZEV 1999, 221 ff.

VII. Sonstiges

372 Eine **Baugenehmigung** wirkt nach den Bauordnungen der Länder für und gegen den Rechtsnachfolger des Bauherrn, also auch für und gegen den Erben. Vgl § 58 Abs 2 LBO B-W, Art 79 Abs 3 BayBO 1994, § 62 Abs 4 BauO Bln, § 74 Abs 3 BbgBO, § 74 Abs 1 HS 2 BremLBO, § 69 Abs 2 S 2 HbgBauO, § 72 Abs 2 BauO M-V, § 75 Abs 2 BauO NW, § 75 Abs 6 NBauO, § 68 Abs 1 S 2 HS 2 LBO Rh-Pf, § 77 Abs 2 S 2 SaarlLBO, § 70 Abs 2 SächsBO, § 74 Abs 2 BauO LSA, § 78 Abs 2 BauO S-H, § 70 Abs 2 ThürBO.

373 Erlaubnis und Bewilligung zur **Gewässerbenutzung** gehen, soweit bei der Erteilung nichts anderes bestimmt ist, mit der Wasserbenutzungsanlage oder dem Grundstück, für die bzw für das sie erteilt sind, auf den Rechtsnachfolger über (§§ 7 Abs 2, 8 Abs 6 WHG). Auch eine Genehmigung von Rohrleitungsanlagen zum **Befördern wassergefährdender Stoffe** geht mit der Anlage auf den Rechtsnachfolger über (§ 19 a Abs 4 WHG).

374 Als vererblich sollte man auch sonstige öffentlich-rechtliche **Gebrauchserlaubnisse** ansehen, soweit sie nicht ausnahmsweise höchstpersönlichen Belangen des Erblassers dienen oder aus sonstigen Gründen mit seiner Person untrennbar verknüpft sind (grundsätzlich *gegen* Vererblichkeit jedoch die bei Rn 352 erwähnte Entscheidung OVG Hamburg DVBl 1957, 548 f, obwohl die im *dortigen* Fall erlaubte Nutzung [„Aufstellung eines Benzinzapfständers auf öffentlichem Grunde"] nicht höchstpersönlichen Belangen des Erblassers, sondern *betrieblichen* Belangen eines von diesem betriebenen Tankstellenunternehmens und somit *vermögensbezogenen* Interessen diente!). Auch Nutzungsrechte an **Wahlgräbern** gehen auf die Erben über (Beyer NJW 1958, 1813 f; Soergel/Stein Rn 97; Palandt/Edenhofer Rn 27; OLG Oldenburg NJW-RR 1996, 136 f = FamRZ 1996, 377), soweit sich aus Sondervorschriften nichts anderes ergibt (vgl OLG Oldenburg aaO in bezug auf die in § 11 Abs 6, 7 NdsFrO 1965 vorgesehene Beschränkung auf Familienangehörige).

375 Unvererblich sind (nach BVerwG NJW 1987, 3212) der sich aus § 6 Abs 2 S 3 WoBindG ergebende **Anspruch des Bauherrn von mindestens vier öffentlich geförderten Wohnungen auf Genehmigung der Selbstbenutzung einer dieser Wohnungen, sog Bauherrenprivileg**, und (nach BGHZ 70, 227, 230 = LM II. WoBauG Nr 21 [nur LS und Anm Linden]) der sich aus § 56 Abs 1 des II. WoBauG ergebende **Anspruch eines „geeigneten" Erwerbers auf Abschluß eines Veräußerungsvertrages über ein Kaufeigenheim**. Ebenfalls unvererblich

1. Abschnitt. Erbfolge

ist ein vom Erblasser vor seinem Tod nicht geltend gemachter Anspruch auf Erteilung einer **Wohnberechtigungsbescheinigung** nach § 5 WoBindG, da das Gesamteinkommen des Erben und seiner haushaltszugehörigen Familienangehörigen im Zeitpunkt der Antragstellung die Einkommensgrenze nicht übersteigen darf (BVerwG aaO). War bereits der Erblasser *Inhaber* einer Wohnberechtigungsbescheinigung, so „darf der Verfügungsberechtigte die Wohnung dessen Haushaltsangehörigen nur nach Maßgabe der Absätze 1 bis 6 [des § 4 WoBindG] zum Gebrauch überlassen; haushaltszugehörigen Familienangehörigen, die nach § 569 a Abs 2 BGB in das Mietverhältnis eingetreten sind, und dem Ehegatten darf die Wohnung auch ohne Übergabe einer Wohnberechtigungsbescheinigung zum Gebrauch überlassen werden" (§ 4 Abs 7 WoBindG; vgl dazu die diese Vorschrift und den von ihr in Bezug genommenen § 569 a Abs 2 zu Unrecht [s oben Rn 54, 62] als Sonder*erb*folgeregelung deutende Entscheidung des BVerwG aaO).

Vererblich ist die durch eine schuldhafte **Verletzung des Fehlbelegungsverbots** (§ 4 **376** Abs 2 S 1 WoBindG) begründete Pflichtigkeit des Verfügungsberechtigten, durch Verwaltungsakt zu Geldleistungen nach § 25 Abs 1 WoBindG herangezogen werden zu können (BVerwGE 64, 105 ff).

Öffentlich-rechtliche **Wiedergutmachungs- und Entschädigungsansprüche** sind grund- **377** sätzlich vererblich. Das gilt insbes für die Entschädigungs- und Wiedergutmachungsansprüche, die die nationalsozialistischen Unrechtsmaßnahmen, der zweite Weltkrieg und seine Folgen notwendig gemacht haben (so schon STAUDINGER/BOEHMER[11] Rn 210 [mit Hinweisen auch auf die durch den *ersten* Weltkrieg erzeugten Entschädigungsansprüche]; eine Zusammenstellung der *nicht* oder nur *beschränkt* vererblichen Entschädigungsansprüche gibt WEISSSTEIN JR 1954, 96 f; zu Grenzen der Vererblichkeit auch BRUNN NJW 1957, 297 ff). Vgl im übrigen MünchKomm/LEIPOLD Einl 113 ff zu Bd 9 und SOERGEL/STEIN Rn 101 ff; beide mit weiterführenden Rechtsprechungs- und Schrifttumsangaben zu den einschlägigen Bestimmungen des **BEG**, des **LAG** und des **BRüG**. Neu hinzugekommen sind seit dem Beitritt der DDR zur Bundesrepublik Deutschland die Rückübertragungs-, Rückgabe- und Entschädigungsansprüche nach dem **Gesetz zur Regelung offener Vermögensfragen (VermG)** v 23. 9. 1990. Die Vererblichkeit dieser Ansprüche folgt mittelbar (s Rn 115) aus § 3 Abs 1 S 2 VermG, der sogar die Abtretung, die Verpfändung und die Pfändung zuläßt. Fand der Erbfall bereits vor Inkrafttreten des VermG statt, so erwarb der Erbe derartige Ansprüche aber nicht nach § 1922 (denn der Erblasser selbst war überhaupt noch nicht anspruchsberechtigt), sondern erst aufgrund des § 2 Abs 1 S 1 VermG („sowie ihre Rechtsnachfolger"). Nach wohl hM handelt es sich um einen „originären" Erwerb (vgl BGHZ 123, 76, 79; 131, 22, 28; PALANDT/EDENHOFER Rn 50; **aM** OTTE, in: Festgabe Zivilrechtslehrer 1934/1935 [1999] 433, 439 f). Ob und ggfls in welchen normativen Zusammenhängen die betr Ansprüche gleichwohl als Nachlaßbestandteile zu behandeln sind, ist Gegenstand zahlreicher Abhandlungen und Gerichtsentscheidungen (vgl OTTE aaO; MÄRKER, Restituierte Erbfälle bei Rückübertragung von enteigneten Vermögen? VIZ 1992, 174 ff; LIMMER, Die Zugehörigkeit von Restitutionsansprüchen zum Nachlaß, ZEV 1994, 31 ff; BGHZ 123, 76 ff = NJW 1993, 2176 f [betr pflichtteilsrechtliche Konsequenzen]; BGHZ 131, 22 ff [betr Nachlaßspaltung und Erbschein]). Wurde ein vererbtes Grundstück nach einer Erbschaftsausschlagung *tatsächlich* in Volkseigentum der DDR übernommen, so scheitert ein auf § 1 Abs 2 VermG gestützter Restitutionsanspruch des erstausschlagenden Erben nicht daran, daß nicht auch alle ersatzweise berufenen Erben ausgeschlagen haben. Denn wegen Art 143

Abs 3 GG ist die Regelung des § 1 Abs 2 VermG verfassungsrechtlich auch dann nicht zu beanstanden, wenn sie aufgrund dieser Auslegung bei den ersatzweise berufenen Erben „zum Entzug noch vorhandener – auf Erbgang beruhender – Eigentumspositionen führt" (BVerfG FamRZ 1998, 949 = NJW 1998, 2583 [ad III 1]; BVerfG FamRZ 1998, 1021 f [ad III 2 a]).

378 Bei der **Zwangsversteigerung** eines Grundstücks hat der Meistbietende (§ 81 ZVG) einen öffentlich-rechtlichen **Anspruch auf den Zuschlag**. Dieser Anspruch ist vererblich (OLG Düsseldorf FamRZ 1996, 1440 f).

379 Öffentlich-rechtliche **Verbindlichkeiten** sind vererblich nach Maßgabe des bei STAUDINGER/MAROTZKE (1996) § 1967 Rn 12, 14 ff Ausgeführten. Vgl auch oben Rn 351–353 (Grundsätzliches), 357 (Sonderrechtsnachfolge), 362–364, 368, 370 f, 376 sowie zu zahlreichen Spezialproblemen das vor Rn 351 angegebene Schrifttum.

380 H. Zum Recht der ehemaligen **DDR** vgl STAUDINGER/OTTE[12] Einl 116 ff zu §§ 1922 ff und STAUDINGER/MAROTZKE[12] § 1922 Rn 382. Das Übergangsrecht ist dargestellt bei STAUDINGER/RAUSCHER (1996) Art 235 § 1 EGBGB.

§ 1923

[1] **Erbe kann nur werden, wer zur Zeit des Erbfalls lebt.**

[2] **Wer zur Zeit des Erbfalls noch nicht lebte, aber bereits erzeugt war, gilt als vor dem Erbfalle geboren.**

Materialien: E I §§ 1752, 1758 Abs 1, 1954, 1964 Abs 2, 2026 Abs 1; II 1800; III 1899; Mot V 4 f, 11 ff, 332 f, 357 f, 488 f; Prot V 4, 7 f, 398, 463, 614; VI 90, 335 ff; STAUDINGER/BGB-Synopse 1896–2000 § 1923.

Systematische Übersicht

I. Erbfähigkeit natürlicher Personen	
1. Allgemeines	1
2. Beginn und Ende der Erbfähigkeit	2
3. Nacherb- und Vermächtnisfähigkeit	4
4. Beweis des Überlebens	5
5. Verfügungen für den Fall „gleichzeitigen Versterbens"	11
6. Relative Erbunfähigkeit	12
7. Keine gesetzliche Beschränkung der Erbfähigkeit	14
II. Erbfähigkeit Ungeborener	
1. Sinn der Vorschrift	16
2. Voraussetzungen	17
3. Rechtsfolgen der Erbfähigkeit der Leibesfrucht	18
4. Beweis der Zeugung vor dem Erbfall	20
5. Erbfähigkeit bei Zeugung nach dem Erbfall	25
III. Erbfähigkeit juristischer Personen	
1. Allgemeines	30
2. Personengesellschaften und nichtrechtsfähige Vereine	31
3. Künftige juristische Personen	32

1. Abschnitt. Erbfolge

I. Erbfähigkeit natürlicher Personen

1. Allgemeines

Nach § 1922 Abs 1 geht die Erbschaft mit dem Erbfall auf den oder die Erben über. **1** Der Übergang vollzieht sich automatisch – *Anfallprinzip* oder *Vonselbsterwerb*, § 1942 Abs 1 (vgl dort Rn 1 f, 8 f). Er setzt auf seiten des Erben Rechtsfähigkeit zZ des Erbfalls voraus. Im Grundsatz (Abs 1) und unabhängig vom Berufungsgrund (Testament, Erbvertrag, gesetzliche Erbfolge) bedeutet das, daß der Erbe zZ des Erbfalls bereits geboren sein muß, aber noch nicht gestorben sein darf; er muß also den Erblasser um eine wenn auch noch so geringe Zeitspanne (auf die Spitze getrieben von OLG Hamm NJW-RR 1996, 70: „wenn auch nur um den Bruchteil einer Sekunde") überleben. Die sich daraus ergebende Möglichkeit von Zufallserbfolgen, wenn nahe Angehörige kurz nacheinander (etwa aufgrund desselben Unglücksfalls) sterben, ist *de lege ferenda* fragwürdig (vgl ErbrA d AkDR 4. Denkschr 4 ff, 2. Denkschr 146 f; LANGE/KUCHINKE § 4 III 2 a; ferner Rn 6 aE).

2. Beginn und Ende der Erbfähigkeit

Die Rechtsfähigkeit und damit generell auch die Erbfähigkeit *beginnt* mit der Voll- **2** endung der Geburt (Einzelheiten s STAUDINGER/HABERMANN/WEICK [1995] § 1 Rn 4 ff). Für die Erbfähigkeit bringt jedoch Abs 2 eine spezielle Erweiterung bzgl des *nasciturus* (s u Rn 16 ff).

Die Rechts- und damit auch die Erbfähigkeit *endet* mit dem Tod (zum Begriff des Todes **3** und zur Bestimmung seines Zeitpunkts vgl STAUDINGER/MAROTZKE § 1922 Rn 4 f und STAUDINGER/WEICK/HABERMANN [1995] Vorbem 3 ff zu § 1 VerschG, aber auch unten Rn 6 aE, ferner LEIPOLD, in: FS Kralik [1986] 478 ff.) Wer *vor* dem Erblasser oder *gleichzeitig* mit ihm verstorben ist, kann ihn daher nicht beerben. Bei *gesetzlicher* Erbfolge ist Rechtsfolge des Vorversterbens von Verwandten primär der *Eintritt* ihrer Abkömmlinge (§§ 1924 Abs 3, 1925 Abs 3 S 1, 1926 Abs 3–5, 1928 Abs 3), hilfsweise die *Erhöhung der* auf die nicht ausgestorbenen Stämme bzw Linien entfallenden *Anteile* (§§ 1924 Abs 4, 1925 Abs 3 S 2, 1926 Abs 3 S 1, Abs 4, 1928 Abs 2), äußerst hilfsweise die *Berufung der Erben der nächsten Ordnung zur Erbfolge* (§ 1930). Das Vorversterben eines *eingesetzten* Erben führt dazu, daß die Erbschaft dem *Ersatzerben* anfällt (§ 2096, beachte auch §§ 2068 f); hilfsweise (§ 2099) tritt *Anwachsung* ein (§ 2094), äußerst hilfsweise die *gesetzliche Erbfolge* (zur *Auslegung* von Verfügungen zugunsten bereits Verstorbener s STAUDINGER/OTTE [1996] § 2084 Rn 12 f).

3. Nacherb- und Vermächtnisfähigkeit

Bei der *Nacherbfolge* ist § 1923 gemäß § 2108 Abs 1 entsprechend anzuwenden; er- **4** forderlich, aber auch ausreichend ist, daß der Nacherbe zZ des Nacherbfalls lebt oder wenigstens schon gezeugt ist (STAUDINGER/BEHRENDS/AVENARIUS [1996] § 2108 Rn 1 ff). Beim *Vermächtnis* darf der Bedachte nicht schon vor dem Erbfall verstorben sein (§ 2160); nicht erforderlich ist, daß er zZ des Erbfalls bereits lebt oder gezeugt ist (§ 2178). Keine Frage der Erbfähigkeit, sondern der *Auslegung einer Zuwendung* behandelt § 2074 (STAUDINGER/OTTE [1996] § 2074 Rn 68 ff).

4. Beweis des Überlebens

5 Daß ein zur Erbfolge Berufener den Erblasser überlebt bzw nicht überlebt hat (und ihn somit beerben konnte bzw nicht beerben konnte), kann mittels öffentlicher Urkunden, in erster Linie mittels der **Personenstandsbücher** oder -urkunden (§§ 60, 66 PStG), bewiesen werden (Einzelheiten bei STAUDINGER/SCHILKEN [1997] § 2356 Rn 4 ff und STAUDINGER/WEICK/HABERMANN [1995] Vorbem 10 zu § 1 VerschG; BAUMGÄRTEL/SCHMITZ § 1922 Rn 1 ff), aber auch (im Erbscheinsverfahren jedoch nur nachrangig, § 2356 Abs 1) durch andere zulässige Beweismittel (STAUDINGER/SCHILKEN [1997] § 2356 Rn 28 ff).

6 Unter Umständen kann der Beweis des Vorversterbens oder Überlebens durch Personenstandsurkunden nicht geführt werden: Es kann zB eine Sterbeurkunde nicht beschafft werden, weil Ort oder Zeitpunkt des Todes unbekannt sind, oder sie läßt, weil sie dieselbe Todesstunde wie die des Erblassers und keinen genaueren Zeitpunkt angibt (vgl § 64 Nr 3 sowie § 37 Abs 1 Nr 3 PStG), nicht erkennen, ob der Verstorbene *nach* dem Erblasser gestorben ist. Falls dann auch keine anderen Beweismittel zur Verfügung stehen, kann die **Kommorientenvermutung** des § 11 VerschG eingreifen. Sie setzt voraus, daß der, um dessen Erbenstellung es geht, tot oder für tot erklärt ist. Es wird dann vermutet, daß er *gleichzeitig mit dem Erblasser* verstorben ist und ihn somit nicht beerben konnte (mit beachtlichen Gründen für eine Erweiterung des Anwendungsbereichs der Vermutung SOERGEL/STEIN § 1922 Rn 3, § 1923 Rn 3: Es sei nicht von einem Zeitpunkt, sondern von einer Zeitspanne des Sterbens auszugehen; jede Überschneidung dieser Zeitspannen sei „Gleichzeitigkeit" iSv § 11 VerschG; i Erg ebenso OLG Köln FamRZ 1992, 862, das zwar von einem Todes*zeitpunkt*, aber auch von der „*Überlappung der Sterbezeiten*" spricht; dagegen OLG Hamm NJW-RR 1996, 70 f).

Keine Voraussetzung der Vermutung ist das *Umkommen in gemeinsamer Gefahr*; anders früher § 20 BGB (hierzu STAUDINGER/WEICK/HABERMANN [1995] § 11 VerschG Rn 1 f; unrichtig BGB-RGRK/KREGEL Rn 3).

7 Folge der Anwendung von § 11 VerschG ist, daß für den, dessen gleichzeitiges Versterben mit dem Erblasser vermutet wird, *kein Erbschein* erteilt (STAUDINGER/WEICK/HABERMANN [1995] § 11 VerschG Rn 5, 13; KG FamRZ 1967, 514) und auch *kein Abwesenheitspfleger zur Wahrnehmung eines Erbrechts nach dem Erblasser* bestellt werden kann. Andererseits reicht die Vermutung aus für den nach §§ 2354 Abs 2, 2355, 2356 Abs 1 erforderlichen *Nachweis, daß eine Person*, die den Antragsteller von der Erbfolge ausschließen oder seinen Erbteil mindern würde, *weggefallen* ist; denn wer den Erblasser nicht überlebt, fällt als sein Erbe weg (STAUDINGER/SCHILKEN [1997] § 2356 Rn 3).

8 §§ 9 Abs 1, 44 Abs 2 VerschG enthalten **Todeszeitvermutungen**. Nach diesen Vorschriften wird vermutet, daß ein *Verschollener* (Definition in § 1 Abs 1 VerschG) bis zu dem im Todeserklärungsbeschluß und ein *Verstorbener*, dessen *Tod nicht im Sterbebuch eingetragen* ist (§ 39 VerschG), bis zu dem im Todeszeitfeststellungsbeschluß genannten Zeitpunkt gelebt hat. Liegt dieser Zeitpunkt *nach* dem Erbfall, könnte der Betreffende Erbe geworden sein. Streitig ist aber das Verhältnis von § 11 VerschG zu den Todeszeitvermutungen. Nach dem BGH (BGHZ 62, 112, 118; WM 1974, 1256) und einer verbreiteten Auffassung in der Lit (BAUMGÄRTEL/SCHMITZ § 1922 Rn 10;

STAUDINGER/SCHILKEN [1997] § 2356 Rn 3; SOERGEL/SCHULTZE-VLASAULX[11] § 11 VerschG Rn 4; aM STAUDINGER/WEICK/HABERMANN [1995] § 11 VerschG Rn 11 und SOERGEL/SCHULTZE-VLASAULX[10] aaO mwN zum Streitstand; ferner NAGEL, Das Versterben untereinander erbberechtigter Personen aufgrund derselben Ursache [Diss Göttingen 1983] 125 ff) hat die Vermutung des § 11 VerschG Vorrang, *soweit* es um die Frage geht, ob *eine Person die andere überlebt* hat.

§ 10 VerschG enthält eine **Lebensvermutung**: Wenn der Tod eines Verschollenen (§ 1 Abs 1 VerschG) nicht feststeht und er auch nicht für tot erklärt ist, wird vermutet, daß er bis zu dem sich aus § 9 Abs 3, 4 VerschG ergebenden Zeitpunkt (hierzu STAUDINGER/ WEICK/HABERMANN [1995] § 9 VerschG Rn 4 ff) lebt oder gelebt hat. Liegt dieser Zeitpunkt *nach* dem Erbfall, so besteht für ihn die Vermutung, daß er den Erblasser überlebt hat und daher nicht als Erbe weggefallen, sondern (bei Vorliegen der sonstigen Voraussetzungen gesetzlicher oder gewillkürter Erbfolge) Erbe geworden ist (BGB-RGRK/ KREGEL Rn 3). Die Vermutung gleichzeitigen Versterbens mit dem Erblasser gemäß § 11 VerschG ist nicht anwendbar. Für den Verschollenen kann ein *Erbschein* erteilt und zur Wahrnehmung seines Erbrechts ein *Abwesenheitspfleger* bestellt werden. Diese Wirkungen des § 10 VerschG können aber jederzeit durch den Nachweis des Todes oder durch Todeserklärung zunichte gemacht werden – eine Konsequenz aus der Ansicht vom Vorrang des § 11 VerschG (s o Rn 8), die insoweit nicht unproblematisch erscheint.

Liegt das Ende der Lebensvermutung des § 10 VerschG *vor* dem Erbfall, kommt mangels Nachweises der Voraussetzung des § 1923 Abs 1 ein *Erbschein* für den Verschollenen *nicht in Betracht* (BGB-RGRK/KREGEL Rn 3). Andererseits besteht keine Todesvermutung (STAUDINGER/WEICK/HABERMANN [1995] § 10 VerschG Rn 7). Der Verstorbene kann also *nicht als weggefallen* iS v § 2354 Abs 1 angesehen werden, so daß für den *nach* ihm Berufenen kein Erbschein zu erteilen ist. Vielmehr ist „der Erbe unbekannt", so daß bei Fürsorgebedürfnis *Nachlaßpflegschaft* gemäß § 1960 anzuordnen ist und sich auch die Frage stellen kann, ob noch *nach* Ablauf der Lebenszeitvermutung *Abwesenheitspflegschaft* möglich ist (zu beidem STAUDINGER/MAROTZKE § 1960 Rn 26 und STAUDINGER/WEICK/HABERMANN [1995] § 10 VerschG Rn 8 f; ferner BGHZ 5, 243 f).

Für den **Prozeß** wird die Ansicht vertreten, wer aus dem Vorversterben Rechte herleite, müsse dieses, wer sich auf das Überleben berufe, müsse jenes beweisen (STAUDINGER/WEICK/HABERMANN [1995] § 10 VerschG Rn 7). Dann wäre ein Prozeß um das Erbrecht zwischen einem (gesetzlich oder durch Abwesenheitspfleger vertretenen) Verschollenen und demjenigen Erbprätendenten, dem dessen Wegfall zugute käme, unentscheidbar. Zum Teil wird eine *Beweislast nur für das Überleben* angenommen (MünchKomm/LEIPOLD Rn 9; SOERGEL/STEIN Rn 3; wohl auch BAUMGÄRTEL/SCHMITZ Rn 4 ff). Die hierin liegende Bevorzugung des Nachrückers (Ersatzerben oder nächsten gesetzlichen Erben) ist ungerechtfertigt. Wer den Tod eines Verschollenen behauptet, mag das *Aufgebotsverfahren zwecks Todeserklärung* beantragen. Erfolgt sie, gilt das oben (Rn 6) Gesagte; wird der Antrag nicht gestellt (zum Antragsrecht aus § 16 Abs 2 VerschG STAUDINGER/WEICK/HABERMANN [1995] Vorbem 4 ff zu § 13 VerschG), kann das Prozeßgericht diesen Umstand frei würdigen.

5. Nicht um eine Frage der Erbfähigkeit handelt es sich bei der Auslegung letztwilliger **Verfügungen für den Fall „gleichzeitigen Versterbens"**. Es geht vielmehr darum,

ob eine bedingte Erbeinsetzung vorliegt und welchen Inhalt die Bedingung hat (vgl STAUDINGER/OTTE [1996] Vorbem 57, 79 zu § 2064).

6. Relative Erbunfähigkeit

12 Dieselben Wirkungen auf die Erbfolge wie das Vorversterben (s o Rn 3) haben die *Enterbung* (§ 1938), die *Ausschlagung* (§ 1953 Abs 2), die *Erbunwürdigerklärung* (§ 2344 Abs 2) und der *Erbverzicht* (§ 2346 Abs 1 S 2), ferner ein (vor dem 1. 4. 1998 erfolgter) *vorzeitiger Erbausgleich* (§ 1934 e). In diesen Fällen besteht aber nur eine relative Erbunfähigkeit, weil der Enterbte, der Ausschlagende usw andere Personen, uU sogar den Erblasser selbst aus einem *anderen Berufungsgrund*, beerben kann (wegen der Einzelheiten vgl die Erl zu den genannten Vorschriften).

13 *Nicht die Erbfähigkeit, sondern die Gültigkeit* von Testamenten und Erbverträgen betreffen die Vorschriften über den **Ausschluß der Mitwirkung** von *Notaren, Dolmetschern* und *zugezogenen Vertrauenspersonen* bei der Errichtung einer Verfügung von Todes wegen in notarieller Form (§§ 7, 16 Abs 3 S 2, 24 Abs 2, 27 BeurkG) sowie von *Bürgermeistern* und *Zeugen* bei der Errichtung von Nottestamenten (§§ 2249 Abs 1 S 3 und 4, 2250 Abs 3 S 2). Sie sind ausgeschlossen, wenn sie oder ihre Angehörigen in der Verfügung bedacht oder zum Testamentsvollstrecker ernannt werden. Die ausgeschlossenen Personen und ihre Angehörigen können aber ohne weiteres durch eigenhändiges Testament eingesetzt werden oder kraft Gesetzes zur Erbfolge berufen sein. Zu den von manchen (zB SOERGEL/STEIN Rn 11) zu Unrecht als Beispiel relativer Erbfähigkeit angesehenen Verboten der Vorteilsannahme im öffentlichen Dienstrecht und in § 14 HeimG s § 1943 Rn 12a.

7. Keine gesetzliche Beschränkung der Erbfähigkeit

14 Art 87 Abs 2 EGBGB, wonach Landesgesetze den Erwerb von Todes wegen durch Mitglieder **religiöser Orden** oder ordensähnlicher **Kongregationen** von staatlicher Genehmigung abhängig machen konnten, verstieß gegen Art 3, 4 und 14 GG und ist durch das GesEinhG auch formell aufgehoben worden.

15 Art 88 EGBGB über landesrechtliche Genehmigungsvorbehalte für den **Grundstückserwerb durch Ausländer**, der auch den Erwerb von Todes wegen betrifft (KIPP/COING § 84 I 1), ist bezüglich ausländischer *natürlicher* Personen in keinem Bundesland mehr ausgefüllt (vgl STAUDINGER/MERTEN [1998] Art 88 EGBGB Rn 13). Für *heimatlose* Ausländer und für *Angehörige von EU-Staaten* sind solche Genehmigungserfordernisse nunmehr bundesrechtlich ausgeschlossen (STAUDINGER/MERTEN [1998] Art 88 EGBGB Rn 4, 5).

II. Erbfähigkeit Ungeborener

1. Sinn der Vorschrift

16 Abs 2 erstreckt die Erbfähigkeit auf die **Leibesfrucht** *(nasciturus)*. Die Vorschrift hat vor allem Bedeutung für die erbrechtliche Gleichbehandlung nachgeborener *(posthumer)* Kinder des Erblassers mit ihren älteren Geschwistern. Sie erreicht ihr Ziel durch die **Fiktion** der *Geburt vor dem Erbfall*.

2. Voraussetzungen

Die Fiktion setzt voraus, daß der noch nicht geborene Mensch zur Zeit des Erbfalls 17
bereits gezeugt war und später lebend geboren wird. Letzteres ergibt sich aus den
Worten „noch nicht lebte" (zur Lebendgeburt und ihrer Feststellung vgl STAUDINGER/HABERMANN/WEICK [1995] § 1 Rn 7). Bei *Fehl-* und *Totgeburten* ist die Vorschrift unanwendbar.
Lebensfähigkeit des Neugeborenen wird nicht gefordert.

3. Rechtsfolgen der Erbfähigkeit der Leibesfrucht

§ 1923 Abs 2 bedeutet nicht, daß der zur Zeit des Erbfalls noch nicht Geborene, aber 18
bereits Gezeugte schon mit dem Erbfall Erbe wird. Da er die zweite Voraussetzung
der Vorschrift (s o Rn 17) erst mit der Geburt erfüllt, kann ihm die Erbschaft erst dann
anfallen. Die *Ausschlagungsfrist* beginnt dementsprechend frühestens mit der Geburt
(§ 1944 Rn 17; § 1942 Rn 8). Die *Wirkungen des Erbanfalls werden* aber, wenn er erfolgt,
auf den Erbfall zurückbezogen; dies ist der Sinn der Worte „gilt als vor dem Erbfall
geboren". *Nach den Verhältnissen zZ des Erbfalls* und nicht nach denen zZ der
Geburt *sind auch die sonstigen Voraussetzungen* für das Erbrecht des nasciturus *zu
beurteilen;* Veränderungen im Kreis der Miterben, zB der zwischenzeitliche Tod eines
Miterben, berühren sein Erbrecht nicht; etwas anderes gilt selbstverständlich für
solche Veränderungen, deren Wirkungen gleichfalls auf den Erbfall zurückbezogen
werden (Ausschlagung, Erbunwürdigerklärung, Geburt eines zZ des Erbfalls bereits
gezeugten Miterben).

In der Zeit zwischen dem Erbfall und der Geburt des zum Erben berufenen nasci- 19
turus ist noch ungewiß, ob er oder statt seiner ein anderer Erbe werden wird. Bei
entsprechendem Fürsorgebedürfnis für den Nachlaß ist dann ein *Nachlaßpfleger*
(§ 1960) *wegen Unbekanntheit des Erben* zu bestellen. Davon zu unterscheiden (vgl
STAUDINGER/MAROTZKE § 1960 Rn 24) ist die wegen Wahrung des (künftigen) Erbrechts
uU angezeigte *Pflegschaft für die Leibesfrucht* (§ 1912). Die Eltern (vgl § 1912 Abs 2)
oder der Pfleger nach § 1912 können für den nasciturus auf *Feststellung seiner bedingten Erbberechtigung,* die in der Schwebezeit bis zur Geburt bereits ein feststellungsfähiges Rechtsverhältnis ist (vgl RGZ 75, 408), *klagen.* Die *Erbauseinandersetzung*
ist bis zur Geburt *ausgeschlossen* (§ 2043 Abs 1). Ein *Erbschein* für den nasciturus
kommt selbstverständlich nicht in Betracht, da er noch nicht Erbe ist. Für Miterben,
deren Erbteile wegen der Ungewißheit des Erbrechts des nasciturus der Größe nach
noch nicht feststehen, kann ein *Mindesterbteilserbschein* ausgestellt werden (STAUDINGER/SCHILKEN [1997] § 2353 Rn 75).

4. Beweis der Zeugung vor dem Erbfall

Nach ganz hM soll die Frage, ob ein nach dem Erbfall Geborener schon *vor dem* 20
Erbfall gezeugt ist, Gegenstand freier Beweiswürdigung sein (statt aller MünchKomm/
LEIPOLD Rn 16). Die familienrechtlichen **Abstammungsvermutungen** (bei Geburt vor
dem 1. 7. 1998 gemäß Art 224 § 1 Abs 1 EGBGB noch §§ 1591 f, 1600 o Abs 2 aF,
bei später Geborenen §§ 1593 S 1, 1600 c, 1600 d Abs 2 nF) sollen unanwendbar sein
und allenfalls tatsächliche Anhaltspunkte (welche?) liefern. Auf diesen Standpunkt
hatten sich schon die Motive (V 11 f) gestellt. Demgegenüber wurde in der 2. Kommission die Auffassung vertreten, die familienrechtlichen Vermutungen seien auch

im Erbrecht anwendbar (Prot V 8; unrichtig hierzu STAUDINGER/LEHMANN[11] Rn 5). Soweit ersichtlich, hat sich in der älteren Lit nur F LEONHARD (Anm III B 2 a u Die Beweislast[2] § 131 I) für die Anwendung des § 1591 aF ausgesprochen.

21 Die hM führt dazu, daß ein Kind, das innerhalb von 300 Tagen (so nunmehr die Frist des § 1593 S 1) nach dem Tode eines Mannes von dessen Ehefrau geboren ist und daher, falls dessen Vaterschaft nicht erfolgreich angefochten wird, als sein Kind angesehen werden muß, uU kein gesetzliches Erbrecht und damit auch kein Pflichtteilsrecht hätte, nach dem Ehemann der Mutter nicht, falls es nicht seine Zeugung *vor dessen Tod* (auf die biologische Abstammung von ihm kommt es hier nicht an) beweisen kann, und nach seinem biologischen Vater nicht, weil dessen Vaterschaftsanerkenntnis oder gerichtliche Feststellung als Vater nach §§ 1594 Abs 2, 1600 d Abs 1 nicht in Betracht kommen. Diese Schlechterstellung gegenüber einem früher geborenen Kind, das ceteris paribus ohne weiteres ein gesetzliches Erb- oder Pflichtteilsrecht nach dem Ehemann seiner Mutter hat, ist nicht gerechtfertigt. Die von MANSEES (Das Erbrecht des Kindes nach künstlicher Befruchtung [1991] 67) hiergegen angeführte Manipulationsgefahr erscheint angesichts der bei normaler Tragezeit nur etwa einen Monat ab Erbfall bestehenden Möglichkeit, die Geburt eines Erben innerhalb der für § 1593 maßgeblichen Frist herbeizuführen, konstruiert und ist nicht vergleichbar mit den Folgen einer in der Lit teilweise befürworteten analogen Anwendung des § 1923 Abs 2 auf nach Ablauf der Frist des § 1593 geborene *künstlich* gezeugte Kinder (hierzu unten Rn 26 ff). Nur de lege ferenda für die Anwendung des § 1593 im Rahmen des § 1923 Abs 2 tritt SCHÜNEMANN (Verh d 56. DJT K 152) ein.

22 Die hM führte in der Zeit vor der erbrechtlichen Gleichstellung der Nichtehelichen durch das ErbGleichG noch zu weiteren Wertungsungleichheiten, da sie, wenn das Erbrecht eines entfernteren Abkömmlings (§ 1924 Abs 3) davon abhing, ob der Vorverstorbene, an dessen Stelle er trat, eheliches Kind des Erblassers war, § 1593 uneingeschränkt anwenden wollte (statt aller MünchKomm/LEIPOLD Rn 16). Auch bei der Beurteilung des Erbrechts nach einem Vermißten gehen die Vertreter der hM davon aus, daß das innerhalb der Frist des § 1593 nach dem festgestellten Todeszeitpunkt (§§ 9 oder 44 VerschG) geborene Kind gesetzlicher Erbe des Verschollenen ist (SOERGEL/STEIN § 1924 Rn 4; ebenso STAUDINGER/WERNER Vorbem 22 zu §§ 1924 ff).

23 Dies alles spricht *für die Anwendung des § 1593* im Rahmen des § 1923 Abs 2: Ein innerhalb der Frist des § 1593 von der Ehefrau des Erblassers geborenes Kind ist vorbehaltlich erfolgreicher Anfechtung als sein Kind und daher zwangsläufig *vor dem Erbfall gezeugt* anzusehen (F LEONHARD Anm III B 2 a). Für Anwendung des § 1593 jetzt auch BROX (in: FS Stree und Wessels [1993] 976), der damit aber nur die Ehelichkeit des Kindes begründen, nicht das Erfordernis der Zeugung vor dem Erbfall ersetzen will, da er dieses bei postmortaler künstlicher Zeugung aus Gründen der Gleichheit für entbehrlich hält (dazu u Rn 26 ff).

24 Bei *nichtehelicher* Abstammung stellen sich keine vergleichbaren Probleme. Entgegen MANSEES (67 f) ergibt sich daraus kein auf Art 6 Abs 5 GG gestütztes Argument gegen die Anwendung des § 1593 zur Bestimmung des Zeugungszeitpunkts ehelicher Kinder. Es handelt sich nur um eine Konsequenz der verfassungsrechtlich unbedenklichen Unterschiedlichkeit der Abstammungsregelung: Die Anerkennung eines nichtehelichen Kindes ist zwar schon vor der Geburt (§ 1594 Abs 4), aber nicht

1. Abschnitt. Erbfolge

vor der Zeugung möglich, und eine gerichtliche Feststellung der Vaterschaft des Erblassers ist gemäß § 1600 d Abs 2 S 2 bei schwerwiegenden Zweifeln an der Zeugung durch ihn nicht an die Vermutung des Abs 2 S 1 gebunden. Daher kann – natürliche Zeugung vorausgesetzt (zur postmortalen Zeugung s u Rn 26 ff) – der Fall nicht eintreten, daß ein nichteheliches Kind erst nach dem Erbfall gezeugt, aber dennoch als Kind des Erblassers anzusehen ist.

5. Erbfähigkeit bei Zeugung nach dem Erbfall

Wer nicht vor dem Erbfall gezeugt (oder wegen § 1593 als vor dem Erbfall gezeugt anzusehen) ist, kann nicht Erbe des Erblassers sein. Innerhalb der zeitlichen Grenzen des § 2109 kann er aber zur *Nacherbfolge* gelangen (§ 2108 Abs 1, Einzelheiten dort).

Die durch die Entwicklung der Fortpflanzungstechnologie möglich gewordene Zeugung eines Menschen nach dem Tode seines Vaters (**postmortale Zeugung**) wirft auch im Erbrecht schwierige Fragen auf, deren Lösung von den Verfassern des BGB nicht antizipiert werden konnte. Angesichts der Verantwortung beider Eltern für das Kind, die verletzt wird, wenn das Kind planmäßig als Halbwaise zur Welt kommt, ist postmortale Zeugung ethisch und rechtlich (Art 6 Abs 2 GG) zu mißbilligen (STARCK Verh d 56. DJT A 21; Beschlüsse II 5 und III 5, K 234 f), auch wenn sie durch § 4 Abs 1 Nr 3 EmbryonenschutzG v 13. 12. 1990 (BGBl I 2746) nicht verboten ist. Unter der Bewertung des Verhaltens der für die Zeugung Verantwortlichen darf die Rechtsstellung des Kindes nicht leiden. Das heißt allerdings noch nicht, daß postmortal Gezeugten auf Kosten anderer, bereits Erbe gewordener Personen eine erbrechtliche Stellung verschafft werden müßte. Überwiegende Gründe sprechen vielmehr dagegen.

Keine Bedenken bestehen gegen die Berufung postmortal Gezeugter zu *Nacherben*. Sie können wie jeder andere auch in den zeitlichen Grenzen des § 2109 Abs 1 zur Nacherbfolge gelangen (unstr). Ihre Erbeinsetzung ist im Zweifel als Nacherbeinsetzung auszulegen; andernfalls ist sie unwirksam (§ 2101 Abs 1), denn Erbe können sie wegen § 1923 nicht werden, auch nicht Ersatzerbe (unrichtig COESTER-WALTJEN Verh d 56. DJT B 42).

Ein *gesetzliches Erbrecht* postmortal Gezeugter wäre, soll nicht die Erbfolge in einer für alle Beteiligten unerträglichen Weise auf Dauer ungewiß bleiben, nur in Form einer dem BGB unbekannten *gesetzlichen Nacherbfolge* denkbar. Es wäre jedoch unerträglich, die gesetzlichen Erben bis zum Ablauf der Zeitspanne des § 2109 der Möglichkeit von Nacherbrechten (mit der Folge, daß die Erben den Beschränkungen aus §§ 2112 ff unterworfen wären) oder die eingesetzten Erben noch dreißig Jahre nach dem Erbfall (§ 2082 Abs 3) der Anfechtungsmöglichkeit durch postmortal gezeugte Pflichtteilsberechtigte auszusetzen, zumal die Geburt solcher Erbprätendenten der *Absicht* ihrer Mütter zu verdanken sein könnte, *die Erbfolge zu manipulieren* (vgl den Hinweis bei MünchKomm/LEIPOLD Rn 15 Fn 9 aE). Die Situation ist nicht vergleichbar mit der sich bei natürlicher Zeugung aufgrund des § 1923 Abs 2 ergebenden relativ kurzen Schwebelage. Daß der Gesichtspunkt der Rechtssicherheit für die Auslegung des § 1923 Abs 2 nicht relevant sein soll, weil er bei der Schaffung der Vorschrift keine Rolle gespielt hat (SOERGEL/STEIN Rn 6), vermag nicht zu überzeugen, geht es doch um die Lösung eines seinerzeit noch nicht existenten Problems. Eine gesetzliche Erbfolge postmortal Gezeugter kann wegen der Besonderheit der Situation *de lege lata* nicht aus dem Gleichheitsgrundsatz des Art 3 Abs 1 GG und auch nicht aus dem Gleichstellungsgebot des Art 6 Abs 5 GG oder der Erbrechtsgarantie abgeleitet werden (iE ebenso ZIERL DRiZ 1986, 303; COESTER-WALTJEN Verh d 56. DJT B 42; SCHUMACHER FamRZ 1987, 314 f; BRITTING, Die postmortale Insemination als Problem des Zivilrechts [1989] 152 ff; MANSEES 65 ff; EBENROTH Rn 15 f; **aM** LEIPOLD, in: FS Kralik 472 f; Münch-Komm/LEIPOLD Rn 15; SOERGEL/STEIN aaO) und auch nicht aus einem „hypothetischen Willen des Gesetzgebers" (so BROX, in: FS Stree u Wessels 972 ff u Rn 9). Das BGB hat Vaterschaft nicht primär als eine biologische, sondern als rechtlich-soziale verstanden, und an dieser Entscheidung hat die Gesetzgebung durch alle Änderungen des Kindschaftsrechts hindurch mit gutem Grund festgehalten. Die lediglich biologische Vaterschaft aus postmortaler Zeugung ist hingegen mangels irgendeiner lebbaren sorge- oder unterhaltsrechtlichen Beziehung zwischen Vater und Kind rechtlich und sozial zwangsläufig ein Nichts, das auch erbrechtlich nicht mit der Beziehung aus lebzeitiger Zeugung gleichwertig sein kann. Dem postmortal gezeugten und nicht innerhalb der Frist des § 1593 geborenen Kind kommt daher weder ein gesetzliches Erbrecht noch ein Pflichtteilsrecht nach dem Samenspender zu und daher auch kein Anfechtungsrecht nach § 2079. Eine Änderung ist auch *de lege ferenda* nicht zu befürworten (iE ebenso für das österr Recht BERNAT, Rechtsfragen medizinisch assistierter Zeugung [1989] 190 f).

29 Bei *extrakorporaler* Befruchtung wollen allerdings auch Autoren, die bei postmortaler Insemination die Erbfähigkeit verneinen, ein Erbrecht des Kindes bejahen, falls die *Befruchtung vor* dem Erbfall erfolgte (MANSEES 64 f, 155 f, 164, 178 ff u FamRZ 1986, 758; ebenso SELB 119; weitergehend LEIPOLD 477, der auch hier auf die Samenspende abstellen will). Aus den oben angeführten Gründen ist auch diese Auffassung abzulehnen; der Zeugung iSv § 1923 Abs 2 ist nur die Implantation der befruchteten Eizelle gleichzustellen, die also zu Lebzeiten des Erblassers erfolgt sein muß, soll das Kind ein gesetzliches Erb- oder Pflichtteilsrecht nach ihm haben (wie hier EBENROTH Rn 15; ERMAN/SCHLÜTER Rn 3; LANGE/KUCHINKE § 4 III 2 b; ZIERL DRiZ 1986, 303).

III. Erbfähigkeit juristischer Personen

1. Allgemeines

30 Auch juristische Personen können erben. Der dies eigens aussprechende § 1759 E I wurde von der 2. Kommission als selbstverständlich gestrichen (Prot V 7 ff). Erbfähig sind somit *alle* juristischen Personen des privaten und des öffentlichen Rechts. Den früheren *landesrechtlichen Genehmigungsvorbehalten* für den erbrechtlichen Erwerb durch (ausländische) juristische Personen ist heute weithin die Geltung entzogen (s § 1942 Rn 6 f u STAUDINGER/MERTEN [1998] Art 86 EGBGB Rn 4 ff). Die Erbeinsetzung von *Organen* oder *unselbständigen Anstalten* ist gemäß § 2084 (hierzu STAUDINGER/OTTE [1996] § 2084 Rn 12) als Einsetzung der juristischen Person bzw des Trägers der Anstalt, uU verbunden mit einer Auflage, auszulegen (STAUDINGER/OTTE [1996] § 2072 Rn 6), die Einsetzung einer *nicht mehr bestehenden juristischen Person* als Einsetzung derjenigen Person, die jetzt ihre Aufgaben wahrnimmt. Ein *gesetzliches* Erbrecht gibt es nur für den *Staat* (Bundesland) gemäß § 1936, sonst allenfalls noch nach Landesrecht gemäß Art 138 f EGBGB für *andere* juristische Personen des öffentlichen Rechts *anstelle des Staates* (s STAUDINGER/MAYER [1998] Art 138 EGBGB Rn 9 ff) sowie für den Staat oder andere (auch dem Privatrecht angehörende) juristische Personen in bezug auf den *Nachlaß verpflegter oder unterstützter Personen* (s STAUDINGER/MAYER [1998] Art 139 EGBGB Rn 10 ff).

2. Personengesellschaften und nichtrechtsfähige Vereine

Eine *OHG* (oder *KG*) soll nach hM Erbe sein können, da sie gemäß § 124 Abs 1 **31** (§ 161 Abs 2) HGB unter ihrer Firma Rechte erwerben kann (MünchKomm/LEIPOLD Rn 29; PALANDT/EDENHOFER Rn 1; SOERGEL/STEIN Rn 8; BGB-RGRK/KREGEL § 1922 Rn 4; vLÜBTOW II 643; dagegen mit beachtlichen Gründen FLUME ZHR 1972, 193 und Personengesellschaft § 7 III 6). Andere Gesamthandsgemeinschaften *(BGB-Gesellschaft, Gütergemeinschaft, Erbengemeinschaft)* werden mangels hinreichender rechtlicher Verselbständigung als nicht erbfähig angesehen (aM FABRICIUS, Die Relativität der Rechtsfähigkeit 236; für die BGB-Gesellschaft AK-BGB/DERLEDER Rn 1). Erbeinsetzungen solcher Gemeinschaften sind gemäß § 2084 als *Einsetzungen ihrer Mitglieder* auszulegen. Dasselbe gilt beim *nichtrechtsfähigen Verein* (§ 54 S 1). Eine andere Frage ist, ob die Erbschaft den Mitgliedern *unmittelbar als Vereinsvermögen* anfällt oder ob die einzelnen Mitglieder erst ihre Erbteile in das Vereinsvermögen einbringen müssen, wie die früher hM annahm (RG Recht 1929 Nr 975; PLANCK/FLAD Vorbem 2 zu § 2064; weitere Nachweise bei STAUDINGER/LEHMANN[11] Rn 18; zuletzt noch BGB-RGRK/STEFFEN § 54 Rn 17 u vLÜBTOW II 641 ff). Im Rahmen der Anwendbarkeit des für nichtrechtsfähige Vereine entsprechend geltenden § 718 Abs 1 wird jeder Erwerb unmittelbar Gesamthandsvermögen. Daher wurde schon früher (STAUDINGER/LEHMANN[11] Rn 18) ein erbrechtlicher Erwerb des Vereins als „durch die Geschäftsführung erworben" angesehen, weil die Zuwendung im Hinblick auf die Tätigkeit des Vereins gemacht wird; andere (vLÜBTOW aaO; STAUDINGER/KESSLER[12] § 718 Rn 6) bejahten das jedenfalls für den Erwerb eines Vermächtnisanspruchs, nicht jedoch für die Erbeinsetzung, da sonst die Vorschriften über die Erbengemeinschaft verletzt würden. Im Ergebnis wird heute der unmittelbare Übergang der Erbschaft in das Vereinsvermögen von der hM anerkannt (KIPP/COING § 84 I 2 b; EBENROTH Rn 18; HABSCHEID AcP 155, 401; SOERGEL/STEIN Rn 8; ERMAN/SCHLÜTER Rn 1; PALANDT/EDENHOFER Rn 7; MünchKomm/LEIPOLD Rn 30; FLUME Personengesellschaft § 7 III 6 u MünchKomm/REUTER § 54 Rn 19, beide für den *Ideal*verein). Es kann aber im Hinblick auf die *zweifelhafte Grundbuchfähigkeit* nichtrechtsfähiger Vereine angezeigt sein (§ 2084 !), die Erbeinsetzung des Vereins als Einsetzung natürlicher Personen (Vorstand, notfalls auch Mitglieder) mit einer Auflage zugunsten des Vereins anzusehen (vgl KG JFG 13, 133).

3. Künftige juristische Personen

Die juristische Person muß, um erben zu können, zZ des Erbfalls bestehen. Eine **32** Ausnahme gilt nur für Stiftungen (Rn 33). Abs 2 ist auf „werdende" juristische Personen nicht entsprechend anwendbar (PALANDT/EDENHOFER Rn 7; BGB-RGRK/KREGEL Rn 7; MünchKomm/LEIPOLD Rn 27; aM SOERGEL/STEIN Rn 8). Die Rechtsfähigkeit muß also schon beim Erbfall vorhanden sein. Andernfalls kommt nur Erbeinsetzung der Gründer mit der Auflage, die angefallenen Erbteile nach Entstehung der juristischen Person auf diese zu übertragen, oder Nacherbfolge (vgl §§ 2101 Abs 2, 2106 Abs 2 S 2) in Betracht.

Für **Stiftungen**, die durch Verfügung von Todes wegen errichtet werden (§ 83), kann **33** die zur Entstehung erforderliche Genehmigung (§ 80) naturgemäß erst nach dem

Vorbem zu §§ 1924–1936

Erbfall eingeholt werden. Wird die Genehmigung erteilt, so wirkt sie, soweit es um (letztwillige oder lebzeitige) *Zuwendungen des Stifters* geht, auf den Erbfall zurück, § 84 (wegen der Einzelheiten s die Erl dort). Es handelt sich um eine Parallele zu § 1923 Abs 2. § 84 gilt auch für Stiftungen, die *durch Rechtsgeschäft unter Lebenden* errichtet und *bis zum Tod des Stifters noch nicht genehmigt* wurden. Bis zur Entscheidung über die Genehmigung der Stiftung ist wegen Unbestimmtheit der Erbteile die Erbauseinandersetzung ausgeschlossen (§ 2043 Abs 2).

Vorbemerkungen zu §§ 1924–1936

Materialien: BT-Drucks 13/4899; 13/8511; 13/1499; BGBl 1998 I S 2968; BGBl 1998 I S 2942.

Schrifttum

ADLERSTEIN/DESCH, Das Erbrecht in den neuen Bundesländern, DtZ 1991, 193
BELLING, Einführung in das Recht der gesetzlichen Erbfolge, Jura 1986, 579
BOEHMER, Vorschläge zur Neuordnung der gesetzlichen Erbfolge (Schriften der AkDR, 1938)
ders, Die Rechtsstellung des Stiefkindes nach heutigem und künftigem Recht (Schriften der AkDR, 1941)
ders, Die Vermögensverfassung des deutschen Hauses (1943)
BOSCH, Aktuelle Probleme des Familien- und Erbrechts, FamRZ 1970, 497
COING, Empfiehlt es sich, das gesetzliche Erb- und Pflichtteilsrecht neu zu regeln? Gutachten für den 49. DJT, Verhandlungen des 49. DJT (1972) I A 1
DIECKMANN, Empfiehlt es sich, das gesetzliche Erb- und Pflichtteilsrecht neu zu regeln? Referat, 49. DJT (1972) II K 8
ders, Erbrechtliche Fragen familienrechtlicher Reformgesetze im Spiegel neuerer Lehrbücher, FamRZ 1979, 389
DIESTELKAMP, Adoption und Erbrecht, NJW 1965, 2041
DITTMANN, Adoption und Erbrecht, Rpfleger 1978, 277
DUMOULIN, Gesetzliches Erbrecht und Pflichtteilsrecht, Änderungsvorschläge aus der Sicht eines Notars, DNotZ Sonderheft 19. Notartag 1973, 84
EBBECKE, Der selbständige Anspruch des in zweiter Reihe berufenen Erben oder Pflichtteilsberechtigten, LZ 1919, 505
FIRSCHING, Zur Reform des deutschen Erbrechts, JZ 1972, 449
FREYTAGH-LORINGHOVEN, Der Sukzessionsmodus des deutschen Erbrechts (1908)
FRIESER, Innerdeutsches Erbrecht nach dem Einigungsvertrag, AnwBl 1992, 293
GAUL, Die Neuregelung des Abstimmungsrechts durch das Kindschaftsreformgesetz, FamRZ 1997, 1463
HEYMANN, Grundzüge des gesetzlichen Verwandtenerbrechts nach dem BGB (1896)
KÜHNE, Zur Reform des gesetzlichen Erb- und Pflichtteilsrechts, JR 1972, 221
LANGE, Die Ordnung der gesetzlichen Erbfolge, 2. Denkschr d ErbrA d AkDR (1938)
LEIPOLD, Erbrechtliche Aspekte der künstlichen Befruchtung und der künstlichen Verlängerung des Lebens, in: FS Kralik (1986) 467
LINDACHER, Änderung der gesetzlichen Erbfolge, mutmaßlicher Erblasserwille und Normativität des dispositiven Rechts, FamRZ 1974, 345
MANSEES, Das Erbrecht des Kindes nach künstlicher Befruchtung (1991)

1. Abschnitt. Erbfolge

ders, Einige Gedanken zum gesetzlichen Erbrecht des auf nicht natürlichem Wege erzeugten Kindes, FamRZ 1986, 756
MERTENS, Die Entstehung der Vorschriften des BGB über die gesetzliche Erbfolge und das Pflichtteilsrecht (1970)
NÄGELE, Auswirkungen des § 1925 IV BGB auf die Erbfolge, BWNotZ 1978, 79
QUANTIUS, Die Elternschaftsanfechtung durch das künstlich gezeugte Kind, FamRZ 1998, 1145
RADZIWILL/STEIGER, Erbrechtliche Gleichstellung der vor dem 1. 7. 1949 geborenen nichtehelichen Kinder – Steht der Gesetzgeber in der Pflicht?, FamRZ 1997, 268
RAUSCHER, Reformfragen des gesetzlichen Erb- und Pflichtteilsrechts (1993)
REICHERT-FACILIDES, Empfiehlt es sich, das gesetzliche Erbrecht und Pflichtteilsrecht neu zu regeln? Rechtsvergleichender Überblick, 49. DJT (1972) A 57
RHEINSTEIN/KNAPP/SUNDBERG/BROMLEY/RIEG/REICHERT-FACILIDES, Das Erbrecht von Familienangehörigen in positivrechtlicher und rechtspolitischer Sicht – Länderberichte zu den Rechten der Vereinigten Staaten, der sozialistischen Länder, Skandinaviens, Englands und Frankreichs mit einem rechtsvergleichenden Generalreferat (1971)

ROTH, Erbrechtliche Probleme bei der Adoption (Diss Freiburg 1979)
RÜTHE, Erbrechtsreform, FamRZ 1972, 626
SCHLÜTER/FEGELER, Die erbrechtliche Stellung der nichtehelichen Kinder und ihrer Väter nach Inkrafttreten des Erbrechtsgleichstellungsgesetzes, FamRZ 1998, 1337
SCHMITT-KAMMLER, Zur erbrechtlichen Problematik der Verwandten- und Stiefkinderadoption nach § 1756 BGB, FamRZ 1978, 570
SCHRAMM, Zum Erbrecht des Adoptivkindes, BWNotZ 1962, 40
STEFFEN, Empfiehlt es sich, das gesetzliche Erb- und Pflichtteilsrecht neu zu regeln?, DRiZ 1972, 263
STÖCKER, Grenzen der Erbrechtsreform, WM 1970, 774
ders, Die Neuordnung der gesetzlichen Erbfolge im Spiegel des mutmaßlichen Erblasserwillens, FamRZ 1971, 609
ders, Ist unser Erbrecht sozial? Zum Deszendentenerbrecht beim Ehegattenerbfall, JZ 1973, 15
STOLLENWERK/STOLLENWERK, Das Erbrechtsgleichstellungsgesetz, ZAP Fach 12 S 73
WIEACKER, Hausgenossenschaft und Erbeinsetzung, in: FS Siber (1941) 1
WIESER, Zur Feststellung der nichtehelichen Vaterschaft nach neuem Recht, NJW 1998, 2024.

Systematische Übersicht

I.	**Allgemeines über die Berufungsgründe**	
1.	Gesetzliche und gewillkürte Erbfolge	1
2.	Gesetzliche Berufungsgründe	3
3.	Gesetzliche Hoferbfolge	4
II.	**Grundlagen der Verwandtenerbfolge**	12
1.	Parentelsystem	13
2.	Stammes- und Liniensystem	14
3.	Gradesnähe	18
III.	**Verwandtschaft**	19
1.	Abstammung	20
a)	Eheliche Abstammung	21
b)	Nichteheliche Abstammung	24
c)	Künstliche Zeugung	26
d)	Kinder aufgehobener Ehen	30
e)	Legitimation durch nachfolgende Ehe	31
f)	Eheschluß nach Tod des Vaters	32
g)	Ehelicherklärung	33
2.	Erbrecht des nichtehelichen Kindes	34
3.	Verwandtschaft durch Annahme als Kind	46
4.	Maßgebender Zeitpunkt	49
IV.	**Feststellungsklage**	54
V.	**Kritische Würdigung des gesetzlichen Erbrechts**	55

Vorbem zu §§ 1924–1936

1

Alphabetische Übersicht

Abstammung	19 ff	Feststellungsklage	54
– eheliche	21		
– nichteheliche	24	Gradualsystem	13
Adoption	19, 46 ff, 52		
– Aufhebung	52	Hoferbe	4, 43
Berufungsgründe	3	Künstliche Befruchtung	26 ff
Beweislast	1, 19, 22		
Brautkinder	25	Legitimation durch nachfolgende Ehe	31
		Liniensystem	14
Ehe			
– aufgehobene	30	Parentelsystem	13
– nichtige	30		
Ehebruch	25	Rangfolge der Ordnungen	12
Ehelicherklärung	25, 33		
Einigungsvertrag	2	Simultanberufung	49
Eintrittsrecht	16, 42	Stammessystem	14 ff
Erbersatzanspruch	37, 41	Subsidiarität der gesetzlichen Erbfolge	1
Erbrecht			
– mehrfaches	17	Verwandtschaft	12 ff, 19 ff
– nach Kopfteilen	18	Vorzeitiger Erbausgleich	44
– nichteheliches Kind	30 ff		

I. Allgemeines über die Berufungsgründe

1 1. Nach § 1922 (Tod des Erblassers) und § 1923 (Erbfähigkeit) behandeln §§ 1924 ff die dritte Voraussetzung der Erbfolge, den **Berufungsgrund**, dh die Rechtsbeziehung, die die Vermögens- und Rechtsnachfolge einer bestimmten Person (des Erben) begründet. Neben der auf dem Willen des Erblassers beruhenden sog gewillkürten Erbfolge (§§ 1937–1941) regeln die §§ 1924–1936 die gesetzliche Erbfolge. Diese Erbenbestimmung kraft Gesetzes kommt allein zum Tragen, soweit der Erblasser nicht durch letztwillige Verfügung einen oder mehrere Erben eingesetzt hat (*Subsidiarität der gesetzlichen Erbfolge*, §§ 1937, 1941, 2088, 2089, 2104). Das bedeutet jedoch nicht, daß der das gesetzliche Erbrecht Geltendmachende das Fehlen einer wirksamen Verfügung von Todes wegen zu beweisen hätte. Der gesetzliche Regelfall ist die gesetzliche Erbfolge; den Hinderungsgrund einer letztwilligen Verfügung muß daher beweisen, wer sich auf ihn beruft (SOERGEL/STEIN § 1924 Rn 31; BAUMGÄRTEL/SCHMITZ Vor §§ 1924 ff Rn 6 mN zum Streitstand). Ohne den Vorrang der gewillkürten Erbfolge wäre diese unmöglich, die Bestimmungen über letztwillige Verfügungen überflüssig (BROX Rn 36). Dementsprechend wurde im ersten Entwurf und in den Beratungen zum zweiten Entwurf die gewillkürte vor der gesetzlichen Erbfolge unter Ablehnung eines entgegenstehenden Antrages abgehandelt (MERTENS 15, 19). Aufgrund der dagegen erhobenen Kritik (vgl MERTENS 15, 38 ff) wurde nach den sachlichen Beratungen der einzelnen Vorschriften zum zweiten Entwurf die gesetzliche Erbfolge vorangestellt, um äußerlich dem tragenden Gedanken der Erbfolge Rechnung zu tragen, der sich entsprechend dem altdeutschrechtlichen Grundsatz „Das Gut geht wie das Blut" aus den Bindungen des Blutes und der Ehe sowie aus der Notwendigkeit ergibt, den Erwerbstrieb und den Trieb zur Fürsorge für die Familie anzuspornen, um die Weiterführung der Lebensarbeit durch die kommenden Geschlechter zu ermöglichen. Damit wird gleichzeitig die wirtschaftliche Existenz der Familie gesichert, die staatliche Fürsorge braucht nicht in Anspruch genommen zu werden. Persönliche Bindung, wirtschaftliche Verflechtung und Versorgung der Familie stützen somit den im BGB verankerten Grundsatz der Familienerbfolge (BELLING Jura 1986, 579, 580). Im altgermanischen Recht bestand ausschließlich ein Familienerbrecht, das nicht durch Verfügungen des Erblassers beeinträchtigt werden konnte (MERTENS 30 ff; Zur geschichtlichen Entwicklung des Verwandtenerbrechts vgl LANGE/KUCHINKE § 10 I).

Die gesetzliche Erbfolge orientiert sich am mutmaßlichen Erblasserwillen, der regelmäßig auf eine Begünstigung der jüngeren Generation und gegen die Zersplitterung des Nachlasses unter entfernteren Verwandten gerichtet ist (BELLING 581). Die in den §§ 1924–1936 getroffenen Regelungen haben in der Bevölkerung weitgehend Anerkennung gefunden. Der weitaus größte Teil (lt EMNID-Umfrage etwa 2/3, vgl STÖCKER FamRZ 1971, 610) aller Bürger verzichtet auf das ihm nach dem Grundsatz der Testierfreiheit zustehende Recht, nach eigenem Belieben seine Erben zu bestimmen. Zudem enthalten Verfügungen von Todes wegen oft einen Verweis auf die gesetzliche Erbfolge oder treffen die gleiche Anordnung wie das Gesetz. Das gilt zumindest für die Erblasser, die kein größeres Vermögen oder kein Geschäftsunternehmen hinterlassen. Gesetzliche und gewillkürte Erbfolge können nebeneinander zur Anwendung kommen, wenn der Erblasser nur über einen Teil seines Nachlasses letztwillig verfügt hat; es gilt allein für diesen die gewillkürte, für den Rest aber die gesetzliche Erbfolge, § 2088 Abs 1 (BELLING 580). Bestimmt der Erblasser letztwillig lediglich einen Nacherben, so bestimmt sich der Vorerbe nach der gesetzlichen Erbfolge, setzt der Erblasser eine Person unter einer auflösenden Bedingung oder Befristung ein, ist der Bedachte Vorerbe, die Nacherben bestimmen sich nach §§ 1924 ff.

Die Anwendbarkeit der §§ 1924 ff im gesamten Bundesgebiet nach dem Beitritt der **2** DDR zur Bundesrepublik Deutschland am 3. Oktober 1990 richtet sich nach dem durch Anlage I, Kapitel III, Sachgebiet Bürgerliches Recht, Abschnitt 2 des Vertrages zwischen der Bundesrepublik Deutschland und der Deutschen Demokratischen Republik über die Herstellung der Einheit Deutschlands (Einigungsvertrag) vom 31. 8. 1990 (BGBl II 889) eingefügten sechsten Teil des EGBGB. Im Grundsatz gilt gem Art 230 Abs 2 EGBGB das Erbrecht des BGB. Nach Art 235 § 1 EGBGB findet das bisherige Recht auf vor dem Beitritt liegende Erbfälle Anwendung, was nicht notwendig bedeutet, daß in Brandenburg, Mecklenburg-Vorpommern, Sachsen, Sachsen-Anhalt, Thüringen und dem Ostteil Berlins das Recht der ehemaligen DDR zur Anwendung gelangt (STAUDINGER/DÖRNER [1996] Art 236 §§ 1–3 EGBGB Rn 62; JAUERNIG/STÜRNER Rn 4; FRIESER AnwBl 1992, 295 f). Welches das bisherige Recht ist, hängt von dem innerdeutschen Kollisionsrecht ab (BezG Erfurt FamRZ 1994, 465; ausführlich PALANDT/EDENHOFER Art 235 § 1 EGBGB Rn 5 mwN; FRIESER AnwBl 1992, 295), für das bei nicht abgeschlossenen Vorgängen nach dem 3. 10. 1990 in der gesamten Bundesrepublik die analoge Anwendung des EGBGB maßgeblich ist (PALANDT/EDENHOFER Art 236 §§ 1–3 EGBGB Rn 4 f; BOSCH FamRZ 1992, 993, 996; ADLERSTEIN/DESCH DtZ 1991, 193, 195 f; aA STAUDINGER/DÖRNER [1996] Art 236 §§ 1–3 EGBGB Rn 73 ff mit ausführlicher Darstellung des Streitstands). Maßgeblich ist danach anders als im internationalen Privatrecht der ehemaligen DDR nicht die Staatsangehörigkeit des Erblassers, sondern

Vorbem zu §§ 1924–1936
3, 4

sein letzter gewöhnlicher Aufenthaltsort (BezG Erfurt aaO; zumindest für Fälle einer Übersiedlung aus der DDR in die Bundesrepublik auch BayObLG FamRZ 1994, 466, 468 f; STAUDINGER/ RAUSCHER [1996] Art 235 § 1 EGBGB Rn 6; MünchKomm/LEIPOLD, Zivilrecht im Einigungsvertrag, Art 235 § 1 EGBGB, Rn 648). Im Einzelfall kann das Erbrecht der früheren DDR zur Anwendung gelangen: Bis zum Inkrafttreten des ZGB am 1. 1. 1976 galt das BGB mit den durch die sozialistische Gesellschaftsordnung und familienrechtliche Reformen (zB: Verordnung vom 29. 11. 1956 zur Gleichstellung angenommener Kinder mit ehelichen; EGFGB § 9: Gleichstellung auch nichtehelicher Kinder; EGFGB § 10: Ehegatte als Erbe erster Ordnung) bedingten Änderungen. Auch das ZGB normierte die Besserstellung des Ehegatten sowie die Gleichstellung nichtehelicher Kinder.

Zur Rechtslage nach dem früheren ZGB siehe die Kommentierungen zu §§ 1924– 1936 im einzelnen. Das ZGB stellte in § 370 Abs 3 den Vorrang der gewillkürten Erbfolge ausdrücklich fest. Darüber hinaus wurde in §§ 364–369 ZGB die Regelung der §§ 1924–1936 im wesentlichen übernommen.

Eine Ausnahme von der grundsätzlichen Anwendbarkeit des BGB auf nach dem 3. 10. 1990 liegende Erbfälle (EGBGB 230 II, 235 § 1 Abs 1) bilden gem EGBGB 235 § 1 Abs 2 die §§ 1934 a bis 1934 e dann, wenn das nichteheliche Kind vor dem Beitritt geboren wurde, um die nach dem Recht der DDR begründete Erbaussicht des nichtehelichen Kindes nicht zu enttäuschen (STAUDINGER/RAUSCHER [1996] Art 235 § 1 EGBGB Rn 2; PALANDT/EDENHOFER 235 § 1 EGBGB Rn 2).

3 2. Die gesetzliche Erbfolge kennt drei **Berufungsgründe**: (1.) *Verwandtschaft* (§§ 1924–1930), (2.) *Ehe* (§§ 1931–1934) und (3.) *Staatsangehörigkeit* (§ 1936). Im Hinblick auf die ersten beiden Berufungsgründe, die nebeneinander gelten und das Erbrecht des Staates (§ 1936) ausschließen, sind die Vorschriften des vierten Buches und des EheG mit einzubeziehen, so zur Bestimmung des zur Erbschaft berufenen Verwandten (§§ 1589 ff) und Ehegatten, zur Berechnung der Erbquote (§ 1371 Abs 1, 3) oder der Nachlaßbelastungen (§§ 1371 Abs 2, 3, 4) und zur fortgesetzten Gütergemeinschaft (§§ 1483–1518).

4 3. Die **gesetzliche Hoferbfolge** bestimmt sich in teilweiser Abweichung von §§ 1924 ff nach §§ 5, 6, 8 HöfeO, deren Geltungsbereich sich jedoch gemäß Art 125 Nr 1 GG, Art 3 § 8 d. 2. ÄG-HöfeO als partielles Bundesrecht auf die Bundesländer Hamburg, Niedersachsen, Nordrhein-Westfalen und Schleswig-Holstein beschränkt, (zum Anerbenrecht hinsichtlich land- und forstwirtschaftlicher Grundstücke sowie zum Geltungsbereich der Anerbengesetze ausführlich Erl zu § 1922) sowie nach den ähnlichen Regelungen des § 11 Bremisches Höfegesetz (GVBl 1948, 124–128; 1965, 134; 1971, 14), der §§ 16 ff HöfeO RhPf (GVBl 1967, 138; 1974, 155; 1981, 331), der §§ 7 ff des Badischen Hofgütergesetzes (Bad GVBl 1898, 405; Bad-Württ GVBl 1965, 301; 1970, 290) und Art 8 ff des Württembergischen Anerbengesetzes (RegBl 1930, 5; Bad-Württ GVBl 1965, 301; 1970, 290). In Hessen besteht nach der Hessischen Landgüterordnung idF v 13. 8. 1970 (GVBl 1970, 548–551) keine besondere gesetzliche Hoferbenordnung, sondern lediglich ein Übernahmerecht eines Miterben (§§ 11 ff). Für die übrigen Bundesländer ohne eine spezielle gesetzliche Hoferbfolgeregelung gelten die §§ 13 ff Grundstücksverkehrsgesetz.

In der DDR galt für Erbfälle vor dem 1. 1. 1976 gem Art II des KRG Nr 45 das

1. Abschnitt. Erbfolge

landwirtschaftliche Sondererbrecht, wie es am 1. 1. 1933 auf dem Gebiet der neuen Bundesländer bestand, also die Anerbenrechte einer Exklave Braunschweigs sowie die Landgüterordnungen der preußischen Provinzen Brandenburg, Schlesien und Hannover (BENDEL, Landwirtschaftliches Sondererbrecht in den fünf neuen Bundesländern, AgrarR 1991, 1, 2 f). Die Anerbenrechte von Mecklenburg-Strelitz und Mecklenburg-Schwerin sind durch Gesetz des Landes Mecklenburg vom 24. 8. 1951 (Regierungsblatt für Mecklenburg 1951 Nr 19, 86) aufgehoben worden (AG Pinneberg DtZ 1992, 300, 301; aA BENDEL aaO). Für spätere Erbfälle galt dagegen nur noch das ZGB (AG Pinneberg aaO; BENDEL 4). Genossenschaftlich genutztes Eigentum wurde im Prinzip nach allgemeinen erbrechtlichen Bestimmungen vererbt (BENDEL 4). Gemäß Art 8 des Einigungsvertrages ist die Höfeordnung in den neuen Bundesländern nicht in Kraft getreten, so daß auch für diese die §§ 13 ff Grundstücksverkehrsgesetz gelten.

Zur Bedeutung des Erbrechts der DDR nach gegenwärtiger Rechtslage vgl Rn 2

Bei der gesetzlichen Hoferbfolge fällt der Hof als ein Teil der Erbschaft an den sog Hoferben, § 4 S 1 HöfeO. Diesen kann der Erblasser letztwillig bestimmen (§ 7 HöfeO, § 8 Bremisches Höfegesetz, § 15 HöfeO RhPf, § 6 Badisches Hofgütergesetz, Art 6 Württembergisches Anerbengesetz). Hat er dies unterlassen, gilt die gesetzliche Hoferbfolge (Subsidiarität der gesetzlichen gegenüber der gewillkürten Erbfolge, vgl Vorbem 1). Diese bestimmt § 5 HöfeO (ebenso die zuvor aufgeführten Anerbengesetze) in Abweichung von §§ 1924 ff. Entspr §§ 1924 ff schließt ein Hoferbe einer niederen Ordnung den einer höheren aus. Verwandte des Erblassers können Hoferbe jedoch nur werden, wenn sie „wirtschaftsfähig" sind, sie müssen fähig und in der Lage sein, den Hof selbständig zu bewirtschaften. Allerdings schließt eine auf mangelnder Altersreife beruhende Unfähigkeit die Hoferbenschaft nicht aus, § 6 Abs 6, 7 HöfeO, § 17 Abs 4 HöfeO RhPf, § 11 Bremisches Höfegesetz. In Baden, Hessen und Württemberg ist keine Wirtschaftsfähigkeit erforderlich.

a) Gesetzliche **Hoferben erster Ordnung** sind die **Kinder des Erblassers** und deren **Abkömmlinge**, § 5 Abs 1 Nr 1 HöfeO, § 16 Abs 1 Nr 1 HöfeO RhPf (zur nichtehelichen Abstammung vgl Rn 24), soweit sie gesetzliche Erben iSd § 1924 BGB sind, § 5 Abs 1 HöfeO. Existieren mehrere solcher Erben, bestimmt sich der Hoferbe nach § 6 Abs 1 HöfeO. Zunächst erhält derjenige den Hof, dem vom Erblasser die Bewirtschaftung des Hofes auf Dauer übertragen war, sofern sich der Erblasser dabei die Hoferbenbestimmung nicht vorbehalten hatte, § 6 Abs 1 Nr 1 HöfeO. In zweiter Linie soll der miterbende Abkömmling berufen sein, durch dessen Ausbildung bzw durch dessen Beschäftigung auf dem Hof der Erblasser hat erkennen lassen, daß er den Hof übernehmen soll, § 6 Abs 1 Nr 2 HöfeO. Liegen diese Voraussetzungen bei mehreren Abkömmlingen vor, ist je nach Ortsbrauch der Älteste oder Jüngste berufen, § 6 Abs 1 aE HöfeO. Das gleiche gilt, wenn kein Abkömmling die Voraussetzungen der Nrn 1 und 2 des § 6 Abs 1 HöfeO erfüllt, § 6 Abs 1 Nr 3 HöfeO.

b) Gesetzlicher **Hoferbe zweiter Ordnung** ist der **Ehegatte** des Erblassers, § 5 Abs 1 Nr 2 HöfeO. Der Ehegatte scheidet jedoch als Hoferbe aus, wenn Verwandte der dritten und vierten Hoferbenordnung leben und ihr Ausschluß von der Hoferbfolge durch den Ehegatten grob unbillig wäre, wobei insbesondere Leistungen der nachrangigen Personen für den Hof zu berücksichtigen sind, § 6 Abs 2 Nr 1 HöfeO. Der

Ehegatte scheidet weiterhin bei Ausschluß von der gesetzlichen Erbfolge gem § 1933 BGB aus.

8 c) Gesetzliche **Hoferben der dritten Ordnung** sind die **Eltern** des Erblassers, wenn der Hof von ihnen oder aus ihren Familien stammt oder mit ihren Mitteln erworben ist, § 5 Abs 1 Nr 3 HöfeO. Der Hof fällt beiden Elternteilen gemeinschaftlich als Ehegattenhof an. Lebt nur noch ein Elternteil, erhält er den Hof allein. Ist die Ehe der Eltern vor dem Erbfall auf andere Weise als durch Tod eines von ihnen aufgelöst worden, scheiden sie als Hoferben aus, § 6 Abs 4 S 3 HöfeO.

9 d) Gesetzliche **Hoferben der vierten Ordnung** sind die **Geschwister** des Erblassers und deren Abkömmlinge, § 5 Abs 1 Nr 4 HöfeO. Existieren mehrere solcher Erben, erhält – wie bei den Hoferben der ersten Ordnung – zunächst derjenige den Hof, dem vom Erblasser die Bewirtschaftung des Hofes ohne Vorbehalt späterer Hoferbenbestimmung auf Dauer übertragen war. In zweiter Linie erbt derjenige, durch dessen Ausbildung oder Beschäftigung auf dem Hof der Erblasser hat erkennen lassen, daß er den Hof übernehmen solle, § 6 Abs 5 S 1, Abs 1 HöfeO. Sind solche Personen nicht vorhanden, erben in Abweichung zur ersten Ordnung in erster Linie die Geschwister, die mit dem Erblasser den Elternteil gemeinsam haben, von dem oder aus dessen Familie der Hof stammt, § 6 Abs 5 S 2 HöfeO. Sind ältere Geschwister vorverstorben, so rücken deren Abkömmlinge abweichend vom Stammessystem nicht vor jüngeren Geschwistern nach, sondern es gilt das Gradualsystem (OLG Oldenburg NJW-RR 1993, 1227).

10 e) Bei einem **Ehegattenhof** fällt der Anteil des Erblassers allein dem überlebenden Ehegatten als Hoferben zu, § 8 HöfeO (Hofvollerbe).

11 f) Sind keine Personen vorhanden, die die Voraussetzungen der speziellen Hoferbeneigenschaft iSd HöfeO erfüllen, vererbt sich der Hof gem § 10 HöfeO nach dem allgemeinen Erbrecht der §§ 1924 ff (Subsidiarität der allgemeinen gesetzlichen Erbfolge gegenüber der speziellen gesetzlichen Hoferbfolge).

II. Grundlagen der Verwandtenerbfolge

12 Bei der Regelung der gesetzlichen Verwandtenerbfolge geht das BGB von der sog **Parentelordnung** aus, die bei einigen deutschen Stämmen galt (insbes Sachsenspiegel I 5 § 1; zur Rechtslage vor 1900 MERTENS 44 ff), letztlich aber auf Justinian zurückgeht (BELLING Jura 1986, 579, 581). Sie liegt dem ABGB und dem Schweizer ZGB (Art 457 ff) zugrunde und ist im skandinavischen Rechtskreis, im türkischen und griechischen Recht maßgebend.

13 1. Im Gegensatz zum sog *Gradualsystem* ist nicht die Nähe der Verwandtschaft mit dem Erblasser, die Gradesnähe entscheidend (der Vater des Erblassers würde zB nach dem Gradualsystem dessen Enkel von der Erbschaft ausschließen). Vielmehr bezweckt das *Parentelsystem*, die Erbschaft möglichst der jüngeren Generation zukommen zu lassen, um dieser beim Aufbau einer wirtschaftlichen Existenz zu helfen und ihre Selbständigkeit zu sichern. Die Verwandten des Erblassers werden daher zu Gruppen, sog **Ordnungen** oder **Parentelen**, zusammengefaßt. Zu jeder Parentel gehören alle von demselben Vorfahren (parens) abstammenden Verwandten sämtlicher

1. Abschnitt. Erbfolge

Vorbem zu §§ 1924–1936

Generationen einschl dieses Vorfahren selbst (BELLING 581). Die erste *Parentel* geht vom Erblasser selbst aus, dh der ersten Ordnung gehören die Abkömmlinge des Erblassers an (§ 1924). Die weiteren Parentelen sind in der Reihenfolge von der Nähe des Vorfahren zum Erblasser abhängig, dh der nähere Vorfahre begründet die nähere Parentel. Ausgehend von dem Erblasser bauen sich, wenn man zu seinen Vorfahren aufsteigt, die weiteren Parentelen auf, die zweite wird von den Eltern des Erblassers und deren Abkömmlingen (§ 1925), die dritte von den Großeltern des Erblassers und ihren Abkömmlingen (§ 1926), die vierte von den Urgroßeltern des Erblassers und deren Abkömmlingen (§ 1928) usw gebildet. Die Zahl der erbberechtigten Ordnungen ist unbegrenzt, § 1929. Die durch einen näheren Vorfahren verbundenen Verwandten schließen die durch einen entfernteren verbundenen aus. Ein Angehöriger einer entfernteren Ordnung ist erst dann zur Erbfolge berufen, wenn kein einziger Angehöriger einer näheren Ordnung vorhanden ist, § 1930. Durch Art 1 Nr 2 NichtehelG ist mit Aufhebung des § 1589 Abs 2 aF ein nichteheliches Kind mit seinem Vater verwandt und schließt damit als Angehöriger einer vorangehenden Ordnung die einer nachgehenden aus, § 1930 aE. Damit erben Enkel, Urenkel und entferntere Nachkommen des Erblassers vor dessen Eltern (näheres § 1930).

2. Ergänzt wird das Parentelsystem durch das sog **Stammes- und Liniensystem**. Dieses entscheidet die Erbfolge, wenn innerhalb ein- und derselben Ordnung mehrere mit dem Erblasser verwandte Personen vorhanden sind. Innerhalb einer jeden Parentel werden *Untergruppen* gebildet, das Erbrecht wird auf verschiedene *Stämme* aufgeteilt.

a) Zu einem **Stamm** gehören jeweils die Personen, die durch ein- und dieselbe Person (Stammvater, Stammutter) mit dem Erblasser verwandt sind (BELLING Jura 1986, 579, 582). Der Stamm erfaßt also das Abstammungsverhältnis des Stammvaters bzw der Stammutter zu ihren Abkömmlingen (Verhältnis *abwärts* zu den Nachkommen). Das Verhältnis derselben Personen *aufwärts* zu ihren Stammeltern (Vorfahren) wird als **Linie** bezeichnet (BELLING aaO). Die Erbberechtigung des jeweiligen Stammvaters oder der Stammutter bestimmt das Erbrecht in jeder dieser Untergruppen, *Stammesgrundsatz*. In der ersten Ordnung gehen die Stämme von den jeweiligen Kindern des Erblassers aus, von seinen Enkeln Unterstämme. In der zweiten und den entfernteren Ordnungen gehen die Linien auf die mehreren der jeweiligen Ordnung angehörigen Eltern bzw Voreltern zurück. Jeder dieser Elternteile (Abkömmlinge können auch halbbürtige Geschwister sein) ist wiederum Ausgangspunkt eines neuen Stammes, die Kinder dieser Elternteile bilden mit ihren Nachkommen Unterstämme. Vollbürtige Geschwister des Erblassers gehören dem mütterlichen wie väterlichen Stamm an (BELLING aaO). Innerhalb einer Ordnung (Parentel) erhält jeder Stamm den gleichen Erbteil, dh die Erbschaft wird nicht nach der Zahl der noch vorhandenen Verwandten (Köpfe), sondern nach der Zahl der Stämme verteilt. Dadurch wird wiederum einer zu weitgehenden Nachlaßzersplitterung entgegengewirkt (BELLING aaO).

b) Die **Repräsentation des Stammes** durch den lebenden Stammelternteil und das **Eintrittsrecht der Kinder** für einen wegfallenden Stammelternteil bedeuten, daß ein noch lebender erbberechtigter Stammelternteil seine durch ihn vertretenen mit dem Erblasser verwandten Abkömmlinge von der Erbschaft ausschließt, während an die

Stelle eines weggefallenen (durch Tod vor dem Erbfall; Enterbung, § 1938; Ausschlagung, § 1953 Abs 2; Erbunwürdigkeitserklärung, § 2344; Erbverzicht, § 2346 Abs 1 S 2; Ausnahme: § 2349) Stammelternteiles seine durch ihn mit dem Erblasser verwandten Abkömmlinge treten. Dieses Eintrittsrecht ist ein *eigenes Recht* (Mot V 367, 375, 481, 705; Prot V 607; vLübtow I 47) des für einen weggefallenen Stammelternteil eintretenden Abkömmlings und nicht davon abhängig, daß der ausfallende Stammelternteil den Erblasser beerbt hat. Der Eintretende erbt aufgrund seiner blutsmäßigen Beziehung zum Erblasser. Treffen also mit den Abkömmlingen ersten Grades entferntere Abkömmlinge zusammen (mit einem Sohn des Erblassers die Kinder einer verstorbenen Tochter des Erblassers) oder erben nur entferntere Abkömmlinge (etwa Enkel des Erblassers), so erhalten sie zusammen den Erbteil, den ihr weggefallener Stammelternteil erhalten hätte, wenn er zur Erbfolge gelangt wäre. Da Kinder zu gleichen Teilen erben (§ 1924 Abs 4), wird hierdurch ebenso eine schematische Kopfteilung wie eine Bevorzugung der näheren zufällig noch lebenden Abkömmlinge vermieden, das Abfließen des Gutes in die jüngere Generation gesichert.

17 c) Die Parentelordnung in Verbindung mit dem Stammesgrundsatz und dem Eintrittsrecht macht mithin die Erbfolge von dem zufälligen früheren oder späteren Versterben eines Familienmitgliedes völlig unabhängig und führt zu einer Verteilung der Erbschaft, wie wenn sie durch alle verstorbenen Familienmitglieder vererbt worden wäre. Aufgrund der Zugehörigkeit zu mehreren Stämmen ist eine *mehrfache Erbberechtigung* möglich. In den ersten drei Ordnungen erhält, wer mehreren Stämmen angehört, in jedem Stamm den ihm zufallenden Anteil, § 1927.

18 3. Das Parentelsystem mit Erbfolge nach Stämmen und Eintrittsrecht gilt nur für die ersten drei Ordnungen. **Von der vierten Ordnung an** entscheidet innerhalb der jeweiligen Ordnung allein die **Gradesnähe** (§ 1589 S 3). Gleich nahe Verwandte erben ohne Unterscheidung von Stämmen und Linien nach **Kopfteilen**, § 1928. Auf diese Weise wird eine zu große Zersplitterung des Nachlasses verhindert (Belling Jura 1986, 579, 583).

III. Verwandtschaft

19 Aus §§ 1924, 1928, 1930, 1934, 1936, 2067, 2346 ergibt sich, daß die Verwandtschaft (vgl §§ 1589, 1741 ff) mit dem Erblasser Voraussetzung für die Zugehörigkeit zu einer der zur gesetzlichen Erbfolge berufenen Ordnungen (Parentelen) ist. Das verwandtschaftliche Verhältnis bestimmt sich nach den familienrechtlichen Vorschriften des vierten Buches des BGB. Die Verwandtschaft mit dem Erblasser beruht auf **Abstammung** oder **Adoption**. Die Ehe begründet keine Verwandtschaft unter den Eheleuten und deren Verwandten (Schwägerschaft, § 1590). Für die Verwandtschaftsverhältnisse zwischen der eigenen bzw den die Verwandtschaft vermittelnden Personen und dem Erblasser ist der gesetzliche Erbe beweispflichtig (Baumgärtel/Strieder §§ 1924–1930 Rn 1). Zur Frage, inwieweit die Beweislast auch das Fehlen näherer oder gleichnaher Verwandter umfaßt, vgl § 1930 Rn 8.

1. Abschnitt. Erbfolge

Vorbem zu §§ 1924–1936
20–21b

1. Abstammung §§ 1589 ff

Mit dem Erblasser verwandt sind einmal die Personen, von denen er bzw die von ihm 20
in gerader Linie, zum anderen Personen, die mit ihm gemeinsam von einer dritten
Person (Seitenlinie) abstammen, § 1589. Diese natürliche Abstammung (Blutsverwandtschaft) wird durch Zeugung und Geburt begründet.

a) Das Abstammungsverhältnis zur leiblichen Mutter bestimmt sich nach § 1591 21
nF. Dabei wird, wie auch beim Vater, an das Geburtsereignis angeknüpft, so daß als
Mutter eines Kindes die Frau gilt, welche es geboren hat. Das Abstammungsrecht
stellt zwar grundsätzlich auf die genetische Herkunft ab, doch war es im Zuge der
Einführung des KindRG notwendig, auch eine Abstammungsregelung bezüglich der
Mutter einzuführen, da durch die immer neuen Fortschritte in der Gentechnik und
der Fortpflanzungsmedizin es auch zu Zweifelsfällen an der Mutterschaft einer Frau
zu einem Kind kommen kann. Zwar ist eine Spende von Eiern in Deutschland
verboten (vgl Embryonenschutzgesetz; § 13 c, d AdoptVermG), jedoch dient die
Regelung des § 1591 nF einer zivilrechtlichen Klarstellung der Fälle der Verletzung
dieses Verbotes oder der Fälle von Eispenden im Ausland. § 1591 nF bezweckt die
Verhinderung der Leihmutterschaft und ist nicht als gesetzliche Billigung der Fälle
verbotener künstlicher Befruchtung anzusehen (BT-Drucks 13/4899 S 82 f; 13/8511 S 69;
PALANDT/DIEDERICHSEN Einf zu § 1591 Rn 13 ff mwN; § 1591 Rn 1).

Sofern Zweifel und Streitigkeiten bezüglich der Mutterschaft auftreten, fehlt es an 21 a
einer Norm zur Anfechtung der Mutterschaft. Aufgrund der eindeutigen Formulierung verbietet sich auch eine Analogie zu den §§ 1599 nF (für eine Anfechtung der
Scheinmutterschaft LEIPOLD, in: FS Kralik S 474 f). Damit ist die von § 1591 nF festgelegte
Abstammung für alle familienrechtlichen Beziehungen zwischen Mutter und Kind
unanfechtbar. Lediglich auf Grund des Rechts des Kindes auf Kenntnis seiner Abstammung ist eine Feststellungsklage gem § 256 ZPO in Analogie zur gerichtlichen
Feststellung der Vaterschaft (§ 1600 d nF) und die dazugehörenden Voraussetzungen
zulässig. Eine Statusklage zur Feststellung der Mutterschaft ist nicht möglich (BT-Drucks 13/4899 S 83 QUANTIUS FamRZ 1998, 1145; zu dogmatischen und konzeptionellen Schwierigkeiten dieser Regelung GAUL FamRZ 1997, 1463 ff).

a) Für das Abstammungsverhältnis eines Kindes zum leiblichen Vater hat das 21 b
Gesetz in §§ 1592–1600 e besondere Vermutungs- und Anfechtungsregeln aufgestellt. Ein nach Eheschluß geborenes Kind gilt grundsätzlich als vom Vater abstammend (bzgl der Mutter vgl Rn 21 f), sofern es während der Ehe geboren worden ist
(§ 1592 Nr 1 nF). Ein unter den Voraussetzungen der §§ 1593 S 1, 1592 Nr 1 nF
geborenes Kind gilt nach Auflösung der Ehe durch den Tod des Ehemannes ebenfalls
als vom Vater abstammend und ist somit mit diesem verwandt und dessen gesetzlicher Erbe, solange die Vaterschaft nicht durch Anfechtungsklage angefochten ist
(dazu im einzelnen PALANDT/DIEDERICHSEN §§ 1592 ff). Die Anordnung der §§ 1593 S 1,
1592 Nr 1 nF resultiert daraus, daß bei Auflösung der Ehe durch den Tod im Gegensatz zur Scheidung kein Anhaltspunkt für ein Zerwürfnis zwischen den Ehegatten
besteht, welches zu Zweifeln an der Vaterschaft führen könnte. Im Zuge der europäischen Vereinheitlichung wurde dabei die Empfängniszeit von vormals 302 Tagen
auf 300 Tage festgelegt, wobei ein Gegenbeweis zulässig ist (BT-Drucks 13/4899 S 63).

Vorbem zu §§ 1924–1936
22–24

22 Auch **Kinder für vermißt erklärter Männer** gelten als von ihnen abstammend, sofern sie innerhalb von 300 Tagen nach dem gem §§ 9, 39, 44 VerschG festgestellten und im Personenstandsbuch gem § 60 Abs 1 PStG eingetragenen Todeszeitpunkt geboren worden sind, und die Vaterschaft nicht rechtskräftig angefochten worden ist, §§ 1599 Abs 1 1. Alt, 1600 ff nF (PALANDT/DIEDERICHSEN § 1593 Rn 3, 4; BT-Drucks 13/1499 S 84, vgl SOERGEL/STEIN § 1924 Rn 4). Hat die Mutter wieder geheiratet, so findet § 1593 S 3 nF, der § 1600 aF entspricht, Anwendung (vgl SOERGEL/STEIN aaO). Bei lediglich unzutreffender Beurkundung des Todes des ersten Ehegatten ist für die Abstammung der während der zweiten nach §§ 1314 Abs 1, 1306 nF aufhebbaren Ehe geborenen Kinder § 1593 S 3 nF maßgebend, sofern diese innerhalb von 300 Tagen nach dem in der Sterbeurkunde genannten Datum zur Welt gekommen sind (vgl PALANDT/DIEDERICHSEN § 1593 Rn 3, 4; vgl SOERGEL/STEIN aaO). Ohne Wiederheirat gelten sie nach der Vermutung der §§ 1593 S 1, 1592 Nr 1 nF auch über diesen Zeitraum hinaus als Kinder des verschollenen Ehegatten (BAUMGÄRTEL/SCHMITZ Vor §§ 1924 ff Rn 3).

23 Grundsätzlich gilt für die Abstammung zunächst die Eintragung in den *Personenstandsbüchern*, denn diese beweisen gem § 60 PStG die Angaben über Eheschließung und Geburt. Gegenbeweis ist gem § 60 Abs 2 PStG zulässig.

24 b) Das **nicht während der Ehe geborene Kind** stammt wie das während der Ehe geborene von seinen leiblichen Eltern ab. Nach Streichung des § 1589 Abs 2 aF (vgl Rn 40) besteht hinsichtlich der Verwandtschaft grundsätzlich kein Unterschied, ob sie auf einer ehelichen oder außerehelichen Abstammung beruht. Die Abstammung vom Erzeuger (Vater) und damit die Zuordnung zu dessen erbberechtigten Verwandten besteht, sofern das Kind nicht während der Ehe der Mutter mit dem Erzeuger geboren wurde wenn die *Vaterschaft anerkannt* oder durch gerichtliche Entscheidung vor oder nach dem Erbfall rechtskräftig festgestellt worden ist, §§ 1592 Nr 2, 3; 1594 ff, 1600 d, §§ 640–641 k ZPO, § 55 b FGG (Einzelheiten des Verfahrens bei WIESER NJW 1998, 2024 ff). Die gerichtliche Vaterschaftsfeststellung wird gem §§ 55 b Abs 2, 16 Abs 2 S 1 FGG frühestens zwei Wochen nach Zustellung der Verfügung wirksam. Diese Feststellung wirkt auf den Zeitpunkt der Geburt zurück (vgl SOERGEL/STEIN § 1924 Rn 7). Das bedeutet freilich nicht, daß dadurch erbrechtliche Rechtshandlungen, die das nichteheliche Kind vor rechtskräftiger Vaterschaftsfeststellung vorgenommen hat, geheilt würden. Pflichtteilsansprüche müssen wegen der Sperre des § 1600 d nF erneut geltend gemacht (BGHZ 85, 274, 277), Testamentsanfechtungen wiederholt werden. Das gilt auch nach dem Tode des Scheinvaters. Die anerkannte oder festgestellte Abstammung vom außerehelichen Vater wird gem § 29 Abs 1 PStG am Rande des Geburtseintrages vermerkt. Die Anerkennungserklärung muß der Vater noch zu seinen Lebzeiten abgeben, während die Zustimmung gem § 1595 Abs 1, 2 nF auch nach seinem Tod vom nichtehelichen Kind bzw seinem Erben erklärt werden kann (vgl SOERGEL/STEIN § 1924 Rn 9). Anerkennung oder gerichtliche Feststellung der Vaterschaft begründen nur dann ein erb- bzw erbersatzanspruchberechtigendes Verwandtschaftsverhältnis, wenn sie endgültig sind. Die Anerkennung darf nicht durch Anfechtung unwirksam geworden sein (§§ 1599 ff, §§ 640 Abs 2 Nr 3, 640 h, 641 ff ZPO, § 56 c FGG), die gerichtliche Feststellung nicht durch Restitutionsklage (§§ 580 ff, 641 i ZPO) oder Wiederaufnahmeverfahren gegen den Beschluß des Vormundschaftsgerichts (gem § 1600 d, § 55 b FGG) aufgehoben worden sein (§§ 578 ff, 641 i ZPO [dazu vgl ODERSKY § 1600 n Anm V 8]). Nach Art 12 § 3 NichtehelG steht eine frühere Anerkennung der Vaterschaft oder der Unterhaltspflicht in öffentlichen Urkunden oder in gerichtlichen Verfahren dem Anerkenntnis und der gerichtlichen Feststellung der Vaterschaft gleich.

Das **Kind aus dem Ehebruch** einer Ehefrau gilt bis zur Anfechtung der Ehelichkeit als eheliches Kind auch des Ehemannes der Mutter, nicht aber als von dem wirklichen Erzeuger abstammend, § 1592 Nr 1 nF. Die sog *Brautkinder*, also Kinder deren Eltern verlobt waren und das Verlöbnis durch den Tod eines Elternteiles aufgelöst wurde, stehen den außerehelich geborenen Kindern gleich. Die bis zur Normierung des KindRG gegebene Möglichkeit der Ehelicherklärung gem §§ 1740 a – 1740 g ist mit dessen Einführung ersatzlos aufgehoben worden, da nach Wegfall der Amtspflegschaft und der Gleichstellung der ehelichen mit den nichtehelichen Kindern, insbesondere im Bereich der elterlichen Sorge, dazu kein Bedürfnis mehr besteht (BT-Drucks 13/4899 S 70 f; FamRefK/MAURER zu §§ 1741 ff Rn 22; BGBl I 1998, 2942, 2950).

c)   Besondere Probleme wirft das Erbrecht **künstlich erzeugter Kinder** auf. Dabei ist zwischen Befruchtung innerhalb (in-vivo-Fertilisation) und außerhalb des Mutterleibes (in-vitro-Fertilisation) sowie danach zu unterscheiden, ob der Samen vom Ehemann (homologe Fertilisation) oder einem samenspendenden Dritten stammt (heterologe Fertilisation).

Erbrechtlich unproblematisch ist dabei nur die **homologe in-vivo-Fertilisation**, weil hier die Eltern-Kind-Zuordnung nicht von der bei natürlicher Fortpflanzung abweicht (LEIPOLD, in: FS Kralik 469).

Bei **heterologer in-vivo-Fertilisation** (Insemination) sowie heterologer **in-vitro-Fertilisation mit der Eizelle der gebärenden Mutter** erbt das Kind bei bestehender Ehe gem §§ 1924 Abs 1, 1591 nF nach seiner Mutter und gem §§ 1924 Abs 1, 1592 Nr 1 nF als scheineheliches Kind vorbehaltlich einer Vaterschaftsanfechtung nach dem Ehemann seiner Mutter.

Sofern eine Ehe nicht besteht, gilt für die Abstammung nach der Mutter § 1591 nF (vgl Rn 21 f). Für die Abstammung nach dem Vater gilt, daß diese gem § 1592 Nr 2, 3 nF entweder vom Samenspender anerkannt oder gerichtlich festgestellt werden muß, um ein Erbrecht gem § 1924 Abs 1 zu begründen (vgl BT-Drucks 13/4899 S 52 f).

Bei **homologer in-vitro-Fertilisation mit anschließendem Embryotransfer oder nach Eispende** war problematisch, ob die Zuordnung zur Mutter durch die genetische Herkunft oder durch das Merkmal des Gebärens bestimmt wird. Dieses wurde mit Einführung des § 1591 nF, der die Abstammung an der Geburt festmacht, gelöst (vgl Rn 21 f). Ansonsten gilt das unter Rn 28 Gesagte.

Neben dem Erbrecht nach der gebärenden Mutter wird teilweise auch ein solches nach der genetischen Mutter befürwortet, da §§ 1594, 1600 d nF als von der natürlichen Zuordnung abweichende Ausnahmebestimmung nicht analog anwendbar sei (vgl MANSEES, Das Erbrecht des Kindes nach künstlicher Befruchtung, 155; ders FamRZ 1986, 756, 758 f). Eine solche doppelte Nachlaßbeteiligung benachteiligt jedoch die von der genetischen Mutter geborenen Kinder (vgl SOERGEL/STEIN aaO; abw MANSEES FamRZ 1986, 756, 759). Die moderne Gesetzgebungspraxis war, wie die Reformen im Adoptions- und Nichtehelichenrecht zeigten, von dem Bestreben bestimmt, die gesetzliche

Erbfolge mit der familienrechtlichen Zuordnung zur Deckung zu bringen. Mit Einführung des KindRG und § 1591 nF wurde nunmehr eine gesetzl Regelung getroffen, die den Abstammungsbegriff mit Rücksicht auf die familiäre Einbindung zugunsten der Gebärenden bestimmt (zu den dabei entstehenden Problemen vgl Rn 21).

30 d) Kinder aus einer **aufgehobenen Ehe** stehen denen aus einer geschiedenen gleich, sind also ehelich, § 37 EheG. Kinder **aus nichtigen Ehen** (§§ 16 ff EheG) sind ehelich, wenn sie im Falle der Gültigkeit ehelich wären, § 1591 Abs 1 S 1. Kinder aus einer Ehe, die aufgrund des Blutschutzgesetzes, des Erbgesundheitsgesetzes oder aus dem Gesichtspunkt der Namens- und Staatsangehörigkeitsehe vor dem 1. 3. 1946 für nichtig erklärt worden ist, sind unehelich, § 29 des jetzt aufgehobenen EheG von 1938. Gleiches gilt für Kinder aus Nichtehen (SOERGEL/STEIN § 1924 Rn 3). Dies gilt jedoch nur für nichtige Ehen, welche vor dem 1. 7. 1998 gem § 23 EheG für nichtig erklärt worden sind oder bei welchen vor dem 1. 7. 1998 die Nichtigkeitsklage erhoben worden ist (Art 226 Abs 2 EGBGB; BT-Drucks 13/4899 S 27). Auf Grund Art 14 Nr 1 EheschlRG v 4. 5. 1998 wurden die Normen über die Ehenichtigkeit des Ehegesetzes mit Wirkung vom 1. 7. 1998 aufgehoben. Ansonsten finden auch auf vor dem 1. 7. 1998 geschlossene Ehen die Vorschriften in ihrer ab dem 1. 7. 1998 geltenden Fassung Anwendung, Art 226 Abs 3 EGBGB (zum Ganzen vgl PALANDT/DIEDERICHSEN Einf § 1313 Rn 5 ff; Art 226 EGBGB Rn 1 f).

31 e) Durch das Beistandsgesetz vom 4. 12. 1997 (BGBl I S 2846) wurde der siebente Titel des BGB aF (§§ 1719–1740 g) zum achten Titel BGB nF, welcher mit Wirkung vom 1. 7. 1998 durch Art 1 Nr 48 KindRG ersatzlos aufgehoben wurde (BGBl I S 2942, 2950). Damit ist nach dem 30. 6. 1998 eine Legitimation nichtehelicher Kinder im Sinne der §§ 1719–1740 g nicht mehr möglich. Die nachfolgenden Ausführungen der Rn 31a – 33 gelten daher nur für schon vor dem 1. 7. 1998 abgeschlossene Adoptionsverfahren. Mangels einer Übergangsregelung sind die ab dem 1. 7. 1998 geltenden Regelungen auch in schon laufenden, noch nicht abgeschlossenen Verfahren zu beachten (PALANDT/DIEDERICHSEN Einf § 1741 Rn 11).

31 a Da die nichteheliche Abstammung bereits ein Verwandtschaftsverhältnis begründet, führt die **Legitimation durch nachfolgende Ehe** gem §§ 1719, 1722 lediglich zur Beendigung der Nichtehelichkeit, das Kind wird ehelich. Die Rechtsstellung eines ehelichen Kindes erlangt das nichteheliche Kind nicht rückwirkend, sondern erst mit der Eheschließung (vgl § 1719). Nach § 1722 hat der Eheschluß diese Legitimationswirkung für die Abkömmlinge des nichtehelichen Kindes auch dann, wenn letzteres vor dem Eheschluß gestorben ist. Eine nichtige Ehe (Putativehe, §§ 16 ff EheG) führt wie eine gültige zur vollen Legitimation der Kinder, §§ 1719 S 1 HS 2, 1722 aF.

32 f) Kinder aus **Ehen, die nach dem Tod des Vaters geschlossen** worden sind (Hitler-Erlaß v 6. 11. 1941), haben die Rechtsstellung ehelicher Kinder (§ 1 Nr 3 Gesetz v 29. 3. 1951 BGBl I 215) und sind gesetzliche Erben des Vaters, sofern sie die Voraussetzungen des § 1923 erfüllen (vgl § 1931 Rn 10). Entsprechend sind Kinder aus anerkannten freien Ehen rassisch oder politisch Verfolgter zu behandeln.

33 g) Durch die **Ehelicherklärung** (§§ 1723–1740 g) wird das nichteheliche Kind (auch Brautkind), soweit die Erklärung auf *seinen Antrag* hin erfolgt ist, gem § 1740 f auch erbrechtlich einem Kinde gleichgestellt, das durch Eheschließung der Eltern legiti-

1. Abschnitt. Erbfolge

Vorbem zu §§ 1924–1936
34–35

miert worden ist (vgl Rn 31a). Es gilt als vor dem Tod des vorverstorbenen Elternteiles für ehelich erklärt. Gem § 1740 f iVm § 56 b FGG wird die Ehelicherklärung mit Rechtskraft der Verfügung des Vormundschaftsgerichtes wirksam. Erfolgte die Ehelicherklärung auf *Antrag des Vaters*, erlangt das Kind gem § 1736 die (erb)rechtliche Stellung eines ehelichen Kindes. Die Ehelicherklärung zeitigt keine Rückwirkungen (MünchKomm/LEIPOLD § 1924 Rn 8; SOERGEL/STEIN Rn 3), sie erhält Wirksamkeit mit der Bekanntmachung an den Vater, § 1736 iVm § 56 a FGG. Eine nach dem Tod des Vaters ausgesprochene Ehelicherklärung wirkt allerdings gem § 1733 Abs 3 vor den Todeszeitpunkt zurück. Da das nichteheliche Kind bereits mit dem Vater und dessen Verwandten ein gegenseitiges Erbrecht besitzt, ändert die Ehelicherklärung das Erbrecht des nichtehelichen Kindes lediglich im Hinblick auf den nunmehrigen Ausschluß der §§ 1934 a ff.

2. Mit Wirkung vom 1. 4. 1998 trat das ErbGleichG (BGBl I S 2968) in Kraft. Dabei wurden die das Erbrecht des nichtehelichen Kindes berührenden Normen der §§ 1934 a–1934 e aufgehoben (vgl dazu Ausführungen zu §§ 1934 a ff). Auf Grund der Weitergeltung der §§ 1934 a–1934 e für Erbfälle oder vorzeitige Erbausgleiche vor dem 1. 4. 1998 wird die Kommentierung des Erbrechts der nichtehelichen Kinder im Sinne der §§ 1934 a–1934 e (vgl Rn 34 a – 45 und §§ 1934 a ff) beibehalten. **34**

Das gesetzliche **Erbrecht des nichtehelichen Kindes** (Schrifttum s bei § 1934 a) ist durch das am 1. 7. 1970 in Kraft getretene Gesetz über die rechtliche Stellung der nichtehelichen Kinder vom 19. 8. 1969 (NichtehelG, BGBl I 1243) geregelt. In diesem Zusammenhang sind §§ 1931 Abs 4, 1934 a–1934 e, 2057 a, 2331 a, 2338 a in das 5. Buch des BGB eingefügt worden. Auswirkungen auf das gesetzliche Erbrecht zeitigte dieses Gesetz jedoch auch darüber hinaus, soweit es die familienrechtlichen Beziehungen (Verwandtschaft) neu gestaltet hat. Durch das NichtehelG wurde das nichteheliche Kind verwandtschaftlich dem ehelichen auch in Beziehung zum Vater weitgehend gleichgestellt. Damit erfüllte der Gesetzgeber den ihm von Art 6 Abs 5 GG erteilten Auftrag zur Reform des Unehelichenrechtes auf dem Gebiet des Bürgerlichen Rechts (BVerfGE 25, 167 = NJW 1969, 597; dazu auch BVerfG FamRZ 1964, 186; 1967, 559; OLG Frankfurt aM FamRZ 1968, 666 m Anm KROHN FamRZ 1969, 163; FLESSNER JuS 1969, 558; SIMITIS JZ 1969, 277; DIECKMANN FamRZ 1969, 297). **34 a**

Für die **neuen Bundesländer** galten die §§ 1934 a ff nur, wenn das nichteheliche Kind nach dem 3. 10. 1990 geboren wurde (vgl Rn 2 aE). Zu Reformbestrebungen in der Gesetzgebung vgl § 1934 a Rn 41 und § 1934 d Rn 2 aE.

Art 12 § 10 NichtehelG bestimmte, welche Erbfälle nach §§ 1934 a ff und welche nach altem Recht (vgl Rn 36–38) zu beurteilen sind: **35**

Für die erbrechtlichen Verhältnisse bleiben, wenn der Erblasser vor dem Inkrafttreten dieses Gesetzes gestorben ist, die bisher geltenden Vorschriften maßgebend. Das gleiche gilt für den Anspruch des nichtehelichen Kindes gegen den Erben des Vaters auf Leistung von Unterhalt.

Für die erbrechtlichen Verhältnisse eines vor dem 1. Juli 1949 geborenen nichtehelichen Kindes und seiner Abkömmlinge zu dem Vater und dessen Verwandten bleiben die bisher geltenden Vorschriften auch dann maßgebend, wenn der Erblasser nach dem Inkrafttreten dieses Gesetzes stirbt. Ist der Vater der Erblasser und hatte er zur Zeit des Erbfalls dem Kinde Unterhalt zu gewähren, so ist der

Erbe zur Gewährung des Unterhalts verpflichtet; der bisher geltende § 1712 Abs 2 des Bürgerlichen Gesetzbuchs ist auf den Unterhaltsanspruch des Kindes anzuwenden.

Maßgebender Zeitpunkt für die Anwendung des alten oder späteren Rechts war allein der **Zeitpunkt des Todes** des Erblassers, nicht der der Entstehung des Verwandtschaftsverhältnisses noch der des Erbantritts (zB ein später eintretender Nacherbfall). Ist der Erblasser vor dem 1. 7. 1970 verstorben, sein Abkömmling lediglich zum Nacherben berufen und tritt der Nacherbfall nach dem 30. 6. 1970 ein, ist hinsichtlich des nichtehelichen Nachkommen das alte Recht heranzuziehen. Ist der Vater eines nichtehelichen Kindes vor, der Vater des nichtehelichen Vaters nach dem 1. 7. 1970 verstorben, so galt hinsichtlich der Beerbung des nichtehelichen Vaters das alte Recht (kein Erbrecht des nichtehelichen Kindes, sondern Unterhaltsanspruch gem § 1712 aF), hinsichtlich der Beerbung des Großvaters gilt das spätere Recht, das nichteheliche Kind zählt zu den gesetzlichen Erben, § 1924 evtl § 1934 a (BGH FamRZ 1977, 314; 1977, 388 = NJW 1977, 1138, 1139 = MDR 1977, 651).

36 a) Der **bis zum 30. 6. 1970 geltenden Regelung** unterstehen gem Art 12 § 10 NichtehelG alle Erbfälle, die durch den Tod des Erblassers vor dem Inkrafttreten des NichtehelG (1. 7. 1970) eingetreten sind. Dies gilt für das Erbrecht des Kindes selbst bzw für das seiner Verwandten, denen es die Verwandtschaft und damit die erbrechtlichen Beziehungen zum Erblasser mittelt. Das gesetzliche Erbrecht bestimmt sich weiterhin nach altem Recht, wenn das nichteheliche Kind vor dem 1. 7. 1949 geboren ist, selbst wenn der Erbfall nach dem 30. 6. 1970 eingetreten ist. Damit behält das vor dem NichtehelG geltende Recht für eine Vielzahl von Erbfällen seine Bedeutung. Den Ausschluß der Kinder, die bei Inkrafttreten bereits das 21. Lebensjahr vollendet hatten, von der Anwendung des NichtehelG glaubte der Gesetzgeber damit zu rechtfertigen, daß in diesem Alter der Eintritt des nichtehelichen Kindes in das Berufsleben bereits erfolgt sei und damit die Unterhaltspflicht, die mangels anderer familiärer Bindungen die einzige Beziehung des Vaters zu seinem Kinde ist, erloschen sei (BT-Drucks V/4179, Ber 9; dazu auch BVerfG FamRZ 1977, 446–448). Der Ausschluß der am 1. 7. 1970 21-jährigen nichtehelichen Kinder von der gesetzlichen Erbfolge und vom Erbersatzanspruch ist verfassungsmäßig (BVerfG FamRZ 1977, 446, 450 ff.; BayObLG NJW 1976, 1947 = MDR 1976, 666; ODERSKY Art 12 § 10 Anm I 2; **aM** SOERGEL/STEIN[12] § 1924 Rn 14; FLESSNER JuS 1969, 560; SCHULTZ MDR 1969, 986; STORR, Der Verfassungsauftrag an den Gesetzgeber unter besonderer Berücksichtigung der Stellung des nichtehelichen Kindes. Erfüllt das NichtehelichenG vom 19. 8. 1969 den Verfassungsauftrag? [Diss Würzburg 1971] 134 ff, 159 f). Die vor dem 1. 7. 1970 geltende Regelung war nicht verfassungswidrig, da der Gesetzgeber nach Art 6 Abs 5 GG nur den Auftrag hatte, die Stellung der nichtehelichen Kinder in der Zukunft derjenigen der ehelichen anzugleichen und eine Rückwirkung des NichtehelG gegen allgemeine Grundsätze verstoßen hätte (BayObLG NJW 1976, 1947). Trotzdem erscheint der Ausschluß der am 1. 7. 1970 21-jährigen von den Vorteilen des NichtehelG willkürlich (SCHULTZ MDR 1969, 986). Das Rückwirkungsverbot dürfte nur eine Erstreckung des Gesetzes auf Erbfälle vor dem 1. 7. 1970 verbieten, nicht aber einen darüber hinausgehenden Ausschluß der in diesem Zeitpunkt 21jährigen.

37 Unehelich war ein Kind, das nicht während einer Ehe (einschl Nichtehe) geboren wurde, das 302 Tage nach Auflösung (durch Tod, Scheidung) oder Nichtigkeitserklärung einer Ehe geboren wurde oder dessen Unehelichkeit vom Vormundschaftsgericht rechtskräftig festgestellt worden war, §§ 1593 ff, 1721, 1738 a.

1. Abschnitt. Erbfolge

Vorbem zu §§ 1924–1936
38–41

Entsprechend § 1589 Abs 2 aF war das uneheliche Kind trotz seiner Abstammung **38**
vom Vater mit diesem **nicht verwandt**. Es (bzw seine Nachkommen) hatte also selbst
bei anerkannter Vaterschaft kein gesetzliches Erbrecht gegenüber seinem Vater und
dessen Verwandten. Jedoch stand ihm gem § 1712 aF ein Unterhaltsanspruch nach
dem Tode des Vaters gegen dessen Erben zu. Auch waren der Vater und seine
Verwandten keine gesetzlichen Erben des unehelichen Kindes und dessen Verwandten. Ebensowenig hatte das uneheliche Kind (bzw seine Nachkommen) noch der
Vater (und seine Verwandten) einen Erbersatzanspruch bzw einen Anspruch auf
vorzeitigen Erbausgleich oder Pflichtteil. Gem § 1705 aF bestand ein gegenseitiges
Erbrecht allein zwischen dem unehelichen Kind und seiner Mutter und deren Verwandten. Diese Regelung war nach Ansicht des BVerfG nicht wegen Verstoßes
gegen Art 6 Abs 5 GG unwirksam, da diese Verfassungsnorm allein einen Auftrag
an den Gesetzgeber enthält (BVerfGE 8, 210, 216; 25, 167 = NJW 1969, 597). Zur geschichtlichen Entwicklung bis zur Streichung des § 1589 Abs 2 aF vgl LANGE/KUCHINKE
§ 14 V 1–3.

b) Der **nach dem 1. 7. 1970 geltenden Regelung** unterstanden alle Erbfälle, die durch **39**
Tod des Erblassers nach diesem Zeitpunkt eingetreten sind, soweit das nichteheliche
Kind, dessen erbrechtliche Stellung (bzw die seiner Nachkommen) zu beurteilen ist,
nicht vor dem 1. 7. 1949 geboren ist, Art 12 § 10 NichtehelG.

Wegen der von Art 6 Abs 5 GG gebotenen Gleichstellung der nichtehelichen mit den **40**
ehelichen Kindern ist durch Art 1 Nr 3 NichtehelG § 1589 Abs 2 aF (vgl Rn 38) gestrichen worden, das nichteheliche Kind war daher wie das eheliche nicht nur mit der
Mutter und deren Verwandten, sondern auch mit dem leiblichen Vater und dessen
Verwandten verwandt. Das nichteheliche Kind zählte damit wie das eheliche zu den
gesetzlichen Erben der Mutter und deren Verwandten und – soweit §§ 1934 a–1934 e
keine Sonderregelung treffen – auch zu denen des Vaters und dessen Verwandten.
Ebenso sind Mutter und Vater gemeinsam gesetzliche Erben des nichtehelichen
Kindes.

Die erbrechtliche Stellung des nichtehelichen Kindes und des nichtehelichen Vaters **41**
(einschl der jeweiligen Verwandten) erfuhr durch § 1934 a eine Einschränkung, indem an Stelle des gesetzlichen Erbrechts lediglich ein **Erbersatzanspruch** trat, dh ein
Geldanspruch in Höhe des Wertes des gesetzlichen Erbteils. Eine solche unterschiedliche Behandlung des nichtehelichen und des ehelichen Kindes verstieß nach früherer Anschauung nicht gegen Art 6 Abs 5 GG, denn diese Verfassungsnorm fordere
nicht die völlige Gleichstellung der nichtehelichen mit den ehelichen Kindern, sondern lediglich die Schaffung einer den ehelichen gleichwertigen Position für die
nichtehelichen Kinder (BT-Drucks V/2370, 89; BVerfGE 8, 215; 17, 284; SOERGEL/STEIN vor
§ 1934 a Rn 4; vLÜBTOW I 56; LEIPOLD § 7 IV 1; beachte aber § 1934 a Rn 39). Die volle erbrechtliche Gleichstellung der nichtehelichen mit den ehelichen Kindern bestand nur,
wenn bei dem Tod des nichtehelichen Vaters oder väterlicher Verwandter weder
eheliche Abkömmlinge des Erblassers noch dessen Ehefrau Erben waren
(§ 1934 a Abs 1). Der Vater und seine Verwandten waren gesetzliche Erben des
nichtehelichen Kindes allein, wenn letzteres nicht von seiner Mutter oder deren
ehelichen Abkömmlingen beerbt wurde (§ 1934 a Abs 2). Als eheliche Abkömmlinge, die das nichteheliche Kind gem § 1934 a von der gesetzlichen Erbfolge ausschließen, galten die ehelich geborenen (Rn 21), die durch spätere Ehe legitimierten

(Rn 31), die für ehelich erklärten (Rn 33) und die Adoptivkinder (Rn 46 ff). Hinterließ das nichteheliche Kind bzw ein Kind des nichtehelichen Kindes bei seinem Tod einen erbenden Ehegatten, waren der nichteheliche Vater und dessen Verwandtschaft von der gesetzlichen Erbfolge ausgeschlossen (§ 1934 a Abs 3). Sie hatten lediglich einen Erbersatzanspruch. Ein Unterhaltsanspruch des Kindes gegen den Nachlaß, wie ihn § 1712 aF vorsah, bestand gem § 1615 nicht mehr. Allerdings konnte eine Unterhaltspflicht der Erben aufgrund ihrer Verwandtschaft bestehen, §§ 1602, 1606, 1615 e (SOERGEL/STEIN § 1924 Rn 15). Im Hinblick auf Art 14 Abs 1 GG wurde § 1934 a als zulässige Inhalts- und Schrankenbestimmung des Erbrechts betrachtet (SOERGEL/STEIN vor § 1934 a Rn 4). Zur Vereinbarkeit mit Art 14 EMRK, Zivilpakt und UN-Übereinkommen über die Rechte des Kindes vgl STAUDINGER/OTTE (1994) Einl 104–107 zu §§ 1922 ff.

42 Der **Erbersatzanspruch** der §§ 1934 a ff wurde geschaffen, um eine Erbengemeinschaft der ehelichen Abkömmlinge und Ehefrau des Erblassers mit dem nichtehelichen Kind und dessen Abkömmlingen oder der Ehefrau, Mutter (einschl deren ehelichen Abkömmlinge) des nichtehelichen Kindes zu verhindern, um wahrscheinlichen Spannungen zu begegnen (ERMAN/SCHLÜTER § 1924 Rn 6; EBENROTH Rn 124; LUTTER 29). Das nichteheliche Kind war häufig nicht in die Familie des Vaters eingegliedert, träte als Fremder in die familienmäßig bestimmte Gesamthandsgemeinschaft der gesetzlichen Erben ein und würde als Störfaktor empfunden. Es würde auch selbst weder den Miterben noch dem Erblasser gegenüber familienbandähnliche Verpflichtungen kennen. Diese Gefahr bestand jedoch nur, wenn es bei der gesetzlichen Erbenstellung des nichtehelichen Kindes und seiner Abkömmlinge bzw des Vaters und seiner Verwandten zu einer Erbengemeinschaft mit den in § 1934 a bevorzugten Personen käme. Entscheidend für den Ausschluß von der gesetzlichen Erbfolge durch § 1934 a war damit nicht lediglich die Existenz der in dieser Norm bevorzugten Personen, diese mußten vielmehr Erben sein. Das nichteheliche Kind, seine Abkömmlinge bzw der nichteheliche Vater und seine Verwandten genossen das volle auf Verwandtschaft beruhende dingliche Erbrecht, wenn zwar gem § 1934 a sie von der Erbschaft ausschließende Personen vorhanden, diese aber aufgrund Erbverzichts (§ 2346), Erbunwürdigkeit (§ 2344), Ausschluß (§§ 1938, 2303 ff) oder Ausschlagung (§ 1953 Abs 1) keine Erben waren. Insoweit galt der allgemeine erbrechtliche Grundsatz, daß eine gesetzlich vorangehende Person eine nachgeordnete lediglich dann von der Erbfolge ausschließt, wenn erstere tatsächlich die Erbenstellung einnimmt (vgl §§ 1924 Abs 2, 1930, 1953 Abs 1, 2).

43 Der Ausschluß von der gesetzlichen Erbfolge und die Beschränkung auf den Erbersatzanspruch wirkte sich gem § 5 S 2 HöfeO auch in der Hoferbenordnung aus, da **gesetzlicher Hoferbe** nur ein gesetzlicher Erbe, nicht der Inhaber eines Ersatzanspruches sein kann (vgl Rn 6). Gem § 12 Abs 10 HöfeO besteht jedoch Anspruch auf eine Abfindung.

44 Im Gegensatz zu den ehelichen Nachkommen konnte das nichteheliche Kind gem § 1934 d einen Anspruch auf **vorzeitigen Erbausgleich** geltend machen. Es hatte idR, da außerhalb der Familie des Vaters lebend, nicht wie die ehelichen Kinder vor dem Erbfall Anteil am Vermögen des Vaters. Ausgleichend sollten ihm berufliche und wirtschaftliche Starthilfen durch § 1934 d geboten werden (näheres vgl §§ 1934 d, 1934 e). Die Benachteiligung, die in der Verweisung auf den schuldrechtlichen

1. Abschnitt. Erbfolge

Vorbem zu §§ 1924–1936
45–45b

Erbersatzanspruch liegt, vermochte er nicht zu kompensieren (STÖCKER JZ 1979, 87, 90).

c) Durch §§ 1934 a ff war der Erblasser nicht gehindert, zugunsten oder zum **45** Nachteil nichtehelicher Nachkommen zu **testieren** (BT-Drucks V/2370, 92, 93). Er konnte nichteheliche Nachkommen allein oder neben ehelichen und neben seinem Ehegatten zu Erben oder Vermächtnisnehmern einsetzen. Ebenso konnte er den **Erbersatzanspruch entziehen**. War ein nichtehelicher Nachkomme gesetzlicher Erbe, konnte der Erblasser ihn enterben (BT-Drucks V/2370, 92; OLG Stuttgart FamRZ 1972, 471). Der nichteheliche Verwandte erhielt dann jedoch den Pflichtteilsanspruch gem § 2303 Abs 1 S 1 iVm § 2338 a S 2. Da der Erbersatzanspruch an die Stelle eines gesetzlichen Erbteils trat, galten für die Enterbung und Entziehung des Erbersatzanspruches die gleichen Grundsätze. Dies schon deswegen, weil der Erblasser bei der Enterbung noch nicht weiß, ob die nichtehelichen Verwandten zur dinglichen Erbfolge gelangen oder nur den schuldrechtlichen Anspruch haben, denn es kommt auf die Zusammensetzung der Miterbengemeinschaft zZt des Erbfalles an. Eine Enterbung gem § 1937 bedeutet allerdings noch keinen Entzug des Erbersatzanspruchs iSv § 2338 a S 1, denn dieser würde voraussetzen, daß ein Erbersatzanspruch überhaupt entstanden ist, was wiederum nur der Fall ist, wenn der Berechtigte, ließe man seine Nichtehelichkeit außer Betracht, gesetzlicher Erbe wäre. Dafür fanden § 2303 Abs 1 S 1 iVm § 2338 a S 2 Anwendung (BGHZ 80, 290, 292 f = NJW 1981, 1735; bestätigend BGH NJW 1988, 136, 137 f).

d) Mit **Wirkung vom 1. 4. 1998** wurden durch das ErbGleichG die §§ 1934 a – 1934 e **45 a** gestrichen. Damit wurden die Rechtsinstitute des Erbersatzanspruches und des vorzeitigen Erbausgleiches für alle Erbfälle nach dem 31. 3. 1998 ersatzlos aufgehoben. Durch Inkrafttreten des ErbGleichG wurden eheliche und nichteheliche Kinder erbrechtlich gleichgestellt. Mit Streichung der §§ 1934 a ff steht nunmehr auch nichtehelichen Kindern ein gesetzlicher Erbteil und gegebenenfalls ein Pflichtteilsanspruch zu, selbst wenn andere gesetzliche Erben vorhanden sind. Umgekehrt ist auch der nichteheliche Vater nicht mehr auf den Erbersatzanspruch verwiesen, wenn das verstorbene Kind seine Mutter und ihre ehelichen Abkömmlinge und/oder seinen Ehegatten hinterläßt (vgl SCHLÜTER/FEGELER FamRZ 1998, 1337 ff). Wurde jedoch schon eine wirksame Vereinbarung über den Erbausgleich getroffen oder der Erbausgleich durch rechtskräftiges Urteil zuerkannt, gelten die §§ 1934 a ff, 2338 a auch nach dem 1. 4. 1998 weiter (Art 227 Abs 1 Nr 2 EGBGB).

Nichteheliche Kinder, welche nach dem Wirksamwerden des Beitritts zum 3. 10. 1990 **45 b** im Beitrittsgebiet geboren wurden und für welche gem Art 230 Abs 2 EGBGB ebenfalls die §§ 1934 a ff galten, erhalten mit Wegfall der Bestimmungen nunmehr ebenfalls das den ehelichen Kindern entsprechende Erbrecht. Damit fällt die mit Wirksamwerden des Beitritts im Beitrittsgebiet entstandene Rechtsspaltung weg, die daraus resultierte, daß die §§ 1934 a ff für vor dem 3. 10. 1990 geborenen Kinder nicht anwendbar waren. Anders als in der ehemaligen Alt-Bundesrepublik stand in der ehemaligen DDR auch nichtehelichen Kindern ein uneingeschränktes Erbrecht nach ihrem Vater zu (§ 365 Abs 1 S 1 ZGB). Auf Grund der Bestimmung des Art 235 § 1 Abs 2 EGBGB behielten diese Kinder diese erbrechtliche Stellung auch nach dem Beitritt, so daß für den Erbfall zwar das BGB, nicht jedoch die §§ 1934 a ff anwendbar waren.

45 c Nicht aufgehoben wurde jedoch die Rechtsspaltung bezüglich nichtehelicher Kinder, die vor dem 1. 7. 1949 geboren wurden. Für diese Kinder galten gem Art 12 § 10 Abs 2 NichtehelG weder die §§ 1934 a ff, noch waren sie gegenüber ihrem Vater erb- oder pflichtteilsberechtigt (vgl Rn 35 ff). Da das ErbGleichG nun jedoch nicht die Aufgabe hat, erbrechtliche Positionen für bis dahin nicht erbberechtigte Personen zu begründen, sondern nur die Situation der nichtehelichen Kinder anzupassen, konnte das ErbGleichG diesen Kindern keine Veränderung bringen, da ihnen vor dessen Inkrafttreten keinerlei erbrechtliche Position zustand (RADZIWILL/STEIGER FamRZ 1997, 268; STOLLENWERK/STOLLENWERK ZAP Fach 12 S 73). Durch Art 14 § 14 KindRG ist der Art 12 § 10 a NichtehelG in das bis dahin geltende NichtehelG eingefügt worden. Diese Norm gibt den von Art 12 § 10 Abs 2 NichtehelG betroffenen Vätern und Kindern die Möglichkeit, eine Vereinbarung zu treffen, die die Wirkung des Art 12 § 10 Abs 2 NichtehelG ausschließt und dadurch gegenseitige Erb- und Pflichtteilsrechte begründet. Wird eine solche Regelung jedoch nicht getroffen, so haben die vor dem 1. 7. 1949 geborenen Kinder auch nach dem 1. 4. 1998 keine erbrechtliche Position, sofern sie dem NichtehelG unterfallen (vgl zum Ganzen SCHLÜTER/FEGELER aaO; STOLLENWERK/STOLLENWERK aaO).

3. Verwandtschaft durch Annahme als Kind

46 *Durch Adoption* wird ein Verwandtschaftsverhältnis kraft Rechtsakt begründet (BEITZKE/LÜDERITZ § 33). Der Adoptierte scheidet ganz oder teilweise aus seiner bisherigen Verwandtschaft (Abstammung) aus und tritt in ein Verwandtschaftsverhältnis zum Annehmenden und idR auch zu dessen Verwandten (§ 1755). Die Annahme als Kind (Adoption) ist in §§ 1741 ff durch das am 1. 1. 1977 in Kraft getretene AdoptG v 2. 7. 1976 (BGBl I 1749) und durch das zum 1. 7. 1998 in Kraft getretene KindRG (BGBl I S 2942) neu geregelt worden. Auch hier sind die durch das KindRG eingetretenen Änderungen mangels einer Übergangsregelung in noch laufenden Adoptionsverfahren zu beachten (vgl PALANDT/DIEDERICHSEN aaO.). Sofern der Erbfall vor dem 1. 1. 1977 liegt, sind die bis dahin geltenden Vorschriften, nach denen ein Erbrecht für den Annehmenden nicht bestand (§ 1759 aF), maßgebend, Art 12 §§ 1–3 AdoptG. Ist der an Kindes Statt Angenommene am 1. 1. 1977 minderjährig, finden bis zum 31. 12. 1977 die alten Vorschriften ebenfalls Anwendung (zur alten Regelung vgl STAUDINGER/LEHMANN[11] Rn 14). War der Adoptierte am 1. 1. 1977 bereits volljährig, werden gem Art 12 § 1 Abs 1 AdoptG die Vorschriften über die Annahme Volljähriger angewandt (Bay ObLG FamRZ 1994, 853; OLG Frankfurt aM FamRZ 1995, 1087) Für vor dem 1. 1. 1977 begründete Adoptionsverhältnisse kann grundsätzlich die Anwendung des neuen Rechts ausgeschlossen werden (Art 12 § 2 Abs 2, 3, 4 AdoptG). Darüber hinaus zeitigt ein nach § 1767 aF vereinbarter Ausschluß des Erbrechts des Kindes gegenüber dem Annehmenden für Erbfälle nach dem 1. 1. 1977 Wirkung (Art 12 § 1 Abs 4, 5 AdoptG), so daß das Kind kein gesetzlicher Erbe des Annehmenden, dieser aber auch kein solcher des Kindes ist (BT-Drucks VII/3061, 69). Nach der Neufassung des Adoptionsrechts ist ein vereinbarter Ausschluß des Erbrechts nicht mehr möglich, die gleiche Wirkung kann aber durch Erbverzicht bzw durch letztwillige Verfügung herbeigeführt werden.

Die Begründung des gesetzlichen Erbrechts durch Adoption ist bei der Annahme Volljähriger (§§ 1767–1772) und Minderjähriger (§§ 1741–1766) unterschiedlich ausgestaltet.

a) Die **Adoption eines Minderjährigen** begründet nach § 1754 für den Adoptierten **47** die rechtliche Stellung eines ehelichen Kindes des (bzw der) Annehmenden. Nehmen Eheleute ein fremdes oder ein Ehegatte ein Kind des anderen Ehegatten an (§ 1754 Abs 1), wird dieses gemeinschaftliches eheliches Kind beider Elternteile. Adoptiert nur ein Ehepartner oder ein Nichtverheirateter ein minderjähriges Kind, wird ein eheliches Kindesverhältnis und Verwandtschaft allein mit dem Annehmenden und dessen Verwandten begründet (§ 1754 Abs 2). In beiden Fällen des § 1754 erwerben die Adoptierten die volle Stellung eines ehelichen Abkömmlings des Adoptierenden, dh sie sind mit diesem und dessen Verwandten wie bei Abstammung verwandt. Gleichzeitig erlischt das Verwandtschaftsverhältnis des Angenommenen zu seinen bisherigen Verwandten (§ 1755). Das angenommene Kind verliert seine gesetzliche Erbenstellung gegenüber seinen bisherigen Verwandten, es wird allein in die gesetzlich erbberechtigten Verwandten des Annehmenden eingeordnet (Volladoption). Das gilt auch, wenn ein nichteheliches Kind von nur einem unverheirateten Elternteil adoptiert wird (§ 1741 Abs 3 S 2), für die Verwandtschaft zum anderen Elternteil, (MünchKomm/Leipold § 1924 Rn 13). Ebenso sind der Annehmende und seine Verwandten gesetzliche Erben des Adoptierten. Anders, wenn ein Ehegatte das Kind seines Ehepartners annimmt, § 1755 Abs 2. Die Adoption von im zweiten oder dritten Grad Verwandten gem § 1756 Abs 1 kann dazu führen, daß das Kind drei Großelternpaare beerbt (Soergel/Stein § 1924 Rn 18; MünchKomm/Leipold aaO). Dabei ist eines der leiblichen Großelternpaare zugleich Adoptivgroßelternpaar, so daß der Adoptierte insoweit als Angehöriger zweier Stämme erbt, § 1927 (Soergel/Stein § 1926 Rn 6, **aA** Dieckmann ZBlJugR 1980, 567, 573 Fn 24; vgl auch § 1927 Rn 6).

b) Die **Adoption eines Volljährigen** (dazu zählen auch alle Adoptivkinder, die am **48** 1. 1. 1977 volljährig waren, Art 12 § 1 AdoptG) beschränkt die Verwandtschaft auf das Verhältnis des Annehmenden zu dem Adoptierten und seinen Abkömmlingen. Die Wirkungen der Adoption erstrecken sich nicht auf den Ehegatten oder die Verwandten des Annehmenden, §§ 1767 Abs 2, 1770. Im Gegensatz zum Minderjährigen verbleibt der volljährig Adoptierte in der Verwandtschaft seiner Ursprungsfamilie. Aufgrund dieser „doppelten" Verwandtschaft (einmal aufgrund Abstammung, zum anderen infolge Adoption) zählen der volljährig Adoptierte und seine Nachkommen zu den gesetzlichen Erben des Annehmenden und zugleich zu den gesetzlichen Erben seiner Ursprungsfamilie. Verwandte und gesetzliche Erben des Angenommenen sind neben seinen Nachkommen seine leiblichen Eltern, deren Verwandte und der (bzw die) Adoptierende(n). Der Adoptierte zählt dagegen nicht zu den gesetzlichen Erben der Verwandten des Annehmenden, ebensowenig beerben diese ihn aufgrund gesetzlicher Regelung.

Nach § 1772 kann das Vormundschaftsgericht unter besonderen Voraussetzungen durch Ausspruch auf Antrag eines volljährig Adoptierten und des Adoptierenden die Wirkungen wie bei der Adoption eines Minderjährigen (Volladoption) herbeiführen. Die verwandtschaftlichen und erbrechtlichen Beziehungen regeln sich dann nach den für einen **minderjährig** Adoptierten geltenden Grundsätzen (vgl Rn 47).

4. Der **für die Verwandtschaft maßgebende Zeitpunkt**, in dem dieser Berufungs- **49** grund gegeben sein muß, ist der des Erbfalles. Ein gesetzlicher Erbe muß daher zZt des Erbfalles nicht nur gelebt haben (§ 1923 Abs 1, 2), sondern auch mit dem Erblasser schon und noch verwandt gewesen sein.

50 a) Die nachfolgenden Ausführungen in Rn 50a gelten nur für **Erbfälle vor dem 1. 4. 1998**, da durch Normierung des ErbGleichG die Unterscheidung zwischen ehelich und nichtehelich aufgehoben wurde und es somit bei festgestellter oder anerkannter Vaterschaft und deren Rückwirkung auf die Geburt zu keinen Unterschieden im Erbrecht oder der Normanwendung kommt.

50 a Die **seit dem 1. 7. 1970** bestehende Verwandtschaft des **nichtehelichen Kindes** mit seinem Erzeuger und dessen Verwandten gilt allein für Erbfälle nach diesem Datum und für nichteheliche Kinder, die nicht vor dem 1. 7. 1949 geboren worden sind (vgl Rn 35 ff). Die völlige Gleichstellung eines nichtehelichen Kindes mit einem ehelichen durch spätere Heirat der Eltern (vgl Rn 31 ff) oder durch Ehelicherklärung erfolgt nicht rückwirkend, so daß die jeweilige Ehelicherklärung über die Anwendbarkeit der §§ 1934 a ff und der sonstigen erbrechtlichen Sonderregelungen für das nichteheliche Kind entscheidet (SOERGEL/STEIN § 1924 Rn 23). Beachte aber §§ 1733 Abs 3, 1753 Abs 3 (vgl § 1934 a Rn 12). Bei Erbfällen, die vor der Erlangung der Ehelichkeit liegen, unterstehen das nichteheliche Kind bzw seine Abkömmlinge den Beschränkungen der §§ 1934 a ff. Ein vor dem Tod des väterlichen Großvaters erzeugtes Kind, das durch eine vor seiner Geburt, aber nach dem Erbfall geschlossene Ehe legitimiert worden ist, ist zwar gem § 1591 aF ehelich, da es aber gem § 1923 Abs 2 als vor dem Erbfall geboren behandelt wird, zu diesem Zeitpunkt aber die Eltern noch nicht verheiratet waren, gilt es als nichtehelich bei der Erbfolge im Hinblick auf den väterlichen Großvater (aM MünchKomm/LEIPOLD § 1924 Rn 7; SOERGEL/STEIN § 1924 Rn 23, der die nichteheliche Leibesfrucht für semantisch fragwürdig und eine solche Gesetzesauslegung weder vom Sinn des § 1923 Abs 2, der dem nasciturus lediglich Rechte an dem Nachlaß sichern soll, noch von dem der §§ 1934 a ff her für geboten hält).

51 Erst der **Ausspruch der Annahme als Kind** durch Beschluß des Vormundschaftsgerichtes begründet die Verwandtschaft mit dem Annehmenden (§§ 1752, 1754). Damit erlöschen die verwandtschaftlichen Beziehungen zu den bisherigen Verwandten (§ 1755), dh das adoptierte minderjährige Kind zählt nicht mehr zu den erbberechtigten gesetzlichen Erben seiner nach der Adoption versterbenden früheren Verwandten. Mit dem Zeitpunkt des Beschlusses des Vormundschaftsgerichtes gem § 1752 wird das Kind gesetzlicher Erbe des Annehmenden und, soweit es minderjährig ist, auch der Verwandten des Annehmenden.

52 b) **Durch Aufhebung** des die Annahme als Kind begründenden Rechtsverhältnisses (§§ 1759 ff) endigen die Wirkungen der Adoption und das damit begründete Erbrecht. Da die Aufhebung einer Annahme als Kind gem § 1764 nur für die Zukunft wirkt, rechnet ein Adoptierter nur dann zu den gesetzlichen Erben des Annehmenden und dessen Verwandten, wenn der Erbfall nach dem Beschluß aus § 1752 und vor Aufhebung der Adoption eingetreten ist. Allein während dieser Zeit besteht kein Verwandtschaftsverhältnis zu seinen leiblichen Verwandten und dementsprechend auch kein Erbrecht. Mit Aufhebung der Adoption lebt die Verwandtschaft zu den Blutsverwandten auch rechtlich und damit das gesetzliche Erbrecht wieder auf (§ 1764 Abs 3). Zu beachten ist jedoch die Sonderregelung der §§ 1753 Abs 3, 1764 Abs 1: Eine Annahme nach dem Tod des Annehmenden hat die gleiche Wirkung, wie wenn sie vor dem Tod erfolgt wäre, dh es wird rückwirkend die gesetzliche Erbfolge begründet (§ 1753 Abs 3). Entsprechend besteht eine Rückwirkung der Aufhebung des Annahmeverhältnisses vor dem Tod des Annehmenden, wenn die

1. Abschnitt. Erbfolge

Aufhebung von dem Annehmenden beantragt, er aber vor der Aufhebung durch das Vormundschaftsgericht verstorben ist (§ 1764 Abs 1).

c) Nach dem Zeitpunkt des Erbfalles entscheidet sich auch, wer der **nächstberufene gesetzliche Erbe** ist, selbst wenn etwa die Berufung zur Erbfolge erst nach dem Wegfall eines vorher Berufenen erfolgt. Mit dem Erbfall ergeht rechtlich eine gleichzeitige Berufung *(Simultanberufung)* an alle, die in diesem Zeitpunkt als gesetzliche Erben in Betracht kommen, an den Nächstberufenen als *unbedingte*, an die nach ihm Berufenen als eine durch seinen rückwirkenden Wegfall (infolge Ausschlagung, Erbunwürdigkeit) *bedingte Berufung*. Ist der danach berufene Erbe in der Zwischenzeit verstorben, so gilt die Erbschaft als von ihm erworben und mit dem Recht der Ausschlagung auf seine Erben übergegangen, §§ 1952, 2344 Abs 2.

IV. Obwohl ein „Erbrecht" auf den Nachlaß eines noch lebenden Dritten nicht besteht und daher eine Klage auf Feststellung eines erbrechtlichen Verhältnisses als Feststellung evtl künftiger Rechtsverhältnisse bezüglich des Nachlasses im allgemeinen ausgeschlossen ist (RGZ 49, 370 f; 92, 1; BGB-RGRK/KREGEL § 1924 Rn 3), kann eine **Feststellungsklage** auf *Nichtbestehen eines gesetzlichen Erbrechtes* uU schon zu Lebzeiten des Erblassers zulässig sein (RGZ 169, 98; OLG Hamm HEZ 2, 111; BGB-RGRK/KREGEL § 1924 Rn 3).

V. Kritische Würdigung des gesetzlichen Erbrechts

Die Ausgestaltung des gesetzlichen Erbrechts als Verwandten- und Ehegattenerbrecht ist grundsätzlich zu billigen. Sie wird dem Familiengedanken gerecht und entspricht dem in der Bevölkerung verwurzelten und anerkannten Bestreben, das Vermögen nach dem Tod den Verwandten und dem Ehegatten eines Verstorbenen zukommen zu lassen. Allerdings bedeutet die unbegrenzte Verwandtenerbfolge bis in die fernste Parentel (§ 1929) eine kaum mehr gerechtfertigte Übersteigerung des Familiengedankens auf Kosten der Gemeinschaft. Zu den entfernteren Parentelen besteht bei den heutigen Kleinfamilien kein Gefühl der Familienzugehörigkeit mehr. Diese Verwandten sind dem Erblasser idR sogar unbekannt. Der Staat, die Gemeinschaft, steht mittels seiner Für- und Vorsorge dem Erblasser näher, denn er sichert ihm Lebens- und Entfaltungsmöglichkeiten, schützt sein Vermögen. Diese Aufgaben nahm früher die Sippe, die Großfamilie wahr. Die Gemeinschaft hat die Pflichten übernommen und sollte daher als Korrelat auch entsprechende Rechte erhalten.

Bereits die zweite Kommission wollte den Verwandten, die nicht den ersten vier Parentelen angehören, ein gesetzliches Erbrecht versagen (E II § 1806; Prot V 470 f). Aus politischen Gründen, um Sozialisierungstendenzen in jeder Weise zu begegnen, hielt die Reichstagskommission am unbegrenzten Verwandtenerbrecht fest (RT-Drucks Nr 440, Session 1895–1897, 2097). Eine Zusammenstellung der insoweit unterschiedlichen Regelungen in Deutschland vor Inkrafttreten des BGB enthalten die Mot zum Teilentwurf des Erbrechts von 1879, 589.

Die Verwandten entfernterer Ordnungen lassen sich zumeist nur mit Schwierigkeiten und erheblichem Arbeitsaufwand ermitteln. Ihre Feststellung ist eine Quelle verwickelter Prozesse. Der Erbrechtsausschuß der AkDR hat daher vorgeschlagen, das gesetzliche Verwandtenerbrecht nur bis zur dritten Parentel anzuerkennen (LANGE

DR 1942, 1715). Ebenso beschloß der 49. DJT, den Kreis der gesetzlichen Erben auf die ersten drei Ordnungen zu beschränken (49. DJT 1972 Beschl Nr 2 S K 165; Gutachten COING 49. DJT I A 37 ff, 73; Referat DIECKMANN 49. DJT II K 11 ff, 32). Eine solche Einschränkung der Verwandtenerbfolge zugunsten eines Erbrechts des Staates wird heute überwiegend für erforderlich gehalten (BGB-RGRK/KREGEL § 1929 Rn 1; MERTENS 54 ff; DÄUBLER ZRP 1975, 165; KÜHNE JR 1972, 224; aA aber RAUSCHER, Reformfragen des gesetzlichen Erb- und Pflichtteilsrechts II 1, 157–168).

58 Das gesetzliche Erbrecht beinhaltet lediglich eine Verteilungsregel, die dem mutmaßlichen Willen des Erblassers entsprechen soll. Das in Art 14 Abs 1 GG ausdrücklich gewährleistete Erbrecht verlangt daher nicht, daß der Gesetzgeber entfernteste Verwandte, die zu dem Erblasser in keiner Beziehung stehen, von Gesetzes wegen zur Erbschaft beruft, weil der Erblasser keine letztwillige Verfügung erstellt hat. Der Gesetzgeber könnte die Familienerbfolge einschränken, ohne gegen die Verfassung zu verstoßen (MAMPE NJW 1976, 596; JUNG FamRZ 1976, 135).

59 Eine Beschränkung der gesetzlichen Erbfolge auf die ersten drei Ordnungen besteht in **Österreich** (§§ 730–741 AGBGB) und in der **Schweiz** (Art 457–460, 466 ZGB). Bis zum sechsten Grad besteht ein gesetzliches Erbrecht in **Frankreich** und **Italien** (Art 755 cc, Art 572 cc it). Unbegrenzt wie im BGB ist dagegen die Erbfolge in den **USA** (KÜHNE JR 1972, 224; rechtsvergleichende Überblicke bei REICHERT-FACILIDES 49. DJT I A 57 ff; FIRSCHING JZ 1972, 451; RHEINSTEIN/KNAPP/SUNDBERG/BROMLEY/REICHERT-FACILIDES aaO; RAUSCHER, Reformfragen des gesetzlichen Erb- und Pflichtteilsrechts II 1, 131 ff).

60 Abzulehnen ist jedoch eine bereits von den Saint-Simonisten in Frankreich aufgestellte Forderung, die Erbmasse wegen der Herkunft aus Privatvermögen nicht dem Staat, sondern verdienten oder bedürftigen Privatpersonen (Stiftungen, Verbänden usw) zukommen zu lassen (dazu MERTENS 23, 24; ähnlich heute KÜHNE JR 1972, 225; COING 49. DJT I A 40, 73; STEFFEN DRiZ 1972, 266). Abgesehen davon, daß hierfür kein Zuteilungsmaßstab besteht, würde eine solche Möglichkeit zum Bereicherungsstreben der Personen und Verbände führen, die Einfluß auf das Zuteilungsverfahren hätten (Korruption). Die Abkehr von einem über bestimmte Parentelen hinausgehenden Verwandtenerbrecht ist allein aus der Eingliederung des Erblassers in die Gemeinschaft (Staat) gerechtfertigt, so daß nur letztere den Nachlaß bei Fehlen eines testamentarischen oder aufgrund naher Verwandtschaft mit dem Erblasser verbundenen Erben erhalten darf. Durch die Erbschaftsteuer ist der Staat zwar insbesondere bei höheren Ordnungen weitgehend am Nachlaß (nicht dinglich) beteiligt. Dies erübrigt jedoch nicht die og Schwierigkeiten bei Feststellung des Erben und beläßt letzterem doch immer noch den wesentlichen Teil des Vermögens, ohne daß es hierfür eine Rechtfertigung gäbe.

§ 1924

[1] **Gesetzliche Erben der ersten Ordnung sind die Abkömmlinge des Erblassers.**

[2] **Ein zur Zeit des Erbfalls lebender Abkömmling schließt die durch ihn mit dem Erblasser verwandten Abkömmlinge von der Erbfolge aus.**

[3] An die Stelle eines zur Zeit des Erbfalls nicht mehr lebenden Abkömmlinges treten die durch ihn mit dem Erblasser verwandten Abkömmlinge (Erbfolge nach Stämmen).

[4] Kinder erben zu gleichen Teilen.

Materialien: E I § 1965; II § 1801; III § 1900; Mot V 358 ff; Prot V 463 ff, 847 ff; Denkschr 719; STAUDINGER/BGB-Synopse 1896–2000 § 1924.

I. Grundsätzliches

§ 1924 bestimmt die Erben erster Ordnung und damit die Personen, die als erste für die Vermögensnachfolge in Betracht kommen und die gem § 1930 Verwandte anderer Ordnungen ausschließen. Zum Zusammentreffen von Erben erster Ordnung mit dem Ehegatten des Erblassers vgl § 1931 Rn 21. **1**

1. Abkömmlinge: Der Erblasser ist Stammelternteil der ersten Parentel. Gesetzliche *Erben erster Ordnung sind seine Abkömmlinge*, dh seine (ehelichen und nichtehelichen) Kinder (Sohn, Tochter), deren Kinder (Kindeskinder, Enkel) und deren weitere Nachkommen (Urenkel, Ururenkel usw). Zum Umfang und Nachweis der Abstammung vgl Vorbem 20–33 zu §§ 1924–1936. Als Nachkommen gelten allein die Blutsverwandten iSd familienrechtlichen Vorschriften (vgl Vorbem 20 zu §§ 1924–1936), nicht die Ehefrauen der Kinder, Enkel, Urenkel usw (Schwiegertochter, Schwiegersohn usw), sie werden nicht von § 1924 erfaßt. **2**

Unbekannt ist dem BGB der sog **Einkindschaftsvertrag**, wodurch Kinder aus einer früheren Ehe des einen Gatten dem anderen Gatten gegenüber die volle Stellung eines ehelichen Kindes erhalten und den in der neuen Ehe geborenen ehelichen Kindern rechtlich gleichgestellt werden.

Neben den Kindern des Erblassers und deren Nachkommen erbt lediglich der überlebende **Ehegatte**, der gem § 1931 ein Viertel und gem § 1371 Abs 1 ein weiteres Viertel erhalten kann (vgl § 1931). Außerdem erhält der Ehegatte die Gegenstände, die er zur Führung eines angemessenen Haushaltes benötigt, gem § 1932 Abs 1 S 2 als Voraus. **3**

2. Außereheliche Abkömmlinge des Erblassers

a) Nach dem **bis zum 30. 6. 1970 geltenden Recht** gehörten uneheliche Kinder nicht zu den gesetzlichen Erben ihres Vaters, sondern nur zu denen der Mutter und deren Verwandten (dazu 11. Aufl Rn 2). **4**

b) Mit **Wirkung vom 1. 4. 1998** wurden die außerehelichen Kinder den ehelichen gleichgestellt, so daß insoweit, sofern die Vaterschaft geklärt ist, keine Besonderheiten bestehen. Ausnahme machen außereheliche Kinder, die **vor dem 1. 7. 1949** **5**

§ 1924
6–8

geboren wurden, da diese mit ihrem Vater nicht verwandt sind. Für diese wurde jedoch die Möglichkeit der Herbeiführung der Beziehung mit Art 12 § 10 a NichtehelG geschaffen (vgl Vorbem 35, 45c zu §§ 1924–1936). Für Erbfälle vor dem 1. 4. 1998 gilt jedoch das Nachfolgende (vgl Vorbem 21 ff zu §§ 1924–1936). Außereheliche Abkömmlinge des Erblassers gehörten nach Aufhebung des § 1589 Abs 2 aF **seit dem 1. 7. 1970** (vgl Vorbem 24, 34 ff zu §§ 1924–1936) wie die ehelichen zu den gesetzlichen Erben erster Ordnung ihrer leiblichen Vorfahren (dh auch des leiblichen Vaters und dessen Vorfahren). Zu den gesetzlichen Erben erster Ordnung zählen ein nichteheliches Kind und seine Abkömmlinge somit nur dann, wenn der Erbfall nicht vor dem 1. 7. 1970 lag und das nichteheliche Kind des Erblassers (auf das seine Nachkommen ihre Verwandtschaft mit dem Erblasser begründen) nicht vor dem 1. 7. 1949 geboren war. Diese erbrechtliche Stellung wurde jedoch durch § 1934 a beim Tod eines väterlichen Vorfahren eingeschränkt, wenn neben dem nichtehelichen Kind auch eheliche Abkömmlinge oder der Ehegatte des Erblassers Erben sind. In diesem Fall hatte das nichteheliche Kind bzw die an seine Stelle tretenden Abkömmlinge lediglich einen *Ersatzanspruch* in Höhe des Wertes seines gesetzlichen Erbteils. Es war damit kein gesetzlicher Erbe, sondern Nachlaßgläubiger (vgl § 1934 b Rn 11). Starb die Mutter oder ein Vorfahre der Mutter, wurde die gesetzliche Erbenstellung des nichtehelichen Kindes nicht durch §§ 1934 a ff eingeschränkt. Verstarb der Vater oder ein väterlicher Vorfahre des nichtehelichen Kindes, zählte es und seine Nachkommen nur dann zu den gesetzlichen Erben erster Ordnung, wenn weder eheliche Abkömmlinge des Vaters noch die Ehefrau Erben waren. Hinterließ der Erblasser nur nichteheliche Kinder und keine Ehefrau, wurden alle nichtehelichen Kinder bzw deren Nachkommen vollberechtigte Erben (Näheres bei § 1934 a).

6 **a)** Die **Adoption eines Minderjährigen** (Volladoption) führt zu dessen unbeschränkter Anerkennung als ehelicher Abkömmling (Vorbem 47 zu §§ 1924–1936). Das folgt zum einen aus der Entstehungsgeschichte des BGB, zum anderen daraus, daß die Funktion der Adoption früher gerade darin bestand, sich einen Erben zu schaffen, um Namen und Vermögen über den Tod hinaus zu sichern (BAUSCH FamRZ 1980, 413, 414). Der Adoptierte und seine Abkömmlinge zählen somit zu den gesetzlichen Erben erster Ordnung des Adoptierenden oder der Personen, von denen der Adoptierende in gerader Linie abstammt aufgrund Geburt oder Volladoption. Da gem § 1755 das Verwandtschaftsverhältnis des Adoptierten zu seinen leiblichen Eltern und deren Verwandten erlischt, zählt der Adoptierte nicht mehr zu den gesetzlichen Erben seiner leiblichen Eltern und Vorfahren (BT-Drucks VII/3061, 44). Bei Adoption durch seinen Bruder kann das angenommene Kind seine leiblichen Eltern trotz § 1756 Abs 1 als Adoptivgroßeltern gem § 1924 Abs 1 beerben (SOERGEL/STEIN Rn 18).

7 **b)** Durch **Adoption eines Volljährigen** (vgl Vorbem 40 zu § 1924) werden der Adoptierte und seine Nachkommen gesetzliche Erben erster Ordnung allein des Adoptierenden, nicht aber des Ehegatten des Adoptierenden und der Personen, von denen der Annehmende in gerader Linie abstammt. Da der volljährig Adoptierte mit seiner **Ursprungsfamilie** verwandt bleibt, zählen er und seine Abkömmlinge auch weiterhin zu den gesetzlichen Erben seiner leiblichen Eltern und all der Personen, von denen diese in gerader Linie abstammen. Werden gem § 1772 die Wirkungen der Volladoption herbeigeführt, so gelten die dafür aufgestellten Grundsätze (vgl Rn 6).

8 **c)** Bei **Erbfällen vor dem 1. 1. 1977** und bei Ausschluß der durch das AdoptG getroffenen Neuregelung gelten die §§ 1741 ff aF (vgl Vorbem 46 zu §§ 1924–1936). Es wird kein Unterschied zwischen der Adoption eines Minder- und Volljährigen gemacht. Gem §§ 1757, 1762, 1763 aF zählt der Adoptierte zu den gesetzlichen Erben erster Ordnung nur des Adoptierenden, nicht aber der Personen, von denen der Adoptierende in gerader Linie abstammt. Ein Abkömmling des Adoptierten bzw seine Nachkommen sind nur dann gesetzliche Erben erster Ordnung des Adoptierenden, wenn sie bei Abschluß des Adoptionsvertrages bereits vorhanden waren. Ein zZt des Vertragsschlusses noch nicht lebender Abkömmling und seine Nachkommen können gesetzliche Erben des Adoptierenden werden, wenn der Adoptionsvertrag auch mit ihnen (den bereits lebenden Abkömmlingen) geschlossen worden ist (§ 1762 aF).

4. Zum Begriff der Abkömmlinge im *Erbschaftsteuerrecht* vgl MÜHLEN VersR 1962, 1123.

9

II. Vorrang des Stammelternteiles (Abs 2)

1. Nach dem für die gesetzliche Erbfolge maßgebenden Stammesgrundsatz (vgl Vorbem 14 f zu §§ 1924–1936) wird ein *entfernterer Nachkomme durch einen näheren*, der seine Verwandtschaft mit dem Erblasser vermittelt und den Erbfall erlebt, *ausgeschlossen*. Da jeder Nachkomme des Erblassers mit seinen Abkömmlingen eine eigene Parentel bildet (vgl Vorbem 13 zu §§ 1924–1936), schließt der dem Erblasser nächste noch lebende Nachkomme die seiner Parentel angehörenden Nachkommen von der Erbfolge aus.

10

2. Der **Ausschluß der entfernteren Nachkommen** durch einen *lebenden* näher verwandten Nachkommen erfolgt nur, wenn letzterer auch wirklich zur Erbfolge gelangt oder einen vorzeitigen Erbausgleich gem §§ 1934 d, e erhalten hatte. Dies ergibt sich unzweideutig aus der Rechtsfolge bei Wegfall eines Abkömmlings durch Ausschlagung (§ 1953 Abs 2), Erbunwürdigkeitserklärung (§ 2344) oder Erbverzicht (§ 2346 Abs 1 S 2), denn in diesen Fällen ist nach dem Gesetzeswortlaut der Wegfallende so zu behandeln, wie wenn er zZt des Erbfalls nicht gelebt hätte. Der sich hieraus ergebende allgemeine Grundsatz (vgl Vorbem 42 zu §§ 1924–1936), daß eine erbrechtlich vorangehende Person eine nachgeordnete lediglich dann von der Erbfolge ausschließt, wenn erstere tatsächlich die Erbenstellung einnimmt (§ 2349 betrifft lediglich das Eintrittsrecht), bedeutet auch, daß ein gem § 1938 von der gesetzlichen Erbfolge Ausgeschlossener *(Enterbung)* ebenfalls als den Erbfall nicht erlebend behandelt wird und seine Nachkommen nicht von der gesetzlichen Erbfolge ausschließen kann (dazu Rn 19).

11

3. Auch ein **nichtehelicher Nachkomme** (Unterscheidung entfallen seit 1. 4. 1998 mit ErbGleichG) des Erblassers bildete mit seinen Abkömmlingen eine Parentel, so daß er – wenn er zu den *gesetzlichen Erben* des Erblassers gehörte – seine Abkömmlinge von der Erbfolge ausschloß. Stand dem nichtehelichen Nachkömmling des Erblassers lediglich ein *Erbersatzanspruch* zu, war er kein gesetzlicher Erbe des Erblassers und konnte auch seinen Nachkommen keine solche Erbenstellung vermitteln (vgl Vorbem 41 zu §§ 1924–1936 und § 1934 a Rn 3). Die Frage des Ausschlusses durch ihn als den dem Erblasser näheren Verwandten stellt sich in diesem Fall nicht. Ein vorzeitiger Erbausgleich gem § 1934 d schließt mit dem eigenen Erbrecht –

12

vorbehaltlich späterer Ehelicherklärung, §§ 1723 ff, 1740 a ff – auch die Abkömmlinge eines nichtehelichen Kindes von der Erbfolge aus.

13 4. Ein **Adoptierter** oder durch späteren Eheschluß **legitimierter Nachkomme** des Erblassers steht einem ehelichen gleich, er schließt als Stammelternteil seiner Parentel seine Nachkommen aus.

III. Eintrittsrecht (Abs 3)

14 1. An die Stelle eines vorverstorbenen (bzw wegfallenden) Nachkommen **treten dessen** durch ihn mit dem Erblasser verwandte **Nachkommen** (Erbfolge nach Stämmen), nicht sein Ehegatte. Die jeweils einer Parentel angehörenden Personen rücken in der Reihenfolge des Abs 2 (vgl Rn 10 ff) in die erbrechtliche Stellung ihres Stammelternteils ein, wenn dieser aufgrund Vorversterbens oder Wegfalls die Erbschaft nicht antritt (vgl Rn 11). Dieses Eintrittsrecht ist unabhängig davon, ob der Eintretende Erbe des Wegfallenden ist, zB der Wegfallende hat den Eintretenden enterbt (RGZ 61, 14, 16; ERMAN/SCHLÜTER Rn 17; SOERGEL/STEIN Rn 26). Verstirbt ein vorrangiger Erbe dagegen nach dem Erbfall, geht der dem Vorverstorbenen zustehende Erbteil nur auf seine Erben über. Ein Eintritt im obigen Sinne erfolgt nicht (vLÜBTOW I 49, 50). § 1924 Abs 3 ist entgegen seinem Wortlaut auch dann einschlägig, wenn ein lebender Abkömmling infolge Ausschlagung der Erbschaft (vgl § 1953 Abs 3) oder Erbunwürdigerklärung (§ 2344 Abs 2) nicht gesetzlicher Erbe wird (MünchKomm/LEIPOLD § 1924 Rn 25). Zu beachten ist, daß entsprechend Art 227 Abs 1 Nr 2 EGBGB ein noch vor dem 1. 4. 1998 rechtswirksam gewordener Erbausgleich eines außerehelichen Kindes die Wirkung des § 1934 d beibehält und damit das Erbrecht seiner Abkömmlinge ausgeschlossen ist.

15 2. Das Eintrittsrecht **des nichtehelichen Nachkommen** eines Stammelternteils bestand in bezug auf einen mütterlichen Verwandten unbeschränkt, beim Tode eines väterlichen Verwandten wurde es durch § 1934 a aF in ein obligatorisches Erbrecht umgewandelt. Bei der Verwandtenadoption gem § 1756 Abs 1 erlischt die Verwandtschaft des Adoptierten zu seinen leiblichen Eltern. Teilweise wird dennoch beim Tod der Großeltern ein Eintrittsrecht nach den leiblichen Eltern analog § 1924 Abs 3 befürwortet (SOERGEL/STEIN Rn 26; MünchKomm/LEIPOLD Rn 13; DIECKMANN FamRZ 1979, 389, 394). Zwar bleibt das Verwandtschaftsverhältnis zu leiblichen Großeltern von der Verwandtenadoption unberührt, doch kann dem Adoptierten mangels Verwandtschaft mit seinen leiblichen Eltern von diesen kein Erbrecht vermittelt werden (ERMAN/SCHLÜTER Rn 11).

16 3. Soweit Nachkommen eines weggefallenen Vorfahren aufgrund des Eintrittsrechts an dessen Stelle treten, findet eine *Erhöhung* des Anteils der Miterben des Weggefallenen nach § 1935 nicht statt.

17 4. Die entfernteren Abkömmlinge treten an die Stelle eines Vorverstorbenen **kraft eigenen Rechts** (RGZ 61, 16; MünchKomm/LEIPOLD Rn 24; SOERGEL/STEIN Rn 26), kraft ihrer blutsmäßigen Verwandtschaft zum Erblasser. Ihr Eintrittsrecht ist unabhängig davon, ob sie Erbe des vorverstorbenen Nachkommen sind, der ihre Verwandtschaft mit dem Erblasser mittelt. Davon gehen die Mot als selbstverständlich aus (Mot V 367). Es geht also nicht ein an sich dem Vorrangigen zustehendes Erbrecht auf sie

1. Abschnitt. Erbfolge

über. Dies ergibt sich unzweideutig aus den Bestimmungen der §§ 1953 Abs 2, 2344 Abs 2, 2346 Abs 1 S 2, wonach die entfernteren Abkömmlinge an die Stelle eines dem Erblasser näheren Verwandten treten, wenn letzterer infolge Ausschlagung, Erbunwürdigkeitserklärung oder Erbverzichts (zu beachten ist aber § 2349) nicht zur Erbfolge gelangt.

Damit ist die in der alten **gemeinrechtlichen Lehre** vertretene und von vielen *Partikularrechten* anerkannte Auffassung unzweideutig abgelehnt, nach der das Eintrittsrecht als unselbständiges Repräsentationsrecht ausgestaltet war, also ausgeschlossen wurde, wenn das Erbrecht des vermittelnden Stammelternteils aus besonderem Grunde (Ausschlagung, Erbunwürdigkeit) wegfiel (vgl WINDSCHEID/KIPP III § 572 Fn 4). Für das BGB ist die Selbständigkeit des Eintrittsrechts heute unbestritten (RGZ 61, 16; RG JW 1913, 869; PLANCK/FLAD Anm 2; ERMAN/SCHLÜTER Rn 17).

5. Durch **Enterbung des Stammvaters** (§ 1938) wird das Eintrittsrecht nicht ausgeschlossen. Dies ergibt sich folgerichtig aus der grundsätzlich anerkannten Selbständigkeit des Eintrittsrechts. § 1972 des I. Entwurfes faßte den Fall der Enterbung mit den noch heute ausdrücklich geregelten Fällen der Ausschlagung, Erbunwürdigkeit und des persönlichen Verzichts in gleicher Behandlung zusammen. Die Protokolle (Prot V 483) billigten diese Auffassung. Die Redaktionskommission hat diese Bestimmung indes gestrichen. Gleichwohl wird man grundsätzlich an der im I. Entwurf vorgenommenen Gleichstellung festhalten und die Wirkungen des Ausschlusses eines Stammvaters auf ihn beschränken müssen, es sei denn, der Erblasser hatte erkennbar *auch die entfernteren Nachkommen mit enterben wollen* (RGZ 61, 16; 93, 193; RG WarnR 1913 Nr 329; BGB-RGRK/KREGEL Rn 8). Ein solcher Wille ist grundsätzlich nicht vorhanden, wenn der Erblasser nur einen bestimmten Abkömmling von der Erbfolge ausschließt. Im Gegensatz zu § 2349 spricht § 1938 nicht von einer Erstreckung der Ausschlußwirkung auf entferntere Verwandte. § 2309 erkennt ein bedingtes Pflichtteilsrecht der entfernteren Abkömmlinge an, setzt also deren Erbrecht auch bei Enterbung ihres Stammelternteils grundsätzlich voraus.

6. Eine *Ausnahme von der Unabhängigkeit* des Eintrittsrechts von der erbrechtlichen Stellung des Stammelternteiles postuliert § 2349 für den **Erbverzicht** eines Abkömmlings oder Seitenverwandten des Erblassers. Die Wirkung des Verzichts erstreckt sich *auch auf seine Abkömmlinge*, soweit nicht ein anderes bestimmt wird, da der Erbverzicht zumeist die Gegenleistung für eine vorweggenommene Erbzuteilung ist. Der Verzicht kann aber auch auf die Person des Verzichtenden beschränkt werden, dessen Abkömmlinge behalten damit das Eintrittsrecht.

7. Aus der Selbständigkeit des Eintrittsrechts der entfernteren Abkömmlinge folgt, daß durch **Gerichtsentscheidung, Vergleich** oder anderes **Abkommen über das Erbrecht** des näheren Abkömmlings das Erbrecht entfernterer **Abkömmlinge** nicht betroffen sein kann. Es findet keine Erstreckung der Rechtskraftwirkung auf diese statt. Miterben, die eine endgültige Klärung erstreben, müssen daher gegen den näheren und die entfernteren Abkömmlinge vorgehen (PLANCK/FLAD Anm 2; EBBECKE LZ 1919, 509). Zur Beweislastverteilung bei Berufung auf das Eintrittsrecht § 1930 Rn 8 aE.

IV. Gleichteilung nach Köpfen (Abs 4)

22 **1.** Abs 4 postuliert den Grundsatz der Gleichberechtigung gleich naher Erben. Innerhalb eines Stammes erben gleich nahe Erben zu gleichen Teilen: „Gleiche Brüder gleiche Kappen." Dies allein entspricht dem Blutgedanken als tragendem Rechtfertigungsgrund des Verwandtenerbrechts, der eine stärkere Beachtung persönlicher Besonderheit nicht zuläßt (vgl 2. Denkschr d ErbrA d AkDR 13). Die Berücksichtigung solcher Besonderheiten muß der letztwilligen Verfügung überlassen bleiben. Das Gesetz hat mit Recht die in manchen älteren Rechten ausgesprochene Bevorzugung der Männer (Verstoß gegen Art 3 GG!) oder die Anerkennung eines Voraus zugunsten des Mannes- oder Frauenstammes unberücksichtigt gelassen (Mot V 360). Auch die ledige im Hause verbleibende Tochter wird gegenüber den selbständigen Söhnen nicht bevorzugt, ebensowenig die Witwe eines vorverstorbenen Sohnes (Prot V 463–467).

23 **2.** Im Zusammenhang mit Abs 3 ergibt sich auch der Grundsatz der **Gleichteilung für Stämme**, indem die Abkömmlinge eines vorverstorbenen Kindes zusammen soviel erben, als auf dieses entfallen wäre. Der Nachlaß wird nach Stämmen geteilt und innerhalb eines jeden Stammes nach Zahl der Unterstämme usw (vgl Vorbem 15 zu §§ 1924–1936). Auf die Anzahl der einem Stamm zugehörenden Erben kommt es nicht an. Zugehörigkeit zu mehreren Stämmen führt nach § 1927 auch zur mehrfachen Erbenstellung. Erben also ein lebender Sohn des Erblassers und zwei Kinder einer vorverstorbenen Tochter, so erhalten der Sohn 1/2, die beiden Enkelkinder je 1/4 des Nachlasses. Die Abkömmlinge eines vorverstorbenen Stammvaters bilden mit den übrigen Erben zusammen eine einzige Miterbengemeinschaft, dh die für einen Stammvater eintretenden Personen bilden keine für sich getrennte Gemeinschaft.

24 **3.** Der Grundsatz der Gleichberechtigung der Stämme muß auch bei **Auslegung letztwilliger Verfügungen** beachtet werden. Soll laut Testament der Nachlaß an die überlebenden Kinder und die Kinder einer vorverstorbenen Tochter „gleichmäßig" verteilt werden, ist dies nicht eindeutig als Teilung nach Köpfen zu verstehen und daher im Zweifel eine Verteilung nach Stämmen gewollt (OLG München HRR 1938 Nr 156 = JFG 16, 246; Soergel/Stein Rn 29). Regelmäßig sind mit eingesetzten „Kindern", „Abkömmlingen", „Verwandten" und „gesetzlichen Erben" auch nichteheliche Kinder und Adoptivkinder erfaßt (Soergel/Stein aaO; s auch OLG Köln Rpfleger 1993, 404 zu § 2069; für nichteheliche Kinder Problematik mit ErbGleichG zum 1. 4. 1998 gelöst; sofern der Erblasser ein außereheliches Kind ausschließen will, muß er dies bei der Einsetzung zum Ausdruck bringen).

25 **V.** In der früheren DDR bestand seit dem 1.1.1976 mit § 365 ZGB eine dem § 1924 entsprechende Regelung, wobei jedoch der Ehegatte neben den ersten Kindern und deren Nachkommen zu den gesetzlichen Erben erster Ordnung gehörte. Ein den §§ 1934 a ff entsprechender Erbersatzanspruch existierte nicht, nichteheliche Kinder waren den ehelichen Kindern erbrechtlich in vollem Umfang gleichgestellt. Durch § 8 EGZGB wurde die vorher bestehende Einschränkung des Erbrechts volljähriger nichtehelicher Kinder aus § 9 EGFGB beseitigt.

Im Einzelfall kann § 365 ZGB auch heute noch anzuwenden sein (vgl Vorbem 2 zu §§ 1924–1936).

§ 1925

[1] Gesetzliche Erben der zweiten Ordnung sind die Eltern des Erblassers und deren Abkömmlinge.

[2] Leben zur Zeit des Erbfalls die Eltern, so erben sie allein und zu gleichen Teilen.

[3] Lebt zur Zeit des Erbfalls der Vater oder die Mutter nicht mehr, so treten an die Stelle des Verstorbenen dessen Abkömmlinge nach den für die Beerbung in der ersten Ordnung geltenden Vorschriften. Sind Abkömmlinge nicht vorhanden, so erbt der überlebende Teil allein.

[4] In den Fällen des § 1756 sind das angenommene Kind und die Abkömmlinge der leiblichen Eltern oder des anderen Elternteils des Kindes im Verhältnis zueinander nicht Erben der zweiten Ordnung.

Materialien: E I § 1966; II § 1802; III § 1901; Mot V 361 f; Prot V 467; Denkschr 719; BT-Drucks VII/3061, 44, 54, 75, 85; VII/5087, 17 f, 22, 44; STAUDINGER/BGB-Synopse 1896–2000 § 1925.

I. Grundsätzliches

1. § 1925 Abs 4 wurde durch Art 1 Nr 2 b AdoptG v 2. 7. 1976 (BGBl I 1749) eingefügt und ist am 1. 7. 1977 in Kraft getreten, Art 12 § 10 AdoptG.

2. § 1925 bestimmt die **Erben zweiter Ordnung**. Diese gelangen nach § 1930 erst zur Erbfolge, wenn kein Nachkomme des Erblassers, kein Erbe erster Ordnung iSd § 1924 vorhanden ist (vgl § 1924 Rn 1). Ein solcher die Erben zweiter Ordnung ausschließender Erbe erster Ordnung ist auch nicht vorhanden, wenn ein Nachkomme des Erblassers iSd § 1924 zwar existiert, aber aufgrund Ausschlagung, Erbunwürdigkeit, Verzicht, Enterbung oder aufgrund vorzeitigen Erbausgleichs (§§ 1934 d, e – weggefallen mit ErbGleichG zum 1. 4. 1998, sofern jedoch rechtswirksam, gilt Art 227 Abs 1 Nr 2 EGBGB) seine Erbenstellung nicht einnimmt (vgl § 1924 Rn 11). Dann geht die Erbschaft *aufwärts zu den Eltern* des Erblassers und, soweit diese schon zZt des Erbfalls weggefallen sind, auf deren Nachkommen, also zu den Geschwistern (auch Halbgeschwistern), Geschwisterkindern, Neffen, Nichten des Erblassers, deren Kindern usw über. Die Eltern schließen ihre Nachkommen von der Erbfolge aus *(Repräsentationsprinzip)*. Alle Erben zweiter Ordnung schließen wiederum die einer höheren Ordnung (§§ 1926 ff) von der Erbschaft aus (Vorbem 13 zu §§ 1924–1936).

II. Erben zweiter Ordnung

1. Die **Eltern** des Erblassers sind die Personen, von denen der Erblasser unmittelbar abstammt, dh **die leiblichen Eltern** des Erblassers (zur Feststellung der Abstammung vgl Vorbem 20 ff zu §§ 1924–1936.).

4 Die **Mutter eines nichtehelichen Kindes** und ihre Nachkommen sind Erben zweiter Ordnung ohne Einschränkung gegenüber der Regelung bei ehelicher Elternschaft. Bis zum 1. 4. 1998 gehörten der **Vater eines nichtehelichen Kindes** und seine Nachkommen nach Aufhebung des § 1589 Abs 2 aF grundsätzlich auch zu den Erben iSd § 1925, ihnen stand jedoch gem § 1934 a Abs 2, 3 lediglich ein Erbersatzanspruch zu, wenn beim Tod des nichtehelichen Kindes dessen Mutter oder für diese eintretende eheliche Abkömmlinge oder ein Ehegatte des nichtehelichen Kindes Erben waren. Hinterließ das nichteheliche Kind seinen Vater und seine Mutter, wurde allein letztere gem § 1925 Erbe zweiter Ordnung. War die Mutter vorverstorben, waren aber von ihr eheliche Kinder vorhanden, erbten diese allein (der Vater hatte lediglich den Erbersatzanspruch) als Erben zweiter Ordnung kraft Eintrittsrechts. Ebenso schieden der nichteheliche Vater und seine Nachkommen als Erben iSd § 1925 aus, wenn die Ehefrau des nichtehelichen Kindes lebte und Erbin war. Der Vater eines nichtehelichen Kindes und väterliche Nachkommen waren nur dann Erben zweiter Ordnung, wenn weder Kinder, die Ehefrau (§ 1931) noch die Mutter oder von ihr abstammende eheliche Kinder lebten und die Erbschaft antraten (Näheres § 1934 a). Zur Stellung legitimierter und für ehelich erklärter Kinder sowie solcher aus nichtigen, aufhebbaren und aufgehobenen Ehen vgl Vorbem 30 ff zu §§ 1924–1936, zur Stellung künstlich erzeugter Kinder Vorbem 26 ff zu §§ 1924–1936. **Nach dem 1. 4. 1998** steht der Vater eines außerehelich geborenen Kindes dem eines ehelich geborenen Kindes, sofern die Vaterschaft feststeht, gleich und ist somit auch neben der überlebenden Mutter und deren möglicherweise vorhandenen ehelichen Nachkommen als Erbe 2. Ordnung erbberechtigt.

5 2. **Adoptiveltern** und ihre Nachkommen unterliegen unterschiedlichen Regelungen, je nachdem, ob sie den Vorschriften des ab 1. 1. 1977 geltenden Adoptivrechtes oder dem bis dahin geltenden Recht unterliegen (dazu Vorbem 46 ff zu §§ 1924–1936).

6 a) Bei **Erbfällen vor dem 1. 1. 1977** wurde für den Annehmenden ein Erbrecht nicht begründet, § 1759 aF, dh die Adoptiveltern sind keine gesetzlichen Erben zweiter Ordnung geworden. Ebensowenig erstreckte sich nach § 1763 aF die Wirkung der Annahme auf die Verwandten des Annehmenden, daher zählen auch die Nachkommen der Adoptiveltern nicht zu den Erben des Adoptierten. Die erbrechtliche Stellung der leiblichen Eltern und deren Nachkommen wurde durch die Annahme nicht berührt, § 1764 aF, so daß diese gesetzliche Erben zweiter Ordnung des vor dem 1. 1. 1977 verstorbenen Adoptierten sind.

7 b) Bei **Erbfällen nach dem 31. 12. 1976** ist zwischen der Adoption eines Minderjährigen (Volladoption) und der eines Volljährigen zu unterscheiden (vgl Vorbem 47 f zu §§ 1924–1936).

Adoptiveltern bei einer *Volladoption* stehen gem § 1754 Abs 1, 2 den leiblichen Eltern gleich. Der bzw die Adoptierenden und ihre Nachkommen sind Erben zweiter Ordnung des Adoptivkindes. Gleichzeitig erlöschen gem § 1755 die verwandtschaftlichen Bindungen des Angenommenen zu seinen leiblichen Eltern, letztere sind keine gesetzlichen Erben des Kindes. Nimmt ein Ehegatte das nicht gemeinsame Kind des anderen an, sind allein beide Ehegatten Erben iSd § 1925, der andere (leibliche) Elternteil des Angenommenen ist entweder vorverstorben (§ 1756 Abs 2) oder aber gem § 1755 Abs 2 als Erbe ausgeschieden, auch wenn die Adoptiv-

1. Abschnitt. Erbfolge

§ 1925
8–10

eltern mit dem Kind im zweiten oder dritten Grad verwandt oder verschwägert sind (§§ 1589, 1590), etwa Annahme durch Großeltern, Geschwister, Onkel, Tante. Nach § 1756 Abs 1 scheiden die **leiblichen Eltern** als Erben aus, sie können damit auch kein Erbrecht ihrer Abkömmlinge (leibliche Geschwister des Erblassers) vermitteln (SCHMITT-KAMMLER FamRZ 1978, 571). Es erben allein die Adoptiveltern (BT-Drucks VII/3061, 44). Sind die Adoptiveltern einer nach § 1756 Abs 1 erfolgten Kindesannahme vorverstorben, können die leiblichen Geschwister des Erblassers, wenn sie Abkömmlinge des Adoptierenden sind, kraft Eintrittsrechts gem § 1925 Abs 3 Erbe sein (SCHMITT-KAMMLER FamRZ 1978, 571). Die leiblichen Eltern des Erblassers haben bei dessen Adoption durch Großeltern als Abkömmlinge des Adoptierenden ebenfalls ein solches Eintrittsrecht (MünchKomm/LEIPOLD Rn 13; DIECKMANN FamRZ 1979, 389, 395). § 1756 Abs 1 beendet lediglich die verwandtschaftlichen Beziehungen des Angenommenen zu seinen leiblichen Eltern als *solchen*, nicht aber die der Annehmenden zu ihren Abkömmlingen. Allein auf letzterem Verhältnis beruht das Eintrittsrecht (SCHMITT-KAMMLER FamRZ 1978, 572 f; **aM** ERMAN/SCHLÜTER Rn 11, der jedoch den Sinn der §§ 1755 Abs 1, 1756 Abs 1 zu weit faßt). Dementsprechend schließt § 1925 Abs 4 auch das Eintrittsrecht von Abkömmlingen leiblicher Eltern nach dem Adoptierenden nicht aus, sondern enthält lediglich eine Klarstellung dahingehend, daß diese Abkömmlinge nicht in eine Erbenstellung ihrer Eltern nach § 1925 Abs 2 einrücken (SOERGEL/STEIN Rn 10; DIECKMANN ZBlJugR 1980, 567, 572 Fn 17).

Bei der **Adoption eines Volljährigen** (vgl Vorbem 48 zu §§ 1924–1936), bei dem nicht die **8** Volladoption gem § 1772 herbeigeführt worden ist (dann steht der Angenommene einem minderjährig Adoptierten gleich), wird der Angenommene ebenfalls Kind des Annehmenden, letzterer damit gesetzlicher Erbe zweiter Ordnung des Adoptierten. Darüber hinaus bleibt nach § 1770 Abs 2 das Verwandtschaftsverhältnis zwischen dem Adoptierten und seinen leiblichen Eltern bestehen, damit bleiben letztere auch Erben iSd § 1925. Gesetzliche Erben zweiter Ordnung eines volljährig Adoptierten sind daher seine leiblichen und die Adoptivelternteile (BT-Drucks VII/3061, 54; PALANDT/DIEDERICHSEN § 1770 Rn 2; PALANDT/EDENHOFER Rn 7).

Da bei der Adoption eines Volljährigen ein Verwandtschaftsverhältnis zu den leib- **9** lichen und den Adoptiveltern besteht, der Adoptierte neben den beiden leiblichen Elternteilen auch noch ein oder zwei Adoptivelternteile hat, kommen hier drei oder vier Elternteile als Erben zweiter Ordnung in Betracht. Diese erben, da einer Ordnung angehörend, zu gleichen Anteilen, dh bei einem lebenden Adoptivelternteil und zwei leiblichen Elternteilen zu je 1/3, hatte der Angenommene zwei Adoptivelternteile, erben diese und die leiblichen Elternteile jeweils zu 1/4 (SOERGEL/STEIN Rn 6). Eine solche Erbteilung nach Köpfen gebietet der Grundsatz, daß die Eltern nicht als Einheit iS einer Elternschaft, sondern als Einzelpersonen Erben sind. Ein volljährig Adoptierter hat drei oder vier Elternteile, die iSd § 1925 alle gleichberechtigt sind und gleichwertig behandelt werden. Bei Wegfall der leiblichen Eltern treten deren Abkömmlinge gem § 1925 Abs 3 an deren Stelle. Nicht so jedoch bei den Adoptiveltern, da sich die Wirkung der Adoption nicht auch auf deren Verwandte erstreckt (§ 1770 Abs 1; OLG Zweibrücken FGPrax 1996, 189 mwN).

3. **Väter**, deren Ehen mit der Mutter des Erblassers **vor dem 1. 8. 1938** für nichtig **10** erklärt worden sind, hatten gem dem durch § 78 (früher § 84) EheG aufgehobenen § 1701 nicht die sich aus der Vaterschaft ergebenden Rechte, also auch kein Erbrecht, wenn ihnen die *Nichtigkeit der Ehe* beim Eheschluß bekannt war. Ein solcher sog bösgläubiger Vater ist für die Beerbung des Kindes und der Abkömmlinge als vorverstorben anzusehen.

11 4. **Leben beide leiblichen Elternteile** des Erblassers zZt des Erbfalles und werden Erbe, so fällt der Nachlaß des Kindes in ihren Schoß, sog *Schoßfall* (Sachsenspiegel I 17 § 1). Beide Elternteile erben allein zu gleichen Teilen und schließen ihre Abkömmlinge, dh die Geschwister des Erblassers und deren Nachkommen, von der Erbschaft aus (Abs 2). Diese Ausschlußwirkung des Abs 2 setzt lediglich das Erleben des Erbfalles durch die Eltern als Einzelperson und ihre Erbenstellung voraus. Nicht erforderlich ist, daß die Eltern des Erblassers in einer gültigen Ehe leben oder gelebt haben (MünchKomm/Leipold Rn 3; Soergel/Stein Rn 6). Eine Elternschaft, in der sie zur höheren Einheit zusammengefaßt würden, erkennt das BGB nicht an (RGZ 94, 242). Dies ergibt sich daraus, daß bei Ausfall eines Elternteiles dessen Nachkommen an seiner Stelle erben, nicht aber der überlebende Elternteil alleine erbt (Abs 3).

12 5. Ist **ein Elternteil vorverstorben** oder fällt er als Erbe durch Ausschlagung (§ 1953 Abs 2), Erbunwürdigkeitserklärung (§ 2344 Abs 2) oder Enterbung aus (vgl Rn 2; MünchKomm/Leipold § 1925 Rn 6), treten seine Nachkommen an seine Stelle. Gleiches gilt beim Erbverzicht (§ 2346), weil § 2349 nur für Abkömmlinge oder Seitenverwandte gilt (MünchKomm/Leipold § 1925 Rn 6). Der überlebende Elternteil erbt nicht allein, sofern Abkömmlinge (auch nichteheliche oder adoptierte) vorhanden sind. Existieren solche nicht, erbt der überlebende Elternteil allein (Abs 3 S 2). Bei dem Tod eines volljährig Adoptierten haben die Nachkommen der Adoptiveltern kein Eintrittsrecht, so daß bei Vorversterben eines Adoptivelternteiles der Nachlaß auch dann allein unter den noch lebenden Elternteilen verteilt wird, wenn der vorverstorbene Adoptivelternteil Nachkommen hinterläßt. Zunächst fällt der dem Adoptivelternpaar zufallende Anteil gem § 1925 Abs 3 S 2 dem anderen Teil allein zu; fehlt ein solcher, so erhält ihn analog § 1926 Abs 4 das leibliche Elternpaar (Soergel/Stein Rn 7).

13 Das BGB anerkennt damit *keinen unbedingten Schoßfall* wie das Sächsische BGB zugunsten aller Voreltern oder wie das ALR II 2 § 489 wenigstens zugunsten der Eltern. Danach schloß ein lebender Vorfahre oder Elternteil die Geschwister und Seitenverwandten völlig aus. Die heute geltende Lösung vermittelt zwischen dem Gedanken der Versorgung der Eltern und der Zuteilung des Vermögens an die jüngere Generation, die es nutzbringender zu verwerten vermag (Aufbau einer Existenz). Gegen das unbedingte Schoßfallrecht spricht, daß es zum völligen und unbilligen Ausschluß der halbbürtigen Geschwister führt, die nur durch den verstorbenen Elternteil mit dem Erblasser verwandt sind, und daß das Vermögen sogar in ganz andere Kreise gelangen kann als die der nächsten Blutsverwandten, wenn man das Schoßfallrecht entsprechend dem Sächsischen Recht zugunsten aller Vorfahren anerkennen würde (Mot V 362; Prot V 467; 2. Denkschr d ErbrAkDR 45 f). Erwägenswert wäre allenfalls ein Mittelweg, wonach den Geschwistern des Erblassers die Hälfte neben beiden Elternteilen und drei Viertel neben einem Elternteil zustände (so Art 748, 749, 751 CC) (s auch Rauscher, Reformfragen des gesetzlichen Erb- und Pflichtteilsrechts II 1, 169–171).

14 6. Die **Geschwister und ihre Nachkommen** treten als Abkömmlinge eines vorverstorbenen oder weggefallenen Elternteiles an dessen Stelle (Abs 3). Anders als die Erben vierter Ordnung (§ 1928 Abs 3) erben die Nachkommen der Eltern des Erblassers bereits bei Wegfall eines Elternteiles und treten an dessen Stelle (RGZ 94, 242). Sind beide Elternteile verstorben, erben ihre Abkömmlinge getrennt nach Vater- und Mutterlinie. Vollbürtige Geschwister des Erblassers treten an die Stelle beider Elternteile und sind damit zu mehreren Erbteilen iSd § 1951 berufen. Die Berufung beruht auf doppelter Verwandtschaft mit dem Erblasser, nämlich auf der über den Vater und der über die Mutter. Dies verdeutlicht auch das nur auf einer Verwandtschaft mit dem Erblasser beruhende Eintrittsrecht der Halbgeschwister, denn mit den *vollbürtigen* erben auch die *halbbürtigen*, wenn sie den verstorbenen Elternteil mit dem Erblasser gemeinsam haben. An der durch den Tod des nicht gemeinsamen Elternteils freigewordenen Hälfte sind sie nicht beteiligt, sie erben nur mit „einer Hand". Sind beide Eltern gestorben, so nehmen die vollbürtigen Nachkommen sowohl am Vater- wie am Mutterstamm teil, die halbbürtigen nur an einer dieser Hälften (dazu 2. Denkschr d ErbrA d AkDR 28 f; BOEHMER, Vorschläge 44, 80 f). Anders ist es aber, wenn der Erblasser als Erben zweiter Ordnung nur halbbürtige Geschwister hinterläßt; gem § 1930 schließen diese dann alle gesetzlichen Erben höherer Ordnung von der Erbfolge aus. Namentlich Großelternteile als Erben dritter Ordnung sind neben Halbgeschwistern also nicht als gesetzliche Erben berufen (LG Bochum Rpfleger 1989, 509 f).

15 a) Die auf den verstorbenen Elternteil entfallende Hälfte (bei Adoption vgl Rn 5 ff) wird unter die Geschwister und Geschwisterkinder sowie deren Nachkommen nach den in der ersten Ordnung (§ 1924 Abs 2, 3) maßgebenden Grundsätzen **verteilt**, also **nach Stämmen mit Eintrittsrecht** (Abs 3). Die Geschwister erben also zu gleichen Teilen, den Kopfteil eines Verstorbenen oder Weggefallenen erhalten dessen Kinder zu gleichen Teilen usw. Leben zum Todeszeitpunkt die Mutter des Erblassers und zwei vollbürtige Geschwister, erben die Mutter zu 1/2 und die Geschwister kraft Eintrittsrechts nach ihrem Vater je zu 1/4 (weitere Beispiele und Schaubilder vgl STAUDINGER/LEHMANN[11] Rn 12). Die Erbfolge nach Stämmen gilt auch, wenn nur Geschwisterkinder vorhanden sind (anders das gemeine Recht, das hier Teilung nach Köpfen vorsah, DERNBURG Pand III § 132, 2 d).

16 b) Sind Halbgeschwister oder Nachkommen der Geschwister *nichtehelich*, so haben sie wegen § 1934 a (bei Erbfällen vor dem 1. 4. 1998) ein volles Eintrittsrecht bei Ausfall ihres Vaters nur, wenn sie allein oder mit sonstigen nichtehelichen Kindern an die Stelle ihres Vaters treten. Sind eheliche (Halb-)Geschwister vorhanden, erlangen sie allein die Erbenstellung ihres Vaters, das nichteheliche Kind muß sich mit dem Erbersatzanspruch begnügen.

17 c) Sind **Adoptiveltern vorverstorben**, so sind erbberechtigte Geschwister (bzw deren Nachkommen) eines Adoptivkindes bei Volladoption allein die Kinder der Adoptiveltern und deren Nachkommen (BT-Drucks VII/3061, 85). Die Wirkung der Volladoption erstreckt sich neben der Lösung jeder Verwandtschaft zu den leiblichen Eltern und deren Nachkommen auf eine völlige Einordnung in die Familie der Adoptiveltern, §§ 1754, 1755 (vgl Rn 7). Die Adoptiveltern und deren Nachkommen treten an die Stelle der leiblichen Eltern und deren Nachkommen. Umgekehrt haben Adoptivkinder ein Eintrittsrecht beim Tod der leiblichen oder adoptierten Kinder der Adoptiveltern. Adoptiert ein Ehegatte das nicht gemeinsame Kind des anderen, so sind die Ehegatten, der eine als Adoptiv-, der andere als leiblicher Elternteil, erbberechtigt (Rn 7). An ihre Stelle treten die jeweiligen Kinder, also bei Fortfall des leiblichen Elternteils die leiblichen Geschwister des Erblassers und deren Nachkommen, bei Vorversterben des Adoptivelternteiles dessen Nachkommen. Bei einer Adoption gem § 1756 werden lediglich die leiblichen gegen die Adoptiveltern ausgewechselt, ansonsten bleiben die verwandtschaftlichen Beziehungen zu den Abkömmlingen der leiblichen Eltern bestehen (vgl § 1756). Deren von den Eltern abgeleitetes Erbrecht wird jedoch durch § 1925 Abs 4 ausgeschlossen (vgl Rn 7), so daß auch hier die leiblichen Geschwister und der Adoptierte gegenseitig kein Erbrecht haben, sofern sie nicht als Abkömmlinge der Adoptierenden kraft Eintrittsrechts gem § 1925 Abs 3 erben (SCHMITT-KAMMLER FamRZ 1978, 571, vgl auch Rn 7). Namentlich schließt § 1925 Abs 4 ein Erbrecht der leiblichen Geschwister nicht aus, wenn diese wie der Erblasser von ihrer Schwester bzw ihrem Bruder adoptiert wurden (DIECKMANN FamRZ 1979, 389, 394 Fn 35).

Adoptiert ein Ehepartner gem § 1756 Abs 2 das eheliche Kind des anderen aus einer früheren durch Tod aufgelösten Ehe, würde § 1925 Abs 4 nach seinem Wortlaut eine erbrechtliche Beziehung zu den vollbürtigen Geschwistern aus dieser Ehe als Erben zweiter Ordnung ausschließen. Darin liegt ein Wertungswiderspruch zur Adoption nach Ehescheidung, wo die Verwandtschaft zu den vollbürtigen leiblichen Geschwistern über die Mutter und damit die erbrechtliche Position als Erben zweiter Ordnung durch die Annahme nicht berührt wird. Insoweit ist § 1925 Abs 4 daher einschränkend auszulegen (MünchKomm/LEIPOLD Rn 14; SOERGEL/STEIN Rn 11; JAUERNIG/STÜRNER Rn 2; DIECKMANN FamRZ 1979, 393, 395 Fn 42; aA LANGE/KUCHINKE § 14 IV 2 b, 3). Die leiblichen Geschwister können Erben der dritten Ordnung des Adoptierten – und umgekehrt – sein, wenn gesetzliche Erben der zweiten Ordnung (Adoptiveltern, Adoptivgeschwister) und die gemeinsamen Großeltern als Erben der dritten Ordnung nicht vorhanden sind (BT-Drucks VII/5087, 17; LÜDERITZ NJW 1976, 1870; NÄGELE BWNotZ 1978, 79).

18 Bei der **Adoption eines Volljährigen** bleibt gem § 1770 Abs 2 die Verwandtschaft zu den leiblichen Eltern und deren Nachkommen bestehen, seine leiblichen Geschwister und deren Kinder haben ein Eintrittsrecht iSd § 1925 Abs 3. Nach § 1770 Abs 1 erstrecken sich die Wirkungen der Annahme nicht auf die Verwandten der Adoptiveltern, die Kinder des Annehmenden, dh die Adoptivgeschwister des Adoptierten und deren Nachkommen sind mit dem Adoptierten nicht verwandt (vgl STAUDINGER/FRANK[12] zu § 1770) und haben damit auch kein Erbrecht gegenüber dem Angenommenen und umgekehrt. Sie treten nicht an die Stelle eines vorverstorbenen Adoptivelternteiles. Vielmehr erbt statt seiner in erster Linie der andere Adoptivelternteil (MünchKomm/LEIPOLD § 1925 Rn 8), in Ermangelung eines solchen geht der Nachlaß des Adoptierten gänzlich auf die leiblichen Verwandten über, auf die leiblichen Eltern bzw bei deren Wegfall auf die leiblichen Geschwister, deren Kinder usw (DITTMANN Rpfleger 1978, 282, 283). Umgekehrt erben bei Vorversterben der leiblichen Eltern die Adoptiveltern allein (MünchKomm/LEIPOLD § 1925 Rn 8).

19 d)   Hinterläßt der **vorverstorbene Elternteil keine Nachkommen**, fällt die ganze Erbschaft an den anderen Elternteil und dessen Nachkommen, Abs 3 S 2. Das gilt namentlich für halbbürtige Geschwister des Erblassers (LG Bochum Rpfleger 1989, 509 f). Der Grundsatz früherer Rechte: „Paterna paternis, materna maternis", wonach das

1. Abschnitt. Erbfolge

Gut an die Verwandten zurückfließen soll, von denen es herrührt, ist verworfen (Ausnahme: § 5 Abs 1 Nr 3 HöfeO). Das kann unbillig sein, wenn das Vermögen des Erblassers ausschließlich oder überwiegend aus dem Nachlaß des vorverstorbenen Elternteiles stammt. Gleichwohl hat sich der ErbrA d AkDR (2. Denkschr 75 ff) gegen die Einführung eines sog Fallrechts wegen Schwierigkeiten der Durchführung ausgesprochen, sowohl gegen ein reales Fallrecht, wie gegen eine verschiedene Bemessung der Erbteile im Hinblick auf die Herkunft des Vermögens aus der einen oder anderen Linie. Er erblickte auch in der letzten Lösung, die die Abweichung von den gesetzlichen Regeln der Verwandtenerbfolge in die Hand des Richters legen müßte, eine bedenkliche Durchbrechung der Rechtssicherheit.

7. Das Erfordernis des „**Lebens**" in Abs 2, 3 ist wie in § 1924 dahin zu verstehen, daß diese Person *lebt* und *erbt* (vgl § 1924 Rn 11). Dem Tod eines Elternteiles steht also gleich, wenn dieser infolge Erbausschlagung, Erbunwürdigkeit, Erbverzichts, Enterbung nicht zur Erbfolge gelangt. Der Erbverzicht erstreckt sich nicht auf die Abkömmlinge, § 2349 gilt nicht (vgl § 1924 Rn 20).

III. Das Erbrecht der Verwandten der zweiten Ordnung wird beschränkt durch das **Erbrecht des überlebenden Ehegatten** des Erblassers, der neben ihnen gem § 1931 Abs 1 zur Hälfte und über § 1371 Abs 1 zu einem weiteren Viertel zur Erbschaft berufen ist und außerdem den Voraus beanspruchen kann, § 1932.

IV. Erben der zweiten Ordnung schließen die einer höheren Ordnung aus, § 1930. Erben der dritten Ordnung, also die Großeltern des Erblassers (und deren Abkömmlinge), § 1926, werden nach der in § 1930 anerkannten **Ordnungsfolge** (successio ordinis) folgerichtig auch durch halbbürtige Geschwister des Erblassers, also durch nichteheliche Halbgeschwister und deren Abkömmlinge ausgeschlossen. Halbgeschwister und Halbneffen gehen den Großeltern unbedingt vor (KG OLGE 20, 425 = KGJ 39 A 52; OLG München JFG 18, 374; PLANCK/FLAD Anm 2; PALANDT/EDENHOFER Rn 4). Das mag unbefriedigend erscheinen, ist aber folgerichtig, wenn man bedenkt, daß der überlebende Elternteil auch die Eltern des vorverstorbenen Elternteiles schlechthin ausschließt (Abs 3 S 2).

V. Für die frühere DDR bestimmte § 367 Abs 1 ZGB die Erben der zweiten Ordnung ebenso wie § 1925 Abs 1. Erlebten beide Elternteile den Erbfall, erbten sie allein und zu gleichen Teilen, § 367 Abs 2 S 1 ZGB (entsprechend § 1925 Abs 2). Abweichend von § 1925 erbte bei Vorversterben eines Elternteiles der überlebende allein. Das Eintrittsrecht der Nachkommen richtete sich bei Vorversterben beider Elternteile gem § 367 Abs 3 ZGB nach den Bestimmungen für die Erbfolge in der ersten Ordnung (dazu § 1924 Rn 25).

Zur Anwendbarkeit des § 367 ZGB auf heutige Rechtsverhältnisse vgl Vorbem 2 zu §§ 1924–1936.

§ 1926

[1] Gesetzliche Erben der dritten Ordnung sind die Großeltern des Erblassers und deren Abkömmlinge.

[2] Leben zur Zeit des Erbfalls die Großeltern, so erben sie allein und zu gleichen Teilen.

[3] Lebt zur Zeit des Erbfalls von einem Großelternpaar der Großvater oder die Großmutter nicht mehr, so treten an die Stelle des Verstorbenen dessen Abkömmlinge. Sind Abkömmlinge nicht vorhanden, so fällt der Anteil des Verstorbenen dem anderen Teile des Großelternpaars und, wenn dieser nicht mehr lebt, dessen Abkömmlingen zu.

[4] Lebt zur Zeit des Erbfalls ein Großelternpaar nicht mehr und sind Abkömmlinge der Verstorbenen nicht vorhanden, so erben die anderen Großeltern oder ihre Abkömmlinge allein.

[5] Soweit Abkömmlinge an die Stelle ihrer Eltern oder ihrer Voreltern treten, finden die für die Beerbung in der ersten Ordnung geltenden Vorschriften Anwendung.

Materialien: E I § 1968; II § 1803; III § 1902; MotV 364 f; ProtV 467 ff; Denkschr 719; BT-Drucks VII/3061, 9, 44, 56; VII/5087, 22, 45; STAUDINGER/BGB-Synopse 1896–2000 § 1926.

I. Grundsätzliches

1 1. § 1926 Abs 3 und Abs 4 wurden durch Art 1 Nr 2 AdoptG v 2. 7. 1976 (BGBl I 1749) dahingehend geändert, als die in der aF stehenden Worte „den väterlichen oder von den mütterlichen Großeltern" durch „einem Großelternpaar" und in Abs 4 statt „leben zur Zeit des Erbfalls die väterlichen oder die mütterlichen Großeltern" durch „lebt zur Zeit des Erbfalls ein Großelternpaar" ersetzt wurden. Damit ist berücksichtigt, daß bei der Verwandtenadoption drei (BT-Drucks VII/3061, 22, 44, 56) und bei der Erwachsenenadoption der Eltern des Erblassers sogar vier Großelternpaare erben können (vgl Rn 10, 11).

2 2. In der **dritten Ordnung** erben die **Großeltern** und deren Nachkommen (Onkel, Tante, Vetter, Base usw des Erblassers). Diese Personen treten die Erbfolge nur dann an, wenn keine Erben der ersten oder zweiten Ordnung vorhanden sind, und schließen Personen der vierten und höherer Ordnungen von der Erbfolge aus (§ 1930). Erben der dritten Ordnung sind nicht pflichtteilsberechtigt, § 2303 Abs 2.

II. Großeltern des Erblassers

3 1. Großeltern sind Vater und Mutter der Eltern des Erblassers. Diese Linie bestimmt sich zunächst nach den Regeln der Abstammung (vgl Vorbem 20 ff zu §§ 1924–1936), damit sind grundsätzlich die **leiblichen Großeltern** (Blutsverwandten) Erben gem § 1926 Abs 1.

1. Abschnitt. Erbfolge

2. Nichteheliche Abstammung

a) Nach der **bis zum 30. 6. 1970** geltenden Fassung bestand bei nichtehelicher Abstammung (vgl Vorbem 24 f zu §§ 1924–1936) ein erbberechtigendes Verwandtschaftsverhältnis ausschließlich zu den mütterlichen Vorfahren und deren Abkömmlingen; daher zählten bei dem Tod eines nichtehelichen Kindes vor dem 1. 7. 1970 allein die *mütterlichen Großeltern* zu den Erben dritter Ordnung, wenn die Mutter eheliches Kind des Großvaters war. Bei *nichtehelicher Abstammung auch der Mutter* war lediglich die Großmutter Erbe dritter Ordnung ihres Enkelkindes. Die *väterlichen Großeltern* waren wegen § 1589 aF nicht erbberechtigt, ebensowenig der väterliche Großvater eines ehelichen Erblassers, sofern sein Vater nichteheliches Kind des Großvaters war.

b) Nach der **seit dem 1. 7. 1970 bis zum 31. 3. 1998** (ab 1. 4. 1998 durch ErbGleichG keine Unterscheidung zu ehelich geborenen Kindern) geltenden Fassung (vgl Vorbem 39 ff zu §§ 1924–1936) zählen die leiblichen Großeltern grundsätzlich immer zu den erbberechtigten Erben dritter Ordnung, gleich ob es sich um die väterlichen oder mütterlichen handelt und ob die Eltern des Erblassers eheliche oder nichteheliche Kinder der Großeltern sind. Die *väterlichen Großeltern* eines *nichtehelichen Erblassers* hatten gem § 1934 a Abs 3 lediglich einen Erbersatzanspruch, ebenso wenn ein *ehelicher Erblasser von einem nichtehelichen Vater* abstammte, sofern in beiden Fällen neben ihnen die Ehefrau des Erblassers Erbe ist. In diesen Fällen zählten die väterlichen Großeltern nicht zu den gesetzlichen Erben dritter Ordnung (näheres § 1934 a Rn 34). Für Kinder, die **vor dem 1. 7. 1949** geboren wurden, gilt jedoch noch immer, daß sie nicht mit ihrem Vater verwandt sind, so daß die väterliche Linie mangels Verwandtschaft nicht erbberechtigt und damit die Großeltern auch nicht Erben 3. Ordnung sind (Ausnahme Art 12 § 10 a NichtehelG, vgl Vorbem zu §§ 1924–1936 Rn 45a).

3. Verwandtschaft durch Kindesannahme

a) Bei Erbfällen **vor dem 1. 1. 1977** gelten §§ 1759, 1763 aF, ein erbberechtigendes Verwandtschaftsverhältnis besteht weder zugunsten der Adoptiveltern noch zugunsten der Adoptivgroßeltern und deren Abkömmlingen. Daher sind Großeltern weder beim Tod eines Adoptivkindes ihres Kindes noch beim Tod eines Kindes ihres Adoptivkindes Erben gem § 1926. Erben dritter Ordnung bleiben allein die *leiblichen Großeltern* und deren Nachkommen, § 1764 aF.

b) **Erbfälle nach dem 31. 12. 1976**: Bei einer **Volladoption** des Erblassers (vgl Vorbem 47 zu §§ 1924–1936) wird nach § 1754 eine eheliche Stellung des Adoptivkindes auch im Verhältnis zu seinen Adoptivgroßeltern herbeigeführt, die verwandtschaftlichen Beziehungen zu den leiblichen Großeltern und deren Erbrecht erlöschen, § 1755. Erben dritter Ordnung sind Adoptivgroßeltern, wenn der Erblasser oder (und) Elternteile des Erblassers durch Kindesannahme mit ihnen verwandt sind. Nimmt ein Ehegatte das leibliche Kind des anderen als Kind an, sind die Eltern des Adoptierenden und die des Ehegatten des Adoptierenden als leibliche Großeltern Erben dritter Ordnung. War das Kind außerehelich, so scheiden gem § 1755 die Eltern des leiblichen Elternteiles, der nicht mit dem Adoptierenden verheiratet ist, als Erben aus. Bei einer Adoption gem § 1756 Abs 2 (ein Ehegatte nimmt das Kind aus der früheren durch

Tod aufgelösten Ehe des anderen an) stehen die Eltern der leiblichen Eltern und die des Adoptierenden als gleichberechtigte Erben dritter Ordnung nebeneinander. Ebenso sind bei einer Adoption gem § 1756 Abs 1 (vgl § 1925 Rn 7) neben den Eltern der Adoptiveltern die leiblichen Großeltern Erben dritter Ordnung. Es existieren drei erbberechtigte Großelternpaare (BT-Drucks VII/3061, 22). Da bei der Verwandtenadoption gem § 1756 Abs 1 die leiblichen Eltern ein Erbrecht nur kraft Eintrittsrecht nach ihren Großeltern nach § 1926 Abs 3 S 1 besitzen, treten deren Eltern (leibliche Großeltern des Erblassers) ohne Rücksicht auf die Existenz der leiblichen Eltern die Erbfolge an. Eines der leiblichen Großelternpaare ist zugleich Adoptivgroßelternpaar und erbt somit doppelt (Soergel/Stein Rn 6; aA Dieckmann ZBlJugR 1980, 567, 573 Fn 24; vgl auch § 1927 Rn 6). Über § 1926 können Geschwister eines nach § 1756 Adoptierten seine Erben sein (vgl § 1925 Rn 17).

8 Stirbt das *leibliche Kind von minderjährig Adoptierten* (Volladoption zwischen Großeltern und leiblichen Eltern des Erblassers), führt dies zur Erbenstellung der **Adoptiveltern der Eltern** des Erblassers, nicht aber der leiblichen Großeltern, §§ 1754, 1755. War ein Elternteil (oder beide) des Erblassers lediglich ein leibliches Kind eines Großelternteils und wurde der Elternteil von dem anderen Großelternteil adoptiert, so sind diese Großeltern allein Erben gem § 1926, wenn es sich um die Adoption eines nichtehelichen Kindes handelte, § 1755 Abs 2. Der andere, nicht mit dem adoptierenden Großelternteil verheiratete leibliche Großelternteil scheidet als Erbe aus, § 1755 Abs 2. Stammt der angenommene Elternteil des Erblassers aus einer früheren Ehe des anderen Großelternteils, sind wiederum neben dem Adoptierenden die leiblichen Großeltern gleichberechtigte Erben dritter Ordnung, § 1756 Abs 2. Bei einer Adoption nach § 1756 Abs 1 (vgl Rn 7) sind allein die Adoptiveltern der Eltern des Erblassers Erben gem § 1926, die leiblichen Großeltern scheiden dagegen als Erben aus, da sie keine verwandtschaftlichen Beziehungen mehr zu ihrem leiblichen Kind und dessen Abkömmlingen haben.

9 Ist der **Erblasser als Volljähriger adoptiert** worden, so erben allein die Eltern der leiblichen Eltern, die *leiblichen Großeltern*, denn gem § 1770 Abs 1 erstreckt sich die Wirkung der Annahme nicht auf die Verwandten der Annehmenden, nach § 1770 Abs 2 bleiben die leiblichen Verwandtschaftsverhältnisse durch die Adoption unberührt.

10 Ist der **Erblasser Kind eines volljährig Adoptierten**, dh die Großeltern bzw ein Großelternteil haben einen leiblichen Elternteil des Erblassers als Kind angenommen, so sind die Adoptiveltern und die leiblichen Eltern der Eltern des Erblassers Erben iSd § 1926, denn die Verwandtschaft wird über die Eltern des Erblassers gem § 1770 Abs 1 zu deren Adoptiveltern und gem § 1770 Abs 2 zu deren leiblichen Eltern vermittelt. Sind sogar beide leiblichen Elternteile des Erblassers als Erwachsene adoptiert worden, erhöht sich die Zahl der erbberechtigten Großelternpaare auf vier, von jedem Elternteil die leiblichen und die Adoptivelternpaare.

11 Sind der **Erblasser als Volljähriger** und sein **Elternteil** (oder beide) **als Minderjähriger adoptiert** worden, so erben allein die *leiblichen Großeltern*, § 1770 Abs 3, Abs 2, denn die Eltern der Adoptiveltern sind mit dem Erblasser nicht verwandt, § 1770 Abs 1. Ist der **Erblasser als Minderjähriger** und sein **Elternteil (oder beide) als Volljähriger als Kind angenommen** worden, besteht kein erbberechtigendes Verwandtschaftsverhältnis zu

1. Abschnitt. Erbfolge

seinen leiblichen Vorfahren (Eltern, Großeltern usw), § 1755 Abs 1 (aber §§ 1755 Abs 2, 1756), sondern allein zu den Eltern seiner Adoptiveltern, und zwar zu deren leiblichen Eltern gem § 1770 Abs 2 und zu deren Adoptiveltern gem § 1770 Abs 1, so daß auch hier wiederum bis zu vier Großelternpaare (bei Volljährigenadoption beider Elternteile) als Erben gem § 1926 in Betracht kommen.

III. Erben dritter Ordnung sind **Abkömmlinge eines** nach § 1926 erbberechtigten **Großelternteils**, dh die von einem Großelternteil abstammenden Nachkommen (zur Abstammung vgl Vorbem 20 ff zu §§ 1924–1936). Dieser Grundsatz erfährt jedoch eine Einschränkung, wenn der Erblasser Kind eines volljährig Adoptierten ist, denn dann erstreckt sich die Verwandtschaft gem § 1770 Abs 1 nicht auf die Verwandten des Annehmenden, dh die Nachkommen der Adoptiveltern der Eltern des Erblassers scheiden als Erben dritter Ordnung aus.

IV. Erbfolge in der dritten Ordnung

1. Auch in der dritten Ordnung gilt das reine *Parentelsystem*. Es findet Erbfolge nach Linien statt, die Großeltern werden in die Vater- und Mutterlinie geschieden und die *beiden Stämme eines Großelternpaares* zu einer *Einheit* zusammengefaßt (Einheit der Großelternpaare). Es geht also der Anteil eines bestimmten Großelternstammes, wenn dieser völlig ausfällt (es sind in einer Linie weder Großeltern noch Abkömmlinge vorhanden), zunächst an den damit verbundenen Stamm, der aus dem anderen Teil des Großelternpaares und dessen Abkömmlingen gebildet wird (Abs 3 S 2), und erst wenn auch dieser weggefallen ist, an die beiden Stämme der anderen Linien (Abs 4).

Der I. Entwurf hatte (wie auch später § 368 Abs 2 ZGB der DDR) schon in der dritten Parentel das reine Parentelsystem verlassen und die Großeltern zu gleichen Teilen, einen Überlebenden allein, zur Nachfolge berufen, um eine zu große Zersplitterung des Nachlasses zu verhüten (Mot V 364). Die II. Komm hat das geändert (Prot V 418), um Ungerechtigkeiten gegenüber den nächsten Verwandten (Onkel und Vettern) zu vermeiden. Dem hat sich auch der ErbrA d AkDR (2. Denkschr 53) angeschlossen.

a) Die aufsteigende Linie wird nicht unbedingt vor den Seitenverwandten bevorzugt. **Schoßfall** (vgl § 1925 Rn 11) tritt nur ein, wenn alle erbberechtigten *Großeltern vorhanden* sind, dann erben sie allein und zu gleichen Teilen (Abs 2) und schließen alle Seitenverwandten aus, Abs 2, 3 (Repräsentationsprinzip). An die Stelle eines ausgefallenen Großelternpaares treten dessen Abkömmlinge (Rn 12) nach dem Grundsatz der *Stammesfolge mit Eintrittsrecht*, vgl Abs 3 und 4 (vgl Vorbem 16 zu §§ 1924–1936). Dabei erben *halbbürtige* ebenso wie *vollbürtige* Verwandte. Nur erben gemeinschaftliche Abkömmlinge eines ausgefallenen Großelternpaares in der Linie beider Großeltern und Elternteile, einseitige Nachkommen des einen Teiles (zB halbbürtiger Onkel) nur in einer Linie. Volljährig Adoptierte haben nach ihren Adoptivgroßeltern kein Eintrittsrecht, da sie mit ihnen nicht verwandt sind (Soergel/Stein Rn 2).

b) Sind **keine Abkömmlinge eines weggefallenen Großelternteils vorhanden**, so erhält dessen Anteil der andere Großelternteil derselben Linie, bei dessen Ausfall geht der ihm zustehende Anteil zusammen mit dem anderen an dessen Abkömmlinge (Abs 3). Der einer Linie zugefallene Teil der Erbschaft verbleibt also in dieser Linie, solange nur ein einziges Glied derselben vorhanden ist (RG SeuffA 56 Nr 52). Erst bei Wegfall der ganzen Linie tritt das Großelternpaar einer anderen Linie oder deren Abkömmlinge an ihre Stelle, auch hier überall nach dem Stammesgrundsatz und Eintrittsrecht (Abs 3, 4).

17 2. Auch in der dritten Ordnung sind unter **lebenden** Großeltern und Abkömmlingen nur solche zu verstehen, die wirklich zur *gesetzlichen Erbfolge gelangen* (vgl § 1924 Rn 11).

18 3. Der **überlebende Ehegatte** des Erblassers erbt *neben Großeltern* gem § 1931 Abs 1 die Hälfte, zusätzlich ein weiteres Viertel aus § 1371 Abs 1. Fallen Großelternteile aus, so geht deren Anteil nicht auf ihre Nachkommen, sondern ebenfalls auf den überlebenden Ehegatten über, dh das Erbrecht der überlebenden Abkömmlinge der Großeltern wird in der dritten Ordnung durch das des überlebenden Ehegatten des Erblassers verdrängt, § 1931 Abs 1. Sind keine Großeltern mehr vorhanden, erbt der Ehegatte allein, § 1931 Abs 2.

19 V. In der früheren **DDR** bestand mit § 368 ZGB, dessen Anwendbarkeit für Erbfälle bis einschließlich 2. 10. 1990 galt (Wirksamwerden des Beitritts im Beitrittsgebiet), eine dem § 1926 entsprechende Regelung, allerdings schloß (wie der I. Entwurf zum BGB) bereits ein Großelternteil die Nachkommen des anderen aus, § 368 Abs 2 ZGB.

Siehe dazu auch die Vorbem 2 zu §§ 1924–1936.

§ 1927

Wer in der ersten, der zweiten oder der dritten Ordnung verschiedenen Stämmen angehört, erhält den in jedem dieser Stämme ihm zufallenden Anteil. Jeder Anteil gilt als besonderer Erbteil.

Materialien: E I § 1967; II § 1804; III § 1903; Mot V 363 f; Prot V 467; STAUDINGER/BGB-Synopse 1896–2000 § 1927.

1 I. Mit der dritten Ordnung ist die Geltung des *Parentelsystems beendet*. Von der vierten Ordnung an entscheidet unter Seitenverwandten die Gradesnähe, § 1928 Abs 3 (vgl Vorbem 18 zu §§ 1924–1936). Innerhalb der ersten drei Ordnungen führt aber die folgerichtige Durchführung des Stammeserbrechts zur **Anerkennung mehrfachen Erbrechts** aufgrund *Zugehörigkeit zu mehreren Stämmen*. Obschon diese Folgerung selbstverständlich ist, schien es ratsam, dies entsprechend den meisten früheren Rechten ausdrücklich auszusprechen, um Zweifel auszuschließen (Mot V 363). Eine dem § 1927 entsprechende Vorschrift für mehrfache Erbberechtigung aus Eheschluß und Verwandtschaft enthält § 1934.

1. Abschnitt. Erbfolge

II. Zugehörigkeit zu verschiedenen Stämmen innerhalb derselben Ordnung ist die **2** Voraussetzung für das mehrfache Erbrecht, denn bei verschiedenen Ordnungen gilt § 1930.

1. Die **mehrfache Verwandtschaft** kann zunächst eine **Zugehörigkeit zu verschiede-** **3** **nen Ordnungen** begründen, zB der Bruder des Erblassers hat dessen Tochter geheiratet, dann gehört das dieser Ehe entsprossene Kind sowohl der ersten wie der zweiten Ordnung an. Es gelangt zur Erbfolge allein als Angehöriger der ersten Ordnung, § 1930.

2. Die mehrfache Verwandtschaft kann auch innerhalb derselben Ordnung eine **4** **mehrfache Stammeszugehörigkeit** und damit ein mehrfaches Erbrecht begründen. Wer mehreren Stämmen angehört, erhält in jedem Stamm den ihm zufallenden Anteil.

a) Diese Voraussetzungen sind erfüllt bei Abkömmlingen aus einer *Ehe unter* **5** *Verwandten*, zB die Kinder aus einer Ehe unter Geschwisterkindern sind in der Vater- und Mutterlinie mit dem Erblasser (Urgroßvater, Urgroßmutter) verwandt und gehören der ersten Ordnung an.

b) Mehrfache Verwandtschaft kann auch durch **Kindesannahme** herbeigeführt wer- **6** den. Verwandtschaft durch Abstammung und Adoption ist insoweit allein bei einer Verwandtenadoption iSd § 1756 möglich, zB der Erblasser hat sein Enkelkind angenommen, dann ist es als sein Adoptivkind unmittelbar und als Enkel über seinen Elternteil mit dem Erblasser verwandt und gehört in beiden Fällen den Erben erster Ordnung an. Ebenso, wenn ein Kind von seiner Tante bzw seinem Onkel angenommen worden ist, gehört es über die Linie des leiblichen und über die des Adoptivelternteils zu den gesetzlichen Erben erster Ordnung des Großvaters (SOERGEL/STEIN § 1926 Rn 6; aA DIECKMANN ZBlJugR 1980, 567, 573 Fn 24; vgl Vorbem 47 zu §§ 1924–1936; § 1926 Rn 7; zum vor dem 1. 1. 1977 geltenden Adoptionsrecht vgl STAUDINGER/LEHMANN[11] Rn 4). Die bis zum 1. 4. 1998 mögliche Adoption eines nichtehelichen Kindes durch den Vater (§ 1741 Abs 2 S 2, Abs 3 aF; danach aufgehoben durch KindRG), führte nicht zu mehrfacher Verwandtschaft, es handelte sich um eine einheitliche Verwandtschaft (Eltern-Kindesverhältnis) aus verschiedenen Rechtsgründen, Adoption-Abstammung (ERMAN/SCHLÜTER Rn 2; SOERGEL/STEIN Rn 1).

III. Wesentliche praktische Bedeutung hat § 1927 S 2, wonach die aufgrund mehr- **7** facher Stammeszugehörigkeit zufallenden Anteile als **besondere Erbteile** gelten. Über § 1922 Abs 2 finden auf jeden Erbteil die Erbschaftsvorschriften Anwendung. Der Erbe kann über jeden Erbteil getrennt verfügen, § 2033.

1. **Vermächtnisse** und **Auflagen** beziehen sich allein auf den Anteil, der belastet ist **8** (§§ 2161, 2187, § 2095), dh der Erbe ist nur im Hinblick auf diesen beschwert. Der andere Erbteil braucht zur Erfüllung der Belastung nicht angegriffen zu werden (KIPP/COING § 4 III). Die Behandlung als selbständiger Erbteil gilt auch hinsichtlich der Ausgleichspflicht (§§ 2051, 2056), der Berechnung eines Pflichtteils (§ 2303) und der Haftung für Nachlaßverbindlichkeiten (§ 2007). Zur Frage der Erhöhung und Anwachsung nach §§ 1935, 2095 vgl dort.

2. Die einzelnen Erbteile können nach § 1951 Abs 1 getrennt **angenommen** oder **9**

ausgeschlagen werden. Dies ist aus den Motiven zwar nicht eindeutig ersichtlich (vgl Mot V 363 einerseits, 510 andererseits), für dieses Ergebnis spricht jedoch der Gesetzeszweck (ebenso STAUDINGER/OTTE § 1951 Rn 2, wie hier KG JFG 1, 143; PALANDT/EDENHOFER Rn 3; ERMAN/SCHLÜTER Rn 3; SOERGEL/STEIN Rn 2; BGB-RGRK/KREGEL Rn 8; KIPP/COING § 4 III; vLÜBTOW I 54). Der Erbe muß und kann auf jeden Erbteil gesondert verzichten.

10 **IV.** Das ZGB der früheren DDR, welches für Erbfälle bis zum 3. 10. 1990 galt, enthielt keine dem § 1927 entsprechende Norm, da die von dieser Vorschrift bestimmte Regelung als selbstverständlich keiner Kodifizierung bedurfte (vgl Rn 2).

§ 1928

[1] **Gesetzliche Erben der vierten Ordnung sind die Urgroßeltern des Erblassers und deren Abkömmlinge.**

[2] **Leben zur Zeit des Erbfalls Urgroßeltern, so erben sie allein; mehrere erben zu gleichen Teilen, ohne Unterschied, ob sie derselben Linie oder verschiedenen Linien angehören.**

[3] **Leben zur Zeit des Erbfalls Urgroßeltern nicht mehr, so erbt von ihren Abkömmlingen derjenige, welcher mit dem Erblasser dem Grade nach am nächsten verwandt ist; mehrere gleich nahe Verwandte erben zu gleichen Teilen.**

Materialien: E I § 1969; II § 1805; III § 1904;
Mot V 366; Prot V 469 ff; Denkschr 720;
STAUDINGER/BGB-Synopse 1896–2000 § 1928.

I. Allgemeines

1 **1.** Das in den ersten drei Ordnungen strikt durchgeführte Parentelsystem wird in der vierten und in den ferneren Ordnungen dahingehend abgeändert, daß die Abkömmlinge erst berufen sind, wenn alle Voreltern der Ordnung ausfallen, und daß unter ihnen die Nähe der Verwandtschaft zum Erblasser entscheidet, Abs 2 u 3 (BayObLG SeuffA 56 Nr 52). Damit ist in der vierten Ordnung die reine *Durchführung des Parentelsystems* nach den Grundsätzen der Stammesfolge mit Eintrittsrecht *zugunsten des Gradualsystems aufgegeben*, um erheblichen Durchführungsschwierigkeiten zu entgehen und um eine zu große Zersplitterung des Nachlasses zu vermeiden (Mot V 364; zust auch 2. Denkschr d ErbrA d AkDR 55).

2 **2.** Die Erben der vierten Ordnung werden von der Erbschaft ausgeschlossen durch den **überlebenden Ehegatten** des Erblassers, § 1931 Abs 2, und durch Erben der ersten bis dritten Ordnung, § 1930.

3 **II.** Erben der vierten Ordnung sind die Urgroßeltern des Erblassers und deren Abkömmlinge. Urgroßeltern sind die Personen, von denen die leiblichen Großeltern

1. Abschnitt. Erbfolge

§ 1928
4–9

des Erblassers (vgl § 1926 Rn 3) unmittelbar *abstammen* (zur Abstammung vgl Vorbem 20 ff zu §§ 1924–1936). Ein Erblasser hat aufgrund leiblicher Abstammung acht Urgroßelternteile.

1. Verwandtschaft iSd § 1928 zwischen dem Erblasser und den Urgroßeltern durch **Adoption** (vgl Vorbem 46 ff zu §§ 1924–1936) ist bei *Erbfällen vor dem 1. 1. 1977* (vgl Vorbem 46 zu §§ 1924–1936) nicht möglich, denn nach §§ 1759, 1763 aF haben weder der Annehmende noch dessen Verwandte ein Erbrecht am Nachlaß des Angenommenen. Es erben allein die leiblichen Urgroßeltern und deren Abkömmlinge, § 1764 aF. 4

2. **Erbfälle nach dem 31. 12. 1976** führen zu einer Erbenstellung der Urgroßeltern des Adoptivkindes (bzw ihrer Abkömmlinge) allein bei einer Volladoption (vgl Vorbem 47 zu §§ 1924–1936) des Erblassers oder seiner ihn mit dem Urgroßelternteil verbindenden Vorfahren. Die leiblichen Vorfahren eines minderjährig *Adoptierten* scheiden aus der Erbfolge aus (Ausnahme § 1756). Ist der Urgroßelternteil durch eine *Volljährigenadoption* mit dem Erblasser verbunden, so besteht erbberechtigende Verwandtschaft idR (Ausn § 1772) nur, wenn der Urgroßelternteil einen Großelternteil des Erblassers angenommen hat. In diesem Falle erben die Abkömmlinge der Urgroßeltern jedoch nicht. Bei der Annahme des Erblassers oder seiner Eltern wird wegen § 1770 Abs 1 keine Verwandtschaft begründet. Nach § 1770 Abs 2 bleiben die leiblichen Urgroßeltern eines volljährig Adoptierten auf jeden Fall nach § 1928 erbberechtigt. 5

III. Zuteilung des Nachlasses

1. Lebende Urgroßeltern erben zu *gleichen Teilen* ohne Rücksicht darauf, welchen Linien sie angehören. Sie schließen die *Nachkommen verstorbener Urgroßeltern* unabhängig davon aus, ob sie von ihm oder anderen Urgroßelternteilen abstammen (Abs 2). Lebt nur noch ein *Urgroßelternteil*, erhält er die gesamte Erbschaft (unbedingtes Schoßfallrecht). Erst wenn kein Urgroßelternteil vorhanden ist, erben von den *Nachkommen der Urgroßeltern* die dem Grade nach Nächsten nach Kopfteilen (Abs 3). Halb- und vollbürtige Nachkommen stehen sich völlig gleich. Ein dem Grade nach näherer halbbürtiger Verwandter geht entfernteren vollbürtigen Nachkommen vor und teilt mit dem gleich nahen vollbürtigen nach Köpfen. 6

2. Mehrfache Verwandtschaft begründet *kein mehrfaches Erbrecht*. § 1927 gilt nur für die ersten drei Ordnungen. 7

3. **Vorverstorbenen** stehen auch hier die aus anderen Gründen Weggefallenen gleich (vgl § 1924 Rn 11). 8

IV. In der **DDR** war die gesetzliche Erbfolge nur bis zur dritten Ordnung anerkannt. Waren keine Erben bis zur dritten Ordnung vorhanden, wurde der Staat gesetzlicher Erbe, § 369 Abs 1 ZGB. 9

Zur Anwendbarkeit dieser Regelung nach heutigem Recht vgl Vorbem 2 zu §§ 1924–1936.

§ 1929

[1] **Gesetzliche Erben der fünften Ordnung und der ferneren Ordnungen sind die entfernteren Voreltern des Erblassers und deren Abkömmlinge.**

[2] **Die Vorschriften des § 1928 Abs. 2, 3 finden entsprechende Anwendung.**

Materialien: E I § 1969; II § 1806; III § 1905;
Mot V 366 f; Prot V 469 ff; Denkschr 720;
Kommissionsbericht 2096 f; STAUDINGER/BGB-Synopse 1896–2000 § 1929.

1 **I.** Mit § 1929 erkennt das BGB das **Verwandtenerbrecht ohne Grenzen** an (Vorbem 13 zu §§ 1924–1936). In der fünften und in den folgenden Ordnungen tritt innerhalb jeder Ordnung *reine Gradualerbfolge* (Vorbem 13, 18 zu §§ 1924–1936) ein nach den für die vierte Ordnung aufgestellten Grundsätzen (Abs 2). Jeder noch lebende Vorelternteil schließt als dem Grade nach näherer Verwandter alle Nachkommen eines anderen Vorelternteiles – ohne Rücksicht auf Linien – aus. Leben zZt des Erbfalles noch direkte Vorfahren, so erben sie ohne Rücksicht darauf, welcher Linie sie angehören, allein und zu gleichen Teilen. Lebt kein Vorelternteil mehr, so erbt der dem Grade nach nächste Abkomme ohne Rücksicht auf Abstammung (vgl § 1928 Rn 6). Mehrere gleichnahe Verwandte erben zu gleichen Teilen.

2 **II.** Erben der fünften und der ferneren Ordnungen sind alle Personen, von denen die Urgroßeltern (vgl § 1928) des Erblassers in gerader Linie abstammen: Eltern, Großeltern, Urgroßeltern der Urgroßeltern usw.

3 **1.** Durch **Adoption** kann die Erbenstellung iSd § 1929 allein erlangt werden, wenn der Erbfall nach dem 1.1.1977 liegt und die Verbindung zu dem Erblasser – gleich auf welcher Stufe – durch eine *Volladoption* hergestellt worden ist. Bei einer *Volljährigenadoption* zählt idR (Ausn § 1772) nur der Adoptierende (nicht seine Abkömmlinge) zu den gesetzlichen Erben, wenn er einen Urgroßelternteil des Erblassers oder einen von den Voreltern des Urgroßelternteils als Volljährigen adoptiert hat (vgl im übrigen § 1928 Rn 5).

4 **2.** Die Erben der fünften und fernerer Ordnungen werden gem § 1930 durch **Erben** vorangehender Ordnungen und nach § 1931 Abs 2 durch den überlebenden Ehegatten des Erblassers **ausgeschlossen.**

5 **III.** Die Erbfolge auch der entferntesten Verwandten findet ihre tatsächliche Grenze an den Schwierigkeiten des Nachweises der Verwandtschaft über die dritte Ordnung hinaus. Erbfälle mit Urgroßeltern und deren Voreltern als Erben kommen äußerst selten vor. Sie nötigen Gerichte und Nachlaßpfleger, das durch §§ 1964, 1965 vorgeschriebene Ermittlungsverfahren zur Feststellung der Erben bei geringem oder überschuldetem Nachlaß weiterzig zu handhaben. Zur Kritik an der unbeschränkten Verwandtenerbfolge vgl Vorbem 55 ff zu §§ 1924–1936.

§ 1930

Ein Verwandter ist nicht zur Erbfolge berufen, solange ein Verwandter einer vorhergehenden Ordnung vorhanden ist.

Materialien: E I § 1970; II § 1807; III § 1906;
Mot V 367;Prot V 471; BT-Drucks V/2370, 107;
V/4179, 29; BR-Drucks 468/67, 32, Beschl 23;
STAUDINGER/BGB-Synopse 1896–2000 § 1930.

I. Allgemeines

1. Die durch Art 1 Nr 86 NichtehelG erfolgte Erweiterung des § 1930 um den letzten Satzteil „auch wenn diesem nur ein Erbersatzanspruch zusteht" (BT-Drucks V/4179, 29) ist durch das ErbGleichG v 16. 12. 1997 (BGBl I S 1968) wieder gestrichen worden. Die erweiterte alte Fassung war in Kraft seit 1. 7. 1970 (Art 12 § 27 NichtehelG) und berücksichtigte die gleichzeitig in Kraft getretene Regelung der §§ 1934 a–1934 e, wonach das Erbrecht des nichtehelichen Kindes und seiner Abkömmlinge oder das des nichtehelichen Vaters und seiner Verwandten in bestimmten Fällen ausgeschlossen war und lediglich ein Erbersatzanspruch in Höhe des Wertes des Erbteiles bestand.

2. § 1930 spricht ausdrücklich einen **Grundsatz** aus, der sich bereits aus den vorangehenden Bestimmungen ergibt, nämlich daß die Berufung, dh Erbanfall zugunsten eines Angehörigen der nachfolgenden Ordnung, nur erfolgt, wenn kein Angehöriger einer vorangehenden Ordnung vorhanden ist, sog successio ordinum (Ordnungsfolge).

II. Ausschluß durch vorrangige Verwandte

1. Da die erbberechtigten Verwandten aller Ordnungen des Erblassers zu dem Kreis seiner gesetzlichen Erben zählen, scheidet § 1930 die Verwandten aus, die wegen des Vorranges anderer nicht zur Erbschaft gelangen, dh nicht *zur Erbfolge berufen* sind. Keinen Vorrang gibt es gegenüber den gesetzlichen Erben der ersten Ordnung (§ 1924). Die Erben der zweiten Ordnung (§ 1925) sind Alleinerben, wenn kein Erbe der ersten Ordnung vorhanden ist. Erben der dritten Ordnung (§ 1926) sind erst berufen, wenn keine der ersten und zweiten Ordnung vorhanden sind usw (vgl § 1924 Rn 1; § 1925 Rn 2; § 1926 Rn 2; § 1929 Rn 1). *Ein einziger Verwandter* einer vorangehenden Ordnung schließt das Erbrecht aller Verwandten einer späteren Ordnung aus. Dabei spielt es keine Rolle, ob der Vorrangige ein voll- oder halbbürtiger Verwandter des Erblassers, ob er von ehelicher oder nichtehelicher Abstammung ist (nur relevant für Erbfälle vor dem 1. 4. 1998, danach Gleichstellung durch ErbGleichG). Entscheidend für den Ausschluß ist allein die Zugehörigkeit eines Verwandten zu einer niedrigeren Ordnung, nicht die Gradesnähe (vgl Vorbem 13 zu §§ 1924–1936).

2. Die Worte „*vorhanden ist*" sind gleichbedeutend mit „*lebt*" iSd vorhergehenden Paragraphen und besagen, daß ein vorgehender Verwandter Erbe, der Erbanfall an ihn erfolgt sein muß (vorhanden = leben und Erbe sein). Ein vorangehender Verwandter ist somit nicht vorhanden, wenn er vorverstorben ist (Tod vor dem Erbfall), oder wenn er zwar den Erbfall erlebt, aber infolge Enterbung (§ 1938), Erbausschlagung (§ 1953 Abs 2), Erbverzichts (§ 2346 Abs 1 S 2), Erbunwürdigkeit (§ 2344 Abs 2) oder vorzeitigen Erbausgleichs (§ 1934 e) nicht zur Erbfolge gelangt. Er wird in diesen Fällen so behandelt, als wäre er zZt des Erbfalls nicht vorhanden gewesen.

5 Stirbt der vorrangige Verwandte **nach dem Erbfall**, so war er Erbe geworden, der von ihm ererbte Nachlaß geht zusammen mit seinem übrigen Vermögen auf seine eigenen Erben über (§§ 1922, 1942). Die bedingte Berufung entfernterer Verwandter des ersten Erblassers kann nicht mehr wirksam werden.

6 3. *Personen, die gem § 1934 a auf den Erbersatzanspruch verwiesen* worden waren, wurden keine gesetzlichen Erben (vgl Vorbem 42 zu §§ 1924–1936; § 1934 a Rn 3) und hätten daher ohne § 1930 aE keinen Ausschluß nachrangiger Verwandter herbeigeführt. Da der Erbersatzanspruch wertmäßig dem Erbteil entspricht, hat durch den Erbersatzanspruch der Verwandte den vollen (Geld-)Anteil an dem Nachlaß erlangt. Würden seine nachrangigen Verwandten ebenfalls am Nachlaß beteiligt, würde dieser Stamm doppelt erben. Deswegen ist mit Einführung des Erbersatzanspruches des § 1934 d in § 1930 klargestellt worden, daß die Zuerkennung eines Erbersatzanspruches **dem Erbfall gleichsteht**, dh ein vorrangiger Verwandter, dem ein Erbersatzanspruch zusteht, ist iSd § 1930 vorhanden und schließt Verwandte der ferneren Ordnungen von der Erbfolge aus. Ein nichteheliches Kind des Erblassers schloß – auch wenn die Ehefrau des Erblassers erbte – die Eltern des Erblassers und deren Verwandte von der Erbfolge aus. Der nichteheliche Vater des Erblassers, der neben dessen Witwe lediglich einen Erbersatzanspruch hatte (§ 1934 a Abs 2), verhinderte einen Eintritt der väterlichen Großeltern des Erblassers. § 1930 aE wurde im Zuge der Kindschaftsreform durch das ErbGleichG aufgehoben, da sich nunmehr eheliche und außereheliche Kinder gleichstehen und die §§ 1934 a ff weggefallen sind.

7 III. Der Wegfall eines nachrangigen Verwandten, „solange" ein solcher einer vorangehenden Ordnung vorhanden ist, darf nicht iS von zeitlich nacheinander folgenden Vorberufungen verstanden werden, bei denen der später Berufene den Wegfall des Vorberufenen erleben müßte (so das GemR). Mit dem Erbfall ergeht eine **gleichzeitige Berufung** an alle, die als gesetzliche Erben in Betracht kommen, an die Nächstberufenen als *unbedingte*, an die Nachberufenen als eine durch den rückwirkenden Wegfall jener (Ausschlagung, Erbunwürdigkeit usw) *bedingte*. Das „solange" trägt der Möglichkeit Rechnung, daß die Entscheidung über den Wegfall erst nach dem Erbfall fällt. Nur insofern kann von einer sukzessiven Berufung gesprochen werden. Die tatsächliche sukzessive Berufung ist aber rechtlich als *bedingte Simultanberufung* zu behandeln (BGB-RGRK/KREGEL Rn 2).

8 IV. Der Grundsatz des § **1930** gilt **entsprechend** für die Berufung *innerhalb derselben Ordnung* für die näheren und entfernteren Verwandten, sog successio graduum. Zu beachten ist jedoch, daß der Ausschluß von der Erbfolge aufgrund vorzeitigen Erbausgleichs gem § 1934 e, der für vor dem 1. 4. 1998 wirksam geschlossene Erbausgleichsregelungen gem Art 227 Abs 1 Nr 2 EGBGB auch nach dem Wirksamwerden des ErbGleichG weitergilt, auch zu Lasten der Abkömmlinge wirkt (zur gleichen Wirkung des Erbverzichts vgl § 1924 Rn 20). Umstritten ist, ob im Rechtsstreit derjenige, der

sein Erbrecht geltend macht, die Beweislast dafür trägt, daß keine näheren oder gleichnahen Verwandten vorhanden sind. Soweit dafür auf § 2354 Abs 1 Nr 3 rekurriert wird, wird übersehen, daß der Erbschein eine Vermutung gegenüber jedermann begründet, während es beim Rechtsstreit um den Nachweis inter partes geht (BAUMGÄRTEL/SCHMITZ Vor §§ 1924 ff Rn 4). Der Sache nach handelt es sich um einen das Erbrecht einschränkenden Einwand, für den der Beklagte darlegungs- und beweispflichtig ist (BAUMGÄRTEL/SCHMITZ aaO). Anders ist es nur, sofern das Erbrecht aufgrund des Repräsentationsprinzips erst auf dem Wegfall einer die Verwandtschaft vermittelnden Person beruhte (§§ 1924 Abs 3, 1925 Abs 3, 1926 Abs 3–5; BAUMGÄRTEL/ SCHMITZ Rn 5; SOERGEL/STEIN § 1924 Rn 31).

V. In der **DDR** war der Grundsatz des § 1930 in § 364 Abs 2 ZGB ebenfalls ausdrücklich festgelegt. Wegen der völligen Gleichbehandlung der ehelichen und nichtehelichen Abstammung und dementsprechenden Fehlens eines Erbersatzanspruches iSd § 1934 a war eine Formulierung iSd § 1930 nF ausreichend.

Zum Anwendungsbereich dieser Regelungen nach heutiger Rechtslage Vorbem 2 zu §§ 1924–1936.

§ 1931

[1] Der überlebende Ehegatte des Erblassers ist neben Verwandten der ersten Ordnung zu einem Vierteile, neben Verwandten der zweiten Ordnung oder neben Großeltern zur Hälfte der Erbschaft als gesetzlicher Erbe berufen. Treffen mit Großeltern Abkömmlinge von Großeltern zusammen, so erhält der Ehegatte auch von der anderen Hälfte den Anteil, der nach § 1926 den Abkömmlingen zufallen würde.

[2] Sind weder Verwandte der ersten oder der zweiten Ordnung noch Großeltern vorhanden, so erhält der überlebende Ehegatte die ganze Erbschaft.

[3] Die Vorschriften des § 1371 bleiben unberührt.

[4] Bestand beim Erbfall Gütertrennung und sind als gesetzliche Erben neben dem überlebenden Ehegatten ein oder zwei Kinder des Erblassers berufen, so erben der überlebende Ehegatte und jedes Kind zu gleichen Teilen; § 1924 Abs. 3 gilt auch in diesem Falle.

Materialien: E I § 1971 Abs 1; II § 1808; III § 1907; Mot V 367 ff; Prot V 471 ff, VI 101 f; Denkschr 720; BT-Drucks II/3409, 3, Ber 23; V/ 4179 S 29, Ber 5, 6; BT-Drucks 13/4898; STAUDINGER/BGB-Synopse 1896–2000 § 1931.

Schrifttum

BATTES, Die Änderung erbrechtlicher Vorschriften im Zusammenhang mit der Reform des Scheidungsrechts, FamRZ 1977, 433

BARTH/WAGENITZ, Zur Neuordnung des Eheschließungsrechts, FamRZ 1996, 833

BOCK, Die Änderung erbrechtlicher Vorschriften durch das 1. EheRG und ihre Auswirkungen auf die Rechtsstellung des überlebenden Ehegatten, MittRhNotk 1977, 205

BOSCH, Ergänzendes zum Nichtehelichengesetz, FamRZ 1970, 507

ders, Neuordnung oder nur Teilreform des Eheschließungsrechts?, NJW 1998, 2010

BRAGA, Das Ehegattenerbrecht nach § 1931 Abs. IV BGB, FamRZ 1972, 105

ders, Das ehegüterrechtliche Erbrecht des überlebenden Ehegatten, FamRZ 1957, 334

BÜHLER, Pflichtteilsregelung nach § 1371 BGB n.F., BWNotZ 1961, 109

EPPLE, Beerbung eines bigamen Erblassers, in dessen Ehe die Zugewinngemeinschaft gegolten hat, FamRZ 1964, 184

FERID, Zwei Gesichtspunkte zur erbrechtlichen Lösung des Zugewinnausgleichs bei Auflösung der Ehe durch den Tod des Ehegatten, FamRZ 1957, 70

ders, Beerbung eines bigamen Erblassers, in dessen einer Ehe die Zugewinngemeinschaft gegolten hat, FamRZ 1963, 410; 1964, 185

FRANKE, Der Erbteil der Witwe neben ehelichen und nichtehelichen Kindern nach § 1931 Abs. 4 BGB, BWNotZ 1976, 166

GRZIWOTZ, Erbrechtliche und erbschaftsteuerrechtliche Probleme des nichtehelichen Zusammenlebens, ZEV 1994, 267

GÖRG, Der Einfluß des § 1931 IV BGB auf das Pflichtteilsrecht des überlebenden Ehegatten bei der Zugewinngemeinschaft, (Diss Mainz 1986)

HAEGELE, Zum gesetzlichen Erbrecht nach Gütertrennung, BWNotZ 1972, 130

LANGE, Das Erbrecht des überlebenden Ehegatten, Annales Universitatis Saraviensis, Mlanges Senn III 1954, 56 ff

ders, Die Stellung des überlebenden Ehegatten bei der Zugewinngemeinschaft, NJW 1957, 1381

MUSCHELER, Der Entwurf eines Gesetzes zur Neuordnung des Eheschließungsrechts, JZ 1997, 1143

ODERSKY, Die Erbquote des Ehegatten und der Kinder in den Fällen des 1931 Abs. 4 BGB, Rpfleger 1973, 239

vOLSHAUSEN, Gesetzliches Ehegattenerbrecht neben Großeltern und deren Abkömmlingen im Güterstand der Zugewinngemeinschaft, FamRZ 1981, 633

RAUSCHER, Vergißt die Reform des Kindschaftsrechts § 1931 Abs. 2 BGB? FamRZ 1997, 1121

RIEDEL, Das gesetzliche Ehegüterrecht und Ehegattenerbrecht der Deutschen, BWNotZ 1965, 193

SCHINDLER, Erbrecht des Ehegatten nach 1931 Abs. 1 BGB, BWNotZ 1961, 213

STAUDENMAIER, Ehegattenerbrecht und Großeltern, BWNotZ 1961, 323

STEINMEISTER, Eingetragene gleichgeschlechtliche Lebensgemeinschaft – Eine Hülle ohne Rechte, ZRP 1996, 214

STÖCKER, Der Ausbau des Ehegattenerbrechts, FamRZ 1970, 444

ders, 1931 IV wegen objektiver Zweckuntauglichkeit unanwendbar?, FamRZ 1972, 429

ders, Das Ehegattenerbrecht im zukünftigen Höferecht, AgrarR 1972, 341

WAHL, Die Erhöhung des Ehegatten-Erbrechts um ein Viertel als Zugewinn-Ausgleich bei Auflösung der Ehe durch den Tod, FamRZ 1956, 133

WANDEL, Kuckuckseier nicht nur zur Osterzeit, BWNotZ 1994, 85

WEGENER, Eingetragene gleichgeschlechtliche Lebensgemeinschaft – Eine Hülle ohne Rechte, ZRP 1997, 462

WERNER, Fälle zum Erbrecht, (2. Aufl 1995) Fall 2, S 13

ders, Zugewinnausgleich bei gleichzeitigem Tod der Ehegatten, FamRZ 1976, 249.

Vgl auch das Schrifttum zu STAUDINGER/THIELE (1994) § 1371 und Vorbem zu §§ 1924 ff.

§ 1931

1. Abschnitt. Erbfolge

Systematische Übersicht

I. Allgemeines zum Ehegattenerbrecht	
1. Berufungsgrund Ehe	2
2. Geschichte	3
3. Regelung des BGB	5
4. Gesetzliche Hoferbfolge	6
II. Erbberechtigter Ehegatte	7
1. Eheschluß	8
a) freie Ehe	8
b) Not-, Ferntrauung	9
c) Nach Tod des Mannes	10
2. Fehlerhafte Ehen	11
3. Ehescheidung, -auflösung	14
4. Bestand der Ehe bei Erbfall	15
a) Ausnahmen	16
b) Eintrittsrecht	19
III. Umfang des Erbrechts	20
1. neben Erben erster Ordnung	21
2. neben Erben zweiter Ordnung	22
3. neben Erben dritter Ordnung	23
4. neben Erben weiterer Ordnungen	27
5. Wegfall von Verwandten	28
6. Mehrfaches Erbrecht, Voraus	30
IV. Einfluß der Güterstände	31
1. Zugewinngemeinschaft	32
2. Gütertrennung	43
3. Gütergemeinschaft	51
V. Recht in den neuen Bundesländern	52
VI. Kritische Würdigung	53

Alphabetische Übersicht

Ausbildungsanspruch	42, 50
Doppelehe	13
Ehe	
– aufgehobene	14
– aufgelöste	14
– freie	8
– geschiedene	14
– nach Tod des Mannes	10
– nichtige	12
Ehegatte (erbberechtigter)	7 ff
Ehegatteninnengesellschaft	18
Eintrittsrecht	19
Erbausschließungsgründe	17
Erbberechtigung	7 ff
Erbteil	
– Berechnung	37 ff
– Erhöhung	36
– Rechtsnatur	39
Erleben des Erbfalls	15
Errungenschaftsgemeinschaft	51
Fahrnisgemeinschaft	51
Ferntrauung	9
Güterstand	31 ff
Gütertrennung	43–50
Mehrfaches Erbrecht	30
Nichtehe	11
Nottrauung	9
Rechtshängige Scheidungsklage	16
Umfang des Erbrechts	20 ff, 31 ff
Voraus	30
Wegfall von Verwandten	38, 29
Zugewinnausgleich	34, 35
Zugewinngemeinschaft	32 ff

1 Abs 3, eingefügt durch Gleichberechtigungsgesetz vom 18. 6. 1957 (BGBl I 609), ist in Kraft seit 1. 7. 1958 (vgl Rn 30). Abs 4 eingefügt durch Art 1 Nr 87 NichtehelG (BGBl I 1243) und in Kraft seit 1. 7. 1970 für alle Erbfälle seit diesem Zeitpunkt, Art 12 § 27 NichtehelG (vgl Vorbem 26 ff zu § 1924).

I. Allgemeines

2 1. Nach der Verwandtschaft (§§ 1924–1930) regeln §§ 1931–1934 den zweiten **Berufungsgrund** für die gesetzliche Erbfolge, die **Ehe** (vgl Vorbem 3 zu § 1924). Die durch die eheliche Gemeinschaft begründete enge Beziehung der Ehegatten hat in der Rechtsentwicklung zu einer ständigen *Verstärkung der erbrechtlichen Stellung des überlebenden Ehegatten* geführt unter Zurückdrängung des durch den Blutsgedanken gerechtfertigten Verwandtenerbrechts. Dabei hat zu Anfang der Versorgungsgedanke zugunsten der zumeist überlebenden Ehefrau entscheidend mitgewirkt. Durch die allgemeine gesellschaftliche Entwicklung, die dazu führte, daß ein Großteil der Ehefrauen selbst beruflich tätig und somit der Gedanke der mittellos zurückgelassenen Ehefrau nicht mehr zeitgemäß ist, wurde diese Ansicht von der Zeit überholt und zugunsten des allgemeinen Versorgungsgedankens bezüglich des überlebenden Ehegatten ersetzt (vgl auch Rn 53). Vor allem im gesetzlichen Güterstand soll das Erbrecht außerdem zum Ausgleich von während der Ehe gemeinsam erzielten Vermögenszuwächsen beitragen (BELLING Jura 1986, 579, 584). Verwandtschaft und Ehe als die beiden das Erbrecht des Staates ausschließenden Berufungsgründe stehen nebeneinander. Im Verhältnis zu entfernteren Verwandten wird der überlebende Ehegatte eindeutig bevorzugt (§ 1931 Abs 1 S 2) oder sogar allein berechtigt (§ 1931 Abs 1 S 2, Abs 2). Damit kann der Nachlaß, wenn keine Kinder vorhanden sind, in eine fremde Familie gelangen. Trotzdem ist diese Lösung gerechtfertigt, da der Ehegatte dem Erblasser idR näher steht als entferntere Verwandte (vgl Rn 53).

3 2. Dem *älteren deutschen Recht* war ein eigentliches Erbrecht der Gatten unbekannt. Auch das prätorische *römische Recht* berief den überlebenden Ehegatten erst nach allen Verwandten zur Erbfolge. Das wurde im justinianischen Recht durch die Anerkennung der Quart der armen Witwe gemildert. Später wurde in der partikularrechtlichen Entwicklung die erbrechtliche Stellung der Ehegatten verbessert, zT durch selbständige erbrechtliche Sätze, so durch Gewährung eines Nießbrauchs oder eines Erbteils, zT durch Gewährung gewisser Vorteile als Nachwirkung des ehelichen Güterrechts. Die großen Kodifikationen billigten dem überlebenden Ehegatten demgemäß bald ein Nießbrauchsrecht, bald ein Erbrecht an einem Teil des Nachlasses zu, zT verbanden sie beide Gestaltungsmöglichkeiten.

4 Einen festen Bruchteil zu Eigentum gewährten das *ALR* und *Sächs BGB*. Das ALR (II 1 §§ 623–627) gab dem überlebenden Ehegatten neben Abkömmlingen ein Viertel (aber nicht mehr als ein Kindesteil), neben Aszendenten, Geschwistern und Geschwisterkindern ein Drittel, neben weiteren Verwandten bis zum sechsten Grade die Hälfte und neben allen übrigen Verwandten den ganzen Nachlaß. Auch das Sächs BGB (§§ 2049 ff) gab bei beerbter Ehe ein Viertel und, wenn weder Aszendenten noch Geschwister oder Geschwisterkinder vorhanden waren, das Ganze (§ 2053). Zur österreichischen, französischen, englischen und italienischen Entwicklung vgl STAUDINGER/LEHMANN[11] Rn 2; ferner MERTENS 65; LANGE/KUCHINKE § 12 I 2; RHEINSTEIN/KNAPP/SUNDBERG/BROMLEY/RIEG/REICHERT-FACILIDES aaO.

5 3. Das **BGB** ist dem ALR und Sächs BGB gefolgt und gewährt dem überlebenden Ehegatten stets ein Erbrecht, kein Nießbrauchsrecht (dazu MERTENS 64–80). Dies entsprach der zunehmenden Verbreitung der Kleinfamilie (BELLING Jura 1986, 579, 584) und wurde mit dem „Wesen des ehelichen Verhältnisses" und der „Würde und Bedeutung der Ehe" gerechtfertigt (Mot V 369). Zur Motivation des Gesetzgebers vgl Mot V 368 ff; MERTENS 64 ff. Soll dem überlebenden Ehegatten die Aufrechterhaltung des bisherigen Lebensstandards nur annähernd gesichert werden, bedarf er einer dinglichen Beteiligung am Nachlaß zu einem Viertel und einer zusätzlichen Zuteilung der Haushaltsgegenstände (§ 1932). Zur Kritik des ErbrA vgl 11. Aufl Rn 19. Darüberhinaus wird dem Verdienst des Überlebenden an Erhaltung und Vermehrung des Vermögens des vorverstorbenen Ehegatten die über §§ 1931 Abs 3, 1371 Abs 1 mögliche pauschale Beteiligung am Zugewinn gerecht (vgl Rn 32 ff). Da eine solche bei Gütertrennung nicht möglich ist, wird zumindest eine Schlechterstellung des Ehegatten gegenüber den Kindern durch Abs 4 verhindert (dazu Rn 43 f).

4. In der **gesetzlichen Hoferbfolge** erbt die Ehefrau gem § 5 Nr 2 HöfeO, § 16 Abs 1 **6** Nr 2 HöfeO RhPf, Art 8 Abs 2 Württembergisches Anerbenrecht als gesetzlicher Hoferbe zweiter Ordnung. Hier gehen lediglich die Abkömmlinge des Erblassers vor (vgl Vorbem 5 ff zu §§ 1924–1936).

II. Erbberechtigter Ehegatte ist derjenige, der zZt des Erbfalls mit dem Erblasser in **7** einer **gültigen Ehe** gelebt hat. Die Dauer der Ehe ist unerheblich, entscheidend ist allein ihr Bestand zZt des Erbfalles. Das *Getrenntleben* bis zum Tode beseitigt das Erbrecht nicht, sofern nicht das für eine vor dem 1. 1. 1900 geschlossene Ehe vorbehaltene Landesrecht eine solche Trennung der Auflösung der Ehe gleichstellt (Art 202 EGBGB). Eine analoge Anwendung auf nichteheliche Lebensgemeinschaften scheidet hingegen aus (PALANDT/EDENHOFER Rn 15; zum niedersächsischen Gesetzentwurf zur Einführung einer eingetragenen gleichgeschlechtlichen Ehe, der jedoch keine erbrechtlichen Regelungen aufweist und somit eine Gleichstellung mit der Ehe nicht klarstellt, und weiterer Kritik STEINMEISTER ZRP 1996, 214, kritisch dazu WEGENER ZRP 1997, 462).

1. a) Erbrechtsbegründend sind auch die durch das Bundesgesetz v 23. 6. 1956 über **8** die Anerkennung freier Ehen rassisch und politisch Verfolgter (idF v 7. 3. 1956, BGBl I 104) einer gesetzlich geschlossenen Ehe gleichgestellten *freien Ehen* rassisch und politisch Verfolgter (dazu STAUDINGER/STRÄTZ[12] zu § 13 a EheG). Durch eine solche Anerkennung wird zwar keine wirkliche Ehe rückwirkend geschaffen, es treten allein – auch hinsichtlich des Ehegattenerbrechts – die Rechtswirkungen einer gesetzlichen Ehe ein (BGHZ 22, 65 = NJW 1957, 57; dazu GUGGUMOS NJW 1957, 530). Dritte müssen die Anerkennung der Ehe ebenso wie eine vor dem Standesbeamten eingegangene akzeptieren, selbst wenn hierdurch ihre erbrechtliche Position beeinträchtigt wird. Am Anerkennungsverfahren sind allein der überlebende Verlobte und der Staat beteiligt, nur sie können die für oder gegen eine Anerkennung sprechenden Umstände vorbingen und geltend machen (BVerwG NJW 1958, 725, 726).

b) Das gesetzliche Erbrecht begründen auch die durch **Nottrauungen** und **Fern- 9 trauungen** geschlossenen Ehen (AHKG 23 v 17. 3. 1950; BundesG v 2. 12. 1950, BGBl I 778).

c) Die Wirkung einer **nachträglichen Eheschließung** nach dem Tod des Mannes **10** aufgrund des Hitler-Erlasses v 6. 11. 1941 (abgedr JR 1947, 113 und bei MASSFELLER StAZ 1951, 83) war bis zum Erlaß des BundesG über die Rechtswirkungen des Ausspruchs einer nachträglichen Eheschließung v 29. 3. 1951 (BGBl I 215; West-Berl DVBl 1952, 75) umstritten (dazu STAUDINGER/LEHMANN[11] Rn 18 und MASSFELLER StAZ 1951, 83 ff). Nach § 1 dieses Gesetzes erlangt die Frau eines im Felde gefallenen Wehrmachtsangehörigen nur in beschränktem Umfang die Stellung einer ehelichen Frau, sie hat im Gegensatz zu den Kindern (vgl Vorbem 32 zu §§ 1924–1936) **kein gesetzliches Erbrecht** (MASSFELLER StAZ 1951, 85, 86). Jedoch hat dieses BundesG Ansprüche, die aufgrund der für die einzelnen Zonen erlassenen VO'en (Hamburg v 19. 1. 1946, VOBl 6; BrZ v 13. 8. 1948, VOBl BrZ 237 mit AV v 19. 8. 1949, VOBl BrZ 210; Rhl-Pf Ges v 24. 2. 1949, GVBl I 81 mit Vfg v 6. 9. 1949, JBl 87; Berl v 19. 9. 1949, VOBl für Groß-Berlin 333) erworben sind, unberührt gelassen (§ 7 Abs 3 des Ges). Ebenso behalten nach § 5 Abs 1 des Ges rechtskräftige gerichtliche Entscheidungen ihre Wirkungen, die unter der Feststellung, daß eine gültige Ehe zustande gekommen sei, der Frau ein gesetzliches Erbrecht zuerkannt haben (MASSFELLER StAZ 1951, 87, 88). Für die **ehemalige DDR** hatte das KG mehrfach die Wirksamkeit einer solchen Ehe verneint (KG NJ 1948, 62; SJZ 1947, 665; dagegen OLG Dresden JR 1948, 322). Nicht anwendbar ist das Gesetz v 29. 3. 1951, wenn der als gefallen gemeldete Soldat, mit dem die nachträgliche Ehe geschlossen worden ist, noch lebt. Es handelt sich – selbst wenn eine eheliche Lebensgemeinschaft nach seiner Heimkehr bestanden hat – um eine Nichtehe (OLG Nürnberg FamRZ 1965, 380).

11 2. Kein Erbrecht besteht bei einer Nichtehe (§ 11 EheG; nach Aufhebung des EheG durch EheschlG nunmehr § 1310 Abs 1, der den Inhalt des § 11 EheG ohne sachliche Änderung übernommen hat). Auf eine Nichtehe darf sich jeder berufen, ohne daß es einer besonderen gerichtlichen Feststellung bedarf. § 23 EheG gilt hier nicht. Der Erbprätendent kann gegen den Überlebenden das Nichtbestehen einer Ehe iSd § 11 EheG, § 1310 nF, in einer Feststellungsklage geltend machen, § 638 ZPO (RGZ 166, 342). Eine Nichtehe liegt außer bei Verletzung des § 1310 Abs 1 nF bei einer Ehe unter gleichgeschlechtlichen Partnern, sofern die Ehe nur kirchlich, nicht jedoch auch standesamtlich erfolgt ist und wenn der Eheschließungswille nicht bekundet wurde vor (vgl PALANDT/DIEDERICHSEN Einf § 1313 Rn 2).

12 Eine **nichtige Ehe** zeitigte bis zur Nichtigerklärung die Wirkungen einer gültigen Ehe. Das Erbrecht aus § 1931 entfiel nur, wenn die Ehe vor dem Tode des Erblassers auf Nichtigkeitsklage hin rechtskräftig für nichtig erklärt worden ist (§§ 16, 23 EheG), denn niemand kann sich auf die Nichtigkeit einer Ehe berufen, solange sie nicht durch gerichtliches Urteil für nichtig erklärt ist. Das gilt auch nach **Auflösung** der Ehe durch Tod oder Scheidung (anders früher § 1329, dazu STAUDINGER/LEHMANN[11] Rn 4 aE), hier konnte Nichtigkeitsklage allein der Staatsanwalt erheben, § 24 Abs 1 S 2 EheG. Ein eventueller Erbprätendent war auf den Weg der Feststellungsklage des § 638 ZPO verwiesen (BAUMGÄRTEL/SCHMITZ § 1931 Rn 1). Starb einer der Ehegatten vor Rechtskraft des Urteils, so ist nach § 619 ZPO der Rechtsstreit als in der Hauptsache erledigt anzusehen. Der Staatsanwalt konnte aber gem § 24 Abs 1 S 2 EheG, § 632 ZPO Nichtigkeitsklage gegen den überlebenden Ehegatten erheben. Hatte er die Nichtigkeitsklage bereits zu Lebzeiten beider Ehegatten erhoben, fand § 619 ZPO keine Anwendung, das Verfahren wird gegen den Überlebenden weitergeführt, § 636 ZPO. Sind beide Ehegatten verstorben, kann Nichtigkeitsklage nicht mehr erhoben werden (§ 24 Abs 2 EheG), dh das Erbrecht des länger Lebenden nach § 1931 kann nicht beseitigt werden. Nur wenn das auf Klage des Staatsanwaltes ergehende Nichtigkeitsurteil noch zu Lebzeiten des länger Lebenden rechtskräftig geworden ist, hatte es rückwirkende Kraft, wirkt für und gegen jeden (§ 636 a ZPO) und beseitigt das Erbrecht des überlebenden Ehegatten.

1. Abschnitt. Erbfolge

Bei einer **Doppelehe** (bigamische Ehe, § 20 EheG) haben beide Ehepartner des Bigamisten ein Erbrecht, wenn die bigame Ehe auch nach dessen Tod nicht für nichtig erklärt worden ist, § 24 EheG. Die Ehepartner des Bigamisten erhalten zusammen den nach § 1931 an sich einem Ehepartner zustehenden Anteil zu je gleichen Teilen (KG FamRZ 1977, 481; BGB-RGRK/Kregel Rn 2; dazu auch Ferid FamRZ 1963, 410; 1964, 185; Epple FamRZ 1964, 184; ebenso Staudinger/Otte [1996] § 2090 Rn 4). **13**

Das EheschlRG hat die Zweispurigkeit der vernichtbaren (§ 16–27 EheG) und der aufhebbaren Ehe (§ 28–37 EheG) aufgehoben. An ihre Stelle treten die Normen über die Aufhebung von Ehen, die nunmehr ausschließlich die Aufhebung der Ehe ex nunc vorsehen (BT-Drucks 13/4898 S 13 ff, zur Begr Muscheler JZ 1997, 1143 ff; kritisch Bosch NJW 1998, 2010 f). Rechtsfolge der neuen Regelung ist, daß sich vor rechtskräftigem Aufhebungsurteil niemand auf die aufhebbare Ehe berufen kann. Da somit auch eine aufhebbare Ehe als gültig gilt, hat auch der Ehegatte des Erblassers aus einer solchen Ehe das Erbrecht aus § 1931. Damit haben bei einer Doppelehe beide „Ehepartner" ein Erbrecht gemäß § 1931 (vgl Rn 13; Barth/Wagenitz FamRZ 1996, 833, 842), sofern nicht die Eheaufhebungsklage rechtshängig war (BT-Drucks 13/4898 S 18, vgl § 1833 S 2) oder § 1318 Abs 5 einschlägig ist. **13 a**

3. Das Erbrecht nach § 1931 besteht nicht, wenn die **Ehe** durch rechtskräftiges Urteil **geschieden** (§ 1564) oder **aufgehoben** (§ 29 EheG, §§ 1313 ff nF) worden ist, ebenso, wenn sie durch Schließung einer *neuen Ehe nach Todeserklärung* (§ 38 Abs 2 EheG, § 1319 Abs 2 nF) oder Feststellung der Todeszeit (§ 39 VerschG) vor dem Tod des Erblassers **aufgelöst** worden ist. Auf ein Verschulden kommt es in diesen Fällen nicht an. Der überlebende Teil einer geschiedenen, aufgehobenen oder aufgelösten Ehe hat allenfalls einen Unterhaltsanspruch (§ 1569), den er nach dem Tod des Verpflichteten auch gegen dessen Erben durchsetzen kann (§ 1586 b). Zur Anfechtung der Ehe und Aufhebung der ehelichen Gemeinschaft, die bis zum Inkrafttreten des EheG möglich war, vgl Staudinger/Lehmann[11] Rn 8, 9. Durch erfolgreiche Wiederaufnahmeklage gegen ein rechtskräftig gewordenes Scheidungs- oder Aufhebungsurteil werden auch die erbrechtlichen Wirkungen der Ehe wieder hergestellt. Strittig ist dabei jedoch, ob dafür schon allein ausreicht, daß zu Lebzeiten des Erblassers die Wiederaufnahmeklage erhoben wurde oder ob der Erblasser die Entscheidung in der Sache erleben muß (für ersteres Stein/Jonas/Grunsky § 578 Rn 5; aA MünchKomm/Leipold § 1931 Rn 7). **14**

4. Nach dem eindeutigen Wortlaut des § 1931 Abs 1 hat lediglich der **überlebende Ehegatte** ein gesetzliches Erbrecht. Erbfähigkeit erfordert nach § 1923 Abs 1 das *Erleben des Erbfalles*. Kein Erbe iSd § 1931 ist somit der vorverstorbene Ehegatte. Mit dem Tod des *Vorverstorbenen* ist die Ehe aufgelöst, sie bestand nicht zur Zeit des Todes des länger Lebenden (vgl Rn 7), so daß auch unabhängig von § 1923 der Vorverstorbene nicht Erbe sein könnte. Kein Erbe ist auch der gleichzeitig mit dem anderen verstorbene Ehegatte, denn er überlebt diesen nicht (Erman/Schlüter Rn 3; dazu ausführlich Werner FamRZ 1976, 249, 250). Das Überleben des einen Ehegatten, dh das Erleben des Erbfalls, muß von demjenigen bewiesen werden, der sich darauf beruft. Kommen beide Eheleute bei einem Unfall (Unglück) ums Leben (Autounfall, Flugzeugabsturz, Erdbeben, Lawinenunglück, Hauseinsturz usw) und läßt sich das Längerleben eines von ihnen nicht nachweisen, gelten beide gem § 11 VerschG als **15**

gleichzeitig verstorben. Hier beerbt keiner den anderen als gesetzlicher Erbe (WERNER FamRZ 1976, 249; BAUMGÄRTEL/SCHMITZ § 1931 Rn 2).

16 a) Ein überlebender Ehegatte ist trotz Bestandes der Ehe zZt des Erbfalles **von der Erbschaft ausgeschlossen**, wenn der Erblasser zZt seines Todes berechtigt war, auf Scheidung zu klagen und die *Scheidung beantragt* oder ihr zugestimmt hatte (§ 1933 S 1) oder eine *berechtigte Eheaufhebungsklage erhoben* hatte (§ 1933 S 2). Die nach der 5. DurchVO 2. EheG v 18. 3. 1943 (RGBl I 145) bestehende (jedoch umstrittene) Möglichkeit, einem überlebenden Ehegatten die Rechtsstellung eines Verwitweten zu nehmen (dazu STAUDINGER/LEHMANN[11] Rn 11), ist mit Aufhebung dieser VO durch das FamRÄndG v 11. 8. 1961 (BGBl I 1221) beseitigt worden.

17 Darüber hinaus gelten die *allgemeinen Erbausschließungsgründe*: Enterbung durch letztwillige Verfügung des Erblassers, §§ 1938, 2303 Abs 2; Erbverzicht, § 2346; Erbunwürdigkeit, § 2344 (vgl Vorbem 16 zu §§ 1924–1936; § 1930 Rn 4). Bei Enterbung ist der Ehegatte gem § 2303 Abs 2 pflichtteilsberechtigt.

18 Den Unbilligkeiten, die dadurch entstehen können, daß ein Ehegatte bzw seine Erben nicht an dem Vermögen des anderen kraft Erbrechts teilhaben, selbst wenn der nicht erbende Ehegatte durch seine Mitarbeit einen wesentlichen Beitrag zur Schaffung und Erhaltung des Vermögens geleistet hat, versucht die Rechtsprechung durch Annahme einer sog **Ehegatteninnengesellschaft** zu begegnen (dazu BGH NJW 1975, 1774; BELZ Betrieb 1965, 133).

19 b) Ist ein Ehegatte mangels Längerlebens oder aus den anderen in Rn 16, 17 genannten Gründen von der gesetzlichen Erbfolge ausgeschlossen, besteht in Abweichung von der Verwandtenerbfolge **kein Eintrittsrecht** der Verwandten des ausgefallenen Ehegatten. Ist der Ehegatte selbst nicht Erbe, verbleibt der Nachlaß bei den aufgrund der Verwandtenerbfolge nach dem Erblasser Berufenen (§§ 1923–1930), er fällt auch nicht den Erben des Ehegatten zu (WERNER FamRZ 1976, 249). Die Verwandten des Ehegatten sind selbst dann nicht zur Erbfolge berufen, wenn keine Erben iSd §§ 1923 f, 1930 vorhanden sind, es gilt § 1936. Die Verwandten und Erben eines Ehegatten nehmen allein über dessen Erbschaft am Vermögen des anderen Ehegatten teil, dh nur wenn ein Ehegatte gem § 1931 die Erbschaft angetreten hat, kann dieser Anteil am Nachlaß als Aktivposten, als Teil des eigenen Nachlasses, bei seinem Tod auf die Erben (bei gesetzlicher Erbfolge auf die Verwandten) übergehen (WERNER FamRZ 1976, 249, 253), selbst wenn diese nicht aus der Ehe mit dem Erblasser stammen.

III. Umfang des Erbrechts

20 Der überlebende Ehegatte wird **vollberechtigter Erbe**, nicht lediglich Nießbraucher oder Vorerbe. Die Größe des Erbteils ist davon abhängig, welcher Ordnung die miterbenden Verwandten des Erblassers angehören, neben Nachkommen des Erblassers – also Angehörigen der ersten Ordnung – ist sie am geringsten und wächst in dem Maße, als die miterbenden Verwandten entfernteren Ordnungen angehören. Gehört der Ehegatte zu den erbberechtigten Verwandten, erhält er seinen Anteil aus beiden Gründen, § 1934. § 1931 regelt in Abs 1 und Abs 2 die Stellung des überlebenden Ehegatten unabhängig vom jeweiligen Güterstand. Diesem wird erst in Abs 3

(Zugewinngemeinschaft) und Abs 4 (Gütertrennung) Rechnung getragen. Der Ehegatte bildet mit den übrigen Erben eine Miterbengemeinschaft, §§ 2032 ff. Dieser Anteil an der Gesamthandsgemeinschaft geht bei seinem Tod auf seine Erben über.

1. Neben Verwandten der ersten Ordnung (§ 1924) erbt der Ehegatte gem § 1931 Abs 1 S 1 1. Fall ein Viertel, gleichgültig, wie viele Kinder vorhanden sind (vgl § 1924 Rn 3) und ob diese gemeinschaftliche Nachkommen der Eheleute oder nur solche des Erblassers sind. Nichteheliche Abkömmlinge des Erblassers hatten lediglich einen Erbersatzanspruch, sie waren keine gesetzlichen Erben, wenn ein überlebender Ehegatte vorhanden war, § 1934 a Rn 14 (geändert mit ErbGleichG zum 1. 4. 1998, so daß gleichberechtigter Erbe für alle Erbfälle ab diesem Zeitpunkt). Neben nichtehelichen Abkömmlingen erbte der überlebende Ehegatte daher allein, erstere hatten lediglich einen Zahlungsanspruch in Höhe des ihnen bei Ehelichkeit zustehenden Anteiles. Wegen § 1931 Abs 3, 4 verbleibt es bei der Zuteilung des Viertels jedoch nur, wenn die Ehegatten zZt des Erbfalls in Gütergemeinschaft gelebt haben oder wenn bei Gütertrennung mehr als zwei Kinder des Erblassers vorhanden sind (vgl Rn 43 ff).

2. Neben Verwandten zweiter Ordnung (§ 1925) erbt der Ehegatte gem § 1931 Abs 1 S 1 2. Fall die Hälfte (vgl § 1925 Rn 21), wobei jedoch ebenfalls § 1931 Abs 3 zu berücksichtigen ist (Rn 36).

3. Als Verwandte der dritten Ordnung (§ 1926) sind lediglich die **Großeltern des Erblassers** neben dessen Ehegatten gesetzliche Erben. Sind weder Verwandte der ersten beiden Ordnungen noch Großeltern vorhanden, erbt der überlebende Ehegatte allein.

Leben noch **alle Großeltern** des Erblassers, erbt der Ehegatte die Hälfte, §§ 1931 Abs 1 S 1 2. Fall, und über § 1931 Abs 3, 1371 Abs 1 ein weiteres Viertel (Rn 36). Sind *Großelternteile weggefallen*, so erhält er, wenn diese Nachkommen hinterlassen, die nach § 1926 an der anderen Hälfte teilnehmen würden, den auf diese Abkömmlinge entfallenden Anteil, § 1931 Abs 1 S 2. Ein Ehegatte geht lediglich den Abkömmlingen der dritten Ordnung, nicht den Großeltern vor. Ist daher ein Großelternteil weggefallen, der keine Abkömmlinge hinterlassen hat, so fällt dessen Anteil an den anderen Teil desselben Großelternpaares, § 1926 Abs 3 S 2. Der Ehegatte erhält davon nichts. Ist auch der andere Teil weggefallen, ohne Nachkommen zu hinterlassen, so fällt der Anteil dem (bei Adoption entspr den) anderen noch lebenden Großelternpaar(en) (der anderen Linie) zu, §§ 1931 Abs 1 S 2, 1926 Abs 4. Ein Ehegatte erbt somit außer seiner Hälfte lediglich den Anteil eines Großelternteils, der Nachkommen hinterlassen hat. Die Anteile der weggefallenen Großelternteile, die keine Nachkommen hinterlassen haben, gehen gem § 1926 Abs 3, 4 auf die anderen lebenden Großeltern über. Sind außer einem Großelternteil keine Abkömmlinge als Erben der dritten Ordnung vorhanden, erbt dieser Großelternteil die ganze auf die Großeltern fallende Hälfte des Nachlasses allein (zum Ganzen auch BELLING Jura 1986, 579, 585).

Damit ergibt sich folgende **Aufteilung des Nachlasses**: Da auf jeden lebenden Großelternteil 1/8 des Nachlasses fallen würde (bei mehr als vier Großelternteilen bei Adoption entsprechend weniger, vgl § 1926 Rn 7 ff), erbt jeder Ehegatte außer seiner

Hälfte das Achtel jedes wegfallenden Großelternteiles, der Nachkommen hinterlassen hat. Sind Abkömmlinge eines weggefallenen Großelternteils nicht vorhanden, so fällt dessen Achtel dem anderen Teil desselben Großelternpaares zu. Ist auch dieser andere Teil nicht vorhanden, so fallen, wenn er Nachkommen hinterlassen hat, die beiden Achtel dem Ehegatten des Erblassers zu. Hinterläßt der andere Großelternteil ebenfalls keine Nachkommen, so fallen die zwei Achtel anteilig an das andere Großelternpaar (der anderen Linie), dh jedes Teil des Großelternpaares erhält zu seinem eigenen ein weiteres Achtel. Ist auch von diesem anderen Großelternpaar ein Teil weggefallen, so erhält der Ehegatte, wenn Nachkommen des Großelternteils vorhanden sind, die beiden Achtel dieses Großelternteiles (so auch BELLING Jura 1986, 579, 585; wenn BGB-RGRK/KREGEL Rn 8 hier von 3/8 spricht, übersieht er, daß die beiden Achtel des ohne Abkömmlinge wegfallenden Großelternpaares sich zu je 1/8 auf die noch vorhandenen Großelternteile der anderen Linie verteilen, dh jedem wächst 1/8 zu seinem eigenen Achtel zu, so daß nur diese 2/8 übergehen können). Sind keine Nachkommen dieses weggefallenen Großelternteiles vorhanden, so gehen die beiden Achtel an den einzigen noch lebenden Großelternteil, der damit zur Hälfte erbt (BGB-RGRK/KREGEL Rn 8; ESCH/SCHULZE ZUR WIESCHE Rn 88; LANGE/KUCHINKE § 12 III 4 a).

26 Diese vom Gesetz getroffene Regelung erscheint merkwürdig und unbefriedigend, wenn allein das zufällige Vorhandensein bzw Nichtvorhandensein von Abkömmlingen des Großelternteiles darüber entscheidet, ob der Anteil dem Ehegatten des Erblassers oder einem anderen Großelternteil zufällt. Dieser Unterschied entbehrt jeder Rechtfertigung (LANGE/KUCHINKE § 12 III 4 a). Zudem erscheint diese Lösung wenig folgerichtig. Da die Abkömmlinge weggefallener Großeltern den anderen Großeltern vorgehen, der Gatte aber diesen Abkömmlingen, müßte er folgerichtig auch dem anderen Großelternteil vorgehen (so zutreffend KIPP/COING § 5 Fn 14). Aber die gesetzliche Regelung ist eindeutig und zwingend, es ist die Konsequenz aus dem Grundsatz, daß der Ehegatte allein die Abkömmlinge, nicht aber die Großeltern von ihrem gesetzlichen Erbrecht aus § 1926 ausschließt (LEIPOLD § 6 II Fn 3).

27 4. Ebenso wie die Seitenverwandten der dritten Ordnung *schließt* der überlebende Ehegatte alle *Verwandten* des Erblassers *aus*, die zu der vierten (§ 1928) und zu entfernteren Ordnungen (§ 1929) gehören, § 1931 Abs 2.

28 5. Bei der Feststellung des Ehegattenerbteils können nur die **Verwandten des Erblassers** berücksichtigt werden, die *wirklich zur Erbfolge gelangen* oder als Abkömmlinge von Großeltern ohne Ausschaltung durch den Ehegatten *zur Erbfolge gelangen würden*, aber nicht die Verwandten, die aufgrund Erbausschlagung, Erbunwürdigkeitserklärung, Erbverzichts oder Enterbung als weggefallen anzusehen sind (vgl § 1930 Rn 4). Anders § 2310 für die Berechnung des Pflichtteils.

29 Der Wegfall eines Verwandten führt freilich nicht ohne weiteres zur Erhöhung des **Ehegattenerbteils**. Dieser ist ein **fester** (LG Bochum Rpfleger 1989, 509, 510). Schlägt zB eines von drei Kindern des Erblassers aus, so kommt das den beiden Geschwistern zugute, das Viertel der Witwe wird nicht berührt. Anders wenn der weggefallene Verwandte der einzige der betreffenden Ordnung ist. Wird das einzig nachkommenlose Kind des Erblassers für erbunwürdig erklärt, so erhält der überlebende Ehegatte mindestens die Hälfte, wenn er neben Verwandten der zweiten Ordnung erbt, und die ganze Erbschaft, wenn er neben einem der dritten Ordnung angehörigen Vetter zur Erbschaft berufen wäre.

Eine Durchbrechung des Prinzips vom festen Erbteil sieht § 1931 Abs 1 S 2 BGB für den Fall vor, daß der Ehegatte mit Abkömmlingen von Großeltern des Erblassers zusammentrifft (Rn 24 ff). Für niedere Ordnungen gibt es eine entsprechende Norm jedoch nicht (LG Bochum aaO).

6. Gehört der überlebende Ehegatte *zugleich* zu den *erbberechtigten Verwandten*, **30** erbt er auch als solcher, § 1934. Muß er sich die Erbschaft mit Erben der ersten drei Ordnungen teilen, erhält er den sog *Voraus* des § 1932.

IV. Einfluß der Güterstände

Mit Inkrafttreten des Gleichberechtigungsgesetzes am 1. 7. 1958 (BGBl I 609) ist ge- **31** setzlicher Güterstand die sog Zugewinngemeinschaft, §§ 1363 ff. Die Ehegatten können allerdings durch Ehevertrag Gütertrennung (§§ 1414, 1388) und die sog Gütergemeinschaft (§§ 1415 ff) vereinbaren. Lebten Eheleute aufgrund Ehevertrages vor dem 1. 7. 1958 in Errungenschafts- bzw Fahrnisgemeinschaft des BGB aF, bleiben diese Güterstände bestehen (Art 8 Abs 1 Nr 7 GleichBerG). Zur Rechtslage vor Inkrafttreten des GleichBerG vgl 11. Aufl Rn 17. Für die erbrechtliche Regelung ist der Güterstand allein zZt des Erbfalls von Bedeutung und muß vom Nachlaßrichter bei Erteilung des Erbscheins beachtet werden. Die vor Inkrafttreten des BGB geltenden Güterstände wirken gem Art 200 EGBGB auch auf das Erbrecht ein.

1. Bei der **Zugewinngemeinschaft** besteht hinsichtlich des Vermögens der Eheleute **32** Gütertrennung (§§ 1363 Abs 2, 1364). Jeder Ehegatte kann sein Vermögen selbständig verwalten und vererben. Die Testierfreiheit wird nicht eingeschränkt. Das Vermögen eines jeden Ehegatten bildet bei dessen Tod einen selbständigen Nachlaß, an dem mangels letztwilliger Verfügung gesetzliche Erbfolge eintritt (§§ 1924 ff). Das gilt nicht nur hinsichtlich der Verwandtenerbfolge, sondern auch für das gesetzliche Erbrecht des überlebenden Ehegatten, dh zunächst gilt § 1931 Abs 1, 2. Dem *Gemeinschaftsgedanken* wird dadurch Rechnung getragen, daß die Eheleute zwar den ehelichen Aufwand gemeinsam zu tragen haben (§§ 1360 ff), andererseits jeder von ihnen an den während der Ehe von dem anderen erarbeiteten oder ersparten Vermögenswerten beteiligt wird. Dies äußert sich bei Ende der Zugewinngemeinschaft durch Tod eines Ehegatten in einem Zugewinnausgleich, der *zusätzlich zu dem Erbteil aus § 1931 Abs 1, 2* gewährt wird, § 1931 Abs 3 (zur rechtspolitischen Wertung vgl Schlüter § 10 V 2). Damit behält der überlebende Ehegatte seinen Zugewinn und ist zusätzlich an dem des Vorverstorbenen beteiligt. Sein so erhöhtes Vermögen geht auf seine Erben über, während die Erben des Erstverstorbenen von dessen Zugewinn nur die Hälfte erlangen und an dem des länger Lebenden nicht beteiligt sind (Werner FamRZ 1976, 250 ff). Es hängt daher weitgehend vom Zufall ab, wessen Erben letztlich den Hauptanteil des Zugewinnes erhalten. Dies ist in den Fällen ohne Bedeutung, in denen beide Eheleute von denselben Personen beerbt werden. Unterschiedliche Vermögenszuteilung zeitigt jedoch diese Regelung, wenn keine gemeinsamen Erben vorhanden sind. So gehen die Erben des Erstverstorbenen (zB nichtgemeinsame Kinder, Eltern der Eheleute) hinsichtlich des Zugewinnes leer aus (Werner FamRZ 1976, 250, 251). Bei gleichzeitigem Versterben der Eheleute geht der jeweilige Zugewinn auf die Erben des einzelnen Ehepartners über. Ein Ausgleich findet nicht statt (BGH NJW 1978, 1855 = DNotZ 1978, 732 m Anm WERNER; LG Augsburg FamRZ 1976, 523; LG Stuttgart BWNotZ 1978, 121; WERNER FamRZ 1976, 251 ff). Dies läßt sich allenfalls damit rechtfertigen, daß der Zugewinnausgleich dem überlebenden Ehegatten, nicht den Erben zur Beibehaltung des bisherigen Lebensstandards dienen soll (vgl Rn 5).

33 **a)** Lebten die Eheleute zZt des Erbfalls im gesetzlichen Güterstand der Zugewinngemeinschaft (genauer Gütertrennung mit Zugewinnausgleich), so gilt für *Erbfälle nach dem 30. 6. 1958* über § 1931 Abs 3 die Sonderregelung des § 1371 (vgl Rn 1). Die Ausdrucksweise des Gesetzes in § 1931 Abs 3, daß „die Vorschriften des § 1371 unberührt bleiben", wird der systematischen Stellung dieser Norm nicht gerecht. § 1371 ist in das Vierte Buch eingeordnet und soll die Forderung auf Ausgleich des Zugewinnes bei Beendigung des gesetzlichen Güterstandes durch Tod eines Ehegatten erfüllen. Diese Vorschrift enthält zumindest in Abs 1 erbrechtliche Bestimmungen zur Erfüllung familienrechtlicher Grundforderungen, gehört also nur ihrem weiteren Zweck nach ins Familienrecht. Rechtssystematisch gehört sie in erster Linie in das Erbrecht (OLG Köln FamRZ 1970, 605, 607; ERMAN/SCHLÜTER Rn 1, 28; vLÜBTOW I 66; SCHLÜTER § 10 V 1 a). § 1931 Abs 3 lautete daher klarer: „Bei der Zugewinngemeinschaft finden auf das gesetzliche Erbrecht des überlebenden Ehegatten die Sonderbestimmungen des § 1371 Anwendung."

34 **b)** § 1371 bietet bei Beendigung der Zugewinngemeinschaft durch Tod eines Ehegatten verschiedene **Wege des Zugewinnausgleichs**, den pauschalen Zugewinnausgleich nach Abs 1 durch Erhöhung des gesetzlichen Erbteils um 1/4 *(sog erbrechtliche Lösung)* und den rechnerischen Zugewinnausgleich nach §§ 1371 Abs 2, 1373 ff, wenn der überlebende Ehegatte weder gewillkürter Erbe noch Vermächtnisnehmer ist *(güterrechtliche Lösung)*. § 1371 Abs 3 eröffnet dem überlebenden Ehegatten die Möglichkeit, die Erbschaft auszuschlagen, trotzdem aber auf der Grundlage des nicht erhöhten gesetzlichen Erbteils den kleinen Pflichtteil nach § 2303 Abs 2 und zusätzlich den rechnerischen Zugewinnausgleich nach § 1371 Abs 2 zu verlangen. Beträgt der Zugewinn des Verstorbenen nicht mehr als 6/7 des Nachlaßwertes, lohnt sich dieser Weg allerdings idR nicht (BELLING Jura 1986, 579, 586; relativierend hinsichtlich des festen Bruchteils GEISSLER BWNotZ 1990, 38, 41). § 1371 Abs 4 schließlich belastet das aus Abs 1 erhaltene zusätzliche Viertel mit einem Vermächtnis zugunsten erbberechtigter Abkömmlinge (Rn 42). Damit betrifft *allein § 1371 Abs 1* eine Regelung über das *gesetzliche Erbrecht* des Ehegatten. Nur diese Vorschrift hat für § 1931 unmittelbare Bedeutung. Beide Normen (§§ 1931, 1371 Abs 1) bestimmen den gesetzlichen Erbteil des Ehegatten. Darüber hinaus richtet sich bei der erbrechtlichen Lösung nach diesem Erbteil das Pflichtteilsrecht aus § 2303 Abs 2. Einer Erörterung im Rahmen des gesetzlichen Ehegattenerbrechts bedarf daher allein § 1371 Abs 1 iVm § 1931 Abs 3. Hinsichtlich der übrigen Absätze des § 1371, die den Fall des nicht oder teilweise nicht in gesetzlicher Höhe erbenden Ehegatten betreffen oder dessen *Verpflichtung* aus § 1371 Abs 4, ist auf die Erläuterungen zu § 1371 zu verweisen.

35 **c)** Wird die Ehe und damit die Zugewinngemeinschaft durch den Tod eines Ehegatten aufgelöst, **erhöht** sich der dingliche gesetzliche **Erbteil** des Überlebenden gem § 1371 Abs 1 **um ein Viertel**, ohne Rücksicht darauf, welcher Ehegatte einen Zugewinn gemacht hat. Der Zugewinn wird nicht errechnet, sondern *pauschaliert*. Damit

1. Abschnitt. Erbfolge

§ 1931
36, 37

soll Berechnungs- und Beweisschwierigkeiten begegnet werden, insbesondere angesichts der Geldentwertung in neuerer Zeit (WAHL, in: FS Lehmann I 419 ff). So verhindert eine solche pauschale Regelung Streit und Prozesse zwischen dem Ehegatten und den übrigen Erben, der Nachlaß wird vor zusätzlichen Belastungen mit Geldforderungen (aus § 1371 Abs 2) bewahrt. § 1371 Abs 1 führt allerdings zu einer schematischen Bevorzugung des überlebenden Ehegatten zu Lasten der Verwandten des Erblassers, denn deren Erbteile werden durch die Erhöhung des gesetzlichen Erbteils des Ehegatten entsprechend gekürzt. IdR besteht jedoch die Hoffnung, den überlebenden Ehegatten zu beerben und damit letztlich das gesamte Vermögen beider Ehegatten zu erhalten.

§ 1371 Abs 1 führt zu einer **Erhöhung des dinglichen Erbteils**, nicht wie § 1371 Abs 2 zu einem schuldrechtlichen Ausgleichsanspruch in Geld. Der überlebende Ehegatte erbt neben Verwandten der ersten Ordnung insgesamt zu 1/2 (je 1/4 aus § 1931 Abs 1 und § 1371 Abs 1), neben den der zweiten Ordnung oder Großeltern zu 3/4 (1/2 aus § 1931 Abs 1 und 1/4 aus § 1371 Abs 1). Entsprechend der Erhöhung verringern sich die Erbteile der Erben erster Ordnung auf insgesamt die Hälfte, die der zweiten Ordnung und der Großeltern auf insgesamt 1/4. Wenn in der dritten Ordnung neben Großeltern noch Abkömmlinge eines anderen vorverstorbenen Großelternteiles vorhanden sind, erhält der überlebende Ehegatte auch deren Anteil (§ 1931 Abs 1 S 2). 36

Bei der **Berechnung der Erbanteile** des Ehegatten und der anderen gesetzlichen Erben ist von dem Grundsatz des § 1931 Abs 1 S 1 auszugehen. Dieser Erbanteil des Ehegatten ist um ein Viertel zu erhöhen, der Rest ist unter den übrigen Erben entsprechend §§ 1924–1930 zu verteilen, wobei einige Anteile nach § 1931 Abs 1 S 2 ebenfalls dem Ehegatten zufallen können (Rn 24, 25). Die hM (ERMAN/SCHLÜTER Rn 25; BROX Rn 65; DÖLLE I 780; vLÜBTOW I 69; SCHLÜTER § 10 V 1 c cc; BELLING Jura 1986, 579, 586; BÜHLER BWNotZ 1961, 112; STAUDENMAIER BWNotZ 1961, 323, 324) sieht den Ehegatten als Alleinerben an, wenn er über § 1931 Abs 1 S 2 bereits 3/4 des Nachlasses erhalten würde, weil durch Zuschlag eines weiteren Viertels aus § 1371 Abs 1 den anderen Erben kein Anteil mehr verbleibe, dh diese Ansicht rechnet den erhöhten Anteil aus § 1371 Abs 1 dem Anteil zu, den er ohne diese Norm aus § 1931 Abs 1 S 1, 2 erhalten würde. Dem kann jedoch nicht gefolgt werden, denn über § 1931 Abs 1 S 2 erhält der Ehegatte allein den Anteil, den an sich ein weggefallener Großelternteil erhalten hätte (BGB-RGRK/KREGEL Rn 8). Was einem Großelternteil zusteht, berechnet sich nach dem Rest, den der Ehegatte nach § 1931 Abs 1, 1371 Abs 1 nicht erhält, dh § 1931 Abs 1 S 2 betrifft einen Teil des Viertels, der den Großeltern zur Verfügung steht, und kann dem Ehegattenerbteil erst zugeschlagen werden, nachdem die Berechnung aus dem restlichen Viertel erfolgt ist (vOLSHAUSEN FamRZ 1981, 633). Wenn nach der hM mehr als nur der Anteil des weggefallenen Großelternteils dem überlebenden Ehegatten zufällt, widerspricht dies dem Wesen des § 1931 Abs 1 S 2 als subsidiärer Zuteilungsnorm (vOLSHAUSEN 634). Es ist daher allein von § 1931 Abs 1 S 1 auszugehen und dem dort angegebenen Anteil das Viertel aus § 1371 Abs 1 zuzuschlagen, der Rest ist nach 1931 Abs 1 S 2 zu behandeln (wie hier KIPP/COING § 5 IV; SCHINDLER BWNotZ 1961, 213; vOLSHAUSEN FamRZ 1981, 633). § 1371 Abs 1 kann nur zu einer Erhöhung des Anteils des Ehegatten und entsprechender Minderung des Anteils der anderen gesetzlichen Erben, nicht zu deren Ausschluß führen (SCHINDLER BWNotZ 1961, 214; MünchKomm/LEIPOLD § 1931 Rn 24; PALANDT/EDENHOFER § 1931 Rn 8). Eine Allein- 37 erbenstellung des überlebenden Ehegatten kann § 1371 Abs 1 daher nicht herbeiführen. Anderenfalls würde sich der Wegfall eines Großelternteils zum Nachteil der konkurrierenden Großeltern auswirken; ein Großelternteil könnte durch Ausschlagung dafür sorgen, daß auch der Anteil von Mitgroßeltern an den überlebenden Ehegatten fällt. Das widerspräche aber der Regelungstechnik der §§ 1926, 1931 (vOLSHAUSEN 634 f). Sind allerdings weder Verwandte der ersten beiden Ordnungen noch Großeltern vorhanden, verbleibt es bei der Regelung des § 1931 Abs 2, Alleinerbschaft des Ehegatten. Auch wenn der Ehegatte über § 1931 Abs 2 allein erbt, ist § 1371 Abs 2 steuerrechtlich von Bedeutung, da auch bei der erbrechtlichen Regelung der Betrag nicht erbschaftssteuerpflichtig ist, der dem Ehegatten bei rechnerischem Zugewinnausgleich zufallen würde (§ 5 ErbStG).

38 Die Erhöhung des dinglichen Erbteiles gem § 1371 Abs 1 um 1/4 ist eine *Erhöhung des gesetzlichen Erbteils* (darin wird die erbrechtliche Regelung des § 1371 deutlich), dh das Viertel aus § 1371 Abs 1 fällt dem Ehegatten nur zu, wenn er *gesetzlicher Erbe* des § 1931, nicht wenn er testamentarischer Erbe ist (vLÜBTOW I 68). Es kommt nur dem überlebenden und nicht von der gesetzlichen Erbfolge ausgeschlossenen Ehegatten zu. Bei *Ausschluß von der gesetzlichen Erbfolge* kann der überlebende Ehegatte den rechnerischen Zugewinnausgleich gem §§ 1371 Abs 2, 1372 ff verlangen, nicht aber eine dingliche Nachlaßbeteiligung gem § 1371 Abs 1. Das Verlangen vorzeitigen Zugewinnausgleichs gem §§ 1385 ff führt nach § 1388 zur Beendigung der Zugewinngemeinschaft und zum Ausschluß des § 1371. Ist der Ehegatte *testamentarischer Erbe* des anderen, kann er die Berufung als gesetzlicher und damit die Beteiligung aus §§ 1931 Abs 3, 1371 Abs 1 über § 1948 herbeiführen.

39 Bei dem Anteil aus § 1931 und § 1371 Abs 1 handelt es sich um einen **einheitlichen Erbteil** (ERMAN/SCHLÜTER Rn 22, 32; vLÜBTOW I 69) mit einheitlichem Schicksal. Er kann nur als Ganzes angenommen oder ausgeschlagen werden (ERMAN/SCHLÜTER Rn 32). Will der Ehegatte die Rechte aus § 1371 Abs 2 erlangen, muß er die gesamte Erbschaft ausschlagen, § 1371 Abs 3. Eine Teilausschlagung allein des gesetzlichen Erbteils, der ihm ohne Rücksicht auf den Güterstand zusteht (§ 1931), oder nur des aus § 1371 Abs 1 angefallenen Viertels ist nicht möglich (STAUDINGER/OTTE § 1950 Rn 4; vLÜBTOW I 69). § 1951 ist mangels Mehrheit der Berufungsgründe nicht anwendbar (ERMAN/SCHLÜTER Rn 22). Eine Teilausschlagung über § 1951 analog (so STAUDINGER/ LEHMANN[11] § 1931 Nachtr Rn 10, 11) mag zwar rechtspolitisch erwägenswert sein, würde aber der eindeutigen Gesetzesentscheidung für einen einheitlichen Erbteil widersprechen. Eine solche Analogie würde zudem – auch nach LEHMANN – nicht dazu führen, daß der überlebende Ehegatte den erhöhten Erbteil aus § 1371 Abs 1 ausschlagen und dafür neben dem Erbteil aus § 1931 den rechnerischen Zugewinnausgleich verlangen könnte; dem überlebenden Ehegatten wird allein über § 1371 Abs 3, durch Ausschlagung der gesamten Erbschaft, der Weg zum rechnerischen Zugewinnausgleich ohne Erbenstellung gewährt. Wegen der Einheitlichkeit des erhöhten Erbteils erfaßt die **Erbunwürdigkeit** (§§ 2339 ff) die gesamte gesetzliche Erbenstellung. Die Erhöhung aus § 1371 Abs 1 gilt jedoch als Bruchteil des einheitlichen Erbteils und ist damit Gegenstand eines **Erbverzichts**, §§ 2346 ff (RGZ 71, 133; ERMAN/SCHLÜTER Rn 32). Bei Verzicht auf den *gesetzlichen Erbteil* dagegen kann es überhaupt nicht zu einer Erhöhung kommen (ERMAN/SCHLÜTER Rn 22, 32). Gegenstand der **Anteilsübertragung** kann ebenfalls ein Bruchteil des Erbanteils und damit sowohl der aus § 1931 wie der aus § 1371 Abs 1 sein.

1. Abschnitt. Erbfolge

§ 1931
40–44

Nach § 1414 kann die **Zugewinngemeinschaft** durch Ehevertrag **ausgeschlossen** oder **40** beschränkt werden, indem der Ausgleich des Zugewinns ausgeschlossen wird. Damit wird auch die erbrechtliche Regelung des § 1371 Abs 1 ausgeschlossen (SCHLÜTER § 10 V 1 b aa; KNUR DNotZ 1957, 471). Statt des Ausschlusses kann der Zugewinnausgleich auch quotenmäßig abweichend geregelt werden, ebenso auch die Erbquote (MASSFELLER Betrieb 1958, 564).

Die Wirkung des § 1371 Abs 1 kann einseitig durch eine **letztwillige Verfügung** beseitigt oder eingeschränkt werden, denn das erhöhte gesetzliche Erbrecht entfällt, wenn der Erblasser die erbrechtliche Stellung des überlebenden Ehegatten abweichend durch letztwillige Verfügung (zB § 2269) regelt. Belastet der Erblasser den Ehegatten durch Vermächtnis oder verkürzt er dessen Anteil stark, besteht die Wahrscheinlichkeit, daß letzterer die Erbschaft ausschlägt und den rechnerischen Zugewinn und seinen Pflichtteil verlangt (§ 1371 Abs 3). Dagegen schützt allein eine erbvertragliche Regelung. Von Ausnahmen wie extremen Hinzurechnungen beim Erblasserendvermögen abgesehen, beträgt der Zugewinnausgleichsanspruch maximal die Hälfte des Nachlaßwertes, so daß sich bei normaler gesetzlicher Erbfolge eine Ausschlagung selten lohnt (GEISSLER BWNotZ 1990, 38, 41). **41**

Erhält der überlebende Ehegatte die Erhöhung aus § 1371 Abs 1, ist dieses zusätzliche Viertel gem § 1371 Abs 4 mit einem Vermächtnis zugunsten erbberechtigter **Abkömmlinge** des Erblassers auf eine **angemessene Ausbildung** belastet. Hierdurch soll die Benachteiligung der Abkömmlinge ausgeglichen werden. **42**

2. Hatten die Eheleute **Gütertrennung** vereinbart, so ändert sich der Erbteil des überlebenden Gatten aus § 1931 nur, wenn neben ihm ein oder zwei Kinder des Erblassers zu gesetzlichen Erben berufen sind (§ 1931 Abs 4). Der überlebende Ehegatte erhält dann nicht das Viertel aus § 1931 Abs 1, sondern *neben einem Kind* wie dieses *die Hälfte*, neben *zwei Kindern* wie diese *ein Drittel des Nachlasses* (Erbschaft nach Kopfteilen). Sind Kinder des Erblassers weggefallen, so treten ihre Abkömmlinge an ihre Stelle (§ 1931 Abs 4 letzter HS iVm § 1924 Abs 3), *Erbfolge nach Stämmen* (vgl § 1924 Rn 14 ff). Hinterläßt der Erblasser *drei oder mehr Kinder*, verbleibt es bei dem Viertelanteil aus § 1931 Abs 1, die Kinder erben zusammen 3/4. Abs 4 trifft insoweit keine Sonderregelung. Ebenso verbleibt es allein bei der Regelung des § 1931 Abs 1, 2, 3, wenn der Erblasser keine Kinder hinterläßt. **43**

a) § 1931 Abs 4 wurde auf Vorschlag des Rechtsausschusses über Art 1 Nr 87 NichtehelG eingefügt (BT-Drucks V/4179, 29, Ber 5, 6) und ist im Zusammenhang mit dem gleichzeitig eingefügten § 2057 a zu sehen. § 2057 a begründet eine Ausgleichspflicht zugunsten der Abkömmlinge, die durch Mitarbeit im Haushalt, Beruf oder Geschäft des Erblassers dazu beigetragen haben, dessen Vermögen zu erhalten und zu mehren. Diese Wirkung zeitigt im gesetzlichen Güterstand § 1371, bei der Gütergemeinschaft § 1416. Da eine entsprechende Vorschrift bei Gütertrennung nicht gilt, soll durch § 1931 Abs 4 verhindert werden, daß ein Ehegatte bei Gütertrennung neben einem oder zwei Kindern des Erblassers weniger als diese erben würde, so daß die Mitwirkung des Ehegatten bei Erhalt und Vermehrung des gegenseitigen Vermögens unberücksichtigt bliebe (ODERSKY Anm III; kritisch BRAGA FamRZ 1972, 109; GÖRG 21 f). Der Anreiz, durch Gütertrennung den Zugewinnausgleich zu ersparen, insbesondere die Beteiligung des anderen Eheteils an einem Unternehmen **44** zu verhindern, ist durch Abs 4 erheblich verringert worden (WESTERMANN, in: FS Bosch 1040).

An der Regelung des Abs 4 ist wegen der dadurch entstehenden Streitfragen Kritik geübt worden (KÜHNE JR 1972, 221; BRAGA FamRZ 1972, 105, der sogar die Verfassungsmäßigkeit bezweifelt; RAUSCHER FamRZ 1997, 1121 ff; dagegen STÖCKER FamRZ 1972, 429), die letztlich eine umfassende Reform der gesetzlichen Erbfolge fordert, um die Einzelnovelle mit dem gesamten System wieder in Einklang zu bringen.

Abs 4 gilt für *Erbfälle seit dem 1. 7. 1970* (Inkrafttreten des NichtehelG). Bei Tod des Erblassers vor diesem Zeitpunkt gilt gem Art 12 § 10 Abs 1 S 1 NichtehelG allein § 1931 Abs 1. Zur Geltung des Nichtehelichenrechts vgl Vorbem 34 ff zu §§ 1924–1936.

45 **b)** **Kinder des Erblassers** sind in Abs 4 alle von ihm abstammenden (vgl Vorbem 20 zu §§ 1924–1936), wobei es unerheblich ist, ob sie aus einer Verbindung mit dem erbenden Ehegatten oder aus der Verbindung mit einer anderen Person stammen (BT-Drucks V/ 4179 Ber 6), und die **Adoptierten**. Ferner müssen sie zur gesetzlichen Erbfolge gelangen, dh sie dürfen nicht durch Enterbung, § 1938, Erbverzicht, § 2346, Erbunwürdigkeitserklärung, § 2344, Ausschlagung, § 1953, oder vorzeitigen Erbausgleich, § 1934 e, ausgeschlossen sein (BRAGA FamRZ 1972, 107; HAEGELE BWNotZ 1972, 131), wobei jedoch das Eintrittsrecht gem § 1924 Abs 3 zu beachten ist.

46 Als **Kinder** iSd § 1931 Abs 4 gelten die **ehelicher und nichtehelicher Abstammung** (PALANDT/EDENHOFER Rn 13; ERMAN/SCHLÜTER Rn 43; BGB-RGRK/KREGEL Rn 15; SOERGEL/ STEIN Rn 32; ODERSKY Anm IV 2, 3; ders Rpfleger 1973, 240, 241; vLÜBTOW I 65; LEIPOLD § 6 IV; SCHLÜTER § 10 VI 3; BRAGA FamRZ 1972, 107; HAEGELE BWNotZ 1972, 130, 131; FRANKE BWNotZ 1976, 166). Die Unterscheidung zwischen ehelichen und nichtehelichen Kindern und damit auch die Problematik ist mit Wirkung vom 1. 4. 1998 des ErbGleichG weggefallen. Sie ist nunmehr nur für Erbfälle vor diesem Zeitpunkt relevant. Zwar spricht diese Norm von der gesetzlichen Erbenstellung der Kinder, so daß nach dem Wortlaut nichteheliche Kinder nicht erfaßt wären, denn sie hatten neben der Ehefrau des Erblassers nach § 1934 a lediglich einen Erbersatzanspruch, nicht aber die Stellung eines gesetzlichen Erben (Vorbem 41 zu §§ 1924–1936). Bei Berechnung der Erbanteile werden nichteheliche Kinder den ehelichen jedoch auch sonst gleichgestellt. Nichteheliche Abkömmlinge zählen nach Streichung des § 1589 Abs 2 aF zu den gesetzlichen Erben der Mutter und des Vaters (Vorbem 24 f zu §§ 1924–1936) und wurden lediglich bei einem Zusammentreffen mit bestimmten anderen Erben von der dinglichen Erbschaft ausgeschlossen und auf den Erbersatzanspruch verwiesen, der ihnen wertmäßig den Anteil zukommen ließ, den sie auch als gesetzliche Erben (dinglich) hätten. Die Regelung des § 1931 Abs 4 sollte verhindern, daß dem Ehegatten ein geringerer Anteil am Nachlaß zukommt als den Kindern (Rn 44). Dieser Gedanke gilt auch bei einem Zusammentreffen mit nichtehelichen Abkömmlingen des verstorbenen Ehemannes, denn auch die wegen § 1934 a Abs 1 allein erbende Ehefrau mußte den nichtehelichen Kindern wertmäßig den vollen Erbanteil auszahlen und würde daher bei einem oder zwei Kindern, selbst bei deren nichtehelicher Abstammung, wertmäßig weniger als diese erhalten. Sinn und Zweck des § 1931 Abs 4 verlangen daher eine Gleichstellung ehelicher mit den nichtehelichen Abkömmlingen, denn allein aus wirtschaftlichen Gesichtspunkten wurde diese Regelung getroffen. Auch der Rechtsausschuß, auf dessen Veranlassung Abs 4 eingefügt wurde (Rn 44), ging bei seinen Hinweisen auf nichteheliche Kinder als selbstverständlich davon aus, daß sie als Kinder iSd § 1931 Abs 4 zu gelten hatten (BT-Drucks V/4179 Ber 5). Der Wortlaut des Gesetzes muß daher insoweit als ungenau angesehen werden (ERMAN/SCHLÜTER Rn 43). Nichteheliche Abkömmlinge schließen auch ansonsten nach § 1930 bei der Berechnung der Erbteile andere gesetzliche Erben von der Erbfolge aus, dh sie werden in bezug auf Ausschluß von der Erbfolge und Berechnung der Erbteile den gesetzlichen (dinglichen) Erben wirtschaftlich gleichgestellt. Diese Gleichstellung ist auch in § 1931 Abs 4 berechtigt und erforderlich. Allerdings gilt dies allein im Hinblick auf die wirtschaftliche Stellung des überlebenden Ehegatten, § 1934 a behielt seine volle Wirkung, dh die nichtehelichen Abkömmlinge wurden neben dem Ehegatten nicht zum Erben, sondern erhielten lediglich den Erbersatzanspruch, der sich entsprechend § 1931 Abs 4 berechnet.

Waren *nur nichteheliche Kinder* des Mannes vorhanden, wurde die Ehefrau Alleinerbin, ein nichteheliches Kind hatte einen Erbersatzanspruch in Höhe der Hälfte, zwei nichteheliche Kinder in Höhe von je einem Drittel des Nachlaßwertes. Bei drei und mehr nichtehelichen Kindern *galt* für die Berechnung nicht mehr § 1931 Abs 4, sondern Abs 1 (§ 1371 Abs 1 ist bei Gütertrennung nicht anwendbar), dh der Erbersatzanspruch aller nichtehelichen Kinder gegen die alleinerbende Ehefrau bestand in Gesamthöhe von insgesamt drei Vierteln. **47**

Hinterließ der Ehemann ein **eheliches und** ein **nichteheliches Kind**, erbten ersteres und die Ehefrau dinglich zu je 1/2, das nichteheliche Kind hatte einen Erbersatzanspruch in Höhe von einem Drittel des Nachlaßwertes gegen die Erben. Waren zwei eheliche und ein oder mehrere nichteheliche Kinder vorhanden, so will ODERSKY (Anm IV 6; ders Rpfleger 1973, 240, 241; ebens KIPP/COING § 5 II 2 b; DIECKMANN FamRZ 1979, 389, 390 f; BEHR RpflStud 1983, 49, 52 f) für die Erbfolge Abs 4, für die Berechnung des Erbersatzspruches jedoch Abs 1 anwenden, dh die ehelichen Kinder und die überlebende Ehefrau sollen je zu 1/3 erben, ein nichteheliches Kind dagegen lediglich einen Erbersatzanspruch in Höhe von 1/4 (zwei nichteheliche Kinder von 3/16 usw) haben. Nicht anders als bei Vorhandensein je eines ehelichen und nichtehelichen Kindes sei der Nachlaß zwischen der Ehefrau und den ehelichen Abkömmlingen gleichmäßig aufzuteilen (DIECKMANN aaO). Die in Rn 46 aufgestellten Grundsätze wiegen jedoch schwerer. Es findet allein § 1931 Abs 1, nicht Abs 4 Anwendung, da für letztere Vorschrift kein Raum mehr ist, wenn mehr als zwei erbberechtigte bzw erbersatzanspruchsberechtigte Abkömmlinge des Erblassers vorhanden sind, denn der Wortlaut des § 1931 Abs 4 wurde insoweit als ungenau erkannt. Es ist ein Widerspruch, zwar einerseits die Gleichstellung der nichtehelichen mit den ehelichen Kindern bei realer Erbteilung anzuerkennen, bei Berechnung der Anteile aber diese Gleichstellung zu ignorieren. Die vom Gesetzgeber bezweckte wirtschaftliche Gleichstellung des Ehegatten neben ein und zwei Abkömmlingen des Erblassers trifft allein zu, wenn nicht mehr als zwei Abkömmlinge vorhanden sind, gleich ob ehelicher oder nichtehelicher Abstammung. Der Ehegatte erbte daher zu 1/4, der den Abkömmlingen verbleibende Rest von 3/4 ging real auf die beiden ehelichen Kinder über, jedes war Erbe zu 3/8. Das nichteheliche Kind hatte einen Erbersatzanspruch in Höhe seines Erbteils, der zB neben zwei ehelichen Abkömmlingen 1/4 betrug. Bei drei ehelichen Abkömmlingen wurden diese neben dem Ehegatten zu je 1/4 Erbe, ein nichteheliches Kind hatte einen Anspruch aus § 1934 a in Höhe von 3/16 usw, dh die **48** den Kindern verbleibenden 3/4 erbten die ehelichen real, die nichtehelichen hatten den Erbersatzanspruch in Höhe des Wertes, den diese 3/4 geteilt durch die Anzahl aller ehelichen und nichtehelichen Kinder ergeben. Im Innenverhältnis mußten die ehelichen Kinder allein, nicht die Ehefrau für diesen Erbersatzanspruch aufkommen (dazu § 1934 b Rn 14; wie hier auch PALANDT/EDENHOFER Rn 14; HAEGELE Rpfleger 1973, 76, FRANKE BWNotZ 1976, 166, 167; zumeist mit der Begründung, daß bei der realen Erbteilung keine andere Quotenberechnung zugrunde gelegt werden dürfe als bei der Berechnung des Erbersatzanspruches).

49 Das **Eintrittsrecht** des Kindes eines nichtehelichen Kindes des väterlichen Erblassers bestand auch hinsichtlich des Erbersatzanspruches, §§ 1934 a Abs 1, 1931 Abs 4, 1924 Abs 3 (FIRSCHING Rpfleger 1970, 50; HAEGELE BWNotZ 1972, 131).

50 c)   Bestand beim Erbfall Gütertrennung, findet *§ 1371 keine Anwendung*, daher auch keine Verpflichtung gem § 1371 Abs 4, so daß sich der überlebende Ehegatte bei Gütertrennung besser stehen kann als bei Zugewinngemeinschaft (BRAGA FamRZ 1972, 108).

51 3.   Bestand zZt des Erbfalls zwischen den Ehegatten **Gütergemeinschaft** (§§ 1415– 1482), so gehört der Anteil des verstorbenen Ehegatten an der Gesamthandsgemeinschaft ebenso wie bei der Errungenschafts- oder Fahrnisgemeinschaft zum Nachlaß, § 1482 S 1. Für die Beerbung gelten die allgemeinen Vorschriften (§ 1482 S 2). Die andere Hälfte steht dem überlebenden Ehegatten kraft ehelichen Güterrechts zu, §§ 1416, 1419. Tritt nach dem Tode eines *Ehegatten fortgesetzte Gütergemeinschaft* ein (§§ 1483–1518), wird das Gesamtgut vom Nachlaß gesondert, der Anteil des Verstorbenen gehört nicht zu seinem Nachlaß (§ 1483 S 3 HS 1). Eine Erbfolge nach den allgemeinen Vorschriften findet nur statt in dessen Vorbehalts- und Sondergut (§§ 1483 S 3 HS 2, 1486). Sind nichtgemeinsame Abkömmlinge des Ehegatten vorhanden, gilt § 1483 Abs 2.

51 a War der Erblasser Ausländer, so tritt gem Art 25 EGBGB die Erbfolge seines Heimatrechtes ein und damit keine Erhöhung seines Erbteils gem §§ 1931 Abs 3, 1371 (Düss MittRhNotK 88, 68). Selbst bei deutschem Erbstatut tritt die Erhöhung nicht ein, sofern das Güterstatut ein ausländisches ist (OLG Karlsruhe NJW 1990, 1420; für dieses spezielle Problem auch in Bezug auf Aussiedler und der Unanwendbarkeit des VFGüterstandsG und damit der §§ 1931 Abs 3, 1371 auf Spätaussiedler WANDEL BW NotZ 94, 85, 86f).

52 V.   In der DDR war der Ehegatte gem 365 ZGB Erbe der ersten Ordnung (vgl § 1924 Rn 25) und erbte allein, wenn keine Nachkommen des Erblassers vorhanden waren, § 366 ZGB.

Der Güterstand der Eigentums- und Vermögensgemeinschaft wurde gem Art 234 § 4 Abs 1 EGBGB mit dem **Beitritt am 3. 10. 1990** grundsätzlich durch den Güterstand der Zugewinngemeinschaft abgelöst, so daß für spätere Erbfälle über § 1931 Abs 3 auf das gesetzliche Erbrecht des Ehegatten § 1371 Anwendung findet. Besteht dagegen infolge einer Erklärung nach Art 234 § 4 Abs 2 EGBGB die Eigentums- und Vermögensgemeinschaft fort, erhält der Ehepartner gem § 1931 Abs 1 1/4 sowie unter den Voraussetzungen des § 1932 den Voraus (MünchKomm/LEIPOLD Art 235 EGBGB Anlage I EV Rn 691–693; BOSCH FamRZ 1992, 993, 995). Im übrigen ist er auf güterrechtliche Ansprüche nach dem FGB verwiesen (dazu STAUDINGER/RAUSCHER [1996] EGBGB Art 235 § 1 Rn 30, Art 234 § 4 Rn 113 ff).

VI. Kritische Würdigung

Die Durchbrechung des Verwandtenerbrechts zugunsten des überlebenden Ehegatten entspricht dem sittlichen Wesen der Ehe, ebenso die Verstärkung des Erbteils in dem Maß, als der Gatte mit Verwandten entfernterer Ordnungen zusammentrifft (COING 49. DJT I A 24). Seit Auflösung der Großfamilie bestehen zwischen Erblasser und seinem Ehegatten engere Bindungen als zu den Verwandten der zweiten und fernerer Ordnungen. Der Nachlaß dient im wesentlichen der Aufrechterhaltung des bisherigen Lebensstandards des Überlebenden, wie auch vor dem Erbfall das Vermögen beider Eheleute fast ausschließlich ihnen selbst und ihren Kindern zur Verfügung stand, nicht aber anderen Verwandten. Deswegen ist es auch gerechtfertigt, dem überlebenden Ehegatten ein Erbrecht aus § 1931 und die Erhöhung aus § 1371 Abs 1 zukommen zu lassen. Der Versorgungsgedanke rechtfertigt eine Bevorzugung des Ehegatten zu Lasten der Verwandten, wenn ersterer aufgrund seines Längerlebens den Nachlaß zu seiner eigenen Versorgung nutzen kann. Diesen Grundgedanken hat das Gesetz in § 1931 bei der Erbfolge ebenso wie in § 1371 Abs 1, 2 hinsichtlich des pauschalierten und rechnerischen Zugewinnausgleichs eindeutig zum Ausdruck gebracht, wenn es dem Vorverstorbenen bzw seinen Erben einen Anteil am Nachlaß oder Zugewinn des länger Lebenden versagt. Bestrebungen, den Verwandten des Vorverstorbenen zumindest hinsichtlich des Zugewinnausgleichs beim Tod des länger Lebenden ein Eintrittsrecht zugestehen zu wollen, widersprechen eindeutig der vom Gesetzgeber angeordneten Verteilung des Vermögens Verstorbener (WERNER FamRZ 1976, 250 ff mwN). Aus dem Versorgungsgedanken rechtfertigt sich auch die Bevorzugung des Ehegatten (§§ 1931, 1371 Abs 1, 2) zu Lasten der Abkömmlinge (aA RAUSCHER, Reformfragen des gesetzlichen Erb- und Pflichtteilsrechts II 1, 111 ff). Bei der heute üblichen Lebenserwartung können Abkömmlinge idR erst mit dem Erbfall rechnen und das Vermögen erhalten, wenn sie selbst bereits erwachsen sind und ihre Existenz aufgebaut haben. Als Starthilfe zum Aufbau eigener wirtschaftlicher Existenz ist der Nachlaß kaum mehr geeignet. Hier muß die Hilfe zu Lebzeiten des Erblassers erfolgen, und dies ist durch Unterhalt und Ausbildung, die idR von den Eltern getragen werden, heute in weitem Umfang der Fall, dh die Abkömmlinge werden bereits zu Lebzeiten in größerem Umfang als der Ehegatte am Vermögen des Erblassers beteiligt. Der überlebende Ehegatte ist, will er sein bisheriges Leben fortführen, weit mehr auf den Nachlaß des anderen angewiesen als die Nachkommen (s auch RAUSCHER, Reformfragen des gesetzlichen Erb- und Pflichtteilsrechts I, 249–253). Der Wunsch, auch dem Ehepartner den bisherigen Lebensstandard aufrechtzuerhalten, dürfte allgemeiner Wille der Eheleute sein. Dies gilt nicht nur für die Hausfrauenehe. Auch wenn beide Eheleute berufstätig sind und eigene Versorgungsansprüche erwerben, haben sie in der Ehe gemeinsam das gegenseitige Vermögen genutzt und zur Grundlage ihres Lebensstandards gemacht (das verkennt KÜHNE JR 1972, 222). Eine Sicherung noch nicht voll ausgebildeter Kinder bietet § 1371 Abs 4. Zudem bleibt jedem Ehegatten die Möglichkeit, durch letztwillige Verfügung die Position der Verwandten gegenüber dem Ehegatten zu stärken. Die gesetzliche Erbfolge beruht auf dem vermuteten Willen des Erblassers, und dieser ist in erster Linie auf Sicherung des Ehepartners gerichtet (vgl die EMNID-Umfrage bei STÖCKER FamRZ 1971, 612 f). Weitergehend als das geltende Recht möchten COING (49. DJT I A 42, 73),

§ 1932

DIECKMANN (49. DJT II K 22, 33), STÖCKER (FamRZ 1970, 444 ff) das Erbrecht des überlebenden Ehegatten verstärken, wobei STÖCKER (aaO) ihn sogar zum Alleinerben erklären will, allerdings mit weitgehenden Pflichten gegenüber den Abkömmlingen (Erbersatzanspruch). Ob eine solche Regelung den Vorteil der Vereinfachung des Erbrechts herbeiführen kann (so KÜHNE JR 1972, 223), muß sehr bezweifelt werden. Zudem verstößt der Ausschluß der Abkömmlinge von der dinglichen Nachlaßbeteiligung gegen Art 14 GG (RAUSCHER I, 78 f). Zu erwägen ist hingegen eine Stärkung der Rechtsstellung der Ehegatten bezüglich der Ehewohnung – beispielsweise durch dingliches Wohnrecht (s RAUSCHER II 1, 93–110). Kritische Auseinandersetzung mit dem Ehegattenerbrecht auch bei LANGE, Annales Universitatis Saraviensis Melanges Senn III 1954, 56 ff. Zum Ehegattenerbrecht de lege ferenda: STEFFEN DRiZ 1962, 264 ff.

§ 1932

[1] **Ist der überlebende Ehegatte neben Verwandten der zweiten Ordnung oder neben Großeltern gesetzlicher Erbe, so gebühren ihm außer dem Erbteil die zum ehelichen Haushalt gehörenden Gegenstände, soweit sie nicht Zubehör eines Grundstücks sind, und die Hochzeitsgeschenke als Voraus. Ist der überlebende Ehegatte neben Verwandten der ersten Ordnung gesetzlicher Erbe, so gebühren ihm diese Gegenstände, soweit er sie zur Führung eines angemessenen Haushalts benötigt.**

[2] **Auf den Voraus sind die für Vermächtnisse geltenden Vorschriften anzuwenden.**

Materialien: TE I 1971 Abs 3; II 1809; III 1908; Mot V 372–375; Prot V 472, 480, 481; BT-Drucks I/3802, 28, 29, 84; II/224, 20, 67, 92; II/3409, 30 f, Ber 23; STAUDINGER/BGB-Synopse 1896–2000 § 1932.

Schrifttum

ECKSTEIN, Gehören gemietete Sachen zum gesetzlichen Voraus?, KGBl 1921, 23
EIGEL, Der Voraus des überlebenden Ehegatten, MittRhNotK 1983, 1
HALM, Wohnungsmiete und Voraus nach 1932 BGB, BWNotZ 1966, 270
HARDER, Gibt es gesetzliche Vermächtnisse, NJW 1988, 2761
KIEFER BadRspr 1900, 235
KLAUS, Ein Vorschlag über die Behandlung des Voraus nach 1932 BGB, DGWR 1937, 294
RIPFEL, Der gesetzliche Voraus des überlebenden Ehegatten, BWNotZ 1965, 267
ders, Der gesetzliche Voraus des überlebenden Ehegatten gem § 1932 BGB, seine Rechte aus 569 a und b BGB bezüglich der ehelichen Wohnung sowie sein Übernahmerecht aus 1477 BGB bei fortgesetzter Gütergemeinschaft, Jur-Büro 1979, Sp 655 ff
SCHÄFER, Der Voraus des Ehegatten und das Pflichtteilsrecht der Eltern, WürttNotV 1932, 86
SCHIFFNER, Pflichtteil, Erbenausgleichung und die sonstigen gesetzlichen Vermächtnisse nach dem BGB (1897) 123–130
SCHLEGELMILCH, Rechtliches über Hochzeitsgeschenke, DRiZ 1926, 342
SONNTAG, Können Rechte zum Voraus des überlebenden Ehegatten gehören?, DJZ 1909, 1141

STAUDENMAIER, Abzug des Voraus bei Pflichtteilsberechnung, DNotZ 1965, 68
VLASSOPOULOS, Der eheliche Hausrat im Familien- und Erbrecht (1983)
WESENER, Der Voraus des überlebenden Ehegatten, FamRZ 1959, 84

WINKLER, Die Behandlung der zum persönlichen Gebrauch eines Ehegatten bestimmten Sachen bei der allgemeinen Gütergemeinschaft, insbesondere der Voraus, Recht 1924, 114.
Vgl auch Schrifttum zu § 1931.

I. Allgemeines

Der Voraus als Sonderrecht auf die zum gemeinsamen Haushalt gehörenden Gegenstände soll dem überlebenden Ehegatten, namentlich in weniger bemittelten Kreisen, die Fortsetzung des Haushalts in der bisherigen Weise ermöglichen (Mot V 372 f). In vielen Fällen erhält der Ehegatte durch den Voraus praktisch den gesamten Nachlaß, ohne jedoch Alleinerbe zu sein (KIPP/COING § 5 I 2; RIPFEL BWNotZ 1965, 266). Jüngere Erben ohne eigenen Hausstand verbleiben idR im Haushalt des überlebenden Ehegatten und nehmen an der Nutzung der Haushaltsgegenstände teil, während die älteren Erben idR zZt des Erbfalles ihren eigenen Hausstand bereits begründet und wenig Interesse an diesen Gegenständen haben, wogegen sie der überlebende Ehegatte benötigt. Trotzdem war diese Regelung lange umstritten (dazu LANGE NJW 1957, 1385). Der Bundesrat wollte § 1932 streichen (BT-Drucks II/224, 92).

1. Der Voraus hat sich als Sondererbrecht oder Sonderanspruch im **älteren deutschen Recht** entwickelt. Die Witwe durfte die zum Haushalt gehörenden Gegenstände aus dem Nachlaß herausnehmen. Nach II 1 §§ 628–630 ALR gebührten dem überlebenden Ehegatten, wenn er nicht neben Abkömmlingen erbte, das Bett- und Tischzeug, Möbel und Hausrat. Weiter wurden Heergeräte (Waffenausrüstung, ein Bett und Zubehör), Gerade oder Niftel (die der Frau dienenden Gegenstände, vornehmlich Kleidung und Schmuck) besonders vererbt, II 1 §§ 502 ff ALR (WESENER FamRZ 1959, 85; VLASSOPOULOS 67 Fn 1).

Das BGB hat den Voraus im Anschluß an die partikularrechtliche Entwicklung anerkannt, zunächst jedoch nicht neben Abkömmlingen (§ 1932 aF). Er begründet kein Sondererbrecht, sondern ein gesetzliches *Vorausvermächtnis* (Abs 2), dies um den Grundsatz der Gesamtnachfolge nicht zu durchbrechen (vgl Rn 22 f).

2. Durch Art 1 Nr 42 GleichberG ist § 1932 nach dem Vorbild des heutigen § 758 des ABGB für Erbfälle seit dem 1. 7. 1958 neu gefaßt worden. Abs 1 S 2 nF wurde eingefügt, Abs 1 S 2 aF wurde Abs 2 nF. Nach § 1932 aF erhielt der Ehegatte zwecks Aufrechterhaltung des bisherigen häuslichen Lebenszuschnitts den Voraus nur, wenn er mit Verwandten zweiter Ordnung oder mit Großeltern Erbe war. Neben Abkömmlingen wurde der Voraus verweigert, da eine Nachlaßbelastung zugunsten des Ehegatten durch sein Viertel und den Voraus zu groß erschien (Mot V 373). Dementgegen steht nach Abs 1 S 2 der Neufassung dem Ehegatten dieser Voraus auch neben Abkömmlingen zu, allerdings mit der Einschränkung, daß ihm die zum Haushalt gehörigen Gegenstände nur gebühren, soweit er sie zur Führung eines angemessenen Haushalts benötigt. Diese Beschränkung des Voraus berücksichtigt den erhöhten Anteil des überlebenden Ehegatten beim gesetzlichen Güterstand durch § 1371 Abs 1 (dazu WESENER FamRZ 1959, 86, 87; ablehnend VLASSOPOULOS 68 Fn 7).

5 3. Trotz der Regelung durch das GleichberG ist § 1932 eine **rein erbrechtliche Bestimmung** und hat mit dem ehelichen Gleichberechtigungsgrundsatz nichts zu tun. Die Zuteilung des Voraus ist vom *Güterstand* der Eheleute *unabhängig* (RIPFEL JurBüro 1979, Sp 658; VLASSOPOULOS 68 mit Fn 6).

6 4. Im Gegensatz zu § 12 Abs 3 HöfeO aF (v 24. 4. 1947, AmtsBl d Brit Militärregierung Nr 18 S 505) enthält die ab 1. 7. 1976 geltende Fassung (BGBl I 1933) keine Bestimmung über die Berücksichtigung des **Voraus des Hoferben** bei Berechnung des Hofwertes.

7 II. Der Voraus steht dem überlebenden Ehegatten – einerlei ob Ehefrau oder Ehemann – nur zu, wenn er neben Verwandten erster oder zweiter Ordnung oder Großeltern des Erblassers **gesetzlicher Erbe** wird (BOSCH FamRZ 1972, 172).

8 1. Der berechtigte Ehegatte muß den anderen **überleben**, dh er darf nicht vor oder gleichzeitig mit seinem Ehepartner verstorben sein (vgl § 1931 Rn 15).

9 a) Neben dieser Erbfähigkeit des § 1923 ist die **Erbberechtigung aus § 1931** erforderlich, dh die Ehe zwischen dem Erblasser und dem Berechtigten muß im Erbfall bestanden und zur gesetzlichen Erbfolge geführt haben. Der Ehegatte muß **gesetzlicher Erbe** sein, also nicht durch letztwillige Verfügung oder aus sonstigen Gründen (§§ 1933, 1944, 2339, 2346) von der gesetzlichen Erbfolge ausgeschlossen sein. Die Dauer der Ehe ist wie bei § 1931 unerheblich. Der überlebende Ehegatte kann wegen der Abhängigkeit des Voraus von der gesetzlichen Erbfolge nicht die Erbschaft ausschlagen und den Voraus annehmen, wohl aber kann er die Erbschaft annehmen und den Voraus ausschlagen (PLANCK/FLAD Anm 4; vgl auch Rn 24).

10 Eine *testamentarische Bestimmung*, daß jemand so erben solle, als sei er Ehegatte des Erblassers, begründet keinen Anspruch auf den Voraus des § 1932 (OLG Karlsruhe HRR 1936 Nr 366).

11 b) Nicht gesetzlicher Erbe und daher nicht Berechtigter iSd § 1932 ist der Ehegatte, der aufgrund **letztwilliger Verfügung** erbt (RGZ 62, 110), selbst wenn der Erblasser ihn auf den gesetzlichen Erbteil gesetzt hat. Deswegen kann auch nicht von einer gesetzlichen Erbfolge gesprochen werden, wenn im Falle des § 2066 der Erblasser seine gesetzlichen Erben ohne nähere Bestimmung bedacht hat, denn eine derartige Einsetzung führt allein zur dinglichen Erbenstellung, nicht zu der eines Vermächtnisnehmers iSd § 1932 (so im Ergebnis auch PALANDT/EDENHOFER Rn 2; anders STAUDINGER/LEHMANN[11] Rn 3). Der Ehegatte kann jedoch nach § 1948 die gewillkürte Erbfolge ausschlagen und die gesetzliche Erbfolge herbeiführen (vgl aber § 1948 Rn 2 f).

12 2. Neben Abkömmlingen von Großeltern und Verwandten der dritten und ferneren Ordnungen erübrigt sich ein Voraus, denn der Ehegatte erhält den gesamten Nachlaß als gesetzlicher Alleinerbe, § 1931 Abs 2.

13 III. Gegenstand des Voraus sind die Hausratsgegenstände und Hochzeitsgeschenke nur, soweit sie zum Nachlaß gehören. Nicht erfaßt werden also wegen § 1483 Abs 1 S 3 bei fortgesetzter Gütergemeinschaft die zum Gesamtgut gehörenden Gegenstände (RIPFEL JurBüro 1979 Sp 658). Auch auf Sachen, die im Eigentum des Überlebenden stehen, bezieht sich der Voraus nicht. Bei Miteigentum des Erblassers und erbenden Ehegatten ist der Miteigentumsanteil Gegenstand des Voraus (vgl Rn 18). Dem Wesen der Ehe als Lebensgemeinschaft entspricht bei Zusammenleben der Ehegatten die Begründung gemeinschaftlichen Eigentums an Haushaltsgegenständen, die während der Ehe – gleich aus wessen Mitteln – erworben worden sind (OLG München NJW 1972, 542).

1. Zum Voraus zählen die zum ehelichen Haushalt gehörenden Gegenstände. Das ist ein familienrechtlicher Begriff und wie in §§ 1361 a, 1369 zu verstehen (aM HALM BWNotZ 1966, 270, 271, wegen fehlender Verweisung in § 1932 und wegen unterschiedlicher Schutzrichtung). §§ 1361 a, 1369 sollen die Aufrechterhaltung des bisherigen Hausstands ermöglichen. Eine Verweisung auf §§ 1361 a, 1369 konnte in § 1932 schon deswegen nicht erfolgen, weil sie bei Schaffung des § 1932 aF noch nicht existiert haben. Die dem Voraus unterfallenden Gegenstände müssen dem Zweck des **gemeinschaftlichen Haushalts** während der Ehe **gedient** haben. Dabei ist die *individuelle Gestaltung* des Haushalts maßgebend (VLASSOPOULOS 70). Der gemeinschaftliche Haushalt muß zZt des Erbfalls bereits begründet gewesen sein (LG Göttingen NdsRpfl 1946, 91). Es genügt daher nicht, daß die Eheleute die Gegenstände für eine noch nicht vorhandene gemeinsame Wohnung angeschafft haben. Ebenso fehlt es an einem gemeinsamen Haushalt, wenn die Eheleute immer getrennt gelebt haben (LG Göttingen NdsRpfl 1946, 91). Ein Fortbestand des Haushalts bis zum Erbfall ist dagegen nicht erforderlich (RG SeuffA 77 Nr 86). Leben die Ehegatten zZt des Erbfalls getrennt, bezieht sich der Voraus auf die zum früheren gemeinsamen Haushalt gehörenden Gegenstände einschl der an ihre Stelle getretenen Ersatzstücke (KG OLGE 24, 80), nicht die für den Haushalt des getrennt Lebenden neu angeschafften Sachen (VLASSOPOULOS 69). Entgegen dem E I § 1971 Abs 3 kommt es nicht darauf an, ob die Ehegatten die Gegenstände im gewöhnlichen Gebrauch gehabt haben (Prot V 480). Der Gebrauch im Haushalt beweist jedoch die Zugehörigkeit der Gegenstände zum Haushalt (BAUMGÄRTEL/SCHMITZ § 1932 Rn 2). Bestand ein gemeinsamer Haushalt, erfaßt § 1932 auch die Gegenstände, die zum Zweck der Eingliederung angeschafft, aber noch nicht in die gemeinsamen Räume verbracht worden sind (zB bereits gekaufte, jedoch nicht angelieferte, vorübergehend anderweit untergestellte Gegenstände). **14**

2. Der **Begriff der Haushaltsgegenstände** ist nicht eng zu verstehen (MICHAELIS JR 1949, 436), sondern umfaßt alle Sachen ohne Rücksicht auf ihren Wert, die zur Annehmlichkeit und Ausschmückung der Wohnung dienen, zB Musikinstrumente, Gemälde, Teppiche, Bücher, auch Fernseher und Radio (RIPFEL JurBüro 79 Sp 657). *Besonderen Zwecken* (zB beruflichen, wissenschaftlichen, künstlerischen) dienende Sachen (zB Bücher, Arbeitsmaterial, Sammlung) und solche zum *persönlichen Gebrauch* eines Gatten (zB Kleidung, Schmuck) gehören nicht zum Hausrat (BGHZ 73, 255 = NJW 1979, 977; RIPFEL BWNotZ 1965, 268). Ein gemeinsam benutztes Auto wird zum ehelichen Haushalt gehören, selbst wenn es ein Eheteil für Fahrten zum Arbeitsplatz benutzt (aA MünchKomm/LEIPOLD § 1932 Rn 9), nicht aber wenn er es zur Berufsausübung braucht (zB Taxifahrer, Vertreter). **15**

3. Nach dem Wortlaut und Zweck des § 1932, dem überlebenden Gatten die Fortsetzung des bisherigen Haushalts zu ermöglichen, erfaßt der Voraus **Sachen** (körperliche Gegenstände, § 90) und **Rechte** (zB Herausgabeansprüche, Ersatzansprüche gegen Dritte wegen Wegnahme, Zerstörung oder Beschädigung der zum gemeinschaftlichen Haushalt gehörenden Sachen). Das Mietrecht an der Ehewoh- **16**

nung geht gem §§ 569 a Abs 1, 569 b unmittelbar auf den überlebenden Ehegatten über, so daß es nicht eines schuldrechtlichen Anspruches aus § 1932 bedarf (Münch-Komm/Leipold § 1931 Rn 12; Vlassopoulos 71). Noch nicht abgewohnte Mietzinsvorauszahlungen bzw auf den Mietzins anzurechnende Baukostenzuschüsse gehören wegen § 569 a Abs 4 nicht zum Voraus (Ripfel JurBüro 1979 Sp 658 f). Diese Norm erfaßt dagegen sonstige Mietsachen (Eckstein KGBl 1921, 23; Halm BWNotZ 1966, 270, 271) und Rechte an den auf Abzahlung gekauften Gegenständen (Ripfel JurBüro 1979 Sp 657), insbesondere Anwartschaftsrechte, weiterhin Miteigentumsrechte oder Anteile an Gelegenheitsgesellschaften hinsichtlich der Haushaltsgegenstände. Für diese weite Deutung des § 1932 spricht auch Abs 2 iVm § 2169 Abs 3, wo für Vermächtnisse Entsprechendes bestimmt wird (aM Sonntag DJZ 1909, 114 f). Die Einbeziehung von Rechten in den Voraus ist heute vorherrschend (Erman/Schlüter Rn 10; Soergel/Stein Rn 7; Kipp/Coing § 5 V Fn 17; Lange/Kuchinke § 12 IV 2 c; vLübtow I 82 f; Halm BWNotZ 1966, 270, 271; aA Vlassopoulos 71 unter Hinweis darauf, daß 2169 Abs 3 auf den wirklichen Willen des Erblassers abzielt, der für 1932 irrelevant sei).

17 Ausdrücklich ausgenommen sind Gegenstände, die **Grundstückzubehör** sind (dazu §§ 97, 98). Das Zubehör einer Gerechtigkeit wurde bewußt nicht ausdrücklich ausgeschlossen (Mot V 374; vgl Staudinger/Lehmann[11] Rn 6).

18 4. Zum Voraus gehören auch die **Hochzeitsgeschenke**, dh unentgeltliche Zuwendungen, die den Brautleuten bzw Ehegatten anläßlich der Hochzeit (nicht zur Verlobung) vor oder nach derselben gemacht worden sind. Sie stehen im Miteigentum der Gatten, sofern sie nicht ausdrücklich oder durch schlüssiges Verhalten nur einem der Gatten geschenkt worden sind (BGHZ 8, 249; BGH FamRZ 1954, 136; KG Recht 1907 Nr 701, Nr 1452; OLGE 15, 400; Kipp/Coing § 5 V; vLübtow I 83). Erfaßt werden auch Geschenke, die der überlebende Ehegatte dem erstverstorbenen anläßlich der Hochzeit gemacht hat, nicht aber die Surrogate (zB Verkaufserlös) von Hochzeitsgeschenken (Ripfel JurBüro 1979 Sp 657). Gehören sie allein dem überlebenden Ehegatten, werden sie nicht von § 1932 erfaßt (Rn 13). Bei Miteigentum ist die ideelle Hälfte des *Vorverstorbenen* vom Voraus erfaßt (KG Recht 1907 Nr 1452; Ripfel JurBüro 1979 Sp 657 f), bei Gütergemeinschaft seine ideelle Beteiligung bzw die Hälfte des Verkaufserlöses (Ripfel Sp 658). Kein Hochzeitsgeschenk bildet die Ausstattung des § 1624 (Erman/Schlüter Rn 11; BGB-RGRK/Kregel Rn 7; Palandt/Edenhofer Rn 4; Ripfel JurBüro 1979 Sp 657).

IV. Umfang des Anspruches

19 1. *Neben Verwandten der zweiten Ordnung* (§ 1925) oder neben Großeltern des Erblassers gebührt dem gesetzlich erbenden Ehegatten der Voraus im ganzen (Abs 1 S 1).

20 2. *Neben Verwandten der ersten Ordnung* stehen dem überlebenden Ehegatten bei Erbfällen nach dem 30. 6. 1958 (vgl Rn 4) die von Abs 1 S 1 erfaßten Gegenstände (Haushaltsgegenstände, Hochzeitsgeschenke) nur zu, „soweit er sie zur Führung eines angemessenen Haushalts benötigt" (Abs 1 S 2). Dieser leider ungenauen Bestimmung unterliegen die Gegenstände, von denen der überlebende Ehegatte selbst nicht genügend zur angemessenen Haushaltsführung besitzt und bzgl derer eine Neuanschaffung unzumutbar ist (Vlassopoulos 71). Bei der Frage der Unzumutbarkeit ist der **Bedarf** der Abkömmlinge nicht mitzuberücksichtigen. Das Gesetz stellt allein auf den Bedarf des Ehegatten ab ohne Beschränkung auf das unbedingt Notwendige (VLASSOPOULOS 71; **aM** ERMAN/SCHLÜTER Rn 12). Da es nicht auf die Fortsetzung des bisherigen, sondern lediglich eines angemessenen Haushaltes ankommt, ist ein objektiver Maßstab anzulegen, in erster Linie gemessen an dem Lebensstandard, den die Eheleute zZt des Erbfalls hatten. Bei der Interessenabwägung ist auch die Reduzierung des angemessenen Haushaltsbedarfs zu beachten, die sich aus dem Wegfall des Erblassers ergibt (MünchKomm/LEIPOLD § 1932 Rn 14). Jedoch kann allein der Voraus den bisherigen Lebensstandard nicht garantieren. Sinkt dieser nach dem Erbfall, so ist die angemessene Haushaltsführung an dem neuen Standard zu messen (ERMAN/SCHLÜTER Rn 12; SOERGEL/STEIN Rn 9; VLASSOPOULOS 72). Eine Differenzierung nach der Gradesnähe der Abkömmlinge sieht § 1932 nicht vor (unschlüssig VLASSOPOULOS aaO).

Für die Frage, ob der überlebende Ehegatte **bestimmte Gegenstände** zur angemessenen Haushaltsführung benötigt, ist allein auf den *Zeitpunkt des Erbfalls* abzustellen. Der mit dem Erbfall entstandene Anspruch wird daher nicht durch spätere Anschaffungen beeinträchtigt, noch durch späteren Verlust von Haushaltsgegenständen erweitert (RIEDEL BWNotZ 1965, 268). 21

V. Rechtsnatur des Voraus

1. Der Voraus ist nicht als gesetzliches Erbrecht ausgestaltet, sondern als ein dem Ehegatten **neben** seinem **gesetzlichen Erbrecht** vom Gesetz zugewandtes **Vermächtnis**, Abs 2 (KG FamRZ 1960, 72), als *Vorausvermächtnis* iSd § 2150 (BELLING Jura 1986, 579, 587; zweifelnd wegen seines Wegfalls bei Erbschaftsausschlagung VLASSOPOULOS 73). Als solches wird er nicht im Erbschein vermerkt (SCHLÜTER § 10 X 2). Das Recht des Nacherben erstreckt sich im Zweifel nicht auf den Voraus (§ 2110 Abs 2), ebensowenig gilt er beim Erbschaftskauf als mitverkauft (§ 2373). Beim Tod des überlebenden Ehegatten geht der Anspruch auf den Voraus ebenso wie sein Erbteil aus §§ 1931, 1371 auf seine Erben über. 22

2. Die Zuwendung des Vermächtnisses *durch Gesetz* bedeutet die lediglich *entsprechende Anwendung* der für Vermächtnisse geltenden Vorschriften (vLÜBTOW I 81). Das wurde im E I § 1971 ausdrücklich festgestellt und von der II. Komm gebilligt (Prot V 481), aber von der Redaktionskomm anscheinend als selbstverständlich gestrichen. Aus der gesetzlichen Natur und der Abhängigkeit des Voraus von der gesetzlichen Erbenstellung folgt, daß der testamentarisch eingesetzte Erbe nicht die Erbschaft ausschlagen, das Vermächtnis aber annehmen kann (vgl auch Rn 11). 23

Aus der **entsprechenden Anwendung des Vermächtnisrechtes** ergibt sich: 24

a) Für die **Annahme und Ausschlagung** des Voraus gilt § 2180 (vgl auch Rn 23).

b) Der Anspruch auf den Voraus ist gem § 2345 Abs 1 anfechtbar. 25

c) Der überlebende Ehegatte wird nicht über § 1922 Inhaber der zum Voraus gehörenden Rechte, er hat lediglich eine schuldrechtliche **Forderung gegen die Erbengemeinschaft** auf Übertragung (§ 2174). Die Forderung entsteht mit dem Erbfall 26

(§ 2176). Beschwert sind die Erben im Verhältnis ihrer Erbteile, §§ 2147, 2148. Nach § 2150 gilt das Vorausvermächtnis auch insoweit, als der Erbe selbst beschwert ist. Aus der Zielsetzung des Anspruchs verbietet sich ein Zurückbehaltungsrecht (Dütz NJW 1967, 1105, 1107).

27 d) Der Voraus begründet eine **Nachlaßverbindlichkeit**, deren Erfüllung vor der Auseinandersetzung der Erbengemeinschaft verlangt werden kann (§ 2046). Der überlebende Ehegatte hat die Stellung eines Nachlaßgläubigers iSd § 1967 Abs 2; er muß sich uU eine Kürzung wegen übergroßer Nachlaßverbindlichkeiten gefallen lassen (§§ 2318, 2322). Er hat gegenüber den übrigen Nachlaßgläubigern keinen Vorzug, steht vielmehr den Nachlaßgläubigern nach, die den Vermächtnisgläubigern vorgehen (Vlassopoulos 73). In der Insolvenz ist er Insolvenzgläubiger minderen Ranges (§ 226 Abs 2 Nr 5 KO, ab 1. 1. 1999 § 327 Abs 1 Nr 2 InsO). Diese Regelung gilt über § 1991 Abs 4 auch im Falle des § 1990.

28 e) Der **Pflichtteil** des Ehegatten ist vom reinen Bestand des Nachlasses zu berechnen, *ohne Rücksicht auf den Voraus* (§ 2311 Abs 1 S 2). Ist der Ehegatte von der gesetzlichen Erbfolge und damit auch vom Voraus ausgeschlossen, sind die Gegenstände des § 1932 bei Berechnung des Pflichtteils als zum Nachlaß gehörig anzusehen. Der Voraus ist also in den eigenen Pflichtteil des Ehegatten mit einzurechnen (§§ 2303 Abs 2, 2307 Abs 1). Der Pflichtteil der Eltern und Abkömmlinge des Erblassers wird durch den Voraus des kraft Gesetzes erbenden überlebenden Ehegatten gemindert, § 2311 Abs 1 S 2 (RGZ 62, 109, 110). Dies gilt nicht, wenn der Ehegatte testamentarischer Alleinerbe ist (BGHZ 73, 29 ff = NJW 1979, 546). Dafür spricht zum einen der Wortlaut von § 2311 Abs 1 S 2, wonach ihm der Voraus gebühren muß, was nur bei gesetzlicher Erbfolge der Fall ist (BGHZ 73, 31). Zum anderen wird der Zweck dieser Vorschrift verfehlt, dem Ehegatten die Fortführung des Haushalts mit dem bisherigen Hausrat auch gegenüber Pflichtteilsberechtigten zu sichern, wenn dem Ehegatten der Voraus als solcher wie bei gewillkürter Erbfolge nicht zusteht (BGHZ 73, 34 f; str, dazu Staudinger/Haas [1998] § 2311 Rn 42 und Staudenmaier DNotZ 1965, 68).

29 f) **Verweigert** der **Ehegatte** den Miterben den **Mitbesitz** am Nachlaß, so ist er trotz § 1932 bei einer Klage aus § 2018 gem § 2027 auch hinsichtlich der dem Voraus unterfallenden Gegenstände *auskunftspflichtig* (LG Kiel SeuffA 66 Nr 141; OLG Hamburg HansGZ 1904 B 173; Soergel/Stein Rn 10).

30 3. Der Erblasser kann seinem Ehegatten den **Voraus** ganz oder teilweise **entziehen**, da dieser nicht den Charakter eines Pflichtteilsrechtes hat (vLübtow I 84). Entziehung des Voraus erfolgt durch ausdrückliche Bestimmung, durch *anderweitige Verfügung* über die zum Voraus gehörenden Gegenstände oder durch übermäßige Beschwerung der Erben mit anderen Vermächtnissen (vgl Rn 27). Bei Ausschluß von der gesetzlichen Erbfolge ist auch der Voraus entzogen (vgl Rn 7, 9–11).

31 VI. Zuständig für einen Rechtsstreit über den Voraus ist das **Prozeßgericht** (Soergel/ Schippel Rn 12).

32 VII. In der **DDR** standen dem Ehegatten gem § 365 Abs 1 S 3 ZGB neben seinem Erbteil die zum ehelichen Haushalt gehörenden Gegenstände zu, dh es wurde ebenfalls ein Voraus wie in § 1932 gewährt, allerdings als dingliches Recht (MAMPEL NJW 1976, 595). Zur Bedeutung des ZGB nach heutiger Rechtslage vgl Vorbem 2 zu §§ 1924–1936.

§ 1933

Das Erbrecht des überlebenden Ehegatten sowie das Recht auf den Voraus ist ausgeschlossen, wenn zur Zeit des Todes des Erblassers die Voraussetzungen für die Scheidung der Ehe gegeben waren und der Erblasser die Scheidung beantragt oder ihr zugestimmt hatte. Das gleiche gilt, wenn der Erblasser berechtigt war, die Aufhebung der Ehe zu beantragen, und den Antrag gestellt hatte. In diesen Fällen ist der Ehegatte nach Maßgabe der §§ 1569 bis 1586 b unterhaltsberechtigt.

Materialien: E II § 1810; III § 1909; Mot V 370, 371; Prot V 472, 480; BT-Drucks I/3802, 29, 84; VII/650, 18, 179, 274, 292; VII/4361, 52; STAUDINGER/BGB-Synopse 1896–2000 § 1933.

Schrifttum

BATTES, Die Änderung erbrechtlicher Vorschriften im Zusammenhang mit der Reform des Scheidungsrechts, FamRZ 1977, 433
DIECKMANN, Erbrechtliche Fragen familienrechtlicher Reformgesetze im Spiegel neuerer Lehrbücher, FamRZ 1979, 396

REIMANN, Erbrechtliche Überlegungen aus Anlaß der Ehescheidung, ZEV 1995, 329
ZOPFS, Die Verfassungswidrigkeit des einzigen Erbausschlusses in § 1933 BGB.

I. Allgemeines

1. Die durch Art 1 Nr 43 des ersten EheRG v 14. 6. 1976 (BGBl I 1421) erfolgte *Neufassung* des § 1933 gilt für Erbfälle seit dem *1. 7. 1977* (Art 12 Nr 13 a 1. EheRG). Zur vor dem 1. 7. 1977 geltenden Fassung vgl die 11. Aufl. Mit dem EheSchlRG vom 4. 5. 1998 (BGBl I 98, 833) mit Wirkung vom 1. 7. 1998 wurde der § 1933 wörtlich dahingehend geändert, daß nunmehr keine Klage auf Aufhebung der Ehe notwendig ist; sachlich vollzog sich jedoch keine Änderung, PALANDT/EDENHOFER Rn 1. Es ist lediglich eine Einbeziehung der aufgehobenen Vorschriften des EheG und reformierter Regelungen in das BGB erfolgt, §§ 1313–1318 nF. An die Stelle der Aufhebungsklage ist in Anpassung an das Scheidungsrecht (§ 1564) ein Antragsverfahren getreten. Die Rechtsfolgen einer fehlerhaften Ehe sind vereinheitlicht, die bisherigen Nichtigkeits- sind Aufhebungsgründe geworden, § 1314 nF.

2. Wie § 1933 aF stellt § 1933 nF die Erhebung eines begründeten Ehescheidungs- oder Aufhebungsantrages, die wegen Todes des Antragstellers nicht mehr zum Urteil geführt hat, der rechtskräftigen Auflösung der Ehe durch Richterspruch gleich. Ursprünglich erschien diese Gleichstellung nicht gerechtfertigt, weil der Bruch, der sich zunächst in der Klageerhebung zeige, nicht selten durch Verzeihung oder Vergleich im Verlauf des Rechtsstreits geheilt werde (Mot V 371). Der E II (§ 1810) enthielt im Anschluß an ALR II 1 §§ 827, 829 und SächsBGB § 2055 die Gleichstellung, weil das „Rechtsgefühl und die Rücksicht auf den mutmaßlichen Willen des verstorbenen Ehegatten" es erfordern, daß dem überlebenden Ehegatten das gesetzliche Erbrecht und der Voraus versagt werden. Der ErbrA d AkDR (2. Denkschr 159) hat trotz gewisser Bedenken vorgeschlagen, es bei der Gleichstellung zu belassen. Durch das 1. EheRG v 14. 6. 1976 wurde die Vorschrift lediglich dem neuen Scheidungsrecht (§§ 1564 ff) angepaßt, wonach unter Aufgabe des bisherigen Verschuldensprinzips das Zerrüttungsprinzip gilt (BT-Drucks VII/4361, 8 ff, 52). Mußten nach § 1933 aF die Verwandten des Erblassers im Erbscheinsverfahren oder Erbschaftsprozeß den Nachweis erbringen, daß der Verstorbene wirklich aus Verschulden des überlebenden Gatten klageberechtigt war, kann nach § 1933 nF das gesetzliche Erbrecht des Ehegatten aus § 1931 und der Anspruch auf den Voraus des § 1932 ausgeschlossen sein, wenn die Ehe gescheitert ist und der Erblasser durch Antragstellung gem § 622 ZPO oder Zustimmung zum Scheidungsantrag des anderen Ehegatten gezeigt hat, die Scheidung (nach §§ 1564 ff) oder Aufhebung (§ 28 EheG) der Ehe herbeiführen zu wollen (BT-Drucks VII/4361, 52). Daß diesem Verfahren die prozessualen Sicherungen des Eheprozesses fehlen, wurde bewußt in Kauf genommen (2. Denkschr d ErbrA d AkDR 159).

3 Der Gesetzesentwurf der Bundesregierung sah zunächst eine ersatzlose Streichung des § 1933 vor (BT-Drucks VII/650, 18, 179). Mit Aufgabe des Verschuldensprinzips fehle bei der Scheidung die Grundlage für eine Erbrechtsentziehung, und ein nicht geschiedener Ehegatte stehe sich ohne Pflichtteil schlechter als ein geschiedener, weil dieser gegen die Erben ohne Rücksicht auf sein Verschulden beim Scheitern der Ehe einen Unterhaltsanspruch in Höhe des Pflichtteils habe. Auf Vorschlag des BR wurde dieser Unbilligkeit durch Anfügung des S 3 begegnet (BT-Drucks VII/650, 274, 292). Der Verlust des Erbrechts und des Voraus in den Fällen des § 1933 wurde als dem mutmaßlichen Erblasserwillen entsprechend anerkannt, zumal der Erblasser unter der Belastung des Scheidungsprozesses idR nicht an die erbrechtlichen Konsequenzen denke und daher die Abfassung einer letztwilligen Verfügung vergesse (BT-Drucks VII/4361, 52). Die neue Regelung des § 1933 erscheint gerechtfertigt, da der die Scheidung bzw Auflösung der Ehe betreibende Ehegatte nur geringen Einfluß auf die Beschleunigung des Verfahrens hat. Andererseits ist eine Verzögerung möglich. Der Zufall, ob eine Entscheidung vor dem Tod des Ehegatten ergeht oder ein Verfahren durch den Tod erledigt wird, spielt dann keine Rolle mehr, wenn nach § 1933 eine Gleichstellung der Personen erfolgt, die vor dem Erbfall geschieden worden sind, mit denjenigen, die ohne den Tod eines Ehegatten geschieden worden wären. Durch § 1933 wird damit die Einleitung eines begründeten Scheidungs- oder Eheaufhebungsverfahrens, das wegen Todes eines Ehegatten nicht mit dem Scheidungs- bzw Aufhebungsurteil endet (§ 619 ZPO), einer rechtskräftigen Scheidung bzw Eheaufhebung gleichgestellt.

Die Frage, ob § 1933 verfassungsrechtlich unbedenklich ist, hat BGHZ 111, 329, 333 f offengelassen. Soweit durch den Scheidungsantrag eines Ehegatten der andere Teil einseitig sein gesetzliches Erbrecht einbüßt, wird dies durch den Unterhaltsanspruch gem §§ 1933 S 3, 1569 ff sowie dadurch ausgeglichen, daß der andere Teil seinerseits den Erblasser enterben konnte; ein Verstoß gegen die Erbrechtsgarantie des Art 14 GG liegt somit nicht vor (OLG Zweibrücken OLGZ 1983, 160, 162; § 1933 S 1 2. Alt für

1. Abschnitt. Erbfolge

§ 1933
4, 5

verfassungsrechtlich unbedenklich erklärt, BVerfGE Nr 298 FamRZ 1995, 536; NJW-RR 1995, 769; zur Verfassungswidrigkeit des § 1933 S 1 1. Alt ZOPFS ZEV 1995, 309 ff, REIMANN ZEV 1995, 329 ff; BENGEL ZEV 1994, 360 f).

Schließlich ist es im Hinblick auf Art 3 Abs 1 GG auch nicht zu beanstanden, wenn gem §§ 2268 Abs 1, 2279 Abs 1 wechselbezügliche erbrechtliche Verfügungen durch den Scheidungsantrag nicht einseitig, sondern insgesamt entfallen; der sachliche Grund hierfür liegt im gegenseitigen Bezug der Verfügungen (OLG Zweibrücken 162 f).

II. Voraussetzungen des § 1933

1. Der Erblasser muß seinen Willen, die Scheidung oder Aufhebung der Ehe 4 herbeizuführen, eindeutig und bestimmt bekundet haben (RGZ 96, 201, 203). Dies ist der Fall:

a) Bei **Scheidungs-** oder **Aufhebungsantrag** durch den Erblasser (nicht durch den 5 überlebenden Ehegatten) beim Familiengericht, §§ 606 ff ZPO, § 23 b Abs 1 Nr 1 GVG. Das Scheidungsverfahren wird durch Einreichung und Zustellung der Antragsschrift rechtshängig, § 1564 BGB, §§ 622 Abs 1, 2 S 2, 253 ZPO. Gleiches gilt für das Aufhebungsantragsverfahren. Dieses richtet sich nach § 631 ZPO, der auf die Scheidungsregeln verweist. Dies gilt auch für vor dem 1. 7. 1998 geschlossene Ehen, Art 226 Abs 3 EGBGB. Einreichung des Aufhebungs- oder des Scheidungsantrages genügt nicht, erforderlich ist die Zustellung (BGHZ 111, 329 ff; BayObLG FamRZ 1990, 666; MünchKomm/LEIPOLD Rn 5; BGB-RGRK/KREGEL Rn 3; SOERGEL/STEIN Rn 4). § 1933 ist als Ausnahmevorschrift eng auszulegen (BayObLG FamRZ 1990, 666, 667). Auch spricht die Entstehungsgeschichte von § 1933 nF nicht dafür, daß der Gesetzgeber, als er die Scheidungswiderklage durch die Zustimmung ersetzte, damit die Wirkung des § 1933 BGB vorverlagern wollte (BGHZ 111, 331 f; BayObLG 666 f). Die Zustimmung muß vor dem Tod des Erblassers zugestellt worden sein (Todeszeitpunkt = Gesamthirntod: OLG Frankfurt aM, FamRZ 1998, 190 f; so auch in NJW 1997, 3099); sie wird nicht analog § 270 Abs 3 ZPO auf den Zeitpunkt des Eingangs der Klage beim Familiengericht zurückbezogen (BGHZ 111, 333; BayObLG FamRZ 1990, 666, 667; MünchKomm/LEIPOLD § 1933 Rn 5; aA SOERGEL/STEIN Rn 4). § 262 ZPO hat bereits materiellrechtliche Wirkungen von Prozeßhandlungen, zu denen auch die Zustimmung gehört (vgl Rn 7), zum Gegenstand, so daß eine Regelungslücke nicht vorliegt (BGH aaO). Auch dient § 270 Abs 3 ZPO der Erhaltung von Rechten, während in Verbindung mit § 1933 das Ehegattenerbrecht entzogen würde (BayObLG aaO). Der Anwendung des § 1933 steht nicht die Einreichung beim örtlich oder sachlich unzuständigen Gericht entgegen (PALANDT/EDENHOFER Rn 3; BGB-RGRK/KREGEL Rn 3; SOERGEL/STEIN Rn 4; THOMAS/PUTZO ZPO § 261 Rn 2), da auch hierdurch der Wille des Erblassers eindeutig zum Ausdruck kommt. Wesentliche, aber heilbare Mängel sind unschädlich, wenn die **Zustellung erfolgt** ist (KG HRR 1942 Nr 478 = Recht 1942 Nr 2790). Ausreichend ist auch die Erhebung der *Widerklage* durch Widerklageantrag in der mündlichen Verhandlung oder Zustellung eines dem § 253 Abs 2 ZPO entsprechenden Schriftsatzes (KG HRR 1942 Nr 478; OLG Bamberg MDR 1949, 557; BayObLG FamRZ 1975, 515 = Rpfleger 1975, 223; BAUMBACH/LAUTERBACH/ALBERS/HARTMANN Anh zu § 253 Rn 16, § 611 Rn 1, § 622 Rn 2), selbst wenn er vor Zustellung des Scheidungs- bzw des Aufhebungsantrages zugestellt worden ist (KG HRR 1942 Nr 478). Stirbt ein Ehegatte vor Einleitung des Verfahrens, kann ein Antrag auf Scheidung bzw Aufhebung nicht über § 242 fingiert werden, weil der überlebende

Ehegatte diese Voraussetzung des § 1933 verhindert hat (BayObLG FamRZ 1975, 514, 516 = Rpfleger 1975, 223). Es ist allein auf die klare Willensäußerung in den Formen des § 1933 abzustellen. Dies folgt aus dem Ausnahmecharakter der Norm (BayObLG FamRZ 1975, 515). Nicht ausreichend ist die Einreichung des Zustellungsgesuches für eine Klage nach § 207 ZPO, wenn die Zustellung erst nach dem Tod des klagenden Gatten erfolgt ist. Der bestimmte Scheidungswille kommt noch nicht zum Ausdruck in einem bloßen *Prozeßkostenhilfeantrag*. Bei Rücknahme des Scheidungsantrags bzw des Aufhebungsantrages (§§ 269, 626, 622 Abs 2 S 2, für die Aufhebung über § 631 ZPO) findet § 1933 keine Anwendung mehr (BGH FamRZ 1974, 649, 650). Der Antrag auf Aussetzung gem § 614 Abs 3 ZPO ist keine Rücknahme. Nicht ausreichend ist ein bloßer Aussetzungsantrag, § 614 Abs 3 ZPO. Bei langjährigem Nichtbetreiben des Verfahrens durch den Antragsteller kann das prozessuale Verhalten jedoch wie eine Rücknahme behandelt werden (bei über 25 Jahren OLG Düsseldorf, FamRZ 1991, 1107). Die Rechtshängigkeit wird aber nicht beseitigt (BGH NJW-RR 1993, 898).

6 Ist ein Verfahren in der **I. Instanz abgeschlossen**, so können sich die Erben und der überlebende Ehegatte auf eine Unrichtigkeit des Urteils nicht berufen, wenn das Urteil zZt des Erbfalles rechtskräftig geworden ist. Hatte der Erblasser gegen ein den Aufhebungs- bzw Scheidungsantrag abweisendes Urteil **Rechtsmittel** eingelegt, wurde aber das Rechtsmittelverfahren wegen des Todes eines Ehegatten nicht zu Ende geführt, findet § 1933 Anwendung, die Einleitung des Rechtsmittels ist einem Scheidungsantrag bzw einem Aufhebungsantrag gleichzusetzen. Hat der Erblasser *kein Rechtsmittel* eingelegt, findet § 1933 keine Anwendung, denn auch für die Fortsetzung des Verfahrens gilt der Grundsatz, daß der Erblasser durch eindeutige Erklärung im Verfahren (Form) seinen Willen zur Auflösung der Ehe kundgetan haben muß. Ob ein solcher Wille, die Eheauflösung im Rechtsmittelverfahren letztlich doch noch herbeizuführen, vorliegt, kann allein aus einem Verhalten in der ersten Instanz nicht geschlossen werden (BGH FamRZ 1974, 649, 650). Wegen seines Ausnahmecharakters und der weitreichenden Wirkung ist § 1933 auch insoweit eng auszulegen.

7 **b)** Die **Zustimmung** des Erblassers muß ebenfalls formell und bestimmt sein und sich auf einen von dem anderen, dem überlebenden Ehepartner eingereichten Scheidungsantrag beziehen. Wie lediglich der Ehescheidungswille des Erblassers allein nicht genügt, sondern in der Form des Scheidungs- oder Aufhebungsantrages (vgl Rn 5) bestätigt werden muß, genügt auch für die Zustimmung nicht irgendeine Willensäußerung, sie muß formell in dem vom anderen Ehepartner eingeleiteten Verfahren erklärt werden, dh im Scheidungsverfahren als Zustimmung gem § 1566 Abs 1 aE BGB, § 630 Abs 2 ZPO zu Protokoll der Geschäftsstelle, in mündlicher Verhandlung zur Niederschrift des Gerichts – wegen § 630 Abs 2 S 2 ZPO insoweit frei von Anwaltszwang (OLG Saarbrücken FamRZ 1992, 109, 110 f) – oder im Schriftsatz eines bevollmächtigten Rechtsanwalts (BayObLG FamRZ 1983, 96 f; OLG Frankfurt aM NJW-RR 1990, 136 = FamRZ 1990, 210). Eine außergerichtliche Zustimmung im Rahmen einer Unterhaltsvereinbarung genügt jedenfalls nicht (BGH NJW 1995, 1082; FamRZ 1995, 229). Auch wenn die sonstigen Voraussetzungen des § 1566 Abs 1 vorliegen, kann im Rahmen des § 1933 nicht auf die wirksame Zustimmung verzichtet werden, da die Voraussetzungen der unwiderlegbaren Vermutung dann nicht vorliegen (BGH NJW 1995, 1082, BGH FamRZ 1995, 229). Im Hinblick auf § 78 Abs 3 ZPO dürfte – ohne daß eine Einbuße an Rechtsklarheit zu befürchten wäre – auch die unterzeichnete

schriftliche Zustimmung der Partei selbst gegenüber dem Familiengericht genügen (OLG Stuttgart Rpfleger 1993, 244 gegen MünchKomm/LEIPOLD Rn 7 und SOERGEL/STEIN Rn 6). Ausreichend ist ebenfalls die Zustimmungserklärung innerhalb eines Prozeßkostenhilfeantrags noch vor Eintritt der Rechtshängigkeit des Scheidungsantrages (OLG Zweibrücken NJW 1995, 601; FamRZ 1995, 570). Der Ausdruck „Zustimmung" muß nicht verwendet werden, sofern durch Auslegung der Erklärung nach allgemeinen Grundsätzen deutlich wird, daß auch der Erblasser die Ehe für gescheitert hält und sich dem Scheidungsbegehren des Antragstellers nicht widersetzt (OLG Saarbrücken FamRZ 1992, 111 f; OLG Frankfurt aaO gegen OLG Stuttgart NJW 1979, 662; BayObLG NJW-RR 1996, 650 ff). Daß die Zustimmung wegen Vorliegens der Voraussetzungen des § 1566 Abs 2 unnötig war oder nur aus prozeßtaktischen Gründen abgegeben wurde, macht sie für § 1933 nicht unerheblich (LG Tübingen aaO). Auch ein Fehler im Protokollierungsverfahren hat nicht ihre Nichtigkeit zur Folge (OLG Saarbrücken aaO). Im Aufhebungsverfahren fehlt eine der Zustimmung des § 1566 Abs 1 entsprechende Zustimmungsmöglichkeit. Keine Zustimmung beinhaltet ein Abweisungsantrag (BayObLG FamRZ 1975, 515) oder der Antrag, das Verfahren auszusetzen. Auch die Zustimmung zu einer Scheidungsfolgenvereinbarung reicht für § 1933 nicht aus (OLG Zweibrücken OLGZ 1983, 160). Die alles in allem strengen formellen Anforderungen an die Zustimmung beruhen darauf, daß es sich nicht nur um eine materiellrechtliche Willenserklärung handelt (so aber STEIN/JONAS/SCHLOSSER § 630 ZPO Rn 3), sondern um eine Prozeßhandlung „für das Verfahren auf Scheidung nach § 1565 iVm § 1566 Abs 1" (BGHZ 111, 329, 331; OLG Saarbrücken FamRZ 1992, 109, 110; LG Düsseldorf Rpfleger 1980, 187, 188; LANGE/KUCHINKE § 12 II c). Sie entsprechen einem Bedürfnis nach Rechtssicherheit, dem der Gesetzgeber vor dem 1. 7. 1977 Rechnung trug, indem er den Wegfall des Ehegattenerbrechts mit der Erhebung der Scheidungs-(wider-)klage durch den Erblasser an einen klar bestimmbaren Sachverhalt knüpfte, und das er auch bei der Gesetzesneufassung anerkannt hat (OLG Zweibrücken OLGZ 1983, 160; LG Düsseldorf Rpfleger 1980, 187, 188). Der Gesichtspunkt des mutmaßlichen Erblasserwillens, der auch bei formloser Zustimmung gegen ein gesetzliches Erbrecht des überlebenden Ehegatten spräche, muß demgegenüber zurücktreten (anders OLG Frankfurt aM NJW-RR 1990, 136).

Ein *Widerruf der Zustimmung* (§ 630 Abs 2 ZPO) führt zur Unanwendbarkeit des § 1933. Dem steht gleich, wenn der andere Ehegatte mit Zustimmung des Erblassers Scheidungs- bzw Aufhebungsantrag erhoben hatte und diese gem §§ 626, 622 Abs 2 S 2, 269 Abs 1 ZPO mit Zustimmung des Erblassers zurückgenommen hat. Die einseitige Rücknahme des Scheidungsantrages oder der Zustimmungserklärung nach dem Tod des Erblassers läßt dagegen das nach § 1933 weggefallene Erbrecht nicht wieder aufleben (LG Tübingen BWNotZ 1986, 22; für die Unwirksamkeit eines Widerrufs nach festgestelltem Gesamthirntod, aber noch vor Aussetzen des Herzens und des Kreislaufes OLG Frankfurt aM, FamRZ 1998, 190 f; FGPrax 1997, 191). 8

c) Hatte nur der **überlebende Ehegatte** den **Scheidungsantrag** gestellt oder *Aufhebungsantrag* erhoben und hatte der Erblasser der Scheidung bzw Aufhebung nicht zugestimmt, findet § 1933 keine Anwendung. 9

2. Der **Scheidungsantrag** und der **Aufhebungsantrag** des Erblassers bzw des überlebenden Ehegatten, denen der Erblasser zugestimmt hatte, müssen **begründet** gewesen sein, dh wenn nicht wegen des Todes des Erblassers das Scheidungs- bzw 10

Aufhebungsverfahren durch Erledigung in der Hauptsache gem § 619 ZPO beendet worden wäre, hätte das Gericht durch Urteil die Scheidung bzw Aufhebung der Ehe aussprechen müssen. Damit haben die Verwandten die Darlegungslast für die Zerrüttung und die Aufhebungsgründe der Ehe (§§ 1565 ff; BayObLG FamRZ 1992, 1349, 1350). Liegt nur ein Scheidungsantrag vor, so sind an den Nachweis strenge Anforderungen zu stellen, um zu verhüten, daß der überlebende Ehegatte sein gesetzliches Erbrecht durch einen Antrag des Erblassers verliert, der von anderen Erbprätendenten kurz vor dessen Tod erschlichen wurde (BAUMGÄRTEL/SCHMITZ Rn 1; abw MünchKomm/LEIPOLD Rn 8; offengelassen von BayObLG aaO). Bei einverständlicher Scheidung bedarf es zusätzlich einer Regelung der Scheidungsfolgen iSv § 630 ZPO (OLG Schleswig NJW 1993, 1082, 1083; OLG Bremen FamRZ 1986, 833; PALANDT/EDENHOFER Rn 6; SOERGEL/STEIN Rn 8; ERMAN/SCHLÜTER Rn 4; wohl auch OLG Stuttgart Rpfleger 1993, 244; aA OLG Frankfurt aM OLGZ 1990, 215, 218 f = NJW-RR 1990, 136, 137; LG Tübingen BWNotZ 1986, 22; MünchKomm/LEIPOLD Rn 8; DIECKMANN FamRZ 1979, 389, 396). Zwar wird eine Scheidungsfolgenvereinbarung mit Erledigung des Scheidungsverfahrens durch den Tod des Ehepartners an sich gegenstandslos (OLG Frankfurt aaO). Dies ändert jedoch nichts daran, daß eine Prognose, daß die Ehe ohne diesen Umstand einverständlich geschieden worden wäre, wegen § 630 Abs 3 ZPO ohne eine solche Vereinbarung nicht möglich ist (OLG Schleswig aaO). Hiervon unberührt bleibt die Möglichkeit, daß die Ehe gem § 1565 nicht einverständlich geschieden worden wäre (OLG Schleswig aaO, OLG Stuttgart aaO). Hierfür ist beweislastpflichtig, wer sich auf den Ausschluß des Erbrechts nach § 1933 beruft (OLG Schleswig aaO).

Ein Verschulden des überlebenden Ehegatten an der Zerrüttung oder Aufhebung ist nicht erforderlich. Waren die Voraussetzungen für eine Scheidung bzw Eheaufhebung nicht gegeben, bleiben das Erbrecht des Ehegatten und der Anspruch auf den Voraus erhalten, zB bei Vorliegen des § 1568, Bestätigung (§ 1315 Abs 1 Nr 1–5) oder Fristversäumung nach § 1317.

III. Wirkung des Ausschlusses

11 1. Der Ausschluß erstreckt sich nur auf den **Voraus** des § 1932 und das **gesetzliche Erbrecht** des Ehegatten aus § 1931 (und damit auch aus § 1371 Abs 1), nicht auf ein anderweitiges Erbrecht des Überlebenden. Doch gelten entsprechende Grundsätze ebenfalls für andere Zuwendungen: § 2077 (letztwillige Verfügungen zugunsten des Ehegatten), § 2268 (gemeinschaftliche Testamente), § 2279 (Erbvertrag unter Ehegatten). Der Anspruch auf den rechnerischen Zugewinnausgleich nach § 1371 Abs 2 wird durch § 1933 in seinem Bestand nicht beeinträchtigt (BGHZ 46, 343, 350 = NJW 1966, 2109), jedoch ist § 1381 Abs 1 zu beachten. Für die Berechnung des Zugewinnausgleichs ist analog § 1384 dann nicht auf den Zeitpunkt der Beendigung des Güterstandes durch Tod, sondern auf den der Rechtshängigkeit des Scheidungsantrages abzustellen (BGHZ 99, 304 ff; vgl auch STAUDINGER/THIELE [1994] § 1384 Rn 7, jeweils mwN zum Streitstand).

12 Bei Ausschluß des Erbrechts gem § 1933 scheidet der überlebende Ehegatte auch aus der gesetzlichen **Hoferbenordnung** aus, § 6 Abs 2 Nr 2 HöfeO (idF v 26. 7. 1976, BGBl I 1933).

13 2. Mit dem gesetzlichen Erbrecht **entfällt** auch das **Pflichtteilsrecht**, weil der Ehegatte nicht durch Verfügung von Todes wegen von der Erbfolge ausgeschlossen ist (vgl § 2303), sondern durch Gesetz (§ 1933). Eine letztwillige Verfügung, durch die der Erblasser seine Frau für den Fall seines Todes vor Erledigung des Scheidungsprozesses auf den Pflichtteil gesetzt hat, kann dahin auszulegen sein, er habe ihr nur das gesetzlich Zustehende zuwenden wollen, also auch kein Pflichtteilsrecht, wenn § 1933 ihr dieses aberkennt (KG OLGE 40, 137). Ist kein Verfahren auf Scheidung oder Aufhebung der Ehe eingeleitet worden, hat der Erblasser die Möglichkeit, gem § 2335 dem Ehegatten den Pflichtteil zu entziehen (dazu BATTES FamRZ 1977, 439).

3. Die in S 3 ausgesprochene **Unterhaltspflicht** ist mit der Neufassung erstmals in **14** § 1933 eingefügt worden, um eine Gleichstellung des nach § 1933 enterbten Ehegatten mit dem Geschiedenen herzustellen (vgl Rn 3). Da der Ehegatte bei Scheidung vor Tod des Erblassers gem §§ 1569–1586 b unterhaltsberechtigt wäre, steht ihm dieser Unterhalt gegen die Erben auch zu, wenn er über § 1933 einem Geschiedenen gleichgestellt wird. Ein vorbehaltloser Erb- und Pflichtteilsverzicht schließt die Entstehung eines Unterhaltsanspruchs nach § 1933 S 3 aus, da dieser nur als Ausgleich für den Verlust des Erbrechts dient und der „fiktive Pflichtteil" als Bemessungsrahmen wegfällt (DIECKMANN FamRZ 1993, 633, 634 f gegen GRZIWOTZ FamRZ 1991, 1258).

IV. Durchsetzung des Ausschlusses

1. Der Tod eines Ehegatten führt nach § 619 ZPO zur Erledigung des Scheidungs- **15** bzw Aufhebungsprozesses. Die Erben können den Prozeß nicht fortsetzen, sie müssen im Erbscheinsverfahren (Nachlaßgericht), im Streit um die Zuteilung des Nachlasses (§ 2018) oder in einem Feststellungsverfahren (das Erbscheinsverfahren enthält keine rechtskräftige Feststellung) den Ausschluß des überlebenden Ehegatten von der Erbfolge nach § 1933 geltend machen. Die besonderen Vorschriften über das Verfahren in Ehesachen finden keine Anwendung. Die Erben sind nicht auf das Vorbringen des Erblassers im erledigten Prozeß beschränkt, sie können gegen das Ehegattenerbrecht noch andere Gründe zur Stützung des § 1933 vorbringen, sofern diese zZt des Erbfalles bestanden haben und im Eheprozeß hätten geltend gemacht werden können (LG Kassel MDR 1950, 616).

2. Beweislast: Der das Ehegattenerbrecht Bestreitende trägt die Beweislast hin- **16** sichtlich der Zerrüttung der Ehe, des Vorliegens der Aufhebungsgründe (BGH NJW 1995, 1084, OLG Schleswig NJW 1993, 1083), sowie der Klageerhebung, Antragstellung oder Zustimmung. Der überlebende Ehegatte muß beweisen, daß diese Gründe ausnahmsweise nicht zur Eheauflösung geführt hätten (Voraussetzungen der § 1568, §§ 32 Abs 2, 36 EheG, vgl Rn 10; JAUERNIG/STÜRNER Rn 3). Im Erbscheinsverfahren gilt § 2358. Allerdings wäre es ermessensmißbräuchlich, die Erteilung des Erbscheins routinemäßig von der eidesstattlichen Versicherung abhängig zu machen, daß beim Tod des Erblassers keine Ehesache anhängig war (OLG Hamm FamRZ 1993, 365, 366).

V. Das ZGB der **DDR** enthält keine dem § 1933 entsprechende Regelung. **17**

§ 1934

Gehört der überlebende Ehegatte zu den erbberechtigten Verwandten, so erbt er zugleich als Verwandter. Der Erbteil, der ihm aufgrund der Verwandtschaft zufällt, gilt als besonderer Erbteil.

Materialien: E I § 1971 Abs 2; II § 811; III § 1910; Mot V 372; Prot V 472; STAUDINGER/ BGB-Synopse 1896–1998 § 1934.

1 I. Daß einem **Ehegatten**, der **zugleich erbberechtigter Verwandter** ist, auch das Verwandtenerbrecht zukommt, ist eigentlich selbstverständlich. Trotzdem erschien es dem Gesetzgeber ratsam, dies besonders zum Ausdruck zu bringen, um Zweifel zu beseitigen (Mot V 372). § 1934 hat daher wie § 1927 lediglich klarstellende Bedeutung.

2 II. Da ein Ehegatte nicht den Erben der ersten Ordnung zugehören kann (§ 1307), ist ein mehrfaches Erbrecht des Ehegatten nach § 1934 nur möglich, sofern er auch als Verwandter der **zweiten Ordnung** (§ 1925) erbt, so wenn der überlebende Mann mit seiner Tante, die überlebende Ehefrau mit ihrem Onkel verheiratet war, ebenso bei einer Ehe zwischen Großonkel und Großnichte, Großtante und Großneffe usw, und keine Abkömmlinge des Erblassers vorhanden sind, die als Erben der vorangehenden Ordnung das Erbrecht der Verwandten der zweiten Ordnung ausschließen (§ 1930). Gehört der Ehegatte hinsichtlich seines Verwandtenerbrechts zu der dritten (zB Ehe zwischen Vetter und Base) oder einer ferneren Ordnung, so schließt sein Erbrecht als Ehegatte das als Verwandter gem § 1931 Abs 2 aus.

3 III. Die dem Ehegatten aufgrund des Ehegatten- und Verwandtenerbrechts zufallenden Anteile gelten als **besondere Anteile**, § 1934 S 2 entspricht insoweit § 1927 S 2.

4 IV. Das ZGB der **DDR** enthielt keine dem § 1934 entsprechende Norm. Da der Ehegatte zu den gesetzlichen Erben erster Ordnung gehörte (§ 365 ZGB), kam ein doppeltes Verwandtenerbrecht nicht in Betracht (vgl Rn 2).

Zum Anwendungsbereich des ZGB nach heutiger Rechtslage vgl Vorbem 2 zu §§ 1924–1936.

§§ 1934a – 1934e BGB aF wurden mit Wirkung vom 1. 4. 1998 durch das ErbGleichG im Zuge der Gleichstellung der nichtehelichen mit den ehelichen Kindern ersatzlos aufgehoben. Die Kommentierung der §§ 1934a – 1934e aF wird jedoch beibehalten, da diese Normen für alle Erbfälle oder Erbausgleichsvereinbarungen vor dem 1. 4. 1998 ihre Geltung behalten (Art 227 Abs 1 Nr 1, 2 EGBGB; vgl Vorbem zu §§ 1924–1936 Rn 21 ff, 44 ff).

§ 1934 a

[1] *Einem nichtehelichen Kinde und seinen Abkömmlingen steht beim Tode des Vaters des Kindes sowie beim Tode von väterlichen Verwandten neben ehelichen Abkömmlingen des Erblassers und neben dem überlebenden Ehegatten des Erblassers an Stelle des gesetzlichen Erbteils ein Erbersatzanspruch gegen den Erben in Höhe des Wertes des Erbteils zu.*

[2] *Beim Tode eines nichtehelichen Kindes steht dem Vater und seinen Abkömmlingen neben der Mutter und ihren ehelichen Abkömmlingen an Stelle des gesetzlichen Erbteils der im Absatz 1 bezeichnete Erbersatzanspruch zu.*

[3] *Beim Tode eines nichtehelichen Kindes sowie beim Tode eines Kindes des nichtehelichen Kindes steht dem Vater des nichtehelichen Kindes und seinen Verwandten neben dem überlebenden Ehegatten des Erblassers an Stelle des gesetzlichen Erbteils der im Absatz 1 bezeichnete Erbersatzanspruch zu.*

[4] *Soweit es nach den Absätzen 1 und 2 für die Entstehung eines Erbersatzanspruchs darauf ankommt, ob eheliche Abkömmlinge vorhanden sind, steht ein nichteheliches Kind im Verhältnis zu seiner Mutter einem ehelichen Kinde gleich.*

Materialien: BT-Drucks V/2370, 14, 88 ff; V/4179, 29; STAUDINGER/BGB-Synopse 1896–2000 § 1934 a.

Schrifttum

ANDRESEN, Erbrecht durch Notzucht, JZ 1970, 621
BARTH/WAGENITZ, Der Entwurf eines Gesetzes zur erbrechtlichen Gleichstellung nichtehelicher Kinder, ZEV 1994, 79
BEHR, Zur Erbberechtigung nichtehelicher Kinder, Rpfl Stud 1983, 49
BEITZKE, Internationalrechtliches zum nichtehelichen Kind, StAZ 1970, 235
BENDEL, Das neue Nichtehelichen-Recht im Verhältnis zum landwirtschaftlichen Sondererbrecht, RdL 1970, 29
BENKÖ, Das Erbrecht des nichtehelichen Kindes beim Tod eines Verwandten seines Vaters, JZ 1973, 500
dies, Zur Auslegung des § 1934 a III BGB bei der nichtehelichen Geburt in der zweiten Generation, JR 1973, 51
BÖHM, Zur Auslegung des § 1934 a Abs III BGB, FamRZ 1971, 351
ders, Der Einfluß des Gesetzes über die rechtliche Stellung des nichtehelichen Kindes auf erbrechtliche Auslegungs- oder Ergänzungsregeln, FamRZ 1972, 180
BOSCH, Reform des Unehelichenrechts? Ja – aber wie?, FamRZ 1968, 621
ders, Einführung in das neue „Nichtehelichenrecht", FamRZ 1969, 505
ders, Das neue Recht des nichtehelichen Kindes in Deutschland, FamRZ 1970, 157
ders, Aktuelle Probleme des Familien- und Erbrechts, FamRZ 1970, 497
ders, Ergänzendes zum Nichtehelichengesetz, FamRZ 1970, 507
ders, Gedanken zum „Nichtehelichengesetz", RhNotK 1970, 283
ders, Erbrechtliche Probleme des „Nichtehelichengesetzes" – vor allem in der notariellen Praxis, FamRZ 1972, 169
ders, Zum Erbrecht nichtehelicher Kinder: Ein verfehlter Gesetzesvorschlag, FamRZ 1993, 1257

ders, Die erbrechtliche Stellung des nichtehelichen Kindes beim Tod seines Vaters – de lege lata et de lege ferenda –, FamRZ 1996, 1
BRINKMANN, Der Zeitpunkt der Aktualisierung von Art 6 V GG, FamRZ 1970, 70
BRÜGGEMANN, Das neue Erbrecht des nichtehelichen Kindes, Grundriß, Probleme, Kritik, ZblJugR 1969, 305
ders, Das neue Erbrecht, DAVorm 1969, 221
ders, Offene Probleme aus dem Erbrecht des nichtehelichen Kindes, in: Nichtehelichenrecht in der Bewährung (1972) 164
COING, Erbersatzanspruch, Erbausgleich und Testierfreiheit, NJW 1988, 1753
DAMRAU, Erbersatzanspruch und Erbausgleich, FamRZ 1969, 579
ders, Der Ausstattungsanspruch des nichtehelichen Kindes, FamRZ 1969, 129
ders, Die Bedeutung des Nichtehelichen-Erbrechts für den Unternehmer, BB 1970, 467
ders, Überblick über die Verfahren in Rechtssachen nichtehelicher Kinder, FamRZ 1970, 285
DEICHFUSS, Recht des Kindes auf Kenntnis seiner blutsmäßigen (genetischen) Abstammung, NJW 1988, 113
DIECKMANN, Zum Erbrecht des unehelichen Kindes, FamRZ 1966, 72
ders, Zur vermögensrechtlichen Stellung des unehelichen Kindes nach dem Tod des Vaters, FamRZ 1967, 10
ders, Zum Erbrecht des nichtehelichen Kindes beim Tode eines väterlichen Verwandten, § 1934 a I BGB – Ein Formulierungsversehen?, JZ 1970, 344
ders, Zur Auslegung des § 1934 a. Eine Erwiderung, JZ 1973, 502
DISTELBARTH, Das Erbrecht des nichtehelichen Kindes in der Reform und die Auswirkungen in den Anerbenrechten Baden-Württembergs (Diss Hohenheim 1972)
DOPFEL, Zum Erbrecht des unehelichen Kindes, FamRZ 1968, 175
EBERHARDT/LÜBCHEN, Zum Erbrecht des nichtehelichen Kindes nach Art 235 § 1 II EGBGB, DtZ 1992, 206
FIRSCHING, Gesetz über die rechtliche Stellung der nichtehelichen Kinder vom 19. 8. 1969, Rpfleger 1970, 8, 41
ders, DNotZ 1970, 455, 519

ders, Umgestaltung des Erbrechts durch das Nichtehelichengesetz, BayNotV 1970, 1 = Rpfleger 1970, 48 ff
FLESSNER, Interregnum im Recht der nichtehelichen Kinder, JuS 1969, 558
FRANK, Zur Realisierung erbrechtlicher Ansprüche des nichtehelichen Kindes: Wie erfährt das erb- und erbersatzanspruchsberechtigte nichteheliche Kind vom Tode seines Vaters?, StAZ 1971, 45
FUNK, Das nichteheliche Kind eines Mannes in der fortgesetzten Gütergemeinschaft, BWNotZ 1971, 13
GÖPPINGER, Die Reform des Rechts der nichtehelichen Kinder, JR 1969, 401, 408
ders, Die Neuregelung der rechtlichen Stellung der nichtehelichen Kinder, DRiZ 1970, 141, 177 = BWNotZ 1970, 93
GRASNICK, Das neue Nichtehelichenrecht (1971)
GROSS, Das Nichtehelichengesetz (1970) 91 ff
HESS, Bemerkungen zur geplanten Übergangsregelung des Erbrechtsgleichstellungsgesetzes, FamRZ 1996, 781
HOCHLEITNER, Die rechtliche Stellung nichtehelicher Kinder vor und nach der Reform von 1970 (Diss Bielefeld 1982)
JANSEN/KNÖPFEL, Das neue Unehelichengesetz (1967) 392–452
JOCHEM, Das Erbrecht des nichtehelichen Kindes nach deutschem Recht bei Sachverhalten mit Ausländerberührung (1972)
JOHANNSEN, Erbfolge bei nichtehelicher Abstammung, WM 1970 Beil 3
KELLER, Das deutsche nichteheliche Kind und sein ausländischer Vater, ZblJugR 1971, 371
KITTEL, Zum Erbrecht des nichtehelichen Kindes, NJW 1971, 22
KNUR, Die Auswirkungen der Reform des Unehelichenrechts auf den Unternehmensbereich, Betrieb 1969, 203
ders, Familienrechtliche und erbrechtliche Probleme des Gesetzes über die rechtliche Stellung der nichtehelichen Kinder, Betrieb 1970, 1061, 1113 = FamRZ 1970, 269
KÖRTING, Das Erbrecht des nichtehelichen Kindes, NJW 1970, 1525
ders, Zum Erbrecht des nichtehelichen Kindes, NJW 1971, 22

KÖSTER, Nichtehelichen-Erbrecht nach dem Einigungsvertrag, Rpfleger 1992, 369
KRALIK, Die Neuordnung der Rechtsstellung des unehelichen Kindes in Österreich, JurBl 1971, 273
KROESCHELL, Die Stellung des nichtehelichen Kindes im landwirtschaftlichen Erbrecht, AgrarR 1971, 3
KROPHOLLER, Kritische Bestandsaufnahme im Nichtehelichenrecht, AcP 185 (1985), 244
KUMME, Der Erbersatzanspruch des nichtehelichen Kindes im Erbscheinsverfahren, ZblJugR 1972, 256
ders, Die Nichterwähnung des nichtehelichen Kindes in einer letztwilligen Verfügung, ZblJugR 1973, 13
LANGE, Das neue Nichtehelichenrecht, NJW 1970, 297, 304
LINDACHER, Änderung der gesetzlichen Erbfolge, mutmaßlicher Erblasserwille und Normativität des dispositiven Rechts. Gedanken zur Novellierung des Verwandtenerbrechts durch das Nichtehelichengesetz, FamRZ 1974, 345
LOCKEMANN, Die Anwendung des § 1934 a Abs III BGB bei nichtehelicher Geburt in zwei Generationen, JR 1972, 414
LÜCK, Kollisionsrecht oder Auslegung? – Zum Geltungsbereich des Art 235 § 1 EGBGB, JR 1994, 45
LUTTER, Das Erbrecht des nichtehelichen Kindes (2. Aufl 1972)
ders, Zum Erbrecht des nichtehelichen Kindes, FamRZ 1967, 65
ders, Zum Erbrecht der nichtehelichen Kinder, NJW 1968, 1801
ders, Zum Erbrecht des nichtehelichen Kindes, StAZ 1971, 6
MADLENER, Das französische Unehelichenrecht (1969)
MAGENAU, Der Erbersatzanspruch nichtehelicher Verwandter (Diss Tübingen 1972)
MANSEES, Jeder Mensch hat ein Recht auf Kenntnis seiner genetischen Herkunft, NJW 1988, 2984
MERGENTHALER, Neue Aufgaben der Testamentskartei aufgrund des Nichtehelichengesetzes, FamRZ 1972, 430
MÜMMLER, Das neue „Nichtehelichengesetz" ab 1. Juli 1970, JurBüro 1970, 43

ders, Die Bedeutung des Nichtehelichengesetzes für die Vollstreckungstätigkeit des Gerichtsvollziehers, DGVZ 1970, 181
ODERSKY, Nichtehelichengesetz (4. Aufl 1978)
OHNESORGE, Das Erbrecht des nichtehelichen Kindes, Zeitschrift für das Fürsorgewesen 1969, 370
OSWALD, Das Erbrecht der nichtehelichen Kinder aufgrund des deutschen Gesetzes vom 19. 8. 1969, Zentralbl f Ehe- und Familienkunde 1970, 112
RICHTER, Grundzüge des neuen Nichtehelichenrechts, BWNotZ 1970, 1, 6 ff
ROSENAU, Die rechtliche Stellung der nichtehelichen Kinder in der Sicht des am 1. 7. 1970 in Kraft tretenden Nichtehelichengesetzes vom 19. 8. 1969, Betrieb 1970, Beil 10
ROTH, Die aktuelle Bedeutung des Art 6 V GG für das Recht des nichtehelichen Kindes, FamRZ 1991, 139
ROTH, Die Erbfolge des nichtehelichen Kindes in OHG- und KG-Anteile, BB 1972, 1540
ROTH-STIELOW, § 1934 d BGB ist nicht verfassungswidrig, Justiz 1974, 350
RUPP/vBRÜNNECK, Zur Einführung in das neue Recht der nichtehelichen Kinder, StAZ 1970, 226
SANDWEG, Deutsch-deutsches Erbrecht, BWNotZ 1992, 45
SCHNITZERLING, Das Recht des nichtehelichen Kindes ab 1. 7. 1970 (1970) 165 ff
SCHRAMM, Die Auswirkungen des neuen Nichtehelichenrechts im Erbrecht, BWNotZ 1970, 9
ders, Nochmals Erbrecht und neues Nichtehelichenrecht, BWNotZ 1970, 133
SCHRÖDER, Der Erbersatzanspruch (Diss Bonn 1972)
SCHULTZ, Zum Gesetz über die rechtliche Stellung der nichtehelichen Kinder, MDR 1969, 985
SCHWARZHAUPT, Das Erbrecht des nichtehelichen Kindes, Nachrichten des dt Vereins f öffentl und private Fürsorge 1970 H 4, 87
SCHWENZER, Die Rechtsstellung des nichtehelichen Kindes, FamRZ 1992, 121
SIEHR, Auswirkungen des Nichtehelichengesetzes auf das Internationale Privat- und Verfahrensrecht, FamRZ 1970, 457
SPELLENBERG, Zum Erbrecht des nichtehelichen Kindes, FamRZ 1977, 185

STAUDER/WESTERHOFF, Die Auswirkungen des Erbrechts des nichtehelichen Kindes auf den Unternehmensbereich, FamRZ 1972, 601
STÖCKER, Der Erbvorrang des adoptierten vor dem „nichtehelichen" Kind und die Grundrechtsgarantie des gleichen Erbrechts aller Abkömmlinge der ersten Generation, ZBlJugR 1980, 553
STORR, Der Verfassungsauftrag an den Gesetzgeber unter besonderer Berücksichtigung der Stellung des nichtehelichen Kindes. Erfüllt das Nichtehelichengesetz vom 19. 8. 1969 den Verfassungsauftrag? (Diss Würzburg 1971)
TOMFORDE/WEBLER, Das Recht des nichtehelichen Kindes und seiner Mutter im In- und Ausland (5. Aufl 1979, 17. Lieferung 1988) Deutschland I S 17 ff
VOSS, Das Erbrecht des nichtehelichen Kindes in beiden Teilen Deutschlands (1974)
WÄHLER, Intertemporale, interlokale und materiellrechtliche Probleme des Erbrechts nach der Wiedervereinigung, ROW 1992, 103

WANDEL, Die Bedeutung des Einigungsvertrags für die notarielle Praxis, BwNotZ 1991, 1
vWENDORFF, Das neue Nichtehelichen-Recht und die Bestimmungen der §§ 13 und 17 HöfeO, RdL 1970, 197
WESTPHAL, Die erbrechtliche Stellung des nichtehelichen Kindes nach seinem Vater und seinen väterlichen Verwandten und die Regelung des Nachlasses, ZBlJugR 1979, 479
WIESER, Zum Pflichtteilsrecht des nichtehelichen Kindes, BayNotV 1970, 135
ZARTMANN, Das neue Erbrecht des nichtehelichen Kindes. Folgerungen für den Unternehmer, Recht- u Wirtschaftspraxis 1970, 811, 5
ZEMEN, Zur gesetzlichen Erbfolge aus unehelicher Verwandtschaft in Österreich und Deutschland, ZfRVgl 1976, 285
ZILIAS, Änderungen des Erbrechts ab 1. Juli 1970, Die Wirtschaftsprüfung 1970, 529.

Systematische Übersicht

I.	**Allgemeines zum Nichtehelichenerbrecht**	1
II.	**Allgemeines zum Erbersatzanspruch**	
1.	Berufungsgrund Verwandtschaft	3
2.	Grundtatbestände	4
3.	Beerbung der nichtehelichen Mutter	5
4.	Anwendungsbereich der §§ 1934 a ff	6
III.	**Entstehung des Erbersatzanspruchs**	10
1.	Tod des nichtehelichen Vaters	13
2.	Tod eines Verwandten des nichtehelichen Vaters	23
3.	Tod des nichtehelichen Kindes (Abs 2, 3)	25
4.	Tod eines ehelichen Kindes des nichtehelichen Kindes (Abs 3 2. Alt)	31
5.	Tod eines nichtehelichen Kindes des nichtehelichen Kindes	35
6.	Überschneidung verschiedener Erbengemeinschaften	36
IV.	**Rechtsnatur des Erbersatzanspruchs**	37
V.	**Rechtslage in den neuen Ländern**	38
VI.	**Kritische Würdigung**	39

Alphabetische Übersicht

Ausschluß von der Erbfolge _____ 7 f

Beerbung des ehelichen Kindes des nichtehelichen Kindes _____ 31 ff
Beerbung des nichtehelichen Kindes 25 ff
Beerbung des nichtehelichen Kindes des nichtehelichen Kindes _____ 35

Eintrittsrecht _____ 3, 22, 34
Enterbung _____ 7 f
Entsprechende Anwendung des § 1934 a _____ 8, 24, 36
Entzug des Erbersatzanspruchs _____ 7
Erbersatzanspruch
– Entzug _____ 7

– Grund	24	Letztwillige Verfügung	6, 8 f
– Rechtsnatur	2		
– Voraussetzungen	6	Rang der Erben	3
Erbrecht des nichtehelichen Kindes			
– alleiniges	11	Teilungsanordnung	2
– Ausschluß	7	Testamentsvollstreckung	2
– nach Mutter	5		
– nach mütterlichen Verwandten	5	Überschneidung mehrerer Erbengemein-	
– nach Vater	13 ff	schaften	36
– nach väterlichen Verwandten	23 ff		
Erbteilserwerb unter Lebenden	9, 36	Verwandtschaft	
		– eheliche	23
Grundtatbestände	4	– nichteheliche	10 f
		– Zeitpunkt, maßgebender	12
Kenntnis der eigenen Abstammung, Recht		Vor- und Nacherbfolge	2
auf	3		
Kritik an gesetzlicher Regelung	39		

I. Allgemeines zum Nichtehelichenerbrecht

§§ 1934 a–1934 e regelten bis zum 1. 4. 1998 das **Erbrecht zwischen nichtehelichen** **1** **Abkömmlingen und ihrem Vater bzw den väterlichen Verwandten** und wurden eingeführt durch das Gesetz über die rechtliche Stellung der nichtehelichen Kinder (NichtehelG). Überblick über diese Neuregelung und zur früheren Rechtslage vgl Vorbem 28 ff zu § 1924. Zur Geltung des neuen und alten Rechts vgl Vorbem 34 ff zu §§ 1924–1936. §§ 1934 a–1934 e erfaßten einen Teil der Verwandtenerbfolge (Vorbem 24, 25 zu §§ 1924–1936) und waren daher im Anschluß an §§ 1924–1930 zu verstehen. Ihre Einordnung nach dem Ehegattenerbrecht der §§ 1931–1934 rechtfertigte sich aus der Berührung des Nichtehelichenerbrechts mit dem Erbrecht der Ehefrau, denn der Erbersatzanspruch wurde geschaffen, um eine Miterbengemeinschaft des nichtehelichen Kindes mit den ehelichen Abkömmlingen und der Ehefrau des Erblassers zu verhindern (vgl Vorbem 42 zu §§ 1924–1936). Der Anwendung der §§ 1934 a ff hat die Feststellung der Erbenstellung leiblicher Abkömmlinge und der Ehefrau des Erblassers voranzugehen.

Nach Streichung des § 1589 Abs 2 zählen auch nichteheliche Verwandte zu den ge- **2** setzlichen Erben. Dieser **Grundsatz der dinglichen Erbfolge** nichtehelicher Verwandter wurde durch §§ 1934 a–1934 e im Einzelfall zugunsten eines Erbersatzanspruches als *Ausnahme* durchbrochen. In diesem Fall war der nichteheliche Verwandte nicht Erbe. Bei der Ermittlung der Erbquote der bevorrechtigten Erben bleibt er unberücksichtigt. Der nichteheliche Verwandte haftete nicht für Nachlaßverbindlichkeiten, sondern war Nachlaßgläubiger und konnte als solcher weder durch Teilungsanordnungen und Vor- und Nacherbfolge noch durch Testamentsvollstreckung beschränkt werden (MünchKomm/LEIPOLD § 1934 b Rn 41; SOERGEL/STEIN § 1934 b Rn 4). Eine Belastung des Erbersatzanspruchs mit Vermächtnissen und Auflagen war angesichts der Ähnlichkeiten zwischen Vermächtnisnehmer und Erbersatzanspruchsinhaber dagegen unbedenklich (MünchKomm/LEIPOLD § 1934 b Rn 42; SOERGEL/STEIN § 1934 b Rn 4; COING NJW 1988, 1753, 1755; **aA** SOERGEL/DIECKMANN § 2306 Rn 32). Soweit es um die

§ 1934 a
3, 4   5. Buch

Ausführung solcher Belastungen geht, konnte auch eine Testamentsvollstreckung angeordnet werden (§ 2223, SOERGEL/STEIN aaO; COING aaO).

Zur geschichtlichen Entwicklung des Nichtehelichenrechts s Voss 17–37; JANSEN/ KNÖPFEL 395–416. Rechtsvergleichende Hinweise bei KROPHOLLER AcP 185, 244, 300.

II. Allgemeines zum Erbersatzanspruch

3 1. § 1934 a wurde eingefügt durch Art 1 Nr 88 NichtehelG (Rn 1) und bestimmte die Fälle, in denen nach Aufhebung des § 1589 Abs 2 unter Ausschluß der an sich geltenden Verwandtenerbfolge (vgl Vorbem 12 ff zu §§ 1924–1936) das nichteheliche Kind und seine Nachkommen bzw der nichteheliche Vater und seine Verwandten lediglich einen schuldrechtlichen Erbersatzanspruch hatten. Art und Umfang dieses Anspruchs regelte § 1934 b. Der Erbersatzanspruch trat an die Stelle des sich aus der Verwandtschaft (§§ 1924–1930) ergebenden Erbteils. Erste Voraussetzung für den Erbersatzanspruch war daher, daß nach den Vorschriften des Verwandtenerbrechts ein Erbrecht bestehen würde, das sich über § 1934 a in einen Erbersatzanspruch umwandelt. Eintrittsrecht und Vorrang der niedrigeren Ordnungen richteten sich damit nach den Grundsätzen des Verwandtenerbrechts.

Die praktische Durchsetzung des Erbersatzanspruchs eines nichtehelichen Kindes setzte voraus, daß es um seine genetische Herkunft wußte. Prinzipiell wurde aus dem allgemeinen Persönlichkeitsrecht (Art 2 Abs 1 iVm 1 Abs 1 GG) das **Recht des Kindes auf Kenntnis seiner eigenen Abstammung** hergeleitet (BVerfGE 79, 256, 269; abw DEICHFUSS NJW 1988, 113). Die staatliche Zulassung von anonymer Samenspende bzw anonymem Embryotransfer ist insoweit bedenklich (MANSEES NJW 1988, 2984, 2987; **aA** DEICHFUSS NJW 1988, 113, 115 ff; vgl auch SOERGEL/STEIN Vor § 1934 a Rn 13 mwN).

Uneinheitlich wurde die Frage beurteilt, ob dem nichtehelichen Kind gem § 1618 a iVm §§ 1934 a ff und Art 6 Abs 5 GG ein Auskunftsanspruch über Name und Adresse des leiblichen Vaters gegen die Mutter zusteht. Bei der Gefährdung so bedeutender Interessen wie mögliche Erbansprüche kann die Beistandsverpflichtung des § 1618 a eine solche direkte Rechtspflicht begründen; dies legt bereits der Gesetzeswortlaut („sind schuldig") nahe (AG Passau FamRZ 1987, 1309; LG Passau NJW 1988, 144; LG Saarbrücken NJW-RR 1991, 1479; **aA** DEICHFUSS NJW 1988, 113; vgl auch SOERGEL/ STEIN Vor § 1934 a Rn 13 mwN). Zu weit dürfte es dagegen gehen, auf § 1618 a unabhängig von einem solchen Interesse einen allgemeinen Auskunftsanspruch zu stützen (OLG Zweibrücken NJW 1990, 719, 720; abw aber MANSEES NJW 1988, 2984). Zudem bedarf es einer Abwägung mit entgegenstehenden Interessen wie der Wahrung des Familienfriedens bzw der Intimsphäre der Mutter, bei der das Interesse des Kindes jedoch gegenüber dem seiner leiblichen Eltern, die seine nichteheliche Existenz zu vertreten haben, regelmäßig vorrangig ist (AG Passau FamRZ 1987, 1309, 1311; LG Passau NJW 1988, 144, 145 f; LG Saarbrücken NJW-RR 1991, 1479 f; MANSEES NJW 1988, 2984, 2985 f).

4 2. § 1934 a enthielt in den Abs 1, 2, 3 die **drei Grundtatbestände**, in denen die dingliche Nachlaßbeteiligung einem obligatorischen Anspruch weichen mußte:

a)   **Abs 1**: Beim *Tod des Vaters oder eines väterlichen Verwandten* sind das *nicht-*

eheliche Kind oder dessen Abkömmlinge nur erbersatzanspruchsberechtigt, wenn sie *neben dem Ehegatten oder neben ehelichen Abkömmlingen* Miterben wären.

b) **Abs 2**: Beim *Tod des nichtehelichen Kindes* sind der *Vater und seine Abkömmlinge* auf den Erbersatzanspruch verwiesen, wenn sie *neben der Mutter und ihren ehelichen Abkömmlingen* Miterben wären.

c) **Abs 3**: Beim *Tod des nichtehelichen Kindes oder Kindern des nichtehelichen Kindes* haben der *Vater und seine Verwandten* nur den Erbersatzanspruch, wenn sie *neben dem überlebenden Ehegatten* Miterben wären.

3. Das **Erbrecht des nichtehelichen Kindes** bzw seiner Abkömmlinge im Verhältnis **zu seiner Mutter** bzw deren Verwandten und umgekehrt war schon nach bisherigem Recht voll der ehelichen Verwandtschaftserbfolge gleichgestellt. Das nichteheliche Kind hatte im Verhältnis zu seiner Mutter die Stellung eines ehelichen (§ 1705). Es bedurfte insoweit keiner Änderung durch das NichtehelG. Da das nichteheliche Kind anders als zu seinem Vater zu seiner Mutter idR die gleichen familiären Bindungen hatte wie ein eheliches (elterliche Gewalt der Mutter, § 1705; Einbettung in die mütterliche Familie), war bei einer Mitgliedschaft des nichtehelichen Kindes und seiner Abkömmlinge in einer Erbengemeinschaft zusammen mit der Mutter und ihren Verwandten kein Spannungsverhältnis zu erwarten. Eine Beschränkung auf einen Erbersatzanspruch eines Beteiligten war nicht erforderlich. § 1934 a Abs 4 stellt dies ausdrücklich klar. Für nichteheliche Kinder galt im Verhältnis zur Mutter der Ausschluß von der Erbfolge und der Verweis auf den Erbersatzanspruch nicht, sie waren den ehelichen gleichgestellt. Sie verwiesen als nichteheliche Verwandte die nichtehelichen Verwandten (des Vaters) auf den Erbersatzanspruch des § 1934 a §§ 1934 a–1934 e berührten das Erbschaftsverhältnis des nichtehelichen Kindes und seiner Abkömmlinge zu seiner Mutter und deren Verwandten daher nur insoweit, als durch das nunmehrige Erbrecht (bzw den Erbersatzanspruch) des nichtehelichen Vaters und seiner Verwandten die Nachlaßbeteiligung der Mutter und ihrer Verwandten eingeschränkt wurde.

4. §§ 1934 a–1934 e hatten **nur Geltung für die gesetzliche Erbfolge**. Die letztwillige Zuwendung eines Erbersatzanspruchs an gesetzlich Erbberechtigte war als solches nicht möglich, sondern war ggf als Vermächtnis aufzufassen (MünchKomm/Leipold Rn 59; Soergel/Stein Rn 17; Coing NJW 1988, 1753, 1755, der die Beschwerungsmöglichkeit betont). Der Erblasser konnte sein nichteheliches Kind jedoch auch letztwillig zum Erben, sogar zum Alleinerben einsetzen. Geschah dies unter Zurücksetzung der Ehefrau und ehelicher Kinder, so führte das ohne besondere Umstände noch nicht zur Nichtigkeit gem § 138 Abs 1, zumal das nichteheliche Kind in den Schutz der Familie nach Art 6 Abs 1 GG einbezogen war (OLG Hamm FamRZ 1979, 1074, 1075). Hatte der Erblasser sein nichteheliches Kind oder sonstige nichteheliche Verwandte durch letztwillige Verfügung allein oder zusammen mit ehelichen Verwandten oder seinem Ehegatten zu seinen Erben bestimmt, schloß § 1934 a die dingliche Erbenstellung nicht aus. Wenn der Erblasser keine Bedenken hatte, nichteheliche Verwandte zusammen mit ehelichen in einer Gesamthandsgemeinschaft zu verbinden, mußten diese eventuelle Spannungen selber verhindern, denn die gesetzliche Erbfolge, zu der §§ 1934 a ff gehörten, konnte sich allein am mutmaßlichen Erblasserwillen orientieren, nicht aber einem geäußerten entgegenstehen. §§ 1934 a ff verboten ebensowenig, daß der Erblasser den nichtehelichen Abkömmling mit einem Vermächtnis bedenkt (BGH NJW 1979, 917 = FamRZ 1979, 229 = MDR 1979, 479), wobei er ebenfalls bestimmen konnte, ob es ihm neben, anstatt oder in Anrechnung auf den Erbersatzanspruch zukommen sollte (BGH aaO).

7 War das nichteheliche Kind **von der gesetzlichen Erbfolge ausgeschlossen** – sei es, daß es gewillkürter Erbe ist, sei es, daß es aufgrund Enterbung, Entzugs des Erbersatzanspruchs, Erbverzichts, Erbunwürdigkeit nicht zum Kreis der gesetzlichen Erben gehört –, konnte es auch keinen an die Stelle des Erbrechts tretenden Erbersatzanspruch erlangen. Ein Erbunwürdigkeitsgrund nach § 2339 Abs 1 berechtigte mangels Erbschaftsanfall (§ 2340 Abs 2) zwar nicht zur Anfechtung nach § 2342, aber nach § 1934 b Abs 2 S 1 iVm § 2345 Abs 2 (MünchKomm/LEIPOLD Rn 13). Die Enterbung der gesetzlichen Erben durch volle Zuteilung des Nachlasses an eine andere Person (gewillkürten Erben, § 1937) schließt einen Erbersatzanspruch des übergangenen Berechtigten regelmäßig aus, denn es entsprach – vorbehaltlich einer im Einzelfall abweichenden Verfügung (BGH NJW 1988, 138, 139) – typischerweise dem Erblasserwillen, den Bedachten, denen er seinen Nachlaß vollständig vermacht, auch in größtmöglichem Umfang den Nachlaßwert zukommen zu lassen (MünchKomm/LEIPOLD Rn 55 mN auch zur Gegenansicht). Dabei handelte es sich allerdings nicht um einen Entzug iSv § 2338 a S 1, denn das Entstehen eines Erbersatzanspruchs setzt gerade voraus, daß die Stellung als gesetzlicher Erbe nur an der Nichtehelichkeit scheiterte (DIECKMANN FamRZ 1979, 389, 393). Jedoch blieb das enterbte nichteheliche Kind gem § 2303 Abs 1 S 1 iVm § 2338 a S 2 pflichtteilsberechtigt (BGHZ 80, 290, 292 f; BGH NJW 1988, 136, 137 f; vgl auch Vorbem 45 zu §§ 1924–1936).

8 Verfügte der Erblasser letztwillig nur über einen **Teil des Nachlasses**, so galt hinsichtlich des Restes die gesetzliche Erbfolge, § 2088 (LUTTER § 2 III 4 a bb). Inwieweit das nichteheliche Kind durch sie am Nachlaß beteiligt war, hing nicht zuletzt von der Auslegung des Testamentes ab (MünchKomm/LEIPOLD Rn 17). Ergab der Inhalt des Testamentes, daß die in § 1934 a bevorrechtigten Personen (eheliche Verwandte, Ehefrau, Mutter des Erblassers) als testamentarische Erben nicht mehr an der gesetzlichen Erbfolge teilhaben sollen, galt § 1934 a für den nicht letztwillig vermachten Nachlaßteil nicht (SOERGEL/STEIN Rn 5; COING NJW 1988, 1753, 1755; STAUDINGER/OTTE [1996] § 2088 Rn 14; **aA** MünchKomm/LEIPOLD Rn 17).

Allein **gesetzliche Erben** fanden in § 1934 a Berücksichtigung. Eine *entsprechende Anwendung* des § 1934 a verbot sich (so jedoch ERMAN/SCHLÜTER Rn 15; MünchKomm/LEIPOLD Rn 17; JOHANNSEN WM 1970 Beil 3 S 8; DAMRAU FamRZ 1969, 583), denn der in der letztwilligen Verfügung geäußerte Wille des Erblassers verdrängte die am mutmaßlichen Willen orientierten Regeln der §§ 1934 a–1934 e. Konnte der Erblasser durch Testament über den gesamten Nachlaß eine Miterbengemeinschaft herbeiführen, die § 1934 a verhindern sollte, so darf er das auch hinsichtlich eines Teiles des Nachlasses (wie hier LUTTER § 2 III 4 b bb; Voss 124; ODERSKY Anm II 7; SPELLENBERG FamRZ 1976, 188; vgl auch STAUDINGER/OTTE [1996] § 2088 Rn 14). Besteht insoweit eine Miterbengemeinschaft mit den nach § 1934 a. Bevorrechtigten bereits, so widersprach es der Intention dieser Norm, bezüglich des übrigen Teils iSv § 2088 am Erbersatzanspruch festzuhalten (MünchKomm/LEIPOLD Rn 15; SOERGEL/STEIN Rn 16). In den Fällen der §§ 2066–2069 liegt keine gesetzliche, sondern gewillkürte Erbfolge vor, ein Erbersatzanspruch kam daher nicht in Betracht. Es war zudem jeweils Auslegungsfrage, ob bei einer festgelegten Erbfolge iSd §§ 2066–2069 auch nichteheliche Verwandte berufen waren. Ist dies der Fall, erlangten sie die ungeschmälerte – dingliche – Erbenstellung (dazu ausführlich STAUDINGER/OTTE [1996] § 2066 Rn 5, § 2068 Rn 4, 7, § 2069 Rn 21; unklar MünchKomm/LEIPOLD Rn 14).

Kam die von § 1934 a nicht gewollte Gemeinschaft durch **Erbteilserwerb unter Lebenden** zustande (zB das nichteheliche Kind erwirbt vom ehelichen Kind einen Anteil an einer Miterbengemeinschaft, der auch die Ehefrau des Erblassers angehört), fand bezüglich dieses Teils § 1934 a keine Anwendung, da keine gesetzliche Erbfolgeregelung erfolgt war (ODERSKY Anm II; MünchKomm/LEIPOLD Rn 16; SOERGEL/STEIN Rn 13; s auch Rn 36). Ein unabhängig davon beim Erwerber entstandener Erbersatzanspruch blieb jedoch unberührt (MünchKomm/LEIPOLD aaO). 9

III. Entstehung des Erbersatzanspruches

Der Erbersatzanspruch stand nur einer Person zu, die aufgrund gesetzlicher Erbfolge (§§ 1924–1930) zu den erbberechtigten Verwandten des Erblassers zählte und aufgrund *nichtehelicher Abstammung* mit dem Erblasser verwandt war. Das war nicht der Fall, wenn das nichtehelich geborene Kind zZt des Erbfalls durch Adoption (Vorbem 46 ff zu §§ 1924–1936), Legitimation (vgl Vorbem 31 zu §§ 1924–1936) oder Ehelicherklärung (vgl Vorbem 33 zu §§ 1924–1936) ehelich war. Weiterhin durfte der nichteheliche Verwandte nicht von der gesetzlichen Erbfolge ausgeschlossen sein (vgl § 1930 Rn 4). Den Erbersatzanspruch konnte also nur haben, wer ohne die Regelung des § 1934 a aufgrund Verwandtenerbrechts dinglicher (Mit)Erbe wäre. Dieses dingliche Verwandtenerbrecht wurde durch §§ 1934 a ff in ein wertmäßig gleich hohes obligatorisches Recht umgewandelt, wenn zwischen dem Erblasser und dem Verwandten ein nichteheliches Verwandtschaftsverhältnis bestand (zur ehelichen und nichtehelichen Verwandtschaft vgl Vorbem 20 ff zu §§ 1924–1936). Die nichteheliche Abstammung richtete sich nach §§ 1600 a ff aF. Das Verwandtenerbrecht im Hinblick auf nichteheliche Verwandtschaft setzte die rechtskräftige Feststellung der nichtehelichen Vaterschaft gem §§ 1600 a ff aF voraus (vgl Vorbem 24, 25 zu § 1924). Nach Art 12 § 3 Abs 1 NichtehelG waren alle nach altem Recht bestehenden „Zahlvaterschaften" des § 1708 den festgestellten Vaterschaften des neuen Rechts gleichgestellt (BOSCH FamRZ 1972, 175). 10

War der nichteheliche Verwandte Alleinerbe, blieb es bei der gesetzlichen dinglichen Erbfolge. Nur beim Zusammentreffen mit Ehegatten und ehelichen Verwandten des Erblassers, dh diese mußten neben dem nichtehelichen Verwandten zur Erbfolge gelangen, also ebenfalls nicht von der Erbfolge ausgeschlossen sein (vgl Vorbem 42 zu §§ 1924–1936), kam eine Beschränkung auf den Erbersatzanspruch in Betracht. Für die Existenz verdrängender erbberechtigter Personen war der Erbersatzanspruchsinhaber beweispflichtig (BAUMGÄRTEL/SCHMITZ § 1934 a Rn 2). 11

Gleichgültig ist, ob die nach § 1934 a Bevorrechtigten kraft Gesetzes oder aufgrund letztwilliger Verfügung erbten (MünchKomm/LEIPOLD Rn 17). Zu weit ginge es, § 1934 a generell analog auf die Fälle anzuwenden, bei denen eheliche und uneheliche Verwandte zusammentreffen, da eine Interessengemeinschaft, wie sie von Ehegatten und ehelichen Kindern des nichtehelichen Vaters gebildet wird, zwischen ehelichen Verwandten nicht in vergleichbarer Weise besteht (LG Bielefeld Rpfl 1981, 237; vgl auch MünchKomm/LEIPOLD Rn 28; EBENROTH Rn 126). Die Höhe des Erbersatzanspruchs entsprach dem Anteil, den der Berechtigte aufgrund der Verwandtenerbfolge bei dinglicher Nachlaßbeteiligung haben würde.

12 Maßgebend für die Anwendbarkeit des § 1934 a war der **Zeitpunkt des Erbfalls**. Ein Zusammentreffen der in § 1934 a benannten Personen allein in diesem Augenblick führt zum Ausschluß der dinglichen **Erbfolge** und zum obligatorischen Anspruch. Fielen später, nach dem Erbfall, in § 1934 a benannte Personen weg (Ausschlagung wirkt jedoch ex tunc), änderte dies an der einmal entstandenen Nachlaßbeteiligung nichts mehr (ODERSKY Anm II 8). Eine rückwirkende Statusänderung nach §§ 1733 Abs 3, 1753 Abs 3 hat jedoch noch nach dem Erbfall Auswirkungen auf die erbrechtliche Position (MünchKomm/LEIPOLD Rn 17; vgl auch Vorbem 50 zu §§ 1924–1936). Auch die Miterben konnten einen Erbersatzanspruch nicht kraft Parteidisposition in einen dinglichen Erbteil umwandeln (MünchKomm/LEIPOLD Rn 48).

1. Tod des nichtehelichen Vaters

13 a) **Hinterließ** der **Erblasser** nur **nichteheliche Kinder**, dh waren weder andere Abkömmlinge noch die Ehefrau vorhanden, so erbten die nichtehelichen Kinder dinglich gem § 1924. §§ 1934 a ff schränkten das dingliche Erbrecht nicht ein (kein Erbersatzanspruch). Nichteheliche Kinder schlossen ihre eigenen Abkömmlinge und sonstige Verwandte des Vaters von der Erbfolge aus, §§ 1924 Abs 2, 1930. Abkömmlinge eines nichtehelichen Kindes traten gem § 1924 Abs 3, 4 an dessen Stelle. Diese Regelung galt auch, wenn zwar die Ehefrau oder ein leiblicher Abkömmling des Erblassers lebten, diese aber von der Erbfolge ausgeschlossen waren (vgl Rn 11).

14 b) War **neben nichtehelichen Kindern** (oder deren Abkömmlingen) nur die **erbberechtigte Ehefrau**, aber kein erbberechtigter ehelicher Abkömmling des Erblassers vorhanden, war die *Ehefrau* gem § 1931 *Alleinerbin*. Die nichtehelichen Kinder (entsprechend ihre Abkömmlinge) schlossen gem § 1930 als gesetzliche Erben der ersten Ordnung (§ 1924) alle anderen Verwandten des Erblassers von der Erbfolge aus, obwohl sie selbst lediglich auf den Erbersatzanspruch verwiesen wurden. Der *Güterstand* des Erblassers war lediglich für die Höhe des Erbersatzanspruches von Bedeutung, nicht aber für den Ausschluß der nichtehelichen Kinder von der dinglichen Erbfolge. Beim gesetzlichen Güterstand erhielten die nichtehelichen Kinder (anteilsmäßig) einen Anspruch gegen die Ehefrau von insgesamt 1/2 des Nachlaßwertes und den Ausbildungsanspruch aus § 1371 Abs 4.

15 Lebten die Eheleute zZt des Erbfalles in **Gütertrennung**, berechnete sich die Höhe des Erbersatzanspruchs nach § 1931 Abs 4, dh ein nichteheliches Kind hatte einen solchen in Höhe von 1/2, zwei nichteheliche Kinder in Höhe von je 1/3 des Nachlaßwertes gegen die Ehefrau. Drei und mehr nichtehelichen Kindern stand anteilig ein Anspruch in Höhe von insgesamt 3/4 des Nachlaßwertes zu (vgl § 1931 Rn 43 ff).

16 Bestand zZt des Erbfalles **Gütergemeinschaft** (vgl § 1931 Rn 51), betrug der Erbersatzanspruch des oder der nichtehelichen Kinder anteilig insgesamt 3/4 des Nachlaßwertes. Eine fortgesetzte Gütergemeinschaft wurde mit den Abkömmlingen fortgesetzt, die gesetzliche Erben des verstorbenen Elternteiles waren, § 1483 Abs 1. Das nichteheliche Kind konnte wegen § 1934 a neben der Ehefrau des nichtehelichen

Vaters und den ehelichen Abkömmlingen nicht Erbe und damit auch nicht Mitglied einer fortgesetzten Gütergemeinschaft sein.

War der nichteheliche **Vater Mitglied einer fortgesetzten Gütergemeinschaft** mit seiner Mutter und seinen ehelichen Geschwistern, so wuchs bei seinem Tod sein Anteil den Geschwistern zu, nicht ging er auf sein einziges ihn beerbendes nichteheliches Kind über, §§ 1490, 1483 Abs 1 S 2, da das nichteheliche Kind seinen Großelternteil nicht dinglich beerben konnte (§ 1934 a Abs 1), denn es lebten dessen Ehefrau und eheliche Abkömmlinge (BGH JR 1976, 196 m Anm BOCKELMANN; SOERGEL/STEIN Rn 9; SCHRAMM BWNotZ 1970, 16; FUNK BWNotZ 1971, 13 f). **17**

c) Waren beim Tode des Erblassers **neben dem nichtehelichen Kind** (bzw dessen Abkömmling) nur erbberechtigte **eheliche Abkömmlinge** (bzw deren Abkömmlinge) vorhanden, so erbten allein letztere, § 1924 Abs 1, 3. Gem § 1754 standen Adoptivkinder auch insoweit ehelichen Abkömmlingen gleich (OLG Hamm AgrarR 1980, 84, 345; SOERGEL/STEIN Rn 8; MünchKomm/LEIPOLD Rn 19; aA STÖCKER ZBlJugR 1980, 553, 556 f). Das nichteheliche Kind bzw die an seine Stelle tretenden Abkömmlinge hatten gegen die Erben einen Erbersatzanspruch in Höhe des Wertes der Erbschaft, der dem dinglichen Anteil entsprechen würde, dh bei der Berechnung des Erbersatzanspruches war der Nachlaßwert durch die Anzahl aller ehelichen und nichtehelichen Kinder zu teilen. ZB bei einem ehelichen und einem nichtehelichen Abkömmling war das eheliche Kind Alleinerbe, das nichteheliche hat einen Erbersatzanspruch in Höhe von 1/2 des Nachlaßwertes. Bei zwei ehelichen und drei nichtehelichen Kindern waren erstere Erben zu je 1/2, die nichtehelichen Kinder hatten gegen die Erben einen Anspruch auf Zahlung von je 1/5 des Nachlaßwertes. An dieser Regelung änderte sich nichts durch Ausfall eines ehelichen oder nichtehelichen Abkömmlings, sofern gem § 1924 Abs 3 an deren Stelle die jeweiligen Abkömmlinge traten. **18**

d) Hinterließ der Erblasser **neben nichtehelichen Kindern** (bzw deren Abkömmlingen) seine **erbberechtigte Ehefrau** und **eheliche Abkömmlinge** (bzw deren Abkömmlinge), so waren die Ehefrau und die ehelichen Abkömmlinge seine Erben zu den von §§ 1924, 1931, 1371 Abs 1 bestimmten Anteilen. Die nichtehelichen Nachkommen des Erblassers hatten lediglich einen Erbersatzanspruch. Beim gesetzlichen Güterstand der *Zugewinngemeinschaft* erbten die Ehefrau zu 1/2 und die ehelichen Kinder gem § 1924 Abs 1, 3 anteilig die andere Hälfte. Die nichtehelichen Kinder hatten je einen Erbersatzanspruch in Höhe von 1/2 des Nachlaßwertes dividiert durch die Anzahl aller ehelichen und nichtehelichen Kinder des Erblassers. Bei einem ehelichen und einem nichtehelichen Kind erbte ersteres neben der Ehefrau zu 1/2, das nichteheliche hatte einen Erbersatzanspruch in Höhe von 1/4 des Nachlaßwertes. Bei zwei ehelichen und einem nichtehelichen Kind erbten erstere zu je 1/4, letzteres hatte einen Zahlungsanspruch in Höhe von 1/6 des Nachlaßwertes usw. Hinzu kam in allen Fällen ggf der Anspruch aus § 1371 Abs 4 (WESTPHAL ZBlJugR 1979, 479, 485). **19**

Lebte der Erblasser beim Erbfall in *Gütertrennung* (§ 1931 Rn 43 ff), so bestimmten sich Erbanteil und Erbersatzanspruch der ehelichen und nichtehelichen Kinder nach § 1931 Abs 4 (dazu § 1931 Rn 46). **20**

Bestand zZt des Erbfalls *Gütergemeinschaft* (vgl § 1931 Rn 51), erbten die Ehefrau zu 1/4, die ehelichen Kinder anteilig zu insgesamt 3/4. Der Erbersatzanspruch der nicht- **21** ehelichen Kinder errechnete sich durch die Division von 3/4 des Nachlaßwertes durch die Anzahl der ehelichen und nichtehelichen Kinder, dh bei einem ehelichen und einem nichtehelichen Kind erbte ersteres neben der Ehefrau zu 3/4, der Erbersatzanspruch des nichtehelichen Kindes bestand in Höhe von 3/8 des Nachlaßwertes. Zwei eheliche Kinder erbten zu je 3/8, daneben hat ein nichteheliches Kind einen Erbersatzanspruch in Höhe von 1/4 des Nachlaßwertes usw.

22 e) Bei **Wegfall eines ehelichen oder nichtehelichen Kindes** traten gem § 1924 Abs 3, 4 dessen Abkömmlinge anteilig an seine Stelle, sowohl hinsichtlich des dinglichen Erbrechts des ehelichen wie der obligatorischen Beteiligung des nichtehelichen Kindes.

War ein ehelicher Sohn des Erblassers vorverstorben und hinterließ er nichteheliche Kinder, sind diese nichteheliche Abkömmlinge (nichteheliche Enkel) und würden ein nichteheliches Kind des Erblassers nicht von der Erbfolge ausschließen (MünchKomm/Leipold Rn 20; Soergel/Stein Rn 8; Lutter § 2 III 5 a bb; ders StAZ 1971, 12). In den Motiven ist zwar die gegenteilige Ansicht zum Ausdruck gekommen (BT-Drucks V/ 2370, 93), jedoch hätte eine solche Regelung im Gesetz leicht und deutlich bestätigt werden können und an Stelle von „ehelichen Abkömmlingen" die Worte „eheliche Kinder" gesetzt werden müssen. Die nichtehelichen Kinder einer Tochter des Erblassers dagegen schlossen wegen § 1934 a Abs 4 ein nichteheliches Kind des Erblassers von der dinglichen Erbfolge aus (MünchKomm/Leipold Rn 21).

2. Tod eines Verwandten des nichtehelichen Vaters

23 a) War das nichteheliche Kind aufgrund Verwandtenerbfolge der §§ 1924 ff Erbe eines Verwandten seines Vaters, so erhielt es lediglich den Erbersatzanspruch, wenn auch der **Ehegatte oder ein ehelicher Abkömmling des Erblassers Erbe** war, zB: beim Tod eines Elternteils des *vorverstorbenen* nichtehelichen Vaters leben der andere Elternteil und das nichteheliche Kind. Dann wäre der noch lebende Elternteil des Erblassers gem § 1931 Alleinerbe, der nichteheliche Enkel des Erblassers hat einen Erbersatzanspruch in Höhe seines gesetzlichen Miterbenanteils aus § 1924 Abs 1, 3, also von 1/2 bei Erhöhung des Ehegattenerbteils aus §§ 1371 Abs 1 bzw 1931 Abs 4. Ein *ehelicher Abkömmling* muß bis zum Erblasser ununterbrochen ehelicher Abstammung sein (MünchKomm/Leipold Rn 22; Soergel/Stein Rn 8; Lutter StAZ 1971, 12).

24 b) Wäre nach der gesetzlichen Erbfolge beim Tod eines ehelichen (Halb-)Bruders des nichtehelichen Kindes die Mutter des ersteren gem § 1925 Abs 2 und das nichteheliche Kind gem § 1925 Abs 3 S 1 zur Erbschaft berufen, so wäre nach dem Wortlaut des § 1934 a keine Beschränkung des nichtehelichen Kindes auf den Erbersatzanspruch erfolgt. Der Zweck dieser Norm, eine Miterbengemeinschaft des nichtehelichen Kindes mit der Ehefrau des nichtehelichen Vaters auszuschließen (vgl Vorbem 42 zu §§ 1924–1936), forderte in diesem Fall aber eine *entsprechende Anwendung* dieser Norm. Wurde schon eine Miterbengemeinschaft zwischen nichtehelichem Kind und der Ehefrau väterlicher Verwandter als unzumutbar angesehen, galt dies erst recht bei einem Zusammentreffen mit der Frau des nichtehelichen Vaters (wie hier: BayObLG NJW-RR 1996, 1094; Erman/Schlüter Rn 15 f; Odersky Anm II 1; Palandt/ Edenhofer[57] Rn 10; Kipp/Coing § 4 V 2 a [3]; Ebenroth Rn 126; Dieckmann JZ 1970, 344, 345; ders JZ 1973, 502 f; Bosch FamRZ 1972, 176; Spellenberg FamRZ 1976, 186). Ein solches wird beim Tod des Vaters durch § 1934 a Abs 1 unterbunden; weshalb es beim Tode der ehelichen Halbgeschwister anders sein soll, ist nicht ersichtlich (OLG Stuttgart NJW 1980, 601). Auch ist beim Tod des nichtehelichen Kindes dessen Mutter gem § 1934 a Abs 2 vor einer Erbengemeinschaft mit ehelichen Abkömmlingen des Vaters geschützt. Weshalb die Mutter eines ehelichen Kindes nicht vor dem Zusammentreffen mit nichtehelichen Kindern des Vaters in gleichem Maße geschützt werden soll, ist unerfindlich (OLG Stuttgart aaO; SOERGEL/STEIN Rn 14; eingehend MünchKomm/LEIPOLD Rn 25 ff, insbes Rn 30). Anders JANSEN/KNÖPFEL (§ 1934 a Anm 2 d), FIRSCHING (DNotZ 1970, 531), BENKÖ (JZ 1973, 500–502), die sich zu Unrecht gegen eine extensive Interpretation des § 1934 a wendeten, da das nichteheliche dem ehelichen Kind auch im Erbrecht gleichgestellt werden müsse. Wie bereits ausgeführt (vgl Vorbem 41 zu §§ 1924–1936), sollte das NichtehelG keine völlige Gleichstellung, sondern lediglich eine gleichwertige Position für das nichteheliche Kind im Vergleich zum ehelichen herbeiführen. Dieser Forderung *entspricht* der Erbersatzanspruch. Das NichtehelG bringt eindeutig zum Ausdruck, daß eine Miterbengemeinschaft des nichtehelichen Kindes mit der Ehefrau des nichtehelichen Vaters verhindert werden soll. Dieser tragende Leitgedanke des Nichtehelichenerbrechts fordert daher eine entsprechende Anwendung des § 1934 a Abs 1 auch im og Fall. Mit Rücksicht auf den Gesetzeszweck kann eine Analogie zu § 1934 a auch über diesen Fall hinaus gerechtfertigt sein, um das Zusammentreffen mit der Ehefrau des nichtehelichen Vaters in einer Miterbengemeinschaft zu verhindern (insoweit abweichend MünchKomm/LEIPOLD Rn 31, 36; SOERGEL/STEIN Rn 13; Bay ObLG ZEV 1996, 271). Namentlich galt das für ein Aufeinandertreffen in der dritten Erbordnung (DIECKMANN aaO; SPELLENBERG aaO; aA MünchKomm/LEIPOLD Rn 36; SOERGEL/STEIN Rn 15). Generell Miterbengemeinschaften zwischen ehelichen und nichtehelichen Verwandten verhindern zu wollen, ginge jedoch zu weit (LG Bielefeld Rpfl 1981, 237; vgl auch Rn 11, 36).

3. Tod des nichtehelichen Kindes (Abs 2, 3)

a) Erbberechtigte **Abkömmlinge des nichtehelichen Kindes** (§ 1924) schlossen gem § 1930 die Eltern (also auch den nichtehelichen Vater) und deren Verwandte von der Erbfolge aus. 25

b) Waren keine Abkömmlinge des nichtehelichen Kindes vorhanden und würden nach gesetzlicher Erbfolge allein die **Eltern des nichtehelichen Kindes** zu Erben berufen sein (§ 1925), so war die Mutter Alleinerbin, der Vater hat einen Erbersatzanspruch in Höhe des halben Nachlaßwertes (§§ 1925 Abs 2, 1934 a Abs 2). 26

c) Wäre nach gesetzlicher **Erbfolge** der **nichteheliche Vater neben Abkömmlingen der vorverstorbenen Mutter** des nichtehelichen Kindes erbberechtigt (§ 1925 Abs 1, 2, 3), so erbten allein die (Halb-)Geschwister des nichtehelichen Kindes, der Vater hatte einen Erbersatzanspruch in Höhe des halben Nachlaßwertes (§§ 1925 Abs 2, 1934 a Abs 2). An die Stelle der Mutter tretende Abkömmlinge schlossen den nichtehelichen Vater und seine Abkömmlinge nur von der dinglichen Erbfolge aus, sofern sie ehelich waren. Da die Kinder einer Mutter gem § 1934 a Abs 4 immer als ehelich galten, erbte der Vater dinglich nur, wenn ein nichteheliches Kind eines Sohnes der Mutter des Erblassers zur Erbfolge gelangte. Dieses schloß als nichtehelicher Abkömmling der Mutter den nichtehelichen Vater und dessen Abkömmlinge nicht gem § 1934 a von der dinglichen Erbfolge aus (LUTTER § 2 III 5 c). 27

28 d) Wären nach §§ 1924 ff der **Vater und der Ehegatte des nichtehelichen Kindes** erbberechtigt (§§ 1925, 1931), so war der *Ehegatte Alleinerbe*. Der Vater hatte einen Erbersatzanspruch in Höhe seines gesetzlichen Erbteils, § 1934 a Abs 3, dh bei gesetzlichem Güterstand und pauschaliertem Zugewinnausgleich aus § 1371 Abs 1 in Höhe von 1/4 des Nachlaßwertes. Lebte der Erblasser zZt des Erbfalls in Gütertrennung oder Gütergemeinschaft, belief sich der Erbersatzanspruch auf 1/2 des Nachlaßwertes.

29 e) Waren **Abkömmlinge des vorverstorbenen nichtehelichen Vaters** gem § 1925 Abs 3 S 1 zur Erbfolge berufen, so erhielten sie wie der nichteheliche Vater lediglich den Erbersatzanspruch, wenn sie zusammen mit der Mutter (vgl Rn 26), deren Abkömmlingen (vgl Rn 27) oder dem Ehegatten des nichtehelichen Kindes (vgl Rn 28) erben würden. Anderes galt jedoch, wenn diese Abkömmlinge gleichfalls aus der Verbindung mit der nichtehelichen Mutter stammten, Abs 4 (MünchKomm/LEIPOLD Rn 38).

30 f) Wären andere **Verwandte des vorverstorbenen nichtehelichen Vaters** (also ausgenommen dessen Abkömmlinge (Rn 29), dh Großeltern des Erblassers, § 1926) **zusammen mit dem Ehegatten des nichtehelichen Kindes** (§ 1931) zur Erbfolge gelangt, so war der *Ehegatte Alleinerbe*. Den Großeltern stand lediglich ein Erbersatzanspruch in Höhe ihres gesetzlichen Erbteiles zu, § 1934 a Abs 3, dh die Großeltern des Erblassers hatten einen solchen in Höhe von insgesamt 1/2, bei gesetzlichem Güterstand und Ausgleich gem § 1371 Abs 1 in Höhe von 1/4 des Nachlaßwertes. Andere Verwandte waren gem § 1931 Abs 2 von der Erbfolge ausgeschlossen und damit auch nicht erbersatzanspruchsberechtigt.

4. Tod eines ehelichen Kindes des nichtehelichen Kindes (Abs 3 2. Alt)

31 Beim **Tod eines Kindes des nichtehelichen Kindes** (Erblasser) schloß § 1934 a Abs 3 2. Alt unter Zuerkennung eines Erbersatzanspruches ein dingliches Erbrecht des nichtehelichen Großvaters und seiner Verwandten lediglich in dem Fall aus, in dem der Erblasser eine **erbberechtigte Ehefrau** hinterließ. War das nicht der Fall, verblieb es bei der dinglichen Erbfolge der §§ 1924–1934. Da neben der Ehefrau des Erblassers gem § 1931 Abs 2 nur Verwandte der ersten beiden Ordnungen und die Großeltern erbberechtigt sein konnten, kam als Anspruchsberechtigter iSd Abs 3 2. Alt lediglich der Vater des nichtehelichen Elternteils, dh der nichteheliche Großvater in Betracht.

32 a) Waren beim Tod eines Kindes des nichtehelichen Kindes (Erblasser) erbberechtigte **Abkömmlinge** vorhanden, so erbten diese gem § 1924 bzw hatten den Erbersatzanspruch aus §§ 1924, 1934 a Abs 1, wenn sie als nichteheliche Abkömmlinge neben ehelichen oder der *Ehefrau* des Erblassers (§§ 1931, 1371 Abs 1) berufen waren. In diesem Fall waren die Eltern des Erblassers von der Erbfolge ausgeschlossen, §§ 1925, 1930.

33 b) Waren keine Abkömmlinge des Erblassers vorhanden, sondern nur die **erbberechtigte Ehefrau und** die **Eltern**, so galten §§ 1924–1931. Dies war kein Fall des § 1934 a Abs 3 2. Alt, denn die Eltern des Kindes schlossen ihre Verwandten von der Erbfolge aus, §§ 1926, 1930. An die Stelle eines vorverstorbenen Elternteiles würden dessen Abkömmlinge treten.

c) Fehlten nicht nur Abkömmlinge des Erblassers, sondern war auch der **Elternteil, der nichtehelicher Abstammung war, ohne Hinterlassung von Abkömmlingen vorverstorben**, so traten an dessen Stelle nach gesetzlicher Erbfolge dessen Mutter (die väterliche Großmutter des Erblassers) und dessen nichtehelicher Vater (dh der nichteheliche Großvater des Erblassers). Würde dieser mit dem *Ehegatten* des Erblassers in einer Miterbengemeinschaft zusammentreffen, so wäre er nicht dinglicher Erbe, sondern in Höhe seines gesetzlichen Erbteils erbersatzanspruchsberechtigt (§§ 1926, 1934 a Abs 3). Dingliche Erben wären die Ehefrau zu 1/2 bzw 3/4 bei § 1371 Abs 1, die Eltern des Elternteils, der ehelicher Abstammung war, zu je 1/16 und die Mutter des Elternteils, der nichtehelicher Abstammung war, zu 2/16 (MünchKomm/LEIPOLD Rn 44). Die Großelternpaare wurden bei der gesetzlichen Erbfolge als Einheit behandelt und anteilig bedacht (§ 1926 Rn 13). Der nichteheliche Großvater, der nichteheliche Vater des Vaters des Erblassers, hatten einen Erbersatzanspruch in Höhe von 1/16 des Nachlaßwertes. Bei Wegfall eines Großelternteiles galt § 1926. Ein Erbrecht und ebenso ein Erbersatzanspruch der Abkömmlinge der Großeltern wurde bei Vorhandensein einer Ehefrau des Erblassers gem § 1931 Abs 2 ausgeschlossen. Ein Erbersatzanspruch iSd § 1934 a Abs 3 2. Alt stand als Verwandtem des Kindes (Erblassers) eines nichtehelichen Kindes daher lediglich dem nichtehelichen Großvater zu (vgl Rn 35).

5. Tod eines nichtehelichen Kindes des nichtehelichen Kindes

War der Erblasser ein nichteheliches Kind eines nichtehelichen Kindes, fand § 1934 a Abs 3 nach seinem Wortlaut in der 1. Alt (Tod eines nichtehelichen Kindes, vgl Rn 25) und in der 2. Alt (Tod eines Kindes des nichtehelichen Kindes) Anwendung. Der nichteheliche Vater des Erblassers und seine Verwandten würden nach § 1934 a Abs 3 1. Alt einen Erbersatzanspruch neben dem Ehegatten des Erblassers haben. Bei Vorversterben des nichtehelichen Kindes und seiner Abkömmlinge würde den Großeltern, dem nichtehelichen Großvater und der Großmutter, dessen Erbersatzanspruch zukommen (so SOERGEL/STEIN Rn 11; MünchKomm/LEIPOLD Rn 45 f; ODERSKY Anm II 3; LUTTER § 2 III 3 e; ders StAZ 1971, 10; FIRSCHING DNotZ 1970, 533; JOHANNSEN WM 1970 Beil 3 S 9; LOCKEMANN JR 1972, 414 ff; BENKÖ JR 1973, 51; SPELLENBERG FamRZ 1976, 189, 190). Nach § 1934 a Abs 3 2. Alt dagegen wäre auf die nichteheliche Geburt des Vaters des Erblassers abzustellen und nur der Großvater väterlicherseits auf einen Erbersatzanspruch verwiesen, die Großmutter väterlicherseits wäre Erbin.

§ 1934 a Abs 3 beschränkte sich nicht in der 2. Alt auf einen ehelichen Erblasser, sondern stellte in den beiden Alternativen darauf ab, ob es sich um eine Beteiligung des nichtehelichen Vaters und seiner Verwandten am Nachlaß des nichtehelichen Kindes oder um die des väterlichen Großvaters am Nachlaß seines Enkels handelt. Entscheidend dafür, welche Alternative des Abs 3 heranzuziehen war, blieb damit, ob es sich um das Erbrecht des Vaters (und seiner Abkömmlinge) oder des väterlichen Großvaters handelte. Mit der 2. Alt ist das Erbrecht des väterlichen Großvaters bei den Abkömmlingen seines nichtehelichen Kindes speziell gestaltet worden und kann nicht durch die auf den Vater zugeschnittene Regelung der 1. Alt unterlaufen werden. War der nichteheliche Vater des Erblassers vorverstorben, war daher die Ehefrau des Erblassers zu 3/4 neben den Großeltern mütterlicherseits zu insgesamt 1/8 und der Großmutter väterlicherseits zu 1/8 Erbe. Der Großvater väterlicherseits hatte einen Erbersatzanspruch in Höhe von 1/16 des Nachlaßwertes (so auch ERMAN/

SCHLÜTER Rn 21 ; BGB-RGRK/KREGEL Rn 4; PALANDT/EDENHOFER[57] Rn 12; SCHRÖDER 43 f; Voss 147; DAMRAU FamRZ 1969, 584; BÖHM FamRZ 1971, 352 f). Dieser Lösung war schon deswegen zuzustimmen, weil sie die vom Gesetz nicht gewollte Unterscheidung bei verschiedenen Geschlechtern des vorverstorbenen nichtehelichen Elternteils des Erblassers verhinderte (dazu ERMAN/SCHLÜTER Rn 21). Die 2. Alt des § 1934 a Abs 3 ließ nach ihrem Wortlaut keine unterschiedliche Behandlung des Nachlasses eines ehelichen und nichtehelichen Erblassers zu, denn Abs 4 verwies nur auf Abs 1, 2, nicht auf Abs 3. § 1934 a Abs 3 stellte ohne Rücksicht auf die Abstammung des Erblassers lediglich auf die nichteheliche Geburt des Vaters ab, so daß eine am Wortlaut orientierte Auslegung die 2. Alt auch in den Fällen heranziehen mußte, in denen der Erblasser ebenfalls nichtehelicher Abstammung war. Für die Erbfolge nach entfernteren Abkömmlingen des nichtehelichen Kindes galt § 1934 a Abs 3 jedoch nicht (MünchKomm/LEIPOLD Rn 41).

36 6. War im Nachlaß ein **Anteil an** einer **Miterbengemeinschaft**, zu der eine gem § 1934 a den nichtehelichen Verwandten ausgeschlossene Person gehörte, führte dies nicht zu einem Ausschluß des nichtehelichen Verwandten im Hinblick auf die dingliche Beteiligung am Nachlaß des zweiten Erblassers. Eine entsprechende Anwendung des § 1934 a auf die Fälle, in denen ein Zusammentreffen der ehelichen und nichtehelichen Verwandten aufgrund **Überschneidung verschiedener Erbengemeinschaften** erfolgte, war nicht zu befürworten (MünchKomm/LEIPOLD Rn 16; SOERGEL/STEIN Rn 13; EBENROTH Rn 127; LUTTER § 2 II 4; III 5 b cc; ders StAZ 1971, 13; **aM** wohl DIECKMANN JZ 1970, 346, 347). Der bevorrechtigte Erbe konnte aufgrund gesetzlicher bzw gewillkürter Erbfolge oder durch Anteilskauf (§ 2033) Mitglied einer Erbengemeinschaft geworden sein, der auch der nichteheliche Verwandte angehörte (zB Erbengemeinschaft des nichtehelichen Vaters und seiner Ehefrau). Verstarb der nichteheliche Vater vor der Auseinandersetzung der Gemeinschaft und würde er nach Enterbung seiner Frau allein von seinen beiden nichtehelichen Kindern beerbt, wären diese trotz Zusammentreffens mit der Ehefrau des Erblassers nicht auf den Erbersatzanspruch verwiesen. Es kam für § 1934 a allein auf das *Verhältnis zum Erblasser*, auf die gesetzliche Erbfolge nach diesem an. Die Erbfolge wird im Erbfall begründet. Sie konnte nicht wegen späteren Zusammentreffens von Personen, die § 1934 a nicht zu einer Miterbengemeinschaft zusammenführen will, rückwirkend geändert werden. Ebensowenig konnte bei dem zweiten Erbfall die dingliche Erbfolge nur aus dem Grund ausgeschlossen werden, weil zum Nachlaß ein Anteil an einer noch nicht auseinandergesetzten Miterbengemeinschaft gehörte. Es wäre willkürlich, § 1934 a deswegen heranzuziehen, weil die Miterbengemeinschaft, der der Erblasser angehört hatte, sich zufällig noch nicht auseinandergesetzt hatte.

Nicht unter diese Konstellation fiel der in der Lit (zB ERMAN/SCHLÜTER Rn 16; BGB-RGRK/KREGEL Rn 6) aufgeführte Fall, daß ein Erblasser neben seiner Ehefrau einen ehelichen Sohn und eine nichteheliche Tochter hinterläßt, vor Auseinandersetzung der Erbengemeinschaft aus Frau und Sohn letzterer verstirbt und von seiner Mutter und der nichtehelichen Halbschwester zu je 1/2 beerbt wird. Wie in Rn 24 dargestellt, ist die nichteheliche Halbschwester nicht Erbe ihres Bruders. Eine analoge Anwendung des § 1934 a Abs 1, nicht des Abs 3, schließt hier das nichteheliche Kind von der dinglichen Erbfolge aus.

37 IV. Zur Rechtsnatur und zum Umfang des Anspruches vgl § 1934 b Rn 11, 2 ff.

1. Abschnitt. Erbfolge

§ 1934 a
38

V. In der **DDR** war seit dem 1. 4. 1966 durch das FGB die nichteheliche der ehe- **38** lichen Abstammung in vollem Umfang gleichgestellt, das Institut des Erbersatzanspruches existierte nicht. Das nichteheliche Kind erbte nach denselben Regeln wie ein eheliches Kind und wurde vom nichtehelichen Vater beerbt (STAUDINGER/RAUSCHER [1996] Art 235 § 1 EGBGB Rn 53 f, 64). Zur Rechtslage vor dem 1. 4. 1966 vgl BezG Erfurt FamRZ 1994, 465.

Für Erbfälle vor dem 3. 10. 1990 bleibt es gem Art 230 § 1 Abs 1, 227 Abs 1 Nr 1, 2 EGBGB bei dieser Regelung. Stirbt der Erblasser später, sieht Art 235 § 1 Abs 2 EGBGB einen Bestandsschutz insoweit vor, als für vor dem 3. 10. 1990 geborene nichteheliche Kinder an die Stelle der Regelungen des ZGB die des BGB über das gesetzliche Erbrecht der ehelichen Kinder treten (MünchKomm/LEIPOLD, Zivilrecht im Einigungsvertrag Art 235 § 1 EGBGB Rn 676; ADLERSTEIN/DESCH DtZ 1991, 193, 196). Anders als nach Art 12 § 10 Abs 2 NichtehelG spielt es dabei keine Rolle, ob das nichteheliche Kind vor 1949 geboren wurde, da das ZGB auch diesen Kindern ein gleiches Erbrecht zusprach (BOSCH FamRZ 1992, 993, 994). Bestandsschutz genießen auch nichteheliche Kinder, die vor Wirksamwerden des Beitritts erzeugt, aber noch nicht geboren waren (näher STAUDINGER/RAUSCHER [1996] Art 235 § 1 EGBGB Rn 115; ADLERSTEIN/DESCH DtZ 1991, 193, 197; aA PALANDT/EDENHOFER Art 235 § 1 EGBGB Rn 3; MünchKomm/LEIPOLD, Zivilrecht im Einigungsvertrag, Art 235 § 1 EGBGB Rn 686; SANDWEG BWNotZ 1992, 45, 46; zum Ganzen Vorbem 44 ff zu §§ 1924–1936). Entscheidend ist, ob zum Zeitpunkt des Wirksamwerdens des Beitritts nach Maßgabe des interlokalen Privatrechts das ZGB maßgebend gewesen wäre, sog. fiktives Erbstatut (OLG Köln FamRZ 1993, 484 = MDR 1993, 453; LG Berlin FamRZ 1992, 1105, 1106; KÖSTER Rpfleger 1992, 369, 370; SCHOTTEN/JOHNEN DtZ 1991, 225, 233; aA LÜCK JR 1994, 45, 49, der Konfliktfälle durch Auslegung des Einigungsvertrags lösen will).

Analog Art 25 Abs 1 EGBGB wäre grundsätzlich auf den gewöhnlichen Aufenthalt des Erblassers zum Zeitpunkt seines Todes abzustellen (sog tatsächliches Erbstatut, hierfür DÖRNER/MEYER-SPARENBERG DtZ 1991, 1, 6). Es liefe jedoch dem erbrechtlichen Bestandsschutz des nichtehelichen Kindes zuwider, würde seine erbrechtliche Stellung dadurch beeinflußt, daß der Erblasser nach dem Beitritt seinen gewöhnlichen Aufenthalt in die neuen bzw alten Bundesländer verlegt. Zwar wird auch durch Wohnsitznahme im Ausland das Erbstatut verändert; anders als bei Umzügen innerhalb des Bundesgebiets geht damit aber auch ein Wechsel des Kulturkreises einher (WANDEL BWNotZ 1991, 1, 27). Überwiegend wird daher Art 235 § 1 Abs 2 EGBGB nur angewandt, wenn der Vater des vor dem Beitritt geborenen Kindes mit dessen Wirksamwerden am 3. 10. 1990 seinen gewöhnlichen Aufenthalt in den neuen Ländern hatte (OLG Köln, OLGZ 1993, 487, 488 = FamRZ 1993, 484 = MDR 1993, 453; LG Berlin aaO; MünchKomm/LEIPOLD, Zivilrecht im Einigungsvertrag Art 235 § 1 EGBGB Rn 681; BOSCH FamRZ 1992, 993, 995; EBERHARDT/LÜBCHEN DtZ 1992, 206 ff; FRIESER AnwBl 1992, 296; KÖSTER Rpfleger 1992, 369, 370, WANDEL BWNotZ 1991, 1, 27; ähnlich STAUDINGER/RAUSCHER [1996] Art 235 § 1 EGBGB Rn 117, der zusätzlich an die DDR-Staatsbürgerschaft des Erblassers anknüpft, jeweils mN zum Streitstand). Völlig belanglos ist dagegen der Wohnsitz des Erblassers zur Zeit seines Todes (STAUDINGER/RAUSCHER [1996] aaO; BOSCH FamRZ 1992, 993, 995; KÖSTER Rpfleger 1992, 369, 370; aA LG Berlin aaO; ADLERSTEIN/DESCH DtZ 1991, 193, 197; WÄHLER ROW 1992, 103, 111 differenzierend LÜCK JR 1994, 45, 49 f: Änderung des Erbstatuts bei Umzug des Vaters in neue Bundesländer unbedenklich), da andernfalls ein Umzug innerhalb der Bundesrepublik die Erbaussicht des nichtehelichen Kindes beeinträchtigen würde.

Auch bei Beerbung des nichtehelichen Kindes ist für die Anwendbarkeit von Art 235 § 1 Abs 2 EGBGB an den gewöhnlichen Aufenthalt des Erblassers anzuknüpfen (KÖSTER Rpfleger 1992, 369, 376). Die Gegenansicht, die auch hier auf den gewöhnlichen Aufenthalt des nichtehelichen Vaters abstellt (MünchKomm/LEIPOLD, Zivilrecht im Einigungsvertrag Art 235 § 1 EGBGB Rn 683, 688; STAUDINGER/RAUSCHER [1996] Art 235 § 1 EGBGB Rn 125; PALANDT/EDENHOFER, Art 235 § 1 EGBGB Rn 2 hält diese Norm für auf das Erbrecht des Vaters unanwendbar), mißachtet, daß dem Vater gleichfalls der Bestands- und Vertrauensschutz dieser Norm gebührt (KÖSTER aaO).

VI. Kritik am Erbersatzanspruch

39 Glaubte der Gesetzgeber, das nichteheliche Kind im Verhältnis zum nichtehelichen Vater und seinen Verwandten auf den obligatorischen Erbersatzanspruch verweisen zu müssen, weil das nichteheliche Verwandtschaftsverhältnis idR keine engen Bindungen erzeuge, so gilt dies nicht allein für die nichteheliche Abstammung. Gerade in heutiger Zeit lösen sich Kinder lange vor dem Erbfall von ihren Eltern. Selbst ein sehr schlechtes Verhältnis zu Verwandten führte ansonsten nicht zum Ausschluß von der dinglichen Verwandtenerbfolge (ROTH FamRZ 1991, 139, 146; SCHWENZER FamRZ 1992, 121, 128 RAUSCHER, Reformfragen des gesetzlichen Erb- und Pflichtteilsrechts I, S 120). Das in einer Miterbengemeinschaft befürchtete Spannungsverhältnis bei Mitgliedschaft ehelicher und nichtehelicher Verwandter ist nicht auf die von § 1934 a erfaßte Konstellation beschränkt. Erbauseinandersetzungen bergen natur- und erfahrungsgemäß Reibungspunkte zwischen den Verwandten, so daß die nichteheliche Abstammung eines Mitgliedes kaum zusätzlich ins Gewicht fallen dürfte. Zudem sind derartige Gefahren davon unabhängig, ob es sich um väterliche oder mütterliche nichteheliche Verwandtschaft handelt. Die Miterben nehmen idR keine Rücksicht auf Bindungen zu Eltern. Den mütterlichen Verwandten wird das nichteheliche Kind ggf ebenso als Eindringling erscheinen wie den väterlichen. Mit dem Ausschluß von der dinglichen Erbfolge hatte das Gesetz den nichtehelichen Verwandten von der übrigen Verwandtschaft des Erblasser getrennt und somit gegen den Auftrag aus Art 6 Abs 5 GG verstoßen, das gegen nichteheliche Geburten bestehende Vorurteil zu beseitigen und die gesellschaftliche Stellung des nichtehelichen Kindes zu verbessern (BT-Drucks V/2370, 90). Das gilt umso mehr, als das vom Gesetzgeber angenommene Spannungsverhältnis des Art 6 Abs 5 GG zu Art 6 Abs 1 GG (BT Drucks V/2370 90 f) nicht in dem Maße besteht, daß die ungleiche rechtliche Behandlung der nichtehelichen Lebensgemeinschaft zu Lasten des Kindes gehen darf (SOERGEL/STEIN Vor § 1934 a Rn 10; ROTH FamRZ 1991, 139, 141 RAUSCHER, Reformfragen des gesetzlichen Erb- und Pflichtteilsrechts I, S 64). Daß der Familienschutz zwischen Vater und ehelichen Kindern höher bewertet wird als der zwischen Vater und nichtehelichen Kindern, ist unakzeptabel (RAUSCHER I, S 119). Mit der Einführung des Erbersatzanspruches wurde ein weiterer Grundstein für Ungleichbehandlung und ungleiche Stellung des nichtehelichen Kindes zum ehelichen gesetzt, zumindest sind bestehende Vorurteile manifestiert worden. Durch die Verweisung auf einen bloßen Erbersatzanspruch wurde das nichteheliche Kind erheblich benachteiligt (im einzelnen STÖCKER JZ 1979, 87, 89; RAUSCHER I, S 122–124). Ein sachlicher Grund dafür, etwa iS eines „Besänftigungseffekts" (MünchKomm/LEIPOLD Rn 11), besteht angesichts zunehmender Öffnung der Kleinfamilienstrukturen nach außen zumindest nicht mehr, so daß der Erbersatzanspruch auch im Hinblick auf Art 3 Abs 1 GG nicht unbedenklich war (so auch SOERGEL/STEIN aaO; für Differenzierung nach den Lebensverhältnissen des nichtehelichen Kindes, insbes Bindungen zu beiden Elternteilen STAUDINGER/OTTE [1994] Einl 96 zu §§ 1922 ff, doch wirft dies Praktikabilitätsprobleme auf, vgl BR-Drucksache 219/94 vom 18. 3. 94, S 17; BARTH/WAGENITZ ZEV 1994, 79, 80). Verletzt ist zudem das durch Art 14 GG geschützte Interesse der erbrechtlichen Gleichstellung von Verwandten gleichen Grades, das dem gesetzlichen Erbrecht für Inhalts- und Schrankenbestimmungen wenig Raum läßt (RAUSCHER I, 124–127).

40 Ehegatten und Verwandte wissen von der nichtehelichen Abstammung und von der Existenz nichtehelicher Kinder. Sie müssen diese vor dem Erbfall akzeptieren. Das kann auch nach dem Erbfall erwartet werden und zumutbar sein. Wenn sich bereits vorher Spannungen ergeben oder andeuten, kann dem Zusammentreffen in einer Erbengemeinschaft durch letztwillige Verfügung begegnet werden. Sind sich die späteren Erben so unbekannt, daß sie nichts von der nichtehelichen Abstammung eines von ihnen wissen, oder ist ihnen eine solche gleichgültig, dürfte sich auch nach dem Erbfall kein zusätzlicher Spannungsgrund aus der nichtehelichen Verwandtschaft ergeben.

Spannungen beruhen manchmal darauf, daß Erben nicht die gleichen Eltern haben, Geschwister sich untereinander deswegen fremd sind. Dies ist in größerem Maße der Fall, wenn die Halbgeschwister ehelich sind, aber einer anderen Ehe eines Elternteiles entspringen. Besonders der geschiedene Elternteil wird die eigene Abneigung gegen den späteren oder früheren Partner des Ehegatten – weil er evtl sogar der Scheidungsgrund war – auf die Kinder zu übertragen versuchen und damit das Verhältnis der Miterben belasten. Die gerechteste und dem Art 6 Abs 5 GG angemessene Regelung war daher die völlige Gleichstellung nichtehelicher mit ehelicher Verwandtschaft, die wegen der Möglichkeit letztwilliger Verfügung nicht zu Härten führen könne (hierfür fast einhellig auch der 59. DJT 1992, vgl NJW 1992, 3016, 3018).

41 Diese Erwägungen haben dazu beigetragen, daß mit Wirkung vom 1. 4. 1998 durch das ErbGleichG die §§ 1934 a–1934 e, 2338 a aufgehoben wurden. Hinzu kam der wachsende Anteil nichtehelicher Geburten und nichtehelicher Lebensgemeinschaften mit Kindern (BR-Drucks 7 f). Diesen heterogenen Formen nichtehelichen Zusammenlebens entspricht eine Vielfalt von Lebenssituationen nichtehelicher Kinder, die es nicht gestattet, Spannungen zur Verwandtschaft des nichtehelichen Vaters ohne weiteres als typisch anzusehen. Die pauschale erbrechtliche Zurücksetzung dieser Personengruppe war daher nicht mehr zu rechtfertigen (BR-Drucks 9 f), zumal sie einem Beitritt der Bundesrepublik zum Europäischen Übereinkommen über die Rechtsstellung der nichtehelichen Kinder entgegenstand (vgl dessen Art 9).

Die Aufhebung der §§ 1934 a–1934 e, 2338 a gilt nicht, sofern der Erblasser vor seinem Inkrafttreten verstorben ist oder bereits eine wirksame Regelung über einen vorzeitigen Erbausgleich getroffen wurde (Art 227 Abs 1 EGBGB). Für Altfälle behalten die §§ 1934 a ff BGB also auch dann Bedeutung, nachdem der Entwurf Gesetz wurde. Auch vor dem 1. Juli 1949 geborene nichteheliche Kinder werden durch das sog Erbrechtsgleichstellungsgesetz nicht erbberechtigt (BR-Drucks 27 f).

§ 1934 b

(Kritisch zum Entwurf BOSCH FamRZ 1993, 1257, 1259; FamRZ 1996, 1 ff, der den derzeitigen Erbersatzanspruch lediglich modifiziert, insbes auf Kinder aus geschiedenen Ehen ausgedehnt sehen möchte.)

§ 1934 b

[1] Der Berechnung des Erbersatzanspruchs wird der Bestand und der Wert des Nachlasses zur Zeit des Erbfalls zugrunde gelegt. Der Wert ist, soweit erforderlich, durch Schätzung zu ermitteln. § 2049 gilt entsprechend.

[2] Auf den Erbersatzanspruch sind die für den Pflichtteil geltenden Vorschriften mit Ausnahme der §§ 2303 bis 2312, 2315, 2316, 2318, 2322 bis 2331, 2332 bis 2338 a sowie die für die Annahme und die Ausschlagung eines Vermächtnisses geltenden Vorschriften sinngemäß anzuwenden. Der Erbersatzanspruch verjährt in drei Jahren von dem Zeitpunkt an, in dem der Erbersatzberechtigte von dem Eintritt des Erbfalls und den Umständen, aus denen sich das Bestehen des Anspruchs ergibt, Kenntnis erlangt, spätestens in dreißig Jahren von dem Eintritt des Erbfalls an.

[3] Auf den Erbersatzanspruch eines Abkömmlings des Erblassers sind auch die Vorschriften über die Ausgleichungspflicht unter Abkömmlingen, die als gesetzliche Erben zur Erbfolge gelangen, entsprechend anzuwenden.

Materialien: BT-Drucks V/2370, 14, 94 ff, 107, 108, 111; V/4179, 30, Ber 6; BR-Drucks 468/67, 33 Beschl 24; STAUDINGER/BGB-Synopse 1896–2000 § 1934 b.

Systematische Übersicht

I.	Allgemeines	1
II.	Berechnung des Erbersatzanspruchs	2
1.	Berechnungszeitpunkt	3
2.	Feststellung des Nachlaßwertes	4
III.	Anwendung des Pflichtteils- und Vermächtnisrechts	10
1.	Art des Erbersatzanspruchs	11
2.	Höhe des Anspruchs	12
3.	Schuldner des Anspruchs	13
4.	Entstehung des Anspruchs	17
5.	Annahme, Ausschlagung	18
6.	Übertragung, Vererblichkeit	23
7.	Belastung des Anspruchs	24
8.	Aufrechnung	25
IV.	Ausgleichungspflicht unter Abkömmlingen	26
1.	Ausgleichspflichtige Zuwendungen	27
2.	Anwendung des § 2052	29
3.	Ausgleichsgegenstand und Verfahren	30
V.	Durchsetzung des Erbersatzanspruchs	31
1.	Auskunft über Nachlaßbestand	32
2.	Erbschein	33
3.	Verjährung	34
4.	Aufgebot der Nachlaßgläubiger	36

1. Abschnitt. Erbfolge

Alphabetische Übersicht

Annahme	18 f
Aufrechnung	8
Ausgleichungspflicht	26 ff
Auskunft über Nachlaß	32
Ausschlagung	18, 20 f
Ausschluß von Erbfolge	17
Bedingter Anfall	17
Dreißigster	5
Eintrittsrecht	21
Enterbung	22
Entzug des Erbersatzanspruchs	22
Erbersatzanspruch	
– Annahme	18 f
– Ausschlagung	18, 20 f
– Belastung	24
– Berechnung	2 f, 12 ff
– Durchsetzung	31
– Entstehung	17, 19
– Entziehung	22
– Rechtsnatur	2, 11
– Stundung	35
– Übertragung	23
– Vererbung	23
– Verjährung	34
Erbschein	33
Gesamthandsklage	13
Gesamtschuldklage	13
Haftung für Erbersatzanspruch	13 ff, 35
– Außenverhältnis	13
– Erblasseranordnung	15
– Innenverhältnis	14
Leistungsklage	31
Minderjähriger	31
Pfändung	24
Pflichtteil	9, 20, 22
Pflichtteilsunwürdigkeit	17
Quotenvermächtnis	29
Ratenzahlung	35
Überschuldung des Nachlasses	17
Vermächtnis	16, 36
Verzicht	17
Voraus	5
Vorzeitiger Erbausgleich	17
Wert des Nachlasses	3 ff
– Aktivbestand	4
– Bestimmung durch Erblasser	9
– Erbfallschulden	10, 13
– Erblasserschulden	5
– Handelsunternehmen	6
– Landgut	7
– Schätzung	8

I. Allgemeines

§ 1934 b wurde eingefügt durch Art 1 Nr 88 NichtehelG (vgl Vorbem 34 zu §§ 1924–1936) **1** und regelte die nähere Ausgestaltung des Erbersatzanspruches. Da dieser Anspruch wertmäßig dem gesetzlichen Erbteil entsprechen sollte (vgl § 1934 a Rn 11), waren für die Berechnung der Bestand und Wert des Nachlasses zZt des Erbfalls zugrunde zu legen (Abs 1). Insoweit stimmte § 1934 b Abs 1 S 1 wörtlich mit § 2311 Abs 1 S 1, § 1934 b Abs 1 S 2 mit § 2311 Abs 2 S 1 überein, denn der Erbersatzanspruch war wie der Pflichtteilsanspruch ein am Wert des Nachlasses orientierter schuldrechtlicher Anspruch gegen die Erben. Neben der Berechnungsgrundlage des Abs 1 bestimmt § 1934 b Abs 2 die Verjährung des Erbersatzanspruches und die sinngemäße Anwendung einiger Pflichtteils- und Vermächtnisvorschriften, Abs 3 die entsprechende An-

§ 1934 b

wendung der Vorschriften über die Ausgleichungspflicht unter Abkömmlingen (§§ 2050–2057 a).

II. Berechnung des Erbersatzanspruches

2 Der Erbersatzanspruch war ein Geldanspruch, dessen Höhe sich als der Anteil am Wert des gesamten Nachlasses darstellte, den der Berechtigte bei dinglicher Erbfolge erhalten hätte. Der Erbersatzanspruch orientierte sich somit am Wert des gesamten Nachlasses, wie er auch den Erben zur Verfügung stand. Von dem Geldwert aller Nachlaßgegenstände (Sachen, Rechte) waren alle Passiven (Erblasserschulden, Erbfallschulden, Belastungen) abzuziehen, für die der Erbe einzustehen hatte (WESTPHAL ZBlJugR 1979, 479, 483). Insoweit hatte die gleiche Berechnung wie bei Feststellung eines Pflichtteilsanspruches zu erfolgen, der ebenso wie der Erbersatzanspruch ein (allerdings um die Hälfte geringerer) am Wert des gesamten Nachlasses gemessener Geldanspruch ist. In § 1934 b Abs 2 S 1 wurden daher folgerichtig die Grundsätze der Pflichtteilsberechnung übernommen, dies kam in der Übereinstimmung des Gesetzestextes des § 1934 b Abs 1 mit § 2311 Abs 1 S 1, Abs 2 S 1 deutlich zum Ausdruck (MünchKomm/LEIPOLD Rn 8). Hinsichtlich der Erläuterung kann daher auf § 2311 verwiesen werden.

3 1. **Maßgebender Zeitpunkt** für die Bestandsbewertung war, wie bei § 2311, der des **Erbfalls**. Nachträgliche Wertsteigerungen oder -minderungen der Aktiv- oder Passivposten hatten keinen Einfluß auf die Berechnung (§ 2311 Rn 5–9).

4 2. Ausgangspunkt der Berechnung war der **Aktivbestand**, von dem alle **Passiven** abzuziehen waren. Insoweit war der Geldwert jeder einzelnen Sache, jedes einzelnen Rechtes auf der Aktiv- und Passivseite zu ermitteln.

5 Abzuziehen vom Aktivwert waren wie bei § 2311 alle **Erblasserschulden** (STAUDINGER/HAAS [1998] § 2311 Rn 31 ff) und alle Erbfallschulden (STAUDINGER/HAAS [1998] § 2311 Rn 39 ff), auch soweit sie durch Konfusion erloschen waren (MünchKomm/LEIPOLD Rn 11). Im Gegensatz zu § 2311 waren im Rahmen des § 1934 b auch abzuziehen alle *Pflichtteilsansprüche, Vermächtnisse* und *Auflagen*, da sie dem an die Stelle des gesetzlichen Erbteils tretenden Erbersatzanspruch vorgingen, § 226 KO (BGH NJW 1988, 136, 137; PALANDT/EDENHOFER Rn 5; ERMAN/SCHLÜTER Rn 6; LUTTER § 2 IV 3 c bb). Abzuziehen waren auch gesetzliche Vermächtnisse wie der sog **Dreißigste** des § 1969 und ein evtl **Voraus** des überlebenden Ehegatten aus § 1932, da auch die Erben diesen Anspruch erfüllen müßten, ihr Nachlaß entsprechend verringert würde (ebenso PALANDT/EDENHOFER[57] Rn 5; MünchKomm/LEIPOLD Rn 11; SOERGEL/STEIN Rn 6; ERMAN/SCHLÜTER Rn 6, 9; ODERSKY Anm I 2 ; LUTTER § 2 IV 3 b bb; DAMRAU FamRZ 1969, 584; aM BGB-RGRK/KREGEL Rn 3). § 2311 Abs 1 S 2 verbietet für die Pflichtteilsberechnung den Vorabzug des Voraus. § 1934 b enthielt keine dem § 2311 Abs 1 S 2 entsprechende Regelung, allerdings in Abs 2 auch keinen Ausschluß dieser Norm. § 1934 b hatte ansonsten Sätze des § 2311 wörtlich übernommen und ist dieser Vorschrift nachgebildet. Es wäre daher ebenfalls eine entsprechende Übernahme des § 2311 Abs 1 S 2 bzw eine Verweisung darauf erfolgt, wenn der Voraus nicht als Passivposten in § 1934 b berücksichtigt werden sollte. Im Regierungsentw (BT-Drucks V/2370, 14) wurde in Abs 1 S 2 der Voraus ausdrücklich nicht dem Nachlaßwert zugerechnet. Dieser Satz wurde auf Wunsch des BR als überflüssig gestrichen (BT-Drucks V/2370, 107; BR-Drucks 468/67,

33 Beschl 24; krit dazu MünchKomm/Leipold Rn 12). Der hypothetische Voraus war auch abzuziehen, falls der Ehegatte als alleiniger gesetzlicher Erbe den Erbersatzanspruchsberechtigten verdrängt (MünchKomm/Leipold aaO; Soergel/Stein Rn 6). Der Abzug der Pflichtteilsansprüche ist nicht vorweg vom gesamten Nachlaßwert vorzunehmen. Es mußte bei der Bemessung des Erbersatzanspruches nämlich berücksichtigt werden, inwieweit der Anspruchsberechtigte, wäre er Erbe, gem § 2320 im Innenverhältnis die Pflichtteilslast zu tragen hätte, dieser Betrag ist dann vom Anspruch abzuziehen (MünchKomm/Leipold Rn 11).

a) Die **Feststellung der Aktiv- und Passivposten** (dazu Staudinger/Haas [1998] § 2311 **6** Rn 47 ff) war unproblematisch, sofern wie bei Bargeld oder sicheren Geldforderungen der Geldwert feststand. Die Bewertung bedingter, ungewisser oder unsicherer Rechte erfolgte in sinngemäßer Anwendung des § 2313 (§ 1934 b Abs 2). Für die Bewertung einzelner Gegenstände war nicht der Ertragswert, sondern der „gemeine Verkaufswert" maßgebend, wie er durch die allgemeine Verkehrsanschauung bestimmt wurde (vgl Staudinger/Haas [1998] § 2311 Rn 50 ff, einschränkend für Verbindlichkeiten Rn 113). Der gemeine Wert war notfalls durch Gutachten eines Sachverständigen zu ermitteln.

Bei einem Handelsgeschäft bzw einer Beteiligung an einem solchen war der Firmenwert unter Berücksichtigung des sog goodwill anzusetzen (dazu im einzelnen Staudinger/Haas [1998] § 2311 Rn 80 ff). Hatte ein Handelsunternehmen (zB Handelsvertretung) keinen Verkehrswert, war der Substanzwert durch den Ertragswert zu berichtigen (BGH NJW 1973, 509; 1977, 949). Bei Beteiligungen an Handelsgeschäften war ein vereinbarter Abfindungsbetrag anzusetzen (dazu Heckelmann, Abfindungsklauseln in Gesellschaftsverträgen [1973] 10 S 241 ff; Johannsen WM 1970 Beil 3 S 10).

Ein zum Nachlaß gehörendes **Landgut** (zum Begriff vgl Staudinger/Dilcher [1995] § 98 **7** Rn 10) war gem Abs 1 S 3 entsprechend *§ 2049* im Zweifel mit dem Ertragswert anzusetzen. Soweit nach Art 137 EGBGB Landesrecht unberührt blieb, bestand die Gefahr einer Wertverschiebung der vom Bundesgesetzgeber dem Erbersatzanspruchsberechtigten zugewiesenen Mittel durch den Landesgesetzgeber, wenn man diese Norm als dynamische Verweisung begreift. Sie ist daher so auszulegen, daß sie nur die seit Inkrafttreten des NichtehelG geltenden landesrechtlichen Regelungen erfaßt (Soergel/Stein Rn 7). Da § 2049 nur bei letztwilliger Anordnung der Übernahme des Landgutes durch einen Erben Anwendung findet, gilt diese Vorschrift über § 1934 b Abs 1 S 3 nur, wenn in einer solchen letztwilligen Verfügung keine Erbeinsetzung oder Enterbung des Erbersatzanspruchsberechtigten enthalten war, denn den Anspruch aus § 1934 a hatte nur der nichteheliche Verwandte, der nicht von der Erbfolge ausgeschlossen und nicht gewillkürter Erbe war. § 1934 a war eine Regelung der gesetzlichen Nachlaßbeteiligung und gegenüber der gewillkürten subsidiär (vgl § 1934 a Rn 6 ff). § 2049 galt auch, wenn der eheliche Verwandte wegen Verweisung des nichtehelichen auf den Erbersatzanspruch Alleinerbe wurde und das Landgut übernahm (BT-Drucks V/2370, 95; Erman/Schlüter Rn 5), unabhängig davon, ob der Erblasser die Übernahme durch den gesetzlichen Alleinerben eigens angeordnet hatte (OLG Hamm AgrarR 1980, 84, 345; **aA** Stöcker ZBlJugR 1980, 553, 555 f, der die Erhaltung des Hofes in der Familie, der § 2049 dienen soll, nur bei tatsächlicher Weiterbewirtschaftung für sinnvoll hält; MünchKomm/Leipold Rn 9; Soergel/Stein Rn 7). Fehlt bei mehreren dinglichen Erben eine Anordnung des Erblassers, wird das Landgut mit dem

Verkaufswert zu berechnen sein, sofern es nicht als Hof iSd HöfeO (§ 1) mit dem eineinhalbfachen Einheitswert anzusetzen ist (§ 12 Abs 2, 10 HöfeO),

8 b) Ließ sich der Wert des gesamten Nachlasses oder einzelner Posten nicht entsprechend dem allgemeinen Verkehrswert berechnen, war der Wert durch *Schätzung* zu ermitteln, Abs 1 S 2 (entspr § 2311 Abs 2 S 1, s STAUDINGER/HAAS [1998] § 2311 Rn 50 ff), wobei erforderlichenfalls Sachverständige hinzuzuziehen waren.

9 c) Der Erblasser konnte anders als nach § 2311 Abs 2 S 2 (nur) durch letztwillige Verfügung den **Wert des Nachlasses festlegen**, da der Erbersatzanspruch auch in seiner Höhe der freien Verfügungsbefugnis des Erblassers unterlag (BT-Drucks V/2370, 94, 95; MünchKomm/LEIPOLD Rn 10; SOERGEL/STEIN Rn 4; ERMAN/SCHLÜTER Rn 7; SCHLÜTER § 9 II 3 b cc; BROX Rn 77; COING NJW 1988, 1753, 1755). Dieser Unterschied erklärte sich daraus, daß der Erbersatzanspruch auch sonst zur Disposition des Erblassers stand (MünchKomm/LEIPOLD aaO). Wie der Erbteil, so konnte auch der an seine Stelle tretende Erbersatzanspruch vom Erblasser in seiner Höhe festgelegt oder entzogen werden durch Bestimmung der Berechnungsgrundlage, dh der Erblasser konnte den gesamten Nachlaßwert als Berechnungsgrundlage oder einzelne Berechnungsposten (Aktiva oder Passiva) summenmäßig bestimmen. Führte eine solche Erblasserbestimmung zu einem Anspruch, der geringer als der Pflichtteilsanspruch wäre, bestand ein Anspruch aus § 2305 auf den Zusatzpflichtteil (§§ 2303, 2338 a; MünchKomm/LEIPOLD aaO).

III. Anwendung des Pflichtteils- und Vermächtnisrechts

10 Die nach § 1934 b Abs 2 angeordnete **entsprechende Anwendung des Pflichtteils- und Vermächtnisrechts** bestimmte *Rechtsnatur* und *Ausgestaltung* des Erbersatzanspruches. Ebenso wie Pflichtteils- und Vermächtnisansprüche begründete der Erbersatzanspruch *Erbfallschulden* zu Lasten der (des) Erben auf Zahlung einer bestimmten Geldsumme. Wie der Pflichtteilsanspruch stellte der Erbersatzanspruch einen gesetzlich begründeten wertmäßigen Anteil am Nachlaß dar. Der Erbersatzberechtigte war wie der Inhaber des Pflichtteils- oder Vermächtnisanspruches Nachlaßgläubiger. Aufgrund gesetzlicher Analogie waren auf den Erbersatzanspruch anwendbar die Vorschriften des Vermächtnisrechts nur in bezug auf Annahme und Ausschlagung, die des Pflichtteilsrechts grundsätzlich mit Ausnahme der in § 1934 b Abs 2 S 1 genannten Normen, auch soweit sie nicht im fünften Abschnitt des fünften Buches stehen (BT-Drucks V/2370, 95), zB §§ 1967 Abs 2; 1972–1974; 1991 Abs 4 iVm § 226 KO. Über den Ausnahmekatalog des § 1934 b Abs 2 S 1 hinaus waren Pflichtteilsvorschriften ausgeschlossen, soweit sie vom Sinn und Zweck und ihrem Wesen nach nicht auf den Erbersatzanspruch übertragbar waren (ODERSKY Anm III 2). Das traf namentlich auf solche Normen zu, die die prinzipielle Unentziehbarkeit des Pflichtteilsanspruchs konkretisierten (MünchKomm/LEIPOLD Rn 1). Im einzelnen zu den anwendbaren Vorschriften MünchKomm/LEIPOLD Rn 3 ff.

11 1. Die Rechtsnatur des Erbersatzanspruchs läßt sich entgegen COING (NJW 1988, 1753) trotz der Verweisung in § 1934 b Abs 2 nicht als gesetzliches Vermächtnis umschreiben, da er keinen zusätzlichen Vermögensvorteil schafft (MünchKomm/LEIPOLD § 1934 a Rn 51; HARDER NJW 1988, 2715, 2716). Gegen eine Charakterisierung als Pflichtteilsrecht spricht, daß er der Testierfreiheit des Erblassers unterliegt (MünchKomm/ LEIPOLD aaO; **aA** LANGE/KUCHINKE § 14 V 4 b). Es handelte sich vielmehr um das gesetzliche „Erbrecht in Geld" (so plastisch MünchKomm/LEIPOLD aaO; ähnlich SOERGEL/STEIN Rn 2). Als **obligatorischer Anspruch eigener Art** (JAUERNIG/STÜRNER Rn 1) führte er zu einer Nachlaßverbindlichkeit iSd § 1967, gerichtet auf Zahlung einer Geldsumme, die sich nach dem Nachlaßanteil berechnete, den der Anspruchsinhaber haben würde, wenn er nicht durch § 1934 a von der dinglichen Erbfolge ausgeschlossen wäre.

2.   **Die Höhe des Erbersatzanspruches** entsprach dem Wert des Anteils am Nachlaß, 12 der dem Berechtigten als Miterbe zustehen würde, dh zu welcher Quote er Miterbe wäre. Der Berechtigte erhielt den ihm aufgrund Verwandtenerbrechts zufallenden Erbteil in Geld ausgezahlt. Der nichteheliche Verwandte des Erblassers erhielt wertmäßig dasselbe wie bei dinglicher Erbfolge. Da idR Miterbengemeinschaften über eine Versilberung des Nachlasses zur Auseinandersetzung führen, wurde zumeist eine völlige Gleichstellung mit den ehelichen Verwandten des Erblassers erreicht.

3.   Der Erbersatzanspruch war eine **Nachlaßverbindlichkeit** (Erbfallschuld), er rich- 13 tete sich gegen den oder die gesetzlichen Erben (§ 1934 a Abs 1 aE). Miterben hafteten dem Anspruchsberechtigten als Gesamtschuldner, §§ 2058 ff. Der Erbersatzberechtigte konnte vor Teilung des Nachlasses gem § 2059 Abs 2 die Gesamthandsklage oder gem § 2058 die Gesamtschuldklage gegen einen oder mehrere Miterben erheben, sofern diese die Erbschaft gem § 1958 angenommen hatten (SOERGEL/ STEIN Rn 12). Die Miterben waren auch bei Verwaltungsvollstreckung wegen Abs 2 S 1 iVm § 2213 Abs 1 S 3 richtiger Klagegegner (MünchKomm/LEIPOLD Rn 31 mwN). Ein pflichtteilsberechtigter Miterbe konnte gem §§ 1934 b Abs 2 S 1, 2319 nach Auseinandersetzung die Leistung insoweit verweigern, als' hierdurch sein eigener Pflichtteil angegriffen würde. Für seinen Ausfall hafteten die anderen Miterben. § 2319 garantierte allein den Pflichtteil, nicht über § 1934 b Abs 2 S 1 auch den Erbersatzanspruch (MünchKomm/LEIPOLD Rn 30). Ein nichtehelicher zum Miterben bestimmter Verwandter konnte sich somit nicht bis zur Höhe des Erbersatzanspruches auf § 2319 berufen (ERMAN/SCHLÜTER Rn 16).

Im **Innenverhältnis** wurden die Erben belastet, die durch den Ausfall des Anspruchs- 14 berechtigten als dinglicher Erbe eine erhöhte dingliche Nachlaßbeteiligung erlangt hatten, § 2320 analog (MünchKomm/LEIPOLD Rn 33; SOERGEL/STEIN Rn 12; EBENROTH Rn 30; LEIPOLD § 7 IV 3). Es war also ein Vergleich der nunmehrigen dinglichen Nachlaßbeteiligung mit der herzustellen, die bestehen würde, wenn der Erbersatzberechtigte nicht gem § 1934 a von der dinglichen Erbfolge ausgeschlossen wäre. Aus dieser Differenz ergab sich, welcher Miterbe in welchem Umfang sich bei der Auseinandersetzung die Erfüllung des Erbersatzanspruches anrechnen lassen mußte (vgl auch § 1931 Rn 48).

Der **Regierungsentwurf** (BT-Drucks V/2370, 95) und die sich darauf berufende über- 15 wiegende Ansicht (ODERSKY Anm II 5; PALANDT/EDENHOFER[57] Rn 13; MünchKomm/LEIPOLD Rn 36; SOERGEL/STEIN Rn 12; LUTTER § 2 IV 6 d; DAMRAU FamRZ 1969, 585; JOHANNSEN WM 1970 Beil 3 S 12; SCHRAMM BWNotZ 1970, 12) gaben dem **Erblasser** die Möglichkeit, durch letztwillige Verfügung die *Belastung der Erben im Innenverhältnis* abweichend vom obigen Grundsatz zu **regeln**, obwohl § 2324 durch § 1934 b Abs 2 S 1 ausdrücklich für unanwendbar erklärt ist. § 2324 sei nur deshalb ausgeschlossen, weil der Erblasser allgemein das Recht zur abweichenden Anordnung habe, § 2324 diesen allgemeinen Grundsatz nur hervorhebe, aber nicht begründe. Eine ausdrückliche

Verweisung in § 1934 b würde Zweifel an diesem Grundsatz aufkommen lassen (BT-Drucks V/2370, 95). Damit wird aber § 2324 in Frage gestellt, denn auch außerhalb des Nichtehelichenerbrechts könnte diese Norm den befürchteten Irrtum hervorrufen. Weitaus bedenklicher ist die Anwendung einer ausdrücklich ausgeschlossenen Vorschrift. Die aufgezeigte Meinung ignoriert den Ausnahmekatalog des § 1934 b Abs 2 S 1, der die Anwendung des § 2324 zu Recht verbietet. Während die Pflichtteilslast nur dem halben Wert des gesetzlichen Erbteils entspricht, führte die Belastung mit dem Erbersatzanspruch zu einer solchen in voller Höhe des Erbteilswertes. Der Erblasser konnte keine so weitgehende Regelung treffen, die den Belasteten idR nicht nur den Wert des Erbteils, sondern auch des Pflichtteiles nehmen würde.

16 § 2321 regelte über § 1934 b Abs 2 S 1 die Belastung im Innenverhältnis. Hatte der Erblasser dem Erbersatzberechtigten ein **Vermächtnis** mit der Bestimmung ausgesetzt, daß es auf den Anspruch *anzurechnen* sei, so kam die Ausschlagung idR allen Erben zugute. Wenn lediglich ein Miterbe beschwert war, hatte er den Erbersatzanspruch in Höhe des ausgeschlagenen Vermächtnisses zu tragen. Sollte der Erbersatzanspruchsberechtigte ausschließlich das Vermächtnis erhalten (also Entzug des Erbersatzspruches), so erlangte er nach dessen Ausschlagung allein den Pflichtteilsanspruch gem § 2338 a (SOERGEL/STEIN Rn 12). § 2321 galt nicht für ein zusätzlich zum Erbersatzanspruch gewährtes Vermächtnis (eingehend MünchKomm/LEIPOLD Rn 35; SOERGEL/STEIN aaO).

17 4. Der **Erbersatzspruch entstand mit dem Erbfall** (Tod des Erblassers), §§ 1934 b Abs 2 S 1, 2317 Abs 1, 1922 Abs 1, sofern der Berechtigte nicht von der Erbfolge ausgeschlossen worden war (vgl § 1934 a Rn 7), durch Erbverzichtsvertrag auf das Erbrecht oder auch nur gem §§ 1934 b Abs 2 S 1, 2346 Abs 2 auf den Erbersatzspruch (vgl MünchKomm/LEIPOLD Rn 28; SOERGEL/STEIN Rn 3) verzichtet hatte, den vorzeitigen Erbausgleich erhalten hatte (§§ 1934 d, 1934 e) oder wegen Überschuldung des Nachlasses ein negativer Nachlaßwert den Anspruch inhaltslos machte (Notariat Bruchsal DAV 1973, 627; MünchKomm/LEIPOLD Rn 11; SOERGEL/STEIN Rn 3; ERMAN/SCHLÜTER Rn 15). Für das minderjährige nichteheliche Kind machte ihn idR das Jugendamt als Pfleger geltend, §§ 1706 Nr 3, 1709 (SOERGEL/STEIN Rn 13). Da der Erbersatzspruch an die Stelle des gesetzlichen Erbteils trat, erfolgte der Ausschluß auch durch Erbunwürdigkeit gem §§ 2339–2344, nicht nach § 2345 (so jedoch ODERSKY Anm II 13; MünchKomm/LEIPOLD Rn 29). Letztere Norm gilt allein für die Pflichtteilsunwürdigkeit des nichtehelichen Verwandten.

Der Anfall des Anspruchs kann durch letztwillige Verfügung bedingt oder befristet werden. Möglich ist auch die Anordnung von Ratenzahlung (MünchKomm/LEIPOLD Rn 43; SOERGEL/STEIN Rn 4). Vor dem Erbfall besteht wie bei der dinglichen Erbfolge noch keine gesicherte Rechtsposition. Sicherung durch Arrest oder einstweilige Verfügung ist insoweit nicht möglich (MünchKomm/LEIPOLD Rn 21; SOERGEL/STEIN Rn 3).

18 5. **Annahme und Ausschlagung** des Erbersatzspruches richteten sich gem § 1934 b Abs 2 S 1 nach den Vorschriften über Annahme und Ausschlagung eines Vermächtnisses. Gem §§ 1934 b Abs 2, 2180 Abs 2 S 1 erfolgten Annahme oder Ausschlagung des Erbersatzspruches durch einseitige formlose Erklärung gegenüber dem Erben als Schuldner (Notariat Bruchsal DAV 1973, 626, 627). Eine Frist für die Annahme oder Ausschlagung bestand nicht (Notariat Bruchsal DAVorm 1973, 626, 627). § 2307

Abs 2 ist durch die Verweisung des § 1934 b Abs 2 S 1 auf das Vermächtnisrecht nicht anwendbar (MünchKomm/LEIPOLD Rn 24; SOERGEL/STEIN Rn 10). Bei mehreren Erben erfolgte die Annahmeerklärung gegenüber allen Miterben (ODERSKY Anm IV 2; ERMAN/ SCHLÜTER Rn 24; SOERGEL/STEIN Rn 10 lassen die Erklärung gegenüber einem Miterben genügen). Die Ausschlagung mußte gegenüber allen erfolgen (MünchKomm/LEIPOLD Rn 24; ERMAN/ SCHLÜTER Rn 24; ODERSKY Anm IV 4 a; BGB-RGRK/KREGEL Rn 3; LUTTER § 2 IV 7 b). Adressat beider Erklärungen waren auch Nachlaßpfleger (§§ 1960 Abs 2, 1961) und Testamentsvollstrecker (§ 2213 Abs 1; SOERGEL/STEIN Rn 10; bezüglich Testamentsvollstrecker abweichend MünchKomm/LEIPOLD Rn 24 unter Hinweis auf § 2213 Abs 1 S 3, der jedoch nur passive Prozeßführungsbefugnis betrifft). Erklärung der Annahme oder Ausschlagung konnte erst nach dem Erbfall abgegeben werden. Sie war unwiderruflich. Anfechtung der Annahme oder Ausschlagungserklärung ist gem §§ 119 ff möglich (MünchKomm/LEIPOLD Rn 25; SOERGEL/STEIN Rn 10). Bei Ausschlagung eines beschwerten Erbersatzanspruchs nach § 2306 Abs 1 S 2 war der Rechtsgedanke des § 2308 heranziehbar (SOERGEL/STEIN aaO).

a) Der Erbersatzanspruch **entstand** kraft Gesetzes **mit** dem **Erbfall** (§§ 1934 b, 2317; vgl WESTPHAL ZBlJugR 1979, 479, 485). Gleich der dinglichen Erbfolge, an deren Stelle der Anspruch trat, braucht der Berechtigte ihn nicht anzunehmen. Wie bei der Erbschaft und bei dem Vermächtnis war die Annahme keine Entstehungsvoraussetzung des Erbersatzanspruches, sie führte nur zum Verlust des Ausschlagungsrechtes (§ 2180 Abs 1). Die vorläufige Gläubigerstellung wurde zu einer endgültigen. Nach der Annahme konnte jedoch ein Erlaßvertrag mit dem Erben als Beschwertem zur Aufhebung des Anspruches führen, § 397. **19**

b) **Ausschlagung** des Erbersatzanspruches war nur hinsichtlich des *gesamten Anspruchs* möglich, §§ 2180 Abs 3, 1950 S 2. Die Ausschlagung zeitigte Rückwirkungen auf den Zeitpunkt des Erbfalles, sie bewirkte, daß der Anspruch nie in der Person des Ausschlagenden, auch nicht als Anwartschaft, entstanden ist, §§ 1934 b Abs 2 S 1, 2180 Abs 3, 1953. Bei Ausschlagung durch den gesetzlichen Vertreter galten §§ 1643 Abs 2, 1822 Nr 2 (MünchKomm/LEIPOLD Rn 24; DAMRAU FamRZ 1969, 585). **20**

Zwar ist § 2306 nach dem Ausnahmekatalog des § 1934 b Abs 2 S 1 nicht unmittelbar anwendbar, fand aber trotzdem über § 2338 a S 2 Anwendung, so daß ein Erbersatzanspruchsberechtigter den Pflichtteil verlangen konnte, wenn er den Erbersatzanspruch ausschlug, weil der Erblasser Beschwerungen oder Beschränkungen iSd § 2306 angeordnet hatte (ERMAN/SCHLÜTER Rn 20). Ansonsten begründete die Ausschlagung keine Pflichtteilsansprüche (MünchKomm/LEIPOLD Rn 27; SOERGEL/STEIN Rn 5, 11, jeweils mwN).

Durch Ausschlagung fiel der Erbersatzanspruch an denjenigen, der nach den Regeln der gesetzlichen Erbfolge **an die Stelle des Ausschlagenden** treten würde, der Ausschlagende wurde so behandelt, als hätte er zZt des Erbfalls nicht gelebt (§§ 1934 b Abs 2 S 1, 2180 Abs 3, 1953 Abs 2). Waren keine Eintrittsberechtigten vorhanden, entfiel der Anspruch. **21**

c) **Entzug des Erbersatzanspruches** war möglich durch letztwillige Verfügung des Erblassers (vLÜBTOW I 57; WESTPHAL ZBlJugR 1979, 479, 483), dh durch ausdrücklichen Entzug (entsprechend Enterbung, § 1938). Der Anspruch entfiel auch bei Verlust der **22**

Stellung als (potentieller) gesetzlicher Erbe, etwa durch anderweitige Erbeinsetzung gem § 1937 (MünchKomm/LEIPOLD § 1934 a Rn 55 mN auch zur Gegenansicht). Insoweit galten die für den Erbteil bestehenden Regelungen, denn der Erbersatzanspruch trat an die Stelle des gesetzlichen Erbteils. Der erbersatzanspruchsberechtigte Abkömmling oder Vater des Erblassers erhielt bei Entzug des Anspruchs nach § 2338 a einen Pflichtteilsanspruch. Der Erblasser konnte aber von sich aus den Erbersatzanspruch testamentarisch bis zur Höhe des Pflichtteils beschränken (WESTPHAL aaO). Einen Pflichtteilsanspruch hatte auch der Erbersatzberechtigte, der ein angefallenes Vermächtnis ausschlug, §§ 2338 a, 2307 Abs 1 S 1 (ERMAN/SCHLÜTER Rn 17; vgl auch Rn 20). Demgegenüber führte die Enterbung gem § 1937 nicht zu einem Entzug iSv § 2338 a S 1, da dem Enterbten der gesetzliche Erbteil und damit der Erbersatzanspruch von vornherein nicht zustand. Ihm blieben aber Pflichtteilsansprüche gem § 2303 I 1 iVm § 2338 a S 2 (BGHZ 80, 290, 292 f = NJW 1981, 1735). Zum Entzug des Erbersatzanspruches vgl Vorbem 45 zu §§ 1924–1936.

23 6. Der Erbersatzanspruch war wie der Pflichtteilsanspruch erst nach dem Erbfall gem §§ 1934 b Abs 2 S 1, 2317 **vererblich** und **übertragbar** (vgl STAUDINGER/HAAS [1998] § 2317 Rn 2; JAUERNIG/STÜRNER Rn 1).

Die Übertragung bedurfte wie eine auf sie gerichtete Verpflichtung keiner Form (§ 398; MünchKomm/LEIPOLD Rn 22) und war auch möglich, soweit die Pfändung ausgeschlossen war (vgl Rn 24). Verträge über den Anspruch vor dem Erbfall unterlagen § 312 Abs 1, 2 (MünchKomm/LEIPOLD Rn 21; DAMRAU FamRZ 1969, 585; SCHRAMM BWNotZ 1970, 13).

24 7. Nach der Entstehung (nach dem Erbfall) war der Erbersatzanspruch entsprechend seiner Übertragbarkeit auch gem §§ 1069, 1274 **rechtsgeschäftlich belastbar** (vgl § 2317 Rn 12). § 852 ZPO fand keine Anwendung. **Pfändbar** war der Anspruch (vgl § 2317 Rn 13–22) abweichend von § 400 wegen § 852 Abs 1 ZPO jedoch nur, soweit er durch Vertrag anerkannt oder rechtshängig geworden war (ERMAN/SCHLÜTER Rn 13; BGB-RGRK/KREGEL Rn 3; **aM** EBENROTH Rn 128; PALANDT/EDENHOFER[57] Rn 4; MünchKomm/ LEIPOLD Rn 23; SOERGEL/STEIN Rn 3; ODERSKY Anm II 3 c). Wie der Inhaber eines Pflichtteilsanspruchs sollte auch allein der Erbersatzberechtigte entscheiden, ob er den Anspruch geltend machen wollte, da der Anspruch auf persönlichen Beziehungen zum Erblasser (Verwandtschaft) beruhte. Insoweit wäre ein Unterschied zum Pflichtteilsanspruch nicht begründet. Mit Anerkennung oder Rechtshängigkeit (§ 852 ZPO) gehörte der Erbersatzanspruch zur Konkursmasse (§ 1 KO).

25 8. **Aufrechnung** gegen den Erbersatzanspruch war dem Erben gem § 394 S 1 erst nach Anerkennung oder Rechtshängigkeit möglich (STAUDINGER/FERID/CIESLAR[12] § 2317 Rn 25).

IV. Ausgleichungspflicht unter Abkömmlingen

26 § 2316 war nach § 1934 b Abs 2 S 1 auf den Erbersatzanspruch nicht anwendbar. § 1934 b Abs 3 bestimmt vielmehr für erbersatzberechtigte Abkömmlinge des Erblassers die entsprechende Anwendung der Vorschriften über die Ausgleichungspflicht unter Abkömmlingen, die als gesetzliche Erben zur Erbfolge gelangen,

§§ 2050–2057 a. Hierdurch wurde der Erbersatzberechtigte wertmäßig so gestellt, wie wenn er dinglich Erbe und ausgleichspflichtig wäre.

1. Nichteheliche wie eheliche Abkömmlinge des Erblassers mußten sich gleichberechtigt vom Erblasser erhaltene **Zuwendungen** gem §§ 2050 ff auf ihren Erbanteil bzw Erbersatzanspruch **anrechnen** lassen. Dazu zählten namentlich Zuwendungen im Hinblick auf einen nicht zustandegekommenen Erbausgleich, § 1934 a Abs 4 S 3. Der Nachlaßwert erhöhte sich um die ausgleichspflichtigen Zuwendungen, § 2055 (WESTPHAL ZBlJugR 1979, 479, 483). Hatte der Nachlaß einen Wert von 50.000,– DM, hat das allein erbende eheliche Kind des Erblassers eine ausgleichspflichtige Zuwendung in Höhe von 20.000,– DM, das nichteheliche Kind eine solche von 10.000,– DM erhalten, betrug der rechnerische Nachlaßwert 80.000,– DM. Der Erbersatzanspruch belief sich auf 40.000,– DM, worauf das nichteheliche Kind sich die erhaltenen 10.000,– DM anrechnen lassen mußte, also von dem ehelichen Kind 30.000,– DM verlangen konnte. Bei Wegfall eines ausgleichsverpflichteten erbersatzberechtigten Abkömmlings ging die *Ausgleichsverpflichtung* auf den an seine Stelle tretenden Abkömmling über, §§ 1934 b Abs 3, 2051. 27

Bei **Zuwendungen** an einen **Abkömmling** des Erbersatzberechtigten oder an den Erbersatzberechtigten vor Wegfall eines ihn ausschließenden Berechtigten galt § 2053 Abs 1, 2, dh Ausgleich nur bei Anordnung des Erblassers. Ob § 2053 Abs 2 auch für *Zuwendungen vor Inkrafttreten des NichtehelG* entsprechend galt, war umstritten. Teilweise wurde auf den hypothetischen Erblasserwillen abgestellt (so ERMAN/SCHLÜTER Rn 27; ODERSKY Anm VI 2 c), teilweise auf die generelle Vermutung, daß das Zugewandte mit Blick auf die Rechtsbeziehung zum nichtehelichen Kind geleistet worden war, die schon vor Einführung des NichtehelG bestand (MünchKomm/LEIPOLD Rn 18). Zudem habe der Gesetzgeber bei Schaffung des § 2053 nicht an eine Erstreckung auf nichteheliche Verwandte gedacht. Mit der Einführung des NichtehelG hatte der Gesetzgeber aber ausdrücklich auch die Geltung des § 2053 angeordnet. § 1934 b Abs 3 enthielt keine über die allgemeinen zeitlichen Geltungsvoraussetzungen hinausgehenden Beschränkungen. § 2053 war daher auch auf Zuwendungen vor dem 1. 7. 1970 anwendbar (SOERGEL/STEIN Rn 8). Dies entsprach der bezweckten Gleichstellung der nichtehelichen mit ehelichen Verwandten. 28

2. Bei der entsprechenden **Anwendung des § 2052** war zu berücksichtigen, daß eine letztwillige Erbeinsetzung des nichtehelichen Abkömmlings auf den gesetzlichen Erbteil den Erbersatzanspruch insgesamt ausschloß (vgl § 1934 a Rn 6 ff), § 2052 konnte somit nicht über § 1934 b Abs 3 Anwendung finden. Da das nichteheliche Kind bei dinglicher Erbfolge mehr, die gesetzlichen Erben weniger als bei gesetzlicher Erbfolge erhalten würden, konnte § 2052 auch nicht unmittelbar gelten (SOERGEL/STEIN Rn 8; MünchKomm/LEIPOLD Rn 17; aM ERMAN/SCHLÜTER Rn 27). Weil eine letztwillige Einsetzung auf den Erbersatzanspruch als Quotenvermächtnis anzusehen war, konnte der nichteheliche Abkömmling ebenfalls nicht iSd § 2052 durch letztwillige Verfügung die Stellung erhalten, die ihm aufgrund gesetzlicher Erbfolge im weiten Sinne zukommen würde. Der rechtspolitische Grund des § 2052 liegt darin, daß der Erblasser mit Einsetzung auf die gesetzlichen Erbteile die gesetzliche Erbfolge gutheißt und damit auch die Nebenregelung, dh die Ausgleichspflicht der §§ 2050 ff herbeiführen will. Die von § 1934 b Abs 3 gewollte wertmäßige Gleichstellung ehelicher und nichtehelicher Abkömmlinge unter ausdrücklicher Ausklammerung des § 2316 29 erforderte daher, diese Norm auch dann anzuwenden, wenn der Erblasser dem nichtehelichen Abkömmling ein (Quoten-)Vermächtnis in Höhe des Erbersatzanspruchs aussetzte und die ehelichen Abkömmlinge auf ihre gesetzlichen Erbteile setzte. In diesem Falle stehen alle Abkömmlinge rechtlich wie bei gesetzlicher Erbfolge, die Ausgleichspflicht nach §§ 2050, 2051 war im Zweifel anzunehmen (MünchKomm/Leipold Rn 17; Soergel/Stein Rn 8). Hatte der Erblasser nur die ehelichen Abkömmlinge letztwillig in Höhe ihrer gesetzlichen Erbanteile, nicht aber den nichtehelichen Abkömmling mit einem Geldanspruch bedacht, lag darin die Enterbung des nichtehelichen Abkömmlings, § 2052 konnte über § 1934 b Abs 3 keine Anwendung finden (vgl § 1934 a Rn 7).

30   3.   Zum Gegenstand der **Ausgleichungspflicht** und zum **Ausgleichsverfahren** vgl Erläuterungen zu §§ 2050 ff.

V.   Durchsetzung des Erbersatzanspruchs

31   Die Durchsetzung erfolgte im Wege der Leistungsklage vor dem Prozeßgericht. Diese war nach Annahme der Erbschaft durch die Erben (§ 1958) gegen diese einzeln oder als Gesamtschuldner gem § 2058 zu richten (MünchKomm/Leipold § 1934 a Rn 52). Die örtliche Zuständigkeit bestimmte sich nach §§ 12, 27 ZPO, die sachliche nach dem Streitwert, §§ 23 Abs 1 Nr 1, 71 Abs 1 GVG. Ein minderjähriges nichteheliches Kind erhielt gem § 1706 Nr 3 einen Pfleger zur Wahrnehmung seines Anspruches (zu beachten sind §§ 1915, 1822 Ziff 1, 2).

32   1.   **Auskunft** über den Bestand und Wert des Nachlasses konnte der Erbersatzberechtigte von dem (den) Erben nach § 2314 verlangen und dadurch alle Umstände (Tatsachen) in Erfahrung bringen, die für die Berechnung erforderlich waren (AG Köln DAV 1974, 661; Baumgärtel/Schmitz Rn 2; Westphal ZBlJugR 1979, 479, 483), ua auch die eine Ausgleichspflicht nach §§ 2050–2057 a begründenden (Erman/Schlüter Rn 11; Johannsen WM 1970 Beil 3 S 11), da diese auch den Wert des Erbteils unter Miterben mitbestimmten, sowie über Schenkungen, da sich daraus über §§ 2338 a, 2326 ein Ergänzungsanspruch ergeben konnte (MünchKomm/Leipold Rn 37; aA Soergel/Stein Rn 14; Odersky Anm II 2). Zum Anspruch auf Schätzung des gesamten Nachlasses auf Nachlaßkosten Baumgärtel/Schmitz Rn 1. Der Auskunftsanspruch erfaßte nicht ein Gutachten über den Schätzwert einzelner Nachlaßgegenstände (OLG Oldenburg NJW 1974, 2093 = FamRZ 1974, 542). Unter den Voraussetzungen des § 260 bestand Anspruch auf Abgabe einer eidesstattlichen Versicherung (Soergel/Stein Rn 14; Baumgärtel/Schmitz Rn 2).

33   2.   Im **Erbschein** wurden lediglich die Erben, nicht der Inhaber eines Erbersatzanspruchs vermerkt, § 2353 (dazu MünchKomm/Leipold § 1934 a Rn 53; Kumme ZblJugR 1972, 577 ff; Bosch FamRZ 1972, 179). Die Ausstellung eines Erbscheins konnte er nicht über § 2353, sondern nur über §§ 792, 896 ZPO erreichen (MünchKomm/Leipold aaO). Deswegen war das Nachlaßgericht im Erbscheinsverfahren nicht verpflichtet, den Inhaber eines Erbersatzanspruchs zu ermitteln (eingehend Soergel/Stein Vor § 1934 a Rn 12; Hochleitner 153; aA MünchKomm/Leipold § 1934 a Rn 54, der den Erbersatzanspruchsberechtigten sogar am Erbscheinsverfahren beteiligt sehen will). Insoweit teilte er das Los aller gesetzlichen Erben, die – insbesondere bei weiter Verwandtschaft – oft nur zufällig von dem Erbfall erfahren. Eine gravierende Benachteiligung des nichtehelichen

Kindes lag darin nicht (SOERGEL/STEIN aaO). Da das nichteheliche Kind ebenso wie das eheliche dem Nachlaßgericht bekannt war (dazu BRÜGGEMANN ZblJugR 1969, 311; FRANK StAZ 1971, 45, 46; MERGENTALER FamRZ 1972, 430 f), mußte es bei testamentarischer Erbfolge – auch soweit sein Pflichtteilsrecht in Betracht kommt – gem § 2262 informiert werden. Darüber hinaus folgte aus Art 6 Abs 5 GG und der Fürsorgepflicht (vgl § 1960) die Verpflichtung des Nachlaßgerichts, ihm bekannte erbersatzanspruchsberechtigte nichteheliche Kinder vom Tod des Erblassers in Kenntnis zu setzen (Münch-Komm/LEIPOLD aaO; SOERGEL/STEIN aaO).

3. **Verjährung** des Erbersatzanspruchs war in § 1934 b Abs 2 S 2 ähnlich wie bei dem Pflichtteilsanspruch (§ 2332) geregelt. Entgegen dem Willen des BR wurde am Ausschluß des § 2332 für den Erbersatzanspruch festgehalten (BT-Drucks V/2370, 108, 111). Die dreijährige Verjährungsfrist begann mit der Kenntnis des Anspruchsberechtigten vom Erbfall (Tod des Erblassers) und von den anspruchsbegründenden Umständen. Dabei reichte die Kenntnis der natürlichen Vaterschaft bzw der Voraussetzungen der Vaterschaftsvermutung des § 1600 o Abs 2 allein nicht aus. Entscheidend war vielmehr die Kenntnis der Anerkennung bzw rechtskräftigen Feststellung der nichtehelichen Vaterschaft (KG FamRz 1999, 955, 956; dafür wohl OLG Hamm NJW-RR 1986, 165; MünchKomm/LEIPOLD Rn 44; SOERGEL/STEIN Rn 17). Außerdem mußte der Berechtigte um die Existenz bevorrechtigter ehelicher Verwandter wissen, die ihn auf den Erbersatzanspruch verdrängten (KG FamRZ 1999, 955, 956; MünchKomm/ LEIPOLD aaO). Damit war auch Kenntnis des oder der Erben und ggf des Testamentsinhalts erforderlich (KG FamRZ 1999, 956). Bei Minderjährigen war Kenntnis des gesetzlichen Vertreters erforderlich, § 166 Abs 1 (aA Für Hemmung der Frist gem § 204 S 2 OLG München FamRZ 1995, 572, MDR 1995, 390; JAUERNIG/STÜRNER Rn 5; MünchKomm/ LEIPOLD § 1934 b Rn 44 mwN). Ohne Kenntnis der ihn nach § 1934 a von der Erbfolge ausschließenden Umstände durfte sich der Anspruchsinhaber für einen dinglich Erbenden halten, wobei er nicht der kurzen Verjährungsfrist des § 1934 b Abs 2 S 2 unterworfen war.

Weil der Berechtigte nur von Tatumständen Kenntnis erlangt, nicht aber eine rechtliche Würdigung vorgenommen haben mußte, war allein ein Tatirrtum, nicht ein Rechtsirrtum erheblich (MünchKomm/LEIPOLD Rn 44). Unabhängig von der Kenntniserlangung verjährte der Erbersatzanspruch auf jeden Fall in dreißig Jahren nach dem Erbfall. Hemmung und Unterbrechung der Verjährung richteten sich nach §§ 202 ff. Namentlich konnte es als Anerkennung gem § 208 BGB zur Unterbrechung der Verjährung führen, wenn die Erben dem Anspruchsberechtigten Auskunft über den Nachlaß erteilten (WESTPHAL ZBlJugR 1979, 479, 483).

Stundung des Erbersatzanspruchs erfolgte gem §§ 1934 b Abs 2 S 1, 2331 a (dazu LUTTER § 2 IV 5). Gem §§ 1934 b Abs 2 S 1, 2331 a Abs 2 S 2, 1382 Abs 2 und 4 war der gestundete Erbersatzanspruch nach billigem Ermessen zu verzinsen. Dabei waren alle wesentlichen Umstände des Einzelfalles, sowohl die Verhältnisse des Gläubigers als auch die des Schuldners zur Zeit der Entscheidung über die Stundung zu berücksichtigen (BayObLGZ 1980, 421, 426 = FamRZ 1981, 392, 393 f). Die von PALANDT/EDENHOFER[57] (Rn 2) und DAMRAU (BB 1970, 468) anerkannte testamentarische Anordnung ratenweiser Zahlung des Erbersatzanspruches entsprach einer teilweisen Stundung und war damit zulässig. Nicht gefolgt werden konnte dagegen der These von SCHRAMM (BWNotZ 1970, 11; ebenso BOSCH FamRZ 1972, 175), der dem Erben, der im

Innenverhältnis nicht haftete (vgl Rn 13 ff), bei Inanspruchnahme Stundung bis zur Leistung der im Innenverhältnis verpflichteten Erben gewähren wollte. Die Ansicht SCHRAMMS führte letztlich dazu, daß ein im Innenverhältnis nicht haftender Erbe nicht als Gesamtschuldner in Anspruch genommen werden konnte (BOSCH FamRZ 1972, 175). Dies widerspricht dem Grundsatz der gesamtschuldnerischen Haftung, die im Außenverhältnis zur vollen Haftung eines Gesamtschuldners führt. Die Regelung der Haftung der Gesamtgläubiger untereinander bleibt allein auf das Innenverhältnis beschränkt (so auch MünchKomm/LEIPOLD Rn 38; SOERGEL/STEIN Rn 15).

36 4. Im **Aufgebot der Nachlaßgläubiger** (§§ 1970 ff) sind gem § 1972 Pflichtteilsrechte, Vermächtnisse und Auflagen nicht betroffen, da sie idR aus der letztwilligen Verfügung bekannt sind. Das gilt aber nur für Vermächtnisse und Auflagen. Die Existenz eines Pflichtteilsberechtigten ergibt sich nicht aus dem Testament (allenfalls bei ausdrücklicher Enterbung). Zwar wird der Erbersatzanspruchsberechtigte, der nichteheliche Verwandte des Erblassers, idR auch wie ein Pflichtteilsberechtigter den Erben bekannt sein, aber selbst ohne diese Voraussetzung sollte dem Erbersatzberechtigten der gleiche Schutz wie einem Pflichtteilsberechtigten zukommen. §§ 1972, 1973, 1974 waren somit auf den Erbersatzanspruchsberechtigten anwendbar, so daß der Erbersatzanspruch nicht vom Aufgebot betroffen wurde, ihm aber ausgeschlossene Gläubiger, Pflichtteilsberechtigte und Vermächtnisnehmer im Range vorgingen, § 1974 Abs 2, § 226 KO (ODERSKY Anm II 11; MünchKomm/LEIPOLD Rn 39).

§ 1934 c

[1] *War beim Tod des Vaters eines nichtehelichen Kindes die Vaterschaft weder anerkannt noch rechtskräftig festgestellt, so steht dem Kinde ein gesetzliches Erbrecht oder ein Erbersatzanspruch nur zu, wenn das gerichtliche Verfahren zur Feststellung der Vaterschaft bereits zur Zeit des Erbfalls anhängig war. Ist der Vater gestorben, bevor das Kind geboren oder sechs Monate alt war, so genügt es, wenn der Antrag auf Feststellung der Vaterschaft binnen sechs Monaten gestellt wird; die Frist beginnt mit dem Erbfall, jedoch nicht vor der Geburt des Kindes.*

[2] *Im Falle des Todes eines Verwandten des Vaters gilt Absatz 1 Satz 1 entsprechend.*

Materialien: BT-Drucks V/2370, 14, 96 ff; V/4179, 30. STAUDINGER/BGB-Synopse 1896–2000 § 1934 c.

Schrifttum

BRÜGGEMANN, Zum Verständnis des § 1934 c BGB, in: FS Beitzke (1979) 373

STÖCKER, Nichtigkeit des § 1934 c BGB – Auswirkungen im Höferecht, AgrarR 1987, 149.

1. Abschnitt. Erbfolge

I. Die Nichtigerklärung durch das Bundesverfassungsgericht

Das BVerfG hat mit Beschluß vom 18. November 1986 die Norm wegen Verstoßes 1 gegen Art 6 Abs 5 GG für nichtig erklärt (BVerfGE 74, 33 = NJW 1987, 1007 m Anm HOHLOCH JuS 1987, 568 f). Das BGB sehe keine ähnlichen zeitlichen Beschränkungen etwa für den Fall vor, daß der zweite Ehemann der Kindesmutter die Ehelichkeit des während der zweiten Ehe geborenen Kindes erfolgreich anficht, so daß dieses gem § 1600 Abs 2 als eheliches Kind des ersten Ehemanns gelte (BVerfGE 74, 33, 40; vgl ROTH FamRZ 1991, 139, 147). Die Ungleichbehandlung ehelicher und nichtehelicher Kinder sei aber wegen Art 6 Abs 5 GG nur gerechtfertigt, wenn durch die Gleichstellung in andere, nicht weniger schutzwürdige Rechtspositionen eingegriffen würde oder der Regelungshintergrund von der sozialen Situation des Kindes her betrachtet anders sei (BVerfGE 74, 33, 39). Daß der Erblasser möglicherweise nicht damit gerechnet habe, daß sein Nachlaß erbrechtlichen Ansprüchen eines nichtehelichen Kindes ausgesetzt sei, reiche als Rechtfertigung nicht aus. Eventuelle Beweisschwierigkeiten würden überschätzt (BVerfGE 74, 33, 41; im Ergebnis abw BRÜGGEMANN, in: FS Beitzke 397, der in der Abwägung mit Art 6 Abs 1 GG dem Gesetzgeber einen größeren Gestaltungsspielraum zubilligt) und die mit der nachträglichen Vaterschaftsfeststellung verbundene Ungewißheit der Nachlaßregelung sei hinnehmbar (BVerfGE 74, 33, 42; vgl auch Vorlagebeschluß OLG Düsseldorf NJW 1985, 2834, 2836 f).

II. Erbersatzanspruch beim Tod des nichtehelichen Vaters (Abs 1)

1. Grundsatz: Das nichteheliche Kind und seine Abkömmlinge zählen bei aner- 2 kannter oder rechtskräftig festgestellter Vaterschaft gem § 1924 zu den Erben erster Ordnung des nichtehelichen Vaters (§ 1924 Rn 5). In jedem Fall stand nichtehelichen Abkömmlingen ein gesetzliches Erbrecht bzw ein Erbersatzanspruch zu, wenn das Verwandtschaftsverhältnis zu dem Erblasser beim Tod des Vaters anerkannt oder festgestellt war. Die gem § 1600 c aF erforderliche Zustimmung des nichtehelichen Kindes zur Anerkennungserklärung konnte noch nach dem Tod des nichtehelichen Vaters (Erbfall) erfolgen (MünchKomm/LEIPOLD Rn 5; BRÜGGEMANN, in: FS Beitzke 376; BGB-RGRK/KREGEL Rn 1), denn auch für die gerichtliche Feststellung der Vaterschaft ist nur Anhängigkeit, nicht Rechtskraft beim Tod des nichtehelichen Vaters erforderlich (so ODERSKY Anm II 1 a).

Für die Beerbung des nichtehelichen Vaters hatte die **Nichtigkeit des § 1934 c** zur 3 Folge, daß die erfolgreiche Durchführung des Vaterschaftsfeststellungsverfahrens gem § 1600 n Abs 2 iVm § 55 b FGG prinzipiell ohne zeitliche Begrenzung rückwirkend erbrechtliche Ansprüche des nichtehelichen Kindes gegen den väterlichen Nachlaß begründete (SOERGEL/STEIN Rn 2; MünchKomm/LEIPOLD Rn 1; aA allerdings STÖCKER AgrarR 1987, 149, der wegen § 1600 a S 2 aF die Rückwirkung der Vaterschaftsfeststellung negiert; § 1600 a S 2 aF hemmte jedoch nur die Geltendmachung der Rechtswirkungen einer Vaterschaftsfeststellung, ohne deren Entstehung zu verhindern; es handelt sich um eine bloße Rechtsausübungssperre, MünchKomm/LEIPOLD Fn 4; BRÜGGEMANN, in: FS Beitzke 379). Entsprechend konnte sie im Höferecht zur Hoferbenberufung bzw zu Abfindungsansprüchen führen (MünchKomm/LEIPOLD Rn 1; aA STÖCKER aaO aufgrund seines verfehlten Ansatzes).

Die **Nichtigkeit des § 1934 c** hatte grundsätzlich Konsequenzen auch für Erbfälle vor 4 der Entscheidung des BVerfG, und zwar auch, wenn die Vaterschaft noch vor diesem

Zeitpunkt festgestellt worden war. Insbesondere konnte ein übergangenes nichteheliches Kind gem § 2079 ein Testament seines Vaters anfechten (BRÜGGEMANN DAVorm 1987, 249, 252). Anderes galt aber für den Fall einer rechtskräftigen Entscheidung gem § 79 Abs 2 iVm § 95 Abs 3 S 2, 3 BVerfGG, wozu jedoch Entscheidungen im Erbscheinsverfahren nicht zählten (MünchKomm/LEIPOLD Rn 3; SOERGEL/STEIN Rn 3 aE).

Auch setzte dem Wiederaufrollen von Altfällen die Verjährung gem § 1934 b Abs 2 S 2 iVm § 2332 Abs 1 Grenzen. Zwar begann die Dreijahresfrist erst, wenn das nichteheliche Kind Kenntnis von den Umständen hatte, aus denen das Bestehen des Erbersatzanspruchs folgte, wozu teilweise auch die Entscheidung des BVerfG gerechnet wurde (SOERGEL/STEIN Rn 3; MünchKomm/LEIPOLD Rn 4; BRÜGGEMANN DAVorm 1987, 249, 252). Dagegen sprach jedoch, daß das Verkennen der objektiven Verfassungswidrigkeit und damit Unbeachtlichkeit einer Norm lediglich einen Rechtsirrtum darstellt, der Kenntnis iS von § 1934 b Abs 2 S 2 gerade nicht ausschließt (OLG Köln DAVorm 1988, 836, 837; ERMAN/SCHLÜTER Rn 5; vgl auch § 1934 b Rn 34). Auch war die Verjährung nicht gem § 203 Abs 2 gehemmt, da jeder Betroffene durch Verfassungsbeschwerde die Nichtigkeit von § 1934 c feststellen lassen konnte (OLG Köln DAVorm 1988, 836, 838; ERMAN/SCHLÜTER Rn 6).

5 **2.** Die Feststellung der nichtehelichen Vaterschaft des Erblassers war nach dessen Tod nun auch für die erbrechtliche Stellung des nichtehelichen Kindes ohne zeitliche Begrenzung von Belang (OLG Düsseldorf NJW 1990, 1244). Allerdings war ein bereits anhängiges Vaterschaftsfeststellungsverfahren durch den Tod des Erblassers gem §§ 619, 640 Abs 1 ZPO als erledigt anzusehen (MünchKomm/LEIPOLD Rn 8; SOERGEL/STEIN § 1924 Rn 12; BRÜGGEMANN, in: FS Beitzke 376). Jedoch konnte das nichteheliche Kind durch Antrag gem § 1600 n Abs 2 iVm § 55 b FGG beim Vormundschaftsgericht die Feststellung erlangen, die es wegen § 1600 a S 2 aF benötigte. Dabei war es an keine Frist gebunden (MünchKomm/LEIPOLD aaO; SOERGEL/STEIN aaO; BRÜGGEMANN aaO). Die Erben konnten sie auch nicht durch ein negatives Feststellungsurteil betreffs Erbrecht bzw Erbersatzanspruch des nichtehelichen Kindes verkürzen, da die Feststellung der Vaterschaft des Erblassers von der Rechtskraft eines solchen Urteils nicht gedeckt wäre (MünchKomm/LEIPOLD aaO; aA SOERGEL/STEIN aaO; BRÜGGEMANN aaO). Diese Konsequenz hatte der Gesetzgeber bewußt hingenommen (MünchKomm/LEIPOLD aaO; krit BRÜGGEMANN DAVorm 1987, 249, 255). Ein Bedürfnis dafür, bei scheinehelichen Kindern noch vor Entscheidung des Ehelichkeitsanfechtungsverfahrens (vgl § 1593) zur Fristwahrung ein Vaterschaftsfeststellungsverfahren einzuleiten und es dann analog § 153 ZPO bzw gem § 148 ZPO bis zur Feststellung der Nichtehelichkeit auszusetzen (dafür zuletzt OLG Hamm NJW 1985, 442, 443 = OLGZ 1985, 7, 10 f; STAUDINGER/WERNER [1994] Voraufl Rn 11; aA OLG Düsseldorf NJW 1985, 2834, 2837; BRÜGGEMANN, in: FS Beitzke 389), bestand mangels des Zeitdrucks der Sechsmonatsfrist des § 1934 c Abs 1 S 2 insoweit nicht mehr (SOERGEL/STEIN § 1924 Rn 12). Nach Einleitung des Verfahrens nach § 1600 n konnte die Position des nichtehelichen Kindes bei der Durchsetzung eventueller dinglicher Nachlaßbeteiligung durch Anordnung einer Nachlaßpflegschaft nach § 1960 Abs 1 S 2 (MünchKomm/LEIPOLD Rn 9; BRÜGGEMANN DAVorm 1987, 249, 256 f) oder durch Mitteilung des Feststellungsverfahrens an das Nachlaßgericht gesichert werden (BRÜGGEMANN aaO).

6 Die Erben hafteten für die erbrechtlichen Ansprüche des nichtehelichen Kindes nach fünf Jahren nur noch gem §§ 1974, 1973. Zuvor mußten sie bei Berufung auf § 1990

mit persönlicher **Haftung** gem §§ 1991, 1978, 1979 rechnen. Ein Aufgebotsverfahren half wegen §§ 1972, 1934 b Abs 2 S 1 oft nicht (BRÜGGEMANN DAVorm 1987, 249, 252 f). Eine Haftung gem § 2024 als bösgläubiger Erbschaftsbesitzer wurde dagegen auch nach der Entscheidung des BVerfG allein durch die Kenntnis von einem anhängigen Vaterschaftsfeststellungsverfahren nicht begründet (SOERGEL/STEIN § 1934 c Rn 5).

III. Erbersatzanspruch beim Tod eines Verwandten des nichtehelichen Vaters

1. Grundsatz: Die verwandtschaftlichen Beziehungen des nichtehelichen Kindes und seiner Abkömmlinge zu den Verwandten des nichtehelichen Vaters und das darauf beruhende gesetzliche Erbrecht werden durch den nichtehelichen Vater, durch die nichteheliche Geburt vermittelt. Da die Verwandtschaft zu dem Vater und dessen Verwandten in erbrechtlicher Hinsicht nicht allein durch die Blutsverwandtschaft, sondern durch die *Anerkennung* oder *gerichtliche Feststellung* der Vaterschaft begründet wird (vgl Rn 2), war das nichteheliche Kind jedenfalls dann Erbe von väterlichen Verwandten (bzw hat es einen Erbersatzanspruch), wenn zZt des Erbfalles die Vaterschaft anerkannt oder gerichtlich festgestellt worden war.

2. Nach §§ 1924 Abs 2, 1925 Abs 2, 1926 Abs 2, 1928 Abs 2, 3 wird ein Kind von der Erbfolge beim Tod väterlicher Verwandter durch den Vater ausgeschlossen. Entsprechend konnte ein nichteheliches Kind beim Tod väterlicher Verwandter nur dann dinglich erben bzw einen Erbersatzanspruch haben, wenn der Vater vorverstorben war oder aus anderen Gründen nicht zur Erbschaft gelangte. Der Tod des nichtehelichen Vaters war daher für das Erbrecht des nichtehelichen Kindes eine wesentliche Voraussetzung bei der Erbfolge nach väterlichen Verwandten. Soweit beim Tod des väterlichen Verwandten ein Anerkenntnis bzw die gerichtliche Feststellung der Vaterschaft noch nicht erfolgt war, konnte das nichteheliche Kind eine erbrechtsbegründende Vaterschaftsfeststellung iSd § 1600 n Abs 2 ohne zeitliche Begrenzung herbeiführen (MünchKomm/LEIPOLD Rn 10; SOERGEL/STEIN Rn 6).

IV. Erbersatzanspruch beim Tod des nichtehelichen Kindes

Schon vor Nichtigerklärung durch das BVerfG blieb die Beerbung des nichtehelichen Kindes von § 1934 c unberührt, so daß auch hier die Vaterschaftsanerkennung gem § 1600 n Abs 2 unabhängig von ihrem Zeitpunkt grundsätzlich erbrechtliche Ansprüche des Vaters und väterlicher Verwandter begründete. Als gesetzliche Alleinerbin bzw im Verhältnis zum Ehegatten des nichtehelichen Kindes gem §§ 1934 b Abs 2 S 1, 2320 Abs 1 allein Belastete war nur die Mutter des nichtehelichen Kindes vom Erbersatzanspruch des Vaters betroffen, dem auch nur sie gem § 1600 n Abs 2 iVm § 55 b FGG durch einen entsprechenden Antrag Geltung verschaffen konnte (MünchKomm/LEIPOLD Rn 11; SOERGEL/STEIN Rn 7 und § 1924 Rn 12).

V. Auch das Geltendmachen von Pflichtteilsansprüchen des nichtehelichen Kindes bzw Vaters war vor Feststellung der Vaterschaft ausgeschlossen (MünchKomm/LEIPOLD Rn 12).

§ 1934 d

[1] *Ein nichteheliches Kind, welches das einundzwanzigste, aber noch nicht das siebenundzwanzigste Lebensjahr vollendet hat, ist berechtigt, von seinem Vater einen vorzeitigen Erbausgleich in Geld zu verlangen.*

[2] *Der Ausgleichsbetrag beläuft sich auf das Dreifache des Unterhalts, den der Vater dem Kinde im Durchschnitt der letzten fünf Jahre, in denen es voll unterhaltsbedürftig war, jährlich zu leisten hatte. Ist nach den Erwerbs- und Vermögensverhältnissen des Vaters unter Berücksichtigung seiner anderen Verpflichtungen eine Zahlung in dieser Höhe entweder dem Vater nicht zuzumuten oder für das Kind als Erbausgleich unangemessen gering, so beläuft sich der Ausgleichsbetrag auf das den Umständen nach Angemessene, jedoch auf mindestens das Einfache, höchstens das Zwölffache des in Satz 1 bezeichneten Unterhalts.*

[3] *Der Anspruch verjährt in drei Jahren von dem Zeitpunkt an, in dem das Kind das siebenundzwanzigste Lebensjahr vollendet hat.*

[4] *Eine Vereinbarung, die zwischen dem Kinde und dem Vater über den Erbausgleich getroffen wird, bedarf der notariellen Beurkundung. Bevor eine Vereinbarung beurkundet oder über den Erbausgleich rechtskräftig entschieden ist, kann das Kind das Ausgleichsverlangen ohne Einwilligung des Vaters zurücknehmen. Kommt ein Erbausgleich nicht zustande, so gelten für Zahlungen, die der Vater dem Kinde im Hinblick auf den Erbausgleich geleistet und nicht zurückgefordert hat, die Vorschriften des § 2050 Abs. 1, des § 2051 Abs. 1 und des § 2315 entsprechend.*

[5] *Der Vater kann Stundung des Ausgleichsbetrages verlangen, wenn er dem Kinde laufenden Unterhalt zu gewähren hat und soweit ihm die Zahlung neben der Gewährung des Unterhalts nicht zugemutet werden kann. In anderen Fällen kann der Vater Stundung verlangen, wenn ihn die sofortige Zahlung des gesamten Ausgleichsbetrages besonders hart treffen würde und dem Kinde eine Stundung zugemutet werden kann. Die Vorschriften des § 1382 gelten entsprechend.*

Materialien: BT-Drucks V/4179, 30, 31, Ber 6; BR-Drucks 271/2/69, 1, 2; BT-Drucks 13/4898. STAUDINGER/BGB-Synopse 1896–2000 § 1934 c.

Schrifttum

ANONYMUS, Vorzeitiger Erbausgleich nach § 1934 d BGB auch für vor dem 1. Juli 1949 geborene nichteheliche Kinder, FamRZ 1971, 20

BOCK, Empfiehlt es sich, den vorzeitigen Erbausgleich nach § 1934 d und § 1934 e BGB wieder abzuschaffen? (Diss Bonn 1976)

BRÜGGEMANN, Einige Bemerkungen zur Verfassungsmäßigkeit des vorzeitigen Erbausgleichs, ZblJugR 1972, 242

CHRISTIANSEN, Der Anspruch des nichtehelichen Kindes auf den vorzeitigen Erbausgleich nach den §§ 1934 d, 1934 e BGB (Diss Freiburg 1971)

DAMRAU, Der Ausstattungsanspruch des nichtehelichen Kindes, FamRZ 1969, 129

EBENROTH/FRANK, Zur Reform des Anspruchs

eines nichtehelichen Kindes auf vorzeitigen Erbausgleich nach §§ 1934 d, 1934 e BGB, ZEV 1996, 167
JÄGER, Probleme des vorzeitigen Erbausgleichs, FamRZ 1971, 504
JOCHEM, Der vorzeitige Erbausgleich – Beerbung nach Bedarf?, FamRZ 1974, 360
KÖRTING, Vorzeitiger Erbausgleich auch für vor dem 1. 7. 1949 geborene nichteheliche Kinder, NJW 1971, 414
KUMME, Streitfragen zum vorzeitigen Erbausgleich des nichtehelichen Kindes (§§ 1934 d und e BGB), ZblJugR 1974, 22
ders, Zur Berechnung des vorzeitigen Erbausgleichs des nichtehelichen Kindes, ZfJ 1984, 127

SIEGTMEYER, Der vorzeitige Erbausgleich nach §§ 1934 d, 1934 e BGB – Eine rechtsdogmatische Analyse des neuartigen Rechtsinstitutes (Diss Münster 1977)
STINTZING, Ersbersatzanspruch und vorzeitiger Erbausgleich, FuR 1994, 73
STÖCKER, Vorzeitiger Erbausgleich auch für vor dem 1. 7. 1949 geborene nichteheliche Kinder?, NJW 1970, 2003
ders, Beerbung bei lebendigem Leibe?, Kritik der §§ 1934 d, 1934 e BGB, JZ 1970, 675
ders, „Beerbung bei lebendigem Leibe" – Stand und Perspektiven der Diskussion um den vorzeitigen Erbausgleich (§§ 1934 d, e BGB), JZ 1979, 87.

Systematische Übersicht

I. Allgemeines zum vorzeitigen Erbausgleich	
1. Zweck der §§ 1934 d, 1934 e	1
2. Ausschluß nichtehelicher Verwandter	3
3. Wesen des Anspruchs	4
4. Ausgestaltung des Anspruchs	6
II. Anspruchsvoraussetzungen (Abs 1)	
1. Anspruchsinhaber	8
2. Zeitraum der Geltendmachung	13
3. Ausgleichsverlangen	15
4. Entstehungszeitpunkt	17
5. Schuldner	18
III. Art und Umfang des Anspruchs	19
1. Regelbetrag	20
2. Abweichen vom Regelbetrag	23
IV. Natur des Anspruchs	36
1. Übertragbarkeit	37
2. Pfändbarkeit, Aufrechnung	39
3. Vererblichkeit	40
V. Vereinbarung über Erbausgleich (Abs 4 S 1)	43
1. Frist	44
2. Rechtsnatur der Vereinbarung	45
3. Rechtsnatur der Erklärungen	46
4. Form	47
5. Aufhebung	48
VI. Rechtskräftige Entscheidung	49
VII. Fälligkeit	50
VIII. Rücknahme des Ausgleichsverlangens	51
1. Erklärung	52
2. Zeitliche Grenze	53
3. Erneutes Ausgleichsverlangen	54
4. Klagerücknahme	55
5. Rücktrittsvereinbarung	56
IX. Scheitern des vorzeitigen Erbausgleichs	57
X. Rückgewähr vorzeitig gezahlten Ausgleichs	58
1. Rückforderung durch Vater	59
2. Rückforderung durch Erben des Vaters	60
XI. Stundung der Forderung (Abs 5)	61
1. Wegen Unterhaltsgewährung	62
2. In anderen Fällen	63
3. Geltendmachung des Stundungsbegehrens	65
XII. Verfahren zur Erlangung des vorzeitigen Erbausgleichs	
1. Gerichtliche Zuständigkeit	72
2. Verjährung	73

§ 1934 d
1   5. Buch

Alphabetische Übersicht

Abweichung vom Regelbetrag	23 ff	Pflichtteil	3
– zugunsten des Kindes	29 ff	Pflichtteilsunwürdigkeit	11
– zugunsten des Vaters	24 ff		
Anspruchsinhaber	8 ff	Rechtskräftige Entscheidung	49
Aufrechnung	39	Rechtsnatur	5, 36 ff
Ausgleichsverlangen	15, 17	Regelbetrag	20
– Erklärung	15	Rücktrittsvereinbarung	56
– Rücknahme	17, 43, 51 ff	Rückzahlung	58 ff
Bereicherungsanspruch	60	Scheitern des Ausgleichs	57 ff
		Schuldner	18
Einrede	11	Staatsangehörigkeit	5, 10
Enterbung	11	Stundung	61 ff
Entstehung des Anspruchs	17	– Begehren	65
Erbunwürdigkeit	11		
		Übertragbarkeit	37 f
Fälligkeit des Anspruchs	50	Umfang des Anspruchs	7, 19 ff
Feststellung des Anspruchs	21 ff	Unangemessenheit	30
Fixierung der Forderung	17, 37, 43	Unterhaltsbefreiung	22
Gestaltungserklärung	17	Vereinbarung über Erbausgleich	43 ff
Gewillkürte Erbfolge	9	– Aufhebung	48
		– Bindung	43
Höchstbetrag	34	– Form	47
Höchstpersönlichkeit	41, 36, 51 ff	– Frist	44
Höhe des Anspruchs	7, 20 ff	Vererblichkeit	40 ff
Hypothetischer Erbteil	27, 32	Verfahren	72 ff
		Verfassungsmäßigkeit	2
Klagerücknahme	55	Verjährung	73
		Verzicht	3, 12, 34
Mindestbetrag	34		
		Zeitraum der Geltendmachung	6, 13 ff
Nachlaßverbindlichkeit	36	Zuständiges Gericht	35, 49, 72
Nichteheliches Kind	8	Zweck der Vorschrift	1, 2
Pfändbarkeit	39		

I. Allgemeines zum vorzeitigen Erbausgleich

1   **1.** § 1934 d wurde eingefügt durch Art 1 Nr 88 NichtehelG (vgl Vorbem 34 zu §§ 1924–1936). §§ 1934 d, e führten ein bis dahin unbekanntes Rechtsinstitut, den sog **vorzeitigen Erbausgleich**, in das Erbrecht ein, um eine weitere Gleichstellung des nichtehelichen Kindes mit dem ehelichen herbeizuführen. Auch nach der erbrechtlichen Gleichstellung durch das ErbGleichG zum 1. 4. 1998 behalten davor wirksam vereinbarte oder gerichtlich festgestellte Erbausgleiche ihre Wirkung und die Normen der §§ 1934 d, e sind weiterhin auf sie anwendbar (Art 227 Abs 1 Nr 2

1. Abschnitt. Erbfolge

§ 1934 d
2

EGBGB), so daß diese Regelungen noch längere Zeit von Bedeutung bleiben werden. Diese Übergangsregelung ist verfassungsgemäß (OLG Düsseldorf NJW 1999, 1560 f) Da §§ 1934 d, e alle Fälle erfassen, in denen vor Inkrafttreten des ErbGleichG am 1. 4. 1998 wirksame Vereinbarungen über den Erbausgleich getroffen worden sind bzw hierüber durch Urteil entschieden worden ist, bleibt es bei der Anwendung dieser Normen in den Fällen, in denen in den zukünftigen Jahren, ja Jahrzehnten der Erbfall erfolgt und das Erbrecht des nichtehelichen Kindes über § 1934 e zu beurteilen ist (vgl Rn 10). Ebenso wird erst bei diesen späteren Erbfällen eine rechtliche Überprüfung der Voraussetzungen der §§ 1934 d, e insbes im Hinblick auf die seinerzeitige Abfindung erfolgen. Das eheliche Kind erhält von dem Vater nicht allein den angemessenen Unterhalt, sondern – da mit dem Vater in Familiengemeinschaft lebend – darüber hinaus Vorteile aus dessen Vermögen, insbesondere beim Aufbau der eigenen Existenz und Gründung der eigenen Familie. Dagegen war das nichteheliche Kind allein auf den Unterhalt angewiesen, am sonstigen väterlichen Vermögen nahm es erst bei dem Tod des Vaters über den Erbersatzanspruch teil. Bei heute üblicher Lebenserwartung erhielt das nichteheliche Kind ein zum Aufbau der Existenz benötigtes Kapital nicht vom Vater, der Erbfall als Voraussetzung des Erbersatzanspruches trat idR erst ein, wenn es bereits Existenz und Familie aufgebaut hatte. Mit dem Institut des vorzeitigen Erbausgleichs konnte das nichteheliche Kind eine über den Unterhalt hinausgehende Teilhabe am väterlichen Vermögen herbeiführen, und zwar in einer Zeit, in der das Kind seine Existenz und Familie aufbaut, in der es das Kapital eher benötigte als bei dem Erbfall.

Mit diesem Anspruch auf vorzeitigen Erbausgleich wurde dem nichtehelichen Kind **2** lediglich wie dem ehelichen **Starthilfe beim Eintritt in sein selbständiges Berufsleben** gewährt (BT-Drucks V/4179 Ber 6). Diese war weder im Hinblick auf Art 3 Abs 1, 6 Abs 5 GG noch wegen Verstoßes gegen Art 6 Abs 1, 14 Abs 1 GG verfassungsrechtlich zu beanstanden (BVerfGE 58, 377 = NJW 1982, 565 = JZ 1982, 105; NJW 1996, 1884; OLG Nürnberg NJW-RR 1986, 83, 84, FamRZ 1996, 927, LG Freiburg FamRZ 1997, 517; **aA** neuestens etwa SOERGEL/STEIN Vor § 1934 a Rn 7; vgl STAUDINGER/WERNER[12] mwN). Entgegen häufiger Behauptung (vgl KROPHOLLER AcP 185, 244, 298; STÖCKER JZ 1979, 87, 88; ODERSKY Anm I 1; LUTTER § 3 I 3; BARTH/WAGENITZ ZEV 1994, 79, 80) wurde das nichteheliche Kind durch den vorzeitigen Erbausgleich nicht besser gestellt als das eheliche, für das es keinen entsprechenden Anspruch gegen den Vater gab, denn das eheliche Kind genoß ohne einen solchen Rechtsanspruch aufgrund Familienbindung zum Vater bereits diese Vorteile (SOERGEL/STEIN Vor § 1934 a Rn 6). Diese familiäre Bindung fehlte dem nichtehelichen Kind regelmäßig zu seinem leiblichen Vater, weshalb damit zu rechnen war, daß dieser bestrebt war, die erbrechtliche Beteiligung jenes Kindes auf ein Minimum zu beschränken (BVerfGE 58, 377, 394). Darüber hinaus verlor das nichteheliche Kind gem § 1934 e mit Fixierung des Anspruchs auf vorzeitigen Erbausgleich sein Erbrecht bzw seinen Erbersatzanspruch aus §§ 1924, 1934 a. Das eheliche Kind wurde trotz entsprechender wirtschaftlicher Unterstützung durch den Vater nicht von der Erbfolge ausgeschlossen. Es blieb also letztlich immer noch eine Besserstellung des ehelichen Kindes erhalten. Das nichteheliche Kind war in seiner rechtlichen Position gegenüber dem ehelichen zwar durch den Anspruch besser gestellt, wirtschaftlich aber – und dies ist entscheidend – blieb das eheliche Kind der größere Nutznießer väterlichen Vermögens (vgl hierzu BGHZ 76, 109, 113). Eine Gesamtwürdigung der sozialen und rechtlichen Stellung des nichtehelichen Kindes kann also seine partielle rechtliche Bevorzugung rechtfertigen (BVerfGE 58, 377, 390).

§ 1934 d
3   5. Buch

Die Schlechterstellung von Scheidungswaisen gegenüber nichtehelichen Kindern wäre vom Reformgesetzgeber zu beheben; Art 6 Abs 5 GG zielte jedenfalls auf eine Gleichstellung mit dem „Normalfall" des ehelichen Kindes (BVerfGE 58, 377, 393; BGHZ 76, 109, 113 f; zweifelhaft, ob verfassungswidrig sofern es auch für ne Kinder zusammenlebender Eltern galt, so jedoch STINTZING FuR 1994, 73, 84 f). Soweit sich das nichteheliche Kind durch den vorzeitigen Erbausgleich gegenüber ehelichen Kindern eines vermögenslosen Erblassers besser stand, ermöglichte es § 1934 d Abs 2, die berechtigten Interessen der ehelichen Kinder in die Beurteilung der Leistungsfähigkeit des Ausgleichsschuldners einfließen zu lassen (BVerfGE 58, 377, 396). Das Bedenken einer Beerbung bei lebendigem Leibe im Hinblick auf Art 14 GG wurde schließlich dadurch entkräftet, daß der vorzeitige Erbausgleich in seiner Zweckrichtung und Ausgestaltung eher einem familienrechtlichen Ausstattungsanspruch ähnelte (BVerfGE 58, 377, 399; BGHZ 76, 109, 114 f; vgl dazu Rn 5). Soweit der Ausgleichspflichtige unfreiwillig sein Erbrecht nach dem nichtehelichen Kind einbüßte, stand dies im Zusammenhang mit dem Verlust erbrechtlicher Ansprüche gegen seinen Nachlaß und dürfte damit noch von Art 14 Abs 1 S 2 GG gedeckt gewesen sein (MünchKomm/LEIPOLD Rn 7; aA RAUSCHER, Reformfragen des gesetzlichen Erb- und Pflichtteilsrechts I, 139–141).

Rechtspolitisch war schon in den letzten Jahren die Tendenz erkennbar, den vorzeitigen Erbausgleich wieder abzuschaffen (zuletzt 59. DJT NJW 1992, 3018 fast einhellig, SCHWENZER FamRZ 1992, 121, 128). Einen entsprechenden Gesetzentwurf hatte die Bundesregierung am 18. 3. 1994 vorgelegt (BR-Drucks 219/94) und mit Verabschiedung des ErbGleichG (BT Drucks 13/4899) und dessen Wirksamkeit zum 1. 4. 1998 verwirklicht. Damit trägt sie der gewachsenen gesellschaftlichen Anerkennung nichtehelicher Lebensgemeinschaften Rechnung, durch die sich das Lebensdefizit nichtehelicher Kinder von einem generellen zu einem individuellen Problem gewandelt hat (BR-Drucks S 20). Lediglich § 1934 d Abs 4 S 3 wird nahezu wörtlich in Art 7 § 2 Erbrechtsgleichstellungsgesetz übernommen (krit BOSCH FamRZ 1993, 1257, 1260, der eine Erweiterung des Instituts eines vorzeitigen Erbausgleichs für angezeigt hält; jedoch ist das Institut noch zu unausgereift, wie die Schwierigkeiten bei der Fixierung des Ausgleichsbetrags im Einzelfall zeigen; näher BARTH/WAGENITZ ZEV 1994, 79, 81; RAUSCHER II 1, 225–227).

3 2.   Wollte der Gesetzgeber mit der lediglich obligatorischen Nachlaßbeteiligung nichtehelicher Verwandter ein Zusammentreffen mit ehelichen in einer Erbengemeinschaft verhindern, um naturgemäß befürchteten Spannungen zu begegnen (vgl Vorbem 42 zu § 1924), so war es nur konsequent, einen Weg zu schaffen, der das nichteheliche Kind durch vorherige Abfindung gänzlich von einer Nachlaßbeteiligung ausschloß. Besteht weder eine dingliche noch eine obligatorische Nachlaßbeteiligung, wird jeglicher rechtliche Kontakt aufgrund eines Erbrechts verhindert.

Ohne §§ 1934 d, e bot sich als solche Möglichkeit der Ausschließung schon zu Lebzeiten des nichtehelichen Vaters allein der Erbverzicht des § 2346 an. Dieser Weg wird sich auch nach Streichung der §§ 1934 d, e als Mittel anbieten, nichteheliche Abkömmlinge von der Erbschaft auszuschließen (vgl Rn 14). Denn selbst bei Entzug des Erbersatzanspruchs (§ 1934 b Rn 22) verbleibt dem Kind gem § 2338 a ein Pflichtteilsanspruch gegen die Erben, der sich nur durch die Höhe der Forderung von dem Erbersatzanspruch unterscheidet und zudem eine vom Vater evtl nicht gewollte Distanzierung von seinem nichtehelichen Kind bedeutet. Wegen der bei § 2345 erforderlichen Pflichtteilsunwürdigkeit kann das Pflichtteilsrecht nicht ohne Grund entzogen werden. Ein Erbverzicht des nichtehelichen Kindes aufgrund entsprechender Vorleistung des nichtehelichen Vaters zu dessen Lebzeiten wird idR an der Höhe des Abfindungsbetrages scheitern, da weitgehende Ermittlungen über den Vermögensstand angestellt werden müßten, um einen adäquaten Gegenwert für den Verzicht des nichtehelichen Kindes auf sein Erbrecht zu erreichen.

3. Um den zuvor genannten Schwierigkeiten zu begegnen, wurde mit §§ 1934 d, e der „vorzeitige Erbausgleich" geschaffen. Dieses Institut war im Regierungsentwurf (BT-Drucks V/2370) noch nicht enthalten, sondern wurde auf *Initiative des Rechtsausschusses* in das NichtehelG eingefügt (BT-Drucks V/4179, 30, 31 Ber 6; zur Entstehungsgeschichte CHRISTIANSEN 11 ff). **4**

Das Erbrecht regelt die Zuordnung des Vermögens einer Person nach ihrem Tod. Insoweit zeitigten §§ 1934 d, e Wirkungen, die mit dem Ableben des nichtehelichen Vaters eintreten, nämlich den Ausschluß des nichtehelichen Kindes und des Vaters von der gegenseitigen Erbfolge. Der vorzeitige Erbausgleich war jedoch eine Verpflichtung des nichtehelichen Vaters zu seinen Lebzeiten. Eine derartige Rechtsbeziehung gehörte nicht in das **Erbrecht**, sondern entsprang dem Vater-Kind-Verhältnis, das im **Familienrecht** geregelt ist. Entstehung, Ausgestaltung und Durchsetzbarkeit des Anspruchs als seine wesentlichen Merkmale waren bei dem vorzeitigen Erbausgleich damit *familienrechtlich orientiert* (Starthilfe zugunsten des Kindes, Orientierung am Unterhalt, Ausgestaltung des Anspruches). Die erbrechtlichen Wirkungen des § 1934 e waren lediglich Folgen des familienrechtlichen Anspruchs. Der Anspruch auf vorzeitigen Erbausgleich war damit ein primär **familienrechtlicher Ausstattungsanspruch** mit lediglich **erbrechtlichen Folgen**, ebenso wie die Abstammungs- und Verwandtschaftsregeln dem Familienrecht zugeordnet werden, obwohl sie über die gesetzliche Erbfolge mitentscheiden (so BGHZ 76, 109, 114 f; KG FamRZ 1972, 149; FamRZ 1973, 51; LG Waldshut-Tiengen FamRZ 1976, 374; ERMAN/SCHLÜTER Rn 3; Voss 130; KIPP/COING § 4 V 3 a; LUTTER § 3 I 1, III 1 a; ders StAZ 1971, 14, 16; COING NJW 1988, 1753, 1754; EBERT 27, 28; SIEHR FamRZ 1970, 463; KÖRTING NJW 1971, 414; für rein erbrechtliche Natur: LG Hamburg FamRZ 1994, 403; SOERGEL/STEIN Rn 4; MünchKomm/LEIPOLD Rn 2; LEIPOLD § 7 VI 1; JOHANNSEN WM 1970 Beil 3 S 19; BGH ZEV 1996, 225, 227 m Anm MANKOWSKI). Für das internationale Privatrecht ist jedoch entsprechend dem Erbstatut der Art 24, 25 EGBGB das Recht des Staates maßgebend, dem der Vater zur Zeit des Erbausgleichs angehört. Der Grund hierfür liegt in dem Regelungszusammenhang mit der Regelung der erbrechtlichen Stellung des nichtehelichen Kindes, dem die Zugrundelegung unterschiedlicher Rechtsordnungen nicht gerecht würde (BGHZ 96, 262, 268; BGH ZEV 1996, 225 Anm MANKOWSKI NJW 1996, 2096; MünchKomm/LEIPOLD § 1934 d Rn 3 mwN). Als maßgeblicher Zeitpunkt wird dabei der der notariellen Vereinbarung oder der Schluß der letzten mündlichen Verhandlung angesehen (BGH FamRZ 1996, 855; ZEV 1996, 255 m Anm MANKOWSKI, NJW 1996, 2096; für Abstellen auf Rechtshängigkeit OLG Hamburg NJW-RR 1996, 203, 1216). Auch in der steuerrechtlichen Praxis wurde der vorzeitige Erbausgleich wegen seiner erbrechtlichen Folgen wie eine Erbauseinandersetzung im Wege der vorweggenommenen Erbfolge behandelt (BFH ZEV 1994, 126). **5**

4. Entsprechend seinem Zweck, dem in das selbständige Berufsleben eintretenden Kind eine wirtschaftliche Starthilfe zu geben, beschränkte sich die **Anspruchsberechtigung** auf die *Zeit zwischen dem vollendeten 21. und dem vollendeten 27. Lebens-* **6**

jahr des nichtehelichen Kindes. Wie auch das eheliche Kind nur von seinem Vater eine solche Hilfe erwarten konnte, richtete sich der Anspruch des nichtehelichen Kindes *allein gegen seinen Vater*, nicht gegen die väterlichen Verwandten, bei deren Tod das Kind einen künftigen Erbersatzanspruch haben konnte, weil der nichteheliche Vater vorverstorben ist.

7 Die sehr schwierige und kaum gerecht zu lösende Frage, in welcher **Höhe** ein vorzeitiger Erbausgleichsanspruch bestehen sollte, ist aus *praktischen Gründen* an dem durchschnittlichen Unterhaltsbetrag ausgerichtet worden (Abs 2). Zwar sollte der vorzeitige Erbausgleich neben seiner Starthilfefunktion auch ein Äquivalent für den Ausschluß von der Nachlaßbeteiligung bieten. Der Wert des väterlichen Vermögens zZt des noch unbestimmten Erbfalles und damit die Höhe des zu erwartenden Ersatzanspruchs ließ sich letztlich nicht errechnen oder schätzen. Da der Unterhalt am Lebensstandard des Vaters und damit an dessen Vermögen und Leistungsfähigkeit ausgerichtet war, war er ein bereits feststehender Maßstab, der einen Rückschluß auf Vermögen und späteren Nachlaßwert, insbes aber auf die Mittel zuließ, die das Kind, lebte es mit dem Vater in Familiengemeinschaft, als Starthilfe erhalten würde.

II. Anspruchsvoraussetzungen (Abs 1)

8 **1. Anspruchsinhaber**: Den vorzeitigen Erbausgleich konnte nur ein *nichteheliches Kind* von seinem Vater verlangen. Der Gläubiger mußte nichtehelich geboren sein (vgl Vorbem 24 zu §§ 1924–1936) und durfte nicht durch spätere Legitimation (Vorbem 31 zu §§ 1924–1936), Ehelicherklärung (Vorbem 33 zu §§ 1924–1936) oder Adoption (Vorbem 46 ff zu §§ 1924–1936) den Status eines nichtehelichen Kindes verloren haben. Die Voraussetzung der nichtehelichen Abstammung muß bis zur letzten mündlichen Verhandlung (bzw entsprechend bei Abschluß der notariellen Vereinbarung) gegeben sein. Hatte das Kind in diesem Zeitpunkt den Status eines ehelichen erlangt, war § 1934 d nicht mehr anwendbar (KÖRTING NJW 1970, 1526, 1527; DITTMANN, Rpfleger 1978, 281). Der nichteheliche Vater hatte dann ein Leistungsverweigerungsrecht (SOERGEL/ STEIN Rn 6).

9 Der vorzeitige Erbausgleich trat an die Stelle des späteren Erbrechts, der Anspruch stand daher nur dem nichtehelichen Kind zu, das nach Art 12 § 10 Abs 2 NichtehelG (vgl Vorbem 35 zu §§ 1924–1936) **gesetzlicher Erbe** seines Vaters werden konnte. Anspruchsinhaber konnten nur Kinder sein, die **nach dem 1. 7. 1949 geboren** worden sind (KG FamRZ 1972, 149 = NJW 1971, 1005; SOERGEL/STEIN Rn 5; STÖCKER NJW 1970, 2003; ANONYMUS FamRZ 1971, 20; LUTTER StAZ 1971, 18; KÖRTING NJW 1971, 414). Hatte der nichteheliche Vater sein Kind durch *letztwillige Verfügung* zum gewillkürten Erben bestimmt, war zwar die gesetzliche Erbenstellung gegenüber der gewillkürten subsidiär und damit verdrängt, das Kind gehörte aber nach wie vor zu den gesetzlichen Erben. Zudem war vor dem Erbfall nicht sicher, ob es die gewillkürte Erbenstellung erhalten würde. War dem nichtehelichen Kind in einem Erbvertrag mit dem Vater die gewillkürte Erbenstellung gesichert und damit die gesetzliche Erbenstellung für den Erbfall aufgehoben, sollte nach ERMAN/SCHLÜTER (Rn 13) der Anspruch aus § 1934 d ausgeschlossen sein. Dem stand der Zweck des Institutes entgegen, dem nichtehelichen Kind in einem bestimmten Alter vor dem Erbfall wirtschaftliche Hilfe zukommen zu lassen, die auch dem ehelichen trotz Beibehaltung der Erbenstellung zugute kam. Diesen Vorteil würde das nichteheliche Kind verlieren, auch wenn es in der

Form des Erbvertrages zum gewillkürten Erben bestimmt würde. Mit der Erbeinsetzung durch letztwillige Verfügung, selbst wenn sie bindend war, hatte der Eingesetzte (zB wegen § 1923) nicht die Sicherheit, die er durch den vorherigen Anspruch aus § 1934 d genoß. Ein zusätzlicher Verzicht auf diesen Vorteil konnte nicht allein durch gewillkürte Erbeinsetzung herbeigeführt werden. *§ 1934 e schließt lediglich die gesetzliche Erbenstellung aus, nicht aber eine gewillkürte.* Der Anspruch auf vorzeitigen Erbausgleich konnte somit neben gewillkürter Erbberechtigung geltend gemacht werden (§ 1934 e Rn 8). Auf welcher Grundlage der Ausgleichspflichtige im Gegenzug zur Ausgleichsforderung seines Kindes von diesem Verzicht auf dessen erbvertraglichen Rechte verlangen konnte (so MünchKomm/LEIPOLD Rn 15) war zweifelhaft, wenn sich im Erbvertrag kein Anhalt dafür fand. Denkbar war demgegenüber ein Anfechtungsrecht gem §§ 2281 Abs 1, 2078 Abs 2. Ein Vater, der sein nichteheliches Kind durch Erbvertrag bindend zum Erben bestimmt hatte, mußte deshalb, sollte hierdurch der vorzeitige Erbausgleich ausgeschlossen werden, einen entsprechenden Verzicht des Kindes herbeiführen (MünchKomm/LEIPOLD Rn 15; SOERGEL/STEIN Rn 7; MITTELBACH Rn 49; Voss 131, 132). Es hing vom Inhalt des jeweiligen Erbvertrages ab, ob dieser einen solchen Verzicht des nichtehelichen Kindes enthielt (LUTTER § 3 II 1 d; DAMRAU FamRZ 1971, 480).

Wegen des Regelungszusammenhangs mit der erbrechtlichen Stellung des nichtehelichen Kindes war gem Art 24, 25 EGBGB das **Heimatrecht des nichtehelichen Vaters** entscheidend (BGHZ 96, 262, 268 mwN; aA noch KG FamRZ 1972, 149, ODERSKY Anm XII 1, SIEHR FamRZ 1970, 463 u STAUDINGER/WERNER [1994] Art 19, 20 EGBGB analog; vgl näher Rn 5), dh das nichteheliche Kind hatte als Ausländer den Anspruch auf vorzeitigen Erbausgleich nur gegen einen nichtehelichen Vater, der Deutscher ist oder in dessen Land eine dem § 1934 d entsprechende Regelung galt (ERMAN/SCHLÜTER Rn 32; ODERSKY Anm XII 2). Die erbrechtliche Wirkung des Erbausgleichs bleibt von späteren Veränderungen des Erbstatuts unberührt (MünchKomm/LEIPOLD Rn 3).

Da der vorzeitige Erbausgleich an die Stelle des Erbrechts bzw Erbersatzanspruches trat, konnte der nichteheliche Vater die **Leistung einredeweise verweigern**, wenn das Kind nach § 2339 erbunwürdig oder ein Grund zur Entziehung des Pflichtteils (§ 2333) gegeben war (BGHZ 76, 109, 116; PALANDT/EDENHOFER[57] Rn 9; ERMAN/SCHLÜTER Rn 14; ODERSKY Anm IV 4; EBERT 27; BOSCH FamRZ 1972, 178; einschränkend MünchKomm/LEIPOLD Rn 14, der für den Rückgriff auf § 2339 kein Bedürfnis sieht). Entgegen LUTTER (§ 3 II 1 d) kann nicht gesagt werden, der Anspruch aus § 1934 d entstände in diesen Fällen nicht, denn ein wirksamer Entzug des Erbrechts war nicht erfolgt. Erbunwürdigkeit kann erst nach dem Erbfall geltend gemacht werden und zum Verlust des Anspruchs führen (§§ 2340 ff). Der Pflichtteilsentzug zeitigt, weil er durch letztwillige Verfügung erfolgt (§ 2336), ebenfalls erst Wirkungen nach dem Tod des Vaters. Zudem kann durch Verzeihung die Anwendung der §§ 2333 ff, 2339 ff ausgeschlossen werden (§§ 2337, 2343). Auf jeden Fall bedarf es einer Geltendmachung der Entziehungsgründe, ihr Bestehen allein führt nicht zum Ausschluß der Ansprüche auf den Nachlaß. Erb- und Pflichtteilsunwürdigkeit können, da §§ 2339 ff, 2333 ff nicht auf eine Leistung unter Lebenden zugeschnitten sind, nicht in entsprechender Anwendung dieser Normen (so jedoch EBERT 27; DAMRAU FamRZ 1969, 588; KITTEL NJW 1971, 22), sondern allein durch Einrede gegen den Anspruch auf vorzeitigen Erbausgleich geltend gemacht werden (BGHZ 76, 109, 117; COING NJW 1988, 1753, 1756). § 2338 kann dem Ausgleichsverlangen nicht entgegengehalten werden, da die Rechtsfolgen den Anfall des

Nachlasses voraussetzen (MünchKomm/LEIPOLD Rn 14; SOERGEL/STEIN Rn 16; aA COING NJW 1988, 1753, 1756). Für diese Lösung spricht auch die stark familienrechtliche Ausprägung des Erbausgleichsanspruches (KÖRTING NJW 1970, 1527). Sollen auch Pflichtteilsansprüche des nichtehelichen Kindes abgeschnitten werden, war der Erblasser von der Errichtung einer letztwilligen Verfügung nach § 2336 nicht entbunden (MünchKomm/LEIPOLD Rn 14).

12 Hatte das nichteheliche Kind auf die Erbschaft verzichtet, lag darin auch ein **Verzicht** auf den Anspruch des § 1934 d. Dies galt wegen der Rechtsnatur des Erbausgleichs als „Erbrecht in Geld", auch wenn sich der Verzichtende den Pflichtteil vorbehalten hatte (SOERGEL/STEIN Rn 7; aA PALANDT/EDENHOFER[57] § 1934 b Rn 10). Ein Pflichtteilsverzicht gem § 2346 Abs 2 schloß sein künftiges Erbrecht zwar nicht aus, machte jedoch seine Rechte hinsichtlich des Nachlasses vom Willen des Erblassers abhängig, so daß er auch keinen vorzeitigen Erbausgleich fordern konnte (MünchKomm/LEIPOLD Rn 15; SOERGEL/STEIN Rn 7). Möglich war auch ein auf den vorzeitigen Erbausgleich beschränkter Verzicht (MünchKomm/LEIPOLD aaO).

13 **2. Zeitraum der Geltendmachung**: Das nichteheliche Kind konnte sein Verlangen auf vorzeitigen Erbausgleich nur *nach Vollendung des 21. Lebensjahres* bis zu dem Tag, der der Vollendung des 27. Lebensjahres vorausgeht, erheben. Der Zeitraum der Geltendmachung begann mit dem 21. Geburtstag und endete mit dem dem 27. Geburtstag vorausgehenden Tag (§ 187 Abs 2). Der Anspruch mußte innerhalb dieser Zeit erhoben werden. Es genügte also, wenn das vorzeitige Ausgleichsverlangen am Tag vor dem 27. Geburtstag erklärt wurde. Wurde das Ausgleichsverlangen innerhalb der gesetzlichen Frist gestellt, konnte es noch nach Vollendung des 27. Lebensjahres durchgesetzt werden, allerdings konnte der nichteheliche Vater die Verjährungseinrede erheben, wenn seit Vollendung des 27. Lebensjahres drei Jahre vergangen waren (Abs 3; vgl Rn 73).

14 Umstritten war, ob der nichteheliche Vater und das nichteheliche Kind auch **außerhalb** der von Abs 1 gesetzten **Altersgrenzen** einen vorzeitigen Erbausgleich mit der Wirkung des § 1934 e herbeiführen konnten (bejahend: DAMRAU FamRZ 1969, 579, 588; ders BB 1970, 467, 470; BRÜGGEMANN ZblJugR 1969, 314; JOHANNSEN WM 1970 Beil 3 S 18; JÄGER FamRZ 1971, 507, 508; verneinend: EBERT 23; SCHLÜTER § 9 II 3 c ee; LUTTER § 3 II 1 c; ders StAZ 1971, 15; BOSCH FamRZ 1972, 178; KUMME ZblJugR 1974, 25; PALANDT/EDENHOFER[57] Rn 8; SOERGEL/STEIN Rn 12, 35; differenzierend MünchKomm/LEIPOLD Rn 13: nicht vor Vollendung des 21. Lebensjahres, aber nach Vollendung des 27. Lebensjahres). § 1934 e bezog sich nur auf § 1934 d und die von ihm geforderten Voraussetzungen. Mit der Möglichkeit eines **Erbverzichts** hatten die Beteiligten Gelegenheit, einverständlich auch außerhalb der von § 1934 d Abs 1 gesetzten Zeit einen Ausschluß von der Erbfolge herbeizuführen. §§ 1934 d, e waren allein auf den Anspruch des nichtehelichen Kindes bei Eintritt in das Berufsleben gerichtet. Einer solchen zusätzlichen Regelung bedurfte es bei beiderseitigem Einverständnis über die vorzeitige Unterstützung und den Ausschluß von der Erbfolge wegen §§ 2346 ff nicht. Mit § 1934 d wurde kein allgemeines Institut des vorzeitigen Erbausgleichs geschaffen, sondern nur eine Möglichkeit für das nichteheliche Kind, in einem bestimmten Alter **einseitig** diesen Anspruch mit den Wirkungen des § 1934 e herbeizuführen.

15 **3.** Das nichteheliche Kind entschied allein darüber, ob es beim Tod des nicht-

1. Abschnitt. Erbfolge

ehelichen Vaters den Erbersatzanspruch bzw die dingliche Erbfolge oder vorher die Zahlung des vorzeitigen Erbausgleichs erhalten will. Das Wahlrecht übte es zugunsten des vorzeitigen Erbausgleichs durch **formlose Erklärung des Ausgleichsverlangens** aus (§ 263). Inhaltlich genügte die eindeutige Erklärung, den vorzeitigen Erbausgleich fordern zu wollen, die Höhe der Forderung brauchte dabei noch nicht bestimmt zu sein. §§ 1613 Abs 1, 1585 b Abs 2 waren nicht analog heranziehbar, da die Höhe der Gesamtzahlung nicht in vergleichbarer Weise vom Ausgleichsverlangen abhing und der Erbausgleich nicht nur aus laufenden Einkünften zu erbringen war (KG FamRZ 1986, 725). Zudem wären zu strenge Anforderungen an die Bestimmtheit mit der Tendenz von § 1934 d unvereinbar, das Wohl des nichtehelichen Kindes zu fördern (KG FamRZ 1986, 725, 726; MünchKomm/LEIPOLD Rn 16). Das Ausgleichsverlangen war eine *einseitige empfangsbedürftige Willenserklärung* (OLG Nürnberg NJW-RR 1986, 83, 84; PALANDT/EDENHOFER[57] Rn 5; ODERSKY Anm II 3 d) und als solche nach §§ 119 ff, 142 anfechtbar. Sie wurde mit Zugang beim nichtehelichen Vater wirksam (§ 130), dh der Zugang mußte innerhalb der durch Vollendung des 21. und 27. Lebensjahres gesetzten Frist (Rn 14) erfolgen. Ein Ausgleichsverlangen vor Vollendung des 21. und nach Vollendung des 27. Lebensjahres zeitigte keine Rechtswirkung (ODERSKY Anm II 3 d), der Anspruch gem § 1934 d entstand nicht, das nichteheliche Kind behielt sein Erbrecht gem §§ 1924, 1934 a. Entscheidend war die Wirksamkeit der Erklärung, ein innerhalb der Frist erklärtes Ausgleichsbegehren läßt den wirksam entstandenen Anspruch auch nach Vollendung des 27. Lebensjahres bestehen (ODERSKY Anm II 3 d).

Gegen den Willen des nichtehelichen **Kindes** konnte der vorzeitige Erbausgleich nicht herbeigeführt werden. Der nichteheliche Vater hatte kein dem Ausgleichsverlangen des Kindes entsprechendes Recht.

Der eindeutige Gesetzeswortlaut des § 1934 d Abs 1 erfaßt nur die Fälle, in denen das nichteheliche Kind in einem bestimmten Alter von seinem Recht Gebrauch macht, den vorzeitigen Erbausgleich „zu verlangen". Entscheidend ist damit allein, daß das Kind sein Recht geltend macht, das grundsätzlich **vom Willen des Vaters unabhängig** ist. Unter Ignorierung des Gesetzeswortlautes und der einschlägigen Literatur hat das OLG München (Urt v 7. 7. 1998 – 18 U 351/97, rk) auch eine auf **Initiative des Vaters** erfolgte Vereinbarung dem § 1934 d, insbes der Bindung an die Ausgleichssummen in Abs 2 unterworfen, ohne jedoch überhaupt die Frage zu erörtern und das Ergebnis zu begründen. In der Literatur wird dagegen zu Recht in den Fällen privatautonomer beiderseitiger freiwilliger vertraglicher Vereinbarung nicht § 1934 d herangezogen, sondern ein Erbverzicht mit Abfindungsversprechen angenommen (dazu EBENROTH 78, 137) und darauf hingewiesen, daß eine Gestaltungserklärung des Kindes erforderlich ist (zB LUTTER 71: „Zur Gestaltung befugt ist nur das Kind."; ferner JAUERNIG/STÜRNER Rn 3). Der ansonsten bei privatautonomer Vereinbarung angenommene Erb- und Pflichtteilsverzicht wird nicht dadurch zu einem vorzeitigen Erbausgleich des § 1934 d, weil er in ein bestimmtes Alter des Kindes fällt.

Bedeutsam ist die Einordnung unter § 1934 d im Hinblick auf die Festlegung der Ausgleichssumme. Bewegt sich diese im Rahmen des Abs 2, kann sie selbst bei erheblicher Diskrepanz zum väterlichen Vermögen nicht **gegen §§ 138, 242** verstoßen, denn soweit die guten Sitten von der Rechtsordnung konkretisiert sind, ist auf diese Regelungen zurückzugreifen, bevor das allgemeine Sittengesetz Anwendung finden kann (JAUERNIG § 138 Rn 7). Ebenso kann in der Einhaltung gesetzlicher Vorgaben grundsätzlich kein Verstoß gegen Treu und Glauben liegen (JAUERNIG/VOLLKOMMER § 242 Rn 10). Es ist daher entscheidend, ob eine Vereinbarung als vorzeitiger Erbausgleich auf **Verlangen des Kindes** vorliegt und damit den Regelungen der §§ 1934 d, e unterliegt oder ob es sich um eine auf Betreiben des Vaters herbeigeführte einverständliche Regelung eines **Erbverzichts** handelt, für den die allgemeinen Regelungen gelten und keine gesetzliche Begrenzung für eine eventuelle **Abfindungssumme** besteht.

SOERGEL/STEIN (Rn 28) weisen zu Recht darauf hin, daß die in Abs 2 S 2 vorgeschriebenen Ober- und Untergrenzen nicht für die vertragliche Vereinbarung bindend sind (ebenso MünchKomm/LEIPOLD Rn 38), zumal das Kind auch ohne Gegenleistung auf das gesamte Erb- und Pflichtteilsrecht verzichten kann. Zur Einschränkung der Vertragsfreiheit auf diesem Gebiet fehlt die materielle Begründung, insbesondere angesichts der anderweitigen erbrechtlichen und schuldrechtlichen Gestaltungsmöglichkeit des Kindes. PALANDT/EDENHOFER[57] (Rn 19) weisen darauf hin, daß der Inhalt des Vertrages im Hinblick auf die Festsetzung der Höhe des Ausgleichsbetrages den Parteien freie Hand läßt, „wobei Vater und Kind nicht an die Grenzen des Abs 2 gebunden sind".

Der Beschränkung der §§ 1934 d, e auf das einseitige Ausgleichsverlangen des Kindes steht Abs 4 nicht entgegen, wenn dieser neben der rechtskräftigen Entscheidung zugunsten des Kindes die notariell beurkundete Vereinbarung zwischen dem nichtehelichen Vater und seinem Kinde setzt. Es handelt sich insoweit um die freiwillige Anerkennung des von dem Kinde eingeforderten Rechts. Die Vereinbarung bedeutet eine Bindung des Kindes an sein Ausgleichsverlangen, von dem es bis zur notariellen Beurkundung gem Abs 4 S 2 ohne Einwilligung des Vaters, dh ebenso einseitig wie bei der Entscheidung über die Geltendmachung des Rechts auf Erbausgleich zurücktreten kann. Auch diese Regelung zeigt, daß Abs 4 allein das einseitige Begehren des nichtehelichen Kindes zugrunde legt.

Für eine jederzeit mögliche einverständliche Regelung (auch auf Initiative des Vaters) hätte es der Sonderregelung des § 1934 d nicht bedurft. §§ 1934 d, e erfassen daher nur die Fälle des **einseitigen Ausgleichsverlangens** des Kindes. Ansonsten handelt es sich um einen Erbverzicht mit Abfindungsversprechen, bei dem keine Bindung hinsichtlich der Abfindungssumme an Abs 2 besteht, sondern §§ 138, 242 BGB in vollem Umfange heranzuziehen sind, dh auch eine Orientierung an dem Vermögen des Vaters und dem zu erwartenden Erbteil zu erfolgen hat.

4. Problematisch war der **Entstehungszeitpunkt**, dh wann der Anspruch auf Zahlung des vorzeitigen Erbausgleichs entstand. Teilweise wurde angenommen, der Anspruch entstehe als verhaltener *kraft Gesetzes* mit der nichtehelichen Geburt, Erfüllung könne aber erst nach Vollendung des 21. Lebensjahres und vor Vollendung des 27. Lebensjahres verlangt werden. Mit dem Erfüllungsbegehren verwandle sich der Inhalt des Anspruchs in einen identischen jederzeit erfüllbaren. Mit dem Erfüllungsverlangen könne der nichteheliche Vater mit dem Kind in notarieller Urkunde eine Vereinbarung über die Höhe der Zahlung treffen, anderenfalls müsse das Kind auf Vollzug klagen, um einen rechtskräftigen Titel zu erwerben (so ausführlich ERMAN/SCHLÜTER Rn 4; BGB-RGRK/KREGEL Rn 2, 3; SCHLÜTER § 9 II 3 c bb). Dagegen sollte nach **aM** der Anspruch *durch das Ausgleichsverlangen* seitens des nichtehelichen

1. Abschnitt. Erbfolge

§ 1934 d

Kindes entstehen, die Fälligkeit aber erst *mit* der *Fixierung* durch notarielle Vereinbarung oder rechtskräftige Entscheidung eintreten (so PALANDT/EDENHOFER[57] Rn 2; SOERGEL/STEIN Rn 9; ODERSKY Anm II 3 c; LEIPOLD § 7 VI 2 a; Voss 131; EBERT 22 f; LUTTER § 3 II 2 a, VI; ders StAZ 1971, 14). Allerdings war es nicht möglich, dies damit zu begründen, daß der Anspruch nach Vollendung des 27. Lebensjahres nicht erlösche (vgl Rn 13). Das Entstehen kraft Gesetzes erforderte nicht auch ein Erlöschen kraft Gesetzes (so jedoch ODERSKY aaO). Die Möglichkeit der Rücknahme des Ausgleichsverlangens gem Abs 4 S 2 (vgl Rn 51 ff) besagte ebenfalls nichts über den Entstehungszeitpunkt (so jedoch ODERSKY aaO). Ausgangspunkt für die Entscheidung ist das grundsätzlich bestehende Erbrecht des nichtehelichen Kindes, das nur in Ausnahmefällen gem §§ 1934 a, 2338 a in einen obligatorischen Erbersatzanspruch oder Pflichtteilsanspruch umgewandelt wurde (§ 1934 a Rn 1). § 1934 d gab dem nichtehelichen Kind nur innerhalb bestimmter Frist die Möglichkeit, das zukünftige Erbrecht durch das Ausgleichsverlangen in einen sofort fälligen Anspruch umzuwandeln. Erst mit dieser Umwandlung entstand der Anspruch aus § 1934 d. Weil diese Umwandlung durch die Erklärung des nichtehelichen Kindes herbeigeführt wurde, war auch die Wirksamkeit dieser Erklärung (Zugang) Entstehungszeitpunkt der Forderung auf vorzeitigen Erbausgleich. Das Ausgleichsverlangen ist eine *Gestaltungserklärung* (MünchKomm/LEIPOLD Rn 16; SOERGEL/STEIN Rn 9; LEIPOLD § 7 VI 2 a; LUTTER § 3 II 1; ders StAZ 1971, 13; BGH ZEV 1996, 225; OLG Düsseldorf FamRZ 1993, 238, 240, FamRZ 1995, 573, OLG Hamburg NJW-RR 1996, 203). Ohne sie verblieb es bei dem voraussichtlichen Erbrecht aus §§ 1924, 1934 a, denn nach § 1934 e schlossen sich Erbrecht und der Anspruch auf vorzeitigen Erbausgleich gegenseitig aus. Es konnte also nur ein Recht bestehen, das aus §§ 1924, 1934 a oder das aus § 1934 d. Ohne Erklärung des nichtehelichen Kindes bestand allein das aus §§ 1924, 1934 a, nach dieser (zurücknehmbaren) Erklärung die Forderung aus § 1934 d. Damit war das Ausgleichsverlangen eindeutig als Entstehungszeitpunkt für den Anspruch festgelegt. Die nach § 1934 d Abs 4 erforderliche notarielle Vereinbarung oder rechtskräftige Verurteilung besagte nicht, daß die Ausgleichsforderung erst mit dieser notariellen Erklärung entstehe (so jedoch DAMRAU FamRZ 1969, 587, 589). Die Vereinbarung bestimmte allein die Fälligkeit und Durchsetzbarkeit der durch Abs 1 S 2 auch in der Höhe bereits festgelegten Forderung. Sie ermöglichte das Ausgleichsverlangen und beseitigte das Rücknahmerecht. Die Umwandlung in den Anspruch aus § 1934 d unter Verlust des Erbrechts aus §§ 1924, 1934 a war endgültig (zur Lage bei Nichtleistung § 1934 e Rn 7). Die notarielle Beurkundung wurde in § 1934 d Abs 4 S 2 der rechtskräftigen Entscheidung über den Erbausgleich gleichgestellt. Ein entsprechendes Urteil konnte aber nur ergehen, wenn der Anspruch nicht erst durch das Urteil entstand (ODERSKY Anm II 3 c; JÄGER FamRZ 1971, 505; KUMME ZblJugR 1974, 23).

5. Schuldner des vorzeitigen Erbausgleichs war der nichteheliche Vater, dessen **18** Vaterschaft gem § 1600 a aF anerkannt oder gerichtlich festgestellt worden ist. Die Feststellung bzw Anerkennung mußte bei Geltendmachung des Anspruchs bereits erfolgt sein (SOERGEL/STEIN Rn 6), ebenso die nach § 1600 c aF erforderliche Zustimmung des Kindes. Nach dem eindeutigen Gesetzeswortlaut beschränkte sich die Leistungspflicht auf den nichtehelichen Vater. Väterliche Verwandte, bei deren Tod das nichteheliche Kind ein Erbrecht bzw einen Erbersatzanspruch erlangen würde, waren nicht verpflichtet (vgl Rn 6), ebenso nicht die Erben des nichtehelichen Vaters. Bei dessen Tod hatte das nichteheliche Kind bereits eine dingliche oder schuldrechtliche Nachlaßbeteiligung erlangt, für einen vorzeitigen Erbausgleich bestand keine Notwendigkeit mehr. War jedoch der Anspruch aufgrund rechtsgültiger Vereinbarung oder gerichtlicher Entscheidung (Abs 4) vor dem Tod des nichtehelichen Vaters unwiderruflich entstanden, so ging die Leistungspflicht auf dessen Erben über, § 1967 (vgl Rn 36).

III. Art und Umfang des Anspruches

19 Der Anspruch auf vorzeitigen Erbausgleich war einerseits auf Abschluß einer entsprechenden Vereinbarung, andererseits auf Zahlung der Ausgleichssumme gerichtet. Dennoch war nur „auf Zahlung" eines nach Abs 2 zu bemessenden Geldbetrages „nach Eintritt der Rechtskraft" mittels Leistungsklage und nicht auf Abschluß einer Vereinbarung zu klagen (BGHZ 96, 262, 273; MünchKomm/LEIPOLD Rn 18; SOERGEL/STEIN Rn 33). § 27 ZPO war dabei nicht, auch nicht analog, anwendbar (MünchKomm/LEIPOLD § 1934 d Rn 30; aA bzgl § 27 ZPO LG Hamburg NJW-RR 1994, 1098; offengelassen OLG Hamburg NJW-RR 1996, 203).

20 1. Der **Regelbetrag** war das dreifache des dem Durchschnitt der letzten fünf Jahre entsprechenden Jahresunterhaltes. Diese Pauschalierung trug den Schwierigkeiten bei der Ermittlung von Einkommens- und Vermögensverhältnissen im einzelnen und damit dem Rechtsfrieden Rechnung (LG Braunschweig FamRZ 1989, 546, 547).

21 a) Bei der **Feststellung des Unterhaltes**, den der nichteheliche Vater im Durchschnitt der letzten fünf Jahre zu entrichten hatte, war die Zeit heranzuziehen, die der Stellung des Ausgleichsverlangens unmittelbar voranging, denn sie gab einen Anhaltspunkt für die Vermögensverhältnisse und *Verpflichtungen* des nichtehelichen Vaters gegenüber seinem Kind (OLG Köln OLGZ 1993, 487, 489 = FamRZ 1993, 484, 485). Daher war eine frühere gerichtliche Verurteilung nicht bindend (aA MünchKomm/LEIPOLD Rn 34), auch nicht notwendig vorausgesetzt (KUMME ZfJ 1984, 127), jedoch würde die dort festgestellte Höhe der *Unterhaltsverpflichtung* Ausgangspunkt neuer Berechnungen sein. Entscheidend war der Unterhalt, zu dem der Vater nach §§ 1615 a, 1602, 1603, 1615 c, 1615 f aF *verpflichtet* war, nicht der Betrag, den er tatsächlich geleistet hatte (ODERSKY Anm III 1 c; PALANDT/EDENHOFER[57] Rn 14; MünchKomm/LEIPOLD Rn 34; SOERGEL/STEIN Rn 21; ERMAN/SCHLÜTER Rn 19). Dies wird normalerweise der Regelunterhalt des § 1615 f Abs 2 gewesen sein (KUMME ZfJ 1984, 127; aA OLG Braunschweig NJW 1988, 2743, wonach §§ 1615 h, i zu berücksichtigen sind, weil sonst eine direkte Verweisung auf § 1615 f Abs 2 nahegelegen hätte).

22 b) Eine teilweise *Unterhaltsbefreiung* des nichtehelichen Vaters nach § 1615 f S 1 HS 2 (weil das Kind in seinem Haushalt lebte) oder eine ganze oder teilweise Zahlungsbefreiung nach §§ 1615 g, 1615 h blieb unberücksichtigt (ebenso ein nach § 1708 am Lebensstandard der Mutter orientierter Unterhaltsbetrag). War in den letzten fünf Jahren durch derartige Befreiungen, oder weil das Kind nicht mehr unterhaltsbedürftig war, vom nichtehelichen Vater nicht durchgängig Unterhalt geleistet worden, war der Betrag anzusetzen, den dieser ohne die Befreiungsgründe hätte leisten müssen (PALANDT/EDENHOFER[57] Rn 14; SOERGEL/STEIN Rn 21; aA OLG Braunschweig aaO, abw auch MünchKomm/LEIPOLD Rn 35; KUMME ZfJ 1984, 127, die Jahre fehlender Unterhaltsbedürftigkeit des Kindes bzw Leistungsfähigkeit des Vaters außer Betracht lassen wollen). Dies galt auch, wenn das nichteheliche Kind als Erwachsener von einer anderen Person adoptiert worden war und von ihr Unterhalt erhalten hatte. War das Kind als Minderjähriger

1. Abschnitt. Erbfolge

adoptiert worden, erlosch das Erbrecht gegenüber dem leiblichen Vater und damit auch das Recht aus § 1934 d (vgl Vorbem 47 zu §§ 1924–1936). Hatte das nichteheliche Kind einen Teil des fünfjährigen Zeitraumes iSv § 1934 d Abs 2 in der **ehemaligen DDR gelebt** und wäre die Unterhaltslast des in den alten Bundesländern ansässigen Vaters wegen verminderter Bedürftigkeit des Kindes zu dieser Zeit geringer ausgefallen, so kam ihm das bei der Bemessung des Ausgleichsanspruchs nicht zugute. Entscheidend war insoweit der fiktive in der Bundesrepublik zu zahlende Unterhalt (OLG Köln OLGZ 1993, 487, 489 = FamRZ 1993, 484, 485; vgl Rn 28).

2. Eine **Abweichung** von dem in § 1934 d Abs 2 S 1 festgelegten **Regelbetrag** ist nach Abs 2 S 2 zugunsten des verpflichteten nichtehelichen Vaters und des berechtigten nichtehelichen Kindes nur ausnahmsweise möglich (LG Braunschweig FamRZ 1989, 546 f; OLG Köln FamRZ 1990, 667 f). **23**

a) War **dem nichtehelichen Vater** nach seinen Erwerbs- und Vermögensverhältnissen die Zahlung des Regelbetrages wegen seiner anderen Verpflichtungen **nicht zumutbar**, belief sich die Ausgleichsforderung auf einen *angemessenen* Betrag, dessen Untergrenze ein durchschnittlicher Jahresunterhalt der letzten fünf Jahre bildete (vgl Rn 21, 22). Unzumutbarkeit lag vor, wenn der Vater den Regelbetrag weder aus seinem Vermögen noch aus seinen Einkünften begleichen konnte, weil entweder seine Einnahmen deutlich unter dem Durchschnitt lagen oder er überproportionalen Belastungen ausgesetzt war (OLG Köln FamRZ 1990, 667 f). **24**

aa) Welche Verpflichtung dem Vater zuzumuten war, war eine Frage des Einzelfalles unter *Berücksichtigung der Erwerbs- und Vermögensverhältnisse* zZt der Fixierung (LG Waldshut-Tiengen FamRZ 1976, 373). Da der Ausgleichsbetrag idR vom Vater sofort zu leisten war, war grundsätzlich von seinen damaligen Vermögensverhältnissen auszugehen (LG Waldshut-Tiengen aaO). Unzumutbarkeit war daher regelmäßig anzunehmen, wenn der Ausgleichsbetrag auch bei Ratenzahlung oder Stundung weder aus dem Vermögen noch aus den laufenden Einkünften des nichtehelichen Vaters aufgebracht werden konnte (OLG Köln OLGZ 1993, 487, 489 = FamRZ 1993, 484, 485; OLG Oldenburg FamRZ 1994, 406). Maßgebend war dabei nicht allein das Barvermögen, sondern der Vermögensstand, auf der auch die Berechnung von Erb- und Pflichtteilen basierte (LG Braunschweig FamRZ 1989, 546, 547). Die zukünftige Entwicklung war nur insoweit einzubeziehen, als sie in eine Zeit der Leistungspflicht fiel, eine Kreditaufnahme oder bei einer Stundung eine höhere Leistung rechtfertigte (zu weitgehend SOERGEL/STEIN Rn 24). Ein feststehender zukünftiger Vermögenszuwachs (angefallene, noch nicht ausgezahlte Erbschaft, Renten, Zinsen aus Wertpapieren, Lebensversicherung usw) war mit anzusetzen, um festzustellen, welchen Betrag der Vater für seinen eigenen Unterhalt behält, wenn er seiner Verpflichtung aus § 1934 d nachzukommen hatte (vgl § 1603 Abs 1). **25**

bb) Die *Vermögensverhältnisse* einer Person bestimmen sich nicht nur nach den Aktiven, sondern auch nach den Passiven, um die sich vorhandenes Kapital und zu erwartende Einkünfte verringern. Die Frage der Zumutbarkeit erforderte daher eine *Berücksichtigung der anderen Verpflichtungen* des nichtehelichen Vaters. Hierzu gehörten nicht allein die Unterhaltsverpflichtungen gegenüber dem nichtehelichen Kind oder anderen Familienmitgliedern (§ 1609 Abs 2), sondern alle Verpflichtungen, denen der nichteheliche Vater nachzukommen hatte, gleich auf welchem Rechts- **26**

grund sie beruhten (zB Ratenzahlungen, Mietzins, Kreditschulden; LG Waldshut-Tiengen FamRZ 1976, 373). Im Gegensatz zu der insoweit gleichlautenden Formulierung des § 1603 Abs 1 kam es nicht auf den Vorrang des bereits bestehenden Unterhaltsbetrages, sondern auf die gesamte Vermögenslage an. Es war daher ein vernünftiger Tilgungsplan zugrunde zu legen, aus dem sich die Belastungen und zumutbare Belastbarkeit des väterlichen Vermögens ergaben (ODERSKY Anm III 2 a). Dabei war auch eine Altersvorsorge des nichtehelichen Vaters anzuerkennen (LG Braunschweig FamRZ 1972, 148). Zeitweilig zusätzlich anfallende Verpflichtungen, zB Prozeßkosten oder Schadensersatzforderungen, rechtfertigten noch nicht eine Minderung des Regelbetrages, sondern konnten durch Ratenzahlung gem §§ 1934 d Abs 5, 1382 kompensiert werden (OLG Köln aaO).

27 cc) Letztlich war bei der Feststellung eines dem Vater zumutbaren Erbausgleichs zu berücksichtigen, daß hierdurch die spätere Erbschaft bzw der Erbersatzanspruch vorzeitig abgegolten werden sollte. Der Ausgleichsbetrag mußte daher in vernünftiger Relation zu dem **Wert des** zu erwartenden **Erbanteiles** stehen (OLG Nürnberg NJW-RR 1986, 83, 84; LG Braunschweig FamRZ 1972, 147; LG Waldshut-Tiengen FamRZ 1976, 373; ODERSKY Anm III 2 a; **aA** MünchKomm/LEIPOLD Rn 36: Bemessung nach Pflichtteilswert). Bei normalen Einkommens- und Vermögensverhältnissen war der Vergleich mit dem hypothetischen Erb- oder Pflichtteil nicht ausschlaggebend; ansonsten hatte er indizielle Bedeutung (OLG Oldenburg FamRZ 1994, 406; LG Braunschweig FamRZ 1989, 546, 547; abw für den Fall, daß überdurchschnittlich viele Kinder erb- oder pflichtteilsberechtigt sind AG Bielefeld FamRZ 1984, 1270). Insoweit waren, wie bei Rn 25 erörtert, wiederum die zukünftigen wirtschaftlichen Verhältnisse des Vaters zu berücksichtigen. Ein nichtehelicher Vater ohne Kapital, aber mit hohem Einkommen, hätte, da sich der Unterhalt an letzterem orientiert, eine hohe Unterhaltspflicht gegenüber dem nichtehelichen Kind gehabt, aber voraussichtlich keinen wertvollen Nachlaß hinterlassen. Ein allein am Unterhalt orientierter vorzeitiger Erbausgleich würde einen späteren Erbteil bzw Erbersatzanspruch um ein vielfaches übersteigen und daher unangemessen sein. Unzulässig war jedoch, von dem hypothetischen Pflichtteilsanspruch an Stelle des Erbrechts auszugehen, weil das Kind gerichtlich gegen den Vater vorgeht (so LG Waldshut-Tiengen FamRZ 1976, 373), denn die familiären Bindungen zwischen nichtehelichem Kind und Vater, die eine Inanspruchnahme des Gerichtes verwerflich erscheinen lassen, bestanden zwischen den Parteien gerade nicht. Zudem durfte die Ausnutzung der zustehenden Rechte sich nicht zum Nachteil des nichtehelichen Kindes auswirken.

28 dd) Die Vermögensverhältnisse des nichtehelichen Kindes waren ohne Bedeutung (LG Waldshut-Tiengen FamRZ 1976, 373). Es kam bei der Abweichung zugunsten des Vaters allein darauf an, ob ihm die Zahlung in Höhe des Regelbetrages unzumutbar war. Auf die verminderte Bedürftigkeit eines nichtehelichen Kindes, das einen Teil des fünfjährigen Bemessungszeitraumes in der ehemaligen DDR gelebt hat, konnte sich der in den alten Bundesländern ansässige Vater also nicht berufen (OLG Köln FamRZ 1993, 484, 485; vgl Rn 22).

29 b) Ein **Abweichen** vom Regelunterhalt **zugunsten des nichtehelichen Kindes**, dh ein höherer Anspruch auf vorzeitigen Erbausgleich, war möglich, wenn die Zahlung des dreifachen Jahresunterhaltes für das Kind „unangemessen gering" wäre.

aa) Bei der Frage, inwieweit eine über den Regelbetrag hinausgehende Leistung **30**
angemessen erscheint, waren wie bei der Senkung des Ausgleichsbetrages zugunsten
des Vaters *im Einzelfall* dessen Erwerbs- und Vermögensverhältnisse und ihre voraussichtliche Entwicklung zu berücksichtigen (OLG Köln OLGZ 1979, 206; ODERSKY Anm
III 2 b). Hierbei war der Grund für die Schaffung des vorzeitigen Erbausgleichs zu
berücksichtigen, das nichteheliche Kind wie ein eheliches am gegenwärtigen Vermögen des Vaters teilhaben zu lassen, wenn es um den Aufbau einer eigenen wirtschaftlichen Existenz geht. Hatte der Vater für seine ehelichen Kinder entsprechende
Aufwendungen (zB Ausbildungskosten) in einer Höhe getätigt, die den Regelausgleich überschritten hatte, forderte der in § 1934 d verwirklichte Gleichheitsgrundsatz auch eine entsprechend hohe Leistung an das nichteheliche Kind. Ein Maßstab
für eine über den Regelausgleich hinausgehende Zahlungspflicht waren daher die an
eheliche Kinder erbrachten Leistungen.

bb) Die *persönlichen Verhältnisse des Kindes* konnten nur insoweit eine den Regel- **31**
ausgleich überschreitende Verpflichtung rechtfertigen, als das nichteheliche Kind
aufgrund Krankheit oder persönlicher Gebrechen in seiner Erwerbstätigkeit beschränkt und im Aufbau einer eigenen Existenz behindert war, so daß es als eheliches
vom Vater erhöhte Zuwendungen erhalten hätte, um diese Nachteile auszugleichen.
Hier war das Kind so zu behandeln, wie es in Familiengemeinschaft mit dem Vater
voraussichtlich behandelt worden wäre, dh eine Erhöhung erfolgte auch, wenn die
ehelichen Kinder des nichtehelichen Vaters, nur am Unterhalt gemessen, normale
Zuwendungen erhalten hatten (PALANDT/EDENHOFER[57] Rn 16; **aA** SOERGEL/STEIN Rn 27).
Jedoch war – da Maßstab das potentielle Verhalten eines ehelichen Vaters war –
die Leistungsfähigkeit des Vaters entscheidend. Ein momentanes oder dauerndes
allgemeines Bedürfnis des nichtehelichen Kindes wirkte nicht forderungserhöhend.

cc) Auch bei der Erhöhung zugunsten des nichtehelichen Kindes war wiederum zu **32**
berücksichtigen, daß der vorzeitige Erbausgleich an die Stelle des zu erwartenden
Erbteils oder Erbersatzanspruches trat (LG Braunschweig FamRZ 1972, 148; OLG Köln
OLGZ 1979, 205, 206; **aA** OLG Stuttgart FamRZ 1981, 1009). Wurde der **hypothetische Erbteil**
bzw Erbersatzanspruch herangezogen, war das Alter des Vaters von großer Bedeutung, dh wann das nichteheliche Kind bei normaler Lebenserwartung des Vaters in
den Genuß des väterlichen Erbteils gelangen würde, denn es bedeutete einen Vorteil
für das nichteheliche Kind, schon vor dem Erbfall eine Zuwendung zu erhalten.
Unangemessen gering dürfte ein Betrag gewesen sein, der unter der Hälfte des
hypothetischen Pflichtteilsanspruches lag (LG Waldshut-Tiengen FamRZ 1976, 374; **aA**
OLG Stuttgart FamRZ 1981, 1009). Nach LG Braunschweig (FamRZ 1972, 148) sollte er
sich am vollen Pflichtteil orientieren (dazu Rn 27).

Besaß der Vater erhebliche Werte, aber ein nicht entsprechendes Einkommen, stand
der Unterhalt nicht in echter Relation zu dem wirklichen Reichtum des Vaters (zB
der nichteheliche Vater hatte wertvolle Antiquitäten, Grundstücke, Briefmarken,
Schmuckstücke, aber kein hohes Einkommen). Eine Diskrepanz zwischen Unterhalt
und voraussichtlichem Nachlaßwert bestand auch dann, wenn der Vater zukünftigen,
aber sicheren Vermögenszuwachs erwartete (zB Versicherungen, ausgesetzte Schenkungen). Ein am Unterhalt orientierter vorzeitiger Erbausgleich stand in keinem
Verhältnis zum Nachlaßwert, so daß in diesen Fällen ein höherer Erbausgleich für
den Verlust des Erbrechts gerechtfertigt war. In diesem Fall war dem Vater der

Verkauf von Vermögenswerten oder die Aufnahme eines Kredites zumutbar (OLG Oldenburg FamRZ 1973, 550).

33 dd) Wie die vorangehenden Beispiele zeigten, mußte das **wirkliche Vermögen** des Vaters **nicht den Unterhaltsbetrag** bestimmen, nach dem sich der Regelausgleich berechnete. Es kann daher DAMRAU (FamRZ 1969, 589; ders BB 1970, 469) nicht zugestimmt werden, wenn er glaubt, die Höhe des väterlichen Vermögens sei bereits im Unterhalt angemessen berücksichtigt. Übrigens orientierte sich die Höhe des Unterhalts nicht allein am Vermögen des Vaters, sondern auch an den Bedürfnissen des Kindes (zB es hat selbst Vermögen) und den Leistungen der Mutter (wie hier LG Braunschweig FamRZ 1972, 147; ODERSKY Anm III 2 b). Maßstab für den vorzeitigen Erbausgleich war aber grundsätzlich nicht das Bedürfnis des Kindes, sondern das Vermögen des Vaters. Gem §§ 1934 d, 242 (abw SOERGEL/STEIN Rn 29; MünchKomm/LEIPOLD Rn 37: § 2314 analog) stand dem nichtehelichen Kind gegen den ausgleichspflichtigen Vater ein Auskunftsanspruch hinsichtlich der Tatsachen zu, die für die Bemessung des vorzeitigen Erbausgleichsanspruchs maßgebend waren, wenn es entschuldbar über dessen Bestehen und Umfang im Unklaren war, der Vater die Auskunft jedoch unschwer erteilen konnte (OLG Nürnberg NJW-RR 1986, 83; OLG Düsseldorf FamRZ 1989, 545, 546). Dieser Anspruch wirkte sich zum einen dahingehend aus, daß der Ausgleichsschuldner seiner Erklärungspflicht nach § 138 ZPO nicht bereits durch bloßes Bestreiten oder pauschale Angaben genügte. Er konnte zudem selbständig geltend gemacht werden (OLG Köln OGLZ 1979, 205, 206 = FamRZ 1979, 178, 179).

Der Auskunftsanspruch umfaßte die Tatsachen, die zur Berechnung des Erbausgleichs unbedingt erforderlich waren, also die gegenwärtigen Erwerbs- und Vermögensverhältnisse, deren vergangene und voraussichtliche künftige Entwicklung sowie die Frage, welche Personen zu welchen Teilen beim Tod des nichtehelichen Vaters erben würden (OLG Nürnberg NJW-RR 1986, 83, 84; SOERGEL/STEIN Rn 29). Der Ausgleichspflichtige mußte jedoch nicht analog § 2314 die Kosten für eine Wertermittlung seines Grundbesitzes tragen, weil eine detaillierte Feststellung darüber für die Höhe des Erbausgleichs regelmäßig nicht erheblich war (OLG Düsseldorf FamRZ 1989, 545 f; **aA** SOERGEL/STEIN Rn 29).

34 c) Wie bei Unterschreitung des Regelbetrages zugunsten des nichtehelichen Vaters ein **Mindestbetrag** von einem Jahresunterhalt bestand, war bei der Erhöhung zugunsten des Kindes ein **Höchstbetrag** mit dem Zwölffachen des durchschnittlichen Jahresunterhaltes festgesetzt. In beiden Fällen bedeutete der Jahresunterhalt den Durchschnitt der letzten fünf Jahre (Rn 21, 22). Es handelte sich um *absolute* Grenzen, an die das Gericht gebunden war. Ein vorzeitiger Erbausgleich nahe der Höchstgrenze würde regelmäßig angemessen sein, wenn der Vater über Vermögen im Werte von erheblich über einer Million DM verfügt (OLG Köln MDR 1993, 1088). Vereinbarten die Parteien einen die Mindestgrenze unterschreitenden Betrag, griff § 1934 e nicht ein (ODERSKY Anm III 2 c). Dem stand nicht entgegen, daß das Kind auch ohne Gegenleistung auf seine Erb- und Pflichtteilsansprüche gegenüber dem nichtehelichen Vater verzichten konnte (so jedoch SOERGEL/STEIN Rn 28; MünchKomm/LEIPOLD Rn 38), denn es wählte gerade nicht das Institut des (Teil-)Verzichts, sondern des § 1934 d. Bei Überschreitung der Höchstgrenze dagegen erlosch das Recht des nichtehelichen Kindes aus §§ 1924, 1934 a gem § 1934 e.

In beiden von Abs 2 S 2 erfaßten Fällen entschied im Streitfall das **Prozeßgericht** über 35 die Höhe des angemessenen Ausgleiches. Es setzte entsprechend den og Grundsätzen die Höhe des Ausgleichsbetrages nach *freiem Ermessen* fest (BGHZ 96, 262, 271; LG Braunschweig FamRZ 1972, 147; ODERSKY Anm III 2 c).

IV. Natur des Ausgleichsanspruchs

§ 1934 d begründete einen gesetzlichen Anspruch. Dieser war eine Geldforderung, 36 ein obligatorischer Anspruch des nichtehelichen Kindes gegen seinen Erzeuger. Diese höchstpersönliche Forderung richtete sich zu Lebzeiten des Vaters gegen diesen, nach dessen Tod gegen die Erben als gewöhnliche Nachlaßverbindlichkeit (§ 1967).

1. Übertragbarkeit: Da die Entstehung des Anspruchs im freien Belieben des 37 nichtehelichen Kindes stand (vgl Rn 15, 16), war er vor Erklärung des Ausgleichsverlangens unbestritten nicht übertragbar. Gem Abs 4 S 2 war dieses bis zur Fixierung, dh bis zur formgültigen Vereinbarung oder rechtskräftigen Entscheidung jederzeit zurücknehmbar. Bis zur endgültigen Fixierung stand es weiterhin im Belieben des nichtehelichen Kindes, ob der Anspruch verwirklicht werden sollte. Diese höchstpersönliche Natur der Entscheidung würde einer Übertragbarkeit auch vor endgültiger Fixierung entgegenstehen. Der Anspruch auf vorzeitigen Erbausgleich war damit erst nach der notariell beurkundeten Vereinbarung oder rechtskräftigen Entscheidung übertragbar (PALANDT/EDENHOFER[57] Rn 19; MünchKomm/LEIPOLD Rn 22 f; ODERSKY Anm IV 1 b; ERMAN/SCHLÜTER Rn 29; JAUERNIG/STÜRNER Rn 5; LUTTER § 3 II 2 a). Demgegenüber wollten DAMRAU (FamRZ 1969, 589; ders FamRZ 1970, 612), EBERT (26) und JOHANNSEN (WM 1970 Beil 3 S 14) eine Übertragbarkeit des Zahlungsanspruches vor der Fixierung zulassen, da er als Zahlungsanspruch nicht höchstpersönlich und als bedingter Anspruch abtretbar sei. Eine solche Abtretung könnte jedoch die Entschließungsfreiheit des Kindes hinsichtlich der Geltendmachung des Erbausgleichs beeinträchtigen (MünchKomm/LEIPOLD Rn 22).

Die **Übertragung** erfolgt mangels entgegenstehender gesetzlicher Regelung durch 38 formlose Abtretungserklärung. Dies ließ sich auch aus § 2317 rechtfertigen, der schuldrechtliche Ansprüche aus Erbrecht gegen den Nachlaß für vererblich und übertragbar erklärt, ohne besondere Bedingungen oder Schranken aufzustellen. § 312 findet keine Anwendung (ODERSKY Anm IV 1 c). *Ausschluß der Übertragbarkeit* konnte durch Vereinbarung zwischen nichtehelichem Vater und nichtehelichem Kind wirksam bestimmt werden, § 399 (MünchKomm/LEIPOLD Rn 23; ODERSKY Anm IV 1 c).

2. Aus der Übertragbarkeit folgt die **Pfändbarkeit** (§ 851 Abs 1 ZPO) und **Auf-** 39 **rechenbarkeit** (§ 394). Dem steht ein vereinbarter Ausschluß der Übertragbarkeit nicht entgegen, § 851 Abs 2 ZPO, § 394 S 1 (MünchKomm/LEIPOLD Rn 23; ERMAN/SCHLÜTER Rn 31; ODERSKY Anm IV 1 c).

3. Vererblichkeit eines bereits wirksam fixierten Anspruches auf vorzeitigen Erb- 40 ausgleich ergab sich nach allgemeinen Grundsätzen, § 1922 (ODERSKY Anm IV 2; JAUERNIG/STÜRNER Rn 5).

a) *Starb* das nichteheliche *Kind nach dem Ausgleichsverlangen*, aber vor einer 41 notariell beurkundeten Vereinbarung oder gerichtlichen Entscheidung (Abs 4), war der Anspruch zwar bereits vor dem Erbfall entstanden (vgl Rn 17), konnte aber wegen der Höchstpersönlichkeit (Rn 37) von den Erben des Kindes nicht weiter verfolgt werden. Sie konnten weder die Vereinbarung des Abs 4 mit dem nichtehelichen Vater treffen noch Klage gegen ihn erheben, um die zur Durchsetzung erforderliche Fixierung des Anspruchs herbeizuführen (PALANDT/EDENHOFER[57] Rn 5). Damit waren die Erben des nichtehelichen Kindes nicht über § 1922 Inhaber der Ausgleichsforderung geworden, sondern sind ggf auf eigene erbrechtliche Positionen gegenüber dem nichtehelichen Vater und dessen Verwandten verwiesen. Dies rechtfertigte auch der Zweck des § 1934 d. Eine Starthilfe sollte nur dem lebenden Kind zuteil werden, nicht aber dessen Erben. Gleiches galt für den Tod des nichtehelichen Vaters. Der Tod einer der beiden Parteien führte zum Scheitern des Erbausgleichs und somit zu einer Vererbung nach den allgemeinen Regeln (BGH ZEV 1996, 225 f).

42 b)   *Starb* das nicheheliche *Kind*, nachdem es bereits **Klage** gegen den nichtehelichen Vater **erhoben** hatte, dürfte aus den zuvor genannten Grundsätzen ebenfalls der Anspruch nicht auf seine Erben übergegangen sein, denn er sollte allein dem nichtehelichen Kind den Eintritt in das Berufsleben erleichtern, nicht aber den Erben (vgl Rn 41). Die Erben des nichtehelichen Kindes konnten den Prozeß daher nicht fortführen (PALANDT/EDENHOFER[57] Rn 21; ODERSKY Anm VIII 1; SCHRAMM BWNotZ 1970, 14; **aA** MünchKomm/LEIPOLD Rn 31, demzufolge zwar die Erben das Klageziel nicht weiter verfolgen können, der Prozeß aber gem §§ 239, 246 ZPO auf sie übergeht).

43 V.   Die **Vereinbarung über den Erbausgleich** iSd Abs 4 S 1 bestimmte die Zeit und Art der Erfüllung, nicht die Höhe des Anspruchs (so jedoch SOERGEL/STEIN Rn 31), diese war gesetzlich in Abs 2 festgelegt und wurde damit nicht durch die Vereinbarung verbindlich. Soweit eine Regelung über die Höhe getroffen wurde, war sie auf Angemessenheit und Zumutbarkeit gerichtlich überprüfbar (**aA** SOERGEL/STEIN Rn 28). Die Vereinbarung bedeutete die Bindung des nichtehelichen Kindes an das Ausgleichsverlangen und des nichtehelichen Vaters an seine Zusage insbesondere hinsichtlich der Höhe. Da der Anspruch bereits mit dem Ausgleichsverlangen entstanden war (Rn 17), begründete nicht erst die Vereinbarung die Verpflichtung des nichtehelichen Vaters. Sie bedeutet lediglich die **Fixierung** des bestehenden Anspruches. Die Parteien bestimmten die genauen Modalitäten und banden sich hinsichtlich der Höhe. Ferner trat die Unwiderruflichkeit des Ausgleichsverlangens und damit die Wirkung des § 1934 e ein.

44 1.   § 1934 d setzte allein *zeitliche Schranken* für das Ausgleichsverlangen, nicht für die **notarielle Vereinbarung. Diese brauchte nicht** innerhalb der **Frist** des Abs 1 getroffen zu werden. Es genügte, wenn das Ausgleichsverlangen innerhalb dieser Zeit erfolgte und die Ausgleichsforderung zur Entstehung brachte, denn die Vereinbarung bezog sich auf eine bestehende Ausgleichsforderung. Wie die Verjährungsvorschrift des Abs 3 beweist, bestand die Ausgleichsforderung auch noch nach Vollendung des 27. Lebensjahres, so daß auch dann noch die Vereinbarung getroffen werden konnte, selbst wenn die Forderung verjährt war. Durch die Verjährung wurde die Existenz des Anspruches nicht berührt, § 222 (ODERSKY § 1934 e Anm II 3 c; DAMRAU FamRZ 1969, 588; ders BB 1970, 470; JÄGER FamRZ 1971, 507; BOSCH FamRZ 1972, 178; KUMME ZblJugR 1974, 24).

1. Abschnitt. Erbfolge

§ 1934 d
45–48

2. Die Vereinbarung soll nach überwiegender Ansicht ein gegenseitiger **Vertrag** 45 gewesen sein (ODERSKY Anm V 6; BROX Rn 85). Dem kann nur insoweit zugestimmt werden, als durch die Vereinbarung Rechtswirkungen herbeigeführt wurden: die Bindung an das Ausgleichsverlangen, die Fixierung des Anspruchs und die Folgen des § 1934 e. Insoweit handelt es sich mit MünchKomm/LEIPOLD (Rn 26) um ein dem Erbverzicht nahestehendes **erbrechtliches Verfügungsgeschäft**. Allerdings begründete der Vertrag nicht die Zahlungspflicht, denn diese ergab sich bereits aus dem Gesetz. Deswegen handelt es sich auch nicht um einen Vergleich iSd § 779 (MünchKomm/ LEIPOLD Rn 26; **aA** SOERGEL/STEIN Rn 44; ODERSKY Anm V 4; EBERT 22). Begründete die Vereinbarung keinen Anspruch, war mangels gegenseitiger Verpflichtung für §§ 320 ff selbst in entsprechender Anwendung kein Raum (MünchKomm/LEIPOLD Rn 26; PALANDT/EDENHOFER Rn 19; **aM** ODERSKY Anm V 6; EBERT 21; BOSCH FamRZ 1972, 178). Insbesondere konnte das Kind bei Nichtleistung des vorzeitigen Erbausgleichs nicht über § 326 zurücktreten, um die Wirkungen des § 1934 e zu verhindern (so jedoch BOSCH FamRZ 1972, 178). Anderenfalls drohte im Hinblick auf zwischenzeitlich entstandene erbrechtliche Beziehungen erhebliche Rechtsunsicherheit (MünchKomm/ LEIPOLD Rn 28). Voraussetzung des § 1934 e war allein ein wirksames Ausgleichsverlangen und die Fixierung der Forderung, nicht aber deren Erfüllung (vgl § 1934 e Rn 7).

3. Da die Erklärung des Kindes den Untergang des Erbrechts und des Rücknah- 46 merechts enthielt, die des Vaters sein Einverständnis hierzu und damit den Untergang auch seines Erbrechts gegenüber dem nichtehelichen Kind, handelte es sich um **Willenserklärungen**, auf die die allgemeinen Regeln anwendbar waren (zB §§ 119 ff, 142). Die Vereinbarung konnte auch unter einer auflösenden oder aufschiebenden Bedingung erfolgen (ODERSKY Anm V 5; SCHRAMM BWNotZ 1970, 14; **aA** MünchKomm/LEIPOLD Rn 28).

4. Form der Vereinbarung: Notarielle Beurkundung der Erklärung des nichtehe- 47 lichen Kindes und des nichtehelichen Vaters (§ 128), die durch Erklärung zu Protokoll des Prozeßgerichts ersetzt werden konnte (§ 127 a). Die Erklärungen brauchten nicht gleichzeitig abgegeben zu werden. Zulässig war Erklärung durch einen Bevollmächtigten. Bei gesetzlicher Vertretung war vormundschaftsgerichtliche Genehmigung erforderlich, wobei allerdings die Begründung umstritten war (Analogie zu §§ 1822 Nr 1, 2347: MünchKomm/LEIPOLD Rn 27; BRÜGGEMANN FamRZ 1990, 5, 12; Analogie zu § 1822 Nr 2: SOERGEL/STEIN Rn 31; Analogie zu § 1822 Nr 12: SOERGEL/DAMRAU § 1822 Rn 43; MünchKomm/SCHWAB § 1822 Rn 69). Aus der Summe aller Normen ließ sich ein allgemeiner Rechtsgedanke gewinnen, der einer Gesamtanalogie zugänglich war. Gleiches galt wegen der gleichen Wirkung auch für die Geltendmachung des Ausgleichsanspruchs im Klagewege (MünchKomm/SCHWAB § 1822 Rn 8).

Für die **Kosten** hafteten gegenüber dem Notar Vater und nichteheliches Kind gem §§ 2 Nr 1, 2. Var, 5 Abs 1 S 1 KostO als Gesamtschuldner. Abweichend von § 426 Abs 1 dürfte es der Intention des Gesetzgebers entsprochen haben, daß im Innenverhältnis der Ausgleichsschuldner allein haftet (MünchKomm/LEIPOLD Rn 29; SOERGEL/ STEIN Rn 32).

5. Eine **Aufhebung der Vereinbarung** durch Vertrag zwischen nichtehelichem Kind 48 und seinem Vater war mangels entgegenstehender Vorschriften zulässig (§ 1934 d

Abs 4 S 2, untersagte nur die einseitige Lösung von der Vereinbarung nach der Fixierung des Anspruchs) und bedurfte als „Vereinbarung über den Erbausgleich" gem § 1934 d Abs 4 S 1 ebenfalls der notariellen Beurkundung (ODERSKY Anm V 8; abw MünchKomm/LEIPOLD Rn 28).

49 VI. Die der notariellen Vereinbarung in Abs 4 S 2 gleichgesetzte **rechtskräftige Entscheidung** (§ 705 ZPO) über den Erbausgleich führte ebenfalls zum Verlust des Rechtes, das Ausgleichsverlangen zurückzunehmen. Zusätzlich trat die Wirkung des § 1934 e ein. Wie bei der notariellen Vereinbarung genügte nicht ein (Grund-) Urteil über den Bestand des Ausgleichsanspruches, erforderlich war ein *Leistungsurteil*, das dem nichtehelichen Vater die Zahlung eines bestimmten Ausgleichsbetrages auferlegte (SOERGEL/STEIN Rn 33). Einer solchen Entscheidung bedurfte es, wenn der nichteheliche Vater seine Mitwirkung an der notariellen Vereinbarung verweigerte oder aber trotz einer solchen nicht zahlte. In beiden Fällen mußte Zahlungsklage vor dem Prozeßgericht (Rn 72) erhoben werden. Bei fehlender Vereinbarung mußte der Klageantrag nicht beziffert sein, wenn die für die Bemessung relevanten Tatsachen hinreichend bestimmt angegeben wurden (MünchKomm/LEIPOLD Rn 30; zurückhaltender BGHZ 96, 262, 273 f; OLG Oldenburg FamRZ 1994, 406). Hielt das Gericht einen niedrigeren Betrag als den vom Kind beantragten für angemessen, so war zu bedenken, daß dieses mit dem Verlust seines Erbrechts um diesen Preis möglicherweise nicht einverstanden war (MünchKomm/LEIPOLD Rn 30). Nach gerichtlicher Aufklärung (§ 139 ZPO) hatte der Kläger dann die Möglichkeit der Zurücknahme seines Begehrens (vgl Rn 51 ff; BGHZ 96, 262, 273 f; SOERGEL/STEIN Rn 33). Es konnte sinnvoll sein, hilfsweise die Verurteilung bis zu einer bestimmten Untergrenze zu beantragen (BGH aaO; OLG Oldenburg aaO).

50 VII. Soweit die notarielle Vereinbarung oder das rechtskräftige Urteil keine anderweitigen Bestimmungen enthielt, war der **Anspruch** auf vorzeitigen Erbausgleich mit seiner Fixierung (Feststellung in notarieller Vereinbarung oder gerichtlicher Entscheidung) **fällig** (BGHZ 96, 262, 273).

51 VIII. **Zurücknahme des Ausgleichsverlangens** war ohne Einwilligung des nichtehelichen Vaters nur bis zur notariellen Vereinbarung oder rechtskräftigen Entscheidung über den vorzeitigen Erbausgleich zulässig (Abs 4 S 2). Die Rücknahme lag im Belieben des nichtehelichen Kindes und war eine höchstpersönliche Entscheidung, die ihm bis zur Fixierung der Forderung offen bleiben sollte. Eine Verpflichtung gegenüber dem Vater oder einem Dritten, das Rücknahmerecht nicht auszuüben, war daher unwirksam (JOHANNSEN WM 1970 Beil 3 S 14).

52 1. Die **Erklärung der Rücknahme** war eine Willenserklärung und nahm dem vorher erklärten Ausgleichsverlangen seine Wirkung, der Ausgleichsforderung wurde die Grundlage entzogen (ODERSKY Anm VI 3). Eine bereits anhängige Klage war aus diesem Grunde abzuweisen (PALANDT/EDENHOFER[57] Rn 11). Die Wirkungen des § 1934 e traten nicht ein.

53 2. **Zeitliche Grenze** für die Rücknahme des Ausgleichsverlangens war der Abschluß der notariellen Beurkundung (vgl § 13 BeurkG) oder die Rechtskraft des Urteils. Eine Rücknahme war damit auch noch nach der Vollendung des 27. Lebensjahres und nach Verjährung des Ausgleichsanspruches möglich (MünchKomm/LEIPOLD

Rn 32; SOERGEL/STEIN Rn 14), wenn obige Voraussetzungen gewahrt waren. Ein vorläufig vollstreckbares Urteil hinderte die Rücknahme selbst dann nicht, wenn aus ihm die Vollstreckung erfolgt war. Der durch die Vollstreckung entstandene Schaden war nach § 717 Abs 2, 3 ZPO zu ersetzen, denn aufgrund der Rücknahme hätte ein vom Vater eingelegtes Rechtsmittel Erfolg gehabt (JOHANNSEN WM 1970 Beil 3 S 14; SOERGEL/ STEIN Rn 14). Ein durch Wiederaufnahmeklage aufgehobenes rechtskräftiges Urteil stand der Zurücknahme nicht entgegen (MünchKomm/LEIPOLD Rn 32).

3. Ein **erneutes Ausgleichsverlangen** nach wirksamer Rücknahme eines vorherigen 54 innerhalb der von § 1934 d Abs 1 festgelegten Zeiten verbot das Gesetz nicht. Diese Frage wurde bewußt offen gelassen (Kurzprot d Unterausschusses Unehelichenrecht des Rechtsausschusses des BT Nr 23, 11, 12). Das Gesetz ließ auch nicht erkennen, daß ein Ausgleichsverlangen nur einmal erklärt werden durfte. In der Rücknahme eines Ausgleichsverlangens einen endgültigen Verzicht auf den vorzeitigen Erbausgleich (auch für den Vater ersichtlich) zu sehen (so ERMAN/SCHLÜTER Rn 17; BGB-RGRK/KREGEL Rn 4), würde dem Willen des nichtehelichen Kindes nicht entsprechen, es sei denn, es lagen diesbezügliche Anhaltspunkte vor (wie hier Voss 131). Einem erneuten Verlangen stand daher grundsätzlich auch nicht die Arglisteinrede entgegen (PALANDT/EDENHOFER[57] Rn 11; ODERSKY Anm VI 4; SOERGEL/STEIN Rn 11; MünchKomm/LEIPOLD Rn 32; LUTTER § 3 III 2; V 2; EBERT 24; DAMRAU FamRZ 1969, 586; JOHANNSEN WM 1970 Beil 3 S 16; KÖRTING NJW 1970, 1526).

4. Für die **Rücknahme einer Klage** galt allein § 269 ZPO (ODERSKY Anm VI 5). 55 § 1934 d zeitigte lediglich materielle Wirkungen, er ließ nicht entsprechend der Rücknahme des Ausgleichsverlangens auch eine Klagerücknahme ohne Einwilligung des Vaters zu (so jedoch SOERGEL/STEIN Rn 14; MünchKomm/LEIPOLD Rn 33; DAMRAU FamRZ 1969, 587; wie hier ERMAN/SCHLÜTER Rn 16). Möglich war aber eine einverständliche Erledigungserklärung mit der Kostenfolge des § 91 a ZPO (SOERGEL/STEIN Rn 14).

5. § 1934 d Abs 4 S 2 regelte nur den **einseitigen Rücktritt** des nichtehelichen Kin- 56 des von seinem Ausgleichsverlangen. Der nichteheliche Vater und sein Kind konnten daher auch noch nach der Fixierung eine *Rücktrittsvereinbarung* treffen (ODERSKY Anm V 5).

IX. **Scheitern des vorzeitigen Erbausgleichs** lag vor, wenn es zu keiner wirksamen 57 Vereinbarung iSd § 1934 d Abs 4 S 1 oder zu keiner rechtskräftigen Verurteilung des nichtehelichen Vaters iSd § 1934 d kam, nicht dagegen wenn der Vater trotz Vereinbarung oder Verurteilung nicht zahlte, dann hat das nichteheliche Kind die Forderung gegen den Vater oder dessen Erben (§ 1967). *Starb der nichteheliche Vater* vor wirksamer Vereinbarung oder rechtskräftiger Verurteilung, konnte kein vorzeitiger Erbausgleich mehr verlangt werden, da die Erbfolge (Erbersatzanspruch) dem nichtehelichen Kind die Beteiligung am väterlichen Vermögen garantierte. Ein bereits anhängiger Rechtsstreit wurde durch den Tod des nichtehelichen Vaters erledigt (vgl Rn 41; ODERSKY Anm VII 1; BGH ZEV 1996, 225). *Starb das nichteheliche Kind* vor seinem Vater, war ebenfalls für den vorzeitigen Erbausgleich kein Raum mehr, wenn noch kein rechtskräftiges Urteil oder keine wirksame Vereinbarung erfolgt war, denn der vorzeitige Erbausgleich stand nicht den Erben des nichtehelichen Kindes zu (vgl Rn 41). Ein anhängiger Rechtsstreit war ebenfalls in der Hauptsache erledigt (ODERSKY Anm VII 1). War es jedoch beim Tod des Kindes bereits zu einer wirksamen

Einigung mit dem nichtehelichen Vater oder zu dessen rechtskräftiger Verurteilung gekommen, konnte die Ausgleichsforderung als zum Nachlaß gehörend von den Erben des nichtehelichen Kindes durchgesetzt werden.

58 X. **Rückgewähr vorzeitig gezahlten Erbausgleichs** erfolgte nach Bereicherungsrecht, § 812 Abs 1 S 1 1. Alt, wenn der nichteheliche Vater geleistet hatte, ohne daß das nichteheliche Kind sein Ausgleichsverlangen wirksam erklärt hatte, ebenso, wenn ein erklärtes Verlangen zurückgenommen oder unwirksam war. Da der Anspruch bereits mit dem Ausgleichsverlangen entstand, aber noch nicht fällig war (Rn 17), war eine Leistung nach dem Ausgleichsverlangen, aber vor Vereinbarung bzw rechtskräftiger Verurteilung ebenfalls rechtsgrundlos. Unterließ das nichteheliche Kind trotz Zahlung des Vaters auf dessen Aufforderung hin die notarielle Vereinbarungserklärung, liegt hierin eine Rücknahme des Ausgleichsverlangens und der Untergang des Anspruches (vgl Rn 51).

59 1. Hatte der *Vater* seine *Leistung zurückgefordert*, stand der Bereicherungsanspruch auch seinen Erben gegen das nichteheliche Kind bzw gegen dessen Erben zu (§ 1967). Hatte der nichteheliche Vater *keine Rückzahlung gefordert* (§ 1934 d Abs 4 S 3), mußte sich das nichteheliche Kind die Zahlung gem § 2050 Abs 1 auf seinen Erbteil bzw Erbersatzanspruch anrechnen lassen. Entsprechendes galt für die an seine Stelle tretenden Abkömmlinge, wenn das nichteheliche Kind nach Erhalt des Geldes, aber vor dem Vater verstorben ist (§ 2051 Abs 1). Ebenso erfolgte gem § 2315 eine Anrechnung auf den Pflichtteil, ohne daß eine entsprechende ausdrückliche Anordnung erforderlich war, denn die Leistung durch den Vater erfolgte, um das spätere Erbrecht abzulösen, also mit dem Willen, durch seine Zahlung Ansprüche des nichtehelichen Kindes nach dem Erbfall auszuschließen (iE ebenso ODERSKY Anm VII 3). Zurückfordern iSd Abs 4 S 3 bedingt das *ernstliche Rückgabeverlangen* des nichtehelichen Vaters gegenüber seinem Kind. Die Einleitung gerichtlicher Schritte (Mahnantrag, Klageerhebung) war nicht erforderlich (LUTTER § 3 VII 2 c).

60 2. Umstritten war, ob § 1934 d Abs 4 S 3 einen Bereicherungsanspruch der Erben des nichtehelichen Vaters ausschloß, wenn dieser **keine Rückzahlung begehrt** hatte, also allein eine Anrechnung gem §§ 2050 Abs 1, 2051 Abs 1, 2315 erfolgen konnte (für einen Ausschluß des Bereicherungsanspruches: MünchKomm/LEIPOLD Rn 39; SOERGEL/STEIN Rn 45; LUTTER § 3 VII 2, X 2, 3; JOHANNSEN WM 1970 Beil 3 S 15; ODERSKY Anm VII 3; DAMRAU FamRZ 1969, 587). Dies war insbesondere dann von Bedeutung, wenn der Bereicherungsanspruch wertmäßig höher als der Erbteil bzw Pflichtteil des nichtehelichen Kindes war. Dem Gesetz ließ sich ein Ausschluß des § 812 nicht ausdrücklich entnehmen, allerdings bezogen sich die von § 1934 d Abs 4 S 3 erwähnten Anrechnungsvorschriften auf Leistungen an den Erben, die mit Rechtsgrund erfolgt sind, setzten also keine anderen Rückforderungsmöglichkeiten voraus. Das Nichtbestehen solcher Rückforderungsmöglichkeiten rechtfertigte erst die besonderen Anrechnungsvorschriften. Eine Anrechnung sollte nur erfolgen, wenn der Erblasser dies bestimmt hatte, ansonsten sollten die Erben die Leistung des Erblassers anerkennen und hinnehmen. Aus diesem Grunde dürfte ein Bereicherungsanspruch zugunsten der Erben nicht bestehen. Begründen ließ sich dies aus dem Verhalten des Erblassers, der durch Unterlassen des Rückforderungsverlangens auf den Bereicherungsanspruch stillschweigend verzichtet hatte. Er hat die Leistung an das nichteheliche Kind erbracht, um das Kind vorzeitig abzufinden. Nach seinem Tod sollten weder Ansprüche des

1. Abschnitt. Erbfolge

Kindes gegen die Erben noch der Erben gegen das nichteheliche Kind bestehen. Dieses sollte nach seinem Willen die Leistung auch nach seinem Tod behalten. Der Verzichtswille des Erblassers kommt damit in der Leistung selbst zum Ausdruck und kann allein durch ein Rückforderungsbegehren widerlegt werden (bezüglich der Begründung kritisch SOERGEL/STEIN Rn 45; einschränkend MünchKomm/LEIPOLD Rn 39, der Kenntnis vom Scheitern des vorzeitigen Erbausgleichs verlangt). Von einem Verzichtswillen kann man auch nicht ausgehen, wenn der Erbausgleich erst nach dem Tod des Erblassers scheitert (SOERGEL/STEIN aaO). Die Beschränkung der Ausgleichsvorschriften auf die Fälle, in denen der Erbausgleich von dem nichtehelichen Vater nicht zurückgefordert worden war, hatte nur einen Sinn, wenn damit Bereicherungsansprüche ausgeschlossen waren. Wenn in beiden Fällen, bei erklärter und unterlassener Rückforderung, Ansprüche aus § 812 beständen, müßte das nichteheliche Kind die Leistung zurückerstatten bzw sich bei seinem Anspruch gegen die Erben anrechnen lassen (§§ 387 ff). Einer besonderen Regelung über §§ 2050, 2051, 2315 hätte es nicht bedurft. Gegenüber der Witwe des Erblassers bestanden weder eine Ausgleichungspflicht noch eine Pflicht zur Rückabwicklung nach Bereicherungsrecht (MünchKomm/LEIPOLD Rn 39 mwN).

XI. Stundung der Ausgleichsforderung (Abs 5)

Während ein eheliches Kind beim Eintritt in das Berufsleben zumeist nicht durch eine einmalige hohe Zahlung unterstützt wird, sondern entsprechend dem Leistungsvermögen des Vaters ratenweise oder erst dann Leistungen erhält, wenn dem Vater entsprechende Beträge zur Verfügung stehen, konnte das nichteheliche Kind einseitig durch sein Ausgleichsverlangen den Zeitpunkt der Zahlung bestimmen und die gesamte ihm zustehende Summe verlangen. Dies würde oft das Leistungsvermögen des Vaters übersteigen, insbesondere wenn dieser noch andere Verpflichtungen zu erfüllen hatte. Dem trug § 1934 d Abs 5 Rechnung, indem – sofern nicht schon in der notariellen Vereinbarung festgelegt – dem nichtehelichen Vater die Möglichkeit der Stundung gewährt wurde, und zwar auch dann, wenn die Vereinbarung bereits getroffen, eine rechtskräftige Entscheidung erstrebt (dh im Prozeß) oder bereits ergangen war (§§ 1934 d Abs 5 S 3, 1382 Abs 1, 5, 6; einschränkend MünchKomm/LEIPOLD Rn 41: nur bei nachträglicher Änderung der Verhältnisse auch nachträgliche Stundung möglich). Zum Ausgleich temporärer zusätzlicher Belastungen war auf sie, nicht auf eine Unterschreitung des Regelbetrages zurückzugreifen (OLG Köln FamRZ 1990, 667 f; vgl Rn 26). Notfalls konnte von ihm auch der Einsatz des eigenen Vermögens erwartet werden (SOERGEL/STEIN Rn 36). Möglich war auch die Beschränkung der Stundung auf einen Teil des Ausgleichsbetrages sowie die Anordnung von Ratenzahlung (MünchKomm/LEIPOLD Rn 40). Gerechtfertigt wurde das Stundungsbegehren letztlich aus **Billigkeitserwägungen**, wenn die sofortige Zahlung dem Vater neben der gleichzeitigen Unterhaltsgewährung „unzumutbar" war (Abs 5 S 1) oder ihn aus sonstigen Gründen „besonders hart treffen" würde und dem Kind die Stundung zugemutet werden konnte (Abs 5 S 2).

1. Stundung wegen Unterhaltsgewährung (Abs 5 S 1)

Nach §§ 1615 a, 1615 c hatte der nichteheliche Vater seinem nichtehelichen Kind wie dem ehelichen nach §§ 1602 ff auch nach Volljährigkeit weiterhin Unterhalt zu gewähren, wenn die Voraussetzungen der §§ 1602 Abs 1, 1603 Abs 1 gegeben waren.

Einem unterhaltsberechtigten nichtehelichen Kind nach Vollendung des 21. Lebensjahres stand damit neben dem Unterhalt auch das Recht auf vorzeitigen Erbausgleich zu. Wegen der in § 1934 d Abs 1 gesetzten Zeitbeschränkung durfte das nichteheliche Kind mit der Geltendmachung des vorzeitigen Erbausgleiches nicht warten, bis die Unterhaltspflicht des Vaters erloschen war. Der Vater mußte daher neben dem Unterhalt auch die Mittel für den vorzeitigen Erbausgleich aufbringen. Das nichteheliche Kind war dabei nicht verpflichtet, sich bei der Berechnung des zukünftigen Unterhaltes den Stamm des Vermögens, welches es mit dem Erbausgleich erhalten hatte, anrechnen zu lassen (AG Tübingen FamRZ 1995, 756 Anm Bosch). Die Doppelbelastung war dem nichtehelichen Vater nicht zumutbar, wenn eine solche seine eigene Existenzgrundlage gefährden konnte, bei Stundung aber ein Erbausgleich ohne diese Gefährdung aufgebracht werden könnte. Zwar konnte diese Situation bereits bei der Höhe des Ausgleichsbetrages berücksichtigt werden (Rn 26), jedoch führte sie dort zu einer Minderung der Forderung des nichtehelichen Kindes. Zu seinen Gunsten konnte daher durch die Stundung ein höherer Betrag erreicht werden. Die Stundung diente damit idR auch dem Interesse des Kindes. Inwieweit eine Barzahlung dem Vater nicht zumutbar war, richtete sich nach dessen Vermögens- und Einkommensverhältnissen und war eine Frage des Einzelfalles.

63 2. **Stundung in anderen Fällen (Abs 5 S 2)**, wenn die sofortige Leistung den Vater besonders hart traf. Damit war in Abs 5 S 2 die gleiche Stundungsvoraussetzung wie in § 1382 Abs 1 festgelegt, auch hinsichtlich der Zumutbarkeit der Stundung für den Gläubiger (nichteheliches Kind). Insoweit konnte auf die Erläuterung zu § 1382 Abs 1 verwiesen werden. Zu beachten war hierbei, daß das Gesetz besonders strenge Voraussetzungen, insbesondere härtere als in Abs 5 S 1 aufstellte, die zB verwirklicht waren, wenn dem Vater die Erfüllung aus eigenen Mitteln nicht möglich war, ohne besondere Werte zu veräußern. Eine angemessene Kreditaufnahme dürfte dagegen zumutbar gewesen sein (LG Waldshut-Tiengen FamRZ 1976, 374).

64 Der vorzeitige Erbausgleich wurde geschaffen, um dem Kind den Eintritt in das selbständige Berufsleben und die Gründung einer eigenen Familie zu erleichtern. Das Kind selbst bedurfte des Geldes daher in besonderen Situationen. Dem Kind mußte die **Stundung zumutbar** sein. Das war der Fall, wenn es selbst hinreichend Kapital besaß, um seinen Eintritt in das eigene Wirtschaftsleben und die Gründung einer eigenen Familie zu finanzieren, oder wenn es den gesamten Ausgleich zZt nicht benötigte, da der Eintritt in das eigene Berufsleben noch nicht anstand. Bei der Gewährung einer Stundung war deshalb auch auf die Bedürfnisse des Kindes abzustellen, damit der vorzeitige Erbausgleich seinen Zweck erfüllen konnte (Soergel/ Stein Rn 36).

3. Geltendmachung des Stundungsbegehrens

65 Hinsichtlich des Verfahrens zur Durchführung des Stundungsverlangens galten kraft Verweisung in Abs 5 S 3 § 1382 und § 53 a FGG entsprechend.

66 a) Bei **unstreitigem Ausgleichsanspruch** (der Anspruch war durch notarielle Vereinbarung oder rechtskräftige Entscheidung fixiert) war das *Familiengericht* für die Entscheidung über das Stundungsbegehren zuständig, denn nach § 1382, auf den § 1934 d Abs 5 S 3 verweist, war an Stelle des Vormundschaftsgerichtes mit Wirkung

1. Abschnitt. Erbfolge

§ 1934 d
67–70

vom 1. 7. 1977 das Familiengericht für die Stundung zuständig (Art 1 Nr 10 1. EheRG). Damit war gem Art 12 Nr 11 1. EheRG auch für das Verfahren des § 1934 d Abs 5 die sachliche Zuständigkeit des Familiengerichts begründet (aA MünchKomm/LEIPOLD Rn 42). Dem stand nicht entgegen, daß § 1934 d Abs 5 in § 23 b Abs 1 GVG und § 621 Abs 1 ZPO nicht ausdrücklich genannt war (so jedoch PALANDT/ EDENHOFER[57] Rn 25; SOERGEL/STEIN Rn 38, die das Vormundschaftsgericht für zuständig erachten). Für § 1934 d Abs 5 galt kraft Verweisung das Verfahren nach § 1382, und dies ist in § 23 b Abs 1 GVG und § 621 Abs 1 ZPO ausdrücklich den Familiengerichten zugewiesen. Auch in § 53 a FGG wird das Verfahren nach § 1382 und § 1934 d Abs 5 gleichgestellt. Bei dem vorzeitigen Erbausgleich handelte es sich nicht um einen rein erbrechtlichen, sondern um einen primär familienrechtlichen Anspruch, der an die Stelle einer (erbrechtlichen) Nachlaßbeteiligung trat (vgl Rn 5). Aus der Natur des Anspruchs rechtfertigte sich die Zuständigkeit des Familiengerichtes ebenso wie daraus, daß der vorzeitige Erbausgleich am Unterhalt orientiert war, dessen Feststellung dem Familiengericht oblag (§ 1615 a, § 23 b Abs 1 Nr 5 GVG, § 621 Abs 1 Nr 4 ZPO). Der vorzeitige Erbausgleich war wie die in § 1382 behandelte Ausgleichsforderung des § 1378 ein Anspruch unter lebenden Familienmitgliedern wegen Teilhabe am Vermögen des anderen. In beiden Fällen waren die gleichen Grundlagen für die Stundung heranzuziehen, die Vermögens- und Einkommensverhältnisse sowie die Leistungsfähigkeit des Schuldners. Die Entscheidungskonzentration dieser Stundungsfälle bei einem speziellen Familiengericht diente der Rechtssicherheit und Verfahrensbeschleunigung.

67 Das Familiengericht (Familienrichter, § 14 Nr 2 RpflG) entschied im *Verfahren der freiwilligen Gerichtsbarkeit* auf **Antrag des Vaters**. Es galt § 53 a FGG. Kam der anzustrebende Vergleich nicht zustande, entschied das Gericht, wenn es eine Stundung für erforderlich hielt, entsprechend § 1382 (vgl dort). Waren die Voraussetzungen des § 1934 d Abs 5 S 1, 2 nicht gegeben, wies es den Stundungsantrag ab. Gegen diese Entscheidung war sofortige Beschwerde möglich, § 60 Abs 1 Nr 6 iVm § 53 a Abs 2 S 1 FGG. Zwar regelte sich die örtliche Zuständigkeit im Verfahren des § 1382 nach § 45 FGG. Diese Norm war jedoch eindeutig auf den gemeinsamen Hausstand der Eheleute zugeschnitten, so daß sich die örtliche Zuständigkeit bei den nicht in gemeinsamem Hausstand lebenden Parteien des vorzeitigen Erbausgleichs nach den allgemeinen Regeln bestimmte (SOERGEL/STEIN Rn 38).

68 b) Bei **streitigem Ausgleichsanspruch** (es lag keine notarielle Vereinbarung oder rechtskräftige Entscheidung vor) war für den Stundungsantrag das *Prozeßgericht* zuständig, bei dem der Rechtsstreit über den Ausgleichsanspruch anhängig war, § 1382 Abs 5. Der Antrag konnte während des gesamten Verfahrens, also auch in der Berufungsinstanz gestellt werden. Die Entscheidung über den Stundungsantrag erfolgte mit im Urteil über die Ausgleichsforderung, ebenso der Ausspruch gem § 1382 Abs 2, 3, 4 (ODERSKY Anm IX 3).

69 c) War die Ausgleichsforderung weder durch notarielle Beurkundung oder rechtskräftige Entscheidung fixiert noch ein Rechtsstreit anhängig, konnte *kein Stundungsantrag* gestellt werden (PALANDT/EDENHOFER Rn 22; SOERGEL/STEIN Rn 36).

70 d) **Änderung einer rechtskräftigen Stundungsentscheidung** erfolgte gem §§ 1934 d Abs 5, 1382 Abs 6 auf Antrag des nichtehelichen Vaters oder des nichtehelichen

Kindes durch das Familiengericht (vgl Rn 66, 67), auch soweit es sich um einen Vergleich iSd § 53 a Abs 1 FGG handelte. Voraussetzung war eine wesentliche Veränderung der Verhältnisse seit Erlaß der Stundungsentscheidung. Zu berücksichtigen waren die Einkommens- und Vermögensverhältnisse des Vaters und des Kindes, denn beiden mußte die jeweilige Entscheidung zumutbar sein (vgl im übrigen die Erl zu § 1382 Abs 4).

71 e) Die **Änderung einer** in der notariellen Vereinbarung (Abs 4 S 1) getroffenen **Stundungsvereinbarung** erfolgte ebenfalls gem §§ 1934 d Abs 5 S 3, 1382 Abs 6, denn in § 1934 d waren notarielle Vereinbarung und rechtskräftige Entscheidung über den vorzeitigen Erbausgleich gleichgestellt, § 1934 d Abs 4 S 1, 2 (ebenso PALANDT/EDENHOFER[57] Rn 27).

XII. Verfahren zur Erlangung des vorzeitigen Erbausgleichs

72 1. Einigten sich der nichteheliche Vater und das nichteheliche Kind nicht iSd Abs 4 S 1 über die Ausgleichsforderung in notariellen Erklärungen, entschied das **Prozeßgericht** im ordentlichen Verfahren über Bestand und Höhe des Anspruchs (zum Stundungsantrag in diesem Verfahren vgl Rn 68). Für diese Zahlungsklage bestanden keine besonderen Verfahrensvorschriften (DAMRAU FamRZ 1970, 269). Die sachliche Zuständigkeit bestimmte sich nach der Höhe der geltend gemachten Ausgleichsforderung, §§ 23, 71 GVG. Die Verweisung des § 1934 d Abs 5 S 3 auf § 1382 gilt allein für das Stundungsbegehren, nicht für den vorzeitigen Erbausgleich insgesamt. Nach dem Ausnahmekatalog der § 23 b GVG, § 621 ZPO ist eine Zuständigkeit des Familiengerichts für den Ausgleichsanspruch nicht begründet. Die örtliche Zuständigkeit bestimmte sich nach dem Wohnsitz des Vaters, §§ 12, 13 ZPO (**aA** LG Hamburg FamRZ 1994, 403, das den Erbausgleich als erbrechtliches Rechtsinstitut ansieht und § 27 Abs 1 ZPO mit der Maßgabe entsprechend anwendet, daß statt auf den Todeszeitpunkt des Erblassers auf die Anhängigkeit der Klage abgestellt wird).

73 2. **Verjährung** des Anspruchs erfolgte gem Abs 3 in drei Jahren, sie begann nicht mit seiner Entstehung, sondern erst mit der Vollendung des 27. Lebensjahres. *Hemmung* der Verjährung nach §§ 202, 203, 205, 206. § 207 war nicht anwendbar, da die Forderung gegen den nichtehelichen Vater keine Nachlaßforderung war. *Unterbrechung* der Verjährung nach §§ 208 ff. Wirkung der Verjährung: § 222.

74 Bei *rechtskräftiger Zuerkennung* galt gem § 218 Abs 1 S 1 die dreißigjährige Verjährungsfrist. Bei *notarieller Beurkundung* galt dies gem § 218 Abs 1 S 2 auch, wenn die Voraussetzungen der §§ 794 Abs 1 Ziff 5, 800, 801 ZPO (vollstreckbare Urkunde) erfüllt waren. Nach allgemeiner Meinung sollte § 218 Abs 1 S 2 bzw § 195, nicht aber § 1934 d Abs 3, dann gelten, wenn lediglich die notariell beurkundete Vereinbarung über den Ausgleich gem Abs 4 S 1 erfolgt ist, eine Unterwerfung unter die Zwangsvollstreckung gem § 794 Abs 1 Ziff 5 aber fehlte (so ODERSKY Anm IV 3 b; SOERGEL/STEIN Rn 42; LUTTER § 3 II 3 Fn 24; JÄGER FamRZ 1971, 507), da sich § 1934 d Abs 3 offenbar nur auf den Anspruch bis zur Fixierung durch Urteil oder Beurkundung beziehe (ODERSKY aaO; MünchKomm/LEIPOLD Rn 44). Dem kann jedoch nicht gefolgt werden. Grund für die dreißigjährige Verjährungsfrist des § 218 war die Existenz eines vollstreckbaren Titels, nicht aber lediglich die Durchsetzbarkeit der Forderung.

§ 1934 e

Ist über den Erbausgleich eine wirksame Vereinbarung getroffen oder ist er durch rechtskräftiges Urteil zuerkannt, so sind beim Tode des Vaters sowie beim Tode väterlicher Verwandter das Kind und dessen Abkömmlinge, beim Tode des Kindes sowie beim Tode von Abkömmlingen des Kindes der Vater und dessen Verwandte nicht gesetzliche Erben und nicht pflichtteilsberechtigt.

Materialien: BT-Drucks V/4179, 31, Ber 6; BR-Drucks 271/2/69, 1, 2; STAUDINGER/BGB-Synopse 1896–2000 § 1934 e.

I. Allgemeines

§ 1934 e wurde durch Art 1 Nr 88 NichtehelG eingefügt (Vorbem 34 zu §§ 1924–1936) **1** und bestimmt die Rechtswirkung des vorzeitigen Erbausgleiches. Da dieser als Geldforderung zu Lebzeiten des nichtehelichen Vaters an die Stelle des späteren Erbrechts tritt, werden das den vorzeitigen Erbausgleich beanspruchende nichteheliche Kind und seine Abkömmlinge beim Tod des Vaters und väterlicher Verwandter von der gesetzlichen Erbfolge ausgeschlossen. Dies bedeutet eine weitere Schlechterstellung des nichtehelichen Kindes gegenüber dem ehelichen, das den Vater und dessen Verwandte trotz Erhalts wirtschaftlicher Hilfe beerbt und beim Tod des Vaters nicht mehr mit dem Erbersatzanspruch des nichtehelichen Kindes belastet ist. Zudem orientiert sich der vorzeitige Erbausgleich am Vermögen des nichtehelichen Vaters und an der zu erwartenden Nachlaßbeteiligung beim Tod des nichtehelichen Vaters (§ 1934 d Rn 21 ff). Die Beteiligung am *Nachlaß väterlicher Verwandter* wird bei der Bemessung des Ausgleichsbetrages *nicht berücksichtigt*. Hierfür erhält das nichteheliche Kind keinen Gegenwert. Ein nichteheliches Kind wird sich daher sein Ausgleichsverlangen sehr überlegen müssen, wenn begüterte väterliche Verwandte vorhanden sind. Unproblematisch ist dagegen der Ausschluß auch der Abkömmlinge des nichtehelichen Kindes von der Erbfolge. Dies entspricht den Grundsätzen des Eintrittsrechts (Vorbem 14 zu §§ 1924–1936), wonach Abkömmlinge nur dann Verwandte eines Vorfahren beerben, wenn der die Verwandtschaft mittelnde Vorfahre die Erbschaft nicht erhält. Der vorzeitige Erbausgleich stellt das nichteheliche Kind jedoch so, als hätte es seinen Vater beerbt. § 1934 e beendet in erbrechtlicher Hinsicht das Verwandtschaftsverhältnis zwischen dem nichtehelichen Vater und seinem Kind. Dementsprechend erlischt nicht allein das Erbrecht des nichtehelichen Kindes und seiner Abkömmlinge beim Tod des nichtehelichen Vaters oder seiner Verwandten, sondern umgekehrt auch das des Vaters und seiner Verwandten beim Tod des nichtehelichen Kindes und seiner Abkömmlinge.

II. Voraussetzung für das Erlöschen des Erbrechts gem § 1934 e ist der **Bestand 2 einer fälligen Ausgleichsforderung** gem § 1934 d Abs 1 durch das Ausgleichsverlangen des Kindes, eine wirksame *notarielle Vereinbarung* zwischen dem nichtehelichen Kind und dem nichtehelichen Vater iSd § 1934 d Abs 4 S 1 oder eine *rechtskräftige Verurteilung* des nichtehelichen Vaters zur Zahlung eines bestimmten Ausgleichsbetrages iSd § 1934 d Abs 4 S 2. Sind diese Voraussetzungen nicht erfüllt, ist der

§ 1934 e
3-8
5. Buch

vorzeitige Erbausgleich gescheitert, selbst wenn bereits Zahlung erfolgt ist (vgl § 1934 d Rn 57 ff). Die Wirkungen des § 1934 e konnten nicht eintreten, da nur ein wirksamer Ausgleichsanspruch an die Stelle des Erbrechts tritt.

3 1. Da die Ausgleichsforderung an die Stelle des Erbrechts tritt, kann das Erbrecht gem § 1934 e nur bei **Existenz der Forderung** erloschen sein. Die Entstehung der Ausgleichsforderung setzt daher ein zZt des Erbfalls noch gültiges Ausgleichsverlangen voraus. Das nichteheliche Kind muß innerhalb der von § 1934 d Abs 1 gesetzten Frist von seinem Vater den vorzeitigen Erbausgleich verlangt und dieses Verlangen nicht zurückgenommen haben. Die Erklärung darf nicht nach allgemeinen Grundsätzen (Anfechtung, Rücktritt usw) unwirksam sein. Die Verjährung berührt die Existenz der Forderung nicht, so daß die Wirkung des § 1934 e auch bei Nichtzahlung und nach Verjährung eintrat (ERMAN/SCHLÜTER Rn 4). Fehlt ein Ausgleichsverlangen und damit eine entsprechende Forderung, konnten die Wirkungen des § 1934 e nicht eintreten. Eine trotzdem geschlossene notarielle Vereinbarung kann in einen Erbverzichtsvertrag umgedeutet werden (ODERSKY Anm II 3 e).

4 2. Die **notarielle Vereinbarung** muß durch Abschluß der notariellen Beurkundung (§ 1934 d Rn 53) beider Erklärungen (des Vaters und des Kindes) wirksam und nicht durch Anfechtung (diese ist nur zu Lebzeiten des Erblassers zulässig, OLG Schleswig NJW-RR 1997, 1092). Aufhebung oder aus sonstigen Gründen beseitigt sein. Sie kann auch nach Vollendung des 27. Lebensjahres abgeschlossen werden, wenn das Ausgleichsverlangen innerhalb der Fristen des § 1934 d Abs 1 gestellt worden ist, selbst wenn inzwischen Verjährung eingetreten ist (§ 1934 d Rn 44).

5 Die **Vereinbarung** muß im Zeitpunkt des Erbfalles noch **wirksam** sein. Ist sie nichtig oder später unwirksam geworden, ist das nichteheliche Kind bei erfolgter Zahlung mit einem Rückzahlungsanspruch bzw mit der Anrechnungspflicht gem § 1934 d Abs 4 S 3 belastet (§ 1934 d Rn 57 ff). Nur eine durch wirksame Fixierung fällige Ausgleichsforderung berechtigt das Kind zum Behalten der Leistung und kann damit an die Stelle des Erbrechts treten (wie hier ODERSKY Anm II 4; EBERT 25).

6 3. Das die notarielle Vereinbarung ersetzende *rechtskräftige Urteil* (§ 1934 d Rn 49) muß ebenfalls zZt des Erbfalles Bestand haben, es darf nicht in einem Wiederaufnahmeverfahren beseitigt worden sein.

7 4. Eine **Erfüllung der Ausgleichsforderung** durch Zahlung ist keine Voraussetzung des § 1934 e (ODERSKY Anm II 5; PALANDT/EDENHOFER[57] Rn 1; EBERT 24; DAMRAU FamRZ 1969, 586). Die Forderung trat bereits an die Stelle des Erbrechts. Eine nicht erfüllte Ausgleichsforderung ist beim Tod des nichtehelichen Vaters als Nachlaßverbindlichkeit von den Erben zu erfüllen (§ 1934 d Rn 57).

III. Wirkungen des vorzeitigen Erbausgleichs

8 1. Mit der Fixierung des Ausgleichsanspruches traten die schuldrechtlichen Beziehungen zwischen Kind und Vater an die Stelle der erbrechtlichen, letztere erloschen.

Das Kind und seine Abkömmlinge scheiden als gesetzliche Erben des Vaters und seiner Verwandten aus. Der Vater und seine Verwandten scheiden als gesetzliche Erben des Kindes und seiner Abkömmlinge aus. Damit geht § 1934 e über die Wirkungen eines Verzichts hinaus (§§ 2346 ff). § 1934 e gilt hinsichtlich dinglicher Erbfolge, Erbersatz- und Pflichtteilsanspruch. Bei der Pflichtteilsberechnung der anderen Berechtigten werden die nach § 1934 e. Ausgeschlossenen nicht mitgezählt, § 2310 S 2 analog (ODERSKY Anm III 3; PALANDT/EDENHOFER[57] Rn 5; MünchKomm/LEIPOLD Rn 6). Die **gewillkürte Erbfolge** wird durch § 1934 e **nicht berührt**. Der Vater kann sein Kind trotz fixierter Ausgleichsforderung und trotz Zahlung zu seinem Erben bzw zum Vermächtnisnehmer bestimmen und umgekehrt. Ein Widerruf früherer Verfügungen von Todes wegen ist in der Ausgleichsvereinbarung nicht notwendig enthalten (MünchKomm/LEIPOLD Rn 7). Möglich erscheint es, die erbrechtsausschließende Wirkung des § 1934 e auf bestimmte Erbfälle und -konstellationen einzugrenzen. Hatte er das Testament vor Inkrafttreten des NichtehelG abgefaßt und ist er danach auf Erbausgleich in Anspruch genommen worden, so muß aus dem Umstand der Aufrechterhaltung der letztwilligen Verfügung geschlossen werden, daß die Erbeinsetzung trotz Erbausgleich weiterhin bestehen soll (aM BGB-RGRK/KREGEL Rn 2).

Der nichteheliche **Vater erhält** im Gegensatz zu seinem Kind **kein Äquivalent** für das Erlöschen seines Erbrechts gegenüber dem Kind. Dies rechtfertigt sich einmal aus den Altersverhältnissen, nach denen idR der Vater von seinem Kind beerbt wird, nicht aber umgekehrt. Zum anderen zeigt sich in dieser Regelung der primär familienrechtliche Ausstattungscharakter des vorzeitigen Erbausgleichs, das Kind erhält weniger einen Ausgleich für den Verlust seines Erbrechts, sondern für seine Benachteiligung gegenüber den ehelichen Abkömmlingen bei der finanziellen Unterstützung durch den Vater zu dessen Lebzeiten (§ 1934 d Rn 1). Ein Korrelat hierzu zugunsten des Vaters besteht idR nicht, er erhält von seinen ehelichen Kindern keine Leistungen, die ihm nun auch das nichteheliche Kind erbringen müßte.

2. Umstritten ist, ob die Wirkungen des § 1934 e auch bestehen bleiben, wenn das **nichteheliche Kind** nach Fixierung des Ausgleichsanspruchs durch Legitimation (Vorbem 31 zu §§ 1924–1936), Ehelicherklärung (Vorbem 33 zu §§ 1924–1936) oder Adoption (Vorbem 46 zu §§ 1924–1936) **ein eheliches** seines Vaters **wurde** (für Anwendung des § 1934 e: ODERSKY Anm III 4; MünchKomm/LEIPOLD Rn 9 f; LEIPOLD § 7 VI 3; DAMRAU FamRZ 1969, 586; aM SOERGEL/STEIN Rn 8; ERMAN/SCHLÜTER Rn 5; BGB-RGRK/KREGEL Rn 3; LUTTER § 3 IX 2 c; KÖRTING NJW 1970, 1527; JOHANNSEN WM 1970 Beil 3 S 13; SCHRAMM BWNotZ 1970, 15; JÄGER FamRZ 1971, 509 ff; KUMME ZblJugR 1974, 24; DITTMANN Rpfleger 1978, 281). Diesen Fall hat der Gesetzgeber nicht bedacht. Mit dem Schweigen des Gesetzes kann nicht die Anwendung des § 1934 e begründet werden (so jedoch ODERSKY Anm III 4). Wenn der nichteheliche Vater seinem Kind die Stellung eines ehelichen gibt, so will er ihm auch alle Rechte und Vorteile zukommen lassen, die es als eheliches hätte. Da ein eheliches Kind trotz wirtschaftlicher Starthilfe beim Eintritt in das Berufsleben oder bei Gründung der eigenen Familie sein Erbrecht nicht verliert, erlangt das nunmehr eheliche Kind die gleiche Stellung nur, wenn es auch trotz Erhalts des vorzeitigen Erbausgleichs zu den gesetzlichen Erben zählt. Der nichteheliche Vater weiß, daß er den vorzeitigen Erbausgleich dem Kind allein aufgrund der nichtehelichen Abstammung zahlen mußte und daß sich diese Stellung des Kindes nunmehr geändert hat. Wollte er diese Änderung hinsichtlich der Erbenstellung nicht herbeiführen, sondern es bei der schlechteren Stellung des nichtehelichen Kindes belassen, mußte er dies durch entsprechende letztwillige Verfügung (Enterbung) herbeiführen. Aus dem

Unterlassen einer letztwilligen Verfügung kann nicht geschlossen werden, daß das Kind erbrechtlich nicht entsprechend seinem neuen Status als ehelich behandelt werden soll. Die Folgen des § 1934 e treten nur ein, wenn das nichteheliche Verhältnis bis zum Erbfall bestanden hat. Der vorzeitige Erbausgleich ist jedoch als Vorempfang gem §§ 2050 ff auszugleichen (KUMME ZblJugR 1974, 24). Aus der Anordnung des Art 227 Abs 1 Nr 2 EGBGB ist ersichtlich, daß die Gleichstellung der nichtehelichen Kinder zu den ehelichen Kindern durch das ErbGleichG nicht die gleiche Wirkung haben soll, wie die genannte Gleichstellung durch Legitimation, Ehelicherklärung oder Adoption. Art 227 Abs 1 Nr 2 EGBGB ordnet ausdrücklich, trotz der nunmehrigen Gleichstellung, die Weitergeltung und damit Weiterwirkung des § 1934 e an.

11 3. Der vorzeitige Erbausgleich führte die **Wirkungen** des § 1934 e für die Zukunft, dh erst **ab** dem Zeitpunkt der **Fixierung** der Ausgleichsforderung herbei. Damit erlosch das gesetzliche Erbrecht, soweit es auf Verwandtschaft zum nichtehelichen Vater bzw zum nichtehelichen Kind beruht. § 1934 e zeitigt *keine Rückwirkungen* auf vor dem Erbausgleich eingetretene gesetzliche Erbfolge (SOERGEL/STEIN Rn 3; PALANDT/EDENHOFER[57] Rn 5).

12 4. Bei einer **Vereinbarung** des nichtehelichen Vaters mit dem Kind darüber, daß die erbrechtlichen Verwandtschaftsbeziehungen trotz Bestandes einer vorzeitigen **Erbausgleichsforderung erhalten bleiben** sollen, ist danach zu unterscheiden, *wann* diese Absprache getroffen worden ist:

13 a) Haben die Parteien bereits **in der notariellen Vereinbarung** (§ 1934 d Abs 4 S 1) festgelegt, daß die *Wirkungen des § 1934 e nicht eintreten sollen*, handelt es sich nicht um einen vorzeitigen Erbausgleich iSd §§ 1934 d, e, denn die Forderung soll nicht an die Stelle des Erbrechts treten. Hier wurde lediglich ein Vertrag über die Zuwendung von Geldmitteln (Schenkung) geschlossen. § 1934 e findet keine Anwendung.

14 b) Vereinbarten das nichteheliche Kind und sein Vater **nach der Fixierung** der Forderung und Erlöschen des Erbrechts (§ 1934 e), daß die erbrechtlichen Beziehungen in vollem Umfang wieder aufleben sollen, so handelt es sich um eine zulässige Aufhebung der notariellen Vereinbarung iSd § 1934 d Abs 4 S 1 (vgl § 1934 d Rn 48) und damit um die Beseitigung einer Voraussetzung des § 1934 e, dessen Wirkungen damit beim Erbfall nicht eintreten können (PALANDT/EDENHOFER[57] Rn 6; SOERGEL/STEIN Rn 7; **aM** LUTTER § 3 IX 2; MünchKomm/LEIPOLD Rn 3; § 1934 d Rn 28; EBENROTH Rn 133). Nachträgliche Veränderungen der Erbrechtslage werden auch in anderen Fällen hingenommen (SOERGEL/STEIN Rn 7). Ist die Ausgleichsforderung nicht durch notarielle Vereinbarung, sondern durch ein rechtskräftiges Urteil fixiert worden, ist den Parteien die Verfügungsmacht über die Erbenstellung endgültig entzogen. Das Urteil kann nicht durch eine Vereinbarung der Parteien beseitigt werden (**aA** aber SOERGEL/ STEIN Rn 7; PALANDT/EDENHOFER[57] Rn 6). Diese können die nicht bestehende gesetzliche Erbfolge nicht durch Vertrag begründen. Ihnen bleibt allein der Weg, durch letztwillige Verfügung (Erbvertrag) die gewillkürte Erbfolge, die von § 1934 e nicht berührt wird, herbeizuführen. Der nichteheliche Vater kann sein Kind und dessen Abkömmlinge zu Erben bestimmen, das nichteheliche Kind seinen Vater und als Ersatzerben dessen Verwandte letztwillig bedenken. Zum Erbrecht des Vaters und seiner Verwandten nach den Abkömmlingen des nichtehelichen Kindes bzw des nichtehelichen Kindes und seiner Abkömmlinge nach den Verwandten des nichtehelichen Vaters bedarf es weiterer entsprechender letztwilliger Verfügungen.

5. Das Nachlaßgericht hat bei der **Erteilung eines Erbscheins** von Amts wegen die Erben festzustellen und daher einen Ausfall gem § 1934 e zu berücksichtigen. 15

§ 1935

Fällt ein gesetzlicher Erbe vor oder nach dem Erbfalle weg und erhöht sich infolgedessen der Erbteil eines anderen gesetzlichen Erben, so gilt der Teil, um welchen sich der Erbteil erhöht, in Ansehung der Vermächtnisse und Auflagen, mit denen dieser Erbe oder der wegfallende Erbe beschwert ist, sowie in Ansehung der Ausgleichungspflicht als besonderer Erbteil.

Materialien: E I § 1973; II § 1812; III § 1911;
Mot V 377; Prot V 483, 484; STAUDINGER/BGB-
Synopse 1896–2000 § 1935.

I. § 1935 soll eine **Überschwerung** des gesetzlichen Erben **verhindern**, die sich daraus ergeben könnte, daß sich ein Erbteil infolge Wegfalles einer anderen Person erhöht, die mit Vermächtnissen, Auflagen oder einer Ausgleichungspflicht beschwert war (Mot V 377). 1

II. **Wegfall** eines gesetzlichen Erben kann vor oder nach dem Erbfall erfolgen: 2

1. **Vor dem Erbfall** durch Tod vor dem Erblasser, § 1923; Ausschluß von der gesetzlichen Erbfolge durch Enterbung, § 1938; Erbverzicht, § 2346; Ausschluß des Ehegattenerbrechts, § 1933; vorzeitigen Erbausgleich, § 1934 e. 3

2. **Nach dem Erbfall** durch Totgeburt der Leibesfrucht, § 1923 Abs 2; Ausschlagung, § 1953; Erbunwürdigkeitserklärung, § 2344. Tod nach dem Erbfall fällt nicht unter § 1935, denn das Ausschlagungsrecht geht auf die Erben über, § 1952 Abs 1, so daß es eines besonderen Schutzes gegen Überschwerung nicht bedarf (vLÜBTOW I 92). 4

3. Bei einem Wegfall des gesetzlichen Erben wird der Nachlaß so aufgeteilt, als ob der **Wegfallende zZt des Erbfalles nicht vorhanden** gewesen wäre. Die Erbschaft fällt an die Personen, die beim Erbfall gesetzliche Erben sind oder – bei nachträglichem Wegfall – gewesen wären, wenn der Weggefallene nicht gelebt hätte. Daraus kann sich eine zweifache Gestaltung ergeben: 5

a) In den ersten drei Ordnungen (§§ 1924–1927) rücken vorhandene *Nachkommen* an die Stelle des Wegfallenden, sofern sie ein **Eintrittsrecht** haben (§ 1924 Rn 14 ff). Verstirbt ein so Berechtigter nach dem Erbfall, gehört sein Anteil zum Nachlaß und geht auf seine Erben über ohne Rücksicht auf ihre Beziehung zum ersten Erblasser. 6

b) **Besteht kein Eintrittsrecht** (also ab der vierten Ordnung oder bei Fehlen von Abkömmlingen), erhöht sich der Erbteil der übrigen Erben. Bei einem Wegfall *vor* 7 *dem Erbfall* kann von einer Erhöhung im rechtstechnischen Sinne der Vergrößerung eines schon bestehenden Erbteils nicht gesprochen werden, weil zu Lebzeiten des Erblassers noch kein evtl berufener Erbe einen bestimmten Erbteil hat, sondern nur eine unsichere Aussicht. Sein Erbrecht entsteht erst im Augenblick des Erbfalles. Da aber der Erblasser bereits vorher einen gesetzlichen Erben mit einem Vermächtnis oder einer Auflage beschweren kann (§ 2147) und diese durch den Tod des Beschwerten nicht unwirksam werden (§§ 2161, 2192), kann vom Standpunkt des Erblassers aus und von dem für die Anordnung des Vermächtnisses und der Auflage maßgebenden Zeitpunkt aus gesehen gleichwohl von einer Erhöhung gesprochen werden, wenn ein anderer berufener gesetzlicher Erbe infolge späteren Wegfalls des Beschwerten einen größeren Erbteil erhält, als ihm im Zeitpunkt der Anordnung zugekommen wäre. Die gleiche Betrachtungsweise ist geboten, wenn ein vorher weggefallener Erbe Zuwendungen erhalten hat, die nach § 2050 zur Ausgleichung zu bringen wären.

Bei einem *nach dem Erbfall* eintretenden Wegfall erfahren die bereits entstandenen Erbteile eine nachträgliche Veränderung, die allerdings aufgrund der Rückbeziehung auf den Zeitpunkt des Erbfalls zur gleichen Behandlung wie bei Wegfall vor dem Erbfall führt.

8 Die Erhöhung hat grundsätzlich nicht die **Rechtsnatur** eines besonderen Erbteils, sondern bildet mit dem ursprünglichen Erbteil des begünstigten Miterben einen **einheitlichen Erbteil**. Annahme und Ausschlagung des ursprünglichen Erbteils erstrecken sich damit auch auf die Erhöhung (§ 1951). Über den ursprünglichen und erhöhten Erbteil kann nur einheitlich dinglich verfügt werden. Dagegen soll sich nach der Auslegungsregel des § 2373 der Verkauf eines Erbteils im Zweifel nicht auf die Erhöhung erstrecken. Die Erfüllung erfolgt aber in solchen Fällen nicht durch die Übertragung des ursprünglichen Erbteils nach § 2033, sondern durch Übertragung eines Bruchteils (ERMAN/SCHLÜTER Rn 6). § 1935 behandelt aus Billigkeitserwägungen die Erhöhung in gewissen Beziehungen als besonderen Erbteil (Rn 11 ff).

9 4. Die gleiche Rechtslage kann sich auch bei **gewillkürter Erbfolge** ergeben, wenn ein Erbteil infolge Wegfalls eines Miterben (§§ 2094, 2095) oder der ursprüngliche Anteil eines Vermächtnisnehmers infolge Wegfalls eines Mitvermächtnisnehmers (§§ 2158, 2159) erweitert wird. Hier spricht das Gesetz jedoch nicht von Erhöhung, sondern von **Anwachsung**. Dabei handelt es sich um dieselbe Erscheinung. Die Anwachsung ist die Erhöhung des Erb- oder Vermächtnisanteils eines Testaments- oder Vertragserben oder Vermächtnisnehmers durch Wegfall eines Miterben oder Mitvermächtnisnehmers; nur hat sie ihren Grund nicht wie die Erhöhung in einer gesetzlichen Anordnung, sondern im mutmaßlichen Willen des Erblassers, an dem sich wiederum die Regeln der gesetzlichen Erbfolge orientieren (vgl Vorbem 1 zu §§ 1924–1936).

§ 1935 ist **entsprechend anwendbar**, wenn der Erblasser gem § 2088 nur über einen Teil der Erbschaft letztwillig verfügt hat und der *eingesetzte* Erbe wegfällt, wodurch sich die Erbteile der (des) *gesetzlichen* Erben erhöhen (SOERGEL/STEIN Rn 2; MünchKomm/ LEIPOLD Rn 5). Diesen Fall hat der Gesetzgeber nicht behandelt, denn § 1935 erfaßt die Erhöhung der Erbteile *gesetzlicher Erben* durch Wegfall eines *gesetzlichen* Erben, § 2095 den Fall, daß infolge Wegfalls eines *testamentarischen* Erben sich die Erbteile anderer *testamentarischer* Erben erhöhen. Beide Vorschriften verdeutlichen die vom Gesetzgeber auf jeden Fall gewollte Behandlung der Erhöhung als besonderen Erbteil hinsichtlich der Vermächtnisse, Auflagen und Ausgleichung.

5. Ob die Unterscheidung zwischen Erhöhung und Sukzession gerechtfertigt ist, **10** weil die Erhöhung auch als Sukzession der Miterben gesehen werden kann, ist durch die Entscheidung des Gesetzgebers außer Streit gestellt. Das Gesetz will eine Sukzession in einen Erbteil, der als Erweiterung des Erbteils eines aus eigenem Recht zur Erbschaft berufenen Erben aufgefaßt werden kann, wegen der durch diese Erweiterung entstehenden besonderen Probleme, die in den Fällen des Eintrittsrechts oder mehrfacher Erbenberechtigung (§§ 1927, 1934) nicht auftreten, besonders behandelt wissen.

III. Eine *Erhöhung* iSd § 1935 tritt allein zugunsten eines anderen *gesetzlichen* **11** *Erben* ein, der bereits *aus eigenem Recht* zu einem Erbteil berufen ist. Sein Erbteil erhöht sich durch den Wegfall eines anderen gesetzlichen Erben. Entgegen dem Grundsatz der Einheitlichkeit der Erbteile wird in § 1935 die Erhöhung in zwei Richtungen *als besonderer Erbteil* behandelt (Fiktion mehrerer Erbteile), dh wie wenn die Erbteile auch jetzt noch verschiedenen Erben zugefallen wären:

1. In Ansehung der *Vermächtnisse und Auflagen*, mit denen der verbleibende oder **12** weggefallene Erbe beschwert ist. Ohne die Sonderbehandlung durch § 1935 müßte der verbleibende Erbe, wenn der ihm zuwachsende Erbteil mit Vermächtnissen oder Auflagen überbelastet wäre, auch mit seinem ursprünglichen Erbteil für diese aufkommen (§ 2161). Umgekehrt müßte er, wenn sein Erbteil überbelastet wäre, die Erhöhung zur Befriedigung der Vermächtnisgläubiger usw verwenden. Das verhindert die Regelung des § 1935. Ein Vermächtnis oder eine Auflage braucht von dem Erben nur in der Höhe des Erbteils erfüllt zu werden, der dem Belasteten vor der Erhöhung zugedacht war. Beispiel: Ein Erblasser E hinterläßt zwei Söhne A und B, wobei er B mit einem Vermächtnis von 5000,– DM beschwert hat. Verstirbt B ohne Nachkommen vor A (bzw er fällt infolge Erbunwürdigkeit aus), so braucht A das Vermächtnis – obwohl ihm der Erbteil des B auch zufällt – nicht zu entrichten, soweit der zugefallene Erbteil nicht zur Zahlung von 5000,– DM ausreicht.

2. In Ansehung der Ausgleichspflicht (§§ 2050 ff) gelten der ursprüngliche Erbteil **13** und die Erhöhung ebenfalls als besondere Einheiten. Ein Miterbe, der seinen Nachlaßwert übersteigende Zuwendungen erhalten hatte, darf diese behalten (§ 2056). Die seinen Erbteil übersteigenden Zuwendungen werden nicht auf den Erbteil angerechnet, den er durch den Wegfall eines gesetzlichen Erben hinzuerhält. Das gilt ohne Rücksicht darauf, ob die Ausgleichspflicht den ursprünglichen oder zugewachsenen Erbteil betrifft.

a) *Beispiel*: Erblasser E hinterläßt einen Nachlaß von 12.000,– DM, einen noch **14** lebenden Sohn A und zwei Enkel B und C vom vorverstorbenen Sohn S. Es erben A zu 1/2, B und C zu je 1/4. Hat C 6000,– DM vorempfangen, würden bei Zurechnung des Vorempfanges (12.000,– DM + 6000,– DM = 18.000,– DM) erhalten: A = 9000,– DM, B = 4500,– DM, C nichts. Da C zuviel erhalten hat, müssen sein Vorempfang und sein Erbteil nach § 2056 außer Betracht bleiben, dh A erhält 8000,– DM, B 4000,– DM. Schlägt C die Erbschaft aus, fällt sein Erbteil dem B zu. Beide Erbteile werden nach § 1935 getrennt behandelt, so daß es bei der vorherigen Zuteilung bleibt. Würden die Erbteile entgegen § 1935 als Einheit behandelt, müßte sich B die 6000,- DM, die C erhalten hat, voll anrechnen lassen und es erhielten A 9000,- DM, B 9000,- minus 6000,- = 3000,- DM. Die Unbilligkeit, die dadurch eintreten würde, daß sich B den Vorempfang des C anrechnen lassen müßte, verhindert also § 1935. Stirbt B vor dem Erbfall, fällt sein Anteil an C, so daß jetzt A 8000,- DM, C wie vorher B 4000,- DM erhält. Daneben darf C den Vorempfang in Höhe von 6000,- DM behalten. Dies kann nicht als unbillig empfunden werden, da der Erblasser durch seine Zuwendungen den C begünstigen, den dem A und B zukommenden Nachlaß verringern wollte (anders STAUDINGER/LEHMANN[11] Rn 11).

15 b) Der **weggefallene Erbe** muß überhaupt an der **Ausgleichung** aktiv oder passiv **beteiligt** sein (vgl LANGHEINEKEN BayRpflZ 11, 33). Erhöht sich der Erbteil eines Miterben durch Wegfall eines Ehegatten, findet § 1935 keine Anwendung (vgl Rn 16).

16 3. Das gesetzliche **Erbrecht des Ehegatten** neben Verwandten des Erblassers ist durch §§ 1931, 1371 Abs 1 quotenmäßig festgelegt und davon unabhängig, ob von mehreren Verwandten einer wegfällt, solange noch einer der ersten beiden Ordnungen oder Großelternteile vorhanden sind. Insoweit kommt eine Erhöhung iSd § 1935 bei Ehegatten nicht in Betracht (vLÜBTOW I 93, 94).

17 IV. Hinsichtlich der Haftung für die **übrigen Nachlaßschulden** gilt die Erhöhung nicht als besonderer Erbteil. Eine weitere Ausnahme enthält die wenig geglückte Vorschrift des § 2007 S 2.

18 V. § 1935 zeitigt bei gewillkürter Erbfolge (Enterbung) Wirkungen auf den **Pflichtteil** (§ 2315). Obwohl § 1935 nur von der Erhöhung infolge Wegfalls eines gesetzlichen Erben spricht, ist eine *entsprechende Anwendung* geboten, wenn sich die Erhöhung eines gesetzlichen Erbteils durch Wegfall eines gewillkürten Erben ergibt, zB der Erblasser hat nur über einen Teil des Nachlasses letztwillig verfügt und Anwachsung ausgeschlossen. Bei Wegfall des Testamentserben tritt die gesetzliche Erbfolge ein, §§ 2094, 2096 (PALANDT/EDENHOFER Rn 5; BGB-RGRK/KREGEL Rn 1; ERMAN/SCHLÜTER Rn 3; vLÜBTOW I 95).

19 VI. Die **Beweislast** für die Unzulänglichkeit des beschwerten Erbteils hat der durch die Erhöhung begünstigte Erbe, wenn er aus einem ihm oder dem Weggefallenen auferlegten Vermächtnis in Anspruch genommen wird (BAUMGÄRTEL/SCHMITZ § 1935 Rn 1; BGB-RGRK/KREGEL Rn 6).

20 VII. Die Regelung des § 1935 mag **rechtspolitisch** nicht unbedenklich erscheinen (so STAUDINGER/LEHMANN[11] Rn 7), insbesondere daß die Sonderbehandlung der Erbteile auch zugunsten des Beschwerten wirkt, wenn andere unbeschwerte Miterben wegfallen. Wenn ein mit Vermächtnissen belastetes Kind allein erbt, während früher noch vier Geschwister vorhanden waren, die vor dem Erbfall gestorben sind, können die Vermächtnisnehmer nur 1/5 der Erbschaft in Anspruch nehmen. Dies ist jedoch gerechtfertigt, weil der Erblasser die (unentgeltlichen) Zuwendungen zugunsten der Vermächtnisnehmer nur zu Lasten eines Erben (des Beschwerten) erklärt und damit auch den zur Befriedigung bereitstehenden Nachlaßteil festgelegt hat.

§ 1936

[1] Ist zur Zeit des Erbfalls weder ein Verwandter noch ein Ehegatte des Erblassers vorhanden, so ist der Fiskus des *Bundesstaats*, dem der Erblasser zur Zeit des Todes angehört hat, gesetzlicher Erbe. Hat der Erblasser mehreren *Bundesstaaten* angehört, so ist der Fiskus eines jeden dieser *Staaten* zu gleichem Anteile zur Erbfolge berufen.

[2] War der Erblasser ein Deutscher, der keinem *Bundesstaat* angehörte, so ist der *Reichs*fiskus gesetzlicher Erbe.

Materialien: E I § 1974 Abs 1; II § 1813; III § 1912; Mot V 378; Prot V 484–487; STAUDINGER/BGB-Synopse 1896–2000 § 1936.

Schrifttum

LORENZ, Staatserbrecht bei deutsch-österreichischen Erbfällen, Rpfl 1993, 433

WALTER, Grundstückserwerb und Verfügungsbefugnis der öffentlichen Hand durch Erbausschlagung und Ersitzung, DtZ 1996, 226.

I. Allgemeines

1. Nach dem Erbrecht der Verwandten und des Ehegatten behandelt § 1936 mit dem gesetzlichen Erbrecht des Staates den dritten und letzten der gesetzlichen Berufungsgründe (vgl Vorbem 3 zu §§ 1924–1936). Zur Geschichte des Staatserbrechts vgl vLÜBTOW I 87; KIPP/COING § 6 I 2; LANGE/KUCHINKE § 13 II 1. Während die ersten beiden Berufungsgründe, Verwandtschaft und Ehe, nebeneinander bestehen können, greift das gesetzliche Erbrecht des Staates grundsätzlich nur ein, wenn weder erbberechtigte Verwandte noch ein erbberechtigter Ehegatte vorhanden sind. Der Staat ist lediglich Noterbe. Ferner wird nach der Subsidiarität der gesetzlichen Erbfolge ein gesetzliches Erbrecht des Staates auch durch die Bestimmung eines gewillkürten Erben ausgeschlossen, die Anwendung des § 1936 erfolgt also verhältnismäßig selten. Da allerdings in der unwirksamen Einsetzung gewillkürter Erben die Enterbung der Verwandten vom Erblasser gewollt und daher wirksam bleiben kann (Aufrechterhaltung des negativen Testaments bei Unwirksamkeit des positiven Testamentes, dazu WEHNERT, Die Enterbung bei Unwirksamkeit testamentarischer Bestimmungen [Diss Marburg 1987]), dürfte durch Ausschluß der gesetzlichen Erben ein Staatserbrecht häufiger anzunehmen sein, als in der Praxis erkannt worden ist.

2. Das Erbrecht des Staates trägt den Charakter eines **wirklichen privaten Erbrechts** (SOERGEL/STEIN Rn 1; ERMAN/SCHLÜTER Rn 1; vLÜBTOW I 88; LEIPOLD § 8), für das allerdings gewisse Sonderregelungen gelten. Das Erbrecht des Staates hat also nicht, wie die frühere gemeinrechtliche Theorie annahm, den Charakter eines hoheitlichen Aneignungsrechtes (vgl Mot V 375). Es umfaßt als wirkliches Erbrecht auch die im Ausland befindlichen Nachlaßgegenstände (RG JW 1906, 451) einschließlich des unbeweglichen Vermögens mit den sich aus Art 28 EGBGB ergebenden Einschränkungen. Für die Beibehaltung dieser Ausgestaltung sprechen die international-privatrechtlichen Schwierigkeiten, die sich aus einer öffentlich-rechtlichen Natur des Okkupationsrechts ergeben. Der Staat würde wegen des öffentlich-rechtlichen Charakters des

Einziehungsrechtes, das auf das Staatsgebiet beschränkt bleibt, das im Ausland befindliche bewegliche Vermögen seiner Staatsangehörigen nicht beanspruchen können. Denn nach der Okkupationstheorie fällt der im Ausland befindliche Nachlaß ebenso wie der sich im Ausland aufhaltender Personen dem Staat zu, in dem sich der Nachlaß befindet oder in dem der Erblasser zZt des Todes seinen Wohnsitz hat. Die privatrechtliche Ausgestaltung des staatlichen Erbrechts bevorzugt also den Staat (Heimatstaat), dessen Staatsangehörigkeit der Erblasser besitzt (vgl 2. Denkschr d ErbRA d AkDR 64). Schwierigkeiten unterschiedlicher Erbrechtsgestaltung in verschiedenen Staaten müssen durch Staatsverträge ausgeräumt werden. Die Probleme öffentlich-rechtlicher Ausgestaltung des staatlichen Erbrechts zeigen die Urteile des deutsch-englischen gemischten Schiedsgerichts vom 26. 7. 1925 (JW 1926, 415, 2018) und des deutsch-französischen gemischten Schiedsgerichtshofes (JW 1926, 2021). In ihnen wurde angenommen, daß der Fiskus nach deutschem Recht nicht wirklicher Erbe sein könne und deshalb die Ansprüche gegen den Fiskus nicht unter das Ausgleichsverfahren des Art 296 des Versailler Vertrages fielen (vgl auch JW 1926, 2018–2021).

II. Das Erbrecht des Staates

3 1. Als gesetzlicher Erbe kommt der Fiskus nur in Betracht, wenn der Erblasser keinen gewillkürten Erben bestimmt und keine erbberechtigten Verwandten oder Ehegatten hinterlassen hat *(Subsidiarität des staatlichen Erbrechts)*. Entscheidend ist auch hier nicht die Existenz eines eingesetzten Erben, Verwandten oder Ehegatten, sondern dessen Erbberechtigung (vgl § 1930 Rn 4). Der Fiskus erlangt damit seine Erbenstellung, wenn feststeht, daß kein vorrangiger Erbe vorhanden ist (BayObLG JW 1935, 2518) oder wenn ein vorrangiger Erbe nicht innerhalb einer den Umständen entsprechenden Frist ermittelt wird (§ 1964 Abs 1). Es erfolgt in beiden Fällen ein Feststellungsbeschluß gem § 1964 Abs 2, dessen Vermutung der gesetzlichen Erbenstellung durch Gegenbeweis widerlegt werden kann (§ 292 ZPO; zum Feststellungsbeschluß des Staatlichen Notariats der DDR und dessen Wirkung Rechtsübersicht des Bundesamtes zur Regelung offener Vermögensfragen 1997 Nr 1, 21–23). Vor dem Feststellungsbeschluß des § 1964 Abs 2 kann der Fiskus seine Erbenstellung nicht wahrnehmen, § 1966. In den Fällen der §§ 2088, 2094 Abs 1, 3 ist der Fiskus neben den testamentarisch eingesetzten Personen Miterbe hinsichtlich der gesetzlichen Erbfolge, wenn keine vorrangigen gesetzlichen Erben existieren (KGJ 48, 73).

Durch das REG (Art 10 AmZ, Art 9 Berlin) ist das *Staatserbrecht* nach Verfolgten *ausgeschlossen* (BGHZ 20, 228). Die Rechte werden von Nachfolgeorganisationen wahrgenommen (dazu GODIN JR 1948, 33 f). REG Art 9 BritZ beläßt dem Staat zwar das Erbrecht, Rückerstattungsansprüche müssen jedoch durch Treuhandgesellschaften wahrgenommen werden (BGHZ 20, 228). Die testamentarische Erbeinsetzung des Fiskus ist durch das REG nicht unwirksam (KG RzW 1966, 212).

4 2. Der **Erblasser** muß zZt des Erbfalls dem **deutschen Erbrecht unterliegen**. Gem Art 24 EGBGB gilt § 1936 für alle Erblasser mit deutscher Staatsangehörigkeit (Deutsche). Personen mit ausländischer (nichtdeutscher) Staatsangehörigkeit (Ausländer) werden gem Art 25 EGBGB nach dem Erbrecht ihres Heimatlandes beerbt. § 1936 gilt somit für Beerbung von Ausländern grundsätzlich nicht. Das Erbrecht des § 1936 kann dann nur eingreifen, wenn aufgrund von Rückverweisungen oder Staatsverträgen deutsches Erbrecht für die Beerbung eines Ausländers heranzuziehen ist.

1. Abschnitt. Erbfolge

3. Erbberechtigt ist das **Bundesland** (Landesfiskus), dem der Erblasser zZt des **5** Erbfalls angehört hat. Da eine Staatsangehörigkeit in den Bundesländern nicht mehr existiert, sondern allein eine deutsche Staatsangehörigkeit (§ 1 VO über die deutsche Staatsangehörigkeit v 5. 2. 1934, RGBl I 85 = BGBl III 102–2), sind aufgrund der WRV an die Stelle der vom Gesetz aufgeführten Bundesstaaten die Länder getreten. Sie sind als rechts- und vermögensfähige staatsrechtliche Gebilde *(Gebietskörperschaften)* zur gesetzlichen Erbfolge berufen (so für Hamburg KG DR 1941, 1794). Die Erbschaft fällt dem Lande zu, in dem der Erblasser seine Niederlassung gehabt hat (§ 4 der VO vom 5. 2. 1934). Der Begriff der *Niederlassung* ist weiter als der des Wohnsitzes (vgl §§ 7–11 BGB) zu verstehen und bedeutet den tatsächlichen (nachweisbaren) Aufenthalt an einem bestimmten frei gewählten Ort. Es genügt, wenn der Erblasser nicht nur vorübergehend an einem bestimmten Ort Obdach und Unterkommen hatte (BGB-RGRK/Kregel Rn 3; Brox Rn 68). Bei einer Niederlassung in mehreren Bundesländern sind diese gem Abs 1 S 2 zu gleichen Anteilen Erben (Miterben, §§ 1922 Abs 2, 2032 ff).

a) Läßt sich eine Niederlassung des Erblassers in einem Bundesland nicht fest- **6** stellen, so fällt gem § 4 der VO vom 5. 2. 1934 der Nachlaß zunächst dem Fiskus des deutschen Bundeslandes zu, in dem der Erblasser seine letzte Niederlassung hatte (§ 4 Abs 2 Nr 2). Fehlt eine solche, entscheidet die letzte Niederlassung der Vorfahren in einem deutschen Bundesland (§ 4 Abs 2 Nr 4). § 4 Abs 2 Nr 1, 3 gehen von der Staatsangehörigkeit in deutschen Ländern aus und dürften daher für heutige Erbstreitigkeiten ohne Belang sein. Bei Zweifeln über die Zuordnung des Nachlasses an ein Bundesland entscheidet nach § 4 Abs 3 der VO vom 5. 2. 1934 der Bundesinnenminister (**aM** MünchKomm/Leipold Rn 12, der sofort § 1936 Abs 2 heranzieht; wie hier Soergel/Stein Rn 4).

b) Ist die Zuständigkeit eines Bundeslandes nach dem zuvor Gesagten nicht fest- **7** zustellen, weil weder der Erblasser noch seine Vorfahren die Landesangehörigkeit eines deutschen Bundeslandes noch ihre Niederlassung in einem solchen hatten, erbt gem § 1936 Abs 2 ohne Rücksicht auf den letzten Wohnsitz des Erblassers (§ 24 Abs 1 EGBGB) der *Bundesfiskus* (dieser ist an die Stelle des in § 1936 Abs 2 benannten Reichsfiskus getreten), sofern der Erblasser Deutscher war. Die deutsche Staatsangehörigkeit bestimmt sich nach dem RuStAG. Dies gilt auch dann, wenn der Erblasser neben der deutschen noch eine oder mehrere andere Staatsangehörigkeiten besaß (RGZ 150, 382; BGB-RGRK/Kregel Rn 3). *Staatenlose* werden nach § 1936 Abs 1 vom Landesfiskus beerbt, sofern sie sich in Deutschland aufgehalten haben (Art 29 EGBGB). Bei einem Aufenthalt im Ausland gilt weder Abs 1 noch Abs 2.

c) Nach Art 138 EGBGB kann kraft landesrechtlicher Bestimmung an Stelle des **8** Fiskus eine **Körperschaft, Stiftung** oder **Anstalt des öffentlichen Rechts** gesetzlicher Erbe sein (vgl dazu die Kommentierung des Art 138 EGBGB, zur früheren Rechtslage Staudinger/Lehmann[11] Rn 4). Soweit andere *Körperschaften* an die Stelle des Fiskus treten, gelten für ihr Erbrecht dieselben gesetzlichen Besonderheiten wie für den Fiskus (BGB-RGRK/Kregel Rn 8). Insbesondere gelten die §§ 1964–1966 BGB entsprechend (Staudinger/Marotzke § 1964 Rn 20; MünchKomm/Leipold Rn 14).

d) Aufgrund der durch Art 139 EGBGB aufrecht erhaltenen landesgesetzlichen **9** Bestimmungen kann uU dem Fiskus oder anderen juristischen Personen auch **neben**

oder **anstatt** der **gesetzlichen Erben** ein Erbrecht, ein Pflichtteilsrecht oder ein Recht auf bestimmte Sachen zustehen in Ansehung des Nachlasses einer *verpflegten* oder *unterstützten Person* (vgl PETZOLD JW 1938, 2163 f). In den Landesrechten finden sich zahlreiche derartige Bestimmungen. Nach ALR II 19 §§ 50 ff hat die öffentliche Anstalt, in der der Erblasser unentgeltlich bis zu seinem Tode verpflegt worden ist, ein gesetzliches Erbrecht (hierzu KG JW 1935, 3236; JR 1950, 728 = NJW 1950, 610). Nach ALR II 19 § 56 hat das Waisenhaus am Nachlaß des im Hause erzogenen Erblassers auch nach Verlassen des Hauses ein Erbrecht, wenn dieser vor vollendetem 24. Lebensjahr verstorben ist (dazu BGB-RGRK/KREGEL Rn 1).

10   4.   **Der Inhalt des Erbrechts** des Staates ist entsprechend dem privatrechtlichen Charakter (Rn 2) grundsätzlich ebenso ausgestaltet wie der des Erbrechts einer Privatperson.

11   a)   **Anwendung der allgemeinen Regeln** erfolgt, sofern keine Sonderbestimmung für das fiskalische Erbrecht besteht oder Sinn und Zweck ihre Nichtanwendung gebieten. Der Staat ist zB berechtigt, die Erbunwürdigkeit eines Erben geltend zu machen, § 2341 (LANGE/KUCHINKE § 13 IV 1 b). Der Fiskus ist Besitzer gem § 857 und genießt den Besitzschutz. Er haftet grundsätzlich nach §§ 1922, 1967 für Nachlaßschulden mit den in Rn 12 aufgeführten Besonderheiten. Der Fiskus kann gem § 2105 lediglich Vorerbe, nicht jedoch gesetzlicher Nacherbe sein, § 2104 S 2. Wie zugunsten sonstiger Personen gehen Patent (§ 15 PatG) und Urheberrecht (§ 28 UrhG) auf den Fiskus über (dazu FROMM NJW 1966, 1244, 1245).

12   b)   **Besonderheiten des Staatserbrechts**: Im Gegensatz zu einer erbenden Privatperson kann der nach § 1936 erbende Fiskus die Erbschaft *nicht ausschlagen* (§ 1942 Abs 2) oder auf sie verzichten (§ 2346). Auf diese Weise wird ein herrenloser Nachlaß verhindert. Deswegen kann der Fiskus auch nicht ohne Bestimmung eines anderen Erben von der gesetzlichen Erbfolge ausgeschlossen (§ 1938) oder für erbunwürdig (§ 2344 Abs 1) erklärt werden (vLÜBTOW I 90; BELLING Jura 1986, 579, 587). Er ist gesetzlicher **Zwangserbe**. Eine Sonderbehandlung bei der Erbenhaftung erfährt der Fiskus nach § 2011, § 780 Abs 2 ZPO, er hat ein unverlierbares Recht der Haftungsbeschränkung. Diese muß er jedoch wie jeder andere Erbe herbeiführen. Bei Verweigerung einer eidesstattlichen Versicherung des § 2006 haftet er unbeschränkt, § 2006 Abs 3 (vLÜBTOW I 90; **aM** SCHLÜTER § 11 I 2). Der Fiskus zählt nicht zu den gesetzlichen Vermächtnisnehmern iSd § 2149. Nach § 13 Abs 2 BEG, § 244 LHG, § 42 S 3 RepG, SGB AT § 58 S 2 erlöschen die nach diesen Gesetzen gewährten Ansprüche, wenn der Fiskus gesetzlicher Erbe ist. Die Vereinbarung der Fortsetzung einer OHG mit den Erben gilt nicht für den Fiskus, da dies von den Gesellschaftern idR nicht gewollt ist (BGB-RGRK/KREGEL Rn 7; SCHLÜTER § 11 I 1; vLÜBTOW I 90; LANGE/KUCHINKE § 13 IV 1 e). § 167 Abs 3 VVG versagt dem Fiskus ein Bezugsrecht aus einer Lebens-, Kapitalversicherung auf den Todesfall, dieses steht jedoch den Nachlaßgläubigern zur Verfügung.

13   III.   **Analoge Anwendung** des § 1936 gilt kraft Verweisung der §§ 46, 88 für das Vermögen eines *aufgelösten Vereins*, wenn keine Anfallsberechtigten oder berechtigte Mitglieder vorhanden sind (§ 45 Abs 3), und für das Vermögen einer *erloschenen Stiftung*.

14   IV.   Nach dem ZGB der **DDR** war der Staat gesetzlicher Erbe, sofern keine Erben

1. Abschnitt. Erbfolge

der ersten drei Ordnungen vorhanden waren, § 369 ZGB, oder wenn die zunächst berufenen Erben ausschlugen (zur unrechtmäßigen Feststellung des Erbrechts des Staates und bei Ersitzung vgl WALTER DtZ 1996, 126). Der Nachlaß ging nach Begleichung der Nachlaßverbindlichkeiten in Volkseigentum über.

Vorbemerkungen zu §§ 1937–1941

Systematische Übersicht

I.	Inhalt der §§ 1937 ff	1	4. Sonstige Verfügungen in erbrechtlicher Form	13
II.	Begriff der Verfügung von Todes wegen	2	IV. Testierfreiheit	14
III.	Einteilung der Verfügungen von Todes wegen		V. Rechtsgeschäfte unter Lebenden im Testament	17
1.	Formen	3	1. Empfangsbedürftige Willenserklärungen	18
2.	Materielle erbrechtliche Verfügungen	4	2. Nicht-empfangsbedürftige Erklärungen und Willensäußerungen	24
3.	Anordnung eines Schiedsgerichts	6		

I. Inhalt der §§ 1937 ff

Das Gesetz enthält in den §§ 1937–41 grundlegende Bestimmungen über die Rechtsgeschäfte, durch die der Erblasser das Schicksal seines Vermögens nach seinem Tode regeln kann. Sie betreffen teils die *Form* (§§ 1937, 1941) und teils den *Inhalt* (§§ 1937–40) und gehen dabei – entgegen der Überschrift des Ersten Abschnitts des Fünften Buches – über die Regelung der Erbfolge (§§ 1937 f) hinaus (§§ 1939 f). **1**

II. Begriff der Verfügung von Todes wegen

Verfügung von Todes wegen ist ein *Rechtsgeschäft, durch welches der Erblasser Anordnungen über das Schicksal seines Vermögens nach seinem Tode trifft*. Sollen Rechtswirkungen schon zu Lebzeiten des Erblassers eintreten, kann dies *nur* durch Rechtsgeschäfte unter Lebenden erreicht werden. Solche Rechtsgeschäfte können allerdings auch über den Tod dessen, der sie vornimmt, hinaus wirken oder auch Wirkungen überhaupt erst nach seinem Tode entfalten. Problematisch ist, inwiefern sie in einem Testament gültig vorgenommen werden können (hierzu Rn 17 ff). **2**

III. Einteilung der Verfügungen von Todes wegen

1. Formen

Bezüglich des Rechtsgeschäfts als äußerer Einheit unterscheidet das BGB zwei Arten der Verfügungen von Todes wegen: die *einseitige* Verfügung (**Testament** oder **3**

Vorbem zu §§ 1937–1941

letztwillige Verfügung, § 1937) und den **Erbvertrag** (§ 1941). Die Einzelheiten der Errichtung des Testaments sind in § 2064 und §§ 2229 ff geregelt, die Einzelheiten der Errichtung des Erbvertrages und der ihn kennzeichnenden erbrechtlichen Bindung in §§ 2273 ff.

2. Materielle erbrechtliche Verfügungen

4 Was den Inhalt der Anordnungen betrifft, so führt das BGB in §§ 1937–40 vier wichtige Fälle auf: die *Erbeinsetzung* (§ 1937), den *Ausschluß* eines Verwandten oder Ehegatten *von der gesetzlichen Erbfolge* (§ 1938), das *Vermächtnis* (§ 1939) und die *Auflage* (§ 1940). Einzelheiten hierzu sind an anderer Stelle geregelt, und zwar für sämtliche Verfügungen von Todes wegen in § 2065 Abs 1 und §§ 2078–86, für Zuwendungen (Oberbegriff für Erbeinsetzungen und Vermächtnisse) in §§ 2065 Abs 2 u 2066–77, für die Erbeinsetzung im besonderen in §§ 2087–2146, für das Vermächtnis im besonderen in §§ 2147–91 und für die Auflage in §§ 2192–96.

5 Die Inhalte möglicher Verfügungen von Todes wegen werden durch §§ 1937–40 *nicht abschließend* erfaßt. Außer den hier genannten kommen noch in Betracht: Anordnungen über den *Dreißigsten* (§ 1969 Abs 1 S 2); Anordnungen über die Auseinandersetzung einer Erbengemeinschaft (*Teilungsanordnungen*, §§ 2044, 2048 f); Anordnung der *Testamentsvollstreckung* (§§ 2197 ff), insbesondere Ernennung eines Testamentsvollstreckers (§ 2197) und Bestimmung seiner Befugnisse (§§ 2207–2209, 2222 f) und seiner Vergütung (§ 2221); Anordnungen bzgl der *Pflichtteilslast* (§ 2324); *Entziehung* oder *Beschränkung des Pflichtteilsrechts* (§§ 2333–2338); *Rechtswahl* nach Art 25 Abs 2 EGBGB.

3. Anordnung eines Schiedsgerichts

6 Aus § 1066 ZPO folgt die Zulässigkeit der Anordnung eines Schiedsgerichts durch letztwillige Verfügung. Das Erfordernis der gesonderten, keine anderen Bestimmungen enthaltenden Urkunde (§ 1031 Abs 5 S 2 ZPO) gilt hier nicht (unstr; zu § 1027 ZPO aF schon RGZ 144, 96, 101; zu § 1031 ZPO nF ZÖLLER, ZPO[21] § 1066 Rn 9; THOMAS/PUTZO, ZPO[21] § 1066 Rn 9).

Bei der Anordnung des Schiedsgerichts in einem *Erbvertrag* ist zu unterscheiden: Ist sie Ausdruck des Erblasserwillens, so hat sie gemäß §§ 2278 Abs 2, 2299 die Qualität einer testamentarischen, also nicht vor dem Erbfall wirksamen und bis dahin durch den Erblasser frei widerruflichen Verfügung, und es gilt für sie das hier (Rn 6–12) Gesagte. Ist sie hingegen als Vereinbarung zwischen den am Erbvertrag beteiligten Personen gemeint, was aber wohl nur in Betracht kommt, wenn der Vertrag außer dem Erblasser mindestens zwei weitere Partner hat, dann gilt § 1031 Abs 5 ZPO; die notarielle Beurkundung des Erbvertrags (§ 2276) macht das Erfordernis der gesonderten Urkunde für die Schiedsvereinbarung entbehrlich (Abs 5 S 2 HS 2); die Errichtung des Erbvertrags durch Übergabe einer verschlossenen Schrift (§ 2232 S 2, 2. Alt, iVm § 2276 Abs 1) dürfte allerdings wegen des Normzwecks, notarielle Belehrung über die Tragweite der Schiedsvereinbarung zu gewährleisten, hierfür nicht ausreichen.

7 Die von manchen (HENN, Schiedsverfahrensrecht[2] [1991] 99; STEIN/JONAS/SCHLOSSER, ZPO[21]

1. Abschnitt. Erbfolge

§ 1048 Rn 3; Schiffer BB 1995 Beil 5, 3) noch vertretene Auffassung, die Anordnung müsse, um zulässig zu sein, als Auflage qualifiziert werden können, ist schon von RGZ 100, 76 (77) zurückgewiesen worden. Sie ist nicht geeignet, die prozeßrechtliche Wirkung der Anordnung (Einrede, daß der Rechtsstreit durch Schiedsgericht zu entscheiden sei) zu erklären, und würde versagen, wenn auch Personen, die nicht durch Auflagen beschwert werden können (vgl § 1939), zB Testamentsvollstrecker, an die Anordnung des Schiedsgerichts gebunden werden sollen. Sie ist daher abzulehnen (wie hier Schwab/Walter, Schiedsgerichtsbarkeit[5] 306; MünchKomm/Leipold § 1937 Rn 27; ausführlich Otte, Die Zulässigkeit testamentarischer Schiedsgerichte, in: Notar und Rechtsgestaltung [1998] 242 ff).

Die Befugnis zur Anordnung eines Schiedsgerichts durch Testament ist Ausfluß der **8** Testierfreiheit (ausführlich Otte, 245 ff). Der Erblasser kann daher dem Schiedsgericht die Entscheidung über alle Fragen zuweisen, über die er kraft seiner Testierfreiheit verfügen kann (ebenso MünchKomm/Leipold § 1937 Rn 28). Das betrifft nicht nur Streitigkeiten um die Gültigkeit und Erfüllung von Vermächtnissen, Auflagen und Teilungsanordnungen, sondern insbesondere den Streit um die Erbfolge (wie hier Kipp/Coing § 78 III 1; BGB-RGRK/Kregel Rn 6; Schwab/Walter, Schiedsgerichtsbarkeit[5] 307; R Kohler DNotZ 1962, 129; OLG Celle RdL 1955, 137 f; aA Kipp § 128; zweifelnd BayObLGZ 1956, 189).

Die sich auf Vergleichsfähigkeit als Kriterium der Schiedsfähigkeit berufende Gegenansicht verkannte, daß testamentarische Schiedsgerichte ihre Kompetenz nicht der Vertragsfreiheit der Prozeßparteien, sondern der Testierfreiheit des Erblassers verdanken (vgl Staudinger/Otte [1994] Vorbem 8 zu §§ 1937 ff und Otte, in: Notar und Rechtsgestaltung [1998] 246). Ihr ist durch die Neufassung des 10. Buches der ZPO, die das Kriterium der Vergleichsfähigkeit (§ 1025 Abs 1 ZPO aF) für die Schiedsfähigkeit vermögensrechtlicher Streitigkeiten aufgegeben hat (§ 1031 Abs 1 S 1 ZPO nF), auch die scheinbare gesetzliche Grundlage genommen.

Im Rahmen seiner Zuständigkeit hat das Schiedsgericht nach Rechtsgründen zu **9** entscheiden. Daher hat es auch über die Gültigkeit und die Auslegung, auch die ergänzende, von Verfügungen von Todes wegen zu befinden (RGZ 100, 77). Darin liegt kein Verstoß gegen § 2065, denn die schiedsrichterliche Entscheidung ist Rechtsanwendung, nicht Willensentscheidung eines „Dritten" (ebenso Soergel/Stein § 1937 Rn 13).

Die gelegentlich geäußerte Meinung, dem Schiedsgericht sei die „authentische" Auslegung des Erblasserwillens verwehrt (U Walter MittRhNotK 1984, 77; Schwab/Walter, Schiedsgerichtsbarkeit[5] 307; Baumbach/Albers, ZPO[57] § 1066 Rn 2), ist haltlos, zumindest aber irreführend. Eine im eigentlichen Sinne authentische Auslegung wäre die Auslegung durch den Erklärenden selbst. Darum kann es hier nicht gehen, sondern nur um die Verbindlichkeit der Auslegung inter partes. Insoweit hat das Schiedsgericht dieselbe Kompetenz wie das staatliche (Prozeß-)Gericht (§ 1055 ZPO).

Inzident entscheidet das Schiedsgericht auch über die Gültigkeit und die Auslegung seiner Bestellung. Das versteht sich von selbst, ist aber zu Unrecht in Frage gestellt worden (vgl Otte 249), nunmehr jedoch durch § 1040 Abs 1 S 1 ZPO jedem Zweifel entzogen. Auf die unzutreffende Annahme der Gültigkeit der Schiedsklausel und auf ihre falsche Auslegung kann aber der Antrag auf gerichtliche Aufhebung des Schiedsspruchs gestützt werden (§ 1059 Abs 2 Nr 1 a, c ZPO).

10 Dem Schiedsgericht kann nicht die Befugnis eingeräumt werden, Regelungen zu treffen, die der Erblasser selbst bewußt nicht getroffen hat oder deren Regelung er einem Dritten nach § 2065 nicht überlassen kann (RGZ 100, 76). Das Schiedsgericht kann also nicht den Erben auswählen oder entscheiden, ob eine Verfügung gelten soll. Es kann daher auch nicht ermächtigt werden, gemäß § 1051 Abs 3 ZPO nach Billigkeit zu entscheiden (ebenso SCHWAB/WALTER, Schiedsgerichtsbarkeit[5] 179 f mwN). Die Gegenansicht (R KOHLER DNotZ 1962, 132 f; SCHIFFER u HAPPE, in: BÖCKSTIEGEL, Schiedsgerichtsbarkeit in gesellschaftsrechtlichen und erbrechtlichen Angelegenheiten [1996] 76 u 92) übersieht, daß eine Befreiung von der Beachtung des materiellen Rechts bei der Beurteilung erbrechtlicher Fragen einen Verstoß gegen das Gebot der materiellen Höchstpersönlichkeit der Verfügungen von Todes wegen (§ 2065) bedeuten würde. Wie § 1030 Abs 3 ZPO zeigt, hat die Neufassung des Schiedsverfahrensrechts und hat damit auch § 1051 Abs 3 ZPO diese aus einer Norm außerhalb der ZPO folgende Schranke der Schiedsgerichtsbarkeit nicht aufgehoben. Soweit aber das Erbrecht in Durchbrechung des Grundsatzes des § 2065 Drittentscheidungen zuläßt (§§ 2048 S 2, 2151–2156, 2192 f), ist zu differenzieren: Sofern es um eine gerichtlich überprüfbare Entscheidung eines Dritten geht, kann diese Aufgabe selbstverständlich auch einem Schiedsgericht übertragen werden. Sofern aber das Schiedsgericht selbst zum Erlaß einer gestaltenden Anordnung berufen wird, etwa bzgl der Erbauseinandersetzung (§ 2048) oder zur Bestimmung der Leistung bei einem Vermächtnis (§§ 2153 ff), wird man diese Ermächtigung als Bestellung zum *Schiedsgutachter* auffassen müssen. Es ist dann ein „Dritter", auf den die vorgenannten Vorschriften iVm §§ 315–319 Anwendung finden und dessen Entscheidung bei offenbarer Unbilligkeit für die Erben nicht verbindlich ist (ebenso BGB-RGRK/KREGEL Rn 6; vgl auch MünchKomm/LEIPOLD § 1937 Rn 29 u § 2065 Rn 6; ausführlich OTTE 254 ff).

11 Das Schiedsgericht entscheidet anstelle des staatlichen Prozeßgerichts. Aufgaben der freiwilligen Gerichtsbarkeit, zB die Erteilung eines Erbscheins, können ihm nicht übertragen werden. Das gilt auch für die Entlassung des Testamentsvollstreckers (§ 2227; RGZ 133, 128, 133). Die Gegenansicht, die sich auf den Begriff der „echten privatrechtlichen Streitsachen" in der freiwilligen Gerichtsbarkeit beruft (HABSCHEID ZZP 66, 197; SCHWAB/WALTER, Schiedsgerichtsbarkeit[5] 307; STEIN/JONAS/SCHLOSSER, ZPO[21] Vorbem 19 zu §§ 1025 ff; WIESEN MittRhNotK 1996, 168), verkennt, daß für eine Entscheidung, die für und gegen alle Nachlaßbeteiligten wirken soll, ein Parteiverfahren unpassend wäre (wie hier STAUDINGER/REIMANN [1996] § 2227 Rn 29; ausführlich OTTE 251 ff).

12 Als Schiedsrichter ausgeschlossen sind die Parteien des Streits (§§ 1036 Abs 2 S 1, 41 ZPO), also auch ein zum Schiedsrichter bestellter Testamentsvollstrecker bei Fragen, die seine Tätigkeit oder Rechtsstellung betreffen (SOERGEL/STEIN § 1937 Rn 13; MünchKomm/LEIPOLD § 1937 Rn 30). Die gelegentlich (zB KOHLER DNotZ 1962, 126; SCHIFFER u HAPPE in: BÖCKSTIEGEL 75 f u 90 f) empfohlene und an sich zulässige (RGZ 100, 76) Bestellung des Testamentsvollstreckers zum Schiedsrichter ist daher unzweckmäßig; zumindest sollte der Erblasser für den Fall einer Inkompatibilität der Aufgaben einen Ersatzschiedsrichter benennen.

1. Abschnitt. Erbfolge

4. Sonstige Verfügungen in erbrechtlicher Form

Testamente und Erbverträge können außer den genannten erbrechtlichen Anordnungen auch solche *nicht-erbrechtlicher* Art enthalten. Das BGB läßt diese Möglichkeit an verschiedenen Stellen zu: § 83 (*Errichtung einer Stiftung*), § 332 (*Bestimmung des Berechtigten beim Vertrag zugunsten Dritter*), vor allem aber im *Familienrecht*, nämlich auf dem Gebiete des *ehelichen Güterrechts* (§§ 1418 Abs 2 Nr 2, 1486 Abs 1, 1509, 1511–1516), des Rechts der *elterlichen Vermögensverwaltung* (§§ 1638 f, 1640 Abs 2 Nr 2) und des *Vormundschaftsrechts* (§§ 1777 Abs 3, 1782 Abs 2, 1792 Abs 4, 1797 Abs 3, 1803, 1856, 1909 Abs 1 S 2 und 1917). Hierher gehört auch die *Anordnung der Feuerbestattung* gemäß § 4 Nr 1 FeuerbestattungsG. All diese Anordnungen fallen, obwohl ihr Inhalt nicht erbrechtlich ist, insofern noch unter den Begriff der Verfügung von Todes wegen, als die *erbrechtlichen Formen* dieser Verfügungen *gültige Formen* solcher Anordnungen sind. Soweit in den angeführten Vorschriften gesagt wird, daß die Anordnungen durch „letztwillige Verfügung" getroffen werden können, ist daraus nicht zu folgern, daß sie nur in Testamenten, nicht aber in Erbverträgen enthalten sein dürften. § 2299 Abs 1 läßt vielmehr ihre Aufnahme in einen Erbvertrag zu; nur unterliegen sie nicht der spezifisch erbvertraglichen Bindung, vgl § 2278 Abs 2. 13

IV. Testierfreiheit

Daß der Erblasser Anordnungen über das Schicksal seines Vermögens treffen kann, wird (terminologisch zu eng, weil den Erbvertrag nicht berücksichtigend) als „Testierfreiheit" bezeichnet. *Testierfreiheit ist die erbrechtliche Ausprägung der rechtsgeschäftlichen Privatautonomie.* In ihrem Kern ist sie durch Art 14 Abs 1 GG geschützt (hierzu Einl 63 ff zu § 1922). Die Testierfreiheit befähigt aber nicht zu jeder beliebigen nicht verbotenen Rechtsgestaltung (so mißverständlich RGZ 100, 77). Vielmehr besteht im Erbrecht ein (dem Sachenrecht ähnlicher) *Typenzwang* (KIPP/COING § 20 I). Der Erblasser kann nur solche Verfügungen treffen, die im Gesetz ausdrücklich als zulässig anerkannt sind oder deren Zulässigkeit sich aus dem Inhalt der gesetzlichen Bestimmungen ergibt (PLANCK/FLAD Vorbem 2 a zu § 1937). 14

Er kann beispielsweise außerhalb der anerkannten Sondererbfolgen (Einl 3 zu §§ 1922 ff mwN) keinen Einzelgegenstand mit dinglicher Wirkung zuwenden (hierzu OTTE NJW 1987, 3164 f gegen SCHRADER NJW 1987, 117 f), weil Erbfolge Gesamtnachfolge ist und das Vermächtnis nur einen schuldrechtlichen Anspruch auf den zugewandten Gegenstand gibt; er kann den Vorerben nicht über den Rahmen des § 2136 hinaus von Beschränkungen oder Verpflichtungen befreien; er kann durch Anordnung der Testamentsvollstreckung dem Erben nicht die Nutzungen der Erbschaft vorenthalten (vgl OTTE JZ 1990, 1028); auch kann er dem Erben die Verfügungsbefugnis über Nachlaßgegenstände nicht durch Vermächtnis oder Auflage mit dinglicher Wirkung entziehen (vgl § 137 S 1), sondern nur durch Anordnung der Testamentsvollstreckung (§§ 2205, 2211) oder – in gewissem Umfang – der Nacherbfolge (§§ 2112 ff). 15

Die Kombination der zulässigen Verfügungen eröffnet dem Erblasser aber, zumindest im wirtschaftlichen Ergebnis, einen großen Gestaltungsspielraum, dessen Grenzen sich erst dort zeigen, wo die beabsichtigten Verfügungen mehr dem Willen zur Bevormundung des Erben als einer vernünftigen Vorsorge entspringen. 16

V. Rechtsgeschäfte unter Lebenden im Testament

17 In einer Testamentsurkunde können auch *sonstige Rechtsgeschäfte* enthalten sein. Deren Gültigkeitsvoraussetzungen und Wirkungen regelt das Erbrecht jedoch weder bezüglich des Inhalts (wie bei den in Vorbem 4 f genannten Verfügungen) noch bezüglich der Errichtung (wie bei allen in Vorbem 4–6 genannten Verfügungen). Maßgebend sind insoweit ausschließlich die Vorschriften, die für das betreffende Rechtsgeschäft unter Lebenden gelten. Ist das Geschäft *formbedürftig* und deckt die gewählte Form der Verfügung von Todes wegen das entsprechende Formerfordernis nicht ab, so ist es formnichtig (§ 125). Zu prüfen bleibt dann aber die Möglichkeit einer Umdeutung (§ 140) in eine (inhaltliche) Verfügung von Todes wegen (vgl STAUDINGER/OTTE [1996] § 2084 Rn 4 f).

1. Empfangsbedürftige Willenserklärungen

18 Bei empfangsbedürftigen Willenserklärungen, die in eine Testamentsurkunde aufgenommen werden, stellt sich das Problem des *Zugangs*. Die erbrechtlichen Verfügungen, die das Testament enthält, werden mit dem Erbfall wirksam. Auf einen Zugang der Erklärung bei dem von ihr Betroffenen kommt es nicht an. Testamentseröffnung (§ 2260) und Benachrichtigung vom Testamentsinhalt (§ 2262) haben keine konstitutive Bedeutung. Demgegenüber muß beispielsweise eine im Testament enthaltene Vollmacht als empfangsbedürftige Erklärung dem Bevollmächtigten oder dem Dritten (§ 167 Abs 1) zugehen, um wirksam werden zu können.

19 Wenn der Erblasser das Testament *nicht* wie eine Urkunde behandelt, die erst nach seinem Tode Rechtswirkungen erzeugen – und deren Inhalt uU bis dahin noch nicht einmal bekannt werden – soll, sondern es dem Adressaten seiner Willenserklärung zu lesen gibt, so läßt er sie ihm zugehen mit der Folge, daß sie wirksam wird. Kein Zugang der Willenserklärung liegt hingegen in einer bloß *zufälligen Kenntnisnahme* vom Testamentsinhalt, gleich ob vor oder nach dem Erbfall. Es fragt sich aber, ob ein wirksamer Zugang bejaht werden kann, wenn der Adressat *mit Willen des Erblassers* nach dem Erbfall vom Inhalt des Testaments erfährt, sei es auf amtlichem Wege (§§ 2260, 2262) oder durch einen privaten Informanten. Die Antwort hängt davon ab, ob die Erklärung zu Lebzeiten des Erblassers *abgegeben* worden ist (§ 130 Abs 2). Die Behandlung sog. **postmortaler Willenserklärungen**, dh solcher Erklärungen, deren Zugehen der Erklärende absichtlich bis nach seinem Tode hinauszögert, ist kontrovers. Ein Teil der Lit will die Anwendung von § 130 Abs 2 auf die Fälle beschränken, wo der Tod des Erklärenden *zufällig* zwischen Abgabe und Zugang der Erklärung eintritt (vLÜBTOW I 113 u II 1243; KIPP/COING § 81 V 2; BROX Rn 719, 733; SOERGEL/WOLF § 2301 Rn 18; MünchKomm/KOLLHOSSER § 531 Rn 1; M REINICKE, Die unmittelbaren Schenkungen von Todes wegen [Diss Münster 1979] 201 ff; FINGER WM 1970, 374 f; HARDER Rn 489, 514 u FamRZ 1976 421 f). Andere verlangen für die Anwendbarkeit der Vorschrift einen Zugang der Erklärung „alsbald" oder in „zeitlich naher Aufeinanderfolge" nach dem Tod des Erklärenden (BGB-RGRK/KRÜGER-NIELAND § 130 Rn 36; MünchKomm/FÖRSCHLER § 130 Rn 9, 31; STAUDINGER/DILCHER[12] § 130 Rn 68; ähnlich BÄRMANN NJW 1964, 53); dieser Gedanke klingt gelegentlich auch in der Rspr an (BGHZ 48, 374, 380 f; OLG Hamm DNotZ 1992, 264). Demgegenüber haben andere Teile der Rspr und der Lit keine Bedenken, wirksamen Zugang auch bei *absichtlich* bis nach dem Tod des Erklärenden aufgeschobener Weiterleitung an den Empfänger anzunehmen (BGHZ 46, 198, 204; KG JW

1. Abschnitt. Erbfolge

**Vorbem zu §§ 1937–1941
20, 21**

1936, 2463; OLG München DNotZ 1944, 109; Soergel/Hefermehl § 130 Rn 30; MünchKomm/ Leipold § 1937 Rn 31; R Schmidt JZ 1953, 603 u 1954, 605; Hieber DNotZ 1964, 241; Johannsen 1969, 1315; Brun Jura 1994, 293 Fn 18; wNw bei Janko, Die bewußte Zugangsverzögerung auf den Todesfall [1999] 66 Fn 213; vgl auch die Kommentare zu § 331 [Zustandekommen des Valutaverhältnisses beim Vertrag zugunsten Dritter] u § 531 [Schenkungswiderruf]); soweit eine Begründung gegeben wird, sieht man sie darin, daß der Erklärende durch seine Anweisung an die mit der Zurückhaltung der Erklärung bis nach seinem Tod und der späteren Weitergabe beauftragte Person alles von seiner Seite Erforderliche getan habe, damit die Erklärung dem Empfänger zugehe; eine Einschränkung wird von den Vertretern dieser Ansicht allenfalls auf Grund des Normzwecks besonderer Vorschriften, insbesondere der §§ 2271, 2296 (beim Widerruf wechselbezüglicher Verfügungen bzw Rücktritt vom Erbvertrag, vgl BGHZ 9, 233; Staudinger/Kanzleiter [1998] § 2296 Rn 10; wNw bei Janko 83 Fn 296) und 2301 (beim Vollzug einer Schenkung von Todes wegen bzw Zustandekommen des Valutaverhältnisses, vgl MünchKomm/Musielak § 2301 Rn 23; wNw bei Janko 77 Fn 264 u 67 Fn 218 ff), aber nicht aufgrund der Auslegung des § 130 Abs 2 für erforderlich gehalten.

Für Willenserklärungen in *Testamenten* stellt sich die Frage vor allem bei der *Voll-* **20** *machterteilung*, beim *Schenkungswiderruf* und bei der *Erbausschlagung*. Außerdem kommt der Fall in Betracht, daß die nach § 332 in einem Testament mögliche, von Gesetzes wegen also nicht empfangsbedürftige, *Änderung der Bezugsberechtigung* beim Vertrag zugunsten Dritter nach den AGB des Versprechenden eine Anzeige des Versprechensempfängers an ihn voraussetzt. Die Behandlung dieser Fälle in Rspr und Lit ist konträr, ohne daß hierfür eine Begründung gegeben würde. Auf diese Widersprüchlichkeit der hM macht erstmals Janko (49 ff) aufmerksam. Während bei der Erbausschlagung die Lebzeitigkeit der Abgabe der Erklärung im (notariellen, vgl § 1945 Abs 1) Testament nahezu einhellig verneint wird (hierzu näher § 1945 Rn 19) und bei der anzeigebedürftigen Änderung der Bezugsberechtigung der BGH (WM 1993, 1900) das Testament, auch im Hinblick auf § 130 Abs 2, nicht als geeignete Erklärungsform ansieht, sollen nach der überwiegenden Ansicht im Testament Vollmachterteilung (LG Siegen NJW 1950, 226; OLG Köln NJW 1950, 702; FamRZ 1992, 859; BGB-RGRK/ Kregel Vorbem 7 zu § 1937; Soergel/Stein § 1937 Rn 12; MünchKomm/Leipold § 1937 Rn 31; Erman/Schlüter § 1937 Rn 1; Palandt/Edenhofer § 1937 Rn 12; Staudinger/Reimann [1996] Vorbem 56 ff zu §§ 2197 ff; Staudinger/Otte [1994] Vorbem 13 zu §§ 1937 ff) und Schenkungswiderruf (RGZ 170, 380; Enneccerus/Nipperdey, AT § 158 II A 1 Fn 8; Soergel/Stein § 1937 Rn 12; MünchKomm/Leipold § 1937 Rn 31; Palandt/Edenhofer § 1937 Rn 12; vgl auch die Kommentare zu § 531) ohne weiteres möglich sein.

Eigene Ansicht: Die unterschiedliche Behandlung der Fälle – Erbausschlagung einer- **21** seits, Vollmacht und Schenkungswiderruf anderseits – entbehrt jeder Berechtigung und kann daher nicht akzeptiert werden. Eine stringente Lösung auf gesetzlicher Grundlage ist nur von § 130 Abs. 2 BGB her zu begründen, dessen Auslegung dann für alle Fallgruppen gelten muß. Das Merkmal der „Abgabe" beinhaltet, daß die Willenserklärung mit Willen des Erklärenden „in Verkehr gebracht ist"; der Erklärende muß seinerseits alles getan haben, was unter normalen Umständen erforderlich ist, um die Erklärung dem Empfänger zur Kenntnis zu bringen (RGZ 65, 274; 170, 382; Oertmann § 130 Anm 3 f; Planck/Flad § 130 Anm 8; Larenz, AllgT[7] § 21 II a; Medicus, AllgT[6] Rn 263; Palandt/Heinrichs § 130 Rn 12). Bei der postmortalen Willenserklärung geht der Wille des Erklärenden aber dahin, daß die Erklärung zu seinen Lebzeiten gerade nicht in Verkehr gebracht werden soll; dies soll erst nach seinem Tode geschehen. Man mag daran zweifeln, ob der Erklärende überhaupt ein Rechtsgeschäft unter Lebenden, auf das § 130 Abs 2 anzuwenden wäre, oder nicht vielmehr eine Verfügung von Todes wegen will (so vTuhr, AllgT III1 § 61 III 1 Fn 170; Herschel DR 1944, 110; M Reinicke 211 ff). Auf jeden Fall fehlt es aber (wie Janko aaO, insbes 117 ff, überzeugend begründet) an einer lebzeitigen Abgabe der Erklärung. Der Erklärende entläßt die Erklärung zu seinen Lebzeiten nicht aus seinem Machtbereich, tut vielmehr seinerseits alles, was unter normalen Umständen erforderlich ist, damit die Erklärung zu seinen Lebzeiten dem Empfänger *nicht* zur Kenntnis gelangt. Die Lebzeitigkeit der Abgabe einer postmortalen Willenserklärung im Testament ist daher zu verneinen (so schon KG OLGE 40, 105 f = JW 1919, 998 m zust Anm Herzfelder; HRR 1928 Nr 590). Die Testamentserrichtung ist kein geeignetes Mittel zur Abgabe empfangsbedürftiger Erklärungen, wie es Vollmachterteilung oder Schenkungswiderruf sind. Diese sind daher in Testamenten ebenso unwirksam (anders noch Staudinger/Otte [1994] Vorbem 13 zu §§ 1937 ff) wie die Ausschlagung einer Erbschaft (§ 1945 Rn 19).

22 Die Verneinung der lebzeitigen Abgabe postmortaler Willenserklärungen hat auch Konsequenzen für Rechtsgeschäfte, die gerade deswegen problematisch sind, weil sie nicht in Testamentsform (genauer: nicht als testamentarisches Vermächtnis) vorgenommen werden. Dies gilt insbesondere für den Vollzug einer Schenkung auf den Todesfall sowie für das Valutaverhältnis beim Vertrag zugunsten Dritter auf den Todesfall (vgl hierzu Janko aaO 127 ff). Im Ergebnis ist den Auffassungen Recht zu geben, die die Vornahme solcher Geschäfte durch postmortale Willenserklärungen für unwirksam halten (zu § 2301: Soergel/Wolf § 2301 Rn 18; Harder Rn 489; Brox Rn 719; Lange/Kuchinke § 33 III 1 b; zu § 331: Kipp/Coing § 81 V 2; Harder Rn 514). Für den Widerruf wechselbezüglicher Verfügungen im gemeinschaftlichen Testament und den Rücktritt vom Erbvertrag ergibt sich hingegen gegenüber dem Standpunkt der hM (vgl BGHZ 9, 233; Staudinger/Kanzleiter [1998] § 2296 Rn 10) keine Änderung im Ergebnis, sondern nur eine zusätzliche Begründung.

23 Bei Rechtsgeschäften unter Lebenden in einem *Erbvertrag* ist das Erfordernis des Zugangs für die Willenserklärungen des Erblassers gegenüber seinem Vertragspartner bereits mit der Errichtung des Vertrages in der Form des § 2276 Abs 1 S 1 erfüllt. Für Erklärungen gegenüber anderen Personen gilt hingegen das zum Testament Gesagte entsprechend.

2. Nicht-empfangsbedürftige Erklärungen und Willensäußerungen

24 Ein *Vaterschaftsanerkenntnis* (§§ 1594 ff) ist zwar keine empfangsbedürftige Willenserklärung, sondern wird bereits mit der notariellen Beurkundung (§ 1597 Abs 1) wirksam, muß aber den in § 1597 Abs 2 genannten Personen in Abschrift übersandt werden. Daraus ist zu folgern, daß die erst nach der Testamentseröffnung erfolgende Benachrichtigung der Beteiligten (§ 2262) nicht abgewartet werden darf (MünchKomm/Leipold § 1937 Rn 32; Soergel/Stein § 1937 Rn 11). Die Testamentsform eignet sich daher für das Vaterschaftsanerkenntnis nicht, es sei denn, man behandelt das Testament nicht wie eine erst nach dem Erbfall rechtlich bedeutsame Erklärung, sondern übersendet den in § 1597 Abs 2 Genannten die Abschriften sogleich nach der Beurkundung.

1. Abschnitt. Erbfolge

**Vorbem zu §§ 1937–1941, 25, 26
§ 1937, 1, 2**

Die *Befreiung eines Zeugen von der Verschwiegenheitspflicht* (§§ 385 Abs 2, 383 **25** Abs 1 Nr 4 u 6 ZPO, § 53 Abs 2, Abs 1 Nr 2–3 b StPO) kann gegenüber dem Zeugen, dem Gericht oder dem Prozeßgegner erklärt werden (BAUMBACH/HARTMANN, ZPO[57] § 385 Rn 8), verlangt also keinen bestimmten Empfänger. Daher bestehen i Erg keine Bedenken gegen die Ansicht, daß sie auch im Testament vorgenommen werden kann (PALANDT/EDENHOFER § 1937 Rn 12; SOERGEL/STEIN § 1937 Rn 12). Auf die Wahrung der Testaments*form* kommt es aber nicht an (BAUMBACH/HARTMANN aaO; vgl auch BGH NJW 1960, 550 f).

Die *Entscheidung über die religiöse Kindererziehung* ist keine rechtsgeschäftliche **26** Erklärung, sondern ein Akt der tatsächlichen Personensorge, dessen Äußerung keiner rechtlichen Regelung unterliegt. Sie ist daher auch in einem Testament möglich (BGHZ 5, 57, 60 f; i Erg auch PALANDT/EDENHOFER § 1937 Rn 12, der aber unzutreffend eine empfangsbedürftige Willenserklärung annimmt); die sich auf § 1 S 2 HS 2 RKEG berufende Gegenansicht (MünchKomm/HINZ § 1631 Anh § 1 RKEG Rn 4; STAUDINGER/SALGO[12] § 1 RKEG Rn 9) unterscheidet nicht zwischen der (rechtlich nicht möglichen) Bindung des überlebenden und dann allein sorgeberechtigten (§ 1680) Elternteils und einer durch die genannte Vorschrift nicht ausgeschlossenen Willensbekundung des überlebenden Elternteils.

§ 1937

Der Erblasser kann durch einseitige Verfügung von Todes wegen (Testament, letztwillige Verfügung) den Erben bestimmen.

Materialien: E I §§ 1751 Abs 1, 1753 Abs 1,
1755 Abs 1; II § 1814; III § 1913; Mot V 2–7, 9;
Prot V 3–5; STAUDINGER/BGB-Synopse 1896–
2000 § 1937.

I. Begriff des Testaments

Testament ist jede **einseitige Verfügung von Todes wegen** ohne Rücksicht auf ihren **1** Inhalt. Den Gegensatz bildet der Erbvertrag (§ 1941). *Verfügung von Todes wegen* ist der beides umfassende Oberbegriff. Das Gesetz gebraucht an vielen Stellen den Ausdruck „*letztwillige Verfügung*" gleichbedeutend mit „Testament". Doch wird „letztwillige Verfügung" auch eine einzelne im Testament enthaltene Anordnung genannt, vgl §§ 2085, 2253. Testament ist danach das Rechtsgeschäft, das eine oder mehrere letztwillige Verfügungen enthält.

„**Verfügung**" ist hier im allgemeinen Sinne einer rechtsgeschäftlichen Anordnung zu **2** verstehen und darf nicht gleichgesetzt werden mit der Verfügung im technischen Sinne, dh einem Rechtsgeschäft, das ein Recht an einem Gegenstand unmittelbar begründet, ändert oder aufhebt. Verfügung iS des Erbrechts kann also auch die Begründung einer schuldrechtlichen Verpflichtung, zB durch Errichtung eines Vermächtnisses, sein.

3 Die Bezeichnung der Anordnung als „**letztwillige**" erklärt sich daraus, daß das Testament seinem Wesen nach bis zum Tode jederzeit frei widerruflich ist (§ 2253) und folglich, wenn es nicht widerrufen wird, den letzten Willen des Erblassers hinsichtlich seines Vermögens enthält.

4 Zu den möglichen Inhalten des Testaments vgl §§ 1937–1940 sowie Vorbem 4 ff zu § 1937. Einzelheiten betr Inhalt und Form regelt der Dritte Abschnitt (§§ 2064–2273).

II. Erbeinsetzung

5 § 1937 nennt als möglichen Testamentsinhalt die Bestimmung eines Erben (*Erbeinsetzung*). Erbeinsetzung ist die *Berufung zur Gesamtnachfolge in das Vermögen des Erblassers (Universalsukzession;* hierzu STAUDINGER/MAROTZKE § 1922 Rn 44 ff). Für das Vermögen eines Dritten kann niemand einen Erben einsetzen (vgl STAUDINGER/OTTE [1996] § 2065 Rn 13 ff u 19 ff). Aus §§ 1922 Abs 2, 2052, 2066 ff geht hervor, daß der Erblasser auch mehrere Personen zugleich zur Erbfolge berufen kann (*Miterben*). Aus § 2096 folgt sich die Möglichkeit einer Erbeinsetzung, die durch den Wegfall eines zunächst berufenen Erben vor dem Erbfall oder mit Rückwirkung auf den Erbfall bedingt ist (*Ersatzerbschaft*). Aus § 2100 ergibt sich die Möglichkeit einer zeitlich begrenzten Erbfolge, dh einer auflösend befristeten oder bedingten Erbenstellung (*Vorerbschaft*) und einer aufschiebend befristeten oder bedingten Erbenstellung (*Nacherbschaft*). Eine weder befristete noch bedingte Erbenstellung wird auch mit dem (vom Gesetz nicht verwendeten) Terminus *Vollerbschaft* gekennzeichnet (zum Verhältnis der Begriffe zueinander, insbes zur [Un-]Möglichkeit einer bedingten Vollerbschaft vgl einerseits OTTE AcP 187, 605; WILHELM NJW 1990, 2857; CASPAR, Die rechtliche Stellung des auflösend befristeten und des auflösend bedingten Erben [1992] 57 ff; andererseits BGHZ 96, 198 ff; MünchKomm/MUSIELAK § 2269 Rn 52 ff; BUCHHOLZ, Erbfolge und Wiederverheiratung [1986] 45 ff; MEIER-KRAUT NJW 1992, 145 ff).

6 Trotz Klarheit des Begriffs der Erbeinsetzung können sich bei Auslegung einer Verfügung erhebliche Zweifel ergeben, ob eine Erbeinsetzung vorliegt. Vgl wegen der Abgrenzung der Erbeinsetzung von der Errichtung eines Vermächtnisses (§ 1939) die Auslegungsregeln des § 2087, wegen der Abgrenzung von der Zuwendung (besser: Belassung) des Pflichtteils die Auslegungsregel des § 2304 sowie die Erl zu diesen Vorschriften.

§ 1938

Der Erblasser kann durch Testament einen Verwandten oder den Ehegatten von der gesetzlichen Erbfolge ausschließen, ohne einen Erben einzusetzen.

Materialien: E I § 1755 Abs 2; II § 1815; III § 1914; Mot V 9; Prot V 5; STAUDINGER/BGB-Synopse 1896–2000 § 1938.

I. Allgemeines

1. Im Gegensatz zum römischen Recht gestattet das BGB dem Erblasser, eine bestimmte Person zu enterben, dh von der gesetzlichen Erbfolge auszuschließen, ohne gleichzeitig eine positive Anordnung über seine Beerbung zu treffen (sog **Negativtestament**). Diese mindere Befugnis ergibt sich aus der konsequenten Anerkennung der Testierfreiheit (vgl Mot V 9).

2. Von der **Enterbung**, dh dem *Ausschluß des gesetzlichen Erbrechts einer Person*, ist der aus dem Vorrang der gewillkürten Erbfolge sich ergebende *Ausschluß der gesetzlichen Erbfolge durch Erbeinsetzung* zu unterscheiden. Zu beachten ist aber, daß in einer Erbeinsetzung auch die Enterbung des Eingesetzten oder eines Dritten enthalten sein kann. Dies ist Frage der Auslegung. Ihre Bedeutung zeigt sich in den beiden folgenden Situationen:

a) Ist ein gesetzlicher Erbe auf einen *Bruchteil* des Nachlasses eingesetzt und ist über einen anderen Bruchteil des Nachlasses nicht wirksam verfügt, so taucht das Problem auf, ob der eingesetzte Erbe Anteil an der gesetzlichen Erbfolge in den Rest des Nachlasses (§ 2088) hat; er nimmt daran nicht teil, wenn der Erblasser mit seiner Einsetzung auf den Bruchteil zugleich die Beschränkung auf diesen Bruchteil, also den Ausschluß von der gesetzlichen Erbfolge, gewollt hat (hierzu STAUDINGER/OTTE [1996] § 2088 Rn 10–13). Er kann dann auch nicht nach § 1948 den zugewandten Erbteil ausschlagen, um den gesetzlichen anzunehmen.

b) Hat dagegen der Erblasser den *gesamten* Nachlaß verteilt und hierbei einen gesetzlichen Erben bewußt übergangen (bei unbewußtem Übergehen bleibt Anfechtung nach §§ 2079 oder 2078 Abs 2 zu prüfen), ergibt sich das Problem, ob bei einer (gänzlich oder teilweise) unwirksamen Erbeinsetzung, falls die Lücke weder durch Ersatzerbschaft (§ 2096) noch durch Anwachsung (§ 2094) zu schließen ist, der Übergangene als gesetzlicher Erbe zum Zuge kommt; das ist nicht der Fall, wenn der Erblasser ihn unbedingt von der Erbfolge ausschließen wollte und dieser Wille fehlerfrei gebildet ist, also insbesondere nicht an demselben Fehler krankt, der zur Unwirksamkeit der Erbeinsetzung geführt hat (hierzu STAUDINGER/OTTE [1996] § 2088 Rn 5 f und 11 ff; zur Bedeutung des Problems für die Bestimmung der Anfechtungswirkung nach §§ 2078 f vgl STAUDINGER/OTTE [1996] § 2078 Rn 36 ff, § 2079 Rn 12 ff).

3. Das Recht zur Enterbung bezieht sich nur auf *Verwandte* und den *Ehegatten*. Das Erbrecht des *Staates* (§ 1936) bzw einer an dessen Stelle tretenden juristischen Person (Art 138 EGBGB) kann nur durch positive Einsetzung eines Erben, nicht aber durch Negativtestament ausgeschlossen werden. Denkbar ist sogar, daß das Erbrecht juristischer Personen nach Landesrecht überhaupt unentziehbar ist (hierzu STAUDINGER/MAYER [1998] Art 139 EGBGB Rn 6). Die Unausschließbarkeit des gesetzlichen Erbrechts des Staates bewirkt, daß der Nachlaß nicht der Erbfolge entzogen werden kann.

II. Anordnung der Enterbung

1. Die Enterbung *bedarf keiner Begründung*. Auch die nächsten Angehörigen können enterbt werden (zur Frage, wann eine Enterbung wegen Verstoßes gegen § 138 nichtig sein kann, vgl STAUDINGER/OTTE [1996] Vorbem 158 ff zu §§ 2064 ff u § 2074 Rn 30 ff). Der Ausschluß kann auch auf einen Teil des gesetzlichen Erbrechts beschränkt werden; er kann auch bedingt oder befristet erfolgen (ebenso ERMAN/SCHLÜTER Rn 1).

7 2. Enterbungen müssen *nicht ausdrücklich* erfolgen. Sie werden allerdings auch nicht vermutet. Der Ausschließungswille muß im Testament zum Ausdruck kommen (vgl KG OLGE 42, 128 f; RG JW 1913, 39 f; DJZ 1915, 1141; BayObLGZ 1965, 166, 174; BayObLG FamRZ 1992, 986). Er liegt uU in der Einsetzung anderer Erben, aber nicht schon in der Erschöpfung des Nachlasses durch Vermächtnisse (RG Recht 1930 Nr 1520; BayObLG MDR 1979, 847; OLG Stuttgart BWNotZ 1981, 141), in der Regel auch in der Zuwendung eines Erbteils, der hinter dem gesetzlichen zurückbleibt (vgl § 1948 Rn 4), uU auch in der Zuwendung des Pflichtteils (RGZ 61, 14 ff; RG WarnR 1913 Nr 329), die im Zweifel jedenfalls keine Erbeinsetzung ist (§ 2304). Eine Pflichtteilsentziehung wird, unabhängig davon, ob ihre Voraussetzungen (§§ 2333 ff) vorliegen, als Enterbung auszulegen sein (BROX Rn 265; BayObLG FamRZ 1996, 828).

8 3. Die Enterbung kann nicht nur in einem *Testament* enthalten sein, sondern auch in einem *Erbvertrag*, allerdings nicht als vertragsmäßige, sondern nur als einseitige, also frei widerrufliche Verfügung, §§ 2278 Abs 2, 2299.

III. Wirkung der Enterbung

9 1. Die Enterbung von Abkömmlingen, Eltern und Ehegatten hat nach § 2303 die Folge, daß diese den *Pflichtteil* verlangen können. Zur Entziehung des Pflichtteils vgl §§ 2333 ff.

10 2. Der Ausgeschlossene ist hinsichtlich der Erbfolge *als vor dem Erbfall verstorben* anzusehen. Der Ausschluß erstreckt sich im Zweifel *nicht auf die Abkömmlinge* des Ausgeschlossenen, die vielmehr in den ersten drei Ordnungen an seine Stelle treten (KG DR 1939, 1085; BayOLGZ 34, 279; BayObLG FamRZ 1989, 1006 u 1232). RG JW 1937, 2598 erkennt aber ausdrücklich an, daß die Ausschließung einer bestimmten Person von der Erbfolge in dem Sinne auslegungsfähig sein kann, daß sie sich auf die Abkömmlinge erstreckt (ebenso KG DNotZ 1937, 813; HRR 1938 Nr 12; BayObLGZ 1965, 166, 176; BayObLG Rpfleger 1976, 290; LG Neubrandenburg MDR 1995, 1238). Sind eintrittsberechtigte Abkömmlinge nicht vorhanden, gelangt der Nachlaß an die zunächst Berufenen der gleichen Ordnungen und erst, wenn solche fehlen, an die Berufenen der nächsten Ordnung.

IV. Entziehung anderer erb- oder güterrechtlicher Positionen

11 Zum Ausschluß eines Abkömmlings von der *fortgesetzten Gütergemeinschaft* vgl § 1511, zur *Entziehung des Pflichtteilsrechts* vgl §§ 2333–2338.

§ 1939

Der Erblasser kann durch Testament einem anderen, ohne ihn als Erben einzusetzen, einen Vermögensvorteil zuwenden (Vermächtnis).

1. Abschnitt. Erbfolge

Materialien: E I § 1756 Abs 1; II § 1816; III § 1915; Mot V 9 f; Prot V 6; STAUDINGER/BGB-Synopse 1896–2000 § 1939.

I. Allgemeines

1. Begriff des Vermächtnisses

Die Vorschrift behandelt die zweite Art der Zuwendung; im Gegensatz zur ersten, der Erbeinsetzung, besteht sie nicht in der Berufung (allein oder mit anderen) zur Gesamtnachfolge in das Vermögen des Erblassers, sondern in der *Zuwendung eines sonstigen Vermögensvorteils*. Als Vermächtnis bezeichnet man sowohl diesen Vorteil als auch das Rechtsgeschäft des Erblassers, das die Zuwendung enthält. Die Einzelheiten des Vermächtnisrechts sind in den §§ 2147–2191 geregelt (allgemeine Literatur zum Vermächtnis s STAUDINGER/OTTE [1996] Vorbem zu §§ 2147 ff). 1

2. Unterschied zur Erbeinsetzung

Die Abgrenzung des Vermächtnisses von der Erbeinsetzung ist begrifflich klar (s Rn 1). Im Einzelfall können aber bei Auslegung einer Verfügung erhebliche Zweifel daran auftauchen, ob es sich um eine Erbeinsetzung oder ein Vermächtnis handelt. Vgl hierzu die Auslegungsregeln des § 2087 und die Erl zu dieser Vorschrift. 2

Das Vermächtnis begründet keine unmittelbare Rechtsnachfolge. Der zugewandte Vorteil geht nicht mit dem Anfall des Vermächtnisses (§ 2176) in das Vermögen des Vermächtnisnehmers über. Er hat vielmehr nur einen schuldrechtlichen Anspruch gegen den Beschwerten (§§ 2147, 2174). Dies folgt nicht aus dem Begriff des Vermächtnisses in § 1939, ergibt sich aber aus der Gegenüberstellung mit dem Begriff der Auflage (§ 1940), für den das Fehlen eines Forderungsrechtes des Leistungsempfängers wesentlich ist, und vor allem aus den Vorschriften über den *Vermächtnisanspruch*, §§ 2174 ff. Das BGB kennt also nicht das *Vindikationslegat*, durch das der Erblasser einzelne Gegenstände dem Nachlaß mit dinglicher Wirkung entziehen und dem Vermächtnisnehmer unmittelbar zuweisen konnte (hierzu WINDSCHEID/KIPP III § 646; zur einzigen Ausnahme nach BGB, dem Vorausvermächtnis für einen alleinigen Vorerben, vgl STAUDINGER/ OTTE [1996] § 2150 Rn 4; zur Möglichkeit landesrechtlicher Ausnahmen STAUDINGER/MAYER [1998] Art 139 EGBGB Rn 8; zur Frage, ob nach IPR das Vindikationslegat ausländischer Rechte Anerkennung finden kann, was die hM verneint – **aM** mit beachtlichen Gründen aber VAN VENROOY ZvglRW 1986, 212 ff – vgl BGH NJW 1995, 58; STAUDINGER/DÖRNER [1995] Art 25 EGBGB Rn 272, 720, 847 f; MünchKomm/LEIPOLD Rn 2, BIRK ZEV 1995, 285). 3

3. Unterschied zur Schenkung

Von der Schenkung unterscheidet sich das Vermächtnis dadurch, daß es ein Geschäft von Todes wegen ist, in Errichtung und Wirkung also vom Erbrecht bestimmt wird. Soweit eine Wirkung schon vor dem Erbfall eintreten soll, kann nur eine Schenkung in Betracht kommen. Zur Abgrenzung zwischen Zuwendungen unter Lebenden und von Todes wegen, wenn die Wirkung erst mit oder nach dem Tod des Schenkers eintreten oder durch das Überleben des Beschenkten bedingt sein soll (*Schenkung* 4

§ 1939
5–8   5. Buch

von Todes wegen), vgl § 2301 und die Erl zu dieser Vorschrift. Kein Abgrenzungskriterium zwischen Schenkung und Vermächtnis ist die Widerruflichkeit (so aber STAUDINGER/LEHMANN[11] Rn 8), da ein Vermächtnis auch durch Erbvertrag (§ 1941), u zw als vertragsmäßige Verfügung (§ 2278), also bindend (vgl § 2289 Abs 1 S 2), errichtet werden kann.

II. Vermögensvorteil

5   1.   Vermögensvorteil ist in erster Linie eine **Sache** oder ein **Recht**; Beispiele: Nutzungsrecht (KG NJW 1964, 1808), Nießbrauch (BGH WM 1968, 696), Wohnrecht (LG Mannheim MDR 1967, 1012; BGH WM 1970, 1520), Altenteil (OLG Oldenburg RdL 1968, 236), Urheberrecht (§ 29 UrhG; FROMM NJW 1966, 1247), Rente (BGH LM Nr 1 DevG), GmbH-Anteil (HAEGELE BWNotZ 1976, 53, 57), das Recht, dem Auseinandersetzungsverlangen eines Miterben zu widersprechen (STAUDINGER/WERNER [1996] § 2044 Rn 6).

6   2.   **Forderungsrechte**, die durch Vermächtnis zugewandt werden, können auf all das gerichtet sein, was auch sonst Gegenstand einer schuldrechtlichen Leistungspflicht sein kann, also zB auf Anerkennung oder Sicherung einer Schuld (RFH 29, 150), auf Leistung von Diensten, auf Unterlassung, auf Aufnahme in eine Gesellschaft (RG JW 1927, 1201; JOHANNSEN WM 1972, 868), auf Zahlung einer Geldsumme, die nicht beziffert sein muß, sondern anhand anderer Kriterien, zB Gewinnanteil (BGH WM 1969, 337) oder Preis einer Ware (BGH WM 1971, 1151), zu bestimmen sein kann, auch in Höhe des Werts des gesetzlichen Erbteils oder eines anderen Bruchteils des Nachlaßwertes (*Quotenvermächtnis*, OLG Bamberg BayZ 1925, 294; BGH NJW 1960, 1759; FamRZ 1974, 880; LG Köln FamRZ 1975, 289) oder in Höhe des Pflichtteils (RGZ 129, 241; RG HRR 1935, 1462; zur Abgrenzung des Pflichtteilsvermächtnisses vom Pflichtteilsanspruch s STAUDINGER/HAAS [1998] § 2304 Rn 14 ff).

7   3.   Mit dem Begriff des Vermögensvorteils wollte der Gesetzgeber klarstellen, daß als Vermächtnisgegenstand nicht nur Sachen und Rechte in Betracht kommen, sondern zB auch die **Befreiung von einer Verbindlichkeit** (Prot V 6). Demnach kann Inhalt eines Vermächtnisses sein der Erlaß von Forderungen, aber auch die bloße Stundung, ferner die Aufhebung von Rechten gegenüber dem Bedachten, auch der Verzicht auf die Ausübung von Gestaltungsrechten oder Einreden. Auch hier ist aber der bloß schuldrechtliche Charakter des Vermächtnisses zu beachten: Erlaß, Aufhebung und Verzicht sind nicht schon mit dem Anfall des Vermächtnisses wirksam; der Bedachte hat vielmehr nur einen Anspruch auf sie (BGH FamRZ 1964, 140). Auch von der Ausgleichspflicht des § 2057 a kann durch Vermächtnis Befreiung erteilt werden (STAUDINGER/WERNER [1996] § 2057 a Rn 4).

8   4.   Der **Begriff des Vermögensvorteils** ist *im weitesten Sinne* zu verstehen. Eine Bereicherung oder Vermögensmehrung iS einer wirtschaftlichen Besserstellung ist nicht erforderlich (BayObLG OLGE 32, 59; OLG Hamm FamRZ 1994, 1212; LANGE/KUCHINKE § 29 II 2 b; BROX Rn 419; MünchKomm/LEIPOLD Rn 5). Ein rechtlicher Vorteil genügt, zB ein Anspruch auf Dienstleistungen (OLG Hamm aaO) oder das Recht auf Einsichtnahme in Familienpapiere oder andere im Nachlaß befindliche Aufzeichnungen. Hielte man eine wirtschaftliche Besserstellung des Bedachten für begriffsnotwendig (so v LÜBTOW I 366 f; GRUNSKY JZ 1963, 250 f; STROTHMANN Jura 1982, 356; EIDENMÜLLER JA 1991, 152 f), würde man in unnötiger Beschränkung der Testierfreiheit dem Erblasser die Begründung

von Ansprüchen auf Leistungen von rein ideellem Wert unmöglich machen. Auch eine auf wirtschaftliche Besserstellung des Bedachten gerichtete Absicht des Erblassers ist nicht zu verlangen. Die Gegenmeinung (vLübtow I 367 mwN), die bei fehlender Begünstigungsabsicht ein Vermächtnis ablehnen und eine bloße Teilungsanordnung bejahen will, verkennt, daß der Vermächtnisbegriff nicht vom Vorausvermächtnis (§ 2150) her entwickelt werden kann, weil er dann schon versagen müßte, wenn der Bedachte nicht Erbe ist.

Ein Vermögensvorteil in diesem Sinne ist auch das *Recht zum entgeltlichen Erwerb* 9 eines Gegenstandes (RFH 12, 278; OGHBrZ 1, 65; BayObLG FamRZ 1984, 825). Auf einen günstigen Preis kommt es dabei nicht an. Deshalb kann auch das Recht eines Miterben, einen Nachlaßgegenstand unter voller Anrechnung auf seinen Erbteil zu übernehmen, Inhalt eines Vermächtnisses sein (zur Abgrenzung von Vorausvermächtnis und Teilungsanordnung vgl im einzelnen Staudinger/Otte [1996] § 2150 Rn 9 ff).

Dauernd braucht der Vermögensvorteil nicht zu sein. Vorübergehende Gebrauchs- 10 überlassung genügt. Die Belastung eines Vermächtnisnehmers mit einer Auflage (§ 1940) oder einem Untervermächtnis (§ 2186) bis zur vollen Höhe des Betrages, den er selbst aus dem Vermächtnis erhält, steht einem wirksamen Vermächtnis nicht entgegen (RG Recht 1909 Nr 3718; RG BayZ 1910, 18; JW 1910, 6; BGH v 7. 12. 1967 – III ZR 62/65 – bei Johannsen WM 1972, 866), ebensowenig das Nachvermächtnis, das zur Herausgabe des zugewandten Gegenstandes an einen Dritten verpflichtet (§ 2191). Ein Vermächtnis kann auch darin bestehen, daß ein Gegenstand zugewendet wird, der dem Erblasser nur treuhänderisch, also nicht wirtschaftlich, gehört und auch dem Bedachten nur in gleicher Weise zufallen soll (RG HRR 1928 Nr 1698).

5. Aus dem **schuldrechtlichen Charakter des Vermächtnisses** folgt, daß der Erblasser 11 durch Vermächtnis weder den Erben in der Verfügung über Nachlaßgegenstände beschränken (Verstoß gegen § 137 S 1) noch einem Dritten Verfügungsbefugnis übertragen kann. Für diese Zwecke kommt das Institut der Testamentsvollstreckung in Betracht (vgl BayObLG ZEV 1996, 33). Doch kann in der Betrauung einer Person mit Verwaltungsbefugnissen über den Nachlaß oder Teile desselben uU ein Vermächtnis liegen, namentlich wenn die Verwaltung gegen Entgelt erfolgen soll (OGHBrZ 4, 223); dann steht aber dem Vermächtnisnehmer nicht unmittelbar die Verfügungsbefugnis zu, sondern er hat nur einen Anspruch (§ 2174) gegen den Erben auf Erteilung der erforderlichen Vollmacht bzw Ermächtigung (übersehen in RG WarnR 1908 Nr 168; wie hier Kipp/Coing[13] § 57 Fn 1); der Erbe bleibt auf jeden Fall verfügungsbefugt und ist nur einem Anspruch des Vermächtnisnehmers auf Unterlassung von Verfügungen ausgesetzt.

6. Kein Vermögensvorteil iS des § 1939 ist der bloße **Reflex einer einen anderen** 12 **treffenden Verpflichtung**, mag er auch wirtschaftlich vorteilhaft sein; uU handelt es sich um eine Auflage. Ebensowenig folgt aus der einem Testamentsvollstrecker eingeräumten Befugnis, in dringenden Fällen gewisse Auszahlungen zu bewilligen, ein Vermächtnisanspruch (RG DNotZ 1932, 270). Auch das, was jemand zur Erfüllung einer Bedingung an einen Dritten leistet, stellt kein Vermächtnis an den Dritten dar, weil der Dritte keinen Anspruch auf die Leistung hat (Mot V 9 f).

III. Anordnung des Vermächtnisses

13 Die Anordnung des Vermächtnisses kann außer durch *Testament* (davon allein spricht § 1939) auch durch *Erbvertrag* erfolgen (§ 1941 Abs 1), u zw sowohl durch vertragsmäßige (§ 2278) als auch durch einseitige (§ 2299) Verfügung. Erleichterungen der Errichtungsform gegenüber der Erbeinsetzung wie die *Kodizille* oder *Nachzettel* des früheren Rechts (hierzu Mot V 292 f) kennt das BGB nicht.

14 Weder für den Begriff noch unter allen Umständen für die Gültigkeit des Vermächtnisses ist die Zugehörigkeit des vermachten Gegenstandes zum Nachlaß erheblich (vgl STAUDINGER/OTTE [1996] § 2155 Rn 3, § 2169 Rn 2, 10 ff).

IV. Gesetzliche Vermächtnisse

15 Auf einige erbrechtliche Ansprüche, die kraft Gesetzes entstehen, sind die Vorschriften über das Vermächtnis (§§ 2147 ff, auch § 327 Abs 1 Nr 2 InsO und §§ 1991 Abs 4, 1992) entsprechend anzuwenden. Insofern kann von „gesetzlichen Vermächtnissen" gesprochen werden (abl HARDER NJW 1988, 2716; PALANDT/EDENHOFER Rn 1). Hierher gehören der *Voraus* (§ 1932), der *Dreißigste* (§ 1969) und uU auch Ansprüche auf bestimmte Nachlaßgegenstände, die das Landesrecht dem Fiskus oder einer anderen juristischen Person gewährt (STAUDINGER/MAYER [1998] Art 139 EGBGB Rn 2, 8), nicht jedoch der Anspruch aus § 1963 (s STAUDINGER/MAROTZKE § 1963 Rn 2), wohl auch nicht der Ausbildungsanspruch der Stiefkinder (§ 1371 Abs 4; vgl STAUDINGER/THIELE [1994] § 1371 Rn 125–132; ERMAN/HECKELMANN § 1371 Rn 27; MünchKomm/LEIPOLD Rn 10) und die höferechtlichen Ansprüche auf Abfindung gemäß § 12 HöfeO, auf Nachabfindung gemäß § 13 HöfeO sowie das Verwaltungs- und Nutznießungsrecht und das Altenteilsrecht des Ehegatten gemäß § 14 HöfeO (OLG Celle RdL 1979, 76; LANGE/WULFF/ LÜDTKE-HANDJERY HöfeO § 12 Rn 7, § 13 Rn 3, § 14 Rn 3; SOERGEL/M WOLF Vorbem 2 zu § 2147; teilw anders SOERGEL/STEIN Rn 7; zum Erbersatzanspruch nach den durch das ErbGleichG aufgehobenen §§ 1934 a, b vgl STAUDINGER/WERNER § 1934 b Rn 11 mwN).

§ 1940

Der Erblasser kann durch Testament den Erben oder einen Vermächtnisnehmer zu einer Leistung verpflichten, ohne einem anderen ein Recht auf die Leistung zuzuwenden (Auflage).

Materialien: E I § 1757; II § 1817; III § 1916; Mot V 10 f; Prot V 6 f; STAUDINGER/BGB-Synopse 1896–2000 § 1940.

I. Allgemeines

1 1. Als weiteren zulässigen Inhalt des Testaments nennt § 1940 die **Auflage** und bestimmt den Begriff nach der positiven Seite dahin, daß sie die Auferlegung der

Verpflichtung zu einer Leistung ist, nach der negativen dahin, daß aus ihr niemandem ein Recht auf die Leistung erwächst. Letzteres unterscheidet die Auflage vom Vermächtnis. Weil durch die Auflage für den Begünstigten kein Recht entsteht, faßt das Gesetz sie nicht unter den Begriff der Zuwendung (vgl § 2279 Abs 1 sowie § 2065 Abs 2 iVm § 2192). Gläubiger des Begünstigten erhalten durch die Auflage kein Zugriffsobjekt (vgl KG ZEV 1998, 306). Einzelheiten über die Auflage sind in §§ 2192–2196 geregelt; eine Reihe von Vorschriften über Vermächtnisse sind auf die Auflage entsprechend anzuwenden, § 2192 (Schrifttum zur Auflage bei STAUDINGER/ OTTE [1996] Vorbem zu §§ 2192 ff).

2. Im Hinblick auf das Fehlen eines eigenen Anspruchs entspricht die Stellung des **2 Begünstigten** bei der Auflage derjenigen, die durch eine Zuwendung unter der Bedingung einer Leistung an einen Dritten für diesen Dritten entsteht. Der durch die Auflage Begünstigte kann auch keinen Schadensersatzanspruch wegen Nichterfüllung der Auflage haben (RG WarnR 1937 Nr 133). Nichterfüllung der Auflage kann allenfalls zum Anspruch eines evtl nachrückenden Beschwerten auf Herausgabe der Zuwendung führen, § 2196.

3. Im Unterschied zur bedingten Zuwendung begründet aber die Auflage eine **3 Leistungspflicht** für den Beschwerten. Beschwert sein kann nach § 1940 sowohl ein Erbe als auch ein Vermächtnisnehmer; im Zweifel ist der Erbe beschwert, §§ 2192, 2147. Der Erblasser kann den Druck auf den Beschwerten auch noch dadurch verstärken, daß er die Nichterfüllung der Auflage zur auflösenden Bedingung der Zuwendung – und dadurch den Beschwerten zum bloßen Vorerben bzw Vorvermächtnisnehmer – macht (KIPP § 114 VI). Dieser Fall ist nicht mit der lediglich bedingten, aber keine Leistungspflicht begründenden Zuwendung zu verwechseln.

Die Erfüllung der aus der Auflage entstehenden Verpflichtung des Beschwerten **4** kann nicht vom Begünstigten, wohl aber vom Erben, vom Miterben, von evtl nachrückenden Beschwerten und uU auch von einer Behörde verlangt werden, § 2194. Zu den Aufgaben des Testamentsvollstreckers gehört es, soweit sich aus dem Erblasserwillen nichts anderes ergibt, Auflagen zu erfüllen bzw die Erfüllung vom Erben zu verlangen, §§ 2203, 2208. Der Erblasser kann auch einen lediglich mit der Vollziehung einer Auflage betrauten Testamentsvollstrecker bestellen (BayObLGZ 1986, 34).

II. Inhalt der Auflage

Gegenstand der Auflage kann ein Tun oder Unterlassen sein. Einen Vermögenswert **5** für den Begünstigten braucht die Leistung des Beschwerten nicht darzustellen (ebenso MünchKomm/LEIPOLD Rn 4; jetzt auch KIPP/COING § 64 I 3; anders noch 9. Aufl § 59 VI). Es braucht auch nicht notwendig jemand durch sie begünstigt zu werden. Beispiele: Anordnung der Errichtung eines Grabdenkmals; Pflege eines Grabes (BFH NJW 1968, 1847) oder Gartens; Öffnung eines Parks für das Publikum; Übernahme eines Ehrenamtes; Anordnung über den Zeitpunkt der Veröffentlichung hinterlassener Papiere; Versorgung von Lieblingstieren des Erblassers; Ansammlung von Zinsen vermachten Geldes zu einem bestimmten Zweck (RG Recht 1913 Nr 1613); Besorgung der Feuerbestattung; Anordnung, die Leiche des Erblassers der Anatomie zu übergeben; Verbot, der Leiche Organe zu entnehmen (PALANDT/EDENHOFER § 2192 Rn 5);

Veräußerungs- oder Leistungsverbote mit schuldrechtlicher Wirkung, zB das Verbot, ein Nachlaßgrundstück an bestimmte Personen zu übereignen (BGH FamRZ 1985, 278 f; BayObLG FamRZ 1986, 608 f), aber nicht – wegen § 2302 – das Verbot, den Nachlaß an bestimmte Personen weiterzuvererben (BayObLG DNotZ 1983, 668; FamRZ 1986, 608 f); Verbot, eine bestimmte Person zum Prokuristen zu bestellen (OLG Koblenz NJW-RR 1986, 1039); Anordnung, daß einer von mehreren Erben den Nachlaß verwalten solle (RG LZ 1929, 254; zur Abgrenzung von einer beschränkten Testamentsvollstreckung vgl OLG Köln FamRZ 1990, 1402). Auch eine Auflage, die lediglich dem Beschwerten zum Vorteil gereicht, ist denkbar.

6 Als Auflage ist regelmäßig auch die *Errichtung einer unselbständigen Stiftung* anzusehen, also die Anordnung, daß ein mildtätigen oder gemeinnützigen Zwecken gewidmetes Sondervermögen gebildet werden soll (RGZ 96, 19; MünchKomm/LEIPOLD Rn 6). LANGE/KUCHINKE (§ 30 Fn 21) will hier zwischen dem Errichtungsakt und der Verpflichtung des Trägers unterscheiden; nur letztere sei Auflage; indessen kennt die unselbständige Stiftung keinen dem Stiftungsgeschäft iS der §§ 80 ff entsprechenden Errichtungsakt.

III. Anordnung der Auflage

7 Die Anordnung einer Auflage kann nicht nur durch *Testament*, sondern auch durch *Erbvertrag* erfolgen (§ 1941).

8 Die Verfügung des Erblassers muß den Willen zum Ausdruck bringen, daß der Zuwendungsempfänger zu einer Leistung verpflichtet sein soll. Hiervon zu unterscheiden sind Äußerungen des Erblassers, die lediglich einen guten Rat darstellen (Mot V 213). Die Worte „ich wünsche" oder „ich hoffe" sprechen aber nicht ohne weiteres gegen die Verpflichtungsabsicht (RG Recht 1918 Nr 731).

9 Wegen der *Abgrenzung zum Vermächtnis* ist darauf zu achten, ob der Erblasser gewissen Personen einen Anspruch auf gewisse Leistungen zubilligen wollte (vgl RG WarnR 1917 Nr 148; LZ 1918, 268); ist der begünstigte Personenkreis nicht fest umrissen, spricht das gegen ein Vermächtnis (RGZ 75, 380; 88, 336; 96, 19; LZ 1918, 268).

10 Die Auflage ist *von der Bedingung einer Zuwendung zu unterscheiden* (vgl RFH 2, 221). Bestehen Bedenken gegen die Annahme einer Verpflichtung, so spricht das gegen eine Auflage. Die Umdeutung einer solchen Auflage, zB jemanden zu heiraten oder nicht zu heiraten, ein Kind zu adoptieren oder zu legitimieren, den Familiennamen zu ändern, ein Testament zu errichten oder aufzuheben oder dies nicht zu tun, in die Bedingung einer Zuwendung (PLANCK/FLAD Anm 3) wird jedoch in der Regel daran scheitern, daß die Bedingung denselben rechtlichen Bedenken unterliegen würde wie die Auflage selbst (MünchKomm/LEIPOLD Rn 5; zu den Schranken von Potestativbedingungen vgl STAUDINGER/OTTE [1996] § 2074 Rn 28 ff).

§ 1941

[1] Der Erblasser kann durch Vertrag einen Erben einsetzen sowie Vermächtnisse und Auflagen anordnen (Erbvertrag).

[2] Als Erbe (Vertragserbe) oder als Vermächtnisnehmer kann sowohl der andere Vertragschließende als ein Dritter bedacht werden.

Materialien: E I §§ 1751 Abs 1, 1940 Abs 1,2, 1962; II § 1818; III § 1917; Mot V 4, 310–314, 349 f; Prot V 365–373, 423; Denkschr 738; STAUDINGER/BGB-Synopse 1896–2000 § 1941.

I. Allgemeines

1.

Das **Wesen des Erbvertrages** liegt in der Bindung an die einmal getroffene Verfügung, während das Testament frei widerruflich ist. Die Einzelheiten des Erbvertrages regelt das BGB in §§ 2274–2300 a (Näheres zum Erbvertrag, auch zu seiner geschichtlichen Entwicklung, seiner Zulassung in fremden Rechten und seiner rechtspolitischen Beurteilung bei STAUDINGER/KANZLEITER [1998] Vorbem 1 ff u 39 zu §§ 2274 ff; dort auch allgemeines Schrifttum zum Erbvertrag). 1

2. Inhalt des Erbvertrages

In § 1941 ist der Erbvertrag als *Erbzuwendungsvertrag* charakterisiert, der Erbeinsetzungen, Vermächtnisse oder Auflagen enthält. Damit will das Gesetz jedoch nicht sagen, daß andere Verfügungen nicht Inhalt eines Erbvertrages sein können, sondern lediglich, daß die den Erbvertrag kennzeichnende Bindungswirkung allein bei Erbeinsetzungen, Vermächtnissen und Auflagen eintreten kann. Inhalt des Erbvertrages kann auch jede andere Verfügung sein, die in einem Testament getroffen werden kann, allerdings nur einseitig und frei widerruflich, §§ 2278, 2299. Im übrigen tritt die Bindungswirkung bei Erbeinsetzungen, Vermächtnissen und Auflagen nicht schon durch die Aufnahme der Verfügung in einen Erbvertrag ein, sondern nur aufgrund des – ggf durch Auslegung zu ermittelnden – Bindungswillens der Vertragspartner (vgl STAUDINGER/KANZLEITER [1998] § 2278 Rn 7 ff). 2

3. Erbrechtlicher Charakter

Der Erbvertrag ist ein eigenartiger, einheitlicher Vertrag erbrechtlichen Inhalts, der den Grund für eine Rechtsnachfolge in das Vermögen eines der Vertragsschließenden nach dessen Tode oder für eine Vermächtnis- oder Auflagenverpflichtung unwiderruflich festlegen will. 3

Er darf nicht als schuldrechtlicher Vertrag, etwa als Testament mit Widerrufsverzicht oder mit der Verpflichtung, nicht zu widerrufen, aufgefaßt werden. Ein derartiger Vertrag wäre nach § 2302 nichtig. Der Erblasser will sich durch den Vertrag zu nichts weiterem verpflichten, er hat durch die Setzung des Berufungsgrundes schon alles 4 geleistet. Erst recht nicht darf der Erbvertrag als dinglicher Vertrag aufgefaßt werden, da er dem Bedachten keinerlei Rechte am Vermögen des Erblassers gibt. Er ist auch kein familienrechtlicher Vertrag, da er die Statusverhältnisse unberührt läßt. Das schließt nicht aus, daß dieselbe Vertragsurkunde schuldrechtliche, dingliche oder familienrechtliche Geschäfte enthält. Derartige Geschäfte (zB Verpflichtung zur Unterlassung von Verfügungen oder zu wiederkehrenden Zahlungen, Bestellung oder Übertragung von dinglichen Rechten, güterrechtliche Vereinbarungen, vgl § 2276 Abs 2) kommen im Zusammenhang mit Erbverträgen häufig vor, unterliegen jedoch nicht den §§ 1941, 2274 ff.

II. Einteilung der Erbverträge

5 Man kann die Erbverträge unterscheiden

1. nach der **Art der Zuwendung** in *Erbeinsetzungs-*, *Vermächtnis-* und *Auflagen*verträge,

6 **2.** nach der **Person des Vertragserblassers** in *einseitige*, wenn nur ein Vertragsteil als Erblasser verfügt, und *zweiseitige*, wenn beide Vertragsteile als Erblasser verfügen (vgl § 2278 Abs 1); im letzten Fall können ihre vertragsmäßigen Verfügungen in einem Abhängigkeitsverhältnis gemäß § 2298 Abs 1 u 2 stehen (*wechselbezügliche* Erbverträge), wenn nicht ein anderer Wille der Vertragsschließenden anzunehmen ist (§ 2298 Abs 3, *nicht-wechselbezügliche* Erbverträge); die Unterscheidung zwischen einseitigen und zweiseitigen Erbverträgen ist wichtig, weil die Voraussetzungen in der Person des Erblassers und dessen, der sich auf die Annahme der Verfügung des Erblassers beschränkt, verschieden sind; für den Erblasser gelten §§ 2274 f, für den anderen Teil hingegen nur die allgemeinen Vorschriften, §§ 104 f; der andere Teil kann auch eine juristische Person sein;

7 **3.** je nach der **Person des Vertragsbedachten** in solche zugunsten des Vertragspartners und solche zugunsten eines Dritten, § 1941 Abs 2; ein Erbvertrag zugunsten eines Dritten hat gewisse Ähnlichkeit mit einem schuldrechtlichen Vertrag zugunsten Dritter: Der Erwerb des Dritten vollzieht sich bei ihm, wie nach §§ 328, 331, unmittelbar mit dem Tode des Erblassers, ohne daß sein Beitritt zum Vertrag nötig wäre; die Vorschriften der §§ 328–335 sind auf Erbverträge zugunsten Dritter jedoch nicht anwendbar, da dem Dritten kein Forderungsrecht gegen den Erblasser zusteht.

III. Abgrenzung zu anderen Verträgen

8 Vom Erbvertrag als Zuwendungsvertrag ist streng zu unterscheiden der Vertrag, durch den jemand auf sein gesetzliches Erbrecht, sein Pflichtteilsrecht oder eine Zuwendung verzichtet (*Erbverzicht*, §§ 2346–2352). Kein Erbvertrag ist auch der Vertrag über den Nachlaß eines noch lebenden Dritten, das sog *pactum de hereditate tertii*, § 312. Es enthält keine Verfügung über den Nachlaß eines Vertragsschließenden, sondern betrifft einen fremden Nachlaß. Ebensowenig ist ein Erbvertrag der nach § 2302 nichtige schuldrechtliche *Vertrag über die Errichtung oder Aufhebung einer letztwilligen Verfügung*. Zum Verhältnis von Erbvertrag und *Schenkungsversprechen auf den Todesfall* vgl STAUDINGER/KANZLEITER (1998) Vorbem 15 zu § 2274.

1. Abschnitt. Erbfolge

Kein Erbvertrag ist schließlich auch der *Hofübergabevertrag* (hierzu KIPP/COING § 36 V; LANGE/WULFF/LÜDTKE-HANDJERY, HöfeO § 7 Rn 38, § 17 Rn 5; KGJ 41, 162). Er ist auf die lebzeitige Übertragung eines Hofes auf eine gesetzlich zur Hoffolge berechtigte Person gerichtet. Er nimmt zwar die Erbfolge in den Hof vorweg (§ 7 HöfeO) und hat insofern erbrechtliche Wirkungen (vgl §§ 5, 7, 17 HöfeO), bleibt aber Rechtsgeschäft unter Lebenden, für das die Formvorschrift des § 313 gilt und das durch Auflassung und Eintragung zu erfüllen ist.

Zweiter Abschnitt
Rechtliche Stellung des Erben

Einleitung zu §§ 1942–1966

1 1. Der zweite Abschnitt behandelt die **rechtliche Stellung** des Erben (nicht das *Erbewerden*, sondern das *Erbesein*). Sie ist für beide Berufungsgründe (Gesetz und Verfügung von Todes wegen) die gleiche. Deshalb schließt sich ihre Regelung im Aufbau des Gesetzes an die Bestimmungen über die gesetzliche Erbfolge (§§ 1924 ff) und die grundsätzlichen Bestimmungen über Verfügungen von Todes wegen (§§ 1937 ff) an und geht den Einzelbestimmungen über Verfügungen von Todes wegen (dritter Abschnitt, §§ 2064 ff, und vierter Abschnitt, §§ 2274 ff) voran.

2 2. Der Abschnitt gliedert sich in vier Titel:

a) Der erste (§§ 1942–1966) enthält die Vorschriften über den **Erwerb der Erbschaft**. Er betrifft nicht die Frage, wer Erbe wird (das Erbewerden), sondern wann und wodurch der Erbe die Erbschaft erwirbt. §§ 1942–1959 handeln von der *Annahme* und *Ausschlagung* der Erbschaft, §§ 1960–1962 von der für besondere Fälle vorgesehenen *Fürsorge des Nachlaßgerichts* in bezug auf den Erbschaftserwerb; § 1963 gewährt der Mutter eines noch nicht geborenen Erben einen *Unterhaltsanspruch;* §§ 1964–1966 betreffen die Aufgaben des Nachlaßgerichts bei gesetzlicher *Erbfolge des Fiskus.*

b) Der zweite Titel (§§ 1967–2017) regelt die **Haftung des Erben für die Nachlaßverbindlichkeiten.**

c) Der dritte Titel (§§ 2018–2031) behandelt den **Erbschaftsanspruch**, dh den Anspruch des Erben gegen den Erbschaftsbesitzer auf Herausgabe des aus der Erbschaft Erlangten.

d) Der vierte Titel (§§ 2032–2063) betrifft die **Mehrheit von Erben**, und zwar regelt er das Rechtsverhältnis zwischen mehreren nebeneinander berufenen Erben (*Miterben*) einschl der Ausgleichungspflicht sowie das Rechtsverhältnis zwischen Miterben und Nachlaßgläubigern.

3 3. Die **Rechtsfolgen des Erbganges** werden im zweiten Abschnitt nicht abschließend behandelt. An anderer Stelle des BGB sind geregelt: das Wirksamwerden einer vom Erblasser abgegebenen, beim Erbfall noch nicht zugegangenen Willenserklärung (§ 130 Abs 2), die Annahmefähigkeit eines vom Erblasser abgegebenen, beim

Erbfall noch nicht angenommenen Angebots (§ 153), der Fortbestand von Auftrag und Vollmacht über den Tod des Erblassers hinaus (§§ 672, 168 S 1), das Wirksamwerden von Verfügungen, die der Erblasser oder der Erbe als Nichtberechtigte getroffen haben (§ 185 Abs 2), die Verjährung von Ansprüchen, die zu einem Nachlaß gehören oder sich gegen den Nachlaß richten (§ 207), sowie der Übergang des Besitzes auf den Erben (§ 857). Zu den zivilprozessualen Folgen des Erbgangs vgl §§ 86, 239, 246, 325, 727 und 778–785 ZPO. Ausdrückliche Bestimmungen über das (in § 1976 vorausgesetzte) Erlöschen von Rechtsverhältnissen durch Vereinigung von Recht und Verbindlichkeit oder Recht und Belastung (*Konfusion, Konsolidation*) in der Person des Erben (vgl dazu STAUDINGER/MAROTZKE § 1922 Rn 73 f) fehlen.

Erster Titel
Annahme und Ausschlagung der Erbschaft. Fürsorge des Nachlaßgerichts

§ 1942

[1] Die Erbschaft geht auf den berufenen Erben unbeschadet des Rechtes über, sie auszuschlagen (Anfall der Erbschaft).

[2] Der Fiskus kann die ihm als gesetzlichem Erben angefallene Erbschaft nicht ausschlagen.

Materialien: E I § 1974 Abs 2, § 2025 Abs 1; II § 1819; III § 1918; Mot V 379 f, 488; Prot V 487 ff, 613; Denkschr 721; Kommissionsbericht 2099; STAUDINGER/BGB-Synopse 1896–2000 § 1942.

Schrifttum zu §§ 1942–1957

ADLERSTEIN/DESCH, Das Erbrecht in den neuen Bundesländern, DtZ 1991, 193
BESTELMEYER, Weitere erbrechtliche Fragestellungen nach dem Einigungsvertrag, Rpfleger 1992, 321
BRAKEBUSCH, Heilung formunwirksamer Ausschlagungserklärungen?, Rpfleger 1994, 234
BUCHHOLZ, Vererblichkeit des Ausschlagungsrechts und Teilausschlagung, Rpfl-Stud 1990, 161
BÜCKER, Die Erbschaftsausschlagung, RhNK 1964, 97
vCAEMMERER, Zur Nachlaßbehandlung in ausländischen Rechten, DFG 1936, 119
COING, Die gesetzliche Vertretungsmacht der Eltern bei der Ausschlagung einer Erbschaft, NJW 1985, 6
DAMRAU, Die Verpflichtung zur Ausschlagung der Erbschaft, ZEV 1995, 425
DÖRNER, Interlokales Erb- und Erbscheinsrecht nach dem Einigungsvertrag, IPRax 1991, 392
DREWES, Die Bedeutung des § 1948 Abs 1 BGB in der Praxis, JW 1925, 2104

FAHRENHORST, Die Bestandskraft von Testamenten und Erbausschlagungen im Hinblick auf die deutsche Vereinigung, JR 1992, 265
FRIDERICHS, Der vorläufige Erbe (Diss Köln 1934)
FRIEDMANN, Die Annahme einer Erbschaft, ihre rechtliche Natur und ihre Rechtswirkungen in der Geschichte und im Recht des BGB (1909)
FROHN, Die Erbausschlagung unter dem Vorbehalt des Pflichtteils, Rpfleger 1982, 56
GRÜN, Das Vermögensgesetz – Bleibt der sozialverträgliche Interessenausgleich eine Illusion?, VIZ 1996, 681
GRUNEWALD, Die Auswirkungen eines Irrtums über politische Entwicklungen in der DDR auf Testamente und Erbschaftsausschlagungen, NJW 1991, 1208
HALLSTEIN, Anfall der Erbschaft, Rechtsvergleichendes Handwörterbuch II, 196
ders, Annahme und Ausschlagung der Erbschaft, Rechtsvergleichendes Handwörterbuch II, 221

1. Titel. § 1942
Annahme und Ausschlagung der Erbschaft. Fürsorge des Nachlaßgerichts

Hauser, Die Anfechtung der Versäumung der Erbausschlagungsfrist, JherJb 65, 271

Hawlitzky, Zur Form der Erbschaftsausschlagung, DNotZ 1937, 876

Heldrich, Schranken der elterlichen Vertretungsmacht bei der Ausschlagung einer Erbschaft, in: FS Lorenz (1991) 97

Höver, Unzuträglichkeiten im geltenden Erbrecht und Nachlaßverfahren, ZAkDR 1935, 226

Holzhauer, Die Teilbarkeit von Annahme und Ausschlagung im System des Erbrechts, Erbrechtliche Untersuchungen (1973) 85

Johannsen, Die Rechtsprechung des Bundesgerichtshofs auf dem Gebiete des Erbrechts, WM 1972, 918 und 1973, 549

Josef, Die Rechtsstellung des vorläufigen Erben im Verfahren der freiwilligen Gerichtsbarkeit, ZZP 44, 478

Kapp, Die Erbausschlagung in zivilrechtlicher und erbschaftsteuerrechtlicher Sicht, BB 1980, 117

Kaufmann, Die Ausschlagung der Erbschaft, DJZ 1909, 1325

Kessler, Erbschaftsausschlagung, BayZ 1907, 186

Kirchhofer, Erbschaftserwerb, Verwaltung und Sicherung des Nachlasses (1968)

Kittel, Rechtshilfe bei Erbausschlagung, Rpfleger 1971, 52

Kleinschmidt, Wann kann der Nacherbe die Nacherbschaft annehmen oder ausschlagen? (1916)

Knitschky, Erbschaft und Erbteil, AcP 91, 280

Köhne/Feist, Die Nachlaßbehandlung, 2 Bde (19. Aufl 1917)

Köster, Erbrechtliche Fragestellungen nach dem Einigungsvertrag, Rpfleger 1991, 97

Koos, Die Genehmigungsbedürftigkeit der Erbeinsetzung von Angehörigen des öffentlichen Dienstes aus zivilrechtlicher Sicht, ZEV 1997, 435

Kretzschmar, Ausschlagung der Erbschaft durch einen gesetzlichen Vertreter, ZBlFG 1918, 12

Heinrich Lange, Erwerb, Sicherung und Abwicklung der Erbschaft, 4. Denkschr d ErbrA d AkDR (1940)

Linde, Zur Ausschlagung einer Erbschaft – Nasciturus, Sozialhilfe –, BWNotZ 1988, 54

vLübtow, Probleme des Erbrechts (1967)

ders, Die Vererblichkeit des Ausschlagungsrechts, JZ 1969, 502

Malitz/Benninghoven, Erbschaftsausschlagung und Rechtsirrtum, ZEV 1998, 415

Manigk, Das rechtswirksame Verhalten (1939)

Mantey, Kann nach Eintritt des Erbfalls der Nacherbe die Erbschaft wirksam annehmen, bevor sie ihm angefallen ist?, Gruchot 60, 937

Mertens, Die Entstehung der Vorschriften des BGB über die gesetzliche Erbfolge und das Pflichtteilsrecht (1970)

Neuffer Die Anfechtung der Willenserklärung wegen Rechtsfolgeirrtums (1991)

vOhlshausen, Konkurrenz von Güterrecht und Erbrecht bei Auflösung der Zugewinngemeinschaft bei Tod eines Ehegatten (1968)

ders, Zugewinnausgleich und Pflichtteil bei Erbschaftsausschlagung durch einen von mehreren Erbeserben des überlebenden Ehegatten, FamRZ 1976, 678

Pohl, Mängel bei der Erbschaftsannahme und -ausschlagung, AcP 177, 52

Rhode, Erbschaftsausschlagung durch Geschäftsunfähige oder in der Geschäftsfähigkeit beschränkte Personen, ZBlFG 1910, 741, 783

Schramm, Nochmals: Das Wahlrecht des Erben nach § 1948 BGB, DNotZ 1965, 734

Seifert/Lingelbach, Abwicklung des Nachlasses und Nachlaßverfahren im Vergleich von ZGB und BGB, in Drobnig (Hrsg), Grundstücksrecht und Erbrecht in beiden deutschen Staaten (1993) 69

Stach, Nichtigkeit letztwilliger Verfügungen zugunsten Bediensteter staatlicher Altenpflegeeinrichtungen, NJW 1988, 943

Strobl, Das Wahlrecht des Erben nach § 1948 BGB, DNotZ 1965, 373

Tiedtke, Zur Bindung des überlebenden Ehegatten an das gemeinschaftliche Testament bei Ausschlagung der Erbschaft als eingesetzter, aber Annahme als gesetzlicher Erbe, FamRZ 1991, 1259

Troll, Ausschlagung der Erbschaft aus steuerlichen Gründen, BB 1988, 2153

Unger, Zweifelsfrage aus §§ 1643 Abs 2, 1948 BGB, Recht 1904, 277

Vogt/Kobold, Erbrecht nach Erbausschlagung und Restitutionsanspruch – ein Kollisionsproblem, DtZ 1993, 326
Wacke, Der Tote erbt den Lebendigen, JA 1982, 242
Wasmuth, Zur Korrektur abgeschlossener erbrechtlicher Sachverhalte im Bereich der ehemaligen DDR, DNotZ 1992, 3
Wegmann, Die Begründung des Erbrechts im 19. Jahrhundert (Diss Münster 1969)
Weidner, Ausschlagung einer Erbschaft durch den Inhaber der elterlichen Gewalt für ein minderjähriges Kind zu Gunsten des anderen volljährigen Kindes, DFG 1937, 223
Weissler, Das Nachlaßverfahren (1920)
Weithase, Zurückweisung einer geringfügigen Erbschaft, Rpfleger 1988, 434.

Systematische Übersicht

I. Allgemeines	
1. Systeme des Erbschaftserwerbs — 1	
2. Der Standpunkt des BGB — 3	
II. Geltung des Anfallprinzips — 4	
1. Zwingender Charakter des Anfallprinzips — 5	
2. Landesrechtliche Ausnahmen vom unmittelbaren Erwerb — 6	
III. Folgerungen aus dem Vonselbsterwerb	
1. Ablehnung der ruhenden Erbschaft — 8	
2. Zeitpunkt des Anfalls — 9	
IV. Vorläufigkeit des Erwerbs — 10	
1. Konstruktive Natur des Vonselbsterwerbs — 11	
2. Schutz des Erben bis zur Annahme — 13	
V. Persönlicher Charakter des Ausschlagungsrechts — 14	
VI. Kein Ausschlagungsrecht des Fiskus — 17	

Alphabetische Übersicht

Anfallprinzip — 2, 4 f, 9, 11
– landesrechtliche Ausnahmen — 6 f
Annahme als Bedingung der Erbeinsetzung — 5
Antrittserwerb — 2
Ausschlagung
– aus steuerrechtlichen Gründen — 12
– Genehmigungsbedürftigkeit — 15
– Wirkungen — 10 ff
Ausschlagungsrecht
– Ausübung — 14 f
– Rechtsnatur — 14 f
– Unübertragbarkeit — 14
– Verzicht — 14
Einweisung, gerichtliche — 2 f
Erwerbsgenehmigung für juristische Personen — 6 f, 9
Fiskus — 17

Gläubigeranfechtung — 11
hereditas iacens — 8
Insolvenzverfahren — 11, 15
Nacherbschaft, Anfall — 4, 9
nasciturus — 9
Ruhende Erbschaft — 8
Sozialhilfe, Nachrangprinzip, Überleitung — 16
Vermögensbeschlagnahme — 15
Vonselbsterwerb — 2 f, 11
s a Anfallprinzip
Vorläufiger Erbe — 2, 10 f, 13

I. Allgemeines

1. Systeme des Erbschaftserwerbs

Der Eintritt in die volle vererbliche Rechts- und Pflichtenstellung des Erblassers (die **1** sog *Universal-Sukzession*) soll dem zur Erbfolge Berufenen nicht gegen seinen Willen aufgedrängt werden. Einerseits gehen mit den Aktiven auch die Passiven über, und andererseits ist auf höchstpersönliche Gründe des Berufenen Rücksicht zu nehmen, die sich aus seinem Verhältnis zum Erblasser oder zu den durch ihn ausgeschlossenen Nachberufenen ergeben können. Folglich muß dem Berufenen Entschlußfreiheit gewährt werden, die ohne eine gewisse Überlegungsfrist ein Danaergeschenk wäre.

Zur Lösung bieten sich grundsätzlich zwei Wege an: Entweder läßt man den Erwerb **2** sofort mit dem Erbfall kraft Gesetzes eintreten (sog *Vonselbsterwerb* oder *Anfallprinzip*), stellt aber dem Berufenen die Ausschlagung frei, die mit rückwirkender Kraft ausgestattet wird; der Erbe ist dann, solange er ausschlagen kann, nur *vorläufiger Erbe*, und die Annahme der Erbschaft hat nur die Aufgabe, das Ausschlagungsrecht zu vernichten. Oder man macht den Erwerb der Erbschaft von einer Willensäußerung des Berufenen, die Erbschaft anzunehmen, abhängig (sog *Antrittserwerb*), wobei zusätzlich eine *gerichtliche Einweisung* (so §§ 547, 799, 819 ABGB) oder die Zwischenschaltung eines *Treuhänders* (so das anglo-amerikanische Recht) vorgesehen werden kann. Behördliche Mitwirkung bei der Abwicklung des Erbfalls kann aber auch beim Vonselbsterwerb stattfinden (zu den verschiedenen Lösungsmöglichkeiten aus rechtsvergleichender Sicht vgl STAUDINGER/DÖRNER [1995] Art 25 EGBGB Rn 101 ff; LANGE/KUCHINKE § 8 I 2, 3; KIPP/COING § 86; KIRCHHOFER 47 ff; WACKE JA 1982, 242 f; EBENROTH Rn 379 ff.)

2. Der Standpunkt des BGB

Das BGB hat sich für den Vonselbsterwerb entschieden, u zw wegen der praktischen **3** Vorzüge dieses Systems (vgl MERTENS 29 f). Sie liegen nach Mot V 486 f in folgendem: Einfachheit der gesetzlichen Regelung, Anpassung an die Lebenswirklichkeit, in der Erbschaften häufiger angenommen als ausgeschlagen werden, und bessere Lage der Gläubiger und Schuldner der Erbschaft, insofern ersterer der Beweis der Annahme erspart und letzteren ohne weiteres die Möglichkeit gewährleistet wird, den Erben festzustellen. Dieser Einschätzung des vom BGB gewählten Systems ist grundsätzlich zuzustimmen, doch darf nicht übersehen werden, daß nach § 1958 ein Anspruch, der sich gegen den Nachlaß richtet, gegen den Erben vor der Annahme der Erbschaft nicht gerichtlich geltend gemacht werden kann (vgl auch Rn 13). Auf alle Fälle verbürgt aber der Vonselbsterwerb bei kurzer Ausschlagungsfrist eine rasche Entscheidung über das Schicksal der Erbschaft, während der Schwebezustand sich beim Antrittserwerb unbegrenzt hinziehen kann (vgl auch 4. Denkschr d ErbrA d AkDR 41). Das grundsätzliche Dazwischenschieben eines gesetzlichen Prüfungs- und Einweisungsverfahrens nach österreichischem Vorbild würde die Rechtssicherheit noch erhöhen, aber als ausnahmslose Maßnahme den Übergang der Rechte auf den Erben ohne Not verteuern und erschweren. Es muß genügen, wenn die Fürsorgemaßnahmen des Nachlaßgerichts für Not- und Sonderfälle bereitgestellt werden (vgl 4. Denkschr d ErbrA d AkDR 42 f).

II. Geltung des Anfallprinzips

4 Der Grundsatz der unmittelbaren gesetzlichen Gesamtnachfolge wird im § 1942 noch einmal in Übereinstimmung mit § 1922 ausgesprochen und durch die Zubilligung eines Ausschlagungsrechts an die Erben ergänzt. Er findet nach § 1922 Abs 2 auch auf Erbteile Anwendung. Der entsprechende Grundsatz gilt auch für die Nacherbfolge (§§ 2139, 2142) und die Hoferbfolge (§ 11 HöfeO). Auch der Anspruch auf ein Vermächtnis wird vom Vermächtnisnehmer, unbeschadet des Ausschlagungsrechts, ohne sein Zutun erworben (§ 2176). Auch der Pflichtteilsanspruch entsteht mit dem Erbfall (§ 2317 Abs 1); er ist aber nicht ausschlagbar, wird also endgültig erworben.

1. Zwingender Charakter des Anfallprinzips

5 Der unmittelbare Übergang kraft Gesetzes ist zwingenden Rechts. Irgendeine *Willensentscheidung* des Berufenen ist *unnötig*. Er erwirbt die Erbschaft ohne seinen Willen, nicht einmal Geschäftsfähigkeit ist erforderlich. Dennoch ist es zulässig, daß der Erblasser den Erwerb der Erbschaft durch den Bedachten von einer Annahmeerklärung abhängig macht (BGB-RGRK/JOHANNSEN Rn 1; PLANCK/FLAD Vorbem II 2). Die Gegenansicht (STAUDINGER/LEHMANN[11] Rn 4; PALANDT/EDENHOFER Rn 1; MünchKomm/LEIPOLD Rn 8), sieht eine solche Bestimmung als unbeachtlich und den so Eingesetzten als Vollerben an. Jedoch verstößt die Bestimmung weder gegen § 2065 (vgl STAUDINGER/OTTE [1996] § 2065 Rn 18) noch gegen den Grundsatz, daß jemand unmittelbar durch den Erbfall (§ 1922) Erbe werden muß. Steht die Erbenstellung des Bedachten unter einer aufschiebenden Bedingung, so werden gemäß § 2105 Abs 1 die gesetzlichen Erben Vorerben. § 2105 ist also auch dann anwendbar, wenn die vom Bedachten abzugebende Erklärung, an die der Erblasser die Einsetzung knüpft, darauf gerichtet ist, die Erbschaft erwerben oder behalten zu wollen (so wohl auch OLG Stuttgart OLGZ 1974, 67, 70). Da die von einer Annahmeerklärung des Bedachten abhängig gemachte Erbeinsetzung die Vorerbschaft des (oder der) gesetzlichen Erben zur Folge hätte, besteht aber Anlaß zu prüfen, ob der Erblasser dies wirklich in Kauf nehmen wollte oder ob seine Erklärung im Sinne eines – überflüssigen – „sofern er nicht ausschlägt" verstanden werden muß (vgl SOERGEL/STEIN Rn 5). Bei der Auslegung können steuerrechtliche Gesichtspunkte sowie die Frage eine Rolle spielen, ob der Erblasser dem Bedachten eine über die Ausschlagungsfrist hinausgehende Bedenkzeit einräumen wollte. Letzteres wäre, da die gesetzliche Ausschlagungsfrist zwingend ist, jedoch vor dem Anfall des Erbes nicht zu laufen beginnt (§ 1944 Abs 2 S 1), nur bei Inkaufnahme von Vorerbschaft möglich (so auch PALANDT/EDENHOFER § 1944 Rn 9).

2. Landesrechtliche Ausnahmen vom unmittelbaren Erwerb

6 Landesrechtliche Ausnahmen vom Prinzip des sofortigen Übergangs kraft Gesetzes läßt Art 86 EGBGB zu. Nach dieser Bestimmung, die heute jedoch weitgehend aufgehoben ist (Rn 7), bleiben vom BGB unberührt die landesgesetzlichen Vorschriften, welche den Erwerb von Rechten durch juristische Personen beschränken oder von staatlichen Genehmigungen abhängig machen, soweit diese Vorschriften Gegenstände im Werte von mehr als 5.000,– DM betreffen, so zB Art 6 PrAGBGB. Der Anfall an die juristische Person erfolgt in diesen Fällen erst bei Erteilung der Genehmigung (PLANCK/FLAD § 1944 Anm 4; SOERGEL/STEIN Rn 6; wohl auch RGZ 76, 384 f); bis zu diesem Zeitpunkt ist die Erbschaft herrenlos. Abweichend hiervon hat das KG (KGJ

40, 25; 50, 71 f) die Ansicht vertreten, der Anfall treffe auch hier mit dem Erbfall zusammen, sei also nicht durch die Erteilung der Genehmigung aufschiebend (so aber CRUSEN/MÜLLER PrAGBGB 127 Anm 5 b, die zu Unrecht Vor- und Nacherbschaft annehmen), sondern durch deren Verweigerung, die in ihren Wirkungen einer Erbausschlagung gleichkomme, auflösend bedingt. Die hierfür gegebene Begründung, Art 86 S 2 EGBGB besage, daß auch die nach dem Erbfall erteilte Genehmigung als vor dem Erbfall erteilt gelte (KGJ 40, 25, 33 ff; MünchKomm/LEIPOLD Rn 9), verkennt das Wesen von Fiktionen (zu der Bedeutung dieses Streits für den Beginn der Ausschlagungsfrist vgl § 1944 Rn 16). Der bis zur Erteilung oder Verweigerung der Genehmigung bestehenden Schwebelage trägt Art 86 S 2 EGBGB durch zwei alternierende Fiktionen und die Verweisung auf § 2043 Rechnung. Im übrigen kommt bis zur Entscheidung über die Genehmigung Nachlaßsicherung nach § 1960 Abs 1 S 2 HS 1 in Betracht (KGJ 40, 25, 36 wollte § 1960 Abs 1 analog anwenden; vgl ferner RGZ 76, 384 f).

Art 86 EGBGB wurde für *inländische* juristische Personen durch GesEinhG Teil II **7** Art 2 Abs 1 (Wortlaut bei STAUDINGER/MERTEN [1998] Art 86 EGBGB Rn 5) aufgehoben. Auf Gesellschaften nach dem Recht eines EU-Staates mit *Sitz innerhalb der EU* sind den Erwerb beschränkende Gesetze nicht mehr anzuwenden (G v 2. 4. 1964, BGBl I 248). Vgl im übrigen die Erl zu Art 86 EGBGB. Art 87 EGBGB (Weitergeltung landesrechtlicher Genehmigungsvorbehalte für Erwerb durch *Ordensangehörige*) wurde durch GesEinhG Teil II Art 2 Abs 3 aufgehoben.

III. Folgerungen aus dem Vonselbsterwerb

1. Ablehnung der ruhenden Erbschaft

Soweit Vonselbsterwerb stattfindet, gibt es grundsätzlich keine *ruhende Erbschaft*. **8** Als ruhende Erbschaft *(hereditas iacens)* wird das Vermögen des Erblassers in einem Zeitraum der Herrenlosigkeit zwischen Erbfall und Erwerb durch den Erben bezeichnet. Mit der Geltung des Antrittserwerbs ist ein solcher Zeitraum notwendig verbunden, so im römischen Recht bei der Erbfolge der *extranei*, dh derjenigen Personen, die nicht durch den Tod des Erblassers gewaltfrei wurden. Gilt hingegen Vonselbsterwerb, so gibt es keine Zwischenzeit, so im römischen Recht bei der Erbfolge der *sui*, dh der Personen, die durch den Tod des Erblassers gewaltfrei wurden, also der Hauskinder, der *uxor in manu* und des unter gleichzeitiger Freilassung eingesetzten Sklaven (KASER, Das Römische Privatrecht I² § 174 I 2; vLÜBTOW II 647 f), und ebenso nach BGB. Mit dieser Zwischenzeit entfallen zugleich eine Reihe von Konstruktionsproblemen, nämlich solche, die sich bei der Gewährung rechtlichen Schutzes für vorübergehend als subjektlos zu denkende Rechte stellen, aber auch solche, die mit einer zwecks Vermeidung der Subjektlosigkeit vorgenommenen Erhebung der *hereditas iacens* zur juristischen Person verbunden sind (über diese Konstruktionsprobleme, mit denen sich die Pandektenwissenschaft ausgiebig befaßt hat, vgl WINDSCHEID/KIPP III § 531, insbes Fn 10 u 12; WEGMANN 32 ff, 45 ff, 108 ff; vLÜBTOW II 649 f).

2. Zeitpunkt des Anfalls

Der Anfall der Erbschaft trifft, abgesehen vom Fall der Nacherbschaft, mit dem **9** Erbfall zusammen. Kraft gesetzlicher Fiktionen gilt dies auch dann, wenn die Erbschaft infolge der Ausschlagung oder Erbunwürdigkeitserklärung des zunächst berufenen Erben einem in zweiter Linie Berufenen zufällt (§§ 1953 Abs 2, 2344 Abs 2). Dieser braucht daher nur den Tod des Erblassers, nicht aber den Zeitpunkt der Ausschlagung bzw Erbunwürdigkeitserklärung zu erleben. Auch beim *nasciturus* wird die Gleichzeitigkeit von Erbfall und Anfall der Erbschaft fingiert (§ 1923 Abs 2); in Wirklichkeit erfolgt hier der Anfall – und beginnt deshalb frühestens der Lauf der Ausschlagungsfrist – im Zeitpunkt der Geburt (Mot V 488; KG OLGE 14, 318; KGJ 34 A 79; SOERGEL/STEIN Rn 6). Vor der Geburt gibt es also niemanden, dem der betreffende Erbteil zugeordnet ist (ähnlich im Fall des Art 86 EGBGB vor Erteilung oder Verweigerung der Genehmigung, vgl Rn 6). Diese Besonderheit ist jedoch mehr theoretischer und konstruktiver Natur (Mot V 488 f); jedenfalls hat der Gesetzgeber das Problem der ruhenden Erbschaft gesehen (Mot V 489 mwN) und durch Schaffung des § 1960 Abs 1 S 2 („unbekannt" ist auch der erst erzeugte Erbe, Mot V 443) entschärft. – Für Stiftungen gilt § 84; der Vorstand einer durch Erbeinsetzung errichteten Stiftung kann nicht ausschlagen (vgl KIPP/COING § 87 Fn 1). – Beim *Nacherben* erfolgt der Anfall erst mit dem Eintritt des Nacherbfalls (§ 2139) und wird nicht auf den Tod des Erblassers zurückbezogen.

IV. Vorläufigkeit des Erwerbs

10 Infolge der Ausschlagungsmöglichkeit ist der Erbschaftserwerb kein endgültiger, sondern ein vorläufiger. Der Erwerb kann durch die Ausübung des Ausschlagungsrechts rückgängig gemacht werden. Bis dahin besteht ein Schwebezustand. Wird die Erbschaft ausgeschlagen, gilt der Anfall an den Ausgeschlagenen als nicht erfolgt (§ 1953 Abs 1). Die Ausschlagung hat also rückwirkende Kraft. Endgültig wird der Erwerb erst, wenn die Erbschaft angenommen oder die Ausschlagungsfrist ungenutzt verstrichen ist (§ 1943).

1. Konstruktive Natur des Vonselbsterwerbs

11 Die Entscheidung des BGB gegen den Antrittserwerb und für den Vonselbsterwerb ist trotz der in Rn 2 angeführten Gründe überwiegend konstruktiver Natur (Mot V 487), der Grundsatz des unmittelbaren Erwerbes der Erbschaft ist „ein mehr formaler" (Mot V 485; Prot V 633 f, 662; vgl auch Begründung der KO-Novelle [zum späteren § 9 KO] = HAHN, Die gesamten Materialien zu den Reichsjustizgesetzen VII [1898] 235). So behandelt das Gesetz die Ausschlagung einer Erbschaft zum Vorteil eines anderen *nicht* als *Schenkung* (§ 517) oder als Aufgabe eines bereits erworbenen Vermögenswertes (Begr der KO-Novelle aaO). Demzufolge kann die Ausschlagung *nicht* nach §§ 129 ff InsO *angefochten* werden. Dasselbe gilt auch *außerhalb des Insolvenzverfahrens* (so richtig RGZ 54, 289 zum Konkurs).

Nicht anders zu beurteilen war die Ausschlagung nach §§ 402 ff ZGB (DDR). Mit Recht hat daher das KG (DtZ 1993, 97 = Rpfleger 1993, 198) den Standpunkt eingenommen, daß der infolge der (politisch erzwungenen) Ausschlagung eingetretene Anfall der Erbschaft beim Nächstberufenen kein nach §§ 1 Abs 3, 3 Abs 1 VermG rückgängig zu machender Vermögenserwerb ist; dies hat zur Folge, daß die Anfechtung der Ausschlagung nicht durch das VermG ausgeschlossen ist. Unzutreffend geht demgegenüber FAHRENHORST (JR 1992, 269 f) davon aus, der endgültige Erbe habe einen Vermögenswert vom Ausschlagenden erhalten, so daß § 1 Abs 3 VermG einschlägig sei (vgl i übr zur Anfechtung der Ausschlagung in DDR-Fällen § 1954 Rn 19 ff, speziell zum Verhältnis der Anfechtung zum Anspruch aus § 1 Abs 2 VermG § 1953 Rn 5, § 1954 Rn 22).

Bei wirksamer Ausschlagung gilt der Erbanfall auch *steuerlich* als nicht erfolgt (RFH **12** RStBl 1936, 1218, 1220; BFH BB 1985 44 f; Oswald DVerkStRdsch 1976, 52; Meincke, ErbSTG[11] § 3 Rn 16; Ebenroth Rn 336 f), u zw auch dann, wenn die Ausschlagung ausschließlich aus erbschaftsteuerrechtlichen Gründen erfolgt und wirtschaftlich folgenlos bleibt (der Erbeserbe schlägt die dem Erben angefallene Erbschaft aus und erhält sie als nächster gesetzlicher Erbe des Erblassers, hierzu § 1952 Rn 6); die Ausschlagung selbst ist kein steuerauslösender Vorgang; vielmehr unterliegt derjenige, dem die Erbschaft gemäß § 1953 Abs 2 anstelle des Ausschlagenden anfällt, der Erbschaftsteuer nach seinem Verhältnis zum Erblasser (Troll BB 1988, 2154; zur steuerrechtlichen Situation bei einer [zB wegen Hinzufügung einer Bedingung, § 1947] unwirksamen Ausschlagung, die von den Beteiligten als wirksam behandelt wird vgl Kapp BB 1980, 118 f).

2. Schutz des Erben bis zur Annahme

Während der Ausschlagungsfrist schützt das Gesetz den Erben vor der Inanspruch- **13** nahme durch Nachlaßgläubiger und vor der drohenden Verjährung von Nachlaßforderungen. Nach § 1958 kann ein Anspruch, der sich gegen den Nachlaß richtet, gegen den vorläufigen Erben nicht geltend gemacht werden (nach RGZ 60, 179 auch kein Arrestbefehl). Nach § 239 Abs 5 ZPO ist der Erbe vor Annahme der Erbschaft zur Fortsetzung des vom oder gegen den Erblasser angestrengten Rechtsstreits nicht verpflichtet. Nach § 207 wird die Verjährung eines Anspruchs, der zu einem Nachlaß gehört oder sich gegen einen Nachlaß richtet, nicht vor dem Ablauf von sechs Monaten nach der Annahme der Erbschaft vollendet. Nach § 1995 Abs 2 beginnt der Lauf der dem vorläufigen Erben etwa gesetzten Inventarfrist nicht vor Annahme der Erbschaft. Nach § 778 ZPO kann die Zwangsvollstreckung wegen einer Nachlaßverbindlichkeit vor Annahme der Erbschaft nur gegen den Nachlaß gerichtet werden, niemals aber gegen das Eigenvermögen des Erben (vgl Reichel, in: FS Thon 39 ff, 59 ff).

V. Persönlicher Charakter des Ausschlagungsrechts

Das Ausschlagungsrecht ist ein unselbständiges, an die Erbenstellung gebundenes **14** Gestaltungsrecht und als solches zwar vererblich (§ 1952), aber nicht übertragbar (unstr, vgl nur Erman/Schlüter § 1952 Rn 1; Soergel/Stein § 1952 Rn 1). Es geht nicht auf einen Erbteilserwerber (§ 2033) über, da dieser nicht in die Erbenstellung als solche einrückt. Aufgrund seiner Unübertragbarkeit und weil seine Ausübung infolge der Bindung an die Erbenstellung nicht einem anderen überlassen werden kann, ist es auch nicht pfändbar (§ 857 Abs 3 ZPO). Verzicht auf das Ausschlagungsrecht ist vom Erbfall an (§ 1946) möglich und bedeutet die Annahme der Erbschaft (bzgl einer *Verpflichtung* zur Ausschlagung vgl § 1945 Rn 28).

Wegen der besonderen Beziehungen des Erben zum Erblasser und zu den evtl neben **15** ihm wie auch zu den im Falle der Ausschlagung nach ihm zur Erbschaft Berufenen hat das Ausschlagungsrecht eine stark persönliche Note (vgl Kipp/Coing § 87 V; Hahn, Die gesammten Materialien zu den Reichsjustizgesetzen VII 235). Daher bedarf ein *Ehegatte* zur Ausschlagung nicht der Zustimmung des anderen Ehegatten (§ 1943 Rn 12). Daß *Eltern* und *Vormund* für eine Ausschlagung namens des Kindes bzw Mündels der

Genehmigung des Vormundschaftsgerichts bedürfen (§§ 1643 Abs 2 S 1, 1822 Nr 2), rechtfertigt sich aus der praktischen Tragweite des Geschäfts. Die Annahme oder Ausschlagung einer vor der *Insolvenz* dem Gemeinschuldner angefallenen Erbschaft steht nur ihm zu (§ 83 Abs 1 S 1 InsO). Auch der *Gläubiger*, dem der Erbteil verpfändet ist oder der ihn wegen einer Eigenverbindlichkeit des Erben gepfändet hat (wegen einer Nachlaßverbindlichkeit ist die Zwangsvollstreckung gegen den Erben vor der Annahme ohnehin unzulässig, § 778 Abs 1 ZPO), kann über Annahme oder Ausschlagung nicht entscheiden; der Erbe kann daher noch wirksam ausschlagen (zur Ausschlagung eines gepfändeten Vermächtnisses vgl STAUDINGER/OTTE [1996] § 2180 Rn 4). Die *Vermögensbeschlagnahme* nach § 443 StPO (früher § 433) hindert die Ausschlagung ebenfalls nicht (OLG Stuttgart RJA 14,6; OPPLER DJZ 1911, 975).

16 Auch der *Sozialhilfeträger*, der den Pflichtteilsanspruch eines Sozialhilfeempfängers gemäß § 90 Abs 1 BSHG auf sich überleiten könnte, kann das Ausschlagungsrecht, das im Fall des § 2306 Abs 1 S 2 den Pflichtteilsanspruch erst auslöst und daher indirekt ihm zugute käme, nicht ausüben. Es ist ein höchstpersönliches Gestaltungsrecht und kein überleitbarer Anspruch (KARPEN MittRhNotK 1988, 149; KRAMPE AcP 191, 531; KUCHINKE FamRZ 1992, 363; EICHENHOFER JZ 1999, 231 f; ferner PIEROTH NJW 1993, 177 f [mit mE hier unnötigen verfassungsrechtlichen Argumenten]). Die gegenteilige Ansicht, die das Ausschlagungsrecht als Annex des Pflichtteilsrechts nach §§ 412, 401 übergehen lassen will (VAN DE LOO NJW 1990, 2856; gegen ihn mit Recht KRAMPE 532 f), berücksichtigt nicht die gesetzliche Wertung des Ausschlagungsrechts in §§ 517, 1432, 1455 Nr 1 und § 9 KO (jetzt § 83 Abs 1 S 1 InsO). Ebensowenig kann der Sozialhilfeträger, der die Zugriffsmöglichkeit auf eine dem Sozialhilfeempfänger angefallene Erbschaft erhalten möchte, die Ausschlagung verhindern (zutr LINDE BWNotZ 1988, 57 f). Eine andere, nicht erbrechtliche, sondern sozialrechtliche Frage ist, wie sich das Ausschlagungsrecht und die Ausschlagung selbst angesichts des Nachrangprinzips (§ 2 Abs 1 BSHG) auf den Sozialhilfeanspruch auswirken (dazu VGH Baden-Württemberg v 8. 12. 1989–6 S 2339/89 u KRAMPE 533 f).

VI. Kein Ausschlagungsrecht des Fiskus

17 Dem Fiskus ist, wenn er nach § 1936 gesetzlicher Erbe wird, das Ausschlagungsrecht versagt, um eine Herrenlosigkeit des Nachlasses zu verhüten und namentlich im Interesse der Nachlaßgläubiger ein Organ zu schaffen, das die Erbangelegenheiten in letzter Reihe regelt (vgl KÜNTZEL Gruchot 41, 583, 585). Als letztwillig eingesetzter Erbe kann der Fiskus hingegen ausschlagen. Nachteiligen Folgen, die sich aus seiner notwendigen Erbenstellung ergeben, beugen die §§ 1966, 2011 und § 780 Abs 2 ZPO vor (vgl auch Mot V 380).

§ 1943

Der Erbe kann die Erbschaft nicht mehr ausschlagen, wenn er sie angenommen hat oder wenn die für die Ausschlagung vorgeschriebene Frist verstrichen ist; mit dem Ablaufe der Frist gilt die Erbschaft als angenommen.

1. Titel. **§ 1943**
Annahme und Ausschlagung der Erbschaft. Fürsorge des Nachlaßgerichts **1–4**

Materialien: E I § 2029; II § 1820; III § 1919;
Mot V 494 ff; Prot V 618 ff, VI 336 ff; Denkschr
721; STAUDINGER/BGB-Synopse 1896–2000
§ 1943.

I. Allgemeines

Der Erwerb der Erbschaft ist, wie aus § 1942 hervorgeht, ein vorläufiger, der durch **1**
Ausschlagung rückgängig gemacht werden kann. § 1943 bestimmt, wann das Ausschlagungsrecht erlischt und wann sich der vorläufige Erwerb in einen endgültigen umwandelt. Das Recht, die Erbschaft auszuschlagen, geht verloren durch Annahme der Erbschaft und durch Fristversäumnis, die als Annahme gilt.

II. Erbschaftsannahme

Die Annahme ist möglich, sobald der Erbfall eingetreten ist, § 1946. Sie kann sowohl **2**
ausdrücklich als auch stillschweigend erfolgen. In den Motiven wird sie durchweg als
Willenserklärung bezeichnet (Mot V 495, 497, 510). An dieser dogmatischen Einordnung auch der stillschweigenden Annahme *(pro herede gestio)* ist mangels gegenteiliger Anhaltspunkte im Gesetzeswortlaut festzuhalten (ebenso POHL AcP 177, 52, 56 f;
BGB-RGRK/JOHANNSEN Rn 3; ERMAN/SCHLÜTER Rn 4; ENNECCERUS/NIPPERDEY § 145 II A 3 und
Fn 16 mwN, auch zur aM). Für die Annahme gelten also vorbehaltlich der §§ 1943 ff die
allgemeinen Vorschriften des BGB über Rechtsgeschäfte und Willenserklärungen.

1. Form der Annahme

Das Gesetz führt nicht näher aus, wie und wem gegenüber die Annahme zu gesche- **3**
hen hat. Daraus wird gefolgert, daß die Annahme an keine Form gebunden und nicht
empfangsbedürftig ist (allg M, vgl SOERGEL/STEIN Rn 2; **aA** in bezug auf die Empfangsbedürftigkeit der ausdrücklichen Annahme POHL 55). Daß die Annahme von Gesetzes wegen nicht
empfangsbedürftig sein kann, ergibt sich auch daraus, daß sie gegenüber jedermann
wirkt, aber sicher nicht gegenüber jedermann erklärt zu werden braucht, so daß nicht
einzusehen ist, warum sie dann überhaupt gegenüber irgend jemand erklärt werden
müßte (denn das Vertrauen dieser Person würde ohne sachlichen Grund mehr geschützt als das Vertrauen aller anderen). Dies soll jedoch nicht heißen, daß der
vorläufige Erbe keine *kraft seines Willens empfangsbedürftige* (Umkehrung des
§ 151!) Annahmeerklärung etwa in der Weise abgeben könnte, daß er sie von sich
aus an eine bestimmte Person richtet. Nur in diesem Falle kann er seine Erklärung,
solange sie nicht zugegangen ist, nach § 130 Abs 1 S 2 widerrufen (vgl PLANCK/FLAD
Anm 3, 5; BGB-RGRK/JOHANNSEN Rn 5; ERMAN/SCHLÜTER Rn 2; MünchKomm/LEIPOLD Rn 10;
jetzt auch LANGE/KUCHINKE § 8 II 2 Fn 18).

Dem Vorstehenden entspricht weitgehend auch die Ansicht MANIGKS (Das rechtswirk- **4**
same Verhalten 389 ff), daß die Erbschaft auf dreifache Art endgültig erworben werden
könne: (a) durch bloße Betätigung des Annahmewillens („Willensgeschäft" iS MANIGKS), (b) durch Annahmeerklärung gegenüber einem Beteiligten, (c) durch Fristversäumnis. Die Besonderheit der Alternative (a) ist *zunächst* eine terminologische,
insofern MANIGK vieles, was die hM als nicht-empfangsbedürftige Willenserklärung

bezeichnet, Willensgeschäft nennt (§§ 17 ff, bes S 356 ff); eine sachliche ist sie, insofern er bei „Willensgeschäften" Willensmängel abweichend von den allgemeinen Regeln der Rechtsgeschäftslehre beurteilen will (358, 390; danach soll stets das subjektiv Gewollte gelten; hiergegen zu Recht ENNECCERUS/NIPPERDEY § 145 II A 3; vgl auch unten Rn 7 und § 1954 Rn 4).

2. Inhalt der Annahme

5 Inhaltlich bedeutet die Annahme einer Erbschaft den Verzicht auf das Ausschlagungsrecht (Mot V 495). Erforderlich ist eine Erklärung des vorläufigen Erben mit dem Inhalt, Erbe sein und bleiben zu wollen (ähnlich E I § 2029; PALANDT/EDENHOFER Rn 2). Dies gilt nicht nur hinsichtlich der ausdrücklich erklärten Annahme, sondern auch für die *pro herede gestio*: Der Gesetzgeber hat sich von der Auffassung, „daß der Erbe, welcher sich in die Erbschaft einmische, gewissermaßen zur Strafe das Ausschlagungsrecht verlieren" solle, bewußt distanziert und die *pro herede gestio* als „stillschweigende Willenserklärung" behandelt (Mot aaO). Stets muß also ein Verhalten des vorläufigen Erben vorliegen, aus dem auf einen Annahmewillen geschlossen werden kann (RG DJZ 1912, 1185).

6 Obwohl die Annahme von Gesetzes wegen nicht empfangsbedürftig ist und infolgedessen gegenüber jedermann erklärt werden kann, wird man Erklärungen, die der vorläufige Erbe gegenüber einem Unbeteiligten abgibt, nur mit Vorsicht als Ausdruck eines Annahmewillens werten dürfen (PLANCK/FLAD Anm 3; ERMAN/SCHLÜTER Rn 2; BGB-RGRK/JOHANNSEN Rn 4). Als Beteiligte kommen in Frage zB Miterben, Nachlaßschuldner und -gläubiger, insbes Vermächtnisnehmer und Pflichtteilsberechtigte, Auflagebegünstigte. Annahme durch Zeitungsanzeige ist möglich (PLANCK/FLAD Anm 3; PALANDT/EDENHOFER Rn 1; BGB-RGRK/JOHANNSEN Rn 3), erst recht die Annahme durch Erklärung gegenüber dem Nachlaßgericht (PALANDT/EDENHOFER Rn 1; BGB-RGRK/JOHANNSEN Rn 4; **aA** BINDER I 103; dagegen mit Recht PLANCK/FLAD Anm 3 mwN).

3. Annahme durch schlüssiges Verhalten

7 *Auslegungsschwierigkeiten* bereitet die Annahme durch schlüssiges Verhalten, die *pro herede gestio*. Kritisch sind die Fälle, wo der vorläufige Erbe Handlungen vornimmt, die der Sicherung oder Erhaltung des Nachlasses dienen. Solche Handlungen können sich als Annahme darstellen (Mot V 497; BGB-RGRK/JOHANNSEN Rn 9), sind es jedoch nicht ohne weiteres (Mot aaO; Denkschr 722). Als entscheidend sah der Gesetzgeber an, „ob der Wille, Erbe zu sein, der Handlung zu entnehmen ist" (Mot aaO). Ob dieser Wille wirklich subjektiv vorhanden sein muß, ist streitig; nach MANIGK (vgl Rn 4) soll der Tatbestand der *pro herede gestio* einen subjektiven Annahmewillen voraussetzen. Die Ansicht MANIGKs findet im Gesetz jedoch keine Stütze; auch § 1949 Abs 1 drückt keinen allgemeinen Grundsatz des Inhalts aus, daß Willensmängel (bzw Motivmängel) bereits den Tatbestand der Annahme ausschließen, sondern stellt nur die wirkliche Annahme der in § 1943 aE für den Fristablauf fingierten insoweit gleich, als in beiden Fällen einheitlich verlangt wird, daß der Erbe den Berufungsgrund kennt (eine weitere Gleichstellung bringt § 1956). Im übrigen sagt das Gesetz selbst in § 1954 Abs 1, daß die Annahme – also auch die *pro herede gestio* – anfechtbar sein kann (auch wegen Irrtums, Prot V 631); und § 122 Abs 1, der eine erfolgreiche Anfechtung voraussetzt, findet nach seinem Wortlaut auch dann

Anwendung, wenn Gegenstand der Anfechtung eine Willenserklärung ist, die nicht „einem anderen gegenüber abzugeben war". Hiermit ist die Ansicht MANIGKS, nicht an eine bestimmte Person gerichtete Willensbetätigungen seien keine Willenserklärungen und deshalb nur nach Maßgabe des wirklich Gewollten zu beurteilen, schwer zu vereinbaren. Es ist deshalb der hM zuzustimmen, die auf die *pro herede gestio* die allgemeinen Vorschriften des BGB über Auslegung von Willenserklärungen sowie über Willensmängel unter Berücksichtigung der in §§ 1949, 1954 ff enthaltenen Besonderheiten anwendet (BGB-RGRK/JOHANNSEN Rn 9; PLANCK/FLAD Anm 4 aE; PALANDT/ EDENHOFER Rn 2; KIPP/COING § 87 III 2).

Ob eine Annahme durch *pro herede gestio* vorliegt, hängt also vom *objektiven Er-* **8** *klärungswert* des fraglichen Verhaltens ab. Bei der Auslegung sollte jedoch beachtet werden, daß eine Tendenz zu großzügiger Deutung iS schlüssiger Annahme die Fürsorgebereitschaft des vorläufigen Erben mindern würde (ERMAN/SCHLÜTER Rn 3). Da eine gewisse Fürsorge für den Nachlaß oft unerläßlich ist und das Gesetz den vorläufigen Erben daran nicht hindern will (§ 1959), wird man eine Maßnahme des vorläufigen Erben, die den Nachlaß bloß sichert oder in seinem Bestand erhält, idR nicht als Ausdruck des Willens, die Erbschaft behalten zu wollen, deuten dürfen (OLG Celle OLGZ 1965, 30; OLG Köln OLGZ 1980, 235; MünchKomm/LEIPOLD Rn 5; SOERGEL/STEIN Rn 4), also nicht zB die Verfügung über einzelne Nachlaßgegenstände (vgl § 1959 Abs 2) oder die Geltendmachung von Nachlaßforderungen oder die Fortführung des Geschäfts, wenn diese Handlungen als Besorgung erbschaftlicher Geschäfte iSd § 1959 angesehen werden können (RG DJZ 1909, 1329; 1912, 1185; BayObLG SeuffA 58 Nr 173; BayObLGZ 4, 60).

4. Einzelfälle

Nicht ohne weiteres Annahme bedeuten: Antrag auf Testamentseröffnung oder auf **9** Bestellung eines Testamentsvollstreckers (OLG Celle OLGZ 1965, 30); Antrag auf Nachlaßverwaltung (KGJ 31 A 73; 38 A 51; LANGE/KUCHINKE § 8 II 3 Fn 29; aA JOSEF ZZP 44, 478, wonach ein Antrag an das Nachlaßgericht idR Annahme ist); Angaben zum Nachlaß auf Anforderung des Nachlaßgerichts (OLG Köln OLGZ 1980, 235); Kontensperrung (OLG Celle OLGZ 1965, 30); Unterlassen eines Widerspruchs gegen ein vom Nachlaßrichter rechtsirrtümlich abgefaßtes Protokoll (BayObLGZ 12, 35; SOERGEL/STEIN Rn 5); Ergreifung des Besitzes am Nachlaß und Auflösung des Haushalts durch den Erben, wenn dieser zugleich Testamentsvollstrecker ist (OLG Hamburg HansGZ 1906 B 114 = SeuffA 62 Nr 2). Bzgl der Fortführung eines Handelsgeschäfts unter der bisherigen Firma geht § 27 Abs 2 S 3 HGB davon aus, daß das Ausschlagungsrecht gleichwohl erhalten bleiben kann, eine Annahme also nicht zwingend anzunehmen ist (ebenso MünchKomm/LEIPOLD Rn 5). Das RG hat (Urt v 28. 11. 1921 – VI 437/21) sogar die Verfügung über alle Nachlaßgegenstände nicht als Erbschaftsannahme angesehen, weil sie nur erfolgte, um dem Erben die Mittel zur Bestattung des Erblassers zu verschaffen. Handlungen, die erkennbar nur aus Pietät gegen den Erblasser vorgenommen werden, zB Zahlung bedenklicher Schulden, bedeuten noch keine Annahme (ebenso, allerdings ohne die Erkennbarkeit dieses Motivs zu fordern, OLG Königsberg SeuffA 64 Nr 153). Nach OLG Königsberg (aaO) soll in der Verfügung über Nachlaßgegenstände (zB in der Einziehung einer Lebensversicherung oder von Sterbekassengeldern) keine Annahme liegen, falls der Erbe glaubt, diese Gegenstände gehörten nicht zum Nachlaß. Dem kann für solche Fälle, in denen der Irrtum des Erben für Dritte nicht erkennbar ist, nicht zugestimmt werden; hier liegt eine, allerdings nach §§ 119 Abs 1, 1954 ff anfechtbare, *pro herede gestio* vor (ebenso SOERGEL/STEIN Rn 5 Fn 21).

10 **Regelmäßig Annahme** bedeuten: Erlaß einer Erbschaftsschuld oder Antrag auf Erteilung eines Erbscheines nach §§ 2353 ff (KGJ 38 A 51; KG OLGE 14, 309; 38, 263; OLG Colmar KGJ 53, 250; s aber auch RG ZBlFG 1910, 763 Nr 677 zum Antrag eines gleichzeitig gesetzlich berufenen Testamentserben); Erhebung des Erbschaftsanspruchs aus § 2018; Prozeßaufnahme nach § 239 ZPO und Einlassung auf einen Prozeß im Falle des § 1958 (PALANDT/EDENHOFER Rn 3); Annahme oder Ausschlagung einer dem Erblasser angefallenen Erbschaft (vgl § 1952 Rn 2); Verkauf der Erbschaft (§ 2371, BayObLG Recht 1906 Nr 2515; OLG Kiel SchlHAnz 1914, 37); Verfügung des Miterben über seinen Anteil am ungeteilten Nachlaß (§ 2033); Verfügung über den Erbteil durch Verpfändung (RGZ 80, 385); ein – wenn auch formungültiger – Erbverzicht zugunsten eines Miterben (OLG Kiel OLGE 40, 104); Antrag auf Erlaß eines Gläubigeraufgebots (ERMAN/SCHLÜTER Rn 3; SOERGEL/STEIN Rn 5; **aA** Mot V 644); Verwendung von Nachlaßgegenständen für eigene Zwecke (RG DJZ 1912, 1185; ERMAN/SCHLÜTER aaO); Antrag auf Berichtigung des Grundbuchs durch eigene Eintragung (LANGE/KUCHINKE § 8 II 3); Verhandlungen mit einer Versicherungsgesellschaft, die ihre Zahlungspflicht nur dem Erben gegenüber anerkennt (KG OLGE 16, 40); Aneignung und Veräußerung wertvoller Schmucksachen und Kleidungsstücke (RG Recht 1909 Nr 2808); Veräußerung eines Gesellschaftsanteils des Erblassers (BayObLG FamRZ 1988, 214); Anbieten eines Nachlaßgrundstücks zum Kauf (OLG Oldenburg NJW-RR 1995, 141; nach JOHANNSEN (WM 1972, 918) auch Einreichung eines Nachlaßverzeichnisses. Annahme liegt auch vor, wenn in einem durch den Tod des Erblassers unterbrochenen Rechtsstreit der Gegner die Erben zum Nachweis ihres Erbrechts und zu Vergleichsverhandlungen auffordert, ein Erbe daraufhin selbst Vergleichsvorschläge macht, aber sich seinen endgültigen Entschluß über die Annahme der Erbschaft hierbei nicht ausdrücklich vorbehält (OLG Stettin LZ 1929, 278; SOERGEL/STEIN Rn 5).

5. Vertretung bei der Annahme

11 Die Annahme ist *nicht höchstpersönlich* (LG Berlin DFG 1942, 136; AK-BGB/DERLEDER Rn 3), die §§ 164 ff finden also Anwendung. Die Bevollmächtigung zur Annahme bedarf keiner Form. Ein *beschränkt Geschäftsfähiger* kann, da die Annahme ihm nicht lediglich rechtliche Vorteile bringt, nur mit Einwilligung seines gesetzlichen Vertreters annehmen, § 107. Als einseitiges Rechtsgeschäft ist die Annahme nicht genehmigungsfähig, § 111 (PALANDT/EDENHOFER Rn 4). Verfügt der Minderjährige in einer Weise über Nachlaßgegenstände, die an sich die Voraussetzung der *pro herede gestio* erfüllen würde, und genehmigt sein gesetzlicher Vertreter diese Verfügung, so wird sich die Genehmigung idR als *pro herede gestio* durch den gesetzlichen Vertreter darstellen, wegen § 111 aber nicht zugleich als wirksame Genehmigung der *pro herede gestio* des Minderjährigen und daher keine Rückwirkung haben (**aA** STAUDINGER/LEHMANN[11] Rn 7; PLANCK/FLAD Anm 4; wie hier BGB-RGRK/JOHANNSEN Rn 10; MünchKomm/LEIPOLD Rn 7). Um die Erbschaft für Geschäftsunfähige oder beschränkt Geschäftsfähige anzunehmen, bedarf der gesetzliche Vertreter nicht der Genehmigung des Vormundschaftsgerichts (ERMAN/SCHLÜTER Rn 4; BayObLG FamRZ 1997, 126); anders bei der Ausschlagung (§§ 1643 Abs 2, 1822 Nr 2).

12 Nach der Rspr des KG (RJA 14, 115; OLGE 32, 13) hat für den Minderjährigen der

1. Titel. **§ 1943**
Annahme und Ausschlagung der Erbschaft. Fürsorge des Nachlaßgerichts **12 a**

allgemeine gesetzliche Vertreter anzunehmen oder auszuschlagen, auch wenn zur Verwaltung des zugewandten Vermögens ein *Ergänzungspfleger* nach § 1909 Abs 1 S 2 bestellt ist. Ein Ergänzungspfleger nach § 1909 Abs 1 S 1 kommt nicht in Betracht, weil die Annahme einer Erbschaft für den Vertretenen kein Geschäft zwischen ihm und dem Verteter oder einer der in § 1795 Abs 1 Nr 1 genannten Personen sein kann. Ein *Abwesenheitspfleger* (§ 1911) kann für den Abwesenden die Erbschaft annehmen (KG OLGE 21, 349 f), auch im Falle einer bloßen Auseinandersetzungspflegschaft nach § 88 FGG (OLG Colmar RJA 16, 63 = OLGE 39, 11). Dasselbe gilt für den *Betreuer* im Rahmen seines Aufgabenkreises, §§ 1892, 1902 (ERMAN/SCHLÜTER Rn 4). Ob der *Pfleger einer Leibesfrucht* (§ 1912) die Annahme erklären kann, hängt, da sein Amt mit der Geburt des Kindes endet, davon ab, ob die Annahme schon zuvor erklärt werden kann (hierzu § 1946 Rn 5). *Testamentsvollstrecker* und *Nachlaßpfleger* sind nicht zur Annahme berechtigt (KG OLGE 21, 349), denn sie sind nur zur Vertretung des Nachlasses und nicht des vorläufigen Erben befugt (RGZ 106, 47). Gleiches gilt für den *Insolvenzverwalter* (vgl § 83 Abs 1 S 1 InsO). Auch *Pfandgläubiger* und *Sozialhilfeträger* können nicht für den Erben annehmen (s o § 1942 Rn 15 f). Ein *Ehegatte* kann ohne Mitwirkung des anderen Ehegatten eine ihm angefallene Erbschaft annehmen oder ausschlagen (vgl §§ 1432, 1455 Nr 1; hierzu OLG Stuttgart ZEV 1998, 24; zum gesetzlichen Güterstand STAUDINGER/THIELE [1994] § 1365 Rn 42); die Ehefrau bedurfte auch früher schon nicht der Zustimmung ihres Mannes (§ 1406 Nr 1 aF).

6. Gesetzliche Annahmeverbote?

Zu § 14 HeimG wird, abweichend von der hM, die in der Vorschrift ein Zuwendungen verbietendes Gesetz iSv § 134 sieht (Näheres zu Auslegung und Anwendungsbereich s STAUDINGER/OTTE [1996] Vorbem 144 f zu §§ 2064 ff), vertreten, es handele sich um ein Verbot der Annahme der Erbschaft (RUF/HÜTTEN BayVBl 1978, 41; STACH NJW 1988, 947; MÜCKENHEIM, Rechtsgeschäfte alter Menschen in besonderen Zwangslagen [1997]103 ff). Ebenso werden Verbote der Vorteilsannahme im Bereich des öffentlichen Dienstes (§ 43 BRRG, § 70 BBG, § 10 BAT) verstanden (STACH NJW 1988, 943 ff; MÜCKENHEIM aaO). Diese Auffassungen sind abzulehnen (wie hier SOERGEL/STEIN Rn 7). Gegen sie spricht nicht nur, daß sie bei der Annahme durch Verstreichenlassen der Ausschlagungsfrist nicht greifen würden – es sei denn, man sähe in der Fristversäumung eine stillschweigende Willenserklärung (so im Anschluß an MANIGK [s u Rn 13] MÜCKENHEIM 109) –, sondern vor allem, daß die Nichtigkeit der Annahme nicht den Anfall der Erbschaft rückgängig machen, sondern nur den Schwebezustand einer vorläufigen Erbschaft perpetuieren würde (dafür, daß ein Annahmeverbot die Wirkung der Ausschlagung hätte [so MÜCKENHEIM 106], fehlt jede Rechtsgrundlage). Welche erbrechtlichen Wirkungen das vom BVerwG (BVerwGE 100, 172 = NJW 1996, 2319 m zust Anm BATTIS JZ 1996, 856 u EBENROTH/KOOS ZEV 1996, 344) auf Grund von § 78 Abs 2 ZDG, § 19 SoldatenG bejahte Verbot einer Erbschaftsannahme durch einen Zivildienstleistenden haben soll, ist daher nicht ersichtlich (ebenso MEINCKE ZEV 1996, 384; LEIPOLD JZ 1998, 665). Nicht praktikabel und daher abzulehnen ist auch der Vorschlag, gegen die genannten Verbote verstoßende Erbeinsetzungen bis zur Erteilung oder Verweigerung der Genehmigung als schwebend unwirksam zu behandeln (KOOS ZEV 1997, 437, 439, der dies als „entsprechende Anwendung" von § 134 versteht, i ür aber sowohl die Nichtigkeit solcher Erbeinsetzungen [aus zutr verfassungsrechtlichen Erwägungen] als auch die Unwirksamkeit der Erbschaftsannahme [in Übereinstimmung mit der hier vertr Ansicht] verwirft); denn falls Genehmigung überhaupt nicht beantragt oder die Entscheidung über sie sich verzögern würde, wäre der vom Gesetz mit dem Prinzip des Vonselbsterwerbs bezweckte Erfolg, alsbald Rechtssicherheit bezüglich der Erbfolge eintreten zu lassen (§ 1942 Rn 3), vereitelt.

Zur Frage, ob die genannten Vorschriften eine gesetzliche *Verpflichtung zur Ausschlagung* begründen, vgl § 1945 Rn 29; eine *relative Erbunfähigkeit* (hierzu vgl § 1923 Rn 12 f) bewirken sie nicht, da sie weder die gesetzliche Erbfolge berühren noch die Erbeinsetzung durch eine nicht die Voraussetzungen der Verbotsnorm erfüllende Verfügung ausschließen.

III. Annahme durch Fristablauf

13 Wenn die für die Ausschlagung vorgeschriebene Frist verstrichen ist, „gilt" die Erbschaft als angenommen. Streitig ist, ob Basis dieser Fiktion lediglich die objektive Tatsache des Fristablaufs ist (so zu Recht POHL AcP 177, 52, 59; MünchKomm/LEIPOLD Rn 6; vgl ferner Prot V 632, wo allerdings der Ablauf der Ausschlagungsfrist fälschlich als *pro herede gestio* bezeichnet wird) oder ob es sich um eine gesetzliche Auslegungsregel für rechtsgeschäftliches Verhalten handelt (so MANIGK 250, 391). Da jedoch die Ausschlagungsfrist des § 1944 für einen geschäftsunfähigen oder beschränkt geschäftsfähigen Erben nicht läuft, bevor der gesetzliche Vertreter oder Vormund die in § 1944 Abs 3 S 1 vorausgesetzte Kenntnis erlangt hat (vgl dort Rn 14), und die Fristversäumung nach § 1956 in gleicher Weise wie die wirklich erklärte Annahme angefochten werden kann, hat die Streitfrage praktische Bedeutung nur bei fehlendem Erklärungsbewußtsein, sofern man dieses als notwendiges Element einer Willenserklärung ansieht: Folgte man in solchen Fällen MANIGKS Ansicht, so brauchte ein Erbe, der die Ausschlagungsfrist verstreichen ließ, jedoch nicht Erbe bleiben will, die Fristversäumnis nicht anzufechten und wäre einer Haftung aus § 122 nicht ausgesetzt. Diese Bevorzugung läßt sich nicht rechtfertigen.

14 **IV.** Als Annahme gilt schließlich auch die **Anfechtung der Ausschlagung**, § 1957.

V. Beweislast

15 Da die Erbschaft von selbst erworben wird, braucht der berufene Erbe die Annahme nicht besonders nachzuweisen, wenn er einen zur Erbschaft gehörigen Anspruch geltend macht (BAUMGÄRTEL/SCHMITZ Rn 1). Anders nur, wo das Gesetz die Annahme zur Voraussetzung eines Rechtes macht. So kann der Erbe nach § 991 Abs 3 ZPO den Antrag auf Erlaß des Aufgebots der Nachlaßgläubiger erst nach Annahme der Erbschaft stellen. Nach § 2357 Abs 3 S 1 muß der Miterbe, wenn er einen gemeinschaftlichen Erbschein verlangt, zwar nicht seine eigene Annahme nachweisen (sie liegt schon in der Antragstellung), wohl aber die der Miterben (OLG München DNotZ 1937, 64 f; FIRSCHING DNotZ 1960, 569; BAUMGÄRTEL/SCHMITZ § 2357 Rn 2). Der Nachlaßgläubiger, der einen gegen den Nachlaß gerichteten Anspruch gegen den Erben verfolgen (§ 1958) oder einen Rechtsstreit gegen ihn fortsetzen (§ 239 ZPO) oder die Zwangsvollstreckung gegen ihn betreiben will (§ 778 ZPO), muß die Annahme nachweisen. Will er sich hierfür auf den Ablauf der Ausschlagungsfrist stützen, muß er den Ablauf der Frist nach § 1944 Abs 2, praktisch also den Zeitpunkt der Kenntnis des Erben vom Anfall und seiner Berufung, beweisen. Sache des Erben ist es dann, die Ausschlagung vor Fristablauf darzutun (PLANCK/FLAD Anm 7; BGB-RGRK/JOHANNSEN Rn 15).

1. Titel. § 1944
Annahme und Ausschlagung der Erbschaft. Fürsorge des Nachlaßgerichts

§ 1944

[1] Die Ausschlagung kann nur binnen sechs Wochen erfolgen.

[2] Die Frist beginnt mit dem Zeitpunkt, in welchem der Erbe von dem Anfall und dem Grunde der Berufung Kenntnis erlangt. Ist der Erbe durch Verfügung von Todes wegen berufen, so beginnt die Frist nicht vor der Verkündung der Verfügung. Auf den Lauf der Frist finden die für die Verjährung geltenden Vorschriften der §§ 203, 206 entsprechende Anwendung.

[3] Die Frist beträgt sechs Monate, wenn der Erblasser seinen letzten Wohnsitz nur im Auslande gehabt hat oder wenn sich der Erbe bei dem Beginne der Frist im Ausland aufhält.

Materialien: E I § 2030; II § 1821; III § 1920; Mot V 497 ff; Prot V 620 ff; Denkschr 721; STAUDINGER/BGB-Synopse 1896–2000 § 1944.

Systematische Übersicht

I.	Allgemeines	1
II.	Bedeutung der Frist	2
III.	Dauer der Frist	3
IV.	Fristbeginn	6
1.	Kenntnis vom Erbanfall	7
2.	Kenntnis vom Berufungsgrund	8
3.	Sicherheit der Kenntnis	10
4.	Kenntnis des gesetzlichen Vertreters	14
5.	Kenntnis des gewillkürten Vertreters	15
6.	Genehmigung des Erwerbs juristischer Personen	16
7.	Nasciturus	17
8.	Nacherbschaft	18
9.	Abs 2 S 2, Verkündung der Verfügung	19
10.	Verkündung bei gemeinschaftlichem Testament und Erbvertrag	20
11.	Unmöglichkeit der Verkündung	21
12.	§ 2306 Abs 1 S 2, pflichtteilsberechtigter Erbe	22
V.	Berechnung und Ablauf der Frist	23
1.	§ 203	24
2.	Verzögerung der vormundschaftsgerichtlichen Genehmigung	25
3.	§ 206	27
VI.	Besondere Fälle	
1.	Mehrere Berufungsgründe	28
2.	Mehrere Erben	29
VII.	Beweislast	30
VIII.	DDR-Fälle	31

Alphabetische Übersicht

Aufenthalt des Erben	5	– bei Miterben	29
Ausland	3	– bei staatlicher Genehmigung	16
Ausschlußfrist	2	– bei Verfügung von Todes wegen	19 ff
		– für Nacherben	18
Beginn der Frist	6	– für nasciturus	17
– bei mehreren Berufungsgründen	28	– für Pflichtteilsberechtigten	22

§ 1944
1, 2

5. Buch
2. Abschnitt. Rechtliche Stellung des Erben

Berufungsgrund	8 f	Irrtum	9, 11, 13, 19
Beweislast	30		
		Kenntnis	7 ff, 19, 21
Dauer der Frist	3, 23 ff		
DDR	3, 31 f	Verkündung	19 f
		– Unterbleiben der	21
Fristsetzung durch Erblasser	2	Vertreter, Aufenthalt	5
		– Kenntnis des gesetzlichen	14, 27
Hemmung des Fristablaufs	23 ff	– Kenntnis des gewillkürten	15
– bei fehlender gesetzlicher Vertretung	27		
– bei fehlender vormundschaftsgerichtlicher Genehmigung	25 f	Wohnsitz des Erblassers	4
– bei Miterben	29	Zweifel	12 f
Höhere Gewalt	24 ff		

I. Allgemeines

1 Das *Ausschlagungsrecht* ist im BGB wie in allen Rechtsordnungen, die den Vonselbsterwerb (§ 1942) kennen, befristet. (In Rechtsordnungen, die vom Antrittserwerb [s o § 1942 Rn 2] ausgehen, hat die Ausschlagung eine andere Bedeutung, nämlich die eines Verzichts auf das Antrittsrecht oder auch nur die einer Weigerung, die Nachlaßverbindlichkeiten zu erfüllen, so daß Ausschlagungsfristen entbehrlich sind, vgl EBENROTH Rn 383 ff.) Die Ausschlagung muß bis zum Ablauf einer bestimmten Frist, die zur Unterrichtung und Überlegung dienen soll, erfolgen. Die Regelung entspricht im wesentlichen der des PrALR (I 9 §§ 384 ff). Eine vom Gericht zu setzende Deliberationsfrist, wie sie das gemeine Recht als Antrittsfrist vorsah, ist dem BGB unbekannt.

II. Bedeutung der Frist

2 Die Frist ist, wie sich aus den Worten „kann nur" ergibt, eine gesetzliche *Ausschlußfrist*, mit deren Ablauf ohne weiteres und für alle Beteiligten die Rechtsfolge eintritt, daß die Erbschaft als angenommen gilt. Das Wort „binnen" bedeutet nicht, daß die Ausschlagung nicht schon vor Fristbeginn erklärt werden kann – sie ist vom Erbfall an möglich (§ 1946) –, sondern nur, daß sie nach Ablauf der Frist ausgeschlossen ist. Eine Verlängerung oder Verkürzung der Frist kann weder durch den Erblasser noch durch das Nachlaßgericht erfolgen; sie wäre unwirksam (Mot V 501). Wohl aber kann der Erblasser den *Erben unter der Bedingung der Annahme innerhalb einer (längeren oder kürzeren) Frist einsetzen*. Dann läuft für den Erben allerdings überhaupt keine Ausschlagungsfrist, da die Erbschaft erst mit dem Eintritt der aufschiebenden Bedingung, also mit der Annahme, anfällt und diese die Ausschlagung ausschließt (wie hier ERMAN/SCHLÜTER Rn 2; AK-BGB/DERLEDER Rn 2; SOERGEL/STEIN Rn 19 will bei verkürzter Annahmefrist von einer auflösend bedingten Erbenstellung ausgehen; LANGE/KUCHINKE § 8 III 2 Fn 56 hält, ohne auf die Möglichkeit bedingter Erbeinsetzungen einzugehen, Fristveränderungen durch den Erblasser für unzulässig; zur Rechtslage, falls die Erbenstellung durch die Annahme bedingt ist, vgl auch § 1942 Rn 5).

1. Titel. § 1944
Annahme und Ausschlagung der Erbschaft. Fürsorge des Nachlaßgerichts 3–7

III. Dauer der Frist

Die Dauer der Ausschlagungsfrist beträgt regelmäßig *sechs Wochen*, Abs 1, falls aber **3**
der Erblasser seinen letzten Wohnsitz nur im *Ausland* gehabt hat oder der Erbe sich
bei Fristbeginn im Ausland aufhält, *sechs Monate*, Abs 3. Auch die DDR war, unabhängig von der staatsrechtlichen Lage, im Sinne dieser Vorschrift Ausland (AG Blekkede MDR 1968, 588; SOERGEL/STEIN Rn 5; ERMAN/SCHLÜTER Rn 2; MünchKomm/LEIPOLD Rn 22; aM BGB-RGRK/JOHANNSEN Rn 25 und STAUDINGER/LEHMANN[11] Rn 4). Die Ansicht, dies verstoße gegen das Verbot, die DDR als Ausland zu behandeln (MÄRKER ZEV 1999, 248 f), verkennt, daß dieses vom BVerfG aus dem Wiedervereinigungsgebot des GG abgeleitete Verbot nicht den Zweck haben konnte, die Rechtsausübung im geteilten Deutschland durch Verkennung der tatsächlichen Lage zu erschweren. Abs 3 will den Kommunikationsproblemen und den sich aus der Verschiedenheit der Rechtsordnungen ergebenden Entscheidungsschwierigkeiten Rechnung tragen, die auftreten können, wenn Erblasser oder Erbe durch Grenzen vom Sitz des Rechtsverhältnisses getrennt sind. Diese Situation bestand aber auch hinsichtlich der DDR, und zwar schon vor der Ablösung des BGB-Erbrechts durch das ZGB (ebenso OLG Hamm ZEV 1994, 246 m zust Anm KUMMER ZEV 1994, 248; **aA** OLG Frankfurt aM ZEV 1994, 247).

Die Vorschrift des Abs 3 gilt nur für den Erblasser *mit Wohnsitz im Ausland* (er wird **4**
unabhängig vom Wohnsitz nach Art 25 Abs 1 EGBGB aufgrund seiner Staatsangehörigkeit oder nach Art 25 Abs 2 infolge Rechtswahl nach deutschem Recht beerbt).
Sie ist unanwendbar, wenn der Erblasser auch im Inland einen Wohnsitz hatte (Doppelwohnsitz, § 7 Abs 2) oder sich im Ausland lediglich aufhielt. Gleichgültig ist der Sterbeort (SOERGEL/STEIN Rn 4; MünchKomm/LEIPOLD Rn 23; BayObLGZ 18 A 301).

Beim *Erben* kommt es dagegen nicht auf den Wohnsitz, sondern auf den *Aufenthalt* **5**
im Ausland an, u zw nicht zur Zeit des Erbfalls, sondern bei *Fristbeginn* (s u Rn 6 ff). Ist der Erbe geschäftsunfähig oder beschränkt geschäftsfähig, ist die Kenntnis seines *gesetzlichen Vertreters* maßgebend; folglich muß auch dessen Aufenthalt für die Dauer der Frist entscheidend sein (vgl Mot V 500 f; BayObLG Rpfleger 1984, 403; OLG Hamburg MDR 1984, 54; BGB-RGRK/JOHANNSEN Rn 26). Bei *gewillkürter Stellvertretung* kommt es hingegen auf den Aufenthalt des Erben an; dies ist str für den Fall, daß sich der Erbe im Ausland und sein für die Erklärung der Annahme oder Ausschlagung bestellter Vertreter, der die nach Abs 2 erforderliche Kenntnis erlangt hat, im Inland aufhält (wie hier MünchKomm/LEIPOLD Rn 24; SOERGEL/STEIN Rn 4; vgl auch Rn 15).

IV. Fristbeginn

Die Frist beginnt mit dem Zeitpunkt, in dem der Erbe Kenntnis vom Anfall und vom **6**
Berufungsgrund erlangt; wenn die Berufung durch letztwillige Verfügung erfolgte, beginnt sie jedoch keinesfalls vor der Verkündung der Verfügung, Abs 2 S 2.

1. Die Kenntnis muß den **Erbanfall** umfassen; der Erbe muß also wissen, daß sich **7**
der in § 1942 als Anfall bezeichnete (vorläufige) Erwerb der Erbschaft vollzogen hat (Mot V 499). Dieses Wissen ist bei Kenntnis der den Anfall begründenden Tatsachen grundsätzlich vorhanden. Die erforderlichen Tatsachen sind: Eintritt des Erbfalles und bei *gesetzlicher Erbfolge* das sie begründende verwandtschaftliche oder eheliche Verhältnis, ferner das Nichtvorhandensein (oder der Wegfall, zB durch Ausschla-

gung) eines vorhergehenden Erben sowie einer die gesetzliche Erbfolge ausschließenden letztwilligen Verfügung (KG Recht 1929 Nr 778), bei *gewillkürter Erbfolge* die Erbeinsetzung, bei Berufung zur *Nacherbfolge* auch Kenntnis vom Eintritt des Nacherbfalls. Die Kenntnis vom Eintritt der gewillkürten Erbfolge kann schon vor der Verkündung der die Erbeinsetzung enthaltenden Verfügung erlangt sein, setzt dann die Frist aber noch nicht in Lauf, Abs 2 S 2. Bei *Berufung infolge Ausschlagung* eines anderen Erben beginnt die Frist schon mit der Kenntnis hiervon und nicht erst mit der Mitteilung des Nachlaßgerichts nach § 1953 Abs 3 S 1 (KG OLGE 11, 225, 227), es sei denn, daß es sich um gewillkürte Erbfolge handelt und die Verkündung (Abs 2 S 2) noch nicht erfolgt ist.

8 2. Die Kenntnis muß auch den **Berufungsgrund** umfassen. Dies ist der konkrete Tatbestand, aus dem sich die rechtliche Folge der Berufung zur Erbschaft ergibt (so auch MünchKomm/Leipold Rn 3; AK-BGB/Derleder Rn 4; BGB-RGRK/Johannsen § 1949 Rn 1 unter Hinweis auf die Parallele zum Klagegrund im Zivilprozeß). Der Begriff des Berufungsgrundes ist in § 1944 Abs 2 und § 1949 in gleicher Weise zu verstehen (aM Staudinger/Lehmann[11] § 1949 Rn 6; Soergel/Stein Rn 10; Erman/Schlüter § 1949 Rn 1; vgl auch § 1949 Rn 1 f, 6) und nicht wie in § 1948 Abs 2, wo alle Testamente bzw Erbverträge des Erblassers zu dem je einen Berufungsgrund „Testament" bzw „Erbvertrag" zusammengefaßt sind (dazu § 1948 Rn 15); ähnlich § 1951 Abs 2 S 2, mit der Besonderheit, daß dort mehrere Erbverträge nur dann einen einzigen Berufungsgrund bilden, wenn sie zwischen denselben Personen geschlossen worden sind (dazu § 1951 Rn 8 f).

9 Der Erbe muß wissen, ob er auf Grund *Gesetzes* oder durch *Verfügung von Todes wegen* berufen ist. Beim gesetzlichen Erben ist dazu wiederum Kenntnis der das Erbrecht begründenden Familienverhältnisse und des Nichtvorhandenseins einer die gesetzliche Erbfolge ausschließenden Verfügung erforderlich (KG Recht 1929 Nr 778; BayObLGZ 18 A 301, 303), bei dem durch Verfügung von Todes wegen berufenen Erben die Kenntnis, daß er durch eine solche berufen ist. Die irrtümliche Annahme des Erben, er sei auf Grund eines Testamentes berufen, während er in Wahrheit gesetzlicher Erbe ist, oder umgekehrt, schließt, solange sie besteht, den Fristbeginn aus (BGH LM Nr 4 zu § 2306; RG WarnR 1914 Nr 26 = DJZ 1913, 1322; RG HRR 1931 Nr 1140; KGJ 34 A 79; 41, 55, 57). Die genaue Kenntnis der Verfügung (ob Testament oder Erbvertrag), dh ihres ganzen Inhalts, ihrer Tragweite und der Größe des zugewandten Erbteils, ist hingegen unnötig (RG HRR 1931 Nr 1140; BayObLG Recht 1920 Nr 2451). Die Autoren, die den Begriff des Berufungsgrundes in Abs 2 weiter fassen (Staudinger/Lehmann[11] Rn 10; Soergel/Stein Rn 10; Erman/Schlüter Rn 5), vertreten die Ansicht, der Fristablauf sei nicht ausgeschlossen, wenn der Erbe seine Kenntnis aus einer Verfügung ableitet, die sich aus irgendeinem Grunde als unwirksam herausstellt, während der Anfall in Wahrheit auf einer anderen, ihm unbekannten Verfügung beruht. Dem ist jedoch entgegenzuhalten, daß eine nichtige letztwillige Verfügung gerade kein Berufungsgrund ist und man den Erben, der die Nichtigkeit nicht kennt, nicht schlechter stellen sollte als denjenigen, der die zutreffenden rechtlichen Schlüsse zieht (iE ebenso Lange/Kuchinke § 8 III 1 b Fn 40; MünchKomm/Leipold Rn 4; ferner für den Fall, daß die wirksame Verfügung einen anderen Inhalt als die nichtige hat, BGB-RGRK/Johannsen Rn 4).

10 3. Die **Kenntnis** muß hinlänglich sicher sein (OLG Hamm JW 1917, 669 Nr 5; OLG Rostock OLGE 35, 16; BayObLG BayZ 1920, 32; BGH LM Nr 4 zu § 2306). Kennenmüssen, selbst grobfahrlässige Unkenntnis, steht der Kenntnis nicht gleich (BayObLG aaO; ferner BayObLGZ 1968, 68, 74; 1969, 14, 18; OLG München DFG 1936, 215; DNotZ 1937, 64; OLG Hamm OLGZ 1969, 288, 290).

Ob und wann die Kenntnis als hinlänglich sicher anzusehen ist, beurteilt sich nach den Umständen des Einzelfalls. Auch ein Tatsachen- oder Rechtsirrtum des Erben kann die Kenntnis ausschließen (Mot V 497; KGJ 34 A 79; 40, 47, 51; 41, 55, 57; 46, 128, 131; BGH LM Nr 4 zu § 2306), zB die irrige Annahme der Ungültigkeit der ihn berufenden Verfügung oder der Existenz oder Gültigkeit einer Verfügung, die ihn von der Erbfolge ausschließt (RG WarnR 1914 Nr 26; KG KGBl 1928, 86). Das gilt auch, wenn es zu dieser Annahme erst während des Laufs der Ausschlagungsfrist gekommen ist, der Erbe also zunächst zutreffend davon ausgegangen war, zur Erbfolge berufen zu sein; die bereits angelaufene Ausschlagungsfrist hat dann keine rechtliche Wirkung mehr (OLG Hamm OLGZ 1969, 288). Nicht zu folgen ist allerdings der Ansicht des BGH (Urt v 12. 11. 1964 – V ZR 1923/63 –, zitiert bei BGB-RGRK/JOHANNSEN Rn 4), wonach auch die Annahme der Existenz einer früheren, vom Erben aber für überholt gehaltenen Verfügung die Kenntnis ausschließen könne. Beim Vorhandensein einer in ihrer Gültigkeit umstrittenen (den Erben berufenden oder ihn von der Erbfolge ausschließenden) Verfügung von Todes wegen kann hinlängliche Kenntnis vom Berufungsgrund uU erst mit der rechtskräftigen Entscheidung des Prozeßgerichts angenommen werden (KG OLGE 16, 251). Auch die Annahme, es sei kein Aktivnachlaß vorhanden, kann bei einem Laien die Kenntnis vom Anfall der Erbschaft ausschließen (BayObLGZ 33, 334, 337; aM MünchKomm/LEIPOLD Rn 11). Anfall und Berufungsgrund sind auch dem nicht bekannt, der infolge fortgeschrittenen körperlichen oder geistigen Verfalls vom Anfall der Erbschaft und von dem Berufungsgrund nicht Kenntnis nehmen kann (BayObLG NJW 1953, 1431; SOERGEL/STEIN Rn 5).

Die Anforderungen an die Sicherheit der Kenntnis dürfen aber nicht überspannt werden (LANGE/KUCHINKE § 8 III 1 b; ERMAN/SCHLÜTER Rn 4). Die entfernte Möglichkeit, daß der Erblasser von Todes wegen verfügt hat, reicht nicht aus, um den Beginn der Ausschlagungsfrist für den gesetzlichen Erben zu hindern (BayObLG aaO; OLGE 36, 227; LZ 1918, 710 Nr 3). „Kenntnis" verlangt nicht, daß der Betroffene derart überzeugt wäre, daß er von Zweifeln nicht berührt werden könnte; es genügt, daß er wenigstens eine feste Vorstellung gewonnen hat, mit der er rechnen und aufgrund deren er sich entschließen kann (BGH LM Nr 4 zu § 2306; OLG Hamm OLGZ 1969, 288). UU kann es auch bei unvollständigem Wissen der einzelnen Tatsachen geboten sein, eine hinlänglich sichere Kenntnis des Erbfalls anzunehmen. Auf Kenntnis von der Größe des Erbteils kommt es keinesfalls an (OLG Dresden AnnSächsOLG 26, 233, 237).

Eine Mitteilung des Nachlaßgerichts über den Anfall der Erbschaft und den Grund der Berufung ist nicht erforderlich (OLG Dresden aaO), muß anderseits aber auch nicht unbedingt zur Kenntnis dieser Umstände führen (BayObLGZ 1968, 68; SOERGEL/STEIN Rn 8; BGB-RGRK/JOHANNSEN Rn 8; ERMAN/SCHLÜTER Rn 3; PALANDT/EDENHOFER Rn 2). Kenntnis liegt auch nicht zwangsläufig vor, wenn der mit der Prüfung betraute Rechtsberater dem Erben mitteilt, er könne als sicher annehmen, daß ihm die Erbschaft angefallen sei (AK-BGB/DERLEDER Rn 6). Bedenklich ist die Ansicht (OLG Köln RheinArch 110, 255), wonach Zweifel bzgl Gültigkeit und Auslegung eines Testaments (in Betracht kamen Nießbrauchsvermächtnis, Vor- oder Vollerbschaft mit Beschwerungen) den Beginn der Ausschlagungsfrist nicht hindern.

14 **4.** Ist der Erbe *geschäftsunfähig* oder *geschäftsbeschränkt*, so entscheidet die Kenntnis seines Vertreters (KG OLGE 11, 225; BayObLG Rpfleger 1984, 403; OLG Hamburg MDR 1984, 54; SOERGEL/STEIN Rn 12). Tritt der Anfall der Erbschaft an den Vertretenen erst infolge Ausschlagung des zunächst zum Erben berufenen gesetzlichen Vertreters (zB des Vaters) ein und meint dieser rechtsirrtümlich, die Erbschaft sei einem anderen als dem Vertretenen angefallen, so beginnt die Frist nicht (KGJ 34 A 82; ROHDE ZBlFG 1910, 783 f).

15 **5.** Bei *gewillkürter Vertretung* soll, wenn die Vollmacht die Regelung des Erbfalls umfaßt, der Erbe sich die erlangte Kenntnis seines Vertreters – und in Ansehung des Abs 3 ggf auch dessen Aufenthalt im Inland (BGB-RGRK/JOHANNSEN Rn 26) – entgegenhalten lassen müssen, weil die dem Vertreter anvertraute Willensentscheidung nicht von dem Wissen getrennt werden könne, das ihre Voraussetzung bilde (STAUDINGER/LEHMANN[11] Rn 5; BGB-RGRK/JOHANNSEN Rn 12; SOERGEL/STEIN Rn 13; ERMAN/SCHLÜTER Rn 3; KIPP/COING § 87 Fn 9; BayObLG NJW 1953, 1431 f). Dagegen ist zu sagen, daß eine Erbschaft auch vor der Erlangung sicherer Kenntnis von Erbfall und Berufungsgrund angenommen oder ausgeschlagen werden kann (§ 1946) und die Fiktion des § 1943 aE einen Willensentschluß des die Frist Versäumenden nicht voraussetzt, von einer Vertretung im Willen insoweit also kaum die Rede sein kann. Die hM entbehrt auch der gesetzlichen Grundlage. § 166 Abs 1 ist unanwendbar, da es hier nicht um die Folgen einer wirklich abgegebenen Willenserklärung geht (Mot V 501) und für eine analoge Anwendung dieser Vorschrift auf das – oft nur versehentliche – Unterlassen einer Willenserklärung, für das man einen Vertreter nicht nötig hat und wozu man sich deshalb vernünftigerweise keines Vertreters bedienen wird, kein Bedürfnis besteht. Die hM läßt sich nicht, wie bei der gesetzlichen Vertretung (hierzu Rn 5), auf die Motive stützen. Sie ist abzulehnen, weil die dem Schutz des Rechtsverkehrs dienende Regelung des § 1943 HS 2 nur mit der (zumindest auch diesem Schutz dienenden) gesetzlichen Vertretung korrespondiert, nicht aber mit der der Vorsorge für eigene Interessen dienenden Erteilung einer Vollmacht, die daher auch nicht mit der nachteiligen Folge des Fristbeginns ohne persönliche Kenntnis belegt werden sollte (MünchKomm/LEIPOLD Rn 14; AK-BGB/DERLEDER Rn 7; iE auch KIPP § 52 Fn 6 mit Hinweis auf den persönlichen Chrakter der Ausschlagung). Gleiches wie für den gewillkürten Vertreter muß für den Betreuer eines Geschäftsfähigen gelten.

16 **6.** Ist eine *juristische Person*, die zum Erwerb der Erbschaft *staatlicher Genehmigung* bedarf (Art 86 EGBGB; dazu § 1942 Rn 6 f), als Erbin eingesetzt, beginnt die Ausschlagungsfrist frühestens mit Erteilung der Genehmigung (RGZ 76, 384; MünchKomm/LEIPOLD Rn 2; SOERGEL/STEIN Rn 17; BGB-RGRK/JOHANNSEN Rn 14; aM KGJ 40, 25; 50, 71, weil auch in diesen Fällen der Anfall mit dem Erbfall zusammenfalle; vgl dagegen § 1942 Rn 6). Für die hier vertretene Ansicht spricht außer dem dogmatischen Gesichtspunkt auch der sachliche, daß die juristische Person vor der Erteilung der Genehmigung, die häufig an Bedingungen geknüpft ist (zB Abfindung von Verwandten), gar nicht übersehen kann, was ihr zufallen wird.

17 **7.** Beim *nasciturus* kann die Ausschlagungsfrist nicht vor der Geburt beginnen (Mot V 501 iVm 488; KG OLGE 14, 318; KGJ 34 A 79; MünchKomm/LEIPOLD Rn 2; vgl § 1942 Rn 9). Daß die Ausschlagung schon vor Fristbeginn erklärt werden kann, folgt aus § 1946 (vgl dort Rn 5).

8. Der *Nacherbe* kann schon vom Eintritt des *Erbfalls* an ausschlagen (§ 2142 **18** Abs 1) Die Ausschlagungsfrist beginnt für ihn aber erst mit Kenntnis vom Eintritt des *Nacherbfalls* und vom Berufungsgrund (RG LZ 1925, 1071 Nr 10); Kenntnis vom Berufungsgrund kann schon vor dem Nacherbfall, zB aufgrund der Testamentseröffnung nach dem Erbfall, erlangt sein (OLG Jena FamRZ 1994, 1208 f).

9. Die Frist beginnt, wenn das Erbrecht auf einer *Verfügung von Todes wegen* **19** beruht, nach Abs 2 S 2 nicht vor deren *Verkündung*, obgleich auch schon vorher ausgeschlagen werden kann. Verkündung ist hier eine ungenaue Bezeichnung für den Eröffnungsvorgang gemäß § 2260. Eine Verkündung im eigentlichen Sinne, das heißt ein Vorlesen der Verfügung, kann unterbleiben, wenn den im Verkündungstermin erschienenen Beteiligten die Verfügung auf Verlangen zur Einsichtnahme vorgelegt wird (§ 2260 Abs 2 S 2), und unterbleibt ferner, wenn keiner der Beteiligten erschienen ist (§ 2260 Abs 2 S 3). Das bedeutet aber nicht, daß in diesen Fällen die Ausschlagungsfrist nicht beginnen könnte. Man muß unter Verkündung im Sinne von § 1944 Abs 2 S 2 vielmehr den Eröffnungsvorgang insgesamt verstehen, dessen fester Bestandteil vor Einführung einer dem heutigen § 2260 Abs 2 S 3 entsprechenden Vorschrift durch das TestG das Verlesen der Verfügung war, wenn nicht ausnahmsweise wegen Vorlegung der Verfügung zur Einsichtnahme vom Verlesen abgesehen wurde. Kenntnis von der Eröffnung ist als solche für den Fristbeginn ohne Bedeutung, ebenso die Mitteilung an den bei der Verkündung nicht anwesenden Erben nach § 2262 (RG HRR 1931 Nr 1140; SOERGEL/STEIN Rn 14). Die Gegenansicht, die bei dem im Eröffnungstermin nicht erschienenen Erben auf diese Mitteilung abstellen will (BGHZ 112, 229, 234 ff; OLG Karlsruhe Rpfleger 1989, 62; LANGE/KUCHINKE § 8 III 1 b; MünchKomm/LEIPOLD Rn 16), verkennt, daß dem BGB-Gesetzgeber, als er auf die Verkündung abstellte, durchaus die Möglichkeit einer Testamentseröffnung vor Augen stand, die nicht zur Kenntnis der Beteiligten gelangen würde, und daß die gerichtliche Mitteilung an nicht erschienene Beteiligte auch noch keine Gewähr für Kenntniserlangung bietet. Schutzwürdige Belange des Erben, die für den Beginn der Ausschlagungsfrist Kenntnis von der erfolgten Eröffnung fordern würden, sind (entgegen BGHZ 112, 236) nicht ersichtlich. Denn es ist keinesfalls so, daß die Frist sogleich mit der Eröffnung beginnen *muß*. Das ist vielmehr nur der Fall, wenn der Erbe vom Anfall und Berufungsgrund schon vorher Kenntnis erlangt hat (OLG Braunschweig OLGE 14, 280, 282; OLG München DNotZ 1937, 64) oder die Verkündung in seiner Anwesenheit erfolgt bzw wegen Vorlegung der Verfügung zu seiner Einsichtnahme unterbleibt. Soweit der Erbe nicht schon vorher die Kenntnis vom Anfall der Erbschaft und vom Berufungsgrund besaß, wird allerdings die Frist in der Regel durch die Mitteilung nach § 2262 in Lauf gesetzt, sofern sie dem Erben die erforderliche Kenntnis verschafft (RG DJZ 1902, 203). Jedoch ist es auch in diesem Fall nicht ausgeschlossen, daß der Inhalt der Mitteilung den Erben nicht erreicht oder daß der Erbe infolge eines Mißverständnisses oder Rechtsirrtums das nötige Wissen von Anfall und Berufungsgrund nicht erlangt. Bei *gesetzlicher* Erbfolge ist der Fristbeginn selbstverständlich nicht bis zur Verkündung einer dem Erben Beschränkungen oder Beschwerungen auferlegenden Verfügung hinausgeschoben; deren Kenntnis ist für den Fristbeginn ohne Bedeutung.

10. Auch bei *gemeinschaftlichen Testamenten* und *Erbverträgen* beginnt die Frist **20** nicht vor der Verkündung, selbst wenn der überlebende Ehegatte das Testament miterrichtet hat oder Vertragspartner des Erbvertrage ist. Die beim Tod des erstverstorbenen Gatten erfolgte Mitverkündung der untrennbaren Verfügungen des Überlebenden (§ 2273; RGZ 150, 315) ist keine Verkündung der Verfügungen des letzteren. Die Verkündung ist ein förmlicher Akt; daher kann die frühere tatsächliche Verkündung nicht maßgebend sein, denn sie bezog sich nicht auf den späteren Erbfall (so RGZ 137, 222, 228 ff mwN).

21 11. Muß die Verkündung *wegen Zerstörung oder Verlusts* der Urkunde *unterbleiben*, so kann der Fristbeginn nicht von der Verkündung abhängig gemacht werden. Abs 2 S 2 ist dann unanwendbar. Nach verbreiteter Ansicht soll dann aber für den Fristbeginn Kenntnis des Erben von den Tatsachen nötig sein, aus denen sich ergibt, daß eine Verkündung nicht in Betracht kommt (KIPP/COING § 87 II 2 b; BGB-RGRK/ JOHANNSEN Rn 18; PALANDT/EDENHOFER Rn 3; MünchKomm/LEIPOLD Rn 17; STAUDINGER/ OTTE/MAROTZKE[12] Rn 21). Das ist aus denselben Gründen abzulehnen, aus denen eine Kenntnis des Erben von einer erfolgten Eröffnung als nicht erforderlich anzusehen ist (s o Rn 20; i Erg ebenso STAUDINGER/LEHMANN[11] Rn 18; KG JW 1919, 586 = KGJ 51, 94, 97; LAFRENZ Recht 1902, 553; PLANCK/FLAD Anm 5, die nur Kenntnis nach S 1 fordern). Nach LG Wuppertal (JMBlNRW 1948, 173) soll bei vernichteten, aber wiederherstellbaren öffentlichen Verfügungen Abs 2 S 2 anwendbar sein, die Ausschlagungsfrist also erst mit Verkündung beginnen. Zur Frage der Wiederherstellbarkeit vgl jetzt § 46 BeurkG.

22 12. Bei einem *Pflichtteilsberechtigten*, der *unter Beschränkungen oder Beschwerungen* auf einen Erbteil *eingesetzt* ist, der die Hälfte seines gesetzlichen Erbteils übersteigt, verlangt § 2306 Abs 1 S 2 als weitere Voraussetzung für den Fristbeginn Kenntnis von der Beschränkung oder Beschwerung (zur Auslegung der Vorschrift s STAUDINGER/ HAAS [1998] § 2306 Rn 59 ff).

V. Berechnung und Ablauf der Frist

23 Für die Berechnung der Frist sind §§ 187 Abs 1, 188 Abs 2, 3 und 193 maßgebend. Der Tag, an dem die Frist zu laufen beginnt, wird nicht mitgerechnet. Ist es Samstag, der 1. 1., so dauert die sechswöchige Frist bis Montag, den 14. 2., einschließlich. Auf den Ablauf der Frist finden gemäß Abs 2 S 3 §§ 203 und 206 entsprechende Anwendung. Das gilt auch für die 6-monatige Frist des Abs 3 (BINDER I 79 ff; STROHAL II § 61 II 4; PLANCK/FLAD Anm 7 b).

24 1. Der Lauf der Frist ist nach § 203 *gehemmt*, solange der Erbe durch Stillstand der Rechtspflege oder in anderer Weise durch höhere Gewalt an der Abgabe der Ausschlagungserklärung gehindert ist. Der Tod des Erben ist kein Fall höherer Gewalt (aM BINDER I 85); die Hemmung des Fristablaufs ergibt sich in diesem Fall aus § 1952 Abs 2.

25 2. Früher war str, ob es als Fall *höherer Gewalt* angesehen werden darf, wenn der gesetzliche Vertreter die Ausschlagung nicht wirksam erklären kann, weil es ihm nicht gelingt, die erforderliche *vormundschaftsgerichtliche Genehmigung* rechtzeitig zu erlangen. Nach der Rechtsprechung des RG war es zwar nicht notwendig, daß die Genehmigung schon zZ der Ausschlagung vorliegt. § 1831 S 1, der die Vornahme einseitiger Geschäfte ohne die vorliegende erforderliche Genehmigung des Vormundschaftsgerichts für unwirksam erklärt, findet keine Anwendung auf einseitige Geschäfte, die binnen einer bestimmten Frist vorzunehmen sind; bei ihnen genügt es, wenn alle zur Gültigkeit erforderlichen Willenserklärungen bis zum Ablauf der Frist abgegeben werden (so RG WarnR 1915 Nr 120 = Gruchot 60, 136; RGZ 118, 145). Wohl aber verlangte das RG (RGZ 118, 145, 147 f), daß die Genehmigung samt der zu ihrer Wirksamkeit erforderlichen Bekanntmachung an den gesetzlichen Vertreter dem Nachlaßgericht noch vor Ablauf der Ausschlagungsfrist nachgewiesen wird, weil nur so gemäß dem Zweck der Fristbestimmung die bis dahin bestehende Ungewißheit innerhalb der Frist beseitigt werde.

Die Härte, die sich daraus ergeben kann, daß der gesetzliche Vertreter für die innerhalb der Frist erklärte Ausschlagung die Genehmigung nicht rechtzeitig beibringen kann, ließe sich am besten beseitigen, wenn man die Erklärung der Ausschlagung und die Beantragung der Genehmigung innerhalb der Frist genügen und die später erteilte Genehmigung auf den Zeitpunkt der Ausschlagungserklärung zurückwirken ließe (dahin ging der Vorschlag der 4. Denkschr d ErbrA d AkDR 51). § 184 Abs 1 führt aber, selbst wenn man die Vorschrift auf behördliche Zustimmungserklärungen für anwendbar hält (so BGH WM 1956, 637; 1958, 358; MDR 1952, 152), nicht dazu, daß die Frist durch eine nach Ablauf der Ausschlagungsfrist erteilte vormundschaftsgerichtliche Genehmigung als gewahrt gelten kann (BGB-RGRK/JOHANNSEN § 1945 Rn 6; OLG Frankfurt aM OLGZ 1966, 337, 338 = DNotZ 1966, 613 f). De lege lata kann man eine befriedigende Lösung nur gewinnen, wenn man die Verzögerung der gerichtlichen Genehmigung als Fall höherer Gewalt (§ 203 Abs 2) anerkennt (dafür zutr OLG Frankfurt aM OLGZ 1966, 337 = DNotZ 1966, 613; PALANDT/EDENHOFER Rn 9; BGB-RGRK/JOHANNSEN Rn 20; SOERGEL/STEIN Rn 21; LANGE/KUCHINKE § 8 III 2; KIPP/COING § 87 IV aE; zu weniger befriedigenden Lösungsmöglichkeiten [Verweisung auf die Regreßhaftung des Staates oder entsprechende Anwendung des § 206 BGB] vgl STAUDINGER/LEHMANN[11] Rn 22 mwN). Nicht erforderlich ist, daß der gesetzliche Vertreter die Genehmigung so frühzeitig beantragt, daß mit ihrer Erteilung noch innerhalb der Ausschlagungsfrist gerechnet werden kann, denn das würde die Überlegungszeit für den Vertreter verkürzen oder ihn zur Stellung des Genehmigungsantrags vor Abschluß seiner Überlegungen zwingen (SOERGEL/STEIN Rn 21; MünchKomm/LEIPOLD Rn 20; aM PLANCK/FLAD § 1943 Anm 6 d; BGB-RGRK/JOHANNSEN Rn 20). Die durch die Verzögerung der vormundschaftsgerichtlichen Entscheidung bewirkte Hemmung des Fristablaufs fällt mit dem Zugang des Genehmigungsbeschlusses beim gesetzlichen Vertreter fort; der danach noch benötigte Zeitraum für die Übermittlung der Genehmigung an das Nachlaßgericht wird in den Hemmungszeitraum nicht einbezogen (OLG Frankfurt aM OLGZ 1966, 337).

Höhere Gewalt kann auch in falscher Sachbehandlung oder in einer falschen Rechtsauskunft des Nachlaßgerichts liegen. Als Fall des § 203 Abs 2 ist es auch anzusehen, wenn der rechtsunkundige Betreuer eines Geschäftsunfähigen wegen der Schwierigkeit des Falles beim Vormundschaftsgericht die Bestellung eines anderen Betreuers anregt; der Ablauf der Frist ist dann bis zur Entscheidung über die Anregung gehemmt (BayObLG FamRZ 1998, 642).

3. § 206 findet *nur auf den Ablauf der Frist* Anwendung, führt also nicht zur Verlängerung der Sechswochenfrist bei mangelnder Geschäftsfähigkeit, sondern nur zu einer späteren Fristbeendigung. Voraussetzung für die entsprechende Anwendung des § 206 ist, daß der Fristlauf schon begonnen hatte und nunmehr entweder der *gesetzliche Vertreter* des Geschäftsunfähigen oder Geschäftsbeschränkten *wegfällt*, ohne daß er sofort durch einen neuen Vertreter abgelöst wurde, oder der bei Fristbeginn geschäftsfähig gewesene *Erbe* die *Geschäftsfähigkeit* später *verliert.* Dann wird die Ausschlagungsfrist nicht vor dem Ablauf von sechs Wochen (oder in den Fällen des Abs 3 von sechs Monaten) nach dem Zeitpunkt beendet, in dem der Erbe geschäftsfähig wird oder der Mangel der Vertretung aufhört. Es beginnt also mit diesem Zeitpunkt eine neue Frist, ohne daß aber eine erneute Kenntnis nötig wäre. Der geschäftsfähig gewordene Erbe bzw der neue gesetzliche Vertreter müssen die Rechtslage so hinnehmen, wie sie sie vorfinden. Die Frist kann also ablaufen, ohne daß sie überhaupt von dem Erbfall und dem Berufungsgrund Kenntnis haben (hM, vgl ERMAN/SCHLÜTER Rn 8; PALANDT/EDENHOFER Rn 9; LANGE/KUCHINKE § 8 IV 2; aM BINDER I, 79; AK-BGB/DERLEDER Rn 10). § 206 Abs 2 ist unanwendbar. Hinsichtlich der rechtspolitischen Bedenken gegen die Beschränkung der Anwendung des § 206 nur auf den Ablauf der Frist vgl 4. Denkschr d ErbrA d AkDR 54 f.

VI. Besondere Fälle

28 1.   Ist der Erbe aus **mehreren nacheinander wirksam werdenden Berufungsgründen** berufen (zB als Testamentserbe und dann als gesetzlicher Erbe oder als gesetzlicher Erbe mehrerer Ordnungen), so beginnt für ihn mit der Erledigung des ersten Berufungsgrundes auf Grund des erneuten Anfalls auch eine neue Frist, falls sich nicht die Erledigung des ersten Grundes durch Ausschlagung nach § 1949 Abs 2 auch auf den zweiten Berufungsgrund erstreckt.

29 2.   Bei einer **Mehrheit von Erben** läuft für jeden eine gesonderte Frist von seiner Kenntnis des Anfalls und des Berufungsgrundes an. Hemmungen der Frist für einen Miterben können einem anderen Miterben, bei dem sie nicht vorliegen, nicht zugute kommen (ERMAN/SCHLÜTER Rn 9; s auch § 1952 Abs 3).

VII. Beweislast

30 Die Beweislast für die Ausschlagung hat, wer sich auf sie beruft. Also muß der, der nach Ablauf der Ausschlagungsfrist von Nachlaßgläubigern als Erbe in Anspruch genommen wird oder den Pflichtteil nach § 2306 Abs 1 S 2 verlangt, ebenso wie der, der infolge der Ausschlagung eines Vorberufenen an dessen Stelle Erbe zu sein beansprucht, die Ausschlagung beweisen, was wegen der Form des § 1945 Abs 1 idR unschwierig ist. Str ist, ob er auch deren Rechtzeitigkeit beweisen muß (dafür ERMAN/SCHLÜTER Rn 10). Dagegen ist zu sagen, daß die Fristversäumung Ausschlußgrund für die Ausschlagung ist, so daß – wie generell bei rechtsvernichtenden Einwendungen – die Beweislast für Beginn und Ablauf der Frist bei demjenigen liegt, der sich auf die Verspätung der Ausschlagung beruft (BAUMGÄRTEL/SCHMITZ Rn 2 ff; MünchKomm/LEIPOLD Rn 26; BGB-RGRK/JOHANNSEN Rn 27 f). Dies gilt nicht nur wegen § 1958 für die Nachlaßgläubiger, sondern zB auch für den Erben, der die Verspätung seiner eigenen Ausschlagungserklärung geltend macht. Wer jedoch wegen falscher Bewertung ihm bekannter Tatsachen die Kenntniserlangung und damit den Fristbeginn (vgl o Rn 9 ff) bestreitet, aber auch wer Hemmung der Frist nach §§ 203, 206 (s o Rn 24 ff) oder Geltung der längeren Ausschlagungsfrist des Abs 3 behauptet, hat die dafür erforderlichen Tatsachen zu beweisen (BAUMGÄRTEL/SCHMITZ Rn 4; SOERGEL/STEIN Rn 22).

VIII. DDR-Fälle

Erbschaften, die in der Zeit vom 1. 1. 1976 bis zum 2. 10. 1990 in der DDR anfielen, konnten nach § 402 Abs 1 ZGB innerhalb einer Frist ausgeschlagen werden, die zwei Monate, für Erben mit Wohnsitz außerhalb der DDR aber sechs Monate betrug. Gemäß § 403 Abs 1 ZGB begann die Frist mit der Kenntnis vom Erbfall, für den Testamentserben jedoch nicht vor der Eröffnung des Testaments. **31**

War die Frist am 3. 10. 1990 noch nicht abgelaufen, so ist Art 231 § 6 Abs 3 iVm Abs 1 u 2 EGBGB zu beachten: Danach richteten sich – trotz Anwendbarkeit des DDR-Erbrechts auf den Erbfall im übrigen, vgl Art 235 § 1 Abs 1 EGBGB – Beginn und Hemmung der Frist nur in der Zeit bis zum 2. 10. 1990 einschließlich nach ZGB, ab dem 3. 10. 1990 aber nach BGB (Abs 1 S 2); an die Stelle der Zweimonatsfrist des § 402 Abs 1 ZGB trat die Sechswochenfrist des § 1944 Abs 1, die – Fristbeginn vorausgesetzt – am 14. 11. 1990 endete (Abs 2 S 1), soweit nicht das (nach Abs 2 S 2 dann maßgeblich bleibende) Fristende nach ZGB früher eintrat; im Ergebnis änderte sich demnach für die Fristen, deren Lauf bis zum 14. 9. 1990 begonnen hatte, nichts, während die zwischen dem 15. 9. und dem 3. 10. 1990 beginnenden Fristen einheitlich am 14. 11. 1990 endeten. **32**

Zur Ausschlagungserklärung s § 1945 Rn 26 f, zur Anfechtung der Ausschlagung § 1954 Rn 19 ff.

§ 1945

[1] Die Ausschlagung erfolgt durch Erklärung gegenüber dem Nachlaßgerichte; die Erklärung ist zur Niederschrift des Nachlaßgerichts oder in öffentlich beglaubigter Form abzugeben.

[2] Die Niederschrift des Nachlaßgerichts wird nach den Vorschriften des Beurkundungsgesetzes errichtet.

[3] Ein Bevollmächtigter bedarf einer öffentlich beglaubigten Vollmacht. Die Vollmacht muß der Erklärung beigefügt oder innerhalb der Ausschlagungsfrist nachgebracht werden.

Materialien: E I § 2032; II § 1822; III § 1921; Mot V 502 f; Prot V 624, 626; Denkschr 721; geändert durch § 57 Abs 3 Nr 2 BeurkG; BT-Drucks V/3282, 11, 24, 42; STAUDINGER/BGB-Synopse 1896–2000 § 1945.

Systematische Übersicht

I.	Allgemeines	1	2. Ausschlagung durch Ehegatten	4
			3. Ausschlagung für nicht (voll) Geschäftsfähige	5
II.	Inhalt und Voraussetzungen der Ausschlagungserklärung			
1.	Erklärungsinhalt	2	4. Ausschlagung für den nasciturus	6

5.	Kein Ausschluß der Vertretungsmacht wegen Interessenkollision	8	
6.	Vormundschaftsgerichtliche Genehmigung	9	
7.	Gewillkürte Vertretung	12	

4.	Vollmachtsnachweis	22	
5.	Empfangsbestätigung	23	

III. Die Form der Ausschlagung

1. Adressat der Erklärung ____ 13
2. Örtliche Zuständigkeit des Nachlaßgerichts ____ 16
3. Niederschrift und öffentliche Beglaubigung ____ 19

IV. Fälle mit Auslandsbezug ____ 24

V. DDR-Recht ____ 26

VI. Verpflichtung zur Ausschlagung ____ 28

VII. Vermächtnis ____ 30

Alphabetische Übersicht

Ausland ____ 24 f
BeurkG ____ 1, 20
DDR ____ 26 f
Ehegatten ____ 4
Eltern ____ 5 f, 8 ff, 21
Empfangsbestätigung ____ 23
Erklärungsempfänger ____ 13 ff, 30
Genehmigungsbedürftigkeit ____ 9 ff
Geschäftsunfähige ____ 5
Gesetzesänderung ____ 1
Gesetzliche Vertretung ____ 5 ff, 21
– kein Ausschluß wegen Interessenkollision ____ 8
Gewillkürte Vertretung ____ 12
– Form und Nachweis der Vollmacht ____ 22
– ohne Vertretungsmacht ____ 12
HeimG ____ 29
Inhalt der Erklärung ____ 2 f

Jugendamt ____ 21
Kosten ____ 20
Kreisgericht ____ 14
Landwirtschaftsgericht ____ 15
Lebzeitige Abgabe der Erklärung ____ 19
Nachlaßspaltung ____ 25, 27
nasciturus ____ 6 f
Niederschrift ____ 19 f
Öffentliche Beglaubigung ____ 19 ff
Öffentliche Urkunde ____ 21 f
Örtliche Zuständigkeit ____ 16 f
Rechtshilfegericht ____ 18
Rechtsnatur der Ausschlagungserklärung ____ 1
Testament ____ 19
Verbot der Vorteilsannahme ____ 29
Vermächtnis ____ 30
Verpflichtung zur Ausschlagung ____ 28 f

I. Allgemeines

1 Die *Ausschlagung* ist heute (anders als die Annahme) in allen Rechtsordnungen *formgebunden* (vgl EBENROTH Rn 379 ff). Das gemeine Recht, das badische Landrecht und das SächsBGB kannten allerdings keine Form, wohl aber das PrALR I 9 §§ 398 f, CC Art 784 und CC It Art 519. Nach BGB ist die Ausschlagung eine einseitige empfangsbedürftige Willenserklärung, die entweder zur Niederschrift des Nachlaßgerichts oder diesem gegenüber in öffentlich beglaubigter Form abzugeben ist. Solange sie dem Nachlaßgericht nicht zugegangen ist, kann sie – und zwar formlos – nach § 130 Abs 1 S 2, Abs 3 widerrufen werden. Die Erwähnung der Ausschlagung durch Erklärung zur Niederschrift des Nachlaßgerichts in Abs 1 sowie die Einfügung des Abs 2 beruhen auf dem BeurkG, das die gerichtliche Zuständigkeit für öffentliche Beglaubigungen generell beseitigt hat (vgl § 129), aber im Bereich des § 1945 die sachliche Änderung möglichst gering halten wollte.

II. Inhalt und Voraussetzungen der Ausschlagungserklärung

1. Erklärungsinhalt

Die Erklärung muß zum Ausdruck bringen, daß der Erbe *nicht Erbe sein will*. Der Gebrauch bestimmter Worte ist nicht erforderlich (BayObLGZ 1967, 33, 37). Es genügt die Erklärung, die Erbschaft nicht annehmen zu wollen (OLG Dresden OLGE 35, 178). Nach verbreiteter Ansicht soll notwendige Voraussetzung hierfür die Kenntnis des Erben davon sein, daß ihm die Erbschaft tatsächlich oder wenigstens möglicherweise angefallen ist (BayObLGZ 20, 322, 326 = OLGE 41, 80; ebenso AK-BGB/Derleder Rn 1; MünchKomm/Leipold Rn 3). Es kommt jedoch nicht darauf an, ob der Erbe diese Kenntnis hat, sondern allein darauf, ob seine Erklärung so verstanden werden darf (Lehre vom Empfängerhorizont; BayObLGZ 1967, 33, 38; 1992, 64 68 f; ThürOLG OLG-NL 1994, 181; Soergel/Stein Rn 4).

Die bloße Erklärung, das Erbrecht eines anderen anerkennen zu wollen oder von der eigenen Erbeinsetzung keinen Gebrauch machen zu wollen, muß nicht ohne weiteres Ausschlagung bedeuten, selbst wenn der Erklärende davon ausgeht, daß er Erbe ist; sie kann auch den Sinn haben, einen Rechtsstreit über die Erbschaft vermeiden zu wollen (OLG München DNotZ 1937, 706, 708; BayObLGZ 1967, 38) oder die wirkliche Rechtslage verschleiern zu wollen (ThürOLG aaO). Deshalb wird es darauf ankommen, in welcher prozessualen Situation die Erklärung abgegeben wird; Äußerungen im Rahmen der Ermittlungen nach § 2358 wegen des Erbscheinantrages eines Dritten (BayObLGZ aaO) oder anläßlich der Testamentseröffnung (OLG München aaO) sind jedenfalls nur mit Vorsicht als Ausschlagung zu interpretieren.

2. Ausschlagung durch Ehegatten

Ein Ehegatte bedarf zur Ausschlagung nicht der Zustimmung des anderen. Für den Fall, daß er das Gesamtgut nicht oder nicht allein verwaltet, ist dies in § 1432, 1455 Nr 1 sogar ausdrücklich gesagt.

3. Auschlagung für nicht (voll) Geschäftsfähige

Die Ausschlagung erfordert *volle Geschäftsfähigkeit*. Ein beschränkt Geschäftsfähiger bedarf der Einwilligung des gesetzlichen Vertreters (§ 107). Das sind normalerweise beide Elternteile (Gesamtvertretung, § 1629 Abs 1 S 2). Auch wenn der Erblasser einen oder beide Elternteile des bedachten Kindes von der Verwaltung des Nachlasses ausgeschlossen hat (§ 1638), bleiben sie als gesetzliche Vertreter zur Ausschlagung der Erbschaft berechtigt (OLG Karlsruhe FamRZ 1965, 573). Die Ausschlagungserklärung des gesetzlichen Vertreters eines Minderjährigen wird wirksam, auch wenn sie dem Nachlaßgericht erst zugeht, nachdem der Vertretene volljährig geworden ist, § 130 Abs 2 analog (vgl OLG Karlsruhe aaO).

4. Ausschlagung für den nasciturus

6 Auch für den nasciturus können die Eltern oder ein Pfleger nach § 1912 Abs 1 die Ausschlagung erklären. Die Ansicht, das Vertretungsrecht der Eltern beginne erst mit der Geburt (AG Recklinghausen Rpfleger 1988, 106), verkennt § 1912 Abs 2: Die dort genannte „Fürsorge" ist elterliche Sorge und umfaßt daher die gesetzliche Vertretung des gemäß § 1923 Abs 2 bereits erbfähigen Kindes. Dieses Vertretungsrecht auf *rechts*wahrende Geschäfte zu beschränken und daher die Ausschlagung auszunehmen (so AG Schöneberg Rpfleger 1990, 362 f; AK-BGB/DERLEDER § 1946 Rn 2), ist mit § 1912 Abs 2 nicht vereinbar, denn die Fürsorge umfaßt jede *interessen*wahrende Handlung. Bei Überschuldung des Nachlasses kann ein Interesse an möglichst frühzeitiger Klarstellung bestehen, daß das Kind nicht Erbe ist (PETER Rpfleger 1988, 107; OLG Oldenburg ZEV 1994, 305). Die Annahme, das Nachlaßgericht werde die Eltern nach der Geburt auf die noch notwendige Ausschlagung hinweisen (AG Schöneberg aaO), verkennt Aufgabe und Erkenntnismöglichkeiten des Nachlaßgerichts. Zudem würde die Verneinung einer Ausschlagungsmöglichkeit für den nasciturus Eltern, die für sich selbst oder bereits geborene Kinder *und* für den nasciturus ausschlagen wollen, zur Abgabe von *zwei* Erklärungen zwingen. Ein Bedürfnis für die Zulassung der Ausschlagung schon vor der Geburt ist also (entgegen AG Schöneberg aaO und LG Berlin Rpfleger 1990, 363) zu bejahen (wie hier OLG Stuttgart Rpfleger 1993, 157; SOERGEL/STEIN § 1946 Rn 2). Der Gesichtspunkt der Wahrung der Interessen des Kindes durch „Entscheidung nach der Sachlage bei seiner Geburt" (AK-BGB/DERLEDER § 1946 Rn 2) gehört nicht hierher, sondern ist, wenn wirklich Grund für den Aufschub der Ausschlagung besteht, bei der Genehmigung nach §§ 1643 Abs 2, 1822 Nr 2 zu berücksichtigen.

7 Daß die Ausschlagung bereits vom Erbfall an und nicht erst von dem mit der Geburt des Kindes erfolgenden Anfall der Erbschaft an möglich ist, folgt aus § 1946. Es handelt sich nicht etwa um eine analoge Anwendung dieser Vorschrift (so aber AG Schöneberg aaO), denn § 1946 gilt für Erbschaften, die mit dem Erbfall anfallen oder bei denen der Anfall auf den Zeitpunkt des Erbfalls zurückbezogen wird, ohne jede Einschränkung, so daß keine Lücke besteht, die durch Analogie geschlossen werden müßte.

5. Kein Ausschluß der Vertretungsmacht wegen Interessenkollision

8 Ob die Vertretungsbefugnis ausgeschlossen ist, wenn die Erbschaft infolge der namens des Vertretenen erklärten Ausschlagung dem Vertreter selbst anfallen würde, ist str. Die Gefahr, daß der Vertreter die Ausschlagung erklärt, um selbst in den Genuß der (nicht überschuldeten) Erbschaft zu kommen, ist nicht von der Hand zu weisen. Daher wird vertreten, daß in solchen Fällen die Vertretungsmacht ausgeschlossen sei (HELDRICH, in: FS Lorenz [1991] 97; BUCHHOLZ NJW 1993, 1161: entspr Anwendung von § 181; i Erg ebenso LANGE/KUCHINKE § 8 IV 2 mit Erwägungen zu Art 1 u 2 GG). Die hM verweist demgegenüber zutreffend darauf, daß § 1643 Abs 2 eine ausreichende Berücksichtigung der Kindesinteressen gewährleistet, ggf auch in der Weise, daß das Vormundschaftsgericht, anstatt die Genehmigung zu erteilen, die Vermögenssorge nach §§ 1629 Abs 2 S 3, 1796 teilweise entzieht und einen Pfleger nach § 1909 bestellt

(BayObLGZ 1983, 213; COING NJW 1985, 6, 9; PALANDT/EDENHOFER Rn 2; ERMAN/SCHLÜTER Rn 3; MünchKomm/LEIPOLD Rn 13; SOERGEL/STEIN Rn 6).

6. Vormundschaftsgerichtliche Genehmigung

Vormund, Betreuer, Pfleger und in geringerem Umfange auch die *Eltern* bedürfen zur **9** Ausschlagung der Genehmigung des Vormundschaftsgerichts, §§ 1822 Nr 2, 1908 i Abs 1, 1915 Abs 1, 1643 Abs 2 (über die Anwendung des § 1831 vgl § 1944 Rn 25). Die Reihenfolge der zur Gültigkeit erforderlichen Erklärungen ist gleichgültig, wenn sie nur sämtlich bis zum Fristablauf vorliegen (vgl § 1944 Rn 25 f, auch zur analogen Anwendung von § 203 Abs 2 auf die unabwendbare Verzögerung der Genehmigung). Ist zweifelhaft, ob die Frist zur Ausschlagung einer Erbschaft bereits abgelaufen ist, oder wird der Antrag auf vormundschaftsgerichtliche Genehmigung zwar vor Ablauf der Ausschlagungsfrist, aber so spät gestellt, daß eine Entscheidung des Vormundschaftsgerichts innerhalb der Ausschlagungsfrist nicht mehr möglich ist, so darf das Vormundschaftsgericht die zur Wirksamkeit der Ausschlagung erforderliche Genehmigung nicht mit der Begründung verweigern, die Frist sei bereits abgelaufen. Es hat sich auf die Prüfung zu beschränken, ob die Ausschlagung im Interesse des Mündels liegt; die Entscheidung der Frage, ob die Ausschlagung wirksam ist, hat es dem Nachlaßgericht und im Streitfall dem Prozeßgericht zu überlassen (BayObLGZ 1969, 14; vgl KG OLGE 41, 76, 77; JOSEF Recht 1918, 141; ferner LAUBHARDT ZBlFG 1911, 200; KRETZSCHMAR ZBlFG 1918, 1, 12).

Tritt der *Anfall an das Kind* erst *infolge der Ausschlagung* des Elternteils ein, der das **10** Kind vertritt, so ist die Genehmigung nur erforderlich, wenn dieser neben dem Kinde berufen war, § 1643 Abs 2 S 2. Auf den Normalfall, daß die elterliche Gewalt beiden Elternteilen zusteht, ist diese Vorschrift mit der Maßgabe anwendbar, daß, außer wenn mindestens ein Elternteil neben dem Kinde berufen ist, die Ausschlagungserklärung beider Eltern auch dann nicht der vormundschaftsgerichtlichen Genehmigung bedarf, wenn der Anfall der Erbschaft an das Kind infolge der Ausschlagung *eines* Elternteiles eingetreten ist (OLG Stuttgart NJW 1962, 52; OLG Hamm NJW 1959, 2215 mwN auch für die Zeit vor dem Urteil des BVerfG vom 29. 7. 1959, das § 1629 Abs 1 in der Fassung des Gleichberechtigungsgesetzes für nichtig erklärt hat, Formel veröffentlicht in BGBl I 633, Gründe in NJW 1959, 1483 = Rpfleger 1959, 261).

Wenn das Kind nicht *neben*, sondern *nach* einem Elternteil berufen ist und dieser **11** ausgeschlagen hat, ist die Ausschlagung für das Kind genehmigungsfrei, § 1643 Abs 2 S 2. Es darf dann davon ausgegangen werden, daß die Erbschaft unvorteilhaft ist (Mot V 515); auch bei Nacherbfolge des Kindes kann dann ohne vormundschaftsgerichtliche Genehmigung ausgeschlagen werden (KG RJA 17, 37, 39). Die von den Eltern für das minderjährige Kind erklärte Ausschlagung ist aber nur dann genehmigungsfrei, wenn der vor dem Kinde erbberechtigte Elternteil als Erbe endgültig ausgeschieden ist, nicht aber dann, wenn er durch die Ausschlagung namens des Kindes die Voraussetzung für den Eintritt seiner eigenen gesetzlichen Erbschaft unter Ausschluß des Kindes schafft. Schlägt also der zum Erben eingesetzte Elternteil die testamentarische Erbschaft für sich und sein minderjähriges, als Ersatzerbe eingesetztes Kind aus, um die Erbschaft als gesetzlicher Erbe anzunehmen, bedarf die Ausschlagung für das Kind der vormundschaftsgerichtlichen Genehmigung (OLG Frankfurt aM NJW 1955, 466 Nr 10; OLGZ 1970, 81, 83 f = FamRZ 1969, 658).

7. Gewillkürte Vertretung

12 Die Ausschlagung kann auch durch einen Bevollmächtigten erfolgen. Es muß nicht, wie E I vorsah, eine Spezialvollmacht erteilt werden; die Auslegung einer Generalvollmacht kann zu dem Ergebnis führen, daß sie genügt (Prot V 62; zum Nachweis der Vollmacht s u Rn 22). Die Vertretungsmacht muß schon bei der Abgabe der Ausschlagungserklärung bestanden haben, § 180 S 1 (aM MünchKomm/LEIPOLD Rn 11, der Abs 3 S 2 für einen ausreichenden Schutz hält). Die nachträgliche Genehmigung der Ausschlagung des vollmachtlosen Vertreters durch den Vertretenen kann als erneute Ausschlagung angesehen werden (KIPP/COING § 87 Fn 16; PLANCK/FLAD Anm 2); sie muß dann, um wirksam zu sein, natürlich form- und fristgerecht erfolgen.

III. Die Form der Ausschlagung

13 1. **Adressat der Erklärung** ist bei beiden zugelassenen Formen der Ausschlagung das Nachlaßgericht. Eine Ausschlagung in anderer Weise als gegenüber dem Nachlaßgericht ist unwirksam. Sie wird aber nicht dadurch unwirksam, daß das Nachlaßgericht sie zurückweist oder zurückschickt (KGJ 35 A 58; zu einer Ausnahme s u Rn 17). Das Nachlaßgericht hat nur seine Zuständigkeit zu prüfen. Eine Entscheidung über die Wirksamkeit der Ausschlagung ist nicht vorgesehen, auch nicht als Folge einer Pflicht zur Ermittlung des Erben nach Landesrecht wie zB § 37 Abs 1 S 1 bayAGGVG (BayObLGZ 1985, 244 = Rpfleger 1985, 363); anders natürlich im Erbscheinsverfahren.

14 *Nachlaßgericht* ist das *Amtsgericht*, § 72 FGG. In Baden-Württemberg sind im Rahmen von Art 147 EGBGB durch §§ 1, 36, 38 LFGG die Aufgaben des Nachlaßgerichts dem *Notariat* übertragen. Im Beitrittsgebiet waren bis zur Einrichtung der Amtsgerichte die *Kreisgerichte* zuständig (Anl I Kap III Sachgebiet A Abschn III Nr 1 e Abs 1 EinigsV).

15 Während § 19 HöfeO/Rh-PF die Zuständigkeit des Nachlaßgerichts für die Ausschlagung unberührt läßt, hat nach der HöfeO die Ausschlagung des Hofes gegenüber dem *Landwirtschaftsgericht* zu erfolgen, in dessen Bezirk der Hof, und zwar die Hofstelle, liegt (LANGE/WULFF/LÜDTKE-HANDJERY § 11 HöfeO Rn 4; FASSBENDER/HÖTZEL/vJEINSEN/PIKALO § 11 HöfeO Rn 4). Wird die Ausschlagung des Hofes dennoch gegenüber dem Nachlaßgericht erklärt, so berührt dies ihre Wirksamkeit nicht, falls Nachlaß- und Landwirtschaftsgericht Abteilungen desselben Amtsgerichts sind (OLG Schleswig DNotZ 1962, 425 f; vgl auch BGHZ 12, 254); andernfalls kommt es darauf an, ob das Nachlaßgericht die Erklärung zurückweist (s u Rn 17). Die Ausschlagung der *gesamten* Erbschaft muß gegenüber dem Nachlaßgericht erfolgen (LANGE/WULFF/LÜDTKE-HANDJERY aaO; FASSBENDER/HÖTZEL/vJEINSEN/PIKALO aaO).

16 2. Die **örtliche Zuständigkeit** des Nachlaßgerichts bestimmt sich nach § 73 FGG. Zuständig ist danach das Gericht des letzten Wohnsitzes des Erblassers, in Ermangelung eines inländischen Wohnsitzes das Gericht des letzten Aufenthaltsortes (Abs 1). Hatte der Erblasser im Inland weder Wohnsitz noch Aufenthalt, so ist das AG Berlin-Schöneberg zuständig (Abs 2 S 1).

17 Nach früher hM sollte die gegenüber einem örtlich unzuständigen Nachlaßgericht abgegebene Ausschlagungserklärung unwirksam sein (JASTROW ZZP 34, 497, 499; KESSLER

BayZ 1907, 186; JOSEF Gruchot 54, 581; BINDER I 126; KIPP § 53 Fn 1; SCHLEGELBERGER FGG § 7 Anm 16 und Gruchot 59, 191, 229; KG OLGE 21, 299 ff; KGJ 39 A 57 = RJA 10, 243; OLG Düsseldorf RheinArch 103 I, 199). Für Unwirksamkeit spricht, daß die später berufenen Erben wissen müssen, an wen sie sich zu wenden haben, um über die Ausschlagung eines Berufenen zuverlässige Auskunft zu erhalten. Eine entsprechende Anwendung des § 7 FGG, wonach in Angelegenheiten der Freiwilligen Gerichtsbarkeit *gerichtliche Handlungen* nicht wegen örtlicher Unzuständigkeit des Gerichts unwirksam sind, erscheint fraglich, weil es bei der Erbschaftsausschlagung um die Wirksamkeit von *Erklärungen gegenüber dem Gericht* geht. Gleichwohl hat schon das RG (RGZ 71, 380, 382 f im Anschluß an DERNBURG, Bürgerliches Recht V 410 f) § 7 FGG auch auf Fälle der vorliegenden Art angewandt, falls das angegangene Gericht sich als Nachlaßgericht betätigt hatte (hiergegen JANSEN FGG[2] § 7 Rn 4). Dies ist zu billigen; denn noch unbefriedigender als die mögliche Unsicherheit Dritter über das Vorliegen einer wirksamen Ausschlagung wäre es, wenn der Ausschlagende, der sich auf die vom Gericht zu prüfende Zuständigkeit verläßt, den Irrtum des Gerichts büßen müßte. Die Erklärung ist nur dann unwirksam, wenn das Gericht seine Unzuständigkeit erkennt und die Erklärung zurückweist. Wirksamkeit ist also schon dann anzunehmen, wenn das örtlich unzuständige Gericht die Erklärung *entgegennimmt* (BayObLG FamRZ 1998, 924 ff = NJW-RR 1998, 797 f; KIPP/COING § 87 Anm 14; PALANDT/EDENHOFER Rn 8; BGB-RGRK/JOHANNSEN Rn 12; KEIDEL/KUNTZE/WINKLER FGG[14] § 7 Rn 7; HABSCHEID, Freiwillige Gerichtsbarkeit[6] § 13 I 2 c; SCHMIDT, Hdb d freiwilligen Gerichtsbarkeit Rn 1564). Bereits hierin liegt eine Betätigung als Nachlaßgericht iSv § 7 FGG, welche die gegebene örtliche Unzuständigkeit unschädlich macht; einer Weiterleitung der Erklärung an das zuständige Gericht innerhalb der Frist bedarf es also zur Fristwahrung nicht.

Hat das Nachlaßgericht ein anderes Gericht um Entgegennahme der Erklärung im Wege der *Rechtshilfe* nach § 2 FGG ersucht, kann die Ausschlagung dem ersuchten Gericht gegenüber innerhalb der Frist mit derselben Wirkung erklärt werden wie gegenüber dem Nachlaßgericht. Es schadet nichts, wenn sie bei diesem erst nach Ablauf der Frist eingeht (BayObLG RJA 16, 48; BayObLGZ 1952, 291, 296; BGB-RGRK/JOHANNSEN Rn 13; MünchKomm/LEIPOLD Rn 8; aM PLANCK/FLAD Anm 1 b; SOERGEL/STEIN Rn 10). **18**

3. Die Ausschlagungserklärung muß zur **Niederschrift des Nachlaßgerichts** oder diesem gegenüber in **öffentlich beglaubigter Form** abgegeben werden. Letzterenfalls ist für das Wirksamwerden *Zugang* nach § 130 Abs 3 iVm Abs 1 notwendig. Auch § 130 Abs 2 ist zu beachten; die Ausschlagungserklärung braucht daher dem Nachlaßgericht nicht zu Lebzeiten des Ausschlagenden zuzugehen, muß aber von ihm *lebzeitig abgegeben* worden sein. Nach hM ist daher eine Ausschlagung im notariellen *Testament* (das eigenhändige würde schon der Form des Abs 1 HS 2 nicht genügen) unwirksam, wenn die Testamentsurkunde nicht nach dem Willen des Ausschlagenden dem Nachlaßgericht noch zu seinen Lebzeiten zugehen soll (KG OLGE 40, 105 f = JW 1919, 998 m zust Anm HERZFELDER; PLANCK/FLAD Anm 3; SOERGEL/STEIN Rn 12; MünchKomm/LEIPOLD Rn 7). Das gilt selbst dann, wenn das Testament bei dem Amtsgericht, das als Nachlaßgericht zuständig ist, in besondere amtliche Verwahrung gegeben wird, da das Nachlaßgericht den Testamentsinhalt erst nach dem Tod des Ausschlagenden bei der Eröffnung zur Kenntnis nehmen soll und darf. An der hM, die allerdings im Widerspruch zur weithin gebilligten Zulassung anderer Rechtsgeschäfte unter Lebenden in Testamenten steht (vgl Vorbem 20 zu §§ 1937 ff), ist festzuhalten (aA PALANDT/ **19**

EDENHOFER Rn 6, der hier eine Gleichbehandlung mit dem Schenkungswiderruf befürwortet, den die hM im Testament für möglich hält), da eine empfangsbedürftige Willenserklärung in einer zu Lebzeiten des Erklärenden nur zur Aufbewahrung bestimmten Urkunde von ihm noch nicht in Richtung auf den Empfänger abgegeben ist (Vorbem 21 zu §§ 1937 ff).

20 Zuständig für die Aufnahme der Niederschrift ist der *Rechtspfleger* (§ 3 Nr 1 f RpflG); wegen der Erfordernisse der Niederschrift verweist Abs 2 auf das BeurkG (dort vor allem §§ 8 ff). Für die öffentliche Beglaubigung sind die *Notare* zuständig; das Verfahren richtet sich nach §§ 39 f BeurkG. Die Kosten der Beglaubigung fallen dem Erklärenden zur Last, nicht dem Nachlaß. Für die Beglaubigung der Unterschrift wird ein Viertel der vollen Gebühr, höchstens aber 250,- DM berechnet (§ 45 Abs 1 S 1 KostO). Für die Entgegennahme der Erklärung durch das Nachlaßgericht, gleich ob zur Niederschrift oder in öffentlich beglaubigter Form, wird nach § 112 Abs 1 Nr 2 KostO ein Viertel der vollen Gebühr erhoben.

21 Wegen der Gesamtvertretung (§ 1629 Abs 1 S 2) ist die nur von einem Elternteil namens des Kindes *formgerecht* erklärte Ausschlagung auch dann nicht wirksam, wenn der andere Elternteil *formlos* zustimmt (PALANDT/EDENHOFER Rn 2); § 182 Abs 2 ist unanwendbar. Erklärt eine *Behörde* die Ausschlagung, bedarf es der öffentlichen Beglaubigung nicht, wenn die Erfordernisse einer öffentlichen Urkunde nach §§ 415, 417 ZPO erfüllt sind (BGHZ 45, 362, 365 f zur Einwilligung des Jugendamtes gem § 1706 Abs 2 aF). Erforderlich ist die sachliche Zuständigkeit der Behörde (§ 415 Abs 1 ZPO: „innerhalb der Grenzen ihrer Amtsbefugnisse"), nach BGH aaO auch die Berechtigung des Erklärenden, die Behörde insoweit nach außen zu vertreten. Die Notwendigkeit einer eigenhändigen Unterschrift des Erklärenden folgt hier, da besondere Formvorschriften (§ 415 Abs 1 ZPO: „in der vorgeschriebenen Form aufgenommen") nicht eingreifen und die Unterschrift nicht zum Wesen der öffentlichen Urkunde gehört, daraus, daß die Beglaubigung durch den Notar, die durch die öffentliche Urkunde ersetzt werden soll, schon die Unterschrift des Erklärenden voraussetzt (§§ 39 f BeurkG). Das Gesagte hat Bedeutung für Ausschlagungserklärungen des *Jugendamtes* (LG Essen DAVorm 1984, 921; LG Braunschweig Rpfleger 1987, 456; LG Osnabrück Rpfleger 1988, 313; LG Kiel Rpfleger 1990, 420; LG Berlin Rpfleger 1994, 167; SOERGEL/STEIN Rn 12) – nach Abschaffung der Amtspflegschaft kommt hier noch seine Rolle als Amtsvormund (§§ 1791 b, c) in Betracht –, gilt aber auch für eine Ausschlagung, die der Fiskus als eingesetzter Erbe (dazu § 1942 Rn 17) erklärt.

21 a Auch Amtspersonen, die im Rahmen ihrer Zuständigkeit öffentliche Urkunden errichten können, müssen die Ausschlagung einer ihnen *persönlich* angefallenen Erbschaft öffentlich beglaubigen lassen. Durchaus zutreffend daher die Bemerkung ADOLF HITLERS (bei PICKER, Hitlers Tischgespräche im Führerhauptquartier [3. Aufl 1976] 158) in bezug auf die Ausschlagung ihm persönlich zugewandter Erbschaften, „die Unterschrift des deutschen Reichskanzlers zusammen mit dem Reichssiegel hätte demnach nach Auffassung der Juristen nicht so viel Glaubwürdigkeit wie die eines Advokaten"; unzutreffend freilich seine Folgerung, „kein vernünftiger Mensch verstehe das." Anlaß, vor solcher Vermischung von Amts- und Privatsphäre zu warnen, gibt die bedenkliche Entscheidung des OLG Stuttgart zu § 2198 Abs 1 S 2 (NJW-RR 1986, 7 = DNotZ 1986, 300: der Erblasser hatte einen OLG-Präsidenten – persönlich, also nicht das Gericht – ermächtigt, einen Testamentsvollstrecker zu ernennen, und das OLG hielt die vom Ermächtigten [dem eigenen Gerichtspräsidenten!] „in amtlicher Eigenschaft" errichtete Ernennungsurkunde für ausreichend; zutr dagegen in ähnlichen Fällen KG JW 1938, 1900: Präs d IHK; OLG Hamm DNotZ 1965, 487: AGDir).

4. Vollmachtsnachweis

Die Ausschlagung durch einen Bevollmächtigten verlangt eine öffentlich beglaubigte 22 Vollmacht (Abs 3 S 1). Die Vollmachtsurkunde muß nicht schon bei Erklärung der Ausschlagung vorgelegt werden, sondern kann bis zum Ablauf der Ausschlagungsfrist nachgereicht werden (Abs 3 S 2); eine Zurückweisung der Ausschlagungserklärung durch das Nachlaßgericht nach § 174 kommt daher nicht in Betracht (BGB-RGRK/JOHANNSEN Rn 17).

5. Empfangsbestätigung

Das Nachlaßgericht hat auf Verlangen den Empfang der bei ihm eingereichten Aus- 23 schlagungserklärung zu bestätigen. Bei Erklärung zur Niederschrift des Nachlaßgerichts hat es dem Ausschlagenden darüber auf Antrag ein Zeugnis auszustellen, das sich auf die Tatsache der abgegebenen Erklärung beschränken muß (KGJ 35 A 60, 63).

IV. Fälle mit Auslandsberührung

Für eine im *Ausland* abgegebene Ausschlagungserklärung genügt nach Art 11 Abs 1 24 EGBGB die Wahrung der vom Ortsrecht für die Ausschlagung verlangten Form, zB für eine in der Schweiz abgegebene Erklärung gem Art 570 Abs 1 ZGB die einfache Schriftform (PALANDT/EDENHOFER Rn 6 bezeichnet das zu Unrecht als str); unentbehrlich ist aber der Zugang der Erklärung bei dem nach deutschem Recht zuständigen Nachlaßgericht (zu beidem STAUDINGER/DÖRNER [1995] Art 25 EGBGB Rn 113).

Die Vorschriften des BGB über die Ausschlagung und damit auch die Erforderlich- 25 keit einer Erklärung gegenüber dem Nachlaßgericht gelten auch, soweit auf Grund von *Nachlaßspaltung* (wegen Rückverweisung des nach Art 25 Abs 1 EGBGB maßgeblichen ausländischen Rechts hinsichtlich im Inland belegenen Vermögens [dazu STAUDINGER/DÖRNER [1995] Art 25 EGBGB Rn 727, 734; EBENROTH Rn 1237 f; LG Kassel NJW-FER 1997, 63 zum österr Recht] oder infolge von Rechtswahl gem Art 25 Abs 2 EGBGB) das BGB nur auf einen Teil des Nachlasses anzuwenden ist. Wird bei Nachlaßspaltung das Erbrecht des BGB nur wegen der Belegenheit von Vermögen angewandt, so ist nach § 73 Abs 3 FGG jedes inländische Nachlaßgericht, in dessen Bezirk sich solches Vermögen befindet, für die Entgegennahme der Ausschlagungserklärung zuständig. Die Zuständigkeit zur Erteilung eines gegenständlich beschränkten Erbscheins nach § 2369 begründet als solche noch keine Zuständigkeit zur Entgegennahme der Ausschlagung (aM MünchKomm/LEIPOLD Rn 10), da es in den Fällen dieser Vorschrift bei der Anwendbarkeit des fremden Erbrechts bleibt (zur Ausschlagung, wenn DDR-Recht anzuwenden ist, s Rn 26 f).

Wenn nach Art 25 Abs 1 EGBGB ausländisches Erbrecht maßgeblich ist und dieses eine Ausschlagungserklärung gegenüber dem Gericht verlangt, stellt sich die Frage nach der Anwendbarkeit (bzw wegen der internationalen Zuständigkeit nach der entsprechenden Anwendbarkeit) des § 7 FGG (vgl STAUDINGER/DÖRNER [1995] Art 25

EGBGB Rn 113, 771, 802; PALANDT/EDENHOFER Rn 10; LORENZ ZEV 1994, 146; BayObLGZ 1994, 40 = ZEV 1994, 175; BayObLG NJW-RR 1998, 798).

V. DDR-Recht

26 Nach § 403 Abs 2 ZGB der DDR war die Ausschlagung der Erbschaft durch notariell beglaubigte Erklärung gegenüber dem Staatlichen Notariat – ohne Beschränkung der örtlichen Zuständigkeit desselben – zu erklären. Dies galt wegen Art 235 § 1 Abs 1 EGBGB auch, wenn die Ausschlagungsfrist am 3. 10. 1990 noch nicht abgelaufen war (LG Berlin Rpfleger 1995, 60; aA ohne Begr STAUDINGER/RAUSCHER [1996] Art 235 § 1 EGBGB Rn 193; zur Ausschlagungsfrist, auch nach dem EinigsV, vgl § 1944 Rn 31 f).

27 War in der Geltungszeit des ZGB (1. 1. 1976 bis 2. 10. 1990) auf den Erbfall insgesamt oder wegen § 25 Abs 2 RAG (DDR) auf das in der DDR belegene unbewegliche Vermögen das dortige Recht anzuwenden, so entsprach eine Ausschlagung, die gegenüber einem Nachlaßgericht in der Bundesrepublik erklärt wurde, nicht der gesetzlich vorgeschriebenen Form und war daher unwirksam (§ 66 Abs 2 iVm § 48 Abs 2 ZGB). Das ist ganz hM (STAUDINGER/RAUSCHER [1996] Art 235 § 1 EGBGB Rn 191; BGH NJW 1998, 227; BayObLGZ 1991, 103 = NJW 1991, 1237 f; LG Bonn Rpfleger 1991, 507; Notariat Baden-Baden Rpfleger 1991, 252; KG Rpfleger 1992, 158 f; KÖSTER Rpfleger 1991, 99; DÖRNER IPRax 1991, 395; ADLERSTEIN/DESCH DtZ 1991, 198; BESTELMEYER Rpfleger 1992, 325 f; WASMUTH DNotZ 1992, 12 f; BRAKEBUSCH Rpfleger 1994, 235; JANKE NJ 1994, 348). Die Gegenansicht, die eine Zuständigkeit bundesrepublikanischer Nachlaßgerichte in § 73 FGG begründet sah (MünchKomm/BIRK[2] Art 25 EGBGB Rn 378), verkannte, daß es auf die Wirksamkeit der Ausschlagung nach DDR-Recht ankam und der dem Art 11 Abs 1 EGBGB entsprechende § 16 RAG (DDR) nur die Form der Erklärung, nicht jedoch die behördliche Empfangszuständigkeit regelte. Eine in der Bundesrepublik notariell beglaubigte oder zur Niederschrift des Nachlaßgerichts erklärte Ausschlagung war also nur dann wirksam, wenn sie innerhalb der Ausschlagungsfrist einem staatlichen Notariat der DDR zugeleitet wurde. Dazu genügt nicht der Zugang einer beglaubigten Kopie der Ausschlagungserklärung (RAUSCHER ZEV 1997, 29 f; aA OLG Dresden OLG-NL 1996, 139 = ZEV 1997, 26 ff). Die Unwirksamkeit ist auch nicht durch Art 231 § 7 Abs 1 EGBGB geheilt. Nach dieser Vorschrift sind zwar Beurkundungen und Beglaubigungen durch Notare im Geltungsbereich des Grundgesetzes auch dort wirksam, wo das DDR-Recht Beurkundung oder Beglaubigung durch das dortige Staatliche Notariat verlangte. Damit wurde jedoch nur das Erfordernis der notariellen Beglaubigung erfüllt – auf das es wegen § 16 RAG (DDR) nicht mehr ankam –, nicht aber das in § 403 Abs 2 ZGB ausdrücklich aufgestellte weitere Erfordernis der Erklärung gegenüber dem Staatlichen Notariat (übersehen von KG DtZ 1993, 89 f = FamRZ 1993, 611 u LG München II Rpfleger 1994, 466; dagegen mit Recht BESTELMEYER Rpfleger 1995, 113 mwN; ferner BRAKEBUSCH Rpfleger 1994, 235; BayObLG ZEV 1995, 256, 258 m zust Anm LIMMER ZEV 1995, 260 f; JANKE NJ 1996, 348; STAUDINGER/RAUSCHER [1996] Art 231 § 7 EGBGB Rn 13 f; RAUSCHER ZEV 1997, 30).

VI. Verpflichtung zur Ausschlagung

28 Eine *vertragliche* Verpflichtung zur Ausschlagung ist grundsätzlich zulässig und bedarf keiner Form, kann aber nur durch formgerechte Erklärung der Ausschlagung erfüllt werden (RG HRR 1929 Nr 292; OLG München OLGE 26, 288). Nach Ablauf der

Ausschlagungsfrist ist nur noch die Übertragung des dem Ausschlagungspflichtigen angefallenen Erbteils (§ 2033 Abs 1) oder, falls er Alleinerbe geworden ist, der Nachlaßgegenstände möglich (hierzu DAMRAU ZEV 1995, 425 f). Zu Lebzeiten des Erblassers ist aber § 312 zu beachten. Die Vorschrift betrifft Verträge zwischen *künftigen Erben* und erfaßt auch die Verpflichtung zu Annahme oder Ausschlagung (unstr, vgl nur PALANDT/HEINRICHS § 312 Rn 2; DAMRAU ZEV 1995, 426 mwN). § 312 Abs 2 verlangt für Verträge unter gesetzlichen Erben über ihren gesetzlichen Erbteil die notarielle Beurkundung, und § 312 Abs 1 erklärt solche Verträge im übrigen, dh wenn sie unter Testaterben oder zwischen Erben und Dritten oder hinsichtlich eines über den gesetzlichen Erbteil hinausgehenden Erbteils geschlossen werden, für nichtig. Umdeutung einer nach § 312 Abs 1 nichtigen Verpflichtung zur Ausschlagung in einen Erbverzicht (dafür RIEDEL JurBüro 1980, 1282, 1289) kommt nicht in Betracht, da der Erbverzichtsvertrag nur mit dem Erblasser selbst geschlossen werden kann.

Eine *gegenüber dem Erblasser* eingegangene Verpflichtung zur Ausschlagung fällt nach hM nicht unter § 312 (vgl DAMRAU ZEV 1995, 427 mwN). Nach anderer Ansicht (SOERGEL/STEIN Rn 15; ERMAN/SCHLÜTER § 1946 Rn 1) soll § 312 Abs 2 analog anzuwenden sein, während überwiegend Auslegung als Erbverzicht vertreten wird (Nachweise bei DAMRAU Fn 16). Ihre Gültigkeit erfordert auf jeden Fall notarielle Beurkundung (vgl § 2348).

Eine *gesetzliche* Verpflichtung zur Ausschlagung besteht nicht. Sie kann auch nicht **29** aus den Verboten der Vorteilsannahme in § 43 BRRG, § 70 BBG, § 19 SoldatenG, § 10 BAT oder § 14 HeimG abgeleitet werden. Diese Vorschriften setzen weder den Vonselbsterwerb (§ 1942) außer Kraft, noch verhindern sie den Verlust des Ausschlagungsrechts durch Versäumung der Frist des § 1944. Soweit die Erbeinsetzung von Heimträgern oder Pflegepersonal wegen Verstoßes gegen § 14 Abs 1 bzw 5 HeimG nichtig ist (vgl BVerwG NJW 1990, 2268; BayObLG NJW 1992, 55 ff; FamRZ 1993, 479), fällt dem Eingesetzten die Erbschaft aus dieser Verfügung nicht an und stellt sich daher die Frage nach der Ausschlagung nicht. Wenn aber die Erbeinsetzung nicht gegen eine Verbotsnorm verstößt und daher wirksam ist, schließt es die Wertung, die der Anerkennung eines gültigen Erblasserwillens zugrunde liegt, aus, die Annahme als verboten iS von § 134 (Nachweise dieser Ansicht in § 1943 Rn 12a) und die Ausschlagung als geboten anzusehen (iE ebenso BayObLG NJW 1992, 57; KUNZ/RUF/WIEDEMANN HeimG[7] § 14 Rn 24). Eine Verpflichtung zur Ausschlagung wäre auch (entgegen MünchKomm/LEIPOLD § 1943 Rn 12; Koos ZEV 1997, 439) de lege ferenda nicht erwägenswert, weil der Erbanfall nach § 1942 von selbst eintritt und durch Nichtausschlagung innerhalb der Ausschlagungsfrist auch dann endgültig wird, wenn eine Pflicht zur Ausschlagung bestanden hätte.

VII. Vermächtnis

Die Ausschlagung eines Vermächtnisses erfolgt nach § 2180 Abs 2 durch formlose **30** (vgl STAUDINGER/OTTE [1996] § 2180 Rn 5) Erklärung gegenüber dem Beschwerten.

§ 1946

Der Erbe kann die Erbschaft annehmen oder ausschlagen, sobald der Erbfall eingetreten ist.

Materialien: E I § 2033; II § 1823; III § 1922;
Mot V 503 f; Prot V 624 ff; STAUDINGER/BGB-
Synopse 1896–2000 § 1946.

1. Allgemeines

1 Der E I wollte Annahme und Ausschlagung grundsätzlich erst nach Beginn der Ausschlagungsfrist zulassen, weil volle Klarheit des Erben über die maßgebenden Verhältnisse, insbesondere über den Grund des Anfalls, Vorbedingung einer so wichtigen Entscheidung sei. Die 2. Kommission hat das geändert, um einer überflüssigen Bevormundung des Erben vorzubeugen (Prot V 625). Die Bedenken der 1. Kommission (Mot V 503 f) gegen die Zulassung der Erklärung schon mit dem Erbfall sind durch § 1949 beseitigt. Demnach ist Voraussetzung für die Abgabe der Erklärung nach § 1946 nur, daß der Erbfall (Tod oder Todeserklärung des Erblassers) bereits eingetreten ist.

2 2. Eine **vor dem Erbfall** erklärte Annahme oder Ausschlagung ist wirkungslos; sie müßte nach dem Anfall wiederholt werden. Vorher kommt nur ein Erbverzicht (§ 2346) oder ein Vertrag nach § 312 Abs 2 in Frage. Auch der im gemeinschaftlichen Testament als Schlußerbe Eingesetzte kann daher nicht schon nach dem Tod des Erstversterbenden, sondern erst nach dem Tod des Letztversterbenden ausschlagen, denn er beerbt nur diesen (BGH NJW 1998, 543 = ZEV 1998, 22 m Anm BEHRENDT ZEV 1998, 67 f; **aA** OLG Düsseldorf FamRZ 1996, 1567 m zust Anm EDENFELD ZEV 1996, 313 u abl Anm LEIPOLD FamRZ 1996, 1571).

3 3. **Nach dem Erbfall** kann der Erbe wirksam annehmen oder ausschlagen, selbst wenn er noch keine hinreichend sichere (vgl § 1944 Rn 17 ff) Kenntnis von Anfall und Berufungsgrund erlangt hat, die Voraussetzungen für den Beginn der Ausschlagungsfrist in seiner Person also noch nicht gegeben sind (RGZ 80, 377, 379 ff). Ebensowenig ist (abweichend von PrALR I 12 § 242) bei Berufung durch letztwillige Verfügung deren Verkündung nötig.

Anders verhielt es sich nach DDR-Recht. Das ZGB enthielt keine dem § 1946 entsprechende ausdrückliche Vorschrift über den Entstehungszeitpunkt des Rechts zur Annahme oder Ausschlagung der Erbschaft. Das OG (NJ 1989, 256 ff) hat angenommen, daß die Erklärung von Annahme oder Ausschlagung erst ab Erlangung der Kenntnis vom Erbfall und von der Berufung zur Erbfolge (also nicht vorsorglich) möglich sei und diese Kenntnis bei testamentarischer Erbeinsetzung erst ab Testamentseröffnung vorliegen könne (bedenklich), so daß im Ergebnis sowohl die Annahme als auch die Ausschlagung vor Beginn der Ausschlagungsfrist ausgeschlossen war (vgl JANKE NJ 1994, 441).

4 4. Der **Nachberufene**, dh der Ersatzerbe oder der nächstfolgende gesetzliche Erbe,

kann auch schon vor dem Wegfall des vor ihm zur Erbfolge Berufenen annehmen oder ausschlagen, da § 1946 die Erklärung nicht von dem Anfall an ihn, sondern vom Erbfall abhängig macht. Insoweit hat die Erklärung bedingten Charakter. Es handelt sich aber um keine echte (rechtsgeschäftliche) Bedingung, sondern nur um eine gesetzliche Voraussetzung der Wirkung (Rechtsbedingung). § 1947 bezieht sich nur auf rechtsgeschäftliche Bedingungen (vgl § 1947 Rn 2).

5. Für den **nasciturus** können die Eltern oder ein Pfleger nach § 1912 Annahme oder Ausschlagung erklären, da nur der Erbfall und nicht der Anfall an den Berufenen vorausgesetzt ist (vgl § 1945 Rn 6 f; ferner PETER Rpfleger 1988, 107; OLG Stuttgart Rpfleger 1993, 157; OLG Oldenburg ZEV 1994, 305; SOERGEL/STEIN Rn 2; MünchKomm/LEIPOLD § 1923 Rn 19; **aA** AG Recklinghausen Rpfleger 1988, 106; AG Schöneberg Rpfleger 1990, 362; LG Berlin Rpfleger 1990, 363; PALANDT/EDENHOFER Rn 2; AK-BGB/DERLEDER Rn 2); daß dessen Lebendgeburt und damit auch seine Erbenstellung noch ungewiß sind, steht nicht entgegen, ebensowenig wie die Ungewißheit der Erbenstellung beim Ersatzerben und beim bedingt eingesetzten Nacherben. Das gilt nicht nur für die Ausschlagung, sondern auch für die Annahme (**aA** LINDE BWNotZ 1988, 55), denn diese ist nichts weiter als der Verzicht auf das Ausschlagungsrecht, und die Befugnis zu dessen Ausübung steht dem gesetzlichen Vertreter in vollem Umfang zu. Die Ausschlagungsfrist beginnt selbstverständlich nicht vor der Geburt (§ 1944 Rn 17; vgl im übrigen zum Anfall an den nasciturus § 1942 Rn 9). **5**

6. Eine als Erbe eingesetzte **juristische Person** kann schon vor der Erteilung der staatlichen Genehmigung zum Erwerb der Erbschaft nach Art 86 EGBGB wirksam ausschlagen (OLG Marienwerder ZBlFG 1912, 155 Nr 113; KGJ 40, 25; zum Geltungsbereich dieses landesrechtlichen Genehmigungserfordernisses vgl § 1942 Rn 6 f). **6**

7. Der **Pflichtteilsberechtigte** kann im Falle des § 2306 Abs 1 S 2 den Erbteil schon ausschlagen, bevor er von seiner Beschränkung Kenntnis erlangt. **7**

8. Auch der **Nacherbe** kann nach § 2142 schon vor dem Eintritt der Nacherbfolge ausschlagen. Das gilt nach der zutreffenden Ansicht des Reichsgerichts (RGZ 80, 377, 379 ff) für die Annahme ebenso (BayObLG BayZ 1915, 77; BayObLGZ 1962, 239, 241; KIPP/ COING § 50 II 1; BGB-RGRK/JOHANNSEN Rn 3; ERMAN/SCHLÜTER Rn 1; **aM** KIPP § 92 Anm 13 mwN). **8**

§ 1947

Die Annahme und die Ausschlagung können nicht unter einer Bedingung oder einer Zeitbestimmung erfolgen.

Materialien: E I § 2035; II § 1824; III § 1923; Mot V 505; Prot V 627; STAUDINGER/BGB-Synopse 1896–2000 § 1947.

I. Zweck und Bedeutung der Vorschrift

1 Um klare Verhältnisse zu schaffen, erklärt das Gesetz, übereinstimmend mit den früheren Rechten (Mot V 505), Annahme und Ausschlagung für *bedingungs-* und *befristungsfeindlich*. Das gilt auch für die stillschweigende Annahme durch Willensbetätigung *(pro herede gestio)*, ebenso für die Annahme und Ausschlagung eines Vermächtnisses (§ 2180 Abs 2) und für die Annahme und Ablehnung des Testamentsvollstreckeramtes (§ 2202).

II. Begriff der Bedingung

2 1. Unter Bedingung ist nur die **rechtsgeschäftliche Bedingung**, dh die kraft Parteiwillens einer Erklärung zugefügte inhaltliche Beschränkung zu verstehen, welche die Wirkungen des Rechtsgeschäfts von einem ungewissen künftigen Umstand abhängig macht, nicht aber die sogenannte Rechtsbedingung, die nur eine gesetzliche Voraussetzung der Rechtswirkung ist (hM, vgl PLANCK/FLAD Anm 1; BGB-RGRK/JOHANNSEN Rn 1; MünchKomm/LEIPOLD Rn 2; ERMAN/SCHLÜTER Rn 2; aM KIPP § 53 VI). Unbedenklich ist, wenn der Erbe eine solche Voraussetzung in seiner Erklärung noch besonders zum Ausdruck bringt, etwa für den Fall die Annahme erklärt, daß der Erblasser gestorben oder er in dem vorliegenden Testament wirksam zum Erben eingesetzt sei. Dagegen wäre eine unzulässige echte Bedingung der Zusatz „falls mir die Erbschaftsteuer erlassen wird" oder „falls die Erbschaft nicht überschuldet ist".

3 2. Ob die Annahme oder Ausschlagung **für den Fall der Berufung aus einem bestimmten Grunde** zulässig ist, ist sehr umstritten, richtiger Ansicht nach aber zu bejahen. In einem solchen Falle handelt es sich zwar um eine Bedingung, aber um eine sogenannte unechte oder Scheinbedingung, bei der lediglich eine subjektive Ungewißheit des Erklärenden besteht, aber objektiv bereits feststeht, ob angenommen oder ausgeschlagen ist. Es fehlt der für die echte Bedingung kennzeichnende Schwebezustand; der gesetzliche Grund des Bedingungsverbotes fällt also weg. Außerdem ergibt sich aus § 1948 unzweideutig, daß der Ausschlagende seine Erklärung auf einen bestimmten Berufungsgrund beschränken kann. Ist der bei der Annahme oder Ausschlagung angegebene Berufungsgrund richtig, so ist die Erklärung wirksam. Andernfalls ist sie gegenstandslos.

4 Zu beachten bleibt aber, daß die Beifügung des Berufungsgrundes nicht stets als inhaltliche Beschränkung verstanden werden muß, sondern oft nur die Bedeutung eines unschädlichen Zusatzes hat. Folgerichtig wird man die auf einen bestimmten Berufungsgrund beschränkte Erklärung auch dann für zulässig halten müssen, wenn sich erst in Zukunft entscheidet, ob der Berufungsgrund eintritt (zB durch Wegfall vorher Berufener, Eintritt des Nacherbfalls). Insofern handelt es sich um eine Rechtsbedingung (ähnlich BGB-RGRK/JOHANNSEN Rn 1; PLANCK/FLAD Anm 2; F LEONHARD Anm II; KIPP § 55 Fn 3 b; aM BINDER I 108; OLG Dresden SeuffBl 1907, 499).

5 3. Die **Ausschlagung zugunsten eines Dritten** kann verschiedene Bedeutung haben:

a) Wird durch die Äußerung der Erwartung, daß die Erbschaft einem bestimmten Dritten zufalle, lediglich der *Beweggrund* der Ausschlagung angegeben, so ist dieser Zusatz unschädlich und die Ausschlagung wirksam (SOERGEL/STEIN Rn 2).

b) Erfolgt sie *schlechthin zugunsten der nach dem Gesetz infolge der Ausschlagung* 6
Berufenen (§ 1953 Abs 2), so ist der Zusatz wiederum bedeutungslos; der Anfall an diese ist eine gesetzliche Wirkung der Ausschlagung.

c) Erfolgt sie *nur für den Fall, daß die Erbschaft an einen bestimmten Dritten* 7
gelangen werde, dann liegt eine unzulässige Bedingung vor, denn ob der Dritte Erbe wird, ist – oft aus mehreren Gründen – ungewiß. Selbst wenn ihm die Erbschaft anfiele, bliebe immer noch ungewiß, ob er sie endgültig behält. Mit Recht ist zB die Ausschlagung der Abkömmlinge „nur zugunsten der Witwe" nicht als wirksam anerkannt worden, weil diese nach Wegfall der ausschlagenden Abkömmlinge nicht gesetzliche Alleinerbin gewesen wäre, sofern nicht auch die mit ihr nach § 1931 Abs 1 S 1 HS 2 zur Erbfolge berufenen Verwandten ausgeschlagen hätten (KG DJZ 1927, 323; vgl ferner OLG Bamberg OLGE 6, 171; KG OLGE 24, 99, 100; KG JW 1933, 2067; KGJ 35 A 63, 64; BayObLG Rpfleger 1982, 69). Bleibt die Erwartung, die Erbschaft werde einem bestimmten Dritten zufallen, nur unausgesprochenes Motiv der Ausschlagung, dann berührt sie selbstverständlich deren Wirksamkeit nicht (vgl OLG Hamm FamRZ 1998, 771) und begründet auch kein Anfechtungsrecht (§ 1954 Rn 6).

d) Falls die Ausschlagung dahin gedeutet werden kann, daß der Ausschlagende die 8
Erbschaft *dem Dritten überlassen* will, kann darin uU die Annahme der Erbschaft gefunden werden unter Hinzufügung der Erklärung, sie an den Dritten veräußern zu wollen (§§ 2371, 2385; KGJ 35 A 63, 65; SOERGEL/STEIN Rn 2; AK-BGB/DERLEDER Rn 1).

e) Falls die Begünstigten die unter b) bezeichneten Personen sind, kann ein vor 9
Ablauf der Ausschlagungsfrist mit ihnen geschlossener Vertrag auch die Bedeutung haben, daß der erstberufene Erbe sich *verpflichten* will, in vorgeschriebener Form und Frist *auszuschlagen*. Ein solcher Vertrag bedarf keiner Form (OLG München OLGE 26, 288; vgl § 1945 Rn 28).

4. Wegen **Unzulässigkeit der Beschränkung** von Annahme und Ausschlagung auf 10
einen Teil der Erbschaft vgl § 1950.

§ 1948

[1] **Wer durch Verfügung von Todes wegen als Erbe berufen ist, kann, wenn er ohne die Verfügung als gesetzlicher Erbe berufen sein würde, die Erbschaft als eingesetzter Erbe ausschlagen und als gesetzlicher Erbe annehmen.**

[2] **Wer durch Testament und durch Erbvertrag als Erbe berufen ist, kann die Erbschaft aus dem einen Berufungsgrund annehmen und aus dem anderen ausschlagen.**

Materialien: E I § 2038 Abs 1, 2; II § 1825; III § 1924; Mot V 508 ff; Prot V 628 f; STAUDINGER/BGB-Synopse 1896–2000 § 1948.

I. Allgemeines

1 § 1948 betrifft die Fälle, daß jemand zu der ganzen Erbschaft oder zu einem und demselben Erbteil *aus verschiedenen Gründen* (Testament oder Gesetz, Erbvertrag oder Gesetz, Testament oder Erbvertrag) berufen ist, nicht den Fall, daß jemand *zu mehreren Erbteilen* berufen ist; dieser wird durch § 1951 geregelt. Zu beachten ist ferner, daß die Ausschlagung sich nach § 1949 Abs 2 im Zweifel auf alle dem Erben zur Zeit der Erklärung bekannten Berufungsgründe erstreckt. Der Erbe muß sich deshalb das Recht, die Erbschaft aus einem ihm bekannten anderen Grunde auszuschlagen, vorbehalten. Man hat bei § 1948 Abs 1 an die Möglichkeit gedacht (Mot V 509), daß in der letztwilligen Verfügung Vermächtnisse und Auflagen oder sonstige Beschwerungen nur für den Fall angeordnet sind, daß der Berufene die Erbschaft als eingesetzter Erbe erwirbt, nicht aber, wenn er sie in dieser Eigenschaft ausschlägt und als gesetzlicher Erbe annimmt. Im Regelfall, sofern nicht ein anderer Wille des Erblassers anzunehmen ist, bleiben aber Vermächtnisse und Auflagen auch bei der gesetzlichen Erbfolge bestehen (§§ 2161, 2192). Gleiches gilt nach § 2085 für andere Beschränkungen, wie zB die Anordnung einer Nacherbschaft (§ 2100), Übertragung von Pflichtteilslasten (§ 2324), Ernennung eines Testamentsvollstreckers (§ 2197) und Teilungsanordnungen.

II. Abs 1

2 1.   **Voraussetzung** des Abs 1 ist, daß der durch Verfügung von Todes wegen (Testament oder Erbvertrag) Berufene ohne die fragliche Verfügung als gesetzlicher Erbe berufen wäre. Das Wort „Verfügung" meint in diesem Zusammenhang nicht das Testament oder den Erbvertrag als Ganzes, sondern aus der Gesamtheit der von dem Erblasser von Todes wegen getroffenen Verfügungen einzig diejenige, welche die Einsetzung des später Ausschlagenden zum Inhalt hat. Nur wenn bei Wegfall dieser und Bestehenbleiben aller anderen die Erbfolge betreffenden Verfügungen der Ausschlagende kraft Gesetzes Erbe wäre, ist § 1948 erfüllt (HOLZHAUER 88). Hieran fehlt es nach ganz hM, wenn der Erblasser für den Fall des Wegfalls des Ausschlagenden einen Ersatzerben (§ 2096) eingesetzt hat, ferner in den Fällen der vermuteten Ersatzerbschaft, §§ 2069, 2102 Abs 1, und der Anwachsung, § 2094 (RG LZ 1923, 451; KGJ OLGE 21, 302; KG RJA 16, 39; OLG Frankfurt aM NJW 1955, 466 und Rpfleger 1969, 386; BGB-RGRK/JOHANNSEN Rn 6; SOERGEL/STEIN Rn 2; ERMAN/SCHLÜTER Rn 3; PALANDT/EDENHOFER Rn 2; HOLZHAUER 89; **aM** UNGER Recht 1904, 277).

3 Somit bleiben für die Anwendung des § 1948 nur die Fälle übrig, in denen jemand, ohne daß für ihn ein *Ersatzerbe* bestimmt ist, *zum Alleinerben eingesetzt* ist oder *als eingesetzter Erbe nur gesetzliche Miterben* (Fall des § 2088 Abs 1) oder *zwar eingesetzte Miterben* hat, die *Anwachsung jedoch* nach § 2094 Abs 2 oder 3 *ausgeschlossen* ist. In allen übrigen Fällen führt die Ausschlagung der Erbeinsetzung dazu, daß der Ausschlagende nicht etwa gesetzlicher Erbe wird, sondern überhaupt nicht erbt. Dies kann dem juristisch unberatenen Erben gefährlich werden, da der Irrtum über die Rechtsfolge als bloßer Motivirrtum nicht zur Anfechtung der Ausschlagung berechtigt (BGB-RGRK/JOHANNSEN Rn 6; MünchKomm/LEIPOLD Rn 3).

4 Bleibt der durch letztwillige Verfügung *zugewandte Erbteil hinter dem gesetzlichen zurück*, so liegt hierin eine Enterbung hinsichtlich der Differenz (HOLZHAUER 101, 106).

Das gesetzliche Erbrecht ist gemäß § 1938 BGB dann insoweit ausgeschlossen, wie es den ausgeschlagenen zugewandten Erbteil übersteigt (SCHRAMM DNotZ 1965, 734 f). Die Ansicht, § 1948 BGB finde nur Anwendung, wenn der ausgeschlagene Erbteil gleich groß sei wie der gesetzliche (STROBL DNotZ 1965, 337, 340), ist abzulehnen (SCHRAMM aaO; SOERGEL/STEIN Rn 3; MünchKomm/LEIPOLD Rn 4).

2. Die **praktische Bedeutung** des § 1948 ist gering. Nur für die Fallgestaltung unter d) und, wenn man der hM folgt, für die unter f) hat die Vorschrift eine mehr als nur theoretische Funktion. Sie könnte ohne weiteres entbehrt werden, zumal die durch sie bedingte Unsicherheit durch den Wert des gewährten Wahlrechts nicht aufgewogen wird. Die Frage nach dem Wahlrecht des Abs 1 stellt sich in folgenden Situationen (hierzu jetzt auch HOLZHAUER 85 ff):

a) Der Erbe kann ein *ideelles Interesse* daran haben, die Erbschaft nicht als testamentarischer, sondern als gesetzlicher Erbe zu erwerben. Dem kann jedoch ein persönliches Interesse des Erblassers gegenüberstehen, daß der Bedachte nur als Testamentserbe in Betracht kommen soll (ähnlich HOLZHAUER 100, 107). Wenn dieses im Testament Anklang gefunden hat, liegt neben der Erbeinsetzung auch ein Ausschluß von der gesetzlichen Erbfolge vor und ist daher § 1948 nicht anwendbar.

b) Der Erbe kann sich uU von den ihm auferlegten *Belastungen* befreien, wenn diese ihn nach dem Willen des Erblassers nur als eingesetzten Erben treffen sollen, allerdings nach dem bei Rn 1 Gesagten ein seltener Fall (vgl HOLZHAUER 107).

c) STAUDINGER/LEHMANN[11] Rn 2 hatte vertreten, der Erbe könne seine Lage evtl dadurch verbessern, daß er in seiner Eigenschaft als gesetzlicher Erbe und Abkömmling einen *Ausgleichsanspruch* hinsichtlich Zuwendungen nach § 2050 gegen einen anderen gesetzlichen Miterben erlange (ebenso LANGE/KUCHINKE § 8 VI 2 a; ERMAN/SCHLÜTER Rn 2). Demgegenüber weist HOLZHAUER (107 ff, 114) zu Recht auf die Regelung des § 2052 und darauf hin, daß der *Ausschlagende* auf dem Weg über § 1948 keine höhere Nachlaßbeteiligung als die ihm vom Erblasser zugedachte erreichen darf und kann (ebenso SOERGEL/STEIN Rn 3).

d) Wenn der Erbe *auf mehr als seinen gesetzlichen Erbteil eingesetzt* ist, kann er über § 1948 mit anderen gesetzlichen Erben eine Teilung erreichen, die ohne diese Vorschrift an § 1950 scheitern würde. Für die Ausschlagung des Zugewandten können verwandtschaftliche Erwägungen, aber auch die Absicht, die Erbschaftsteuerlast zu verringern, sprechen (vgl SOERGEL/STEIN Rn 3; MünchKomm/LEIPOLD Rn 6).

e) Der eingesetzte Ehegatte kann erreichen, daß ihm als gesetzlichem Erben der *Voraus* (§ 1932) zufällt (vgl STAUDENMAIER DNotZ 1965, 68, 72; HOLZHAUER 115 ff; SOERGEL/STEIN Rn 3). Doch gilt auch hier, daß ein etwaiger gegenteiliger Wille des Erblassers, sofern er im Testament Anklang gefunden hat, Vorrang hat. Ist der Ehegatte zum Alleinerben eingesetzt, so ist der Pflichtteil der Abkömmlinge oder Eltern des Erblassers vom ganzen Nachlaß zu berechnen, also einschließlich des Voraus. Durch die Ausschlagung der Erbschaft als testamentarischer Erbe wird der Ehegatte gesetzlicher Erbe; sind Pflichtteilsberechtigte von der Erbfolge ausgeschlossen, bleibt bei der Berechnung ihres Pflichtteils der Voraus nach § 2311 Abs 1 S 2 außer Ansatz (DREWES JW 1925, 2105; STROBL DNotZ 1965, 337, 340; nach HOLZHAUER 125 soll es zur Erzielung dieses Ergebnisses des Umweges über § 1948 jedoch nicht bedürfen). Jedoch ist zu beachten, daß der Erblasser zugunsten der Pflichtteilsberechtigten (auch stillschweigend) anordnen kann, daß abweichend vom Gesetz der Voraus bei der Ermittlung des Nachlaßwertes einzubeziehen ist (HOLZHAUER aaO).

11 **f)** Der in einem gemeinschaftlichen Testament *wechselbezüglich* (§ 2270) eingesetzte Ehegatte soll nach verbreiteter Ansicht (DREWES JW 1925, 214 f; SCHRAMM DNotZ 1965, 735; RUHE, Möglichkeiten und Grenzen rechtsgeschäftlicher Vorsorgemaßnahmen für den Todesfall durch den aufgrund eines gemeinschaftlichen Testaments gebundenen Ehegatten [Diss Bielefeld 1978] 19; AK-BGB/DÄUBLER § 2271 Rn 17; TIEDTKE FamRZ 1991, 1259; LANGE/KUCHINKE § 8 VI 2 a; ERMAN/SCHLÜTER Rn 2; SOERGEL/STEIN Rn 2; PALANDT/EDENHOFER § 2271 Rn 17) die freie Verfügungsbefugnis über sein Vermögen wiedererlangen, „wenn er nach § 2271 Abs 2 S 1 HS 2 die testamentarische Erbschaft ausschlägt und als gesetzlicher Erbe annimmt" (STAUDINGER/LEHMANN[11] Rn 2); zT wird das jedenfalls dann bejaht, wenn der gesetzliche Erbteil erheblich geringer ist als der testamentarische (STROHAL I, 342 f; OLG München DNotZ 1937, 338; KG OLGZ 1991, 7; KIPP/COING § 35 Fn 26; STAUDINGER/KANZLEITER [1998] § 2271 Rn 43; BayObLG FamRZ 1991, 1233 bezeichnet es ohne eigene Stellungnahme als hM). Das Kriterium eines vom Ausschlagenden zu erbringenden Vermögensopfers ist jedoch abzulehnen (BATTES, Gemeinschaftliches Testament und Ehegattenerbvertrag als Gestaltungsmittel für die Vermögensordnung der Familie [1974] 136 ff). Nach anderer Ansicht (HOLZHAUER 126 ff, 143) soll darauf abzustellen sein, ob die Auslegung der Verfügung ergibt, daß der Überlebende, ohne auf die Erbschaft nach dem Erstverstorbenen teilweise oder ganz verzichten zu müssen, die Freiheit haben soll, die Verfügung ganz oder teilweise zu widerrufen (ähnlich auch OLG München DNotZ 1937, 338, 340).

12 *Eigene Ansicht*: Alle Auffassungen, die eine Ausschlagung bloß des zugewandten Erbteils für die Wiedererlangung der Testierfreiheit ausreichen lassen, nehmen dem Ausschlagenden das Risiko ab, das er eingehen würde, wenn er die eigene Verfügung noch bei Lebzeiten des anderen Ehegatten widerriefe, nämlich daß der andere mit einer Enterbung reagiert. Dies verträgt sich nicht damit, daß bei wechselbezüglichen Verfügungen beide Teile ihre Verfügungsfreiheit im Vertrauen auf die Bindung des anderen beschränken. Der andere soll, wenn er sich von seiner Verfügung löst, der wiedererlangten Verfügungsfreiheit der Gegenseite ausgesetzt sein. Im Lichte dieser für den Widerruf wechselbezüglicher Verfügungen geltenden Rechtslage ist der § 2271 Abs 2 S 1 HS 2 so auszulegen, daß unter dem Zugewendeten das zu verstehen ist, was der vorverstorbene Ehegatte dem Überlebenden durch seine Verfügung nicht nur zugewandt, sondern auch nicht durch Enterbung vorenthalten hat. Eine Ausschlagung nur „als eingesetzter Erbe" ist also keine Ausschlagung iSd § 2271 Abs 2 S 1 HS 2 (iE ebenso AK-BGB/DERLEDER Rn 4). Die hier vertretene Ansicht schafft klare Verhältnisse und trägt deshalb der durch wechselbezügliche Verfügungen erstrebten Rechtssicherheit mehr Rechnung als die hM.

13 **g)** Denkbar ist, daß der Berufene die testamentarische Erbschaft *in Unkenntnis seiner Verwandtschaft* mit dem Erblasser ausschlägt; dann kann er später noch auf Grund seiner Verwandtschaft annehmen.

14 **3.** **Rechtsfolge** der Ausschlagung als gewillkürter Erbe ist, daß für den Berufenen als gesetzlichen Erben eine neue Ausschlagungsfrist läuft, deren Versäumung als

Annahme aus dem Grunde der gesetzlichen Erbfolge gilt (Mot V 508). Den praktischen Unzuträglichkeiten, die sich daraus ergeben, beugt § 1949 Abs 2 vor, indem er die Ausschlagung im Zweifel auf alle dem Erben zZ seiner Erklärung bekannten Berufungsgründe erstreckt. Daraus ergibt sich (vgl Prot V 629), daß durch *eine* Erklärung die Ausschlagung zugleich hinsichtlich aller dem Erben bekannten Berufungsgründe erfolgen kann. Und daraus folgt weiter als Modifikation des Abs 1, daß der durch Verfügung von Todes wegen berufene Erbe, der zZ der Ausschlagung von seiner dadurch eintretenden Berufung als gesetzlicher Erbe Kenntnis hat, die Ausschlagung auf die Berufung als gewillkürter Erbe beschränken muß, um sich die gesetzliche Erbfolge zu wahren (Palandt/Edenhofer Rn 2).

III. Abs 2

Abs 2 hat noch geringere praktische Bedeutung als Abs 1. Er regelt den seltenen Fall, 15 daß jemand durch Testament *und* Erbvertrag berufen ist. Er gibt kein Wahlrecht zwischen der Berufung aus mehreren Testamenten (KG OLGE 42, 127 Fn 1 b) oder mehreren Erbverträgen (BGB-RGRK/Johannsen Rn 11; Palandt/Edenhofer Rn 3; MünchKomm/Leipold Rn 11). Zum Verständnis ist davon auszugehen, daß nach § 2289 Abs 1 S 1 eine frühere testamentarische Erbeinsetzung einer Person durch ihre spätere erbvertragliche nicht aufgehoben wird, weil das Recht des vertragsmäßig Bedachten durch sie nicht beeinträchtigt wird. Gleiches gilt, wenn die testamentarische Einsetzung derselben Person ihrer erbvertraglichen nachfolgt (§ 2289 Abs 1 S 2). Soweit Testament und Erbvertrag dasselbe bestimmen, haben sie nebeneinander Geltung. Die Bedeutung des § 1948 Abs 2 besteht darin, daß eine auf den einen Berufungsgrund beschränkte Ausschlagung die Annahme aus dem anderen Berufungsgrund nicht ausschließt. Größer scheint die praktische Bedeutung zu sein, wenn das Testament besondere Beschränkungen oder Belastungen (Nacherbeinsetzungen, Vermächtnisse, Auflagen) enthält. Der Schein trügt jedoch, denn nach § 2289 Abs 1 werden diese besonderen Belastungen durch den Erbvertrag ohnehin aufgehoben bzw unwirksam, während die Erbeinsetzung bestehen bleibt. Entsprechendes gilt, wenn der erbvertraglichen Einsetzung später eine testamentarische Einsetzung mit Beschränkungen folgt. Es ist also die Ausschlagung als testamentarischer Erbe nicht nötig, um diese Belastungen zu beseitigen. Sind umgekehrt im Erbvertrag besondere Beschränkungen enthalten, so bleiben sie nach § 2161 trotz der Ausschlagung der vertragsmäßigen Erbeinsetzung bestehen. Dem Ausschlagenden nützt also die Ausschlagung als Vertragserbe nichts. Anders nur, wenn der Wille des Testators dahin geht, daß das Vermächtnis nur von dem vertragsmäßig Beschwerten geleistet werden soll.

IV. Auslegungsfragen

Die gemeinrechtliche Streitfrage, ob in dem Erwerb aus der einen Berufung eine 16 Ausschlagung der anderen liege (vgl Windscheid/Kipp III § 599 Fn 14), kann nach BGB nicht leicht auftauchen, weil die Ausschlagung nach § 1945 formalisiert ist. Zweifelhaft kann das nur werden, wenn die Annahme in der Form des § 1945 gegenüber dem Nachlaßgericht erklärt ist. Dann liegt eine nach den Umständen des Einzelfalles zu entscheidende Tatfrage vor (OLG Braunschweig OLGE 14, 281). Annahme der gesetzlichen Erbschaft in Kenntnis der Erbeinsetzung spricht für den Willen, letztere auszuschlagen (MünchKomm/Leipold Rn 5). Der Antrag auf Erteilung eines Erbscheins als gesetzlicher Erbe, den ein Testamentserbe stellt, der zugleich gesetzlicher Erbe ist, bedeutet noch keine Ausschlagung als eingesetzter Erbe (RG Recht 1910 Nr 1111).

§ 1949

[1] **Die Annahme gilt als nicht erfolgt, wenn der Erbe über den Berufungsgrund im Irrtume war.**

[2] **Die Ausschlagung erstreckt sich im Zweifel auf alle Berufungsgründe, die dem Erben zur Zeit der Erklärung bekannt sind.**

Materialien: E I § 2038 Abs 3; II § 1826; III § 1925; Mot V 509; Prot V 624 ff, 628 f; STAUDINGER/BGB-Synopse 1896–2000 § 1949.

I. Allgemeines

1 Der E I enthielt bereits in § 2038 Abs 3 S 2 eine dem § 1949 Abs 2 entsprechende Sondervorschrift, aus der sich die Beschränkung der Ausschlagung auf die dem Erben bekannten Berufungsgründe ergab. Dagegen fehlte eine entsprechende Bestimmung über die Annahme. Die 2. Kommission hat diese durch Abs 1 in der Weise getroffen, daß sie die Annahme als nicht erfolgt bezeichnet, wenn der Erbe über den Berufungsgrund im Irrtum war. Das entspricht auch dem in § 1944 Abs 2 eingenommenen Standpunkt, daß der Beginn der Ausschlagungsfrist von der Kenntnis des Berufungsgrundes abhängt. Der *Begriff des Berufungsgrundes* ist in § 1949 derselbe wie in § 1944 Abs 2 (wie hier MünchKomm/LEIPOLD Rn 4; AK-BGB/DERLEDER Rn 1; **aM** SOERGEL/ STEIN Rn 2; ERMAN/SCHLÜTER Rn 2; vgl unten Rn 2, 6 und § 1944 Rn 8 f).

II. Annahme

2 1. Abs 1 betrifft die **wirklich erklärte Annahme** und stellt sie der in § 1943 für den Fall des Ablaufs der Ausschlagungsfrist fingierten insoweit gleich, als auch hier verlangt wird, daß der Erbe den Berufungsgrund kennt (eine weitere Gleichstellung bringt § 1956). Da die Ausschlagungsfrist vor Kenntnis des Erben vom Berufungsgrund nicht zu laufen beginnt (§ 1944 Abs 2 S 1), kommt eine Anwendung des § 1949 auf die Annahme durch Verstreichenlassen der Ausschlagungsfrist nicht in Betracht (PALANDT/EDENHOFER Rn 3; MünchKomm/LEIPOLD Rn 4). Eine Ausnahme hiervon soll in dem Fall gelten, daß der Erbe „zwar Kenntnis vom Grund der Berufung iSv § 1944 Abs 2 S 1 hat, aber dennoch in einem Irrtum über den (konkreteren) Berufungsgrund iSv § 1949 Abs 1 war" (ERMAN/SCHLÜTER Rn 2). Diese Ansicht beruht auf der oben (§ 1944 Rn 8 f) abgelehnten Auffassung, daß für den Fristbeginn Kenntnis der konkreten Verfügung nicht erforderlich sei (vgl ERMAN/SCHLÜTER § 1944 Rn 5). Eine ältere Ansicht (HAUSER JherJb 365, 271, 320) wollte Abs 1 auch auf den Fall anwenden, daß die Ausschlagungsfrist begonnen, aber derjenige, der zur Zeit des Fristablaufs die Ausschlagung hätte erklären müssen, vom Erbfall keine Kenntnis besaß, was zB vorkommen kann, wenn während des Fristlaufs der gesetzliche Vertreter wechselt

oder der Erbe unbeschränkt geschäftsfähig wird und in dem ersten Falle der neue Vertreter, im zweiten der Erbe vom Erbfall nichts weiß. Das setzt die Unkenntnis vom Anfall der Erbschaft einem Irrtum über den Grund der Berufung gleich (hiergegen PLANCK/FLAD Anm 2 c aE). Über den Grund der Berufung kann jedoch nur irren, wer vom Anfall als solchem weiß und sich somit überhaupt eine Vorstellung macht.

2. Voraussetzung eines bestimmten Berufungsgrundes

Da der Annehmende seine Annahme auf einen bestimmten Berufungsgrund beschränken kann und die Annahme, wenn dieser Grund nicht zutrifft, schon nach ihrem Inhalt gegenstandslos ist, kann sich Abs 1 nur auf den Fall beziehen, daß *die Annahme ohne solche Beschränkung, aber in der irrigen Voraussetzung eines in Wahrheit nicht vorhandenen Berufungsgrundes* erfolgt ist. Nach den allgemeinen Bestimmungen der §§ 116 ff würde hier die Anfechtung ausgeschlossen sein, weil (von Betrug und Drohung abgesehen) nur ein unbeachtlicher Irrtum im Beweggrund vorläge (Mot V 504; STROHAL II § 61 c Fn 4 b). Ob nicht auch unter Umständen ein Inhaltsirrtum vorliegen kann (man denke an den Fall, daß beide Berufungen inhaltlich verschieden waren, zB hinsichtlich einer Testamentsvollstreckung), kann dahingestellt bleiben; denn Abs 1 macht die Annahme der Erbschaft wirkungslos, ohne daß es ihrer Anfechtung bedürfte, behandelt sie also so, als ob sie mit der Beschränkung auf den irrig vorgestellten Berufungsgrund erfolgt wäre. Ein innerer Grund für die Unwirksamkeit ist nicht einzusehen (vgl 4. Denkschr d ErbrA d AkDR 68, wo bloße Anfechtbarkeit vorgeschlagen wurde; ebenso SOERGEL/STEIN Rn 1; BROX Rn 302 ist für Streichung der Vorschrift; MünchKomm/LEIPOLD Rn 1 nennt sie „systemwidrig").

Gleichgültig ist, ob die Annahme ausdrücklich oder stillschweigend (durch *pro herede gestio*) erfolgt, ob sie auf den angenommenen Berufungsgrund ausdrücklich Bezug nimmt oder ihn nur stillschweigend voraussetzt. Da der Irrtum über den Berufungsgrund schlechthin die Erklärung unwirksam macht, kommt es auch nicht darauf an, ob der Annehmende bei Kenntnis der Sachlage und verständiger Würdigung des Falles die Annahmeerklärung doch abgegeben haben würde (aA SOERGEL/STEIN Rn 3; AK-BGB/DERLEDER Rn 1). Auch die Entschuldbarkeit des Irrtums spielt keine Rolle. Ebensowenig begründet die Berufung auf ihn eine Ersatzpflicht (§ 122 ist nicht anwendbar). Die Beweislast für den Irrtum trägt, wer sich auf ihn beruft.

III. Ausschlagung

Die Wirksamkeit der Ausschlagung wird durch einen Irrtum im Berufungsgrund in gleicher Weise getroffen wie die der Annahme. Denn die Ausschlagung erstreckt sich nach Abs 2 auf alle dem Erben zur Zeit der Erklärung bekannten Berufungsgründe, folglich nicht auf einen ihm wegen Irrtums unbekannten Berufungsgrund (MünchKomm/LEIPOLD Rn 7; LANGE/KUCHINKE § 8 VII 1 e).

IV. Relevanter Irrtum

1. Der Erbe **irrt über den Berufungsgrund** (zum Begriff s Rn 1 f und § 1944 Rn 8 f), wenn er eine unrichtige Vorstellung von dem konkreten Tatbestand hat, aus dem sich seine Berufung zur Erbschaft ergibt. Das ist nicht nur der Fall, wenn er sich aufgrund einer Verwandtschaftsbeziehung berufen glaubt, während er in Wahrheit als Ehegatte oder durch Testament berufen ist, sondern auch, wenn er als vermeintlich eingesetzter Erbe infolge Unkenntnis der maßgebenden Verwandtschaftsbeziehungen annimmt, ohne zu wissen, daß er durch Wegfall des Vorberufenen der nächste gesetzliche Erbe ist. Ebenso liegt ein solcher Irrtum vor, wenn er sich aufgrund eines Testaments berufen glaubt, obwohl er durch Erbvertrag berufen ist, und umgekehrt. Ferner dann, wenn er beim Vorliegen mehrerer Testamente oder Erbverträge ein anderes Testament oder einen anderen Erbvertrag als maßgebenden Berufungsgrund ansieht. Wie bei § 1944 Abs 2 S 2 wird man auch bei § 1949 Abs 1 die irrige Vorstellung über unwesentliche Einzelheiten des Tatbestandes als unerheblich bezeichnen müssen und den Irrtum nur insoweit als beachtlich anerkennen dürfen, als er sich auf Umstände bezieht, die für die Identität des Tatbestandes wesentlich sind (PLANCK/FLAD Anm 2; BGB-RGRK/JOHANNSEN Rn 2; ERMAN/SCHLÜTER Rn 1). Auch ein Rechtsirrtum, also eine falsche rechtliche Würdigung des richtig vorgestellten Tatbestandes, macht die Erklärung unwirksam (RG Recht 1923 Nr 52; OLG Dresden OLGE 16, 265; MünchKomm/LEIPOLD Rn 2), so zB die irrige Ansicht des Testamentserben, er sei wegen Formnichtigkeit des Testaments als gesetzlicher Erbe berufen (BGH NJW 1997, 392 f).

7 Ist der vermeintliche Erbe *überhaupt nicht berufen*, so ist seine Annahmeerklärung gegenstandslos. Ungültig (weil gegenstandslos) ist auch eine Annahme, die irrtümlich auf einen Erbteil gerichtet ist, auf den die Berufung gar nicht erfolgt ist (WINDSCHEID/KIPP III § 597 Fn 7).

8 2. Ein **Irrtum über andere Umstände** als den Berufungsgrund, etwa über die Überschuldung des Nachlasses oder seine Belastung mit Vermächtnissen, kann, abgesehen von § 2308, nur nach den allgemeinen Vorschriften für Willensmängel bei Rechtsgeschäften unter Lebenden (§§ 119 ff, vgl § 1954 Rn 3 ff) und den besonderen Bestimmungen der §§ 1954–56 geltend gemacht werden.

V. Tragweite der Ausschlagung bei mehreren Berufungsgründen

9 1. Die Ausschlagung kann **auf einen bestimmten Berufungsgrund beschränkt** werden, wie sich aus § 1948 ergibt, als dessen Abs 3 der heutige § 1949 Abs 2 ursprünglich konzipiert war (vgl E I § 2038). Die auf einen bestimmten Berufungsgrund beschränkte Ausschlagung ist gegenstandslos, wenn der angenommene Grund in Wirklichkeit nicht eingreift. Bringt der Erbe eine Beschränkung nicht zum Ausdruck, so fragt sich, welche Tragweite seiner Ausschlagung beizumessen ist. Nach Abs 2 soll sie sich im Zweifel nur auf die ihm bekannten Berufungsgründe erstrecken. Aus dieser gesetzlichen Auslegungsregel ergibt sich:

10 a) *Im Zweifel darf die Erstreckung auf einen dem Ausschlagenden nicht bekannten Berufungsgrund nicht angenommen werden*. Durch den Beweis der Unkenntnis eines bestehenden Berufungsgrundes im Augenblick der Ausschlagung sichert sich also der Berufene die Möglichkeit, die ausgeschlagene Erbschaft aus dem unbekannten Grunde noch anzunehmen. Die Auslegungsregel des Abs 2 kann selbstverständlich bei einer auf alle, auch die unbekannten, Berufungsgründe erstreckten Ausschlagung nicht durchgreifen.

11 b) Aber auch *auf die bekannten Berufungsgründe darf die Ausschlagung nur im Zweifel erstreckt werden*, also dann nicht, wenn sich aus der Erklärung des Berufenen die Beschränkung auf einen bestimmten Grund mit hinlänglicher Deutlichkeit ergibt. Dabei ist der Zweck des Abs 2 zu berücksichtigen. Abs 2 will dem Berufenen die wiederholte Ausschlagung ersparen; mangels der Erstreckung müßte er, wenn mehrere Berufungsgründe nacheinander wirksam werden, erneut ausschlagen, um die durch die neue Berufung eröffnete Ausschlagungsfrist nicht zu versäumen.

2. Abs 2 ist nur dann anwendbar, wenn die Erbschaft **von Anfang an aus mehreren** 12 **sich überlagernden Berufungsgründen** anfällt, jedoch nicht, wenn sie dem Ausschlagenden *nach der Ausschlagung erneut* anfällt, zB infolge einer Nacherbeinsetzung (Mot V 509; KG JW 1935, 2652 SOERGEL/STEIN Rn 8; aA MünchKomm/LEIPOLD Rn 9) oder (frei nach Mot V 508) weil sie – ganz oder zum Teil – dem ausschlagenden Testamentserben aufgrund Gesetzes noch einmal anfällt, da der nach ihm Berufene nach der Ausschlagung weggefallen ist (etwa durch eigene Ausschlagung, § 1953, Erbunwürdigkeit, § 2344, Totgeburt, § 1923 Abs 2), oder wenn der Erbeserbe eine seinem Erblasser angefallene Erbschaft ausschlägt (§ 1952 Abs 1) und diese ihm nun unmittelbar anfällt, weil er Ersatzerbe oder nächster gesetzlicher Erbe ist. Natürlich ist auch eine vorsorglich auf künftig sich möglicherweise realisierende Berufungsgründe bezogene Ausschlagung möglich (vgl §§ 1946, 2142 Abs 1), nur wird sie nicht vermutet.

§ 1950

Die Annahme und die Ausschlagung können nicht auf einen Teil der Erbschaft beschränkt werden. Die Annahme oder Ausschlagung eines Teiles ist unwirksam.

Materialien: E I § 2036; II § 1827; III § 1926; Mot V 506; Prot V 627; STAUDINGER/BGB-Synopse 1896–2000 § 1950.

I. Allgemeines

§ 1950 stellt den **Grundsatz der Unteilbarkeit** der Annahme und Ausschlagung auf. Der 1 Erbe kann, wenn ihm die Erbschaft einheitlich angefallen ist, die Annahme nicht willkürlich auf einen Teil der Erbschaft beschränken. Dieser Grundsatz entspricht im wesentlichen dem früheren Recht, während die Rechtsfolgen einer derartig beschränkten Erklärung verschieden ausgestaltet waren (vgl Mot V 506; ferner HALLSTEIN, Rechtsvergleichendes Handwörterbuch II, 222, II 1 b; 4. Denkschr d ErbrA d AkDR 74). Nach BGB ist eine beschränkte Annahme wie nach PrALR I 9 §§ 395, 396 unwirksam; sie gilt als nicht geschehen, während sie nach gemeinem Recht wirksam war, sich aber auf das Ganze erstreckte; Entsprechendes galt für die Ausschlagung (gegen die Zweckmäßigkeit der letzteren Lösung Mot V 506). Es würde dem Leben und der Auffassung des Erben Zwang antun, wenn er die ganze Erbschaft verlieren sollte, falls er in der Meinung, dazu berechtigt zu sein, einen Teil ausschlägt.

II. Verhältnis der Vorschrift zu §§ 1951, 1952 Abs 3

Unter Erbschaft ist auch ein Erbteil zu verstehen, der dem Erben einheitlich angefallen 2 ist. Nicht bezieht sich § 1950 auf den Fall, daß einem Erben *mehrere Erbteile* angefallen sind, etwa infolge mehrfacher Verwandtschaft bei der gesetzlichen Erbfolge oder infolge unmittelbarer Einsetzung auf einen Erbteil, während ihm ein anderer Teil als Ersatzerbe anfällt. Dieser Fall wird durch § 1951 geregelt. Die Möglichkeit einer *Teilausschlagung* bei einer *Mehrheit von Erbeserben* behandelt § 1952 Abs 3.

III. Bedeutung der Vorschrift im einzelnen

3   1. **Der zum Ganzen der Erbschaft oder einem einheitlichen Erbteil Berufene** kann innerhalb der Erbschaft oder des Erbteils keine Zerlegung in rechtlich nicht existierende Bruchteile oder in einzelne Bestandteile des Nachlasses vornehmen und seine Erklärung auf diese beschränken. Auch der Erblasser kann keine abweichende Bestimmung treffen. Hat er es gleichwohl getan, so ist zu prüfen, ob nicht darin die Einsetzung auf besondere Erbteile iS des § 1951 Abs 3 zu finden ist (vgl Mot V 506; BINDER I 114 f).

4   2. **Der gesetzliche Erbteil des Ehegatten** aus § 1931 Abs 2, 3 und dessen Erhöhung nach § 1371 Abs 1 werden von der hM als ein einheitlicher Erbteil aufgefaßt, der nur als Ganzer angenommen und ausgeschlagen werden kann (PALANDT/EDENHOFER Rn 2; ERMAN/SCHLÜTER § 1931 Rn 22, 32; BGB-RGRK/FINKE § 1371 Rn 20; BRAGA FamRZ 1957, 334, 337). Nach BRAGA (aaO bei Fn 20 mwN) kann diese Regelung zu außergewöhnlichen Schwierigkeiten auf dem Gebiet des IPR führen, da Ehegüterrecht und Erbrecht verschiedenen Rechtsordnungen unterworfen sein können (Art 15, 25 EGBGB). STAUDINGER/LEHMANN[11] (Nachtrag zu § 1931 Rn 10) hat die Zulässigkeit einer gesonderten Ausschlagung der Erhöhung des gesetzlichen Erbteils in Analogie zu § 1951 befürwortet. Das ist abzulehnen (ebenso SOERGEL/STEIN Rn 2). Bedürfnis für eine Analogie besteht nicht, weil der überlebende Ehegatte die Möglichkeit der Teilübertragung seines Erbteils (vgl STAUDINGER/WERNER [1996] § 2033 Rn 7) nutzen kann, falls er sich durch den pauschalierten Zugewinnausgleich im Verhältnis zu den Kindern unverdientermaßen begünstigt sieht. Jedenfalls darf der überlebende Ehegatte nicht über eine bloße Teilausschlagung den schuldrechtlichen Zugewinnausgleich und die sich aus ihm ergebende eventuelle Besserstellung erreichen (das hat auch STAUDINGER/LEHMANN[11] aaO anerkannt; im Ergebnis wie hier STAUDINGER/WERNER § 1931 Rn 39 und STAUDINGER/THIELE [1994] § 1371 Rn 10).

3. Rechtsfolge

5   Da eine auf einen Teil beschränkte Annahme oder Ausschlagung *unwirksam* ist, regelt sich das Schicksal der Erbschaft nach § 1943.

6   4. Auf **Vermächtnisse** findet § 1950 entsprechende Anwendung (§§ 2180 Abs). Zu Besonderheiten im *Höferecht* vgl § 1951 Rn 4.

7   5. Eine **Ausschlagung unter Vorbehalt des Pflichtteils** ist grundsätzlich nicht möglich (RGZ 93, 9; s aber u Rn 9). Der Pflichtteilsanspruch setzt nach § 2303 den Ausschluß des Pflichtteilsberechtigten von der Erbfolge voraus; wer auf einen, uU auch noch so kleinen, Erbteil eingesetzt ist, hat daher keinen Pflichtteilsanspruch und kann ihn auch nicht durch Ausschlagung erlangen (er hat allenfalls den eine Ausschlagung nicht voraussetzenden Pflichtteilsrestanspruch aus § 2305). Da der „Vorbehalt des

Pflichtteils" nicht zum Erfolg führen kann, besteht kein Anlaß, die Ausschlagung als wirksam anzusehen, indem man den Vorbehalt als bloßes Motiv auslegt, das nicht zum Inhalt der Ausschlagungserklärung gehört (so aber MünchKomm/LEIPOLD Rn 5; AK-BGB/DERLEDER Rn 2); dies hätte nämlich nur zur Folge, daß der Ausschlagende weder erbt noch pflichtteilsberechtigt ist. Es handelt sich vielmehr um eine auf eine unmögliche Rechtsfolge gerichtete und daher unwirksame Erklärung. Der Heranziehung des § 1950 bedarf es für dieses Ergebnis nicht.

Demgegenüber hält OLG Hamm OLGZ 1982, 41 die Ausschlagung für wirksam, **8** aber wegen Inhaltsirrtums (§ 119 Abs 1) für anfechtbar, weil die erstrebte Rechtsfolge Pflichtteilsanspruch verfehlt wird. FROHN Rpfleger 1982, 56 nimmt Unwirksamkeit der Ausschlagung in Analogie zu § 1947 (Erlangung des Pflichtteilsanspruchs als unzulässige Bedingung) an. MünchKomm/LEIPOLD Rn 5 geht hingegen für den Fall, daß es sich nicht nur um die Angabe eines bloßen Motivs handele, von einer nicht unter § 1947 fallenden zulässigen „Gegenwartsbedingung" aus, die aber nicht erfüllt sei, so daß aus diesem Grunde keine wirksame Ausschlagung vorliege. Im Ergebnis unterscheiden sich die Literaturmeinungen nicht; allein die Auffassung, daß eine wirksame, aber anfechtbare Ausschlagung vorliege, führt zu anderen Resultaten.

Nur in den Fällen der §§ 2306 Abs 1 S 2 und 1371 Abs 3 besteht bei Ausschlagung des **9** Erbteils kraft ausdrücklicher gesetzlicher Regelung ein Pflichtteilsanspruch.

IV. Rechtspolitisches

Mot V 506 berufen sich für die Berechtigung des Verbots einer Teilausschlagung auf **10** Zweckmäßigkeitsgründe, ohne diese zu benennen. Die Besorgnis, daß ein Teil der Erbschaft erblos werde oder die angeordneten Vermächtnisse mangels eines Beschwerten ungültig würden, ist für das BGB gegenstandslos (BINDER I 110). Eine der Teilausschlagung ähnliche Wirkung kann ein Miterbe durch teilweise Übertragung seines Erbteils herbeiführen (STAUDINGER/WERNER [1996] § 2033 Rn 7). Einem Alleinerben ist dieser Weg jedoch versperrt. Die 4. Denkschr d ErbrA d AkDR 77 macht demgegenüber zutreffend darauf aufmerksam, daß der alleinige Testamentserbe aus Gründen der Gerechtigkeit ein Interesse haben kann, einen Teil der Erbschaft den gesetzlichen Erben durch Teilausschlagung zu überlassen. Gehört er selbst zu den gesetzlichen Erben, kann er das gewünschte Ergebnis im Rahmen des § 1948 durch Ausschlagung der Zuwendung und Annahme des gesetzlichen Erbteils erreichen (vgl § 1948 Rn 9). Dem Testamentserben, der nicht zu den gesetzlichen Erben gehört, sollte eine entsprechende Möglichkeit durch Zulassung der Teilausschlagung eingeräumt werden. An der Unzulässigkeit der Aussonderung einzelner Gegenstände aus der Erbschaft durch Teilausschlagung ist allerdings unbedingt festzuhalten.

§ 1951

[1] Wer zu mehreren Erbteilen berufen ist, kann, wenn die Berufung auf verschiedenen Gründen beruht, den einen Erbteil annehmen und den anderen ausschlagen.

[2] Beruht die Berufung auf demselben Grunde, so gilt die Annahme oder Aus-

schlagung des einen Erbteils auch für den anderen, selbst wenn der andere erst später anfällt. Die Berufung beruht auf demselben Grunde auch dann, wenn sie in verschiedenen Testamenten oder vertragsmäßig in verschiedenen zwischen denselben Personen geschlossenen Erbverträgen angeordnet ist.

[3] Setzt der Erblasser einen Erben auf mehrere Erbteile ein, so kann er ihm durch Verfügung von Todes wegen gestatten, den einen Erbteil anzunehmen und den anderen auszuschlagen.

Materialien: E I § 2037; II § 1828; III § 1927; Mot V 506 ff; Prot V 627 f; STAUDINGER/BGB-Synopse 1896–2000 § 1951.

I. Allgemeines

1 § 1951 behandelt die Fälle, in denen ein Erbe zu mehreren Erbteilen berufen ist, während die §§ 1948, 1950 *einen* angefallenen Erbteil betreffen. Deshalb können die durch § 1951 eröffneten Wahlrechte über die des § 1948 hinausgehen, was zB den Weg zu dem unten bei Rn 11 Ausgeführten öffnet.

II. Berufung zu mehreren Erbteilen

2 1. Die Berufung eines Erben zu mehreren Erbteilen kann eintreten:

a) bei der *gesetzlichen Erbfolge* nach §§ 1927 und 1934 aufgrund mehrfacher Verwandtschaft (hierzu STAUDINGER/WERNER § 1925 Rn 14 und § 1927 Rn 4 ff) oder aufgrund einer Eheschließung zwischen Verwandten (STAUDINGER/WERNER § 1934 Rn 2);

b) bei Erbeinsetzung durch *mehrere Verfügungen von Todes wegen*;

c) bei Erbeinsetzung durch ein und dieselbe Verfügung von Todes wegen, wenn der *Erblasser mehrere Erbteile gebildet* hat. Das ist (nach Mot V 507) auch dann der Fall, wenn der Erblasser nur einen Erben auf den ganzen Nachlaß eingesetzt, jedoch Teile der Erbschaft unterschiedlich beschwert hat, etwa in der Art: „X sei Erbe zur Hälfte, wegen dieser Hälfte hat er folgende Vermächtnisse zu entrichten...; X sei auch Erbe zur anderen Hälfte, von dieser Hälfte sind folgende Vermächtnisse zu entrichten...". Auch der Fall, daß ein Erbe zugleich als Ersatzerbe für einen Miterben eingesetzt ist, gehört hierher (vgl Mot V 508);

d) im Falle der *Verfügung nur über einen Teil der Erbschaft*, so daß gesetzliche und gewillkürte Erbfolge zusammentreffen (vgl §§ 2088, 2279).

3 2. **Nicht erfaßt** werden durch § 1951 die Fälle des § 1935 (*Erhöhung des gesetzlichen Erbteils*) und des § 2094 (Erweiterung eines testamentarisch oder erbvertraglich [§ 2279] zugewandten Erbteils durch *Anwachsung*). Dies war der Grund für die Schaffung der §§ 1935, 2095 (vgl Mot V 73, 378). Die Annahme oder Ausschlagung des ursprünglichen Erbteils erstreckt sich ohne weiteres auch auf die Anwachsung oder Erhöhung (PALANDT/EDENHOFER Rn 1; ERMAN/SCHLÜTER Rn 1; BGB-RGRK/JOHANNSEN § 1950 Rn 2; PLANCK/FLAD Anm 1 mwN zur Gegenansicht), während die isolierte Ausschlagung der Anwachsungen und Erhöhungen nach § 1950 S 2 unwirksam ist (ebenso BGB-RGRK/JOHANNSEN aaO mit der nicht näher erläuterten Einschränkung, „sofern nicht im Falle der Anwachsung ausnahmsweise ein Fall des § 1951 Abs 1 oder 3 gegeben ist"; zur Erhöhung des gesetzlichen Ehegattenerbteils durch § 1371 Abs 1 vgl § 1950 Rn 4 und STAUDINGER/WERNER § 1931 Rn 39).

3. Der **Hoferbe** kann den Anfall des in § 4 S 1 HöfeO als „Teil der Erbschaft" (vgl **4** § 1950 BGB) bezeichneten Hofes ausschlagen, ohne die Erbschaft in das übrige Vermögen auszuschlagen (§ 11 S 1 HöfeO). Ob er umgekehrt in entsprechender Anwendung des § 1951 auch die übrige Erbschaft ausschlagen und den Anfall des Hofes annehmen kann, ist streitig, dürfte jedoch zu verneinen sein (ebenso LANGE/WULFF/LÜDTKE-HANDJERY § 11 HöfeO Rn 2; FASSBENDER/HÖTZEL/VJEINSEN/PIKALO § 11 HöfeO Rn 3; ERMAN/SCHLÜTER § 1951 Rn 6; BGB-RGRK/JOHANNSEN § 1951 Rn 3; aM WÖHRMANN/STÖKKER § 11 HöfeO Rn 1; MünchKomm/LEIPOLD § 1950 Rn 9; VOLSHAUSEN AgrarR 1977, 138), denn § 11 S 1 HöfeO will nur verhindern, daß der Hof dadurch gefährdet wird, daß er jemandem aufgezwungen wird; schutzwürdige Belange des Hoferben, die Erbschaft mit Ausnahme des Hofes auszuschlagen, sind hingegen selbst bei überschuldetem Nachlaß nicht anzuerkennen, denn eine Teilausschlagung würde seine Haftung für die Nachlaßverbindlichkeiten wegen § 15 Abs 1 HöfeO nicht berühren (so LANGE/WULFF/LÜDTKE-HANDJERY und ERMAN/SCHLÜTER aaO).

III. Einheit oder Verschiedenheit des Berufungsgrundes

Das Gesetz hat die Teilbarkeit bzw Unteilbarkeit von Annahme und Ausschlagung **5** hier sehr verwickelt geregelt. Es unterscheidet, ob die Berufung auf verschiedenen Gründen oder auf demselben Grunde beruht.

1. Im ersten Fall (**verschiedene Gründe**) kann der Erbe den einen Erbteil anneh- **6** men und den anderen ausschlagen, Abs 1. Eine entgegenstehende Verfügung kann der Erblasser nicht treffen, außer etwa durch Setzen einer Bedingung. Durch Abs 1 wird der Prüfung nicht vorgegriffen, ob sich die Erklärung im einzelnen Fall auf alle Erbteile bezieht (Mot V 507). Schlägt der Berufene den einen Erbteil aus, kann darin noch nicht ohne weiteres die Annahme des anderen gefunden werden. Nimmt er ohne Beschränkung auf einen Erbteil an oder schlägt er ohne solche Beschränkung aus, so erstreckt sich seine Erklärung in entsprechender Anwendung der Auslegungsregel des § 1949 Abs 2 im Zweifel auf alle in diesem Zeitpunkt bereits angefallenen Erbteile, hinsichtlich deren er Anfall und Berufungsgrund kennt, dagegen nicht auf einen Erbteil, der ihm noch nicht angefallen ist oder von dessen Anfall er noch keine Kenntnis hat (so zutr BGB-RGRK/JOHANNSEN Rn 9; CROME § 666 bei Fn 97; tw anders PLANCK/FLAD Anm 6; aM KRETZSCHMAR § 54 bei Fn 20).

2. Im zweiten Fall (**derselbe Grund**) erstreckt sich die Annahme oder Ausschla- **7** gung des einen Erbteils ohne weiteres auch auf den anderen, selbst wenn dieser erst später, zB infolge einer Ersatzerbeinsetzung, anfällt, Abs 2 S 1. Dasselbe gilt, wenn der Berufene den weiteren Erbteil erst als Nacherbe erhält (RGZ 80, 382).

Zweifelhaft ist, ob diese Erstreckung auch dann stattfindet, wenn der Erbe in Kenntnis des (möglichen) Anfalls eines weiteren Erbteils seine Erklärung bewußt auf einen Erbteil beschränkt und sich die Ausschlagung des anderen vorbehält oder sie sogar erklärt. Nach § 1950 muß eine auf einen Teil der Erbschaft beschränkte Erklärung als unwirksam behandelt werden. Dementsprechend ist auch hier die Erklärung unwirksam; denn die beschränkte Wirkung erkennt das Gesetz nicht an, und die Erstreckung darf man dem Erklärenden nicht wider seinen Willen aufdrängen (KIPP/COING § 88 II 1; BGB-RGRK/JOHANNSEN Rn 11; MünchKomm/LEIPOLD Rn 10; SOERGEL/STEIN Rn 6). Jedoch kann der Erblasser, der einen Erben auf mehrere Teile einsetzt, diese nach Abs 3 durch Verfügung von Todes wegen für trennbar erklären und dem Erben gestatten, den einen Erbteil anzunehmen und den anderen auszuschlagen, u zw auch dann, wenn der andere erst später anfällt (vgl KG HRR 1929 Nr 205; KIPP/COING § 88 II 3; MünchKomm/LEIPOLD Rn 6 f). Eine Bildung solcher trennbaren Erbteile liegt auch darin, daß der Erblasser dem Erben die teilweise Annahme oder Ausschlagung der Erbschaft oder des Erbteils gestattet (ebenso MünchKomm/LEIPOLD Rn 7; aM ERMAN/SCHLÜTER Rn 3).

8 **3. Berufungsgrund** iS der §§ 1944 und 1949 ist der konkrete Tatbestand, aus dem sich die Berufung des Erben zur Erbschaft ergibt (vgl § 1944 Rn 8 f). Nach Abs 2 S 2 soll die Berufung aber auch dann auf *demselben* Grunde beruhen, wenn sie in verschiedenen Testamenten oder vertragsmäßig in verschiedenen zwischen denselben Personen geschlossenen Erbverträgen angeordnet ist. (Dies gilt nicht für §§ 1944 und 1949).

9 Danach liegt **Einheit des Berufungsgrundes** vor, wenn der Erbe berufen ist:

a) durch *ein* Testament, auch wenn für dieselbe Person mehrere Nacherbeinsetzungen unter verschiedenen Voraussetzungen angeordnet sind (KG HRR 1929 Nr 205);

b) durch *mehrere* Testamente;

c) durch *einen* Erbvertrag;

d) durch *mehrere* Erbverträge, die der Erblasser mit *derselben* Person abgeschlossen hat.

10 **Verschiedenheit der Berufungsgründe** ist dagegen anzunehmen:

a) wenn ein Teil durch *Verfügung von Todes* wegen, ein anderer aus *gesetzlichem* Grunde anfällt;

b) wenn ein Teil aus *Testament*, der andere aus *Erbvertrag* anfällt; ob es sich dabei um eine vertragsmäßige Verfügung (§§ 2278 f) oder um eine einseitige (§ 2299) handelt, kann keine Rolle spielen (**aM** SOERGEL/STEIN Rn 6, der einseitige Verfügungen als testamentarische behandeln will), denn die Zulässigkeit der Teilannahme oder -ausschlagung sollte eher von der klar erkennbaren Errichtungsform als von der nur durch Auslegung zu ermittelnden Widerruflichkeit bzw Unwiderruflichkeit der Verfügung abhängig gemacht werden;

c) wenn mehrere Teile aus *verschiedenen* Erbverträgen anfallen, die der Erblasser mit *verschiedenen* Personen geschlossen hat.

Umstritten sind die Fälle, in denen jemand als gesetzlicher Erbe wegen *doppelter* **11** *Verwandtschaft* zwei Erbteile (§ 1927) erwirbt oder (§ 1934) *einen Teil als Ehegatte und einen anderen als Verwandter* erhält. Die Motive äußern sich hier widerspruchsvoll (Mot V 510 und 363). Schrifttum und Rspr nehmen überwiegend eine Mehrheit von Berufungsgründen an (Kipp/Coing § 88 II 2 d; BGB-RGRK/Johannsen Rn 8; Soergel/ Stein Rn 2; KG HRR 1929 Nr 205; OLGE 43, 386; Recht 1923 Nr 749). Andere sehen das Gesetz als einheitlichen Berufungstatbestand an, ohne Rücksicht auf das konkrete Verhältnis, auf dem die gesetzliche Berufung beruht (Strohal II § 61 b bei Fn 8; Planck/ Flad Anm 3 aE; Hellwig AcP 102, 416 ff). Für die erste Auffassung sprechen entscheidend die aus einem vernünftigen Gesetzeszweck abzuleitenden Erwägungen. Daß nach Abs 2 S 2 die Berufung „auch dann auf demselben Grunde" beruhen soll, wenn sie in verschiedenen Testamenten oder vertragsmäßig in verschiedenen zwischen denselben Personen abgeschlossenen Erbverträgen angeordnet ist, läßt sich nur aus der Annahme eines einheitlichen Willens des Erblassers rechtfertigen, dem durch eine geteilte Annahme oder Ausschlagung zuwider gehandelt würde. Die Frage, ob die sukzessive Zuwendung von mehreren Erbteilen durch Testamente oder durch mit demselben Vertragspartner geschlossene Erbverträge nicht als Bildung eines einheitlichen Erbteils auszulegen ist mit der Folge, daß schon die erste Voraussetzung des Abs 1 entfällt, braucht daher nicht mehr entschieden zu werden. Bei der gesetzlichen Berufung fällt die Möglichkeit, auf einen entsprechenden Willen des Erblassers zurückzugreifen, fort. Vielmehr ist zu fragen, ob das Gesetz, wenn es den Erben aufgrund verschiedener Tatbestände beruft, darauf Wert legen kann, daß die mehreren Erbteile, die es ihm zuweist, nur gemeinsam angenommen oder ausgeschlagen werden können. Die Frage ist zu verneinen. Da die Ausschlagungsbefugnis die Belange des Erben wahren soll, ist entscheidend, daß dieser ein vernünftiges Interesse daran haben kann, den einen Teil anzunehmen und den anderen auszuschlagen, weil die Erbteile verschieden belastet sind oder die Ausschlagung des einen Teils anderen Personen zugute kommen kann als die des anderen Teils. Mithin besteht kein Anlaß, über den Wortlaut des Abs 2 S 2 hinaus auch bei gesetzlicher Berufung zu mehreren Erbteilen einen einheitlichen Berufungsgrund anzunehmen (vgl auch 4. Denkschr des ErbrA d AkDR 80).

IV. Folgen einer unzulässigen Teilannahme oder -ausschlagung

Die unzulässige Teilausschlagung oder -annahme ist unwirksam. § 1943 kommt zur **12** Anwendung; ggf führt die Versäumung der Ausschlagungsfrist zur Unterstellung der Annahme, die notfalls nach § 1956 angefochten werden muß. (Zur Haftung des zu mehreren Erbteilen Berufenen für die Nachlaßverbindlichkeiten vgl § 2007.)

V. Gestattung der Teilausschlagung durch den Erblasser

Hat der Erblasser den Erben durch denselben Berufungsgrund (vgl Rn 9) zu verschiedenen **13** Erbteilen berufen, kann er ihm – in Abweichung von § 1950 – die Teilannahme bzw Teilausschlagung gestatten, Abs 3. Davon zu unterscheiden ist der Fall, daß der Erbe durch mehrere Verfügungen unter unterschiedlichen Beschwerungen oder Beschränkungen *auf das Ganze* eingesetzt ist (zB primär als Vorerbe und dann für den

Fall, daß er die Vorerbschaft ausschlägt, als Vollerbe, aber beschwert mit Vermächtnissen). Handelt es sich um verschiedene Berufungsgründe, ergibt sich hier die Zulässigkeit einer auf einen von ihnen beschränkten Annahme bzw Ausschlagung schon unabhängig von einer Gestattung durch den Erblasser aus §§ 1948 f ; handelt es sich jedoch um ein und denselben Berufungsgrund, zB *ein* Testament mit mehreren Einsetzungen desselben Erben auf das Ganze, ist die auf *eine* Einsetzung beschränkte Annahme oder Ausschlagung in Analogie zu § 1951 Abs 3 zuzulassen (BayObLG NJW-RR 1997, 72 = ZEV 1996, 425 m abl Anm EDENFELD ZEV 1996, 427; PALANDT/EDENHOFER Rn 5).

§ 1952

[1] Das Recht des Erben, die Erbschaft auszuschlagen, ist vererblich.

[2] Stirbt der Erbe vor dem Ablaufe der Ausschlagungsfrist, so endigt die Frist nicht vor dem Ablaufe der für die Erbschaft des Erben vorgeschriebenen Ausschlagungsfrist.

[3] Von mehreren Erben des Erben kann jeder den seinem Erbteil entsprechenden Teil der Erbschaft ausschlagen.

Materialien: E I § 2028 Abs 2, 3, § 2031; II
§ 1829; III § 1928; Mot V 491 ff, 502; Prot V 618,
623; STAUDINGER/BGB-Synopse 1896–2000
§ 1952.

I. Vererblichkeit des Ausschlagungsrechts

1 Die Ausschlagungsbefugnis des Erben hat zwar persönlichen Charakter (§ 1942 Rn 14) und ist insofern nicht übertragbar, geht also insbesondere nicht auf den Erwerber eines Erbteils (§ 2033) über, sie ist aber ein vererbliches Recht. Infolge des Vonselbsterwerbs der Erbschaft (§ 1942) geht sie als Bestandteil des Erbennachlasses auf den *Erbeserben* über, natürlich unter der Voraussetzung, daß der Erbe die Ausschlagungsbefugnis nicht bereits nach § 1943 verloren hatte. Der Erbeserbe kann die *Erblassererbschaft* durch Ausschlagung derselben wieder aus dem Nachlaß des Erben ausscheiden und dessen Erbschaft annehmen, er kann aber nicht umgekehrt die zuletzt angefallene Erbschaft ausschlagen und die zuerst angefallene annehmen (SOERGEL/STEIN Rn 2); denn diese hat er nur als Bestandteil jener (vgl Mot V 502). Er muß also die ihm angefallene Erbschaft annehmen, um das Ausschlagungsrecht ausüben zu können.

2 Das schließt nicht aus, daß er sofort nach Eintritt des zweiten Erbfalls die Annahme oder Ausschlagung hinsichtlich der zuerst angefallenen Erbschaft erklärt, obwohl er wegen Abs 2 nicht genötigt ist, diese Erklärung zeitlich vorzuziehen (s u Rn 3 ff). Annahme oder Ausschlagung der Erblassererbschaft würden jedoch ihre Wirksamkeit durch die spätere Ausschlagung der unmittelbar angefallenen Erbschaft, die zurückwirkt (§ 1953 Abs 1), verlieren. Regelmäßig wird aber in der Erklärung über Annahme oder Ausschlagung der ersten Erbschaft eine stillschweigende Annahme der letzten zu finden sein (PLANCK/FLAD Anm 1; ERMAN/SCHLÜTER Rn 2; BGB-RGRK/JOHANNSEN Rn 4; PALANDT/EDENHOFER Rn 2; aA SOERGEL/STEIN Rn 2). Die Ausübung des zur unmittelbar angefallenen Erbschaft gehörenden Gestaltungsrechts läßt nämlich den Willen erkennen, für diese zuständig zu sein. Nur wenn der Erbeserbe bei der Ausschlagung der Erblassererbschaft zum Ausdruck bringt, daß er sich die Entscheidung über die zweite Erbschaft noch vorbehält, ist eine andere Auslegung seines Verhaltens möglich (ähnlich MünchKomm/LEIPOLD Rn 5; AK-BGB/DERLEDER Rn 1). In einem solchen Fall bleibt die Annahme oder Ausschlagung der Erblassererbschaft nach Ausschlagung der zweiten Erbschaft nur dann wirksam, wenn – was kaum vorkommen dürfte – die darin gelegene Verfügung nicht ohne Nachteil für die zweite Erbschaft aufgeschoben werden konnte (§ 1959 Abs 2; BGB-RGRK/JOHANNSEN Rn 6; ERMAN/SCHLÜTER Rn 2).

II. Ausschlagungsfrist

Die Frist für die Ausschlagung der *dem Erben* angefallenen Erbschaft durch den Erbeserben endet keinesfalls vor Ablauf der Ausschlagungsfrist für die *dem Erbeserben* angefallene Erbschaft.

1. War der *Erbe bereits gestorben*, ehe die Ausschlagungsfrist für ihn zu laufen begonnen hatte (weil er von dem Anfall und Berufungsgrund noch keine Kenntnis erlangt hatte oder die Verfügung noch nicht verkündet war, § 1944 Abs 2), *beginnt die Frist* hinsichtlich der erstangefallenen Erbschaft *erst für den Erbeserben zu laufen*, und zwar mit seiner Kenntniserlangung vom Anfall und Berufungsgrund beim bzw für den Erben, frühestens aber wenn er Erbeserbe geworden ist, also nicht vor dem Tod des Erben. Auch die Voraussetzung des Aufenthalts im Ausland ist dann aus seiner Person zu bestimmen (BGB-RGRK/JOHANNSEN Rn 10; PLANCK/FLAD Anm 2). Die Frist endet hier also, schon unabhängig von Abs 2, nicht vor Ablauf der für die Erbeserbschaft maßgebenden Ausschlagungsfrist.

2. Abs 2 gewinnt selbständige Bedeutung, *wenn die Ausschlagungsfrist für den Erben* (den unmittelbaren Erblasser des Erbeserben) *bereits zu laufen begonnen*, er also bereits von dem Anfall der Erbschaft und dem Berufungsgrund Kenntnis erlangt hatte, § 1944 Abs 2. Die Rechtsfolge des Abs 2 gilt auch, wenn die Frist für die Ausschlagung der Erbschaft des Erben eine sechsmonatige ist, während für die erste Erbschaft nur eine sechswöchige Frist gelaufen wäre. Dies, um den Erbeserben, der über die Verhältnisse der ersten Erbschaft noch weniger unterrichtet sein wird als über die der ihm angefallenen, nicht zu einer übereilten Entscheidung zu drängen (ähnlich wie bei der Inventarfrist, vgl § 1998). Gleichgültig ist, ob der Erbeserbe von der ersten Erbschaft und dem vorläufigen Erwerb derselben durch seinen unmittelbaren Erblasser Kenntnis hatte; er tritt in den begonnenen Fristenlauf ein. Abs 2 bestimmt nur die Verlängerung der Ausschlagungsfrist, keineswegs aber ihre Hemmung oder Unterbrechung bis zu dem Augenblick, wo der Erbeserbe davon Kenntnis erlangt, daß in der ihm angefallenen Erbschaft eine seinem unmittelbaren Erblasser angefallene Erbschaft mit Ausschlagungsbefugnis enthalten ist (PLANCK/FLAD Anm 2). Die Unzweckmäßigkeit dieser Lösung tadelt die 4. Denkschr d ErbrA d AkDR 55 und regt an, nach dem Vorbild des Art 569 Abs 2 SchwZGB für den Erbeserben eine neue Frist mit dem Zeitpunkt beginnen zu lassen, in dem er von dem Anfall an seinen Erblasser erfährt.

III. Rechtsfolgen der Ausschlagung der Erblassererbschaft

6 Schlägt der Erbeserbe die seinem unmittelbaren Erblasser angefallene Erbschaft aus, so fällt sie demjenigen an, der berufen gewesen wäre, wenn der unmittelbare Erblasser selbst ausgeschlagen hätte (BayObLG NJW 1953, 1432). Das kann uU der Erbeserbe selbst sein, der nun als Ersatzerbe oder nächster gesetzlicher Erbe des ersten Erblassers berufen ist. Durch eine solche Ausschlagung kann der Erbeserbe den persönlichen Gläubigern seines unmittelbaren Erblassers den Zugriff auf den Nachlaß des ersten Erblassers verwehren. § 1949 Abs 2 ist auf diese Ausschlagung nicht anwendbar (vgl § 1949 Rn 13; **aM** STAUDINGER/LEHMANN[11] Rn 4). Nimmt der Erbeserbe dagegen die seinem unmittelbaren Erblasser angefallene Erbschaft an, so können dessen persönliche Gläubiger als Nachlaßgläubiger auf die gesamte dem Erbeserben angefallene Erbschaft zugreifen. Die Ausschlagung durch den Erbeserben kann auch steuerrechtliche Gründe haben, zB wenn die Kinder unmittelbar nacheinander verstorbener Eltern, die sich gegenseitig zu Erben eingesetzt hatten, das Ausschlagungsrecht des zuletzt Verstorbenen ausüben, um zu erreichen, daß hinsichtlich des Vermögens des zuerst Verstorbenen nur *ein* der Steuer unterworfener Erbgang stattfindet, sie die Freibeträge nach *beiden* Eltern in Anspruch nehmen können und ihr Erwerb infolge des *getrennten* Anfalls des Elternvermögens einem wegen der Progression der Erbschaftsteuer uU erheblich niedrigeren Steuersatz unterliegt (hierzu FinG Düsseldorf FinGE 1965, 183; KAPP BB 1980, 118 f; TROLL BB 1988, 2153 ff; EBENROTH Rn 336).

IV. Teilausschlagung der Erblassererbschaft

7 Abs 3 betrifft eine *Mehrheit von Erbeserben* und erkennt in Durchbrechung des Grundsatzes des § 1950 die Möglichkeit einer Teilausschlagung an. Jeder der Erbeserben kann den seinem Erbteil entsprechenden Teil der Erblassererbschaft ausschlagen. Das rechtfertigen Mot V 493 aus „Rücksichten der Billigkeit und des Verkehrsbedürfnisses". Dem einzelnen Erbeserben soll es auch ohne Mitwirkung der übrigen möglich sein, Belastungen durch den Erblassernachlaß zu vermeiden. Darin liegt eine teilweise Durchbrechung des Gesamthandsprinzips (vgl MünchKomm/LEIPOLD Rn 11; zur unterschiedlichen Haftung gegenüber den Gläubigern des ersten und des zweiten Erblassers ders Rn 12 f). Zu beachten ist, daß die Wahrung der Ausschlagungsfrist durch einen der Erbeserben den übrigen nicht zugute kommt, also deren Säumnis nicht heilt (ebenso PLANCK/FLAD Anm 4).

8 Problematisch ist, wem der von *einem* Erbeserben ausgeschlagene Anteil an der Erbschaft des Erblassers anfällt, nämlich den *sonstigen Erben des ersten Erblassers* (BINDER I 136 f; KRESS § 1 Fn 2; KIPP § 54 Fn 5; SIBER § 24 III 1; de lege lata auch 4. Denkschr d ErbrA d AkDR 81) oder im Wege der Anwachsung *den übrigen Erbeserben* (heute hM, vgl MünchKomm/LEIPOLD Rn 15; SOERGEL/STEIN Rn 5; vLÜBTOW II 690; KIPP/COING § 88 IV; Nachweise aus dem älteren Schrifttum bei STAUDINGER/OTTE[12] Rn 8).

Zur Erläuterung folgendes Beispiel (in Anlehnung an STROHAL II § 61 d II): X ist gestorben und wird beerbt von seinem Sohn Y. Y stirbt vor der Entscheidung über Annahme

1. Titel. § 1952
Annahme und Ausschlagung der Erbschaft. Fürsorge des Nachlaßgerichts 8 a, 9

und Ausschlagung und wird gemäß seinem Testament zu gleichen Teilen von seiner Frau A und seinem Stiefsohn B beerbt. B schlägt die Erbschaft nach X in Höhe seines Erbteils nach Y, also zu 1/2, aus. Diese Hälfte würde nach der hM im Sinne der zweiten Lösung an die A fallen und nicht etwa an den noch lebenden Bruder des X, den Z, der bei der ersten Lösung an die Stelle des B träte.

Eigene Ansicht: Für die erste Lösung (Maßgeblichkeit der Erbfolge nach dem Erb- 8 a
lasser) spricht, daß es nicht um die Ausschlagung der Erbschaft nach dem Erben, sondern um die Ausschlagung eines Teils der Erblassererbschaft geht. Hätte der Erbe selbst diese Erbschaft wirksam teilweise ausgeschlagen (was ihm freilich durch § 1950 verwehrt ist), würde dieser Teil nach § 1953 Abs 2 an den fallen, der an seine Stelle als Erbe des Erblassers träte. Die zweite Lösung (Maßgeblichkeit der Erbfolge nach dem Erben) würde den Fall so behandeln, als ob von vornherein statt des Erben die Erbeserben zur Erblassererbschaft berufen gewesen wären. Dann würde der ausgeschlagene Erbteil, sofern an die Stelle des ausschlagenden Erbeserben kein Ersatzerbe tritt, den Miterben des Ausschlagenden anwachsen. Für die erste Lösung spricht der Vergleich mit der Ausschlagung durch den *alleinigen* Erbeserben: Sie schließt nicht aus, daß ihm nunmehr die Erblassererbschaft unmittelbar anfällt, wenn er nämlich aufgrund der Erbfolge nach dem Erblasser der Nächstberufene ist (zB als Kind des Erben und Enkel des Erblassers, vgl §§ 1924 Abs 3, 2069), denn die von ihm als Erbeserbe erklärte Ausschlagung muß sich nicht auf den erst infolge dieser Ausschlagung eintretenden unmittelbaren Anfall der Erbschaft erstrecken (vgl § 1949 Rn 13). Dafür ist gedanklich vorauszusetzen, daß sich die Fiktion des Vorversterbens (§ 1953 Abs 2) nicht auf den ausschlagenden Erbeserben bezieht, sondern auf den Erben, dessen Ausschlagungsrecht er ausübt. Entscheidet aber hier die Erbfolge nach dem Erblasser, so ist nicht einsichtig, daß bei der durch § 1952 zugelassenen bloßen Teilausschlagung die Rückgängigmachung des Anfalls der Erblassererbschaft beim Erben (§ 1953 Abs 1) *nicht* (natürlich beschränkt auf den Anteil des Ausschlagenden) eintreten und für das weitere Schicksal der Erblassererbschaft die Erbfolge nach dem Erben maßgeblich sein soll. Der ersten Lösung ist daher (unter Aufgabe der in STAUDINGER/OTTE [1994] Rn 8 vertretenen Ansicht) der Vorzug zu geben.

Die Ausschlagung durch nur einen von mehreren Erbeserben kann nicht uneinge- 9
schränkt die Rechtsfolgen haben, welche die Ausschlagung durch den Erben gehabt hätte. So ist kein Raum für einen (anteiligen) Pflichtteilsanspruch des Erben aus § 2306 Abs 1 S 2 (MünchKomm/LEIPOLD Rn 16); denn es bleibt ja bei einem, wenn auch verkleinerten, Erbteil des Erben, so daß die Voraussetzungen des Pflichtteilsanspruchs nicht erfüllt sind. War der Erbe ein überlebender Ehegatte, so begründet die Ausschlagung durch nur einen der Erbeserben nicht einen (anteiligen) Anspruch auf Zugewinnausgleich und den besonderen Pflichtteil aus § 1371 Abs 3 (vOLSHAUSEN FamRZ 1976, 678 ff; MünchKomm/LEIPOLD Rn 16; AK-BGB/DERLEDER Rn 4; aA SCHRAMM BWNotZ 1966, 34 f; PALANDT/EDENHOFER Rn 5; SOERGEL/SCHIPPEL[10] Rn 6); andernfalls käme es zu einer Kombination von erb- und güterrechtlichem Zugewinnausgleich, die nicht der Konzeption des § 1371 entspricht. Auf die Ausschlagung des Hofes (§ 11 S 1 HöfeO) ist § 1952 Abs 3 nicht anwendbar. Von mehreren Miterben eines Hoferben kann immer nur der zur Hoferbfolge Berufene über die Ausschlagung entscheiden (LANGE/WULFF/LÜDTKE-HANDJERY § 11 HöfeO Rn 14).

V. Vorerbschaft und Vermächtnis

10 1. Bei Vor- und Nacherbschaft ist wie folgt zu unterscheiden:

a) Übt der Vorerbe sein *eigenes* Ausschlagungsrecht aus – dieser Fall hat mit § 1952 nichts zu tun –, so fällt er als Erbe weg. Es tritt ein eventuell eingesetzter Ersatzvorerbe oder der Nacherbe als Ersatzerbe (§ 2102 Abs 1) an seine Stelle. Der Nachrücker hat ein neues eigenes Ausschlagungsrecht.

11 b) Die Ausübung eines *ererbten* Ausschlagungsrechts – Fall des § 1952 – durch den Vorerben hat Wirkung auch gegen Nacherben (BGB-RGRK/JOHANNSEN Rn 8; PALANDT/ EDENHOFER Rn 2). Zwar ergibt sich diese Befugnis nicht unmittelbar aus § 2112, doch entspricht sie dem Grundgedanken dieser Vorschrift (iE auch STAUDINGER/BEHRENDS/ AVENARIUS [1996] § 2112 Rn 3), dem Charakter der Ausschlagung als einer bloßen Nichtannahme eines angetragenen Rechts sowie ihrer persönlichen Note (vgl § 1942 Rn 14). § 2113 Abs 2 ist mit Rücksicht auf § 517 nicht anzuwenden. Zum Teil wird vertreten, der ausschlagende Vorerbe könne, weil er dem Nacherben einen Nachlaß ohne die Erblassererbschaft hinterläßt, nach §§ 2130 f schadensersatzpflichtig sein (PALANDT/ EDENHOFER Rn 2; SOERGEL/STEIN Rn 3; AK-BGB/DERLEDER Rn 2; STAUDINGER/BEHRENDS/AVENARIUS aaO). Dagegen spricht jedoch, daß das Ausschlagungsrecht auch im Fall des § 1952 nicht als reines Vermögensrecht, sondern als eine Befugnis aufzufassen ist, die (auch) mit Rücksicht auf die persönlichen Beziehungen zum Erblasser und zu den sonst zur Erbschaft Berufenen verliehen ist.

12 c) Tritt der Nacherbfall ein, bevor die Frist zur Ausübung des Ausschlagungsrechts durch den Vorerben abgelaufen ist, so ist weiter zu differenzieren:

aa) Handelt es sich um das *ererbte* Ausschlagungsrecht (Fall des § 1952), so geht es als Bestandteil des Nachlasses gemäß § 2139 auf den Nacherben über.

bb) Das *eigene* Ausschlagungsrecht des Vorerben sollen nach BGHZ 44, 152 seine (mit den Nacherben nicht notwendig identischen) Erben ausüben können. Dem stimmt die Lit überwiegend zu (vgl statt aller STAUDINGER/BEHRENDS/AVENARIUS [1996] § 2102 Rn 6; aA vLÜBTOW [1967] 99 ff). Die Frage, ob das Ausschlagungsrecht des Vorerben noch nach Eintritt des Nacherbfalles ausgeübt werden kann oder (so die Vorinstanz zu BGHZ 44, 152) sich gemäß § 2139 erledigt hat, ist unabhängig von § 1952 zu entscheiden, da Nacherbfall nicht notwendig der Tod des Vorerben ist. Die Frage stellt sich demnach genauso, wenn der Vorerbe den Nacherbfall überlebt. Mit Recht verweist der BGH (156) darauf, daß ungeachtet der Beendigung der Vorerbenstellung gemäß § 2139 noch ein Interesse des Vorerben an der Ausschlagung besteht, und zwar einmal wegen der durch den Nacherbfall nicht hinfällig gewordenen Regelung der Lastentragung (§§ 101, 2124 Abs 1) und der Haftung des Vorerben (§ 2145) und zum andern, um die Voraussetzung für einen Pflichtteilsanspruch aus § 2306 Abs 1 S 2 schaffen zu können. Dem noch lebenden Vorerben kann daher die Ausschlagung auch nach dem Eintritt des Nacherbfalles nicht versagt werden. Ist er aber bereits gestorben, kann dieses Ausschlagungsrecht nur seinen Erben zustehen, so daß ein Fall des § 1952 vorliegt. Durch die Ausschlagung wird die Vorerbenstellung rückwirkend beseitigt. Für die Gestaltung der weiteren Erbfolge gilt das oben zu a) Gesagte.

1. Titel. § 1952, 13
Annahme und Ausschlagung der Erbschaft. Fürsorge des Nachlaßgerichts   § 1953, 1–4

2. Auf **Vermächtnisse** findet § 1952 Abs 1 und 3 gemäß § 2180 Abs 3 entsprechende Anwendung. 13

§ 1953

[1] Wird die Erbschaft ausgeschlagen, so gilt der Anfall an den Ausschlagenden als nicht erfolgt.

[2] Die Erbschaft fällt demjenigen an, welcher berufen sein würde, wenn der Ausschlagende zur Zeit des Erbfalls nicht gelebt hätte; der Anfall gilt als mit dem Erbfall erfolgt.

[3] Das Nachlaßgericht soll die Ausschlagung demjenigen mitteilen, welchem die Erbschaft infolge der Ausschlagung angefallen ist. Es hat die Einsicht der Erklärung jedem zu gestatten, der ein rechtliches Interesse glaubhaft macht.

Materialien: E I §§ 1972, 2042; II § 1839; III § 1929; Mot V 375 ff, 513 f; Prot V 483, 632; VI 338 ff; STAUDINGER/BGB-Synopse 1896–2000 § 1953.

I. Allgemeines

1. § 1953 regelt in seinen beiden ersten Absätzen die Wirkung der Ausschlagung 1
durch **zwei Fiktionen**, aus deren Zusammenspiel eine Rückwirkung der Ausschlagung folgt. Dies gilt sowohl für den Fall der gesetzlichen als auch den der gewillkürten Erbfolge. Durch die der Ausschlagung beigelegte Rückwirkung wird die unmittelbare Überleitung der Erbschaft auf den endgültigen Erben ermöglicht. Die ausgeschlagene Erbschaft fällt dem an, der berufen gewesen wäre, wenn der Ausschlagende zur Zeit des Erbfalls nicht mehr gelebt hätte. Die Bestimmung ist eine *Folgerung aus dem Vonselbsterwerb* der Erbschaft und dem Gedanken der unmittelbaren Gesamtnachfolge. Die Regelung entspricht dem gemeinen Recht in Ansehung der Hauserben, der *sui heredes* (Mot V 513; vgl § 1942 Rn 8).

Aus Abs 1 und 2 ergibt sich eine Zusammenziehung *(Konzentration)* aller denkbaren 2
Berufungen *auf den Zeitpunkt des Erbfalls*. Der Ersatzerbe (§ 2096) oder der (nächste) gesetzliche Erbe tritt an die Stelle des Ausschlagenden (RGZ 95, 97 f; 142, 171, 174), soweit nicht unter Miterben nach §§ 1935, 2094 eine Erhöhung ihrer Erbteile oder eine Anwachsung stattfindet.

2. Die Absätze 1 und 2 sind nach § 2180 Abs 3 auf **Vermächtnisse** entsprechend 3
anzuwenden.

II. Die Rechtsfolgen der Ausschlagung im einzelnen

1. Die mit dem Erbschaftserwerb **durch Vereinigung erloschenen Rechtsverhältnisse** 4

leben wieder auf (analog §§ 1976, 1991 Abs 2, 2143, 2175, 2377). Auch der nach § 857 erworbene **Besitz** gilt als nicht erworben und als nicht auf den Ausschlagenden übergegangen, wie wenn er ihn niemals gehabt hätte. Soweit der Ausschlagende freilich schon tatsächlichen Besitz ergriffen hatte, dauert dieser bis zur Herausgabe an den wirklichen Erben, zu der der Ausschlagende verpflichtet ist, fort (vgl CROME § 667 Fn 27; STROHAL II § 63 bei Fn 11 und 12; JherJb 38, 102; PLANCK/FLAD Anm 1). Doch darf weder seine Besitzergreifung als verbotene Eigenmacht (§ 858) noch die Sache als dem endgültigen Erben abhanden gekommen (§ 935) angesehen werden, da es sich um eine vom Gesetz gestattete Besitzergreifung handelt (hM, vgl PALANDT/EDENHOFER Rn 4; Münch-Komm/LEIPOLD Rn 4; BROX Rn 308; zustimmend wohl auch BGH NJW 1969, 1349; aM LANGE/KUCHINKE § 5 III 4 u § 8 V 2 Fn 107, der sich zu Unrecht auf WIEGAND JuS 1972, 91 beruft, vgl dort Fn 27). – Der Ausschlagende wird auch von den **Nachlaßverbindlichkeiten** frei.

5 Nicht anders war die Wirkung der Ausschlagung nach § 404 ZGB (DDR) zu beurteilen. Von der den Anfall beseitigenden Wirkung der Ausschlagung macht aber § 1 Abs 2 VermG eine Ausnahme „*für bebaute Grundstücke und Gebäude* [im Beitrittsgebiet] . . ., *die auf Grund nicht kostendeckender Miete und infolge dessen eingetretener Überschuldung durch . . . Erbausschlagung in Volkseigentum übernommen wurden.*" Die Ausschlagung begründet wegen solcher Grundstücke unter den sonstigen Voraussetzungen des VermG einen Restitutionsanspruch des Ausschlagenden, bei mehrfacher Ausschlagung des Erstausschlagenden (VG Weimar DtZ 1993, 221; VOGT/KOBOLD DtZ 1993, 226). Das muß auch dann gelten, wenn die Ausschlagung nach der Wende wirksam angefochten worden ist, denn die Anfechtung ist durch § 1 Abs 2 VermG nicht ausgeschlossen (unzutr FAHRENHORST JR 1992, 269 f; hierzu § 1942 Rn 11 aE), wohl aber durch das vorrangige VermG in ihrer Wirkung auf den Nachlaß im übrigen beschränkt und daher meist wirtschaftlich bedeutungslos.

5 a Daß dem Ausschlagenden ein Restitutionsanspruch zustehe, wird auch in den Fällen der „*unvollständigen Erbausschlagungskette*" überwiegend angenommen, dh wenn die Erbschaft infolge der Ausschlagung gar nicht der DDR als letzter gesetzlicher Erbin, sondern einem anderen anfiel, dessen Erbrecht von den Behörden aber – bewußt oder auch irrtümlich – übergangen wurde, indem das Nachlaßgrundstück faktisch als Volkseigentum behandelt wurde (BVerfG NJW 1998, 2583 = FamRZ 1998, 949 = ZEV 1998, 188; BVerwGE 105, 172 = NJW 1998, 255; VG Leipzig DtZ 1997, 102; STEFFENS/SCHMIDT VIZ 1997, 571, 575; LIMMER ZEV 1997, 498; KUCHINKE VIZ 1998, 9, 16; aA OLG Dresden DtZ 1996, 216; VG Chemnitz VIZ 1996, 715; KETTEL DtZ 1994, 20 f; WALTER DtZ 1996, 226; GRÜN VIZ 1996, 681, 685 ff). Verfassungsrechtliche Bedenken gegen diese Ansicht, die zur Enteignung des nachrangigen Erben führt, der nicht ausgeschlagen hatte, äußert BEHRENDT (VIZ 1998, 371 f). Völlig ungeklärt ist bei der von der hM vertretenen Lösung die Position der Nachlaßgläubiger, insbesondere der Pflichtteilsberechtigten, gegenüber dem Restitutionsberechtigten: Sie müssen mitansehen, daß das Grundstück in Erfüllung des Restitutionsanspruchs dem Nachlaß entzogen wird (hierzu KUCHINKE VIZ 1998, 15, der mit Recht eine Bereinigung der Folgen der höchstrichterlichen Rechtsprechung durch ein Eingreifen des Gesetzgebers fordert).

6 2. Da der Ausschlagende nach der Fiktion des Abs 2 **als zur Zeit des Erbfalls schon verstorben** anzusehen ist, tritt an seine Stelle bei der gesetzlichen Erbfolge der *nach ihm berufene gesetzliche Erbe*, bei der gewillkürten aber der etwaige *Ersatzerbe* (§§ 2096 ff), wobei auch die gesetzlich vermutete Ersatzerbeinsetzung gemäß

§ 2069 zu berücksichtigen ist (vgl – auch zur sich hier stellenden Problematik der Ausschlagung durch einen Pflichtteilsberechtigten – STAUDINGER/OTTE [1996] § 2069 Rn 8 ff u § 2096 Rn 8). Wenn kein Ersatzerbe eingesetzt ist oder der eingesetzte ebenfalls ausschlägt, folgt der nächste gesetzliche Erbe. Zu beachten ist, daß der letztwillig berufene gesetzliche Erbe als eingesetzter Erbe ausschlagen und als gesetzlicher Erbe annehmen kann, § 1948 Abs 1. Bei Miterben kann es infolge Ausschlagung durch einen derselben zur *Erhöhung* oder *Anwachsung* iSd §§ 1935, 2094 kommen. Schlägt der *Nacherbe* aus, so verbleibt der Nachlaß nicht ohne weiteres dem Vorerben, sondern es treten evtl Ersatzerben des Nacherben (uU auch nach § 2069) an seine Stelle (KG OLGE 24, 774).

3. Darüber, wem die Erbschaft oder der Erbteil an Stelle des Ausschlagenden 7 anfällt, entscheidet lediglich der Umstand, wer **zur Zeit des Erbfalls** der Berufene sein würde. Wer zu diesem Zeitpunkt noch nicht einmal erzeugt war, ist also nach § 1923 ausgeschlossen.

4. Ist der infolge der Ausschlagung **nächstberufene Erbe** inzwischen **gestorben**, so 8 geht die Erbschaft mit dem Ausschlagungsrecht auf seine Erben über, § 1952. Insoweit kann man von einer dem römischen und gemeinen Recht fremden *Transmission des schwebenden Erbrechts* sprechen (PLANCK/FLAD Anm 2). Nach römischem Recht mußte der evtl Berufene nicht bloß den Erbfall, sondern auch den durch den Wegfall des Vorberufenen bedingten Anfall der Erbschaft erleben. Nach BGB genügt das Erleben des Erbfalls (RGZ 61, 14, 16; vgl die entspr Bestimmung des § 2344 für den Fall der Erbunwürdigkeit). Dies gilt auch beim Ersatzerben; anders nur, wenn der Wille des Erblassers dahin ging, daß der Ersatzerbe die Ausschlagung erlebt haben muß. § 2074 ist nur dann anwendbar, wenn der Wegfall des zuerst Bedachten ausnahmsweise als aufschiebende Bedingung für den Anfall beim hilfsweise Bedachten gedeutet werden darf (vgl PLANCK/FLAD Anm 2; ferner STAUDINGER/OTTE [1996] § 2074 Rn 70).

5. Die auf der ausgeschlagenen Erbschaft lastenden **Beschwerungen** (Vermächt- 9 nisse und Auflagen) bleiben im Zweifel in Kraft (§§ 2161, 2192). Die Ausschlagung bewirkt nicht den Verlust von letztwilligen Vorteilen, die – wie zB Vorausvermächtnisse – dem Ausschlagenden nicht als Erbteile zugedacht sind (vgl STAUDINGER/OTTE [1996] § 2150 Rn 2; BGB-RGRK/JOHANNSEN Rn 2; ERMAN/SCHLÜTER Rn 2).

6. Die **Ausschlagungsfrist** für den infolge der Ausschlagung berufenen Erben be- 10 ginnt erst mit dem Zeitpunkt, in dem er von dem Anfall an ihn und dem Berufungsgrund Kenntnis erlangt, natürlich von den Fällen abgesehen, wo nach § 1951 Abs 2 S 1 eine besondere Ausschlagungsfrist infolge des endgültigen Erwerbs eines Erbteils nicht mehr in Frage kommt (vgl PLANCK/FLAD Anm 3).

7. Solange die Ausschlagung noch möglich ist, läuft die Frist für die **Verjährung** 11 von Ansprüchen, die zu einem Nachlaß gehören oder sich gegen einen Nachlaß richten, nach § 207 nicht ab, sofern nicht für die Geltendmachung des Anspruchs ein Vertreter (Nachlaßverwalter, Pfleger, Testamentsvollstrecker) bestellt ist, § 207.

8. Der endgültige Erbe hat gegenüber dem Ausschlagenden ggf einen **Heraus-** 12 **gabeanspruch** nach §§ 1959 Abs 1, 681, 667, aber nicht den Erbschaftsanspruch nach §§ 2018 ff (vgl STAUDINGER/MAROTZKE § 1959 Rn 7; auch LANGE/KUCHINKE § 40 II 2 im Widerspruch zur o Rn 4 erwähnten Ansicht zu §§ 858, 935), sodann das Recht auf **Auskunft-**

erteilung gem § 2027 Abs 2, schließlich auch das Recht, die Herausgabe des **unrichtigen Erbscheins** an das Nachlaßgericht gem § 2362 zu verlangen, was freilich nur bei einer der Ausschlagung gleichstehenden Annahmeanfechtung denkbar ist. Der endgültige Erbe wird dem vorläufigen Erben wegen der **Besorgung erbschaftlicher Geschäfte** nach §§ 1959 Abs 1, 683, 670 verpflichtet (wegen der beiderseitigen Ansprüche aus der Geschäftsbesorgung vgl ie STAUDINGER/MAROTZKE § 1959 Rn 5 ff u 17). Er ist **nicht Rechtsnachfolger des Ausschlagenden**, sondern des Erblassers (BGHZ 106, 359 zu § 265 ZPO).

13 9. Ein **Schutz gutgläubiger Dritter** gegenüber den denkbaren Folgen des § 1953 Abs 1 ergibt sich mittelbar aus §§ 2366, 2367; Dritte können von dem, der als Erbe auftritt, die Vorlage eines Erbscheins verlangen, und in dem Antrag auf Erteilung eines solchen ist die Erklärung der Annahme der Erbschaft zu erblicken (wegen der Wirksamkeit von Leistungen an den und Verfügungen, insbesondere dringlichen, durch den vorläufigen Erben vgl ie STAUDINGER/MAROTZKE § 1959 Rn 8 ff). Hatte der vorläufige Erbe vor der Eröffnung des Nachlaßinsolvenzverfahrens einem Nachlaßgläubiger eine Grundschuld bestellt, die Erbschaft aber später ausgeschlagen, so kommt es für die Anwendung des § 131 InsO auf die Begünstigungsabsicht des vorläufigen, nicht des endgültigen Erben an (BGH NJW 1969, 1349 zu § 30 Nr 2 KO).

14 10. Dazu, daß die Ausschlagung weder der **Gläubiger-** noch der **Insolvenzanfechtung** unterliegt, sowie zu den **erbschaftsteuerlichen** Auswirkungen vgl § 1942 Rn 11 f.

III. Abs 3

15 1. Die in der Ordnungsvorschrift des Abs 3 ausgesprochene **Mitteilungspflicht** des Nachlaßgerichts hat den Zweck, die Ausschlagungsfrist gegen den weiter Berufenen in Lauf zu setzen (vgl § 1944 Abs 2). Das Nachlaßgericht hat zur Feststellung des infolge der Ausschlagung Berufenen notfalls Ermittlungen anzustellen, u zw von Amts wegen (§ 12 FGG) und gebührenfrei (§ 105 KostO; PALANDT/EDENHOFER Rn 6). In der Zwischenzeit ist es nach § 1960 zu Fürsorgemaßnahmen verpflichtet. Die Ausschlagungsfrist wird aber auch schon vor Empfang der vorgeschriebenen Mitteilung durch sonstwie erlangte Kenntnis vom Anfall und Berufungsgrund in Lauf gesetzt, aber nicht vor Verkündung der berufenden letztwilligen Verfügung.

16 2. Ein **Recht auf Einsicht der Ausschlagungserklärung** ist jedem zugesprochen, der glaubhaft macht, daß er ein rechtliches Interesse hat, also zunächst jedem, der infolge der Ausschlagung zur Erbschaft berufen sein würde, aber auch den Nachlaßgläubigern. Das Erfordernis des rechtlichen Interesses (vgl § 256 ZPO, § 57 Abs 1 Nr 1 FGG) steht im Gegensatz zum nur berechtigten Interesse, wie es zB in § 12 GBO gefordert wird: Es bedeutet, daß Tatsachen behauptet und glaubhaft gemacht werden müssen, an die sich irgendwelche rechtlich bedeutsamen Folgen für den Betreffenden knüpfen. Nicht genügt ein Interesse, das sich nur auf außerhalb des Rechtsgebiets liegende, beachtenswerte Umstände gründet; ein solches gibt kein Recht auf Einsicht, sondern begründet nur nach § 34 FGG die Befugnis des Nachlaßgerichts, die Einsicht zu gestatten (vgl RG JFG 13, 386, 391; KG OLGE 5, 199, 200; BayObLG OLGE 25, 403; OLG Dresden OLGE 25, 403 ff; zum Begriff des rechtlichen Interesses auch KEIDEL/KUNTZE/WINKLER, FGG[14] § 34 Rn 13 ff, § 57 Rn 9, 18 f, 37 ff; JANSEN, FGG[2] § 34 Rn 2, 3; § 57 Rn 4, 27; BGHZ 4, 323 = LM Nr 1 zu § 16 VerschG; für Gleichsetzung von rechtlichem und berechtigtem Interesse MünchKomm/LEIPOLD Rn 15; SOERGEL/STEIN Rn 6).

1. Titel. § 1954
Annahme und Ausschlagung der Erbschaft. Fürsorge des Nachlaßgerichts

§ 1954

[1] Ist die Annahme oder die Ausschlagung anfechtbar, so kann die Anfechtung nur binnen sechs Wochen erfolgen.

[2] Die Frist beginnt im Falle der Anfechtbarkeit wegen Drohung mit dem Zeitpunkt, in welchem die Zwangslage aufhört, in den übrigen Fällen mit dem Zeitpunkt, in welchem der Anfechtungsberechtigte von dem Anfechtungsgrunde Kenntnis erlangt. Auf den Lauf der Frist finden die für die Verjährung geltenden Vorschriften der §§ 203, 206, 207 entsprechende Anwendung.

[3] Die Frist beträgt sechs Monate, wenn der Erblasser seinen letzten Wohnsitz nur im Auslande gehabt hat oder wenn sich der Erbe bei dem Beginne der Frist im Ausland aufhält.

[4] Die Anfechtung ist ausgeschlossen, wenn seit der Annahme oder der Ausschlagung dreißig Jahre verstrichen sind.

Materialien: E I §§ 2040 Abs 3–6, 2041; II § 1831; III § 1930; Mot V 510 ff; Prot V 630 ff; VI 395; STAUDINGER/BGB-Synopse 1896–2000 § 1954.

Systematische Übersicht

I.	Allgemeines	1	1. Kürzere Frist	14
			2. 30-jährige Frist	15
II.	Anfechtungsgründe	3	3. Fristlauf	16
1.	Inhalts- und Erklärungsirrtum	4		
2.	Motiv- und Eigenschaftsirrtum	5	IV. Rechtsfolgen der Anfechtung	17
3.	Erheblichkeit des Irrtums	9		
4.	Irrtum des Vertreters	10	V. Beweislast	18
5.	§ 2308	11		
6.	Rechtspolitisches	12	VI. Anfechtung der Ausschlagung von DDR-Erbschaften	19
III.	Anfechtungsfrist	13		

Alphabetische Übersicht

Anfechtungsfrist	2, 13 ff, 18 f, 24	Eigenschaftsirrtum	3, 5, 7ff, 22
– Hemmung	16, 24	Erheblichkeit des Irrtums	9
Annahme, Anfechtbarkeit	1 ff, 12	Erklärungsirrtum	3 f
Arglistige Täuschung	3, 14, 19		
		Inhaltsirrtum	3 f, 6, 19, 22
Beweislast	18	Irrtum über Beschwerungen oder Beschränkungen	3, 11 f
DDR	7, 9, 19 ff	– über den angefallenen Erbteil	2
Durchschauter Vorbehalt	1	– über den Berufungsgrund	2

– über den Wert	5, 7 f	Versäumung der Ausschlagungsfrist	2
– über die Person des Nachrückers	6	Vertreter	10
– über die Zusammensetzung des Nachlasses	7, 22	Widerrechtliche Drohung	3, 14, 19, 23 f
– über Überschuldung	7 ff, 22	Widerruflichkeit von Annahme oder Ausschlagung	1
Motivirrtum	5 f, 21	Willensmängel	1
		Wirkungen der Anfechtung	2, 17
pro herede gestio	4		
		Zwangsausschlagung	23
Scheinerklärung	1		
Übermittlungsfehler	3, 14, 19		

I. Allgemeines

1 Die Annahme ist, da nicht empfangsbedürftig, nach der Abgabe der Erklärung *unwiderruflich* (zu einer Ausnahme vgl § 1943 Rn 3), die Ausschlagung hingegen erst nach Zugang beim Nachlaßgericht. Das hatten E I § 2039 und E II § 1824 Abs 2 ausdrücklich bestimmt; später sind diese Bestimmungen als selbstverständlich weggefallen (Prot VI 153; vgl Mot aaO und OLG Colmar OLGE 8, 265). Annahme und Ausschlagung können nur nach den allgemeinen Vorschriften über Willensmängel (§§ 116 ff) angegriffen werden, also vornehmlich durch *Anfechtung* nach §§ 119 ff. *Nichtigkeit wegen durchschauten Vorbehalts* nach § 116 S 2 oder wegen *Einverständnisses mit der Scheinerklärung* nach § 117 Abs 1 kann hingegen bei einer dem Nachlaßgericht gegenüber abzugebenden Ausschlagungserklärung nicht in Betracht kommen (RG HessRspr 1911, 138; BayObLG Rpfleger 1992, 348; MünchKomm/Leipold § 1945 Rn 2).

2 Zu §§ 119 ff enthalten §§ 1954 f *Sondervorschriften über Form und Frist der Anfechtung*. Die Anfechtungsgründe ergeben sich aus den allgemeinen Vorschriften; ebenso die Wirkungen der Anfechtung, hinsichtlich derer § 1957 nur eine Ergänzung bringt. Zur Anfechtbarkeit der Versäumung der Ausschlagungsfrist vgl § 1956. Die Bedeutung des Irrtums über den Berufungsgrund ist in § 1949 besonders geregelt. Ein solcher Irrtum macht die Annahme und Ausschlagung ohne Anfechtung unwirksam. Gleiches gilt bei einem Irrtum darüber, auf welchen Erbteil der Erbe berufen ist (vgl § 1949 Rn 7).

II. Anfechtungsgründe

3 Als Anfechtungsgründe kommen in Betracht: Erklärungs-, Inhalts- und Eigenschaftsirrtum (§ 119), Übermittlungsfehler (§ 120), widerrechtliche Drohung und arglistige Täuschung (§ 123) sowie Irrtum des Pflichtteilsberechtigten über den Wegfall einer Beschränkung oder Beschwerung (§ 2308) (zu den in den Rückerstattungsgesetzen geregelten Fällen vgl BGB-RGRK/Johannsen Rn 14).

1. Inhalts- und Erklärungsirrtum

Anfechtbar nach § 119 Abs 1 sind Annahme bzw Ausschlagung, wenn der Erbe über **4** den *Inhalt* seiner Erklärung im Irrtum war oder eine *Erklärung* dieses Inhalts überhaupt nicht abgeben wollte. Umstritten war, ob dies auch für die Annahme durch *pro herede gestio* gilt. Es wurde verneint mit der Begründung, daß die *pro herede gestio* einen wirklichen Annahmewillen voraussetze, der Irrende sich somit „durch einfachen Irrtumsnachweis..., ohne nach § 119 anfechten zu müssen, befreien" könne (STAUDINGER/LEHMANN[11] § 1943 Rn 4 im Anschluß an MANIGK, Das rechtswirksame Verhalten 389 ff). Diese Ansicht ist jedoch (vgl § 1943 Rn 2, 4 f, 7) abzulehnen und die *pro herede gestio* den §§ 119, 122, 1954 zu unterstellen (ebenso KIPP/COING § 89 I 1; MünchKomm/ LEIPOLD Rn 5 mit Beispielsfällen). Die Annahme durch schlüssiges Verhalten unterliegt also der Anfechtung und ist anfechtbar, wenn der Erbe keine Kenntnis von der Möglichkeit einer Ausschlagung besaß und infolgedessen seinem Verhalten keinen Erklärungswert beigelegt hat (BayObLGZ 1983, 153 = FamRZ 1983, 1061). Bei einer gegenüber dem Nachlaßgericht ausdrücklich erklärten Annahme kommt hingegen ein Fehlen des Erklärungsbewußtseins nicht in Betracht, so daß die Annahme nicht wegen Unkenntnis des Ausschlagungsrechts angefochten werden kann (BayObLG NJW-RR 1995, 904, 906; iE richtig auch BayObLGZ 1987, 356 = NJW 1988, 1270, wo Rechtsfolgenirrtum angenommen wurde, in Wirklichkeit aber die Rechtsfolge, nämlich die Endgültigkeit der Erbenstellung, gewollt war, so daß kein Irrtum vorlag). Ein Inhaltsirrtum ist angenommen worden, wenn der unter einer Auflage eingesetzte Testamentserbe glaubte, er gelange durch Ausschlagung zur gesetzlichen Erbfolge, und dies auch noch unter Wegfall der Beschwerung (OLG Düsseldorf NJW-RR 1998, 150 = ZEV 1998, 429; i Erg zust MALITZ/ BENNINGHOVEN ZEV 1998, 418); die Folgen fehlerhafter Rechtsberatung (es war nicht nur der Grundgedanke des § 2161 übersehen worden, sondern auch, daß ein Fall des § 1948 Abs 1 wegen Einsetzung von Ersatzerben nicht vorlag) sollten indessen nicht über die Irrtumsanfechtung, sondern haftungsrechtlich bereinigt werden.

2. Motiv- und Eigenschaftsirrtum

Ein *Irrtum im Beweggrund* ist an sich nach § 119 Abs 1 unbeachtlich, gilt jedoch **5** gemäß § 119 Abs 2 als *Inhaltsirrtum*, wenn er verkehrswesentliche Eigenschaften der Person oder der Sache betrifft. Bei der Erbschaftsausschlagung kommt wohl nur die letzte Variante (Eigenschaften der Sache) in Betracht. Meistens wird der Motivirrtum unbeachtlich sein, so bei einer irrigen Vorstellung über den Wert des Nachlasses oder von Nachlaßgegenständen (s u Rn 8) oder über die Höhe der Erbschaftsteuer (offengelassen von OLG Zweibrücken FGPrax 1996, 113 f = ZEV 1996, 428). Als Eigenschaftsirrtum kommt hingegen in Betracht der Irrtum eines die Erbschaft ausschlagenden Miterben über seine Erbquote (OLG Hamm NJW 1966, 1080 f mwN; ebenso LANGE/KUCHINKE § 8 Fn 174; ERMAN/SCHLÜTER Rn 3; MünchKomm/LEIPOLD Rn 9; AK-BGB/DERLEDER Rn 3), ebenso der Irrtum des die Annahme erklärenden Erben darüber, daß ein (weiterer) Miterbe berufen ist (BGH NJW 1997, 392, 394 = ZEV 1997, 22 m Anm SKIBBE).

Ein *unbeachtlicher* Irrtum im Beweggrund liegt auch vor, wenn der Ausschlagende **6** eine falsche Vorstellung davon gehabt hat, wem die Erbschaft zugute kommt (KGJ 35 A 67; KG OLGE 8, 263, 264; 24, 61; SeuffA 58 Nr 216; OLG Düsseldorf FamRZ 1997, 905 = ZEV 1997, 258), auch dann nicht, wenn er geglaubt hat, durch seine Ausschlagung und als unmittelbare Folge seines darauf gerichteten Willens trete die Erbfolge einer *bestimmten* Person ein (ebenso PALANDT/EDENHOFER Rn 3; SOERGEL/STEIN Rn 2). Daher kann der pflichtteilsberechtigte Vorerbe, der die Erbschaft ausgeschlagen hat, weil er davon ausging, der Nacherbe werde sie annehmen, die Ausschlagung nicht anfechten, wenn der Nacherbe ebenfalls ausschlägt (OLG Stuttgart MDR 1983, 751 = OLGZ 1983, 304). Es wäre überspitzt und undurchführbar, diesen Fall anders zu behandeln als den, wo der Ausschlagende wußte, daß unabhängig von seinem Willen die vom Gesetz nächstberufene Person als Erbe eintritt, und er sich nur über die Person geirrt hat (so zutreffend BGB-RGRK/JOHANNSEN Rn 1; vgl KG HRR 1932 Nr 8; KGJ 35 A 67). Ein unbeachtlicher Motivirrtum liegt auch vor, wenn dem Ausschlagenden unbekannt war, daß sich infolge der Ausschlagung ein Erbersatzanspruch (nach dem bis zum 31. 3. 1998 geltenden § 1934 a) erhöht hat (OLG Hamm FamRZ 1998, 771). Daß es ein Inhaltsirrtum sei, wenn der Ausschlagende angenommen hat, die Ausschlagungserklärung sei die Form der Übertragung des Erbteils auf einen Miterben (KG JFG 17, 69; LANGE/KUCHINKE § 8 Fn 169; MALITZ/BENNINGHOVEN ZEV 1998, 417; auch KG Rpfleger 1993, 198 f hält solche Vorstellungen für möglich), erscheint gekünstelt und ist abzulehnen (AK-BGB/DERLEDER Rn 2; MünchKomm/LEIPOLD Rn 6). Um unbeachtliche Motiv-, weil bloße Rechtsfolgenirrtümer handelt es sich auch, wenn dem Annehmenden der Verlust seines Pflichtteilsrechts unbekannt war (BayObLG NJW-RR 1995, 904) oder wenn er glaubte, die Erfüllung eines Vermächtnisses bis zur Höhe seines Pflichtteilsanspruchs verweigern zu können (FGPrax 1998, 146 = ZEV 1998, 431), oder wenn der Ausschlagende in Unkenntnis der Voraussetzungen des § 2306 Abs 1 S 2 glaubt, durch Ausschlagung pflichtteilsberechtigt zu werden (ERMAN/SCHLÜTER Rn 3; SOERGEL/STEIN Rn 2; FROHN Rpfleger 1982, 56; **aA** OLG Hamm OLGZ 1982 41; MALITZ/BENNINGHOVEN ZEV 1998, 418 f meinen, im konkreten Fall sei die Erklärung wegen der Verbindung von Ausschlagung und Pflichtteilsverlangen bereits wegen inneren Widerspruchs unwirksam und daher der Anfechtung nicht bedürftig gewesen; mE lag kein Widerspruch vor, sondern nur eine auf teilweise Unmögliches gerichtete Vorstellung, die mangels Rechtserheblichkeit des Pflichtteilsverlangens den Inhalt des Rechtsgeschäfts nicht berührte).

7 Problematisch ist, inwieweit ein *Irrtum über die Zusammensetzung des Nachlasses* (seinen Umfang oder seine Größe) zu beachten ist, ob insbesondere wegen eines Irrtums über die Überschuldung angefochten werden kann. Nach der früheren Rspr des RG (RGZ 103, 21) sollte die Überschuldung grundsätzlich keine Eigenschaft des Nachlasses sein, sondern ein Werturteil (ebenso BayObLG OLGE 41, 80). Diese Auffassung ist aber vom Schrifttum mit Erfolg bekämpft worden. Auch das RG erkannte später an, daß § 119 Abs 2, obwohl er nur von Eigenschaften einer Sache spricht, auch auf andere Geschäftsgegenstände, insbesondere auch auf Vermögensinbegriffe wie die Erbschaft, anwendbar ist (vgl RGZ 149, 235, 238; 158, 50). Als verkehrswesentliche Eigenschaft eines Gegenstandes darf zwar nicht sein Wert angesehen werden, wohl aber können die den Wert unmittelbar bildenden Umstände ihm eine bestimmte Eigenschaft geben (BGH LM Nr 2 zu § 779). Wie bei der Sache die Größe, so muß bei einem Inbegriff seine Zusammensetzung aus einer Reihe von Einzelgegenständen als ein für seine Wertschätzung im Verkehr maßgebendes Merkmal anerkannt werden. Da als verkehrswesentlich alle Merkmale und Verhältnisse des Gegenstandes in Betracht kommen, auf die der Verkehr bei derartigen Geschäften entscheidendes Gewicht legt, wird man mithin auch in der Überschuldung des Nachlasses regelmäßig eine demselben innewohnende Eigenschaft zu sehen haben. Das RG hat sich später dieser Ansicht angeschlossen (RGZ 158, 50 = JW 1938, 2348; vgl KIPP § 56 I und

1. Titel. **§ 1954**
Annahme und Ausschlagung der Erbschaft. Fürsorge des Nachlaßgerichts 8

BGB-RGRK/Johannsen Rn 4). Ein Irrtum über die Zusammensetzung des Nachlasses ist nach der aktiven wie nach der passiven Seite (insoweit zu Unrecht anders Kipp § 56 Fn 6; wie hier aber Kipp/Coing § 89 I 3) beachtlich, also sowohl wenn dem Ausschlagenden das Vorhandensein eines wertvollen Nachlaßgegenstandes, zB eines Gesellschaftsanteils (Marotzke JZ 1986, 463) oder eines Grundstücks in der DDR (KG OLGZ 1993, 1; BayObLG FamRZ 1994, 848), unbekannt geblieben war oder er irrig annahm, ihm seien die wesentlichen Vermögenswerte des Erblassers bereits zu Lebzeiten übertragen worden, befänden sich also nicht mehr im Nachlaß (BayObLG FamRZ 1998, 924 f), als auch wenn der Annehmende wesentliche Nachlaßverbindlichkeiten nicht gekannt hat, vor allem aber wenn er von der Überschuldung des Nachlasses keine Kenntnis hatte (BayObLGZ 1980, 23, 27; BayObLG FamRZ 1983, 834; 1997, 1175; NJW-RR 1999, 592; Brox Rn 302; Weithase Rpfleger 1988, 441). Verkehrswesentlich sind auch nennenswerte Verbindlichkeiten aus Vermächtnissen und Auflagen, jedenfalls dann, wenn sie den Pflichtteil des Annehmenden gefährden (BGHZ 106, 359), sowie Beschränkungen durch Testamentsvollstreckung und Nacherbeinsetzung (BayObLG NJW-RR 1997, 72 = ZEV 1996, 425 m abl Anm Edenfeld; MünchKomm/Leipold Rn 9); ohne Rücksicht auf das Ausmaß der Beschwerung oder Beschränkung kann auch noch § 2308 eingreifen (s u Rn 8; OLG Colmar OLGE 6, 329, 330; OLG Braunschweig OLGE 30, 169). Die Ablehnung der Analogiefähigkeit dieser Norm (OLG Stuttgart MDR 1983, 752; Erman/Schlüter Rn 3) kann die Unbeachtlichkeit von Beschwerungen und Beschränkungen nicht begründen, denn es geht um unmittelbare Anwendung des § 119 Abs 2. Keinen Irrtum stellt es dar, wenn der Annehmende das Vorhandensein wertvoller Nachlaßgegenstände bloß vermutet, aber keine konkreten Vorstellungen hat (BayObLG FamRZ 1997, 1174 = ZEV 1997, 257).

Da der bloße *Wert eines Gegenstandes* keine Eigenschaft iSd § 119 Abs 2 ist, scheidet **8** die Anfechtung der Annahme wegen nicht bemerkter Überschuldung aus, wenn dieser Irrtum darauf beruht, daß der Erbe zwar weiß, welche Gegenstände zur Erbschaft gehören, sie aber, ohne über ihre Beschaffenheit zu irren, für wertvoller hält, als sie tatsächlich sind (aM Lange/Kuchinke § 8 Fn 176; BGB-RGRK/Johannsen Rn 4; wie hier Soergel/Stein Rn 3; MünchKomm/Leipold Rn 8). Entsprechend kann auch die Ausschlagung einer für wertlos oder überschuldet gehaltenen Erbschaft nicht angefochten werden, weil Nachlaßgegenstände, zB Vermögen in den neuen Bundesländern, sich infolge der politischen Entwicklung als wesentlich wertvoller herausgestellt haben (LG Berlin FamRZ 1991, 738; OLG Frankfurt OLGZ 1992, 35 = MDR 1991, 771; KreisG Roßlau NJ 1992, 126; LG Zweibrücken Rpfleger 1992, 108 = DtZ 1993, 122; KG OLGZ 1993, 1 = Rpfleger 1993, 114; OLG Düsseldorf ZEV 1995, 32; LG Neubrandenburg Rpfleger 1995, 21; Grunewald NJW 1991, 1212; Bestelmeyer Rpfleger 1992, 325 f; Wasmuth DNotZ 1992, 12; alle von der Anwendbarkeit des BGB ausgehend – nach ZGB wäre die Frage nicht anders zu beurteilen, s u Rn 21 f) oder weil für Ackerland gehaltene Grundstücke in Wirklichkeit Bauland sind (BayObLG NJW-RR 1995, 904 f). Die Ausschlagung einer Erbschaft wegen Überschuldung des Nachlasses kann auch nicht nach § 119 Abs 2 angefochten werden, weil ein Nachlaßgläubiger eine bestehende Nachlaßschuld nach der Ausschlagung erläßt (Justizverwaltungsstelle des Bezirks Cottbus NJ 1954, 482) oder weil er seine Forderung gegen den Nachlaß erst nach Eintritt der Verjährung geltend macht (LG Berlin NJW 1975, 2104; Pohl AcP 177, 52, 78 f).

3. Erheblichkeit des Irrtums

9 Zu beachten ist, daß der Irrtum nach § 119 nicht bloß subjektiv, sondern auch *objektiv erheblich* gewesen sein muß. Bei der Annahme ist die Anfechtung in der Regel zu versagen, wenn der Erklärende sich die nicht-überschuldete Erbschaft lediglich größer vorgestellt hat, als sie ist, da man im allgemeinen bei verständiger Würdigung auch kleinere Erbschaften anzunehmen pflegt (KIPP § 56 I); der Irrende ist durch die Annahme ja nicht schlechter gestellt, als er ohne sie stände (OLG Zweibrücken FGPrax 1996, 113 = ZEV 1996, 428; BayObLG NJW-RR 1999, 592 f). Ferner ist zu fragen, ob sich der Annehmende bei Kenntnis der Überschuldung auch dann für die Ausschlagung entschieden hätte, wenn er seine Beziehungen zum Erblasser und die Möglichkeit der Haftungsbeschränkung verständig erwogen hätte. Es entspricht der Lebenserfahrung, daß mit Rücksicht auf das Familienverhältnis häufig auch überschuldete Erbschaften angenommen werden (zurückhaltend insoweit LANGE/KUCHINKE § 8 VII 2 e). Hat sich der Annehmende hinsichtlich der Überschuldung überhaupt keine Gedanken gemacht, wird deren Unkenntnis ihn auch nicht zur Annahme bestimmt haben (ebenso BROX Rn 302). Erfolgt die Ausschlagung wegen Überschuldung, wird der Irrtum des Ausschlagenden über seine Erbquote kaum erheblich sein können; anders hingegen, wenn eine nicht-überschuldete Erbschaft wegen Geringfügigkeit ausgeschlagen wird.

Weder das Kausalitätserfordernis noch die dem Anfechtenden dafür obliegende Beweislast (s u Rn 18) verstoßen gegen die Erbrechtsgewährleistung (Art 14 Abs 1 S 1 GG), auch nicht bei einer durch die politischen Verhältnisse in der DDR bedingten Unmöglichkeit, sich über die Zusammensetzung des Nachlasses zu informieren (BVerfG DtZ 1994, 312).

4. Irrtum des Vertreters

10 Bei der Annahme oder Ausschlagung durch einen Vertreter kommt es gemäß § 166 Abs 1 für die Anfechtbarkeit auf den Willensmangel des Vertreters an. Hat beispielsweise ein Elternteil als gesetzlicher Vertreter seines Kindes eine für nicht-überschuldet gehaltene Erbschaft nach dem anderen Elternteil angenommen oder hat er im Glauben, nur für sich auszuschlagen, eine Erklärung abgegeben, die als Ausschlagungserklärung auch für das Kind auszulegen ist, kann das – inzwischen volljährig gewordene – Kind die Annahme bzw Ausschlagung anfechten, sofern in der Person des Elternteils ein Anfechtungsgrund gemäß §§ 119, 123 vorlag (LG Koblenz FamRZ 1968, 656; OLG Karlsruhe NJW-RR 1995, 1349).

5. § 2308

11 Ein besonderer Anfechtungsgrund ergibt sich für den *pflichtteilsberechtigten Erben*, der wegen Beschränkungen oder Beschwerungen ausgeschlagen hat, aus § 2308. Er kann die Ausschlagung anfechten, wenn die Beschränkung oder die Beschwerung zur Zeit der Ausschlagung weggefallen und der Wegfall ihm nicht bekannt war. Auf die Tragweite der Beschränkung oder Beschwerung kommt es dabei nicht an. Die Vorschrift erkennt also einen Motivirrtum als Anfechtungsgrund an ohne Rücksicht darauf, ob er die Voraussetzungen des § 119 Abs 2 erfüllt.

6. Rechtspolitisches

Die 4. Denkschr d ErbrA d AkDR 69 verneinte ein Bedürfnis für die Anfechtung der Annahme der Erbschaft, weil dem Erben bei richtigem Vorgehen eine Haftung mit dem eigenen Vermögen nicht drohe, und regte an, bei der Rechtserneuerung nur die Ausschlagung für anfechtbar zu erklären, und auch dies nicht wegen jeden Kalkulationsirrtums, sondern nur wenn der Ausschlagende mit Belastungen gerechnet habe, die in Wahrheit nicht vorhanden oder später ohne sein Zutun weggefallen sind. Das würde den Gedanken des § 2308 verallgemeinern. Es empfiehlt sich aber außerdem, die Irrtumsanfechtung von dem Nachweis abhängig zu machen, daß der Erklärende mit zumutbarer Sorgfalt die Lage des Nachlasses geprüft hat.

III. Anfechtungsfrist

Die Anfechtung kann nur innerhalb einer doppelt bestimmten Ausschlußfrist erfolgen.

1. Die – kürzere – eigentliche Anfechtungsfrist des Abs 1 beginnt mit dem Zeitpunkt, von dem an die *Hindernisse für die Anfechtung weggefallen* sind (Aufhören der Zwangslage im Fall der Drohung, Erlangung der Kenntnis vom Anfechtungsgrund in den Fällen des Irrtums, der falschen Übermittlung und der arglistigen Täuschung). Kenntnis vom Anfechtungsgrund setzt auch hier – wie bei der die Ausschlagungsfrist in Lauf setzenden Kenntnis (vgl § 1944 Rn 8) – nicht volle Gewißheit voraus; sie kann daher schon durch ein dem Anfechtungsberechtigten seinem wesentlichen Inhalt nach bekanntes Urteil vermittelt sein, auch wenn dagegen ein Rechtsmittel eingelegt ist (BayObLG NJW-RR 1998, 797 f = ZEV 1998, 430 f). Die Frist beträgt idR nur *sechs Wochen*, dagegen *sechs Monate*, wenn der Erblasser seinen letzten Wohnsitz nur im Ausland gehabt hat oder wenn sich der Erbe bei Fristbeginn im Ausland aufgehalten hat. Sie entspricht somit der Ausschlagungsfrist des § 1944. Es ist also nicht nötig, daß die Irrtumsanfechtung unverzüglich nach erlangter Kenntnis erfolgt (wie nach § 121). Ebensowenig kommt die in § 124 vorgesehene Jahresfrist bei arglistiger Täuschung und Drohung in Frage. Vielmehr gilt hier die gleiche Frist wie im Fall des Irrtums.

2. Außerdem muß gemäß Abs 4 die Anfechtung – ohne Rücksicht auf das Wissen des Anfechtungsberechtigten und auf Hindernisse für die Ausübung des Rechts – spätestens in einer *Frist von dreißig Jahren* erfolgen, die mit dem Zeitpunkt der Annahme bzw Ausschlagung einsetzt. Diese Frist entspricht der in §§ 121 Abs 2, 124 Abs 3 vorgesehenen.

3. Fristlauf

Auf den Lauf der Frist finden die für die Verjährung geltenden Vorschriften der §§ 203, 206 und 207 entsprechende Anwendung (zur Anwendung der §§ 203 und 206 vgl § 1944 Rn 24 ff). Die Anwendbarkeit des § 207, die erst nachträglich dem E II von der Redaktionskommission hinzugefügt wurde, ergibt folgendes: Stirbt der anfechtungsberechtigte Erbe vor Ablauf der Anfechtungsfrist, ohne bereits angefochten zu haben, so gehört das Anfechtungsrecht zu seinem Nachlaß. Die Fristen der Abs 1 bzw 3 laufen dann nicht vor sechs Wochen bzw sechs Monaten nach dem Zeitpunkt ab, in dem die Erbschaft des Anfechtungsberechtigten von seinem Erben angenommen ist

oder von dem an die Anfechtung durch einen dazu befugten Vertreter erfolgen kann
(MünchKomm/Leipold Rn 16; Erman/Schlüter Rn 8). Eine entsprechende Anwendung
der 2. Alt des § 207 (Eröffnung des Insolvenzverfahrens) kommt nicht in Betracht,
da nicht der Insolvenzverwalter, sondern nur der Erbe über die Annahme oder
Ausschlagung der Erbschaft, also auch über deren Anfechtung, entscheiden kann
(§ 83 Abs 1 InsO). Dasselbe gilt wegen der persönlichen Natur von Annahme und
Ausschlagung bei Nachlaßverwaltung, Nachlaßpflegschaft und Testamentsvollstrekkung (Kipp/Coing § 89 III 1; BGB-RGRK/Johannsen Rn 11).

IV. Rechtsfolgen der Anfechtung

17 Wegen der Wirkung der Anfechtung vgl § 1957 Abs 1 und dort Rn 3 f.

V. Beweislast

18 Die Beweislast für die Voraussetzungen der Anfechtungsnichtigkeit hat der, der aus
der Anfechtung von Annahme bzw Ausschlagung Rechte herleitet. Zu den Voraussetzungen gehören der Anfechtungsgrund und die -erklärung. Die Einhaltung der
Anfechtungsfrist ist nicht Voraussetzung des Anfechtungsrechts, sondern umgekehrt
die Überschreitung der Frist rechtsvernichtender Einwand gegen das Anfechtungsrecht (vgl für den ähnlichen Fall des § 1594 Abs 1 aF BGH LM Nr 1 zu § 1594). Die Auffassung,
daß die Einhaltung der Frist des Abs 1, anders als der des Abs 4, von dem zu beweisen sei, der das Anfechtungsrecht ausübe (BGB-RGRK/Johannsen Rn 16), ist abzulehnen. Sie wird weder durch den Wortlaut des Abs 1 gestützt, der insofern nicht
von der Fassung des § 124 Abs 1 und des § 1594 Abs 1 aF (entspr jetzt § 1600 b Abs 1
S 1) abweicht, noch läßt sie sich systematisch rechtfertigen; sie würde zu einer Ungleichbehandlung der Beweislast bei Ausschlußfristen führen. Wer also den Ausschluß der Anfechtung behauptet, muß beweisen, wann die Zwangslage aufgehört
bzw der Anfechtungsberechtigte von dem Anfechtungsgrund Kenntnis erlangt hat
(ebenso Baumgärtel/Schmitz Rn 3; Soergel/Stein Rn 11; MünchKomm/Leipold Rn 17).

VI. Anfechtung der Ausschlagung von DDR-Erbschaften

19 Wegen der Gründe für die Anfechtung von Annahme und Ausschlagung verwies
§ 405 Abs 1 S 2 ZGB auf die entsprechende Vorschrift für Verträge (§ 70 Abs 1
ZGB). Danach kamen in Betracht: Irrtum über den Inhalt der Erklärung (hierzu
ausführlicher Rn 22), Übermittlungsfehler, arglistige Täuschung und widerrechtliche
Drohung (hierzu Rn 23). Die Frist für die Anfechtung betrug nach § 405 Abs 1 S 1
ZGB zwei Monate und begann mit der Kenntnis vom Anfechtungsgrund, Abs 2 S 1.
Unabhängig von der Kenntniserlangung war die Anfechtung ausgeschlossen, sobald
seit der Annahme bzw Ausschlagung vier Jahre vergangen waren, Abs 2 S 2 (vgl KG
FamRZ 1993, 611; Janke NJ 1994, 441). Diese Frist, und nicht die 30-jährige des § 1954
Abs 4, galt auch, wenn der Erbfall vor dem 1. 1. 1976 eingetreten und daher gemäß
§ 8 Abs 1 EGZGB noch nach BGB zu beurteilen war, da das intertemporale Recht
der DDR in § 11 Abs 1 S 1, Abs 2 EGZGB die Maßgeblichkeit der ZGB-Fristen
vorsah (BGHZ 122, 308; LG Neubrandenburg Rpfleger 1995, 21 f; LG Gera v 3. 8. 1995–5 T 356/94
[unveröff]; Staudinger/Rauscher [1996] Art 231 § 6 EGBGB Rn 7 ff, 83, 85; de Leve Rpfleger
1994, 233; **aA** Bestelmeyer Rpfleger 1993, 383 u 1994, 235).

Infolge der grundlegenden Veränderung der politischen und gesellschaftlichen Verhältnisse seit dem Herbst 1989 ist vielfach versucht worden, zuvor erklärte Ausschlagungen durch Anfechtung wieder zu beseitigen. In der Regel mußten solche Versuche erfolglos bleiben (hierzu auch DE LEVE, Deutsch-deutsches Erbrecht nach dem Einigungsvertrag [1995] 130 ff; GRÜN VIZ 1996, 684). **20**

Anzuwendendes Recht ist bei der Anfechtung der Ausschlagung von nach dem **21** 31. 12. 1975 und vor dem 3. 10. 1990 im Gebiet der ehemaligen DDR angefallenen Erbschaften das ZGB (Art 235 § 1 Abs 1 EGBGB). Der bloße Motivirrtum war nach ZGB ebensowenig Anfechtungsgrund wie nach BGB (vgl ZGB-Kommentar, hrsg v Min d Justiz [1985] § 70 Anm 1. 1. a). Mit Recht haben daher Rspr und Lit den Irrtum des Ausschlagenden über die künftige politische Entwicklung in der DDR nicht als Grund für die Anfechtung der Ausschlagung (anders ist die Rechtslage bei der Testamentsanfechtung, hierzu STAUDINGER/OTTE [1996] § 2078 Rn 50 ff) anerkannt; dies gilt auch, insofern der Irrtum sich auf die künftige Wertentwicklung des Nachlasses oder eines Nachlaßgegenstandes bezog (KG DtZ 1992, 187 = FamRZ 1992, 611; OLGZ 1993, 1 = Rpfleger 1993, 114; KÖSTER Rpfleger 1991, 99; TRITTEL DNotZ 1992, 452; JANKE NJ 1994, 441; GRÜN VIZ 1996, 683 f; ferner die von der Anwendbarkeit des BGB ausgehende, in Rn 8 erwähnte Rspr u Lit; ohne Grund zweifelnd BOSCH FamRZ 1992, 885).

Unrichtig ist allerdings die Auffassung, ein *Irrtum über die Zusammensetzung des* **22** *Nachlasses* oder die *irrige Annahme der Überschuldung* könnten nicht zur Anfechtung der Ausschlagung berechtigen, da das ZGB keinen dem § 119 Abs 2 BGB entsprechenden Anfechtungsgrund des Eigenschaftsirrtums gekannt habe (so ADLERSTEIN/DESCH DtZ 1991, 198; WÄHLER ROW 1992, 109; WASMUTH DNotZ 1992, 12; SANDWEG BWNotZ 1992, 56; DE LEVE 139; STAUDINGER/RAUSCHER [1996] Art 235 § 1 EGBGB Rn 185). Sie beruht auf bloßer Wortlautinterpretation des ZGB. Richtig ist zwar, daß der Wortlaut des § 70 Abs 1 S 1 ZGB allein vom Inhaltsirrtum spricht. Das Bedürfnis, auch anderen Irrtumsfällen gerecht zu werden, hat aber Rechtsprechung und Schrifttum zwangsläufig dahin geführt, andere für wesentlich gehaltene Irrtümer als Irrtümer über die Erklärungsbedeutung zu behandeln. So wurde der Irrtum des Käufers über Eigenschaften des Vertragsgegenstandes grundsätzlich (vorbehaltlich des Vorrangs der Vorschriften über Garantieansprüche, §§ 148 ff ZGB) als Anfechtungsgrund anerkannt, wobei die Formulierungen sich meist nur unwesentlich vom Wortlaut des § 119 Abs 2 BGB unterschieden (vgl OG NJ 1983, 382 f; NJ 1988, 254; BG Gera NJ 1977, 313 f; BG Suhl 1978, 505 f; ZGB-Kommentar, hrsg v Min d Justiz [1985] § 70 Anm 1. 1. a; GÖHRING/POSCH Zivilrecht [1985] I 217; GRÜN VIZ 1996, 684 Fn 35). Daher muß die Anerkennung des Eigenschaftsirrtums als Anfechtungsgrund als ein Bestandteil der Zivilrechtsordnung der DDR angesehen werden (i Erg ebenso LORENZ DStR 1994, 587). Anwendungsfälle bzgl der Anfechtung einer Erbausschlagung sind allerdings nicht bekannt. Die heutige Rechtsanwendung kann demnach nichts anderes tun, als für diese erst nach der „Wende" relevant gewordene Fallgruppe entsprechend der Praxis zu § 119 Abs 2 BGB den Irrtum über verkehrswesentliche Eigenschaften der angefallenen Erbschaft als Irrtum über den Inhalt der Ausschlagungserklärung gelten zu lassen. Daher ist das in Rn 7 f zum Irrtum über die Zusammensetzung und Überschuldung des Nachlasses Gesagte grundsätzlich auch hier anwendbar. Zu beachten ist jedoch, daß der wohl häufigste Grund, eine Erbschaft wegen Überschuldung auszuschlagen, nämlich die Unmöglichkeit, Hausbesitz kostendeckend zu vermieten, in § 1 Abs 2 VermG spezialgesetzlich geregelt ist (vgl § 1953 Rn 5), so daß eine Anfechtung der Ausschlagung nur in Betracht kommen kann, wenn unabhängig davon ein Anfechtungsgrund besteht.

23 Problematisch ist die Anfechtbarkeit von „*Zwangsausschlagungen*" (mögliche Fallgestaltung: einem DDR-Bürger wurde die Ausreisebewilligung nur für den Fall in Aussicht gestellt, daß er eine ihm angefallene Erbschaft ausschlug, vgl KG FamRZ 1993, 486 = OLGZ 1993, 278). Durch § 1 Abs 3 VermG ist die Anfechtung nicht ausgeschlossen (KG aaO; STAUDINGER/RAUSCHER [1996] Art 235 § 1 EGBGB Rn 186; § 1942 Rn 11; **aM** FAHRENHORST JR 1992, 269). Fraglich ist, inwiefern von einer „rechtswidrigen Drohung" (§ 70 Abs 1 S 2 ZGB) gesprochen werden kann, da das Rechtsverständnis der DDR solches Vorgehen billigte (vgl nur §§ 1, 5, 6, 13, 15 ZGB). Das Recht der DDR ist jedoch nach den Grundsätzen, die in Art 2 des Staatsvertrages über die Schaffung einer Währungs-, Wirtschafts- und Sozialunion vom 18. 5. 1990 (BGBl II 537) und in der Präambel des EinigsV niedergelegt sind, nur insoweit noch anwendbar, als es mit rechtsstaatlichen Grundsätzen zu vereinbaren ist (BGHZ 123, 68 f); gemäß diesem *intertemporalen ordre public* können derartige Praktiken zur Herbeiführung von Ausschlagungserklärungen nur als rechtswidrig angesehen werden (i Erg auch KG DtZ 1993, 89 f; LORENZ DStZ 1994, 587; DE LEVE aaO 139).

24 Die Frist für die Anfechtung einer Ausschlagung ist jedoch, auch unter Berücksichtigung der nach § 478 Abs 1 oder 2 ZGB und – für die Zeit ab 3. 10. 1990 – Art 231 § 6 Abs 3 u 1 EGBGB, §§ 1954 Abs 2 S 2, 203, 206 f möglichen Hemmung des Fristablaufs (hierzu STAUDINGER/RAUSCHER [1996] Art 231 § 6 EGBGB Rn 35 ff), längst abgelaufen, zumindest wegen der nur vier Jahre betragenden Ausschlußfrist des § 405 Abs 2 S 2 ZGB (vgl Rn 19 aE). Der Fristbeginn im Falle rechtswidriger Drohung ist zwar in § 405 Abs 2 S 1 ZGB nicht erwähnt. Dieses redaktionelle Versehen muß aber durch Analogie zur Regelung des Fristbeginns bei Irrtum korrigiert und der Beginn der Frist mit dem Ende der Zwangslage für den Ausschlagenden angesetzt werden (ebenso KG FamRZ 1993, 486 = OLGZ 1993, 278). Die Anfechtung einer politisch erzwungenen Erklärung war spätestens seit den Volkskammerwahlen vom 18. 3. 1990, die zur Bildung der Regierung de Maizière führten, ohne Risiko möglich. KG aaO sagt im Hinblick darauf, daß die Anfechtung gegenüber einem Staatlichen Notariat zu erklären war (vgl § 1955 Rn 5), mit Recht, daß die Zwangslage nicht schon mit der erfolgten Ausreise aus der DDR beendet war (so aber STAUDINGER/RAUSCHER [1996] Art 235 § 1 EGBGB Rn 197), geht aber vom Fristbeginn mit dem Rücktritt Honeckers (18. 10. 1989) oder der Öffnung der Grenze (9. 11. 1989) aus (ebenso OLG Rostock OLG-NL 1994, 40; DE LEVE aaO 140). Jedenfalls war die zweimonatige Anfechtungsfrist schon vor der Wiedervereinigung abgelaufen. Nichts anderes gilt im Ergebnis für die Anfechtung der Erbausschlagung wegen eines aus der Fehlbeurteilung politisch-ökonomischer Verhältnisse in der DDR resultierenden Irrtums (Thür OLG OLG-NL 1996, 42 nimmt hier [für die Frist zur *Testamentsanfechtung* wegen Irrtums über die politische Entwicklung der DDR] als spätesten denkbaren Fristbeginn den Abschluß des Staatsvertrages vom 18. 5. 1990 an). Eine generelle Fristhemmung wegen der besonderen politischen Verhältnisse im geteilten Deutschland kommt nicht in Betracht (KG FamRZ 1993, 611, 613; LG Gera v 4. 9. 1995 – 5 T 488/94 [unveröff]; JANKE NJ 1994, 441). Auch die vom BGH (BGHZ 126, 87, 99 f) angedeutete Möglichkeit einer Verjährungshemmung (in der Zeit vor der „Wende" in der DDR oder dem Beitritt der neuen Länder zur Bundesrepublik) wegen Unmöglichkeit der Rechtsverfolgung (§ 477 Abs 1 Nr 4 ZGB) ist nicht einschlägig, denn die Abgabe einer in der Bundesrepublik notariell beglaubigten Anfechtungserklärung gegenüber dem Staatlichen Notariat war dem im Westen lebenden Anfechtungsberechtigten ohne weiteres möglich (ebenso STAUDINGER/RAUSCHER [1996] Art 235 § 1 EGBGB Rn 195), und daß er sie vor der „Wende" nicht für sinnvoll, weil nicht zu einem wirtschaftlichen Erfolg führend, gehalten hat, ist für den genannten Hemmungstatbestand ohne Bedeutung. – Die in der Zeit nach der Wiedervereinigung durch den Neuaufbau der Rechtspflege in den neuen Bundesländern bedingten längeren Wartezeiten auf einen Notartermin stellen auch keinen Hemmungsgrund iSv § 203 Abs 2 (höhere Gewalt) dar (BayObLG v 10. 2. 1994 – 1Z BR 7/94 [unveröff]).

§ 1955

Die Anfechtung der Annahme oder der Ausschlagung erfolgt durch Erklärung gegenüber dem Nachlaßgerichte. Für die Erklärung gelten die Vorschriften des § 1945.

Materialien: E I §§ 2040 Abs 2, 2041; II § 1832; III § 1931; Mot V 512; Prot V 630 ff; STAUDINGER/BGB-Synopse 1896–2000 § 1955.

1. Als **Form für die Anfechtung** der Ausschlagung und Annahme – auch soweit diese in der Versäumung der Ausschlagungsfrist liegt – ist **Erklärung gegenüber dem Nachlaßgericht** (vgl § 1945 Rn 13 ff) vorgeschrieben. Nicht genügt die Anfechtung gegenüber dem Nächstberufenen, dem die Erbschaft infolge der Anfechtung zufällt oder wieder entzogen wird. (Er käme ohne die Sondervorschrift des § 1955 nach § 143 Abs 3, 4 als Anfechtungsgegner in Betracht.) **1**

Mot V 5, 12 rechtfertigen das Erfordernis der Abgabe gegenüber dem Nachlaßgericht mit der auf alle Beteiligten sich erstreckenden Wirkung der Erklärung, außerdem damit, daß für die Fälle Abhilfe geschaffen werde, wo die Person oder der Aufenthalt des Nächstberufenen unbekannt sei. Die in § 1957 Abs 2 dem Nachlaßgericht auferlegte Benachrichtigungspflicht sorgt nach Möglichkeit dafür, daß die Nächstberufenen Kenntnis erlangen.

2. Die Erklärung ist in **öffentlich beglaubigter Form** abzugeben, § 1945 Abs 1. Abgabe im Anwaltsschriftsatz genügt daher nicht (BayObLGZ 18 A 301, 304). Gebühren: §§ 112 Abs 1 Nr 2, 115 KostO. Wenn sie durch einen Bevollmächtigten abgegeben wird, bedarf dieser einer öffentlich beglaubigten Vollmacht, die der Erklärung beigefügt oder innerhalb der Anfechtungsfrist nachgebracht werden muß (vgl im übrigen § 1945 Rn 12, 22). **2**

3. Für den **Inhalt** der Anfechtungserklärung stellt das Gesetz hier keine besonderen Voraussetzungen auf. Es gelten daher die allgemeinen Grundsätze (vgl STAUDINGER/ROTH [1996] § 143 Rn 2 ff). Die Anfechtungserklärung muß also erkennen lassen, daß das angefochtene Geschäft wegen eines Willensmangels nicht gelten soll (MünchKomm/LEIPOLD Rn 3 verlangt weitergehend Begründung der Anfechtung in groben Zügen). Die Anfechtung ist bedingungs- und befristungsfeindlich, vgl §§ 1957 Abs 1, 1947. **3**

4 4. Zu den **Rechtsfolgen** der wirksamen Anfechtung vgl § 1957 Rn 1 aE u 3 f.

5 5. Nach § 405 Abs 1 S 1 **ZGB** war die Anfechtung von Annahme oder Ausschlagung gegenüber dem Staatlichen Notariat zu erklären. Durch den EinigsV (Anl I Kap III Sachgebiet A Abschn III Nr 1 e Abs 1) wurde dessen Zuständigkeit bis zur Einrichtung der Amtsgerichte auf die Kreisgerichte übertragen.

§ 1956

Die Versäumung der Ausschlagungsfrist kann in gleicher Weise wie die Annahme angefochten werden.

Materialien: E II § 1833; III § 1932; Mot V 512; Prot V 630 ff; STAUDINGER/BGB-Synopse 1896–2000 § 1956.

I. Grundsätzliches

1 In § 1943 stattet das Gesetz die Versäumung der Ausschlagungsfrist ohne weiteres mit den Wirkungen einer Annahmeerklärung aus. Die Annahmeerklärung wird unwiderleglich fingiert. Dies rechtfertigt sich durch die Erwägung, daß einer Versäumung der Ausschlagungsfrist im Regelfall – jedoch nicht immer – der objektive Erklärungswert einer Erbschaftsannahme zukommt. Eine derartige Zurechnung ist aber nur erträglich und zumutbar, wenn dem Unterlassenden dieselben Schutzmittel gewährt werden wie gegenüber einer wirklichen Willenserklärung (ähnlich MANIGK, Das rechtswirksame Verhalten 250, 390 f, mit dem Unterschied, daß er die Versäumung der Ausschlagungsfrist als – vorsätzliche oder fahrlässige – echte Willenserklärung ansah). Der, dessen Annahme durch Fristablauf fingiert wird, darf nicht schlechter gestellt werden als jemand, der wirklich angenommen hat. Er muß die durch § 1943 HS 2 fingierte Erklärung wie eine wirkliche Willenserklärung anfechten können. Im E I war eine Beseitigung der Rechtsfolgen der Fristversäumnis nicht vorgesehen (Mot V 513); erst die 2. Kommission hat „aus Billigkeitsgründen" die Anfechtung zugelassen (Prot V 632).

II. Einzelheiten

1. Fristversäumnis als Willenserklärung

2 Falls die Fristversäumnis im Einzelfall eine auf die Annahme gerichtete wirkliche Willenserklärung des Erben darstellt, ist ihre Anfechtung schon nach §§ 1954 und 119 ff zulässig (vgl RGZ 143, 419, 422). Trotz § 1956 wollte RGZ 58, 81, 85 die Irrtumsanfechtung auf solche Fälle beschränken (dagegen zu Recht RGZ 143, 419 ff, vgl unten Rn 3).

September 1999

2. Fristversäumnis als fingierte Erklärung

Sofern die Erbschaft nur als angenommen „gilt" (§ 1943), finden gemäß § 1956 die 3
§§ 119 ff auf die Versäumung der Ausschlagungsfrist mit der Maßgabe Anwendung,
daß anstelle des Tatbestandsmerkmals „Willenserklärung" (hier mit dem objektiven
Erklärungswert einer Erbschaftsannahme) zu lesen ist „Versäumung der Ausschlagungsfrist". Anfechtung kommt also auch in Betracht, wenn der Erbe nicht wußte,
daß sein Schweigen als Annahme gilt, weil er meinte, es habe die Bedeutung einer
Ausschlagung, oder glaubte, bereits wirksam ausgeschlagen zu haben. Denn in diesen
Fällen wollte er keine Ausschlagungsfrist versäumen und irrte daher über die objektive Bedeutung seines Verhaltens, die im Rahmen der §§ 119 ff, soweit sie iVm
§ 1956 Anwendung finden, dem objektiven Erklärungswert einer Willenserklärung
gleichsteht (aM MEDICUS, BürgR[18] Rn 54; wie hier RGZ 143, 419 ff unter Aufgabe von RGZ 58, 81,
84 f; ferner BGB-RGRK/JOHANNSEN Rn 2; PALANDT/EDENHOFER Rn 2; ERMAN/SCHLÜTER Rn 2;
SOERGEL/STEIN Rn 2; OLG Posen OLGE 30, 172; OLG Karlsruhe ZBlFG 1914, 814). Auch ein
Irrtum über die Länge der Ausschlagungsfrist kann zur Anfechtbarkeit führen (OLG
Hamm OLGZ 1985, 286), ebenso der Irrtum über die Formbedürftigkeit der Ausschlagung (BayObLG DNotZ 1994, 402) oder der Irrtum eines neuen gesetzlichen Vertreters
über eine bereits laufende Ausschlagungsfrist. Ein Fall des § 1956 liegt auch vor,
wenn der gesetzliche Vertreter die Ausschlagung in Unkenntnis der Notwendigkeit
vormundschaftsgerichtlicher Genehmigung nicht wirksam erklärt und deswegen die
Frist versäumt (KG OLGE 10, 294; BayObLGZ 1983, 9). Zur Möglichkeit einer Versäumung der Ausschlagungsfrist wegen Abgabe der Erklärung vor einem unzuständigen
Gericht, das irrtümlich für zuständig gehalten wurde, vgl § 1945 Rn 17.

3. Im übrigen gelten für die Anfechtung nach § 1956 die Ausführungen zu § 1954 4
entsprechend. Die Voraussetzungen der §§ 119, 123 müssen vorliegen, insbesondere
muß Kausalität des Anfechtungsgrundes bestehen, dh der Erbe muß durch objektiv
und subjektiv erheblichen Irrtum, durch Täuschung oder durch Drohung von der
Abgabe der Ausschlagungserklärung abgehalten worden sein (BayObLG MittRhNotK
1979, 159 f u LG Bonn Rpfleger 1985, 148, beide zur obj Erheblichkeit d Irrtums; ferner STEIN
Rpfleger 1985, 150 b aa, der wohl subj Erheblichkeit genügen lassen will).

III. Rechtspolitisches

Da die großzügige Zulassung der Anfechtung den Vorteil des Anfallprinzips gefähr- 5
det, der in der schnellen und endgültigen Regelung der Nachfolge mit dem Ablauf
der Ausschlagungsfrist liegt, empfahl die 4. Denkschr d ErbrA d AkDR 72, die
Anfechtung der Ausschlagung auszuschließen, wenn sie lediglich darauf gegründet
wird, daß dem Erben die Regelung des § 1943 HS 2 unbekannt war. Es ist jedoch
nicht einzusehen, weshalb dem rechtsunkundigen Erben der durch § 1956 gewährte
Schutz nur im Interesse der Rechtsklarheit – etwaige Dritte sind durch § 122 einigermaßen geschützt – wieder entzogen werden sollte. § 405 Abs 1 S 3 ZGB der DDR
hatte die Regelung des § 1956 beibehalten.

§ 1957

[1] **Die Anfechtung der Annahme gilt als Ausschlagung, die Anfechtung der Ausschlagung gilt als Annahme.**

[2] **Das Nachlaßgericht soll die Anfechtung der Ausschlagung demjenigen mitteilen, welchem die Erbschaft infolge der Ausschlagung angefallen war. Die Vorschrift des § 1953 Abs. 3 Satz 2 findet Anwendung.**

Materialien: E I §§ 2040 Abs 2 S 2, 2041; II § 1834; III § 1933; Mot V 512 ff; Prot V 630 ff; VI 338 f; STAUDINGER/BGB-Synopse 1896–2000 § 1957.

1. Zweck der Vorschrift

1 Die Anfechtungsmöglichkeit gibt Gelegenheit, die frühere Entscheidung zu revidieren. Wird eine Annahmeerklärung angefochten, nachdem die Ausschlagungsfrist abgelaufen ist, beseitigt die wirksame Anfechtung nicht nur die Wirkung der Annahmeerklärung, sondern (entgegen den Bedenken in STAUDINGER/OTTE[12]. Rn 1) auch die des Verstreichenlassens der Ausschlagungsfrist (§ 1943 aE), da nicht angenommen werden kann, daß der Anfechtende die auch insoweit bestehende Anfechtungsmöglichkeit (§ 1956) nicht nutzen will (SOERGEL/STEIN Rn 1). Hätte die Anfechtung aber nur die kassierende Wirkung des § 142 Abs 1, würde der vor der angefochtenen Annahme bzw Ausschlagung bestehende Zustand, dh eine vorläufige Erbenstellung des Anfechtenden, wiederhergestellt. Diese erneute Schwebelage will Abs 1 vermeiden und legt daher im Wege der unwiderleglichen Vermutung (nicht einer Fiktion; so aber MünchKomm/LEIPOLD Rn 1; SOERGEL/STEIN Rn 1; BAUMGÄRTEL/SCHMITZ Rn 1) der Anfechtung der Annahme die Wirkung einer Ausschlagung und der Anfechtung der Ausschlagung die Wirkung einer Annahme bei. Die Anfechtung der Annahme beseitigt also rückwirkend den Anfall der Erbschaft (§ 1953 Abs 1), während die Anfechtung der Ausschlagung die Endgültigkeit der Erbenstellung des Anfechtenden bewirkt.

2. Voraussetzungen

2 Da die Anfechtung der Annahme als Ausschlagung gilt, müssen bei ihr die Voraussetzungen einer wirksamen Ausschlagung erfüllt werden. Die Form der Anfechtung (Erklärung gegenüber dem Nachlaßgericht, § 1955) entspricht der Form der Ausschlagung (§ 1945). Es muß aber auch die für den gesetzlichen Vertreter erforderliche Genehmigung der Ausschlagung durch das Vormundschaftsgericht nachgewiesen werden (vgl § 1945 Rn 9 ff und § 1944 Rn 25 f). Eine vormundschaftsgerichtliche Genehmigung der Ausschlagung erstreckt sich auch auf die Anfechtung der Annahme (PALANDT/EDENHOFER § 1956 Rn 4; ERMAN/SCHLÜTER § 1956 Rn 3; BayObLGZ 1983, 13 f).

§ 1957 findet auch dann Anwendung, wenn eine Annahmeerklärung vor Beginn der

Ausschlagungsfrist angefochten wird, zB wenn der Nacherbe sie vor Eintritt des Nacherbfalls anficht (BayObLGZ 1962, 239, 242).

3. Rechtsfolgen

Die Wirkung der Anfechtbarkeit und der wirksamen Anfechtung richtet sich nach den allgemeinen Vorschriften des § 142. Die Anfechtung kann wie jedes Rechtsgeschäft ihrerseits wegen eines Willensmangels anfechtbar sein, auch wegen Irrtums darüber, daß sie die in Abs 1 genannte Bedeutung hat (Soergel/Stein Rn 1; Lange/ Kuchinke § 8 Fn 214; aM MünchKomm/Leipold Rn 1); für die Anfechtung der Anfechtung gelten nicht die Fristen des § 1954, sondern die der §§ 121, 124 (BayObLGZ 1980, 23; aM Soergel/Stein § 1954 Rn 10 mwN). Die erfolgreiche Anfechtung wegen Irrtums oder falscher Übermittlung verpflichtet den Anfechtenden gemäß § 122, jedem Beteiligten, der auf die Wirksamkeit vertraute, den dadurch entstandenen Schaden zu ersetzen, insbesondere also dem Nachlaßgläubiger Kosten der Rechtsverfolgung gegen den Annehmenden, wenn die Annahme dann angefochten wird (Palandt/Edenhofer Rn 2), und die Aufwendungen dessen, der sich als Nachmann des Ausschlagenden zur Erbfolge berufen sah, wenn sich die im Hinblick darauf getätigten Ausgaben nach erfolgter Anfechtung als vergeblich herausstellen (ebenso Soergel/Stein Rn 2; dagegen mit der – für § 122 irrelevanten – Begründung, der Schaden sei nicht unmittelbar durch die Anfechtung verursacht, MünchKomm/Leipold Rn 4). Schuldner des Nachlasses, die vor der Anfechtung der Ausschlagung an den Nachrücker gezahlt haben und nicht aus besonderen Gründen, zB § 2367 oder § 851, frei geworden sind, können sich unter den Voraussetzungen des § 122 gegen die Inanspruchnahme durch den wahren Erben mit dem Anspruch auf Ersatz des Vertrauensschadens verteidigen.

Für den, der sich wegen einer wirksamen Ausschlagung des zunächst Berufenen als Erbe betrachtet, bedeutet die Anfechtung der Ausschlagung rückwirkenden (vgl § 142 Abs 1) Verlust seiner Erbenstellung. Soweit er Erbschaftsgegenstände in Besitz genommen hat, ist er Erbschaftsbesitzer und den Ansprüchen des Erben aus §§ 2018 ff ausgesetzt. Die Ansicht, diese „strenge" Haftung sei unangemessen, weil der Anfechtende die Besitzlage durch seine vorherige Ausschlagung selbst verursacht hat (AK-BGB/Derleder Rn 1), verkennt, daß die Haftung des Erbschaftsbesitzers nur bei Bösgläubigkeit oder Rechtshängigkeit über die noch vorhandene Bereicherung hinausgeht. Daher besteht auch kein Bedürfnis, zum Schutz des auf den Bestand der Ausschlagung vertrauenden Nachrückers statt der §§ 2018 ff § 1959 analog anzuwenden (so aber Soergel/Stein Rn 2 u § 1959 Rn 14).

4. Abs 2

Die Anfechtung der *Annahme* ist als Ausschlagung schon nach § 1953 Abs 3 dem mitzuteilen, dem die Erbschaft infolge der Ausschlagung anfällt (dazu § 1953 Rn 15). Für die Anfechtung der *Ausschlagung* sieht Abs 2 S 1 eine entsprechende Mitteilungspflicht vor. Nach Abs 2 S 2 gilt für die Einsichtnahme in die Anfechtungserklärung § 1953 Abs 3 S 2 (dazu § 1953 Rn 16).

§ 1958

Vor der Annahme der Erbschaft kann ein Anspruch, der sich gegen den Nachlaß richtet, nicht gegen den Erben gerichtlich geltend gemacht werden.

Materialien: E I § 2057 Abs 1 S 1; II § 1835; III § 1934; Mot V 539; Prot V 660 ff, 829 ff; STAUDINGER/BGB-Synopse 1896–2000 § 1958.

Schrifttum zu §§ 1958, 1959

BERTZEL, Der Notgeschäftsführer als Repräsentant des Geschäftsherrn, AcP 158 (1959/60) 107
DINSTÜHLER, Rechtsnachfolge und einstweiliger Rechtsschutz (1995) 238 ff
ECCIUS, Haftung der Erben für Nachlaßverbindlichkeiten, Gruchot 43 (1899) 603, 605
HAGEN, Haftung der Erben für Nachlaßverbindlichkeiten, JherJb 42 (1901) 43, 59
HÖRLE, Die Nachlaßpflegschaft nach §§ 1960, 1961 BGB, ZBlFG 1909, 711
JOSEF, Die Rechtsstellung des vorläufigen Erben im Verfahren der Freiwilligen Gerichtsbarkeit, ZZP 44 (1914) 478
REICHEL, Aktiv- und Passivprozesse des vorläufigen Erben, in: FS Thon (1911) 101.

I. Prozessuale Bedeutung der Vorschrift

1. Zwingende Prozeßvoraussetzung

1 § 1958 betrifft wie § 1961 nur die Möglichkeit der **gerichtlichen** Geltendmachung, nicht auch die Begründetheit des Anspruchs (Prot V 830/831). Die **materielle** Berechtigung des Erben, die Berichtigung einer Nachlaßverbindlichkeit vorübergehend zu verweigern, folgt nicht aus § 1958, sondern aus § 2014. Der Erbe hat das Leistungsverweigerungsrecht des § 2014 schon vor Annahme der Erbschaft (Prot aaO; AK/DERLEDER Rn 2; **aM** MünchKomm/LEIPOLD Rn 18); das ist in § 2017 vorausgesetzt und wäre im übrigen *per argumentum a fortiori* zu erschließen. Durch die Geltendmachung des § 2014 wird eine Verurteilung, die dann aber nur unter dem Vorbehalt der beschränkten Erbenhaftung ergehen darf, nicht ausgeschlossen (§ 305 Abs 1 ZPO). Anders als die Rechtsverfolgung gegenüber dem endgültigen Erben während der Dreimonatsfrist des § 2014 steht diejenige gegenüber dem vorläufigen Erben unter dem zusätzlichen Vorbehalt der Erbschaftsausschlagung (zur aktiven Prozeßführung des vorläufigen Erben s § 1959 Rn 21 f). Für diesen in § 305 Abs 1 ZPO nicht geregelten Fall sagt § 1958, daß ein Anspruch, der sich gegen den Nachlaß richtet, gegen den vorläufigen Erben gerichtlich nicht geltend gemacht werden kann. **Die Bedeutung des § 1958 liegt also auf prozeßrechtlichem Gebiet** und hier hauptsächlich im zwingenden Charakter der Vorschrift:

2 Solange der Erbe die Erbschaft nicht angenommen hat, braucht er sich wegen eines gegen den Nachlaß gerichteten Anspruchs nicht „vor Gericht ziehen" zu lassen. Das folgt für das durch den Tod des Erblassers *unterbrochene* Verfahren nicht nur aus § 1958 BGB, sondern auch aus § 239 Abs 5 ZPO (zum nichtunterbrochenen Verfahren,

§ 246 ZPO, s Rn 8). Gleiches muß für ein *erst nach dem Erbfall anhängig gemachtes* Verfahren gelten. *Versäumnisurteile* gegen einen nicht erschienenen vorläufigen Erben, der sich auf das Verfahren bisher nicht eingelassen hat, sind also schon entspr § 239 Abs 5 ZPO unzulässig. Läßt sich der vorläufige Erbe auf das Verfahren ein, so wird hierin oft eine konkludente Annahme der Erbschaft zu sehen sein und § 1958 somit tatbestandsmäßig ausscheiden. Ist letzteres nicht der Fall, so fragt sich, ob der vorläufige Erbe nicht nur auf den Schutz des § 239 Abs 5 ZPO (diese Vorschrift gilt nicht nur für Passivprozesse!), sondern auch auf den des § 1958 verzichten kann, insbesondere ob der Vortrag des Klägers, der Beklagte habe die Erbschaft angenommen bzw auf den Schutz des § 1958 verzichtet, nach § 331 Abs 1 S 1 ZPO als zugestanden gilt, wenn der Beklagte nach Aufnahme des Prozesses einen Verhandlungstermin versäumt. Die Frage ist zu verneinen: **§ 1958 enthält zwingendes Recht** („kann ... nicht"; **aM** noch E I § 2057; dazu Mot V 539: prozessuale Einrede), **er regelt also nicht nur die passive Prozeßführungslast, sondern auch das passive Prozeßführungsrecht**. Im Versäumnisverfahren greift bzgl des Vortrags, der Beklagte habe die Erbschaft angenommen, nicht die Geständnisfiktion des § 331 ZPO, sondern § 335 Abs 1 Nr 1 ZPO (Eccius Gruchot 43 [1899] 603, 605 f; vgl auch Hagen JherJb 42 [1901] 43, 59 ff). Zu der Frage, ob der vorläufige Erbe berechtigt ist, ein nach § 239 Abs 1 ZPO unterbrochenes Verfahren aufzunehmen, s Rn 8 (Passivprozesse) sowie § 1959 Rn 22 (Aktivprozesse). Unberührt von § 1958 bleibt der Fall, daß die von einem Nachlaßgläubiger verklagte Person ihre Erbenstellung durch Ausschlagung oder Anfechtung der Annahme rückwirkend (§§ 1953, 1957 Abs 1) verloren hat; in solchen Fällen ist die Klage also nicht als unzulässig, sondern als unbegründet zu behandeln (vgl BGHZ 106, 359, 366 = NJW 1989, 2885, 2886; MünchKomm/Leipold Rn 9 – jeweils auch zu § 265 ZPO und zur Erledigung der Hauptsache).

Die oben vertretene Ansicht, daß § 1958 nur die *Zulässigkeit* einer etwaigen Klage betreffe, darf wohl als herrschend bezeichnet werden (weitere Vertreter sind zB Hellwig, Klagrecht und Klagmöglichkeit 69; Ak/Derleder Rn 1 f; Palandt/Edenhofer Rn 1; Soergel/Stein Rn 2; Erman/Schlüter Rn 11; MünchKomm/Leipold Rn 10; Stein/Jonas/Leipold, ZPO § 305 Rn 1; Kipp/Coing § 90 III 4). Das RG vertrat allerdings die Ansicht, dem Nachlaßgläubiger stehe ein Anspruch gegen den vorläufigen Erben noch gar nicht zu (RGZ 79, 201, 203 unter Hinweis auf die grundlegende Entscheidung RGZ 60, 179 ff; ebenso wohl BGB-RGRK/Johannsen Rn 1). Brox Rn 306 aE meint, § 1958 bezwecke lediglich den Schutz des vorläufigen Erben, so daß dieser hierauf wirksam verzichten könne und kein Grund für eine Prüfung von Amts wegen vorliege. Dem ist entgegenzuhalten, daß § 1958 iVm §§ 1961, 1960 Abs 3 auch Prozesse verhindern helfen will, die gegenüber dem endgültigen Erben möglicherweise nicht wirken (Prot V 663 f).

2. Besondere Klagearten, vorläufiger Rechtsschutz

Die Vorschrift gilt auch für die *Widerklage* und die *Feststellungsklage*. Zur *negativen* Feststellungsklage des vorläufigen Erben s § 1959 Rn 24. Auch eine *Arrestanordnung* oder eine *einstweilige Verfügung* (§§ 928, 935 ZPO) sind vor Annahme der Erbschaft unzulässig (RGZ 60, 179 ff [Arrest]; **aM** Jauernig/Stürner Rn 1). Doch werden zum Schutz absoluter Rechte einstweilige Maßnahmen insoweit nicht ausgeschlossen, als sie gegenüber jedem Dritten, der das Recht zu achten hätte, zulässig wären. Man denke an einstweilige Maßnahmen nach § 940 ZPO gegen die Gefahr der Zerstörung, Verschlechterung oder Veräußerung einer im Nachlaß befindlichen Sache eines Dritten (vgl REICHEL 164 f; PLANCK/FLAD Anm 2 b). Darüber hinaus erscheint es erwägenswert, einstweilige Maßnahmen gegen den vorläufigen Erben auch dann nicht an § 1958 scheitern zu lassen, wenn der vorläufige Erbe *durch eigenes aktives Verhalten* eine – nicht unbedingt absolute – Rechtsposition gefährdet (vgl DINSTÜHLER 241 ff).

3. Unanwendbarkeit des § 1958 auf Nachlaßpfleger, Nachlaßverwalter, Testamentsvollstrecker

5 Dem durch § 1958 bewirkten Schutz des vorläufigen Erben steht eine entsprechende Hintansetzung der Interessen der Nachlaßgläubiger gegenüber. Wichtig für die Nachlaßgläubiger sind deshalb die §§ 1960 Abs 3 und 2213 Abs 2, nach denen § 1958 auf *Nachlaßpfleger* und *Testamentsvollstrecker* keine Anwendung findet. Nach § 1961 kann ein Nachlaßpfleger auf Antrag eines Gläubigers gerade zu dem Zweck bestellt werden, einen Anspruch gegen den Nachlaß geltend zu machen. Auch das Vorgehen gegen einen nach §§ 1975, 1981 bestellten *Nachlaßverwalter* ist von der Erbschaftsannahme unabhängig; doch wird eine Nachlaßverwaltung vor Erbschaftsannahme nicht leicht vorkommen.

4. Außergerichtliche Geltendmachung

6 Die außergerichtliche Geltendmachung eines Anspruchs gegen den Nachlaß durch Mahnung, Kündigung, Anfechtung, Rücktritt oder Zurückbehaltung wird durch § 1958 nicht ausgeschlossen. Sie bleibt gegenüber dem endgültigen Erben wirksam, § 1959 Abs 3. Der vorläufige Erbe gerät aber nicht in *Schuldnerverzug* (§§ 284 f), wenn er einer Mahnung während der Schwebezeit nicht Folge leistet. RGZ 79, 201, 203 weist in diesem Zusammenhang darauf hin, daß dem Nachlaßgläubiger ein Anspruch gegen den vorläufigen Erben noch gar nicht zustehe; diese Ansicht ist jedoch abzulehnen (s Rn 1, 3). Des weiteren hat das RG aaO zur Begründung ausgeführt, daß der Erbe vor der Annahme zur Sorge für die Erbschaft nicht verpflichtet und seine Befugnis, über Nachlaßgegenstände zu verfügen, nach § 1959 Abs 2 beschränkt sei. Letztlich ist auf das dem Erben schon vor der Annahme zustehende (s Rn 1) Leistungsverweigerungsrecht aus § 2014 hinzuweisen, dessen verzugsausschließende Wirkung freilich umstritten ist (vgl STAUDINGER/MAROTZKE [1996] § 2014 Rn 8). Im Ergebnis ist heute weitgehend anerkannt, daß der vorläufige Erbe wegen eines gegen den Nachlaß gerichteten Anspruchs nicht in Verzug geraten kann (AK/DERLEDER Rn 5; MünchKomm/LEIPOLD Rn 18 [der jedoch nicht § 2014, sondern § 1958 analog anwenden will]; BGB-RGRK/JOHANNSEN Rn 13; PLANCK/FLAD Anm 3; PALANDT/EDENHOFER Rn 4; SOERGEL/STEIN Rn 4; ERMAN/SCHLÜTER Rn 12; **aM** noch MÜLLER DJZ 1905, 687). Eine Verzugshaftung des *Nachlasses* (also mit Haftungsbeschränkungsrecht des Erben) kommt aber auch schon vor der Erbschaftsannahme in Betracht (vLÜBTOW II 751; vgl auch STAUDINGER/MAROTZKE [1996] § 2014 Rn 8 f). Die *Aufrechnung* mit einer gegen den Nachlaß gerichteten Forderung ist gem § 1959 Abs 3 zulässig (REICHEL 127; PALANDT/EDENHOFER Rn 4; BGB-RGRK/JOHANNSEN Rn 3; MünchKomm/LEIPOLD Rn 6). Die §§ 390 S 1, 2014 stehen, obwohl § 2014 schon vor der Annahme der Erbschaft anwendbar ist (s oben Rn 1), nicht entgegen (s STAUDINGER/MAROTZKE [1996] § 2014 Rn 11).

1. Titel.
Annahme und Ausschlagung der Erbschaft. Fürsorge des Nachlaßgerichts

II. Ergänzungen des § 1958

Ergänzt wird § 1958 BGB durch die §§ 239 Abs 5, 778, 779, 991 ZPO, 175 ZVG, 316 Abs 1 InsO.

1. Nach § 239 Abs 5 ZPO ist der vorläufige Erbe zur **Fortsetzung eines durch den Tod des Erblassers unterbrochenen Prozesses** nicht verpflichtet. Auch das *Recht*, ohne vorherige oder gleichzeitige Annahme der Erbschaft das Verfahren auf Beklagtenseite nach § 239 ZPO aufzunehmen und so die Abweisung der Klage als nach § 1958 unzulässig zu erzwingen, steht dem vorläufigen Erben nicht zu (so auch REICHEL 154; zur Aufnahme von *Aktiv*prozessen des Erblassers s § 1959 Rn 22): Ebenso wie die *vom Gläubiger* gegenüber dem vorläufigen Erben versuchte gerichtliche Geltendmachung eines gegen den Nachlaß gerichteten Anspruchs muß umgekehrt auch der *vom vorläufigen Erben ausgehende* Versuch unzulässig sein, durch Aufnahme eines durch den Tod des ursprünglich verklagten Erblassers unterbrochenen Verfahrens aktiv an der Herstellung einer Situation mitzuwirken, die den Tatbestand des § 1958 erfüllen würde. Dies folgt aus Sinn und Zweck des § 1958: Der Gesetzgeber hat diese Vorschrift deshalb als eine zur Klageabweisung und nicht nur zur Verfahrensaussetzung führende formuliert, weil er vor einer Klageerhebung während der Ausschlagungsfrist abschrecken wollte (Mot V 663). Bereits gegen den *Erblasser* erhobene Klagen liegen völlig außerhalb dieses Gesetzeszwecks; ihnen gegenüber kommt die im Vergleich zur bloßen Verfahrensunterbrechung schärfere Rechtsfolge einer auf § 1958 gestützten Klageabweisung nicht in Betracht. Nicht einmal Unterbrechung des Verfahrens tritt übrigens ein, wenn der beklagte Erblasser durch einen Prozeßbevollmächtigten vertreten war (§ 246 ZPO); in diesem Falle vertritt der Prozeßbevollmächtigte nicht den *vorläufigen* Erben als solchen, sondern handelt aus dem Recht des Erblassers bzw der Erbschaft (vgl § 86 ZPO) mit Wirkung für und gegen den *endgültigen* Erben (vgl erg § 1922 Rn 332 f). Mit § 1958 hat dies nichts zu tun.

2. Nach § 778 Abs 1 ZPO ist vor der Annahme der Erbschaft eine **Zwangsvollstreckung** wegen eines Anspruchs, der sich gegen den Nachlaß richtet, nur in den Nachlaß zulässig. Hatte die Zwangsvollstreckung bereits begonnen, kann sie ohne weiteres in den Nachlaß fortgesetzt werden (§ 779 Abs 1 ZPO; vgl auch § 1922 Rn 337). Hatte sie noch nicht begonnen, so kann gegen den Erben vor der Annahme weder ein in den Nachlaß vollstreckbares Urteil noch die Vollstreckungsklausel zu einem gegen den Erblasser ergangenen Urteil erwirkt werden, §§ 727, 778 ZPO (vgl BAUMBACH/HARTMANN ZPO § 778 Rn 3 f). Der Gläubiger muß nach § 1961 die Bestellung eines Nachlaßpflegers herbeiführen und die Erteilung der Klausel gegen ihn beantragen (vgl jedoch § 2213 Abs 2 für den Fall, daß ein verwaltender Testamentsvollstrecker vorhanden ist). Von Klauselerteilung für „die unbekannten Erben, vertreten durch den näher bezeichneten Nachlaßpfleger", spricht LG Stuttgart Justiz 1994, 87. Aus einem gegenüber dem Nachlaßpfleger erwirkten Vollstreckungstitel kann der Gläubiger auch gegenüber dem Erben in den Nachlaß vollstrecken. Obwohl keine Rechtsnachfolge vorliegt, muß wegen der Notwendigkeit der namentlichen Parteibezeichnung (§ 750 Abs 1 ZPO) eine Umstellung der Vollstreckungsklausel stattfinden, wenn der Titel sich gegen den unbekannten Erben, vertreten durch den Nachlaßpfleger, richtet. Zur Vollstreckung ins Eigenvermögen des Erben muß der Gläubiger auch noch einen gegen den Erben persönlich gerichteten Vollstreckungstitel erwirken (in entspr Anwendung der §§ 727, 731 ZPO nach Analogie zu § 728 Abs 2 ZPO).

Die Entscheidung, ob der Erbe angenommen hat und ob der Annehmende überhaupt Erbe ist, kann unmöglich dem Gerichtsvollzieher überlassen werden (zutreffend PLANCK/FLAD § 1958 Anm 5 b). Wegen eigener Verbindlichkeiten des Erben ist eine Zwangsvollstreckung in den Nachlaß vor der Annahme unzulässig, § 778 Abs 2 ZPO. Auf die Arrestvollziehung finden die Vorschriften über die Zwangsvollstreckung entspr Anwendung (vgl RGZ 60, 179; REICHEL 165; DINSTÜHLER 238 ff, 287).

10 3.   Nach § 991 Abs 3 ZPO kann der Erbe den Antrag auf Einleitung des **Aufgebotsverfahrens** (§ 1970) erst nach der Annahme stellen.

11 4.   Auch im Verfahren der **Freiwilligen Gerichtsbarkeit** können Ansprüche, die sich gegen den Nachlaß richten, wegen § 1958 nicht vor Annahme der Erbschaft gegen den Erben geltend gemacht werden, und zwar auch nicht durch Fortsetzung eines bereits gegen den Erblasser begonnenen Verfahrens (vgl erg § 1922 Rn 340 f). Man denke an den Antrag auf Vorlegung einer Zwischenbilanz, Festsetzung einer Vergütung für den Verwahrer, auf Regelung des Pfandverkaufs. Eine trotzdem erlassene Verfügung wäre nach der Erbausschlagung aufzuheben, § 18 FGG (vgl JOSEF ZZP 44 [1914] 478 ff; zustimmend PLANCK/FLAD Anm 7 und ENDEMANN § 103 V d).

12 5.   Aus § 175 ZVG ergibt sich, daß der Erbe erst nach der Annahme die **Zwangsversteigerung** beantragen kann, wenn ein Nachlaßgläubiger für seine Forderung ein Recht auf Befriedigung aus einem Nachlaßgrundstück hat.

13 6.   Dagegen wird nach § 316 Abs 1 InsO die Eröffnung des **Nachlaßinsolvenzverfahrens** nicht dadurch gehindert, daß der Erbe die Erbschaft noch nicht angenommen hat. Die Frage, ob ein vorläufiger Erbe im Nachlaßkonkurs (jetzt: Nachlaßinsolvenzverfahren) einen Zwangsvergleich (jetzt: Insolvenzplan) beantragen könne, erörtert REICHEL aaO, in DJZ 1912, 914 und in SeuffBl 76 (1911) 455.

14 III.   **Beweislast:** vgl STAUDINGER/OTTE § 1943 Rn 15.

§ 1959

[1] Besorgt der Erbe vor der Ausschlagung erbschaftliche Geschäfte, so ist er demjenigen gegenüber, welcher Erbe wird, wie ein Geschäftsführer ohne Auftrag berechtigt und verpflichtet.

[2] Verfügt der Erbe vor der Ausschlagung über einen Nachlaßgegenstand, so wird die Wirksamkeit der Verfügung durch die Ausschlagung nicht berührt, wenn die Verfügung nicht ohne Nachteil für den Nachlaß verschoben werden konnte.

[3] Ein Rechtsgeschäft, das gegenüber dem Erben als solchem vorgenommen werden muß, bleibt, wenn es vor der Ausschlagung dem Ausschlagenden gegenüber vorgenommen wird, auch nach der Ausschlagung wirksam.

Materialien: E I § 2056; II § 1836; III § 1935;   STAUDINGER/BGB-Synopse 1896–2000 § 1959.
Mot V 536 ff; Prot V 657 ff; Denkschr 721;

§ 1959
Annahme und Ausschlagung der Erbschaft. Fürsorge des Nachlaßgerichts

Schrifttum

FRIEDRICH, Die Haftung des endgültigen Erben und des „Zwischenerben" bei Fortführung eines einzelkaufmännischen Unternehmens (1990) 191 ff, 254 ff
KLOOK, Die überschuldete Erbschaft. Der Erbe als Berechtigter und als Treuhänder der Nachlaßgläubiger (1998) 38 ff

SARRES, Die Auskunftspflichten des vorläufigen Erben gegenüber dem endgültigen Erben, ZEV 1999, 216.
Vgl ferner das bei § 1958 angeführte Schrifttum.

I. Allgemeines

1. Trotz der Rückwirkung der Ausschlagung bleiben einige **Wirkungen des vorläufigen Erbschaftserwerbs** bestehen. Der vorläufige Erbe ist zwar vor der Annahme grundsätzlich nicht zur Verwaltung des Nachlasses verpflichtet. Wenn er sich des Nachlasses nicht annimmt, hat *das Nachlaßgericht* für die Sicherung des Nachlasses zu sorgen (vgl § 1960). Der vorläufige Erbe ist aber zur Fürsorge *berechtigt*, was das Gesetz als selbstverständlich nicht besonders ausgesprochen hat (vgl Mot V 536). Man denke an die Bestreitung der Kosten der Beerdigung des Erblassers, die Bezahlung seiner Arbeitnehmer, die Vornahme notwendiger Ausbesserungsmaßnahmen und dgl. Der Berufene, welcher derartige erbschaftliche Geschäfte besorgt, ohne damit die Erbschaft anzunehmen, handelt, wenngleich er formell als Erbe tätig wird, „in Wirklichkeit für denjenigen, den es angeht, mag dies er selbst oder ein später Berufener sein" (Mot aaO). Er steht insoweit einem „Geschäftsführer ohne Auftrag" sehr nahe. Deshalb erklärt § 1959 Abs 1 die Vorschriften über die Geschäftsführung ohne Auftrag für entspr anwendbar. Eine allgemeine Regel des Inhalts, daß das Verhalten des vorläufigen Erben dem endgültigen Erben stets zuzurechnen wäre, gibt es jedoch nicht (MünchKomm/LEIPOLD Rn 1; BGH LM VVG § 61 Nr 2 betr gegenüber einem Sachversicherer des Erblassers begangene arglistige Täuschung). 1

2. **Voraussetzung** für § 1959 ist, daß in den Handlungen des vorläufigen Erben keine Annahme der Erbschaft *(pro herede gestio)* enthalten ist. Ob eine solche vorliegt, ist Tatfrage (vgl STAUDINGER/OTTE § 1943 Rn 5–10). Auch müssen Handlungen des wirklich berufenen Erben, nicht eines bloßen Erbschaftsbesitzers (§ 2018), in Frage stehen. Letzteres gilt auch für Handlungen im Rahmen von Arbeitsverhältnissen, an denen der Erblasser als Arbeitgeber beteiligt war (so auch WALKER, Der Vollzug der Arbeitgebererbfolge mit einem vermeintlichen Erben [1985] 27, 175; für vorsichtige Analogie jedoch STUMPF, in: FS Brackmann [1977] 299, 306 ff; vgl zu den Lösungsvorschlägen von WALKER auch MAROTZKE AcP 186 [1986] 316 ff). 2

II. Geschäftsbesorgung durch den vorläufigen Erben

1. Abs 1 spricht von Geschäftsbesorgung **vor Ausschlagung**. Anfechtung der Annahme ist nach § 1957 Abs 1 HS 1 Ausschlagung; vorherige Geschäftsbesorgung fällt also ebenfalls unter § 1959 (nicht jedoch die Geschäftsführung dessen, dem die Erbschaft infolge einer Ausschlagung, die später angefochten wird, zugefallen war; vgl STAUDINGER/OTTE § 1957 Rn 4). Die Ausschlagung bzw die Anfechtung der Annahme müssen wirksam erfolgt sein. Andernfalls wäre der Geschäftsbesorger endgültiger 3

Erbe. (Für den *endgültigen Erben* sieht § 1978 Abs 1 S 2 im Falle der Nachlaßverwaltung oder des Nachlaßinsolvenzverfahrens ebenfalls die Anwendung der Vorschriften über die Geschäftsführung ohne Auftrag vor, und zwar im Verhältnis zu den Nachlaßgläubigern wegen der vor der Annahme besorgten Geschäfte.)

4 2.   Eine **Geschäftsführungspflicht** trifft den vorläufigen Erben nicht (hierzu KRETZSCHMAR § 58 I 1; OLG Braunschweig LZ 1921, 274 f und OLGE 42, 204). Gegen die Auferlegung einer solchen spricht vor allem, daß dem oft an einem anderen Orte wohnenden ausschlagenden Erben die Verwaltung des Nachlasses nicht schlechthin zugemutet werden kann (4. Denkschr d ErbrA d AkDR 62).

5 3.   **Die Anwendbarkeit der Geschäftsführungsvorschriften ist keine unmittelbare** (so BINDER I, 150; ENDEMANN § 103 Fn 18), **sondern eine entsprechende** (STROHAL II § 62 Fn 17; CROME § 667 Fn 41; PLANCK/FLAD Anm 3; SOERGEL/STEIN Rn 4; vgl auch STAUDINGER/WITTMANN [1995] Vorbem 61 zu §§ 677 ff). ZB kann dem vorläufigen Erben eine Rücksichtnahme auf den wirklichen oder mutmaßlichen Willen einer bestimmten Person (§§ 677, 678, 679, 683, 684) nicht zugemutet werden, solange nicht feststeht, wer endgültiger Erbe wird. Der vorläufige Erbe wird sein Verhalten nach sachlichen Erwägungen einzurichten haben und sich fragen müssen, was nach der Auffassung eines sorgsamen Erben den Interessen des Nachlasses entspricht. Anderes gilt nur, wenn ein Nachlaßpfleger oder verwaltender Testamentsvollstrecker bestellt ist. Insbesondere kann sich bei Beendigung eines bereits begonnenen Geschäfts in solchen Fällen eine derartige Rücksichtnahme (Anzeige und Abwarten der Entschließung des Geschäftsherrn nach § 681) als notwendig erweisen (PLANCK/FLAD Anm 3). Keinesfalls kann sich der vorläufige Erbe, wenn er in der Meinung gehandelt hat, der endgültige Erbe zu sein, auf einen abweichenden eigenen Willen berufen (BGB-RGRK/JOHANNSEN Rn 4). Andererseits kann der die §§ 677–686 für unanwendbar erklärende § 687 Abs 1 nicht schon deshalb Platz greifen, weil ein vorläufiger Erbe in der irrigen Meinung, endgültiger Erbe zu sein, die von ihm besorgten Geschäfte für eigene hält.

Unanwendbar ist ferner § 685 Abs 2. Die in § 681 S 2 angeführten §§ 666–668 sind jedenfalls insoweit anwendbar, als sie Pflichten nach der Beendigung der Geschäftsführung auferlegen, also auf Rechenschaftslegung und Leistung der eidesstattlichen Versicherung, Herausgabe des Erlangten und Verzinsung verwendeter Gelder gehen (vgl für Auskunftspflichten SARRES ZEV 1999, 216 ff). § 682 findet nur auf eigene Handlungen des vorläufigen Erben, nicht auf die seines gesetzlichen Vertreters Anwendung. Die entspr Anwendung des § 685 Abs 1 setzt voraus, daß der vorläufige Erbe die Absicht hatte, ⌐ine von ihm gemachte Auslage unter allen Umständen selbst zu tragen (PLANCK/FLAD Anm 3; pauschal gegen jede Anwendbarkeit des § 685 Abs 1 SOERGEL/STEIN Rn 4; MünchKomm/LEIPOLD Rn 4 mit Fn 6).

6 4.   Die **Ansprüche**, die dem *vorläufigen Erben* nach § 1959 Abs 1 aus seiner Geschäftsführung erwachsen (§§ 683, 670), sind Nachlaßverbindlichkeiten iSd § 1967, im Nachlaßinsolvenzverfahren sind sie Masseverbindlichkeiten iSd § 324 Abs 1 Nr 6 InsO.

Die Ansprüche des *endgültigen Erben* gegen den vorläufigen Erben aus der Geschäftsführung gehören zum Nachlaß. Der vorläufige Erbe muß das, was er aus der Geschäftsführung erlangt hat, nach §§ 681, 667 herausgeben.

1. Titel. § 1959
Annahme und Ausschlagung der Erbschaft. Fürsorge des Nachlaßgerichts 7–10

5. Der vorläufige Erbe wird durch die Ausschlagung nicht zum **Erbschaftsbesitzer** 7
iSd § 2018 (STAUDINGER/OTTE § 1953 Rn 12). Denn er hat das, was er erlangt hat, auf
Grund eines ihm damals wirklich zustehenden Erbrechts erlangt. Es ist nicht anzunehmen, daß die der Ausschlagung beigelegte Rückwirkung (§ 1953) ihm die Stellung
des Erbschaftsbesitzers zuweisen soll. Nach hM haftet der Ausschlagende zB nicht
nach der Surrogationsvorschrift des § 2019 Abs 1, sondern ausschließlich nach dem
Recht der Geschäftsführung (STAUDINGER/GURSKY [1996] § 2018 Rn 14; KIPP/COING § 90 III 2;
KRETZSCHMAR § 69 II 4; BGB-RGRK/JOHANNSEN Rn 5; ERMAN/SCHLÜTER Rn 3; PLANCK/FLAD
Anm 3; vgl aber auch unten Rn 11 aE und zu einer vergleichbaren Surrogationsproblematik STAU-
DINGER/MAROTZKE [1996] § 1978 Rn 15 ff). Anders jedoch, wenn der vorläufige Erbe nach
der Ausschlagung die Herausgabe der Nachlaßsachen verweigert, weil er die Ausschlagung unrichtigerweise für unwirksam hält (ENDEMANN § 103 IV b; STAUDINGER/
GURSKY [1996] § 2018 Rn 14 mwN). Wenn der vorläufige Erbe nicht nur einzelne Geschäfte
geführt, sondern die Verwaltung des Nachlasses im ganzen übernommen hatte, muß er
den Nachlaß als einen Inbegriff herausgeben, was zu ähnlichen Ergebnissen führt, wie
wenn der Erbschaftsanspruch gegen ihn begründet wäre (vgl §§ 259–261, 666, 681
einerseits, §§ 2027, 2028 andererseits; PLANCK/FLAD Anm 3; KIPP § 51 III).

III. Wirksamkeit von Verfügungen

Gem § 1953 werden die Wirkungen der Ausschlagung auf den Zeitpunkt des Erbfalls 8
zurückbezogen. Wenn der vorläufige Erbe zwischenzeitlich über Nachlaßgegenstände verfügt hat, müßten diese Verfügungen bei strenger Durchführung des
§ 1953 eigentlich infolge der Erbschaftsausschlagung hinfällig werden, soweit nicht
die Vorschriften über den Schutz des gutgläubigen Erwerbers (vgl Rn 13 ff) eingreifen.
§ 1959 Abs 2 durchbricht die Rückwirkung der Erbschaftsausschlagung noch durch
eine weitere Ausnahme zugunsten unaufschiebbarer Verfügungen.

1. Dringliche Verfügungen

Wirksam bleiben trotz Ausschlagung oder Anfechtung der Annahme dringliche Ver- 9
fügungen; das sind solche, die nicht ohne Nachteil für den Nachlaß verschoben
werden konnten (dazu OLG Düsseldorf ZEV 2000, 64 ff). Die Kenntnis des Dritten,
daß der Verfügende nur vorläufiger Erbe ist, steht der Wirksamkeit nicht entgegen;
ebensowenig ist seine Kenntnis der Dringlichkeit erforderlich. Die Verfügung bleibt
nicht bloß den endgültigen Erben, sondern auch Dritten gegenüber wirksam. Voraussetzung ist, daß die Verfügung an sich wirksam ist. Das ist sie nicht, wenn sie
einem gegen den vorläufigen Erben erlassenen gerichtlichen Veräußerungsverbot
zuwiderläuft, das dem dritten Erwerber bekannt oder im Grundbuch eingetragen
ist (§§ 135, 136 und Mot V 538 f).

Als **Verfügungen** kommen im Gegensatz zu schuldrechtlichen Verpflichtungsgeschäf- 10
ten alle Rechtsgeschäfte in Betracht, durch die auf ein zum Nachlaß gehörendes
Recht unmittelbar eingewirkt wird, sei es, daß das Recht unmittelbar übertragen,
inhaltlich geändert, belastet oder aufgehoben wird: also Zahlung aus Mitteln des
Nachlasses (zur „Dringlichkeit" von Lohnzahlungen an Arbeitnehmer vgl WALKER, Der Vollzug
der Arbeitgeberberbfolge mit einem vermeintlichen Erben [1985] 107 f), Abtretung und Erlaß
von Forderungen, Annahme von Leistungen auf eine Nachlaßforderung (dazu auch
Rn 11, 19), Aufrechnung mit einer solchen und dgl; aber auch Ausübung von Rück-

tritts-, Anfechtungs- und Kündigungsrechten; gerade bei ihnen kann wegen einer Befristung Dringlichkeit gegeben sein.

11 Die **Annahme einer Leistung**, die dem vorläufigen Erben zwecks Erfüllung einer Nachlaßforderung angeboten wird, läßt sich uU zugleich als Verfügung über die zugrundeliegende Forderung begreifen (vgl zum Theorienstreit STAUDINGER/KADUK[12] Vorbem 11 ff, 15 ff, 27 ff zu §§ 362 ff und – kürzer – STAUDINGER/OLZEN [1995] Vorbem 7 ff zu §§ 362 ff). Zumindest aber wird man die Annahme der Leistung im Rahmen des Abs 2 *wie* eine Verfügung über die zugrundeliegende Forderung behandeln müssen. Entgegen der in der Bearbeitung von 1978 vertretenen Ansicht gilt dies auch, wenn die Leistung, auf die sich die Nachlaßforderung richtet, zu *ihrer eigenen* Wirksamkeit bzw Vollständigkeit keiner rechtsgeschäftlichen Mitwirkung des Gläubigers bedarf. Die den Schuldner befreiende Wirkung auch solcher an den vorläufigen Erben erbrachter Leistungen bleibt nach Abs 2 durch eine spätere Erbausschlagung unberührt, wenn die Entgegennahme der Leistung nicht ohne Nachteil für den Nachlaß verschoben werden konnte. Die hiernach erforderliche Dringlichkeit der Leistungsannahme ergibt sich bei *fälligen* Leistungen idR schon daraus, daß die Ablehnung den Nachlaß mit den Folgen des Gläubigerverzuges belasten würde (vgl Rn 19). Nur wenn das Leistungsangebot keinen Gläubigerverzug begründet (etwa weil es verfrüht oder mangelhaft ist), bedarf die Annahme durch den vorläufigen Erben einer besonderen Rechtfertigung nach Abs 2, etwa daß der endgültige Erbe bei längerem Zuwarten ausgefallen wäre oder jedenfalls die Gefahr des Ausfalles bestand (PLANCK/FLAD Anm 5; BGB-RGRK/JOHANNSEN Rn 12; ERMAN/SCHLÜTER Rn 6).

Nach KIPP/COING § 90 III 3 c soll die Frage, ob die Erfüllungswirkung einer an den vorläufigen Erben erbrachten Leistung von einer späteren Erbausschlagung unberührt bleibt, nicht nach Abs 2, sondern nach Abs 3 zu beurteilen sein (ebenso AK-BGB/DERLEDER Rn 4 und MünchKomm/LEIPOLD Rn 10 für den Fall, daß [„sobald"] der Schuldner berechtigt ist, die Nachlaßforderung zu erfüllen). Sollte diese Ansicht zu dem Ergebnis führen, daß auch eine *nicht dringliche* Leistungsannahme durch den vorläufigen Erben den Schuldner über eine etwaige Erbausschlagung hinaus von seiner Verbindlichkeit befreit (was nach den von KIPP/COING und LEIPOLD gegebenen Begründungen aber durchaus zweifelhaft ist), so wäre sie mE nur dann akzeptabel, wenn man den an den vorläufigen Erben geleisteten Gegenstand analog §§ 2019 Abs 1, 2041, 2111 Abs 1 mit „dinglicher" Wirkung zum Nachlaß rechnen dürfte (vgl insoweit die Hinweise bei Rn 7).

12 Die vom vorläufigen Erben abgeschlossenen **Verpflichtungsgeschäfte** bleiben trotz der Ausschlagung bestehen, begründen aber Rechte und Pflichten nur zwischen dem vorläufigen Erben und dem Vertragspartner, nicht zwischen diesem und dem endgültigen Erben persönlich. UU trifft jedoch den endgültigen Erben „als solchen" nach § 1967 eine auf den Nachlaß beschränkbare Mithaftung für die von dem vorläufigen Erben begründeten Verbindlichkeiten (vgl STAUDINGER/MAROTZKE [1996] § 1967 Rn 48; aM FRIEDRICH 200 ff). Allein durch einseitige Genehmigung kann der endgültige Erbe den Vertrag normalerweise nicht auf sich überleiten. Er kann dies nur dann, wenn der vorläufige Erbe den Vertrag erkennbar nicht für sich, sondern für den abgeschlossen hat, der die Erbschaft endgültig erwerben wird (arg §§ 164, 177). Der vorläufige Erbe haftet in diesem Fall nach § 179, wenn der endgültige Erbe die Genehmigung verweigert. Der endgültige Erbe kann aber nach dem Recht der auftragslosen Geschäftsführung (§§ 1959 Abs 1, 681, 667) Abtretung der aus dem schuldrechtlichen Geschäft erlangten Ansprüche des vorläufigen Erben gegen den Dritten verlangen und muß dann den vorläufigen Erben nach §§ 683, 670, 257 von übernommenen Verpflichtungen befreien (CROME § 667 Fn 28 und 48; BINDER I, 154; PLANCK/FLAD Anm 6). Zu der Frage, ob es einer Abtretung hier überhaupt bedarf, oder ob uU sogar eine „dingliche Surrogation" stattfindet, vgl die Hinweise bei Rn 7, 11 aE.

2. Gutgläubiger Erwerb und Genehmigung

Wirksam bleiben ferner – ganz ohne Rücksicht auf Dringlichkeit – alle Verfügungen **13** des vorläufigen Erben, soweit die Vorschriften zum Schutz derer eingreifen, die Rechte von einem Nichtberechtigten erwerben. Da jedoch Verfügungen eines vorläufigen Erben über Erbschaftsgegenstände zur Zeit ihrer Vornahme Verfügungen eines Berechtigten sind und diese Tatsache im Falle der Ausschlagung durch § 1953 Abs 1 bloß hinwegfingiert wird, muß sich der gute Glaube auf den Nichteintritt der Fiktionsbasis, also der Ausschlagung, beziehen. **Entspr dem Rechtsgedanken des § 142 Abs 2** besteht deshalb kein Gutglaubensschutz, wenn der Verfügungsempfänger weiß (§ 892) oder infolge grober Fahrlässigkeit nicht weiß (§ 932 Abs 2), daß er von einem Erben erwirbt, der das Ausschlagungsrecht noch hat bzw, was nach § 1957 gleichsteht, die Annahme anfechten kann (vgl auch MünchKomm/LEIPOLD Rn 7; LANGE/KUCHINKE § 8 V 2 [S 192 Fn 107]; **aM** STAUDINGER/LEHMANN[11] Rn 15).

Im Rahmen der den gutgläubigen Erwerb **beweglicher Sachen** regelnden §§ 932 ff ist **14** zu beachten, daß infolge der Ausschlagung eine Sache *nicht zu einer dem endgültigen Erben abhanden gekommenen* iSd § 935 wird, da dieser noch nicht in den tatsächlichen Besitz gelangt war. Zwar geht nach § 857 der Besitz auf den Erben von selbst über. Das hat zur Folge, daß ein Nichterbe, der den Besitz ergreift, verbotene Eigenmacht gegen den Erben übt und die Sache als diesem abhanden gekommen anzusehen ist. Das darf aber nicht auf den Fall übertragen werden, daß der vorläufige Erbe, der bis zur Ausschlagung wirklicher Erbe ist, diese Rechtsstellung durch die Ausschlagung rückwirkend verliert. Es würde zu einer unangemessenen Übersteigerung der Rückwirkung führen, wollte man den vorläufigen Erben hinterher als Eindringling behandeln, der dem endgültigen Erben die Sache eigenmächtig weggenommen hat. Das würde mit der Zubilligung der Verfügungsmacht in Abs 2 und 3 nicht in Einklang stehen (KIPP/COING § 99 Anm 8; BGB-RGRK/JOHANNSEN Rn 10; **aM** PLANCK/FLAD Anm 4 b).

Ebenso ist ein wirksamer Erwerb von Rechten an Grundstücken aufgrund guten **15** Glaubens an den **Inhalt des Grundbuchs** (§§ 892, 893) oder ein **Rechtserwerb aufgrund Erbscheins** (§§ 2366, 2367) möglich, wenn der vorläufige Erbe aufgrund der Annahme bereits im Grundbuch eingetragen war oder einen Erbschein erhalten hatte, die Annahme aber später angefochten (§§ 1954, 1956) oder als unwirksam erkannt wird (§§ 1949, 1950). Gutgläubiger Erwerb ist jedoch ausgeschlossen, wenn der Vertragspartner wußte, daß der ihm als Erbe Gegenüberstehende das Ausschlagungsrecht noch hatte (wie hier MünchKomm/LEIPOLD Rn 7; **aM** STAUDINGER/LEHMANN[11] Rn 15).

Wirksam werden kann endlich auch jede nicht dringliche Verfügung des vorläufigen **16** Erben durch **Genehmigung** des endgültigen Erben, § 185.

3. Ausgleichsansprüche des endgültigen Erben

17 Erleidet der endgültige Erbe durch eine wirksame Verfügung des vorläufigen Erben einen Rechtsverlust, so kann er uU von dem vorläufigen Erben Ausgleich fordern (vgl WERNER, Fälle zum Erbrecht [2. Aufl 1995] Fall 1). Bleibt eine Verfügung des vorläufigen Erben trotz Ausschlagung nur nach den Regeln des Gutglaubenserwerbs – also nicht nach Abs 2 – wirksam, so ist an einen Schadensersatzanspruch des endgültigen Erben aus §§ 1959 Abs 1, 678 wegen Geschäftsführung gegen die Interessen des Nachlasses, die bei dieser Analogie an die Stelle des Geschäftsherrnwillens treten (s Rn 5), zu denken. Daneben erscheint wegen der Rückwirkung der Ausschlagung auch ein Anspruch aus § 823 Abs 1 denkbar (aber: § 993 Abs 1 aE!), er ist aber wegen der konkurrierenden Ansprüche aus dem Recht der GoA ohne praktische Bedeutung. Ein Anspruch auf Herausgabe des durch die Verfügung Erlangten kann sich aus §§ 1959 Abs 1, 681 S 2, 667 und aus § 816 ergeben. Zur Frage einer dinglichen Surrogation s Rn 7.

IV. Abs 3

18 Einseitige empfangsbedürftige Rechtsgeschäfte, die gegenüber dem Erben (als Nachfolger des Erblassers) vorgenommen werden müssen, bleiben wirksam, wenn sie vor der Ausschlagung dem Ausschlagenden gegenüber wirksam vorgenommen worden sind, und zwar ganz ohne Rücksicht auf ihre Dringlichkeit (vgl E I § 2056). Hierunter fallen zB Mahnungen (vgl auch § 1958 Rn 6), Kündigungen, Anfechtungs-, Rücktritts- und Genehmigungserklärungen. Ihrer Wirksamkeit steht nicht entgegen, daß der Dritte weiß, daß der Empfänger nur vorläufiger Erbe ist. Voraussetzung ihres Wirksambleibens ist aber, daß alle übrigen Wirksamkeitsvoraussetzungen erfüllt sind, daß also zB die Erklärung dem Empfänger vor der Ausschlagung zugegangen ist, § 130.

19 Als ein „gegenüber dem Erben als solchem" vorzunehmendes Rechtsgeschäft (zumindest als eine insoweit gleichzubehandelnde „Rechtshandlung") ist auch das **Leistungsangebot eines Nachlaßschuldners** anzusehen. Durch Nichtannahme des ihm gegenüber gemachten Leistungsangebots belastet der vorläufige Erbe den Nachlaß über eine etwaige Erbschaftsausschlagung hinaus (Abs 3) mit den Rechtsfolgen des **Gläubigerverzugs** (§§ 293 ff). Voraussetzung ist natürlich, daß der Schuldner nach dem zugrundeliegenden Rechtsverhältnis schon jetzt leisten darf (arg § 294). Selbst in diesem Falle bleibt die schuldbefreiende Wirkung einer an den vorläufigen Erben erbrachten und von diesem nicht zurückgewiesenen Leistung von einer späteren Erbschaftsausschlagung nur dann unberührt, wenn die Leistungsannahme dringlich iSd Abs 2 war (str; s Rn 11). Zur Erfüllung dieser Voraussetzung genügt jedoch idR, daß – wie soeben ausgeführt – der Nachlaß bei Zurückweisung des Leistungsangebots mit den Rechtsfolgen des Gläubigerverzugs belastet würde. Daß der vorläufige Erbe nicht zur Leistungsannahme verpflichtet ist, hindert den Eintritt des Annahmeverzuges nicht (MünchKomm/LEIPOLD Rn 10; aM BGB-RGRK/JOHANNSEN Rn 13).

In **Schuldnerverzug**, §§ 284 ff, kann der vorläufige Erbe vor Annahme der Erbschaft nicht kommen (vgl hierzu und zu der davon zu unterscheidenden Frage einer Verzugshaftung nur des Nachlasses § 1958 Rn 6); wohl aber kann die an ihn gerichtete Mahnung den endgültigen Erben vom Tage der Annahme an in Leistungsverzug setzen.

Auch **die Annahme eines Vertragsantrags** des Erblassers, § 153, kann gegenüber dem **20** vorläufigen Erben erklärt werden. Dagegen kann ihm ein **Angebot zum Vertragsschluß** mit Wirksamkeit für den endgültigen Erben nicht gemacht werden, da es sich dabei nicht um ein Rechtsgeschäft handelt, das gegenüber dem Erben als solchem vorgenommen werden muß (vgl PLANCK/FLAD Anm 5).

V. Aktivprozesse

Da die Zulässigkeit einer Klage idR voraussetzt, daß der Kläger wirksam über den **21** Streitgegenstand verfügen kann – gleich ob als Rechtsinhaber oder als Prozeßstandschafter des Rechtsinhabers –, wird man Aktivprozesse des vorläufigen Erben nur unter den Voraussetzungen des Abs 2 zulassen können (**aM** BAG AP 1974, Bl 267 R, 268 [= Nr 2 zu § 246 ZPO]; STAUDINGER/LEHMANN[11] Rn 22; BGB-RGRK/JOHANNSEN Rn 2; SOERGEL/ STEIN Rn 5, 9; ERMAN/SCHLÜTER Rn 7; MünchKomm/LEIPOLD Rn 11 und – ausführlich mwN – PLANCK/FLAD Anm 7; REICHEL 108 ff; **wie hier** jedoch PLANCK/STROHAL [3. Aufl] Anm 7; AK-BGB/DERLEDER Rn 6; vLÜBTOW II, 752; vgl auch K HELLWIG, Lehrb d dt Civilprozeßrechts I, 198). Zwar kann der vorläufige Erbe für die Zeit bis zur Ausschlagung unbeschränkt wirksam verfügen, doch ist dies nur eine Konsequenz der vom Gesetzgeber aus ganz anderen Gründen (dazu STAUDINGER/OTTE § 1942 Rn 3) gewählten Konstruktion des Vonselbsterwerbs der Erbschaft mit Ausschlagungsmöglichkeit. Der Tendenz des Gesetzes, den Erwerb der angefallenen Erbschaft bis zur Annahme als vermögensmäßig irrelevant zu behandeln (s STAUDINGER/OTTE § 1942 Rn 11), entspricht es, die Verfügungsbefugnis des Erben, solange sie noch durch die Ausschlagungsmöglichkeit auflösend bedingt ist, wie eine aufschiebend bedingte und somit als zur Klageerhebung nicht ausreichend zu behandeln. Dafür spricht auch, daß der Eintritt der (Rechts-)Bedingung vom Willen des vorläufigen Erben abhängt, der sich vor Klageerhebung entscheiden mag. Wie eine Verfügung wirkt daher die Prozeßführung des vorläufigen Erben im Falle der Ausschlagung für und gegen den endgültigen Erben *nur unter der Voraussetzung des Abs 2*; dann und nur dann kommt es ggf zu einer Rechtskrafterstreckung *analog § 326 ZPO* (MünchKomm/LEIPOLD Rn 12; ebenso wohl BGHZ 106, 359, 365 = NJW 1989, 2885, 2886: „grundsätzlich nicht"). Da der endgültige Erbe wegen der Rückwirkung der Ausschlagung nicht Rechtsnachfolger des vorläufigen Erben ist, kommt eine Rechtskrafterstreckung *nach § 325 ZPO* nicht in Betracht (vgl BGB-RGRK/JOHANNSEN Rn 2).

Indem die hM **Aktivprozesse** des vorläufigen Erben in weiterem Umfang zuläßt als **22** bei Rn 21 umschrieben, mutet sie dem Beklagten, der ja nicht im Unrecht sein muß, zu, sich ggf nacheinander gegen mehrere selbständige Klagen zu verteidigen (kritisch schon HELLWIG aaO Fn 16). Dafür bedürfte es aus Gründen der Waffengleichheit und der Symmetrie zu der für **Passivprozesse** geltenden Regelung des § 1958 einer besonderen Rechtfertigung. Wo diese gegeben ist, werden zugleich die Voraussetzungen des § 1959 Abs 2 vorliegen, dessen analoge Anwendung auf die Prozeßführung das Problem entschärft. Nur wenn der vorläufige Erbe analog Abs 2 prozeßführungsbefugt ist, kann er ein nach § 239 Abs 1 ZPO unterbrochenes Verfahren aufnehmen (zu den Problemen, die man heraufbeschwört, wenn man auf diese Beschränkung verzichtet, vgl die ausführl Anm von GRUNSKY zu BAG AP 1974 Bl 266 ff [= Nr 2 zu § 246 ZPO]). Allerdings kann in der Aufnahme wie auch in der Klageerhebung uU eine Erbschaftsannahme zu sehen sein.

23 Der Beklagte ist durch § 1958 in seiner Verteidigung insofern beschränkt, als er gegenüber dem vorläufigen Erben wegen eines Anspruchs, der sich gegen den Nachlaß richtet, keine **Widerklage** erheben kann (§ 1958 Rn 4). An der Geltendmachung eines **Zurückbehaltungsrechts** ist er hingegen nicht gehindert. Dies gilt nicht nur außergerichtlich (§ 1958 Rn 6), sondern auch im Prozeß (so auch REICHEL 127) und ergibt sich sowohl aus dem Gebot der prozessualen Waffengleichheit als auch daraus, daß Streitgegenstand nur der zum Nachlaß gehörende Anspruch, gegen den der Beklagte sich verteidigt, nicht jedoch der Gegenanspruch ist, aufgrund dessen er das Zurückbehaltungsrecht geltend macht. Die Frage, ob eine **Prozeßaufrechnung** mit einer gegen den Nachlaß gerichteten Forderung, die wegen § 322 Abs 2 ZPO dogmatisch zwischen der nach § 1958 unzulässigen Widerklage und der zulässigen prozessualen Geltendmachung eines Zurückbehaltungsrechts steht, mit § 1958 vereinbar ist (dafür REICHEL 127 f; **aM** CROME § 712 Fn 24), ist zu bejahen, da § 322 Abs 2 ZPO nur das *Nichtbestehen* der Gegenforderung in Rechtskraft erwachsen läßt. Vgl i übr zur Aufrechnung § 1958 Rn 6.

24 Hat der vorläufige Erbe eine **negative Feststellungsklage** erhoben, soll es dem Beklagten uU trotz § 1958 möglich sein, gegenüber dem vorläufigen Erben eine rechtskräftige Feststellung seines mit der Klage bestrittenen Anspruchs zu erlangen (vgl STAUDINGER/LEHMANN[11] Rn 24; PLANCK/FLAD Anm 7 c). Ohne ein Interesse an der alsbaldigen Feststellung sind jedoch Feststellungsklagen gem § 256 ZPO gar nicht zulässig. Damit scheiden solche Klagen des vorläufigen Erben außerhalb des Anwendungsbereichs des Abs 2 (Dringlichkeit) aus. Darüber hinaus sprechen die gegen die Aufnahme eines unterbrochenen Passivprozesses durch den vorläufigen Erben geäußerten Bedenken (§ 1958 Rn 8) generell gegen die Zulassung solcher negativen Feststellungsklagen des vorläufigen Erben.

VI. Insolvenz

25 Während eines Insolvenzverfahrens **über das Vermögen des vorläufigen Erben** muß die Vornahme der gegenüber dem Erben als solchem vorzunehmenden Rechtsgeschäfte (Abs 3) gegenüber dem vorläufigen Erben erfolgen und nicht gegenüber dem Insolvenzverwalter; denn die Erbschaft gehört vor der Annahme nicht zur Insolvenzmasse (§ 83 Abs 1 InsO; BGB-RGRK/JOHANNSEN Rn 14; vgl auch STAUDINGER/OTTE § 1942 Rn 11).

26 Bei Eröffnung eines Insolvenzverfahrens **über den Nachlaß**, die gem § 316 Abs 1 InsO auch schon vor Annahme der Erbschaft möglich ist, verliert der vorläufige Erbe das ihm nach Abs 1 und 2 zustehende Geschäftsführungs- und Verfügungsrecht (vgl § 80 Abs 1 InsO); auch können ihm gegenüber nicht mehr wirksame Rechtsgeschäfte nach Abs 3 vorgenommen werden. Für den Nachlaßinsolvenzverwalter gilt § 1959 nicht; seine Rechtshandlungen wirken schon kraft Insolvenzrechts für und gegen den endgültigen Erben. *Verbindlichkeiten* des endgültigen Erben aus der Geschäftsführung des vorläufigen Erben, der die Erbschaft ausgeschlagen hat, sind Masseverbindlichkeiten nach § 324 Abs 1 Nr 6 InsO, soweit die Nachlaßgläubiger gem §§ 1978, 1979 verpflichtet wären, wenn der vorläufige Erbe die Geschäfte für sie zu besorgen gehabt hätte. *Ansprüche*, die dem endgültigen Erben wegen der Geschäftsführung des vorläufigen Erben diesem gegenüber erwachsen, gehören zum Nachlaß und sind vom Nachlaßinsolvenzverwalter geltend zu machen (Mot V 539; OLG Celle MDR 1970, 1012, 1013).

1. Titel. **§ 1959, 27**
Annahme und Ausschlagung der Erbschaft. Fürsorge des Nachlaßgerichts **§ 1960**

Die vor der Eröffnung des Nachlaßinsolvenzverfahrens vorgenommenen Verfügungen des vorläufigen Erben und die ihm gegenüber vorgenommenen Rechtsgeschäfte behalten im Rahmen von Abs 2 und 3 sowie der Vorschriften über den Erwerb vom Nichtberechtigten (s Rn 13 ff) ihre Wirksamkeit. UU unterliegen sie jedoch der Anfechtung nach §§ 129 ff, 322 InsO.

VII. Nachlaßverwaltung

Auch bei Anordnung einer Nachlaßverwaltung, die ebenfalls schon vor Annahme der 27 Erbschaft möglich ist (STAUDINGER/MAROTZKE [1996] § 1981 Rn 21), verliert der vorläufige Erbe das Geschäftsführungs- und Verfügungsrecht (vgl § 1984 Abs 1). Das zum Nachlaßinsolvenzverfahren Ausgeführte (Rn 26) gilt deshalb entsprechend (mit Ausnahme der Hinweise auf §§ 129 ff, 322, 324 Abs 1 Nr 6 InsO). Anders ist die Rechtslage bei der Nachlaßpflegschaft gem § 1960 (vgl dort Rn 42).

§ 1960

[1] Bis zur Annahme der Erbschaft hat das Nachlaßgericht für die Sicherung des Nachlasses zu sorgen, soweit ein Bedürfnis besteht. Das gleiche gilt, wenn der Erbe unbekannt oder wenn ungewiß ist, ob er die Erbschaft angenommen hat.

[2] Das Nachlaßgericht kann insbesondere die Anlegung von Siegeln, die Hinterlegung von Geld, Wertpapieren und Kostbarkeiten sowie die Aufnahme eines Nachlaßverzeichnisses anordnen und für denjenigen, welcher Erbe wird, einen Pfleger (Nachlaßpfleger) bestellen.

[3] Die Vorschrift des § 1958 findet auf den Nachlaßpfleger keine Anwendung.

Materialien: E I §§ 2058, 2059 Abs 1; II §§ 1837, 1838 Abs 2; III § 1936; Mot V 541 ff; Prot V 660, 664 ff; VI 338; Denkschr 722; STAUDINGER/ BGB-Synopse 1896–2000 § 1960.

Schrifttum zu §§ 1960–1962

DAMRAU, Pflegschaft für den unbekannten Testamentsvollstrecker, in: FS Lange (1992) 797
ders, Der Nachlaß vor Beginn des Testamentsvollstreckeramtes, ZEV 1996, 81
DRASCHKA, Gläubigerbefriedigung durch den Nachlaßpfleger – Gesetzliche Vertretung des noch nicht feststehenden Erben?, Rpfleger 1992, 281
EULENBERG/OTT-EULENBERG, Die Nachlaßpflegschaft in der anwaltlichen Praxis (1999)
GUTBROD, Rechtsfragen der Erbenermittlung, ZEV 1994, 337

FIRSCHING/GRAF, Nachlaßrecht (7. Aufl 1994) 124 ff
FRAEB, Zur Nachlaßbehandlung nach BGB, ZBlFG 1913, 273
H GOLDSCHMIDT, Die Nachlaßpflegschaft (1905)
GREISER, Die Nachlaßpflegschaft, DFG 1938, 167
GUTBROD, Rechtsfragen der Erbenermittlung, ZEV 1994, 337
HAEGELE, Nachlaßpflegschaft und Nachlaßverwaltung (1955)

HARTUNG, Der Nachlaßpfleger im Streit mit Erbprätendenten, Rpfleger 1991, 279
HEPTING, Die personenstandsrechtliche Antragsbefugnis eines vom Nachlaßpfleger beauftragten Erbenermittlers, ZEV 1999, 302
HÖRLE, Die Nachlaßpflegschaft nach §§ 1960, 1961 BGB, ZBlFG 1909, 711, 751
HÖVER, Die Nachlaßpflegschaft, DFG 1937, 29
ders, Vergütung und Auslagen des Nachlaßpflegers und des Nachlaßverwalters, DFG 1940, 9
JOCHUM/POHL, Nachlaßpflegschaft – ein Handbuch für die Praxis mit zahlreichen Formularmustern (1999)
KOESSLER, Das Wesen der Nachlaßpflegschaft, JherJb 64 (1914) 412
ders, Die Stellung des Nachlaßrichters, ZZP 44 (1914) 1
JOHANNSEN, Die Rechtsprechung des Bundesgerichtshofs auf dem Gebiete des Erbrechts, WM 1972, 919
MÖHRING/BEISSWINGERT/KLINGELHÖFFER, Vermögensverwaltung in Vormundschafts- und Nachlaßsachen (7. Aufl 1992) 113 ff
W MÜLLER, Abwesenheits-, Nachlaßpflegschaft und Pflegschaft für unbekannte Beteiligte, NJW 1956, 652

REICHEL, Aktiv- und Passivprozesse des vorläufigen Erben, in: FS Thon (1911) 101
SANDWEG, Nachlaßsicherung und Erbenermittlung nach dem baden-württembergischen LFGG, BWNotZ 1986, 5
ERWIN SCHMIDT, Die Geschäftsführung des Nachlaßpflegers und Nachlaßverwalters (1958)
SIBER, Die Prozeßführung des Vermögensverwalters nach dem deutschen BGB, in: FS für Leipziger Juristenfakultät für Wach, 1918, S 71
ders, Das Verwaltungsrecht an fremden Vermögen im BGB, IherJb 67 (1917) 81
TIDOW, Aufwendungen und Vergütungen des Nachlaßpflegers (1990)
dies, Die Möglichkeit der Selbstbefriedigung des Sicherungsnachlaßpflegers gemäß § 1960 BGB aus dem Nachlaß, FamRZ 1990, 1060
dies, Die Anordnung der Nachlaßpflegschaft gemäß § 1960 BGB, Rpfleger 1991, 400
WEISSLER, Das Nachlaßverfahren, 1920
ZIEGLTRUM, Sicherungs- und Prozeßpflegschaft, §§ 1960, 1961 BGB (1986)
ZIMMERMANN, Vergütung und Ersatz von Aufwendungen des Nachlaßpflegers, ZEV 1999, 329.

Systematische Übersicht

I. Allgemeines	1
II. Das Nachlaßgericht	
1. Zuständigkeit	3
2. Tätigkeit	4
III. Voraussetzungen der Nachlaßsicherung	5
1. Ungewißheit	6
a) Hinsichtlich der Erbschaftsannahme	6
b) Hinsichtlich der Person des Erben	8
2. Bedürfnis	13
3. Erbenmehrheit	15
4. Höfe- und Anerbenrecht	16
5. Ausländernachlässe	17
IV. Beispiele für gerichtliche Sicherungsmaßnahmen	18
V. Nachlaßpflegschaft	
1. Rechtsnatur	23
2. Verhältnis zu anderen Pflegschaften	24
3. Voraussetzungen und Erlaß der Anordnung	27
4. Beschwerde	30
5. Anwendung des Vormundschaftsrechts	31
a) Auswahl und Bestellung des Pflegers	32
b) Pflegervergütung und Aufwendungsersatz	34
aa) Vergütung	34
(1) Bei berufsmäßiger Pflegschaft	34
(2) In sonstigen Fällen	34a
(3) Übergreifende Gesichtspunkte	35
bb) Aufwendungen	36
cc) Haftung der Erben bzw der Staatskasse	37
c) Aufsicht des Nachlaßgerichts	38
6. Aufgaben des Nachlaßpflegers	39

1. Titel. **§ 1960**
Annahme und Ausschlagung der Erbschaft. Fürsorge des Nachlaßgerichts

7.	Grenzen der Nachlaßpflegschaft	47	9. Aufhebung der Nachlaßpflegschaft	55
8.	Haftung des Nachlaßpflegers	52	**VI. Kosten**	61
a)	Gegenüber Erben	52		
b)	Gegenüber Nachlaßgläubigern	53		

Alphabetische Übersicht

Abwesenheitspflegschaft __ 8, 26
Annahme der Erbschaft __ 5 ff
Aufhebung
 – der Anordnungen des Nachlaßgerichts _ 13
 – der Nachlaßpflegschaft __ 50 ff
Aufwandsentschädigung für Nachlaßpfleger __ 36 f
Aufwendungsersatz für Nachlaßpfleger __ 36 f
Auseinandersetzung __ 51
Auskunftspflicht des Nachlaßpflegers __ 45, 53, 59
Ausländernachlässe __ 3, 17

Bedürfnis für Sicherungsmaßnahmen __ 13 f
 – bei Erbenmehrheit __ 15, 27 f, 56
 – bei Vormundschaft __ 14
Berufspfleger __ 34 ff
Beschwerde __ 3, 4
 – gegen Ablehnung von Aufsichtsmaßnahmen __ 38
 – gegen Anordnung oder Ablehnung der Nachlaßpflegschaft __ 30
 – gegen Aufhebung der Nachlaßpflegschaft __ 58
 – gegen Ablehnung der Aufhebung der Nachlaßpflegschaft __ 56
 – gegen Auswahl des Nachlaßpflegers __ 32
 – gegen Bewilligung der Vergütung für Nachlaßpfleger __ 35a

DDR, ehemalige __ 3

Erbenermittler __ 2, 39
Erbteilspfändung __ 51
Erinnerung gegen Rechtspfleger __ 3
Ermessen des Nachlaßgerichts __ 4
Ermittlung des Erben __ 2, 9, 28, 39

Genehmigung des Erbschaftserwerbs durch ausländische juristische Personen __ 11
Grundbuch __ 14, 57

Haftung
 – des Erben __ 37, 41, 61
 – des Nachlaßpflegers __ 44, 52 ff
 – des Nachlaßrichters __ 4, 35a
Hinterlegung __ 22
Höferecht __ 16, 28

Insolvenzverfahren __ 14, 57

Kosten __ 34 ff, 61

Landesrecht __ 3, 20 f

Nachlaßgericht, Aufgaben __ 1 f, 9
 – Sicherungsmaßnahmen __ 18
 – Tätigkeit von Amts wegen __ 4
 – Zuständigkeit __ 3
Nachlaßinsolvenzverfahren __ 14, 57
Nachlaßpfleger, Aufgaben __ 39 ff
 – Aufsicht des Nachlaßgerichts __ 38
 – Auswahl __ 32
 – Bestallung __ 33
 – mehrere __ 32, 58
Nachlaßpflegschaft __ 23 ff
 – für Besorgung einzelner Angelegenheiten __ 28, 55
 – Rechtsnatur __ 23
 – und Nachlaßverwaltung __ 46, 57
 – Verpflichtung zur Übernahme __ 33
 – Voraussetzungen __ 27 ff
Nachlaßverzeichnis __ 19 ff, 40
Nichtannahme der Erbschaft __ 5 ff

Personenstandsbuch __ 3, 39
Pflegschaft
 – für Leibesfrucht __ 24
 – für Nacherben __ 25
 – für unbekannten Beteiligten __ 25
Prozeßführung des Nachlaßpflegers __ 17, 43, 47, 60
Prozeßkostenhilfe __ 43

Rechtsanwalt als Pfleger _____ 34 ff, 36	Umsatzsteuer _____ 34b
Rechtsstellung des Erben bei Nachlaßpflegschaft _____ 42 f	Unbekanntheit des Erben _____ 8 ff
	– und Erbschein _____ 10 f
	Ungewißheit der Erbschaftsannahme _____ 12
Siegelanlegung _____ 19 f	
Sparbuch _____ 42	Vergütung für Nachlaßpfleger _____ 34 ff
	Verschollenheit _____ 26, 39
Testamentsvollstrecker _____ 14, 25	
Todeserklärung _____ 39	

I. Allgemeines

1 Das BGB geht von dem Grundsatz aus, daß die Abwicklung des Erbfalls Sache der Beteiligten und ein Tätigwerden des Nachlaßgerichts nur in besonderen Fällen erforderlich ist (vgl STAUDINGER/OTTE § 1942 Rn 3). Schwerpunkte der Tätigkeit des Nachlaßgerichts sind die Testamentseröffnung (§§ 2259 ff) und die Erbscheinserteilung (§§ 2353 ff). Ferner hat das Nachlaßgericht ua wichtige Aufgaben bei der Sicherung der Erfüllung von Nachlaßverbindlichkeiten (vgl insbesondere §§ 1981, 1994) und im Falle der Testamentsvollstreckung (§§ 2198, 2200, 2202, 2216, 2224, 2226–28, 2368); auch bei der Erbauseinandersetzung kann das Nachlaßgericht tätig werden (hierzu STAUDINGER/WERNER [1996] § 2042 Rn 7 ff). Darüber hinaus weist § 1960 dem Nachlaßgericht die Aufgabe zu, bei Vorliegen eines entspr Bedürfnisses für die Sicherung des Nachlasses zu sorgen, bis eine als Erbe feststehende Person die Erbschaft unzweifelhaft angenommen hat.

2 *Eine generelle Verpflichtung des Nachlaßgerichts zum Tätigwerden anläßlich eines Erbfalls besteht bundesrechtlich nicht* (jedoch landesrechtliche Ausnahmen in Baden-Württemberg und Bayern; vgl § 41 BW-LFGG, Art 37 BayAGGVG; OLG Karlsruhe Rpfleger 1994, 255 f [auch zu Fragen der Rechtshilfe]; § 1960 Rn 9, 39; § 1964 Rn 2 f). Insbesondere hat das Nachlaßgericht nicht schlechthin (sondern: § 1964 Rn 2, 3) die Pflicht, die Erbfolge und den Inhalt des Nachlasses zu ermitteln und die Berufenen zu fragen, ob sie die Erbschaft annehmen wollen. Die 4. Denkschr d ErbrA d AkDR 46 f schlug vor, dem Nachlaßgericht diese Aufgaben generell zu übertragen. Ein Bedürfnis hierfür ist jedoch nicht anzuerkennen, weil in den allermeisten Fällen eine längere Ungewißheit nicht besteht, ein etwaiger Streit unter Prätendenten im Erbscheinsverfahren einer ersten und meistens auch ausreichenden Klärung zugeführt wird und den Bedürfnissen der Nachlaßgläubiger durch die Möglichkeit der Bestellung eines Nachlaßpflegers gem § 1961 entsprochen werden kann (vgl auch OLG Brandenburg NJW-RR 1999, 660 f zum Recht der Nachlaßgläubiger auf Einsicht in das für den Erblasser geführte Personenstandsbuch und OLG Bremen ZEV 1999, 322 ff [Vorinstanz: LG Bremen StAZ 1998, 83 f] zur Erteilung von Personenstandsurkunden an einen Nachlaßpfleger oder an einen in dessen Auftrag handelnden Erbenermittler; dazu auch HEPTING ZEV 1999, 302 ff mwN). Angesichts der Kürze der Ausschlagungsfrist des § 1944 Abs 1 ist es auch nicht sinnvoll, durch gerichtliche Befragung auf eine vorzeitige Annahme der Erbschaft hinzuwirken.

II. Das Nachlaßgericht

1. Nachlaßgericht ist das **Amtsgericht**, § 72 FGG. Funktionell zuständig ist der **Rechtspfleger** nach § 3 Nr 2 c RPflG, nicht jedoch für nachlaßgerichtliche Geschäfte, die den von der Übertragung auf den Rechtspfleger ausgeschlossenen Geschäften in Vormundschaftssachen entsprechen, § 16 Abs 1 Nr 1 RpflG (vgl auch Rn 17 und Münch-Komm/LEIPOLD Rn 8). Gegen Entscheidungen des *Richters* kommt *Beschwerde* in Betracht (s Rn 4, 30, 32, 35, 38, 56, 58). Gegen Entscheidungen des *Rechtspflegers* ist gem § 11 Abs 1 RpflG das Rechtsmittel gegeben, das nach den allgemeinen verfahrensrechtlichen Vorschriften zulässig ist, also idR ebenfalls die *Beschwerde*. Ist gegen die Entscheidung des Rechtspflegers nach den allgemeinen verfahrensrechtlichen Vorschriften ein Rechtsmittel nicht gegeben, so findet binnen der für die sofortige Beschwerde geltenden Frist die *Erinnerung* statt (§ 11 Abs 2 RpflG).

Landesrechtlich sind zT andere als gerichtliche Behörden für die dem Nachlaßgericht obliegenden Verrichtungen zuständig (vgl STAUDINGER/MAYER [1998] zu Art 147 ff EGBGB; KEIDEL/KUNTZE/WINKLER[14], FGG § 72 Rn 2, 10; JANSEN[2], FGG § 72 Rn 2, 3). Im Gebiet der ehemaligen DDR nahm seit dem Beitritt am 3. 10. 1990 zunächst das Kreisgericht bis zur Errichtung von Amtsgerichten deren Aufgaben wahr (Einigungsvertrag Anl I Kap III A III Nr 1 a, b, e; zur früheren Rechtslage vgl STAUDINGER/OTTE/MAROTZKE[12] § 1960 Rn 62). Nunmehr jedoch bestimmt § 15 Abs 1 RpflAnpG v 26. 6. 1992 (BGBl I 1147): „Wo Rechtsvorschriften des Bundes die Zuständigkeit der Gerichte regeln, den Gerichten Aufgaben zuweisen oder Gerichte bezeichnen, treten die Amtsgerichte an die Stelle der Kreisgerichte und die Landgerichte an die Stelle der Bezirksgerichte, soweit nichts anderes bestimmt ist." § 17 RpflAnpG erklärt entgegenstehende Maßgaben des Einigungsvertrages für nicht mehr anwendbar (vgl auch STAUDINGER/MAYER [1998] Art 147 EGBGB Rn 37 ff).

Die **örtliche Zuständigkeit** der Nachlaßgerichte bestimmt sich nach §§ 73, 74 FGG. Zur **internationalen Zuständigkeit** vgl BGHZ 49, 1, 2; STAUDINGER/DÖRNER (1995) EGBGB Art 25 Rn 803 ff; EBENROTH Rn 1315 sowie die Kommentare zu § 73 FGG. Die Zuständigkeit zur Bestellung eines Pflegers für den Nachlaß eines in Ostberlin verstorbenen Erblassers, der Vermögenswerte in der Bundesrepublik hinterlassen hat, richtete sich während des Bestehens der DDR nach § 73 Abs 2 FGG (LG Landau MDR 1960, 852). Seit dem 3. 10. 1990 gelten für *diese* Fälle wieder die Regelungen der örtlichen Zuständigkeit in § 73 Abs 1 FGG (vgl KG OLGZ 1992, 287; 1993, 15, 17; 1993, 293 f für das Erbscheinsverfahren) und § 74 FGG.

2. Das Nachlaßgericht hat, sobald es von einem Erbfall Kenntnis erlangt (über behördliche Mitteilungspflichten vgl zB Art 35 BayAGGVG; §§ 39 f BW-LFGG), **von Amts wegen** für die Sicherung des Nachlasses zu sorgen, soweit ein Bedürfnis besteht. Einem Tätigwerden auf Antrag eines Beteiligten steht natürlich nichts im Wege. Es hat aber von Amts wegen die Voraussetzungen seiner Tätigkeit zu prüfen und festzustellen (KG OLGE 7, 132). Das Wort „kann" in Abs 2 deutet nur an, daß die Wahl der Mittel ebenso wie die Beurteilung des Bedürfnisses dem richterlichen Ermessen unterliegt. Die Beschwerde ist sowohl gegen die Ablehnung des Antrags auf Nachlaßsicherung wie die des Antrags auf Aufhebung der Sicherungsmaßregeln zulässig, §§ 75, 57 Abs 1 Nr 3 FGG (in letzterer Hinsicht **aM** KG Rpfleger 1982, 184). Der Staat haftet wegen schuldhafter **Amtspflichtverletzung** (§ 839, Art 34 GG) bei Beaufsichtigung der Nachlaßpflegschaft (§§ 1960, 1961) nur den Erben, nicht auch den Nachlaßgläubigern (dazu TIDOW Rpfleger 1991, 400, 406); auch den letzteren haftet er jedoch bei Beaufsichtigung des Nachlaß*verwalters* (STAUDINGER/MAROTZKE [1996] § 1985 Rn 43). Zur **strafrechtlichen** Verantwortlichkeit des Nachlaßrichters bzw Rechtspflegers nach §§ 266 Abs 1, 339 (früher: § 336) StGB vgl BGH NJW 1988, 2809 ff = JZ 1988, 881 ff m Anm OTTO.

III. Voraussetzungen der Nachlaßsicherung

5 **Es darf nicht feststehen, daß ein bekannter Erbe die Erbschaft angenommen hat.** Diese Voraussetzung, die sich aus einer zusammenfassenden Betrachtung von Abs 1 S 1 und Abs 1 S 2 ergibt, ist erfüllt, wenn
der Erbe zwar bekannt ist, die Erbschaft aber noch nicht angenommen hat, oder
der Erbe unbekannt ist oder
ungewiß ist, ob der (bekannte oder unbekannte) Erbe die Erbschaft angenommen hat.
Außerdem muß ein Bedürfnis für die Sicherung des Nachlasses bestehen.

1. Ungewißheit

a) Hinsichtlich der Erbschaftsannahme

6 Als **Annahme** gelten auch die Versäumung der Ausschlagungsfrist (§ 1943) und die Anfechtung der Ausschlagung (§ 1957 Abs 1). Solange jedoch eine anfechtbare Ausschlagung nicht angefochten wird, ist der Nächstberufene Erbe (§ 1953 Abs 1 und 2). Für § 1960 kommt es dann darauf an, ob feststeht, daß dieser angenommen hat.

7 Eine **Ungewißheit** über die Erbschaftsannahme kann zB bestehen bei angeblicher *pro herede gestio* (vgl STAUDINGER/OTTE § 1943 Rn 7 ff) oder wenn die Berechnung der Ausschlagungsfrist (§ 1944) oder die Wirksamkeit einer Ausschlagung zweifelhaft ist (KG OLGE 43, 388) oder wenn eine Annahme angefochten, die Anfechtbarkeit aber nicht klargestellt ist (vgl OLG Rostock OLGE 42, 143 Fn 1).

b) Hinsichtlich der Person des Erben

8 Als **unbekannt** ist der Erbe insbesondere anzusehen, wenn die Geburt eines Erben oder Miterben (vgl KG RJA 12, 99, 104 [auch zur Frage des Erbscheins]) zu erwarten (Mot V 543) oder eine noch zu errichtende Stiftung als Erbe berufen ist (vgl Mot V 544 und § 84), wenn fraglich ist, ob ein Berufener den Erblasser überlebt hat (zum Verschollenen s Rn 26), oder wenn die Gültigkeit einer letztwilligen Verfügung (OLG Celle FamRZ 1959, 33; KG OLGE 42, 127 Fn 1 b; BayObLG FamRZ 1996, 308 f) oder die Verwandtschaft einer Person ernstlich zweifelhaft ist (vgl OLG Stuttgart NJW 1975, 880 und BayObLG FamRZ 1998, 839 f = ZEV 1998, 485 f bzgl eines nichtehelichen Kindes vor Feststellung der Vaterschaft des Erblassers [auch heute noch von Bedeutung; s § 1922 Rn 141 ff]) oder die Erbunwürdigkeitsklage gem § 2342 erhoben ist (KG Recht 1929 Nr 2004). Unbekannt kann (nicht muß, vgl Rn 11) der Erbe auch dann sein, wenn mehrere Personen, die als Erben in Frage kommen, über die – zB von der Gültigkeit eines Testaments abhängende – Erbberechtigung streiten (PLANCK/FLAD Anm 2 a; BGB-RGRK/JOHANNSEN Rn 2; KGJ 45, 106 ff unter Aufgabe der früheren Ansicht; KGJ 52, 57, 59; LG Hamburg NJW 1947/48, 117; OLG Düsseldorf JR 1949, 354; BayObLGZ 1960, 405; LG Düsseldorf DNotZ 1963, 564 f; OLG Köln OLGZ 1989, 144 f = FamRZ 1989, 547, 548 = Rpfleger 1989, 238 f). Auch der Fall gehört hierher, daß gem

§§ 1964 f durch das Nachlaßgericht erst festzustellen ist, daß ein anderer Erbe als der Fiskus nicht vorhanden ist. Ist der Erbe seiner Person nach bekannt und nur sein Aufenthalt unbekannt, so fällt das als solches nicht unter § 1960 (OLG Colmar OLGE 25, 399 f; anders natürlich, wenn die Annahme ebenfalls nicht feststeht); der bekannte Erbe mit unbekanntem Aufenthalt kann einen Abwesenheitspfleger nach § 1911 erhalten; das ist auch bei einer im übrigen bestehenden Nachlaßpflegschaft möglich.

Ob der Erbe unbekannt ist, muß *vom Standpunkt des Nachlaßgerichts* aus beurteilt **9** werden (KG OLGE 32, 45 f; 37, 250; KG OLGZ 1971, 210, 215; OLG Köln OLGZ 1989, 144 ff = FamRZ 1989, 547, 548 = Rpfleger 1989, 238 ff; Tidow Rpfleger 1991, 400, 402). Der maßgebende Zeitpunkt ist der der Entschließung des Nachlaßgerichts. Von umfangreichen und zeitraubenden Ermittlungen darf die Anordnung fürsorglicher Maßnahmen, insbesondere der Nachlaßpflegschaft, nicht abhängig gemacht werden, wenn sie ihren Zweck, den Nachlaß dem Erben zu sichern, erreichen soll (KG OLGE 32, 45; OLG Köln OLGZ 1989, 144 ff = FamRZ 1989, 547, 548 = Rpfleger 1989, 238 ff; BayObLG FamRZ 1996, 308 f; KG ZEV 1998, 260, 261 = NJW-RR 1999, 157, 159). Ob die Ermittlung des Erben möglich sein wird, hat der ggf nach Abs 2 bestellte Nachlaßpfleger (s Rn 39), nicht das Nachlaßgericht zu beurteilen (KGJ 52, 57). In einigen Bundesländern sind die Nachlaßgerichte allerdings von Amts wegen zur Erbenermittlung verpflichtet (vgl Art 37 BayAGGVG, § 41 Abs 1 BW-LFGG). Solch eine Amtsermittlungspflicht hindert aber nicht die Anordnung einer Nachlaßpflegschaft mit dem Wirkungskreis „Ermittlung der Erben" und ruht auch ihrerseits nicht während der Dauer einer mit diesem Wirkungskreis versehenen Nachlaßpflegschaft (OLG Karlsruhe Rpfleger 1994, 255, 256 – auch zu Fragen der Rechtshilfe).

Fehlen Anhaltspunkte für das Vorhandensein einer letztwilligen Verfügung, so sind **10** grundsätzlich die gesetzlichen Erben als Erben anzusehen. Volle Gewißheit kann nicht gefordert werden, es genügt ein hoher Grad der Wahrscheinlichkeit. Die Voraussetzungen eines Erbscheins brauchen nicht gegeben zu sein (vgl BayObLG SeuffA 58 Nr 37; BayObLGZ 3, 676). Der endgültige Erbe ist nicht unbekannt, wenn zwar das Erbscheinsverfahren noch schwebt, aber der Erbe schon feststeht und durch Beantragung eines Erbscheins konkludent angenommen hat (OLG Oldenburg Rpfleger 1966, 18 [zu einem Fall mit Vor- und Nacherbschaft]; vgl auch KG ZEV 1998, 260, 261 = NJW-RR 1999, 157, 159 und Rn 11 aE).

Bloße Anfechtbarkeit des Erbschaftserwerbs nach §§ 2078 ff oder §§ 2340 ff gibt, **11** solange die Anfechtung nicht tatsächlich erfolgt ist, keinen Anlaß zu Maßnahmen nach § 1960 (KG Recht 1929 Nr 2004). Wird im Verfahren auf Einziehung eines *Erbscheins* dieser nicht eingezogen, so ist der Erbe schon wegen der Vermutung des § 2365 nicht unbekannt (BayObLGZ 1962, 299, 307). Wird der Erbschein dagegen eingezogen (gleichviel ob aufgrund bloßer Erschütterung der Überzeugung des Nachlaßgerichts oder aufgrund abschließender Würdigung), so kann damit der Erbe unbekannt sein (BayObLG aaO mwN). Ist gegen den im Erbschein als Erbe Ausgewiesenen Klage auf Herausgabe des Erbscheins an das Nachlaßgericht erhoben, so hat das Nachlaßgericht die Frage, ob seine Überzeugung von der Richtigkeit des Erbscheins erschüttert ist, als Vorfrage für die Anordnung der Nachlaßpflegschaft, die sich auch schon vor Einziehung des Erbscheins als erforderlich erweisen kann, selbständig zu prüfen (BayObLGZ 1960, 405 ff).

Zu dem Erfordernis der Unbekanntheit vgl auch OLG Rostock OLGE 4, 420; KG OLGE 7, 132; OLGE 37, 350; OLG Braunschweig OLGE 37, 351; KG OLGE 43, 388; KGJ 29 A 206; 46, 128; KG RJA 7, 29, 30 f. Daß ein *Erbschein* nicht oder noch nicht vorliegt, rechtfertigt allein nicht die Annahme, daß der Erbe unbekannt sei (s OLG Frankfurt aM FamRZ 1994, 265 f = NJW-RR 1994, 75 f und oben Rn 10).

12 Ist zum Erwerb der Erbschaft durch eine ausländische juristische Person *staatliche Genehmigung* erforderlich (dazu STAUDINGER/OTTE § 1942 Rn 6, 7), so kann bis zu ihrer Erteilung oder Verweigerung eine Nachlaßpflegschaft angeordnet werden. Bis zur Bekanntgabe der staatlichen Genehmigung besteht ein Zustand der Ungewißheit iSd § 1960 (RGZ 75, 406; 76, 385; KGJ 40, 25, 36; KG OLGE 32, 90 f).

2. Bedürfnis

13 Neben den Voraussetzungen zu 1 a–c muß ein **Bedürfnis für gerichtliche Fürsorge** bestehen. Darüber entscheidet das Ermessen des Nachlaßgerichts, für das die Belange des endgültigen Erben an der Sicherung und Erhaltung des Nachlasses leitend sind. Auch hier kommt es auf die Tatsachenkenntnis des Nachlaßgerichts im Zeitpunkt seiner Entscheidung an (KG Rpfleger 1982, 184), nicht auf eine dem Gericht unbekannte Nachlaßfürsorge durch den Erben (BayObLG v 13. 11. 1974, BReg 3 Z 125/ 72, mitgeteilt bei STANGLMAIR Rpfleger 1975, 47). TIDOW Rpfleger 1991, 400, 405 macht anhand von Beispielen zutreffend darauf aufmerksam, „daß ein ungesicherter Nachlaß, oftmals lediglich bestehend aus einem Mietverhältnis, einem Bankkonto und unwesentlichen Nachlaßgegenständen (Hausrat etc)", uU dringend der Fürsorge bedürfe, „um zu vermeiden, daß die bestehenden Nachlaßverbindlichkeiten stetig ansteigen" (vgl auch BayObLG FamRZ 1996, 308, 309 ad 2 b bb). Die Sicherungsmaßnahmen sind beim Wegfall des Bedürfnisses oder der sonstigen Voraussetzungen sofort wieder aufzuheben (BayObLGZ 7 [1907], 591, 593 f), so wenn sich der Erbe meldet und Aufhebung der Maßregel beantragt und dadurch die Erbschaft annimmt.

14 Ein Bedürfnis für gerichtliche Fürsorge **fehlt** idR, wenn Ehegatten, Abkömmlinge oder ein Testamentsvollstrecker vorhanden sind (KG RJA 15, 28, 31; KG OLGZ 1973, 106; vgl zum folgenden auch TIDOW Rpfleger 1991, 400, 403). Es fehlt überhaupt grundsätzlich, wenn der vorläufige Erbe oder ein Erbprätendent die Erbschaft ordnungsmäßig verwaltet und vertrauenswürdig ist (OLG Düsseldorf FamRZ 1998, 583, 584; krit SOERGEL/ STEIN Rn 10). Entsprechendes gilt, wenn dringliche Nachlaßangelegenheiten bereits von einem Bevollmächtigten ordnungsgemäß erledigt werden (KG NJWE-FER 1999, 184 f = ZEV 1999, 395 f m Anm DAMRAU [vgl zu dieser Entscheidung auch Rn 47]). Anders jedoch, wenn der Bevollmächtigte oder der berufene Erbe sich nicht um den Nachlaß kümmert. Liegen Hinderungsgründe in der Person des vorläufigen Erben, die die Bestellung eines Vormunds, Betreuers oder Pflegers für ihn selbst rechtfertigen, so wird ein Bedürfnis regelmäßig nicht bestehen, weil der zu ernennende Vormund, Betreuer oder Pfleger seine Fürsorge auch auf den angefallenen Nachlaß zu erstrecken hat. Doch kann sich auch hier uU ein Bedürfnis ergeben, so zB wenn der bestellte Vormund usw wegfällt und die Ernennung seines Nachfolgers nicht alsbald erfolgen kann oder wenn der bestellte Testamentsvollstrecker verhindert ist oder seinem Amt nicht gerecht wird (s auch Rn 25 aE). Die bloße Möglichkeit, daß die Beendigung der Verwaltung des Testamentsvollstreckers zu einer Nachlaßsicherung Anlaß geben könnte, vermag dagegen das in § 1960 vorausgesetzte gegenwärtige Bedürfnis nicht

zu begründen (OLG Colmar OLGE 32, 47 f). Kein Bedürfnis besteht für die Bestellung eines Nachlaßpflegers allein zum Zwecke der Bewilligung der Eintragung eines Nachlaßinsolvenzvermerks bei einem Nachlaßgrundstück (s Rn 57 und OLG Düsseldorf ZIP 1998, 870, 872 = FGPrax 1998, 124, 125; allgemein zur Frage einer Grundbucheintragung „des Verstorbenen" oder seiner „unbekannten Erben" BayObLGZ 1995, 158 ff = FamRZ 1995, 119 ff = NJW-RR 1995, 272 ff; STAUDINGER/MAROTZKE [1996] § 1985 Rn 12).

3. Erbenmehrheit

Die Fürsorgepflicht des Nachlaßgerichts wird auch ausgelöst, wenn die vorgenannten Voraussetzungen nur in der Person eines Miterben gegeben sind (BayObLG OLGE 5, 229 = SeuffA 57 Nr 175; KGJ 23 A 202; 45, 106; 48, 77; KG RJA 7, 29; 15, 28, 31). **Die Fürsorge erfaßt** aber **nur den betreffenden Erbteil** und darf sich auf den übrigen Nachlaß nur erstrecken, soweit sonst die Durchführung der notwendigen Fürsorgemaßnahmen nicht möglich wäre (vgl OLG Köln NJW-RR 1989, 454 f = FamRZ 1989, 435 f; OLG Düsseldorf FamRZ 1995, 895, 896 = ZEV 1995, 111, 112 m Anm ZIMMERMANN). Das Vorhandensein vertrauenswürdiger Miterben kann das Bedürfnis besonderer Fürsorgemaßregeln ausschließen.

4. Höfe- und Anerbenrecht

Auch im Geltungsbereich des Höfe- oder Anerbenrechts kann, wenn die Voraussetzungen des § 1960 Abs 1 hinsichtlich des Hof- oder Anerben vorliegen, eine Maßnahme zur Nachlaßsicherung angeordnet werden; zuständig ist das Nachlaßgericht (BGB-RGRK/JOHANNSEN Rn 13; MünchKomm/LEIPOLD Rn 2; LANGE/WULFF/LÜDTKE-HANDJERY, HöfeO § 18 Rn 2; WÖHRMANN/STÖCKER, HöfeO § 18 Rn 24).

5. Ausländernachlässe

Für die Sicherung des Nachlasses eines Ausländers sind in erster Linie etwaige Staatsverträge entscheidend (Übersicht über solche Verträge bei KEIDEL/KUNTZE/WINKLER, FGG § 73 Rn 22 ff). Auch wenn Staatsverträge fehlen, haben die inländischen Nachlaßgerichte das Recht (BGHZ 49, 1, 2) und die Pflicht, alle vorläufigen Maßnahmen zu treffen, die zur Sicherung des im Inland befindlichen Nachlasses eines Ausländers erforderlich sind (OLG Dresden RJA 13, 216, 218; KGJ 53, 77; KG DJ 1937, 544; STAUDINGER/DÖRNER [1995] EGBGB Art 25 Rn 803 ff). Fehlt es an einem Staatsvertrag, so wird das maßgebende Recht durch das deutsche internationale Privatrecht bestimmt. Anordnung einer Pflegschaft über den Nachlaß eines nach ausländischem Recht Beerbten ist auch dann möglich, wenn das für die Beerbung geltende Recht eine Nachlaßpflegschaft nicht kennt (BGHZ 49, 1 f mit Anm RIETSCHEL LM Nr 4 zu Art 25 EGBGB; STAUDINGER/KROPHOLLER [1996] EGBGB Art 24 Rn 17). Bei Ausländernachlässen soll wegen §§ 16 Abs 1 Nr 1, 14 Nr 4 RpflG die Bestellung eines Pflegers dem Richter vorbehalten sein (OLG Hamm Rpfleger 1976, 94 m abl Anm MEYER-STOLTE). Auch wenn sich die Rechtsnachfolge von Todes wegen nach österreichischem Recht richtet, ist ein in Deutschland bestellter Nachlaßpfleger im Hinblick auf etwaige Nachlaßverbindlichkeiten passiv prozeßführungsbefugt ohne Rücksicht auf § 1958, dessen Anwendung durch § 1960 Abs 3 ausgeschlossen wird. Denn die Nachlaßpflegschaft endet erst mit ihrer Aufhebung durch das Nachlaßgericht, mögen auch ihre Voraussetzungen von vornherein gefehlt haben oder inzwischen weggefallen sein (OLG Köln FamRZ 1997, 1176 f = NJW-RR 1997, 1091; vgl auch Rn 55).

IV. Beispiele für gerichtliche Sicherungsmaßnahmen

18 Die in Abs 2 aufgezählten Sicherungsmaßnahmen sind nur Beispiele; die Art der Fürsorge im einzelnen ist dem pflichtmäßigen Ermessen des Nachlaßgerichts überlassen (vgl OLG Celle FamRZ 1959, 33, 34 [ua zur **Einleitung von Ermittlungen** hinsichtlich des Nachlaßbestandes, insbesondere zur Zulässigkeit, Dritte und Erbprätendenten zu **eidesstattlichen Versicherungen** anzuhalten]; KG Rpfleger 1982, 184 [**Sperrung von Nachlaßkonten**]). Nicht befugt ist das Nachlaßgericht zu Verfügungen über die im Nachlaß befindlichen Sachen; Ansprüche auf Herausgabe solcher Sachen sind vom Gläubiger gegen den Erben geltend zu machen (BayObLGZ 7 [1907] 591, 594).

Zu den in Abs 2 besonders erwähnten Maßnahmen:

19 Die **Anlegung von Siegeln** und die **Aufnahme eines Nachlaßverzeichnisses** kann auch einem Notar übertragen werden (§ 61 Abs 1 Nr 2 BeurkG). Der Erblasser kann die Anlegung von Siegeln nicht, wie nach einigen früheren Rechten, verbieten (Mot V 542 f).

20 Nach Art 140 EGBGB bleiben die **landesrechtlichen** Vorschriften unberührt, nach welchen das Nachlaßgericht auch unter anderen als den in § 1960 Abs 1 bezeichneten Voraussetzungen die Anfertigung eines Nachlaßverzeichnisses sowie bis zu dessen Vollendung die erforderlichen Sicherungsmaßregeln, insbesondere die Anlegung von Siegeln, von Amts wegen anordnen kann oder soll. Vgl hierzu STAUDINGER/MAYER (1998) EGBGB Art 140 Rn 3 ff, 7 ff.

21 Das in Abs 2 vorgesehene **Nachlaßverzeichnis** ist nicht mit dem in §§ 1993 ff geregelten **Inventar** gleichzusetzen (BayObLGZ 14, 524; BayObLG Recht 1914 Nr 75). Das Verzeichnis hat, da es nur Sicherung bezweckt, lediglich die Aktiven aufzuführen. Soweit es sich um diese handelt, kann § 2001 über den Inhalt des „Inventars" entspr angewandt werden. Analog § 2010 ist die Einsicht in das Verzeichnis jedem zu gestatten, der ein rechtliches Interesse glaubhaft macht (MünchKomm/LEIPOLD Rn 26). Dagegen sind die meisten übrigen Vorschriften über das Inventar (zB §§ 2002, 2003, 2009) weder unmittelbar noch analog anwendbar.

22 Für die **Hinterlegung** ist maßgebend die HintO vom 10. 3. 1937. Art 144–146 EGBGB sind durch § 38 Abs 2 HintO aufgehoben.

V. Nachlaßpflegschaft

23 **1.** Die **Rechtsnatur** der Nachlaßpflegschaft ist streitig. Von einigen wird sie als eine *Vermögenspflegschaft* angesehen, die dem als selbständiges Sondervermögen zu behandelnden Nachlaß einen Vertreter gebe (so HELLWIG, Anspruch und Klagrecht 73; ders, Wesen und subjektive Begrenzung der Rechtskraft 61 ff; ders, Lehrbuch des dt Civilprozeßrechts I, 299; ders, System I § 69 Fn 10; H GOLDSCHMIDT 35 ff). Auch SIBER (Die Prozeßführung des Vermögensverwalters nach dem dt BGB, in: FS Wach [1918] 97, 71 ff; ders, JherJb 67, 209 f) will wenigstens für Prozesse über Nachlaßrechte und -verbindlichkeiten den Nachlaßpfleger als Vertreter des Nachlasses ansehen. Nach der herrschenden, auch von der Rspr vertretenen Auffassung ist sie dagegen eine *Personalpflegschaft* für den zur Zeit noch nicht feststehenden endgültigen Erben (grundlegend RGZ 50, 349; vgl auch RGZ 76, 125; 81, 292; 106, 46; KGJ 23 A 202; BayObLG SeuffA 58 Nr 37; OLG Colmar OLGE 30, 174; BayObLG NJW 1959, 725 f [dazu Rn 39]; BayObLGZ 40, 107 f; KG OLGZ 1971, 210, 214; BGH NJW 1989, 2133, 2134; BGHZ 94, 312, 314; BGH JR 1990, 458, 459 [l Sp] m Anm SCHILKEN; BFHE 135, 406, 409 f = BStBl 1982, 687, 688 f; PLANCK/FLAD Vorbem 5 a zu § 1942; MünchKomm/LEIPOLD Rn 31; BINDER I 195).

Für die Auffassung als Personalpflegschaft sprechen sowohl die Mot (V 548 ff) als auch die bessere Vereinbarkeit mit den positiv-rechtlichen Bestimmungen. So spricht Abs 2 von einem Pfleger „für denjenigen, welcher Erbe wird". Auch kennt das Gesetz grundsätzlich keine ruhende Erbschaft, sondern gibt dem Nachlaß vom Augenblick des Erbfalls an einen Herrn (KOESSLER JherJb 64, 422; STAUDINGER/OTTE § 1942 Rn 8). Für die Rechtsverfolgung (zB eine Herausgabeklage) gegenüber Personen, die als endgültige Erben in Betracht kommen, will die Rspr dem Nachlaßpfleger hingegen eine **eigene** Parteirolle „kraft Amtes" zuweisen (vgl BGH NJW 1983, 236; HARTUNG Rpfleger 1991, 279, 281 f: Verbot des Insichprozesses). Ohne Beschränkung auf derartige Situationen wird die „Amtstheorie" als vorzugswürdig erachtet von ZIEGLTRUM 122 ff, 134.

2. Verhältnis zu anderen Pflegschaften*

a) Unbekannt iSd § 1960 ist der Erbe ua dann, wenn sich eine Person, die nach § 1923 Abs 2 als Erbe in Betracht kommt, noch im Stadium der „Leibesfrucht" befindet (Rn 8). Dann kann neben der Nachlaßpflegschaft auch die Einleitung einer **Pflegschaft für die Leibesfrucht nach § 1912** zulässig sein. Beide Einrichtungen decken sich nicht, sie haben verschiedene Aufgaben. Die nicht vom Nachlaß-, sondern vom Vormundschaftsgericht anzuordnende Pflegschaft nach § 1912 soll ausschließlich die Belange der Leibesfrucht wahren, während die Nachlaßpflegschaft für den angeordnet wird, der sich, je nachdem ob die Schwangerschaft zur Lebendgeburt führt oder nicht, als endgültiger Erbe herausstellt; sie will also die Interessen des Nachlasses wahren ohne Rücksicht darauf, wem dies zugute kommt. Das Nachlaßgericht kann jedoch den vom Vormundschaftsgericht für die Leibesfrucht bestellten Pfleger gleichzeitig zum Nachlaßpfleger bestellen oder umgekehrt (Mot V 553).

b) Als Personalpflegschaft für den unbekannten oder ungewissen endgültigen Erben ist die Nachlaßpflegschaft ein Sonderfall der sonst in **§ 1913** geregelten **Pflegschaft für einen unbekannten oder ungewissen Beteiligten** (vgl Mot IV 1265: § 1913 stelle „sich als eine Ausdehnung des Prinzipes der Nachlaßpflegschaft für den unbekannten Erben ... auf andere Angelegenheiten dar"). Ist die „Angelegenheit", in der der Beteiligte unbekannt oder ungewiß ist, eine diesem zustehende Erbschaft, so kommt

---

* **Schrifttum:** DAMRAU, Pflegschaft für den unbekannten Testamentsvollstrecker, in: FS Lange (1992) 797; ders, Der Nachlaß vor Beginn des Testamentsvollstreckeramtes, ZEV 1996, 81, 83 f; HÖRLE, Die Nachlaßpflegschaft nach §§ 1960, 1961 BGB, ZBlFG 1909, 711–714; MÜLLER, Abwesenheits-, Nachlaßpflegschaft und Pflegschaft für unbekannte Beteiligte, NJW 1956, 652–654; MÖHRING/BEISSWINGERT/KLINGELHÖFFER 132 f; FIRSCHING/GRAF 372 ff; ZIEGLTRUM 91 ff.

Pflegschaft nach §§ 1960, 1961, nicht nach § 1913 in Betracht (HÖRLE 713). Für einen **Nacherben** gilt dies vom Zeitpunkt der Nacherbfolge an; nach § 1913 S 2 darf ihm ein Pfleger nur „für die Zeit bis zum Eintritte der Nacherbfolge" bestellt werden. Während dieser Zeit ist Nachlaßpflegschaft nur für den **Vorerben** und nur dann möglich, wenn in bezug auf ihn die Voraussetzungen des § 1960 erfüllt sind (RG LZ 1919, 1247). LG Düsseldorf DNotZ 1963, 564 will der Ansicht, eine Pflegschaft nach § 1913 sei unzulässig, wenn eine solche aus § 1960 in Betracht komme, nur für den Fall folgen, daß sämtliche Voraussetzungen des § 1960, also auch das Bedürfnis zur Sicherung des Nachlasses, gegeben sind. Dieses Bedürfnis hat es verneint für den Fall, daß sich alle in Betracht kommenden Erbprätendenten über eine Verwaltungsmaßnahme (dort: die Veräußerung von Wohnungseigentum) einig sind. Eine *analoge* Anwendung des § 1960 kommt in Betracht, **wenn** der Erbe in der Verwaltung des Nachlasses durch die Anordnung einer Testamentsvollstreckung beschränkt, aber **ein Testamentsvollstrecker noch nicht ernannt ist oder der Ernannte sein Amt noch nicht angenommen hat** (vgl §§ 2198 ff). Wenn die von § 1960 bezweckte „Sicherung des Nachlasses" es erfordert, kann dieses Macht- und Schutzvakuum in gleicher Weise wie bei Unbekanntsein des endgültigen Erben durch Bestellung eines Nachlaßpflegers behoben werden (zutreffend BENGEL, in: BENGEL/REIMANN, Hdb der Testamentsvollstreckung [1994] Kap 1 Rn 14 ff; vgl auch STAUDINGER/REIMANN [1996] § 2197 Rn 5, 8; **aM** RIEBEL, Freiheit und Bindung des Testamentsvollstreckers [Diss Tübingen 1999] 12 f). Dies funktioniert freilich nur, wenn man die vom Wortlaut des § 2211 Abs 1 (vgl erg §§ 2198 ff, bes 2202) abweichende und im Prinzip zutreffende hM, daß der Erbe bereits *vor* Beginn des Testamentsvollstreckeramts von der Verfügung über Nachlaßgegenstände ausgeschlossen sei (s STAUDINGER/REIMANN [1996] § 2211 Rn 6), nicht auch auf Verfügungen des *Nachlaßpflegers* anwendet. Da der Nachlaßpfleger im Unterschied zu manchem Erben kein persönliches Interesse daran hat, den künftigen Testamentsvollstrecker durch zweckwidrige Verfügungen vor vollendete Tatsachen zu stellen, ist diese teleologische Reduktion der hM gut begründbar. Der Gegenvorschlag, nach § 1913 S 1 eine „Pflegschaft für den unbekannten Testamentsvollstrecker" anzuordnen (vgl DAMRAU, in: FS Lange [1992] 797, 801 ff; dens ZEV 1996, 81, 83 f; STAUDINGER/MAROTZKE [1994] § 1960 Rn 7, 25), definiert den Schutzzweck des § 1960 zu eng und gibt ohne Not die Möglichkeit preis, an die Stelle des Vormundschaftsgerichts gem § 1962 das Nachlaßgericht zu setzen (ablehnend auch RIEBEL 11 f). Nicht in allen Fällen vermag die im Schrifttum erwogene Möglichkeit, einen „unbekannten" Testamentsvollstrecker analog § 2227 Abs 1 zu entlassen (RIEBEL 13 ff), das Bedürfnis für eine analog § 1960 anzuordnende Nachlaßpflegschaft gänzlich auszuschließen. Zudem ist streitig, ob eine Entlassung vor Annahme des Testamentsvollstreckeramts überhaupt erfolgen darf (s STAUDINGER/REIMANN [1996] § 2227 Rn 1).

26 c) Auch die **Abwesenheitspflegschaft nach § 1911** ist von der Nachlaßpflegschaft zu unterscheiden. Da Rechtshandlungen eines Abwesenheitspflegers nur für und gegen die – bekannte – Person des Abwesenden wirken, muß er, um Rechte des Nachlasses ausüben oder einen Erbschein beantragen zu können, notfalls den vollen Beweis dafür erbringen, daß der Abwesende Erbe geworden ist (vgl BGHZ 5, 240, 243 f betr Geltendmachung von Nachlaßforderungen; OLG Karlsruhe NJW 1953, 1303 betr Erbschein). Gelingt dieser Nachweis nicht, so kann der Erbe als unbekannt iSd Abs 1 S 2 anzusehen sein.

Sind als **Erben oder Miterben** in Betracht kommende Personen bei Eintritt des Erb-

1. Titel.	§ 1960
Annahme und Ausschlagung der Erbschaft. Fürsorge des Nachlaßgerichts	27–29

falles **verschollen** und besteht weder Lebens- (§ 10 VerschG) noch Todesvermutung (§ 9 VerschG), so ist grundsätzlich *Nachlaß*pflegschaft einzurichten, wenn ein die Nachlaßsicherung erforderndes Fürsorgebedürfnis besteht (ARNOLD NJW 1949, 248 und MDR 1949, 600; AG Hamburg MDR 1949, 680; ZIMMERMANN JR 1950, 751; OLG Karlsruhe NJW 1953, 1303). Anders LG Koblenz (MDR 1950, 42 m abl Anm ARNOLD, gegen ihn wiederum TRIBIAN MDR 1952, 88 f): *Abwesenheits*pflegschaft, falls „von der Wahrscheinlichkeit auszugehen" sei, daß der Vermißte den Erbfall erlebt habe. Auch bei bestehender Nachlaßpflegschaft kann sich die Notwendigkeit der Bestellung eines Abwesenheitspflegers daraus ergeben, daß im Interesse des Verschollenen Rechtshandlungen geboten sind, die ein Nachlaßpfleger nicht vornehmen kann oder darf (BayObLG BayZ 1914, 25). Der bei Verschollenheit eines möglichen Erben eingesetzte Nachlaßpfleger kann den Antrag auf *Todeserklärung* stellen (vgl Rn 39), nicht jedoch einen *Erbschein* beantragen (BayObLG aaO; vgl Rn 48).

3.   Voraussetzungen und Erlaß der Anordnung

Die Anordnung einer Nachlaßpflegschaft wird wirksam mit Bekanntgabe an den Pfleger gem. § 16 FGG (JANSEN[2], FGG § 75 Rn 4; vgl für Pflegschaften allgemein BUMILLER/WINKLER[6], FGG § 16 Anm 3 a; BayObLGZ 1966, 82, 83), **praktisch also mit der „Bestellung" des Nachlaßpflegers** (MünchKomm/LEIPOLD Rn 39; vgl auch unten Rn 31 ff). 27

Zulässig ist die Anordnung einer Nachlaßpflegschaft bei entspr Bedarf **in allen Fällen, in denen nach Abs 1 überhaupt irgendeine Fürsorgemaßnahme zur Sicherung des Nachlasses vorgesehen wird.** Anders E I §§ 2058 Abs 1, 2059 Abs 1, wo die Bestellung eines Nachlaßpflegers nur bei Unbekanntheit des Erben und zur Prozeßführung gegen den Nachlaß (vgl jetzt § 1961) vorgesehen war. Unter Hinweis auf den Charakter der Nachlaßpflegschaft als Personalpflegschaft (Rn 23) hat das KG (OLGZ 1971, 210, 214) entschieden, daß eine Nachlaßpflegschaft auch lediglich zum Zweck der **Ermittlung unbekannter Erben** eingeleitet werden könne, selbst wenn ohne eine solche Maßnahme der Nachlaß in seinem Bestand nicht gefährdet sei (vgl auch Rn 9, 39 und § 1964 Rn 2). Die Bestellung eines Nachlaßpflegers für unbekannte Miterben kommt wegen § 2039 auch lediglich **zur Geltendmachung von Nachlaßforderungen** in Betracht (OLG Köln JMBlNRW 1963, 249). Liegen die Voraussetzungen nur für den **Anteil eines Miterben** vor, ist die Pflegschaft auf diesen Anteil zu beschränken (KGJ 45, 106; 48, 77; OLG Köln NJW-RR 1989, 454 = FamRZ 1989, 435 f; OLG Düsseldorf FamRZ 1995, 895, 896 = ZEV 1995, 111, 112 m Anm ZIMMERMANN); so zB auf den Anteil eines nasciturus (Mot V 543); zur Frage des Erbscheins in solchen Fällen vgl KG RJA 12, 99. Der Wirkungskreis des Nachlaßpflegers kann auf die **Besorgung bestimmter einzelner Angelegenheiten** oder auf die Verwaltung einzelner Nachlaßgegenstände beschränkt werden, wenn damit dem Bedürfnis zur Sicherung des Nachlasses genügt ist (BayObLGZ 1960, 93; KG NJW 1965, 1719 mwN auch zur Gegenansicht). Eine solche Beschränkung liegt zB vor, wenn der Pfleger zur Wahrnehmung der Rechte des Erben gegenüber einem einzelnen Nachlaßgläubiger bestellt wird, der nur eine bestimmte Summe geltend macht (BayObLG aaO; vgl auch § 1961 Rn 13). Zur Beendigung der auf einzelne Angelegenheiten beschränkten Pflegschaft s Rn 55. Eine Pflegschaft kann auch bestellt werden zur Sicherung der Rechte des **Hoferben** oder Anerben (KGJ 50, 321; KG JW 1939, 290; vgl Rn 16). 28

Auch **nach Eröffnung des Nachlaßinsolvenzverfahrens**, die gem § 316 Abs 1 InsO schon vor der Erbschaftsannahme und gem § 317 Abs 1 InsO auch auf Antrag des Nach- 29 laßpflegers möglich ist, kann eine Nachlaßpflegschaft nach § 1960 für den unbekannten Erben bestellt werden. Vgl auch LG Köln KTS 1986, 362 zu der Frage, ob auf Antrag des Nachlaßpflegers den Erben im Nachlaßkonkurseröffnungsverfahren rechtliches Gehör zu gewähren ist.

4. Beschwerde

30 **a)** **Gegen die Anordnung der Nachlaßpflegschaft** haben regelmäßig nur die Erbprätendenten (vgl OLG Köln FamRZ 1989, 547, 548), nicht aber Ersatzerben oder Dritte ein Beschwerderecht (OLG Braunschweig OLGE 40, 107; vgl auch KG OLGE 21, 306), ebenfalls nicht der Nachlaßinsolvenzverwalter (OLG Hamburg RJA 3, 179; OLGE 5, 496). Ob der Nachlaßpfleger selbst beschwerdebefugt ist, erscheint zweifelhaft (bejahend OLG Frankfurt aM FamRZ 1994, 265 f = NJW-RR 1994, 75 f m Nachw auch zur Gegenansicht). Ein Testamentsvollstrecker hat die Beschwerdebefugnis gegen die Anordnung einer Nachlaßpflegschaft auch mit dem Ziel einer Beschränkung des Wirkungskreises (KG OLGZ 1973, 106).

Das gegen die Anordnung einer Nachlaßpflegschaft gerichtete Rechtsmittelverfahren ist in der Hauptsache erledigt, wenn die Pflegschaft wegen Wegfalls des Grundes (s Rn 55) aufgehoben wird; alsdann entfällt das Rechtsschutzbedürfnis für eine Sachentscheidung in dem Rechtsmittelverfahren (OLG Frankfurt aM FamRZ 1995, 442 f [auch zur Vergütung des Pflegers]).

b) Gegen die Ablehnung der Anordnung einer Nachlaßpflegschaft kann nach §§ 75, 57 Abs 1 Nr 3 FGG Beschwerde einlegen, wer ein rechtliches Interesse an der Änderung dieser Verfügung hat. So zB ein Nachlaßgläubiger im Fall des § 1961 (s dort Rn 1) oder ein Miterbe, wenn ihm durch die Errichtung einer gesetzlichen Vertretung für die anderen Erben die Aufnahme und Fortführung der mit ihnen aufgrund der Erbengemeinschaft bestehenden Rechtsbeziehungen sowie die Wahrnehmung seiner Rechte an dem gesamthänderisch gebundenen Nachlaß erst möglich würde (KG OLGZ 1971, 210 f mwN). Einem Nachlaßgläubiger steht das Beschwerderecht auch zu, wenn das Nachlaßgericht es ablehnt, den ursprünglich enger bestimmten Wirkungskreis des Nachlaßpflegers dahin zu erweitern, daß dieser eine Entscheidung über die dem Gläubiger zustehende Forderung treffen kann (BayObLGZ 1996, 192, 196 = FGPrax 1996, 227, 228 = NJW-RR 1997, 326, 327 = FamRZ 1997, 314, 315; vgl auch § 1961).

5. Anwendung des Vormundschaftsrechts

31 Auch für die *Nachlaß*pflegschaft gilt § **1915**, der im Rahmen des *allgemeinen* Pflegschaftsrechts die Vorschriften des Vormundschaftsrechts für entsprechend anwendbar erklärt, soweit sich aus dem Gesetz nichts anderes ergibt. E I § 2060 hatte die Anwendung der Vorschriften über die Pflegschaft noch ausdrücklich angeordnet. Das wurde von der II. Komm (Prot V 667) als selbstverständlich gestrichen. Daß das BGB gleicher Auffassung ist, läßt § **1962** erkennen, der für die Nachlaßpflegschaft „an die Stelle des Vormundschaftsgerichts" das Nachlaßgericht setzt. Im einzelnen ist hervorzuheben:

1. Titel. **§ 1960**
Annahme und Ausschlagung der Erbschaft. Fürsorge des Nachlaßgerichts 32–34 a

a) Auswahl des Bestellung des Pflegers
Für die **Auswahl des Pflegers** gilt § 1779 Abs 2 S 1; im übrigen sind die §§ 1776–79 **32** unanwendbar, weil es sich nicht um eine Pflegschaft für eine individuell bestimmte Person handelt. Vgl zur Auswahl des Nachlaßpflegers auch KG OLGE 43, 377 Fn 1. Auch der vorläufige Erbe kann als Nachlaßpfleger bestellt werden (FIRSCHING/GRAF 375). Doch kommt seine Bestellung aus Zweckmäßigkeitsgründen meist nicht in Frage, da der Nachlaßpfleger die Belange des endgültigen Erben oft gerade auch gegenüber dem einstweiligen wahren soll (vgl PLANCK/FLAD Anm 3 b). Auch ein Nachlaßgläubiger ist für das Amt des Nachlaßpflegers idR nicht geeignet (BayObLG NJW-RR 1992, 967). Zum Beschwerderecht bei Auswahl eines ungeeigneten Pflegers vgl LG Heidelberg NJW 1955, 469 f (Erbprätendenten); KG JW 1919, 999 Nr 3 (Miterben) und BayObLG NJW-RR 1992, 967 (Beschwerde der als Pfleger ausgewählten Person).

Aus § 1797 ergibt sich, daß auch **mehrere Nachlaßpfleger** bestellt werden können (ebenso PLANCK/FLAD Anm 3 b; vgl auch den Fall OLG Oldenburg FGPrax 1998, 108 und für den in *§ 1975* erwähnten Nachlaßpfleger [= Nachlaßverwalter] STAUDINGER/MAROTZKE [1996] § 1981 Rn 31).

Die in § 1785 ausgesprochene allgemeine **Verpflichtung zur Übernahme** einer Vor- **33** mundschaft besteht auch für die Nachlaßpflegschaft. § 1981 Abs 3, der für die Nachlaßverwaltung die Übernahmepflicht ausdrücklich ablehnt, gilt nicht für die Nachlaßpflegschaft der §§ 1960, 1961 (vgl Prot V 815).

Der Nachlaßpfleger erhält gem § 1791 Abs 1 eine **Bestallungsurkunde** nach Maßgabe der ihm übertragenen Geschäfte (KGJ 41, 38; vgl auch STAUDINGER/MAROTZKE [1996] § 1981 Rn 32 für den Nachlaßverwalter).

b) Pflegervergütung und Aufwendungsersatz*
aa) Vergütung
(1) Bei berufsmäßiger Pflegschaft
Die Nachlaßpflegschaft ist **grundsätzlich unentgeltlich** zu führen (§§ 1836 Abs 1 S 1, **34** 1915 Abs 1; Umkehrschluß aus § 1987; KGJ 53, 77; BayObLG FamRZ 1994, 590; rechtspolitische Kritik bei KLINGELHÖFFER ZEV 1997, 204). Jedoch wird sie **ausnahmsweise entgeltlich** geführt, wenn das Nachlaßgericht (§ 1962) bei der Bestellung des Pflegers feststellt, daß dieser die Pflegschaft **berufsmäßig** führt (vgl Abs 1 S 2 ff des zum 1. 1. 1999 neu gefaßten § 1836). In diesem Fall hat das Nachlaßgericht dem Pfleger eine Vergütung zu bewilligen (§§ 1836 Abs 2 S 1, 1915 Abs 1, 1962 BGB, 56 g FGG), deren Höhe und sonstige Einzelheiten sich nach § 1836 Abs 2 S 2 ff und §§ 1836 a ff (jeweils idF ab 1. 1. 1999) richten. Vgl erg Rn 35 ff und STAUDINGER/ENGLER (1999) § 1836 Rn 46 ff.

(2) In sonstigen Fällen
Hat das Nachlaßgericht nicht festgestellt, daß der Pfleger die Pflegschaft „berufs- **34 a** mäßig" führt (s Rn 34), so kann es dem Pfleger nach § 1836 Abs 3 gleichwohl eine

---

* **Schrifttum zur neuen Rechtslage seit 1. 1. 1999**: BESTELMEYER, Die Berufsbetreuer-, Verfahrenspfleger- und Nachlaßpflegervergütung nach neuem Recht, FamRZ 1999, 1633; ZIMMERMANN, Vergütung und Ersatz von Aufwendungen des Nachlaßpflegers, ZEV 1999, 329.

angemessene **Vergütung** bewilligen, **soweit der Umfang oder die Schwierigkeit der dem Pfleger übertragenen Geschäfte dies rechtfertigen**; dies gilt nicht, wenn der Nachlaß mittellos ist (vgl Schlußworte des § 1836 Abs 3 und unten Rn 37).

34 b Nach der bis Ende 1998 maßgeblichen Gesetzesfassung (§ 1836 Abs 1 S 2 ff aF) konnte das Nachlaßgericht dem Pfleger eine angemessene Vergütung bewilligen, wenn das Vermögen (Aktivnachlaß ohne Abzug der Nachlaßverbindlichkeiten, s RGZ 149, 172, 176; BayObLGZ 33, 147; BayObLG FamRZ 1991, 861 f; OLG Köln FamRZ 1991, 483 f) sowie der Umfang und die Bedeutung der mit der Pflegschaft verbundenen Geschäfte es rechtfertigten (vgl RG Recht 1914 Nr 1548; KG OLGE 18, 294, 297, 301; KGJ 53, 77 [Ausländernachlaß]; RGZ 154, 110; OLG Köln Rpfleger 1975, 92 [ungetreuer Pfleger; dazu auch BayObLG FamRZ 1992, 106 ff = Rpfleger 1992, 24] und KG NJW-RR 1995, 459 f = FamRZ 1996, 227 f [trotz Solvenz des Erben keine Pflegervergütung bei **Mittellosigkeit** des Nachlasses; insoweit seit 1. 1. 1999 Sonderregelungen in § 1836 Abs 3 HS 2 einerseits und §§ 1836 a ff andererseits]). In der Praxis erhielt der Pfleger stets eine Vergütung, wenn ausreichende Nachlaßwerte vorhanden waren (so jedenfalls KLINGELHÖFFER ZEV 1997, 204). Ob sich das aufgrund der am 1. 1. 1999 als § 1836 Abs 3 in Kraft getretenen **Neufassung der gesetzlichen Vergütungsregelung** ändert, bleibt abzuwarten. „Begründen" kann das vorhandene Vermögen den Vergütungsanspruch des Pflegers nach der mit der Neuregelung verfolgten Intention jedenfalls „nur noch indirekt, wenn es nämlich Umfang und Schwierigkeit der (dem Nachlaßpfleger obliegenden) Geschäfte beeinflußt" (Begr RegE in BT-Drucks 13/7158 S 27 l Sp; vgl auch STAUDINGER/ENGLER [1999] § 1836 Rn 16). Die Vergütung wird vom Nachlaßgericht nach seinem Ermessen unter Berücksichtigung aller Umstände des Falles festgesetzt (zur Höhe der Vergütung vgl KG MDR 1960, 843; OLG Köln NJW 1967, 2408; LG Darmstadt Rpfleger 1968, 119; OLG Frankfurt aM JurBüro 1972, 798; BayObLG JurBüro 1986, 88 f; OLG Frankfurt aM OLGZ 1993, 257 f = NJW-RR 1993, 266 f; OLG Düsseldorf NJW-RR 1998, 657 f = ZEV 1998, 356 f; SCHALHORN JurBüro 1973, 112). Nach der Begr des RegE zur seit 1. 1. 1999 maßgeblichen Gesetzesfassung soll einer **besonderen fachlichen Qualifikation** des ehrenamtlichen Pflegers – anders als bei „berufsmäßig" tätigen Pflegern (s § 1836 Abs 1 S 2 ff) – „keine für Vergütungsgrund und -höhe entscheidende Bedeutung" zukommen (BT-Drucks 13/7158 S 27 l Sp; vgl auch STAUDINGER/ENGLER [1999] § 1836 Rn 31). In der Praxis hat sich die – nach dem 1. 1. 1999 nochmals zu überdenkende – Übung herausgebildet, bei kleineren Nachlässen 3–5 % (vgl BayObLG FamRZ 1997, 969; 1999, 255) und bei größeren (mit Werten zwischen 1 Mio DM und 10 Mio DM; vgl BayObLG FamRZ 1994, 266, 268 l Sp) 1–2 % vom Wert des Aktivnachlasses als Vergütung zuzubilligen (vgl BayObLG Rpfleger 1984, 356, 357; BayObLG FamRZ 1991, 861, 862; OLG Köln FamRZ 1991, 483, 484 und – zur Unanwendbarkeit dieser Praxis bei extrem hohen Nachlaßwerten „im Bereich eines mehrstelligen Millionenbetrags" – BayObLGZ 1993, 325, 330 = FamRZ 1994, 266, 268 = NJW-RR 1994, 587, 588). Mitunter wird das Vermögen auch „zerlegt" und eine Vergütung von 4% für die ersten DM 20.000, von 3% für weitere DM 80.000, von 2% für weitere DM 900.000 und von 1% für den DM 1.000.000 übersteigenden Vermögensanteil gewährt (OLG Köln Rpfleger 1987, 458; OLG Düsseldorf NJW-RR 1998, 657 f = ZEV 1998, 356 f = FamRZ 1999, 329 f [jedoch mit dem im konkreten Fall zur Zurückverweisung an das LG führenden Vorbehalt, daß eine **besondere Mühewaltung des Nachlaßpflegers** zu einer deutlichen Überschreitung des Richtwertes führen könne; vgl hierzu auch BayObLG FamRZ 1999, 255, 256]). Für eine entspr Anwendung der für die Vergütung des Testamentsvollstreckers entwickelten Richtsätze plädiert TIDOW 26 ff (anders die hM, zB OLG Frankfurt aM aaO; BayObLG FamRZ 1994, 590, 591; STAUDINGER/ENGLER [1999] § 1836 Rn 30, 32). Wird die Vergütung eines als Nachlaßpfleger bestellten Rechtsanwalts abweichend von seinem

Antrag an der unteren Grenze festgesetzt, ist eine konkrete Begründung erforderlich (BayObLG FamRZ 1995, 683, 684; vgl auch OLG Zweibrücken FamRZ 1995, 684 f zur Pflegervergütung bei „ausgesprochen einfacher" Tätigkeit). Zu den Umständen, die bei der Entscheidung über die Höhe der Vergütung zu berücksichtigen sind, gehört auch, ob der Nachlaßpfleger **Umsatzsteuer** zahlen muß (STAUDINGER/ENGLER [1999] § 1836 Rn 34 f). Die Vergütung kann **einmalig oder für bestimmte Zeitabschnitte** bewilligt werden (BayObLGZ 1974, 260; BayObLGZ 1993, 325, 327 f = FamRZ 1994, 266, 267 = NJW-RR 1994, 587; vgl auch STAUDINGER/ENGLER [1999] § 1836 Rn 36 ff). Vor Beendigung seiner Tätigkeit kann dem Nachlaßpfleger grundsätzlich nur eine Vergütung für einzelne Teilabschnitte oder ein Vorschuß bewilligt werden (BayObLG FamRZ 1994, 590 f). Entsprechend § 1836 Abs 2 S 3 kann der Pfleger Abschlagszahlungen verlangen. Die Vorschrift gilt zwar nach dem Wortlaut des § 1836 Abs 2 S 1 unmittelbar nur im Fall des § 1836 Abs 1, bietet aber wohl auch für die Handhabung des Abs 3 einen gewissen Anhalt.

(3) Übergreifende Gesichtspunkte
Fehler bei der Führung der Nachlaßpflegschaft bleiben bei der Vergütungsfestsetzung 35 unberücksichtigt (jedoch berechtigte Kritik dieser Gerichtspraxis bei STAUDINGER/ENGLER [1999] § 1836 Rn 24 ff und ZIMMERMANN ZEV 1999, 329, 335). Entsprechende Schadensersatzansprüche sind durch Klage gegen den Pfleger geltend zu machen (KG OLGZ 1988, 281, 284 ff [für den Vormund]; BayObLG NJW 1988, 1919; OLG Köln FamRZ 1991, 483 f; OLG Zweibrücken MDR 1992, 262 f). Durch **Untreue** kann der Vergütungsanspruch verwirkt werden (BayObLG NJW 1988, 1919; BayObLG FamRZ 1992, 106 ff = Rpfleger 1992, 24). Oft wird gesagt, die **Aufwendungen** des Nachlaßpflegers hätten bei der Bemessung der „Vergütung" außer Betracht zu bleiben (s BayObLGZ 1993, 325, 331 = FamRZ 1994, 266, 268 = NJW-RR 1994, 587, 588; BayObLG FamRZ 1995, 683 und zur entspr Rechtslage bei der Nachlaßverwaltung STAUDINGER/MAROTZKE [1996] § 1987 Rn 5, 8). Das gilt jedoch nicht uneingeschränkt (s Rn 36).

Die Festsetzung der Vergütung erfolgt durch das Nachlaßgericht. Sie kann nicht nur 35 a vom Pfleger, sondern auch vom Erben **beantragt** werden (§ 56 g Abs 1 S 1 iVm Abs 7 FGG); es sei denn, der Pfleger hätte auf Vergütung verzichtet (KG OLGE 18, 294, 297). Auch ohne Antrag setzt das Nachlaßgericht die Vergütung fest, wenn es das für angemessen hält (§ 56 g Abs 1 S 1 iVm Abs 7 FGG). Die Festsetzung kann nicht mit der Begründung abgelehnt werden, daß eine **Vereinbarung** über die Vergütung vorliege (KG OLGE 18, 294, 295 f – auch zur Zulässigkeit solcher Vereinbarungen zwischen Nachlaßpfleger und Erben bzw Nachlaßpfleger und Käufer eines Nachlaßgrundstücks). Der Festsetzungsbeschluß des Nachlaßgerichts begründete nach bisherigem Recht keinen **Vollstreckungstitel** (über landesrechtliche Ausnahmen s STAUDINGER/ENGLER[12] § 1836 aF Rn 85; MünchKomm/SCHWAB § 1836 Rn 19), sondern nur einen Anspruch des Pflegers in der bewilligten Höhe, der notfalls eingeklagt werden mußte (BayObLG Rpfleger 1984, 356 f). Dies hat sich zum 1. 1. 1999 geändert; nunmehr kann direkt aus dem Festsetzungsbeschluß gegen den Erben vollstreckt werden (vgl § 56 g Abs 1, 6, 7 FGG; ZIMMERMANN ZEV 1999, 329, 335). Gegen die Festsetzung der Vergütung findet die **sofortige Beschwerde** statt, wenn der Wert des Beschwerdegegenstandes 300 DM übersteigt oder das Gericht sie wegen grundsätzlicher Bedeutung zuläßt (§ 56 g Abs 5, 7 FGG; weitere Einzelheiten – auch zur Rechtspflegererinnerung – bei ZIMMERMANN ZEV 1999, 329, 337 f; vgl erg STAUDINGER/ENGLER [1999] § 1836 Rn 87 ff). Beschwerdebefugt (§ 20 FGG) sind jeder Erbe und der Nachlaßpfleger. Der Nachlaßpfleger kann im

Beschwerdewege geltend machen, daß die festgesetzte Vergütung zu niedrig sei. Hat *nur* der Pfleger Beschwerde eingelegt, so gilt das Verbot der reformatio in peius (BayObLG FamRZ 1997, 185, 186; STAUDINGER/ENGLER [1999] § 1836 Rn 90). Ein Nachlaßgläubiger hat das Beschwerderecht, wenn durch die festgesetzte Vergütung seine Befriedigung aus dem Nachlaß gefährdet wird (BayObLGZ 1958, 74) oder er sich gegenüber dem Erben verpflichtet hat, aus dem ihm zugewandten Teil des Nachlasses die Vergütung des Pflegers zu bezahlen (BayObLG FamRZ 1986, 107 f). Gegen die Bewilligung einer Vergütung kann nicht eingewendet werden, daß die Anordnung der Nachlaßpflegschaft nicht notwendig gewesen (BayObLG FamRZ 1990, 801 = Rpfleger 1990, 300 f; OLG Frankfurt aM NJW-RR 1993, 267; BayObLGZ 1993, 325, 327 = FamRZ 1994, 266, 267 = NJW-RR 1994, 587; OLG Frankfurt aM FamRZ 1995, 442, 443; STAUDINGER/ENGLER [1999] § 1836 Rn 11) oder der Wirkungskreis des Pflegers zu weit gefaßt worden sei (BayObLG FamRZ 1999, 1603 [Erbenermittlung; s dazu auch Rn 39]). **Vorsätzliche Festsetzung einer überhöhten Vergütung ist strafbar** nach §§ 266 Abs 1, 339 StGB (vgl BGH NJW 1988, 2809 ff = JZ 1988, 881 ff m Anm OTTO).

bb) Aufwendungen

36 Von der Vergütung nach § 1836 sind der **Aufwendungsersatz** nach § 1835 und die der „Abgeltung" des Aufwendungsersatzanspruchs dienende **Aufwandsentschädigung** nach § 1835 a (bis Ende 1998: 1836 a) zu unterscheiden. Über den Ersatz von Aufwendungen entscheidet außer bei Inanspruchnahme der Staatskasse (s § 56 g Abs 1 S 1 Nr 1 FGG) nicht das Nachlaßgericht, sondern das Prozeßgericht im Rechtsstreit zwischen dem Nachlaßpfleger und dem Erben (BayObLG Rpfleger 1984, 356; BayObLG FamRZ 1991, 861, 862 aE; vgl auch STAUDINGER/MAROTZKE [1996] § 1987 Rn 8 [für den Nachlaß*verwalter*]). Das gilt auch für den – in § 56 g Abs 1 S 1 Nr 2 FGG nicht erwähnten – Aufwandsentschädigungsanspruch aus § 1835 a. Als Aufwendungen gelten gem § 1835 Abs 3 auch solche Dienste des Pflegers, die zu seinem Gewerbe oder Beruf gehören. § 1835 Abs 3 ist eng auszulegen (STAUDINGER/ENGLER [1999] § 1835 Rn 29 f; kritisch – aber wohl durch § 1836 Abs 1 [S 2 ff] und 2 nF überholt – BVerfGE 54, 251, 274 ff). Zu den berufstypischen Diensten iSd § 1835 Abs 3 gehört die Tätigkeit als Vermögensverwalter auch dann nicht, wenn sie professionell betrieben wird; die Vergütung eines als Nachlaßpfleger eingesetzten Vermögensverwalters richtet sich also allein nach § 1936 (OLG Schleswig ZEV 1997, 202 f m Anm KLINGELHÖFFER). Gebühren, die ein Rechtsanwalt als Nachlaßpfleger in einem Rechtsstreit des unbekannten Erben verdient hat, sind als Aufwendungsersatz nach § 1835 nicht vom Nachlaßgericht festzusetzen (so aber OLG München NJW 1965, 1026), sondern im Streitfall vor den ordentlichen Gerichten einzuklagen (HAENECKE NJW 1965, 1814; OLG Köln NJW 1967, 2408; vgl zu Aufwendungen eines Rechtsanwalts auch STAUDINGER/ENGLER [1999] § 1835 Rn 30 f, 37 f, 45). Dem Rechtsanwalt steht es allerdings frei, auf eine Abrechnung nach der BRAGO zu verzichten und auch insoweit unter den Voraussetzungen des § 1836 eine vom Nachlaßgericht festzusetzende Vergütung zu verlangen (BayObLG FamRZ 1997, 185, 186 rSp). Nach wohl hM können dem Pfleger Aufwendungsersatz nach § 1835 Abs 3 (berufstypische Dienste) oder Aufwandsentschädigung nach § 1835 a (vormals § 1836 a) nicht neben einer nach § 1836 gewährten Vergütung für dieselbe Tätigkeit zustehen (KG MDR 1960, 843; BayObLG FamRZ 1994, 590, 591; vgl auch OLG Schleswig ZEV 1997, 202, 203; STAUDINGER/MAROTZKE [1996] § 1987 Rn 5, 8 [für den Nachlaßverwalter]; STAUDINGER/ENGLER [1999] § 1835 Rn 35 ff, § 1835 a Rn 5 f und § 1836 Rn 43; unklar BVerfGE 54, 251, 275 und BT-Drucks 11/4528 S 110 f; differenzierend PALANDT/DIEDERICHSEN § 1835 Rn 3; vgl auch oben Rn 35). Dies ist bei der Bemessung der Höhe der Vergütung zu berücksichtigen. Der Pfleger

darf bei Bewilligung einer Vergütung nicht schlechter behandelt werden als er stünde, wenn er lediglich Aufwandsentschädigung erhalten würde (zutr BayObLG FamRZ 1994, 590, 591) – was übrigens bereits nach § 1835 a Abs 1 S 1 voraussetzt, daß ihm *keine* Vergütung zusteht (insofern also andere Gesetzesformulierung als beim „normalen" Aufwendungsersatzanspruch des § 1835). Hat der Nachlaßpfleger im Rahmen seiner Tätigkeit einen Rechtsstreit für den Nachlaß geführt, so muß sich aus den Gründen der die Pflegervergütung festsetzenden Entscheidung ergeben, ob diese Tätigkeit vergütungserhöhend berücksichtigt oder als nicht einzurechnende Aufwendung des Pflegers behandelt worden ist (BayObLG FamRZ 1997, 185 LS 2). Der zum Nachlaßpfleger bestellte Rechtsanwalt kann eine Prozeßvergütung gegenüber den von ihm vertretenen Personen nicht im Verfahren nach § 19 BRAGO festsetzen lassen (KG FamRZ 1993, 460; STAUDINGER/ENGLER [1999] § 1835 Rn 45). Er kann keine Verkehrsgebühr nach § 52 BRAGO verlangen (OLG Stuttgart Rpfleger 1991, 314 = JurBüro 1991, 839 f m abl Anm MÜMMLER). Für „mehrere Auftraggeber" iSd § 6 Abs 1 BRAGO ist ein zum Nachlaßpfleger bestellter Rechtsanwalt nicht allein schon deshalb tätig gewesen, weil sich nach Abschluß der Instanz eines von ihm geführten Rechtsstreits herausstellt, daß der Verstorbene nicht nur von einer, sondern von mehreren Personen beerbt worden ist (OLG München Rpfleger 1990, 436 f = JurBüro 1990, 1156 f).

cc) Haftung der Erben bzw der Staatskasse

Für Vergütung, Aufwendungsersatz und Aufwandsentschädigung haften die Erben (OLG Braunschweig OLGE 26, 289 f; RG Recht 1914 Nr 1548, 1582; HÖRLE 723; HÖVER DFG 1940, 9 f). Andere Personen sind auch dann nicht zahlungspflichtig, wenn sie die Anordnung der Nachlaßpflegschaft beantragt haben (OLG Frankfurt aM OLGZ 1993, 259 ff = NJW-RR 1993, 267 f). Grundsätzlich wird man den Nachlaßpfleger als berechtigt ansehen dürfen, seine diesbezüglichen Ansprüche mit Mitteln des Nachlasses selbst zu erfüllen (TIDOW FamRZ 1990, 1060, 1064; ZIMMERMANN ZEV 1999, 329, 335; vgl erg Rn 61 und STAUDINGER/ MAROTZKE [1996] § 1987 Rn 9 f). Es handelt sich um Nachlaßverbindlichkeiten (BayObLGZ 1993, 325, 331; BayObLG FamRZ 1997, 185, 186 – jeweils für den Aufwendungsersatzanspruch). **Ist der Nachlaß mittellos**, so darf eine Pflegervergütung nach § 1836 **Abs 3** (vgl dessen Schlußworte) nicht bewilligt werden. Nicht ausgeschlossen wird durch die Mittellosigkeit des Nachlasses eine Vergütung nach § 1836 **Abs 1 S 2 und Abs 2**; eine solche kann nach Maßgabe des § 1836 a in der sich aus § 1 BVormVG ergebenden Höhe gegen die Staatskasse geltend gemacht werden (**aM** PALANDT/EDENHOFER Rn 26). Die Staatskasse haftet bei Mittellosigkeit des Nachlasses auch für den Anspruch des Pflegers auf Aufwendungsersatz oder Aufwandsentschädigung (vgl §§ 1835 Abs 4, 1835 a Abs 3 BGB und speziell zur gerichtlichen Festsetzung §§ 56 g FGG, 1915 Abs 1, 1962 BGB). In allen diesen Fällen ist die Frage der Mittellosigkeit ebenso wie nach dem Tod eines Mündels oder Betreuten nicht nach den Vermögensverhältnissen des – vielleicht schon bekannten – Erben, sondern allein nach den Verhältnissen des Nachlasses zu beurteilen (in diesem Sinne auch ZIMMERMANN ZEV 1999, 329 f und die allerdings *vor* dem 1. 1. 1999 erlassenen Beschlüsse LG Berlin Rpfleger 1975, 435 und KG NJW-RR 1995, 459 f = FamRZ 1996, 227 ff). Vgl im übrigen die Erl zu §§ 1835–1836 e in der seit 1. 1. 1999 maßgeblichen Fassung.

c) Aufsicht des Nachlaßgerichts

Der Nachlaßpfleger führt sein Amt selbständig und in eigener Verantwortung (BayObLGZ 1996, 192, 196 f ad II 4 b aa = FGPrax 1996, 227, 228 = FamRZ 1997, 314, 316 = NJW-RR 1997, 326, 327; vgl auch STAUDINGER/ENGLER [1999] Vorbem 17 zu §§ 1773 ff und § 1837 Rn 1 ff [für den

Vormund, gem § 1915 Abs 1 übertragbar auch auf Pflegschaften]). Jedoch untersteht er gem §§ 1837 ff (iVm §§ 1915 Abs 1, 1962) der Aufsicht des Nachlaßgerichts. Das zu §§ 1837 ff Ausgeführte (zB STAUDINGER/ENGLER aaO) gilt im wesentlichen auch für die nachlaßgerichtliche Aufsicht über den Pfleger (vgl auch STAUDINGER/MAROTZKE [1996] § 1985 Rn 33 ff für den Nachlaß*verwalter*). Gem § 1837 Abs 2 S 2 kann das Nachlaßgericht dem Pfleger den Abschluß einer *Haftpflichtversicherung* aufgeben (SOERGEL/ STEIN Rn 24; enger der noch auf anderer Rechtsgrundlage [§ 1844] beruhende Beschluß OLG Düsseldorf JZ 1951, 643). Bei *Einreichung des Vermögensverzeichnisses* durch den Nachlaßpfleger ist das Nachlaßgericht zur Prüfung der Vollständigkeit und Richtigkeit nur verpflichtet, wenn sich aus dem Verzeichnis besondere Bedenken hinsichtlich der Ordnungsmäßigkeit herleiten lassen (LG Berlin JR 1955, 261). Dem Pfleger kann nicht ohne weiteres die Auflage gemacht werden, die *Belege und Handakten* bzgl des Nachlasses einzureichen (LG Berlin aaO). Gem §§ 1837 Abs 3, 1915 Abs 1, 1962 kann das Nachlaßgericht den Pfleger zur Befolgung seiner Anordnungen durch Festsetzung von *Zwangsgeld* anhalten (KG OLGE 14, 267 f; 32, 48 f). Die **Entlassung des Nachlaßpflegers** entsprechend § 1886 kommt nur in Betracht, wenn weniger einschneidende Maßnahmen erfolglos geblieben sind oder nicht ausreichend erscheinen (BayObLG Rpfleger 1983, 252). Die Nachlaßgläubiger haben kein Beschwerderecht, wenn das Nachlaßgericht ein Einschreiten gem § 1837 ablehnt (KG JW 1938, 1453). UU kann jedoch der Erbe Beschwerde einlegen (vgl BayObLGZ 1996, 192, 195 ad II 3 b aa = FGPrax 1996, 227, 228 = FamRZ 1997, 314, 315 = NJW-RR 1997, 326). Dem Nachlaßgläubiger steht ein Beschwerderecht dann zu, wenn das Nachlaßgericht es ablehnt, den ursprünglich enger gefaßten Wirkungskreis des Nachlaßpflegers dahin zu erweitern, daß dieser eine Entscheidung über die Forderung des Gläubigers treffen kann (vgl Rn 30 aE).

6. Aufgaben des Nachlaßpflegers

39 a) Zu den Aufgaben des Nachlaßpflegers gehört die **Ermittlung des endgültigen Erben**, wenn dieser unbekannt ist (vgl KG OLGE 8, 269; 10, 18; 18, 301; OLGZ 1971, 210 [dazu auch Rn 28]; OLG Köln FamRZ 1967, 58 f; OLG Dresden OLG-NL 1999, 159 ff = NJWE-FER 1999, 302 f [dazu auch § 1964 Rn 14]; einschr BGH NJW 1983, 226 f). Das gilt auch in Bundesländern mit *gerichtlicher* Erbenermittlungspflicht (s Rn 9 aE). In schwierigen Fällen darf der Nachlaßpfleger sich der Hilfe eines gewerblichen Erbenermittlers bedienen (OLG Bremen ZEV 1999, 322 ff; kritisch HEPTING ZEV 1999, 302 ff; s auch den vom OLG Dresden entschiedenen Fall [der jedoch nachdenklich macht] sowie oben Rn 2 und zur Frage eines Vergütungsanspruchs trotz vereinbarter „Erbenermittlung ohne Kosten für den Nachlaß" OLG Celle ZEV 1999, 449 f [unvereinbar mit dem überzeugend begründeten späteren Urteil BGH NJW 2000, 72 f = ZEV 2000, 33 f]). Ist eine als Erbe berufene Person **verschollen** und deshalb fraglich, ob sie zZ des Erbfalls noch gelebt hat, so kann der Nachlaßpfleger als Vertreter des endgültigen Erben den Antrag auf Todeserklärung stellen (krit MünchKomm/LEIPOLD Rn 46). Das BayObLG (NJW 1959, 725 ff) hat den Nachlaßpfleger als gesetzlichen Vertreter *des Verschollenen* angesehen (ebenso wohl LANGE/KUCHINKE § 38 IV 4 c Fn 145 [S 937]) und wegen § 16 Abs 2 b, 3 VerschG gemeint, daß der Nachlaßpfleger die Todeserklärung in *dieser* Funktion nur mit Genehmigung des Vormundschaftsgerichts (Nachlaßgerichts? vgl § 1962 und OLG Köln FamRZ 1967, 58, 59) beantragen könne. Dabei wird aber nicht genügend berücksichtigt, daß der Verschollene selbst dann, wenn er als Erbe berufen ist und zZ des Erbfalls noch gelebt hat und vielleicht sogar noch jetzt lebt, mit dem vom Nachlaßpfleger vertretenen *endgültigen* Erben nicht identisch sein muß (vielleicht schlägt er oder sein Erbe, § 1952, die Erbschaft ja noch aus). Nach § 16 Abs 2 c VerschG kann der Antrag auf Todeserklärung auch ohne gerichtliche Genehmigung von jedem gestellt werden, der ein rechtliches Interesse an der Todeserklärung hat. Der Nachlaßpfleger selbst hat solch ein rechtliches Interesse sicherlich nicht (insoweit zutreffend BayObLG aaO). Da sich das rechtliche Interesse auf die Todeserklärung und nicht auf das Unterbleiben einer solchen bezieht, kann es jedoch bei jedem bejaht werden, der bei Wegfall des Verschollenen an dessen Stelle Erbe würde. Gehört der endgültige Erbe zu diesem Personenkreis (was für seine Antragsbefugnis zu unterstellen ist), so kann der Nachlaßpfleger den Antrag als sein Vertreter stellen. Allein die zZ der Antragstellung noch ungewisse Möglichkeit, daß der Verschollene den Erbfall erlebt hat oder daß er sogar jetzt noch lebt, ist kein Grund, das aus dem Recht des unbekannten endgültigen Erben hergeleitete Antragsrecht des Nachlaßpflegers zu verneinen bzw es gem § 16 Abs 3 VerschG von einer gerichtlichen Genehmigung abhängig zu machen. Die Ansicht des BayObLG (aaO Leitsatz b), daß der Nachlaßpfleger aus der Person desjenigen, der bei Wegfall des Verschollenen Erbe ist, ein Recht zur Beantragung der Todeserklärung idR nicht ableiten könne, wenn dieser Erbanwärter von seinem eigenen Antragsrecht aus § 16 Abs 2 c VerschG keinen Gebrauch mache, erscheint vertretbar nur für den Fall, daß der Erbanwärter die in Frage stehende Erbschaft bereits vorsorglich angenommen hat (was nach § 1946 schon vor zuverlässiger Kenntnis vom Wegfall eines vorrangig Berufenen möglich ist). Die Rücksichtnahme auf den Willen einer bestimmten Person kann dem Nachlaßpfleger (wenn überhaupt) nur zugemutet werden, wenn die betr Person zumindest dann *endgültiger* Erbe ist, wenn man als wahr unterstellt, daß der Verschollene vor dem Erblasser gestorben ist. Einen **Erbschein** hinsichtlich des betreuten Nachlasses kann der Pfleger nicht beantragen (Rn 48).

b) Inbesitznahme, Verwaltung und Erhaltung des Nachlasses. Zur ordnungsgemäßen **40** Führung der Nachlaßpflegschaft ist idR erforderlich, daß der Pfleger den Nachlaß in Besitz nimmt. Solange der nach § 857 auf den Erben übergegangene Besitz des Erblassers weder von dem Erben noch von einer anderen Person „ergriffen" worden ist (vgl § 1922 Rn 256), begeht der Nachlaßpfleger keine verbotene Eigenmacht, wenn er das Besitzergreifungsrecht des unbekannten endgültigen Erben an dessen Stelle ausübt. Hat schon jemand Besitz „ergriffen" und besteht ein (nur gegenüber einem Nichterben in Betracht kommendes) Selbsthilferecht nach § 859 nicht oder nicht mehr, so ist der Nachlaßpfleger auf den Weg der Herausgabeklage angewiesen (zur richtigen Anspruchsgrundlage vgl STAUDINGER/GURSKY [1996] § 2018 Rn 3; BGH NJW 1981, 2299 f; 1983, 226 f = FamRZ 1983, 56 f, 582 m Anm DIECKMANN; BGHZ 94, 312, 314; HARTUNG Rpfleger 1991, 279 ff; MünchKomm/LEIPOLD Rn 47). Gegenüber Besitzern, die unzweifelhaft nicht zu den Erben gehören, kommt wegen § 857 auch ein Anspruch aus § 861 und zu dessen Durchsetzung eine einstweilige Verfügung in Betracht. Der die Nachlaßpflegschaft anordnende Beschluß ist kein Vollstreckungstitel iSd § 794 Abs 1 Nr 3 ZPO (vgl STAUDINGER/MAROTZKE [1996] § 1985 Rn 13 zu der entspr Frage bei der Nachlaßverwaltung).

Der Nachlaßpfleger hat ein **Nachlaßverzeichnis** anzufertigen und dem Nachlaßgericht einzureichen, §§ 1802, 1962.

Die **Verwaltungsbefugnis** des Pflegers kann vom Nachlaßgericht beschränkt, ja ihm sogar ganz vorenthalten werden (zu einer hiervon wohl unberührten Restbefugnis vgl STAUDINGER/MAROTZKE [1996] § 2017 Rn 8). Das ergibt sich daraus, daß für die Maßnahmen des Nachlaßgerichts nach § 1960 Abs 1 grundsätzlich die Bedürfnisfrage entscheidet.

Auch die Fassung des § 2017 (vgl aber dort Rn 8) und namentlich § 991 Abs 2 ZPO sprechen dafür (wie hier BGB-RGRK/Johannsen Rn 21, 25; Planck/Flad Vorbem 5 c zu § 1942). Soweit er zur Verwaltung berufen ist, entscheidet er grundsätzlich, wie der Vormund, selbständig (KG OLGE 32, 48 f).

41 c) Zwecks Verwaltung und Erhaltung des Nachlasses kann der Pfleger **Verbindlichkeiten eingehen**, die gem § 1967 Abs 2 Nachlaßverbindlichkeiten sind und im Nachlaßinsolvenzverfahren als Masseverbindlichkeiten behandelt werden (§ 324 Abs 1 Nr 5 InsO / vormals § 224 Abs 1 Nr 5 KO). Der Erbe haftet für solche Verbindlichkeiten grundsätzlich auch mit dem eigenen Vermögen, kann diese Haftung aber nach allgemeinen Grundsätzen (§§ 1975 ff) auf den Nachlaß beschränken (Kipp/Coing § 125 III 5). Als Masseverbindlichkeit qualifiziert BGHZ 94, 312, 315 f auch die Verpflichtung zur Herausgabe einer ungerechtfertigten Bereicherung, die dadurch entstanden ist, daß der Nachlaßpfleger eine Leistung eingefordert und erhalten hat, auf welche der Nachlaß keinen Anspruch hatte.

Die Befugnis des Nachlaßpflegers, den endgültigen Erben bei einem Vertrag mit einem Dritten zu vertreten, hängt nicht davon ab, daß der Pfleger bei Abschluß des Vertrages zweck- und pflichtmäßig handelt (vgl BGHZ 49, 1, 4 f betr Haftung des Erben aus einem Architektenvertrag, den der Nachlaßpfleger zwecks Wiederaufbaus eines kriegszerstörten Hauses des Erblassers geschlossen hatte).

Zur **Verfügung über Nachlaßgegenstände** ist der Nachlaßpfleger nach außen im gleichen Umfang ermächtigt wie jeder andere Pfleger. Dem Grundbuchamt gegenüber ist er auch ohne Nachweis des Erbrechts hinsichtlich der von ihm vertretenen Erben legitimiert (KG RJA 10, 277).

42 d) Die in den §§ 1821, 1822 aufgeführten Rechtsgeschäfte des Pflegers bedürfen der **Genehmigung des Nachlaßgerichts**, §§ 1915, 1962. Ob dem Nachlaßpfleger die Genehmigung zur Veräußerung eines Nachlaßgrundstücks erteilt wird, liegt im pflichtgemäßen Ermessen des Nachlaßgerichts. Die Veräußerung ist erforderlich, wenn das Grundstück ein Zuschußbetrieb ist (KG DFG 1940, 26). Bei Veräußerung eines Grundstücks im Wege privatrechtlicher Versteigerung bedürfen der mit dem Zuschlag an den Meistbietenden zustandegekommene Grundstückskaufvertrag und die nachfolgende Auflassung auch dann der Genehmigung des Nachlaßgerichts, wenn bereits der vom Nachlaßpfleger für die unbekannten Erben mit dem Auktionator geschlossene, weitreichende Bindungen enthaltende Einlieferungsvertrag nachlaßgerichtlich genehmigt worden ist (so jedenfalls KG OLGZ 1993, 266 ff = FamRZ 1993, 733 ff). Die Veräußerung des Erbteils, zu dessen Sicherung die Nachlaßpflegschaft angeordnet wurde, ist idR nicht genehmigungsfähig (LG Aachen Rpfleger 1991, 314). Zur Verfügung über Sparkonten bedarf der Nachlaßpfleger der Genehmigung des Nachlaßgerichts nach Maßgabe der §§ 1812 f (vgl OLG Frankfurt aM WM 1974, 473 f; OLG Köln WM 1986, 1495 f und für den Nachlaß*verwalter* Staudinger/Marotzke [1996] § 1985 Rn 34 mit Nachweisen auch zur Gegenansicht).

Zur Vornahme von *Schenkungen* oder zum Vollzug einer vom Erblasser vorgenommenen, wegen Formmangels nichtigen Schenkung ist der Pfleger nicht befugt, §§ 1915, 1804 (RGZ 98, 279, 283). Er darf auch nicht zur Verbesserung oder Ergänzung einer auf eine Schenkung hinauslaufenden Rechtshandlung des Erblassers Erklärungen abgeben, zumal wenn dadurch bei überschuldetem Nachlaß in die Rechtssphäre der Nachlaß- oder Konkursgläubiger eingegriffen wird (BayObLGZ 28, 304).

Der vorläufige Erbe behält neben dem Nachlaßpfleger seine Geschäftsfähigkeit und im Rahmen des § 1959 **seine Verfügungsmacht**; er wird insoweit durch die Nachlaßpflegschaft nicht beschränkt (BGB-RGRK/JOHANNSEN Rn 29; MünchKomm/LEIPOLD Rn 44; LANGE/KUCHINKE § 38 IV 4 g [S 941]; PLANCK/FLAD Vorbem 5 c zu § 1942; RIEZLER AcP 98 [1906] 372 und 378; HÖRLE 717; **aM** REICHEL 109; SIBER JherJb 67, 126, 148, 183, 191; HELLWIG, Lehrbuch des dt Civilprozeßrechts I, 296; vgl auch ZIEGLTRUM 186 ff). Daraus sich ergebende Widersprüche sind nach allgemeinen Grundsätzen zu lösen (vgl Mot V 553 und RIEZLER aaO). Danach hat regelmäßig die zuerst vorgenommene Handlung den Vorzug.

e) Die **gerichtliche Geltendmachung von Ansprüchen**, die sich gegen den Nachlaß richten, ist bis zur Annahme der Erbschaft durch den wahren Erben nicht gegenüber dem Erben (§ 1958), sondern nur gegenüber dem Nachlaßpfleger zulässig (§ 1960 Abs 3; zu weiteren Ausnahmen von § 1958 s dort Rn 5). Jedoch kann der Nachlaßpfleger von Gläubigern des Nachlasses auch dann mit Wirkung für und gegen den endgültigen Erben verklagt werden, wenn die Pflegschaft nicht eigens zu diesem Zweck auf Gläubigerantrag nach § 1961, sondern aus einem anderen Grunde (vgl die Zusammenstellung in Rn 5) angeordnet wurde. Ebenso kann der Pfleger – ggfls auch durch Aufnahme eines bereits vor dem Erbfall anhängig gemachten Rechtsstreits (BGH NJW 1995, 2171 f = FamRZ 1995, 926 f) – die *zum* Nachlaß gehörenden Ansprüche geltend machen. Ausgenommen sind Prozesse über das Erbrecht selbst (Rn 47). Ein gegen den Nachlaßpfleger ergangenes Urteil bedarf keines Vorbehalts der beschränkten Haftung, § 780 Abs 2 ZPO. Als Vertreter des ungewissen Erben kann dem Nachlaßpfleger auch **Prozeßkostenhilfe** bewilligt werden (RGZ 50, 394; 81, 292; BayObLGZ 3, 479; BGH NJW 1964, 1418). Solange der Erbe unbekannt ist, kommt es dafür nicht auf die Vermögensverhältnisse des Erben, sondern auf den Bestand des Nachlasses an (BGH aaO; BVerfG ZEV 1998, 98 f = FamRZ 1998, 1081 ff; **aM** OVG Hamburg Rpfleger 1996, 464 = MDR 1997, 68). Will anstelle des Nachlaßpflegers, dem Prozeßkostenhilfe bewilligt ist, der ermittelte Erbe das Verfahren fortsetzen, so bedarf es hinsichtlich der Prozeßkostenhilfe keines neuen Antrages und damit auch keiner neuen Beiordnung des bisherigen Rechtsanwalts (KG NJW 1969, 2207 f). Jedoch ist, sobald die Erben ermittelt sind, die Berechtigung der Prozeßkostenhilfe aufgrund der auf Erbenseite bestehenden Vermögensverhältnisse neu zu prüfen (BGH NJW 1964, 1418).

Der Erbe bleibt auch während der Amtszeit des Nachlaßpflegers **prozeßfähig**. Jedoch kann ein Anspruch, der sich gegen den Nachlaß richtet, gegen den Erben vor Annahme der Erbschaft nicht gerichtlich geltend gemacht werden (§ 1958). In der vom Erben ausgehenden klageweisen Geltendmachung eines zum Nachlaß gehörigen Anspruchs liegt regelmäßig eine Annahme der Erbschaft durch *pro herede gestio*. Die Führung eines von ihm selbst begonnenen Prozesses kann dem Erben vom Nachlaßpfleger nicht wider seinen Willen abgenommen werden (MünchKomm ZPO/ LINDACHER § 53 Rn 3; **aM** STEIN/JONAS/BORK[21], ZPO § 53 Rn 15). Hat aber der Nachlaßpfleger mit Einwilligung des Erben den Prozeß übernommen oder ist er von vornherein als Kläger oder Beklagter aufgetreten (vgl § 1961 Rn 14), so **steht der Erbe einer nicht prozeßfähigen Person gleich (§ 53 ZPO)**; er kann also weder selbst Prozeßhandlungen vornehmen, noch können sie ihm gegenüber vorgenommen werden.

44 f) Befriedigung der Nachlaßgläubiger ist grundsätzlich **nicht** Aufgabe des Nachlaßpflegers (KG JW 1938, 1453 f; OLG Colmar OLGE 30, 173; BGB-RGRK/JOHANNSEN Rn 25; **aM** DRASCHKA Rpfleger 1992, 281 ff, der sich auf § 1960 Abs 3 und § 1961 beruft). Anders jedoch, wenn durch die Gläubigerbefriedigung unnötige Prozesse und Kosten, für die der Nachlaß haften würde, vermieden werden können (vgl JOHANNSEN WM 1972, 919 unter Hinweis auf BGH vom 22. 11. 1957, IV ZR 177/57). Insbesondere muß der Pfleger für die Bezahlung der *Steuerschulden* Sorge tragen, § 34 Abs 1 AO; sonst kann er sich persönlich haftbar machen, § 69 AO.

45 g) Den Nachlaßgläubigern ist der Nachlaßpfleger gem § 2012 Abs 1 S 2 zur **Auskunft über den Bestand des Nachlasses** verpflichtet (zu Anzeigepflichten ggü dem Finanzamt vgl FIRSCHING/GRAF 382, 485 ff). Eine *Inventarfrist* kann ihm nicht gesetzt werden; er kann nicht auf die *Beschränkung der Haftung* verzichten, § 2012 Abs 1 S 1 und 3. Die *aufschiebenden Einreden* der §§ 2014 f kann auch er geltend machen; die dort genannten Fristen beginnen mit der Bestellung des Pflegers, § 2017.

46 h) **Dem Erben gegenüber** ist der Nachlaßpfleger verpflichtet, dafür zu sorgen, daß die einzelnen Nachlaßgläubiger *nur nach Kräften des Nachlasses* entspr der Haftung des Erben für die Nachlaßverbindlichkeiten (§§ 1979, 1980) befriedigt werden. Das hatte E I § 2065 (Mot V 552) besonders ausgesprochen und die II. Komm sachlich gebilligt (Prot V 668 f). Vgl erg § 1961 Rn 12. UU kann die *Liquidation* des Nachlasses durch den Nachlaßpfleger geboten sein (BGB-RGRK/JOHANNSEN Rn 25). Beantragen kann der Nachlaßpfleger das *Aufgebot* der Nachlaßgläubiger (§ 991 Abs 2 ZPO), die *Zwangsversteigerung* eines Nachlaßgrundstücks (§ 175 ZVG) und die Eröffnung des *Nachlaßinsolvenzverfahrens* (§ 317 Abs 1 InsO; zur Frage einer diesbezüglichen Antrags*pflicht* vgl STAUDINGER/MAROTZKE [1996] § 1980 Rn 20). Die *Nachlaßverwaltung* kann er nicht beantragen, da deren Zwecke, soweit sie dem Erben dienen, bereits durch die Nachlaßpflegschaft erfüllt werden können (RIESENFELD I, 29; weitere Nachweise auch zur Gegenansicht bei STAUDINGER/MAROTZKE [1996] § 1981 Rn 14).

7. Grenzen der Nachlaßpflegschaft

47 Der Nachlaßpfleger hat den endgültigen Erben nur insofern zu vertreten, als die Erhaltung und Verwaltung des Nachlasses für den, der Erbe wird, es erfordert (Mot V 548 f). Die Vertretungsmacht des einmal ordnungsgemäß bestellten Nachlaßpflegers wird aber nicht dadurch beeinträchtigt, daß sie *zweck-* bzw *pflichtwidrig* ausgeübt wird (BGHZ 49, 1, 4 f) oder die *Voraussetzungen für seine Bestellung nicht gegeben* waren (OLG Köln JMBlNRW 1954, 187); seine Rechtsgeschäfte bleiben auch nach Aufhebung der Pflegschaft gültig (OLG Kiel SchlHA 1907, 345; 1910, 97; OLG München DR 1943, 491; KIPP/COING § 125 II 2). In Fällen erkannten oder evidenten *Mißbrauchs* der Vertretungsmacht gelten die allgemeinen Grundsätze zum Schutze des Vertretenen (vgl BGHZ 49, 1, 5; MünchKomm/LEIPOLD Rn 42; STAUDINGER/SCHILKEN [1995] § 167 Rn 99). Zu weit geht es jedoch, die Klage eines Nachlaßpflegers allein deshalb als unzulässig oder sogar als unbegründet abzuweisen, weil der Pfleger in diesem Rechtsstreit kein konkretes Fürsorgeinteresse nachweist (**aM** KG NJWE-FER 1999, 184 f = ZEV 1999, 395 ff m abl Anm DAMRAU). In manchen Angelegenheiten ist der Nachlaßpfleger allerdings schlechthin unzuständig.

Als Vertreter des endgültigen Erben ist der Nachlaßpfleger zur Führung von **Rechts-**

streitigkeiten über das Erbrecht mit denen, die Erben zu sein behaupten, nicht berufen (Mot V 551, 556). Letztere müssen den Streit um das Erbrecht untereinander austragen (Mot V 556; RGZ 106, 46; BGH NJW 1983, 226, 227). Der Nachlaßpfleger kann nicht für das Erbrecht eines Prätendenten gegen den anderen auftreten, auch die Erben oder einen von ihnen beim Streit um das Erbrecht nicht vertreten (KG OLGE 21, 305 f; 26, 288 f; OLG Hamburg OLGE 30, 174). Es steht ihm nicht zu, Vermächtnisse anzufechten oder über Erbquoten und darüber, was auf die Erbanteile anzurechnen ist, zu streiten (OLG Hamburg ZBlFG 1911, 262 Nr 206; OLG Hamburg OLGE 21, 308; RG SchlHA 1908, 183). Daraus folgt nach hM nicht, daß das Erbrecht niemals Gegenstand eines Rechtsstreites zwischen dem Nachlaßpfleger und dem, der das Erbe für sich in Anspruch nimmt, sein kann (**aM** wohl Mot V 551). Er wird als der richtige Beklagte angesehen, wenn ein rechtliches Interesse des Klägers an der alsbaldigen Feststellung seines Erbrechts gegenüber dem Nachlaßpfleger besteht, namentlich wenn dieser das Erbrecht bestritten hat (RGZ 106, 46 f; OGHZ 4, 219; BGH LM Nr 1 zu § 1960; HARTUNG Rpfleger 1991, 279, 282 f; vgl auch BGH NJW 1983, 226 f). Das Urteil wirkt aber nur zwischen dem Pfleger und seinem Gegner (RGZ 106, 46, 49).

Aus der Stellung des Nachlaßpflegers als Vertreter nicht des vorläufigen, sondern des **48** ungewissen endgültigen Erben folgt, daß er **weder zur Annahme noch zur Ausschlagung der Erbschaft berufen** ist (Mot V 550 f). Er kann auch keinen **Erbschein** beantragen (BayObLG BayZ 1914, 25; KGJ 40, 37; OLG Celle JR 1950, 58 f). Er hat kein Beschwerderecht gegen eine im Erbscheinsverfahren ergangene Entscheidung des Nachlaßgerichts, sofern sich der zu erteilende Erbschein auf den Erbfall bezieht, in Ansehung dessen die Nachlaßpflegschaft angeordnet ist (KG Recht 1911 Nr 3102; RJA 11, 178; BayObLGZ 32, 552). Wohl aber kann er eine dem Erblasser angefallene Erbschaft, die als Bestandteil des Nachlasses auf die – zZ noch ungewisse – Person übergegangen ist, die sich als endgültiger Erbe dieses Erblassers herausstellt, aus deren Recht annehmen oder mit Genehmigung des Nachlaßgerichts (§ 1822 Nr 2) ausschlagen (PLANCK/FLAD Vorbem 5 c zu § 1942; **aM** MünchKomm/LEIPOLD Rn 54 mwN). Hinsichtlich der *bereits dem Erblasser angefallenen* Erbschaft ist er auch zum Erbscheinsantrag berechtigt (BayObLG FamRZ 1991, 230).

Der Nachlaßpfleger ist grundsätzlich nicht befugt, im Wege des **Selbstkontrahierens** **49** als Vertreter des unbekannten endgültigen Erben mit sich im eigenen Namen einen Vertrag über Nachlaßgegenstände zu schließen (vgl § 181 und TIDOW, Aufwendungen und Vergütungen des Nachlaßpflegers [1990] 36 ff). Ein trotzdem geschlossener Vertrag kann nur mit Genehmigung des endgültigen Erben wirksam werden, der dazu uU nach Treu und Glauben verpflichtet ist (RGZ 110, 214, 216).

Die **Ausführung letztwilliger Verfügungen des Erblassers** gehört an sich nicht zu den **50** Aufgaben des Nachlaßpflegers, sondern ist für ihn – anders als für den Testamentsvollstrecker – nur „eine Nebensache" (Mot V 548). Nicht selten wird es sogar seine Pflicht sein, eine letztwillige Verfügung nicht sofort auszuführen, sondern damit zu warten. Doch kann er auf ihre Erfüllung in Anspruch genommen werden (WEISSLER I, 130; **aM** HÖRLE 756).

Die **Durchführung der Erbauseinandersetzung** gehört ebenfalls nicht zu den Aufgaben **51** eines Nachlaßpflegers (RGZ 154, 110, 114; KG DFG 40, 26; BayObLGZ 1951 Nr 91). Obwohl allein zur Mitwirkung an der Erbauseinandersetzung für einzelne unbekannte Erben kein Teilnachlaßpfleger bestellt werden darf (KG OLGZ 1971, 210, 214 mwN gegen OLG Hamm JMBlNRW 1953, 101 f), kann jedoch ein einmal eingesetzter Teilnachlaßpfleger an der Auseinandersetzung wirksam mitwirken (KG OLGZ 1971, 213 mwN). Bei der Erbteilspfändung kommt er als einer der Drittschuldner iSd über §§ 857 Abs 1, 859 Abs 2 ZPO entsprechend anzuwendenden § 829 Abs 3 ZPO in Betracht (aM LG Kassel InVo 1998, 77 f = MDR 1997, 1032 f mit insoweit abl Anm AVENARIUS).

8. Haftung des Nachlaßpflegers

a) Gegenüber Erben

52 Für die Verantwortlichkeit des Nachlaßpflegers gegenüber den Erben sind §§ 1915, 1833 maßgebend (vgl KGJ 53, 77; OLG Hamm NJW-RR 1995, 1159, 1160 = FamRZ 1995, 696, 697).

b) Gegenüber Nachlaßgläubigern

53 Den Nachlaßgläubigern ist der Nachlaßpfleger nach § 2012 Abs 1 S 2 zur Auskunft über den Bestand des Nachlasses verpflichtet; er haftet ihnen bei Verletzung dieser ihn selbst treffenden Pflicht persönlich (ERMAN/SCHLÜTER Rn 24; STAUDINGER/MAROTZKE [1996] § 2012 Rn 10; Prot V 669 gegen Mot V 552).

54 Streitig ist, ob er den Nachlaßgläubigern auch sonst für durch pflichtwidriges Verhalten entstandene Schäden verantwortlich ist, ähnlich wie nach § 1985 Abs 2 der Nachlaßverwalter.

Die *verneinende Ansicht* zieht aus § 1985 Abs 2 einen Umkehrschluß (s Schlußsatz dieser Rn; RGZ 151, 57, 63 f; RG JW 1938, 1453 f) und gibt den Nachlaßgläubigern – abgesehen von einer unerlaubten Handlung des Pflegers – einen Ersatzanspruch nur gegen den Erben, der für das Verschulden seines Pflegers als seines gesetzlichen Vertreters nach § 278 (hiergegen HELLWIG, Anspruch und Klagrecht 242 Fn 25) einzustehen hat (PALANDT/EDENHOFER Rn 24; BGB-RGRK/JOHANNSEN Rn 34; MünchKomm/LEIPOLD Rn 59; KIPP/COING § 125 III 5; DIETZ 127, 3; MÖHRING/BEISSWINGERT/KLINGELHÖFFER 128 f; ZIEGLTRUM 204 f; wohl auch ERMAN/SCHLÜTER Rn 24). *Andere* bejahen daneben die persönliche Haftung des Nachlaßpflegers analog § 1985 Abs 2 (PLANCK/FLAD Vorbem III 5 c zu § 1942; vLÜBTOW II, 759; CROME § 671 Fn 48; KOESSLER 414, 429 ff; KRESS 139 und für den Fall eines „kleineren", eine Nachlaßverwaltung oder ein Nachlaßinsolvenzverfahren nicht lohnenden Nachlasses auch LANGE/KUCHINKE § 38 IV 4 e S 939 Fn 162 [weil sich die Tätigkeit des Nachlaßpflegers hier „praeter legem auch auf die Befriedigung der Nachlaßgläubiger" erstrecke]).

Auch STAUDINGER/LEHMANN[11] Rn 57 hatte sich zu der zweiten Auffassung bekannt. Ausgangspunkt war die an sich zutreffende Überlegung, daß eine Haftung für ein die Nachlaßgläubiger schädigendes Verhalten des Pflegers den *Erben* nur als solchen treffen und somit in bezug auf *dessen* Person nur eine *Nachlaßverbindlichkeit* mit allen Möglichkeiten der Haftungsbeschränkung darstellen kann (vgl auch KOESSLER 428 ff; KIPP/COING § 93 II; PALANDT/EDENHOFER Rn 24; PLANCK/FLAD Vorbem III 5 c zu § 1942). Wer die Nachlaßgläubiger auf einen Anspruch gegen den *Erben* beschränkt, stellt sie also mit ihren Ersatzansprüchen schlechter als im Fall der Nachlaßverwaltung. STAUDINGER/LEHMANN[11] Rn 57 sah für diese Ungleichbehandlung keinen durchschlagenden Grund und nahm deshalb analog § 1985 Abs 2 auch eine Verantwortlichkeit des *Pflegers* gegenüber den Nachlaßgläubigern an. Das überzeugt jedoch nicht. Denn im Gegensatz zum Nachlaßverwalter hat ein nach § 1960 oder § 1961 bestellter Nachlaßpfleger nur die Interessen des *endgültigen Erben*, nicht auch die der *Nachlaßgläubiger* zu wahren; allenfalls die *Bestellung* des Nachlaßpflegers dient uU (§ 1961) auch den Nachlaßgläubigern (unzutreffend OLG Hamburg RJA 8, 24; vgl dagegen RGZ 65, 287, 289; 88, 264 f; KG RJA 8, 24, 26; OLG Colmar OLGE 30, 173). Der Grund für die Schaffung des § 1985 Abs 2, nämlich daß der Nachlaßverwalter „nicht nur die Interessen des Erben, sondern auch jene der Gläubiger zu wahren habe" (Prot V 815), trifft auf den nach § 1960 oder § 1961 bestellten Nachlaßpfleger nicht zu (zust MünchKomm/LEIPOLD Rn 59; aM LANGE/KUCHINKE aaO für den Fall des eine Nachlaßverwaltung oder ein Nachlaßinsolvenzverfahren nicht lohnenden Nachlasses). Die geringere Haftung des nach § 1960 oder § 1961 bestellten Pflegers läßt sich ferner damit rechtfertigen, daß er anders als der Nachlaßverwalter (§ 1987) grundsätzlich *keinen Vergütungsanspruch* hat (s hierzu und zu den allerdings nicht ganz unbedeutenden Ausnahmen oben Rn 34 ff). Außerdem spricht gegen eine Haftung des nach § 1960 oder § 1961 bestellten Pflegers gegenüber den Gläubigern, daß der Gesetzgeber die Nachlaßverwaltung als einen *Sonderfall* der Nachlaßpflegschaft bezeichnet (§ 1975) und *nur* für diesen Sonderfall eine Haftung gegenüber den Nachlaßgläubigern ausdrücklich vorsieht (§ 1985 Abs 2).

9. Aufhebung der Nachlaßpflegschaft

Die Nachlaßpflegschaft muß nach § 1919 aufgehoben werden, **wenn der Grund für ihre Anordnung weggefallen ist**. Nur die *auf eine einzelne Angelegenheit beschränkte* Nachlaßpflegschaft endet automatisch nach § 1918 Abs 3 mit Erledigung der Angelegenheit (BayObLGZ 22 [1922/23] 111; vgl auch Rn 28 und § 1961 Rn 13). Abgesehen von dieser Ausnahme findet eine Beendigung kraft Gesetzes nicht statt (OLG Hamburg OLGE 41, 81; BayObLG BayZ 1916, 343; BayNotZ 1922, 102; RGZ 154, 110, 114; OLG Oldenburg FGPrax 1998, 108). Solange die Aufhebung nicht ausdrücklich vom Nachlaßgericht ausgesprochen ist, bleibt der Nachlaßpfleger also gesetzlicher Vertreter aller Personen, die sich als Erben herausstellen (BayObLGZ 22 [1922/23] 111 f; RGZ 106, 46, 48; 154, 110, 114; BFHE 135, 406, 408, 410 = BStBl 1982 II, 687 f, 689; OLG Köln FamRZ 1997, 1176, 1177 = NJW-RR 1997, 1091). Unrichtig daher BSG MDR 1972, 363, wonach der Klage des Nachlaßpflegers ein Beschluß nach § 1964 soll entgegengehalten werden können.

55

Ob die Voraussetzungen der Aufhebung gegeben sind, hat das Nachlaßgericht nach seinem Ermessen zu entscheiden. Ist die Nachlaßpflegschaft wegen Unbekanntheit des Erben bestellt, so genügt es noch nicht, daß der unbekannte Erbe ermittelt ist, es muß auch feststehen, daß er Erbe bleibt, also angenommen hat. Das sprach E I § 2066 ausdrücklich aus; die II. Komm hat es unter sachlicher Billigung gestrichen (vgl KG OLGE 14, 266–268; 21, 305; KGJ 52, 57, 59; KG RJA 7, 29, 31).

56

Bei einer Mehrheit von Erben ist, wenn für alle Miterben Nachlaßpflegschaft eingeleitet war, diese hinsichtlich der Miterben aufzuheben, für die die Voraussetzungen weggefallen sind (unterlassen worden war dies im Fall BVerfG NJW-RR 1996, 833 [oder hatten die bekannten Erben noch nicht angenommen?]). Diese Miterben haben kein Beschwerderecht gegen die Ablehnung ihres Antrags, die Pflegschaft auch hinsichtlich der übrigen Miterben aufzuheben (KG RJA 7, 29).

Die **Eröffnung des Nachlaßinsolvenzverfahrens** führt nicht zur Beendigung der Pfleg-

57

schaft und ist auch nicht ohne weiteres ein Aufhebungsgrund, da der Nachlaßpfleger den noch unbekannten endgültigen Erben auch im Nachlaßinsolvenzverfahren zu vertreten hat (vgl LG Wuppertal ZIP 1999, 1536 [kein Beschwerderecht von Erbprätendenten gegen Eröffnungsbeschluß]). Die Verwaltung des Nachlasses und die Verfügung über ihn sind dem Nachlaßpfleger freilich genauso entzogen wie dem in der Rolle des „Schuldners" (§§ 80 ff InsO) befindlichen – wenn auch noch unbekannten – endgültigen Erben (iE ebenso, jedoch ohne die durch §§ 270 ff InsO eröffneten Ausnahmen, das durch die InsO ersetzte *Konkursrecht*; vgl JAEGER/WEBER[8], KO § 214 Rn 19; OLG Hamburg RJA 3, 179; OLGE 5, 436; KGJ 38 A 116). Nicht benötigt wird die Mitwirkung des Nachlaßpflegers für die Eintragung eines Insolvenzvermerks (§ 113 KO / § 32 InsO) im Grundbuch; denn hier genügt die Voreintragung des *Erblassers* (vgl OLG Düsseldorf FGPrax 1998, 124 f = ZIP 1998, 870 ff).

Die Frage, ob die Nachlaßpflegschaft aufzuheben sei, sobald eine **Nachlaßverwaltung** nach §§ 1975, 1981 angeordnet wird, ist wenig praktisch. Denn vor Annahme der Erbschaft wird nicht leicht eine Nachlaßverwaltung angeordnet werden (vgl STAUDINGER/MAROTZKE [1996] § 1981 Rn 11, 21) und somit auch keine während des Bestehens einer Nachlaßpflegschaft. Neben der Nachlaßverwaltung wird selten ein Bedürfnis für die Aufrechterhaltung der Nachlaßpflegschaft bestehen.

58 Die **Beschwerde** gegen die Aufhebung der Nachlaßpflegschaft steht grundsätzlich weder dem Pfleger noch einem Nachlaßgläubiger zu (KG OLGE 23, 364 Fn 1; OLG Colmar OLGE 30, 173 f; KG ZBlFG 1916, 234; BayObLG BayZ 1916, 342). Der Nachlaßgläubiger kann nur nach § 1961 vorgehen (vgl KGJ 22, 71; OLG Colmar OLGE 30, 173; MünchKomm/LEIPOLD Rn 72; **aM** SOERGEL/STEIN Rn 52; zu der entsprechenden Frage in Fällen des § 1961 s dort Rn 1). Dem Pfleger steht ein Beschwerderecht nur zu, wenn lediglich sein *Wirkungskreis beschränkt*, die Pflegschaft also nicht völlig aufgehoben werden soll (KG ZBlFG 1916, 234); ebenso gegen seine *Entlassung* (§§ 60 Abs 1 Nr 3, 75 FGG). Die Beschwerde nach §§ 60 Abs 1 Nr 3, 75 FGG ist auch statthaft, wenn das Nachlaßgericht einen von zwei Nachlaßpflegern entläßt, ohne insgesamt die Pflegschaft für den Nachlaß aufzuheben (OLG Oldenburg FGPrax 1998, 108; dort auch zu den zulässigen Gründen einer Entlassung).

59 Die **Rechnungslegungs- und Herausgabepflicht** bestimmt sich nach §§ 1915, 1890–1892. Vgl zur Prüfung der Rechnungslegung durch das Nachlaßgericht und zur Herausgabepflicht RG WarnR 1915 Nr 264; BayObLG SeuffBl 72, 162; OLG Braunschweig OLGE 23, 313. Erzwingen kann das Nachlaßgericht nur die förmliche Ordnungsmäßigkeit der Rechnungslegung; die sachliche Richtigkeit und Herausgabe des verwalteten Vermögens müssen die Beteiligten im normalen Zivilprozeß durchsetzen (KGJ 24 A 23; KG OLGZ 1969, 293 = FamRZ 1969, 446; KG OLGZ 1977, 129 = Rpfleger 1977, 132; vgl auch SOERGEL/STEIN Rn 28).

60 Man nimmt an, daß bei Beendigung der Nachlaßpflegschaft die Erben anstelle des Pflegers in einen von diesem geführten **Prozeß** eintreten, ohne daß eine Aussetzung oder Unterbrechung des Prozesses erfolgt, also unmittelbar mit der Aufhebung der Pflegschaft (OLG Hamburg OLGE 17, 318; 41, 81; HÖRLE ZBlFG 1909, 751, 770; vgl auch BayObLG FamRZ 1991, 230 f für das Erbscheinsverfahren). Ob diese Ansicht zutreffend ist, erscheint jedoch zumindest dann fraglich, wenn die Person, die vom Nachlaßgericht oder -pfleger als endgültiger Erbe ermittelt wurde, ihre (endgültige) Erbenstellung bestreitet oder wenn der Prozeßgegner diese bestreitet und er das Verfahren deshalb gegen eine andere Person fortsetzen möchte: Analogie zu §§ 242, 246 ZPO? Noch weiter gehend vertritt ZIEGLTRUM 230 ff die Ansicht, daß „in jedem Fall einer Beendigung der Nachlaßpflegschaft" das vom Pfleger geführte Verfahren analog § 239 ZPO unterbrochen wird, bis es der Erbe (§ 239 Abs 1, 5 ZPO) oder der Gegner (§ 239 Abs 2–4 ZPO) aufnimmt.

VI. Kosten

Zu den *Gebühren des Nachlaßgerichts* s §§ 104–106 KostO. Für die Kosten aller nach **61** §§ 1960 und 1961 getroffenen Anordnungen und Maßregeln und der Nachlaßpflegschaft insbesondere haften gem § 6 S 1 KostO „nur die Erben, und zwar nach den Vorschriften... über Nachlaßverbindlichkeiten". Im Nachlaßinsolvenzverfahren gehören diese Kosten zu den *Masseverbindlichkeiten* (§ 324 Abs 1 Nrn 4 und 5 InsO / vormals § 224 Abs 1 Nrn 4 und 5 KO). Sie belasten den ganzen Nachlaß, wenn die Pflegschaft sich auf ihn erstreckt hat – sonst nur den Erbteil, für den sie angeordnet war (KG OLGE 26, 290 f). Selbst wenn die Pflegschaft zu Unrecht eingeleitet war oder weitergeführt wurde, müssen die Beteiligten die ihren Erbteil betreffenden Kosten tragen (KG aaO). Jedoch können sie ihre Haftung nach allgemeinen Grundsätzen auf den Nachlaß (Erbteil) beschränken. Der Pfleger ist berechtigt, die zur Erfüllung seiner Aufwendungsersatzansprüche erforderlichen Geldmittel und die durch das Nachlaßgericht festgesetzte Vergütung aus dem Nachlaß zu entnehmen (s BayObLG FamRZ 1994, 266, 267 r Sp; ZIMMERMANN ZEV 1999, 329, 335; ausführlich TIDOW FamRZ 1990, 1060 ff) bzw den ihm zustehenden Betrag von dem Nachlaßvermögen, das er nach § 1890 herausgeben muß, abzuziehen (s erg STAUDINGER/MAROTZKE [1996] § 1987 Rn 9 f, § 1990 Rn 44, § 1991 Rn 13, 19 f und oben Rn 37). Im Nachlaßinsolvenzverfahren sind die für den Erben gegenüber einem Nachlaßpfleger aus dessen Geschäftsführung entstandenen Verbindlichkeiten *Masseverbindlichkeiten*, soweit die *Nachlaßgläubiger* verpflichtet wären, wenn der Pfleger die Geschäfte für *sie* zu besorgen gehabt hätte (§ 324 Abs 1 Nr 6 InsO / vormals § 224 Abs 1 Nr 6 KO).

§ 1961

Das Nachlaßgericht hat in den Fällen des § 1960 Abs. 1 einen Nachlaßpfleger zu bestellen, wenn die Bestellung zum Zwecke der gerichtlichen Geltendmachung eines Anspruchs, der sich gegen den Nachlaß richtet, von dem Berechtigten beantragt wird.

Materialien: E I § 2059 Abs 2; II § 1838 Abs 1;
III § 1937; Mot V 546; Prot V 666 f; STAUDINGER/BGB-Synopse 1896–2000 § 1961.

I. Grundgedanke

Solange der Erbe *unbekannt* ist, fehlt den Nachlaßgläubigern der natürliche An- **1** sprechpartner bzw Prozeßgegner für eine Geltendmachung ihrer Forderungen (zu der uU bestehenden Abhilfemöglichkeit durch Einsicht in das für den Erblasser geführte Personenstandsbuch vgl OLG Brandenburg NJW-RR 1999, 660 f und § 1960 Rn 2). Auch gegen einen bereits *bekannten* Erben kann ein Anspruch, der sich gegen den Nachlaß richtet, vor Annahme der Erbschaft nicht gerichtlich verfolgt werden (§ 1958). Diese Beschränkung gilt jedoch nicht für die Rechtsverfolgung gegen einen Nachlaßpfleger (§ 1960 Abs 3). Im Hinblick auf § 243 ZPO ermöglicht die Bestellung eines Nachlaßpflegers auch die Fortsetzung eines durch Tod des Erblassers unterbrochenen Rechtsstreits (zu der bei Nichtvorhandensein eines Nachlaßpflegers bestehenden Rechtslage vgl § 1958 Rn 8). Auch zu Zwecken der Zwangsvollstreckung kann die Beantragung einer Nachlaßpflegschaft in Betracht kommen (Rn 15 f). § 1961 gibt den Nachlaßgläubigern die Möglichkeit, zum Zwecke der gerichtlichen Geltendmachung ihrer Ansprüche die Bestellung eines Nachlaßpflegers selbst zu beantragen.

Die Bestellung eines Nachlaßpflegers ist im Fall des § 1961 **zwingend** vorgeschrieben („hat ... zu bestellen") und nicht, wie im Fall des § 1960, in das Ermessen des Nachlaßgerichts gestellt. Gegen Ablehnung des Antrags oder verfrühte Aufhebung der Nachlaßpflegschaft steht dem antragstellenden Gläubiger die **Beschwerde** zu (OLG Hamm Rpfleger 1987, 416).

II. Die Voraussetzungen der Pflegerbestellung

1. Allgemeines

2 Die Voraussetzungen der Pflegerbestellung nach § 1961 weichen zT von denen des § 1960 ab. Nach § 1960 Abs 1 hat das Gericht in den dort aufgezählten Fällen stets noch die Bedürfnisfrage zu prüfen. § 1961 enthebt von dieser Prüfung, wenn ein Nachlaßgläubiger seinen Anspruch gegen den Nachlaß verfolgen will und *deshalb* die Bestellung eines Nachlaßpflegers beantragt. Voraussetzung bleibt aber auch hier, daß einer der Fälle des § 1960 Abs 1 vorliegt, also ein Erbe oder Miterbe unbekannt ist oder noch nicht angenommen hat, oder ungewiß ist, ob er angenommen hat, oder von mehreren bekannten Personen, die alle die Erbschaft angenommen haben, über das Erbrecht gestritten wird (§ 1960 Rn 5 ff und unten Rn 11). Damit ist das Bedürfnis für die Pflegerbestellung zum Zweck der Prozeßführung hinreichend begründet. Der Zweck der Nachlaßsicherung ist hier nicht besonders zu prüfen; ob ein Bedürfnis für sie besteht, ist gleichgültig. Nach OLG Düsseldorf (JMBlNRW 1954, 75 mwN) soll sich das in § 1961 anerkannte Interesse der Gläubiger „grundsätzlich immer" zugleich als ein Interesse des Nachlasses und damit der Erben an der Einleitung der Pflegschaft darstellen, so zB wenn ein Miteigentümer des Erblassers die Zwangsversteigerung des Grundbesitzes zum Zwecke der Aufhebung der Gemeinschaft beantragt hat und die Erben unbekannt sind.

3 Die von Amts wegen vorzunehmenden **Ermittlungen des Nachlaßgerichts** haben sich darauf zu beschränken, ob einer der Fälle des § 1960 Abs 1 vorliegt und ob der Antragsteller einen näher zu bezeichnenden Anspruch ernsthaft durchzusetzen entschlossen ist. Bejaht das Gericht diese beiden Fragen, so *muß* es einen Pfleger bestellen. Anders nur, wenn das Bedürfnis dazu ausnahmsweise bereits durch das Vorhandensein eines nach § 1960 bestellten Nachlaßpflegers oder eines verwaltenden Testamentsvollstreckers befriedigt ist.

4 Ein Nachlaßpfleger ist auch dann zu bestellen, wenn sich der Anspruch des Antragstellers gegen den im Inland befindlichen **Nachlaß eines Ausländers** richtet (KG JW

1934, 909 Nr 5; OLG München JFG 16, 98; vKARGER JW 1933, 147; vgl auch BGHZ 49,1, 2 aE; STAUDINGER/DÖRNER [1995] Art 25 EGBGB Rn 804; STAUDINGER/KROPHOLLER [1996] Art 24 EGBGB Rn 17). Doch ist die Zuständigkeit eines dt Nachlaßgerichts für die Bestellung eines Nachlaßpflegers nach § 1961 nicht begründet, wenn sich im Inland nur **Verbindlichkeiten** des ausländischen Erblassers befinden (OLG Hamm JMBlNRW 1962, 209).

2. Die Voraussetzungen im einzelnen

a) Antrag eines Nachlaßgläubigers

Es muß ein **Antrag** auf Bestellung eines Nachlaßpflegers gestellt werden, und zwar entweder schriftlich oder nach § 11 FGG zu Protokoll der Geschäftsstelle des zuständigen Nachlaßgerichts oder irgendeines Amtsgerichts. Den Antrag kann auch ein Bevollmächtigter stellen, der aber auf Verlangen eines Beteiligten oder auf Anordnung des Gerichts die Bevollmächtigung durch eine öffentlich beglaubigte Vollmacht nachzuweisen hat, § 13 FGG. Dem Antrag ist, wenn die sonstigen Voraussetzungen gegeben sind, auch dann zu entsprechen, wenn der Antragsteller inzwischen gestorben ist (JOSEF AcP 110 [1913] 402, 414).

Antragsteller muß eine Person sein, die sich einen nicht offensichtlich unbegründeten Anspruch gegen den Nachlaß zuschreibt und glaubhaft zu erkennen gibt, daß sie diesen Anspruch ernsthaft – notfalls gerichtlich (KG OLGE 3, 251, 253) – geltend machen will. Der geltend gemachte Anspruch muß sich „gegen den Nachlaß" richten. Daran fehlt es, wenn nur gegenüber einem möglichen Erben die Nichtigkeit des Testaments geltend gemacht werden soll (OLG Darmstadt ZBlFG 1920, 89 Nr 63 = HessRspr 20 Nr 5/6, 37). Der Anspruch muß die Erben „als solche" treffen, nicht nur in ihrer – durch Verfügungen willkürlich abänderbaren – Eigenschaft als Eigentümer eines zum Nachlaß gehörenden einzelnen Gegenstandes (unrichtig wohl LG Oldenburg Rpfleger 1982, 105 [betr einen anscheinend nur auf das „dingliche" Recht gestützten Antrag eines Grundpfandgläubigers] und BayObLG Rpfleger 1984, 102 [vom Freistaat Bayern zwecks Vorbereitung und Durchführung eines Enteignungsverfahrens gestellter Antrag nach § 1961] sowie OLG Frankfurt aM OLGZ 1994, 340, 342 = FamRZ 1994, 179 f [von der Bundesrepublik Deutschland gestellter Antrag nach § 1961, um „unbeschadet einer später mglw in Betracht kommenden Enteignung ... zunächst einmal mit den Erben Verhandlungen ... aufzunehmen"]: in diesen Fällen hätte nach § 1913 BGB oder § 16 Abs 1 Nr 1 VwVfG [vgl Rn 17] vorgegangen werden müssen; vgl auch STAUDINGER/MAROTZKE [1996] § 1967 Rn 36). Auch ein im Ausland wohnender Gläubiger kann den Antrag stellen (JOSEF ZBlFG 1916, 29). Nicht nötig ist, daß die gerichtliche Durchsetzung in erster Linie in Aussicht genommen ist. Es genügt, daß der Prozeßweg erst notfalls beschritten werden soll (KG OLGE 3, 251 f; großzügiger der oben erwähnte Beschluß des BayObLG). Auch ein *Arrestantrag* genügt (RGZ 60, 179), ferner eine *Zwangsvollstreckung* nach § 794 Abs 1 Nr 5 ZPO (KG OLGE 32, 45, 46). Zum Zwecke der Zwangsvollstreckung in ein Nachlaßgrundstück kann der Gläubiger die Bestellung eines Nachlaßpflegers bei unklaren Erbverhältnissen verlangen, wenn die Vollstreckung wegen einer *Nachlaß*verbindlichkeit erfolgen soll (so im Ausgangspunkt auch der oben kritisierte Beschluß LG Oldenburg Rpfleger 1982, 105).

Die rechtliche Existenz des Anspruchs braucht vom Antragsteller nicht glaubhaft gemacht zu werden (KGJ 33 A 90 = RJA 8, 24; BayObLGZ 19 A 24, 27; **aM** Mot V 547; JOSEF ZBlFG 1907, 479; KIPP § 58 Fn 2 verlangt Glaublichkeit, nicht Erwiesenheit des Anspruchs).

b) Rechtsschutzinteresse

8 Die Bestellung eines Nachlaßpflegers setzt voraus, daß der sie beantragende Nachlaßgläubiger ein *berechtigtes Interesse* darlegen kann (BayObLGZ 1960, 405). Deshalb ist bei offensichtlich unbegründeter oder mutwilliger Rechtsverfolgung der Rechtsschutz zu versagen und der Antrag abzulehnen, weil hier ein Bedürfnis zu der besonderen Schutzmaßnahme der Pflegerbestellung nicht anerkannt werden kann (Rechtsgedanke des § 114 ZPO; vgl auch PLANCK/FLAD Anm 2; BGB-RGRK/JOHANNSEN Rn 2; MünchKomm/LEIPOLD Rn 8).

c) Kosten

9 Für die Kosten der Nachlaßpflegschaft haften gem § 6 KostO „nur die Erben", und zwar ebenso wie für sonstige Nachlaßverbindlichkeiten. Die Erben können sich dieser Haftung nicht mit dem Hinweis entziehen, daß die Pflegschaft von anderer Seite beantragt oder ohne hinreichenden Grund angeordnet worden sei (KG DJZ 1903, 202; KGJ 33 A 90 = RJA 8, 24; BayObLGZ 19 A 24). Auch kann die Anordnung der Nachlaßpflegschaft nicht davon abhängig gemacht werden, daß der antragstellende Gläubiger die Gerichtskosten vorschießt (LG Oldenburg Rpfleger 1989, 460 m zust Anm LOJEWSKI); die in Prot V 666 f vorgeschlagene Ergänzung des GKG ist insoweit nicht erfolgt. Hinsichtlich der auf seiten des Nachlasses anfallenden Rechtsanwaltsgebühr vertritt WEITHASE (Rpfleger 1988, 434, 437) die Ansicht, daß ein nicht hilfsbedürftiger (§§ 114 ff ZPO, 14 FGG) Gläubiger diese vorschießen müsse. Auch dafür fehlt jedoch eine gesetzliche Grundlage.

d) Person des endgültigen Erben unbekannt

10 Es muß ein **Fall des § 1960 Abs 1** gegeben sein; dh der Erbe muß unbekannt sein oder noch nicht angenommen haben oder es muß ungewiß sein, ob er angenommen hat, oder es muß über das Erbrecht zwischen bekannten Personen gestritten werden. Der Erbe ist als unbekannt anzusehen, solange hinsichtlich der Erbenstellung nicht die Tatsachen bekannt sind, die der Nachlaßgläubiger zur sachgemäßen Rechtsverfolgung kennen muß (KG JFG 17, 105). Ob das der Fall ist, muß das Nachlaßgericht nach dem Grundsatz der Amtsprüfung (§ 12 FGG) selbständig ermitteln. Eine Glaubhaftmachung kann vom Antragsteller nicht verlangt werden (hM, vgl KIPP § 58 I; HÖRLE ZBlFG 1909, 718; KOESSLER ZZP 44, 17; BGB-RGRK/JOHANNSEN Rn 2; PLANCK/FLAD Anm 2; ferner KGJ 33 A 90; OLG Rostock OLGE 4, 420, 421; KG OLGE 32, 45, 46; **aM** JOSEF ZBlFG 1907, 479). Pflegerbestellung ist idR schon dann geboten, wenn dem Antragsteller wegen Weitläufigkeit und Schwierigkeit der erbrechtlichen Verhältnisse in tatsächlicher oder rechtlicher Beziehung die Beschaffung der zur Erwirkung eines Erbscheins oder zum Beweis der Passivlegitimation erforderlichen Unterlagen nicht zugemutet werden kann oder das voraussichtliche Ergebnis ihrer Würdigung zweifelhaft ist (KGJ 46, 128; LG Oldenburg Rpfleger 1982, 105; BayObLG Rpfleger 1984, 102; vgl zu den beiden letztgenannten Entscheidungen auch Rn 6). Andererseits soll es nach BGH MDR 1951, 34 für eine Pflegerbestellung nicht genügen, daß ein Nachlaßgläubiger befürchtet, eine Klage gegen den Erbscheinerben könne abgewiesen werden, wenn das Gericht die Ansicht des Gläubigers, daß der Erbschein unrichtig sei, teile. Das Nachlaßgericht hat jedoch die Frage, ob seine Überzeugung von der Richtigkeit des Erbscheins erschüttert ist, als Vorfrage für die Anordnung der Nachlaßpflegschaft selbständig zu prüfen (BayObLGZ 1960, 405 zu § 1960).

11 Der Antrag kann *auf einen von mehreren Erben beschränkt* und darf nicht deshalb in

vollem Umfange abgelehnt werden, weil einige der Erben bekannt seien (BayObLG OLGE 5, 229). Zulässig ist nämlich auch eine sog **Erbteilspflegschaft** (vgl § 1960 Rn 15, 28, 61). Die Bestellung eines solchen Erbteilspflegers kommt namentlich in Betracht, wenn eine Zwangsvollstreckung in den Nachlaß nach dem Tode des Erblassers beginnen soll und einer von mehreren Miterben noch nicht angenommen hat oder unbekannt ist (s Rn 15 f).

III. Die Rechtsstellung des Pflegers

Sie ist auch im Falle des § 1961 die eines „normalen" Nachlaßpflegers, der das Interesse des Nachlasses im ganzen wahrzunehmen hat, **nicht die eines Spezialvertreters zur Erledigung einer einzelnen Aufgabe.** Der Pfleger darf sich also nicht damit begnügen, lediglich für die Befriedigung des einen Gläubigers zu sorgen, der den Antrag auf Anordnung der Pflegschaft gestellt hat (vgl auch § 1960 Rn 46). Ist der Nachlaß überschuldet, muß der Pfleger uU als Vertreter des unbekannten endgültigen Erben Antrag auf Eröffnung des Nachlaßinsolvenzverfahrens stellen (vgl Mot V 546; STAUDINGER/MAROTZKE [1996] § 1980 Rn 20). Ist der überschuldete Nachlaß dürftig iSd § 1990, muß der Pfleger als Vertreter des endgültigen Erben den für diesen geltenden § 1991 Abs 4 beachten. Auch die Einreden aus §§ 2014 ff stehen dem nach § 1961 bestellten Nachlaßpfleger zu (STAUDINGER/MAROTZKE [1996] § 2017 Rn 8). Den in § 2015 vorausgesetzten Antrag auf Aufgebot der Nachlaßgläubiger kann der Pfleger gem § 991 Abs 2 ZPO stellen, wenn ihm die Verwaltung des Nachlasses zusteht (vgl zu dieser Voraussetzung STAUDINGER/MAROTZKE [1996] § 2017 Rn 8). Wegen dieser weitreichenden Aufgaben endigt die Nachlaßpflegschaft nicht gem § 1918 Abs 3 mit der Erledigung des von dem Antragsteller angestrengten Prozesses von selbst, sondern besteht fort, bis sie vom Nachlaßgericht aufgehoben wird (RGZ 106, 48; 154, 110, 114; PLANCK/FLAD Anm 1). Das Gericht hat zu prüfen, ob die Aufhebung nach der Gesamtlage des Nachlasses gerechtfertigt ist. Ein Aufhebungsgrund ist nicht allein schon deshalb anzunehmen, weil die Eröffnung eines Nachlaßinsolvenzverfahrens mangels Masse abgelehnt wurde (vgl OLG Hamm Rpfleger 1987, 416 – auch zur Beschwerdeberechtigung des Nachlaßgläubigers). **12**

Anders liegen die Dinge, **wenn das Nachlaßgericht den Aufgabenkreis des Pflegers von vornherein auf eine bestimmte einzelne Aufgabe**, etwa die Erledigung eines bestimmten Rechtsstreits, **beschränkt.** Solch eine Beschränkung ist zulässig (vgl § 1960 Rn 28; BayObLG MDR 1960, 674; BayObLGZ 1960, 93) und uU sogar geboten (zB wenn schon ein Nachlaßpfleger nach § 1960 bestellt, aber an der Führung des betreffenden Rechtsstreits verhindert ist, oder wenn ein verwaltender Testamentsvollstrecker vorhanden ist, ein Pflichtteilsberechtigter aber seinen Pflichtteilsanspruch gem § 2213 Abs 1 S 3 gegen den Erben geltend machen muß). Eine solche Sonderpflegschaft endet nach § 1918 Abs 3 mit der Erledigung der betreffenden Angelegenheit (vgl § 1960 Rn 55; BayObLG FamRZ 1988, 321 Nr 169 betr Pflegschaft zur Durchführung eines Zivilrechtsstreits). **13**

Auch **im Prozeß** vertritt der Nachlaßpfleger denjenigen, der Erbe wird. Dieser steht nach § 53 ZPO für den Rechtsstreit einer nicht prozeßfähigen Person gleich. Solange aber der Nachlaßpfleger nicht in einen vom Erben etwa nach § 1959 geführten Prozeß eintritt, ist § 53 ZPO nicht anwendbar (SEUFFERT/WALSMANN § 53 Anm 1; STEIN/JONAS/BORK[21], ZPO § 53 Rn 15; vgl ergänzend § 1959 Rn 21 f; § 1960 Rn 43). **14**

IV. Pflegerbestellung zum Zwecke der Zwangsvollstreckung

15 **Eine Zwangsvollstreckung, die schon vor dem Erbfall gegen den Erblasser begonnen hatte**, wird in seinen Nachlaß fortgesetzt, ohne daß es einer Titelumschreibung oder der Bestellung eines Nachlaßpflegers bedarf, § 779 Abs 1 ZPO. Sofern aber bei einer Vollstreckungshandlung die Zuziehung des Schuldners nötig ist, hat, wenn die Erbschaft noch nicht angenommen oder der Erbe unbekannt oder es ungewiß ist, ob er die Erbschaft angenommen hat, das Vollstreckungsgericht auf Antrag des Gläubigers dem Erben einen *einstweiligen besonderen Vertreter* zu bestellen, § 779 Abs 2 S 1 ZPO. Diese Bestellung hat zu unterbleiben, wenn ein Nachlaßpfleger bestellt ist oder wenn die Verwaltung des Nachlasses einem Testamentsvollstrecker zusteht, § 779 Abs 2 S 2 ZPO. Die Bestellung eines Nachlaßpflegers nur zum Zweck der Fortsetzung der begonnenen Zwangsvollstreckung kann aber nach § 1961 nicht beantragt werden.

16 **Hatte dagegen die Zwangsvollstreckung** aus einem gegen den Erblasser ergangenen Urteil **noch nicht begonnen**, so ist sie gegen den Erben vor Annahme der Erbschaft nicht möglich, vgl § 1958 Rn 9. Es kann aber zwecks Vollstreckung in den Nachlaß Vollstreckungsklausel gegen einen nach § 1960 oder § 1961 bestellten Nachlaßpfleger beantragt werden, falls nicht ein verwaltender Testamentsvollstrecker vorhanden ist. Zum Antrag auf Pflegerbestellung s Rn 6. Für die Vollstreckung von Steueransprüchen gegen Erben schreibt § 265 AO eine entspr Anwendung der §§ 1958, 1960 Abs 3, 1961 BGB, 747, 748, 778, 779, 781–784 ZPO vor.

V. Parallelvorschriften

17 **In öffentlich-rechtlichen Verwaltungsverfahren** hat das Vormundschaftsgericht für einen Beteiligten, dessen Person unbekannt ist, auf Ersuchen der Behörde einen geeigneten Vertreter zu bestellen (vgl § 16 Abs 1 Nr 1 VwVfG, § 81 Abs 1 Nr 1 AO 1977). Hierunter faßt man auch den Fall, daß der *Erbe* eines Beteiligten unbekannt ist (vgl BONK, in: STELKENS/BONK/SACHS, VwVfG[5] § 16 Rn 15).

§ 1962

Für die Nachlaßpflegschaft tritt an die Stelle des Vormundschaftsgerichts das Nachlaßgericht.

Materialien: E I § 2061; II § 1839; III § 1938; Mot V 549; Prot V 667; VI 338; STAUDINGER/ BGB-Synopse 1896–2000 § 1962.

1 1. Auf die Nachlaßpflegschaft finden grundsätzlich die Vorschriften über die Pflegschaft und deshalb (§ 1915) auch diejenigen über die Vormundschaft Anwendung (vgl § 1960 Rn 31). Aus Zweckmäßigkeitsgründen setzt § 1962 an die Stelle des nach diesen Vorschriften zuständigen Vormundschaftsgerichts das **Nachlaßgericht** (vgl Mot V 549). Auch im Rahmen des § 131 Abs 3 KostO tritt für die Nachlaßpflegschaft das Nachlaßgericht an die Stelle des Vormundschaftsgerichts mit der Folge, daß eine Beschwerde des Erben gebührenfrei bleibt (OLG München JFG 14, 61, 68; BayObLG Rpfleger 1981, 327; MünchKomm/LEIPOLD Rn 1).

2. Sachliche und örtliche **Zuständigkeit** des Nachlaßgerichts bestimmen sich nach §§ 72–74 FGG (dazu § 1960 Rn 3). Zur internationalen Zuständigkeit s § 1960 Rn 3, 17 und § 1961 Rn 4. Zur funktionellen Zuständigkeit des Rechtspflegers s § 1960 Rn 3.

Nach §§ 46, 75 FGG kann das Nachlaßgericht aus wichtigen Gründen die Pflegschaft an ein *anderes* Nachlaßgericht abgeben, wenn dieses sich zur Übernahme bereit erklärt. Zu denken ist etwa an den Fall, daß der Nachlaß in der Hauptsache aus Grundstücken besteht und diese nicht in dem Gerichtsbezirk liegen, wo der Erblasser seinen letzten Wohnsitz hatte.

3. Eine **vormundschaftsgerichtliche** Genehmigung läßt sich in eine *nachlaßgerichtliche* desselben Gerichts nach hM jedenfalls dann *nicht umdeuten*, wenn die Genehmigungsfrage sich für den Nachlaßrichter wesentlich anders darstellt als für den Vormundschaftsrichter (OGHBrZ 1, 198 [gegen OLG Kiel JR 1948, 159]; PALANDT/EDENHOFER Rn 3; MünchKomm/LEIPOLD Rn 3; aM MÜLLER NJW 1956, 652 ff mit der Begründung, daß für beide Genehmigungen im wesentlichen gleiche objektive Maßstäbe ausschlaggebend seien).

§ 1963

Ist zur Zeit des Erbfalls die Geburt eines Erben zu erwarten, so kann die Mutter, falls sie außerstande ist, sich selbst zu unterhalten, bis zur Entbindung angemessenen Unterhalt aus dem Nachlaß oder, wenn noch andere Personen als Erben berufen sind, aus dem Erbteile des Kindes verlangen. Bei der Bemessung des Erbteils ist anzunehmen, daß nur ein Kind geboren wird.

Materialien: E I § 2027; II § 1840; III § 1939; Mot V 489 ff; Prot V 614 ff; STAUDINGER/BGB-Synopse 1896–2000 § 1963.

Schrifttum

STÖCKER, Der Unterhaltsanspruch der Mutter des noch nicht geborenen Erben nach § 1963 BGB – ein überholtes Rechtsinstitut, ZBlJugR 1981, 125.

I. Allgemeines

1. Art 1 Nr 41 FamRÄndG v 11. 8. 1961 (BGBl I 1221) hat mit Wirkung vom 1. 1. 1962 das Wort „standesmäßigen" (Unterhalt) durch das Wort „angemessenen" ersetzt.

2. **§ 1963 will** im sozialen Interesse und aus Gründen der Menschlichkeit „**das Kind**

in der Mutter schützen, indem für diese gesorgt wird". Ein Grund zur Fürsorge liegt aber nur dann vor, wenn die Mutter ihren angemessenen Unterhalt nicht selbst zu bestreiten vermag (Mot V 489). Es soll also nicht der gesetzliche Unterhaltsanspruch der Mutter um ihretwillen erweitert werden, sondern die Fürsorge für das ungeborene Kind durch Verleihung eines Unterhaltsanspruchs an die Schwangere gesichert werden. Der Anspruch ersetzt die gemeinrechtliche *missio in possessionem ventris nomine* (vgl WINDSCHEID/KIPP III § 618; STÖCKER ZBlJugR 1981, 125, 129), die von allen neueren Gesetzgebungen aufgegeben worden ist. Die praktische Bedeutung des § 1963 ist gering (s Rn 5).

Aus dem Zweck des § 1963 ergibt sich der **zwingende Charakter der Vorschrift**. Der Anspruch kann vom Erblasser nicht ausgeschlossen oder beschränkt werden. Abzulehnen ist die Kennzeichnung des Anspruchs als *„gesetzliches Vermächtnis"* (so aber SCHIFFNER, Die gesetzlichen Vermächtnisse [1895] 98 ff). Der Anspruch begründet eine *gewöhnliche Nachlaßverbindlichkeit*. Er ist im Nachlaßinsolvenzverfahren nicht als Vermächtnisforderung zu behandeln (s unten Rn 9). Ebensowenig kann er mit der Begründung, daß die Mutter dem Erblasser gegenüber erbunwürdig sei, nach § 2345 angefochten werden (PLANCK/FLAD Anm 4). Auch wirksam ausschlagen kann ihn die Mutter nicht (MünchKomm/LEIPOLD Rn 2).

II. Subjekt des Anspruchs

3   Anspruchsinhaber ist allein die Mutter des zu erwartenden Erben. Gleichgültig ist, ob sie mit dem Erblasser verheiratet war oder nicht (Prot V 616). Pflegerbestellung nach § 1912 kommt wegen des Anspruchs aus § 1963 nicht in Frage, da er formal nicht der Leibesfrucht, sondern der Mutter zugeordnet ist (ähnlich KIPP/COING § 126 II).

III. Voraussetzungen des Anspruchs

4   **1. Es muß zur Zeit des Erbfalls die Geburt eines** nach § 1923 Abs 2 in Betracht kommenden **Erben zu erwarten sein**. Das Wort „eines" in § 1963 Satz 1 ist als Minimalvoraussetzung zu verstehen. Der Anspruch besteht natürlich auch dann, wenn die Geburt *mehrerer* Erben zu erwarten ist; der Inhalt des Anspruchs wird dadurch in keiner Weise verändert (Satz 2). Im Zeitpunkt des Erbfalls müssen die Schwangerschaft der Frau und die Erbberechtigung der Leibesfrucht feststehen (vgl Rn 12 f).

Die Erbberechtigung muß ohne weiteres bestehen, sie darf nicht vom Wegfall anderer Erben abhängig sein (LANGE/KUCHINKE § 47 III 2 b y S 1135 Fn 58 mwN). Gleichgültig ist, ob die Erbberechtigung auf Verfügung von Todes wegen oder auf Gesetz beruht. Gem § 2141 ist § 1963 entsprechend anzuwenden, wenn bei Eintritt eines Nacherbfalls die Geburt eines Nacherben zu erwarten ist. Ersatzerbeinsetzung genügt nur, wenn der Vorberufene bereits weggefallen ist (entweder *vor* dem Erbfall oder mit sich auf diesen beziehender Rückwirkung später; so zutreffend SOERGEL/STEIN Rn 2 mit näherer Erläuterung). Nicht ausreichend ist, daß der Erblasser die Leibesfrucht mit einem Vermächtnis bedacht hat. Auf den Fall, daß die Leibesfrucht nicht als Erbe, sondern nur als Pflichtteilsberechtigter in Betracht kommt, sollte man § 1963 analog anwenden (vgl STÖCKER ZBlJugR 1981, 125, 126 f; aM MünchKomm/LEIPOLD Rn 3 aE).

5   **2. Die Mutter muß außerstande sein, sich selbst zu unterhalten.** Das ist in dem Sinne

des § 1602 Abs 1 zu verstehen. Die Mutter darf also nicht in der Lage sein, ihre Lebensbedürfnisse aus den Einkünften oder dem Stamm ihres Vermögens oder aus dem Ertrag zumutbarer Arbeit zu bestreiten. Gehört die Mutter zu den nach § 1969 berechtigten Familienangehörigen, kann sie für die Dauer ihrer Berechtigung den Anspruch aus § 1963 nicht erheben, soweit durch den Bezug des „Dreißigsten" für ihren Unterhalt gesorgt ist (Riesenfeld I, 7; MünchKomm/Leipold Rn 4). Ob bzw inwiefern eine ähnliche Subsidiarität auch gegenüber Unterhaltsansprüchen aus §§ 1615 l, 1615 n, 1615 o und gegenüber der Sozialhilfe besteht, ist noch immer nicht abschließend geklärt. Erörtert werden diese Fragen von Stöcker (ZBlJugR 1981, 125, 127 ff), der abschließend feststellt, daß sich in § 1963 „ein Stück Rechtsgeschichte erhalten (habe), das unter den sozialen und rechtlichen Bedingungen unserer Zeit seinen praktischen Sinn seit langem eingebüßt" habe. Stöcker empfiehlt, § 1963 ersatzlos zu streichen.

IV Inhalt und Umfang des Anspruchs

1. Der Anspruch geht auf **angemessenen Unterhalt bis zur Entbindung**. Nach § 1610 **6** bestimmt sich das Maß des zu gewährenden Unterhalts nach der Lebensstellung des Bedürftigen. Der Anspruch umfaßt auch die durch die Schwangerschaft hervorgerufenen besonderen Kosten für ärztliche Behandlung und gesundheitliche Maßnahmen, namentlich auch die Kosten der Entbindung selbst. Da der Unterhalt nur „bis zur Entbindung" zu gewähren ist, sind die Wochenbettkosten und die infolge der Entbindung etwa durch Krankheit entstehenden Kosten nicht einbegriffen. Angesichts des Zwecks der Vorschrift, das Kind in der Mutter bis zu seiner Loslösung von ihr zu schützen, ist eine Ausdehnung des Anspruchs darüber hinaus nicht zulässig (BGBRGRK/Johannsen Rn 5). Ein Antrag, wenigstens der Witwe einen Anspruch auf die Kosten des Wochenbetts zu geben, wurde von der II. Komm abgelehnt (Prot V 617). Mit Recht hat Stöcker (ZBlJugR 1981, 125, 130) kritisiert, daß dem § 1963 „ein eher anstößig wirkendes, rein instrumentales Konzept der Mutterfunktion zugrunde (liege), indem er den Unterhaltsanspruch exakt mit der Niederkunft enden läßt".

2. § 1963 spricht (anders als § 1360 a Abs 3 und früher §§ 62, 64 EheG) die **ent-** **7** **sprechende Anwendbarkeit der Vorschriften über die Unterhaltspflicht der Verwandten** nicht aus. Die Analogie ist aber im Hinblick auf die Natur des Anspruchs erlaubt und geboten. Anwendbar ist § 1612, also Anspruch auf Geldrente, und zwar nach § 1612 Abs 3 S 1 monatlich im voraus; ferner § 1614, Unzulässigkeit des Verzichts für die Zukunft (BGB-RGRK/Johannsen Rn 6; MünchKomm/Leipold Rn 6; **aM** Planck/Flad Anm 3). Dagegen dürfte die Anwendung von § 1613 (Unterhaltsanspruch für die Vergangenheit nur von der Inverzugsetzung an) im Hinblick auf § 2014 (vgl § 1958 Rn 6) sowie den Zustand der Mutter zu unbilligen Härten führen (Planck/Flad Anm 3; MünchKomm/Leipold Rn 6). Die – ja allenfalls analoge – Anwendung des § 1613 verbietet sich auch deshalb, weil § 1963 den Anspruch letztlich um des zu erwartenden Schuldners willen gewährt (s oben Rn 2), es also an einer die Analogie rechtfertigenden Vergleichbarkeit der Interessenlagen fehlt (**aM** BGB-RGRK/Johannsen Rn 6).

3. **Der Unterhalt ist „aus dem Nachlaß" zu gewähren**, wenn der nasciturus als *Allein-* **8** *erbe* berufen ist. Sind neben ihm noch andere Personen als Erben berufen, so tritt an Stelle des Nachlasses der *„Erbteil des Kindes"*. Bei der Bemessung des Erbteils ist anzunehmen, daß nur *ein* Kind geboren wird. Die Mutter kann also, wenn sie in

Wirklichkeit Zwillinge zu erwarten hat oder statt des erwarteten einen Kindes Zwillinge zur Welt bringt, keine höheren Forderungen im Hinblick darauf geltend machen, daß der auf mehrere Kinder entfallende Erbteil größer sei (ebenso MünchKomm/ LEIPOLD Rn 8).

V. Nachlaßverbindlichkeit

9 Der Anspruch begründet eine Nachlaßverbindlichkeit iSd § 1967. Er ist nicht auf die Einkünfte aus dem Nachlaß beschränkt, sondern auch aus dessen Substanz zu befriedigen. Streitig ist, ob er auch bei überschuldetem Nachlaß besteht. Das ist zu bejahen (JAEGER/WEBER, KO[8] § 226 Rn 32; BGB-RGRK/JOHANNSEN Rn 8; MünchKomm/LEIPOLD Rn 7; SOERGEL/STEIN Rn 5; aM STROHAL II § 62 I 3; KRESS 101 Fn 47; PLANCK/FLAD Anm 4 a). Zwar beruht § 1963 auf dem Gedanken, daß das, was der bereits geborene Erbe aus dem Nachlaß erhalten würde, dem noch nicht geborenen wenigstens insoweit zustatten kommen soll, als erforderlich ist, damit er zur Welt komme. Zu weit ginge es jedoch, daraus zu schließen, daß es nicht im Sinne des Gesetzes sei, durch Unterhaltsgewährung an die Mutter zum Nachteil der übrigen Nachlaßgläubiger für die Geburt eines Erben zu sorgen, für den dessen gesetzlicher Vertreter, wenn er bereits geboren wäre, die Erbschaft pflichtgemäß ausschlagen müßte (so aber PLANCK/ FLAD aaO). Eine solche Beweisführung arbeitet zu sehr mit rein wirtschaftlichen Gesichtspunkten und wird dem Vorrang des werdenden Lebens nicht gerecht, dessen Geburt § 1963 sicherstellen will. Freilich zählt der Anspruch zu den gewöhnlichen Insolvenzforderungen; eine Vorzugsstellung wird ihm durch das Gesetz nicht eingeräumt. Andererseits hat der Gesetzgeber aber auch davon abgesehen, dem Anspruch den schlechten Rang eines Vermächtnisses (vgl § 327 Abs 1 Nr 2 InsO / vormals § 226 Abs 2 Nr 5 KO) zuzuweisen. UU kann eine besondere Berücksichtigung der unterhaltsbedürftigen Mutter des künftigen Erben dadurch herbeigeführt werden, daß der Familie des zu erwartenden Erben („Schuldners") gem § 100 oder § 278 InsO Unterhalt aus der Insolvenzmasse gewährt wird. Der *nach § 100 InsO bewilligte* Unterhalt ist Masseverbindlichkeit mit dem (schlechten) Rang des § 209 Abs 1 Nr 3 HS 2 InsO, geht also den gewöhnlichen Insolvenzforderungen vor (§ 53 InsO). Soweit der *nach § 1963* zu gewährende Unterhalt bereits *vor* Verfahrenseröffnung gewährt worden ist, wird ein Versuch der übrigen Nachlaßgläubiger, von dem (Mit-)Erben, Nachlaßpfleger oder Testamentsvollstrecker, der die Auszahlung veranlaßt hat, Ersatz zu erhalten, idR daran scheitern, daß ihnen iE nicht mehr entgangen ist, als ihnen bei *früherer* Eröffnung des Nachlaßinsolvenzverfahrens *aufgrund § 278 InsO bzw §§ 100, 209 Abs 1 Nr 3, 53 InsO (vormals §§ 129 Abs 1, 58 Nr 3, 57 KO) vorenthalten* worden wäre: Notwendiger Unterhalt des Schuldners hat Vorrang vor Insolvenzgläubigerbefriedigung auch dann, wenn sich der „Schuldner" noch im Stadium des nasciturus befindet und der ihm zugute kommende Unterhalt deshalb an die Mutter zu leisten ist.

VI. Anspruchsgegner

10 Der Anspruch kann, außer wenn die Geburt eines nur pflichtteils- oder erbersatzberechtigten Kindes zu erwarten ist (s oben Rn 4), wegen der vor der Geburt noch bestehenden Ungewißheit bzgl des (der) Erben nur gegen einen nach § 1960 oder § 1961 bestellten oder zu bestellenden Nachlaßpfleger oder einen etwa vorhandenen verwaltenden Testamentsvollstrecker geltend gemacht werden. Zu tragen hat die Verbindlichkeiten der endgültige Erbe, also wenn der zu erwartende Erbe als *Allein-*

erbe berufen ist, dieser selbst. Ist er nur als *Miterbe* neben anderen berufen, ergeben sich Schwierigkeiten, wenn man den Anspruch aus dem „Erbteil des Kindes" verwirklichen will, da der Erbteil des Kindes vor seiner Geburt noch unbestimmt ist (§ 2043) und erst recht nicht daran gedacht werden kann, die anderen Miterben als Anspruchsgegner zu behandeln. Die Pfändung des zu erwartenden Erbteils nach § 859 Abs 2 ZPO und der Versuch seiner Veräußerung nach § 2033 BGB würden denkbar ungeeignete Wege der Fürsorge für die Leibesfrucht darstellen. Deshalb muß man mit BINDER (I, 210) annehmen, daß der Anspruch sich immer – auch bei einer Erbenmehrheit – gegen den Nachlaß und die Gesamtheit der Erben einschl des für die Leibesfrucht zu bestellenden Pflegers richtet und daß der „Erbteil" des zu erwartenden Miterben nur ein Berechnungsmaßstab ist, um den Betrag festzustellen, bis zu dessen Höhe der Nachlaß für den Unterhalt haftet (ebenso STROHAL II § 62 Fn 9; PLANCK/FLAD Anm 4; BGB-RGRK/JOHANNSEN Rn 11; MünchKomm/LEIPOLD Rn 8). Später ist das Gezahlte auf den Erbteil des Kindes zu verrechnen.

VII. Durchsetzung des Anspruchs

Der Unterhaltsanspruch kann auch durch *einstweilige Verfügung* (§ 940 ZPO) gegen **11** den Nachlaßpfleger und die Miterben geltend gemacht werden (RGZ 27, 429, 432). Als Unterhaltsrente, die auf gesetzlicher Vorschrift beruht, genießt dieses Recht den *Pfändungsschutz* des § 850 b Abs 1 Nr 2 ZPO, und dementsprechend gilt das *Aufrechnungsverbot* des § 394 und der daraus folgende Ausschluß des Zurückbehaltungsrechts. Entsprechendes gilt, wenn im Hinblick auf die nach § 1963 maßgebliche Bedürftigkeit keine Rentenbeträge, sondern unregelmäßige Summen zu zahlen sind. Denn bei gesetzlichen Unterhaltsforderungen folgt der Ausschluß eines Zurückbehaltungsrechts jedenfalls aus dem Zweck derartiger Ansprüche (DÜTZ NJW 1967, 1105; PALANDT/EDENHOFER Rn 3).

VIII. Rückforderung

Die Rückerstattung des gewährten Unterhalts kann nicht mit der Begründung ver- **12** langt werden, daß kein lebendes Kind geboren worden sei (MünchKomm/LEIPOLD Rn 10; **aM** SOERGEL/STEIN Rn 6, der § 812 Abs 1 S 2 Alt 2 anwenden will). Nicht die Geburt eines Erben, sondern die auf Schwangerschaft gegründete (im übrigen aber irrtumsfreie, s Rn 13) *Erwartung*, daß ein Erbe geboren wird, ist Anspruchsvoraussetzung. Einer Heranziehung des § 814 (Anstandspflicht) bedarf es für dieses Ergebnis nicht (so aber PALANDT/EDENHOFER Rn 4). Wurde die Schwangerschaft *irrtümlich* angenommen, so besteht allerdings eine Rückerstattungspflicht aus § 812 (ebenso MünchKomm/LEIPOLD Rn 10). Hier wegen § 814 einen Ausschluß der Rückforderung anzunehmen (so STAUDINGER/LEHMANN[11] Rn 14; ERMAN/SCHLÜTER Rn 8), ist verfehlt, da gegenüber einer nicht schwangeren Frau Mutterschutzpflichten auch nicht als Anstandspflichten bestehen. Eine Frau, die *wußte*, daß keine Schwangerschaft bestand, haftet verschärft nach § 819 und macht sich nach §§ 823 (Abs 2 iVm StGB § 263), 826 ersatzpflichtig.

Ergibt sich nach der Geburt des Kindes, daß das Kind einen *anderen Familienstand* **13** hat (vgl hierzu auch § 1922 Rn 141 ff), und entfällt *deswegen* das Erbrecht (s oben Rn 4), so ist geleisteter Unterhalt nach §§ 812 ff zurückzuerstatten, nicht anders, als wenn die Erbberechtigung des Kindes aus sonstigen Gründen, zB infolge falscher Testamentsauslegung, irrtümlich angenommen wurde.

§ 1964

[1] **Wird der Erbe nicht innerhalb einer den Umständen entsprechenden Frist ermittelt, so hat das Nachlaßgericht festzustellen, daß ein anderer Erbe als der Fiskus nicht vorhanden ist.**

[2] **Die Feststellung begründet die Vermutung, daß der Fiskus gesetzlicher Erbe sei.**

Materialien: E I § 2067 Abs 1, 4; II § 1841 Abs 1; III § 1940; Mot V 555; Prot V 670; VI 338, 395; STAUDINGER/BGB-Synopse 1896–2000 § 1964.

Schrifttum zu §§ 1964–1966

FROHN, Feststellung des Fiskalerbrechts und „Erbenaufgebot", Rpfleger 1986, 37
GUTBROD, Rechtsfragen der Erbenermittlung, ZEV 1994, 337
HÖRLE, Das Erbrecht des Fiskus und der an dessen Stelle tretenden Persönlichkeiten des öffentlichen Rechts, Recht 1904, 369
MATTHIESSEN, Wie hat das Nachlaßgericht zu verfahren, wenn zwar das Vorhandensein gesetzlicher Erben feststeht, das Fehlen oder der Wegfall der nächsten Erben aber nicht nachgewiesen werden kann? ZBlFG 1906, 387
RENTNER, Das Verfahren bei Feststellung des Erbrechts des Fiskus nebst Kritik des Regierungsentwurfs eines Gesetzes über das Erbrecht des Fiskus, Gruchot 59, 675
ROMBERG, Zur Feststellung des fiskalischen Erbrechts nach § 1964 BGB, DJZ 1909, 1143.

I. Allgemeines

1. Grund und Tragweite der Vorschrift

1 Nach § 1936 ist der Fiskus gesetzlicher Erbe, wenn zZ des Erbfalls weder ein Verwandter noch ein Ehegatte des Erblassers vorhanden ist. Jedoch schließt nicht nur das Vorhandensein eines erbberechtigten Verwandten oder Ehegatten, sondern auch die Existenz eines durch Verfügung von Todes wegen berufenen sonstigen Erben das gesetzliche Erbrecht des Fiskus aus. Erforderlich ist also, daß „ein anderer Erbe als der Fiskus nicht vorhanden ist". Das Fehlen anderer gesetzlicher oder gewillkürter Erben als Voraussetzung des Staatserbrechts bedarf vorheriger Prüfung und Feststellung, ehe die Erbschaft dem Staat überantwortet und eine etwaige Nachlaßpflegschaft aufgehoben werden soll. Dieses Prüfungs- und Feststellungsverfahren regeln die §§ 1964 Abs 1 und 1965. Die Feststellung begründet nach § 1964 Abs 2 aber nur eine widerlegbare Vermutung. „Dem wirklichen Erben wird durch die Vorschrift nicht zu nahe getreten, da er nur zu erleiden hat, daß sein Recht vorläufig unbeachtet bleibt und der Nachlaß dem Fiskus ausgefolgt wird" (Mot V 556).

2 Aus Abs 1 („Wird ... nicht ... ermittelt, so hat das Nachlaßgericht ...") ergibt sich, daß die in der Überschrift des Ersten Titels angesprochene „Fürsorge des Nachlaßgerichts" in Fällen, in denen als gesetzlicher Erbe der Fiskus in Betracht kommt, ohne weiteres (**aM** FROHN Rpfleger 1986, 37, 38: nur bei Vorliegen eines Bedürfnisses der Nachlaß-

sicherung iSd § 1960 Abs 1) auch die Ermittlung von Erben umfaßt (vgl auch den die Ermittlungspflicht etwas anders regelnden Art 37 BayAGGVG und § 41 BW-LFGG; dazu schon § 1960 Rn 2, 9, 39). Das Nachlaßgericht hat seine Tätigkeit von Amts wegen darauf zu erstrecken (§ 12 FGG) und kann zu diesem Zweck die geeignet erscheinenden Beweise erheben, ua auch Zeugen eidlich vernehmen, § 15 FGG. Es kann zur Ermittlung einen Nachlaßpfleger bestellen, wenn dazu das in § 1960 Abs 1 vorausgesetzte „Bedürfnis" besteht (vgl erg § 1960 Rn 9, 39). Wird eine als Erbe in Betracht kommende, bestimmte Person oder Leibesfrucht (vgl Mot V 554) nicht ermittelt, so muß, bevor eine Feststellung des in § 1964 Abs 1 bezeichneten Inhalts erfolgen kann, eine öffentliche Aufforderung zur Anmeldung der Erbrechte unter Bestimmung einer Anmeldefrist vorausgehen, § 1965.

Wie weit die Ermittlungen zu gehen haben, ist dem pflichtgemäßen Ermessen des 3 Nachlaßgerichts überlassen (KG RJA 9, 215, 217; nützliche Hinweise gibt FROHN Rpfleger 1986, 37, 39). Von den Ermittlungen darf nicht wegen mangelnden Bedürfnisses oder wegen Überschuldung des Nachlasses abgesehen werden (str, vgl BayObLGZ 1957, 360, 364; LANGE/KUCHINKE § 38 V 1, 2 b [S 942 ff]; MünchKomm/LEIPOLD Rn 3, 7 mwN). Analog § 1965 Abs 2 S 2 darf die Ermittlung jedoch unterbleiben, wenn die Kosten dem Bestande des (Aktiv-)Nachlasses gegenüber unverhältnismäßig groß sind (vgl auch FROHN Rpfleger 1986, 37, 38 f; aM LG Düsseldorf Rpfleger 1981, 358 für den Fall, daß die Feststellung des Staatserbrechts von einem *Nachlaßgläubiger* beantragt wird [ein solcher kann mE jedoch auf § 1961 verwiesen werden]). Nach Art 37 Abs 1 S 2 BayAGGVG unterbleibt die amtswegige Erbenermittlung, „wenn zum Nachlaß kein Grundstück oder grundstücksgleiches Recht gehört und nach den Umständen des Falles anzunehmen ist, daß ein die Beerdigungskosten übersteigender Nachlaß nicht vorhanden ist" (vgl auch § 41 Abs 1 S 2 BW-LFGG: „... wenn die Ermittlung mit unverhältnismäßigem Aufwand verbunden wäre oder der Nachlaß geringfügig ist").

Wenn der Fiskus gegenüber dem Nachlaßgericht das Erbrecht eines Prätendenten 4 anerkennt, ist das für das Nachlaßgericht nicht verbindlich, da das Nachlaßgericht seine Ermittlungen von Amts wegen zu treffen und nach freier Beweiswürdigung, ohne an Anerkenntnisse oder Geständnisse gebunden zu sein, zu entscheiden hat. Daß der Fiskus mit der Sache nichts zu tun haben will, hindert das Nachlaßgericht nicht an der Feststellung, daß ein anderer Erbe als der Fiskus nicht vorhanden sei. Auch eine Ausschlagung der Erbschaft ist dem Fiskus ja nach § 1942 Abs 2 verwehrt, wenn er gesetzlicher Erbe nach § 1936 ist. „Der Fiskus kann sich durch ein ... Nichtbestreiten dem nicht entziehen, daß das Erbrecht ihm gegenüber festgestellt wird" (Mot V 556).

Zu der Frage, ob und ggf inwieweit das Nachlaßgericht an ein zwischen einem Erbprätendenten und dem Fiskus ergangenes rechtskräftiges Feststellungsurteil über das Erbrecht gebunden ist, vgl § 1965 Rn 15 ff.

2. Rechtsgeschichtliches und Gesetzeskritik

Das Ermittlungs- und Aufforderungsverfahren ist den dt Partikularrechten nachge- 5 bildet; vgl II 16 §§ 24, 27 ff und I 9 §§ 471–481, 494–498 ALR; § 2619 SächsBGB; §§ 22–25 lübeckisches G vom 25. 3. 1882. Es ist nicht zu leugnen, daß dieses Verfahren vielfach eine unnötige zeitraubende Arbeit mit sich bringt, da die Ermittlungen auch dann fortgesetzt werden müssen, wenn wegen Wertlosigkeit oder Überschuldung des Nachlasses mit einer Annahme der Erbschaft durch den ermittelten Erben nicht zu rechnen ist (vgl auch MünchKomm/LEIPOLD Rn 2). Deshalb wird von der Kritik gefordert, die Ermittlungspflicht zu begrenzen, vgl 4. Denkschr d ErbrA d AkDR 91 f. Als Vorbild kann eine Danziger VO vom 25. 9. 1935 (DJ 1935, 1780) dienen, die bestimmt, daß von weiteren Ermittlungen abgesehen werden soll, wenn mit Rücksicht auf eine oder mehrere Ausschlagungen bevorrechtigter Erben anzunehmen ist, daß nachberechtigte Erben die Erbschaft ebenfalls ausschlagen werden.

II. Die Voraussetzungen des Feststellungsbeschlusses

6 Voraussetzung der Feststellung, daß ein anderer Erbe als der Fiskus nicht vorhanden sei, ist nach Abs 1, daß der Erbe nicht innerhalb einer den Umständen entsprechenden Frist ermittelt wird.

7 1. Die **Frist** im Gesetz festzusetzen (wie im ALR), erschien nicht ratsam (Mot V 555), da die Fälle sehr verschieden sein können und demnach die Dauer der Frist besser dem freien Ermessen des Nachlaßgerichts unter Berücksichtigung der Umstände des einzelnen Falles anheimgestellt wird.

8 2. Die Überschuldung oder der Mangel eines Bedürfnisses sind kein Grund, die Feststellung nach § 1965 zu unterlassen (vgl Rn 3).

9 3. **Die Feststellung ist ausgeschlossen,**
a) wenn die Ermittlungen das Erbrecht einer bestimmten Person positiv ergeben haben;

b) wenn zwei oder mehrere Personen, von denen wenigstens eine Erbe ist, über das Erbrecht streiten und der Prozeß noch nicht beendet ist;

10 c) wenn dem Nachlaßgericht das Vorhandensein eines nicht von der Erbfolge ausgeschlossenen Verwandten nachgewiesen wird, mag auch das Nichtvorhandensein näherer Erben nicht dargetan werden können (KG RJA 7, 178; RENTNER Gruchot 59, 681 Fn 14; FROHN Rpfleger 1986, 37, 40 f). Es genügt, daß jemand da ist, der dem Fiskus vorgeht (vgl MATTHIESSEN ZBlFG 1906, 392 f).

11 d) Die Ermittlung und Feststellung hat ferner zu unterbleiben, wenn der Fiskus *eingesetzter* Erbe ist.

III. Der Inhalt des Feststellungsbeschlusses

12 Die Aussage des Feststellungsbeschlusses hat den *negativen* Inhalt, daß ein anderer Erbe als der Fiskus nicht vorhanden ist (KGJ 35 A 67). Natürlich kann sich im Fall des § 2105 die Feststellung auch lediglich auf die Vorerbeneigenschaft beziehen. Sie darf auch bei Fehlen eines Nachlasses getroffen werden (BayObLGZ 1957, 360, 364).

IV. Die Wirkung des Feststellungsbeschlusses

Die vom Nachlaßgericht nach Abs 1 getroffene Feststellung, daß ein anderer Erbe als der Fiskus nicht vorhanden sei, enthält nicht zugleich die Feststellung des sich in solchen Fällen aus § 1936 ergebenden gesetzlichen Erbrechts des Fiskus, sondern begründet insoweit **nur eine „Vermutung"** (§ 1964 Abs 2). Der *Beweis des Gegenteils* ist also zulässig (vgl § 292 ZPO) und kann sowohl im Prozeß wie im Erbscheinsverfahren erbracht werden. Der wahre Erbe wird durch den Beschluß nicht berührt, der Geltendmachung seiner Rechte kann nicht im Hinblick auf den Beschluß widersprochen werden. Das Nachlaßgericht darf auch ein beantragtes Erbscheinsverfahren nicht im Hinblick auf den Feststellungsbeschluß ablehnen, sondern muß es einleiten und uU aufgrund neuer Nachweise dem Erben den Erbschein erteilen (KGJ 39 A 88; KG Rpfleger 1970, 339, 340; BayObLG 1983, 204 [nur LS]). In Verbindung damit wird es nach § 18 FGG den Feststellungsbeschluß wegen Unrichtigkeit aufheben; gerade so wie ein unrichtiger Erbschein nach § 2361 eingezogen und für kraftlos erklärt werden kann (vgl KIPP/COING § 127 VI).

Die Feststellung begründet nicht den Verläßlichkeitsschutz des Erbscheins zugunsten redlicher Dritter, §§ 2366 f. Deshalb kann sich auch der Fiskus nach der Feststellung einen Erbschein als gesetzlicher Erbe erteilen lassen, § 2353 (vgl RENTNER 705). Ob der Feststellungsbeschluß für eine Grundbucheintragung des Fiskus genügt oder ob es eines Erbscheins bedarf, ist streitig. Nach hM ersetzt der Feststellungsbeschluß den nach § 35 Abs 1 S 1 GBO erforderlichen Erbschein nicht (OLG Köln MDR 1965, 993; OLG Frankfurt aM MDR 1984, 145; BayObLG MDR 1987, 762; vgl auch OLG Hamm OLGZ 1966, 109; OLG Dresden OLG-NL 1999, 159, 160 = NJW-FER 1999, 302 [zugleich mit dem Vorschlag einer das Verfahren in der früheren DDR kompensierenden Restriktion des § 891]; MünchKomm/LEIPOLD Rn 8; BÖHRINGER, Auswirkungen eines irrtümlich angenommenen DDR-Staatserbrechts auf den Grundstücksverkehr, DtZ 1996, 130; **aM** AG Lüneburg Rpfleger 1971, 23).

Aufgrund des Beschlusses ist der Nachlaß an den Fiskus (genauer: STAUDINGER/WERNER § 1936 Rn 5 ff; FIRSCHING/GRAF 354 f Rn 4.535, 4.540), der als gesetzlicher Erbe nicht ausschlagen kann (§ 1942 Abs 2), *auszuhändigen* und die etwa angeordnete Nachlaßpflegschaft aufzuheben, § 1960 Abs 1.

Nach § 1966 ist der Feststellungsbeschluß Voraussetzung für die **Geltendmachung von Rechten** durch den Fiskus als gesetzlichen Erben wie auch für die Rechtsverfolgung gegen ihn.

V. Rechtsmittel und konkurrierende Rechtsschutzformen

1. Der nachlaßgerichtliche Feststellungsbeschluß ist der seitens des Fiskus zuständigen Behörde (dazu FIRSCHING/GRAF 354 Fn 259) und jedem, der ein Erbrecht angemeldet hat, mitzuteilen. Nach §§ 19, 20 FGG stehen dem Fiskus (KGJ 27 A 49 = RJA 4, 21) und dem Erbprätendenten, sofern sich dieser nicht erst nach dem Feststellungsbeschluß meldet (vgl KGJ 39 A 88, 89 f), das Recht der nicht befristeten **Beschwerde** zu. Nach BayObLG FamRZ 1986, 728 f soll der Umstand, daß ein (wirksames?) Testament vorliegt, welches die „Verwandtschaft" vom Erbe ausschließt, der Beschwerdebefugnis eines verwandten Erbprätendenten nicht entgegenstehen. Gegen die Ablehnung der Feststellung hat ein Erbe, der die Erbschaft wirksam ausgeschlagen zu haben glaubt, kein Beschwerderecht (KG RJA 11, 269; OLG München JFG 16, 109); wohl aber haben dieses Recht der Fiskus (OLG München JFG 16, 109) und die Nachlaßgläubiger (BayObLGZ 1957, 360).

18 2. Der Erbprätendent kann, statt den Feststellungsbeschluß mit der Beschwerde anzugreifen (Rn 17), auch **Feststellungsklage** gegen den Fiskus erheben oder einen **Erbschein beantragen** (vgl KGJ 39 A 88); allerdings muß er dann das Gegenteil der sich aus dem fortbestehenden Feststellungsbeschluß ergebenden Vermutung beweisen (vgl Rn 13). Ebenso kann der Fiskus eine **negative Feststellungsklage** gegen den Prätendenten erheben, deren Abweisung als unbegründet das Erbrecht des Beklagten innerhalb der subjektiven Grenzen der Rechtskraft positiv feststellt.

VI. Kosten

19 Die Erbenermittlung erfolgt gebührenfrei gem § 105 KostO. Für das Verfahren zur Feststellung des Erbrechts des Fiskus wird dieselbe Gebühr erhoben wie für die Erteilung eines Erbscheins, § 110 KostO. Der Fiskus als Erbe haftet nicht für die Auslagen eines nach § 1965 erfolgten Erbenaufgebots (BayObLG Pfleger 1970, 181). Ebensowenig besteht eine solche Haftung anderer Personen, wenn sich ergibt, daß *diese* die Erbenstellung innehaben (KG FamRZ 1997, 969 f = ZEV 1997, 118 f).

VII. Entsprechende Anwendung der §§ 1964–1966

20 Die §§ 1964–1966 finden entsprechende Anwendung, soweit landesgesetzliche Vorschriften an die Stelle des Fiskus als gesetzlichen Erben eine **Körperschaft, Stiftung oder Anstalt des öffentlichen Rechts** treten lassen (vgl Art 138 EGBGB; BGB-RGRK/ JOHANNSEN Rn 5; STAUDINGER/WERNER § 1936 Rn 8). Das gleiche gilt, wenn **Vereins- oder Stiftungsvermögen** an den Fiskus fällt (vgl §§ 46, 88 und STAUDINGER/WEICK [1995] § 46 Rn 4).

§ 1965

[1] **Der Feststellung hat eine öffentliche Aufforderung zur Anmeldung der Erbrechte unter Bestimmung einer Anmeldungsfrist vorauszugehen; die Art der Bekanntmachung und die Dauer der Anmeldungsfrist bestimmen sich nach den für das Aufgebotsverfahren geltenden Vorschriften. Die Aufforderung darf unterbleiben, wenn die Kosten dem Bestande des Nachlasses gegenüber unverhältnismäßig groß sind.**

[2] **Ein Erbrecht bleibt unberücksichtigt, wenn nicht dem Nachlaßgerichte binnen drei Monaten nach dem Ablaufe der Anmeldungsfrist nachgewiesen wird, daß das Erbrecht besteht oder daß es gegen den Fiskus im Wege der Klage geltend gemacht ist. Ist eine öffentliche Aufforderung nicht ergangen, so beginnt die dreimonatige Frist mit der gerichtlichen Aufforderung, das Erbrecht oder die Erhebung der Klage nachzuweisen.**

1. Titel.
Annahme und Ausschlagung der Erbschaft. Fürsorge des Nachlaßgerichts

Materialien: E I § 2067 Abs 1–3; II § 1841
Abs 2, 3; III § 1941; Mot V 554–556; Prot V 670;
V 1338; STAUDINGER/BGB-Synopse 1896–2000
§ 1965.

I. Allgemeines

1. Um die Voraussetzungen des Staatserbrechts zuverlässig festzustellen, schreibt **1**
§ 1965 vor, daß dem in § 1964 vorgesehenen Feststellungsbeschluß regelmäßig eine
öffentliche Aufforderung zur Anmeldung der Erbrechte unter Bestimmung einer Anmeldefrist vorauszugehen hat. Davon darf nach Abs 1 S 2 abgesehen werden, wenn
die Kosten dem Bestand des Nachlasses gegenüber unverhältnismäßig groß sind, also
erst recht dann, wenn eine die Verfahrenskosten deckende Masse nicht vorhanden
ist. Ob das der Fall ist, hat das Gericht nach Lage des Falles zu entscheiden. Nach
BayObLG Rpfleger 1970, 181 haftet der Fiskus als Erbe nicht für die Auslagen des
Erbenaufgebots.

2. Das Aufforderungsverfahren hat ein **Vorbild** in den Bestimmungen II 16 § 24 **2**
und I 9 §§ 471 ff ALR, die indessen den Ablauf von 3 Monaten seit dem Erbfall und
die vorherige Bestellung eines Nachlaßpflegers zu weiteren Voraussetzungen des
Aufgebots machen. Davon weiß das BGB nichts, es überläßt diese Einzelheiten
dem Ermessen des Nachlaßgerichts.

II. Öffentliche Aufforderung und Anmeldefrist

Die öffentliche Aufforderung nach Abs 1 **dient** ebenso wie diejenige des § 2358 Abs 2 **3**
(Erbscheinsverfahren) **der Ermittlung des Erben.** Sie bezweckt nicht, den wirklichen
Erben mit seinen Rechten auszuschließen (KG Rpfleger 1970, 339, 340). Das Verfahren
ist deshalb *kein Aufgebotsverfahren im üblichen Sinne* der §§ 946 ff ZPO, in dem
Rechtsnachteile angedroht werden müßten (§ 947 Nr 3 ZPO) und ein Ausschlußurteil (§ 952 ZPO) zu erlassen wäre. Es wird durch den Feststellungsbeschluß nur ein
vorläufiger Zustand geschaffen, der rückgängig gemacht werden kann (s § 1964 Rn 13,
17 f). Immerhin dürfte es sich empfehlen, in der Aufforderung darauf hinzuweisen,
daß als Folge der Verschweigung der in § 1964 vorgesehene Feststellungsbeschluß zu
erlassen ist (vgl BGB-RGRK/JOHANNSEN Rn 1; MünchKomm/LEIPOLD Rn 2). Nach KG
Rpfleger 1970, 339, 340 ist eine nach § 2358 Abs 2 ergehende öffentliche Aufforderung zur Anmeldung von Erbrechten nicht rechtsgrundsätzlich ausgeschlossen, wenn
das Nachlaßgericht vorher eine öffentliche Aufforderung nach § 1965 Abs 1 erlassen
hat.

Nur die **Art der Bekanntmachung** und die **Dauer der Anmeldungsfrist** richten sich gem **4**
Abs 1 S 1 HS 2 nach den Vorschriften des Aufgebotsverfahrens, also nach §§ 948–950
ZPO.

Die Bekanntmachung hat durch Anheftung an die Gerichtstafel und einmalige Einrückung des vollen Inhalts in den Bundesanzeiger zu erfolgen, § 948 Abs 1 ZPO. Das
Gericht kann nach seinem Ermessen auch noch Einrückung in andere Blätter und zu
mehreren Malen anordnen, § 948 Abs 2 ZPO.

Die Anmeldefrist muß **mindestens sechs Wochen** betragen, gerechnet vom Tag der ersten Ankündung im Bundesanzeiger, § 950 ZPO. Die Frist muß nach § 1965 Abs 1 S 1 mit der öffentlichen Aufforderung verbunden werden. Die Bestimmung eines *Aufgebotstermins* zur Verhandlung über angemeldete Rechte ist bundesgesetzlich nicht vorgeschrieben, kann aber nach § 200 FGG landesrechtlich angeordnet werden.

5 Für die **Berechnung der Fristen** der Abs 1 und 2 gelten gem § 17 FGG und § 222 ZPO die Vorschriften des BGB, also die §§ 186 ff. Nach § 17 Abs 2 FGG endet eine Frist, deren Ende auf einen Sonntag, einen allgemeinen Feiertag oder einen Sonnabend fällt, mit dem Ablauf des nächstfolgenden Werktages.

III. Wartefrist

6 **1.** **Nach Ablauf der sechswöchigen Anmeldefrist** muß gem Abs 2 S 1 **noch eine Wartefrist von drei Monaten** beachtet werden, innerhalb derer ein Erbprätendent, der sich vor Fristablauf gemeldet hat, nachzuweisen hat:

a) daß sein Erbrecht besteht oder

b) daß es gegen den Fiskus im Wege der Klage geltend gemacht ist.

Andernfalls ist der Feststellungsbeschluß zu erlassen.

7 **2.** **Ist innerhalb der Anmeldefrist keine Anmeldung erfolgt**, so braucht die Wartefrist nicht eingehalten zu werden. Die Feststellung kann sofort geschehen (hM; vgl KGJ 36 A 67 ff = OLGE 18, 323 [unter Aufgabe der früheren Ansicht in KGJ 31 A 64 ff = RJA 6, 106]; PLANCK/ FLAD Anm 3a [anders noch 3. Aufl Anm 4]; PALANDT/EDENHOFER Rn 2; BGB-RGRK/JOHANNSEN Rn 1; MünchKomm/LEIPOLD Rn 3; KIPP/COING § 127 Fn 4; LANGE/KUCHINKE § 38 V 2 a Fn 189 [S 943]; RENTNER 683 Fn 20; HÖRLE Recht 1904, 375; WEISSLER I, 146 f).

8 **3.** **Erfolgt eine Anmeldung** zwar nicht vor Ablauf der Anmeldefrist, aber vor Erlaß des nicht sofort ergehenden Feststellungsbeschlusses, so muß die dreimonatige Wartefrist abgewartet werden (RENTNER 689; BGB-RGRK/JOHANNSEN Rn 1; MünchKomm/LEIPOLD Rn 3; PLANCK/FLAD Anm 3 a).

IV. Nachweis des angemeldeten Erbrechts und Klageerhebung gegen den Fiskus

9 Es ist Sache des Erbprätendenten, gegenüber dem Nachlaßgericht fristgerecht sein Erbrecht oder dessen klageweise Geltendmachung nach Abs 2 nachzuweisen. Nachweisen muß der Prätendent sein *Erbrecht*. Beweis einer nur *entfernten verwandtschaftlichen Beziehung* zum Erblasser ist zwar nicht ganz dasselbe, hindert den Erlaß eines Feststellungsbeschlusses nach § 1964 Abs 2 aber idR ebenfalls (vgl § 1964 Rn 9, 10). Das Nachlaßgericht ist nicht verpflichtet, den Sachverhalt von Amts wegen zu erforschen. Ob und wann es das Erbrecht eines Prätendenten als erwiesen ansehen will, steht in seinem Ermessen (vgl auch MünchKomm/LEIPOLD Rn 5; **aM** FROHN Rpfleger 1986, 37, 40). Hält es die ihm angebotenen Beweise für nicht ausreichend oder trägt es Bedenken, sich einer umfangreichen Beweisaufnahme zu unterziehen, so wird es den Erbprätendenten auf die in Abs 2 ausdrücklich vorgesehene Möglichkeit verweisen, sein Erbrecht im Wege einer gegen den Fiskus gerichteten Feststellungsklage geltend

zu machen. Wird dem Nachlaßgericht die Erhebung solch einer Klage fristgerecht nachgewiesen, dann darf es die Feststellung, daß ein anderer Erbe als der Fiskus nicht vorhanden sei, zumindest vorläufig nicht treffen (vgl Rn 14 f).

Die gegen den Fiskus zu erhebende Klage ist auf **Feststellung des Erbrechts** des Klägers zu richten (zum Gerichtsstand vgl §§ 18, 27 ZPO). **10**

Ein wegen Unbekanntheit des Erben bestellter *Nachlaßpfleger* (§ 1960) kommt in solchen Fällen weder auf Kläger- noch auf Beklagtenseite in Betracht; die Führung von Rechtsstreitigkeiten hinsichtlich der Erbenstellung liegt außerhalb seiner Zuständigkeit (vgl Mot V 556 und § 1960 Rn 47). **11**

Da der Fiskus seinerseits eine **negative Feststellungsklage** gegen den Erbprätendenten erheben kann, dürfte für Abs 2 auch der Nachweis einer solchen Klage genügen (ebenso PLANCK/FLAD Anm 3 a; MünchKomm/LEIPOLD Rn 5; SOERGEL/STEIN Rn 2; wohl auch Mot V 556). Denn deren Abweisung als unbegründet würde das Erbrecht des Beklagten im Verhältnis zum Fiskus positiv feststellen (vgl RGZ 50, 416, 417; 74, 121; ohne Begründung aM BGB-RGRK/JOHANNSEN Rn 4: erforderlich sei eine positive Feststellungsklage oder eine Widerklage des Erbprätendenten). **12**

V. Verfahren ohne öffentliche Aufforderung

Unterbleibt die öffentliche Aufforderung (vgl Rn 1), so soll, falls ein Erbprätendent sein Recht angemeldet oder sonstwie geltend gemacht hat, an diesen eine *gerichtliche* Aufforderung ergehen, sein Erbrecht oder die Erhebung der Klage nachzuweisen. Mit dieser Aufforderung beginnt die dreimonatige Wartefrist, Abs 2 S 2. Wenn dagegen keine Anmeldung erfolgt und auch kein Erbprätendent bekannt geworden ist, braucht auch die dreimonatige Frist nicht abgewartet zu werden; es bleibt vielmehr dem Ermessen des Nachlaßgerichts überlassen, ob und wie lange es zuwarten will, bis es den Feststellungsbeschluß erläßt (RENTNER 687; BGB-RGRK/JOHANNSEN Rn 2; KIPP/COING § 127 III Fn 4; LANGE/KUCHINKE § 38 V 2 a Fn 189 [S 943]; KJG 36 A 67 = OLGE 18, 323; aM PLANCK/FLAD Anm 3 b, der die Einhaltung der Dreimonatsfrist für erforderlich hält). **13**

VI. Folgen der Klageerhebung

Hat der Erbprätendent gegen den Fiskus Feststellungsklage erhoben und dies dem Nachlaßgericht nach Abs 2 nachgewiesen, dann darf ein nachlaßgerichtlicher Feststellungsbeschluß mit dem in § 1964 bezeichneten Inhalt jedenfalls so lange nicht ergehen, wie der Rechtsstreit von dem Erbprätendenten wirklich betrieben wird. Jedoch wird das Nachlaßgericht bei unbegründetem Ruhenlassen des Prozesses oder Säumigkeit des Erbprätendenten durch Setzen einer Frist zur Fortführung des Prozesses die Ernsthaftigkeit der prozessualen Geltendmachung zu klären und nach fruchtlosem Ablauf der Frist die Feststellung nach § 1964 auszusprechen haben (MünchKomm/LEIPOLD Rn 6). Eine Feststellung unter Vorbehalt angemeldeter Erbrechte, wie sie nach früherem preußischen Recht (RGZ 8, 243) zulässig war, ist dem BGB unbekannt. Das Nachlaßgericht muß also den Fortgang des Prozesses beobachten und bis zur Klärung das Verfahren aussetzen. **14**

Ist der **Prozeß rechtskräftig erledigt**, so soll das Nachlaßgericht nach hM an das Urteil **15** des Prozeßgerichts gebunden sein (KIPP/COING § 127 II; PLANCK/FLAD Anm 5 c; PALANDT/ EDENHOFER Rn 2; BGB-RGRK/JOHANNSEN Rn 11; differenzierend MünchKomm/LEIPOLD § 1964 Rn 6; **aM** STAUDINGER/LEHMANN[11] Rn 15 und OLG Darmstadt JFG 11, 219 f mit der Begründung, daß für die Freiwillige Gerichtsbarkeit nur Gestaltungsurteile Rechtskraftwirkung hätten; **hiergegen** jedoch ERMAN/SCHLÜTER § 1964 Rn 3; BayObLGZ 1969, 184, 186; BUMILLER/WINKLER, FGG § 12 Anm 7 d; HABSCHEID, FGG [6. Aufl] § 19 V 3 c bb; vgl auch die im Zusammenhang mit dem Erbscheinsverfahren stehenden Ausführungen von STAUDINGER/FIRSCHING[12] § 2360 Rn 8 ff). Da die Rechtskraft nur zwischen den Parteien des Vorprozesses bzw deren Rechtsnachfolgern wirkt, stellt sich die Frage, wie sich eine etwaige Bindung des Nachlaßgerichts, dessen Feststellungsbeschluß das Gesetz in § 1966 mit Wirkung für und gegen jedermann ausstattet, auswirken soll.

16 Unproblematisch ist der Fall, daß das Prozeßgericht rechtskräftig festgestellt hat, daß der *Prozeßgegner* des Fiskus *nicht Erbe* ist. Indem das Nachlaßgericht nun den Feststellungsbeschluß erläßt, dehnt es nicht die Rechtskraft unzulässigerweise auf weitere Prätendenten aus, sondern zieht nur die Folgerung daraus, daß diese sich nicht gemeldet haben und der Verlierer des Prozesses den erforderlichen Nachweis nicht erbracht hat (vgl KIPP/COING § 127 II). Im Hinblick auf mögliche andere Prätendenten und wegen der Rechtsfolge des § 1966 ist trotz eines zugunsten des Fiskus ergangenen Urteils die Feststellung des Nachlaßgerichts, daß ein anderer Erbe als der Fiskus nicht vorhanden sei, nicht entbehrlich (vgl KRETZSCHMAR § 12 Fn 20; AK-BGB/DERLEDER § 1966 Rn 1; MünchKomm/LEIPOLD § 1966 Rn 4 sowie ergänzend unten § 1966 Rn 3).

17 Hat der *Prätendent* hingegen *obsiegt*, so steht dies der Aufstellung einer gegen *alle*, also auch gegen den Prozeßsieger, wirksamen Vermutung für das Erbrecht des Fiskus, § 1964 Abs 2 entgegen (vgl auch SOERGEL/STEIN Rn 3; MünchKomm/LEIPOLD § 1964 Rn 6). Besinnt sich der Prozeßsieger später eines anderen und leugnet er gegenüber Dritten, zB Nachlaßgläubigern, sein Erbrecht, woran ihn die Rechtskraft des gegen den Fiskus erlangten Urteils nicht hindert, so ist bei begründeten Zweifeln am Erbrecht des Prozeßsiegers zur Ermöglichung der Rechtsverfolgung gegen den Nachlaß ein Pfleger nach § 1961 zu bestellen.

18 **VII. Kosten:** Vgl § 1964 Rn 19.

§ 1966

Von dem Fiskus als gesetzlichem Erben und gegen den Fiskus als gesetzlichen Erben kann ein Recht erst geltend gemacht werden, nachdem von dem Nachlaßgerichte festgestellt worden ist, daß ein anderer Erbe nicht vorhanden ist.

Materialien: E I § 1974 Abs 5; II § 1842; III § 1942; Mot V 380; Prot V 487–490; STAUDINGER/BGB-Synopse 1896–2000 § 1966.

1 **1.** Da der Fiskus eine ihm als gesetzlichem (§ 1936) Erben angefallene Erbschaft nicht ausschlagen kann (§ 1942 Abs 2), sind die ein (noch) bestehendes Ausschlagungsrecht voraussetzenden §§ 1958, 1959 auf ihn nicht anwendbar (anders jedoch, wenn der Fiskus

durch Verfügung von Todes wegen berufen ist und deshalb wie jeder andere Erbe das Ausschlagungsrecht hat). Stattdessen bestimmt § 1966, daß von dem Fiskus als gesetzlichem Erben und gegen den Fiskus als gesetzlichen Erben ein Recht erst geltend gemacht werden kann, nachdem vom Nachlaßgericht gem § 1964 festgestellt worden ist, daß ein anderer Erbe nicht vorhanden sei. Im **Unterschied zu § 1958** betrifft § 1966 nicht nur die gerichtliche, sondern auch die außergerichtliche Geltendmachung (MünchKomm/Leipold Rn 1; Soergel/Stein Rn 1), nicht nur die Geltendmachung von „Ansprüchen gegen den Nachlaß", sondern auch die Geltendmachung eines sonstigen „Rechts" (Beispiel in Rn 3), nicht nur die Geltendmachung gegenüber dem Erben, sondern auch die Geltendmachung *durch* den (Fiskus als gesetzlichen) Erben. § 1966 will den Fiskus also nicht nur gegenüber vorzeitiger Inanspruchnahme schützen, sondern darüber hinaus auch verhindern, daß der Fiskus unter Berufung auf § 1936 den Nachlaß an sich zieht, bevor die sich aus § 1936 ergebende Voraussetzung, daß ein anderer Erbe nicht vorhanden ist, durch das Nachlaßgericht im Verfahren nach §§ 1964 f geprüft wurde (vgl Mot V 380).

2. Solange die Rechtsausübung durch und gegen den Fiskus als gesetzlichen Erben gem § 1966 ausgeschlossen ist, kommt bei Unbekanntsein des (endgültigen) Erben die **Bestellung eines Nachlaßpflegers** nach § 1960 oder § 1961 in Betracht. Auf diesen ist § 1966 nicht anzuwenden.

3. Nicht nur die Ausübung von „aus" dem gesetzlichen Erbrecht des Fiskus folgenden **Rechten und Pflichten** (so aber MünchKomm/Leipold Rn 3), **sondern auch die Geltendmachung der Erbberechtigung als solcher ist nach § 1966 unzulässig** (ebenso wohl Kretzschmar § 12 Fn 20), bevor das Nachlaßgericht festgestellt hat, daß ein anderer Erbe nicht vorhanden ist. Für die Prüfung des in § 1936 vorausgesetzten Nichtvorhandenseins eines anderen Erben ist das in §§ 1964 f vorgeschriebene Verfahren besser geeignet als der vom Zweiparteienprinzip geprägte normale Zivilprozeß, in welchem die Einbeziehung aller in Betracht kommenden Erbprätendenten idR nicht einmal versucht wird. Daß § 1965 Abs 2 die Zulässigkeit einer von einem Erbprätendenten gegen den Fiskus erhobenen Klage voraussetzt, ist in diesem Zusammenhang ohne Bedeutung (aM MünchKomm/Leipold Rn 3), da der Erbprätendent mit solch einer Klage *sein eigenes* Erbrecht geltend macht und dieses nicht von so subsidiärer Natur ist wie das gesetzliche Erbrecht des Fiskus aus § 1936. Da der Fiskus durch § 1966 nicht gehindert ist, die Abweisung einer gegen ihn erhobenen Klage eines anderen Erbprätendenten zu beantragen, kann es ihm durch § 1966 auch nicht verwehrt sein, schon vor dem Feststellungsbeschluß des Nachlaßgerichts seinerseits gegen einen Erbprätendenten mit der *negativen Feststellungsklage* gem § 256 ZPO vorzugehen (vgl Mot V 556). Auch kann er schon vorher im Rechtsstreit gegen andere Prätendenten deren Erbrecht bestreiten (Kipp/Coing § 127 IV; Planck/Flad Anm 3). **Sein eigenes gesetzliches Erbrecht kann der Fiskus aber erst geltend machen, wenn das Nachlaßgericht das Nichtvorhandensein eines anderen Erben festgestellt hat** (vgl Kretzschmar aaO und unten Rn 4). Unzulässig ist bis dahin auch eine *gegen* den Fiskus gerichtete negative Feststellungsklage des Inhalts, daß der Fiskus *nicht* gesetzlicher Erbe sei (ohne Begründung aM Frohn Rpfleger 1986, 37, 40). Denn würde solch eine Klage durch Sachurteil abgewiesen, stünde als kontradiktorisches Gegenteil der beantragten Feststellung genau die Rechtsfolge fest, die der Fiskus selbst zZ noch gar nicht geltend machen könnte (vgl zu einer ähnlichen Problematik auch § 1958 Rn 8).

4 4. Aus § 1966 folgt nicht bloß eine prozessuale Einrede, sondern eine **von Amts wegen zu berücksichtigende Sachurteilsvoraussetzung** (SOERGEL/STEIN Rn 1). Insofern besteht eine Ähnlichkeit mit § 1958 (vgl § 1958 Rn 2), dessen Wirkungen jedoch im Gegensatz zu denen des § 1966 (s oben Rn 1) auf die *prozessuale* Ebene beschränkt sind (vgl § 1958 Rn 1 ff, 6). Nach hM soll ein **rechtskräftiges Urteil**, welches das Erbrecht des Fiskus feststellt, die in § 1966 aufgestellte Sachurteilsvoraussetzung auch im Verhältnis zu denjenigen Personen nicht ersetzen können, für und gegen die die Rechtskraft wirkt (STAUDINGER/LEHMANN[11] Rn 3; SOERGEL/STEIN Rn 1; BGB-RGRK/JOHANNSEN Rn 2; MünchKomm/LEIPOLD Rn 4; zweifelnd KRETZSCHMAR § 12 Fn 20). Zur Begründung wird angeführt, daß das Nachlaßgericht einen Feststellungsbeschluß nach § 1964 auch bei Vorliegen eines rechtskräftigen Urteils erlassen könne (vgl MünchKomm/LEIPOLD aaO). Letzteres ist zwar zutreffend (s § 1964 Rn 16), rechtfertigt die Anwendung des § 1966 aber gleichwohl nicht im Verhältnis zu Personen, für und gegen die *bereits rechtskräftig feststeht*, was aufgrund eines nachlaßgerichtlichen Feststellungsbeschlusses *lediglich zu vermuten* wäre (vgl § 1964 Abs 2). Eine andere Frage ist, ob ein Feststellungsurteil des Inhalts, daß der Fiskus gesetzlicher Erbe sei, vor Erlaß eines nachlaßgerichtlichen Feststellungsbeschlusses (§§ 1964, 1966) überhaupt ergehen darf. Denn eine Klage *des Fiskus* auf Feststellung, daß er gesetzlicher Erbe sei, müßte wegen § 1966 als unzulässig abgewiesen werden (str; s Rn 3). Nichts anderes kann für die Klage *eines Erbprätendenten* gelten, wenn mit dieser nicht die positive Feststellung der eigenen Erbberechtigung, sondern nur die negative Feststellung begehrt wird, daß der Fiskus nicht gesetzlicher Erbe sei (vgl Rn 3). Bei richtiger Sachbehandlung kann es also in beiden Fällen nicht zu einem Urteil kommen, welches bereits vor Erlaß eines nachlaßgerichtlichen Feststellungsbeschlusses (§§ 1964, 1966) das gesetzliche Erbrecht des Fiskus positiv feststellt.

5 5. **§ 1966 schützt und behindert den Fiskus nur als „gesetzlichen" Erben.** Als *gewillkürter* Erbe steht der Fiskus anderen erbberechtigten Personen gleich. Ist er nur Erbschafts*besitzer*, so kann er ohne weiteres nach § 2018 in Anspruch genommen werden.

Sachregister

Die fetten Zahlen beziehen sich auf die Paragraphen, die mageren Zahlen auf die Randnummern.

Abfindung
aus Arbeitsverhältnis, Vererblichkeit **1922** 277
Erben, weichende **1922** 57, 175, 183 f, 188, 235
Gesellschaftsrechtliche Ansprüche **1922** 57, 173 ff
Hoferbfall **1922** 235; **Einl 1922 ff** 83
aus Sozialplänen, Vererblichkeit **1922** 277
Abgabe
von Willenserklärungen im Testament **Vorbem 1937-1941** 18 ff
Abhandenkommen
beweglicher Nachlaßsache **1922** 258
Erbschaftsausschlagung **1959** 14
Abkömmlinge
aus Ehe unter Verwandten **1927** 5
ehelichen Kindes **1934a** 22, 23
des Enterbten **1938** 10
entferntere –, Eintrittsrecht **1924** 17
erbberechtigten Großelternteils **1926** 12
Erbersatzanspruch, Ausgleichungspflicht **1934b** 26 ff
Erbverzicht **1924** 20
Geschwister als – vorverstorbenen Elternteils **1925** 14
Gesetzliche Erben erster Ordnung **1924** 2 ff
des Kindes eines nichtehelichen Kindes **1934a** 32
nichteheliche – **1931** 46; **1934a** 13, 14
nichtehelichen Kindes **1934a** 22, 25
der Urgroßeltern **1928** 3
vorverstorbenen Kindes **1924** 23
vorverstorbenen nichtehelichen Kindes **1934a** 29
vorverstorbener Mutter nichtehelichen Kindes **1934a** 27
weggefallenen Großelternteils **1931** 25
Abschreibung
Erbfall und steuerliche – **1922** 371
Abstammung
und Adoption **1927** 6
Blutsverwandtschaft **Vorbem 1924-1936** 20
Eheliche, außereheliche – **Vorbem 1924-1936** 24
Kind, nicht während der Ehe geborenes **Vorbem 1924-1936** 24
Kindesrecht und Kenntnis eigener – **1934a** 3
Mutterschaft **Vorbem 1924-1936** 21
Vaterschaft **Vorbem 1924-1936** 21b

Abstammung (Forts.)
Verwandtschaft und – **Vorbem 1924-1936** 19 ff
Zeugung vor Erbfall, Vermutung der – **1923** 20
Abtretung
und Erbfall **1922** 45, 186 f
Erbschaftsanspruch **1922** 98
GmbH-Geschäftsanteil **1922** 208
Abwehrrechte
Erbfall und wettbewerbsbezogene – **1922** 271 f
Abwesenheitspflegschaft
Annahme der Erbschaft **1943** 12
Nachlaßpflegschaft, Abgrenzung **1960** 26
Abzugseinrede Einl 1922 ff 30
Adelsprädikat 1922 146
Adoption
s. Annahme als Kind
Akademie für Deutsches Recht
Erbrechtsausschuß **Einl 1922 ff** 115
Aktiengesellschaft
und Einziehungsklausel **1922** 58
Vererblichkeit der Aktien **1922** 214 f
Aktivvermögen
Nachlaß, Eigenvermögen **1922** 85
Akzessorietät
Sicherungsrechte **1922** 293
Alleinerbe
s. Erbe
Allgemeines Persönlichkeitsrecht
und Erbrecht **Einl 1922 ff** 101 ff
ALR
Ehegattenerbrecht **1931** 4
Voraus des Ehegatten **1932** 2
Altenheim
Betreiberprozeß und ärztliche Schweigepflicht **1922** 298
Tod des Heiminsassen **1922** 280
Altenpflegerin 1922 280
Altenteilsrecht
Vererblichkeit **1922** 115, 234, 238
Altersgrenzen
Erbausgleich, vorzeitiger **1934d** 14
Altershilfe für Landwirte 1922 354
Amtsgericht
Nachlaßgericht **1945** 14; **1960** 3
Amtspflichtverletzung
Nachlaßpflegschaft **1960** 4

Amtsstellungen
  Vererblichkeit, Unvererblichkeit
    1922 156 ff, 233, 275, 365 ff
Aneignungsrecht
  Vererblichkeit **1922** 236
Anerbenrecht (höferechtliches)
  s. Hoferbfolge
Anfallprinzip Einl 1922 ff 59; **1942** 2 ff
Anfechtung
  Adoptionsvertrag **1922** 145, 322
  DDR-Erbschaften, ausgeschlagene
    1954 19 ff
  Erbe, pflichtteilsberechtigter **1954** 11
  Erbschaftsannahme **1954** 1 ff, 12; **1955** 1 ff
  Erbschaftsannahme (Rechtsfolgen)
    1957 1 ff
  Erbschaftsausschlagung **1942** 11; **1954** 3 ff;
    1955 1 ff
  Erbschaftsausschlagung (Rechtsfolgen)
    1957 1 ff
  Erbschaftsausschlagungsfrist, Versäumnis
    1956 1 ff
  Erbschafterwerb **1960** 11
  und Familiengebundenheit des Vermögens
    Einl 1922 ff 53
  Gläubiger benachteiligende Rechtshandlungen **1922** 294, 299
  Gläubiger benachteiligender postmortaler
    Kontovollmacht **1922** 322
  Vaterschaft **1922** 141
  Vererblichkeit **1922** 294, 299
  Vorausanspruch **1932** 25
Angehöriger
  Trauer, Schmerz **1922** 134
  des Verstorbenen **1922** 122
Ankaufsrecht
  Vererblichkeit **1922** 290
Anmeldung
  Aufforderung zur – der Erbrechte **1965** 1
Annahme
  Erbersatzanspruch **1934b** 18
  der Erbschaft
  s. Erbschaft (Annahme)
  Vertragsangebot **1922** 306 ff
Annahme als Kind
  s. a. Verwandtenadoption
  AdoptG vom 2. 7. 1976 **Einl 1922 ff** 46, 141
  Adoptiveltern als Erben zweiter Ordnung
    1925 5, 6 ff, 17
  eheliches Kind des Ehegatten aus früherer
    Ehe **1925** 17
  Erbenstellung aufgrund – **1929** 3
  Erbfälle vor 1. 1. 1977 **1924** 8
  Erbfall vor dem 1. 1. 1977 **1924** 8; **1925** 6;
    1926 6; **1928** 4
  Erbfall nach dem 31. 12. 1976 **1925** 7;
    1926 7; **1928** 5
  Erblasser und Urgroßeltern **1928** 4

Annahme als Kind (Forts.)
  Erbrecht **Vorbem 1924-1936** 46 ff
  Großeltern (leibliche) als Erben dritter
    Ordnung **1926** 6 ff
  Verwandschaft, mehrfache durch – **1927** 6
  Verwandtschaft und –
    Vorbem 1924-1936 19 ff, 46 ff
  Volladoption, ehelicher Abkömmling
    1924 6
  Volljähriger **1924** 7
Anonyme Samenspende, Embryotransfer
  Problematik **1934a** 3
Anspruch
  Einräumung unvererblichen Rechts
    1922 291
  Erbrecht einer Person ist kein – **1922** 16
  Haupt-, Hilfsrechte (Vererblichkeit)
    1922 293 ff
  Vererblichkeit
  s. einzelner Anspruchsgrund
Anstalt des öffentlichen Rechts
  als gesetzlicher Erbe **1964** 20
Anteil am Gesellschaftsvermögen
  s. Gesellschaftsanteil
Anteil eines Miterben
  s. Erbteil
Anteil am Nachlaßgegenstand 1922 68
Anwachsung
  nach Erblassererbschaft, Teilausschlagung
    1952 8
  Erbteilannahme, -ausschlagung und –
    1951 3
  Gesellschaftsvertragliche Klausel **1922** 57,
    172, 175
  bei gewillkürter Erbfolge **1935** 9
  und Verfügung, Unterscheidung **1948** 2
Anwartschaft
  Eigentumsvorbehalt **1922** 240
  Ersitzung **1922** 253 ff
  auf Fruchterwerb **1922** 259 ff
  Hypothekenerwerb **1922** 240
  des künftigen Erben **1922** 11 ff, 23, 26,
    228 ff
  des Nacherben **1922** 15, 38, 62, 71, 97,
    228, 231
  des Pflichtteilsberechtigten **1922** 24 f, 228
  Rechtsverkehr, begonnener **1922** 308 f, 318
  Vererblichkeit **1922** 228, 239 f
  des Vermächtnisbedachten **1922** 228
Anweisung
  Erben der Beteiligten **1922** 222, 318
Anzeigepflicht
  des Erben **1922** 307
Apothekengesellschaft
  Nachfolge **1922** 192, 369
Arbeitnehmererfinder
  Rechtsstellung der Erben **1922** 277

Arbeitsförderung
  als Sozialleistung **1922** 354
Arbeitsvertrag
  Tod des Arbeitspflichtigen **1922** 276
  Tod des Auftraggebers **1922** 279 f
Architekt
  Erbfall **1922** 294
Arzt
  Erblasserbehandlung **1922** 298
  und Tod des Patienten **1922** 280
  Verschwiegenheitpflicht **1922** 298
Arztpraxis
  Vererblichkeit **1922** 220
Aschenreste des Verstorbenen 1922 128
Aufgebot der Nachlaßgläubiger 1934b 36
Aufgebotsverfahren
  nach Erbschaftsannahme **1958** 10
  Tod eines Verschollenen **1923** 10a
Auflage
  Bedingung einer Zuwendung, Abgrenzung **1940** 10
  Erbvertrag **1940** 7
  Erfüllungsverlangen **1940** 4
  Inhalt (Tun, Unterlassen) **1940** 5
  Leistungspflicht **1940** 3
  Nichterfüllung **1940** 2
  Rat, bloßer statt – **1940** 8
  Stiftungserrichtung **1940** 6
  Testament **1940** 7
  Vererblichkeit **1922** 234, 294
  Vermächtnis, Abgrenzung **1939** 12; **1940** 1, 9
Auflösung
  s. a. Fortsetzungsklausel
  von Dauerschuldverhältnissen **1922** 284
  von Gesellschaften **1922** 169 ff, 177, 188, 194 ff, 199, 202 ff, 207 f
Aufrechnung
  Erbersatzanspruch **1934b** 25
  Erbfall und – **1922** 77, 84
Auftrag
  Tod des Auftraggebers **1922** 278, 324
Aufwandsentschädigung
  Nachlaßpfleger **1960** 36
Aufwendungsersatz
  Nachlaßpfleger **1960** 36
Auseinandersetzungsguthaben
  Erbauseinandersetzung
  s. dort
  Nachlaßzugehörigkeit **1922** 186 f
Ausgleichspflicht
  unter Abkömmlingen **Einl 1922 ff** 41, 48, 53
Aushöhlungsnichtigkeit Einl 1922 ff 137
Auskunft
  Erbausgleichsanspruch **1934d** 33
  Erbersatzanspruch **1934b** 32

Auskunft (Forts.)
  Nachlaßpfleger über Nachlaßbestand **1960** 45
  nichteheliches Kind über Vater **1934a** 3
  Vererblichkeit des Anspruchs **1922** 149, 156, 198, 287, 294 ff
Ausländer
  und Ehegattenerbrecht **1931** 51a
  Fiskalerbrecht **1936** 4
  Grundstückserwerb **Einl 1922 ff** 26
  Nachlaß **1960** 17
  Nachlaß eines –, Pflegerbestellung **1961** 3
Ausländische juristische Person
  Erbschaftserwerb **1960** 12
  Rechtserwerb **Einl 1922 ff** 26
Ausländischer Aufenthalt
  des Erben **1944** 3, 5
Ausländischer Wohnsitz
  des Erben **1954** 14
  des Erblassers **1944** 3, 4; **1954** 14
Ausland
  und anwendbares Recht **1922** 28
  und Erbfähigkeit **1922** 31 f
  Erbschaftsausschlagung, Erklärung im – **1945** 24
  und Todesbeweis **1922** 7
Auslegung
  erbrechtlicher Normen **Einl 1922 ff** 134 ff, 140
  Schiedsregeln **Vorbem 1937-1941** 7
Auslegungsregeln
  und Familiengebundenheit des Vermögens **Einl 1922 ff** 53
Auslobung
  Erbenstellung **1922** 318
Ausschlagung
  Erbersatzanspruch **1934b** 18, 20
  der Erbschaft
  s. Erbschaft (Ausschlagung)
Ausschlußklausel
  s. a. Fortsetzungsklausel
  Gesellschaftsvertrag **1922** 57 f, 174 f, 208
  Gesetzliche – **1922** 172 ff
Aussteueranspruch
  Tod eines Beteiligten **1922** 289
Automatenaufstellungsvertrag
  Vererblichkeit **1922** 284
Autonomie des hohen Adels Einl 1922 ff 25

Baden-Württemberg
  Nachlaßgericht **1960** 2
Badisches Hofgütergesetz Vorbem 1924-1936 4
Bankgeheimnis 1922 287, 296
Bankguthaben
  Vererblichkeit **1922** 287
Bankkonto
  Erbfall **1922** 287

Bankvollmacht
Erbfall **1922** 287, 322 f
Baugenehmigung
Vererblichkeit **1922** 372
Bauherrenprivileg
Unvererblichkeit **1922** 375
Baurecht
und Erbfall **1922** 342, 372
Bausparvertrag
Vererblichkeit **1922** 287, 371
Bayern
Nachlaßgericht **1960** 2
Beamtenrecht
Tod des Beamten **1922** 365 ff
Versorgungsansprüche **Einl 1922 ff** 4
Bedingung
Erbschaft, Annahme und Ausschlagung **1947** 1 ff
Beerbung bei lebendigem Leib 1922 2, 4; **Einl 1922 ff** 80
Beerdigung
s. Bestattung
Befreiung von einer Verbindlichkeit
Vermächtnisgegenstand **1939** 7
Befristung
Erbschaftsannahme **1942** 13
Befruchtung
extrakorporale **1923** 29
Beihilfeanspruch
Tod des Beamten **1922** 368
Beitragserstattungsanspruch
Vererblichkeit **1922** 360 f
Beitrittsgebiet (Einigungsvertrag)
Erbfälle bei nichtehelicher Abstammung **Vorbem 1924-1936** 34a, 45b; **1934a** 38
Erbrecht **Einl 1922 ff** 95, 110 f, 139
Erbrecht (Berufungsgründe) **Vorbem 1924-1936** 2
Belastung
Erbfall, Vereinigung von Rechten mit – **1922** 74
Berliner Testament
Schlußerbe und Pflichtteilsanspruch **Einl 1922** 72
Schlußerbenstellung (Unveräußerlichkeit, Unvererbbarkeit) **1922** 15
Berufsmäßige Nachlaßpflegschaft 1960 34 ff
Berufung, Berufungsgründe
Allgemeine Übersicht **Vorbem 1924-1936** 1, 3
Ehe
s. Ehegattenerbrecht
Erbeinsetzung
s. dort
Erbfolge (gesetzliche)
s. dort
Staatserbrecht **1936** 1

Beschlagnahme
Tod des Beschuldigten **1922** 344 f
Beschränkte Geschäftsfähigkeit
Annahme der Erbschaft **1942** 11 f; **1943** 11
Erbe **1944** 14
Erblasser, Vertragsanbahnung **1922** 312
Beschränkte persönliche Dienstbarkeiten
Unvererblichkeit **1922** 238
Beschwerde
Erbprätendent **1964** 1, 2
Beseitigungsanspruch
Vererblichkeit **1922** 269, 271
Besitz
Amtsstellung, Tod des Amtsinhabers **1922** 157
Deliktsbesitzer, Erblasser als – **1922** 252
Eigenbesitz, Fremdbesitz des Erblassers **1922** 252
Erbenbesitz **1922** 251 f
Erblasser als gut- oder bösgläubiger Besitzer **1922** 253 ff
ererbter –, Bedeutung **1922** 257
Gut- oder bösgläubiger Besitzer **1922** 253 ff
Nachlaßpfleger **1960** 40
Possessorischer Schutz **1922** 257
Rechtsstellungen, mit – verbundene **1922** 261
Vererblichkeit **1922** 236, 249
Besitzdienerschaft
Unvererblichkeit **1922** 250
Bestattung, Bestattungsrecht 1922 118 f; **Einl 1922 ff** 23
Bestattungskosten 1922 118, 130, 150, 238
Betreuer
Amtsstellung und Erbfall **1922** 156 ff
Annahme der Erbschaft **1943** 12
Ausschlagung der Erbschaft **1945** 9
Bestattung des Betreuten **1922** 118
Erbeneinsicht in Betreuungsakten **1922** 296
BetreuungsG vom 12. 9. 1990 Einl 1922 ff 48
Betriebsvermögen
Vererblichkeit **1922** 219
Beurkundung
BeurkG vom 28. 8. 1969, Überblick **Einl 1922 ff** 17, 42, 141
Erbvertrag, Testament **Einl 1922 ff** 17
Verfügungen von Todes wegen **Einl 1922 ff** 17 f, 27, 42, 130
Bewegliches System
Erbrecht und Lehre vom – **Einl 1922 ff** 136
Beweisrecht
Ausschlagung der Erbschaft **1944** 30
Ehegattenerbrecht, Bestreiten **1933** 16
Erbersatzanspruch, Fehlen erbberechtigter Personen **1934a** 11
Fehlen und Wegfall näherer Verwandter **1930** 8

Beweisrecht (Forts.)
  des Überlebens, des Vorversterbens **1923** 5 ff
  Zeugung vor Erbfall **1923** 20 ff
Bewertung
  Landgut bei Erbauseinandersetzung **Einl 1922 ff** 84
  Landgut (Ertragswert) **Einl 1922 ff** 26
  Verfassungsmäßigkeit von Maßstäben der – **Einl 1922 ff** 84
Bezugsrecht
  Vererblichkeit **1922** 215
BGB-Gesellschaft
  Erbfähigkeit, fehlende **1923** 31
  Tod eines Gesellschafters **1922** 168
Bierlieferungsvertrag
  Erbfall **1922** 284
Bild (Recht am eigenen)
  Tod des Abgebildeten **1922** 268
Bodenreform
  und Erbfall **1922** 54, 224, 236
Bonifatius-Fall 1922 251, 308
Bremisches Höfegesetz Vorbem 1924-1936 4
Bruchteil
  Erbanteil als – des Nachlasses **1922** 67
  Erbeinsetzung auf den – **1938** 3
BSHG
  Sozialhilfeansprüche **1922** 356
Buchbesitz
  Vererblichkeit **1922** 263
Bürgerlicher Tod 1922 4
Bürgschaft
  Erbfall **1922** 222, 288, 293
Bundesland
  Fiskalerbrecht **1936** 5

Confusio bonorum 1922 72

Darlehen
  Vorvertrag über Gewährung, Vererblichkeit **1922** 288
Datenschutz
  und Erbfall **1922** 131
Dauerschuldverhältnis
  Tod, Umgestaltung des – **Einl 1922 ff** 19
  Vererblichkeit **1922** 284
Dauerwohnrecht
  an Wohnbesitzwohnung **1922** 54
DDR
  Ausschlagung der Erbschaft 1. 1. 1976 bis 2. 10. 1990 **1945** 27
  Bodenreformgrundstücke **1922** 54, 224
  Ehegattenerbrecht **1931** 52; **1934** 4
  Eigentumsformen und Nutzungsrechte, vererbliche **1922** 236
  Enteignung i. S. des VermG, gegen Verstorbenen gerichtete **1922** 342
  Erbersatzanspruch, unbekannter **1934a** 38

DDR (Forts.)
  Erbfälle vor dem Beitritt
    Vorbem 1924-1936 2
  Erbrecht **Einl 1922 ff** 109 ff, 139
  Erbschaften, Anfechtung von Ausschlagungen **1954** 19 ff
  Erbschaftsausschlagung 1. 1. 1976 bis 2. 10. 1990 **1944** 31 f
  Fiskalerbe (Volkseigentum) **1936** 14
  Hoferbfolge **Vorbem 1924-1936** 4
  Nachlaßzusammensetzung, unbekannte **1954** 7
  Rehabilitierung **1922** 346
  Soziale Ausgleichsleistungen wegen Freiheitsentzugs in der – **1922** 132, 346
  Verschollenheit **1922** 7
  Voraus des Ehegatten **1922** 47; **1932** 32
  ZGB
    s. dort
Deutscher Juristentag
  Erbrechtsreform **Einl 1922 ff** 117
Dienstbarkeit
  Erbfall **1922** 238, 291
Dienstvertrag
  Tod des Auftraggebers **1922** 179 f
  Tod des Beauftragten **1922** 276
Dingliche Erbfolge 1931 36; **1934a** 2
Dingliche Nachlaßbeteiligung 1922 229 ff
Dingliche Wirkung
  Erbschaftsverkauf ohne – **1922** 85
Dinglicher Vertrag
  Vertragsanbahnung, Antrag durch Erblasser **1922** 308
Dingliches Recht
  Akzessorien **1922** 242
  Beseitigungsanspruch gegenüber Dritten **1922** 246
  Herausgabenanspruch gegenüber Dritten **1922** 246
  Primärrechte **1922** 242
  Schutz gegenüber Dritten **1922** 246
  Sekundärrechte, Sekundärpflichten **1922** 244
  Unterlassungsanspruch gegenüber Dritten **1922** 246
  Vererblichkeit **1922** 236
  Vererblichkeit eines Schuldverhältnisses aufgrund – **1922** 241 ff
Dingliches Vermächtnis
  Unzulässigkeit **1922** 48 f, 237
Diskriminierung
  EMRK, Verbot der – **Einl 1922 ff** 104
  Rassen-, Internationales Übereinkommen vom 7. 3. 1966 **Einl 1922 ff** 108
  UN-Übereinkommen über Kindesrechte **Einl 1922 ff** 104
  Zivilpakt vom 19. 12. 1966 **Einl 1922 ff** 104

Doppelehe
Erbrecht **1931** 13
Dreißigster
Erbersatzanspruch, Berechnung **1934b** 5
Unvererblichkeit **1922** 234
als Vermächtnis **1939** 15
Dritter
Erbausschlagung zugunsten – **1947** 5 ff
Erbvertrag zugunsten – **1941** 7
Rechtsstreit über Nachlaß lebenden –
1922 20
Verfügungsvertrag zugunsten – (unzulässiger) **Einl 1922 ff** 132
Vertrag über Nachlaß noch lebender –
1941 8

EG-Staaten
Staatsangehörige, Gesellschaften
Einl 1922 ff 26
Ehe
als Berufungsgrund für gesetzliche Erbfolge **1931** 2
und Ehegattenerbrecht **1931** 5
EheschlRG und Aufhebung der – **1931** 13a
und Todesfall **1922** 136 f, 163, 316
Ehe und Familie
Erbrechtsgarantie und – **Einl 1922 ff** 91 ff
Eheaufhebung
Abstammung **Vorbem 1924-1936** 30
Ehegattenerbrecht und Klage auf –
1933 5 ff
EheschlRG, Neuregelung **1931** 13a
Tod eines Gatten **1922** 137, 155
Eheauflösung
Erbrecht **1931** 12, 14
Ehebruch
Kind aus dem – **Vorbem 1924-1936** 25
Ehegatte
eheliches Kind aus früherer Ehe **1925** 17
Sonderrechtsnachfolge (Sozialansprüche)
1922 357
als Verwandter zweiter Ordnung **1934** 2
Ehegattenerbrecht
Alleinerbe **1931** 27; **1932** 12; **1934a** 14
ALR **1931** 4
aufgrund letztwilliger Verfügung **1932** 11
Aufhebung der Ehe (EheschlRG) **1931** 13a
Ausländer als Erblasser **1931** 51a
Ausschlagung der Erbeinsetzung **1948** 10
Ausschluß **1933** 11 ff
Ehe, gültige **1931** 7 ff, 13a
Ehefrau, Kinder (eheliche und nichteheliche) **1934a** 19
Ehegatte, erbberechtigter **1931** 7 ff
Ehegatte als erbberechtigter Verwandter
1931 30
Ehegatte, überlebender **1931** 15; **1932** 8

Ehegattenerbrecht (Forts.)
Ehenichtigkeit, Eheauflösung, Bigamie
1931 11 ff
Ehescheidung, beantragte **Einl 1922 ff** 71b;
1931 16
Ehescheidungsantrag, Aufhebungsklage
1933 5 ff
Eigentums- und Vermögensgemeinschaft
1931 52
kein Eintrittsrecht der Verwandten **1931** 19
Enterbungsrecht **1938** 5
Erbanteilsberechnung **1931** 37
Erbanteilserhöhung, dingliche **1931** 36
Erbausschlagung **1931** 39
Erbausschließungsgründe, allgemeine
1931 17
Erblasserzustimmung zur Scheidung **1933** 7
Erbteil, einheitlicher **1931** 39; **1950** 4
Erbteil, Prinzip des festen **1931** 29
Erbteil Verwandtenerbfolge neben –
1951 11
Erbunwürdigkeit **1931** 39
Erbverzicht **1931** 39
Familiengebundenheit des Vermögens
Einl 1922 ff 60
und GleichberG **Einl 1922 ff** 39
gleichzeitiges Versterben **1931** 15, 32
Großeltern **1932** 19
Gütergemeinschaft **1931** 51
Gütertrennung **1931** 43 f, 50
Haushaltsgegenstände, Hochzeitsgeschenke als Voraus **1932** 13 ff
Kinder des Erblassers **1931** 45 ff
letztwillige Verfügung **1931** 41
neben Verwandte erster Ordnung **1932** 20
neben Verwandte zweiter Ordnung **1932** 19
und NichtehelG **Einl 1922 ff** 41
NichtehelG 1969 und Erbfälle seit dem 1. 7.
1970 **1931** 44
Nichteheliches Kind, Vorhandensein
1934a 14
Reformüberlegungen **Einl 1922 ff** 116, 120
Römisches Recht **1931** 3
Seitenverwandte 3. Ordnung **1931** 27
Testament, gemeinschaftliches und –
1948 11 f
Umfang, Größe, miterbende Verwandte
1931 20
Unfall, gemeinsamer **1931** 15
Unterhaltspflicht nach Ausschluß des –
1933 14
Versorgungsgedanke **1931** 2, 53
Verwandte des Erblassers **1931** 28
Verwandte erster usw. Ordnung und –
1931 21 ff
Verwandter, Wegfall **1931** 29
Verwandter, zugleich erbberechtigter
1934 1 ff

Ehegattenerbrecht (Forts.)
Voraus **1934b** 5
Voraus, Ausschluß **1933** 11 ff
Voraus als Sonderrecht **1932** 1 ff
Vorverstorbener Ehegatte **1931** 15, 32
Wegfall eines gesetzlichen Erben **1935** 16
Würdigung **1931** 53
Zugewinn, ausgeschlossener **1931** 40
Zugewinnausgleich, erbrechtliche und güterrechtliche Lösung **1931** 34
Zugewinngemeinschaft **1931** 32 ff; **1934a** 19
Zugewinngemeinschaft und Tod eines Ehegatten **1931** 35
Ehegattenerbvertrag Einl 1922 ff 53
Ehegattenhof Einl 1922 ff 67, 80
Ehegatteninnengesellschaft 1931 18
Ehegattenschenkung
Verfassungsmäßigkeit der Sonderregelung **Einl 1922 ff** 92
Eheliche Lebensgemeinschaft
Höchstpersönlichkeit **1922** 136
Ehelicher Haushalt
Voraus **1932** 14
Ehelicherklärung
Erbrechtsbedeutung **Vorbem 1924–1936** 33
Eheliches Güterrecht
Ehegattenerbrecht **1931** 31 ff
Erbersatzanspruch **1934a** 14
und Erbrecht **Einl 1922 ff** 11, 39, 41, 69, 88, 120
Erbschaftsausschlagung **1942** 15
Verfügungen in erbrechtlicher Form **Vorbem 1937–1941** 13
Voraus **1932** 5
Ehelichkeitsanfechtung
Unvererblichkeit des Rechts **1922** 141
Ehenichtigkeit
Abstammung **Vorbem 1924–1936** 30
und EheschlRG **1931** 13a
Erbrecht **1931** 11 f
Ehescheidung
BGB-Anpassung nach EheG 1938 **Einl 1922 ff** 34
Ehegattenerbrecht und Antrag auf – **1933** 5 ff
Erblasserzustimmung zur – **1933** 7
Scheidungsfolgenregelung **1933** 7
Tod eines Gatten **1922** 137
Unterhaltsanspruch nach –, Vererblichkeit **1922** 152
Versorgungsausgleich, Anspruch auf dinglichen **1922** 153
VO des Zentral-Justizamtes für Britische Zone **Einl 1922 ff** 37
1. EheRG vom 14. 6. 1976 **Einl 1922 ff** 45

Eheschließung
freie – rassisch und politisch Verfolgter **1931** 8
Nottrauung, Ferntrauung **1931** 9
Pflichtteilsergänzung und Schenkung vor – **Einl 1922 ff** 138
nach Tod des Mannes **1931** 10
Eheschließungsrecht
Gesetz zur Neuordnung **Einl 1922 ff** 48d
Ehewohnung Einl 1922 ff 121
Eidesstattliche Versicherung Einl 1922 ff 17, 43
Vererblichkeit **1922** 294
Eigenhändigkeit des Testaments
s. Testament
Eigentum
Erblassereigentum **1922** 236, 262
Eigentums- und Vermögensgemeinschaft
fortbestehende **1931** 52
Eigentumsgarantie
s. a. Verfassungsrecht, Verfassungsmäßigkeit
Erbfall, Vermögenserwerb und – **Einl 1922 ff** 78 ff
Testierfreiheit **Einl 1922 ff** 63
Eigentumsvermutung
und Erbenbesitz **1922** 262
Eigentumswohnung 1922 162, 302
Eigenverbindlichkeit
des Erben, Begriff **1922** 108
Eigenvermögen des Erben
Begriff **1922** 109
Erbschaft und – **1922** 102, 104
des Miterben **1922** 78
Nachlaßverselbständigung **1922** 85
nachträgliche Trennung des Nachlasses **1922** 81 ff
und Testamentsvollstreckung **1922** 80
Zwangsvollstreckungsrecht **1922** 76
Einbenennung
und Tod des anderen Elternteils **1922** 146
Einfache Nachfolgeklausel
Gesellschaftsvertrag **1922** 179
Sondererbfolge in GmbH-Anteil **1922** 211
Einheitswert (steuerlicher) Einl 1922 ff 26
Einigungsvertrag
s. Beitrittsgebiet
Einkindschaftsvertrag 1924 2
Einlage
und Erbfall **1922** 174, 195 f, 203
Einrede
Erbausgleich, vorzeitiger **1934d** 11
des Erben **1922** 84
des Erben vor Annahme **1958** 2
Einseitige Verfügung von Todes wegen
s. Testament
Einstweilige Verfügung
Unterhaltsanspruch schwangerer Mutter **1963** 11

Eintrittsklausel
  Gesellschaftsvertrag **1922** 57, 175
Eintrittsrecht
  Ehegattenerbrecht **1931** 19
  Verwandtenadoption Abkömmlinge leiblicher Eltern nach Adoptierendem **1925** 7
  Verwandtenerbfolge (Erbfolge nach Stämmen) **1924** 14
  Wegfall gesetzlichen Erbens **1935** 6
Einwilligung
  des Erblassers, widerrufliche **1922** 324
  Leichenöffnung **1922** 130
  Unwiderruflichkeit, Erbenbindung **1922** 326
  Verpflichtung zur –, Erbenbindung **1922** 325
  Widerruflichkeit, Erbenstellung **1922** 327
Einzelrechtsnachfolge
  s. Sonderrechtsnachfolge
Einziehung
  von Forderungen aufgrund Ermächtigung **1922** 159, 324
  von Gesellschaftsanteilen **1922** 14, 58, 208
  von Vermögen des Straftäters **1922** 345
Elterliche Sorge
  Ausschlagung der Erbschaft **1945** 6, 9 ff
  Entziehungsverfahren und Tod eines Beteiligten **1922** 341
  Tod des Kindes **1922** 140
  Unvererblichkeit **1922** 139
Elterliche Vertretungsmacht
  Kindesverpflichtung durch –
  Einl 1922 ff 103
Eltern
  Adoptiveltern **1925** 5 ff, 7
  Ehegattenerbrecht bei vorhandenen – **1931** 22
  Elternteil, verstorbener **1925** 12
  Erben zweiter Ordnung **1925** 3 ff
  Schoßfall **1925** 11, 13
Enterbung 1938 1 ff
  Erbeinsetzung und – **1938** 1
  Letztwillige Verfügung, hinter gesetzlichem Erbteil zurückbleibende **1948** 4
Entmündigungsverfahren
  Tod eines Beteiligten **1922** 330
Entschädigungsanspruch
  Vererblichkeit **1922** 269, 270
  Vererblichkeit öffentlich-rechtlichen – **1922** 377
Erbanfall
  s. Erbfall
Erbanwartschaft 1922 11 ff, 229 ff
Erbauseinandersetzung
  Landwirtschaftlicher Betrieb
  Einl 1922 ff 20, 85
  und Nachlaß **1922** 106
  Nachlaßpflegschaft **1960** 51

Erbauseinandersetzung (Forts.)
  Reformdiskussion **Einl 1922 ff** 126
  Tod eines Miterben **1922** 361
  und Vermögensübergang „als Ganzes" **1922** 46 ff, 105
Erbausgleich (vorzeitiger)
  Abschaffungsforderung **1934d** 2
  Absolute Grenzen **1934d** 34
  Abwicklungsfälle **Einl 1922 ff** 94
  Adoption **1934d** 22
  Adoption nach Fixierung des – **1934e** 10
  Altersgrenzen **1934d** 13, 14, 44
  Anfechtbarkeit des Ausgleichsverlangens **1934d** 15
  Angemessener Betrag **1934d** 24
  Anspruch, verhaltener **1934d** 16
  Anspruchsinhaber **1934d** 8 ff
  Art, Umfang **1934d** 19 ff
  Aufhebung **1934d** 1
  Aufhebung mit Wirkung 1. 4. 1998
  Einl 1922 ff 94
  Ausgleichsverlangen, erneutes **1934d** 54
  Ausgleichsverlangen, formloses **1934d** 15
  Ausländisches Kind **1934d** 10
  Bedürfnis des Kindes kein Maßstab **1934d** 33
  Beerbung bei lebendigem Leib **1934d** 2
  Bereicherungsrecht **1934d** 58 ff
  Berufsleben und Starthilfe **1934d** 2, 64
  Billigkeitserwägungen **1934d** 61
  DDR-Aufenthalt **1934d** 22
  Doppelbelastung nichtehelichen Vaters **1934d** 62
  Ehelicherklärung nach Fixierung des – **1934e** 10
  Eheliches Kind, keine Besserstellung gegenüber **1934d** 2
  Einrede **1934d** 11
  Entstehung und Erfüllung **1934d** 17
  Entstehungszeitpunkt **1934d** 17
  Erbanteil und –, Relation **1934d** 27
  Erbe, gesetzlicher **1934d** 9
  Erbeinsetzung **1934d** 9
  Erben nichtehelichen Kindes **1934d** 41
  Erben nichtehelichen Vaters **1934d** 18
  Erbfolge, gewillkürte **1934e** 8
  ErbGleichG und Anwendung aufgehobenen Rechts **1934a** 41
  Erbrecht, bestehendes **1934d** 17
  Erbrecht, Erlöschen bei – **1934e** 2
  Erbrecht, Erlöschen des gesetzlichen – **1934e** 3
  Erbrecht in Geld (Rechtsnatur) **1934d** 12
  Erbrechtsfolge **1934d** 5, 9
  Erbschein **1934e** 15
  Erbteil, hypothetischer **1934d** 32
  Erbunwürdigkeit **1934d** 11
  Erbvertrag **1934d** 9

Erbausgleich (vorzeitiger) (Forts.)
Erbverzicht **1934d** 3, 12, 14
Erbverzicht und Erbrechts-Erlöschen **1934e** 8
Erfüllung **1934e** 7
Ermessen des Prozeßgerichts **1934d** 35
Erwerbs- und Vermögensverhältnisse **1934d** 24 f
Fälligkeit **1934d** 17, 50; **1934e** 2
Familiengericht (Stundungsbegehren) **1934d** 66
Familienrecht **1934d** 5
als familienrechtlicher Anspruch **Einl 1922** ff 80
familienrechtlicher Ausstattungsanspruch **1934d** 2, 10; **1934e** 9
Fixierung **1934e** 8, 11
Fixierung des bestehenden Anspruchs **1934d** 43
formloses Verlangen auf – **1934d** 15
Geburt nach 1. 7. 1949 **1934d** 9
Geldforderung **1934e** 1
Gestaltungserklärung **1934d** 17
Gleichstellungzweck **1934d** 1
Heimatrecht nichtehelichen Vaters **1934d** 10
Höchstbetrag **1934d** 34
Höchstpersönlichkeit **1934d** 37, 41
IPR **1934d** 5
Kapitalbedarf, vorzeitiger **1934d** 1
Kindesverhältnisse **1934d** 31
Klage **1934d** 72
Klagerücknahme **1934d** 55
Kostenhaftung **1934d** 47
Legitimation nach Fixierung des – **1934e** 10
Leistungsverweigerungsrecht **1934d** 11
Letztwillige Verfügung, Erbenstellung **1934d** 9
Mindestbetrag **1934d** 34
Nachteilsausgleich **1934d** 31
Nichteheliches Kind **1934d** 8
Notarielle Beurkundung **1934d** 74; **1934e** 2, 4
Notarielle Vereinbarung **1934d** 44 ff; **1934e** 13
Pauschalierung **1934d** 20
Pfändbarkeit **1934d** 39
Pflichtteilsentziehung **1934d** 11
Pflichtteilsverzicht **1934d** 12
Prozeßgericht, Entscheidung über – **1934d** 72
Prozeßgericht (Stundungsantrag) **1934d** 68
Ratenzahlung, Stundung **1934d** 25, 61
Rechtsinstitut, neues **1934d** 1
Rechtskraft **1934d** 49; **1934e** 6
Rechtsnatur **1934d** 12, 36 ff
Rechtwirkungen **1934e** 1
Regelbetrag **1934d** 20

Erbausgleich (vorzeitiger) (Forts.)
Regelunterhalt, Abweichen **1934d** 29
Rückgewähr vorzeitig gezahlten – **1934d** 58 ff
Rücktritt vom Ausgleichsverlangen **1934d** 56
Scheidungswaisen **1934d** 2
Scheitern des vorzeitigen – **1934d** 57
Schuldner **1934d** 18
Stundung **1934d** 61 ff
Testament **1934e** 8
Tod des nichtehelichen Kindes **1934d** 41 f
Tod nichtehelichen Kindes **1934d** 57
Tod nichtehelichen Vaters **1934d** 57
Übergangsrecht **1922** 25, 234
Übertragbarkeit **1934d** 37 f
Umwandlung des Erbrechtsanspruchs **1934d** 17
Unterhalt und Nachlaßwert, Diskrepanz **1934d** 32
Unterhaltsanspruch, weiterer neben – **1934d** 62
Unterhaltsverpflichtungen der letzten 5 Jahre **1934d** 21
Unterschreitung, Erhöhung **1934d** 34
Vater, väterliche Verwandte **1934d** 18
Vereinbarung und Erbrechtserlöschen **1934e** 5
Vereinbarung fortbestehenden Erbrechts trotz – **1934e** 12, 14
Vereinbarung hierüber **1922** 25; **1934d** 43
Vererblichkeit **1934d** 40
Verfahren zur Erlangung – **1934d** 72
Verfassungsmäßigkeit **1934d** 2
Verjährung **1934d** 44, 73; **1934e** 3
Vermögen des Vaters als Maßstab **1934d** 33
Vermögen, wirkliches und Unterhalt **1934d** 33
Vermögensverhältnisse (Kind) **1934d** 28
Vermögensverhältnisse (Vater) **1934d** 24 ff; **1934e** 1
Verpflichtungen nichtehelichen Vaters **1934d** 26
Vertrag, gegenseitiger **1934d** 45
vormundschaftsgerichtliche Genehmigung **1934d** 47
Wahlrecht **1934d** 15
Wirkung des vorzeitigen – **1934e** 8 ff
Zeitraum der Geltendmachung **1934d** 13, 44
Zurücknahme des Verlangens auf – **1934d** 51 ff
Erbaussicht 1922 11 ff
Erbbaurecht
Vererblichkeit **1922** 236
Erbberechtigung 1963 4
Erbe
Alleinerbe **1922** 72

Erbe (Forts.)
  anderer – als Fiskus **1964** 1
  Annahme der Erbschaft, Schutz des –
    1942 13
  Auskunft, Rechenschaft, eidesstattliche
    Versicherung durch – **1922** 276
  Ausländer **1961** 3
  Auslandsaufenthalt **1944** 3, 5
  Begriff **1922** 29
  Berufung **1922** 33
  Berufung zum – **1922** 33
  Berufungsgrund **1951** 8 ff
  Besitz **1922** 251 ff
  Besitzergreifung, tatsächliche **1922** 256
  Bestattungsumstände **1922** 123
  Beweis des Überlebens **1923** 5 ff
  confusio bonorum **1922** 72
  Dauerschuldverhältnis **1922** 285
  Eigentumsvermutung § 1006 BGB **1922** 262
  Eigenvermögen
    s. dort
  Erbe-werden, Zeitpunkt **1922** 34
  Erbenstellung, bereits entstandene **1922** 38
  Erbeserbe **1922** 229
  Erblasser als falsus procurator **1922** 314
  Erblassereinwilligungen, Bindung des –
    1922 324 ff
  Ermittlung **1964** 1 ff
  Ermittlung, öffentliche Aufforderung
    1965 3 ff
  Gesamtrechtsnachfolger **1922** 44 ff
  Gesamtvermögen **1922** 11
  Geschäftsunfähigkeit **1922** 317
  Gesellschaftererbe, begünstigter **1922** 183
  des Kommanditisten **1922** 196
  Kommorientenvermutung **1923** 6
  künftiger –, Rechtsstellung **1922** 11 ff
  Miterbe
    s. dort
  Nachlaßpfleger, Haftung des – **1960** 37
  Nachlaßpfleger wegen Unbekanntheit des
    – **1923** 19
  Nächstberufener **1953** 8
  oHG-Gesellschafter, fortsetzungsberechtigter **1922** 172
  Pflegschaft für endgültigen – **1960** 23
  Prozeßfähigkeit **1960** 43
  Prozeßführung **1958** 2
  Prozeßrechtsverhältnis **1922** 329
  Rechtliche Stellung (Erbesein)
    Einl 1942 ff 1 ff
  Rechtskraft der Feststellung als – **1922** 39
  Rechtsstellung **1922** 94
  Schwebende Rechtsbeziehungen, Eintritt
    1922 304
  Sondererbfolge **1922** 62
  des Sozialhilfeempfängers **1922** 365
  Streit hierüber **1960** 7

Erbe (Forts.)
  übergangener – **1938** 4
  unbekannter **1960** 8 f, 24; **1961** 9
  Urteil auf namentlich nicht bezeichneten –
    1922 332
  Vererbung der Stelle des – **1922** 229
  Verfügungsbefugnis über Nachlaß
    1922 75 ff, 78 ff
  verhinderter **1922** 18
  Vermögensübergang **1922** 41 ff
  aus verschiedenen Gründen **1948** 1
  verschollener **1960** 26, 39
  Verschwiegenheitsanspruch, auf – übergegangener **1922** 297
  Vertretung des – oder des Erblassers
    1922 321
  Vertretung des vorläufigen – **1942** 12
  Vollmachtswiderruf **1922** 322
  Vorerbe als Erbe auf Zeit **1922** 79
  vorläufiger **1943** 8; **1958** 6, 8
  vorläufiger und endgültiger –, Ausgleich
    1959 17 ff
  vorläufiger –, Geschäftsbesorgung **1959** 1 ff
  vorläufiger – und Nachlaßpfleger **1960** 42
  Wegfall eines gesetzlichen – **1935** 1 ff
  weichender **1922** 235
  Zeitpunkt des „Erbewerdens" **1922** 34
  Zivilprozessuale Rechtsstellung, Übergang
    1922 330
  Zwangsvollstreckung **1922** 337
Erbeinsetzung
  s. a. Berufung, Berufungsgründe
  Ausschlagung der Erbschaft **1953** 6
  Begriff **1937** 5
  Berufung zum Erben **1922** 33; **1937** 5
  Berufung zu mehreren Erbteilen **1951** 1 ff
  Berufungsgründe, mehrere **1949** 9 ff
  Berufungsgründe, mehrere nacheinander
    wirksam werdende **1944** 28
  Berufungsgrund **1947** 3; **1948** 16; **1949** 3,
    6 ff
  zum einheitlichen Erbteil Berufene **1950** 3
  nicht auf einzelne Nachlaßgegenstände
    1922 51
  Erbfolge, gesetzliche und –, Zusammentreffen **1951** 2
  zum Ganzen der Erbschaft **1950** 3
  als Gesamtrechtsnachfolge **1922** 44 ff
  Gesetzliche Erbfolge neben –
    Vorbem 1924-1936 1
  Praxis **Vorbem 1924-1936** 1
  Vermächtnis und –, Abgrenzung **1939** 2 f
Erbengemeinschaft
  Ausschluß nichtehelicher Kinder
    Einl 1922 ff 96
  Erbfähigkeit, fehlende **1923** 31
  Erbschaft, keine Verfügung im ganzen
    1922 71

Erbengemeinschaft (Forts.)
  Gesamthand **1922** 64 f
  GmbH-Geschäftsanteil **1922** 210
  Kaufmannsfähigkeit **Einl 1922 ff** 103
  Kind, nichteheliches **Vorbem 1924-1936** 42
  oHG-Gewinnansprüche nach Erbfall
    1922 187
  als oHG-Mitglied **1922** 177 ff
  Sondererbfolge **1922** 66
  Sondererbrecht **1922** 107, 110
  Vererblichkeit der Mitgliedschaft **1922** 162
Erbenhaftung
  s. a. Nachlaßverbindlichkeiten
  Dauerschuldverhältnisse **1922** 284 f
  Erblasser als Galsus procurator **1922** 313 ff
  Handelsgeschäft und Unternehmen
    1922 218
  Kommanditistenstellung **1922** 196
  Normenübersicht außerhalb BGB
    Einl 1922 ff 21
  Öffentlich-rechtliche Verbindlichkeiten
    1922 378
  OHG-Gesellschafter **1922** 174
  Rechtslagen, verantwortungsbelastete
    1922 261
  Reformvorschlag **Einl 1922 ff** 125
  Schadens-, Delikts- und Bereicherungs-
    recht: Unterlassungs-, Ersatz- und
    Herausgabepflichten **1922** 273 ff
  Sonderrechtsnachfolge **1922** 356 f, 362 ff
  Steuerschuldverhältnis **1922** 370
  Vermögensbegriff und Verbindlichkeiten
    1922 114
Erbersatzanspruch
  Abkömmlinge des Kindes des nichteheli-
    chen Kindes **1934a** 32
  Abkömmlinge vorverstorbenen Vaters
    1934a 29
  Aktivposten, Passivposten **1934b** 6
  Altfälle **1934a** 41
  Annahme **1934b** 18 f
  Annahme, Ausschlagung (Urteilbarkeits-
    grundsatz) **1950** 6
  Aufhebung **1922** 29, 234
  Aufhebung durch ErbGleichG **1934a** 41
  Aufhebung mit Wirkung 1. 4. 1998
    Einl 1922 ff 48c, 93
  Aufrechnung **1934b** 8
  Ausgleichungspflicht **1934b** 26 ff
  Auskunft über Nachlaß **1934b** 32
  Ausschlagung **1934b** 18, 20 f; **1945** 30
  Ausschluß von Erbfolge **1934b** 17
  Bedingter Anfall **1934b** 17
  Belastung **1934a** 2; **1934b** 24
  Berechnung **1934b** 2 f, 12 ff
  Bewertung **1934b** 3

Erbersatzanspruch (Forts.)
  Dingliche Erbfolge nichtehelicher
    Verwandter, – als Annahme hiervon
    1934a 2
  Diskriminierungsverbot Art. 14 EMRK
    Einl 1922 ff 104
  Dreißigster **1934b** 5
  Durchsetzung **1934b** 31
  Ehefrau und eheliche Abkömmlinge,
    vorhandene **1934a** 19
  Ehefrau, erbberechtigte des ehelichen
    Kindes des nichtehelichen Kindes
    1934a 31
  Ehefrau nichehelichen Vaters **1934a** 24
  Ehefrau väterlicher Verwandter **1934a** 24
  Ehegatte, ehelicher Abkömmling als Erbe
    1934a 23
  Ehegattenerbrecht **1931** 47 f
  Eheliche Abkömmlinge, vorhandene
    1934a 18
  eheliche Halbgeschwister, Tod **1934a** 24
  ehelicher Abkömmling **1934a** 23
  Eheliches Güterrecht **1934a** 14
  Eintrittsrecht **1934b** 21
  Enterbung **1934b** 22
  Entstehung **1934b** 17, 19
  Entzug **1934b** 22
  Erben, gesetzliche und – **1934a** 8
  und Erbenbegriff **1922** 29
  Erbengemeinschaft, nicht gewollte **1934a** 9
  Erbengemeinschaft, zu verhindernde
    1934a 9
  Erbfälle und – oder älteres Recht
    Vorbem 1924-1936 35
  Erbfall, Zeitpunkt **1934a** 12
  Erbfolge, Ausschluß von gesetzlicher
    1934a 7
  Erbrecht, gesetzliches **Vorbem 1924-1936** 34
  Erbrechtsgleichstellungsgesetz **1934a** 41
  Erbschein **1934b** 33
  Gesamthandsklage **1934b** 13
  Gesamtschuldklage **1934b** 13
  Großeltern, vorverstorbenen Vaters
    1934a 30
  Gütergemeinschaft **1934a** 16 f, 21
  Gütertrennung **1934a** 15, 20, 28
  Haftung für den – **1934b** 13 ff, 35
  Hoferbfolge **Vorbem 1924-1936** 43
  Kritik **1934a** 39
  Landgut **1934b** 7
  Leistungsklage **1934b** 31
  durch letztwillige Verfügung **1934a** 6
  letztwillige Verfügung, Wertfestlegung
    1934b 9
  Minderjähriger **1934b** 31
  Nachlaßbestand, Erblasserschulden
    1934b 3 ff
  NichtehelichenG und – **1934a** 24

Erbersatzanspruch (Forts.)
Pfändung **1934b** 24
Pflichtteilsrecht **1934b** 9, 17, 20, 22
Quotenvermächtnis **1934b** 29
Ratenzahlung **1934b** 35
Rechtsnatur **1934b** 2, 11
Statusänderung, rückwirkende **1934a** 12
Stundung **1934b** 35
Tod ehelichen Kindes des nichtehelichen Kindes **1934a** 31 ff
Tod des Erblassers **1934b** 17
Tod nichtehelichen Vaters **1934c** 2 ff
Überschuldung des Nachlasses **1934b** 17
Übertragung **1934b** 23
Vater nichtehelichen Kindes **1934a** 26 ff
Vaterschaftsfeststellung **Einl 1922 ff** 97; **1934c** 2 ff
Vererbung **1934b** 23
Verfassungsmäßigkeit **Einl 1922 ff** 93 ff; **Vorbem 1924-1936** 36; **1934a** 39
Verjährung **1934b** 34
Vermächtnis **1934b** 16, 36
Verwandtenerbfolge und – **1934a** 2, 3
Verwandtenerbrecht, vorausgesetzes **1934a** 10, 23
Verwandter, vorrangiger **1930** 6
vorzeitiger Erbausgleich, Benachteiligung ehelichen Kindes **Einl 1922 ff** 98
Wegfall ehelichen, nichtehelichen Kindes **1934a** 22

Erbeserbe
Mehrheit von –, Teilausschlagung **1952** 7 ff
Rechtsstellung **1922** 229 f
Vererblichkeit des Ausschlagungsrechts **1952** 1

Erbfähigkeit
Beginn, Ende **1923** 2 ff; **1931** 15
vom Erblasser verschiedene Person **1922** 31
keine gesetzliche Beschränkung **1923** 14 f
Juristische Person **1922** 32; **1923** 30 ff
Leibesfrucht **1923** 16 ff
nichtrechtsfähiger Verein **1923** 31
Personengesellschaften **1923** 31
Zeugung nach dem Erbfall **1923** 25 ff
Zeugung vor dem Erbfall **1923** 20 ff

Erbfall
Abwicklung **1960** 1
Anfallprinzip **1922** 42, 72; **Einl 1922 ff** 59; **1923** 1; **1942** 2, 4 f, 9, 11; **1956** 5
Annahme vom – an **1946** 1 ff
Ausschlagung vom – an **1945** 7; **1946** 1 ff
Besitz **1922** 250
und Erbe-Werden **1922** 34
Erbschaftsanfall und – **1942** 9
fiktive Vorverlegung **1922** 10
Geburt eines Erben, erwartete **1963** 4
Kenntnis der Erben **1944** 7
Nachlaßgericht, Tätigwerden **1960** 2

Erbfall (Forts.)
nuda spes **1922** 228
Rechtslage vor dem – **1922** 9 ff
als Tod einer Person **1922** 1, 4
Verfügung unter Lebenden auf den – **1922** 56
Vertragsvorgang teils vor, teils nach – **1922** 310
und Vertretung **1922** 321
und Wegfall gesetzlichen Erbens **1935** 3 ff
Zeitpunkt **Vorbem 1924-1936** 53; **1934a** 12

Erbfallschulden
Erbersatzanspruch **1934b** 10, 13

Erbfolge
durch Erbeinsetzung
s. dort
vor dem Erbfall **1922** 9
Gesetzliche –
s. Erbfolge (gesetzliche)
Gesetzliche und gewillkürte – **1922** 13 f, 33
Gesetzliche – der Verwandten
s. Verwandtenerbrecht
Nachlaßverfügung durch Vollmacht und – **1922** 322
postmortale Zeugung **1923** 28
Voraussetzungen der – **Vorbem 1924-1936** 1
Vorweggenommene – **1922** 10, 17
Zufallserbfolge **1923** 1

Erbfolge (gesetzliche)
Ausschlagung der Erbschaft **1953** 6
Berufung zu mehreren Erbteilen **1951** 2
Berufungsgründe **Vorbem 1924-1936** 3
Bruchteilseinsetzung **1938** 3
DDR **Einl 1922 ff** 109
Ehe, Verwandtschaft **1931** 2
Ehegattenerbrecht
s. dort
Eintrittsrecht nach Wegfall gesetzlichen Erbens **1935** 7
Enterbung, Erbeinsetzung **1938** 2
Enterbung, Wirkung auf – **1938** 9, 10
Erbeinsetzung auf höheren Erbteil **1948** 9
Erbersatzanspruch
s. dort
Erbersatzanspruch, Geltung bei – **1934a** 6
Erbfolge, gewillkürte und –, Zusammentreffen **1951** 2
Erbinteresse an – statt testamentarischer **1948** 6
Erblasserwille, mutmaßlicher **Vorbem 1924-1936** 1
Erbteile, zwei aufgrund – **1951** 11
Familiengebundenheit des Vermögens **Einl 1922 ff** 52
Familiengedanke, übersteigerter **Vorbem 1924-1936** 55
und familienrechtliche Zuordnung **Vorbem 1924-1936** 29

Erbfolge (gesetzliche) (Forts.)
Feststellung Nichtbestehens –
  Vorbem 1924-1936 54
Fiskalerbrecht
  s. dort
bei heterologer in-vitro-Fertilisation mit Eizelle gebärender Mutter
  Vorbem 1924-1936 28
bei heterologer in-vivo-Fertilisation (Insemination) **Vorbem 1924-1936** 27
bei homologer in vitro-Fertilisation mit anschließendem Embryotransfer oder nach Eierspende **Vorbem 1924-1936** 29
Kenntnis des Erben **1944** 9
Nachlaßteil **1934a** 8
nächstberufener Erbe **Vorbem 1924-1936** 53
neben gewillkürter – **Vorbem 1924-1936** 1
Rechtsgrundlage **1922** 33
Reformüberlegungen **Einl 1922 ff** 116, 120, 122
Simultanberufung **Vorbem 1924-1936** 53
Subsidiarität **Vorbem 1924-1936** 1
und Testierfreiheit **Einl 1922 ff** 56
Übergehen eines Erben **1938** 4
Überschwerung **1935** 1
Verfassungsrecht **Einl 1922 ff** 70
Verfügung von Todes wegen, Wegfall führt zur – **1948** 2
Verwandtenerbfolge
  s. dort
Wahrscheinlichkeit **1960** 9
Wegfall gesetzlichen Erbes **1935** 1 ff
Würdigung **Vorbem 1924 -1936** 55 ff
Zeitpunkt des Erbfalls **Vorbem 1924-1936** 53

Erbfolge (gewillkürte)
s. Erbeinsetzung

Erbfolge (vorweggenommene) 1922 10, 17

Erbgang 1922 46
Rechtsfolgen **Einl 1942 ff** 3 f

Erbhofgesetzgebung Einl 1922 ff 114

Erblasser
Aktionär **1922** 214
Amtsrechtsinhaber **1922** 156 ff
Arbeitspflichtiger **1922** 276
Auftraggeber, Arbeitgeber, Dienstherr **1922** 278 ff
Ausländer **1931** 51a
Beamter **1922** 366 ff
Begriff **1922** 27
beschränkt geschäftsfähiger **1922** 312
Besitzer **1922** 249, 250 ff
Bestattung **1922** 121
Deutsches Erbrecht, anwendbares **1936** 4
Ehegatte, in Gütergemeinschaft lebender **1922** 148
Ehegatte und Güterrecht **1922** 148, 154, 163
Ehestatus **1922** 137

Erblasser (Forts.)
Eintragsbewilligung **1922** 328
Einwilligung, widerrufliche **1922** 324
Elternteil **1922** 139
Erbe als – **1922** 230, 233
Erbe, Erblasser, Vermutung gleichzeitigen Versterbens **1923** 9
Erbengemeinschaft, Mitglied **1922** 162
Erbeserben, übrige oder sonstige Erben des – **1952** 8
Erbschaftsannahme, ihm selbst angefallene **1922** 230
Erbteile, Bildung mehrerer **1951** 2
falsus procurator **1922** 313
Fiskalerbrecht **1936** 2
Genosse **1922** 167
Geschäftsunfähigkeit, Vertragsanbahnung **1922** 311
GmbH-Gesellschafter **1922** 208, 209
Hausbesitzer **1922** 261
Hochschullehrer **1922** 268
höchstpersönliche Belange **1922** 298
Immaterialgüterrechtsinhaber **1922** 267 ff
KG-Einlage, nicht vollständig erbrachte **1922** 196
als Kläger **1922** 26
Körper **1922** 117 ff
Körperverletzung zu Lebzeiten des – **1922** 132
Kommanditist, Kommanditistaktionär **1922** 194 ff, 201, 202
Komplementär **1922** 193, 202
Kraftfahrzeughalter **1922** 261
künftiger –, Feststellung künftiger Erbberechtigung **1922** 19
künftiger –, Rechtsstellung **1922** 17
LPG-Mitglied **1922** 167
Makler **1922** 281
Mitreeder einer Partenreederei **1922** 207
Nachlaß des ersten – **1922** 230
Nichtberechtigter –, Verfügung **1922** 315
Nichtehelicher Vater **1922** 141, 142
Nichteheliches Kind **1922** 143, 144
oHG-Gesellschafter **1922** 169 ff, 172
Parantelen **Vorbem 1924-1936** 13
Persönlichkeitsrechte **1922** 298
Persönlichkeitsverletzung zu Lebzeiten des – **1922** 132
Personengesellschaft **1922** 168 ff
Prozesse gegen – **1922** 23 ff
Prozeßunterbrechung **1958** 8
Rechtsgemeinschaft, Mitglied **1922** 162
Rechtsscheinstellung **1922** 263, 263 ff
Sozialansprüche **1922** 355 ff
Steuerpflichtiger **1922** 371
Stiller Gesellschafter, Geschäftsinhaber **1922** 203 f
Strafverfahren, anhängiges **1922** 343

Erblasser (Forts.)
Teilausschlagung, Gestattung durch –
  1951 13
Testierfähigkeit, Beobachtungen hierzu
  1922 298
Tierhalter **1922** 261
Tod **1922** 228; **1934b** 17
Tötung **1922** 134
Treuhänder, Treugeber **1922** 160
Umbettung **1922** 124 ff
Urteil, auf – lautendes **1922** 332
Vereinsmitglied **1922** 164 ff
Verfügungsbeschränkungen **1922** 316
Vermögen **1922** 113
Verpflichtungsbeschränkungen **1922** 316
Verschwiegenheitspflichten **1922** 296
Versicherungsnehmer **1922** 286 f
Verstorbener **1922** 27
Vertragsanbahnung, Vertragsantrag
  1922 306
Vertretung des – oder des Erben **1922** 321
Vollmachten des – **1922** 320 ff
Vollmachtgeber, Vollmachtnehmer
  1922 159
vollmachtslose Vertretung des – **1922** 319
Vorerbe **1922** 232
Wartezeit zu Lebzeiten **1922** 228
Wohnungseigentümer **1922** 162
Zugewinngemeinschaft **1922** 316
Zwangsvollstreckung, vor Erbfall gegen –
  begonnene **1961** 14
Erbonkel, Erbvetter, Erbneffe Einl 1922 ff 70
Erbpachtrecht Einl 1922 ff 25
Erbprätendent
Rechtsmittel im Feststellungsverfahren
  1964 1, 2
Erbquote
Erbrecht und – **1922** 182 ff
Erbrecht
Anmeldung **1965** 3 ff
Anspruch und – **1922** 16
Aufgabe **Einl 1922 ff** 51
Auslegung der Normen **Einl 1922 ff** 135 ff,
  140
Aussicht auf Erwerb, Zeitpunkt **1922** 228
Begriffsbildung **1922** 112
BGB-Gliederung **Einl 1922 ff** 6 ff
BGH-Zuständigkeit **1922** 102
Bundesrecht **Einl 1922 ff** 24
DDR, frühere **Einl 1922 ff** 109 ff, 134
EGBGB **Einl 1922 ff** 25 f
des Ehegatten
  s. Ehegattenerbrecht
und Eigentumsgarantie **Einl 1922 ff** 63 f
Entstehungsgeschichte **Einl 1922 ff** 28 ff
Erbausgleich und Erlöschen des –
  1934e 2 ff

Erbrecht (Forts.)
Erbausgleich, vorzeitiger an Stelle des –
  1934d 9
Erbquote und – **1922** 182 ff
Familienerbrecht **Einl 1922 ff** 50
familienrechtliche Vermutung **1923** 20
Feststellungsklage gegen Fiskus **1965** 7
des Fiskus
  s. Fiskalerbrecht
Funktionswandel **Einl 1922 ff** 119
Generalklauseln §§ 138, 242
  Einl 1922 ff 137
Gesamtrechtsnachfolge
  s. dort
Gesellschaftsrecht und – **Einl 1922 ff** 133
Gesetzesänderungen **Einl 1922 ff** 31 ff
Gestaltungsrechte **1922** 299
internationales **Einl 1922 ff** 142
Körper des Erblassers **1922** 117
künstlich erzeugter Kinder
  Vorbem 1924-1936 26 ff
Landesrecht **Einl 1922 ff** 24 ff
Lehre vom beweglichen System
  Einl 1922 ff 136
Nachfolge am – vorbei **1922** 10
Nachkriegsvorschriften **Einl 1922 ff** 10
Nachlaßzugehörigkeit und – **1922** 173
im objektiven Sinne **Einl 1922 ff** 1
öffentlich-rechtliche Positionen **1922** 352
Öffentliche Aufforderung zur Anmeldung
  1965 1 ff
Prinzipien **Einl 1922 ff** 50 ff
Privatautonomie **Einl 1922 ff** 14
Privaterbrecht, Staatserbrecht
  Einl 1922 ff 61; **Vorbem 1924-1936** 55
Privatrechtspositionen **1922** 352
Prozessuale Durchsetzung **1922** 40
Rechte am – vorbei **1922** 287
Rechtserwerb außerhalb des –
  Einl 1922 ff 14
Rechtsnormen außerhalb 5. Buches BGB
  Einl 1922 ff 9
Sondererbfolge **1922** 62
Sonderpflichtnachfolge außerhalb des –
  1922 363
Sonderrechtsnachfolge außerhalb des –
  1922 357
Sonderrechtsnachfolge, keine Zugehörigkeiten zum – **Einl 1922 ff** 3, 14
Sozialpflichtigkeit **Einl 1922 ff** 73
Staatserbrecht **Einl 1922 ff** 122; **1936** 1 ff
Sukzession am – vorbei **1922** 54 ff
und Verfassung **Einl 1922 ff** 60 ff
vermögensrechtliche Todesfolgen außerhalb – **Einl 1922 ff** 4
der Verwandten
  s. Verwandtenerbfolge

Erbrecht (Forts.)
 Zeitlicher Geltungsbereich
  Einl 1922 ff 139 ff
Erbrechtliche Nachfolgeklausel 1922 172
Erbrechtliche Positionen
 Weitervererblichkeit **1922** 228 ff
Erbrechtliche Verfügungen
 Übersicht, Inhalt möglicher –
  Vorbem 1937-1941 4 ff
Erbrechtsausschuß
 der Akademie für Deutsches Recht
  Einl 1922 ff 115
Erbrechtsgleichstellungsgesetz
 Aufhebung der §§ 1934a–1934e
  Vorbem 1924-1936 34, 45a
 Eheliches/nichteheliches Kind, gleiche
 Verwandtschaftsverhältnisse
  Vorbem 1924-1936 24
 Erbausgleich, Aufhebung des vorzeitigen
  1934d 1
 Erbausgleich, wirksame Regelung eines
 vorzeitigen und Inkrafttreten des –
  1934a 41
 Erbersatzanspruch, aufgehobener **1934a** 41
 Geburt nichtehelichen Kindes vor 1. 7.
 1949 **1934a** 41
 Nichteheliches Kind, Aufhebung der
 Sonderregelungen **Einl 1922 ff** 48c, 94,
 104, 123, 141
Erbrechtsreform
 Geschichte **Einl 1922 ff** 113 ff
ErbregelungsVO 1944
 Abweichung von gesetzlicher Erbfolge
  Einl 1922 ff 114
Erbschaft
 s. a. Erbschaft (Nachlaß)
 Anfall **1922** 42; **1942** 2 ff
 Anfechtung **1922** 36, 81
 Nachlaßsicherung **1960** 5 ff
 Übergang **1922** 41 ff
 Verfügung über – **1922** 71 ff, 96 ff
Erbschaft (Annahme)
 Anfechtbarkeit **1954** 1, 4 ff
 Anfechtung der – als Ausschlagung
  1957 1 ff
 Anfechtung der Ausschlagung **1943** 14
 Annahmewille, Schluß hierauf **1943** 5
 Aufgebotsverfahren nach – **1958** 10
 Ausschlagungsrecht, Verzicht durch –
  1943 5
 Bedingungsfeindlichkeit **1947** 1 ff
 Beschränkte Geschäftsfähigkeit **1943** 11
 Beweislast **1943** 15
 Ehegatte **1943** 12
 Erbenschutz bis zur – **1942** 13
 Erbfall **1943** 2; **1946** 1 ff
  nach Erbfall **1946** 3
  vor Erbfall, wirkungslose **1946** 2

Erbschaft (Annahme) (Forts.)
 Erklärung der – **1949** 2
 Ersatzerbe **1946** 4
 Form **1943** 3 f
 Fristablauf **1943** 13
 Fürsorgeberechtigung vor – **1959** 1
 Geschäftsbesorgung vor – **1959** 3 ff
 Gesetzliche Verbote **1943** 12a
 HeimG **1943** 12a
 Irrtum über Berufungsgrund **1949** 6 ff
 vor Kenntnis **1944** 15
 Leistungsverweigerungsrecht des Erben
  vor – **1958** 1 ff
 Minderjährigkeit **1943** 11 f
 Nachlaßhandlungen **1943** 7 f
 Nachlaßpfleger **1943** 12
 Nachlaßpflegschaft **1960** 48
 Nachlaßsicherung vor – **1960** 5, 6
 Nachlaßverbindlichkeiten und noch
  ausstehende – **1958** 1 ff
 Nasciturus **1946** 5
 Öffentlicher Dienst **1943** 12a
 pro herede gestio **1943** 5, 7, 8; **1947** 1;
  1954 4; **1959** 2; **1960** 12, 43
 Prozeßrecht (Einrede) **1958** 2
 Prozeßunterbrechung, Situation vor –
  1958 8
 als Rechtsvoraussetzung **1943** 15
 Schlüssiges Verhalten **1943** 7, 8
 Testamentsvollstrecker **1943** 12
 Überschuldung **1954** 8
 Ungewißheit der – **1960** 12
 Unteilbarkeitsgrundsatz **1950** 1 ff
 Unwiderruflichkeit **1954** 1
 Verpflichtung hierzu **1945** 28
 Vertretung **1943** 11
 Vonselbsterwerb **1943** 15
 Willenserklärung **1943** 2
 Zivildienstleistender **1943** 12a
Erbschaft (Ausschlagung)
 Abhandenkommen **1959** 14
 Amtsgericht **1945** 14
 Amtspersonen **1945** 21a
 Anfallprinzip und Anfechtungsrecht **1956** 5
 Anfechtung der Anfechtung **1957** 3
 Anfechtung der – als Annahme **1957** 1 ff,
  1 ff
 Anfechtung der Annahme als – **1957** 1 ff;
  1959 3
 Anfechtung der Fristversäumung **1956** 1 ff
 Anfechtung versäumter Frist für – **1956** 1 ff
 Anfechtungsfrist **1954** 13 ff
 Anfechtungsgründe **1954** 3 ff
 Angebot zum Vertragsabschluß **1959** 20
 Annahme eines Erblasser-Vertragsantrags
  1959 20
 Annahme einer Leistung vor – **1959** 11
 Anwachsung **1951** 3; **1953** 2, 6

Erbschaft (Ausschlagung) (Forts.)
Anwachsung bei übrigen Erbeserben **1952** 8
Arglistige Täuschung **1954** 3
Ausgleichsansprüche nach – **1959** 17
Ausländische Ausschlagungserklärung **1945** 24
Ausland (Erbe, Erblasser) **1944** 3 ff
Ausschlagung eines anderen Erben **1944** 7
Bedingungsfeindlichkeit **1947** 1 ff
Befristung, Ausschlußfrist **1944** 1
Behörde **1945** 21
Belastungen als eingesetzter Erbe **1948** 7
Berufung aus bestimmtem Grunde **1947** 3
Berufungsgründe, Erstreckung auf alle **1948** 14
Berufungsgründe, mehrere nacheinander wirksame **1944** 28
Berufungsgrund, Begriff **1951** 8
Berufungsgrund, Beschränkung auf bestimmten **1949** 9 ff
Berufungsgrund, einheitlicher **1951** 7, 9
Berufungsgrund, Irrtum hierüber **1949** 6
Berufungsgrund, Kenntnis **1944** 8
Berufungsgrund, Verschiedenheit **1951** 6, 10
Berufungskonzentration nach – **1953** 2
Beschränkte Geschäftsfähigkeit **1944** 14; **1945** 5
Beschwerungen **1953** 9
Besitz **1953** 4; **1957** 4; **1959** 7, 14
Besorgung erbschaftlicher Geschäfte **1953** 12
Betreuer **1945** 9
Beweislast **1944** 30
Beweislast für Anfechtungsnichtigkeit **1954** 18
Bruchteilszerlegung nicht möglich **1950** 3
DDR-Erbschaften, Anfechtung der – **1954** 19 ff; **1955** 5
DDR-Recht **1944** 31 f; **1945** 25 ff
Dringliche Verfügungen vor – **1959** 9 ff
Ehegatte **1945** 4
Ehegattenerbteil neben Verwandtenerbteil **1951** 11
Eheliches Güterrecht **1942** 15
Einseitige Rechtsgeschäfte gegenüber Erben vor – **1959** 18
Einsichtsrecht (Ausschlagungserklärung) **1953** 16
Elterliche Sorge **1945** 6, 10
Eltern, Elternteil **1945** 9 f, 19; **1946** 5
Enterbung **1948** 4
Erbanfall **1944** 2, 7
Erbe, pflichtteilsberechtigter **1954** 11
Erbenmehrheit **1944** 29
Erbeserbe, Erblassererbschaft **1952** 1 ff
Erbeserben, Mehrheit **1952** 7
Erbfall **1945** 7; **1946** 1 ff; **1953** 7

Erbschaft (Ausschlagung) (Forts.)
Erbfolge (gesetzliche, gewillkürte) **1944** 7, 9; **1953** 6
Erbschaft, erneuter Anfall nach – **1949** 12
kein Erbschaftsbesitzer nach – **1959** 7
Erbschaftsteuer **1942** 12
Erbschein, Erwerb aufgrund – **1959** 15
Erbteilanfall **1950** 2
Erbteilbildung durch Erblasser **1951** 2
Erbteile, Anfall mehrerer **1950** 2; **1951** 1 ff
Erbvertrag **1948** 2
Erbvertrag, Einheit und Verschiedenheit des Berufungsgrundes **1951** 9, 10
Erfüllung an vorläufigen Erben **1959** 11
Erklärungsinhalt **1945** 2 ff
Erklärungsirrtum **1954** 3 f
Ersatzerbe **1952** 6; **1953** 2, 6
Ersatzerbe, vorhandener **1948** 2, 3
Ersatzerbeneinsetzung **1951** 7
Fiktion des Vorversterbens **1953** 6
Fiskus **1966** 1
Form **1945** 1, 13 ff
Form der Anfechtung der – **1955** 1 ff; **1957** 2
Frist für – nach – **1953** 10
Frist für Anfechtung **1954** 13 ff
Frist für – der dem Erben angefallenen Erbschaft **1952** 3 ff
Frist, Lauf neuer nach – **1948** 14
Fristberechnung, Fristablauf **1944** 23 ff
Fristversäumnis **1956** 1 ff
Fristversäumung, Anfechtung **1956** 1 ff
Gemeinschaftliches Testament **1948** 11
Geschäftsbesorgung durch vorläufigen Erben vor – **1959** 3 ff
Geschäftsfähigkeit **1945** 5
Geschäftsunfähigkeit **1944** 14
Gesetzliche Erbfolge **1953** 6
Gesetzliche Erbfolge, Ausschluß **1948** 6
Gesetzliche Erbfolge, Erbteilmehrheit **1951** 2
Gesetzlicher Ehegattenerbteil, erhöhter **1950** 4; **1951** 3
Gesetzlicher Erbe nach – **1948** 2 ff
Gesetzlicher Vertreter **1945** 5
Gestaltungsrecht, vererbliches **1942** 14
Gewillkürte Erbfolge **1953** 6
Gläubigerverzug **1959** 19
Grundbuchinhalt, guter Glaube **1959** 15
Gutglaubenserwerb **1959** 13
Gutglaubensschutz **1953** 13
Handlungen vor – als pro herede gestio **1959** 2
Heimträger, Erbeinsetzung **1945** 29
Herausgabeanspruch des endgültigen Erben **1953** 12
Höferecht **1945** 15
Hoferbe, Teil der Erbschaft **1951** 4

574

Erbschaft (Ausschlagung) (Forts.)
Inhaltsirrtum **1954** 3 f, 6, 19, 22
Interessenkollision **1945** 8
Irrtum **1944** 11
Irrtum über angefallenden Erbteil **1954** 2
Irrtum im Berufungsgrund **1949** 5
Irrtum über Berufungsgrund **1954** 2
Irrtum über Beschwerungen, Beschränkungen **1954** 3, 5, 11 f
Irrtum, erheblicher **1954** 9
Irrtum über Nachlaßzusammensetzung **1954** 7, 22
Irrtum über Person des Nachrückers **1954** 6
Irrtum über Rechtsfolge **1948** 3; **1950** 8
Irrtum über Überschuldung **1954** 7 ff, 22
Irrtum des Vertreters **1954** 10
Irrtum über den Wert **1954** 5, 7 f
Irrtumsanfechtung **1956** 2
Jugendamt **1945** 21
Juristische Person **1946** 6
Kenntnis **1944** 7 ff; **1945** 2; **1952** 5
Kind, nach Elternteil berufenes **1945** 11
Kind, Gesamtvertretung **1945** 21
Konkurs des vorläufigen Erben **1959** 25
Landwirtschaftsgericht **1945** 15
Leistungsangebot eines Nachlaßschuldners **1959** 19
Minderjährigkeit **1945** 5
Miterbe **1953** 6
Motivirrtum **1954** 5 f, 21
Nachberufener **1946** 4
Nacherbe **1946** 8
Nacherbeneinsetzung **1949** 12; **1951** 7
Nacherbenfall **1952** 10 ff; **1953** 6; **1957** 2
Nachlaßbeteiligung, keine höhere durch – **1948** 8
Nachlaßgericht **1948** 16; **1955** 1 ff
Nachlaßgericht als Adressat **1945** 13
Nachlaßgericht, Mitteilungspflicht **1953** 15
Nachlaßpflegschaft **1960** 48
Nachlaßspaltung **1945** 25
Nachlaßverbindlichkeiten **1953** 4
Nachlaßverbindlichkeiten, Befreiung **1953** 4
Nachlaßverwaltung **1959** 27
Nächstberufener Erbe **1953** 8
Nasciturus **1945** 6; **1946** 5
Negative Feststellungsklage **1959** 24
Nichtberechtigter **1959** 13
Niederschrift des Nachlaßgerichts **1945** 19
Notare **1945** 14, 20, 21
öffentlich beglaubigte Form **1945** 19; **1955** 2
Örtliche Zuständigkeit **1945** 16 ff
Pflegepersonen, Erbeinsetzung **1945** 29
Pfleger **1945** 9; **1946** 5
unter Pflichtteilsvorbehalt **1950** 7
Präklusivfrist **1944** 2

Erbschaft (Ausschlagung) (Forts.)
pro herede gestio **1947** 1; **1954** 4; **1959** 2
Prozeßführung vor – **1959** 21 ff
Rechtsbedingung **1947** 2, 4
Rechtsfolgen **1953** 1, 4 ff, 4 ff
Rechtsgeschäfte vor – **1959** 9 ff
Rechtsnachfolge **1953** 12
Rechtspfleger **1945** 20
Rechtsverhältnisse, zuvor erloschene **1953** 4
Rückwirkung **1959** 1
Rückwirkung der – **1953** 1 ff
Scheinerklärung **1954** 1
Schuldnerverzug **1959** 19
Schwebelage **1957** 1
Sozialhilfeträger **1942** 16
Stellvertretung **1944** 5
Teilausschlagung der Erblassererbschaft **1952** 7, 7 ff
Teilausschlagung, Vverbot **1950** 1 ff
Testament **1948** 2; **1950** 10
Testament, Einheit und Verschiedenheit des Berufungsgrundes **1951** 9, 10
Testament und Erbvertrag **1951** 10
Testament und Erbvertrag als Berufungsgründe **1948** 15
im Testament erklärte –
Vorbem 1937–1941 20
Testamente, mehrere **1948** 15
Tod des nächstberufenen Erben **1953** 8
Übermittlungsfehler **1954** 3, 14, 19
Übertragbarkeit, fehlende **1952** 1
Unteilbarkeitsgrundsatz **1950** 1 ff
Unwiderruflichkeit **1954** 1
Verbotene Eigenmacht **1959** 14
Vereinigung von Rechtsverhältnissen **1953** 4
Vererblichkeit des Rechts zur – **1952** 1 ff
Verfügung über Teil der Erbschaft **1951** 2
Verfügung von Todes wegen **1944** 9, 19; **1948** 2, 14
Verfügung von Todes wegen, mehrere **1951** 2
Verfügungen vor – **1959** 8 ff
VermG **1953** 5
Verpflichtung zur – **1943** 12a; **1945** 28
Verpflichtung hierzu **1945** 28 f
Verpflichtungsgeschäfte vor – **1959** 2
Versäumung der Frist **1956** 1 ff
Vertreterirrtum **1954** 10
Vertretung, Vollmacht **1945** 12, 22
Verwandtschaft, doppelte **1951** 11
Vonselbsterwerb **1942** 11 f; **1953** 1
Vorerbe **1952** 10 f
Vorerbschaft **1952** 10, 11
Vorläufiger Erbe, Stellung **1959** 1
Vormund **1945** 9

Erbschaft (Ausschlagung) (Forts.)
Vormundschaftsgericht, Genehmigung
  1944 25 f; **1945** 9
Vormundschaftsgerichtliche Genehmigung
  1957 2
Wahlrecht **1948** 5
Willenserklärung **1945** 1
Willenserklärung, Fristversäumnis als –
  1956 2
Willensmängel **1954** 1 ff
Wirksamkeit **1945** 13
Wirkungen der – **1953** 1, 4 ff
zugunsten Dritter **1947** 5 ff
Erbschaft (Nachlaß)
Ablehnung ruhender – **1942** 8
Anfall (Vonselbsterwerb) **1922** 42
Anfallsprinzip
  s. Erbanfall
Anspruch, geltend gemachter vor Annahme **1958** 6
von Ausländern **1960** 17
Begriff **1922** 27, 72, 102 f, 110
Beschwerungen **1953** 9
Besitznahme **1960** 40
confusio bonorum **1922** 72
Dingliche Beteiligung **1922** 229 ff
Eigenvermögen und – **1922** 85
Eigenvermögen des Erben und – **1922** 104
bei Erbenmehrheit **1922** 64 ff, 101 ff
Erbteil und – **1922** 69 f, 70
des ersten Erblassers **1922** 230
Fürsorge, Bedürfnis gerichtlicher **1960** 13
zum Ganzen Berufene **1950** 3
als „gemeinschaftliches Vermögen"
  1922 64
Gesamtvermögen, – als Teil **1922** 111
Gesellschaftsanteil **1922** 188
Gesellschaftsanteil, Zugehörigkeit
  1922 173, 186 ff
Kenntnis des Erben vom Berufungsgrund
  1944 8
Miterbenanteil als – **1922** 70
Nachlaß und Erbschaft, Verhältnis
  1922 102 f, 110
Pflegevergütung und mittelloser Nachlaß
  1960 37
Rechtslage nach Übergang der – **1922** 64 ff
Rechtsstreit um die – **1945** 3
keine ruhende – **1960** 23
Schuldrechtsbeteiligung am – **1922** 234 ff
bei Sondererbfolge **1922** 102, 107, 110,
  112, 186 ff
als Sondervermögen **1922** 88 ff
Sondervermögenscharakter **1922** 230
Unterhalt für Mutter aus der – **1963** 8
Verfügung über – im ganzen **1922** 96 ff
Verfügung im ganzen, nicht mögliche
  1922 71

Erbschaft (Nachlaß) (Forts.)
Vermögen des Erblassers als – **1922** 42
als Vermögen des Verstorbenen **1922** 169
Verwaltung **1922** 92
Verwaltungsbefugnis **1939** 11
Vollerbschaft **1937** 5
Vonselbsterwerb **1953** 1
vorläufiger Erwerb **1943** 1
Zwangsvollstreckung **1958** 9
Erbschaftsanspruch
Abtretung **1922** 98
Erbschaftsbesitz
Herausgabeanspruch **1922** 94
Unberechtigter – **1922** 85, 87, 98
Verfügung **1922** 98
vorläufiger Erbe, Ausschlagung **1959** 7
Erbschaftserwerb
Ablehnung ruhender – **1942** 8
Anfallprinzip **1942** 2, 4 f, 9, 11
Annahmeerklärung, zulässige **1942** 5
kein Antrittserwerb **1942** 11
Erbfall und – **1942** 9
Universalsukzession **1942** 1
Vonselbsterwerb **1942** 3, 11
Vorläufigkeit **1942** 10 ff
Zeitpunkt des Anfalls **1942** 9
Erbschaftskauf
Erfüllung **1922** 96
als schuldrechtliches Geschäft **1922** 85
Erbschaftsteuer
Ausschlagung der Erbschaft **1942** 12
Familienbindung des Vermögens
  Einl 1922 ff 52
nichteheliche Lebensgemeinschaft
  Einl 1922 ff 86
Rechtsgrundlage **Einl 1922 ff** 16
Sondererbfolge **1922** 182
verfassungsrechtliche Grenzen
  Einl 1922 ff 73
Erbschein
Einziehung **1960** 10
Erbausgleich **1934e** 15
Erbersatzanspruch **1934b** 33
Erbprätendent, Antrag auf – nach Feststellungsbeschluß **1964** 2
Feststellungsbeschluß **1964** 14, 18
Nachlaßpflegschaft **1960** 48
Erbstatut
Anknüpfung **Einl 1922 ff** 142
fiktives **1934a** 38
Erbteil
Anteil am Nachlaßgegenstand, Abgrenzung **1922** 68
Begriff **1922** 67 f
Berufung zu mehreren – **1951** 1 ff
einheitlicher Anfall **1950** 2, 3
Erbschaft und –, Vorschriften **1922** 69 f
Erbteilverfügung **1922** 97

Erbteil (Forts.)
Gesamtvermögen und – **1922** 111
Haftung **1922** 70
des Kindes und Unterhalt der schwangeren Mutter **1963** 10
Mehrheit von – eines Erben **1950** 2
als Nachlaß **1922** 70
Pfändbarkeit **1922** 68
Zwangsvollstreckung **1922** 68
Erbteilserhöhung
nach Wegfall gesetzlichen Erbens **1935** 8
Erbteilspflegschaft 1961 10
Erbunfähigkeit, relative
Fälle der – **1923** 12
Erbunwürdigkeit 1922 36, 82, 229
und Testierfreiheit **Einl 1922 ff** 58
Erbvergleich 1922 38, 85 f
Erbvertrag
Arten **1941** 5 ff
Auflage **1940** 7
Berufsgrund (Einheit, Verschiedenheit) **1951** 9, 10
Beurkundung **Einl 1922 ff** 17
Enterbung **1938** 8
als Erbzuwendungsvertrag **1941** 2
Erwerbsaussicht **1922** 14, 16
nichteheliches Kind, Erbenstellung **1934d** 9
Rechtsgeschäfte unter Lebenden im – **Vorbem 1937-1941** 23
Testament, Abgrenzung **1941** 1, 4
Testament und –, Berufung **1948** 15
Verfügung sonstigen Inhalts **Vorbem 1937-1941** 13
als Verfügung von Todes wegen **1922** 33; **Vorbem 1937-1941** 3
Vermächtnis aufgrund – **1939** 4, 13
Zuwendungsvertrag, Abgrenzung **1941** 8
Erbverzicht
Erbvertrag, Abgrenzung **1941** 8
Feststellungsklage **1922** 25
nichtehelichen Kindes und vorzeitiger Erbausgleich **1934d** 12 ff
nichteheliches Kind **1934d** 3
Tod des Erblassers und Erbanwärterverpflichtung zum Abschluß eines – **1922** 234
Tod des Verzichtenden **1922** 38
Erfindung
und Erbfall **1922** 268 ff, 277
Erfüllung
Auflage **1940** 14
Ergänzungspfleger
Annahme der Erbschaft **1943** 12
Erinnerungsstücke 1922 47
Erkenntnisverfahren
und Erbeneintritt **1922** 332 ff
Erbenstellung **1922** 332

Ermächtigung
vom Erblasser erteilte – **1922** 324
des Erblassers zur Prozeßstandschaft **1922** 159
Ersatzerbe
Annahme, Ausschlagung vor Wegfall des vor ihm erbenden **1946** 4
Wegfall des Ausschlagenden **1948** 2
Ersatzerbschaft 1937 5
Ersitzung
und Erbfall **1922** 240, 253 ff, 258 f
Erstattungsanspruch
des Leistungsträgers (Sozialleistungen) **1922** 360 ff
Ertragswert
von Landgütern **Einl 1922 ff** 26, 84 f
Erwerbsaussicht
des Erben **1922** 11 ff, 228, 239
des Nacherben **1922** 15
Erziehungsgeld 1922 354
Europäische Menschenrechtskonvention
und Erbrecht **Einl 1922 ff** 104
Europäische wirtschaftliche Interessenvereinigung
Erbenabfindung nach Erblasserausscheiden **1922** 57, 202
Erbfall und Erblasserausscheiden **1922** 57, 202
OHG-Unterschied **1922** 202
Europäischer Gerichtshof für Menschenrechte
Testierfreiheit (Fall Marckx) **Einl 1922 ff** 104
Exhumierung 1922 122 ff, 130
Extrakorporale Befruchtung 1923 29

Fahrlehrer
Gewerbeberechtigung **1922** 369
Fahrzeughalter
Erbeneintritt **1922** 261
Familienerbrecht Einl 1922 ff 50, 60
Familienerinnerungsstücke 1922 47
Familienfideikommisse Einl 1922 ff 25, 29
Familiengebundenheit des Vermögens
Ehe und Familie **Einl 1922 ff** 91
Erbrechtsgarantie **Einl 1922 ff** 68
Reformproblematik **Einl 1922 ff** 134
Schutz unter Lebenden **Einl 1922 ff** 69
Testierfreiheit und –, Spannungsverhältnis **Einl 1922 ff** 69
Familiengericht
Erbausgleich, Stundung **1934d** 66
Familienname
Unvererblichkeit **1922** 146
Familienrecht
Erbfolge, gesetzliche und Zuordnung nach – **Vorbem 1924-1936** 29
Totenfürsorge **1922** 118
Verfügungen in erbrechtlicher Form **Vorbem 1937-1941** 13

Familienrechte
Vererblichkeit, Unvererblichkeit
1922 135 ff
Familienrechtliche Verwaltungsrechte
Vererblichkeit, Unvererblichkeit 1922 148
Familienrechtlicher Ausstattungsanspruch
Erbausgleich, vorzeitiger als – 1934d 2, 5, 10
Familienrechtsprozeß
Tod einer Partei 1922 330
Fehlbelegungsverbot 1922 376
Fertilisation
Erbrechtsproblematik
Vorbem 1924-1936 26 ff
Feststellung
Fiskus, Erbenvermutung 1964 6 ff
Feststellungsklage
des Erblassers 1922 26
Erbrechtsfeststellung gegen Fiskus 1965 7
Fiskus gegen Erbprätendenten 1965 18
künftige Erbberechtigung, Nachlaßbeteiligung 1922 19 ff
Nichtbestehen gesetzlichen Erbrechts
Vorbem 1924-1936 54
Nichtigkeit der Ehe 1931 12
Pflichtteilsrecht 1922 24
des vorläufigen Erben 1959 24
Feuerbestattung
Anordnung in erbrechtlicher Form
Vorbem 1937-1941 13
Rechtsgrundlagen 1922 119
Wille des Verstorbenen 1922 120 ff
Fiktives Erbstatut 1934a 38
Firma
Erbenfortführung 1922 218
Vererblichkeit 1922 267
Fischereirecht
Vererblichkeit 1922 237
Fiskalerbrecht
kein Ausschlagungsrecht 1942 17
Erbrecht 1964 1
Erbrecht, privates 1936 2
Erbschaftsausschlagung, nicht mögliche 1966 1
Feststellungsbeschluß 1964 11, 11 ff
als gesetzlicher Erbe, Rechtsausübung 1966 3
Klageerhebung gegen – auf Erbrechtsfeststellung 1965 7
Landesrecht Einl 1922 ff 26
Forderungsrecht
als Vermächtnis 1939 6
Form
Anfechtung der Erbschaftsannahme, Erbschaftsausschlagung 1955 1, 2
Annahme der Erbschaft 1942 3, 3 f
Ausschlagung der Erbschaft 1945 13

Form (Forts.)
Einteilung der Verfügungen von Todes wegen nach der – Vorbem 1937-1941 3 ff
Erbausgleichsvereinbarung 1934d 47; 1934e 4, 13
Erbausgleichsverlangen 1934d 15
Erbfall und Verpflichtungslage 1922 318
Erbrechtlicher Übergang 1922 52
Erbschaftsannahme 1942 3; 1943 3 f
Vererbung, erbrechtlichen Übergangs 1922 43, 52
Verfügung von Todes wegen Einl 1922 ff 17, 18
Formlose Erb- und Übergabeverträge
Einl 1922 ff 82, 137
Formmangel
Erbenstellung 1922 318
Fortgesetzte Gütergemeinschaft
Erbrecht und – 1922 60, 148, 163
Voraus, Gesamtgut 1932 13
Fortsetzungsklausel
Gesellschaftsvertrag 1922 57 f, 171 ff, 178 f, 211
Freiberufliche Praxis
Vererbung 1922 223
Freiwillige Gerichtsbarkeit
Nachlaßgericht Einl 1922 ff 22
Nachlaßverbindlichkeit 1958 11
Tod Beteiligter 1922 340 f
Frist
Anfechtung der Erbschaftsannahme, Erbschaftsausschlagung 1954 13 ff
Anmeldung von Erbrechten 1965 3 ff
Ausschlagung für Erbeserben 1952 3 ff
Ausschlagung der Erbschaft 1944 2, 6 ff, 23 ff
Fruchterwerb
Erbfall 1922 240, 253 ff, 258 ff
Fund
Erbfall und Finderrecht 1922 240

Gaststätte
Gewerbeberechtigung 1922 369
Gebäudeeinsturz
Erbenstellung 1922 261
Gebrauchserlaubnis
Erbfall und öffentlich-rechtliche – 1922 374
Gebrauchsmuster
Vererblichkeit 1922 268
Gebrauchsverhältnis
Tod des Berechtigten 1922 282
Geburt
eines Erben, erwartete 1963 4
Genetische Herkunft Vorbem 1924-1936 29
Lebendgeburt 1923 17
Gegendarstellungsanspruch
und Erbfall 1922 131

Geldstrafe
Erbfall **1922** 343
Vererblichkeit **1922** 345
Gemeinschaftliches Testament
s. Testament (gemeinschaftliches)
Gemeinschaftliches Vermögen
der Erben **1922** 105
Genehmigung
nachlaßgerichtliche, vormundschaftsgerichtliche **1934 d** 47; **1962** 3
Nachlaßpflege, Rechtsgeschäfte **1960** 42
Generalklauseln
Erbrechtsanwendung **Einl 1922 ff** 137
Generalvollmacht
für Erben unwiderrufliche **1922** 305
Genetische Herkunft
oder Merkmal des Gebärens
Vorbem 1924-1936 29
Genossenschaft
Vererblichkeit **1922** 58, 167
Gerichtsstandsvereinbarung
und Erbfall **1922** 222, 239
Gesamtgut
und Erbfall **1922** 136, 148, 163
Gesamthand
Erbengemeinschaft **1922** 64
Erbengemeinschaft
s. dort
und Nachlaß **1922** 102, 106 ff
Gesamtrechtsnachfolge
Ausnahmen (Sukzession am Erbrecht vorbei) **1922** 54, 62
Erbeinsetzung **1937** 5
keine Erbeinsetzung auf einzelne Nachlaßgegenstände **1922** 51
Grundsatz im Erbfall **1922** 44 ff
Rechtspolitik (Würdigung der –) **1922** 63
rechtstechnisches Prinzip **Einl 1922 ff** 59, 76
und Systeme des Erbschaftserwerbs **1942** 1
Vererblichkeit und – **1922** 53
Gesamtvermögen
Eigenvermögen, Nachlaß als – **1922** 104
Geschäftsanmaßung (auftragslose) 1922 276
Geschäftsanteil
s. GmbH-Geschäftsanteil
Geschäftsbesorgung
Tod des Auftraggebers **1922** 278
Tod des Beauftragten **1922** 276
durch vorläufigen Erben **1959** 3 ff
Geschäftsfähigkeit
Ausschlagung der Erbschaft **1944** 27; **1945** 5
des Erben **1922** 317
Erblasser **1922** 310 ff
Geschäftsführung ohne Auftrag 1922 276
Geschäftsgrundlage
Erb- oder Zuwendungsverzicht **1922** 234

Geschäftsgrundlage (Forts.)
Erbenstellung bei Wegfall der – **1922** 299
Geschäftsunfähigkeit
Erbe **1922** 317; **1944** 5, 14
Geschäftsvermögen
Vererblichkeit **1922** 219
Geschwister
als Abkömmlinge vorverstorbenen Elternteils **1925** 14 f
nichtehelichen Kindes **1934a** 27
Gesellschaftererbe
Wertausgleich durch begünstigten –
1922 183
Gesellschaftsanteil (Nachfolgefragen)
Abtrennung vom Stammrecht **1922** 187
Aktiengesellschaft **1922** 58, 214 f
Ausschlußklausel (Fortsetzungsklausel)
1922 57 f, 172 ff, 208
BGB-Gesellschaft **1922** 57, 168 ff
Einziehungsklausel **1922** 58
EWIV **1922** 57, 202
Fortsetzungsklausel **1922** 57
GmbH **1922** 58, 208 ff, 302
GmbH & Co. KG **1922** 199
KG **1922** 57, 193 ff
OHG **1922** 57, 169 ff
Partnerschaftsgesellschaft **1922** 57, 201
Sondererbfolge **1922** 62, 176 ff, 187 f, 197, 206, 210 f
Sondererbfolge und Nachlaßzugehörigkeit
1922 102, 106
Stille Gesellschaft **1922** 203 ff
Testamentsvollstreckung **1922** 80, 190
Übertragung am Erbrecht vorbei
1922 55 ff, 175, 189
Vereinigung aller Anteile in einer Hand
1922 3, 74
Vererbung **Einl 1922 ff** 3, 13, 133
Gesellschaftsrecht
s. a. Aktiengesellschaft; BGB-Gesellschaft; GmbH; Kommanditgesellschaft; offene Handelsgesellschaft
und Erbrecht **Einl 1922 ff** 133
Gesellschaftsverhältnis
Vererblichkeit **1922** 284
Gesellschaftsvertrag
Eintrittsklausel **1922** 175
Erbrecht, Erbquote **1922** 182 ff
Fortsetzungsklausel **1922** 172 ff, 179, 302
GmbH-Nachfolge **1922** 208
Nachfolgeklausel, einfache **1922** 179
Nachfolgeklausel, qualifizierte **1922** 180 f, 188
Vererblichkeit von oHG-Anteilen
1922 169 ff
Gesetzeseinheitsgesetz Einl 1922 ff 38, 141
Gesetzliche Annahmeverbote 1943 12a

Gesetzliche Erbfolge
s. Erbfolge (gesetzliche)
Gesetzliche Hoferbfolge Vorbem 1924-1936 4
Gesetzliches Schuldverhältnis
Vererblichkeit **1922** 241
Gesetzliches Vermächtnis 1939 15
Gestaltungsrecht
Erbschaftsausschlagung **1942** 14
Vererblichkeit **1922** 299 ff
Vertetung, postume **1922** 322
Gewässerbenutzung
Vererblichkeit **1922** 373
Gewahrsam
Unvererblichkeit **1922** 250
Gewerbeberechtigung
Vererblichkeit, Unvererblichkeit **1922** 369
Gewerbliches Unternehmen
Vererblichkeit **1922** 221
Gewillkürte Erbfolge
s. Erbeinsetzung
Gewinnansprüche
Nachlaßzugehörigkeit **1922** 186
Gewinnchancen
und Erbfall **1922** 240
Gewohnheitsrecht
Totenfürsorge **1922** 118
Girovertrag
und Erbfall **1922** 285, 287, 362
Gläubiger
s. a. Erbenhaftung
Erbfall und Gläubigerstellung: Eigengläubiger **1922** 76 ff, 84, 288
Erbfall und Gläubigerstellung: Nachlaßgläubiger **1922** 65, 76 ff, 84, 92, 106, 114
Gleichberechtigung von Mann und Frau
Erbrechtsbedeutung **Einl 1922 ff** 8
GleichberechtigungsG vom 18. 6. 1957
Ehegattenerbrecht **Einl 1922 ff** 31, 39, 88, 117, 141
Gleiche Brüder, gleiche Kappen 1924 22
Gleichzeitiges Versterben 1923 11
GmbH
Tod eines Gesellschafters **1922** 208
GmbH & Co. KG
Nachfolge **1922** 199
GmbH-Geschäftsanteil
Einziehungsklausel **1922** 58
Teilung **1922** 211
Vererblichkeit **1922** 208 ff
Goodwill
und Erbfall **1922** 219
Grabpflegevertrag
Vererblichkeit **1922** 284
Grabstelle
Erbfall und Nutzungsrechte **1922** 374
Gradualsystem Vorbem 1924-1936 13; **1928** 1; **1929** 1

Großeltern
Abkömmling erbberechtigten Großelternteils **1926** 12
Ehegattenerbrecht bei vorhandenen –
1931 23 ff, 37
als Erben dritter Ordnung **1926** 1 ff
Nichteheliche Abstammung und Erben als – **1926** 4 f
Verwandtenadoption und Erbrecht
Vorbem 1924-1936 47; **1926** 7 f
Grundbuch
Erbenstellung **1922** 263, 266, 318, 328
Erblasser, zu Unrecht eingetragener
1922 266
Erblasser-Eintragungsbewilligung **1922** 328
Erbschaft **1922** 43
Tod während Eintragungsverfahrens
1922 309
Vorläufiger Erbe **1959** 15
Grunddienstbarkeit
Vererblichkeit **1922** 237
Grundschuld
Erbfall **1922** 236, 293
Grundstück
Belastungen des –, Erbfall **1922** 74
Erbfall und Grundstücksverkehr **1922** 308 f
Erbregeln **1922** 47, 236 ff
Grundstückserwerb
durch Ausländer **Einl 1922 ff** 26
Grundstückszubehör
Voraus, Ausschluß von – **1932** 17
Gütergemeinschaft
Ehegattenerbrecht **1931** 51a
Erbersatzanspruch **1934a** 16 f, 21
Fortgesetzte – **1922** 60, 148, 163
Tod eines Ehegatten **1922** 60, 136, 148, 163
Vereinbarung durch Hofeigentümer
Einl 1922 ff 80
Gütertrennung
Ehegattenerbrecht **1931** 43, 50
Erbersatzanspruch **1934a** 15, 20, 28
Gutglaubenserwerb
vor Erbschaftsannahme **1959** 13
Erlasser, Erbe **1922** 253 ff, 262
Gutglaubensschutz
Erbfall **1922** 45

Haager Übereinkommen
über IPR der Form testamentarischer
Verfügungen 1961 **Einl 1922 ff** 142
Handelsgeschäft
Fortführung eines ererbten – **1922** 104, 218 ff
Haftungsproblematik bei Erbenfortführung **1922** 104
und Nachlaßbegriff **1922** 103 f
Nachlaßbestandteil **1922** 221

Handelsrechtsreform 1998
  Tod eines OHG-Gesellschafters: Fortsetzung unter Erbenausschluß **1922** 172 ff
Handelsregister
  Erbenstellung **1922** 264
Handelsvertreter
  Vererblichkeit des Ausgleichsanspruchs **1922** 277
Handwerk
  Gewerbeberechtigung **1922** 369
Hauptanspruch
  und Hilfsrechte **1922** 293 ff
Hausbesitzer
  Erbe **1922** 261
Hausrat
  Erbregeln **1922** 47
Hausratsgegenstände
  Voraus **1932** 13 ff
Hausratsversicherung
  Tod des Versicherungsnehmers **1922** 286
Heimatstaat
  Erbstatut **Einl 1922 ff** 142
Heimgesetz Einl 1922 ff 66; **1943** 12a; **1945** 29
Heimpflegevertrag
  Fortgeltungsklausel **1922** 280
  und Zeugnisverweigerungsrecht eines Arztes **1922** 298
Heimstätte
  Sondererbfolge **1922** 62, 227;
  Einl 1922 ff 3, 13
Heimträger
  Erbeinsetzung **1943** 12a; **1945** 29
Herausgabeanspruch
  Erbe, endgültiger nach Ausschlagung **1953** 12
  Erbfall **1922** 157, 246, 257, 273 f
Hereditas iacens 1942 8
Herrenlose Sachen
  Vererblichkeit **1922** 236
Herrenloser Nachlaß 1936 12
Hessische Landgüterordnung
  Vorbem 1924-1936 4
Heterologe Fertilisation
  Erbrechtsproblem **Vorbem 1924-1936** 26
Hilfsrechte
  Erbfall **1922** 293 ff
Hinterbliebenenversorgung
  und Sonderrechtsnachfolge **1922** 359
Hinterlegung
  Erbfall und Recht zur – **1922** 295
Hinterlegungsfähige Kreditinstitute
  Einl 1922 ff 33
Hirntod 1922 5
Hochzeitsgeschenk
  Voraus **1932** 13, 18
Höchstpersönlichkeit
  Annahme als Kind **1922** 144 f
  Arbeitspflichten **1922** 276

Höchstpersönlichkeit (Forts.)
  Bürgschaftszusage **1922** 288
  Darlehensvorvertrag **1922** 288
  Eheliche Lebensgemeinschaft **1922** 136
  Erbausgleichsverlangen **1934d** 37, 41
  Familienrechtliche Positionen **1922** 135 ff
  Gebrauchs- und Nutzungsverhältnisse **1922** 282
  Gebrauchserlaubnisse, öffentlich-rechtliche **1922** 374
  Immaterialgüterrechte **1922** 267
  Körper- und Persönlichkeitsverletzungen vor dem Erbfall **1922** 132 f
  Leihe, Verwahrung **1922** 288
  Mitgliedschaftsrechte **1922** 209
  Name **1922** 46, 267
  Persönlichkeitsrechte des Verstorbenen **1922** 131
  Sachenrechtliche Positionen **1922** 238
  Schenkungs- und Mitgiftverträge **1922** 289
  Schuldrechtsverhältnis **1922** 275
  Stiftung **1922** 217
  Strafe **1922** 343
  Urlaubsabgeltungsanspruch **1922** 277
  Vaterschaftsanerkennung **1922** 142
  Vererblichkeit, Unvererblichkeit und Bedeutung der – **1922** 115
  Verfügung von Todes wegen **Einl 1922 ff** 58
  und Verschwiegenheitspflicht **1922** 298
  Vertraglicher Ausschluß der Vererblichkeit **1922** 302
  Zustimmungsrecht **1922** 326
Höfeordnung Einl 1922 ff 13, 22, 67, 80, 82, 83, 89
Hoferbfolge
  Abfindung des weichenden Erben **1922** 235
  Anerbenrecht **1922** 237
  Anfallprinzip **1942** 4
  Ausschlagung des Hofes als Teil der Erbschaft **1951** 4
  Ehefrau und gesetzliche – **1931** 6
  Ehegattenerbrecht, ausgeschlossenes **1933** 12
  Erbersatzanspruch **Vorbem 1924-1936** 43
  Gesetzliche – **Vorbem 1924-1936** 4 ff
  Hofübergabevertrag kein Erbvertrag **1941** 9
  Landwirtschaftsgericht, Hofausschlagung **1945** 15
  Nachlaßgericht **1960** 16
  Nachlaßpflegschaft **1960** 28
  Sondererbfolge **1922** 62; **Einl 1922 ff** 3, 13, 22, 67, 80, 82, 89
  Voraus **1932** 6
  Vorrang männlichen Geschlechts, früherer **Einl 1922 ff** 89
  vorweggenommene Erbfolge **1922** 10
Holzeinschlagsrecht 1922 115, 234

Homologe Fertilisation
Erbrechtsproblem **Vorbem 1924-1936** 26, 29
Hypothek
keine Erbrechtssicherung **1922** 16
Hilfsrechte **1922** 293
Schuldverhältnis aufgrund – **1922** 242, 246
Sicherungsanspruch, vererblicher **1922** 240
Vererblichkeit **1922** 236, 265

Immaterialgüterrechte
Vererblichkeit **1922** 267 ff, 302
In-vitro-Fertilisation
Erbrechtsproblem **Vorbem 1924-1936** 26, 28
Individualrecht
Erbrechtsgarantie **Einl 1922 ff** 60
Inhaberschuldverschreibung 1922 318
Erbenverpflichtung **1922** 318
Insolvenzgeld 1922 277
Insolvenzordnung
Erbrechtsbezüge **Einl 1922 ff** 48a
Insolvenzverfahren
Nachlaßinsolvenzverfahren
s. dort
Vermögen des vorläufigen Erben **1959** 25
Institutsgarantie
Erbrechtsgarantie als – **Einl 1922 ff** 60
Internationale Zuständigkeit
Nachlaßgericht **1960** 3; **1962** 2
Internationales Erbrecht Einl 1922 ff 142
Internationales Privatrecht
Ehegattenerbrecht **1931** 51a
Erbausgleich, vorzeitiger **1934d** 3, 10
Erbfähigkeit **1922** 31
Erblasser, Staatsangehörigkeit **1922** 28
Erbrecht früherer DDR **Vorbem 1924-1936** 2
Erbschaftsausschlagung **1945** 24 f
Verschollenheit **1922** 7
Intertemporales Erbrecht Einl 1922 ff 139 ff
Irrtum
des Erben über Berufungsgrund **1944** 9;
1949 3, 6 ff
Nachlaßüberschuldung **1949** 8

Jagdpacht 1922 168, 282
Jagdrecht
Vererblichkeit **1922** 237
Jugendamt
Erbschaftsausschlagung, Erklärung des –
1945 21
Juristische Person
ausländische – **Einl 1922 ff** 26; **1960** 11
Ausschlagung der Erbschaft **1944** 16;
1946 6
Erbfähigkeit **1923** 30 ff
Erbfähigkeit, aber kein Erblasser **1922** 32
Erbrechtsbedeutung **1922** 3
Erbschaftsanfall **1942** 6 f

Juristische Person (Forts.)
Erbschaftserwerb durch ausländische –
1960 12
Erbschaftserwerb, Ausschlagungsfrist
1944 16
Rechtserwerb **Einl 1922 ff** 26
werdende – **1923** 32

Kapitalanteil
und Gesellschaftsanteil **1922** 174
Kapitalgesellschaft
Nachfolge **1922** 58, 208 ff
Kaufmann
Erbe **1922** 222, 264
Erbengemeinschaft **Einl 1922 ff** 103
Kenntnis
des Erben von Erbfall, Berufungsgrund
1944 7 ff; **1945** 2
Kind
Abkömmling bei Wegfall – **1934a** 22
Abstammung **Vorbem 1924-1936** 21 f, 25
Adoption und Erbfolge **1924** 6 ff
Adoptivkind **1934a** 18
Annahme als Kind **Vorbem 1924-1936** 47;
1925 7, 8
Benachteiligung gegenüber nichtehelichem
Kind **1934d** 2
Ehe, nach Tod des Vaters geschlossene
Vorbem 1924-1936 32
nach Eheaufhebung **Vorbem 1924-1936** 30
Ehegattenerbrecht **1931** 46, 48
Eheliches/nichteheliches Kind, Gleichstellung **Vorbem 1924-1936** 24
nach Ehenichtigkeit **Vorbem 1924-1936** 30
Elterliche Sorge **1922** 138 ff
Erbschaftsannahme und Gesamtvertretung
1945 21
nichteheliche Abkömmlinge neben –
1934a 18
Tod des – des nichtehelichen Kindes
1934a 31 ff
Vaterschaftsanerkennung **1922** 142
Vaterschaftsanfechtung **1922** 141
Kind (künstlich erzeugtes)
Erbrecht **Vorbem 1924-1936** 26 ff
Kind (nichteheliches)
Abstammung vom Erzeuger
Vorbem 1924-1936 24
Anerkennung vor der Geburt, nicht vor der
Zeugung **1923** 24
Aufhebung der §§ **1934a–1934e**
Vorbem 1924-1936 34, 45a
Beitrittsgebiet **Vorbem 1924-1936** 34a, 45b
DDR **Einl 1922 ff** 109
und Ehegattenerbrecht **1931** 46
Ehelicherklärung **Vorbem 1924-1936** 33
Erbersatzanspruch, aufgehobener **1934a** 41

Kind (nichteheliches) (Forts.)
Erbfälle vor dem 1. 4. 1998
Vorbem 1924-1936 50 ff
Erbfälle vor und nach dem 1. 7. 1970
1924 4 ff; **Vorbem 1924-1936** 35 ff
Erbfolge nach dem Tod des – **1925** 4
ErbGleichG 1998 **Einl 1922 ff** 48c, 94, 104, 123, 141; **Vorbem 1924-1936** 24, 34, 45a; **1926** 5; **1931** 46
Geburt vor dem 1. 7. 1949 **1924** 5; **Vorbem 1924-1936** 45c; **1934a** 41
Großeltern als Erben dritter Ordnung **1926** 4 f
Hitler-Erlaß 1941 **Vorbem 1924-1936** 32; **1931** 10
Legitimation durch nachfolgende Ehe **Vorbem 1924-1936** 31a
NichtehelG 1969, Sonderregelungen **Einl 1922 ff** 41, 93; **Vorbem 1924-1936** 34a
Nichteheliches Kind und ErbGleichG **Einl 1922 ff** 93 ff, 112; **Vorbem 1922 ff** 117; **1931** 46
Vaterschaftsanerkennung, erbrechtliche Bedeutung **Vorbem 1924-1936** 24
Vaterschaftsfeststellung, erbrechtliche Bedeutung rechtskräftiger **Vorbem 1924-1936** 24
Verfassungsauftrag, Erfüllung **Einl 1922 ff** 49
Verwandtschaft **Vorbem 1924-1936** 24
Kindergeld
Tod des Anspruchsberechtigten **1922** 354
Kindschaftsrecht
KindRG 1998 **Einl 1922 ff** 48b
Klage
durch vorläufigen Erben **1959** 21 ff
Klageerzwingungsrecht
Unvererblichkeit des Verletztenrechts **1922** 350
Klageschrift
Tod des Klägers, des Beklagten **1922** 335, 336
Klostertod 1922 4
Kodizille früheren Rechts 1939 13
Körper
Erblassertod und Rechtsverhältnisse am – **1922** 117 ff
Körperschaft des öffentlichen Rechts
als gesetzlicher Erbe **1964** 20
Körperteile
Vererbung **1922** 117
Kommanditgesellschaft
Erbfähigkeit **1923** 31
Erblasser-Einlage **1922** 196
Fortsetzung der KG bei Tod eines Kommanditisten **1922** 196

Kommanditgesellschaft (Forts.)
Fortsetzung der KG bei Tod eines Komplementärs **1922** 193
Mehrheit von Kommanditistenerben **1922** 197
OHG-Gesellschaftererbe, Umwandlung in Kommanditistenstellung **1922** 174, 196
Sondererbfolge **1922** 197
Testamentsvollstreckung **1922** 198
Tod eines Kommanditisten **1922** 194 ff
Tod eines Komplementärs **1922** 193
Kommanditgesellschaft auf Aktien
Nachfolge **1922** 200 f
Kommorientenvermutung 1923 6
Konfiskatorische Erbschaftsbesteuerung-Einl 1922 ff 74
Konfusion 1922 73, 84; **Einl 1942-1966** 3
Kongregationen 1923 14
Konkursausfallgeld
Vererblichkeit **1922** 277
Konsolidation 1922 74, 84; **Einl 1942-1966** 3
Konsularbeamter
Beurkundung **Einl 1922 ff** 17
Kontovollmacht
und Todesfall **1922** 323
Kosten
Erbenermittlung **1964** 19
Nachlaßgericht **1960** 61
Kraftfahrzeughalter
Erbe **1922** 261
Krankenhaus
Aufnahmevertrag **1922** 130
Krankenversicherung
Tod des Anspruchsberechtigten **1922** 354
Kreditwesengesetz
Gewerbeberechtigung **1922** 369
Kriegsopferfürsorge
Tod des Berechtigten **1922** 355
Kündigungsrechte
und Erbfall **1922** 279, 282 ff, 299
Künftige Rechtsbeziehungen
kein feststellungsfähiges Rechtsverhältnis **1922** 19
Künftiger Erbe
Rechtsstellung **1922** 11 ff
Verpflichtung, nachteilige Verfügungen zu unterlassen **1922** 17
Künftiger Erblasser
Rechtsstellung **1922** 17
Künstler
und Urheberpersönlichkeitsrecht **1922** 268

Landesfiskus
Erbrecht **1936** 5
Landesrecht
Erbrecht **Einl 1922 ff** 24 ff, 29, 67; **1964** 20
Landgut
Erbersatzanspruch, Berechnung **1934b** 7

Landgut (Forts.)
  Ertragswertermittlung **Einl 1922 ff** 26
  Vererbung **1922** 106, 224
Landpachtverkehrsgesetz Einl 1922 ff 47
Landwirtschaftlicher Betrieb
  Erbauseinandersetzung **Einl 1922 ff** 20
Landwirtschaftserbrecht
  Testierfreiheit, Schrankenbestimmung
   Einl 1922 ff 67
Landwirtschaftsgericht
  Hofausschlagung **1945** 15
  Hoferbfolge **Einl 1922 ff** 22
Landwirtschaftssachen
  HöfeO, Anträge und Streitigkeiten
   Einl 1922 ff 22
Leasing
  Erbfall **1922** 282
Lebensversicherung
  Bezugsrecht Dritter **1922** 294
  Exhumierung auf Betreiben der – **1922** 130
  Vererblichkeit **1922** 287
Lebenszeitvermutung 1922 10
Legitimation
  durch nachfolgende Ehe
   Vorbem 1924-1936 31a
Lehen Einl 1922 ff 25
Leibesfrucht
  s. Nasciturus
Leibgeding 1922 238
Leibrente 1922 238
Leichenbestattung 1922 118 ff
Leichenöffnung 1922 130
Leichnam
  Rechtslage **1922** 130
  Rechtsverhältnisse **1922** 117 ff
  Umbettung **1922** 124 ff
Leihe
  Tod einer Vertragspartei **1922** 282, 283
  Vorvertrag, Vererblichkeit **1922** 288
Leistungsbescheid
  Erstattungsanspruch bei Sozialleistungen
   1922 362, 368
Letztwillige Verfügung
  s. Testament
Liniensystem
  Verwandtenerbfolge und –
   Vorbem 1924-1936 14
Lizenz
  Vererblichkeit **1922** 302
Los, Lotterie
  und Erbfall **1922** 240
LPG
  Beerbung eines Mitglieds **1922** 167
Luftfahrzeughalter
  Erbe **1922** 261

Mäklervertrag
  Tod des Auftraggebers, des Maklers
   1922 281
Mängelrüge
  und Erbfall **1922** 222
Mätressentestament Einl 1922 ff 124, 136, 137
Mannesvorrang
  im Höferecht **Einl 1922 ff** 89
Marckx-Fall
  Europäischer Gerichtshof zur Testierfreiheit **Einl 1922 ff** 104
Markenrecht
  und Erbfall **1922** 219, 267 ff
Mietrecht
  am Nießbrauchsgegenstand **1922** 238
  Tod einer Vertragspartei **1922** 282 f
  Wohnraummietverhältnis, Sonderrechtsnachfolge **1922** 54; **Einl 1922 ff** 3
Minderjährigenrecht
  Adoption **Vorbem 1924-1936** 47; **1925** 7
  Annahme der Erbschaft **1942** 11 f; **1943** 11 f
  Erbrecht und Persönlichkeitsrecht
   Einl 1922 ff 103
  Haftungsbeschränkungsgesetz
   Einl 1922 ff 103
  Persönlichkeitsrecht (allgemeines)
   Einl 1922 ff 101 ff
Missio in possessionem ventris 1963 2
Miteigentum
  und Erbfall **1922** 74, 145, 162
Miterbe (einzelner)
  Ausschlagung der Erbschaft **1953** 6
  Begriff **1922** 30
  Fürsorgepflicht des Nachlaßgerichts
   1960 15
  Nachlaßpflegschaft **1960** 28, 56
  Nachlaßzugehörigkeit **1922** 106
Miterben
  s. Erbengemeinschaft
Miterbenanteil
  s. Erbteil
Mitgiftversprechen
  Vererblichkeit **1922** 289
Mitgliedschaftsrechte
  Vererblichkeit, Unvererblichkeit
   1922 161 ff
Mündelanspruch
  Vererblichkeit **1922** 149
Mutter
  Unterhaltsanspruch bis zur Entbindung
   1963 5 ff
Mutter nichtehelichen Kindes
  Abkömmlinge vorverstorbener – **1934a** 27
  Alleinerbin des Kindes **1934a** 26
  Auskunft über den Vater **1934a** 3
  als Erbin zweiter Ordnung **1925** 4
  Erbrecht nichtehelichen Kindes **1934a** 5

Mutterschaft
Abstammung **Vorbem 1924-1936** 20 ff

Nacherbschaft
und Anfallprinzip **1922** 42
Anwartschaft **1922** 38, 62, 71, 97, 228, 231
Ausschlagung der Erbschaft **1944** 18
Ausschlagung durch Nacherben **1946** 8; **1953** 6
Ausschlagungsrecht des Vorerben **1952** 12
Bedingungseintritt **1922** 37
Eintritt der Nacherbfolge **1922** 34, 83
Einwilligung des Nacherben **1922** 325
Erbe des ursprünglichen Erblassers **1922** 229, 232
Erbfähigkeit **1923** 4
Erbschaftsanfall **1942** 9
Erwerbsaussicht **1922** 15
und Gesellschaftsanteil **1922** 185
postmortale Zeugung **1923** 27
Vereinigung aller Gesellschaftsanteile in einer Hand und – **1922** 74
Weitervererbung zu Lebzeiten angefallener – **1922** 231

Nachfolgeklausel im Gesellschaftsvertrag 1922 169 ff, 179 ff, 197, 211

Nachlaß
s. Erbschaft (Nachlaß)

Nachlaßbeteiligung
Dingliche – **1922** 229 ff
Schuldrechtliche – **1922** 234 f

Nachlaßgericht
Amtsgericht **1945** 14; **1960** 3
Anerbenrecht, Höferecht **1960** 16
Anfechtung der Erbschaftsannahme, Erbschaftsausschlagung **1955** 1 ff; **1957** 5
Annahme der Erbschaft **1948** 16
anstelle Vormundschaftsgericht **1962** 1
Aufgabe, Erkenntnismöglichkeiten **1945** 6
Ausländernachlaß **1960** 17
Ausschlagung der Erbschaft **1945** 13 ff
Bedürfnis der Fürsorge durch – **1960** 13
Erbe, unbekannter **1960** 8
Erbenmehrheit **1960** 15
Fiskuserbrecht **1964** 1 ff
Genehmigung von Pflegerrechtsgeschäften **1960** 42
internationale Zuständigkeit **1962** 2
Kosten **1960** 61
Nachlaßpfleger und Aufsicht des – **1960** 38
Nachlaßpflegschaft und – **1961** 3; **1962** 1 ff
Nachlaßsicherung, Voraussetzungen **1960** 5 ff
örtliche Zuständigkeit **1945** 16 ff
Rechtsmittel **1960** 3, 4
Rechtspfleger **1960** 3; **1962** 2
Schwerpunkte der Tätigkeit **1960** 1

Nachlaßgericht (Forts.)
Sicherungsmaßnahmen **Einl 1922 ff** 26
Sicherungspflicht von Amts wegen **1960** 4
Testamentsvollstreckung **1960** 1
Vergütungsfestsetzung für Nachlaßpfleger **1960** 34b ff
Zuständigkeit **1960** 3; **1962** 2
Zuständigkeit, Verfahren (Übersicht) **Einl 1922 ff** 22

Nachlaßgläubiger
Nachlaßpfleger, Bestellung auf Antrag des – **1961** 4 ff

Nachlaßinsolvenzverfahren
Amtsstellung, unvererbliche **1922** 156
Ausgleichsansprüche verdrängter Gesellschafter-Miterben **1922** 188
und Erbenbesitz **1922** 251
und Erbschaftsannahme **1958** 13; **1959** 26
vor Erbschaftsannahme **1959** 26
Erbteil, Ausschluß eines – **1922** 70
Eröffnung **1958** 13
Nachlaßgläubigerrecht **1922** 92
Nachlaßpflegschaft nach Eröffnung **1960** 29
Nachlaßpflegschaft für unbekannten Erben trotz – **1960** 29
OHG-Anteile, vererbte **1922** 186
Sondervermögen aufgrund – **1922** 92
Vergleichsverfahren als Alternative **Einl 1922 ff** 32
Vermögenstrennung, haftungs- und gläubigerbezogene **1922** 84
Verwalter-Machtbereich **1922** 102
und vorläufiger Erbe **1959** 26

Nachlaßinventar
Aufnahme **Einl 1922 ff** 17

Nachlaßpflegschaft
Amtspflichtverletzung **1960** 4
Amtsstellung, unvererbliche **1922** 156
Anordnung **1960** 27
Antrag eines Anspruchstellers **1961** 6
Aufhebung **1960** 55
Aufwandsentschädigung **1960** 36
Aufwendungsersatz **1960** 36
Auskunft über Nachlaßbestand **1960** 45
Ausländernachlaß **1959** 3; **1961** 4
Ausländische juristische Person, Erbschaftserwerb und – **1960** 12
Auslandserbrecht **1960** 17
Berufsmäßige Pflegschaft **1960** 34
Beschwerde **1960** 30, 58
Besitznahme **1960** 40
Erbauseinandersetzung **1960** 51
Erbenbesitz **1922** 251
Erbenhaftung für Vergütung, Aufwendungsersatz und Aufwandsentschädigung **1960** 37
Erbenvertretung **1960** 47 ff

Nachlaßpflegschaft (Forts.)
Erbschaftsannahme **1942** 12
Erbschein **1960** 48
Erbteil **1922** 69
Gläubigerbefriedigung **1960** 41
Gläubigerbestellung **1958** 9
Gläubigertod und Verfahren auf Bestellung einer – **1922** 341
Haftung des Pflegers **1960** 52 ff
Herausgabepflicht **1960** 59
Hoferbe, Anerbe **1960** 28
Letztwillige Verfügung **1960** 50
Miterben, alle **1960** 56
Mitteloser Nachlaß **1960** 37
Nachlaß in den Händen des Pflegers **1922** 99
Nachlaßgericht und – **1960** 38; **1962** 1 ff
Nachlaßinsolvenzverfahren **1960** 29
Parteirolle kraft Amtes **1960** 23
Pflegeraufgaben **1960** 39
Pflegerauswahl **1960** 32
Prozeßführung **1960** 43
Rechnungslegungspflicht **1960** 59
Rechtsnatur **1960** 23
Rechtsschutzinteresse **1961** 8
Rechtsstellung **1961** 12
Rechtsstreit, Nachlaßpflegerbestellung **1961** 10, 13, 14
Testamentsvollstrecker, noch nicht ernannter und noch nicht das Amt angenommener **1960** 25
Todeserklärung, Pflegerantrag **1960** 39 für unbekannten Erben **1923** 19
Verbindlichkeiten, eingegangene **1960** 41
Verfügung über Nachlaßgegenstände **1960** 41
Vergütung **1960** 34 ff, 36 f
Verschollene Erben **1960** 26
Vorläufiger Erbe und – **1960** 42
Vormundschaftsrecht, anwendbares **1960** 31
Zwangsvollstreckung **1961** 6, 15

Nachlaßspaltung
Ausschlagung der Erbschaft **1945** 24 f
VermG **Einl 1922** ff 10

Nachlaßverbindlichkeiten
Ausschlagung der Erbschaft **1953** 4
Deliktsbesitzer, verschärfte Haftung **1922** 252, 260, 274
Erbe, vorläufiger **1958** 1 ff
Erbfallschuld s. dort
vom Erblasser herrührende – **1922** 307
Erblasser als Nichtberechtigter **1922** 315
Gemeinschaftlichkeit **1922** 64
Kosten (Nachlaßgericht) **1960** 61
Nacherbfolge **1922** 83
Nachlaß-Erbenschuld **1922** 285, 307

Nachlaßverbindlichkeiten (Forts.)
Nachlaßgericht **1960** 1
Nachlaßpflegschaft **1960** 41, 54; **1961** 8
Öffentlich-rechtliche Verbindlichkeiten **1922** 379
und Sonderrechtsnachfolge (SGB) **1922** 357, 362
Sozialhilfe für den Erblasser **1922** 364
Steuerrecht **1922** 370
Unterhaltsanspruch der Schwangeren **1963** 2, 9
Vergütung, Aufwendungsersatz und Aufwandsentschädigung des Nachlaßpflegers **1960** 37
und Vermögensbegriff **1922** 114
und Vermögenstrennung, haftungs- und gläubigerbezogene **1922** 84, 104
Vermögensverschmelzung und – **1922** 104
Voraus **1932** 27
vorläufiger Erbe, Ansprüche als – **1959** 6
Zwangsvollstreckung vor Erbschaftsannahme **1958** 9

Nachlaßverwaltung
Amtsstellung, unvererbliche **1922** 156
und Erbenbesitz **1922** 251
vor Erbschaftsannahme **1959** 27
Erbteil, keine besondere – **1922** 70
Gläubigerzwang zur – **1922** 92
Nachlaß in den Händen des Verwalters **1922** 99
OHG-Anteile, vererbte **1922** 186
Vermögenstrennung, haftungs- und gläubigerbezogene **1922** 84

Nachlaßverzeichnis
Aufnahme **Einl 1922** ff 17
Nachlaßpfleger, Anfertigung **1960** 40
Nachlaßsicherung durch – **1960** 19 ff

Nachzettel früheren Rechts 1939 13
Nächstberufener Erbe 1953 8
Namensrecht
Vererblichkeit, Unvererblichkeit **1922** 146, 267, 269

Nasciturus
Ausschlagung der Erbschaft **1944** 17; **1945** 6
Ausschlagung der Erbschaft, Fristbeginn **1944** 17
Erbfähigkeit **1923** 16 ff
Erbfall, Annahme und Ausschlagung **1946** 5
Erbschaftsannahme durch Pfleger **1943** 12
Erbvertrag **1944** 20
Gemeinschaftliches Testament **1944** 20
vor Kenntnis **1944** 15
Nacherbe **1944** 18
Nachlaßpflegschaft **1960** 28
nichtehelicher **Vorbem 1924-1936** 50
nichtehelicher Einigungsvertrag **1934a** 38

Nasciturus (Forts.)
  Pflichtteilsberechtigter **1944** 22
  Verkündung **1944** 19 ff
Nationalsozialismus
  Erbhofgesetzgebung **Einl 1922 ff** 114
  Erbrecht **Einl 1922 ff** 49
  Erbrechtsausschuß für Akademie für Deutsches Recht **Einl 1922 ff** 115
  ErbregelungsO **Einl 1922 ff** 114
  Hitler-Erlaß 1941 **Vorbem 1924–1936** 32
  Reichsbürgergesetz **Einl 1922 ff** 114
  Testamentsgesetz **Einl 1922 ff** 114
  Volksbuch **Einl 1922 ff** 115
Nebenrechte
  und Erbfall **1922** 293 ff
Negativtestament 1938 1 ff
Nichteheliche Lebensgemeinschaft
  und gemeinschaftliches Testament **Einl 1922 ff** 131
  Reformvorschlag gesetzlichen Erbrechts **Einl 1922 ff** 124
  Ungleichbehandlung gegenüber Ehegatten **Einl 1922 ff** 86
Nichtehelichenerbrecht
  s. Kind (nichteheliches)
Nichteheliches Kind
  s. Kind (nichteheliches)
Nichtehen
  Kinder aus – **Vorbem 1924-1936** 30
Nichtigkeit
  Übertragung künftigen Vermögens **1922** 9
  Verpflichtung zur Erbschaftsausschlagung **1945** 28
  Vertrag über Nachlaß noch lebenden Dritten **1922** 16, 20
  Vertragliche Verpflichtung künftigen Erblassers **1922** 16
Nichtrechtsfähiger Verein
  Erbfähigkeit **1923** 31
Nießbrauch
  Konsolidation **1922** 74
  Tod des Nießbrauchers und Neubestellungsverpflichtung **1922** 291
  Unvererblichkeit **1922** 238
Notar
  Ausschluß der Mitwirkung **1923** 13
  Beurkundung **Einl 1922 ff** 17
  Nachlaßsicherung **1960** 19
  Schadensersatzpflicht gegenüber verhinderten Erben **1922** 18, 25
  Verschwiegenheitspflichten gegenüber Erblasser **1922** 296 ff
Nutzungsersatz
  Vererblichkeit von Ansprüchen **1922** 244
Nutzungsverhältnis
  Tod des Berechtigten **1922** 282, 372 ff

Öffentlich beglaubigte Form
  Ausschlagung der Erbschaft **1945** 19 ff
Öffentlich-rechtliche Gebrauchserlaubnis
  Vererblichkeit **1922** 375
Öffentlich-rechtliche Positionen
  Vererblichkeit **1922** 351 ff
Öffentlich-rechtliche Rechte, Pflichten
  Vererblichkeit **Einl 1922 ff** 2
Öffentlich-rechtliche Verbindlichkeiten
  Vererblichkeit **1922** 378
Öffentliche Aufforderung
  Erbenermittlung **1965** 3 ff
Öffentlicher Dienst
  Erbschaftsannahme und Verbot der Vorteilsannahme **1943** 12a
Öffentlicher Glaube
  Grundbuch **1922** 363
  Handelsregister **1922** 264
  Schiffsregister **1922** 264
Öffentliches Recht
  Nachfolge von Todes wegen **1922** 352 ff
  Vererblichkeit von Rechtsstellungen **Einl 1922 ff** 2 f
Örtliche Zuständigkeit
  Nachlaßgericht **1960** 3; **1962** 2
Offenbarungseid (früherer) Einl 1922 ff 43
Offene Handelsgesellschaft
  Ausgleichspflicht bei qualifizierter Nachfolgeklausel **1922** 183 f, 188
  Eintrittsklausel **1922** 175
  Erbengemeinschaft und werbende – **1922** 179
  Erbfähigkeit **1923** 31
  Fortsetzungsklausel § 138 HGB **1922** 175
  Gesellschaftsvertragliche Regelung der Fortsetzung mit Erben **1922** 173
  Liquidationsgesellschaft oder Fortsetzung **1922** 174, 177 f
  Miterben, Anteilsvererbung auf einzelne/mehrere **1922** 176 ff
  Nachfolgeklausel, qualifizierte **1922** 180 ff
  Nachfolgeregelung am Erbrecht vorbei **1922** 175
  Nachlaßzugehörigkeit vererbter Anteile **1922** 186 ff
  Sondererbfolge **1922** 182
  Testamentsvollstreckung **1922** 190
  Vererblichkeit der Mitgliedschaft und HRefG 1998 **1922** 169 ff
  Verfügung unter Lebenden **1922** 175
  Vor- und Nacherbschaft **1922** 185
  Zweigliedrige Gesellschaft **1922** 191
Ordensmitglieder Einl 1922 ff 27
Ordnungen
  Parentelen **Vorbem 1924-1936** 13

Pachtvertrag
  Tod einer Vertragspartei **1922** 282 f

Pandektensystem Einl 1922 ff 5
Parentelordnung
Verwandtenerbfolge und –
Vorbem 1924-1936 12 f; **1926** 13; **1927** 1; **1928** 1
Partenreederei
Tod eines Mitreeders **1922** 207
Partnerschaftsgesellschaft
Erbfall **1922** 57, 201
Partnerschaftsvermittlungsvertrag 1922 280
Patentrecht
Vererblichkeit **1922** 268
Patient
Tod **1922** 280
Persönlichkeitsrecht
des Erblassers **1922** 131, 268, 298
Erbrecht und allgemeines –
Einl **1922** ff 101 ff
Kindesverpflichtung durch Eltern, Verletzung des – Einl **1922** ff 103
Personengesellschaft
Anteile an –
s. Gesellschaftsanteile
Erbfähigkeit **1923** 31
Personenstandsbuch
Abstammung Vorbem **1924-1936** 23, 24
Pfändbarkeit
Erbausgleichsanspruch **1934d** 39
Erbersatzanspruch **1934b** 24
Pfändung
Miterbenanteil **1922** 68
Pfandrecht
und Erbfall **1922** 16, 74, 236, 242, 244, 293
Pflegeperson
Erbeinsetzung **1945** 29
Pflegschaft
Abwesenheitspflegschaft
s. dort
Amtsstellung, unvererbliche **1922** 156
für Leibesfrucht **1923** 19
Nachlaßpflegschaft
s. dort
für unbekannten, ungewissen Beteiligten § 1913 BGB **1960** 25
Pflichtteilsrecht
Anfechtungsgrund für pflichtteilsberechtigten Erben **1954** 11
Ehegatten-Pflichtteilsergänzung wegen Schenkung vor Eheschließung Einl **1922** ff 138
Ehegattenerbrecht, Ausschluß **1933** 13
Entstehungsgeschichte Einl **1922** ff 29
Entziehung des – als Enterbung **1938** 7
Entziehungsgründe, Verfassungsmäßigkeit Einl **1922** ff 87
Entziehungsrecht, unvererbliches **1922** 299
und Erbenstellung **1922** 29

Pflichtteilsrecht (Forts.)
Erbschaftsausschlagung unter Vorbehalt des – **1950** 7
Erbteileinsetzung **1944** 22
Ergänzungsanspruch, 10-Jahres-Frist Einl **1922** ff 92
Familie und Vermögen Einl **1922** ff 52 f, 60, 71, 72
Feststellungsklage gegen Erblasser **1922** 24
Feststellungsklage des Erblassers **1922** 26
NichtehelG vom 19. 8. 1969 Einl **1922** ff 41
oder Noterbrecht Einl **1922** ff 115
Reformdiskussion Einl **1922** ff 117, 134
Sicherung künftigen Erwerbs **1922** 228
Sicherung künftiger Ansprüche **1922** 16
Strafklauseln im gemeinschaftlichen Testament Einl **1922** ff 130
Testierfreiheit Einl **1922** ff 69
Vaterschaftsfeststellung, erbrechtliche Bedeutung rechtskräftiger Vorbem **1924–1936** 24
Vererblichkeit der Ansprüche **1922** 234
Verfassungsrecht Einl **1922** ff 71
und Verfügung unter Lebenden auf den Todesfall **1922** 56
VermG Einl **1922** ff 10
Voraus des Ehegatten **1932** 28
Wegfall eines gesetzlichen Erben **1935** 18
Postmortale Willenserklärung
Testamentsinhalt Vorbem **1937–1941** 19 ff
Postmortale Zeugung Einl **1922** ff 71a; **1923** 26
Praxis
Vererblichkeit **1922** 220, 223
Privatautonomie
Erbrecht und – Einl **1922** ff 14
Privaterbrecht
Erbrechtsgarantie Einl **1922** ff 61
Privatmögen des Erben
s. Eigenvermögen des Erben
Privatrechtliche Rechte, Pflichten
Vererblichkeit Einl **1922** ff 2
Pro herede gestio
als stillschweigende Willenserklärung **1943** 5, 7 f, 11; **1947** 1; **1954** 4; **1959** 2; **1960** 12, 43
Prorogation
und Erbfall **1922** 222, 239
Prozeßfähigkeit
Erbe und Nachlaßpfleger **1960** 43
Prozeßführung
Erblasserermächtigung **1922** 159
Nachlaßpflegschaft **1960** 43
durch vorläufigen Erben **1959** 21 ff
Prozeßgericht
Erbausgleich **1934d** 72
Prozeßkosten
und Erbfall **1922** 332 f, 338, 343, 345

588

Prozeßkostenhilfe
Tod der Partei **1922** 338
Prozeßlagen
und Erbeneintritt **1922** 329 ff
Prozeßrechtsverhältnis
Erbe und schwebendes – **1922** 329 ff
Prozeßstandschaft
Erblasser-Ermächtigung, unvererbliche **1922** 159
Prozeßvertrag
Erbenwirkung **1922** 339
Prozeßvollmacht
Tod des Vollmachtgebers **1922** 321, 323, 333

Qualifizierte Nachfolgeklausel
Gesellschaftsvertrag **1922** 180 f, 188, 211

Rassendiskriminierung
Int. Übereinkommen zur Beseitigung vom 7. 3. 1966 **Einl 1922 ff** 108
Nationalsozialismus **Einl 1922 ff** 114
Nichtige Verfügung wegen – **Einl 1922 ff** 90
Reallast
Vererblichkeit **1922** 237, 238, 243
Rechenschaftslegung
Erbenübergang **1922** 276
Rechte
Einräumung unvererblicher – **1922** 291
Nichtübertragbarkeit, Vererblichkeit **1922** 302
Übertragbarkeit, Vererblichkeit **1922** 115
Vertraglicher Ausschluß der Vererblichkeit **1922** 302
Rechtliches Gehör
Tod des Inhabers **1922** 329
Rechtsänderung
Erbfall und begonnener Rechtsverkehr **1922** 240
Rechtsanwalt
Abtretbarkeit des Honoraranspruchs **1922** 277
Schadensersatzpflicht gegenüber verhinderten Erben **1922** 18, 192
Verschwiegenheitspflicht **1922** 296
Rechtsfähigkeit
Beginn, Erlöschen **1922** 1
und Erbfähigkeit **1923** 2
Rechtsfortbildung (richterliche)
Vererblichkeit, Unvererblichkeit von oHG-Anteilen **1922** 182
Rechtsgemeinschaft (sonstige)
Vererblichkeit der Mitgliedschaft **1922** 162
Rechtsgeschäft
erbrechtlicher Erwerb, Sondervorschriften für – **Einl 1922 ff** 15
nichterbrechtlicher Natur **Einl 1922 ff** 18
und Sukzession am Erbrecht vorbei **1922** 55

Rechtsgeschäft (Forts.)
Tod vor Vollendung des Tatbestandes **1922** 306
Rechtsgeschäft unter Lebenden
im Testament **Vorbem 1937-1941** 17 ff
Verfügung von Todes wegen, Abgrenzungsproblem **Einl 1922 ff** 132
Rechtshandlungen
Erfolgseintritt nach dem Tod **1922** 303
Rechtskraft
Erbenfeststellung **1922** 39
Rechtsmittel
Tod des Rechtsmittelführers **1922** 335
Rechtsnachfolge
s. Gesamtrechtsnachfolge
s. Gesamtrechtsnachfolge; Sonderrechtsnachfolge; Sondererbfolge
Rechtsschein
Erblasser und Rechtsscheinstellung **1922** 262 ff
Rechtsschutzinteresse
Nachlaßpfleger-Bestellung **1961** 8
Rechtsverkehrslagen
Tod bei „im Werden begriffene Rechtsbeziehungen" **1922** 303 ff
Reederei
Erbfall **1922** 207
ReichsbürgerG
Aberkennung jüdischer Erbfähigkeit **Einl 1922 ff** 114
Reichserbhofgesetz Einl 1922 ff 25
Reisevertrag
Tod des Bestellers **1922** 280
Religiöse Kindererziehung
Entscheidung in Testamentsform **Vorbem 1937-1941** 26
Religiöser Orden
Erbfähigkeit, unbeschränkte **1923** 14
Rente
Erbe des Berechtigten **1922** 277
Rückerstattung zu viel gezahlter – **1922** 362 f
Rentengüter Einl 1922 ff 25
Rentenschuld
Vererblichkeit **1922** 236
Rentenversicherung
und Erbfall **1922** 354
Retortenbaby 1923 23
Römisches Recht
Ausschlagung der Erbschaft **1953** 8
Ehegattenerbrecht **1931** 3
Erbfolge der extranei, der sui **1942** 8
Rückforderungsrecht
des Schenkers **1922** 300
Rücktrittsrecht
und Erbfall **1922** 299
Rückzahlung
Dienst- oder Versorgungsbezüge **1922** 368

Rückzahlung (Forts.)
  Sozialleistungen **1922** 363
  Unterhalt der Schwangeren **1963** 12
Rügepflicht
  und Erbfall **1922** 222
Ruhegehalt
  und Erbfall **1922** 277, 366 ff

Sachen
  Erbfall und Rechte an – **1922** 236 ff
Sachversicherung
  Tod des Versicherungsnehmers **1922** 286
Schadensersatz
  Erbe, verhinderter **1922** 18
  Vererblichkeit von Ansprüchen **1922** 244, 247, 266, 273
Schatzfund
  und Erbfall **1922** 240
Scheidung
  s. Ehescheidung
Schenkung
  befristete **Einl 1922 ff** 132
  unter Ehegatten, Pflichtteilsergänzung **Einl 1922 ff** 92
  Einwilligung des Erblassers **1922** 324
  Erbschaftsausschlagung keine – **1942** 11
  Notbedarf nach Tod des Beschenkten **1922** 301
  Pflichtteilsergänzung bei – vor Eheschließung **Einl 1922 ff** 138
  Tod eines Beteiligten **1922** 289
  Vererblichkeit des Widerrufsrechts **1922** 300
  Vermächtnis, Abgrenzung **1939** 4
  Widerruf im Testament **Vorbem 1937-1941** 20 f
Schenkung (auf den Todesfall)
  lebzeitig vollzogene – als Sonderrechtsnachfolge **Einl 1922 ff** 3, 14, 132
Schiedsgericht
  Letztwillige Verfügung, Anordnung **Vorbem 1937-1941** 6 ff
Schiffspart
  Erbfall **1922** 207
Schiffsrechtegesetz Einl 1922 ff 36
Schiffsregister
  Erbenstellung **1922** 264
Schlüssiges Verhalten
  Erbschaftsannahme **1942** 7 f, 11; **1947** 1; **1954** 4; **1959** 2; **1960** 12, 43
Schlußerben
  Pflichtteil **Einl 1922 ff** 72, 130
Schmerz
  als Anspruchsgrundlage **1922** 134
Schmerzensgeld
  Tod des Verletzten **1922** 132, 134, 298
Schoßfall 1925 11, 13; **1926** 15

Schuldanerkenntnis
  Kaufmannseigenschaft und Erbenhaftung **1922** 222
  als Sicherungsrecht **1922** 293
Schuldrechtliche Nachlaßbeteiligung 1922 234 ff
Schuldrechtliches Recht
  Vererblichkeit **1922** 236
Schuldverhältnis aus dinglichem Recht
  Vererblichkeit **1922** 241 ff
Schuldverhältnis, gesetzliches
  Vererblichkeit **1922** 241
Schuldverhältnis, vertragliches
  Vererblichkeit **1922** 275 ff
Schuldverschreibung
  Erbfall **1922** 318
Schwangerschaft
  Unterhaltsanspruch während – **1963** 1 ff
Schwebende Rechtsbeziehungen
  Erbeneintritt **1922** 303 ff, 329 ff, 339 f
Schwebendes Prozeßrechtsverhältnis
  Erbenstellung **1922** 329 ff
Schweigepflicht
  und Erbfall **1922** 277, 296 ff
Schwerbehinderung
  Tod des Anspruchsberechtigten **1922** 354
Sektion
  Zulässigkeit **1922** 130
Sicherung
  Erwerbsaussichten, erbrechtliche **1922** 16 f
Sicherungsmaßnahmen
  des Nachlaßgerichts **Einl 1922 ff** 26
Sicherungsrechte
  Vererblichkeit **1922** 293 ff
Siechentod 1922 4
Siedlungseigentum
  Erbrecht **1922** 54, 224
Sittenwidrigkeit
  Enterbung **1938** 6
  Letztwillige Verfügung **Einl 1922 ff** 90
  Testament **Einl 1922 ff** 136
  Testamentsklauseln, freiheitsbeschränkende **Einl 1922 ff** 101
Sondererbfolge
  als Ausnahme von Gesamtrechtsnachfolge **1922** 62
  als Ausnahmefälle **1922** 62
  keine beliebige vertragliche Begründung **1922** 302
  Erbengemeinschaft und – **1922** 66
  Erbenstellung **1922** 62
  GmbH-Anteil **1922** 210 f
  Heimstätte **1922** 227
  Hof **1922** 107, 224
  Miterben **1922** 107
  Personengesellschaftsanteile **1922** 176 ff, 187 f, 197, 206, 210 f
  und Sukzession „am Erbrecht vorbei", Abgrenzung **1922** 62

Sondererbfolge (Forts.)
  verfassungskonforme **Einl 1922 ff** 76
Sonderpflichtnachfolge
  Sozialleistungen, Rückerstattungsanspruch **1922** 363
Sonderrechtsnachfolge
  und Erbrechtsumgehung **1922** 302
  Gesamtrechtsnachfolge und – **1922** 47
  Gesellschaftsanteile **1922** 175, 189, 302
  Hinterbliebenenversorgung **1922** 359, 366
  kraft Gesetzes **1922** 54
  kraft Rechtsgeschäfts **1922** 55 ff
  und Prozeßrechtsnachfolge **1922** 331
  Sondererbfolge, Sondernachfolge **1922** 62; **Einl 1922 ff** 3, 14
  im Sozialrecht **1922** 354 ff
  als Sukzessionen „am Erbrecht vorbei" **1922** 54 ff
  Vorweggenommene Erbfolge **1922** 10
Sondervermögen
  Nachlaß als – **1922** 88 ff
Sozialhilfe
  Leistungsbescheid gegen Erblasser **1922** 342
  Nachrangprinzip **Einl 1922 ff** 79; **1942** 16
  und Sonderrechtsnachfolge **1922** 354 ff
Sozialhilfeträger
  kein Ausschlagungsrecht **1942** 16
  Überleitung des Pflichtteilsanspruchs des Sozialhilfeempfängers **Einl 1922 ff** 79
Sozialleistungen
  Rückerstattungsverpflichtung **1922** 362 ff
  Tod des Anspruchsberechtigten **1922** 354 ff
Sozialpflichtigkeit
  Erbrechtlicher Vermögensübergang **Einl 1922 ff** 64a, 73
Sozialrechtsanspruch
  Erbrecht **1922** 54
Sozialversicherung
  Versorgungsansprüche **Einl 1922 ff** 4
Sozialversicherungsbeiträge
  Rückerstattung **1922** 360 f
  Vererblichkeit von Erstattungsansprüchen **1922** 360 f
Staatsangehörigkeit
  Erblassereigenschaft **1922** 28
Staatserbrecht
  s. Fiskalerbrecht
Stammelternteil
  Vorrang bei gesetzlicher Erbfolge **1924** 10 ff; **Vorbem 1924-1936** 15, 16
Stammessystem
  Verwandtenerbfolge und – **Vorbem 1924-1936** 14
Stammgüter Einl 1922 ff 25
Stammvater
  enterbter **1924** 19

Stellvertretung
  s. Vertretung
Sterbebuch 1922 6, 8
Sterbegeld 1922 366
Sterbeurkunde 1922 6
Steuerberater
  Verschwiegenheitspflicht **1922** 296
Steuerrecht
  Erbfall und Steuerschuldverhältnis **1922** 179, 182 f, 285, 287, 370 ff
Stiftung
  Auflage der Errichtung unselbständiger – **1940** 6
  Erbfähigkeit **Einl 1922 ff** 11; **1923** 32 f
  Vererblichkeitsproblem, nicht gegebenes **1922** 217
  Verfügung in erbrechtlicher Form **Vorbem 1937-1941** 13
  Widerrufsrecht im Erbfall **1922** 300
Stiftung des öffentlichen Rechts
  als gesetzlicher Erbe **1964** 20
Stille Gesellschaft
  Nachfolge **1922** 205 f
  Tod des Geschäftsinhabers, Tod des Stillen **1922** 203 f
Strafantrag
  Unvererbliches Recht **1922** 349
Straftod 1922 4
Strafverfahren
  Tod des Beschuldigten, Angeklagten **1922** 343
  Tod des Privatklägers, Nebenklägers **1922** 347 f
Streitgegenstand
  Vererblichkeit, Unvererblichkeit **1922** 330
Stundung
  Erbausgleichsforderung **1934d** 61 ff
  Erbersatzanspruch **1934b** 35
Subjektiv-dingliches Recht
  Vererblichkeit **1922** 48, 237
Sukzession
  s. Rechtsnachfolge
Sukzessionslieferungsvertrag
  und Erbfall **1922** 284
Surrogation
  Nachlaßgegenstände, Erbenveräußerung **1922** 93

Tabularbesitz
  Vererblichkeit **1922** 263
Teilausschlagung
  der Erblassererbschaft **1952** 7 ff
  der Erbschaft **1951** 1 ff
Teilungsanordnung
  Rechtsnatur **1922** 50
Testament
  Anhaltspunkte für fehlendes – **1960** 10
  Auflage **1940** 1, 7

Testament (Forts.)
  Auslegung – und Gleichberechtigung der Stämme **1924** 24
  Begriff **1937** 1 ff
  Berliner –
    s. Berliner Testament
  Berufungsgrund (Einheit, Verschiedenheit) **1951** 9, 10
  Beurkundung **Einl 1922 ff** 17
  Ehegattenerbrecht aufgrund – **1932** 11
  Ehegattenstellung **1931** 41
  Eigenhändigkeit, Diskussion hierum **Einl 1922 ff** 129
  Eigenhändigkeit und TestamentsG **Einl 1922 ff** 30 f, 48, 114
  Enterbung, Anordnung **1938** 7
  Erbausschlagung im – **Vorbem 1937-1941** 20 ff
  Erbersatzanspruch **1934a** 6; **1934b** 9
  Erbersatzanspruch, Entzug **1934b** 22
  Erbteil, hinter gesetzlichen zurückbleibender **1948** 4
  Erbvertrag, Abgrenzung **1941** 1
  Erbvertrag und –, Berufung **1948** 15
  Frage des Vorhandenseins **1960** 9
  Gleichzeitiges Versterben **1922** 11
  als letztwillige (einseitige) Verfügung **Vorbem 1937-1941** 3
  letztwillige Verfügung und – **1937** 1 ff
  Nachlaßpflegschaft **1960** 50
  über Nachlaßteil **1934a** 8
  nichteheliches Kind, Bestimmung zum gewillkürten Erben **1934d** 9
  Postmortale Willenserklärungen **Vorbem 1937-1941** 19 ff
  Rechtsgeschäfte unter Lebenden im – **Vorbem 1937-1941** 17 ff
  Religiöse Kindererziehung, Entscheidung im – **Vorbem 1937-1941** 26
  Schenkungswiderruf im – **Vorbem 1937-1941** 20 ff
  Schiedsgericht, Einsetzung **Vorbem 1937-1941** 6 ff
  Sittenwidrigkeit **Einl 1922 ff** 136, 137
  Vaterschaftsanerkenntnis im – **Vorbem 1937-1941** 24
  Verfügung sonstigen Inhalts **Vorbem 1937-1941** 13
  als Verfügung von Todes wegen **1922** 33; **Vorbem 1937-1941** 3
  Verfügungsbegriff **1937** 2
  Verkündung und Erbenkenntnis vom – **1944** 19
  Vermächtnis **1939** 13
  Vertrag über Errichtung, Aufhebung (nichtiger) **1941** 8
  Vollmachterteilung im – **Vorbem 1937-1941** 20 ff

Testament (Forts.)
  mit Widerrufsverzicht **1941** 4
  Willenserklärungen, empfangsbedürftige im – **Vorbem 1937-1941** 18
  Willenserklärungen, nicht-empfangsbedürftige im – **Vorbem 1937-1941** 24 ff
  Zeugenbefreiung von der Verschwiegenheitspflicht im – **Vorbem 1937-1941** 25

Testament (gemeinschaftliches)
  Ausschlagung und Annahme gesetzlicher Erbschaft **1948** 11
  Familiengebundenheit des Vermögens **Einl 1922 ff** 53
  Reformdiskussion **Einl 1922 ff** 130
  Sicherungsgeschäfte zugunsten künftigen Erbens **1922** 16
  Ungleichbehandlung nichteheliche Lebensgemeinschaft **Einl 1922 ff** 86
  Verfügung von Todes wegen **1944** 19, 20 f
  Verkündung und Erbenkenntnis **1944** 20
  Widerruf wechselbezüglicher Verfügungen im – **Vorbem 1937-1941** 22
  Zulassung **Einl 1922 ff** 30

Testamentsgesetz
  Abbau überzogener Formstrenge **Einl 1922 ff** 31
  BGB-Ausgliederung **Einl 1922 ff** 35
  Formstrenge, Beseitigung, übertriebener **Einl 1922 ff** 114
  GesEinhG vom 5. 3. 1953 **Einl 1922 ff** 38
  Inhaltskontrolle aus Nazisicht **Einl 1922 ff** 114

Testamentsvollstrecker
  unbekannter **1960** 7, 25

Testamentsvollstreckung
  Amtsrecht, unvererbliches **1922** 156
  und Erbenbesitz **1922** 251
  Erbschaftsannahme **1942** 12
  Generalvollmacht und – **1922** 305
  Handelsgeschäft **1922** 218
  Kommanditanteil **1922** 198
  Nachlaß in den Händen des – **1922** 99
  oHG-Anteil **1922** 112, 174, 187, 190
  Prozeßaufnahme bei bestehender – **1922** 332
  Tod des Erben **1922** 233
  Unbekannter Testamentsvollstrecker **1960** 25
  und Vermögensverschmelzung **1922** 74, 80, 251
  Vollmacht und Zuständigkeitsabgrenzung **1922** 305, 322

Testierfähigkeit
  Reformdiskussion **Einl 1922 ff** 128
  Verstoß gegen die Garantie der – **Einl 1922 ff** 65a

Testierfreiheit Einl 1922 ff 29, 50, 54 ff, 60, 63 ff, 75, 78, 90, 114, 116; **Vorbem 1937-1941** 14 f; **1938** 1
Tierhalter
  Erbe **1922** 261
Tod
  s. a. Erblasser
  Aschenreste des Verstorbenen **1922** 128
  Begriff **1922** 4
  Bestattungsart **1922** 122
  Beweis, Feststellung **1922** 6 ff
  bürgerlicher **1922** 4
  Ehegatte, Ehescheidungsantrag **1933** 15
  ehelichen Kindes des nichtehelichen Kindes **1934a** 31 ff
  Ehewirkung **1922** 136 f, 155
  Erbfähigkeit, Beendigung mit – **1923** 3
  Erbfall als Tod einer Person **1922** 1, 4
  Erblasser **1922** 228; **1934b** 17
  Hirntod **1922** 5
  nichtehelichen Kindes
    Vorbem 1924-1936 24; **1934a** 25 ff; **1934d** 41
  nichtehelichen Kindes des nichtehelichen Kindes **1934a** 35 ff
  Persönlichkeitsrechte nach dem – **1922** 131
  Rechtsfolgen ohne Vererblichkeit **1922** 134
  des Scheinvaters **Vorbem 1924-1936** 24
  Schmerzensgeld **1922** 132
  Tatbestandsmerkmal außerhalb Erbrechts **Einl 1922 ff** 23
  Vater nichtehelichen Kindes **1934a** 13 ff; **1934c** 2 ff
  Verfügung unter Lebenden auf den Fall des – **1922** 56
  bei Verschollenheit **1922** 7, 8
  Vertrag zugunsten Dritter auf Fall des – **1922** 59
  Verwandter nichtehelichen Vaters **1934a** 23 ff; **1934c** 7 f
  Vorversterben, Beweislast **1923** 10a
  Zeitpunkt **1922** 5
  Zeitvermutung **1923** 8
Todeserklärung 1922 7 f
  Antragsteller **1960** 39
Todeszeitfeststellung Einl 1922 ff 38
Todeszeitvermutungen 1923 8
Totenfürsorge 1922 118 ff; **Einl 1922 ff** 23
Totenruhe 1922 128
Trauer
  als Anspruchsgrundlage **1922** 134
Treu und Glauben
  Erbrecht **Einl 1922 ff** 137
Treuhandvermögen
  Treuhändertod **1922** 160
Trust-Guthaben 1922 287

Übergabevertrag
  Vererblichkeit des Anspruchs **1922** 235
Überleben
  Beweislast **1923** 10a
Überschuldung
  Erbschaftsannahme **1954** 8
Übertragbarkeit
  Erbausgleichsanspruch, vorzeitiger **1934d** 37 f
  Erbersatzanspruch **1934b** 23
Umgehung
  erbrechtlicher Form- und Bindungsnormen **Einl 1922 ff** 132
Umlegungsverfahren
  Erbfall **1922** 342
UN-Übereinkommen
  über die Rechte des Kindes 1989 **Einl 1922 ff** 104
Unbekannter Erbe 1960 8 f, 24; **1961** 9
Unbekannter Testamentsvollstrecker 1960 7, 25
Unerlaubte Handlung
  Vererblichkeit von Ansprüchen **1922** 132 ff, 273
Unfallversicherung
  Vererblichkeit **1922** 287
Ungerechtfertigte Bereicherung
  Gesellschaftserbe (qualifizierte Nachfolge) **1922** 183
  Rückgewähr vorzeitig gezahlten Erbausgleichs **1934d** 58 ff
  Vererblichkeit von Ansprüchen **1922** 273 f, 362 f
Universalsukzession
  s. Gesamtrechtsnachfolge
Unlauterer Wettbewerb
  und Erbfall **1922** 271 f
Unterbeteiligung
  und Erbfall **1922** 174
Unterhaltsbeiträge
  und Erbfall **1922** 366
Unterhaltsbeitrag
  nach BeamtVG **1922** 367
Unterhaltsrecht
  Anspruch der Mutter bis zur Entbindung **1963** 5 ff
  Erbausgleich, Stundung **1934d** 61 ff
  Erbausgleich, vorzeitiger und – **1934d** 19 ff
  Vererblichkeit, Unvererblichkeit der Unterhaltsansprüche **1922** 150 ff
Unterlassungsanspruch
  Vererblichkeit **1922** 269, 271, 292
Unternehmen
  s. a. Handelsgeschäft
  Landwirtschaftliches – **1922** 224 ff
  Nachlaßbestandteil **1922** 218, 220
  Vererblichkeit eines nichtkaufmännischen – **1922** 220
  Wettbewerbsbezogenheit **1922** 272

Unvererbliche Rechte 1922 113 ff, 302
Urgroßeltern
 Erben vierter Ordnung **1928** 3
Urheberpersönlichkeitsrecht
 und Erbfall **1922** 268
Urheberrecht
 Vererblichkeit **1922** 267 ff
Urlaubsrecht
 Höchstpersönlichkeit des Abgeltungsanspruchs **1922** 277
Urne, Urnenhain 1922 128 f
Urteil
 Erbe verstorbener Prozeßpartei **1922** 332

Vater nichtehelichen Kindes
 Abkömmlinge vorverstorbenen – **1934a** 29
 Erbausgleich
  s. dort
 als Erbe **1925** 4
 Erbe, Erbersatzanspruch **1925** 4
 Erbrechtsbeziehung zum Kind **1934e** 8
 Feststellung, Anerkennung **1934d** 18
 Tod **1934a** 13 ff
 Tod des Kindes, Erbersatzanspruch **1934a** 25 ff
 Tod des – und Vaterschaftsfeststellung **1934c** 2 ff
 Tod eines Verwandten des – **1934a** 23 ff; **1934c** 7 f
 Vaterschaftsfeststellung und Erbersatzanspruch **1934c** 1 ff
Vaterschaft
 rechtlich-soziale oder primär biologische – **1923** 28
Vaterschaftsanerkenntnis
 Testamentsform **Vorbem 1937–1941** 24
Vaterschaftsanerkennung
 Erbrechtliche Bedeutung
  Vorbem 1924–1936 24
 Unvererblichkeit des Rechts der – **1922** 142
Vaterschaftsanfechtung
 Unvererbliches Recht der – **1922** 141
Vaterschaftsfeststellung
 Erbrechtliche Bedeutung rechtskräftiger – **Vorbem 1924–1936** 24
 Tod des Mannes und Antrag auf – **1922** 142
Verbindlichkeiten
 Erblasserverbindlichkeiten nach SGB **1922** 262 f, 357
 Nachlaß------
  s. dort
 öffentlich-rechtliche **1922** 378
 Vermögensbegriff und – **1922** 114
Vereinsrecht
 Vererblichkeit, Unvererblichkeit **1922** 164 f
Vererblichkeit
 Ausschlagung der Erbschaft **1952** 1 ff
 Ausschluß **1922** 302

Vererblichkeit (Forts.)
 Besitzverhältnisse **1922** 236
 BGB-Regeln außerhalb des Erbrechts zur – **Einl 1922 ff** 9
 einzelner Rechtspositionen
  s. Erblasser
 Erbausgleichsanspruch **1934d** 40
 Erbersatzanspruch **1934b** 23
 Erblasseransprüche aus Körper-, Persönlichkeitsverletzung **1922** 132
 und Erbrechtsgegenstand **Einl 1922 ff** 1
 Erbschaft und – **1922** 43
 Gesellschaftsanteile (Vererblichstellung) **1922** 169 ff, 172, 182, 194, 204
 und Gesetzgebung **Einl 1922 ff** 62
 Grenzziehung zur Unvererblichkeit **1922** 115
 Nacherbenanwartschaft **1922** 62
 Privatrechts-, öffentlich-rechtliche Rechtspositionen **1922** 351 f
 Rechtsfolgen des Todes ohne – **1922** 134
 als Regel **1922** 53
 Schlußerbenstellung **1922** 15
 Vereinsmitgliedschaft **1922** 164 ff
 Vermögen als Ganzes **1922** 47
 Vertraglicher Ausschluß **1922** 302
Verfassungsrecht, Verfassungsmäßigkeit
 Bewertungsmaßstäbe **Einl 1922 ff** 84
 Ehe und Familie **Einl 1922 ff** 91 f
 Ehegattenerbrecht und Scheidungsantrag **1933** 3
 Ehegattenschenkung und Pflichtteilsergänzung **Einl 1922 ff** 92
 Eigentumsgarantie und Testierfreiheit **Einl 1922 ff** 63
 Erbausgleich, vorzeitiger **1934d** 2
 Erbersatzanspruch **1934a** 39
 Erbersatzanspruch und früheres Recht **Vorbem 1924–1936** 36
 Erbersatzanspruch und Vaterschaftsfeststellung **1934c** 1
 Erbrechtsgarantie **Einl 1922 ff** 60 ff
 Erbschaftsteuer **Einl 1922 ff** 73
 Familiengebundenheit des Vermögens **Einl 1922 ff** 68
 Gleichberechtigung von Mann und Frau **Einl 1922 ff** 88 ff
 Gleichheitsgrundsatz und Nachlaßbeteiligung **Einl 1922 ff** 72, 82 ff
 Gleichheitsgrundsatz und Testierfreiheit **Einl 1922 ff** 81
 HöfeO, Abfindungsregelung **Einl 1922 ff** 83
 HöfeO, Beerbung bei lebendigem Leib **Einl 1922 ff** 80
 Nachlaßbeteiligung der Angehörigen **Einl 1922 ff** 72, 82
 Nichteheliche Kinder, Gleichstellung **Einl 1922 ff** 93 ff

Verfassungsrecht, Verfassungsmäßigkeit (Forts.)
Pflichtteilsentziehungsgründe
  Einl 1922 ff 87
Pflichtteilsrecht **Einl 1922 ff** 71
Sondererbfolge **Einl 1922 ff** 76
Sozialhilfe, nachrangige **Einl 1922 ff** 79
Sozialpflichtigkeit nur des Eigentums
  Einl 1922 ff 73
Testament, gemeinschaftliches
  Einl 1922 ff 86
Testierfreiheit **Vorbem 1937-1941** 14
Testierfreiheit, Inhalt und Schranken
  Einl 1922 ff 65
Vererblichkeit des Vermögens
  Einl 1922 ff 62
Verfügung von Todes wegen, Form- und Typenzwang **Einl 1922 ff** 65
Verwandtenerbfolge, begrenzte
  Vorbem 1924-1936 58
Verwandtenerbrecht **Einl 1922 ff** 70
Zugewinnausgleich **Einl 1922 ff** 85
Verfügung
Erbrechtsform einer sonstigen –
  Vorbem 1937-1941 13
Erbschaft im ganzen **1922** 71, 96 ff
über Erbschaft (Nachlaß) **1922** 64 ff, 72 ff
Ermächtigung **1922** 159, 324
Nachlaßpfleger **1960** 41
Unzulässigkeit des Verfügungsvertrags zugunsten Dritter **Einl 1922 ff** 132
des vorläufigen Erben **1959** 8 ff
Verfügung unter Lebenden
Erbfallvorsorge durch – **1922** 55
oHG-Nachfolgeregelung **1922** 175
auf den Todesfall **1922** 56
Verfügung von Todes wegen
Ausschlagung der Erbschaft **1944** 19
Begriff **1937** 2
Begriff, Formen **Vorbem 1937-1941** 2, 3
Berufung zu mehreren Erbteilen **1951** 2
Beurkundung **Einl 1922 ff** 17, 27, 42, 130
Dingliches Vermächtnis, nicht mögliches
  1922 48
Erbenbestimmung durch – **1922** 33
erbrechtliche (Übersicht)
  Vorbem 1937-1941 4 f
Erbrechtsform für sonstige Verfügungen
  Vorbem 1937-1941 13
Erbvertrag
  s. dort
Erwerbsaussicht durch – **1922** 14
Form- und Typenzwang **Einl 1922 ff** 65
Geschlechtsdifferenzierung **Einl 1922 ff** 89
gesetzlicher Erbe ohne Vorliegen – **1948** 2
Gleichheitssatz **Einl 1922 ff** 81
Höchstpersönlichkeit **Einl 1922 ff** 58
Inhalt möglicher – (Übersicht)
  Vorbem 1937-1941 5

Verfügung von Todes wegen (Forts.)
Kenntnis des Erben **1944** 9 ff
künftiger Erbe, Bestimmung **1922** 9
Letztwillige – **1937** 3
und Prozesse gegen Erblasser **1922** 23 ff
Rechtsgeschäft unter Lebenden, Abgrenzungsproblem **Einl 1922 ff** 132
und Sukzession „am Erbrecht vorbei"
  1922 54
Testament
  s. dort
Testament, Erbvertrag **1922** 33
Verpflichtung, nichtige künftigen Erblassers zur – **1922** 16
Verfügungsbefugnis
des Erben über den Nachlaß **1922** 75 ff, 78 ff
Vergleich
Wegfall der Geschäftsgrundlage **1922** 299
Vergleichsverfahren
Nachlaßkonkurs, Alternative des –
  Einl 1922 ff 32
Vergütungsanspruch
Nachlaßpfleger **1960** 34 ff
Vererblichkeit **1922** 277
Verjährung
Auskunftserteilung gegenüber endgültigen Erben **1953** 12
Erbausgleich **1934d** 73 f
Erbe, Rechte des endgültigen **1953** 12 f
Erbersatzanspruch **1934b** 34; **1934c** 4
Erbfall **Einl 1922 ff** 19
Erbschein, Herausgabe nach – **1953** 12
Herausgabeanspruch des endgültigen Erben **1953** 12
Verlagsrecht
Vererblichkeit **1922** 268
Vermächtnis
Annahme, Ausschlagung (Unteilbarkeitsgrundsatz) **1950** 6
Anordnung **1939** 13
Auflage, Abgrenzung **1939** 12; **1940** 1, 9
Ausschlagung **1945** 30
Ausschlagungsrecht, vererbliches **1952** 13
Befreiung von Verbindlichkeit **1939** 7
Begriff **1939** 1
Belastung durch Auflage, Untervermächtnis **1939** 10
dingliches **1922** 48 f
Dreißigster als – **1939** 15
und Erbe **1922** 29
Erbeinsetzung, Abgrenzung **1939** 1 ff
Erbersatzanspruch als – **1934b** 10 f
Erbrechtliche Stellung **1922** 228
Erbvertrag **1939** 13
Erwerbsrecht **1939** 9
Forderungsrechte **1939** 6
Gebrauchsüberlassung **1939** 10

Vermächtnis (Forts.)
 Gesetzliche Vermächtnisse **1939** 15
 Grundstück **1922** 237
 Nachlaßerschöpfung durch – **1938** 7
 Nachlaßzugehörigkeit nicht erforderlich
  1939 14
 Sachen, Rechte **1939** 5 ff
 Schenkung, Abgrenzung **1939** 4
 Schuldrechtlicher Anspruch **1939** 3, 11
 Schuldverhältnis **1922** 242 ff
 Sicherbarkeit **1922** 16
 Sicherung künftiger Ansprüche **1922** 16
 Teilungsanordnung **1939** 8
 Testament **1939** 13
 Vererblichkeit **1922** 234, 242
 Vermögensvorteil **1939** 5 ff
 Verwaltungsbefugnisse **1939** 11
 Vindikationslegat **Einl 1922 ff** 127
 Vindikationslegat, dem BGB unbekanntes
  1939 3
 Voraus als – **1932** 22; **1939** 15
Vermögen
 Begriff **1922** 113
 des Erben **1922** 104 ff
 des Erblassers **1922** 113
 des Erblassers als Erbschaft **1922 ff** 42
 Erbrechtsbegriff **Einl 1922 ff** 2
 Erbschaft und – **1922** 169
 Erbschaft, Nachlaß und – **1922** 108
 Familienbindung **Einl 1922 ff** 60, 68
 als Ganzes, auf den Erben übergehendes
  1922 46
 gemeinschaftliches der Erben **1922** 105
 öffentlich-rechtliche Rechtsposition
  1922 353
 Verbindlichkeiten als Teil des – **1922** 114
 Vererblichkeit, Unvererblichkeit **1922** 115 f
 Verschmelzung im Erbfall **1922** 73 ff
 des Verstorbenen (Begriff) **1922** 72
 Wert **1922** 115
VermögensG
 Enteignung bereits Verstorbener i. S. des –
  1922 342
 Erbfall und Vererblichkeit **1922** 377
 Erbrechtliche Fragen **Einl 1922 ff** 10
 und Erbschaftsausschlagung **1953** 5, 5a
Vermögenstrennung
 Nachlaßverwaltung **1922** 84
Vermögensübergang
 auf Erben **1922** 41 ff
Vermögensübernahme unter Lebenden
 vertragliche – **1922** 9
Vermögensverschmelzung
 Erbfall (Alleinerbe) **1922** 72 ff
Vermögensvorteil
 Vermächtnis **1939** 5 ff
Vermögenswerte Lebensgüter
 und nichtvermögenswerte – **1922** 113

Verpflichtungsgeschäft
 des vorläufigen Erben **1959** 12
Verschollenheit
 Erbe **1960** 26, 39
 Tod bei – **Einl 1922** 7; **1922** 8
 Todeszeitvermutungen **1923** 8
Verschwiegenheit
 Auskunftsanspruch, ererbter und –
  1922 296 ff
Verschwiegenheitspflicht
 Zeugenbefreiung im Testament
  Vorbem 1937–1941 25
Versicherungsrecht
 Tod des Versicherungsnehmers **1922** 166, 286
Versicherungsverein auf Gegenseitigkeit
 Vererblichkeit **1922** 166
Versorgungsansprüche
 außerhalb Erbrechts **Einl 1922 ff** 4
 Beamtenrecht **1922** 366
 wegen Gesundheitsschäden **1922** 354
 Hinterbliebenenbezüge **1922** 359
Versorgungsausgleich
 Vererblichkeit, Unvererblichkeit **1922** 153
Verstorbener
 s. Erblasser
 s. Tod
Vertrag
 Ausschluß der Vererblichkeit **1922** 302
Vertrag zugunsten Dritter
 Änderung der Bezugsberechtigung im
  Testament **Vorbem 1937–1941** 20
 Bestimmung des Berechtigten in erbrechtlicher Form **Vorbem 1937–1941** 13
Vertrag zugunsten Dritter auf den Todesfall
 1922 59; **Einl 1922 ff** 14, 132
Vertragliches Schuldverhältnis
 Vererblichkeit **1922** 275 ff
Vertragsanbahnung
 durch Tod unterbrochene **1922** 306
Vertragsantrag
 des Erblassers **1922** 306
Vertragsstrafe
 Erbfall **1922** 222
Vertretung
 Annahme der Erbschaft **1943** 11 f
 Ausschlagung der Erbschaft **1944** 5, 15;
  1945 8 ff, 12, 22
 Erblasser, beschränkt geschäftsfähiger
  1922 313
 Gestaltungsrecht, postume – **1922** 322
 Nachlaßpfleger für endgültigen Erben
  1960 47 ff
 vollmachtslose des Erblassers **1922** 319
Verwahrung
 Vorvertrag, Vererblichkeit **1922** 288
Verwaltung
 des Nachlasses **1922** 92

Verwaltungshandlungen
  erbrechtlicher Erwerb, Sondervorschriften für – **Einl 1922 ff** 15
Verwaltungsverfahren
  Tod einer Partei **1922** 342
Verwandtenadoption
  s. a. Annahme als Kind
  Eintrittsrecht von Abkömmlingen leiblicher Eltern nach Adoptierendem **1925** 7
  Eintrittsrecht leiblicher Eltern nach Großeltern **1924** 15
  Erbrecht der Großeltern **1926** 7 f
  Erbrecht nach Großeltern **Vorbem 1924-1936** 47
Verwandtenerbfolge
  s. a. Erbfolge (gesetzliche)
  Abkömmlinge **1924** 2 ff
  Abkömmlinge, entferntere **1924** 17
  Abkömmlinge vorverstorbenen Kindes **1924** 23
  Abstammung **Vorbem 1924-1936** 20 ff
  Annahme als Kind **1924** 6 ff; **1925** 17 ff
  ausländische Rechtsordnungen **Einl 1922 ff** 70
  Ausschluß entfernterer Nachkommen **1924** 11
  Ausschluß durch vorrangige Verwandte **1930** 3 ff
  Begrenzungsproblem **Einl 1922 ff** 70
  Berufung zu mehreren Erbteilen **1951** 2
  Beschränkung gesetzlicher Erbfolge **Vorbem 1924-1936** 55, 59
  Blutgedanke **1924** 22
  doppelte Verwandtschaft (zwei Erbteile) **1951** 11
  Ehegatte, überlebender **1928** 2
  Ehegatte als Verwandter **1931** 30
  Ehegatte, zugleich erbberechtigter als – **1934** 1 ff
  Ehegatten und Verwandte zweiter Ordnung **1925** 21
  Ehegattenerbrecht und – **1931** 20, 53
  Ehegattenerbteil und – **1931** 28
  Eintrittsrecht **1926** 15
  Eintrittsrecht (Erbfolge nach Stämmen) **1924** 14
  Eltern **1925** 3 ff
  Elternteil, verstorbener **1925** 12
  Enterbung, Erbausschlagung usw. **1930** 4
  Enterbungsrecht **1938** 5
  Entstehungsgeschichte **Einl 1922 ff** 29, 70
  Erbe erster Ordnung **1934a** 14
  Erben dritter Ordnung **1926** 1 ff; **1930** 3
  Erben erster Ordnung **1924** 1 ff; **1930** 3
  Erben erster Ordnung, nicht vorhanden **1925** 2
  Erben fünfter Ordnung **1929** 1 ff
  Erben vierter Ordnung **1928** 1 ff

Verwandtenerbfolge (Forts.)
  Erben zweiter Ordnung **1925** 1 ff; **1930** 3
  Erbersatzanspruch und vorrangiger Verwandter **1930** 6
  Erbrecht, Anerkennung eines mehrfachen – **1927** 1
  Erbteil, besonderer **1927** 7
  Erbteil Ehegattenerbrecht neben – **1951** 11
  Erbverzicht eines Abkömmlings **1924** 20
  Familiengebundenheit des Vermögens durch – **Einl 1922 ff** 60
  Familiengedanke, übersteigerter **Vorbem 1924-1936** 55
  Geschwister **1925** 14 f
  Gleichteilung nach Köpfen **1924** 22 ff
  Gleichteilung für Stämme **1924** 23
  Gradualsystem **1928** 1; **1929** 1
  Großeltern **1926** 1 ff
  Halbgeschwister, Halbneffen **1925** 22
  Kind, nicht während der Ehe geborenes **Vorbem 1924-1936** 24
  Mutter, Vater nichtehelichen Kindes **1925** 4
  Nachweisproblematik **1929** 5
  nichteheliche Verwandte **1934a** 2
  nichtehelicher Nachkomme **1924** 12, 15
  Nichteheliches Kind als Erbe erster Ordnung **1934a** 14
  Nichteheliches Kind und Mutter **1934a** 5
  ohne Grenzen **1929** 1
  Ordnungsfolge **1925** 22
  Parentelordnung **Vorbem 1924-1936** 12 f
  Parentelsystem **1926** 13; **1927** 1
  Parentelsystem, Abänderung **1928** 1
  Reformdiskussion um Begrenzung **Einl 1922 ff** 116, 122
  Schoßfall **1925** 11, 13; **1926** 15
  Simultanberufung (bedingte) **1930** 7
  Stammelternteil, Vorrang **1924** 10 ff
  Stammes- und Liniensystem **Vorbem 1924-1936** 14 ff
  Stammeszugehörigkeit, mehrfache **1927** 4
  Stammvater, enterbter **1924** 19
  successio graduum **1930** 8
  Urgroßeltern **1928** 3
  Verfassungsrechtlicher Schutz **Einl 1922 ff** 70
  Verwandtschaft **Vorbem 1924-1936** 19
  Verwandtschaft, mehrfache **1927** 3
  vollbürtiger, halbbürtiger Verwandter **1930** 3
  vorangehender Verwandter **1930** 4
  Vorelternteil, noch lebender **1929** 1
  Wegfall eines nachrangigen Verwandten **1930** 7
  Zugewinngemeinschaft **1931** 32
Verwandtschaft
  Abstammung, eheliche oder außereheliche **Vorbem 1924-1936** 24

Verwendungsersatz
  Erbfall **1922** 244
Vindikationslegat
  dem BGB unbekanntes **1922** 49; **1939** 3
  Vermächtnisrecht, Diskussion um –
    Einl 1922 ff 127
Vinkulierungsklauseln 1922 212, 214
Vollerbschaft 1937 5
Volljährigkeit
  Adoption **1925** 8, 18
  Annahme als Kind **Vorbem 1924-1936** 48
Vollmacht
  Alleinerbe, bevollmächtigter **1922** 323
  des Erblassers **1922** 320 ff
  Generalvollmacht, für Erben unwiderrufliche **1922** 305
  Kontovollmacht, postmortale **1922** 322
  Nachlaßgegenstände, Verfügung **1922** 322
  Prozeß-, Tod des Vollmachtgebers **1922** 333
  im Testament **Vorbem 1937-1941** 20
  Vererblichkeit rechtsgeschäftlicher –
    1922 159
  Widerruf des – durch Erben **1922** 322
Vonselbsterwerb
  der Erbschaft **1922** 42; **1942** 2 ff
Voraus
  und Ehewohnung **Einl 1922 ff** 121
  Erbeinsetzung, Ausschlagung **1948** 10
  fortgesetzte Gütergemeinschaft, Gesamtgut
    1932 13
  GleichberG 1957 **Einl 1922 ff** 39
  als Sonderrecht **1932** 1 ff
  als Vermächtnis **1939** 15
  als vermächtnisartiger Anspruch **1922** 47
Vorauszession 1922 45, 186 f
Vorerbschaft
  Ausschlagung durch Vorerben **1952** 10,
    11 ff
  Eigenvermögen des Vorerben **1922** 83
  Erblasser als Vorerbe **1922** 232
  Gesellschafterstellung **1922** 185
  und Nacherbfolge **1922** 37
  Vorerbe als Erbe auf Zeit **1922** 79
Vorfragen
  und Feststellungsinteresse **1922** 19
Vorkaufsrecht
  Vererblichkeit **1922** 237, 238, 290
vorläufiger Erbe
  s. Erbe
Vormerkung
  Ausschluß der Vererblichkeit **1922** 302
  keine Erbrechtssicherung **1922** 16
  Konsolidation **1922** 74
  und Sondererbfolge **1922** 62
  Vererblichkeit **1922** 240
Vormundschaft
  Amt des Vormunds, unvererbliches
    1922 156

Vormundschaft (Forts.)
  Ausschlagung der Erbschaft **1945** 9
  Herausgabeanspruch, Rechenschaftslegung **1922** 149
  Tod des Mündels **1922** 140
  Tod des Vormunds **1922** 139, 327
Vormundschaftsgericht
  Ausschlagung der Erbschaft **1944** 25;
    1945 8, 9
  Erbausgleich, Genehmigung des vorzeitigen **1934d** 47
  Erbe, unbekannter **1961** 17
  Nachlaßgericht anstelle – **1962** 1
Vorruhestandsleistungen 1922 354
Vorversterben
  Beweislast **1923** 10a
Vorvertrag
  Vererblichkeit **1922** 288
Vorweggenommene Erbfolge 1922 10, 17
Vorzeitiger Erbausgleich
  s. Erbausgleich (vorzeitiger)

Wahlgrab 1922 375
Wahlschuld
  Erbfolge **1922** 299
Waisengeld 1922 366
Warenzeichen
  s. Marke
Werklieferungsvertrag
  Erbfall **1922** 276 ff
Werkvertrag
  Tod des Auftraggebers **1922** 279
  Tod des Beauftragten **1922** 276
Wertermittlung
  s. Bewertung
Wertpapierdepot
  Vererblichkeit **1922** 287
Wettbewerbsrecht
  Abwehrrecht, Vererblichkeit wettbewerbsbezogenen – **1922** 271 ff
Widerklage
  gegen vorläufigen Erben **1958** 4; **1959** 23
Widerrufsrechte
  und Erbfall **1922** 288, 300 ff, 306, 322,
    324
Wiedergutmachungsanspruch
  Vererblichkeit öffentlich-rechtlichen –
    1922 377
Wiederkaufsrecht
  Vererblichkeit **1922** 290
Wiederverheiratungsklauseln
  im gemeinschaftlichen Testament
    Einl 1922 ff 130
Willenserklärungen
  des Erblassers **1922** 306 f
  Testamentsinhalt **Vorbem 1937-1941** 18 ff
Wissenschaftlicher Nachlaß
  eines Hochschullehrers **1922** 268, 365

Witwengeld 1922 366
Wohnberechtigungsbescheinigung
  Unvererblichkeit **1922** 375
Wohnbesitzwohnung
  Dauerwohnrecht an – **1922** 54
Wohngeldzahlungen 1922 364
Wohnraum-Mietverhältnis
  Erbrecht und – **1922** 54; **Einl 1922 ff** 3, 121
Wohnungsbauförderung
  Bauherrenprivileg, unvererbliches **1922** 376
Wohnungseigentum
  Erbe **1922** 162, 302
Württembergisches Anerbengesetz
  Vorbem 1924-1936 4; **1931** 6

Zeitliche Geltung
  der Erbrechtsnormen **Einl 1922 ff** 139 ff
Zeugnisverweigerungsrecht
  Unvererblichkeit **1922** 329, 343
Zeugung
  vor und nach dem Erbfall **1923** 20 ff
  postmortale **1923** 26
ZGB der früheren DDR
  Erbrecht **Einl 1922 ff** 110 ff, 134, 139;
  1927 10; **1928** 9; **1930** 9; **1931** 52; **1932** 32;
  1933 17; **1934** 4; **1934a** 38; **1936** 14;
  1953 5; **1954** 19, 21 ff; **1955** 5
Zinsen
  Kaufmannseigenschaft und Erbfall
  1922 222
Zivildienstleistender
  Verbot einer Erbschaftsannahme **1943** 12a
Zivilpakt 1966
  Diskriminierungsverbot, allgemeines
  Einl 1922 ff 104
Zivilprozessuale Rechtslage
  Erbenübergang **1922** 137 f, 159, 330 ff
Zugang
  postmortaler Willenserklärungen
  Vorbem 1937-1941 19
Zugewinnausgleich (erbrechtlicher)
  Rechtsgrundlage **Einl 1922 ff** 12, 39

Zugewinnausgleich (erbrechtlicher) (Forts.)
  Reformüberlegungen **Einl 1922 ff** 120
  Verfassungsgrundlage **Einl 1922 ff** 84, 85, 88
Zugewinngemeinschaft
  Ehegattenerbrecht **1931** 32 ff
  Erbersatzanspruch **1934a** 19
  Vererblichkeit des Ausgleichsanspruchs
  1922 154
Zurückbehaltungsrecht
  gegenüber vorläufigen Erben **1959** 23
Zurücknahme
  Erbausgleichsverlangen **1934d** 51 ff
Zuschlag
  Erbfall und Anspruch auf – **1922** 240, 378
Zuständigkeit
  Nachlaßgericht **1960** 3; **1962** 2
  Nachlaßsachen **Einl 1922 ff** 22, 26 f
Zuwendung
  Bedingung einer – **1940** 10
  Erbeinsetzung, Vermächtnis als – **1939** 1
  am Erbrecht vorbei **1922** 10, 54 ff, 175, 287, 302
  Erbvertrag als Vertrag über – **1941** 8
  unter Lebenden, von Todes wegen **1939** 4
Zwangsversteigerung
  Erbschaftsannahme **1958** 12
Zwangsvollstreckung
  Erben-Eigenvermögen, Verschmelzung mit
  1922 76
  Erbfall und – **1922** 76
  vor Erbfall gegen Erblasser begonnene –
  1961 15
  Erblasser-Urteil **1961** 14, 15; **1922** 337
  Erbschaftsannahme **1958** 9
  Miterbenanteil **1922** 68
  Nachlaßpfleger **1958** 9
  Nachlaßpfleger, Antrag auf Bestellung
  1961 5, 14
  Nachlaßverschmelzung mit Erben-Eigenvermögen **1922** 76
  Zuschlag **1922** 240, 378

J. von Staudingers
**Kommentar zum Bürgerlichen Gesetzbuch
mit Einführungsgesetz und Nebengesetzen**

Übersicht vom 15. April 2000

Die Übersicht informiert über die Erscheinungsjahre der Kommentierungen in der 13. Bearbeitung und deren Neubearbeitung 1998 ff. (= Gesamtwerk STAUDINGER). *Kursiv* geschrieben sind die geplanten Erscheinungsjahre.

Die Übersicht ist für die 13. Bearbeitung und für deren Neubearbeitung zugleich ein Vorschlag für das Aufstellen des „Gesamtwerks STAUDINGER" (insbesondere für solche Bände, die nur eine Sachbezeichnung haben). Es wird empfohlen, die Austauschbände chronologisch neben den überholten Bänden einzusortieren, um bei Querverweisungen auf diese schnell Zugriff zu haben. Bei Platzmangel sollten die ausgetauschten Bände an anderem Ort in gleicher Reihenfolge verwahrt werden.

	13. Bearb.	Neub. 1998 ff.
Erstes Buch. Allgemeiner Teil		
Einl BGB; §§ 1 - 12; VerschG	1995	
§§ 21 - 103	1995	
§§ 104 - 133; BeurkG	*2001*	
§§ 134 - 163	1996	
§§ 164 - 240	1995	
Zweites Buch. Recht der Schuldverhältnisse		
§§ 241 - 243	1995	
AGBG	1998	
§§ 244 - 248	1997	
§§ 249 - 254	1998	
§§ 255 - 292	1995	
§§ 293 - 327	1995	
§§ 328 - 361	1995	
§§ 362 - 396	1995	
§§ 397 - 432	1999	
§§ 433 - 534	1995	
Wiener UN-Kaufrecht (CISG)	1994	1999
§§ 535 - 563 (Mietrecht 1)	1995	
§§ 564 - 580 a (Mietrecht 2)	1997	
2. WKSchG; MÜG (Mietrecht 3)	1997	
§§ 581 - 606	1996	
§§ 607 - 610	*2001*	
VerbrKrG; HWiG; § 13 a UWG	1998	
§§ 611 - 615	1999	
§§ 616 - 619	1997	
§§ 620 - 630	1995	
§§ 631 - 651	1994	
§§ 651 a - 651 l	*2000*	
§§ 652 - 704	1995	
§§ 705 - 740	*2000*	
§§ 741 - 764	1996	
§§ 765 - 778	1997	
§§ 779 - 811	1997	
§§ 812 - 822	1994	1999
§§ 823 - 825	1999	
§§ 826 - 829; ProdHaftG	1998	
§§ 830 - 838	1997	
§ 839	*2002*	
§§ 840 - 853	*2001*	
Drittes Buch. Sachenrecht		
§§ 854 - 882	1995	
§§ 883 - 902	1996	
§§ 903 - 924; UmwHaftR	1996	
§§ 925 - 984	1995	
§§ 985 - 1011	1993	1999
ErbbVO; §§ 1018 - 1112	1994	
§§ 1113 - 1203	1996	
§§ 1204 - 1296; §§ 1 - 84 SchiffsRG	1997	
§§ 1 - 64 WEG	*2001*	
Viertes Buch. Familienrecht		
§§ 1297 - 1302; NeLebGem (Anh §§ 1297 ff.); §§ 1303 - 1362	*2000*	
§§ 1363 - 1563	1994	

	13. Bearb.	Neub. 1998 ff.
§§ 1564 - 1568; §§ 1 - 27 HausratsVO	1999	
§§ 1569 - 1586 b	*2002*	
§§ 1587 - 1588; VAHRG	1998	
§§ 1589 - 1600 o	1997	
§§ 1589 - 1600 e; Anh §§ 1592, 1600 e		2000
§§ 1601 - 1615 o	1997	
§§ 1616 - 1633; §§ 1-11 RKEG	*2001*	
§§ 1638 - 1683	2000	
§§ 1684 - 1717	*2000*	
§§ 1741 - 1772	*2000*	
§§ 1773 - 1895; Anh §§ 1773 - 1895 (KJHG)	1999	
§§ 1896 - 1921	1999	

Fünftes Buch. Erbrecht

§§ 1922 - 1966	1994	2000
§§ 1967 - 2086	1996	
§§ 2087 - 2196	1996	
§§ 2197 - 2264	1996	
§§ 2265 - 2338 a	1998	
§§ 2339 - 2385	1997	

EGBGB

Einl EGBGB; Art 1 - 2, 50 - 218	1998
Art 219 - 222, 230 - 236	1996

EGBGB/Internationales Privatrecht

Einl IPR; Art 3 - 6	1996	
Art 7, 9 - 12	*2000*	
IntGesR	1993	1998
Art 13 - 18	1996	
IntVerfREhe	1997	
Kindschaftsrechtl. Ü; Art 19	1994	
Art 20 - 24	1996	
Art 25, 26	1995	
Art 27 - 37	*2001*	
Art 38	1998	
IntWirtschR	*2000*	
IntSachenR	1996	

BGB-Synopse 1896-1998	1998	
BGB-Synopse 1896-2000		2000
100 Jahre BGB – 100 Jahre Staudinger (Tagungsband 1998)	1999	
Gesamtregister	*2002*	

Demnächst erscheinen

§§ 104 - 133; BeurkG	2000	
§§ 362 - 396		2000
§§ 631 - 651		2000
§§ 1363 - 1563		2000
Art 7, 9 - 12 EGBGB	2000	
Art 25, 26 EGBGB		2000
IntWirtschR	2000	

Nachbezug: Um sich die Vollständigkeit des „Gesamtwerks STAUDINGER" zu sichern, haben Abonnenten jederzeit die Möglichkeit, die ihnen fehlenden Bände früherer Jahre zu für sie erheblich vergünstigten Bedingungen nachzubeziehen (z. B. 55 bis Dezember 1998 erschienene Bände [1994 ff., ca. 35.800 Seiten] seit 1. Januar 2000 als Staudinger-Einstiegspaket 2000 für DM 9.800,-/öS 71.540,-/sFr 8.722,-). Auskünfte erteilt jede gute Buchhandlung und der Verlag.

Reprint 1. Auflage: Aus Anlaß des 100jährigen Staudinger-Jubiläums ist die 1. Auflage (1898-1903) als Reprint erschienen. Rund 3.600 Seiten in sechs Bänden. 1998. Halbleder DM 1.200,- (zu beziehen bei Schmidt Periodicals, D-83075 Bad Feilnbach).

Dr. Arthur L. Sellier & Co. - Walter de Gruyter GmbH & Co. KG, Berlin
Postfach 30 34 21, D-10728 Berlin, Telefon (030) 2 60 05-0, Fax (030) 2 60 05-222